LES
ACTES DE SULLY
PASSÉS AU NOM DU ROI
DE 1600 À 1610

PAR-DEVANT Mᵉ SIMON FOURNYER

NOTAIRE AU CHÂTELET DE PARIS

DONT LES MINUTES SONT CONSERVÉES EN L'ÉTUDE
DE Mᵉ HENRI MOTEL, NOTAIRE À PARIS

RECUEILLIS, PUBLIÉS ET ANNOTÉS

PAR

M. F. DE MALLEVOÜE

PARIS
IMPRIMERIE NATIONALE

MDCCCXI

COLLECTION

DE

DOCUMENTS INÉDITS

SUR L'HISTOIRE DE FRANCE

PUBLIÉS PAR LES SOINS

DU MINISTRE DE L'INSTRUCTION PUBLIQUE

Par arrêté en date du 22 février 1904, sur la proposition du Comité des travaux historiques et scientifiques, le Ministre de l'Instruction publique et des Beaux-Arts a ordonné la publication, dans la Collection des documents inédits relatifs à l'histoire de France, du *Recueil des Actes notariés publics et privés de Sully*, par M. F. DE MALLEVOÜE.

Par arrêté, en date du 6 juin 1904, M. E. LEVASSEUR, membre de l'Institut et du Comité des travaux historiques et scientifiques, administrateur du Collège de France, a été chargé de suivre l'impression de cette publication en qualité de commissaire responsable, en remplacement de M. Octave GRÉARD, décédé.

SE TROUVE À PARIS

À LA LIBRAIRIE ERNEST LEROUX,

RUE BONAPARTE, 28.

LES
ACTES DE SULLY

PASSÉS AU NOM DU ROI

DE 1600 À 1610

PAR-DEVANT M⁰ SIMON FOURNYER

NOTAIRE AU CHÂTELET DE PARIS

DONT LES MINUTES SONT CONSERVÉES EN L'ÉTUDE
DE M⁰ HENRI MOTEL, NOTAIRE À PARIS

RECUEILLIS, PUBLIÉS ET ANNOTÉS

PAR

M. F. DE MALLEVOÜE

PARIS
IMPRIMERIE NATIONALE

MDCCCCXI

TABLE MÉTHODIQUE DES MATIÈRES.

	Pages.
INTRODUCTION. — Observations préliminaires.	v
I. Classification.	viii
II. Forme et style des Actes notariés.	x
III. Titres, qualités, terres et seigneuries de Sully.	xii
IV. Charges de Sully.	xxviii
V. Actes privés de Sully, de 1610 à 1641.	lv

PREMIÈRE PARTIE. — Inventaire de Catherine de Bourbon, duchesse de Bar 1

DEUXIÈME PARTIE. — Conseil d'État :

Chapitre Ier. — *Affaires diverses*. 9
Chapitre II. — *Domaine Royal*. . . . .

   Section I. Baux à cens et à rente. 22
   Section II. Aliénations. – Place Royale (plan). 27
   Section III. Acquisitions :
      § 1. Agrandissement de l'Arsenal. 48
      § 2. Canal de Briare. 54
      § 3. Seigneurie d'Antibes. 56

TROISIÈME PARTIE. — Grand Voyer de France 91

QUATRIÈME PARTIE. — Surintendant des Bâtiments :

Chapitre Ier. — *Paris* :

   Section I. Louvre et Tuileries :
      § 1. Louvre. 103
      § 2. Tuileries. 136
      § 3. Pompe du Pont Neuf. 145

   Section II. Place Royale. 158
   Section III. Gobelins. 163
   Section IV. Collège de France. 170

Chapitre II. — *Résidences Royales* :

   Section I. Château de Saint-Germain-en-Laye. 179
   Section II. Château de Villers-Cotterets. 205
   Section III. Château et Haras de Saint-Léger. 226

Chapitre III. — *Jardins des Palais et Résidences Royales* 236
Chapitre IV. — *Travaux d'entretien des Palais et des Résidences Royales et fournitures diverses*. 251
Chapitre V. — *Cérémonies publiques*. 261

CINQUIÈME PARTIE. — Surintendant des Fortifications. 267

TABLE MÉTHODIQUE DES MATIÈRES.

SIXIÈME PARTIE. — Grand Maître et capitaine général de l'Artillerie :

Chapitre Ier. — Arsenal :
    Section I. Marchés de travaux 273
    Section II. Marchés de fournitures 290
    Section III. Marchés d'entretien 296
Chapitre II. — Canons, boulets, remontage de pièces d'artillerie 299
Chapitre III. — Armes, outils, matériel de campagne 324
Chapitre IV. — Poudres et salpêtres 353
Chapitre V. — Transports 378
Chapitre VI. — Charroi, chevaux rouliers 393

RÉPERTOIRE CHRONOLOGIQUE 417

TABLE GÉNÉRALE ALPHABÉTIQUE 467

INTRODUCTION.

OBSERVATIONS PRÉLIMINAIRES.

Maximilien de Bethune, seigneur et baron de Rosny, conseiller du Roi en ses Conseils d'État et Privé, son chambellan ordinaire, capitaine de cinquante hommes d'armes de ses Ordonnances, gouverneur de la ville et citadelle de Mantes, était déjà grand voyer de France et superintendant des finances, bâtiments et fortifications, lorsqu'il fut pourvu, par lettres de provision de Henri IV datées du 13 novembre 1599, de la charge de Grand Maître et capitaine général de l'Artillerie de France. Il avait obtenu, sans trop de difficultés, moyennant quatre-vingt mille écus, la résignation de son prédécesseur, Antoine d'Estrées, marquis de Cœuvres, dont la fille, Gabrielle d'Estrées, duchesse de Beaufort, était morte quelques mois auparavant, de si étrange et si dramatique façon.

A cette époque, Henri IV était maître de son royaume et, mieux encore, avait conquis le cœur de son peuple. Le traité de Vervins avait assuré la paix entre la France et l'Espagne; l'Édit de Nantes avait fait la pacification religieuse; seule, la question du retour du marquisat de Saluces à la France restait à régler avec le duc de Savoie : c'était, à défaut d'entente, au nouveau Grand Maître à y pourvoir par son artillerie. Aussi, dès que Maximilien de Bethune eut pris possession de sa charge, son premier soin fut-il de remédier, avec la plus grande diligence, au dénuement de l'Arsenal, par d'importantes commandes d'armes et de munitions.

Pour mieux répondre à la confiance du Roi, aussi bien que pour satisfaire à la rectitude naturelle de son esprit, Rosny voulut, dès le premier jour, établir en règle générale ce qui n'était qu'un usage irrégulièrement suivi jusqu'alors, que tous les marchés intéressant les finances de l'État, même les moins importants, fussent passés en forme authentique par-devant notaire et avec toutes les garanties de concurrence et de publicité nécessaires.

Il choisit à cet effet M⁰ Simon Fournyer, notaire du Roi au Châtelet de Paris, en exercice depuis 1588, et c'est ainsi qu'ont pu être conservés jusqu'à nos jours tous les actes qu'il a passés en cette étude, tant au nom du Roi qu'en son propre nom, depuis les premiers jours de l'année 1600 jusqu'à sa mort.

Les noms des successeurs de M⁰ Simon Fournyer, qui nous ont transmis de génération en génération ce précieux dépôt, méritent, certes, de ne pas être oubliés et nous nous faisons un devoir d'en donner ici l'énumération complète avec les dates de leur exercice :

MM^{es} Fournier (Mathurin), du 1er mars 1630 au 9 juillet 1643;
Gaultier (Antoine), du 9 juillet 1643 au 5 avril 1663;
Vallon (Arnault), du 5 avril 1663 au 27 mai 1669,
Dionis (François), du 27 mai 1669 au 16 octobre 1699;
Dionis (François), du 16 octobre 1699 au 30 octobre 1744;
Gibault (Simon), du 30 octobre 1744 au 11 février 1775;
Lemoine (Athanase-Pierre), du 11 février 1775 au 27 prairial an IX (16 juin 1801);
Riollet (Antoine-Philippe), du 27 prairial an IX (16 juin 1801) au 9 avril 1807;
Vernois (Benjamin-Victor), du 9 avril 1807 au 27 novembre 1828;
Chandru (Marcel), du 28 novembre 1828 au 5 août 1862;
Leroy (Ambroise-Irénée), du 5 août 1862 au 4 novembre 1891.

Que l'on me permette de donner un souvenir reconnaissant à la mémoire de ce dernier, Me Leroy, qui voulut bien, à l'occasion d'une recherche que je faisais de la maison natale de Mme de Sévigné, m'ouvrir le minutier de son étude où, à côté du renseignement désiré, je trouvai quantité d'actes revêtus de la magistrale signature : «Maximilian de Bethune». L'examen sommaire que je fis alors de ces actes me permit de constater qu'ils s'appliquaient aussi bien aux affaires de l'État qu'aux affaires personnelles du grand ministre de Henri IV. Sans négliger les actes privés, qui fourniront, surtout au cours de cette Introduction, nombre de renseignements intéressants, je m'attachai à relever le texte des deux cent soixante-dix-huit actes passés par Sully au nom du Roi.

Cette tâche me fut grandement facilitée par Me Leroy et surtout par son successeur, Me Henri Motel, qui, appréciant lui aussi l'intérêt historique de ce travail, me permit, avec une obligeance inépuisable dont je lui exprime mes plus vifs remerciements, de mener à bien l'œuvre que j'avais entreprise.

En terminant aujourd'hui le recueil de ces actes, ma pensée se reporte avec une profonde émotion et une gratitude infinie au Maître regretté, à M. Gréard, qui m'encouragea vivement à faire cette publication, la fit agréer par le *Comité des Travaux historiques et scientifiques* et ne cessa de me prodiguer ses conseils les plus éclairés et les plus bienveillants. Son savant ami, M. E. Levasseur, qui, dès le début, voulut bien s'associer à ces encouragements, me permettra d'associer aussi son nom à celui de M. Gréard dans l'expression de ma reconnaissance.

INTRODUCTION.

Indépendamment de deux courts chapitres, consacrés l'un au mode de classification que j'ai adopté pour la publication de ces actes, et l'autre à leur forme et à leur style, je me suis attaché, dans cette Introduction, à suivre tout d'abord année par année l'accroissement de la fortune et du pouvoir de Sully; puis à étudier le ministre de Henri IV dans l'exercice de chacune de ses diverses charges; enfin, par une brève analyse de ses Actes privés les plus intéressants, à jeter un peu de lumière sur la longue période de plus de trente ans, qui s'est écoulée entre la mort de Henri IV et celle de Sully.

I. CLASSIFICATION.

L'article 63 de l'ordonnance de Louis XII, de juin 1510, avait dispensé les notaires au Châtelet de Paris de tenir registre de leurs actes; aussi les minutes étaient-elles simplement classées en liasses par mois et par années, pour pouvoir, en cas de besoin, être produites plus facilement en justice. L'obligation d'en dresser répertoire ne date que d'un arrêt de règlement du 4 septembre 1632.

Il nous avait semblé tout d'abord possible de présenter les minutes des Actes de Sully dans cet ordre chronologique. L'avantage de cette méthode est incontestable quand il s'agit de faits et de documents qui s'enchaînent naturellement les uns aux autres; mais la grande diversité des affaires traitées concurremment aux mêmes dates par Sully, si elle pouvait faire ressortir l'activité bien connue du grand ministre de Henri IV, n'aurait amené que confusion sans qu'il pût s'en dégager aucune vue d'ensemble.

Il nous a donc paru préférable d'adopter une classification correspondant aux grandes charges exercées par Sully : c'est ainsi que nous avons réuni dans une première partie les trente et un actes divers passés par lui pour la plupart en Conseil d'État; dans la seconde partie, les neuf actes qui ont trait à sa charge de Grand Voyer de France; dans la troisième partie, les quatre-vingts actes qui concernent la Surintendance des Bâtiments du Roi; dans la quatrième partie, les trois actes relatifs à la charge de Surintendant des Fortifications; enfin, dans la cinquième partie, les cent cinquante-cinq actes qui s'appliquent à la charge de Grand Maître et capitaine général de l'Artillerie de France.

Pour plus de clarté, nous avons ensuite subdivisé chacune de ces parties en chapitres et, quand l'abondance des matières le rendait nécessaire, en sections de chapitre, afin que dans chaque chapitre et dans chaque section pussent se trouver réunis tous les textes se rapportant aux affaires de même ordre; et alors dans chacun de ces groupements nous avons, bien entendu, adopté l'ordre chronologique.

On verra ainsi que, dans la deuxième partie, les affaires traitées en Conseil d'État comprennent, à côté des affaires diverses, un chapitre consacré au Domaine Royal avec des subdivisions pour les aliénations et pour les acquisitions, de telle sorte qu'une section est entièrement consacrée à la Place Royale, une autre à la Seigneurie d'Antibes; dans la quatrième partie, chacun des Bâtiments Royaux constitue une section spéciale; de même pour l'Artillerie : l'Arsenal, les Canons, les Armes, les Poudres et Salpêtres, les Transports et le Charroi forment des chapitres spéciaux.

INTRODUCTION.

Mais, comme dans une publication de ce genre, qui touche si intimement à l'histoire politique, militaire et économique d'une époque, la chronologie générale doit absolument conserver son importance, nous avons tenu à lui faire place à la fin du volume, sous la forme d'un répertoire chronologique et suffisamment analytique des minutes. Des références de numérotage et de pagination permettent de se reporter immédiatement du répertoire chronologique aux textes et réciproquement. A cet effet, les textes ont reçu un double numérotage : l'un suivant l'ordre de la publication et l'autre suivant l'ordre chronologique.

Une table alphabétique générale, aussi complète que possible, comprend tous les noms de personnes, de lieux et aussi de matières pouvant intéresser les chercheurs et les érudits.

Enfin, en tête du volume, une table méthodique renvoie aux divisions et subdivisions de l'ouvrage.

II. FORME ET STYLE DES ACTES NOTARIÉS.

Le minutier de Me Simon Fournyer est d'une lecture en général très facile : la plupart des actes étaient, en effet, préparés à l'avance et sont écrits à main posée. L'orthographe en est assez correcte pour l'époque et l'on n'a pas à s'étonner d'y trouver trop souvent le même mot ou le même nom écrit de diverses façons. Seuls les compléments et les mentions ajoutées au dernier moment sont parfois pour ainsi dire sténographiés de la main même du notaire, avec ses abréviations familières dont, avec un peu d'étude, il est facile de trouver la clef. Nous n'avons pas, bien entendu, reproduit ces abréviations qui auraient rendu le texte illisible, nous n'avons conservé que certaines d'entre elles les plus connues et facilement compréhensibles, telles que « Sa Ma^té » pour Sa Majesté », « M^re » pour Messire, « M^e » pour Maître, « Con^er » pour Conseiller, « Ch^let » pour Châtelet, « g^nal » pour général, « led. » pour ledit, « soubz^nés » pour soussignés, et autres d'usage courant.

Les clauses de style, formules par lesquelles les notaires commençaient et terminaient les expéditions grossoyées, ne sont indiquées dans ces minutes que par quelques mots de référence. Le préambule ordinaire : « A tous ceux qui les présentes verront... savoir faisons que » est toujours sous-entendu.

Quant aux formules finales, elles ne figurent, suivant l'usage adopté, qu'en abréviations variables selon la nature des actes; par exemple les minutes portent: « Car ainsy...promettans..., obligeans chacun en droict..., renonceans... », pour ne pas répéter cette formule presque invariable : « Car ainsy le tout a esté dict et accordé entre lesdictes parties, promettans entretenir et accomplir tout le contrat cy dessus sans y contrevenir aulcunement; obligeans (lesdites parties) ou, sous l'obligation et hypothèque de tous leurs biens meubles et immeubles présents et à venir, qu'ils ont chacun en droit soi pour ce soumis à ladite juridiction, renonceans au bénéfice de division et de discussion. »

La clause d'obligation ci-dessus, quand elle s'appliquait notamment aux marchés de travaux et fournitures passés au nom du Roi, était complétée par la sanction de contrainte par corps : « Obligeans... corps et biens, comme pour les propres affaires du Roi. »

Les minutes des contrats translatifs de propriété se terminaient généralement par les abréviations suivantes : « Transportant..., dessaisissant..., voulant..., chacun en droict soy..., procureur le porteur... », autrement dit : « Transportant en outre par ledit vendeur audict acquéreur tous droits de propriété, noms, raisons et actions et autres généralement quelconques qu'il avait ou pourrait avoir sur... (telle propriété) de laquelle ledit... se dessaisissant au profit dudit acquéreur ses dits hoirs et ayant cause, *voulant que* (le ou les acheteurs) *en soient saisis chacun en droit soy et mis en possession par qui et ainsi qu'il appartiendra, constituant à cette fin son procureur le porteur des présentes, auquel il donne tout pouvoir nécessaire.....*"

Il eut été fastidieux et surtout inutile de reproduire ou reconstituer ces formules et nous pensons que l'on nous saura gré de nous être conformé aux abréviations usuelles du notaire.

Incidemment, nous signalerons un point bien connu de l'histoire du droit, dont nous trouvons trace dans nos minutes. Antérieurement à 1607, lorsqu'une femme mariée contractait quelque obligation, même pour son mari et autorisée par lui, elle devait renoncer expressément dans l'acte aux privilèges introduits en faveur des femmes par le sénatus-consulte Vellcien et les Authentiques *Si qua mulier* et *Sive a me*; de plus, le notaire était tenu de lui déclarer expressément l'effet de ces renonciations et d'insérer cette déclaration dans l'acte. Henri IV, par un édit du mois d'août 1606, enregistré au Parlement le 22 mai 1607, voulant mettre fin aux nombreux procès que causait l'interprétation de cette clause, rédigée parfois trop sommairement ou en termes obscurs dans les minutes, interdit aux notaires de l'insérer désormais dans les brevets, contrats, obligations et autres actes passés devant eux, ni d'en faire aucune mention, à peine de suspension, d'amende et de dépens et dommages et intérêts, ordonnant que les femmes seraient bien et dûment obligées sans cette renonciation.

D'une façon générale, il est à noter que tous ces actes sont remarquables par la clarté de leurs énonciations, et que si la rédaction des devis et des cahiers des charges qui précèdent certains d'entre eux est parfois défectueuse, le sens n'en est pas moins d'une grande netteté.

III. TITRES ET QUALITÉS,
TERRES ET SEIGNEURIES DE SULLY.

Après avoir indiqué les principales abréviations qui, du fait du notaire, se trouvent dans les minutes, et qui, une fois expliquées, peuvent sans inconvénient être reproduites dans notre texte, nous devons signaler une autre simplification, qui, cette fois, est de notre fait : il s'agit de l'interminable énumération des titres et qualités de Sully qui figure dans chaque acte; pour ne pas surcharger ce recueil de répétitions fastidieuses, nous avons cru devoir la supprimer toutes les fois que nous avons pu établir une référence textuelle avec les énonciations d'un acte précédent.

Mais, si cette énumération, prise au hasard des actes, ne présente qu'un médiocre intérêt, il n'en est pas de même quand on en peut suivre le développement année par année, et reconstituer ainsi, avec des dates certaines, les différentes phases de la fortune de Sully.

C'est ce que nous allons faire en nous aidant, pour les charges de Sully, des documents officiels conservés notamment aux Archives Nationales, et, pour les terres et seigneuries, des renseignements que nous ont fournis les nombreux actes privés que contient le minutier de M⁰ Simon Fournyer.

1600.

Les actes de 1600 portent l'énumération suivante :

«Messire Maximilien de Bethune, chevalier, sieur et baron de Rosny, conseiller du Roy en ses conseils d'Estat et privé, son chambellan ordinaire, capitaine de cinquante hommes d'armes de ses Ordonnances, Grand Voyer, Grand Maistre et cappitaine général de l'Artillerie de France, Superintendant des finances et fortifications et gouverneur pour Sa Majesté de la ville et citadelle de Mantes, demeurant en l'Arsenac du Roy, à Paris.»

Comme nous étudierons spécialement les grandes charges de Sully dans une autre partie de cette Introduction, nous nous bornerons à rappeler ici que Sully avait été pourvu, le 7 septembre 1599, de la charge de Grand Voyer de France et, le 13 novembre suivant, de celle de Grand Maître et Capitaine général de l'Artillerie. Il exerçait, sans lettres de provision, celle de Surintendant des Finances et avait remplacé, en 1600, Charles de Saldaigne, S⁰ d'Incarville, comme Surintendant des Fortifications.

Rosny. — La baronnie de Rosny, terre patrimoniale où naquit Maximilien de

INTRODUCTION.

Bethune le 13 décembre 1559, — six ans, jour pour jour, après Henri IV, — était entrée dans la Maison de Bethune le 30 juin 1529, par le mariage d'Anne de Melun, dame de Rosny et de Villeneuve en Chevrie, avec Jehan de Bethune, baron de Baye. Partagée entre les deux frères Maximilien et Philippe, cette terre devint entièrement la propriété de Maximilien à la suite d'une transaction en date du 12 février 1599. Le minutier de M⁰ Simon Fournyer ne contient, de 1600 à 1610, que deux actes relatifs à Rosny : l'un, du 24 juillet 1601, est passé avec Gilles Moulet, jardinier, demeurant à Paris, en l'hôtel de Matignon, près Saint-Thomas du Louvre, pour l'entretien de tous les jardins et des «palissades», fort à la mode à cette époque, et ce, moyennant le prix de cent trente-trois écus un tiers par an.

L'autre acte, passé le 5 décembre de la même année, avec Isidore Guyot, maître maçon tailleur de pierre, demeurant à Rosny, concerne les travaux à faire au château et au portail «suivant le plan et desseing faict entre eulx». Ces travaux comprennent notamment une décoration de grenades et de trophées : «au-dessus de la corniche seront mises les armes dudit seigneur et deux canons, ung canon de chaque costé porté sur chaque bout de la corniche, garnys de leurs affustz et roues, et au devant du portail seront allignez quatre canons, deux de chaque costé....»

1601.

C'est au mois d'août 1601 que la baronnie de Rosny fut érigée en marquisat. Le texte des lettres d'érection nous paraît intéressant à reproduire :

HENRY, par la grâce de Dieu Roi de France et de Navarre, à tous présens et advenir, salut. Les marques les plus certaines et moins périssables que nos prédécesseurs Roys de France ont voulu laisser à la postérité des vertus des hommes qui autrefois auroient bien mérité d'eulx et de leur estat, n'ont été seulement donnés aux personnes et à ceulx qui se sont acquis lesd. mérites, ou de leurs enfants, d'autant que sur la considération de l'infirmité de la vie humaine et du peu de durée d'icelle, ils ont jugé et cru la mémoire des bienfaits et libéralités dont ils ont voulu récompenser leurs fidèles serviteurs, ne se pouvoir estendre si avant qu'ils désiroient; cela leur a donné occasion de faire passer plus avant cette reconnoissance sur les maisons, terres et possessions de ceulx qui par leurs services signalés ont été jugés capables de quelque particulière, plus ample et plus favorable recommandation, afin qu'en tous évènements de quelque inconvénient qui puisse arriver des personnes que l'on peut reconnoitre scavoir et dire avec l'honneur et reputation deues à telles gens[1], que pour eulx et leurs actions vertueuses et chéries de leurs Roys, ont été utiles à leur estat et affaires, comme en cela ils sont signalés et notables sur les autres, de même que leurs maisons, terres et possessions ont été, dès leur vivant, honorées de titres et dignités correspondantes à leurs mérites, ce que nous désirons infiniment pouvoir faire réussir à l'endroit de nostre très cher et bien amé Maximilien de Bethune, seigneur et baron de Rosny, chevalier, conseiller en nostre Conseil d'État, privé et de

---

[1] Cette phrase, peu intelligible, a peut-être été mal transcrite dans le *Mémorial*.

nos finances, capitaine de cent hommes d'armes de nos Ordonnances, Grand Maistre et Capitaine général de l'Artillerie en France, Grand Voyer, Surintendant de nos fortifications, Capitaine et Gouverneur de nostre ville, chasteau et cytadelle de Mantes, pour perpétuer autant qu'il nous sera possible la mémoire et ressouvenance que nous voulons avoir et désirons que chacun ait pour jamais, des grands, fideles et recommandables services que nous avons receu et recevons journellement de luy et espérons encore qu'il nous les rendra de plus en plus agréables à l'advenir, au maniement, conduitte et direction tant de nos finances et artilleries que d'autres importantes charges que nous avons entièrement confiées, remises et consignées en l'intégrité et affection particulière qu'il nous a témoigné jusqu'à cette heure avoir au bien advenement et establissement des affaires de cet état, et qui nous convient à faire paroistre à nos successeurs l'estime que nous avons fait et faisons de sesd. services, outre le désir que nous avons d'ajouter à la splendeur et antiquité de son nom et de la maison illustre de Bethune dont il est issu, quelque remarque particulière de nos grâces qui en rende la mémoire d'autant plus célèbre. A cet effet, nous estant proposés de décorer et orner la maison, terre et seigneurie et baronnie de Rosny, ancien patrimoine des pères et ancestres dud. sieur de Rosny, de tiltre digne d'iceluy et correspondant à l'amplitude de sad. maison; bien et deuement informés de l'estat, valleur et condition d'icelle, estant sise sur la rivière de Seine, joignant au grand chemin allant de nostre ville de Paris en celle de Rouen et qu'elle consiste en tous droits de baronnie et chastellenie, ornée et accomodée de foires, marchés, tabellions avec droit particulier de guete, et d'où despend une grande forest de bois et relève aussi, outre un grand nombre de sujets, cent ou six vingt fiefs et plusieurs arrière-fiefs qui en dépendent. Pour ces causes et autres légitimes et favorables considérations à ce nous mouvans, de nos grâces spécial, plaine puissance et auctorité royale, nous avons icelle maison, baronnie, terre et seigneurie de Rosny, avec ses circonstances et dépendances, créé et érigé, créons et érigeons par ces présentes signées de nostre main, en titre, nom, qualité et dignité de marquisat, pour estre à l'advenir audit nom, titre et qualité, tenue et mouvante de nous et de nos successeurs ainsi qu'estoit auparavant la présente érection, et de tout temps, à cause de nostre comté de Mante, à avoir et prendre par led. s^r de Rosny, ses héritiers ou ayant cause aud. marquisat, le nom et titre que nous leur avons attribué et attribuons de marquis en tous lieux et actes privés et publiques et le tout avoir, tenir et posséder, en jouir et user doresnavant perpétuellement et à toujours par eulx et chacun d'eulx aux honneurs, autorités, prérogatives, prééminences et dignités, rangs, séance, droits, pouvoir et faculté qui appartiennent à lad. qualité de marquis, et qui sont et ont été par nos prédécesseurs et nous concédés, octroyés et attribués aux autres marquisats de nostre royaume, sans toutefois que deffaut d'hoirs masles dud. s^r de Rosny ou sesd. ayant cause, nous ou nos successeurs puissions prendre aucuns droits ou faculté de réunion, propriété, reversion ou possession aud. marquisat au moien de nos ordonnances faites ou à faire sur semblables érections de duchés, comtés ou marquisats, de la rigueur desquelles, pour les mêmes considérations qui nous ont meu à la présente érection, nous avons icelle excepté et réservé, exceptons et réservons par les présentes et à nosd. ordonnances expressément pour ce regard seulement et sans y préjudicier, entre autres choses dérogé et dérogeons et à la dérogation de la dérogatoire y contenüe de nos plus amples grâces, pouvoir et autorité que dessus. Si donnons en Mandement à nos amés et féaux conseillers les gens tenant notre Cour de Parlement, Chambre de nos comptes à Paris, bailly de Mante ou Melan ou son lieutenant et gens y tenant nostre siège présidial et tous nos officiers qu'il appartiendra que chacun d'eulx en droit soy ces présentes ils entérinent, facent lire, publier et enregistrer et de nos grâces y contenues facent aussi, souffrent et laissent jouir et user plainement, paisiblement et perpétuellement led. sieur de Rosny, sesd. hoirs et ayans cause, cessant et faisant cesser tous troubles et empêchemens au contraire. Car tel est nostre plaisir. Et afin que ce soit chose ferme et stable à toujours, nous avons fait mettre nostre scel à cesd. présentes, sauf en autres choses nostre droit et l'autruy en toutes. Donné à Paris, au mois d'Aoust, l'an de grâce mil six cent un et de nostre règne le treize°. Et sur le reply : Par le Roy, Potier, et à côté visa, et scellé sur lacs de soye rouge et verd en cire verd du grand Scel. — Registré, ouy le Procureur général du Roy, pour jouir par l'impétrant de l'effet et contenu en icelles, à Paris, en Parlement, le vingt Aoust l'an mil six cent un. Signé Voisin.

Collationné par nous, Conseiller Maître à ce commis.

PERCIER [1].

Moret. — En cette même année 1601, Maximilien de Bethune porta le titre de comte de Moret, terre du domaine royal qu'il avait acquise par adjudication, le 23 novembre 1594.

C'est également en 1601 que la compagnie de cinquante hommes d'armes fut mise au titre de cent hommes d'armes, avec appointements de quatre mille livres par an.

1602.

Sully. — Par contrat du 15 juillet 1602, passé devant Me Simon Fournyer, Maximilian de Bethune acheta à «très hault et très puissant seigneur Messire Claude de la Tremouille, duc de Thouars et pair de France, prince de Talmont, comte de Guynes, Benon et Taillebourg, baron de Sully», la baronnie, terre et seigneurie de Sully, avec les châtellenies de Saint-Gondon et de Sennely et la terre et seigneurie de Moulinfrou, moyennant le prix de quarante-deux mille écus sol, soit 126,000 livres. Cette acquisition fut suivie, de 1602 à 1605, de celles des terres et seigneuries de Chaon, Briou, Rideaux, Voiseux, Cuissy, dont nous ne connaissons pas les prix particuliers, qui entrent probablement dans le chiffre total de 150,000^{lt} énoncé dans les *OEconomies Royales*; presque toutes ces terres étaient enclavées dans la baronnie de Sully. Dès le 21 juillet il prend les qualifications suivantes :

«Haut et puissant seigneur Messire Maximilian de Bethune, chevalier, sieur et marquis de Rosny, comte de Moret, baron de Sully, conseiller du Roy en ses conseils d'Estat et privé, son chambellan ordinaire, capitaine de cent hommes d'armes de ses Ordonnances, Grand Voyer, Grand Maistre et cappitaine général de l'Artillerie de France, Superintendant de ses finances et des fortifications de France et gouverneur de la ville et citadelle de Mantes.»

C'est à cette date qu'il donne procuration à Mathieu Sallé, l'un de ses commissaires ordinaires de l'Artillerie, pour prendre possession de sa nouvelle baronnie; quinze jours après, le 7 août, il fait marché avec deux entrepreneurs d'Orléans : Pierre Duneau, maître couvreur, pour la réparation des couvertures du château, et Jehan Gidoyn, maître charpentier, pour la construction d'un pont

---

[1] Archives nationales, *Mémoriaux de la Chambre des comptes*, P. 2341.

dormant et d'un pont-levis; enfin, le 19 septembre suivant, il baille à ferme pour six ans, à François Boutheroue, grènetier du grenier à sel de Sully, les terres et seigneuries de Sully, Moulinfrou, Saint-Gondon, Senely, Chaon et leurs dépendances, moyennant 5,000 livres par an. A ce bail vint s'ajouter, le 1er octobre 1604, celui du lieu seigneurial de Briou, moyennant 450 livres par an. Les Angliers, Rideaux, Cuissy et Voiseux furent donnés à bail, l'année suivante, à Jehan Girard, praticien à Sully.

Les sommes considérables, nécessaires pour faire face aux nombreuses acquisitions territoriales de Sully et aux travaux qu'il ordonnait, ne provenaient pas seulement de ses économies, de son «bon mesnage», elles avaient leur source principale dans les libéralités que Henri IV faisait chaque année à son ministre, par lettres patentes, à la condition d'en employer les deniers en fonds d'héritages lui tenant lieu de propres. Cette assertion des *Œconomies Royales* (II, 415-416) est rigoureusement confirmée par le texte d'une de ces Lettres Patentes, datée du 22 septembre 1602, et dont l'original est conservé à la Bibliothèque nationale (Mss. Pièces Originales, 327) :

HENRY, par la grâce de Dieu Roy de France et de Navarre, à nos amez et féaulx conseillers les gens de nos comptes et Trésoriers de nostre Espargne, Salut. Nous voulons et vous mandons que des deniers extraordinaires de nostre dicte Espargne de la présente année, vous, gens de nos comptes, faictes, par ledict Trésorier de notre Espargne, paier, bailler et dellivrer comptant ou assigner par ses mandemens portans quictance, à nostre amé et féal le marquis de Rosny, conseiller en nostre Conseil d'Estat, Cappitaine de cent hommes d'armes de nos Ordonnances, Grand Maistre et Cappitaine général de l'Artillerie et Grand Voyer de France, la somme de dix mil escus sol, de laquelle, en considération des grands et recommandables services qu'il nous a faicts et continue encores ordinairement, et de ceux que nous espérons aussi recevoir des siens à l'advenir, nous luy avons faict et faisons don par ces présentes signées de nostre main, à condition et charge expresse touttesfois d'employer tous lesdicts deniers en acquisition d'héritaiges qui luy tiendront nature de propre et dont il jouira et pourra disposer sa vye durant en faveur de qui bon luy semblera, et au cas qu'il n'en ayt disposé, voullons que tous lesdicts biens ainsi acquis retournent à ses hoirs procréez de son corps, et, au desfault d'iceulx, à ceux qui tiendront sa costé et ligne, portant son nom de proche en proche, ou qui en seront issus et sortis, sans qu'il luy soit aucune chose desduict et rabattu pour le dixiesme denier destiné à l'ordre et milice du St Esprit, dont nous l'avons rellevé et dispensé, rellevons et dispensons par cesdictes présentes. Rapportant lesquelles par ledict Trésorier de nostre Espargne et quictance dudict sieur de Rosny sur ce suffisante, nous voullons ladicte somme de dix mil escus estre passée et allouée en la despense des comptes dudict trésorier par vous, gens de nos comptes, vous mandant ainsi le faire sans difficulté, Car tel est nostre plaisir. Donné à Paris le xxij^e jour de septembre, l'an de grâce mil six cens deux et de nostre règne le quatorziesme.

HENRY.

Par le Roy :
DE NEUFVILLE.

INTRODUCTION.

Suivent : l'entérinement de ces lettres par la Chambre des comptes, le dernier jour de septembre 1602, signé : Le Prevost, et le reçu donné par Maximilien de Bethune, marquis de Rosny, à M⁰ Vincent Bouhier, Trésorier de l'Épargne, de ladite somme de trente mille livres, le 3 octobre 1602.

1603.

Bien que Maximilien de Bethune fût pourvu de la charge de surintendant des bâtiments par la résignation de Nicolas de Harlay, sieur de Sancy, ce n'est qu'en février 1603 que nous trouvons la mention de cette charge dans les actes, sous cette forme restreinte : « Superintendant des Finances, Fortifications et Bastimens du Louvre, des Thuilleries et de Saint-Germain-en-Laye ». C'est aussi en cette année seulement qu'est mentionnée la charge de « Gouverneur du Chasteau de la Bastille, à Paris », que le Roi lui avait donnée le 1ᵉʳ janvier 1602.

1604.

Moret. — Le titre de comte de Moret ne figure plus dans les actes de 1604. Un contrat, passé le 19 décembre 1603, nous apprend, en effet, que la châtellenie, terre et seigneurie de Moret avait été vendue à « noble seigneur Sébastien Zamet, gentilhomme ordinaire de la Chambre du Roy, superintendant de la maison de la Royne, demeurant à Paris, rue de la Cerizaye, paroisse de Sainct-Paul », moyennant le prix de 85,104 livres tournois.

La quittance délivrée le 3 novembre 1604 à Mᵉ Pierre Guilleminet, fondé de la procuration de Jacqueline de Bueil, devenue comtesse de Moret, est intéressante en ce sens qu'elle détermine aussi clairement que possible le rôle de chacun en cette affaire :

« Fut présent Noël Regnouart, secrétaire de l'Artillerie de France, demeurant en l'Arsenac du Roy à Paris, parroisse Sᵗ Paul, au nom et comme procureur de haut et puissant seigneur Mʳᵉ Maximilien de Bethune... lequel oud. nom, a recongneu et confessé et par ces présentes confesse avoir eu et receu de dame Jacqueline de Bueil, femme de Messire Philippes de Harlay, sieur de Cesy, gentilhomme de la Chambre du Roy, auctorisée à la poursuite de ses droicts par son contract de mariage, absente, par les mains de noble homme Mᵉ Pierre Guilleminet, secrétaire du Roy en ses Estats Généraux de Languedoc et secrétaire ordinaire de Monseigneur le Prince de Condé, à ce présent, des deniers de lad. dame de Bueil comme il a dict estre, et en l'acquict et descharge de Mʳᵉ Sébastien Zamet, aussy gentilhomme ordinaire de la Chambre du Roy, superintendant de la maison de la Reyne, par luy subrogé en tous ses droicts, noms, raisons et actions par le contract de vente que led. sieur Zamet luy a faict du conté, chastellenie, terre et seigneurie de Moret en Gastinois par contract passé par devant Langlois, notaire, le 23ᵉ jour d'octobre dernier passé, la somme de quatre vingts cinq mille cent quatre livres tournois que led. sieur Zamet est tenu et obligé payer aud. sieur marquis de Rosny par contract faict entre eulx le dix-neuf^{me} jour de décembre 1603... »

La procuration de dame Jacqueline de Bueil à Mᵉ Pierre Guilleminet avait été reçue à «Fontainebleau, en la chambre de ladite dame», le 29 octobre 1604.

1605.

Le 2 février 1605 fut signé, à l'Hôtel de Mercœur, en présence du Roi, le contrat de mariage de la fille aînée de Sully et de Rachel de Cochefillet, Marguerite de Bethune, avec Henry, duc de Rohan, pair de France, prince de Léon, comte de Porhouet, de Gié, etc., fils de René, vicomte de Rohan, prince de Léon, et de Catherine de Parthenay.

Pendant le cours de cette année, Sully, dont l'œuvre principale fut la création de la Place Royale, augmenta sensiblement ses possessions territoriales; les actes lui donnent les qualifications suivantes : «Hault et puissant seigneur messire Maximilian de Bethune, chevalier, sieur et marquis de Rosny, comte de Dourdan, souverain de Boisbelle, baron de Sully, Baugy, La Chapelle d'Angillon, Bruyères et Espineuil, conseiller du Roy en ses Conseils d'Estat et privé, cappitaine de cent hommes d'armes de ses Ordonnances, Grand Voyer, Grand Maistre et cappitaine général de l'Artillerie, Superintendant des Finances et Bastimens de Sa Maᵗᵉ, gouverneur et lieutenant général pour Sa Maᵗᵉ en Poictou. »

On voit qu'il n'est ici plus fait mention de la surintendance des Fortifications, que Sully avait, dès le mois de janvier, résignée en faveur de son fils aîné, mais dont il garda la direction effective. D'autre part la surintendance des Bâtiments n'est plus indiquée comme limitée au Louvre, aux Tuileries et à Saint-Germain-en-Laye; elle comprenait du reste, déjà en 1603, le château de Villers-Cotterets. De plus, Sully avait pris en fait possession du gouvernement du Poitou dont il avait eu les lettres de provision le 20 décembre 1603, sur la résignation, moyennant 20,000 écus, de Messires de Malicorne et de Lavardin, qui avaient la survivance l'un de l'autre.

Nous remarquons aussi que les domaines de Sully s'étaient augmentés des seigneuries de Dourdan, Baugy, La Chapelle d'Angillon, Bruyères et Espineuil.

Dourdan.— Par contrat du 10 juin 1605 «messire Nicolas de Harlay, chevalier, sieur de Sancy, Dourdan, Maule et Grosbois, conseiller du Roy en ses Conseils

INTRODUCTION.

d'Estat et privé et cy-devant colonel général des Suisses, demeurant rue des Haudriettes, parroisse Sainct-Nicolas des Champs », avait vendu à Sully la châtellenie, terre et seigneurie de Dourdan, moyennant le prix principal de 139,862 livres 10 sols. Le 20 novembre suivant Sully en affermait le revenu moyennant 5,150[tt] par an, à Me Hector Le Febvre, receveur des Aides et Tailles en l'élection de Dourdan. Six ans après, le 10 janvier 1611, il était remboursé de cette acquisition et recevait d'Estienne Puget, trésorier de l'Épargne, la somme de 135,259[tt] 8 deniers en échange de cette terre qui faisait ainsi retour au roi.

Boisbelle et Henrichemont. — Cette terre, située en Berry, et qui a conservé jusqu'en 1789 le titre et les prérogatives de principauté souveraine, avait d'abord appartenu à la maison d'Albret, puis à celle de Clèves. Henriette de Clèves, fille de Charles de Clèves et de Marie d'Albret, la porta, en 1565, à Charles de Gonzagues, duc du Nivernais, appelé aussi duc de Nevers. Charles II de Gonzagues la vendit, avec Montrond, Orval et La Chapelle d'Angillon, suivant contrat passé par-devant Guillard et Bontemps le 31 août 1605, à Maximilien de Bethune, moyennant, pour le tout, le prix de 210,000[tt], dont pour Boisbelle 54,000[tt]. Maximilien de Bethune y fit tracer, sur un plan régulier, la ville d'Henrichemont qu'il fit bâtir, avec la coopération de ses parents, de ses amis et de son entourage. Nous citerons les noms suivants qui figurent dans une procuration de décembre 1611 en vue du règlement des comptes des entrepreneurs :

« Haut et puissant seigneur messire Henry de Schomberg, chevalier, comte de Nanteuil, conseiller du Roy en ses Conseils d'Estat et privé, gouverneur pour Sa Majesté en son pays de la Haute et Basse Marche et pays de Limosin; Messire Armand Léon de Durfort, chevalier, sieur de Born, lieutenant général de l'Artillerie de France; nobles hommes Mes Vincent Bouhier et Raymond Phélipeaux, conseillers du Roy en son Conseil d'Estat et trésoriers de son Espargne; messire François de Lillemonte, aussi conseiller du Roi en son Conseil d'Estat; nobles hommes Mes Claude Maslies et Nicolas Fayet, conseillers du Roy et greffiers de son Conseil; Me Jean de Murat, conseiller du Roy et trésorier de l'Extraordinaire des guerres; noble homme Jehan de Moisset, trésorier des parties casuelles; noble homme Pierre Herouard, conseiller notaire et secrétaire du Roy et de ses finances; noble homme Me Jean du Jon, conseiller du Roy et trésorier général de la cavalerie légère; noble homme Me Noël Regnouart, conseiller du Roy et correcteur en sa Chambre des comptes; nobles hommes Mes Hillaire Lhoste, Germain Chalanges et Payen, secrétaires du Roy; dame Magdeleine Monet, veuve de Jehan de Trillart, en son vivant gouverneur d'Alençon; damoiselle Magdeleine de Fontaine, veuve de Daniel de Ruvigny, en son vivant gouverneur de la Bastille; et noble homme Me Thomas Morant, conseiller du Roi, trésorier de France en Normandie. »

Les comptes n'étaient pas encore entièrement réglés le 24 mai 1624, date d'un acte par lequel les entrepreneurs Hugues Cosnier et Alix Boulet, veuve de Jonas Robelin, donnent quittance de 28,103 1 sol à compter sur la somme de 88,103 1 sol qui leur restait due de 217,733 9 sols que le duc de Sully avait été condamné à leur payer par arrêt du Parlement du 2 avril 1624.

Le revenu de cette principauté souveraine s'élevait à seize cents livres tournois, suivant un bail passé le 7 juillet entre Sully, d'une part, et Germain Margat, marchand tanneur, demeurant au bourg d'Ivoy-le-Pré, et Marie Jaupitre, sa femme, Silvain Prévost, notaire, et Jeanne Margat, sa femme, et François Joubert, praticien à Paris, d'autre part.

Henrichemont donna lieu à de longs débats, en 1731 et 1732, entre Louis-Pierre-Maximilien de Bethune, duc de Sully, et Armand de Bethune, comte d'Orval, qui revendiquait cette souveraineté.

D'après un mémoire de M⁰ Julien de Prunay, avocat du comte d'Orval, elle était composée à cette époque de deux paroisses, de vingt-quatre villages et hameaux dont la population s'élevait à 7,640 personnes. Il y avait un bailliage, une maîtrise particulière des Eaux et forêts, un juge de police, un grenier à sel, une Chambre des monnaies et une Chambre souveraine composée d'un président, de six conseillers, d'un procureur général et d'un avocat général, enfin un Conseil souverain où l'on portait les requêtes en cassation contre les arrêts de la Chambre souveraine. Ce Conseil était composé d'un chancelier, d'un président et de sept conseillers. Le Roi ni ses officiers n'y exerçaient aucune espèce de juridiction ni par appel, ni autrement, et n'y levaient aucune sorte d'impôts ni de deniers, et même les ordonnances et les lois n'étaient jamais envoyées dans ce petit État, qui jouissait d'une entière souveraineté.

Montrond avait été payé 100,000 au duc de Nevers, par le même contrat du 31 août 1605; Sully en fit aménager le château où il fit de fréquents séjours, notamment en 1610 après l'assassinat du Roi Henri IV; il le revendit, en 1621, au prince de Condé.

Orval, Bruyères et *Espineuil* constituèrent un ensemble de possessions territoriales dont Sully fit donation, le 12 juin 1610, à son second fils, François de Bethune, à qui le titre de comte d'Orval fut attribué.

La Chapelle d'Angillon. — Les 56,000 portés dans le contrat du 31 août 1605 comme prix de cette terre furent payés par quatre mille livres de rente qui étaient dues à Sully et dont il fit l'échange avec le duc de Nevers. Là aussi, il entreprit des travaux importants au sujet desquels Henri IV lui écrivait, le 22 décembre 1607 : «Mon amy, j'ay sceu que vous faites bastir à La Chapelle et y faites un parc; comme amy des bastisseurs et vostre bon maistre, je vous donne six mil escus pour vous aider à faire quelque chose de beau, à prendre sur les deniers extraordinaires de l'année prochaine, d'où vostre soin et travail me font tant profiter...»

Cette terre fut comprise dans la donation que Sully fit à son fils aîné Maximilien II de Bethune, par acte du 27 mars 1609.

Baugy. — C'est en 1603 que Maximilien de Bethune avait pris possession de la portion principale de la terre et seigneurie de Baugy, qu'il avait fait décréter sur Jean de Jaucourt[1] dès 1602 à cause des sommes qui lui étaient dues. Le 8 février 1604, il fit marché avec Claude Johannet, maître des œuvres de maçonnerie du Roi, à Orléans, Jehan Gidoyn et Georges Boisnyer, maîtres charpentiers demeurant également à Orléans, pour refaire, avec les matériaux fournis par lui, la muraille de l'enceinte et construire quatre tours aux angles du château, de chacune neuf pieds de diamètre entre les œuvres, neuf pieds d'épaisseur aux fondations et sept pieds d'épaisseur jusqu'à deux toises de hauteur, moyennant le prix de trois mille livres tournois. Pierre Fougeu, écuyer, sieur d'Escures, maréchal des logis du Roi et de ses armées et en même temps lieutenant du Grand Voyer, s'était rendu pleige caution des trois entrepreneurs.

Poligny et *Étrechy*, dont Sully prenait parfois le titre, étaient des seigneuries rattachées au domaine de Baugy.

1606.

Sully. — Au commencement de cette année 1606 la baronnie de Sully fut érigée en duché-pairie. Les *Œconomies Royales* nous en font connaître les circonstances : «Le dixiesme jour de janvier, qu'il fit très beau, le Roy estant venu voir une course de bague de reputation qui se faisoit à l'Arsenac, vous mena peu après promener en la grande allée des jardins de l'Arsenac, au bout de laquelle s'estant arresté sur la muraille», il eut un long entretien au sujet des menées du duc de Bouillon, qu'il voulait, sans plus tarder, mettre à la raison, en organisant une expédition pour «s'arracher du pied cette espine de Sedan», ajoutant qu'il «avoit jeté les yeux sur vous pour vous en donner le commandement, et s'estoit résolu de vous autoriser par des qualités les plus éminentes et relevées... vous promettant d'avoir soin de vous en choses encore plus hautes, et partant que vous regardassiez à choisir l'une de vos terres pour la faire ériger en duché-pairie et qu'il en commanderoit les expéditions à M. de Villeroy. Ce que vous acceptastes et l'en remerciastes avec les humilitez et submissions requises. Tellement que le

---

[1] Neveu d'Anne de Courtenay, première femme de Sully.

douziesme de Février vos lettres furent signées et scellées peu après, et receues au Parlement le dernier Février, que nous ne transcrirons point néantmoins, d'autant qu'elles sont enregistrées[1]. Allant au Palais, vous fustes merveilleusement bien accompagné, car horsmis M. le Comte de Soissons, il n'y eust Prince du sang qui ne vous fist l'honneur de vous accompagner et assister en une action tant célèbre, et se trouvèrent les cours, galeries, salle et Grand'Chambre si remplies de monde, que l'on ne s'y pouvoit quasi tourner.... »

A la Duché-Pairie de Sully étaient rattachées les baronnies, terres et seigneuries de Moulinfrou, Sennely, Saint-Gondon et La Chapelle d'Angillon, avec toutes les terres et justices qui en dépendaient. Il fallait que le château fût digne de la grandeur de son maître; les réparations les plus urgentes avaient été faites, les jardins qui avaient été entrepris le 27 novembre 1603 par Jehan Carré, jardinier à Sully, devaient être terminés à la fin de 1605; il s'agissait de :

...planter de grandes palissades dans le jardin tout allentour d'icelui, tout ainsi qu'il luy a esté moustré, dont il sera tenu fournir de plant, assavoir pour chacune thoise desd. pallissades cent pieds de charme ou hestre de deux pieds de haulteur et deux cens pieds de troesne de mesme haulteur et de deux pieds en deux pieds ung charme ou ung hestre de quatre pieds de hault et deux poulces de grosseur, qui sera rendu vif, et ce durant le temps et espasse de deux ans, commençant du jour d'huy; ... de bien et deuement planter la grande croisée dud. jardin où il y aura moings cinq cens pieds de troesne pour chacune thoise... le tout moyennant le prix de quinze sols pour chaque toise, à six pieds pour toise et douze pouces pour pied de Roy.

Tout était prévu avec le même soin pour le jardin potager :

...Les quatre petites croisées desd. palissades seront faictes de thim, lavandes, ysope, rue, romarin, sticades et autres arbustes de jardin; ensemble garnir toutes les planches de: esperges, artichaux, beteraves, choux pommés, choux fleurs, letues, chicorées, persil, oignons et autres sortes dont on a accoustumé de fournyr les jardins tant d'herbes potaiges, que pour saillades et fleurs; ensemble des melons, concombres, citrouilles, courges, raves, carottes, panets, chervitz, salcifis et autres qu'il sera tenu fournyr et planter à ses despens... moyennant la somme de six cens livres tournois pour lesd. deux années, qui est à raison de troys cens livres pour chacune d'icelles, tant pour les journées et nouriture dud. Carré que pour nouriture et journées d'autres personnes qu'il y pourra employer durant lesd. deux ans; laquelle somme de six cens livres sera payée par led. seigneur de Rosny aud. Carré de troys moys en troys moys par chacune année, par égalle portion, dont le premier terme à commencer d'huy en trois moys prochains venans et continuer lesd. deux années durant....

Les travaux de restauration et d'achèvement du château devaient être également terminés pour la même époque ainsi qu'il était stipulé dans le marché passé

---

[1] André du Chesne en a donné le texte dans les preuves de son Histoire généalogique de la Maison de Bethune.

à cet effet avec Claude Johannet, Jehan Gidoyn et Georges Boisnyer, le 8 février 1604. Ce marché avait pour objet de :

....Faire le front de la basse cour du chasteau, du costé du parterre... à commencer à la tour des Ormes estant sur la Sange, tirant à droicte ligne vers la rivière de Loire, auquel endroict y aura un angle sur lequel sera construict une tour; et d'icelle tour sera faict une autre muraille qui yra joindre la muraille du costé du donjon vers l'entrée de la basse court. Les murailles dud. frond auront d'espoisseur par le fondement sept pieds, sur cinq pieds d'espoisseur par le hault, et laquelle sera de la haulteur de deux thoises, et la muraille de lad. tour aura neuf pieds sur sept pieds par le hault d'espoisseur et neuf pieds de diamettre entre les œuvres et la haulteur susdicte... le tout suivant l'allignement et desseing qui sera donné. Lesd. murailles seront revestues par le devant de pierre de taille à la haulteur de neuf pieds à commencer depuis le fondement et le reste de blocage, lesquelles seront fondées ung pied plus bas que les eaux d'estiage et sur pillotis où besoing sera. Seront tenus les entrepreneurs abbattre les vieilles murailles et tours qui sont à présent au lieu cy dessus nommé, les matériaux desquelles serviront pour construire les susdictes, et leur sera fourny le reste des matières sur le lieu, tant pierre que chaux, moyennant le prix et somme de dix livres tournois pour chacune thoise carrée tant dud. frond que des tours, et leur sera baillé deux mil livres d'advance. Et dans la fin de septembre feront place nette.

Pierre Fougeu, écuyer, s^r d'Escures, s'était rendu pleige caution des entrepreneurs, ainsi qu'il l'avait fait, à la même date, pour les travaux du château de Baugy.

Un dernier marché, du 31 janvier 1606, est relatif à la construction par le même Jehan Gidoyn, de la grosse tour du château, suivant le devis ci-dessous :

Premièrement fault faire une grosse tour dans la Sange entre la ville et le chasteau en tel lieu qu'il plaira à Monsieur. Laquelle tour sera fondée sur bon fonds et ferme s'il s'y peult trouver. Sinon sera fondée sur pillotis de grosseur et longueur compétante eu esgard à la grosseur de lad. tour. Laquelle aura quinze pieds de dyamettre dans œuvre estans les murailles de quinze pieds d'espoisseur faictes de bons matériaux assavoir : moellon, cailloux, chaux et sable.

Fault que le rais de chaussée de lad. tour soit pris à deux pieds plus hault que les basses eaux de la Sange. Lequel rais de chaussée ou plat fonds sera pavé de grandes pierres ou pavé plat taillé en quarré et cymenté le tout en pante vers des gargouilles de pierre de taille qu'il fault ériger au dessoubs des canonnières suivant le plan qui en a esté baillé. Et seront lesd. gargouilles et parement des canonnières toutes de pierre de taille bien joinctes de bon cyment. Au dessus dud. plat fonds et à dix pieds de hault dans œuvre, sera érigé une voulte de pareilles matières cy-dessus avecq des arcades et chesnes de pierre de taille et une grande pierre de taille qui sera percée au milieu en forme de souppirail.

La susdite voulte aura deux bons pieds d'espoisseur, et commenceront les arachemens si bas qu'elle puisse avoir son plain cintre; et sur icelle voulte et espoisseur de muraille, sera faict une aire de bon cyment et petits cailloux et encor par dessus un parement pareil à celui qui est spécifié cy devant pour le plat fondz.

Les canonnières seront érigées en tel lieu que d'un costé elles araseront le dehors de la grosse tour de la Sange, et de l'autre costé le dehors des deux grosses tours du donjon, qui ne sont point parfaites, et sera érigé un escallier de pierre de taille pour descendre de la court dans la tour. Il sera semblablement érigé deux pans de murs de douze pieds d'espoisseur dont l'un viendra de la tour de la Sange joindre la grosse tour qui se construit maintenant, et l'autre de la plus prochaine tour du donjon à icelle, et seront lesd. pans de murs de telle haulteur qu'il plaira à Monsieur. Et sera aussi érigé tant auxdicts pans de mur que grosse tour neufve par dehors une sainture de quatre assises de bons quartiers de pierre de taille bien cymentées en telle haulteur qu'il plaira à mond. sieur, et seront lesd. pans de murs pavez, au dessus, de grand pavez de pierre taillée bien cymentés, tout ainsi que le dessus de la voulte....

Le prix convenu était de 36 livres par toise cube de 216 pieds cubes.

Mathieu Sallé, écuyer, commissaire ordinaire de l'artillerie, avait été nommé par Sully capitaine et gouverneur de la ville et du château, et M⁰ Salomon Granet, juge ordinaire.

Après l'expiration de son premier bail, M⁰ François Boutheroue, grenetier au grenier à sel de Sully, avait affermé le revenu du duché, y compris les terres, châtellenies et seigneuries de Moulinfrou, Saint-Gondon, Senely, avec le greffe du bailliage et causes d'appel de ladite pairie et autres justices en dépendant, le lieu de Briou avec le moulin, droits seigneuriaux et autres, les lieux des Angliers, de Rideaux, la métairie et le moulin de Voiseux avec les fiefs de Cuissy, les Grands-Gorges, les moulins de Glatigny, etc., moyennant la somme de huit mille livres tournois. Le bail, qui porte la date du 18 avril 1608, mentionne ainsi les charges imposées au preneur :

Payer au chapelain de Sainct Ytier de Sully, pour la messe de Madame, et entretenement de quatre enfans de chœur, six vingts livres; au gouverneur et cappitaine du chasteau et ville de Sully, cinquante livres; au juge ordinaire dud. Sully, quarante livres; au procureur fiscal dud. duché, vingt cinq livres; au maistre des eaux et forests, quinze livres; au sergent forestier, ung muid de seigle, mesure dud. Sully et six livres; au receveur dud. Sully, tel qu'il plaira aud. seigneur, soixante livres; une rente sur la terre de Moulinfrou de quarante livres; une autre rente constituée de dix livres deue à cause du lieu de Glatigny, et toutes autres charges et rentes antiennes foncières desquelles les choses susbaillées se trouveront redevables ainsy qu'elles ont accoustumé estre payées...

Le preneur devait jouir des fermes muables de l'ancien domaine de Sully, savoir :

Le port et passaige de la rivière de Loire au detroict dud. Sully; la ferme des exploicts et amendes de la justice dud. Sully; les amendes arbitraires; les menues bourgeoisies; les prez de Herbault et d'Espinoy; la mine franche; le four à ban de Chaon; le rivaige d'Erberoy; le ban à vin; la moictié du péage et sallaige dud. Sully et ce qui en a esté acquis du sieur de Boucart; la pescherie des Combes; la tierce partie du péage de Chaon et du gué du Roy.

Il devait jouir également des fermes muables de Saint-Gondon, comprenant :

La ferme des exploicts et amendes; la ferme des fours bannaux dud. Sainct Gondon et de Coullons; les menues bourgeoisies; les chaudeguettes; les estaux des bouchers; les estaux des boullengers; les places des foires de Coullons; la ferme des amendes arbitraires; la ferme de l'estang et fossé du pont Janson; la ferme en grains des moulins bannaulx de Sainct Gondon; fermes muables de Senely; la ferme des exploicts et amendes; les fossez de la Mothe, le four bannal; la ferme des prez; les amendes arbitraires, et generallement tout ce qui deppend des fermes muables susnommées.

Sully se réservait le château avec son parc et ses jardins, la rivière de Sange à la longueur du parc, les fossés du château, la garenne de Briou, les châtellenies de La Chapelle-d'Angillon, Presly, Ennordres; la collation et promotion des offices et bénéfices du duché (autres que les greffes, notariats et tabellionages), les profits de fiefs, confiscations, aubaines, épaves, amendes et forfaitures supérieures à cinquante livres.

Messire François de Cugnac, écuyer, sieur de Boucard, demeurant à Paris, rue et paroisse Saint-André-des-Arts, avait la moitié du «droict de halaige, fenestrage, qui se lève sur les marchandises et menues denrées qui se débitent ès jours de foire et de marchés audict Sully», et, à ce titre, il devait prendre à sa charge la moitié des dépenses de réparation des halles et boucherie de la ville.

Rappelons enfin que, par acte du 27 mars 1609, Sully fit donation, sous réserve de l'usufruit, à son fils aîné, Maximilien II de Bethune, marquis de Rosny, des château, duché et pairie de Sully, des baronnies et seigneuries de La Chapelle-d'Angillon, Presly, Ennordres, Moulinfrou, Saint-Gondon et Senely, du marquisat de Rosny avec les châtellenies de Montchauvet et de Villeneufve-en-Chevrie, ainsi que de la principauté souveraine de Boisbelle et Henrichemont.

Cette donation comprenait également le droit au bail emphytéotique des terres de Saint-Illiers dépendant de l'abbaye de Coulombs.

Le mariage du marquis de Rosny avec damoiselle Françoise de Créquy était déjà projeté, les accords en furent faits le 3 avril et le contrat définitif fut signé le 15 septembre 1609 [1].

1607

Villebon. — Dame Justine Vandorp, femme séparée quant aux biens d'avec messire Charles du Bec, son mari, chevalier, sieur de Villebon et de Boury, vendit, par contrat du 28 juillet 1607, au duc de Sully: «la terre et seigneurie de Villebon, scize près de Chartres, consistant en chasteau clos de fossés à eaue, pont levis, parc clos de murailles, justice haulte, moyenne et basse, fiefs, arrière-fiefs... ladite terre tenue et mouvante de Monsieur le comte du Lude, à cause de sa terre du Chesne Doré... audict sieur de Villebon appartenant au moyen de la donnation qui luy a esté cy devant faicte par feue dame Jehanne d'Estoute-

[1] Reproduit en partie par A. du Chesne, *loc. cit.*

ville, jadis sa femme en premières nopces, par leur contract de mariage...»
Le prix de cette acquisition était de cent mille livres tournois.

Les fiefs de la Gastine et de Beaurepaire faisaient partie de la seigneurie de Villebon. Plusieurs acquisitions vinrent agrandir cette terre, par l'incorporation (6 juin 1608) de diverses pièces qui appartenaient à «Anthoine Feydeau, advocat en la court de Parlement, demeurant au logis de Monsieur le conseiller Feydeau, son père, rue Symon le Franc»; du fief d'Alleray, vendu à Sully, le 29 juin 1608, par «Messire Joachim de La Ferrière, chevallier, sieur de la Plastrière, gouverneur pour le Roy des ville et chasteau de la Ferté Bernard, demeurant en son chasteau et maison seigneuriale des Yys»; «du fief de la Mairie des Chastelliers Guerriers, sis en la paroisse de Fruncey, près Villebon, vendu, le 13 janvier 1609, par Monsieur maistre René Le Beau, sieur de Sauzelles, conseiller du Roy et maistre des requestes ordinaire de son hostel, demeurant rue Bourtibourg, paroisse Sainct Paul», et de diverses parcelles sans importance.

Le 11 août 1608, haute et puissante dame Rachel de Cochefillet fit marché au nom du duc de Sully, son mari, avec Jehan Lefebvre, Jehan Roz, Denys Lespine et Jacques Facchin, tous manouvriers à Saint-Germain-en-Laye, pour l'établissement d'un canal au château de Villebon «depuis l'estang, jusques environ à quatre vingts cinq thoises de long tirant vers la chappelle, duquel canal le bout et l'allignement du costé vers le chasteau passera à trois pieds près des arboutans de lad. chappelle, et aura de largeur par le hault trois thoises revenant à deux thoises et demye par le bas, et sur la profondeur de quatre pieds pris au dessoubs du niveau de la chaulcée dud. estang... moyennant le pris et somme de troys livres par chacune thoise cube... lequel pris leur sera payé sur le lieu, toutes les sepmaines qu'ils travailleront, et à proportion de l'ouvraige qu'ils feront...»

Par acte du 12 juin 1610, Sully donna ses terres et seigneuries de Villebon, toujours sous réserve d'usufruit, à son fils François, avec les terres d'Orval, Montrond, Saint-Amand, Bruyères et Espineuil.

1608 à 1610.

A partir de 1608 jusqu'en 1610, les qualités de Sully mentionnées sur les minutes sont les suivantes : «Hault et puissant seigneur, messire Maximilian de Bethune, chevalier, duc de Sully, pair de France, marquis de Rosny, prince souverain de Henrichemont et de Boisbelle, comte de Dourdan, sire d'Orval, Montrond et Sainct-Amand, baron d'Espineuil, Bruyères, Le Chastellet, Baugy, Poligny, Etrechy, Bontin, Sommecaize, Villebon, La Gastine et Beaurepaire, conseiller du Roy en tous ses conseils, cappitaine lieutenant des deux cens hommes d'armes de ses Ordonnances soubs le titre de la Royne, Grand Maistre et cappitaine général de l'Artillerie et grand voyer de France, superintendant des Finances, fortifications et bastimens du Roy, gouverneur et lieutenant général pour Sa Majesté en Poictou, Chastelleraudois et Loudunois, gouverneur et cappitaine du chasteau de la Bastille à Paris, de Mantes et de Jargeau.»

C'est peu après son retour de l'expédition de Sedan que le Roi avait transformé la compagnie de cent hommes d'armes des ordonnances du roi, commandée par Sully, en une compagnie de deux cents hommes d'armes. Henri IV avait également donné le gouvernement de Jargeau à Sully, dont le duché s'étendait jusqu'aux portes de cette ville.

Quant aux terres et seigneuries, les baronnies de Bontin et de Sommecaize appartenaient à Sully du chef de sa première femme, Anne de Courtenay, et la châtellenie du Chastellet, en Berry, «mouvante du Roy à cause de la grosse tour de la ville d'Issoudun», lui avait été vendue, le 16 février 1608, par «très hault et puissant prince Monseigneur Henry de Bourbon, duc de Montpensier, de Sainct Fargeau et de Chastelleraud, souverain de Dombes, seigneur du Chastellet en Berry, gouverneur et lieutenant général pour le Roy en Normandie», sous le couvert de messire Henry de Schomberg, chevalier, comte de Nanteuil, dont nous avons déjà parlé à propos d'Henrichemont, et qui passa contre-lettre de cette acquisition en faveur de Sully, par acte du 14 mars 1608.

Tels sont les renseignements les plus intéressants que nous fournit le minutier de Me Simon Fournyer sur les terres et seigneuries que Sully a possédées pendant cette période de 1600 à 1610. Il nous en fournit également sur les nombreuses abbayes dont jouissait Sully, quoique huguenot : l'abbaye de Coulombs, dont le revenu temporel était estimé en 1607 à 12,000^{lt}, toutes charges déduites; l'abbaye de l'Absie en Gastine, affermée le 30 avril 1606 à André de Malleray moyennant 9,000^{lt} par an; l'abbaye de la Courdieu qui valait 2,000^{lt} de rente à Philippes Hurault, beau-fils de Sully; l'abbaye du Jard dont Sully, selon les *Œconomies Royales*, fut récompensé par Philippe de Bethune, «d'une indulgence de quarante mil livres»; l'abbaye de Lonlay dont le bail à ferme fut passé le 2 février 1607 par la duchesse de Sully, au nom de son mari, et par Me Jean de Surhomme, abbé, à René Le Din de La Challerie, agissant pour André Brice, praticien à Domfront, moyennant le prix de 4,000^{lt} par an.

IV. CHARGES DE SULLY.

Il nous reste maintenant à étudier ce que les Actes passés au nom du Roi nous apprennent de la façon dont Sully remplissait les charges dont il était revêtu et les enseignements divers que ces actes peuvent contenir.

Attaché dès son enfance à la personne du Béarnais, puis appelé à vingt et un ans, en 1580, à faire partie du Conseil de Navarre, Maximilien de Bethune devint bientôt, grâce à la maturité de son esprit, l'ami et le conseiller le plus intime du Roi, qui l'employa très jeune dans diverses affaires d'État. «Afin d'authoriser davantage vostre personne», lui disent ses secrétaires dans les *OEconomies Royales*, «il vous fit pourvoir d'une charge de conseiller d'Estat de France aux gages de deux mil livres [1], et adjonction d'une pension de trois mil six cens livres».

La très savante introduction dont M. Noël Valois a accompagné son précieux *Inventaire des arrêts du Conseil d'État* sous le règne de Henri IV explique le fonctionnement du Conseil d'État, du Conseil Privé et du Conseil des Finances, qui ne constituaient en réalité qu'un seul corps avec les pouvoirs administratifs et judiciaires les plus étendus.

Le nombre des «Conseillers du Roy en ses Conseils d'Estat et Privé» n'était pas limité. Plus de cent personnages, en dehors des princes du sang, ducs, pairs, grands-officiers de la Couronne, gouverneurs et lieutenants du Roi aux provinces, en avaient le brevet, y prenaient séance avec voix délibérative; aussi, selon l'expression de Sully, en résultait-il parfois «une cohue» qui appela l'attention de Henri IV et motiva, en 1607, des propositions de réforme, mais le projet que Sully présenta au roi, à cet effet, n'eut pas de suite.

Quand le Conseil d'État siégeait en Conseil Privé, Sully ne prenait que rarement part à ses délibérations, mais il ne manquait jamais d'assister aux séances du Conseil d'État et des Finances, qui se tenaient le mardi, le jeudi et le samedi de sept heures du matin jusqu'à dix ou onze heures.

Bien que le Chancelier de France eût préséance, la présidence effective était «aucunes fois» exercée par Sully, notamment quand il s'agissait des affaires ressortissant aux grandes charges dont il était pourvu. Aux lettres et dépêches qu'il apportait au Conseil pour être consultées, il joignait ordinairement ses réponses toutes préparées et même les arrêts tout dressés, «auxquels peu souvent estoit-il changé quelque chose [2]».

---

[1] On conserve à la Bibliothèque nationale (mss P. O. 327) un reçu donné par Sully, le 31 mars 1606, de la somme de mille livres pour les quartiers de janvier et d'avril de ses gages du Conseil d'Etat. — [2] *OEconomies Royales*, II.

INTRODUCTION.

Nous avons remarqué que plusieurs des Actes que nous publions ont été de même préparés par lui; l'écriture, le papier, les dispositions générales sont, en effet, absolument semblables à ceux de certains arrêts du Conseil d'État, écrits évidemment par le même scribe. On y trouve également des annotations de la haute et maigre écriture de Sully, toujours reconnaissable entre toutes; nous citerons particulièrement les règlements du 13 janvier 1605 (grand voyer) et du 7 février 1608 (surintendant des fortifications).

CONSEIL D'ÉTAT.

Les Actes notariés passés soit en Conseil d'État, soit par les «seigneurs du Conseil», sont caractérisés par l'intervention directe et constante du Chancelier de France, ou du Chancelier et du Garde des sceaux quand ces deux charges, devenues distinctes, furent exercées : la première par Bellièvre et la seconde par Sillery, de mars 1605 à septembre 1607. Sully, même duc et pair, n'y tient donc que le second ou le troisième rang, immédiatement après le Chancelier et le Garde des sceaux. Après lui sont nommés quand il y a lieu, les autres membres du Conseil d'État qui participent aux Actes.

Les affaires traitées sont de natures très différentes : on fait des «accords et conventions» aussi bien pour la fourniture, l'équipement et l'entretien d'une escadre de six galères avec sa chiourme (Acte II), que pour la création d'une clinique où Séverin Pineau enseignera à dix jeunes chirurgiens «l'art et méthode de tirer la pierre de la vessie qui s'engendre aux corps humains de l'un et l'autre sexe» (Acte III). On y trouve même en 1604 un bail (Acte VI) à Louis Routard pour dresser un jeu de paillemail, qui était déjà bien déchu du temps de Richelet, si l'on en croit son dictionnaire où il est dit : «Le *mail* qui est auprès des Célestins n'est pas trop beau.» Deux traités, datés de 1609 et 1610, concernent l'établissement de manufactures que Sully, entièrement converti aux idées du Roi, semble même avoir pris sous sa protection particulière puisqu'elles devaient être installées au milieu même de ses possessions à Mantes et «proche la rivière de Loire». L'un de ces traités (Acte IV) relatif à la création pour la première fois en France d'une manufacture de toiles fines «tant pour servir à vestir qu'à faire serviettes, nappes œuvrées, damassées, figurées ou rayées d'or, d'argent ou de soie de toutes couleurs et façons», est remarquable par le soin apporté à assurer aux ouvriers les conditions les plus favorables. Deux cent soixante métiers devaient être installés à Mantes[1] et cent «proche la rivière

---

[1] C'est également à Mantes que Noël Parent entreprit de fabriquer des crêpes fins, façon de Bologne. Il reçut les encouragements du jeune roi Louis XIII qui lui fit prêt de 1,500ᵗ, dont Jacques Guillin, valet de garde-robe ordinaire de la reine, se porta caution suivant acte passé par-devant Simon Fournyer le 7 août 1611.

de Loire», probablement dans les environs de Sully-sur-Loire. S'il était nécessaire de faire venir de Hollande et de Flandres des «ouvriers experts» avec leurs familles, il était bien stipulé que la moitié au moins des ouvriers devaient être «français naturels», que les toiles par eux fabriquées dans leurs ateliers devaient leur être payées par les entrepreneurs «à prix raisonnable qu'ils puissent s'en contenter»; enfin, pour que ces ouvriers ne puissent être divertis de leurs ouvrages, ils devaient être exempts de toutes charges personnelles, même des tailles. De leur côté, les entrepreneurs devaient jouir des privilèges et exemptions des officiers de la maison du Roi.

Viennent ensuite un traité avec Philippe de Coulanges, grand-père de Mme de Sévigné, pour l'approvisionnement de l'armée, puis des baux de terrains dépendant du domaine royal, ensuite toute la série des Actes concernant la création de la place Royale, qui constitue presque une monographie, de même que l'ensemble des documents relatifs à l'acquisition par Henri IV de la seigneurie d'Antibes.

GRAND VOYER DE FRANCE.

Une des premières préoccupations de Henri IV fut de réparer les désastres des guerres civiles en donnant la plus vive impulsion au commerce et à l'agriculture. Il lui fallait avant tout remettre en état les routes, les ponts, les voies diverses de communication, en créer de nouvelles, et développer la navigation intérieure par la création de canaux faisant communiquer ensemble les voies fluviales.

La réalisation de cette vaste conception devait le conduire à assurer l'unité de vues et d'action indispensables, en centralisant dans une seule main les pouvoirs jusqu'alors partagés entre plusieurs autorités diverses : trésoriers de France, voyers particuliers, administrations locales, qui agissaient sans contrôle effectif, selon les besoins étroits du moment et de l'endroit, et le plus souvent au préjudice des intérêts généraux [1].

L'Édit de mai 1599, créant un «Estat de Grand Voyer de France», marque la première étape de cette œuvre de réorganisation.

Le Grand Voyer de France devait avoir «l'autorité et superinstance sur tous les voyers establis ou qui le pourront estre cy après en toutes les villes du Royaume...» sans qu'il puisse prétendre néanmoins aucune juridiction contentieuse.

Cet édit ne fut enregistré en Parlement que le 7 septembre 1599, lorsque Henri IV eut choisi, pour remplir cet «Estat», Maximilien de Bethune, alors baron de Rosny, à qui il alloua, de ce chef, deux mille écus de gages par an [2].

---

[1] Cf. A. des Cilleuls, *Origines et développement des travaux publics en France.* — Paris, Impr. nat., 1895. —
[2] Bibl. nat., ms. P. O. 326.

INTRODUCTION.

Bien que le Voyer particulier de Paris eût dû être ainsi placé sous l'autorité incontestée du Grand Voyer de France, le caractère de cette subordination n'était pas suffisamment déterminé pour éviter toutes difficultés. En effet, Me Guillaume Hubert, pourvu depuis longtemps de l'office de «receveur ordinaire et Voyer pour le Roy ès ville, prevosté et viconté de Paris», voulait conserver intactes ses prérogatives. Aussi le voit-on apparaître en cette double qualité dans les contrats d'acquisition des maisons destinées à l'agrandissement de l'Arsenal, datés des 20 septembre et 1er octobre 1601 (xxv et xxvi). D'autre part, il avait fallu l'intervention du Conseil d'État pour charger le Grand Voyer de France de faire faire les réparations nécessaires au pavé de Paris, et son arrêt du 19 octobre 1602 dut expliquer que «le fait desdicts pavés est chose dépendante de la charge du s^r marquis de Rosny... en quoy et à tout ce qui sera ordonné par ledict s^r Grand Voyer pour raison desdicts pavés et octroys, Sad. Ma^{té} entend qu'il luy soit obéy comme en choses dépendantes de sa charge pour tous ceux à qui il appartiendra [1] ».

Pour rendre sa situation nette à cet égard sans léser les intérêts et les droits acquis de Guillaume Hubert, Sully prit le parti d'acheter purement et simplement à ce dernier son office de Voyer de Paris, dont il reçut, le 24 mars 1603, les provisions, qui furent enregistrées au Parlement le 27 mai suivant [2].

Jehan Fontaine, «maistre des œuvres de charpenterie des bastimens du Roi», qui avait servi d'intermédiaire à Sully pour cette laborieuse négociation, fut nommé par le Grand Voyer son «Commis en la voirie de la ville, prevosté et viconté de Paris», et figure sous ce titre dans le marché (xxxiv) passé le 13 juin 1603, avec Michel Richer, pour le pavage de la chaussée du Bac et du port Saint-Paul.

Une déclaration du Roi, du 7 juin 1604, enregistrée au Parlement le 20 novembre suivant, consacra l'autorité générale du Grand Voyer de France et en détermina les attributions; enfin, un règlement du 13 janvier 1605, préparé et signé par Sully, fixa très nettement les détails d'administration de cette grande charge. Les règles qui régissent actuellement les conditions d'étude et d'exécution des travaux publics ont leur origine dans cet important document, que nous croyons inédit et dont à ce titre il nous paraît intéressant de donner le texte *in extenso*.

RÈGLEMENT DU 13 JANVIER 1605 [3].

Reiglement et ordre que le Roy veult estre observé tant par le Grand Voier de France, ses lieutenans, les trésoriers de France, surintendans des turcyes et levées, elleus et voiers particuliers sur le faict des constructions, reparations et entretenement des Ponts, pavez, chemins et chaussées, turcies et levées et autres ouvrages publicqs.

---

[1] Arch. nat., E 4^b, fol. 224. — [2] Delamarre, *Traité de la Police*, IV, 688. — [3] Arch. nat., E 8^a, fol. 7 et 8.

INTRODUCTION.

Prem[t]. Que le Grand Voier de France prenne congnoissance de touttes sortes de despences qui se font ès œuvres publicques, dont les deniers se lèvent et reçoivent en vertu des commissions du Roy.

Pourra led. Grand Voier quant bon luy semblera faire des visittes de toutes les repparations des ouvrages cy dessus, tant faictes qu'à faire, sans pour ce prendre plus grandes taxations que de neuf livres par jour, attendu qu'il est question de l'utillité publicque.

Et d'aultant que pour les occupations que led. Grand Voier a ordinairement, il sera bien difficile qu'il puisse vacquer à telles visittes, le Roy veult et entend qu'elle se face en chacune généraillité par des trésoriers de France lieutenans du grand voier, intendans des turcies et levées[1] et elleus; et ne pourront estre plus de trois à la fois qui prennent taxations, ny icelles estre plus grandes que de six livres par jour pour les trésoriers de France, lieutenans du Grand voier, et intendans des turcyes et levées; et quatre livres pour les elleus, attendu qu'il est question d'ouvrages publicqz où chacun d'eulx peut avoir interest en son particulier.

En la generallité de Paris, le Contrerolleur général des Bastimens du Roy et comme en tous les endroicts de ce Royaume, les Prevosts des Marchans, maires, eschevins, consuls, saindicqs et procureurs des villes et communaultez, ensemble les principaux bourgeois, pourront, sy bon leur semble, se trouver et estre présens aux visittes, chevauchées, devis et publications, adjudications, marchez, contractz, receptions et thoisez des ouvrages qui seront faicts ou ordonnez par les officiers cy devant dictz, sans que led. Controlleur général des Bastimens, lesd. maires et eschevins ou autres ayant charge des Villes et Communaultez, puissent prétendre aucuns droits ny taxations attendu qu'il est question de l'utillité et commodité publicques.

Seront tenus lesd. Grand Voier ou ses lieutenans, trésoriers de France, intendans ou autres officiers, pour dresser les devis nécessaires, faire leurs visites et chevauchées dans le mois de Febvrier, lorsque les eaues sont ordinairement plus haultes et les chemins plus fâcheux, et pour les thoisez et repparations des ouvrages, dans les mois de Septembre et Octobre, lorsque les eaues sont plus basses et que le temps de travailler en maçonnerie s'en va passer, excepté pour ce qui est des turcyes et levées et ponts de la rivière de Loire, pour lesquelz les visites se feront au mois de May et les réceptions d'ouvrages au mois d'Octobre.

Au mois de Novembre de chaque année envoyeront lesd. officiers aud. Grand Voier un estat de toutes les repparations à faire ausd. ouvrages publicqs, et par led. estat cotteront les plus nécessaires et les plus pressées et ce qu'elles pourront couster par estimation.

Seront tenus lesd. officiers de spécifier dans leurs devis, proclamations et adjudications, les lieux, la quantité et quallité desd. ouvrages tant par la matière et mesure que le temps qu'ils doivent estre faicts et parfaicts, et ne pourront faire aucuns marchez sans deux proclamations et adjudications au rabais et moins disans et de prendre bonne et suffisante caution sur le tout, à peyne respondre en leur propre et privé nom.

S'il se trouve que aucuns ouvriers ayant mis des ouvrages au rabais, ne puissent bailler cautions ou quittent leurs adjudications, ils seront tenus et contraincts de paier leurs folles enchères dont les trésoriers et receveurs feront recepte, et seront tenus les autres qui auront mis lesd. ouvrages de gré à gré jusques au premier offrant ou retrogradant, les faire et parfaire ou bien paier leurs folles enchères comme est dict cy-devant.

Ne pourront led. Grand Voyer, trésoriers et autres officiers, comprendre aucuns frais, droicts ny taxations tacitement et soubz couvertures d'ouvrages, dans les marchez et contracts qu'ils feront, à peine d'estre attaincts de concussion.

---

[1] Les Intendants des Turcies et Levées étaient alors Pierre Fougeu, s[r] d'Escures, attaché depuis longtemps à Sully, et Barthélemy Savorny, s[r] de La Clavelle, l'un de ses secrétaires. Ils avaient remplacé Me Jacques Chauvreux, mort en 1602, dont l'office fut ainsi dédoublé par un édit de janvier 1603.

INTRODUCTION.

Ne pourront led. Grand Voier, trésoriers et autres, faire aucune despense de bouche, prendre aucuns pots de vin ny faire aucunes espèces de frais aux despens des dessins destinez ausd. repparations, ny entreprenement d'icelles ny estre associez ny eulx ny les leurs avecq iceulx, sur les mesmes peynes; mais seront tenus d'incérer dans les contracts et marchez, et dans les estats que rendront les trésoriers et receveurs, toutes les moindres despences par le menu.

S'informeront led. Grand Voyer et ses lieutenants, trésoriers de France et autres officiers, de tous les péages, imposts et travers qui se paient aux ponts, chemins, chaussées et passages, dont ils feront les devis pour repparer, affin de contribuer ceux au proffict desquels ils sont levez ausd. repparations, et le tout dresseront un bon estat pour y avoir recours quand besoing sera.

S'informeront pareillement, allans par les villes lors de leurs visittes, des abbus qui se commettent à l'emploi de deniers octroiez et conceddez aux villes pour les repparations des ouvraiges publicqs et lorsqu'ils en descouvriront aucun, le feront repparer et chastier, ou en donneront advis au Grand Voyer de France, qui le fera entendre au Roy.

Seront tenus les trésoriers de France, intendans des turcies et levées, lieutenans du Grand Voyer et autres qui ont charge desd. ouvrages, de vériffier dans deux mois au plus tard après la réception des ouvrages année par année les estats des trésoriers et receveurs qui en auront faict la recette et despence, et iceux envoier directement au Grand Voyer de France; leur deffendant, à peines de privations de leurs charges et de punition exemplaire, d'aller compter aux Chambres des Comptes sans avoir présenté leurs estats au susd. Grand Voyer.

Faict au Conseil du Roy tenu à Paris le xiij° jour de Janvier 1605.

M. DE BETHUNE.

Un autre Édit, de décembre 1607, enregistré le 14 mars 1608, ne reconnaissait, pas plus que celui de 1599, au Grand Voyer aucune juridiction contentieuse, et la réservait aux juges ordinaires, mais lui allouait la moitié des amendes et, de plus, spécialement à Paris, un certain nombre de droits et de profits divers payables par les particuliers : soixante sols parisis par redressement d'alignement; soixante sols tournois pour alignement d'une nouvelle construction; de quinze à trente sols tournois pour divers droits de petite voirie, sans préjudice de redevances en nature telles que «chandelles, gasteaux, beurre, œufs, fromages, figues, raisins, bouquets, qui se cueillent et perçoivent par chacun an, ès jours et saisons accoustumés, de ceux et celles qui estallent et placent sur ladicte voyrie tant ès marchez, rues, voyes et places publiques...»

C'est le revenu de ces droits et profits de la voirie de Paris qui fait l'objet des baux des 19 septembre 1608 et 30 décembre 1609 (XXXIX et XL), dont le dernier constituait au Grand Voyer un revenu fixe de 6,000ᵗᵗ par an, réduit à 3,700ᵗᵗ par un nouveau bail passé aves Jacques Bougault, le 2 décembre 1614. Il est à remarquer que tous ces baux font réserve expresse des «places» spécifiées dans l'Édit de 1607, «vulgairement et antiennement appellées les places ordonnées par le feu Roy Saint Louis estre aumosnées à pauvres femmes veuves et filles orphelines à marier, sises tant ès Halles de Paris, rue au Feurre, qu'ès environs ».

Si les places aumônées par saint Louis ont disparu, certaines autres dispositions de l'édit de 1607 ont conservé à travers les siècles leur force de loi, et aujourd'hui encore c'est toujours le texte de Sully qui est en vigueur en ce qui concerne les travaux confortatifs, les saillies, les alignements, les enseignes, auvents, etc. A titre de renseignement intéressant, nous reproduisons ci-dessous les articles de cet édit encore invoqués par l'Administration municipale de la voirie de Paris :

Deffendons à nostre dict grand voyer ou ses commis de permettre qu'il soit fait aucunes saillies, avances et pans de bois aux bâtiments neufs, et mesme à ceux où il y en a à présent de contraindre les réédifier, ny faire ouvrages qui les puissent conforter, conserver et soutenir, ni faire aucun encorbellement en avance pour porter aucun mur, pan de bois ou autres choses en saillie, et porter à faux sur lesdites rues, ainsi faire le tout continuer à plomb, depuis le rez-de-chaussée tout contremont, et pourvoir à ce que les rues s'embellissent et élargissent au mieux que faire se pourra, et en baillant par luy les allignemens, redressera les murs où il y aura ply ou coude.................................

Comme aussi nous deffendons à tous nosdits sujets de ladite ville, faubourgs, prévosté et vicomté de Paris, et autres villes de ce royaume, faire aucun édifice, pans de murs, jambes estriers, encoignures, caves ny caval, forme ronde en saillie, sièges, barrières, contre-fenestres, huis de cave, bornes, pas, marches, sièges, montoirs à cheval, auvens, enseignes establies, cages de menuiserie, châssis à verres et autres avances sur ladite voyrie, sans le congé et allignement de notre dict grand voyer ou desdits commis.................................

....
et pour le regard de ceux qui voudront faire degrez pour monter à leurs maisons, par le moyen desquels les rues estrécissent, faire sièges esdites rues, estail ou auvent, clorre ou fermer aucunes rues, faire planter bornes au coin d'icelles, ès entrées de maison, poser enseignes nouvelles, ou faire le tout réparer, prennent congé dudit grand voyer ou commis.........

....
Faisons aussi deffenses à toutes personnes de faire et creuser aucunes caves sous les rues...
....

Quant aux opérations de voirie proprement dites, le principe et les moyens d'exécution en étaient arrêtés au Conseil d'État, aussi ne rappelons-nous ici que pour mémoire l'aplanissement du bastion Saint-Antoine (xxxvii), l'amélioration des abords de l'Arsenal et son agrandissement (xxxv et xxxvi), la création de la place Royale en 1605 (Domaine royal, section II) et celle de la place Dauphine en 1607 (viii); le percement de la rue Dauphine a été également exécuté sous l'administration de Sully, mais aucun des actes du minutier de Me Simon Fournyer ne s'y rapporte.

Par contre, en ce qui concerne les grandes voies de communication du royaume, ce minutier renferme deux actes importants relatifs à la création, l'un du canal de Briare, l'autre du canal de la Vesle. Le premier de ces actes, passé en Conseil d'État, a trait à l'acquisition pour le domaine royal, de la ferme de la Trousseboizière; le second est un marché de travaux passé par le Grand Voyer de France pour la construction de la partie du canal comprise entre Sillery et Reims.

Sully avait entrepris, en 1604, avec son intendant des turcies Fougeu d'Escures, l'étude des «conjonctions de la rivière de Seyne avec Loyre, de Loyre avec Saône et de Saone avec Meuse, par le moyen desquelles, en faisant perdre deux millions de revenus à l'Espagne et les faisant gagner à la France, l'on faisoit, par à travers d'icelles, la navigation des mers Océane et Méditerranée de l'une dans l'autre» (*Œconomies Royales*, II, 229).

Il commença par le canal de Briare et se transporta plusieurs fois sur les lieux «pour en recongnoistre les comoditez et prendre les hauteurs et déclins des montagnes».

Hugues Cosnier, de Tours, valet de chambre du Roi, licencié ès lois, auteur des plans du canal, fut chargé, dès 1604, de l'exécution des travaux, qui furent visités, en 1606, d'abord par François Le Febvre, sieur de Mornant, trésorier de France en la généralité de Paris, et par Jean Fontaine, maître des œuvres des bâtiments du Roi, et ensuite par Henri IV; c'est à la suite de ces visites que fut achetée la ferme de Trousseboizière. Les travaux furent menés assez activement pour qu'en 1607 on fit frapper des médailles commémoratives de cette entreprise. Mais, Hugues Cosnier ayant mal calculé les dispositions des écluses, le régime et le débit des eaux, vit bientôt une partie des écluses hors de service. Des expertises furent faites en 1610 et 1611 sous la direction de Jean-Jacques de Mesmes, sieur de Roissy, conseiller d'État et maître des Requêtes ordinaire de l'hôtel, par l'architecte Metezeau, Jean Fontaine, Tomaso Francini, conducteur, puis intendant des Eaux et Fontaines des Bâtiments du Roi, Jean Lintlaer, maître de la Pompe du Pont-Neuf, et Humfray Bradelay, gentilhomme flamand de Bergues sur le Zou, en Brabant, maître des digues de France. Diverses solutions furent proposées, que les événements de la minorité de Louis XIII laissèrent sans suite, et l'on abandonna les travaux du canal dont la dépense s'était élevée à 955,127# 13ˢ 3ᵈ.

Après un essai infructueux du maréchal d'Effiat pour continuer les travaux, ce n'est qu'en 1638 que Guillaume Bouteroue et Jacques Guyot reprirent avec succès la construction du canal et le livrèrent au commerce en 1642, ce qui leur valut l'anoblissement.

C'est aussi Hugues Cosnier qui fut adjudicataire de la construction du petit canal de la Vesle. L'acte relatif à cette adjudication détermine dans un de ses paragraphes le principe de l'expropriation pour «œuvre publique» et de la juste indemnité qui en est la conséquence, réglées soit à l'amiable, soit, en cas de désaccord, par des commissaires spéciaux; on y remarque encore l'attribution de juridiction au Conseil d'État. On y trouve, enfin, un des premiers exemples de concession de travaux publics à des entrepreneurs généraux substitués aux droits de l'État.

Sully avait la charge de ces travaux non seulement comme Grand Voyer de France, mais aussi comme capitaine héréditaire des canaux de France. Un acquit donné par lui au Trésorier de l'Épargne, le 20 décembre 1609, nous apprend qu'il recevait de ce chef neuf cents livres de gages «pour les capitaineries des canaux des rivières de Loyre et Seyne et des canaux de Vesle en Champagne et du Clin en Poictou [1]».

Sully, qui, sur sa démission du 24 août 1616, avait fait recevoir son fils, le comte d'Orval, à la survivance de ses charges de Grand Voyer de France, de Voyer particulier de Paris et de Capitaine héréditaire des canaux, en dut subir la suppression en 1625.

SURINTENDANT DES BÂTIMENTS.

Les surintendants des Finances étaient, au commencement du règne de Henri IV, comme sous les règnes précédents, chargés de la surintendance des Bâtiments royaux. François d'O exerça cette charge jusqu'à sa mort, en 1594. L'année suivante, la surintendance s'exerçait en une sorte de conseil particulier composé de Gaspard de Schomberg, comte de Nanteuil, de Jacques de La Grange Le Roi et de Nicolas de Harlay, sieur de Sancy. C'est ce dernier qui était plus particulièrement chargé du soin des bâtiments. «Homme franc, hardi, intrépide, qui, suivant Péréfixe, ne craignoit personne quand il s'agissoit du service du Roi», mais dépourvu des qualités d'ordre, d'économie et de prévoyance nécessaires à un bon administrateur, et «livré à ses vertiges ordinaires», il dut résigner en 1600 sa charge entre les mains de Maximilien de Bethune. Jean de Fourcy conserva les fonctions d'intendant qu'il remplissait déjà sous François d'O; de même Jean de Donon fut maintenu au contrôle général des bâtiments.

Sully avait fixé, dans le règlement de janvier 1605, que nous venons de reproduire, les règles qui devaient présider à l'étude et à l'exécution des travaux dépendant tout aussi bien de sa charge de Grand Voyer que de celle de Surintendant des bâtiments. Il appliquait, du reste, déjà les mêmes principes pour les travaux relatifs aux bâtiments, ainsi qu'on peut le voir dès 1603 dans les marchés passés en vue de l'achèvement de la grande galerie du Louvre et du Palais des Tuileries, de la continuation de la grande galerie de l'Arsenal, de la restauration des châteaux de Villers-Cotterets, de Saint-Germain-en-Laye et de Saint-Léger.

Nous reproduisons en tête du chapitre consacré au Louvre et aux Tuileries la déclaration du 19 avril 1599 qui avait interdit aux architectes de prendre la qualité d'ordonnateur réservée au Surintendant des bâtiments. Ayant ainsi remédié à la confusion des pouvoirs, il restait à consacrer dans les marchés de

---

[1] Bibl. nat., ms. P. O. 327.

INTRODUCTION.

travaux les formes déjà mises en pratique, et à régler les conditions dans lesquelles les dépenses devaient être constatées et payées. C'est ce qui fait l'objet de l'ordonnance du 7 février 1608 préparée par Sully, qui la fit signer à Henri IV et que nous reproduisons ci-dessous :

HENRY, par la grâce de Dieu Roy de France et de Navarre, à tous ceux qui ces présentes lettres verront, Salut. Scavoir faisons que voulant apporter tout l'ordre qui peut estre requis de l'administration des deniers que nous destinons tous les ans au travail des Fortifications, Bâtiments et Réparations Publiques de nostre Royaume, tant afin de rendre éclaircis tous les payements qui se feront pour le sujet desd. dépenses, que pour en faire entreprendre les ouvrages avec toutes les formalités nécessaires pour leur advancement; à ces causes, de l'advis de nostre Conseil, nous avons dit, statué, déclaré et ordonné, disons, statuons, déclarons et ordonnons, voulons et nous plaist, que doresnavant premier que de faire travailler à aucuns ouvrages concernant lesd. Fortiffications, Bastimens et Réparations Publiques, qu'il en sera fait düe visitation et devis particulier par gens experts, en présence des Intendants ou des Controlleurs desd. charges. lesquels devis seront après publiez en tous endroits nécessaires, pour estre les offres receuës et les besongnes contenuës en iceux adjugées au moins disant, la chandelle éteinte, sans que, dans ledit devis il puisse estre supposé aucune dépense, sur peine aux Ordonnateurs et aux Trésoriers et comptables, d'en répondre en leurs propres et privez noms. Et afin que ledit ordre se puisse observer jusqu'au moindre desd. ouvrages, Nous voulons que dès le commencement de chacune année, soit faite une visite et devis par le menu de tous ceux auxquels sera jugé nécessaire de faire travailler, et que pour l'adjudication et payement d'iceux, il y soit procédé suivant les formes cy dessus prescrites; comme aussi nous enjoignons très expressément à nos dits officiers de ne signer ni d'acquitter aucune Ordonnance pour ledit payement, sans qu'elle soit conforme audit marchez solennellement faict; et si elle s'expédie seulement sur et tant moins des sommes portées par iceux, sera spécifié dans lad. Ordonnance toutes les sommes qui auront déjà esté ordonnées et acquittées sur lesdit marchés, afin que non seulement par l'Ordonnance du parfait payement, mais encore par toutes celles qui s'expédieront sur et tant moins, soient reconnues toutes les sommes qui auront esté payées ou resteront à payer pour une même dépense; ce que nous entendons estre étroitement observé par lesdits officiers de nos Fortifications, Bastimens et Réparations Publiques; et pour cet effet, deffendons aux gens de nos comptes de passer à l'advenir en la dépense des comptes de nosd. comptables, aucunes parties qui ne soient payez en vertu desd. marchez et Ordonnances faites en la forme que dessus, et sans aussy qu'il leur soit rapporté sur les parfaits payemens un acte deuement expédié pour la réception desd. ouvrages; à faute desquels acquits nous entendons que lesdites parties soient rayées ou teneuës en souffrance, tant sur les comptables que sur les parties prenantes, faisant à cette fin très expresses inhibitions et deffenses ausd. comptables de ne vuider leurs mains des deniers de leurs charges, sans retirer lesd. acquits. Si donnons en mandement à nos amez et feaux conseillers lesd. gens de nos comptes à Paris, que ces présentes ils fassent enregistrer ès registres du greffe de nostre dite Chambre, et le contenu cy dessus garder et faire garder et observer respectivement par les officiers de nosd. Fortifications, Batimens et Réparations et par tous autres qu'il appartiendra. Car tel est nostre plaisir. En témoin de quoy Nous avons fait mettre nostre scel à cesd. présentes. Donné à Paris, le septième Février, l'an de grâce mil six cens huit et de notre règne le dix-neuvième. Signé, sur le reply, par le Roy en son Conseil : LHUILLIER, et scellées sur double queue du grand sceau de cire jaune.

Et sur led. reply est écrit : Registrée en la Chambre des Comptes, ce requérant le Procureur général du Roy, pour estre le contenu en icelle gardé et observé selon sa forme et teneur;

Et seront lesd. arrests de vérification affichez ès chambres des Conseillers auditeurs et autres lieux ordinaires et accoutumez en lad. chambre, à ce qu'on n'en prétende cause d'ignorance. Le vingt unième jour de Février mil six cens huit, suivant lequel arrest ont esté coppies desd. lettres et d'icelluy arrest affichées. — Signé : DELAFONTAINE.

Collationné par nous, conseiller maître à ce commis.

FREMIN[1].

Ce sont ces règles qui ont été constamment suivies : les Ordonnances royales du 10 mai 1829, du 4 décembre 1836, le décret du 18 novembre 1882 pour les travaux de l'État et l'Ordonnance du 14 novembre 1837 pour les travaux des communes en ont consacré les principes. Nos actes nous montrent qu'avant tout marché un devis détaillé était dressé et que ce devis était publié et affiché par l'huissier du Trésor, avec indication du jour et de l'heure de l'adjudication qui devait avoir lieu dans la grande salle de l'Arsenal. La mise à prix était fixée, de même que les conditions dans lesquelles les rabais devaient être présentés; l'adjudication se faisait non par soumissions cachetées, mais aux feux des chandelles. Parfois, malgré la présence de nombreux concurrents, aucune offre n'était faite, ou bien les offres paraissaient insuffisantes, ce qui attirait aux assistants des admonestations (CIX, CX) qui manquaient rarement de produire leur effet; sinon, l'adjudication était remise à une date postérieure. Parfois aussi des entrepreneurs déclarés adjudicataires ne pouvaient remplir leurs engagements, ni même fournir caution, dans ce dernier cas la folle enchère appelait une sanction immédiate : les imprudents étaient aussitôt mis en prison (LXIV) et il fallait un arrêt du Conseil d'État pour ordonner leur élargissement[2].

Il arrivait aussi qu'une fois l'adjudication prononcée, un des concurrents se décidait à proposer un rabais supérieur; ce nouveau rabais était communiqué à l'adjudicataire et parfois il s'ensuivait entre les deux concurrents une nouvelle adjudication prononcée définitivement en faveur de celui qui avait fait le plus fort rabais (LXXXIV). C'est là une procédure encore en vigueur aujourd'hui en vertu de l'article 16 du décret du 18 novembre 1882.

Les Actes relatifs aux Bâtiments ne sont pas seulement intéressants au point de vue de ces diverses procédures; les devis très détaillés qu'ils comportent fournissent aux architectes des détails de construction très étudiés. Malheureusement, à part les noms de Louis Metezeau, remplaçant J. Androuet du Cerceau pour l'achèvement de la Grande Galerie du Louvre, d'Estienne Duperac pour le Palais des Tuileries et peut-être de Salomon de Brosse pour le Collège de France, ces devis ne contiennent aucune mention des architectes chargés des autres travaux. De même pour les peintres et les sculpteurs : on trouve bien que Jacob Bunel a été

[1] Arch. nat., P. 2344, fol. 473. — [2] Arch. nat., E. 14ᴬ, fol. 366.

chargé des peintures de la salle des Antiques, et le sculpteur Guillaume Poiret des ornements de la même salle, mais il est regrettable de ne pas rencontrer d'autres indications. De l'œuvre de ces deux artistes il ne reste plus rien, puisque la salle des Antiques a été détruite par l'incendie. Jacob Bunel lui-même, chargé de faire l'inventaire des tableaux de la galerie de Catherine de Bourbon, duchesse de Bar (Acte 1) s'est borné à une énumération très sèche des portraits qu'elle contenait et c'est avec regret que nous constatons de sa part l'absence de toute indication sur les auteurs de ces portraits, vraisemblablement anéantis eux aussi, dans l'incendie de la même salle des Antiques, où Henri IV avait manifesté l'intention d'en placer la plus grande partie.

A un autre point de vue, nos Actes nous renseignent sur quelques prix de revient qui peuvent permettre d'établir des points de comparaison avec les prix actuels. C'est ainsi que nous voyons les ouvrages courants de maçonnerie comptés à toise boutavant à raison de 21 livres à Paris et 18 livres à Saint-Germain-en-Laye; la charpente adjugée à raison de 390 livres le cent de bois (c'est-à-dire une pièce de douze pieds et de six pouces en quarré): la toise de couverture d'ardoise d'Angers à trois pouces et demi d'échantillon avec lattes et contrelattes : six livres; les lambris et les parquets de menuiserie : vingt-deux livres la toise de 36 pieds; le gros fer : dix-huit deniers la livre; la vitrerie en verre neuf de France, y compris le plomb : sept sols le pied de roy à douze pouces; le pavage en pavé neuf et sable : sept livres la toise.

Quant aux travaux à la tâche, tels que les terrassements, pour lesquels Sully aimait traiter directement avec les ouvriers, le prix de la toise cube ressort généralement à trente sols.

Le payement de tous ces travaux était, d'une façon générale, ordonnancé de façon à être effectué au fur et à mesure de leur état d'avancement, par les trésoriers des Bâtiments Jean Jacquelin et Henry Estienne.

SURINTENDANT DES FORTIFICATIONS.

Le minutier de M⁰ Simon Fournyer ne contient que trois actes se référant à la charge de Surintendant des Fortifications que Sully exerça seulement de 1600 à 1605, en remplacement de Charles de Saldaigne, sʳ d'Incarville. La procuration donnée par Sully le 22 janvier 1605 avait pour objet de résigner cet office en faveur de son fils aîné, Maximilien de Bethune, que l'on appelait alors le sieur de Bontin et qui porta depuis le titre de marquis de Rosny. Un arrêt du Conseil d'État, du 15 décembre de la même année, ordonna aux trésoriers et aux contrôleurs des Fortifications de remettre dorénavant au sieur de Bontin leurs comptes dans les six mois qui suivent l'expiration de leur service et, quant aux comptes des années 1602 à 1604, de les présenter dans les trois mois, sous peine de destitution. La pension attachée à cette surintendance avait été fixée à douze mille livres par an [1].

Sully ne se désintéressait pas cependant de cette charge et l'on trouve sa trace personnelle dans le projet, préparé par lui et annoté de sa main, de l'arrêt précité du Conseil d'État, du 7 février 1608, lequel s'applique aussi bien aux Fortifications qu'aux Bâtiments [2].

GRAND MAÎTRE ET CAPITAINE GÉNÉRAL DE L'ARTILLERIE DE FRANCE.

Les lettres de provisions de l'« Estat et charge de Grand Maistre et cappitaine général de l'Artillerie » délivrées à Maximilien de Bethune, baron de Rosny, en remplacement d'Antoine d'Estrées, marquis de Cœuvres, sont datées du 13 novembre 1599. Leur publication *in extenso* présente ici d'autant plus d'intérêt qu'elles constituent, avec l'édit de décembre 1601, que nous reproduisons également à la suite, un véritable règlement général de cette partie si importante de l'administration de Sully.

HENRY par la grâce de Dieu Roy de France et de Navarre, à tous ceulx qui ces présentes lettres verront, Salut. Nous avons toujours estimé que chacune des choses qui pouvoit rendre nostre charge et function royalle plus agréable et utile à ceulx de nostre temps, et mémorable à la postérité estoit d'avoir soing de la rémunération de ceulx de nos subjects qui ont bien mérité de la chose publique de nostre royaume, non seullement par marque d'honneur et dignité, mais en la distribution des charges desquelles deppend la conservation de nostre estat royal, la liberté et repos de nos subjects; au moien de quoy comme nostre très cher et bien amé le s^r d'Estrées, chevallier de nos ordres et capp^{ne} de cent hommes d'armes de nos Ordonnances, nostre lieutenant général en l'Isle de France et gouvernement de nostre ville de Paris, ayt volontairement remis en nos mains l'estat et charge de Grand Maistre et cappitaine général de nostre Artillerie; désirant remplir led. estat et charge de quelque grand et notable personnage qui non seullement s'en acquicte avec nostre contentement mais aussy y paroisse avec la splendeur qu'il convient pour la réputation de nos affaires, Sçavoir faisons que nous recongnoissant qu'en cest endroict nous ne pourrions faire meilleure ellection que de la personne de nostre cher et bien amé Maximilian de Bethune, s^r et baron de Rosny, conseiller en nos conseils d'Estat et privé, cappitaine de cinquante hommes d'armes de nos Ordonnances, nostre chambellan ordinaire, grand voier de France, superintendant des fortifications de nostred. Royaume et Gouverneur de nostre ville de Mante, tant en consideration des vertueulx et recommandables services qu'il a faicts à ceste couronne, au faict des armes que pour les parfaicts tesmoignages qu'il a rendus en toutes occasions de sa valleur et fidellité à nostre grand contentement, de sorte que nous avons toute occasion de l'honorer des charges et dignitez dont le mérite luy est acquis par tant de preuves de son affection au bien, grandeur

[1] Bibl. nat., ms., P. O., 327. — [2] Arch. nat., E, 16^a, fol. 111.

et advancement de cest estat. Pour ces causes et autres grandes et favorables considérations à ce nous mouvant et affin qu'il serve d'exemple pour estre imité par toutes personnes généreuses esquelles il apparoist quelque louable marque de vertu, à plain confiant de ses sens, suffisances, loiaulté, preudhomie et bonne diligence, à icelluy s^r de Rosny avons donné et octroié, donnons et octroions par ces présentes signées de nostre main, la charge de superintendant, exercice et administration et gouvernement dud. estat de Grand Maistre et cappitaine général de nostred. Artillerie, tant deçà que delà la mer, les moictes et pays de nostre obéissance et protection, vaccante à présent par la pure et simple résignation que led. sieur d'Estrées en a ce jourd'huy faicte entre nos mains, dont l'acte de lad. démission et résignation est cy attachée soubz le contreseing de nostre Chancellerie; pour doresnavant nous servir ausdictes charges surintendance, exercice, administration et gouvernement dud. estat de Grand Maistre, aux honneurs, auctoritez, prerogatives, preminances, franchises, libertez, gaiges, droicts, estats, pensions, extraordinaires, proficts, revenus, esmolumens tels et semblables que les a (et) prend pour raison d'icelles led. s^r d'Estrées; en luy donnant pouvoir et auctorité d'avoir le regard et superintendance sur tous les officiers, commissaires, canonniers, fondeurs, charpentiers, forgeurs, deschargeurs, cappitaines et conducteurs du charroy, médecins, chirurgiens, appothicaires, tentiers, tonneliers, bailly de la Justice, lieutenant, procureur et nostre advocat, greffier, prevost, archers, mareschaux des logeix, sergens et autres tant ordinaires qu'extraordinaires de nostre Artillerie, ensemble sur les pionniers, maçons, charpentiers, chartiers et chevaulx qui sont ou pourront estre levez pour la conduite, exploictz et service de nostred. artillerie, dresser les estats tant ordinaires qu'extraordinaires, pourvoir aux offices, places, estats, des charges d'icelle de personnes experimentez et de qualitez requises ainsy qu'il congnoistra estre à faire pour nostre service, et comme de tout temps les Grands Maistres et cappitaines généraulx de nostre Artillerie ont accoustumé de faire; visiter et prendre congnoissance de touttes et chacunes les pièces d'artillerie tant grosses que menues, bouillez, pouldres de touttes sortes, de salpestre, souffre, cuivre, estaing, plomb, fer, bois de remontaige, tentes et toutes autres sortes de materiaulx, munitions, bastons et harnois de guerre (outils) de pionniers, gens de mestier et manouvriers estans tant en noz magasins, villes, chasteaux, citadelles et places de nostre royaume, pays de nostre obéissance et soubz nostre protection que en nos navires, galleres et autres vaisseaulx de guerre; icelles pièces et munitions faire mectre par inventaire et pour cest effect y envoier les commissaires et autres officiers de nostred. artillerie qu'il advisera, faire rendre compte sur les derniers inventaires qui en ont esté faicts, augmenter, diminuer, changer et renouveller de place en autre ainsy qu'il verra estre besoing pour nostre service; et pareillement avoir le regart sur les fontes de nosd. pièces d'artillerie, remontaige et équipage d'icelles, façons et compositions de pouldres tant grosse que menue grenée et amorces et pareillement de celle de marine, aussy de nosdictes salpestres et souffres; mesmes de mener, faire conduire et exploicter soit en armes, entreprises et sièges tant par terre que par mer pour la seureté et deffenses de nos villes, places et autres lieux qu'il sera requis, tel nombre de pièces de nostred. artillerie, pouldres, boullets et de toutes autres sortes de nosd. munitions que besoing sera, comme il verra et congnoistra que les affaires le requerront; et par mesme moien pourvoir à l'entretenement desd. pièces, munitions et autres affaires concernant et deppendant du faict de nostred. artillerie tant par mer que par terre; faire faire et passer tous marchez et autres contractz qui seront nécessaires pour le faict de lad. artillerie; et en ce faisant ordonner des payemens tant des aydes extraordinaires, voiages seullement et récompense desd. officiers, commissaires, canonniers, fondeurs, gens de mestier et tous autres supposts tant ordinaires qu'extraordinaires de lad. artillerie, gaige et solde de pionniers, chevaulx, cappitaines et conducteurs d'iceulx, que des fontes, façons desd. pièces, montages, radoubz et equipaiges d'icelles, achapts des matériaulx, boullets, cuivres, salpestres, soufres, bastons de guerre, harnois, lances, picques, outils de toutes sortes et autres provisions de matières et munitions de nostred. artillerie et des deppendances d'icelle, transports, charrois, de voictures, tant par mer, eaue douce que par terre desd. pièces, pouldres, boullets, salpestres et autres munitions en general et en particulier, distribution, consommation et dellivrance desd. pièces et munitions qu'il conviendra faire pour le faict d'icelle nostred. artillerie. Le tout faire paier, distribuer et dellivrer par les tresoriers généraux de nostred. artillerie et par ceulx qui seront par nous commis à tenir lesd. comptes, en faire lesd. paiement chacun en son regard des deniers qui leur seront par nous ordonnez pour cest effect; et icelles pièces, pouldres, munitions, salpestres, boullets et autres munitions generallement quelsconcques et aussy les armes qui nous appartiendront faire distribuer et bailler ainsy qu'il verra estre à propos pour nostre service par le garde général de nostre artillerie et munitions par ses ordonnances, certifications et mandements controllez par controleur général de nostred. artillerie ou son commis. Lesquelles ordonnances, certifications et mandements nous voullons servir et valloir à l'acquict de ceux de nosd. trésoriers et autres qui auront faict lesd. paiements et dellivrer lesd pièces, pouldres, salpestres, boullets et toultes autres munitions, tout ainsy que sy par nous ils avoient esté faictz, et lesquels dès à présent nous avons validez et auctorisés, vallidons et auctorisons par cesd. présentes, par lesquelles avons aussy aud. sieur de Rosny permis et octroyé, permectons et octroions que ès lieux là où il ne pourra vacquer en personne, il puisse commettre son lieutenant général ou choisir et eslire tel desd. commissaires ordinaires et extraordinaires qu'il advisera pour ses lieutenans, ausquels il baillera sa commission pour en son lieu et absence vacquer et entendre ausd. officiers et semblablement ordonner des fraiz et despens qu'il conviendra faire à l'effect en exécution de luy dictes commissions, tout ainsy que pourroit faire led. s^r de Rosny s'il y estoit en personne. Lesquelz fraiz et despens nous avons aussy vallidez et vallidons comme dessus tant qu'il nous plaira. Si donnons en mandement par ces présentes à nos très chers et amez cousins les connestable et mareschaux de de France et à tous gouverneurs de nos provinces, lieutenans généraulx et chefs conducteurs nos gens de guerre et armées, admiraulx, visamiraulx, baillifs, sénéchaux, cappitaines et gouverneurs, maires, eschevins, consuls, juratz et autres officiers en personnes establiz en nos villes, cytadelles, chasteaux et forteresses, navires, gallères, vaisseaulx, et autres nos justiciers, officiers, leurs lieutenans ou chacun d'eux en droict soy et comme à luy appartiendra, que iceluy sieur de Rosny, Grand Maistre et cappitaine général de nostre artillerie duquel nous avons prins ce jourd'huy le serment en tel cas requis et accoustumé, et iceluy mis en possession de la superintendance, exercice, administration et gouvernement dud. estat de Grand Maistre et cappitaine général de lad. Artillerie, ils facent, souffrent et laissent jouyr d'iceluy plainement et paisiblement et luy mectent ou facent mectre en évidence toultes les pièces d'artillerie, pouldres, boullets, salpestre, soulfres, harnois de guerre et autres munitions qui sont èsd. villes, chasteaux, forteresses, cytadelles, places, galleres, navires, vaisseaulx, pour, sy bon luy semble, les faire mectre par inventaire ou les tirer desd. villes, cytadelles, places, gallères, navires et vaisseaulx et augmenter et diminuer et faire rendre compte, le tout ainsy qu'il verra estre à faire pour nostre service, et à ceste fin luy ouvrir et faire ouvrir aux commissaires et autres officiers de lad. artillerie qu'il envoiera de sa part pour cest effect, tous les magazins et autres lieux desd. villes, citez, chasteaux, cytadelles, forteresses, navires, gallères et autres vaisseaulx de guerre où seront lesd. munitions et luy faire obeyr et entendre ès choses touchant et conservant led. estat de Grand Maistre et cappitaine général d'icelle nostred. artillerie, circonstances et deppendances, de tous ceux et ainsy qu'il appartiendra, ausquels nous mandons ainsy le faire; et pareillement à nos amez et feaulx conseillers les trésoriers de nostre espargne présens et advenir et aux trésoriers généraulx de nostred. artillerie et à chacun d'eulx, sy comme à luy appartiendra, que des deniers qui par nous leur seront ordonnez pour convertir et employer au faict de leurs charges, ils payent et dellivrent aud. s^r de Rosny les gaiges et estatz extraordinaires, pentions et droictz dessusdictz aud. estat et charge de Grand Maistre et cappitaine général de nostred. artillerie appartenant doresnavant par chacun au et semblablement qu'ils ont accoustumé et les ont payés aud. s^r d'Estrées, lesquels paiemens, ensemble tous lesd. frais et despences en deniers, distribution, diminution et dellivrance desd. pièces et munitions cy dessus déclairés que auront esté paiez, baillez et distribuez par lesd. trésoriers et gardes généraulx par les ordonnances, certifications et mandemens dud. s^r de Rosny ou de ses lieutenants et commissaires par luy depputez deuement controllez, nous voullons estre passez et allouez ès comptes des trésoriers généraulx de nostre artillerie, gardes des munitions d'icelles et de celuy ou ceux que payez et dellivrez luy auront et rabattuz de leurs receptes par nos amez et feaulx les gens de nos comptes et autres qu'il appartiendra, ausquels mandons ainsy le faire sans y estre par eulx faict aucune difficulté, rapportant par eulx lesd. présentes signées de nostre main ou Vidimus d'icelles faict soubz scel royal ou deument collationné par l'un de nos amez et feaulx conseillers notaires et secrétaires, avec les ordonnances, estats, certifications, mandemens et roolles signez et expediez tant par led. s^r de Rosny et ses lieutenant et commissaires deuement controllez ainsy que dict est, et les quictances des partyes où elles escherront sur ce suffisante, et quant ausd. gages estats, pensions extraordinaires et droictz d'icelluy s^r de Rosny pour les simples quictances sans qu'il soit besoing à aucuns desd. tresoriers ou payeurs en avoir ny recouvrer autres mandemens ordinaires et acquit de nous que ces présentes. Car tel est nostre plaisir nonobstant quelconques ordonnances, restrictions, mandemens ou deffences et lettres à ce contraires, ausquelles nous avons en tant que besoing est ou seroit, désrogé et desrogeons par cesd. présentes. En tesmoing de quoy nous avons à icelles faict mectre nostre scel. Donné à Paris le treize^{me} jour de Novembre, l'an de grâce mil cinq cens quatre vingt dix neuf et de nostre règne le unze^{me}, signé sur le reply: par le Roy : DE NEUFVILLE, et scellé sur double queue du grand sceau de cire jaulne et à costé dud. reply est escript: Aujourd'huy quinze^{me} novembre mil cinq cens quatre vingt dix neuf, le s^r de Rosny denommé au blanc des présentes a faict et presté ès mains du Roy le serment qu'il estoit tenu faire à cause de l'estat de grand Maistre et cappitaine général de l'Artillerie, messieurs le duc de Montmorency, connestable, de Bellièvre chancelier de France et moy conseiller au conseil d'Estat de Sa M^{té} et secrétaire de ses commandemens et finances, présens. Signé : DE NEUFVILLE.

Collationné à son original en parchemin, seing et entier, ce faict rendu par les notaires du Roy nostre sire en son Chastellet de Paris soubz^{nos}, l'an mil six cens huict, le huictiesme jour de septembre.

LE NORMAND. COURTELIER [1].

C'est le mardi 13 février 1601 que lecture fut faite au Parlement des lettres patentes en forme d'édit par lesquelles Henri IV créa et érigea en Office de la Couronne « l'état de grand-maistre de l'artillerie ». A cette occasion, le célèbre avocat Antoine Arnauld fit une harangue dont le texte, signé de lui, nous a été conservé par une heureuse acquisition du savant M. A. Bénet, archiviste du Calvados. Nous détachons de cette harangue les passages suivants :

« Or, si en un office quelconque la fidélité et le bon mesnage sont requis, c'est

---

[1] Bibl. nat., ms. P. O., 327, fol. 274 à 276.

INTRODUCTION.

en celui-ci, car si un Grand Maistre de l'artillerie voulloit, il pourroit remplir ses coffres d'argent et laisser vuider les magasins de France, au grand dommaige et péril de l'Estat.

« C'est pourquoy Sa Majesté ayant en mille endroicts recogneu la valleur du sieur de Rosny et ressenty les effects de son intégrité en la direction des finances d'où il a banny toutes les caballes, chassé tous les partis, changes et usures dévorantes la substance des deniers publicqs... elle luy a commis cette grande charge, voyant aussi sa vigilance extrême et scachant l'antienneté des maisons de Bethune et de Melun dont il est issu...

« Messieurs, il a pleu au Roy d'ériger en tiltre d'Office de la Couronne l'office de Grand Maistre de l'artillerie de France et d'en pourveoir le sieur de Rosny, Maximilien de Bethune : il suplie très humblement la court d'ordonner que sur le reply des lettres sera mis qu'elles ont esté leues, publiées et enregistrées et qu'il sera receu au serment de l'Office [1]. »

Le nouveau Grand Maître étudia, dès lors, comme il l'avait fait pour ses autres charges et avec le même esprit d'ordre et de prévoyance, un règlement détaillé qui avait pour objet d'assurer la régularité des opérations si complexes et si importantes de cette partie de son administration. C'est ce règlement qu'il fit signer par Henri IV sous forme d'édit, en décembre 1601. Le texte de cet édit, que nous reproduisons ici intégralement, est curieux à plus d'un titre, surtout au point de vue de la stricte application que nous en voyons faite dans l'ensemble des Actes relatifs à l'exercice de la charge de Grand Maître de l'artillerie.

Henry, par la grâce de Dieu, roy de France et de Navarre, à tous présens et advenir, salut. Encore qu'il soit assez notoire à un chacun qu'à nous seul comme souverain, appartient le pouvoir de faire forger et battre monnoye, débiter le seel (sic), faire fondre artillerie, rechercher salpestres, composer poudre et lever gens de guerre, qui sont droits lesquels appartiennent à nostre couronne, et par conséquent tous ceux qui font fondre artillerie, rechercher salpestres, composer pouldres, qui les exposent, vendent et débitent, ne seront moins punissables du crime de leze majesté que ceux qui fondent et battent lad. monnoye sans notre permission et congé. Néanmoins plusieurs de nos subjets, pendant ces derniers troubles, n'ont laissé de faire fontes de pièces d'artillerie, façon et composition de salpestres et pouldres, dont la plus part font encore trafic et marchandise, et les transportent même hors de nostre royaume, contre nos edits et ordonnances, et au grand préjudice du bien de nostre service, au moyen de laquelle licence que chacun auroit ainsy prise d'avoir en sa disposition particulière des pièces et munitions d'artillerie, et de faire composition et vente desdits salpestres, poudres, cuivres et autres métaux et matières propres à faire fontes, il se connoît évidemment qu'elles sont aujourd'huy tellement renchéries et s'en recouvre même si peu pour la fourniture de nos magazins, et avec tant de difficulté et de dépense, à cause de la recherche que les particuliers en font à prix excessif, que le bien de nostre service en est grandement retardé. A quoy voulant remédier et pourvoir par un bon et certain règlement à ce que nosdits magazins soient promptement fournis

---

[1] Archives départementales du Calvados, série F, acquisitions de 1905.

INTRODUCTION.

et que ladite poudre soit à beaucoup meilleur prix qu'elle n'a encore esté, et qu'il ne s'y commette plus aucun abus; scavoir faisons que de l'advis de notre conseil où estoient plusieurs princes et officiers de nostre couronne, mesme le sieur marquis de Rosny, grand maistre et capitaine général de l'artillerie de France, et plusieurs autres grands personnages de notre conseil, de notre certaine science, pleine puissance et auctorité royale, avons résolu et resolvons les deffenses ordonnances et reglemens qui ensuivent, conformément aux ordonnances cy devant faites pour même sujet par les roys nos prédécesseurs, lesquelles avec les suivantes, nous voulons être soigneusement observées.

Article premier.

Qu'il ne sera loisible à aucunes personnes de quelque état, qualité et condition qu'elles soient, de transporter ou faire transporter hors l'étendue de notre royaume, pour quelque cause ou occasion que ce soit, aucuns métaux, cuivres ou autres matières servant à l'artillerie et munitions d'icelle, de faire ny fondre aucunes pièces d'artillerie ny boullets des six callibres de France, à scavoir : canon, grande coulevrine, batarde, moyenne, faucon et fauconneau, ny d'autres calibres étrangers, qu'ils soient approchant la grosseur des six calibres, sans permission de nous, par lettres pattentes scellées du grand sceau qui seront adressées au grand maistre et capitaine général de l'artillerie de France, pour sur icelles donner son attache et consentement; et être icelles controllées par le controlleur général de l'artillerie qui en tiendra registre, afin d'y avoir recours quand besoin sera; révoquant à cet effet toutes lettres, permissions et concessions qui pourroient cy-devant avoir esté obtenues de nous ou des roys nos prédécesseurs sur ce sujet; et ou aucuns de nos sujets se trouveroient avoir en leurs maisons, villes ou châteaux desdites pièces et boullets des callibres cy dessus spécifiez, poudres, cordaiges, affus, ferremens, métaux et autres ustancilles dépendant du fait d'artillerie, voulons que dans deux mois ils en représentent l'estat et inventaire audit grand maistre, et prennent de nous nouvelle permission par nos lettres pattentes et attache d'icelui grand maistre de pouvoir avoir et garder lesd. pièces de fonte et munitions en leurs maisons et places, et à faute d'y satisfaire, demeureront à nous acquits et confisquez, pour être lesd. pièces, matières et susd. munitions conduites et faits porter en notre arsenal et magazin le plus proche de leurs dites maisons, et par eux délivrées ès mains des commissaires de notre artillerie ayant charge dudit arsenal, qui en avertiront soigneusement ledit grand maistre, et ce sur peine aux contrevenans de punition corporelle.

2.

Enjoignons en outre à touttes personnes de quelque qualité et condition qu'elles soient, qui auroient cy-devant tiré de nos arsenaux ou magazins aucunes pièces d'artillerie, boullets, poudre, métaux, bois de remontage, cordages, armes, piques, pelles, lacqs, sacqs, tentes et autres ustancilles servant à notredite artillerie, qu'ils ayent à venir déclarer dans un mois après la publication des présentes, aux gardes généraux ou provinciaux, de présenter bon et certain inventaire de la nature des choses qu'ils en ont tirées, de celles qui sont encore en être, et acte de décharge suffisant et ordonnances vallables de la consommation des autres.

3.

Et pour obvier aux abus de plusieurs commissions cy-devant obtenues, tant de nous et des précédens grands maistres de l'artillerie, que des gouverneurs, nos lieutenans généraux et autres, nous avons révoqué et révoquons toutes lesdites commissions et toutes les autres provisions que lesd. salpêtriers ou autres particuliers pourroient avoir de nous ou desdits précédens grands maistres, gouverneurs et lieutenans généraux, fors et excepté celles que led. sieur marquis de Rosny, à présent grand maistre de l'artillerie de France, a délivrées et expédiées depuis qu'il est en charge, tant aux commissaires qui ont entrepris le fournissement desdits magazins que des salpêtriers qui travaillent sous eux.

4.

Deffendons en outre très expressément à tous commissaires ayant charge de fournir nos magazins de faire ny composer aucunes poudres ailleurs qu'en nosdits arsenaux et magazins, sur peine de confiscation desdites poudres et d'amende arbitraire.

5.

Deffendons également à tous salpêtriers et toutes autres personnes de quelque estat, qualité et condition qu'elles soient, de faire ny composer poudres à canon en aucunes villes, chasteaux, maisons publiques et privées, villages, bourgs et bourgades, ny en quelque autre lieu que ce soit, ny dresser moulins ou autres engins à battre icelles poudres, fors auxd. commissaires et poudriers qui sont ou seront establis en nosd. arsenaulx et magazins par commission dudit grand maistre de l'artillerie, controllée comme dit est, et ce sur peine de la vie, suivant les anciennes ordonnances, confiscation desdits moulins, engins, pillons, mortiers, chandelliers et autres ustancilles qui seront trouvez ailleurs qu'en nosdits magazins, et iceux pris, emportez et enlevez, estre fait vente d'iceux par lesd. officiers de notredite artillerie, au plus offrant et dernier enchérisseur, en présence de notre procureur dudit lieu où se fait ladite vente; et les deniers qui en proviendront, affectez moitié pour la réparation de nos arsenaux, et l'autre moitié au dénonciateur.

6.

Et en outre, voulons que les contrevenans ausdites deffenses soient condamnés en cinquante livres pour chacune livre de poudre qui se trouvera être faite par personne non ayant pouvoir de nous ou dudit grand maistre de l'artillerie de France, et ailleurs qu'en nosd. magazins; et afin que lesd. règlemens soient mieux observez et qu'il ne s'y commette plus aucun abus, deffendons très expressément sur peine de confiscation de corps et de biens à quelques personnes de quelque estat, qualité ou condition qu'elles soient, transporter ny vendre en gros ou détail aucuns salpestres en notre royaume, et hors d'iceluy, ny iceux receller en quelque sorte que ce soit. Voulons qu'ils soient contraints de faire et souffrir l'ouverture de tous lieux où seront recellez lesdits salpestres, par toutes voies accoustumées de justice, réaulment et de fait, même par emprisonnement de leurs personnes, en cas de désobéissance, nonobstant oppositions ou appellations quelconques et sans préjudice d'icelles ne voulons être différé.

7.

Deffendons en outre à toutes personnes, tant de nos sujets qu'estrangers, d'amener et faire entrer en notre royaume aucunes poudres à canon, ny icelles vendre ny débiter en gros ou en détail, sur peine de confiscation desdites poudres et d'amende arbitraire.

8.

Et afin d'éviter à l'incommodité que telles deffenses pourroient apporter à nos sujets qui peuvent avoir besoin de poudres pour leur usage, soit pour leur exercice ordinaire, ou pour la munition et commodité de leurs maisons, navires ou vaisseaux, et mesme qu'icelles poudres leur soient vendues à beaucoup meilleur prix qu'elles n'estoient par le passé, voulons que dans chacune de nos provinces, il soit etably trois lieux, outre notre arsenal ordinaire, ausquels, en certains jours de la semaine, il soit en toute liberté vendu et débité poudre à canon à tous ceux qui en voudront acheter, et ce par les commissaires de nos salpestres ou autres par eux commis, à raison de quatorze sols la livre l'amorce, douze sols la menue grenée, et dix sols la grosse grenée, du titre porté par nos ordonnances, lesquels lieux et jours cy dessus seront establis et reglez par led. grand maistre, selon qu'il jugera estre le plus à propos pour la commodité de nosdits sujets, de laquelle vente et distribution qui sera ainsy faite à notre peuple, voulons qu'il soit tenu bon registre par chacun des commissaires et poudriers de nosdits magazins et arsenaux pour être iceluy représenté à nostredit grand maistre toutesfois et quantes que besoin sera. Defendons de rechef à toutes autres personnes, de quelque qualité et condition qu'elles soyent, d'en vendre ny faire exposer en vente en gros ou en détail, sur peine aux contrevenans de confiscation de corps et de biens.

Si donnons en mandement à nos amez et féaux les gens de notre cour de parlement, chambre de nos comptes, cour de nos aydes aud. lieu, audit grand maître et capitaine général de l'artillerie de France, à tous gouverneurs et lieutenants généraux de chacune province, bailly de notre artillerie et à tous nos autres justiciers et officiers et à chacun d'eux si comme à luy appartiendra, que le contenu en notre présent edit et ordonnance ils gardent et entretiennent, fassent garder et entretenir inviolablement de point en point selon leur forme et teneur, sans enfraindre ny faire choses à ce contraires, et les infracteurs d'icelles faire punir selon l'exigence des cas, et le contenu en ces présentes faire lire, publier et enregistrer incontinent et sans délay après la publication d'icelles, que nous voulons aussy estre publiées à son de trompe et cry public par tous les villages et sénéchaussées de notre royaume et autres pays, terres et seigneuries de nostre obéissance sous nostre protection. Car tel est nostre plaisir. Et parce que de ces présentes on pourra avoir affaire en plusieurs et divers lieux pour la publication d'icelles, nous voulons qu'au vidimus fait sous sceel royal ou dûment collationné par l'un de nos amez et féaux conseillers nottaires et secrétaires, foy soit ajoutée comme au présent original signé de notre main, auquel afin que ce soit chose ferme et stable à toujours, nous y avons fait mettre nostre scel. Donné à Paris, au mois de décembre l'an de grâce mil six cens un et de notre règne le treizieme. Signé : Henry; et plus bas : Par le roy, Potier, et à costé visa. Et scellé sur lacs et soye rouge et verte du grand sceau de cire verte. Et sur lesdites lettres est écrit : Lu, publié et registré en la Chambre des comptes, ouy et consentant le procureur général du roy, aux charges et ainsy qu'il est contenu au registre du jour d'huy le vingt quatrième juillet mil six cens deux. Signé : Le Prévost.

Veu par la Chambre les lettres pattentes du roy en forme d'Edit, données à Paris au mois de décembre dernier, signées de sa main, et plus bas, par le roy, Potier, et scellées par lesquelles et pour les causes y contenues, ledit seigneur veut et entend qu'il ne soit loisible à aucunes personnes de quelque estat, qualité et condition qu'elles soient, de transporter ou faire transporter hors de son royaume, pour quelque cause et occasion que ce soit, aucuns métaux, cuivres ou autres matières servant à l'artillerie, ny boullets de six callibres étrangers et qu'ils approchent de la grosseur desdits six callibres, sans la permission dudit seigneur, ny faire et composer

INTRODUCTION.

poudres et icelles vendre, comme plus au long le contiennent lesdites lettres; les arrests de vérification de la Cour de parlement sur ce intervenus les huitième may et dix-neuvième juin dernier passé; les conclusions sur ce prises par le procureur général dudit sieur, auquel le tout a été communiqué, et tout considéré; la Chambre a ordonné et ordonne ledit édit être registré ès registres d'icelle, à la charge qu'il sera permis à tous marchands, tant françois qu'estrangers, d'apporter poudres en ce royaume en certifiant le grand maistre et capitaine général de l'artillerie de France ou les commissaires les plus prochains, de leurs arrivées, et de la quantité des poudres qu'ils auront aportées. Et pour le regard des frontières, et capitalles de ce royaume privilegiées pour la confection des poudres, leur sera permis de faire lesd. poudres en certifiant aussy lesdits grand maistre ou les commissaires établis aux plus prochains arsenaux ou magazins des lieux, de la confection et quantité desdites poudres de six mois en six mois, et ne pourront les salpêtriers user de ratissoires ou aucuns ferremens, ains de l'escouvette de grosse bruyère et brossette seulement. Fait le vingt quatrième jour de juillet mil six cens deux. Signé : Le Prevost.

Collationné par nous conseiller maître à ce commis.

FREMIN [1].

La grande-maîtrise de l'artillerie se composait, sous les ordres immédiats du grand-maître : d'un lieutenant général, Jean de Durfort, sieur de Born, qui fut remplacé par son fils Armand-Léon de Durfort, lequel avait épousé Lucrèce de Bethune, proche parente de Sully; de lieutenants du grand maître, qui étaient :

En l'arsenal de Paris et en Île-de-France, Robert Tiercelin, sieur de la Chevalerie, en charge depuis le 17 avril 1594;

En Picardie, Siphorian de Lezines, sieur de Mortefontaine;

En Normandie, Charles de Goustimesnil, sieur de Boisrozay;

En Bretagne, le sieur de Maignan, le fidèle écuyer de Sully;

En l'arsenal d'Orléans, Mathias Tricquoys, sieur de la Caillaudière;

En l'arsenal de Lyon, Jehan Payon;

En Provence, André Perinal, sieur de Chasteauvieux.

Les lieutenants avaient sous leurs ordres les commissaires ordinaires et les gardes provinciaux de l'artillerie.

Les contrôleurs généraux de l'artillerie, alors en service triennal, étaient d'après les indications de nos actes :

En 1600, Vincent Bouhier, sieur de la Goujonne;
En 1601, Sébastien d'Archambault;
En 1602, François de Guillon, sieur de Richebourg;
En 1603, Enemont du Benoist, sieur de Saint-Thivier;
En 1604, Zacharie de Perelles, sieur de Saulmery;

---

[1] Archives nationales, P. 2341 (f°° 1087-1099).

En 1605, François de Guillon, sieur de Richebourg;
En 1606, Nicolas de Morely;
En 1607, Zacharie de Perelles, sieur de Saulmery;
En 1608, François de Guillon, sieur de Richebourg;
En 1609, Nicolas de Morely,
Et en 1610, Zacharie de Perelles, sieur de Saulmery.

Antoine Bourderel, Jehan Dorléans, Pierre Chastelain, Nicolas Placin, Gaston Midorge, remplirent à cette époque l'office de trésoriers généraux de l'artillerie.

Enfin, l'arsenal de Paris, qui abritait une nombreuse population militaire et ouvrière, avait sa justice particulière, exercée par son bailly : Isaac Habert, et son prévôt : Josse Doré.

Les troupes se composaient de canonniers, pionniers, déchargeurs, etc., commandés par des commissaires, des capitaines d'artillerie, des capitaines des mines et sapes et autres officiers, jouissant tous du privilège d'exemption d'impôts et dont les gages ne pouvaient être saisis que dans des cas spéciaux.

Les capitaines du charroi de l'artillerie, aussi bien soldats que chargés par voie d'entreprise de la fourniture, de l'entretien et de la conduite de la cavalerie nécessaire aux attelages de l'artillerie, étaient sous les ordres d'un «capitaine général du charroi de l'artillerie». Jacques Borrel occupait cet emploi en 1600 et fut remplacé, en 1604, par Remond Vedel, dit La Fleur.

Un bon cheval roulier était évalué de 135 à 150 francs, et la solde journalière pour nourriture et entretien, y compris celle des charretiers, était calculée à raison de 25 sols tournois, en moyenne, par cheval.

Tous les marchés relatifs à la fourniture et à l'entretien de chevaux rouliers sont conçus dans les mêmes termes, ce qui nous a permis, une fois la formule donnée, de ne plus mettre que les noms des contractants avec les indications spéciales à chaque marché.

L'artillerie avait en outre son aumônier ordinaire, messire Antoine de Murat, ses médecins et ses apothicaires.

Les poudres étaient fabriquées par les soins d'entrepreneurs généraux appelés commissaires généraux des poudres et salpêtres, chargés chacun d'un vaste département. Ils avaient sous leurs ordres une certaine quantité de salpêtriers choisis par eux, mais commissionnés par le grand-maître. Nos actes donnent de nombreux et intéressants détails sur cette organisation.

La poudre des trois sortes : grosse grenée, menue grenée et amorce, était payée à ces commissaires généraux au prix moyen de 6 à 7 sols tournois la livre (poids de marc de seize onces à la livre); le rafraîchissement et le rechargement des poudres revenait à 1 sol 3 deniers la livre.

De nombreux ouvriers : charpentiers, charrons, forgerons, etc., étaient attachés à l'arsenal de Paris. Le grand-maître traitait directement avec eux par des marchés spéciaux, dans lesquels les travaux à faire sont très détaillés ainsi que les prix convenus afférents à chaque ouvrage. Le remontage à neuf d'une pièce de canon revenait à 275 livres 6 sols 6 deniers; celui d'une «couleuvrine» à 239 livres 10 sols; celui d'une «bastarde» à 202 livres 10 sols; d'une «moyenne» à 98 livres; d'un «faulcon» à 26 livres, et d'un «faulconneau» à 19 livres. Ces prix comprenaient la ferrure, comptée à raison de 3 sols 6 deniers la livre; la ferrure d'un affût et d'une paire de roues pesait 1,059 livres pour un canon, 900 livres pour une couleuvrine, 820 livres pour une bastarde, 350 livres pour une moyenne.

Les canons étaient fondus dans l'arsenal de Paris, ils étaient ornés d'un écusson en bosse sur lequel étaient gravées les armes de France et de Navarre, et sur la volée étaient relevées des fleurs de lys avec des H et gravé le nom du grand-maître; ils étaient rayés, la lumière était d'acier et des radresses étaient mises à la culasse. On les éprouvait à charge et demie.

Quant aux boulets à canon, de nombreux marchés montrent que Sully, comme ses prédécesseurs, en confiait la fabrication à l'industrie privée. Le prix d'un boulet pesant 33 livres 1/3 (les trois faisant le cent) était sous le précédent grand maître de 30 sols; Sully fit baisser ce prix d'un tiers, ne les payant que 23 et 22 sols en 1600 et, à partir de 1601, 20 sols le boulet.

Les armes étaient également fournies par l'industrie privée; une pique de bois de frêne ferrée de deux gros clous rivés des deux côtés revenait en 1600 et 1601 à 25 sols et, à partir de cette date, à 20 sols; une hallebarde 50 sols et une pertuisane 3 livres; les arquebuses à rouet étaient payées, suivant la longueur du canon : 12 livres pour un canon de quatre pieds et demi de long, 15 livres pour cinq pieds et demi et 18 livres pour six pieds; un mousquet ordinaire coûtait 9 livres; un mousquet de dix pieds 24 livres; un mousquet à mèche 18 livres; un mousquet à rouet de 24 à 30 livres, selon la longueur et le calibre du canon; un pistolet à grand ressort valait 9 livres; un «harnois» complet, le devant et la salade à l'épreuve du pistolet et le reste de coups d'épée seulement, revenait à 34 livres 10 sols.

Le trafic nécessité par toutes ces fournitures jouissait de privilèges étendus : exemptions de tous droits, péages, droits d'entrée dans le royaume; de plus, le grand-maître fournissait tous les passeports nécessaires, même pour le transport hors du royaume des espèces monnayées destinées à subvenir à l'achat des armes particulièrement en Italie, où Milan fabriquait les morions blancs gravés et dorés les plus appréciés.

Si l'on considère maintenant l'ordre chronologique des actes relatifs à l'artillerie, on remarquera facilement la prévoyance dont Sully a toujours fait preuve.

INTRODUCTION.

Les préparatifs de la guerre de Savoie commencent dès l'arrivée du nouveau grand-maître à l'arsenal, et se traduisent par des approvisionnements immédiats de 100 milliers de cuivre, 350 milliers de fer, 310 milliers de poudre, 56,855 boulets, 8,000 piques, 1,000 arquebuses, 200 mousquets et par de nombreux marchés de transports, dont les *OEconomies Royales* font mention en divulguant le subterfuge employé par Sully pour ne pas faire connaître aux voituriers la nature de leurs chargements [1]. Aussi, dès la déclaration de guerre, l'armée royale disposait-elle de tout son matériel de campagne réuni à Lyon et à Grenoble, avec 40 pièces de canon, quantité considérable pour l'époque.

L'expédition de Sedan (février-avril 1606) nécessite l'achat de 10,000 sacs à terre, d'une certaine quantité d'outils de siège et le transport par bateaux de 20,000 boulets et de 100 milliers de poudre.

Les approvisionnements en vue de la guerre contre l'Autriche sont beaucoup plus considérables. De nombreux marchés traitent du transport des munitions et du matériel qui devaient être centralisés en mai 1610 à Soissons, à Châlons-sur-Marne et surtout à Mézières; la fourniture du pain nécessaire à l'armée de la Meuse était assurée par le marché passé avec Barbin et Philippe de Coulanges; et il était pourvu au service de l'artillerie par la levée de plus de 3,000 chevaux rouliers.

Sully, qui pouvait mettre en campagne au moins 100 canons, devait exercer le commandement général de l'armée sous les ordres de Henri IV qui lui destinait le bâton de maréchal de France; ne pouvant dès lors conserver sa charge de grand maître de l'artillerie, il eut le soin d'en faire pourvoir son fils aîné, Maximilien, marquis de Rosny, sous certaines réserves exprimées dans les lettres de déclaration du 8 avril 1610. Les lettres patentes du 30 avril 1610 reconnaissent au nouveau grand maître le titre de grand officier de la Couronne; mais, par suite du funeste assassinat de Henri IV, l'expédition n'eut pas lieu. Néanmoins ces lettres patentes, dont nous donnons le texte, furent enregistrées par le Parlement, sept mois après la mort de Henri IV, le 18 décembre 1610 [2].

HENRY, par la grâce de Dieu, roy de France et de Navarre, à tous ceux qui ces présentes lettres verront, salut. Nous représentans combien les exemples domestiques, joints aux dons de nature et l'excellente nourriture ont de puissance pour inviter les âmes généreuses à bien faire, et considerant les grands et signalez services rendus à nostre Estat et couronne par nostre très cher et amé cousin Maximilian de Bethune, duc de Sully, pair de France, grand maistre de nostre artillerie, superintendant de nos finances, bastimens et fortifications, grand voyer de France, gouverneur et nostre lieutenant géneral en nos pays de haut et bas Poictou, Chastelleraudois et Loudunois, lesquels il continue encore tous les jours avec tant de soin, vigilence et fidélité en l'exercice de ses charges, que le bien et advantage qu'en reçoivent nos affaires ne

---

[1] *OEconomies Royales*, I, 443 et Acte ccvii. — [2] Bibliothèque nationale, ms. P. O. 328.

INTRODUCTION.

peut arriver sans nous semondre à faire paroistre le contentement que nous en recevons et le tesmoigner en la personne de nostre très cher et bien amé Maximilian de Bethune son fils, marquis de Rosny, gentilhomme ordinaire de nostre chambre, superintendant de nos fortifications et gouverneur de nostre ville de Mantes, lequel nous sçavons avoir esté par nostre cousin le duc de Sully son père, eslevé en la mesme affection, et si advancé en la cognoissance des functions de lad. charge de grand maistre, que sa capacité et fidélité dont nous sommes très asseuré, nous y peuvent rendre les mesmes bons et recommendables services que ceux qu'il nous a desjà rendus à nostre grand contentement en l'exercice de sa charge de superintendant de nos fortifications : sçavoir faisons que Nous, pour les susdites considérations et raisons à ce nous mouvans, ayant présentement et personnellement nostre dit cousin le duc de Sully remis en nos mains ladite charge de grand maistre et capitaine général de l'artillerie de France avons led. Maximilian de Bethune, marquis de Rosny, son fils, faict, créé, constitué, estably et ordonné, faisons, créons, constituons, establissons et ordonnons grand maistre et capitaine général de lad. artillerie, vacquant à présent par la pure et simple demission que nostre dit cousin le duc de Sully nous en a faicte, comme dit est, et par mesme moyen avons aud sieur marquis de Rosny donné, accordé et octroyé, donnons, accordons et octroyons par ces présentes signées de nostre main, la charge, superintendance, administration et gouvernement dudit estat de grand maistre et capitaine général de nostre artillerie, tant deçà que delà la mer, les monts et pays de nostre obéissance et protection, pour doresnavant nous servir ausdites charges, superintendance, exercice, administration et gouvernement dudit estat de grand maistre, en qualité d'officier de nostre couronne, et aux mesmes honneurs, dignitez, auctoritez, prerogatives, prééminences, franchises, libertez, gages, droicts, estats, pensions ordinaires et extraordinaires, proficts, revenus et esmolumens tels et semblables qu'en a jouy et deu jouyr, et que les ont pris et receuz, tant nostre dit cousin ledit sieur de Sully, que les autres grands maistres et capitaines généraux de nostre dite artillerie pour raison dudit estat... (La suite est semblable au texte des lettres de provision du 13 novembre 1599.)

En tesmoin de quoy nous avons à icelles faict mettre notre scel. Donné à Paris le trentiesme jour d'avril, l'an de grâce mil six cens dix : et de nostre règne le vingt-uniesme, signé : HENRY. Et sur le reply, par le roy, Brulart. Et scellées du grand scel de cire jaune, et sur le reply est escrit :

Aujourd'huy trentciesme avril mil six cens dix, le Roy estant à Paris, ledit sieur marquis de Rosny a faict ès mains de Sa Majesté le serment de ladite charge de grand maistre et capitaine général de l'artillerie de France, Messieurs de Sillery chancelier de France et de Navarre, de Lyencourt gouverneur de Paris, de Chasteau-Vieux, plusieurs autres notables seigneurs, et moy secrétaire des commandemens et finances de Sa Majesté présent, signé Brulart. Et sur le susdit reply est encore escrit :

Registrées, ouy le procureur général du roy et l'impétrant receu en l'estat y mentionné, faict le serment accoustumé, et juré fidélité au Roy, à Paris, en Parlement, le dix huictiesme décembre mil six cens dix.

DU TILLET.

Le marquis de Rosny ne voulut pas affirmer son zèle de nouveau converti jusqu'à combattre le duc de Rohan, son beau-frère, qui commandait les huguenots; il s'abstint seulement de l'exercice de sa charge et s'excusa de ne s'être trouvé aux sièges de Clérac, Montauban, Montheur et autres lieux. Aussi Louis XIII, qui pouvait avoir encore quelque défiance de sa fidélité « en raison de la proximité de ses alliances et parentelles », fit-il expédier, le 15 février 1622, des lettres de commission au comte de Schomberg «pour faire l'entière fonction de ladite charge de grand-maistre et capitaine général de l'artillerie, jusques à ce qu'autrement en eust esté ordonné». Mais l'attitude sage et correcte du marquis de Rosny, pendant toute la durée des opérations jusqu'à la paix générale du 19 octobre 1622, avait dissipé tout soupçon; peu de temps après, lorsque le comte de Schomberg voulut bien considérer que son intérim avait pris fin, le roi, par une déclaration, datée de Lyon du 17 décembre suivant, dans laquelle il constate la fidélité du marquis de Rosny, lui rendit «l'exercice libre et absolu de sa dite charge».

Les documents contenus dans ce recueil présentent encore une abondante source de renseignements, tant au point de vue de la topographie parisienne qu'en ce qui concerne un grand nombre de personnages secondaires du règne de Henri IV, pour la plupart peu connus. Si certains noms sont arrivés jusqu'à nous tels que celui de l'intendant des bâtiments Jean de Fourcy, qui succéda à Sully dans la surintendance, celui de Vincent Bouhier, aussi célèbre par sa fortune que par le procès qu'elle lui attira, celui de L. Metezeau, qui succéda à J. Androuet du Cerceau comme architecte de la grande galerie du Louvre, celui d'Étienne Dupérac, architecte des Tuileries, celui de Jacob Bunel, un des plus fameux peintres de l'époque, puis d'autres noms que les historiettes de Tallemant des Réaux ont transmis malignement à la postérité, on ne connaissait que fort peu les collaborateurs de Sully. A l'exception d'Isaac Arnauld et de ses frères, les noms des autres secrétaires de Sully étaient presque ignorés, et pourtant le nom du plus fidèle de tous, Noël Regnouart, qui le servit jusqu'à la mort, méritait d'être tiré de l'oubli; Fougeu d'Escures, un des plus actifs lieutenants de Sully, comme intendant des turcies et des levées, était également ignoré, bien que son portrait au crayon figure au musée Condé, à Chantilly. Il est bon aussi de signaler le nom de Lintlaer, l'ingénieur de la fameuse Samaritaine, celui d'Hugues Cosnier, ce «licencié ès droits» qui entreprit le canal de Briare et le canal de la Vesle, les noms des entrepreneurs des grands travaux des bâtiments du roi au nombre desquels étaient Pierre Chambiges, les Jacquet, Pierre Guillain, Jehan Coin et tant d'autres. En Claude Mouflet, l'un des vulgarisateurs de la culture du mûrier[1], et en Jean Le Nostre, nous reconnaissons les maîtres et les ancêtres de nos grands jardiniers du siècle du grand roi. Avec le lotissement de la place Royale, nous faisons renaître tous ceux qui devaient faire de l'ancien parc des Tournelles le lieu d'élection des

---

[1] *Instruction du plantage et propriétez des Meuriers, et du gouvernement des vers à soye : avec les figures pour aprendre à nourrir, loger les vers, faire la semence des vers, et tirer la soye, par les entrepreneurs dudit plant, Benigne Le Roy, Jacques de Chabot, Jean Vander Vekene, et Claude Moullet, jardinier ordinaire du Roy.* A Paris, par David Le Clerc, rue Frementel, au Petit Corbeil. MDCV.

familles les plus nobles et les plus riches. Aussi n'avons-nous pas pu résister au désir d'avoir sur tous ces personnages des renseignements qui puissent encore mieux les faire connaître, et nous avons dans ce but mis à profit, pour de nombreuses notes, les trésors inappréciables du Cabinet des Titres, à la Bibliothèque nationale.

D'autre part, si les indications sommaires que nous venons d'esquisser suffisent pour donner une idée générale des matières qui font l'objet des actes contenus dans ce recueil, l'étude plus approfondie qu'on en pourra faire ne manquera pas de donner un relief plus précis à la grande figure de Sully.

On connaissait sa puissance de travail et l'emploi de son temps minutieusement détaillé dans les *Œconomies Royales*. Il est aisé de se rendre compte qu'il fallait, en effet, une méthode inflexible pour mener de front, sans faiblesse, une charge si lourde par le nombre, l'importance et la variété des affaires traitées par un seul homme tout à la fois grand-voyer, surintendant des finances, des bâtiments et des fortifications et grand-maître de l'artillerie.

Si aucun acte ne se rapporte directement à la surintendance des finances, on a néanmoins l'impression que, dans l'exercice de chacune de ses charges, Sully était, avant tout, le surintendant des finances. Il apparaît toujours le «bon mesnager» des deniers de l'État, et on le voit clairement par la comparaison de ses marchés avec ceux passés par ses prédécesseurs et par le chiffre des économies ainsi réalisées, qui atteignent parfois jusqu'à la proportion de 30 p. o/o, comme dans certains marchés d'artillerie que nous avons cités au cours de cette Introduction.

Une intégrité aussi parfaitement contraire aux mœurs de l'époque ne pouvait manquer de susciter à Sully des ennemis jaloux et toujours disposés à la suspicion et à la calomnie. Ce n'était donc pas une vaine précaution que d'avoir fait enregistrer par le Parlement les dons de Henri IV : la postérité, qui a sous les yeux les preuves de la véracité des *Œconomies Royales*, est à même de rendre au grand ministre l'hommage qui est dû à son caractère et à son œuvre.

INTRODUCTION. LV

V. ACTES PRIVÉS, DE 1610 À 1641.

Privé peu à peu de l'exercice effectif de ses grandes charges, depuis la date fatale du 14 mai 1610, Sully se retira, dès le mois de septembre suivant, à Montrond, où il composa son *Adieu à la Cour*. Depuis lors il vécut dans ses domaines et ne fit plus à Paris que de rares et courts séjours dont le minutier de Maîtres Simon et Mathurin Fournyer nous permet de déterminer les dates.

C'est ainsi que rappelé par la Reine mère après le sacre de Louis XIII, Sully arriva à l'Arsenal pour préparer l'entrée du Roi et faire tirer «cent canonnades de cent canons». Mais il connaissait assez Marie de Médicis et son entourage pour ne se faire aucune illusion sur la franchise de son accueil et c'est sans surprise que deux mois après il dut remettre les clefs de la Bastille entre les mains de Châteauvieux et la surintendance des Finances au président Jeannin, moins «rebarbatif» au gré de la Cour. Il est vrai qu'en récompense, et dès le lendemain 27 janvier 1611, le roi, qui lui avait déjà racheté Dourdan 135,259^{tt}, lui fit un don de trois cent mille livres; le payement de cette somme subit, d'ailleurs, de très longs délais, puisque Sully dut attendre plus de six ans pour recevoir, en vertu de lettres patentes données à Paris le 11 août 1616, un deuxième payement de cent mille livres dont il donna le 28 novembre 1617, une quittance ainsi libellée : «...sur et tant moins de la somme de 200,000^{tt} restant de la somme de 300,000^{tt} dont Sad. Ma^{té} nous auroit cy-devant faict don par autres ses lettres patentes données à Paris le 27e jour de janvier 1611 [1]...»

Le 9 juin 1611, Sully se trouvait à Saumur où il donnait sa procuration générale à sa femme Rachel de Cochefillet, qui, formée à son école, était devenue «un excellent administrateur», vérifiant et réglant elle-même les comptes de ses agents et annotant de sa main chaque article de ces comptes.

Pendant les années 1612 et 1613, on ne trouve dans le minutier Fournyer aucune trace du passage de Sully qui séjourna assez longtemps dans son gouvernement de Poitou. En 1614, il était revenu à son château de Montrond, où il signa, le 30 juillet 1614, la cession au prince de Condé de son château de Villebon. D'autre part, devenu adjudicataire, par décret, de la seigneurie de Culant, il donne procuration à Noël Regnouart d'emprunter 80,000^{tt} en vue de la consignation de cette somme entre les mains du Receveur des consignations; cette procuration est datée de Montrond, du 6 août 1614, et les consti-

[1] Bibl. Nat. Ms. P. O. 327.

tutions de rente faites à cet effet par Noël Regnouart jusqu'à concurrence de 5,000ᵗᵗ de rente sont datées du 19 du même mois.

Sully revint en octobre 1614 à Paris, pour assister à la tenue des États; il s'installa dans ses appartements de l'Arsenal, où il séjourna jusqu'à la fin du mois de mars 1615. Pendant ce temps, il donna procuration, le 19 novembre 1614, à Isaac de Laffemas, alors conseiller et secrétaire du Roi et de ses finances et avocat au Conseil privé, pour faire valoir ses droits «tant à cause de sa charge de grand voyer que du don à lui faict par Sa Ma[té] des places vaynes et vagues, coins et recoins qui sont ou se trouveront en la voyrie des environs du Pont Neuf, quais nouvellement faicts, isle du Palais et place Dauphine».

Le 2 décembre suivant il donne à bail à Jacques Bougault, marchand bourgeois de Paris, le revenu des droits et profits de la voirie de Paris, moyennant un loyer de 3,700ᵗᵗ par an; le 9 du même mois, il transige avec François de la Grange, sʳ de Montigny — qui devint plus tard maréchal de France — pour régler un différend portant sur les droits seigneuriaux des terres d'Etrechy. Les deux derniers actes qu'il passe à Paris, à la fin de son séjour, sont également deux transactions : l'une, datée du 18 mars 1615, avec Guillaume Pot, sʳ de Rhodes, grand maître des cérémonies de France, relative aux droits seigneuriaux des fiefs de Chaulnay et des Chezaux de Baugy; l'autre, du 28 mars, avec Guillaume Fouquet, fils du marquis de La Varenne, qui avait pour objet de régulariser entre lui et Jacques Le Ber, aumônier du Roi, l'échange des bénéfices de l'abbaye de Saint-Maixent avec le prieuré de Fossaye et la commanderie de la Lande, d'une part, et de l'abbaye de Saint-Benoit-sur-Loire, d'autre part. Bonaventure Forain, un de ses meilleurs lieutenants, gouverneur de la ville et du château de Saint-Maixent, avait les pouvoirs de Sully pour le recouvrement des revenus du temporel de ces bénéfices, ainsi que des abbayes de l'Absie au diocèse de la Rochelle et du Jars au diocèse de Sens. Sully lui renouvela ses pouvoirs à cet effet, par procurations des 17 septembre 1616 et 26 octobre 1617. Dans le diocèse d'Évreux, c'était Jacques des Hayes qui avait charge de recouvrer les sommes dues par Marin Le Roy pour l'abbaye de Saint-Taurin, et de poursuivre le règlement des créances de Sully sur Jacques Bérenger, comme sur Jehan Hernault et Marthe Lerouge, sa femme.

Le Roi, ayant jugé politique de visiter ses provinces de l'Ouest, Sully s'était de nouveau rendu dans son gouvernement de Poitou; il vint saluer Louis XIII à Châtellerault le 3 septembre 1615, mais l'entrevue fut, dit-on, assez froide, n'ayant pu alors obtenir pour son gendre, Henry duc de Rohan, la survivance de son gouvernement de Poitou.

Après la conférence de Loudun, qui n'avait calmé les esprits qu'en apparence, Sully, qui songeait déjà à marier son fils François de Bethune, comte d'Orval, avec la fille de Jacques de Caumont La Force, voulut se créer et créer à son fils un ensemble de domaines et d'influence territoriale dans le pays où l'alliance projetée

INTRODUCTION. LVII

devait l'appeler, et où, d'ailleurs, se trouvaient les meilleures places de sûreté des protestants.

A cet effet, par contrat du 8 juillet 1616, il acheta de Charles de Beaumanoir, évêque du Mans, de son frère Claude, vicomte de Saint-Jean, et de leur mère Catherine de Longueval, veuve de messire Jean de Beaumanoir, baron de Tussey, tutrice de leur sœur Catherine, la seigneurie de Montricoux, en Quercy, avec son «grand chasteau et maison ruynée», moyennant le prix de 104,000ᵗᵗ, pour le payement de laquelle il emprunta, les 2, 19 et 25 août 1616, une somme totale de 98,000ᵗᵗ à Nicolas de Troyes et à divers autres. Cette acquisition fut suivie le 24 du même mois de celle de la seigneurie de Caussade, située près de Montauban, moyennant la somme de 45,000ᵗᵗ dont Messire Georges de Villemur lui donna quittance le 3 septembre 1616 : il y installa Jean Serres comme fermier; Pierre Bourdoncle fut celui de Montricoux.

En même temps, le comte d'Orval, ayant atteint l'âge de dix-huit ans, Sully se démit en sa faveur, le 24 août 1616, sous condition de survivance, de ses charges de Surintendant des bâtiments du Roi et de Grand Voyer de France. De plus, le lendemain 25 août, il obtint que Louis de Pierre Buffière, sʳ de Chambret, se démît en faveur du comte d'Orval de ses charges de gouverneur des villes et châteaux de Figeac, Capdenac et Cardaillac.

Sully se trouvait encore en Guyenne et en Quercy au moment de l'assassinat de Concini; on le pressa de revenir à Paris. Suivant Arnaud d'Andilly il n'y arriva que le 18 septembre 1617. Il venait d'acheter au prince de Condé, le 13 août, les terres de Conty, vicomté de Meaux et Las en Beauce, moyennant la somme de 158,000ᵗᵗ. Le 23 septembre il fait une déclaration en vue de faire émanciper sa fille cadette, Louise, que l'on appelait «Mademoiselle de Sully», alors âgée de quatorze ans; le but de cette émancipation était qu'elle pût poursuivre en justice messire Philbert-Emmanuel d'Ailly, chevalier, vidame d'Amiens, baron de Piquigny, seigneur d'Ailly, comte de Chaulnes, et dame Louise d'Ongnies, son épouse, pour obtenir payement de la somme de 60,000ᵗᵗ dont ils avaient fait don à ladite damoiselle par contrat passé par-devant Fournyer le 7 avril 1604; c'est le 30 octobre 1617 que Louise de Bethune, émancipée, sous l'autorité du seigneur duc, son père, signe procuration à cet effet, à Mᵉ Levasseur, procureur au Châtelet de Paris.

Quelques jours auparavant, le 19 du même mois d'octobre, Sully avait procédé au règlement de ses comptes avec le prince de Condé, par l'intermédiaire de messire Jacques Viguier, conseiller d'État, que, par lettres patentes du 2 septembre 1617, le roi avait «constitué chef intendant et administrateur général de la maison et de toutes les affaires générales de Mᵍʳ le prince de Condé». Celui-ci étant reconnu redevable de 240,000ᵗᵗ comme soulte de ses échanges de terres, Jacques Viguier consentit que Sully prît et reçût, dorénavant, chaque année, des receveurs et fermiers des terres des comtés de Châteauroux et de La Châtre, sises en Berry, appartenant au prince, la somme de quinze mille livres pour le revenu au denier seize de ladite somme de 240,000ᵗᵗ, à commencer du 1ᵉʳ février 1617 jusqu'à parfait payement du principal.

Après avoir accompagné le Roi à l'assemblée des Notables, à Rouen, en décembre 1617, Sully revient à l'Arsenal où il reste jusqu'au mois d'avril 1618. Son fils aîné, Maximilien de Bethune, sieur de Bontin, marquis de Rosny, venait d'atteindre sa majorité et était entré en possession effective des biens provenant sa mère, Anne de Courtenay. C'est à ce moment que les nombreux créanciers du jeune marquis de Rosny se font connaître; Sully, dans l'espoir, bientôt déçu, de liquider entièrement les dettes de son fils, signe, le 17 avril une procuration autorisant Rachel de Cochefillet, duchesse de Sully, à contracter en leur nom à tous trois des emprunts jusqu'à concurrence de cinquante mille livres, puis il quitte l'Arsenal et se retire à son château de Montrond.

A la fin de la même année, le 19 décembre 1618, Sully signait à Montrond une procuration pour permettre au porteur de comparaître en la ville de Toulouse par devant Messieurs les commissaires députés par le Roi pour la revente des greffes du ressort du Parlement de Toulouse, enchérir, et lui faire adjuger tels greffes que bon lui semblera. Une autre procuration du 18 janvier 1619 chargeait Isaac Chazal, sieur de la Gravière, d'accepter les déclarations et retrocessions des greffes et offices ainsi adjugés à Montauban, Figeac, Nîmes et Uzès, en donner telles décharges que besoin sera, en recevoir et rembourser les prix et, pour le payement desdits greffes et offices, tirer toutes lettres de change et rescriptions nécessaires sur Isaac d'Arbouze, agent de ses affaires en la ville de Paris. Un crédit de cinq à six cent mille livres était ouvert à Sully le 20 février 1619 par Jean Le Prevost, sʳ de Saint-Germain, Jean Grisson, sʳ de Villebouzin, Gabriel de Guénégaud et Philippes de Coulanges, tous associés en la ferme des Gabelles. L'acquisition des greffes ne coûta que la somme de 348,266ᵗᵗ 2 s. 2 d., pour le payement de laquelle Sully n'usa du crédit qui lui était ouvert que jusqu'à concurrence de 259,000ᵗᵗ, ainsi que le porte une quittance délivrée le 16 juillet 1621 par Jean Le Prevost.

A cette époque, la duchesse de Sully, dont les séjours à Paris sont assez fréquents, avait aussi quitté l'Arsenal; nous la retrouvons, en 1620, logée rue «Thibault Odet»; elle y signe, en son nom et en celui de Sully, le 15 mai 1620, la rétrocession que le prince de Condé consentait à leur faire de Villebon.

Deux semaines après, le 29 mai 1620 avait lieu, au château de Montrond, le mariage de la fille cadette de Sully et de Rachel de Cochefillet, Louise de Bethune, dite «Mademoiselle de Sully», avec Alexandre de Levis, marquis de Mirepoix. On voit dans les *Œconomies Royales* que ce mariage ne fut qu'une source de tristesses pour Sully. Mademoiselle de Sully n'avait que dix-sept ans, mais «était fort incommodée», aussi apporta-t-elle en dot au marquis de Mirepoix 450,000ᵗᵗ en

INTRODUCTION.

argent clair, quantité de meubles et de pierreries et une vaisselle d'argent comprenant : deux bassins ovales, deux aiguières, trois salières à pans, dix-huit cuillères, six fourchettes, six flambeaux, un réchaud, un vinaigrier à pans, vingt-huit plats, quatre douzaines d'assiettes, une tourtière, deux saucières et une bassinoire. Le tout pesait 239 marcs 5 onces et 4 gros, ce qui, à raison de 24^{lt} le marc faisait la somme de 5,754^{lt} 10 sols (y compris quarante sols pour les manches), dont l'orfèvre René de La Haye donna quittance le 10 juillet 1620 à la duchesse de Sully.

Six mois après, le 19 décembre 1620, eut lieu à Montauban le mariage de François de Béthune, comte d'Orval, avec la fille du marquis, puis duc de la Force et pair de France, gouverneur de Béarn et maréchal de France, et de Charlotte de Gontaut Biron : damoiselle Jacqueline de Caumont, « très noble et vertueuse dame », selon l'expression de Sully.

Sur ces entrefaites, le roi ayant mis la main sur le Béarn, la fin de l'année 1620 vit renaître les agitations des protestants. Assemblés à La Rochelle depuis le 24 décembre, ils avaient envoyé Jean de Favas présenter leurs remontrances à Louis XIII qui les reçut fort mal et ordonna la dissolution immédiate de l'assemblée, ce à quoi il ne fut point obéi. Le Roi, prévoyant dès lors la nécessité d'entrer en campagne et n'ayant pas suffisamment de ressources en argent, pensa remédier à la pénurie de son trésor par un emprunt de six millions quatre cent mille livres. Cet emprunt fait l'objet de l'Édit de mars 1621, des lettres patentes de procuration du 11 mai suivant et de l'acte notarié du 17 du même mois de mai 1621 par lequel les commissaires royaux traitent à cet effet avec les Prévôt des Marchands et Échevins de la ville de Paris sous forme de constitution de quatre cent mille livres de rente au denier seize, sur les revenus des gabelles de France. Les acheteurs de ces rentes devaient, en signant leur contrat de constitution notarié, verser en argent comptant les trois quarts du principal de la rente souscrite par eux, soit quatre millions huit cent mille livres, et le surplus, soit seize cent mille livres, en acquits, « jusqu'à deue concurrence » des sommes à eux dues par le Roi tant pour ses emprunts antérieurs que pour ceux contractés par ses prédécesseurs.

Pendant ce temps, Sully qui avait voulu continuer à servir de médiateur entre le Roi et les protestants, mais qui loyalement avait refusé de se faire représenter à l'assemblée de La Rochelle, vit échouer ses efforts dans les deux camps. Il se retira donc dans sa baronnie de Caussade, en Quercy, où il signa le 24 mars, par devant le notaire Pegorier, une procuration chargeant la duchesse, sa femme, de traiter avec Henri de Chivray, s^r de la Barre, du gouvernement de Jargeau, place de sûreté des protestants, mais ce ne fut que le 16 mai 1621, après la prise de cette place par le comte de Saint-Paul, que la duchesse de Sully signa à Paris la démission de ce gouvernement. Elle se retira ensuite à Sully; elle ne put ou ne voulut empêcher les protestants de s'y établir et provoqua ainsi le siège et la prise du château par le comte de Saint Paul et le prince de Condé, le 19 juillet 1621; ils étaient assistés du marquis de Rosny, récemment converti, que le Roi avait envoyé pour faire rentrer dans le devoir Buziou, capitaine du château.

A la même époque, Sully, qui était tantôt à Caussade, tantôt à Figeac ou à Capdenac, adresse le 18 juillet, de cette dernière place, de vives remontrances à son gendre, le duc de Rohan qui lui répond que pour obtenir du Roi une paix générale qui soit honorable, il est décidé à aller secourir Montauban dont le comte d'Orval était gouverneur. On sait que le Roi fut obligé de lever le siège de Montauban le 18 novembre, faute de troupes suffisantes et surtout faute d'argent pour les payer, l'emprunt de six millions quatre cent mille livres n'ayant produit jusqu'alors qu'un million à peine, en argent comptant.

Pendant l'année 1622 que l'armée royale fut en Poitou et en Languedoc, Sully, qui avait laissé mettre dans ses places des garnisons royales, essayait toujours de négocier une paix générale, qui fut enfin signée le 19 octobre 1622.

Le Roi rentra à Paris le 10 janvier 1623 et Sully se trouvait de retour en son château de Sully au mois de février suivant, fort occupé à réparer les dégâts du siège de 1621. Il y signe, par-devant Jean Pichery notaire, le 15 février 1623, une procuration à son secrétaire, Abraham Nicolas, pour recevoir des arrérages de rentes à lui dues par le duc de Rohan et les 26 mai et 12 juin suivants deux procurations à la duchesse, sa femme, qui par une transaction du 20 juin 1623 avec Jehan Hillaire et Isaac Chazal, ses fondés de pouvoirs à Montpellier, soumet à l'arbitrage de Mes Mauguin, Jacques Chollet, Baussan et Bureau, avocats en Parlement, les difficultés relatives au règlement de l'affaire des greffes du Parlement de Toulouse.

Le prince de Condé continuait à susciter des embarras à Sully à cause de ses échanges de terres relatifs notamment à Villebon et à Montrond. Dans le but de trouver un moyen d'accommodement, Sully provoqua une consultation juridique qui eut lieu les 12, 13 et 21 juin 1623 entre Maîtres Mauguin, Galland, Feydeau et Chollet, avocats au Parlement de Paris. Toutes les questions ayant été ainsi élucidées, deux contrats passés à Bourges le 11 janvier 1624, avec le prince de Condé, mirent fin à ces difficultés par l'acquisition que fit Sully des terres et seigneuries de Nogent-le-Rotrou, Montigny et Vitray, d'une part, et l'échange définitif des terres de Villebon et de Muret contre celles de Baugy, Etrechy et Poligny. Le prince de Condé s'était cependant réservé la faculté de réméré pendant six années pour les terres de Nogent, Montigny et Vitray : ce pouvait être une source de nouvelles difficultés, aussi Sully préféra-t-il faire un sacrifice en obtenant par un contrat du 4 décembre 1624 que le prince de Condé se désistât de cette faculté moyennant une somme de 36,000^{tt} à déduire des 386,500^{tt} dont le prince s'était reconnu redevable envers lui par contrat du 22 janvier 1624. Ces 36,000^{tt} furent payées à Mre Jacques Viguier, agent des affaires du prince, en une quittance de 24,150ᵗᵗ 5ˢ pour une année des intérêts au denier seize échus de ladite somme principale de 386,500ᵗᵗ et en une autre quittance de 11,843ᵗᵗ 15ˢ à déduire sur ce principal qui se trouvait ainsi ramené à 374,656ᵗᵗ 5ˢ. Cette dernière somme fut encore réduite de 125,000ᵗᵗ par l'acquisition que Sully dut faire le même jour, 4 décembre 1624, de la terre et seigneurie de Champrond, située en pays chartrain, ce qui permit de fixer à 249,656ᵗᵗ 5ˢ seulement la dette du prince de Condé envers Sully. Les *OEconomies Royales* font connaître les sages motifs qui faisaient trouver bons à Sully tous les arrangements que les fantaisies successives du prince de Condé lui imposaient.

L'année 1625 se passa presque entièrement au château de Sully à rédiger la plus grande partie des *OEconomies Royales*. Les affaires de pure administration et de règlement de comptes continuaient à être traitées par la duchesse, tantôt à Sully, tantôt à Paris, où elle logeait chez son fils, le comte d'Orval, rue Couture-Sainte-Catherine. Au mois de juillet 1625, tous deux accompagnèrent à Fontainebleau «Mademoiselle de Sully» pour le jugement du procès en instance contre son mari, le marquis de Mirepoix; il avait fallu auparavant obtenir «un rescript de nostre Sainct Père le Pape, afin de procéder à la dissolution du mariage d'entre elle et Monsieur le Marquis de Mirepoix» et le faire entériner au Conseil.

Quand Sully revint à l'Arsenal, il se rendit presque aussitôt à son domaine de Villebon qu'il continua à agrandir en achetant, par acte du 23 juin 1626, à Jacques de Montescot, la terre et seigneurie de Laleu, située près d'Illiers au Perche, moyennant le prix principal de 56,000ᵗᵗ.

Le 2 septembre de la même année 1626, Mesmes Gallet, sʳ du Petit-Thouars et de La Jaille, demeurant rue Saint-Antoine, empruntait à Sully 42,000ᵗᵗ «pour employer au bastiment d'une grande maison où il est demeuré, qu'il fait construire de neuf, sise en ladicte rue Sainct Antoine»; il s'engageait à rembourser cette somme dans le délai d'un an. Cette maison qui devint, huit ans plus tard, l'hôtel de Sully, est indiquée dans l'acte du 2 septembre comme «tenant, d'une part, à Mᵉ Pierre Chevallier, conseiller en Parlement; d'autre part, à la veuve Rigault; aboutissant par derrière à la maison de Madame d'Escures et, par devant, sur la rue Sᵗ Antoine».

Après de courts séjours à Sully et à Villebon, le duc de Sully se trouvait à l'Arsenal les 29 et 30 mars 1627, pour régler un ancien reliquat de compte de succession avec son frère, Philippe, comte de Selles, et sa sœur Jacqueline, veuve de Hélie de Goutaut de Saint-Geniès, dame de Basdefou, laquelle s'était logée rue Dauphine, «à la Pie que niche».

Le 10 avril 1627, il était de retour à Sully, où il donna mission à Charles Pigis, agent de ses affaires, de régler par voie d'arbitrage le différend qui existait entre lui et Pierre Bourdoncle, son ancien fermier de la terre et seigneurie de Montricoux, pour raison des fermages que Sully prétendait lui rester dus. Les arbitres choisis,

M⁰ˢ Jacques Chollet et Gilles Bry, sieur de La Clergerie, avocats en la Cour de Parlement, donnèrent raison à Pierre Bourdoncle, envers qui Sully s'acquitta par acte du 15 mai 1627.

Le prince de Condé sut encore persuader à Sully de lui acheter ses seigneuries de Breteuil, La Faloise et Francastel, situées entre Clermont-en-Beauvoisis et Amiens. Le contrat d'acquisition moyennant le prix principal de 262,000ᵗᵗ fut signé le 23 février 1628, au château de Sully, par-devant Mᵉ Jean Pichery.

La mort de Noël Regnouart, son ancien et fidèle secrétaire, correcteur en la Chambre des Comptes, survenue en août 1628, ramena Sully à l'Arsenal. Regnouart était, en effet, dépositaire, dans son hôtel de la place Royale, de tapisseries et de meubles que le duc et la duchesse de Sully avaient confiés à sa garde, pour y demeurer « tant qu'ils seraient aux champs et jusqu'à leur retour ». Procès-verbal détaillé de ces objets fut dressé le 17 août par Claude Rousselet, commissaire examinateur au Châtelet; Sully en donna quittance le 28 décembre 1628.

Les minutes de Mᵉ Mathurin Fournyer ne portent pas trace du passage de Sully à Paris de 1629 à 1633. Ce furent des années marquées pour lui de grandes tristesses; sans parler des soucis que lui donnait son fils aîné, séparé de biens et d'habitation d'avec Françoise de Créqui, sa femme, et continuellement assailli par ses créanciers, il avait à soutenir le procès que lui faisait sa fille la marquise de Mirepoix et dont Mᵉ Scarron, conseiller au Parlement, était le rapporteur. La duchesse de Sully, elle-même, ne fit à Paris que de très courts séjours, logée tantôt rue Saint-Honoré en la maison où pendait pour enseigne « Le bœuf couronné » tantôt rue du Louvre, puis rue de l'Autruche, à l'enseigne de « l'Autruche ».

Enfin, en 1634, Sully revient à Paris, non plus à l'Arsenal, mais chez son second fils, le comte d'Orval, rue des Poulies. Son premier acte, du 27 janvier 1634, est, comme seigneur de la châtellenie de Remalard, de prendre fait et cause pour un de ses gentilshommes, Jean des Feugerets, écuyer, sieur de la Touche, à qui Mʳᵉ Jacques d'Augennes, évêque de Bayeux, contestait, comme prieur du prieuré de Moustiers, les droits, honneurs et prérogatives sur l'église et paroisse d'Orceau. Le litige fut soumis à l'arbitrage de Mᵉˢ Chamillart et Jacques Chollet, avocats au Parlement, par compromis du 27 janvier 1634. Mᵉ Jacques Chollet fut encore chargé le 1ᵉʳ mars suivant d'arbitrer, avec Mᵉ Guillaume Rozée, un différend qui s'était élevé entre Sully et Messire André Fremiot, ancien archevêque de Bourges, abbé de Notre-Dame de Breteuil, pour raison de droits de pêche, de cours d'eau et de chasse, prétendus respectivement par chacun d'eux : l'un, à cause de sa seigneurie de Breteuil en Picardie, et l'autre à cause de son abbaye.

Sully avait un double but en venant à Paris : tout d'abord l'acquisition de l'hôtel de la rue Saint-Antoine pour la construction duquel il avait prêté 42,000ᵗᵗ, en

INTRODUCTION.

1626, à Mesmes Gallet, acquisition qu'il réalisa par un contrat d'échange passé le 23 février 1634 avec Mre François Poussart, chevalier, seigneur et marquis du Vigean, conseiller du Roi en ses Conseils, et dame Anne de Neufbourg, son épouse. En contre-échange de cet hôtel, Sully leur donnait les «Aydes et menus boyres» des villes d'Elbeuf, Evreux et Pont-Audemer, dont le produit, par bail, était de 7,800^tt, les greffes des présidial et élection de Fontenay-le-Comte et 3,000^tt de rente sur la maison de ville de la Rochelle, ce qui, toujours au denier seize, représentait une valeur d'environ 214,879^tt 10^s, sauf les droits dus au prieuré de la Couture-Sainte-Catherine et à l'œuvre et fabrique de l'église de Charonne. Sully prit possession de cet hôtel par acte du 13 mars suivant.

Il lui fallait en second lieu soutenir le procès que les créanciers de son fils aîné, le marquis de Rosny, avaient fait engager en continuation de communauté. Lors du décès de sa première femme, Anne de Courtenay, mère du marquis de Rosny, aucun inventaire n'avait été fait. Or l'article 240 de la coutume de Paris disposait que si l'époux survivant se remarie, l'enfant survivant peut demander communauté en tous les biens meubles et conquêts immeubles du survivant. La formalité de l'inventaire était indispensable, aussi, par un arrêt du 11 février 1634, le Parlement avait-il ordonné qu'il y serait procédé par-devant les juges des lieux. C'est en vertu de cet arrêt que l'inventaire des meubles de l'hôtel de la rue Saint-Antoine fut commencé le 8 mai 1634, en présence de Sully.

Pierre Nicolas, sommelier, chargé de la vaisselle d'argent, la représenta à Pierre Galland, sergent à verge au Châtelet de Paris et priseur juré vendeur de biens meubles, assisté de René de La Haye, maître orfèvre à Paris, demeurant en l'Ile du Palais, en la maison où pend pour enseigne «La Belle Image». Elle se composait de cinquante-trois plats fruitiers, deux douzaines d'assiettes, un bassin rond et quatre ovales, quatre aiguières et deux coquemars, quatre flacons avec leurs chaînes, six coupes d'office, deux essais, une écuelle couverte, deux boîtes de dragées, deux saucières, trois salières, deux vinaigriers, un sucrier, une assiette carrée avec sa mouchette et sa chaîne, une bassinoire, vingt-huit cuillères, dix-neuf fourchettes, un garde-nappe avec sa cuillère, fourchette et soucoupe, un petit seau à rafraîchir, un verre de vermeil, quatre réchauds, une marmite couverte garnie de son anse, dix flambeaux, une cuvette avec ses deux anneaux, douze plats dont six potagers, vingt-quatre plats ordinaires, vingt-sept petits plats et quatre tourtières. Le tout pesait six cent cinquante-cinq marcs une once, prisé, à raison de vingt livres le marc, treize mille cent deux livres dix sols, plus une buire, de poinçon étranger, pesant vingt-deux marcs trois onces, prisée, à raison de dix-huit livres le marc, quatorze cent deux livres.

On traversa ensuite la salle du commun, joignant la sommellerie, puis Azor Lefebvre, cuisinier du duc, montra dans sa cuisine, et dans le garde-manger y attenant, ses grosses tables de hêtre, sa grande marmite de cuivre rouge avec couvercle, bandée de fer, prisée quatre livres; une autre marmite, plus grande encore, prisée huit livres; une poêle d'airain avec cercle et anneau de fer prisée six livres; puis trois chaudrons d'airain, un poêlon à pied de cuivre rouge, une passoire, deux friquets, une cuillère, une écumoire et une poêle d'airain, le tout prisé six livres; trois autres poêles, une grande lèchefritte, deux broches et deux cuillères de fer, le tout prisé trente sols; enfin deux tourtiers d'airain de vingt sols et un mortier de marbre blanc avec son pilon de bois, estimé quarante sols.

Deux petites chambres, au-dessus des écuries, ayant vue sur la rue, n'étaient meublées que de leurs couchettes estimées ensemble trente livres.

Dans la grande écurie on trouva : six chevaux de carrosse, sous poil bai clair, que Jehan Prandeloup, maître maréchal, estima ensemble avec leurs harnais, 530 livres; six chevaux de selle hors d'âge, dont trois prisés chacun 50^{tt}, le quatrième 45^{tt}, le cinquième, tiqueur, 30^{tt}, et le sixième aveugle, six livres. Deux carrosses furent sortis dans la cour de l'hôtel : le carrosse de «mondit seigneur», garni de velours rouge cramoisi, à ramages à fonds de satin avec ses coussinets de même velours et trois rideaux de damas rouge, fut prisé deux cents livres par Noël Payen, charron; le carrosse de «madite dame», garni de velours cramoisi et broderie de soie et de ses rideaux de damas rouge cramoisi, avec les trois coussinets de velours, ne fut prisé que cent livres. Ces estimations sont très faibles si l'on en juge par le prix d'un carrosse d'occasion remis à neuf, qui se vendait, à la même époque, 360 livres tournois, et par le prix des chevaux d'artillerie que l'on payait de 135 à 150 livres.

Maurice de Cors, marchand tapissier, demeurant rue Saint-Antoine, prisa les nombreuses pièces de tapisserie qui décoraient plusieurs pièces de l'hôtel. Tout d'abord, la grande salle ayant vue tant dans la cour que dans le jardin était garnie de huit pièces de tapisserie de haute lice à personnages représentant les *Arts libéraux;* cette tapisserie, mesurant trente aunes de tour sur trois aunes et demie de haut, fut prisée trois mille livres; dans le cabinet au bout de ladite salle ayant vue sur le petit jardin, une «singerie» de six pièces de tapisserie de Flandre mesurant seize à dix-sept aunes de tour sur trois aunes un quart de haut, 250^{tt}. La chambre de la duchesse était ornée de six pièces de tapisserie de satin blanc enrichi de figures en broderies à chaque pièce, de 15 aunes de tour et de trois aunes de haut, 900^{tt}; le lit, de six pieds de large et de six pieds et demi de long, était garni de trois pantes, quatre cantonnières, trois soubassements de toile d'argent, couvert de broderie de tapisserie au petit point, avec le fond de dossier, trois rideaux et une couverture de parade de petite toile d'argent garnie de passements d'or et d'argent, le tout garni de campanes de tapisserie en broderie, les quatre pommes de lit avec les quatre plumes blanches, le bois de lit, une paillasse, un matelas et un traversin; ce lit accompagné d'un fauteuil de même parure, le tapis de table de toile d'argent garnie de broderies semblables à celles du lit et un tapis de cuir rouge au-dessus, le tout prisé mille livres. De plus, le dais de toile d'argent avec pareilles broderies prisé 300ᵗ; un grand tapis Guérin servant de parterre de cinq aunes de long sur deux aunes et demie de large, 200ᵗ; enfin, une chaise à bras avec onze tabourets couverts de toile d'argent et broderies semblables à celles du lit et trois escabeaux pliants couverts de brocatelle jaune et verte, le tout prisé vingt-quatre livres tournois.

À côté de cette chambre de parade, se trouvait une petite chambre garnie de sept pièces de tapisserie de cuir doré de Hollande de seize aunes de tour sur deux aunes et demie de hauteur, prisées ensemble 140ᵗ; le lit, de trois pieds de large, garni d'une housse de damas rouge cramoisi avec des franges d'or et de soie, la couverture, les quatre pommes de lit, la paillasse, le matelas, le traversin, le tapis de table de velours rouge avec passements de toiles d'or, trois chaises dont une à bras et deux à vertugadin et un carreau, le tout de velours cramoisi, prisé 200ᵗ. Deux petites tables de bois de noyer, une paire d'armoires de bois peint avec filets d'or et d'azur (12ᵗ), un vieux tapis Guérin de deux aunes et demie en carré, un petit tapis de Turquie servant de parterre (36ᵗ) et un miroir couvert de velours cramoisi garni de galon d'or (50 sols) complétaient le mobilier de cette chambre.

Au-dessus de la grande salle était une antichambre, tendue de sept pièces de tapisserie de verdure de treize aunes de tour sur deux aunes de hauteur, prisées 200ᵗ; elle donnait accès à une chambre également tendue de sept pièces de tapisserie « façon de Paris » représentant l'*Histoire de Niobé*, de 22 aunes de tour sur trois de hauteur, estimées 2,100ᵗ; par terre : un tapis de Turquie (90ᵗ); dans le cabinet à côté, une tenture de cuir doré de cinq pièces de douze à treize aunes de tour sur deux aunes de hauteur, prisée 75ᵗ.

Dans la galerie située au-dessus des offices, ayant vue sur la rue et sur la cour, se trouvaient quinze pièces de tapisserie de Bergame de Rouen avec trente petits tableaux et une certaine quantité de livres, le tout déjà inventorié à Sully, ainsi que le fit remarquer Jehan Grené, sieur des Prasteaux, maître d'hôtel du duc.

Le mercredi 10 mai, on continue l'inventaire par la chambre du sʳ du Buisson, écuyer du duc de Sully, puis par celle du valet de chambre, chargé de la garde et du soin de la garde-robe de son maître. Cette garde-robe se composait : d'une robe de chambre de velours amarante façonné, doublé de panne de même couleur, avec une tavelle (ou passement) d'or et de boutons à queue d'or et d'argent, prisée soixante livres; d'un habit de drap d'Irlande, gris de souris, le manteau doublé de panne, le pourpoint, les chausses, les bas de soie et les jarretières de même couleur, avec des boutons à ganses garnis d'aiguillettes, cinquante livres; d'un autre habit comprenant le manteau de velours noir façonné doublé de panne, le pourpoint et les grègues de même velours, doublé de taffetas, trente livres; d'un manteau de drap d'Espagne noir, doublé de satin plein et découpé avec le pourpoint et les grègues de satin noir, quarante-cinq livres; d'un pourpoint de satin rouge cramoisi avec ses grègues de velours cramoisi, garni de boutons et galons d'or, avec des bas de soie et des jarretières de même couleur, quinze livres; d'un manteau de camelot de Turquie noir, dix livres; d'un autre manteau de velours ras noir, doublé de martre zibeline, cent cinquante livres; d'une hongreline de drap d'Espagne, gris, doublée de gorge de renard, douze livres; de deux paires de bottines de maroquin, « doublées de peau de connin », quarante sols; d'une chemisette de toile d'argent et soie, doublée de taffetas incarnat et blanc, dix livres; d'un manchon de velours brodé d'or et doublé de gorge de renard, quatre livres; de deux douzaines de chemises de toile de lin, quarante-huit livres, et enfin de menu linge, six fraises, dix-huit mouchoirs, deux chemisettes et deux peignoirs, le tout prisé dix-huit livres.

La garde-robe de la duchesse ne devait pas encore être transportée à Paris, on ne put en effet inventorier qu'une robe de taffetas noir et une jupe de tabis cramoisi, prisées cinquante livres, et le linge : une douzaine de chemises de nuit, une douzaine de paires de « chaussettes », six coiffes de nuit, six petits bandeaux, une douzaine de coiffes de tête, une douzaine de bandelettes, une douzaine de mouchoirs et autre menu linge, avec « quatre paires de draps fort usés », le tout prisé ensemble trente livres.

Dans une chambre en galetas servant de garde-meuble se trouvaient entre autres : trois pièces de tapisserie de « Singerie » (150ᵗᵗ); une tenture de tapisserie de haute lisse, contenant huit pièces de vingt-cinq aûnes de tour sur trois aunes de hauteur, à personnages (400ᵗᵗ); une autre tenture de six pièces de tapisserie de vieille haute lisse, où sont représentées des figures de damoiselles (150ᵗᵗ); un lit de velours cramoisi (100ᵗᵗ); un autre lit de même, à pantes, avec tapis, rideaux et deux bonnes grâces de damas garnies d'un galon d'argent (150ᵗᵗ); un grand pavillon carré de taffetas blanc, couvert de tapisserie d'or et d'argent, façon de la Chine, avec la couverture, du Levant, et le tapis de table au point, façon de la Chine (400ᵗᵗ).

La chambre de Sully avait vue sur la cour et sur le jardin, elle était tendue de six pièces de tapisserie, représentant l'*Histoire de Roboam*, rehaussées d'or fin, mesurant vingt-six à vingt-sept aunes de tour sur trois aunes un quart de hauteur, prisées quatre mille cinq cents livres. Le lit, carré, garni de velours cramoisi, chamarré de bandes de broderies d'or et d'argent, était ainsi composé : un fond de lit, dossier, trois rideaux, quatre bonnes grâces, trois soubassements, couverture de parade, deux quenouilles ou colonnes, six pantes, quatre pommes avec les quatre panaches; de plus, un tapis de table, la housse, trois fauteuils, six chaises à vertugadin, douze escabeaux pliants couverts de velours cramoisi

INTRODUCTION.

avec une crépine d'or, le tout prisé, y compris le bois de lit, la paillasse et le traversin, six mille livres. Il y avait en outre un grand tapis de Turquie servant de parterre, de cinq aunes de long sur deux aunes et demie de large (90#), un tapis de la Chine, rehaussé d'or et d'argent (150#) et un grand pavillon de taffetas blanc semé de fleurs en broderie de soie, avec son chapiteau et la pomme, garni de campanes prisé trois cents livres.

La petite chambre, joignant cette grande chambre de parade, était tendue de sept pièces de tapisserie à *grotesques*, où sont représentées les *Quatre Saisons* de l'année, de vingt-cinq aunes de tour sur trois aunes de hauteur, prisées douze cents livres; le lit était de velours cramoisi, chamarré de broderie d'or, garni de campanes, doublé de satin, avec sa couverture de satin piqué; de plus, une chaise à bras et six escabeaux pliants de velours cramoisi, garnis de franges d'or et de soie et les quatre pommes du lit garnies des quatre plumes (500#); par terre un tapis de Turquie de deux aunes de long et de cinq quartiers de large (18#); un grand cabinet d'Allemagne, d'ébène, fermant à clef, garni de tous ses tiroirs, avec le pied de bois noir (90#); enfin deux miroirs garnis d'ébène, l'un de deux pieds et demi en carré et l'autre plus petit, prisés ensemble cent cinquante livres tournois.

L'orfèvrerie et les bijoux furent estimés par Roch Prévost, orfèvre, demeurant rue Saint-Antoine, qui inventoria : trois enseignes d'or où sont enchâssés plusieurs diamants, chacune prisée deux mille livres et, pour les trois, six mille livres; deux douzaines de gros boutons où sont enchâssés à chacun treize diamants (864#); quatre-vingt-quinze autres boutons où sur chacun sont enchâssés cinq diamans, chaque bouton prisé neuf livres tournois (855#); une cassolette d'argent pesant soixante marcs à vingt livres le marc (1,200#); une autre cassolette de «vermeil doré» pesant dix marcs à vingt-quatre livres le marc (768#) et une cassolette ronde à trois rouleaux pesant quatre marcs à vingt livres le marc (80#).

A ce moment, Sully protesta que «lesdites choses luy appartiennent suivant la clause portée par le contract de mariage passé entre luy et feue dame Anne de Courtenay, sa première femme, comme aussi ses chevaux, carrosses, habillemens et autres choses à luy accordées par ledict contract».

L'après-midi du même jour, on inventoria la chambre des Suisses, celle des valets de pied, la chambre de «Monsieur le Maistre d'hostel», la chambre des officiers, celle du sommelier et celle de l'apothicaire. Dans chacune on ne trouve que lits ou couchettes et tables sur tréteaux.

L'inventaire des titres et papiers eut lieu le lendemain jeudi 11 mai 1634. Il présenterait beaucoup d'intérêt s'il comprenait l'ensemble de tous les contrats passés par Sully pour l'acquisition ou l'échange de tous les domaines dont il était possesseur à cette époque; mais un certain nombre de ces titres étaient soit à Sully, soit à Villebon, de sorte que les énonciations de l'inventaire de l'hôtel de la rue Saint-Antoine sont forcément incomplètes et ne peuvent servir de base certaine à l'établissement d'une situation exacte, en 1634, de la fortune de Sully.

Quoi qu'il en soit, nous remarquons, à l'aide des éléments dont nous disposons et que nous avons cités au cours de cette introduction, que les chiffres donnés par Sully dans les *Œconomies Royales* sont d'accord avec ceux stipulés dans ces contrats, mais dans les contrats d'acquisition amiables seulement, tandis que les prix des terres décrétées sont très sensiblement majorés dans les *Œconomies Royales*. Il semble que ces différences doivent provenir de ce fait que les titres d'acquisition de ces terres décrétées ne mentionnent que le prix principal sans y ajouter le montant des frais des procédures diverses et des droits de fief ou censive. C'est ainsi que l'on remarque pour les terres décrétées de Sully, de Culand, de Montricoux et de Caussade, une majoration d'un dixième environ.

Après les terres et seigneuries, l'inventaire donne le détail des deniers dus à Sully à cause des constitutions de rente et des obligations à lui appartenant. Les vingt-cinq prêts qu'il avait faits en 1612 et 1613 à une trentaine d'habitants de l'île de Ré, de La Rochelle et des pays circonvoisins s'élevaient à 248,410^{lt} 16^s environ, chiffre qui concorde avec celui de 250,000^{lt} indiqué dans les *Œconomies Royales*. En outre, la communauté de la Ville de Montauban lui devait 32,000^{lt}, les Greffes du ressort du Parlement de Toulouse représentaient une somme de 348,266^{lt} 2^s 3^d, soit ensemble plus de 380,000^{lt}.

L'inventaire se clôt sur les protestations renouvelées de Sully, disant qu'en raison de l'insolvabilité des débiteurs, il n'a pu toucher les sommes qui devaient composer la communauté à lui promises en faveur de son mariage avec Anne de Courtenay, ni entrer en ordre sur les décrets faits de leurs biens; qu'en conséquence, il ne doit pas y avoir de communauté de ce chef, pas plus que pour ses biens propres héréditaires et ceux provenant de dons à lui faits, qui lui tiennent lieu de propres; qu'en outre il y a lieu de distraire des inventaires faits en ses maisons les choses qui lui appartiennent par préciput, suivant son contrat de mariage, telles que les armes, chevaux, carrosses, litières, mulets, habillements, ornements d'or, pierreries, livres, dont une partie avait été inventoriée à Villebon, et particulièrement : deux boîtes à portraits où sont représentés les rois et les reines qui les lui ont donnés; deux douzaines de boutons de diamants, deux chaînes de musc, une enseigne à mettre au chapeau, quelques vases de lapis et cristal, quelques jetons et médailles d'or et d'argent, les enseignes, guidons et autres hardes servant à la compagnie de gendarmes du duc et autres menues hardes. Sully proteste encore que pour toutes les dettes qu'il a payées aux créanciers de son fils, le marquis de Rosny, et pour celles dont il s'est porté caution, il y a lieu de les répéter à l'encontre de son fils. Enfin il déclare que l'inventaire qui a été fait des meubles du château de Sully ne peut lui être opposé, attendu

INTRODUCTION.

que dans la coutume d'Orléans qui régit le duché, entre nobles les enfants du premier lit n'ont pas droit de continuation de communauté.

Quelques mois après, le 1er septembre 1634, mourait le marquis de Rosny, laissant un fils, Maximilien, au nom de qui le procès fut poursuivi, et une fille, Louise, qui mourut, sans alliance, en 1679. Il laissait en outre deux enfants naturels qu'il avait eus de Marie d'Estourmel, dame de Gravelle.

Par la mort de son fils, Sully avait le droit de rentrer dans la charge de Grand Maître et Capitaine général de l'Artillerie, en vertu des lettres de déclaration du 8 avril 1610; mais, comme il reçut de Louis XIII, dès le 18 septembre, le bâton de Maréchal de France, il déclara, par deux actes, l'un du lendemain 19 et l'autre du 25 du même mois, que «ne désirant pas de se faire pourvoir de nouveau ni rentrer en ladite charge, il a volontairement remis et céddé, soubz le bon plaisir de Sa Ma^{té}, tous les droicts qui pouvoient luy appartenir en icelle, à hault et puissant seigneur Messire Charles de La Porte, chevalier des ordres du Roy, seigneur de La Meilleraye, et, en tant que besoin, s'est desmis en sa faveur de ladite charge, luy ayant pour cest effect remis entre les mains l'original desdites lettres de déclaration, pour luy servir ce que de raison...».

Dès lors il se fait ainsi qualifier dans les actes : «Très hault et très puissant seigneur messire Maximilien de Bethune, duc de Sully, Pair et Mareschal de France, prince souverain de Henrichemont et de Boisbelle, comte de Muret, vicomte de Meaux, baron de La Chappelle, Villebon, Montigny, Champrond, Regmalard, Vitray, Conty, Bretheuil, Francastel, La Falaize et autres places».

Sa nouvelle demeure était certes bien digne, par ses majestueuses proportions, d'un duc et pair et maréchal de France, mais certains aménagements intérieurs n'étaient pas encore terminés; aussi, le 6 décembre 1634, Sully fit-il marché avec Jean Maressal, valet de chambre et peintre ordinaire du Roi, demeurant aussi rue Saint-Antoine, pour la décoration picturale des galeries de son hôtel. D'après le devis et les sept dessins arrêtés d'un commun accord, *ne varietur*, Jean Maressal devait représenter, à la voûte de la Grande galerie :

...«tout le globe céleste, ensemble quarante huict images selon qu'ils sont descripts, avec toutes leurs estoilles d'or suivant le desseing qui a esté monstré à mond. seigneur; plus au pourtour de lad. gallerie, à l'imposte, sera faict une corniche de l'ordre ionique, au dessoubz de laquelle seront les tableaux peints sur la muraille, avec moulure d'architecture allentour, et entre lesd. tableaux un pilastre et, au dessoubz desd. choses, des piédestaux regnant tout à l'entour de la gallerie à haulteur d'appui des croisées, où seront des camaïeux représentant tous les instruments et ustencilles de guerre et d'artillerie. Ceste susd. architecture sera feinte estre de maçonnerie; les camaïeux de diverses façons avec quadres et figures à ce requises pour l'ornement et le mieulx rapportans aux desseings que faire se pourra.

Plus, les susd. tableaux qui seront au nombre de quinze, dont il y en aura neuf de dix pieds de long, l'un portant l'aultre et de sept pieds de haulteur. Les six aultres auront sept pieds de haulteur et de large quatre à cinq pieds, selon que les trumeaux et les places le permettront. Dans lesd. tableaux seront représentées plusieurs belles et grandes actions de guerre, comme batailles, surprises, et assiégemens de villes et prises d'icelles, où les personnes les plus signalées desd. actions seront représentées au naturel . . .

Plus se peindront les portes et les dessus d'icelles, de façon la plus convenable, suivant l'ordre de la gallerie, comme aussy les croisées qui sont au nombre de sept . . .

Pour la petite gallerie, se peindra la voulte et les deux bouts jusqu'à l'imposte seulement, à commencer de l'imposte jusques au dessus des croisées, sera feint une corniche de maçonnerie. Dans la frise, où il y aura tout allentour des armoiries avec leurs couleurs, blasons, devises, couronnes, timbres, ordres et supports . . . Au dessoubz de lad. frise, sera aussy peinct une architrave de massonnerie . . . et au dessus de la susd. corniche sera peinct dans la voulte le cercle du Zodiaque avec ses douze signes . . .

Plus, aux deux pavillons de lad. gallerie, à deux portes qui sont murées, il y sera peinct deux perspectives, à l'une desquelles sera représenté une des galleries ou allées basses, avec des figures de la Place Royalle, et à l'autre un jardinage et des figures selon le dessaing qui a esté monstré, faisant leurs effects d'elloingnement tant que l'art le peut permettre.

Plus se peindra la Chambre du pavillon qui est sur la rue à l'oposite de la Grande gallerie, laquelle chambre contient trois travées et quatre croisées et le Cabinet tenant à lad. chambre contenant deux petites travées et deux croisées. Lad. chambre et cheminée d'icelle et cabinet seront peints de marqueterie, scavoir sur les solives : des cartouches et moresques et arabesques, istelles et filets et fleurs sur des fonds de diverses couleurs, et sur chacune solive deux et trois cudelampes d'or bruny et aux espesseurs des solives un ornement de jaulne ; et dans les entrevous une istelle par compartiment avec moresque. Aux frises, tant aux poutres qu'alentour, seront deux cartouches sur chacune des espasses de moulerie dorée d'or bruny, de la haulteur de lad. frise et d'un pied de large, avec cartouche, fleurs, rinceaux, istelles et fillets.

Jean Maressal devait faire ce travail dans un délai maximum de dix-huit mois, moyennant la somme de quatorze mille livres tournois : il devait commencer par la petite galerie, ce qu'il fit, mais, par suite de dissentimens dont nous ne connaissons pas les motifs, il se désista de son marché. Les peintures qu'il n'avait exécutées que dans la petite galerie furent l'objet, le 16 juillet 1635, d'un arbitrage par les s^{rs} Nicolas Pontheron, peintre ordinaire du Roi, et Guillaume Briot, maître peintre à Paris, qui fixèrent à 2,700^{ll} la somme à payer à Jean Maressal. Ce payement eut lieu aussitôt, le 21 juillet 1635, et les sept dessins mentionnés au marché furent rendus à Jean Maressal par les mains de Daniel Emeriau, secrétaire de Sully.

L'année suivante, un différend s'étant élevé au sujet de mouvances féodales respectivement prétendues par Sully pour sa terre des Yys qu'il avait achetée de Joachim de La Ferrière, et par Jehan Sevin, maître des requêtes, pour sa terre de Maigny, Sully recourut encore le 22 avril 1636 à l'arbitrage pour le faire résoudre. Mais il faut croire que la question était difficile, car plus de deux ans après, le 7 juin 1638, Mes Doublet et Chollet, avocats, choisis comme arbitres, réclamaient encore un délai de dix mois pour rendre leur sentence.

Tous ces arbitrages montrent bien que Sully n'était pas aussi processif qu'on le lui a souvent reproché; s'il tenait, certes, à défendre ses droits, il n'hésitait pas non plus, en cas de doute, à recourir à des arbitres et à se soumettre à leurs sentences.

Pendant les dernières années de la vie de Sully on ne trouve plus trace que d'un petit nombre d'actes de simple administration dont les principaux ont trait aux difficultés que rencontrait le recouvrement de quelques-unes des créances données au marquis du Vigean en échange de l'hôtel de la rue Saint-Antoine. Ces difficultés paraissent prendre fin le 23 novembre 1637, par la cession des créances litigieuses à Dimanche Adrian, marchand bourgeois de Paris.

Tels sont les faits les plus intéressants que les actes privés de Sully nous ont révélés ou confirmés. Nous aurions été tenté de les compléter par un résumé de plus de deux cents contrats relatifs à des constitutions et à des rachats de rentes, à des obligations et à des remboursements; nous avions même essayé de suivre ainsi les phases diverses de la fortune mobilière de Sully, mais nous avons bientôt reconnu qu'un pareil travail ne pouvait nous conduire qu'à des résultats erronés. En effet, Sully n'avait pas que les Fournyer pour notaires, il avait Mes Bonnet à Saint-Amand, Pichery à Sully, Macet à La Rochelle, Pégorier à Caussade, Ragneau à Bourges, Olivier à Courville, de sorte qu'une somme prêtée à Paris pouvait être remboursée tout autre part et réciproquement, sans que mention en fût portée sur le contrat constitutif de la rente ou de l'obligation. D'autre part, Sully usait largement de lettres de change pour ses mouvements de fonds les plus considérables, comme nous l'avons vu pour les greffes du ressort du Parlement de Toulouse, mais ces opérations ne laissent de traces que chez les banquiers et c'est par exception que deux des actes notariés que nous avons cités font mention de ce mode de procéder. Si nous avons renoncé à poursuivre ce travail, nous n'en avons pas moins pu constater que, d'une façon générale, tous les éléments constitutifs de la fortune de Sully qui sont énoncés dans ses *Œconomies Royales* et que nous avons pu contrôler sont confirmés par les actes notariés.

Il n'est pas impossible, il est vrai, de relever quelques erreurs de détail dans un recueil aussi considérable, dont les rédacteurs n'avaient pas la précision que l'on exige aujourd'hui dans un ouvrage historique, mais aucune de ces erreurs n'est de nature à faire naître des doutes sur la véracité des *Œconomies Royales* qui restent, dans leur forme originale, la meilleure source à consulter pour l'histoire du règne de Henri IV.

Nous n'avons pas essayé, non plus, de faire de Sully une biographie complète; il faudrait, en effet, pour compléter les indications contenues dans la présente Introduction, faire de patientes recherches dans nombre de dépôts publics d'archives, dépouiller les minutiers des notaires dont nous venons de citer les noms;

il faudrait encore recourir à d'autres archives particulières jusqu'à présent inaccessibles.

Nous avons préféré nous borner à mettre, sans plus tarder, à la disposition des historiens les actes d'une authenticité certaine dont nous pouvions disposer et qui montrent, dans leurs détails comme dans leur ensemble, combien l'œuvre administrative de Sully était honnête, méthodique et ordonnée. On voit clairement dans sa collaboration de tous les instants avec Henri IV leur souci commun de faire la France respectée au dehors par la force de son armée et la puissance de son artillerie, prospère au dedans par le développement de son agriculture, de son commerce et par la bonne administration de ses finances.

Aussi lorsque Sully dut rendre la Bastille à Marie de Médicis, les coffres contenaient-ils une réserve disponible de plus de quarante-trois millions. Après la régence et Concini, les coffres étaient vides. Pendant le règne de Louis XIII, les emprunts commencent avec Luynes en 1621; avec Richelieu, ils se succèdent presque chaque année : en 1625, 1626, 1628, 1633, 1634, 1635, 1636 et 1638, et, pour cette période de dix-sept ans, la dette du Trésor royal se trouve augmentée d'environ deux cent soixante millions de livres tournois.

Sully, qui, pendant les dix années de son administration, avait su économiser près de deux cent trente-cinq millions, assista ainsi de son vivant à la destruction de son œuvre financière; il mourut, âgé de quatre-vingt-deux ans, le 21 décembre 1641, au château de Villebon.

F. DE MALLEVOÜE.

LES
ACTES DE SULLY
PASSÉS AU NOM DU ROI
DE 1600 À 1610

PREMIÈRE PARTIE.
INVENTAIRE DE CATHERINE DE BOURBON, DUCHESSE DE BAR.

Cet acte est le seul qui ne puisse être compris dans l'exercice d'aucune des charges dont était pourvu Maximilien de Bethune, alors marquis de Rosny. Ses secrétaires expliquent ainsi, dans les *OEconomies Royales*, les conditions dans lesquelles fut dressé cet inventaire :

« Au commencement de cette année (1604), mourut Madame la Duchesse de Bar, sœur unique du Roy, de quoy il receut un grand desplaisir.... et nous contenterons d'insérer icy une lettre que le Roy vous en escrivoit de sa main, qui tesmoignera que vous estiez son mesnager à tout entreprendre et à tout faire, estant telle que s'ensuit :

« Mon cousin, ... enquerez-vous où sont les bagues que feue ma sœur, la Duchesse de « Bar, avoit envoyées engager en cette Ville pour payer ce qu'elle debvoit de reste de sa « maison; et qui les a, et pour combien elles sont engagées, car l'on m'a asseuré qu'elles ne « le sont que pour vingt mil escus; faictes faire une inventaire des meubles qu'elle a laissez « en sa maison, comme aussi des tableaux qui y restent tant en la galerie, chambre, que « cabinets, et vérifier sur l'inventaire qu'en a le Concierge si l'on en a osté, et qui; car ils me « pourront servir pour mes galleries : Je veux que la maison soit vendue et séparée en trois, « tant pour achever de payer ce qui en restoit deub que pour payer ses debtes; ayant appris « aujourd'huy qu'elles ne sont si grandes que l'on m'avoit asseuré. De deux maisons que « j'avois cy devant données à feue ma sœur, l'une estant à Fontainebleau et l'autre à S. Germain-« en-Laye, j'ay donné à ma femme celle de S. Germain, et à Madame de Verneuil celle de « Fontainebleau. J'ay advisé depuis pour le dueil qu'il me faut porter, qu'il faut que le pre-« mier Gentilhomme de ma chambre, maistre de ma garderobe et ceux qui me servent ordi-« nairement à la chambre et à la garderobe en soyent vestus, comme aussi les pages de ma « chambre et les lacquais estans en quartier, car il ne seroit honneste que moy, vestu de « dueil et mon cheval, ils courussent devant moy vestus de livrée; et avec ma femme ses « Dames d'honneur, d'atour, ses filles, femmes de chambre et lacquais estans en quartier. « Je serois bien aise que dans trois jours vous me vinssiez trouver à S. Germain où je m'en « vois et m'apportiez la résolution que vous aurez prise sur les affaires que je vous escry, et

« ce que vous y aurez fait, aussi que vous veniez voir mon fils que vous n'avez veu il y a
« longtemps et que vous luy fassiez apporter sa Chappelle. Adieu, mon Amy : Ce 18ᵉ jour de
« Février 1604. »

[Œc. Royales. II, chap. xxx, p. 191.]

Sitôt cette lettre reçue, Maximilien de Bethune fit dresser l'inventaire suivant dont il
put donner connaissance au Roi à la date fixée.

I. — 20 FÉVRIER 1604. — 136.*

INVENTAIRE DES BIENS MEUBLES APPARTENANT À LA SUCCESSION DE CATHERINE DE BOURBON, DUCHESSE DE
BAR, SŒUR UNIQUE DU ROI, TROUVÉS «EN LA MAISON DE LA FEUE ROYNE MÈRE DU FEU ROY»,
SISE À PARIS, RUE DES DEUX ÉCUS.

L'an mil six cens quatre, le vendredy avant
midy, vingtᵐᵉ jour de febvrier, à la requeste de
hault et puissant seigneur messire Maximillian
de Bethune, chevalier, sieur et marquis de Rosny,
baron de Sully, conseiller du Roy en son Conseil
d'Estat, cappitaine de cent hommes d'armes de ses
Ordonnances, grand maistre et cappitaine général
de l'Artillerie, superintendant de ses finances et
fortiffications de France, gouverneur de la ville et
citadelle de Mante et du chasteau de la Bastille,
à Paris; au nom et comme soy disant avoir charge
et commandement de Sa Majesté pour se faire faire
la présente description, a esté par Jehan le Normant et Symon Fournyer, notaires du Roy nostre
sire, en son Chastellet de Paris, soubzsignez, faict
inventaire et description des biens meubles appartenans à la succession de feue très haulte et puissante
princesse Catherine de Bourbon, vivante seur unique du Roy, femme et espouze de très hault et très
puissant prince Henry, prince de Lorraine, duc de
Bar, trouvez et estans en la maison de la feue Royne
mère du feu Roy, sizé à Paris rue des deux Escus,
parroisse St Eustache⁽¹⁾, monstrez et représentez par
maistre Jehan de Lauberville, concierge d'icelle maison, et par Elisabeth Prevost, vefve de feu maistre
Guillaume Bessault, vivant aussy concierge de lad.
maison.
Après serment par eulx faict solempnellement,

⁽¹⁾ Il ne reste de cet hôtel, appelé plus tard Hôtel de
Soissons, et sur l'emplacement duquel s'élève la Bourse du
Commerce, que la colonne de Catherine de Médicis, édifiée
en 1572, sur les dessins de Bullant.

ès mains desd. notaires, d'iceulx représenter et
mectre en évidance sans aucuns en receller ny lat-
tetter, sur les peynes en tel cas introduictes, à eulx
exprimez et donnez à entendre par lesd. notaires,
iceulx biens meubles prisez et estimez Jehan Ar-
maud, sergent à verge aud. Chastellet et priseur
juré vendeur de biens de la ville, prevosté et
viconté de Paris, lequel aussy après serment par
luy faict d'iceulx priser et estimer en sa conscience
eu égard au cours et temps de présent, les aurovt
et a prisez et estimez aux sommes de deniers selon
et ainsy qu'il s'ensuict.

MAXIMILIAN DE BETHUNE, DE LAUBERVILLE, ÉLI-
ZABET PREVOST, LE NORMANT, FOURNYER.

Premièrement : Dans la gallerie estant sur la
rue, sur la principalle [porte] dud. hostel, a esté
trouvé sur la cheminée en entrant à main droicte,
ung tableau estant sur la cheminée, de haulteur
ayant six piedz, et de largeur quatre piedz, où est
figuré le roy François, enchassé en bois doré, prisé
soixante livres, cy.................... LXᵗᵗ
Item, ung autre tableau proche le précéddent
painct sur toille, non enchassé, estant à costé de
lad. cheminée, où est figuré⁽¹⁾....., prisé trente
livres, cy........................ XXXᵗᵗ
Item, ung autre tableau painct sur toille, enchassé de bois doré où est figuré la royne Claude,
prisé quarante-cinq livres, cy.......... XLVᵗᵗ

⁽¹⁾ Lacune dans le texte.

* Numéro de référence avec le répertoire chronologique.

INVENTAIRE DE CATHERINE DE BOURBON, DUCHESSE DE BAR.

Item, ung autre tableau painct sur toille, de pareille haulteur, aussy garny de son chassis doré, où est figuré le Roy Henri second, prisé trente-six livres, cy .... xxxvi^{tt}

Item, ung autre tableau aussy painct sur toille, garny de son chassis de bois doré, où est figuré la Royne Catherine de Médicis, sa femme, prisé trente six livres, cy .... xxxvi^{tt}

Item, ung autre tableau aussy painct sur toille, garny de son chassis doré, où est figuré le petit Roy François, prisé trente livres, cy .... xxx^{tt}

Item, ung autre tableau painct sur toille, aussy garny de son chassis doré, où est deppeinct la Royne femme dud. Roy François, prisé trente livres, cy .... xxx^{tt}

Item, ung autre tableau aussy painct sur toille, garny de son chassis de bois doré, où est deppeinct le Roy Charles, prisé trente livres, cy .... xxx^{tt}

Item, ung autre tableau de mesme haulteur, aussy painct sur toille, garny de son chassis doré, auquel est deppeinct la Royne femme dud. Roy Charles, prisé trente livres, cy .... xxx^{tt}

Item, ung autre tableau aussy painct sur toille garny de son chassis, où est figuré la feue Royne femme du Roy Henry trois^{me}, prisé trente six livres, cy .... xxxvi^{tt}

Item, ung autre tableau painct sur toille, garny de son chassis de bois doré, où est figuré ung petit enffant de France de deffuncte la Royne mère, prisé trente livres, cy .... xxx^{tt}

Item, ung autre tableau aussi painct sur toille, garny de son chassis de bois doré, où est deppeinct feu monsieur le duc d'Anjou, prisé trente livres .... xxx^{tt}

Item, ung autre tableau aussy painct sur toille, garny de son chassis de bois doré, auquel est deppeinct deux enffans entre les bras d'une femme, trente livres, cy .... xxx^{tt}

Item, ung autre tableau où est deppeinct la feue Royne d'Espagne, aussy painct sur toille, garny de son chassis de mesme haulteur que ceux cy dessus, prisé trente six livres, cy ...... xxxvi^{tt}

Item, ung autre tableau aussy painct sur toille, garny de son chassis de bois doré, où est deppeinct le feu Roy Philippe d'Espagne, prisé trente livres, cy .... xxx^{tt}

Item, ung autre tableau aussy painct sur toille, garny de son chassis de bois doré, où est figuré la Royne Marguerite, prisé trente livres, cy. xxx^{tt}

Item, ung autre tableau aussy painct sur toille, garny de son chassis de bois doré où est figuré le Roy Henry à présent régnant, lors de son premier mariage, prisé trente livres, cy .... xxx^{tt}

Item, ung autre tableau aussy peinct sur toille garny de son chassis de bois doré, où est deppeinct madame Claude de France, duchesse de Loraine, prisé trente livres, cy .... xxx^{tt}

Item, ung autre tableau aussy painct sur toille, garni de son chassis de bois doré où est figuré monsieur le duc de Lorraine, prisé trente livres, cy .... xxx^{tt}

Item, quatre autres tableaux aussy painets sur toille, garnys de leurs chassis dorés, où est en chacun desquels figuré une princesse, prisés l'ung portant l'autre xxiv^{tt} chacun, revenant aud. pris à quatre vingts seize livres, cy .... iiii^{xx} xvi^{tt}

Et de l'autre costé de lad. gallerie vers la court, a costé trouvé ung tableau où est painct Madame ⁽¹⁾ aussy painct sur toille, garny de son chassis de bois doré, prisé vingt quatre livres, cy ..... xxiv^{tt}

Item, ung autre tableau painct et garny comme dessus, où est figuré domp Carlos, prince d'Espagne, prisé vingt quatre livres, cy ..... xxiv^{tt}

Item, ung autre tableau aussy painct et garny comme dessus, où est figuré ung petit enffant, prisé vingt quatre livres, cy .... xxiv^{tt}

Item, ung autre tableau painct et garny comme dessus, où est figuré une dame, femme de Charles le Quint, prisé vingt quatre livres, cy.. xxiv^{tt}

Item ung autre tableau painct et garny comme dessus, où est figuré Charles le Quint, prisé vingt quatre livres, cy .... xxiv^{tt}

Item, ung autre tableau aussy painct et garny comme dessus, où est figuré ung jeune prince, prisé vingt quatre livres, cy .... xxiv^{tt}

Item, ung autre tableau painct et garny comme dessus, où est figuré ung autre jeune prince, prisé vingt quatre livres, cy .... xxiv^{tt}

Item, ung autre tableau painct et garny comme dessus, où est figuré une dame estrangère, prisé vingt quatre livres, cy .... xxiv^{tt}

Item, ung autre tableau painct et garny comme dessus, où est figuré l'empereur Maximilian, prisé vingt quatre livres, cy .... xxiv^{tt}

Item, ung autre tableau painct et garny comme dessus, où est figuré une femme estrangère, prisé vingt quatre livres, cy .... xxiv^{tt}

Item, ung autre tableau painct et garny comme dessus, où est figuré une Royne d'Angleterre, prisé trente livres, cy .... xxx^{tt}

Item, ung autre tableau painct sur toille garny comme dessus, où est figuré ung Roy d'Angleterre, prisé trente livres, cy .... xxx^{tt}

Item, ung autre tableau painct et garny comme dessus, où est figuré madame de Nemoux ⁽²⁾, prisé trente livres, cy .... xxx^{tt}

⁽¹⁾ Lacune dans le texte.
⁽²⁾ La duchesse de Nemours.

Item, ung autre tableau painct et garny comme dessus, où est figuré monsieur de Nemoux, prisé trente livres, cy.................... xxx^{lt}

Item, ung autre tableau painct et garny comme dessus, où est figuré le Roy Loys Unze^{me}, prisé dix huit livres, cy.................. xviii^{lt}

Item, ung autre tableau painct et garny comme dessus, où est figuré la femme dud. Roy Loys, prisé vingt livres, cy.................... xx^{lt}

Item, ung autre tableau painct et garny comme dessus, où est figuré le Roy Charles huict^{me}, prisé vingt livres, cy.................... xx^{lt}

Item, ung autre tableau aussy painct et garny comme dessus, où est painct la Royne femme dud. Roy Charles huict^{me}, prisé vingt livres, cy.. xx^{lt}

Item, ung autre tableau painct et garny comme dessus, où est figuré le Roy de Navarre, prisé vingt livres, cy.......................... xx^{lt}

Item, ung autre tableau painct et garny comme dessus, où est figuré la Royne femme dud. Roy de Navarre, prisé trente livres, cy........ xxx^{lt}

Item, ung autre tableau painct et garny comme dessus, où est figuré le Roy Charles cinq^{me}, prisé trente livres, cy.................... xxx^{lt}

Item, ung autre tableau painct et garny comme dessus, où est figuré la Royne femme dud. Roy Charles, prisé trente livres, cy........ xxx^{lt}

Item, ung autre tableau painct et garny comme dessus, où est figuré ung Roy, prisé vingt livres, cy.............................. xx^{lt}

Item, ung autre tableau painct et garny comme dessus, où est painct une Royne, prisé vingt livres, cy.............................. xx^{lt}

Item, ung tableau painct et garny comme dessus, où est figuré monsieur le grand prieur de France, prisé vingt quatre livres, cy....... xxiv^{lt}

Item, ung autre tableau painct et garny comme dessus, où est figuré le daulphin de Viennois, fils du grand Roy Françoys, prisé trente livres, cy.................................. xxx^{lt}

Item, ung autre tableau painct et garny comme dessus, où est figuré une princesse, prisé vingt quatre livres, cy................. xxiv^{lt}

Item, ung autre tableau painct et garny comme dessus, où est figuré une princesse, prisé vingt quatre livres, cy................. xxiv^{lt}

Item, ung autre tableau painct sur toille, non garny, où est painct une princesse, prisé douze livres, cy....................... xii^{lt}

Item, en ung cabinet estant à costé de la gallerie cy dessus, deux tableaux painctz sur toille, en l'un desquels est deppeinct le Roy Henry et enchassé en bois doré, et l'autre estant sur la cheminée de lad. garderobbe, sans chassis, où est deppeinct la Royne femme dud. Roy Henry, prisés ensemble vingt quatre livres, cy......... xxiv^{lt}

En ung cabinet joignant lad. gallerie, appellé le Cabinet aux aulmoires, a esté trouvé ce qui ensuict :

Premièrement : ung grand tableau painct sur toille, où est figuré le portraict de la Royne mère du Roy à présent régnant, estant audit manteau de la cheminée dud. cabinet, prisé dix huict livres, cy............................ xviii^{lt}

Item, en la chambre où souloit loger madame de Panjatz$^{(1)}$, sept pièces de vieille tappisserie, telle quelle, prisées vingt quatre livres, cy... xxiv^{lt}

En la grande salle a esté trouvé :

Deux chandelliers de bois, tels quels, prisés ensemble vingt solz tournoiz, cy.......... xx s.

Item, en autre petite salle joignant la grande salle, ung meschant chandellier de bois, prisé deux solz tournois, cy................. ii s.

Item, en la chambre de Madame a esté trouvé ung autre chandellier de bois doré, prisé dix solz tournois, cy.................... x s.

En ung grand cabinet :

Premièrement : vingt tableaux painctz sur toille, garniz de leurs chassis dorez où sont deppeinctz plusieurs roys, princes et princesses, prisés ensemble soixante livres, cy............ lx^{lt}

Au cabinet des armoires a esté trouvé :

Premièrement : ung grand tableau estant sur la cheminée, painct sur toille, où est figuré le Roy Françoys, prisé neuf livres, cy.......... ix^{lt}

Item, unze tableaux garniz de leurs chassis dorez, prisés trente trois livres, cy........ xxxiii^{lt}

Item, au cabinet au miroir, à costé de celluy cy dessus, dix huict petitz tableaux garniz de leurs chassiz dorez, ausquels sont portraicts plusieurs personnages, prisés ensemble cinquante quatre livres, cy........................... liv^{lt}

Item, le portraict du Roy Henry représenté

$^{(1)}$ Jeanne du Monceau de Tignonville, dame d'honneur de Catherine de Bourbon, duchesse de Bar, fille de Lancelot du Monceau, seigneur de Tignonville, et de Marguerite de Selve, gouvernante de la même princesse. C'est à l'hôtel de Rambouillet, chez la princesse de Navarre, qu'elle épousa, le 7 février 1581, François-Jean-Charles, baron de Pardaillan, comte de Panjas, conseiller du Roi en ses Conseils d'État et privé, son chambellan ordinaire, capitaine de cinquante hommes d'armes, mestre de camp du régiment de Guyenne, gouverneur du haut et bas Armagnac et de la ville et citadelle d'Eauze. Sully dut en grande partie aux bons offices de Mme de Panjas d'avoir pu conserver la bienveillance et même l'amitié de Catherine de Bourbon.

dans un miroir estant sur la cheminée, prisé dix huict livres, cy.................... xviii^{lt}
Item, cinq miroirs, prisés ensemble cinquante solz, cy........................... L s.
Item, dans ung petit cabinet estant derrière iceluy cy dessus, trente deux petits tableaux de plusieurs pourtraicts, prisés ensemble quatre vingtz seize livres, cy.................. iiii^{xx}xvi^{lt}
Item, au cabinet d'esmail, ung tableau où est deppeinct le Roy Charles, garny de son chassix doré, prisé trente six livres, cy........ xxxvi^{lt}
Item, quinze petitz tableaux enchassés en bois de lambre$^{(1)}$, où est painctz plusieurs pourtraictz, prisez ensemble quatre vingtz dix livres, cy..... .... iiii^{xx}x^{lt}
Item, vingt huict auvalles d'esmail de Limoge, ausquels sont deppeinctz plusieurs histoires, prisez ensemble cent soixante huict livres, cy.. clxviii^{lt}
Item, quarante autres petites pièces aussy d'esmail, tenans dans led. lambris, prisez ensemble soixante livres, cy.................... Lx^{lt}
Tous les dessusd. tableaux ont esté prisez par Jacob Bunet (sic), painctre ordinaire du Roy, demeurant aux galleries du Louvre.

(Signé :) BUNEL$^{(2)}$.

Au galletas estans au dessus de la grande gallerie aux tableaux a esté trouvé ce qui ensuit :
Premièrement une couchette de bois de noyer imparfaicte, sans vices, prisée cinquante solz tournois, cy........................ L s.
Item, une table de bois de noyer assise sur son chassis, prisée trois livres, cy.......... iii^{lt}
Item, une chaise à bras à hault dossier de velours incarnat qui se ploye, prisé cinquante solz tournois, cy....................... L s.
Item, une chaise à bras et hault dossier couverte de vellours incarnat qui se ploye, garnie de ses franges de soye et crespines d'or, prisée quatre livres, cy......................... iiii^{lt}
Item, deux autres chaises ployantes, telles quelles, prisées vingt cinq solz, cy............ xxv s.
Item, une autre chaise à hault dossier ployante couverte de velours figuré rouge et jaulne, prisée trois livres, cy........................ iii^{lt}
Item, deux autres petites chaises caquetoires$^{(3)}$ couvertes de tapisserie garnies de frange vert, prisées ensemble trente solz, cy.......... xxx s.

$^{(1)}$ Bois d'Irlande, qui servait à faire les lambris et les cadres de tableaux.
$^{(2)}$ Cf. Acte LV.
$^{(3)}$ «Fauteuil sur lequel on cause à son aise auprès du feu» (Richelet).

Item, dix petitz placetz couvertz de tappisserie, prisés trente solz, cy............... xxx s.
Item, trois selles ployantes couvertes de vellours figuré, telles quelles, prisées ensemble... xxx s.
Item, douze pièces de tappisserie de haulte lisse de Bruxelles, en lesquelles est l'histoire d'Annibal, contenant quatre aulnes de hauteur et de soixante six aulnes de tour, prisées ensemble deux mil quatre cens livres tournois, cy......... ii^{m}iv^{clt}
Item, dix huict pièces de tappisserie de cuyr doré, contenant ensemble soixante six peaulx de tour sans les bordures d'entre deux, sur sept peaulx de hault sans les bordures du hault et bas, toutes lesd. peaux entières à champ levé d'or et d'argent, et toutes les bordures d'entredeux et de hault et bas à champ orenge et d'argent, avec des chiffres de H et double C$^{(1)}$, prisées ensemble six vingts livres.................... vi^{xxlt}
Item, trois grandz matelats de fustaines garniz de bourre, avec ung traversin, prisés ensemble quarante livres, cy..................... xl^{lt}
Item, une garniture de lit, façon d'imperialle, de tabiz$^{(2)}$ de soye blanche avec troys pantes de vellours cramoisy figuré à fond de satin blanc, troys grands rideaux de mesme tabit blanc, trois autres garnys aussi de vellours cramoisy rouge, aussi à fondz de satin blanc, troys fourreaux de pilliers de mesme tabit, le tout estant chamarré de passemens d'or et de soye cramoisy rouge, le tout garny de frange de soye cramoisy rouge avec crespines d'or par dessus, le tout prisé ensemble cinq cents livres.................... v^{clt}
Item, ung grand dayz garny de six pantes, le fondz et bas garny de vellours cramoisy rouge à fondz de satin et tabiz blanc, my party par deux lez, tout chamarré de passemens de soye cramoisie rouge et d'or, et garny de frange de soye et crespines d'or et ornemens de fleurs rouge et blanc, prisés ensemble................. v^{clt}
Item, ung petit tappis de tabiz de soye blanche avec quatre pantes et quatre rondz de velours cramoisy rouge à fondz de sattin blanc, lesd. pantes faictes en campanes$^{(3)}$ garnies de houppes de soye et franges d'or et chamarrées de passemens d'or et de soye cramoisie rouge, prisé vingt quatre livres tournois, cy........................ xxiv^{lt}
Item, une grande coutepoincte$^{(4)}$ de toille de Hollande picquée par lozanges, prisée vingt livres tournois, cy .... xx^{lt}
Item, une garniture de lict, scavoir : le fondz, le

$^{(1)}$ Chiffre d'Henri II et Catherine de Médicis.
$^{(2)}$ Tabis, sorte de gros taffetas de soie ondé.
$^{(3)}$ Frange taillée généralement en forme de cloche.
$^{(4)}$ Courtepointe, couverture de parade.

dossier, les quatres pantes de dedans et la couverture de parade de damas blanc et or, chamarré de grandes bandes de velours vert en broderie de chiffre de H et double C, et feuillage d'or; trois grands rideaux de damas blanc et or chamarrés par dedans de mesme bande de velours vert et broderies que dessus, et par l'endroict desd. rideaulx chamarré de large bande de tappisserie de soye au gros poinct, rehaulsé d'or et les trois pantes du dehors dud. lict de carré et bande de tappisserie au gros poinct rehaussé d'or avec des campannes tant aux pantes du dedans que aux ceulx de dehors, de broderie d'or et garny de houppes de soye et crespines d'or; trois contenaires ou cantonnières de carré et bande de tappisserie rehaulsé d'or et chamarré de passemens d'or, doublés par l'envers de damas blanc et d'or, et trois grandes pantes servans de soubzbassement aussy de carré et bande de tapisserie rehaulsé d'or et chamarré de passemens d'or avec petiles campannes et houppes de soye et d'or; quatre fourreaulx de pilliers de mesme damas blanc et or; prisés ensemble à la somme de seize cens livres tournois, cy...................... XVI^{c lt}

Item, une grande coutepoincte de taffetas blanc des deux costés, prisée quarante livres, cy.. XL^{lt}

Item, ung tappis de table de damas blanc figuré d'or, chamarré allentour de une cordellière de tappisserie de soye rehaulsée d'or, et par le bas une campane aussy de tappisserie et houppes de soye et d'or, prisé soixante quinze livres tournois, cy.......................... LXXV^{lt}

Item, ung grand days dont les trois pantes de dehors sont de carré et bandes de tappisserie au poinct de soye et rehaulsé d'or, et les trois pantes de dedans de damas blanc figuré d'or, chamarré de cordellières et campanes aussy en tappisserie de soye rehaulsée d'or et d'argent, garnie de houppes de soye et d'or et la grand queue et le fondz par lez, assavoir: deux de damas blanc figuré d'or, chamarré d'une cordellière, et les trois autres lez de carré et bande de tappisserie de soye rehaulsé d'or et d'argent, et toutes les pièces guarnies de molle de soye et d'or avec cordons de soye, prisé quatre cens livres, cy........................... IIII^{c lt}

Item, une pièce de tappisserie, my party par lez de drap d'or vert et d'incarnat, et de carré de broderie d'or et de tappisserie rehaussé d'or avec une bande allentour de sattin vert et broderie de toille d'or ⁽¹⁾ accompagnée de huict carrés de lames d'argent, où sont les chiffres et armes de Madame, prisée six cens livres, cy....... VI^{c lt}

Item, ung grand dais garni de trois pantes, le

⁽¹⁾ Lacune dans le texte.

fondz et sa grand queue où il y a des carrez tout allentour de toille d'or et d'argent, de plusieurs couilleurs, avec des carrés de satin de burge blanc ou il y a une grande M en broderie de velours noir, et dans le mitan de la queue et du fond deux grandz escussons mi party, ung costé de sattin viollet avec trois grandes fleurs de lis de toille d'or et ung baston de velours cramoisy rouge où il y a trois lions d'argent sur led. baston, et à l'autre costé dud. escusson qui est de sattin blanc, est brodé ung grand lion rampant de vellours cramoisy rouge et une grande couronne d'or qui est sur led. escusson, prisé soixante livres, cy............... LX^{lt}

Item, un tappis de Queriz ⁽¹⁾ de cinq aulnes et demie de long ou environ, sur deux aulnes trois quartz de large, fort usé et rompu par plusieurs endroicts, prisé soixante livres, cy........ LX^{lt}

En ung autre petit galletas joignant le preccddant, une grande couche de bois de noyer garnie de son desvualier ⁽²⁾, prisée neuf livres, cy........ IX^{lt}

Item, une partie de bois de lict de bois de noyer imparfaicte, prisé trois livres, cy.......... III^{lt}

Item, deux paires de grands chesneslz de cuivre, prisés ensemble trente livres, cy.......... XXX^{lt}

Item, une lanterne d'albastre de six pieds de haulteur ou environ, dont le pied est de marbre blanc, prisée trente six livres, cy...... XXXVI^{lt}

Item, un tappis de Turquie fort rompu, contenant cinq aulnes et demye long et deux aulnes et demie de large, prisé dix huict livres, cy....... XVIII^{lt}

Item, neuf pièces de tappisserie de gros bureau, semées de fleurs de grosse tappisserie dont le drap en est tout pourry, prisées ensemble neuf livres, cy.. IX^{lt}

Item, une paillasse de toille, prisée vingt solz, cy.. XX s.

Item, une paire de chesnetz de fer garnis chacun d'une pomme de cuivre, prisés ensemble quarante solz, cy..................................... XL s.

Item, deux grands chandelliers de bois doré prisés ensemble trois livres, cy.................. III^{lt}

Item, dix neuf grands aidz de bois de chesne, avec huict tréteaux de mesme bois, prisés ensemble six livres, cy........................... VI^{lt}

En ung cabinet estant au bout de la gallerie d'en hault, au dessus du cabinet de deffunct la Royne mère, a esté trouvé ce qui ensuict :

Premièrement : cinq cuveaux de terre de fayance bleue, prisés ensemble trois livres, cy..... III^{lt}

Item, deux grands vazes, une navire ⁽³⁾ et une

⁽¹⁾ Tapis de Chiraz.
⁽²⁾ Sorte de degré pour descendre du lit.
⁽³⁾ Vase en forme de vaisseau.

petite buire de mesme terre de fayance blenc, prisés ensemble trois livres, cy............ III ᵗᵗ

Item, ung bassin en treffe, sans piedz, fellé, deux grandz vazes painctz en paisage, dont l'ung rompu par le pied, deux petites buires, deux potz à l'eaue, ung petit vaze rompu et une autre petite buire, le tout de fayance de mesme terre, prisés ensemble quarante solz tournois, cy...... XL s.

Item, cinq flascons de plusieurs grandeurs et coulleurs, deux grands vazes de terre de fayance blanc, deux autres grands vazes dont l'un qui a le pied rompu, quatre vazes d'albastre, prisez ensemble six livres.................. VI ᵗᵗ

Item, neuf escuelles plattes de vaisselle de fayance avec une douzaine et demye d'assiettes de mesme terre de fayance prisés ensemble trois livres, cy............................ III ᵗᵗ

Toute la susd. tappisserie cy dessus a esté prisée par Simon de Breban, marchant tappissier à Paris, demeurant rue Traînée, devant l'église et parroisse Sainct Eustache, ensemble les licts mentionnez et spécifiiez cy dessus [1].

ARMAND, DE BREBAN, M. DE BETHUNE.
LE NORMANT, FOURNYER.

[1] Les bagues et joyaux, qui ne figurent pas sur cet inventaire, furent, du consentement des créanciers qui les avaient saisis, et après vérification de leur inventaire spécial que possédait la comtesse de Panjas, mis en dépôt entre les mains de Sully, qui en fut déchargé par un acte du 28 juin 1605, constatant leur remise entre les mains de la reine Marie de Médicis.

DEUXIÈME PARTIE.

CONSEIL D'ÉTAT.

CHAPITRE PREMIER.
AFFAIRES DIVERSES.

II. — 25 FÉVRIER 1603. — 88.

Accord et convention avec Ambroise Lomelin pour la fourniture, l'équipement et l'entretien d'une escadre de six galères.

Par devant les notaires du Roy nostre Sire en son Chastellet de Paris, soubzsignez, furent présens en leurs personnes Messires Pompone de Bellievre[1], sieur de Grignon, chancellier de France; Maximilian de Bethune, sieur et marquis de Rosny, conseiller du Roy en son Conseil d'Estat, cappitaine de cent hommes d'armes des Ordonnances de Sa Ma[té], grand maistre de l'Artillerie et grand voyer de France; Guillaume de Laubespine[2], sieur de Chasteauneuf, aussy conseiller du Roy en son Conseil d'Estat; André Hurault[3], sieur de Maisse, pareillement conseiller du Roy en sond. Conseil d'Estat, et Jehan de Vienne[4], sieur de Mesmillon, semblablement conseiller dud. sieur Roy en sond. Conseil d'Estat et contreroleur général des finances de Sa Ma[té], d'une part. — Et Ambroise Lomelin[5], gentilhomme ordinaire de la Chambre de Sa Ma[té], d'autre part.

---

[1] Pompone de Bellièvre, né à Lyon en 1529, fils de Claude de Bellièvre, premier président du Parlement de Lyon, et de Louise Faye d'Espeisses, avait soixante-dix ans lorsqu'il fut nommé Chancellier de France, par Lettres Patentes du 2 août 1599. Ces Lettres, qui témoignent de «ses longs, anciens et laborieux services» et font ressortir «sa singulière intégrité», furent enregistrées le 7 septembre suivant (Arch. nat., P. 2339, f° 759 et XI° 8644 f° 39).
«Fort consommé dans la science des droits et des interests de la France, dit Péréfixe, et fort adroit négociateur, comme il le monstra bien au traité de Vervins, il estoit vieux quand le Roy luy donna cette charge, aussi disoit-il qu'il n'y estoit entré que pour en sortir.» Il garda cependant les Sceaux jusqu'en mars 1605, époque à laquelle Henri IV les donna à Nicolas Brulart, s[r] de Sillery. «Pour les accommoder, luy et M. de Sillery, on fit un mariage : le fils du Chancelier espousa la fille du Garde des Sceaux, qui estoit une demoiselle fort galantes. (Tallemant des Réaux, LIV.) Ce mariage, qui eut lieu le 3 février 1605, fut suivi, le 14 mars, de la vérification des Lettres de Garde des Sceaux données à Sillery.
Pompone de Bellièvre conserva le titre de chancelier jusqu'à sa mort, survenue le 9 septembre 1607; il fut enterré à Saint-Germain-l'Auxerrois «avec peu de pompe et de cérémonie», dit Lestoile. Pas un prince ni un cardinal n'y assista, les cardinaux, comme Princes de l'Église, prétendant précéder les princes séculiers, ce qu'ils ne voulurent souffrir.»

[2] Guillaume de L'Aubespine, s[r] de Châteauneuf (1547-1629), conseiller d'État, fils de Claude de L'Aubespine,

Secrétaire des Finances, et de Marie Bochetel, épousa Marie de La Chastre, dont il eut, entre autres enfants, Élisabeth de L'Aubespine, mariée à André de Cochefillet, beau-frère de Sully.

[3] André Hurault, s[r] de Maisse, fils de Nicolas Hurault, conseiller au Parlement de Paris, et d'Anne Maillard, était proche parent du chancelier de Cheverny. Reçu conseiller au Parlement le 28 mars 1564, il devint maître des requêtes le 3 mars 1578 et conseiller d'État, fut ambassadeur à Venise et chargé de missions en Suisse, en Toscane et en Angleterre. Il mourut le 22 septembre 1607, sans laisser de postérité ni de Renée Boislève, ni de sa seconde femme, Catherine de Hellin.

[4] Jean de Vienne, originaire de Sarlat, s[r] de Mesmillon et de Bonneval, conseiller d'État, intendant et contrôleur général des Finances, reçu le 3 septembre 1601 président en la Chambre des comptes, avait épousé Élisabeth (ou Isabelle) Dolu, veuve d'Antoine Guiot, s[r] de Charmeaux, président en la Chambre des comptes et prévôt des Marchands de 1600 à 1602. Henri IV appréciait ses services, sa fidélité et son intégrité, il l'employait souvent, même aux «secrettes affaires» du royaume. Jean de Vienne demeurait rue Neuve-Sainte-Catherine, où il mourut le 4 juillet 1608, à l'âge de cinquante et un ans; Élisabeth Dolu mourut le 3 août 1610, à trente-quatre ans et ils furent inhumés tous deux dans le prieuré de Sainte Croix de la Bretonnerie. (Épitaphier du Vieux-Paris, 1376.)

[5] Ambroise Lomelin (Lomellini), fils de Hierosme Lomellini, gentilhomme génois, était alors veuf de Livia Spinola, de Gênes. Il recevait encore en 1613 la pension de 3000[l] convenue dans l'accord du 25 février 1603. (Bibl. nat., ms. P. O. 1737.)

Lesquels sieurs de Bellièvre, de Rosny, de Chasteauneuf, de Maisse et de Vienne, pour et au nom du Roy, et ledict sieur Lomelin, ont faict les accords et conventions qui ensuivent : c'est assavoir que led. s' Lomelin a promis et promect fournir et esquipper six gallères de la forme ordinaire, toutes prestes à naviguer dans trois ans prochains, au port de Marseille ou Toullon, assavoir chacun an deux, ou plus tost si Sa Ma.té le désire, pour la servir et estre employées tant le long des costes de France que autres de la mer pour la seuretté d'icelles et liberté du commerce et traficq des subjectz de Sa Ma.té, que pour exploicter en guerre contre tous ses ennemis où besoing sera.

Et pour cest effect ledict s' Lomelin sera tenu et a promis d'entretenir pour tel temps qu'il plaira à Sad. Ma.té lesd. six gallères bien et deument armées et esquippées d'artilleries de fontes, avec les pouldres, boullets et toutes autres sortes d'armes et artifices de feu requises et nécessaires pour lesd. gallères, avec le nombre de deux cens hommes dans chacune pour voguer, quarante sept mariniers comprins en iceulx les officiers, et soixante soldats. En ce comprins aussy les gens de commandement dont seront faictes les monstres ainsy qu'il est accoustumé. A commencer du jour que led. s' Lomelin présentera chacune desd. galleres en estat de servir comme dict est.

Le tout moyennant le prix et somme de trente mil livres par chacun an pour l'entretenement, solde et appointement, victuailles de la chiorme, officiers, mariniers et soldats de chacune desd. gallères que toutes autres choses generallement quelsconques qui sont nécessaires à icelles, encores qu'elles ne soient cy par le menu spécifiées; assavoir : vingt ung mil six cens livres pour l'ordinaire, et huict mil quatre cens livres pour l'extraordinaire, dont led. s' Lomelin sera payé de quartier en quartier, en la manière accoustumée, par les Trésoriers de la Marine de Levant, des deniers qui leur seront pour cest effect ordonnez. A la charge toutesfois que durant le temps que chacune desd. gallères hivernera, led. s' Lomelin sera seullement paié de l'ordinaire et non point de l'extraordinaire, sur lequel sera desduict et rabatu ce que pourra monter la solde de soixante hommes de guerre au prorata du temps que lesd. galleres hyverneront, et à proportion de l'ordre et reglement qui sera donné pour les autres gallères du Roy.

Et pour ce que led. s' Lomelin aura besoing d'assistans pour le recouvrement des hommes qui luy seront nécessaires pour la chiorme desd. gallères, lesd. sieurs de Bellievre, de Rosny, de Chasteauneuf, de Maisse et de Vienne, au nom de Sad. Ma.té, ont promis et accordé luy faire délivrer toutes lettres et expéditions nécessaires pour avoir, pour chacune gallère, cent cinquante forçats condampnez ausd. gallères, sans toutesfois que Sad. Ma.té soict tenue de faire lad. fourniture personnelle ny actuelle. Et pour faciliter daventage l'armement desd. galleres, ont aussy accordé oud. nom d'accommoder led. s' Lomelin de pièces d'artillerie et canons qui luy seront nécessaires pour lesd. gallères, sinon pour le temps qu'il plaira à Sad. Ma.té se servir de luy, au moings pour ung temps convenable jusques à ce qu'il en puisse recouvrer d'autres. Et, d'abondant, ont accordé lesd. sieurs oudict nom, que les voyages que lesd. gallères feront pour le service et par le commandement de Sa Ma.té ou de ses ministres, pendant les trois mois de décembre, janvier et febvrier de chacune année, seront à la risecque de Sa Ma.té, et que pour le regard de la perte et dommaiges qui en pourront arriver aud. Lomelin, pourveu qu'il n'y aict de sa faulte, le remboursement luy en sera promptement faict par Sad. Ma.té après toutesfois qu'elle aura esté deuement certifiée desd. pertes. Plus, ont accordé oud. nom que led. Lomelin pourra faire tous les ans ung voyage de deux mois, avec licence et passeport de Sad. Ma.té, au temps qu'il sera moings incommode à son service et lors qu'elle n'aura occasion de se servir desd. gallères; à la charge toutesfois que la solde desd. soixante hommes de guerre sera desduicte et rabatue pour led. temps de deux mois sur lesd. huict mil quatre cens livres d'extraordinaire. Et affin que les chiormes desd. gallères puissent estre tousjours fournies de nombre suffisant d'hommes, ont aussy accordé lesd. sieurs que expéditions nécessaires seront baillées chacun an aud. s' Lomelin pour avoir quinze forçats pour chacune gallère pour entrer au lieu et place de ceulx qui seront morts, sans que Sa Ma.té soict tenue à la fourniture personnelle ny actuelle d'iceulx. Et quand au rang et ordre que lesd. gallères auront à tenir, lesd. sieurs ont promis oud. nom que lesd. six gallères facent ensemble une esquadre et qu'elle joisse de pareilles preeminences, privileges et prerogatives que les autres esquadres ont accoustumé d'avoir, ensemble que le cappitaine en l'absence de la Real et du général[1], puisse lever l'estendar de Sa Ma.té, sinon lors qu'il y aura quelque prince, officier de la couronne ou autre seigneur de grande qualité, auquel cas il ne pourra lever led. estendar, mais bien quand il sera seul ou en compagnie

---

[1] Le général des galères était, à cette époque, Philippe Emmanuel de Gondi, s' de Dampierre.

d'autres de pareille ou moindre quallité que luy. Et accordent aussy aud. sieur Lomelin de pouvoir liverner en tels lieux et havres de Sa Mate qu'il advisera plus commode, pourveu que le lieu du service de Sa Mate ne requiere le contraire; et accordent pareillement qu'il joisse des advantaiges qu'ont accoustumé de joir ceulx qui entretiennent galleres pour le service de Sa Mate.

Et pour donner tant plus d'occasion aud. sieur Lomelin de s'acquicter dignement de son debvoir en cest endroict, ont lesd. sieurs oud. nom accordé aud. sieur Lomelin trois mil livres de pension chacun an pendant le temps qu'il servira Sad. Mate comme chef de lad. esquadre; et cas advenant que lesd. gallères estans ainsy prestes et en estat de servir, le payement de la solde et entretenement d'icelles ne luy en feust faict, ont aussy lesd. sieurs permis et accordé aud. sieur Lomelin qu'il pourra vendre les corps desd. gallères et icelles conduire aux lieux qu'il trouvera son plus grand advantaige, pourveu qu'ils ne soyent ennemis du Roy, sans pouvoir amener ny disposer la chiorme composée de forçats françoys, et qu'il en aye auparavant adverty Sad. Mate, de laquelle il sera tenu prendre licence et passeport pour cest effect. Promectans... Obligeans chacun en droict soy et lesd. sieurs de Bellièvre, de Rosny, de Chasteauneuf, de Maisse et de Vienne oud. nom... Renonçeans...

Faict et passé au Conseil d'Estat du Roy tenu au chasteau du Louvre, à Paris, l'an mil six cens troys, le vingt cinquiesme jour de febvrier, avant midy.

BELLIÈVRE, DE BETHUNE, DE LAUBESPINE, DE VIENE (sic), HURAULT, AMBROISE LEMELLIN (sic), DE SAINT-FUMEN, FOURNYER.

III. — 14 AOÛT 1608. — 391.

CONVENTION ENTRE LE ROI, REPRÉSENTÉ PAR LE CHANCELIER DE SILLERY ET LE DUC DE SULLY, D'UNE PART; LES PRÉVÔT DES MARCHANDS ET ÉCHEVINS DE LA VILLE DE PARIS, D'AUTRE PART; ET Me SÉVERIN PINEAU, CHIRURGIEN DU ROI ET SON OPÉRATEUR ORDINAIRE POUR LA PIERRE, PROFESSEUR ET DOCTEUR EN CHIRURGIE EN L'UNIVERSITÉ DE PARIS, QUI S'ENGAGE À ENSEIGNER À DIX JEUNES CHIRURGIENS « L'ART ET MÉTHODE DE TIRER LA PIERRE DE LA VESSIE, QUI S'ENGENDRE AUX CORPS HUMAINS DE L'UN ET L'AUTRE SEXE. »

Par devant les notaires et gardenotes du Roy nostre Sire en son Chastellet de Paris, soubznes, furent présens : Messire Nicolas Brulart, chevallier, sieur de Sillery [1], chancellier de France, hault et puissant seigneur messire Maximilian de Bethune, duc de Sully, pair de France, marquis de Rosny, conseiller du Roy en ses Conseils d'estat et privé, superintendant des finances et bastimens de Sa Mate, pour et au nom de Sa Mate, d'une part; — Monsieur maistre Jacques Sanguin [2], sieur de Livry, conseiller du Roy en sa Court de Parlement, Prevost des Marchans; noble homme Me Germain Gouffé [3], substitut de Monsieur le Procureur du Roy au Chlet de Paris; honnorable homme Jehan de Vailly [4] bourgeois de Paris; Me Pierre Parfaict [5], greffier

---

[1] Nicolas Brulart, seigneur de Sillery, fils de Pierre Brulart, président aux Enquêtes, et de Marie Cauchon, dame de Puisieux et de Sillery, marié en décembre 1574 à Claude Prudhomme, fille de Louis Prudhomme, seigneur de Fontenai, trésorier de France à Rouen, et de Marie Luillier de Boulencourt; il eut entre autres enfants : Pierre Brulart, qui épousa en 1606 Magdeleine de Neufville Villeroy; et Claude Brulart, mariée en 1605, à Nicolas de Bellièvre, fils du chancelier Pomponne de Bellièvre. Il mourut à Sillery, le 1er octobre 1624.

Les Œconomies Royales mettent dans la bouche d'Henri IV le portrait suivant du chancelier de Sillery : «Est d'un naturel patient et complaisant, merveilleusement souple, adextre et industrieux en toute la conduite de sa vie, qui a l'esprit très bon et qui est assez bien versé en toutes sortes de sciences et d'affaires de sa profession, voire n'est pas ignorant des autres, parle assez bien, déduit et représente fort clairement une affaire, n'est point homme pour faire des malices noires, mais qui ne laisse pas pourtant d'aymer grandement les biens et les honneurs, et de s'accommoder tousjours à toutes choses pour en avoir; n'est jamais sans nouvelles ny sans personne pour luy en descouvrir, d'humeur pour n'hazarder jamais légièrement sa personne ny sa fortune pour celle d'autruy. Tellement qu'estans ses vertus et ses deffauts ainsi compensés, il m'est facile d'employer utilement les premiers et me garantir du dommage des autres.»

[2] Jacques Sanguin, prévôt des marchands de 1606 à 1612, conseiller à la grand'chambre du Parlement, était fils de Jacques Sanguin, sr de Livry, échevin de Paris, lieutenant général des Eaux et Forêts de France, et de Barbe de Thou. Il avait épousé, suivant contrat du 1er septembre 1577, Marie du Mesnil, fille de Denis du Mesnil, sr de Crocquelaine, et de Claude Vialart.

[3] Germain Gouffé, élu échevin en 1605.

[4] Jean de Vailly, sr du Breuil, receveur général du Bureau des Pauvres en 1605, échevin en 1609, conseiller et secrétaire du Roi et de ses Finances, en 1609.

[5] Pierre Parfaict, élu échevin en 1607, puis greffier en chef en l'Élection de Paris, avait épousé Marie Drouart.

en l'eslection de Paris, et noble homme M⁰ Charles Charbonnières [1], couseiller du Roy et auditeur en sa Chambre des Comptes, Eschevins de la dicte ville, d'autre part. — Et M⁰ Severin Pineau [2], chirurgien du Roy et son opérateur ordinaire pour la pierre, professeur et docteur en chirurgie en l'Université de Paris, en son nom, encore d'autre part.

Disans lesd. partyes, mesmes lesd. sieurs Prevost des Marchans et Eschevins aud. nom, que comme le temps faict naistre et descouvre diverses maladies, lesquelles n'estoient sy fréquentes et dont la cure au commencement est fort difficile et périlleuse, pour n'estre la nature du mal bien congneue et le peu de personnes qui se trouvoient experimentez à la cure d'icelles; que depuis quelques années ils auroient recongneu que les habitans de ceste ville auroient esté affligez de maladie du calcul vulgairement dicte de la pierre, partye desquelz avec une fort grande despense auroient esté garentis du mal, et les autres pour le peu de commoditez qu'ilz avoient de suporter sy grandz fraiz après avoir esté long temps tourmentez d'iceluy, en seroient en fin décedez. Ce qui provenoit de ce qu'il avoict peu de personnes experimentez à la cure d'iceluy dont le public reçoict beaucoup d'incommodité. A quoy il estoit fort nécessaire de remédier pour obvier à plus grand mal; et n'ayans moyens d'y pourvoir, auroient eu recours à Sa Ma⁽ᵗ⁾ et aucuns de noz seigneurs de son Conseil, la suppliant en toute humilité de vouloir, en tesmoignant l'affection qu'elle a toujours porté à sa bonne ville de Paris, user de sa libéralité accoustumée et leur bailler moyens de pouvoir faire instruire par ung chirurgien expert, dix jeunes hommes chirurgiens en l'art et méthode de tirer la pierre de la vessie qui s'engendre aux corps humains de l'un et l'autre sexe. A quoy Sad. Ma⁽ᵗ⁾ inclinant pour l'affection qu'elle porte à son peuple, et particullièrement aux habitans de sa bonne Ville de Paris, de la conservation de la santé desquelz il est aultant soigneux que desireux de l'embellissement de sa ville, auroit commandé de faire faire lad. instruction et pour cest effect ordouné qu'il fut payé contant des deniers de son Espargne audict chirurgien la somme de six mil livres tournois; suivant lequel commandement et après perquisition faicte par les dicts sieurs Prevost des Marchans et Eschevins, d'un chirurgien expert, auroict esté choisy ledict Pineau qui se seroit offert, pour le desir qu'il a de servir Sad. Ma⁽ᵗ⁾, faire icelle instruction moyennant lad. somme.

A ceste cause, ont lesdictes partyes esd. noms recongneu et confessé et par ces présentes confessent avoir faict et font entre elles ce qui ensuict :

C'est assavoir led. Pineau avoir promis et promect à Sad. Ma⁽ᵗ⁾ d'instruire et habilliter au plus tost, jusques à dix jeunes chirurgiens bien nés, yssus de bons parens, de bonnes mœurs et desja avancez en la théoricque et praticque de chirurgie, afin qu'ilz ayent moings d'occasions d'exiger des malades et plus de moien de soustenir leurs personnes et familles, qui en partye luy seront donnez par lesd. S⁽ʳˢ⁾ Prevost des Marchans et Eschevins et qu'en partie le dict Pineau choisira, et seront tous par luy jugez ydoines et capables (en) l'art et méthode de bien seurement et industrieusement tirer la pierre de la vessie en l'un et l'autre apareil, à l'un et l'autre sexe, si que doresnavant Paris et la France ne pourrout plus manquer de maistres en cet art; lesquelz comme par emulation s'estudieront à opérer à qui mieux mieux, et se rendront non seullement excellents en ceste opération particullière de chirurgie, mais aussy aux autres pour pouvoir exercer la chirurgie universelle, et seront admis en la Faculté et collège des chirurgiens de ceste ville de Paris. Lesquelz escolliers seront aussy obligez et tenuz aux conditions et articles que l'on leur baillera pour le bien et facilité de lad. operation que pour l'entretenir et multiplier. A deux desquelz, sy tost que par opération dud. Pineau, ilz seront jugez et tenuz pour capables de bien opérer, lesdicts sieurs de Sillery et de Sully, oud. nom, promectent leur faire donner une pension de six cens livres à chacun d'eulx, et pour laquelle il plaist au Roy qu'ilz soient emploiez sur son estat. Moyennant laquelle promesse dud. Pineau par laquelle il postpose son interest et proffict particullier au bien public, lesd. S⁽ʳˢ⁾ chancellier et duc de Sully, pour et au nom de Sad. Ma⁽ᵗ⁾, ont promis et promectent faire bailler et payer par Monsieur le Trésorier de l'Espargne estant de présent en charge, audict Pineau, la somme de six mil livres tournois dedans luy. Et a esté accordé au cas qu'après ladicte somme receue par ledict Pineau, et ladicte instruction encommancée, il venoict à décedder, que sa veufve et héritiers ne seront tenuz de restituer la d. somme de six mil livres, ains qu'elle leur demeurera acquise, et à l'advenir l'on luy donnera telle

---

fille d'un avocat au Châtelet, et demeurait rue Pierre-au-Lard, paroisse Saint-Merry.

[1] Charles Charbonnières, élu échevin en 1607, demourait rue Saint-Martin, paroisse Saint-Merry; son frère, Gabriel, conseiller du Roi, était trésorier de la Manufacture royale de cuirs, appelée la Tannerie.

[2] Séverin Pineau, né à Chartres, mort à Paris le 29 novembre 1619, doyen du collège de chirurgie. Colot lui avait confié le secret de sa méthode d'opérer la pierre. On a de lui sur ce sujet un ouvrage intitulé : *Discours touchant l'invention et instruction pour l'opération et extraction du calcul de la pierre de la vessie.* Paris, 1610, in-4°.

rescompance que l'on arbitrera estre deue, ou à luy ou aux siens, selon le bien et soulagement que le public en recevra et le contentement que lesd. seigneurs en auront. Car ainsy... promettans... obligeans chacun en droict soy et lesd. s¹⁵ de Sillery et duc de Seuilly oud. nom... Renonceans...

Faict et passé au Conseil d'Estat de Sa Ma¹⁵ tenu au chasteau du Louvre à Paris, fors par lesd. s¹⁵ Prévost des Marchans et Eschevins au bureau de lad. Ville, l'an mil six cens huict, le quatorze^me jour d'aoust, avant midy.

BRULART, DE BETHUNE, SANGUIN, S. PINEAU, GOUFFÉ, DE VAILLY, PARFAICT, CHARBONNIÈRES, HERBIN, FOURNYER.

IV. — 19 MARS 1609. — 232.

Traité et convention avec Jehan Wolff et Antoine Lambert, marchands bourgeois habitant la ville de Mantes, pour la translation en cette ville et en un lieu proche la rivière de Loire, de manufactures de toiles fines de Hollande et autres étrangères.

Furent presens en leurs personnes haultz et puissants seigneurs messire Nicollas Brulard, chevalier, seigneur de Sillery, chancelier de France, Maximilian de Bethune, duc de Sully, pair de France, marquis de Rosny, grand voyer et grand maistre de l'Artillerie de France, gouverneur et lieutenant général pour le Roy en Poictou, Guillaume de Laubespine, chevallier, seigneur de Chasteauneuf, tous conseillers du Roy en ses Conseilz d'Estat et privé, et Gilles Maupeou[1], aussi con⁶ʳ de Sad. Ma¹⁵ en sesd. Conseilz, Intendant et contrerolleur g^ᵃˡ de ses finances, d'une part; — Jehan Wolf et Anthoine Lambert, marchans bourgeois habitans de la ville de Mante, d'autre.

Lesquels seigneurs du Conseil, après avoir entendu la vollonté du Roy sur l'introduction en son royaume des manufactures des thoiles fines façon de Hollande, et autres estrangères que lesd. Wolf et Lambert avoient entrepris d'establir en la ville de Rouen, suivant le contract sur ce passé au Conseil d'Estat le 28ᵉ Juing 1605, vérifié en la Court de Parlement dud. Rouen le xxxᵉ jour de Janvier 1606, lequel contract ayant depuis, pour certaines bonnes considérations, esté révocqué[1] par Sa Ma¹⁵, et ordonné l'establissement desd. manufactures estre faict en lad. ville de Mante sur Seyne et en autre endroict qui sera advisé proche la rivière de Loyre, lesd. seigneurs du Conseil, de l'exprès commandement de Sad. Ma¹⁵, ont déclaré nul et sans effect led. contract, et, satisfaisant au vouloir et intention du Roy, ont de nouveau traicté avec lesd. entrepreneurs pour transporter l'establissement desd. manufactures de Rouen aux lieux cy dessus ordonnés par Sad. Ma¹⁵; le tout suivant ce qui s'ensuit; c'est assavoir :

Que s'obligeans par lesd. entrepreneurs comme de faict ils promettent et s'obligent en leurs propres et privez noms solidairement ung seul et pour le tout, à peine de tous despens, dommages et intherests, soubz les conditions qui seront par après incérées au présent contract, d'establir une Tisseranderie dans la ville de Mante, et une autre aud. lieu proche la rivière de Loire, touttes complettes des choses convenables pour y manufacturer et fournir touttes sortes de thoilles fines estrangères soit d'Hollande ou aultres, desquelles aucune manufacture ne se faict à présent en France, tant pour servir à vestir, qu'à faire serviettes, nappes et à tout autre usaige, œuvrées, damassées, figurées ou rayées d'or et d'argent ou de soye de touttes coulleurs et façons dont il s'en faict au païs de Flandre et Hollande et autres où les François en font trafficq.

Et à ceste fin y faire eslever et entretenir à leurs

[1] Gilles Maupeou, seigneur d'Ableiges et de la Villeneuve, était fils de Vincent Maupeou, notaire au Châtelet de Paris, et d'Anne Bastonneau, fille de François, également notaire au Châtelet, et de Marguerite de Larche. Suivant partages faits le 11 aoust 1578, après la mort de cette dernière, les frères de Gilles Maupeou, alors avocat au Parlement, étaient Pierre, auditeur des comptes, et Michel, receveur général des finances en Languedoc; sa sœur Marie était femme de Guillaume de la Barre, docteur en médecine, conseiller et médecin ordinaire du Roi (Bibl. nat., mss. P. O. 1897).

Gilles Maupeou, qui fut auditeur des comptes, puis conseiller d'État et intendant des finances, épousa Marie Morely qui lui donna quatre filles et un fils, également prénommé Gilles, qui fut reçu, le 13 juillet 1618, conseiller au Parlement et, le 17 juin 1624, maître des Requêtes ordinaires de l'Hôtel. Celui-ci fut marié à Anne de Creil dont il eut Marie de Maupeou, femme de François Foucquet, conseiller au Parlement et commissaire des Requêtes du Palais, et mère du fameux surintendant des finances de Louis XIV.

[1] Ce contrat fut révoqué par arrêt du Conseil d'État du 17 juillet 1607.

despens et dilligence, cent soixante mestiers complectz et garnis d'ouvriers, d'ustancilles et d'estoffes nécessaires, scavoir : six vingtz dans lad. ville de Mante, qui seront trouvés travaillans trois mois après l'expédition du présent contract, et quarante aud. lieu proche la rivière de Loire, dans deux ans après. Et pour la fourniture et entretenement d'iceulx, faire venir tel nombre de familles et mesnages d'ouvriers experts et entenduz qu'il sera requis, et y employer la moictyé de François naturels (pour le moings, s'il s'en présente), sans aucune deffences à autres personnes de travailler ou trafficquer desd. thoilles, la liberté demeurant entière comme elle est à présent à touttes personnes d'en faire et achepter dedans ou dehors le Royaume ainsy qu'il est permis par les eedictz et ordonnances.

Et dans l'an ensuivant après lesd. deux ans expirés, promettent encores et s'obligent lesd. entrepreneurs faire dresser autres deux cens mestiers ou asteliers, scavoir : sept vingtz en lad. ville de Mante et soixante aud. lieu qui sera advisé proche la rivière de Loire, aussi garniz de touttes ustancilles et autres commoditez requises pour y recepvoir et faire travailler tous ceux qui se présenteront, soient estrangers ou regnicoles, pourveu qu'il y en ait tousjours la moictyé de François pour le moings, s'il tant s'en présente, ausquelz ils seront tenuz fournir et advancer du fil et autres estoffes qu'il conviendra, pour les employer et exciter plus volloutiers d'y venir, et à pareil prix ou meilleur, s'il se peult, qu'il ne se vend es lieux où se font à présent lesd. toilles, et faire en sorte, par tous les moyens à eux possibles, que dans lad. année lesd. deux cens mestiers soient employez et travaillent comme les autres huict vingts. Desquels ouvriers lesd. entrepreneurs seront aussi tenuz achepter les thoilles qu'ilz auront faictes à l'instant qu'ilz les auront parachevées, à prix raisonnable qu'ils s'en puissent contenter, et n'ayans subject d'en venir à plainctes pour les faire estimer par les Juges ordinaires des lieux ou tels autres qu'il plaira à Sa Ma[té] commettre et députter tant pour ce regard que tout ce qui concerneroit l'exécution et entretenement dud. establissement.

Et dans le temps de deux ans à compter du jour du présent contract, lesd. entrepreneurs seront obligez de faire bastir deux curanderies ou plus grand nombre s'il en est besoing, l'une desquelles sera dressée près lad. ville de Mante, l'autre près la rivière de Loire, en tel lieu que Sa Ma[té] ordonnera. Lesd. curanderies fournies et accommodées de tous les oustilz et matières convenables et du nombre des experts de cinquante personnes pour le moings en chacunes d'icelles, pour y blanchir et façonner lesd. toilles et autres estoffes qui seront manufacturées tant ez susd. huict vingts mestiers ou asteliers qu'ez deux cenz asteliers qu'ilz ont promis faire dresser par dessus dans l'an ensuivant, en pareille perfection et beaulté que celles d'Hollande, des Pays Bas et autres estrangers, sans qu'il soiet fuict préjudice ny aucun empeschement à tous marchans et autres estrangers ou françois qui auroient cy-devant, ou vouldroient par après establir semblables mestiers et manufactures de thoilles ausd. lieux ou ailleurs. Offrant lesd. entrepreneurs de faire blanchir à la façon d'Hollande touttes les sortes de toilles ou manufactures qui leur seront présentées, soit façon des païs estrangers ou de France, et demeurera néantmoings la plaine liberté de bastir et faire dresser à leur exemple des curanderies à tous ceux en vouldront faire les fraiz pour blanchir à leur imitation touttes sortes de thoilles à la façon d'Hollande.

Moyennant lesquelles choses, et en fournissant et accomplissant par lesd. entrepreneurs tout ce que dessus à leur dilligence, fraiz et despenz, comme dict est, lesd. seigneurs du Conseil, au nom du Roy et suivant ce qu'il a pleu à Sa Ma[té] leur accorder, ont promis et promettent leur faire paier comptant la somme de quatre vingtz dix mil livres, sur les deniers provenans des terres vaines et vagues en la province de Normandie érigez en fiefs de haubert, dont lesd. entrepreneurs ont donné advis au Roy ainsy qu'il est porté par l'arrest du Conseil sur ce expedyé le deux[me] jour de Juing 1607, desquelz 90,000[lt] Sa Ma[té] a faict don ausd. entrepreneurs pour aucunement subvenir aux grandes advances qu'il convient faire pour chacun establissement et en considération des excessives despences par eux faictes en deniers, voyages, depuis cinq ans qu'ils furent apelez par Sa Ma[té] pour entreprendre led. establissement, et pour remboursement des sallaires et dons qu'ils sont contrainctz faire aux ouvriers estrangers pour le transport de leurs familles et mesnages; ensemble pour rescompencer lesd. entrepreneurs de ce qu'en tendant à ceste entreprise pour servir Sad. Ma[té], ils ont quicté tous leurs affaires particulières et leur occupation ordinaire, abandonnant leurs maisons pour venir demeurer en lad. ville de Mante et aud. lieu proche la rivière de Loire, sans que lad. somme ils soient tenus restituer aucune chose à Sa Ma[té], quelque promesse qu'ilz luy en ayent cy devant peu faire, lesquelles demeurent sans aucune valleur. Pour asseurance de ce don, lesd. seigneurs du Conseil, au nom de Sad. Ma[té], ont promis et promettent faire expedier les lettres patentes sur ce requises et nécessaires, icelles faire vériflier en la Chambre des Comptes à Paris.

Et outre, promettent lesd. seigneurs du Conseil, suivant ce qu'il a pleu au Roy accorder et permettre ausd. entrepreneurs moyennant l'exécution et accomplissement de leurs offres et obligations susd., leur faire expedier et verifier où besoing sera ung eedict par lequel Sa Ma^{té}, tant pour faciliter led. establissement et manufactures de thoilles fines de touttes les façons et perfections qu'il s'en faict hors la France, que pour exciter touttes sortes d'ouvriers de s'en entremettre plus volontiers, accordera les privillèges qui ensuyvent :

Premièrement : pour le regard desd. entrepreneurs, qu'ilz seront, eux, leurs frères, sœurs et leurs enffans naturalisez, et qu'à cet effect touttes lettres et déclarations nécessaires leur seront expédiées, et qu'iceux deux entrepreneurs, en outre, seulz, ou à leur deffault ung de leurs enffans au lieu d'eulx, seront employez sur l'estat des officiers de la Maison du Roy en quallitez de Valletz de Chambre pour jouir des droictz, privillèges et exemptions qui y appartiennent.

Qu'ils auront permission de tenir à Paris ung magazin avec facteur ou commis, en tel lieu que Sa Ma^{té} advisera, pour y vendre en tout temps des toilles et autres ouvrages manufacturés ausd. lieux, et en gros seullement et soubz ordre, et non d'aultres ny autrement, sur peyne de confiscation, sans qu'ilz y puissent estre troublez ny inquietez par quelque personne que ce soit, soubz prétexte d'aucunes ordonnances ou règlemens contraires, pour le temps et espace de six ans seullement.

Qu'il leur sera permis aussi faire transporter hors du Royaume par les ports et passaiges de Dieppe ou d'Amyens seullement, jusques à la somme de deux cens mil livres en argent comptant, à une ou plusieurs fois pendant quatre années seullement, pour l'achapt de filz, cendres, savons, oustilz et autres choses nécessaires pour lesd. manufactures, à la charge de faire déclaration des espèces par devant les maistres des portz, juges des traictes et autres officiers pour ce commis par les ordonnances esd. villes de Dieppe et d'Amiens, et de raporter certiffications suffisantes des marchandises qu'ils feront entrer au Royaume des pays estrangers, de la valleur desd. sommes et de la condition et quallité requise pour servir ausd. manufactures, sur les peines portées par les edits et ordonnances de Sa Ma^{té}.

Qu'ils pourront faire dresser et entretenir tant en lad. ville de Mante, qu'aud. lieu proche la rivière de Loyre, une ou plusieurs brasseries de bière pour servir et ayder à l'entretenement des ouvriers employez au faict de lad. tisseranderie, sans estre subjectz à maistrise ny visitations des maistres jurez de lad. ville, ny de paier aucuns droictz pour ce regard.

Pourront prendre jusques à la quantité de quarante minotz, mesure de Paris, ou quarante mines, mesure de Normandie, de sel blanc par chacun an, sans paier aucuns droictz de gabelles ès salines où il s'en faict dans le royaume, ou dans les greniers où il se vend et débite, pour servir à saller le faict, beurre, fromages et autres choses nécessaires pour le faict des tisseranderies et curanderies, à la charge de prendre led. sel par les mains des fermiers et gabelles en payant le droict qui se paie sur le lieu et la voicture.

Et pour le regard des ouvriers estrangers qui se vouldront habituer aux deux lieux cy devant, seront tenuz et déclarez pour naturelz françois, exempts de tous droictz d'aulbeyne, pourveu qu'ilz soient employez et travaillent par l'espace de cinq ans aux mestiers et asteliers desd. entrepreneurs continuellement, à peine d'estre descheuz de la grace, sinon qu'ilz feussent prevenuz de mort pendant lesd. cinq années, auquel cas leurs biens et successions ne seront subjectes aud. droict d'aulbeyne sans qu'il leur soit besoing d'en obtenir autres lettres de naturallité, sinon une simple déclaration qui leur sera délivrée et veriffiée où besoing sera, sans fraiz et sans paier finance pour le sceau desd. lettres, pour en joyr purement et simplement après lesd. cinq années.

Seront pareillement lesd. ouvriers tant estrangers que françois, affin qu'ils ne soient divertiz de leurs ouvrages, exempts de toutes charges personnelles, mesmement des tailles, tant et si longuement qu'ils resideront et seront habituez à Mante et aud. lieu proche la rivière de Loire, et travailleront ès mestiers et astelliers desd. entrepreneurs pendant led. temps et espace de cinq ans, et sauf à leur continuer lad. exemption s'il y eschet. A ceste fin seront tenuz lesd. entrepreneurs mettre au greffe du Bailliage de Mante et ou greffe de . . . . . [1] par chacune desd. années, les roolles signez d'eux, contenans les noms de tous les ouvriers qui seront employez soubz lesd. entrepreneurs au faict desd. manufactures et curanderies et qui seront habituez comme dict est.

Que pour reigler ce nouveau mestier de tisseranderie de toilles fines, lesd. entrepreneurs seront tenuz envoyer et mettre par devers lesd. commissaires députtez par Sa Ma^{té} sur le faict du commerce

---

[1] Lacune dans le texte.

général de France, dans les susd. huict mois premiers de leur establissement précisément les articles et mémoires, pour sur iceux dresser les statutz et reiglement nécessaires et convenables pour l'establissement et manutention de lad. tisseranderie et iceux statuz faire confirmer par Sa Ma^té et messieurs de son Conseil; pendant lequel temps et jusques à ce que lesd. statuz soient expediez et verifiiez où besoing sera (ce qu'ilz seront tenuz faire à leur dilligence dans trois ans), ne seront aucuns ouvriers desd. toilles fines demeurans ausd. lieux de Mante et proche la rivière de Loire (soient maistres, compaignons, apprentifs ou autres de quelque qualité et condition que ce soit, servans pour lad. tisseranderie aux curanderies, fillanderies ou autres ouvrages et besoingnes nécessaires pour faire et façonner lesd. toilles fines), subjects de prendre aucunes lettres de maistrise, ny d'estre visitez et recherchez en leurs ouvrages ou estoffes, sinon par celluy qui sera commis par les commissaires g^raux establiz pour le commerce.

Ains, auront lesd. entrepreneurs pendant led. temps de trois ans seullement et jusques à ce que lesd. statuz soient accordez par le Roy et verifiiez comme dict est, tout pouvoir de reigler et conduire l'establissement de lad. tisseranderie ausd. lieux, tant pour le regard desd. ouvriers que des estoffes et de tout ce qui en deppend.

Seullement seront tenuz iceux entrepreneurs faire faire les pièces desd. toilles fines de mesme longueur, largeur et parure que les estrangères, sans aucune différence que des lizières et de leurs marques qu'ils y pourront aposer avec celles du Roy, pour recongnoistre quelles seront les plus belles, les plus fines et à meilleur marché jusques à ce qu'autrement par lesd. statuz en soit ordonné.

Promettans lesd. seigneurs du Conseil, pour et au nom de Sad. Ma^té, et lesd. entrepreneurs, tenir ferme et stable et accomplir chacun en droict soy le contenu cy dessus, sans y contrevenir; obligeans lesd. entrepreneurs l'un pour l'autre et chacun d'eulx seul et pour le tout, sans division; renonccans iceulx entrepreneurs au bénéfice de division et de discusion.

Faict et passé au Conseil d'Estat, tenu à Paris, l'an mil six cens neuf, le 19e jour de mars, avant midy [1].

BRULART, M. DE BETHUNE, DELAUBESPINE, ANTHOINE LAMBERT, G. MAUPEOU, JEHAN WOLFF, MOUFLE, FOURNYER.

V. — 9 MARS 1610. — 263.

«TRAITÉ» AVEC CHARLES BATEN, POUR L'ÉTABLISSEMENT, PROCHE LA RIVIÈRE DE LOIRE, DE MANUFACTURES : DE BLANCHISSAGE DES CIRES «À LA FAÇON QU'ELLES SE BLANCHISSENT À VENISE ET EN FLANDRES»; DE «BLEU OU AZUR APPELÉ ESMAIL», ET DE BLANC DE PLOMB.

Par devant les notaires et gardenottes du Roy nostre Sire en son Ch^let de Paris, soubzsignez, furent présens haults et puissants seigneurs messire Nicolas Brulart, chevalier, s^r de Sillery, chancellier de France, et messire Maximilian de Bethune, duc de Sully, pair de France, marquis de Rosny, grand voyer et grand maistre de l'artillerie de France, gouverneur et lieutenant général pour le Roy en Poictou, conseillers du Roy en ses Conseils d'Estat et privé, d'une part; — Et Charles Baten, allemand, natif de la ville de Hamburg, d'autre part.

Lesquels seigneurs du Conseil, après avoir entendu la volonté du Roy sur l'introduction en son Royaulme tant de la manufacture du blanchissage des cires à la façon qu'elles se blanchissent à Venise et en Flandres, que du bleu ou azur appellé esmail, que blanc de plomb, ont traité avec led. Baten pour l'establissement desd. manufactures ainsy qu'il ensuict : c'est assavoir que s'oblige par led. entrepreneur, comme de faict il promect et s'oblige, soubz les conditions cy apprès, d'establir proche la rivière de Loire lesd. trois sortes de manufactures cy dessus, dont les espreuves en ont esté faites en la Chambre du Commerce par devant les sieurs commissaires à ce députés par Sa Ma^té, ès présences des maistres jurez espiciers et garde de la marchandise et des maistres paintres à cet effect présents et appellés, comme appert par le certificat desd. sieurs commissaires, et ce pour l'usaige du public et pour en retirer par luy les esmolumens du debit ou gros ou en détail, ainsy que bon luy semblera; et pour ce faire, tenir boutiecque et magasins ouverts pendant le temps et espace de dix ans, à la charge que ne les poura vendre plus hault prix que les autres marchants. Pour parvenir auquel establis-

---
[1] Suivant M. Levasseur, la manufacture de Mantes ne survécut pas à Henri IV (Hist. des classes ouvrières avant 1789, II, 171).

sement et affin de subvenir aux fraiz et despences qu'il convient faire pour l'establissement desd. manufactures, que pour l'achept des cires et fournitures des matériaulx qu'il convient avoir, lesdictz Sieurs, soubz le bon plaisir de Sa Ma^té, ont accordé aud. Baten luy faire bailler par forme de prest en deniers complans de son Espargne la somme de six mil livres tournois que led. Baten promect rendre dans quatre ans, sans aucun proficl ny intérests; et oultre, aux charges et conventions qui ensuivent : assavoir que lesd. Sieurs, au nom de Sa Ma^té, feront loger led. Baten et son train aux villes et lieulx où se fera lesd. establissements propres et convenables pour l'exercice de lad. manufacture, et de faire rendre led. Baten et ses associez francz de toutes charges qui pourroient estre tenuz, comme vivant noblement, à la charge que led. Batem (sic) sera tenu de prendre des apprentifs Françoys pour leur montrer et enseigner les secretz desd. manufactures, qui luy seront obligez par l'espace de six ans, sans qu'il soit permis à autres travailler aud. exercice et manufacture sans le consentement dud. Batem pendant lesd. dix années sur les lieux où led. Baten fera lesd. establissements, au cas que led. establissement n'y fut desja faict.

A ce faire, est intervenu Jacques du Cerceau, marchant et bourgeois de Paris, demeurant rue Vielle Monnoye, paroisse sainct Jacques de la Boucherie, lequel, de sa bonne volonté, s'est rendu pleige caution et respondant pour ledict de Batem, pour raison de la somme de troys mil livres seulement, faisant moittié desd. six mil livres cy dessus : et, en ce faisant, au payement de lad. somme de troys mil livres tournois, s'est led. Cerceau obligé et oblige avec led. Batem, l'ung pour l'autre et chacun d'eulx seul et pour le tout, sans division, renonceans au bénéfice de discution et fidejussion, sans jamais y contrevenir; et pour le regard des autres troys mil livres, led. Batem n'en sera tenu bailler aucune caution. Promettans... Obligeans chacun en droict soy et lesd. Batem et du Cerceau l'ung pour l'autre et chascun d'eulx seul et pour le tout, sans division ne discution... Renonceans iceulx Batem et du Cerceau au bénéfice de division et discution...

Faict et passé, assavoir : par lesd. s^rs de Sillery, Baten et du Cerceau, en l'hostel dud. s^r de Sillery, et par led. s^r duc de Sully en l'Arcenac du Roy à Paris, l'an mil six cens dix, le neufiesme jour de mars, après midy.

Brulart, M. de Béthune, Charles Baten, J. du Cerceau, Herbin, Fournyer.

(En marge sont écrites les mentions suivantes :)

1). Par quictance passée par devant les notaires soubz^nés, led. Batten, nommé en ce présent contract, a receu de noble homme m^e Estienne Puget, con^er du Roy et trésorier de son Espargne, la somme de troys mil livres t. sur lad. somme de six mil livres mentionnée en ced. présent contract, le tout selon qu'il est déclaré par lad. quictance portant promesse faicte par led. Batten de rendre à Sad. Ma^té lad. somme de troys mil livres dedans lesd. quatre ans spéciffiés ainsy que contient lad. quictance passée par devant les notaires soubz^nés ce jourd'huy 2,3^e mars mil six cens dix.

Fournyer, Moufle.

2). Par autre quictance[1] passée par devant les notaires soubz^nés, led. Batten, nommé en ce présent contract, a receu dud. s^r m^e Estienne Puget, con^er du Roy et Trésorier de son Espargne, la somme de troys mil livres, restant à luy payer de lad. somme de six mil livres mentionnée en ced. présent contract, le tout selon qu'il est déclaré par lad. quictance portant promesse faicte par led. Batten de rendre à Sad. Ma^té lad. somme de six mil livres dans lesd. quatre ans spéciffiez par led. présent contract, aussy selon que le contient lad. quictance passée par devant lesd. notaires soubz^nés ce jourd'huy six^me jour de novembre mil six cens dix.

Fournyer.

[1] Cette quittance est conservée à la Bibliothèque nationale (ms. P. O. 214); elle ne fournit, en plus du texte cidessus, qu'une seule indication nouvelle : que Charles Baten demeurait alors à Sully.

VI. — 22 AVRIL 1610. — 268.

Traité avec Philippes de Coulanges et Claude Barbin, pour la fourniture, à l'armée de la Meuse, de cinquante mille pains par jour, pendant trois mois.

Jean, duc de Juliers et de Clèves, fils du duc Guillaume et de Marie d'Autriche, et petit-fils de Charles-Quint, étant mort sans enfants, le 25 mars 1609, sa succession fut disputée tant par le comte palatin de Neubourg et le marquis de Brandebourg, beaux-frères du duc de Clèves, que par l'empereur d'Autriche. Ce dernier en donna secrètement l'investiture à Léopold d'Autriche, évêque de Strasbourg, qui s'empara de Juliers. Les deux autres prétendants implorèrent l'assistance d'Henri IV qui la leur promit et fit d'importants préparatifs de guerre. Sully, qui avait traité, dès le mois d'octobre 1609, avec les marchands de Liège, d'Aix-la-Chapelle, de Trèves et de Cologne, pour la fourniture de vivres, eut au sujet de ces traités de nombreuses difficultés avec Henri IV, à qui les ennemis de Sully avaient voulu insinuer que ce ministre n'avait pas les mains nettes en cette affaire. Revenant sur cette première impression, le Roi écrivait à Sully, le 8 mars 1610 :

«Mon amy, j'oubliai, en partant, de vous parler de pourvoir à ce qui est nécessaire pour les vivres de l'armée. C'est pourquoy je vous prie de vous assembler avec Messieurs le Chancelier, Villeroy et Président Jeannin, pour ensemble adviser à cela; puis après, ayant pris quelque advis, vous en dirés au Conseil ce que vous jugerez à propos pour le bien de mon service et de mes affaires...»; et le surlendemain, 10 mars : «Mon amy, pour responce à la vostre d'hier au soir, touchant les vivres de l'armée, mon advis est, que l'on se serve plus tost des magasins le long de la Rivière de Meuse; puis, pour ce qui sera des commissaires et officiers, nous en parlerons lors que je seray à Paris.»

C'est alors que Sully négocia le traité ci-dessous, qui fut signé le 22 avril.

Par devant les notaires et gardenottes du Roy nostre Sire en son Chastellet de Paris, soubz*** furent présens : baults et puissans seigneurs messire Nicolas Brulart, chevallier, s' de Sillery, chancelier de France; messire Maximilian de Bethune, duc de Sueilly (sic), pair de France, marquis de Rosny, grand voyer et grand maistre de l'artillerie de France, gouverneur et lieutenant g'al pour le Roy en Poictou; Guillaume de Laubespine, chevallier, s' de Chasteauneuf; Pierre Jeannyn[1], aussy chevallier; Loys Lefebvre[2], s' de Caumartin; Gilles Maupeou et Ysaac Arnauld[3], tous conseillers du Roy en

[1] Pierre Jeannin (1540-1622), fils d'un tanneur d'Autun, fut d'abord attaché au duc de Mayenne, puis, quand la paix fut faite, Henri IV «l'envoya quérir, et, selon Tallemant des Réaux, lui manda que s'il avoit bien servi un petit prince, il serviroit bien un grand Roy». Pourvu d'une charge de président au Parlement de Bourgogne, il devint bientôt conseiller d'État et fut chargé de nombreuses missions en Espagne et en Flandres. Après la mort d'Henri IV et la retraite de Sully, il fut deux fois surintendant des finances. Il avait eu d'Anne Guéniot un fils, tué en duel par La Payolle en mars 1622, et une fille, Charlotte Jeannin, qui épousa Pierre de Castille, s' de Blanchebuisson. Les Négociations du président Jeannin ont été publiées par un de ses petits-fils, Nicolas de Castille, abbé de S'-Bénigne de Dijon. «Homme de forte cervelle et bon Français», il a laissé la réputation d'un bon jurisconsulte, ferme et résolu, «qui alloit droit au but, et qui, ajoute Péréfixe, aimoit fort le bien public».

[2] Louis Le Fèvre, s' de Caumartin, président au Grand Conseil, puis conseiller d'État, né en 1551 de Jean Le Fèvre, s' de Caumartin, et de Marie Verlet, marié en 1582 à Marie Miron, fille de Marc Miron, s' de l'Hermitage, conseiller d'État, et de Marie Gentien. Nommé garde des sceaux de France le 23 septembre 1622, il mourut quatre mois après, le 22 janvier 1623, et fut enterré à Saint-Nicolas des Champs.

[3] Isaac Arnauld, conseiller d'État, puis intendant des finances, fils d'Antoine Arnauld et d'Anne Forget, de la

CONSEIL D'ÉTAT. — AFFAIRES DIVERSES.

ses Conseils d'Estat et privé, et Jehan de la Fosse[1], escuier, conseiller du Roy, superintendant et commissaire gⁿᵃˡ des vivres des armées, munitions et magazins de France; d'une part; — et nobles hommes Philippes de Coulanges[2], conᵉʳ secretaire du Roy et de ses finances, demeurant en la place Royalle, parroisse S¹ Paul, et Claude Barbin[3],

[1] branche des Arnauld restée protestante, avait été, avec trois de ses frères, secrétaire de Sully, à qui il dut son élévation. Mais, après la mort d'Henri IV, devenu «suffragant de Conchine», il s'attira les violents reproches de Sully.

[2] Jean de La Fosse avait été trésorier et commissaire des guerres; devenu «Partisan», il avait traité en 1607 pour le rachat des greffes.

[3] Philippe de Coulanges (1561-1636), grand-père de Mᵐᵉ de Sévigné, était fils de Claude de Coulanges (ou Collanges), originaire d'Auvergne, procureur au Parlement, et de Madeleine Daguesseau. Celle-ci, devenue veuve, épousa en secondes noces (1578) Bartelemi Sancixi, florentin, banquier à Paris, dont le nom, francisé, devint de l'Anchise et Delenchise, et, en troisièmes noces (1595), Jacques de Besze, trésorier provincial de l'extraordinaire des guerres en Picardie, dont elle fut la seconde femme. Jacques de Besze avait eu, de son premier mariage avec Catherine Aubert, dame de Montaleau, une fille, Marie de Besze (1576-1634), qui épousa Philippe de Coulanges. Ce dernier remplaça son beau-père comme trésorier provincial de l'extraordinaire des guerres, mais résigna cet état le 25 juillet 1601, en faveur de Mᵉ Chastelain, secrétaire de la chambre du Roi (Bibl. nat., mss P. O. 206).

Christophe Petit, prêtre habitué de Saint-Paul, le qualifie de «partisan», dont sont venus tous ses biens (Jal, 437). En effet, cette entreprise de fourniture de vivres ne fut pas la seule à laquelle s'associa Philippe de Coulanges; dès 1602 il avait à Rouen, avec Jean Godey, la ferme des Nouvelles Impositions de Normandie; deux ans après, en 1604, il était, dans la même ville, fondé de pouvoirs de Jean de Moisset, adjudicataire de la ferme des Aides et des greniers à sel. Il revint bientôt à Paris et fut pourvu par lettres du 25 novembre 1605, registrées le 17 décembre suivant, de l'office de secrétaire des finances, vacant par la résignation de Laurent de Gaumont (Arch. nat., P. 2343). On le retrouve encore du «parti du sel», en 1618, associé avec Pierre Jacquet et Théodore Buzin.

[3] Claude Barbin était fils de Christophe Barbin, sᵉ du Mesnil, capitaine de la ville de Melun, anobli par Henri IV en août 1593, et de Marguerite Ryotte. Il fut d'abord procureur du Roi au bailliage et siège présidial de Melun, puis il acquit, le 26 mars 1599, la baronnie de Broyes, mouvante du Roi à cause de son domaine de Sezanne en Brie. Quatre ans après, ayant besoin de deniers comptants en vue de s'associer à la ferme générale des Aides, il échangea cette baronnie avec son frère Dreux Barbin, moyennant la part de ce dernier dans la succession de leur père, plus une soulte de 15,900 livres. Le contrat de cet échange fut passé le 28 mars 1603 devant Herbin et Fournyer, notaires au Châtelet de Paris.

Claude Barbin fit une fortune rapide, s'attacha aux Concini, devint surintendant de la maison de la Reine, puis, sous la régence de Marie de Médicis, contrôleur général des Finances. Il resta fidèle à la Reine lorsqu'elle fut reléguée, ce qui lui valut d'être emprisonné à la Bastille, et, à la suite d'un long procès, d'être condamné au bannissement perpétuel.

De son mariage avec Jeanne Cochon, fille d'un conseiller au siège présidial de Melun, il avait eu un fils, qui mourut jeune.

bourgeois de Paris, demeurant rue de la Verrerie, parroisse S¹ Jehan en Grève, d'autre part.

Lesquelles parties ont recongneu et accordé ce qui en suict : c'est assavoir que lesd. sʳˢ de Coulanges et Barbin ont promis et entreprins fournir en l'armée que Sa Maᵗᵉ prépare le long de la rivière de Meuze, à commencer lors qui leur sera ordonné, en leur donnant advis de ce faire ung mois devant, aux magazins qui leur seront ordonnez pour la retraicte desd. vivres, ès mains du garde gⁿᵃˡ des vivres ou ses commis, la quantité de cinquante mil pains, plus ou moindre nombre, suivant qu'il leur sera ordonné, et ce par chascun jour, entre bis et blanc, du poix de quatorze onces, en paste revenant à douze, cuit et rassis, composé des deux tiers froment et ung tiers seigle faulte de bon bled, loyal et marchant, pour la nourriture des gens de guerre de lad. armée, garnis de quatre pour cent durant le temps de trois mois; et s'il fault fournir plus long temps, en advertissant lesd. entrepreneurs aussy ung mois devant, ilz seront tenus de continuer la mesme fourniture ainsi qu'il leur sera ordonné, et moyennant le prix et somme de neuf deniers pour chacun pain, pour le port et voicture. Desquels pains, bledz et farines seront tenus lesd. entrepreneurs fournir tous les sacs, quaissons et tout autre équipage nécessaires pour lad. fourniture qui se fera le long de lad. rivière de Meuze, ou voicturé à cinq, dix, quinze, vingt, vingt cinq et jusques à trente lieues de lad. rivière, sy besoing est, en augmentant sur chacun pain quatre deniers de cinq en cinq lieues, à mesure que le corps de lad. armée s'esloignera de la ville de Maizières, ou autres lieux esquelz lad. rivière de Meuze passe en France, sans que l'on puisse prétendre lad. augmentation encores qu'il y ait quelques troupes plus esloignées. Et pour fournir ce que dessus seront aussy tenus lesd. entrepreneurs mectre ensemble et avoir prestz pour le port et voicture dud. bled, farines et pain, la quantité de deux cens mulletz et douze charrettes, et augmenter led. équipage de pareil nombre de deux cens mulletz et douze charrettes oultant de fois que le corps de lad. armée s'esloignera de cinq lieues, ainsy qui leur sera ordonné à chasque esloignement, les advertissant quinze jours auparavant et rapportant par lesd. entrepreneurs les récépicez et quictances du garde gⁿᵃˡ par devant led. Jehan de la Fosse, escuier, conseiller du Roy, superintendant et commissaire gⁿᵃˡ des vivres des

Richelieu, alors évêque de Luçon, faisait le plus grand cas de Claude Barbin, dont il avait même, paraît-il, recherché l'alliance pour une de ses nièces.

armées, munitions et magazins de France. Sera par luy procédé à la verification, arrest et closture du compte desd. entrepreneurs, de quinze jours en quinze jours, tant de la recepte dud. pain que prix et somme de la despence, sans qu'il puisse, pour quelque cause et occasion que ce soit, fournir de l'argent au lieu de pain, ce qu'estant après verifié entre eulx, ils en respondront en leurs propres et privez noms. Sera led. compte verifié par led. s^r de la Fosse ou par Mrs du Conseil du Roy ou tel d'icelluy qu'il plaira à Sa Ma^{té} d'ordonner, sans que lesd. entrepreneurs soient tenuz de compter en la Chambre des Comptes ny ailleurs, ny rapporter autres acquictz que les récépicez dud. garde g^{ral} deuement contrerollez, lesquelz garde et contrerolleur demeureront semblablement responsables s'il ce fournit aux soldatz de l'argent au lieu de pain; suyvant laquelle vérification sera faict paiement contant ausd. entrepreneurs par le trésorier g^{ral} de l'extraordinaire de la guerre estant en charge, des deniers qui luy seront pour ce ordonnez, la somme à laquelle se montera lad. fourniture, sur le total de laquelle sera paié et advancé ausd. entrepreneurs en deniers contans, dedans huict jours prochains, la somme de cent mil livres tournois, tant pour dresser leurs équipages que pour faire provision dud. bled. Laquelle somme sera desduicte et précomptée sur lesd. troys mois de leur fourniture par proportion sur chacun d'iceulx; et affin que Sad. Ma^{té} se puisse asseurer de lad. fourniture, seront tenus les d. entrepreneurs, outre le courant d'icelle, mectre et depposer ès magazins de Maizières et Mouzon, que Sad. Ma^{té} a pour ce choisis, la quantité de cinq cens muids de bled, affin que Sad. Ma^{té} puisse tousjours veoir son armée munie de vivres. Accordant par lesd. Srs du Conseil dessus nommez, pour et au nom de Sad. Ma^{té}, ausd. entrepreneurs, que pour faciliter le recouvrement desd. grains et bledz, ilz puissent et leur soit loysible de faire achapt de toutes et telles quantitez de bledz qu'ilz jugeront leur estre nécessaire et les prendre de telles personnes qu'ilz adviseront, en paiant de gré à gré suyvant les cours des deux derniers marchez précédans, et davantage, faire enlever et transporter lesd. grains des villes et lieux où ilz seront, tant par eaue que par terre, sans pour ce paier aucuns subcydes, impostz et peages mis et à mectre; à la charge de prendre certifficat qui ne pourra excéder la quantité nécessaire pour led. fournissement. Et pour cest effect, leur seront expediez tous passeportz pour faire apporter lesd. bledz tant par eaue que par terre, de tel lieu que bon leur semblera, soit dedans ou dehors le Royaulme, pour s'en servir à l'effect des présentes. Sy pour les blessez ou mallades il est besoing de pain blanc et de pur froment, lesd. entrepreneurs seront tenuz en fournir telle quantité que besoing sera, aud. prix, du poix de huict onces seullement au lieu que le susdict en doibt poizer douze. Seront baillez par les mareschaulx de camp et fourriers des logis de lad. armée, quartiers, logis et retraictes seures pour lesd. munitions et officiers, aux lieux les plus proches et commode. Comme aussy leur seront baillez lieux, moulins et fours, avec les exemptions pour lesd. fours et moulins; ensemble pour les maisons des boullengers, officiers et magazins des fournitures, leur sera baillé escorte pour aller, soit avec l'avant garde de lad. armée, ou autrement, s'emparer desd. fours et moulins, et pour le port et voictures desd. vivres leur faisant rendre les passages libres et asseurez; et advenant que par hostilité lesd. vivres, ensemble les hommes, charrettes, chevaulx, muletz et autres équipages servans ausd. vivres, feussent prins, ou que par aucun cas fortuit ilz feussent perdus, Sad. Ma^{té} en indempnisera lesd. entrepreneurs, mesmes des bledz et autres vivres estans esd. magazins, s'ilz estoient pris, bruléz et perduz, pourveu qu'en tous les cas dessusd. il n'y ait de la faulte desd. entrepreneurs ou des leurs, auquel cas sera faict appréciation de ce qui se trouvera avoir esté perdu ou bruslé, et vérification en estant deuement faicte, la somme à laquelle le tout se montera sera paiée et remboursée ausd. entrepreneurs et encores la rançon des prisonniers; et mesmes s'il estoit ordonné paier quelque chose par lesd. entrepreneurs pour lesd. escortes, ilz le pourront employer en leurs comptes pour leur estre passé et alloué avec led. pain. Promectans lesd. Srs du Conseil dessus nommés, comparans, faire rattifier le présent contrat par Sad. Ma^{té}, et qu'il ne sera fait aucun divertissement des deniers qui seront destinez par chacun mois ausd. entrepreneurs, ni mesme le présent contract estre altéré, rompu ni baillé à autres, soit devant ou après lesd. trois mois expirez, sans leur consentement et qu'au préalable ilz ne soient dédommaigés et entièrement paiez de leurd. fourniture. A ce faire, est intervenu noble homme Jehan Le Prevost [1] s^r de St Germain, conseiller et secrétaire du Roy, demeurant rue du Battouer, près les Cordelliers, lequel s'est constitué pleige et caution pour lesd. s^{rs} Coullanges et Barbin, pour lesquelz il s'est

---

[1] Jehan Le Prevost, s^r de Saint-Germain, né en 1553, fils puisné de Jehan Le Prevost et de Anne Le Clerc, reçu conseiller secrétaire du Roy, maison et couronne de France, le 29 septembre 1597, conserva cet office jusqu'au 5 août 1628. Il avait épousé Marie de Baugy, fille de Jacques de Baugy, maître ordinaire en la Chambre des comptes de Paris, et de Marie Le Maistre. Une de ses filles épousa Nicolas Camus de Pontcarré, conseiller d'État.

obligé et oblige, par ces présentes faire accomplir le contenu cy dessus, et en leur deffault y satisffaire lors mesmes comme s'il estoit principal preneur, solidairement obligé avec eulx. Car ainsy le tout a esté dict et accordé entre lesd. parties, promectans... entretenir et accomplir tout le contenu cy dessus sans y contrevenir aucunement... soubz l'obligation et ypothèque sçavoir : lesd. Seigneurs du Conseil, de tous et chascun les biens de Sa Ma^{té}, et lesd. entrepreneurs et led. s^r Le Prevost, caution, l'un pour l'autre et chacun d'eulx seul et pour le tout sans division, de tous et chacun leurs biens meubles et immeubles présens et advenir... mesmes comme pour les propres affaires du Roy

... Renonceans iceulx entrepreneurs et caution au bénéfice de division et de discution.

Faict et passé, assavoir : par lesd. s^{rs} de Sillery, Chasteauneuf, Jeannyn et Maupeou en leurs maisons; par lesd. s^{rs} de Suilly (sic), Caumartin, Arnauld et la Fosse, en l'Arcenac, et par lesd. entrepreneurs et led. s^r Prevost, en la maison d'icelluy Le Prevost, l'an mil six cens dix, lesd. vingt deux^{me} et vingt trois^{me} jours de avril, avant et après midy.

BRULART, M. DE BETHUNE, LEFEVRE, DELAUBESPINE, G. MAUPEOU, P. JEANNIN, ARNAULD. DELAFOSSE. DECOLANGES. BARBIN. LEPREVOST, FOURNYER.

CHAPITRE II.
DOMAINE ROYAL.

Section I.
BAUX À CENS ET À RENTE.

VII. — 6 MARS 1604. — 138.

Bail à cens pour 99 ans, à M° Louis Routard, garde ordinaire et provincial de l'artillerie à Paris et en Île de France, d'un terrain de dix-huit pieds de largeur, le long de la muraille de l'Arsenal, pour y dresser un jeu de « Paillemail ».

Par devant les notaires du Roy, nostre Sire en son Ch¹ˡ de Paris, soubzsignés, furent présens haults et puissans seigneurs : messire Pomponne de Bellièvre, conseiller du Roy en ses Conseils d'Estat et chancelier de France ; messire Maximilien de Bethune, chevallier, marquis de Rosny, baron de Seuilly, gouverneur et lieutenant général pour le Roy en Poictou, conseiller de Sa Ma¹ᵉ en ses Conseils d'Estat et privé, cappitaine de cent hommes d'armes de ses Ordonnances, grand maistre et cappitaine général de l'Artillerie de France, grand voier, surintendant des finances, fortifications et bastimens de Sa Ma¹ᵉ ;

Disant que sur la proposition qui auroit esté faicte à Sad. Ma¹ᵉ de faire dresser ung jeu de Paillemail le long de la muraille de l'Arsenal de ceste Ville de Paris, prenant depuis la première porte d'icelluy jusques à la muraille du Boullevart⁽¹⁾, se seroit présenté maistre Loys Routard⁽²⁾, garde ordinnaire et provincial de l'artillerie et munitions d'icelle pour le Roy en son Arsenal et magasins de Paris et Isle de France, lequel auroit offert à Sad. Ma¹ᵉ de faire et dresser à ses propres coustz et despens ung jeu de Paillemail depuis lad. première porte de l'Arsenac jusques à la muraille dud. Boullevart, ayant dix-huict piedz de largeur.

Plus, le dresser et planter à sesd. despens le long dud. jeu, des deux costés, deux rangs d'hormes distant de douze pieds l'ung de l'aultre, de chacun costé, et ung autre rang d'hormes ou de muriers blancs de la mesme distance de l'allée qui sera du costé de la rivière. Et entretenir led. jeu de paillemail d'ais de trois pieds ou environ de hault et d'ung poulce d'espoisseur pour servir de pallissade des deux costez, et pieux fortz, suffizans pour soustenir lesd. ais dud. jeu seulement pendant le temps et espace de son bail ; à la charge aussy qu'il sera tenu fournir et bailler par chacun an, par forme de cens, ès mains du Roy, en son chasteau du Louvre, ung paillemail et six boulles de buis, dont il rapportera certification du premier Vallet de Chambre, qui sera rapporté sur le compte du Receveur du domaine de ceste ville de Paris ; et autre paillemail et six boulles de buis en l'Arsenac de lad. Ville pour Monseig⁻ le Grand maistre de l'Artillerie, dont il rapportera quittance du Trésorier général de lad. Artillerie. Et, en fin dud. temps, rendre et délaisser led. jeu de paillemail au proffict dud. seigneur Roy en bon estat et valleur. Pendant le quel temps led. Routard aura une clef de la porte joignant la première grande porte dud. Arsenal pour avoir entrée aud. jeu et s'en servir et les siens tant pour la conservation dud. jeu de paillemail que pour donner accedz à ceulx qui y vouldront jouer ; comme aussy

---

⁽¹⁾ Cet emplacement est indiqué sur tous les plans de Paris, depuis 1609, sous les noms de *Paillemail* et du *Mail*.

⁽²⁾ Louis Routard ne profita pas longtemps de sa concession, il mourut l'année suivante ; sa veuve et son gendre, M° Louis de Cuigny, lui succédèrent dans son privilège en vertu des lettres patentes d'Henri IV, du 4 juillet 1605, enregistrées au Parlement le 28 mars 1607 et à la Chambre des Comptes, le 30 mai suivant (Arch. nat. K. 174).

pourra led. Routard et les siens bastir à ses despens ung petit couvert sans cheminée près dud. jeu, au lieu le plus commode, pour luy servir à retirer les mails et boulles et autres instrumens pour servir aud. jeu avecq les habits et manteaux des joueurs.

De faire dresser led. jeu de paillemail le plus tost que faire ce pourra selon les conditions et charges cy-dessus, pour dud. jeu en jouir par led. Routard, ses hoirs et ayans cause pendant led. temps et espace de quatre vingts dix neuf ans, sans que, pour raison dud. jeu ny de la jouissance d'icelluy, il en puisse estre ores ne à l'advenir inquietté ny depposseddé en quelque sorte et manière que ce soit.

Et sera aussy tenu led. Routard de l'entretenir en tel estat que l'on y puisse jouer pendant led. temps, sur peine de cinq cens escus d'amende envers le Roy et d'estre restably à ses fraiz, cousts et despens.

Promettans... Obligeans... chacun en droict soy... lesd. s^{rs} de Bellièvre et de Rosny pour et au nom de Sa Ma^{té},... Renonceans... Faict et passé au Conseil d'Estat de Sa Ma^{té} tenu au chasteau du Louvre, à Paris, l'an mil six cens quatre, le six^{me} jour de mars après midy.

BELLIÈVRE. M. DE BETHUNE, ROUTARD, MANCHEVELLE [1].

VIII. — 10 MARS 1607. — 189.

(*PLACE DAUPHINE ET RUE DE HARLAY.*)

BAIL À CENS ET À RENTE À Mre ACHILLES DE HARLAY, PREMIER PRÉSIDENT DU PARLEMENT DE PARIS, D'UN TERRAIN D'UNE SUPERFICIE DE 3120 TOISES 1/2, ENTRE LES DEUX RIVIÈRES DE L'ÎLE DU PALAIS, DEPUIS LE BAS DU JARDIN DU BAILLIAGE JUSQU'AU PONT-NEUF, ET LE LONG DES QUAIS QUI ENVIRONNENT L'ÎLE DE PART ET D'AUTRE, À LA CHARGE D'Y FAIRE BÂTIR SUIVANT LE PLAN ET DEVIS QUI EN SERA ARRÊTÉ PAR LE DUC DE SULLY, GRAND-VOYER DE FRANCE.

Par devant les notaires du Roy nostre sire en son Ch^{let} de Paris, soubz^{nez}, furent présens : Messire Pomponne de Bellièvre, chevallier, chancellier de France, messire Nicolas Brullart, chevallier, sieur de Sillery, Garde des sceaulx de France, hault et puissant seigneur Messire Maximilian de Bethune, duc de Sully, pair de France, conseiller du Roy en ses Conseils d'Estat et privé, cappitaine de cent hommes d'armes de ses Ordonnances, grand voyer, grand maistre de l'artillerie de France, superintendant des finances et bastimens de Sa Ma^{té}, gouverneur et lieutenant g^{nal} pour Sad. M^{té} en Poictou, et noble homme maistre Ysaac Arnauld, conseiller du Roy en son Conseil d'Estat et privé et intendant de sesd. finances; lesquels, pour et au nom de Sa Ma^{té}, ont recongneu et confessé, et, par ces présentes, confessent avoir baillé, ceddé, quicté, transporté et delaissé à tiltre de cens et rente du tout dès maintenant à tousjours et promectent aud. nom garantir de tous troubles et empeschemens généralement quelsconques, à Messire Achilles de Harlay [1], chevallier, conseiller du Roy en ses Conseils d'Estat et privé et Premier Président en sa Court de Parlement, à ce présent, preneur et retenant aud. tiltre de rente pour luy, ses hoirs et ayans cause, toutes et chacune les places contenues entre les deux rivières de l'Isle du Pallais de ceste ville de Paris, appartenant au Roy, commenceans depuis le bas du jardin du Bailliage jusques au Pont Neuf, et le long des deux quaiz qui environnent ladite isle de part et d'autre; icelles places montant et revenant ensemble à la quantité de troys mil cent vingt thoises et demye, suivant et ainsy qu'il est porté par la certification qui en a esté faicte de l'ordonnance des sieurs Trésoriers généraulx de France, par Jehan Fontayne et Loys Marchant [2] maistres des œuvres

---

[1] Achilles de Harlay, fils de Christophe de Harlay, président à mortier au Parlement de Paris, et de Catherine du Val, devint également président à mortier en 1572 et, la même année, fut nommé conseiller d'état. Premier Président du Parlement de Paris en novembre 1582, après la mort de Christophe de Thou, dont il avait épousé la fille, Catherine de Thou, le 30 mai 1568, ce personnage, dont le rôle politique fut parfois si important, était, selon Perefixe, «si grave et si disert, que tout ce qui sortait de sa bouche sembloit sortir de celle de la Justice même». Il mourut le 29 octobre 1616.

[1] Cet acte ne porte pas la signature du notaire Fournyer.

[2] Jehan Fontaine «Maistre des œuvres de charpenterie et bastimens du Roy» et commis du grand voyer de France en la voirie de la Ville, Prevosté et Vicomté de Paris. Il avait épousé Jeanne Chambiges, sœur de Pierre Chambiges, un des entrepreneurs de maçonnerie du Louvre, et de Denise Chambiges femme de Louis Marchant.

Jehan Fontaine demeurait à l'Arche Beaufils, paroisse St Paul; son beau-frère Louis Marchant, fils de Guillaume, également maistre des œuvres de maçonnerie du Roi, demeurait rue Geoffroy-Lasnier.

de maçonnerie et charpenterie du Roy, et François Petit[1], Juré du Roy en l'office de maçonnerie, en date du dixiesme jour de Febvrier dernier, en présent mil six cens sept, signé : de Donon, Fontayne, Marchaut et Petit; de plus ample déclaration s'est led. S' Premier Président tenu et tient pour comptant. Pour desd. places cy dessus baillées joyr par led. S' Premier Président, sesd. hoirs et ayans cause aud. tiltre de cens et rente de tout à tousjours, et en faire ce que bon luy semblera. Cestz bail et prinse à rente faicts à la charge de payer à la recepte du dommaine de Sa Ma¹⁵ en ceste ville de Paris, au jour sainct Jehan Baptiste, à raison d'un sol tournois pour chascune desd. thoises cy dessus de cens et rente foncière annuelle et perpétuelle, iceluy cens portant lotz, vente, saisine et amende quand le cas y escherra selon les uz et coustumes de Paris, à commencer du jour de sainct Jehan-Baptiste prochainement venant et continuer; et outre à la charge et condition de faire bastir par led. Sieur Premier Président suivant le plan et devis qui luy en sera faict par mond. Seigneur le duc de Sully, Grand voyer de France, èsd. places cy dessus. Transportans en ce faisant par lesd. sieurs bailleurs aud. nom, aud. S' Premier Président ausd. charges, tous droicts de propriétté que Sad. Ma¹⁵ a et peult avoir èsd. places dessus baillées; dessaisissans aud. nom ausd. charges... Voullans... procureur le porteur... Donnans pouvoir... Et lequel présent contract lesd. Sieurs bailleurs oud. nom pour et au nom de Sad. Ma¹⁵, veullent et consentent estre vérifflé en sad. Court de Parlement et Chambre des Comptes, et estre remis avec les autres tiltres de son dommaine. — Promettans... Obligeans chacun en droict soy et lesd. sieurs bailleurs oud. nom... Renonceans...

Faict et passé, assavoir : par lesd. S" bailleurs au Conseil d'Estat tenu au chasteau du Louvre à Paris, et par led. Sieur Premier Président, en sa maison, l'an mil six cens sept, le dix"" jour de mars avant midy[2].

BELLIEVRE, M. DE BÉTHUNE, BRULART, ARNAULD, DE HARLAY, DE S' FUMEN[3].

IX. — 19 DÉCEMBRE 1607. — 191.

BAIL À CENS ET À RENTE À M⁶ NICOLAS DE LHOSPITAL, BARON DE VITRY, DU RESTANT D'UN TERRAIN QUI SERVAIT DE JEU DE LONGUE PAUME, SITUÉ AU BOUT DU JARDIN DU S' DE VITRY, SON PÈRE*.

Par devant les notaires du Roy au Ch¹⁵ de Paris, soubzsignez, furent présens : Messire Nicolas Brulart, chevallier, sieur de Sillery, chancellier de France, et hault et puissant seigneur messire Maximillian de Bethune, duc de Seuilly, pair de France, conte de Dourdan, souverain de Boisbelle, baron de Baugy, La Chappelle, Bruyères et Espineuil, conseiller du Roy en ses Conseils d'Estat et privé, cappitaine des cent hommes d'armes de ses Ordonnances, grand voyer, grand maistre et capp"" général de l'Artillerie, superintendant des finances et bastimens de Sa Ma¹⁵, gouverneur et lieutenant g"" pour Sad. Ma¹⁵ en Poictou, d'une part; — Et Messire Nicolas de Lhospital[4], chevallier, s' et baron de Vitry, gentilhomme ordinaire de la Chambre du Roy et enseigne de la Compaignie de gendarmes de monseigneur le Dauphin, demeurant au Parc des Tournelles, parroisse Sainct Paul, d'autre part.

Disant led. sieur baron de Vitry que cy-devant il auroit présenté à Sad. Ma¹⁵ ung placet pour luy accorder ce qui reste de la place qui

---

[1] François Petit, maitre maçon, un des constructeurs de la première partie de la grande galerie du Louvre, avec Pierre Chambige, Pierre Guillain, Robert Marquelet et Isaïe Fournier.

[2] Ce contrat fut ratifié par lettres patentes du 28 du même mois, mais le président de Harlay ne se résolut que difficilement à entreprendre les travaux et le retard qu'il y apporta motiva la lettre suivante d'Henri IV à Sully : «Mon amy, je fais ce mot pour vous dire qu'incontinent que vous l'aurez receu, vous voyiés Monsieur le Premier Président pour résoudre la Place Dauphine, selon le dessein que vous m'en avés monstré, afin qu'elle soit faite en trois ans. Que s'il ne le veut faire, trouvés quelqu'autre qui l'entreprenne et luy dites qu'il aura le profit du fonds...» (Œc. Royales, III, XXII). Enfin, après information «sur la commodité et incommodité du contenu èsd. lettres et contracts», l'enregistrement en fut fait le 15 novembre suivant.

[3] Cet acte ne porte pas la signature du notaire Fournyer.

[4] Nicolas de Lhospital, qui devait devenir duc de Vitry et maréchal de France après l'assassinat du maréchal d'Ancre, était fils de Louis de Lhospital, baron puis marquis de Vitry, capitaine des Gardes du corps, et de Françoise de Brichanteau. Il épousa, le 9 mai 1617, Lucrèce Bouhier, veuve de Louis de La Trémoille, marquis de Noirmoutier, et fille de Vincent Bouhier, sieur de Beaumarchais, trésorier de l'Épargne, et de Marie-Lucrèce Hotman.

* Voir le plan de la Place Royale.

servoit cy-devant de Jeu de longue paulme au bout du jardin du sieur de Vitry, son père, siz dans le parc des Tournelles, contenant environ huict toizes de largeur; lequel placet Sad. Ma^té auroit renvoyé aud. sieur duc de Seuilly pour sur le contenu en icelluy donner advis à Sad. Ma^té; led. renvoy en date du xviij° jour de septembre dernier, signé Potier, estant au dessoubz dud. placet; et que sur icelluy renvoy led. s^r duc de Seuilly, par son ordonnance dud. jour xviij^me dud. moys de septembre, auroit mandé au s^r Fonteine, son commis en la voirie de ceste Ville de Paris, de se transporter sur les lieux et de recongnoistre la vérité, pour estre par icelluy s^r duc de Seuilly rapporté à Sad. Ma^té qui en ordonneroit ce qu'elle jugeroit raisonnable, le tout comme le contient lad. ordonnance signée : M. de Bethune, estant audessoubz dud. renvoy.

Suivant laquelle ordonnance led. Fonteine se seroit, le vingt^me jour desd. mois et an, transporté en et sur lad. place, pour icelle veoir et visiter et faire rapport aud. s^r duc de Seuilly combien lad. place pouvoit valloir et sy elle pouvoit estre prinse et commodément baillée par Sad. Ma^té aud. s^r baron de Vitry à tiltre de cens et rente foncière sans préjudicier à Sad. Ma^té et sans incommoder le publicq. Laquelle place icelluy Fonteine auroit veue et visitée, thoizée et mesurée comme il appartient, et trouvé que au bout de la rue neufve[1] encommancée à ériger de neuf de l'enclox dud. parc des Tournelles, du costé du rempart venant de la rue et porte sainct Anthoine pour aller rendre en la rue des Marestz[2] aussi prinse dud. enclos après que lad. rue sera prinse, il restera une place le long de l'abboutissant dud. jardin dud. s^r de Vitry, père dud. s^r baron de Vitry, faisant deux encoigneures de rues, assavoir de lad. rue des Marests et l'autre de la rue d'entre l'hostel dud. s^r de Vitry et l'hostel des Manufactures[3], et que icelle place contient unze piedz et demy de largeur par ung bout du costé de lad. rue des Marests, et par l'autre bout sur l'autre bout contient huict toizes et demie de largeur, revenant par le meilleu (sic) de lad. place à cinq toizes ung pied et quart de largeur, rapportant le fort au faible, sur trente deux toizes de longueur, revenant en superficie à la quantité de huict vingtz six toizes et demie six piedz, comprins les espoisseurs des murs qu'il convient faire pour la closture d'icelle; et laquelle place, après la largeur d'icelle rue neufve prinse le long d'icelle comme dict est,

[1] Actuellement rue des Tournelles.
[2] Actuellement rue Saint-Gilles.
[3] Actuellement rue des Minimes.

demeureroit vague et inutille[1]. Pour raison de quoy led. Fonteine auroit esté d'advis, soubz le bon plaisir dud. seigneur de Seuilly, que lad. place pouvoit estre baillée aud. s^r baron de Vitry, à tiltre de cens et rente foncière au domaine du Roy, sans préjudicier à Sad. Ma^té et sans incommoder le publicq; et que icelle place, au lieu et endroict où elle est assize, valloit bien loyaulment la somme de douze cens cinquante livres, à raison de sept livres dix sols pour chacune toize de la superficie d'icelle. Le tout comme le contient le rapport de lad. visitation de lad. place dessus mentionnée; signé : Fonteine.

A ceste cause, ont lesd. s^rs de Sillery et duc de Seuilly pour et aud. nom de Sad. Ma^té et suivant sa vollonté, comme ils ont dict, baillé, cedé, quicté, transporté et dellaissé à tiltre de cens et rente du tout dès maintenant à tousjours et à perpétuité, et promettent pour et aud. nom de Sa Ma^té, garentir de tous troubles et empeschemens generallement quelxconcques, aud. sieur baron de Vitry, ce acceptant, preneur et retenant aud. tiltre de cens et rente pour luy, ses hoirs et aians cause, lad. place cy-devant mentionnée, qui servoit cy devant, comme dict est, de jeu de longue paulme, au bout du jardin dud. s^r de Vitry, son père, siz dans led. parc des Tournelles, à présent appelé la Place Royalle; icelle place contenant unze piedz et demy de largeur par ung bout, du costé de la rue des Marests, et par l'autre bout, sur l'autre rue, contenant huict toizes et demie de largeur, revenant par le meilleu de lad. place à cinq toizes ung pied et quart de largeur rapportant le fort au faible, sur trente deux toizes de longueur, revenant en superficie à la quantité de huict vingtz six toizes et demie, six piedz, comprins les espoisseurs des murs qu'il convient faire pour la closture d'icelle, ainsi qu'il est mentionné par led. rapport. Pour d'icelle place joir par led. s^r baron de Vitry, sesd. hoirs et aians cause, à tousjours et à perpétuité aud. tiltre de cens et rente et en faire ce que bon luy semblera. Cestz bail et prinse à cens et rente faictz moyennant ung escu en or de cens et rente, portant lotz, ventes, saisine et amendes quand le cas y eschet, selon les uz et coustumes de Paris, que led. sieur baron de Vitry en a promis, sera tenu, promet et guige par luy ses hoirs et aians cause, bailler, paier et continuer doresnavant par chacun an à tousjours à la recepte du dommaine de Sad. Ma^té au jour de St Jehan Baptiste, première année

[1] Cet emplacement est occupé aujourd'hui par les dépendances de la caserne de gendarmerie.

de paiement eschéant au jour de S‘ Jehan Baptiste prochainement venant, et continuer de là en avant par chacun an à tousjours aud. jour, en et sur lad. place dessus baillée qui est et demeure chargée, affectée, obligée et ypothecquée, et que led. s‘ baron de Vitry promect soustenir, maintenir et entretenir en bon estat et valleur, tellement que led. escu en or de cens et rente y soit et puisse estre aisément prins et perceu par chacun an à tousjours, aud. jour de S‘ Jehan Baptiste. Transportans en ce faisant, par lesd. s" de Sillery et duc de Seuilly oud. nom, aud. s‘ baron de Vitry, à lad. charge cy dessus, tous droicts de proprietté; dessaisissans oud. nom à lad. charge... voullans... procureur le porteur... donnans pouvoyr... Promettans... Obligeans chacun en droict soy... lesd. s" Brullart et de Bethune oud. nom... Renonceans...

Faict et passé, assavoir par led. s‘ de Sillery en sa maison, par led. s‘ duc de Seuilly en l'Arcenac du Roy à Paris, et par led. s‘ de Vitry ès estudes des notaires, l'an mil six cens sept, le dix neuf*" jour de décembre, après midy.

BRULART, M. DE BETHUNE, DE L'HOSPITAL VITRY, MOTELET, FOURNYER.

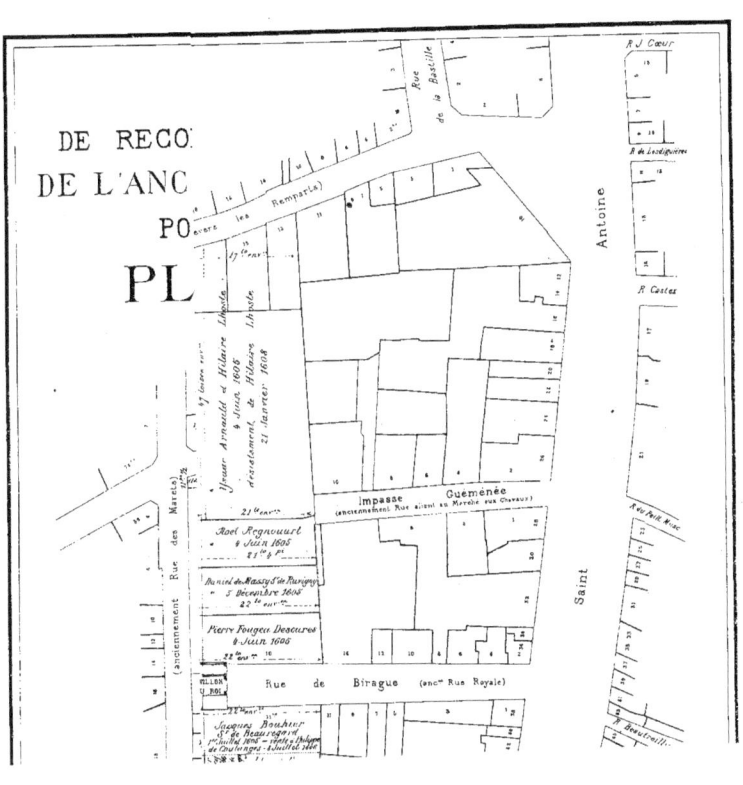

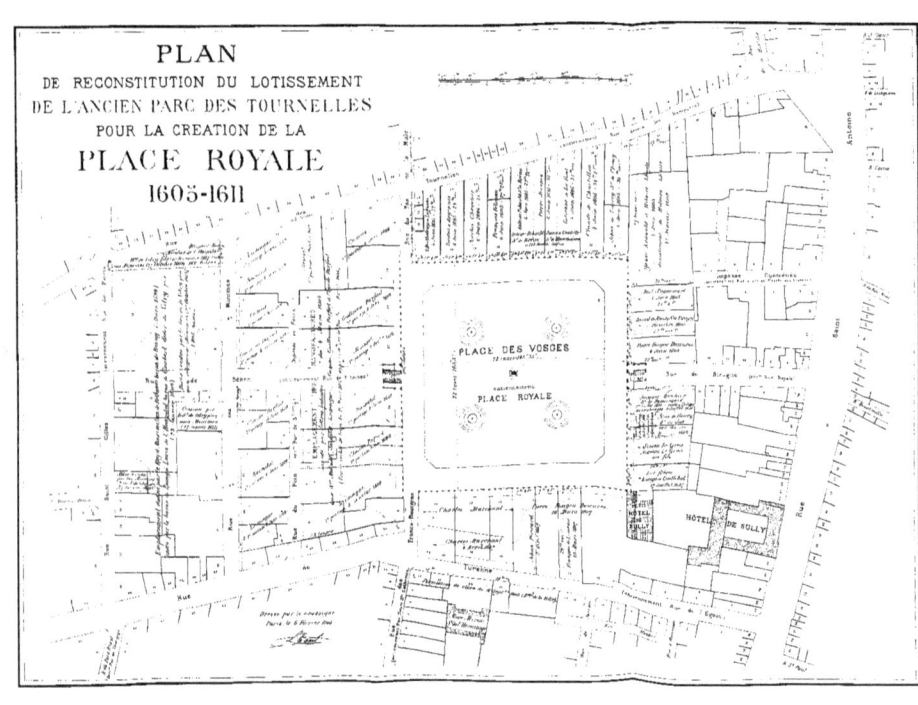

Section II.

ALIÉNATIONS.

PLACE ROYALE.

Les divers actes de l'autorité royale et notamment les lettres patentes de juillet 1605 ordonnant la création de la Place Royale, ayant été déjà publiés dans divers recueils, nous bornerons nos renseignements sur l'historique de cette place à l'étude des contrats passés devant M⁰ Simon Fournyer.

Treize des actes que nous publions sont déjà connus pour avoir été cités par M. Le Roux de Lincy et, en partie, reproduits par M. Lucien Lambeau, dans une communication insérée au procès-verbal de la séance de la Commission du Vieux Paris du 18 décembre 1902. Mais, comme le recueil où ils ont été puisés (Arch. nat., X¹ᵃ 8645) ne contient que les contrats passés les 4 et 6 juin 1605, et que les contrats postérieurs à ces dates n'y figurent pas, non plus que les mutations diverses qui sont survenues en 1606 et dans le cours des années suivantes, la reconstitution du lotissement de la partie de la Place Royale à laquelle ces actes se réfèrent demeurait incertaine et incomplète. Le minutier de M⁰ Simon Fournyer vient combler cette lacune.

Pour permettre d'identifier facilement chacun des lots, nous avons classé les contrats dans l'ordre du numérotage actuel des maisons, en commençant par le numéro 11 ᵇⁱˢ de la rue de Birague (Maison natale de Mᵐᵉ de Sévigné), puis le Pavillon Royal, servant de point de repère entre cette maison et celle portant le n° 16 de la rue de Birague, toutes deux en façade sur la place, et en suivant ensuite la ligne des numéros pairs depuis le numéro 2 jusqu'au dernier pavillon d'angle qui porte aujourd'hui le numéro 22 de la place. Afin que l'on puisse se rendre compte plus facilement de cette reconstitution, nous y joignons un plan d'ensemble de la Place Royale, que le savant géomètre en chef de la Ville de Paris, M. Louis Taxil, a bien voulu dresser spécialement pour ce recueil, d'après les indications de nos actes. On y retrouvera également l'emplacement de la parcelle de terrain de l'ancien jeu de longue paume cédé à Nicolas de L'Hospital par le bail à cens et à rente du 19 décembre 1607, dont le texte est reproduit sous le numéro IX.

M. Louis Taxil a, en outre, indiqué dans ce plan, la situation de la partie de l'ancien parc des Tournelles que le Roi avait donnée, en mars 1594, à Maximilien de Bethune, alors baron de Rosny, ainsi que l'emplacement des anciennes Manufactures d'étoffes de soie tissées d'or et d'argent, au sujet desquelles Henri IV écrivait à Sully, le 27 avril 1607 :

«... Je vous recommande la Place Royale; j'ai appris par le controlleur Donon qu'il se trouvoit quelque difficulté avec les entrepreneurs des Manufactures, pour ce qu'ils vouloient abattre tout le logis. Ce n'est pas mon advis, et me semble que ce seroit assez qu'ils fissent une forme de galerie devant, qui auroit la face de mesme que le reste... » On a pu constater de nos jours que cette «forme de galerie» n'a été faite, en grande partie, qu'en matériaux de remplissage et de décor.

L'entreprise des Manufactures n'ayant pas donné les résultats attendus, les associés Moisset, Sainctot, Lumagne, Camus, Guillaume et Claude Parfaict, résolurent de l'abandonner et de partager entre eux les bâtiments et les terrains. Un premier acte de partage fut signé le 2 octobre 1608 devant Claude de Riges, notaire au Châtelet de Paris, et un second le 8 janvier 1609, devant Pierre Guerreau. On trouvera sur le plan les délimitations des lotissements résultant de ces actes de partage.

Ce plan indique également les quatre pavillons appartenant au capitaine Charles Marchant (n^{os} actuels 15, 17 et 19), et les cinq pavillons (n^{os} actuels 9, 11 et 13) faisant partie de la vente consentie par le Roi, le 10 mars 1607, à Pierre Fougeu, sieur d'Escures, lequel céda le n° 11 à François de Loménie par acte du 23 du même mois, et le n° 13 à Jehan Pericard, par acte du 3 avril suivant.

Enfin, deux autres «places», celle des frères Louis de Caillebot (n° 5) et celle (n° 3) appartenant à Simon Le Gras et joignant Philippe de Coulanges, viennent compléter le lotissement de la Place Royale.

A cette époque, en effet, le bel hôtel de la rue Saint-Antoine, qui a conservé le nom de Sully et qui avait une sortie sous les arcades (n° 7 actuel), n'était pas encore édifié.

MAISON NATALE DE Mme DE SÉVIGNÉ.

[RUE DE BIRAGUE, 11 BIS.]

X. — 4 JUIN 1605. — 153.

VENDITION D'UNE PLACE À PIERRE ARNAULD.

Par devant les notaires du Roy nostre Sire en son Ch^{let} de Paris, soubz^{nés}, furent présens messire Pompone de Bellièvre, chevalier, chancellier de France, messire Nicolas Brullart, aussy chevalier, s^r de Sillery, garde des sceaulx de France, et hault et puissant seigneur messire Maximilian de Bethune, chevalier, s^r et marquis de Rosny, conseiller du Roy en ses Conseils d'Estat et privé, cappitaine de cent hommes d'armes de ses ordonnances, grand voyer, grand maistre et cappitaine général de l'Artillerie, superintendant des finances et bastimens de Sa Ma^{té}, et gouverneur et lieutenant général pour Sad. Ma^{té} en Poictou; lesquels, pour et au nom de Sa Ma^{té}, ont recongneu et confessé et par ces présentes confessent avoir vendu, cédé, quicté, transporté et delaissé du tout dès maintenant à tousjours et à perpétuité, et promectent oud. nom garentir de tous troubles et empeschemens généralllement quelsconcques, à noble homme Maistre Pierre Arnauld [1], conseiller du Roy et trésorier de France à Paris, à ce présent, achebteur et acquesteur pour luy, ses hoirs et ayans cause, une place située au lieu à présent appellé le Marché aux chevaulx, antiennement appellé le parc des Tournelles, et que Sad. Ma^{té} veult estre à présent nommée la Place Royalle. Lad. place, ainsy ceddée aud. sieur Arnauld, tenant d'une part à [2]   d'aultre part à [3]   d'un bout sur la

---

[1] Pierre Arnauld, fils d'Antoine Arnauld et d'Anne Forget, frère du conseiller d'État Isaac Arnauld, fut, comme lui, un des secrétaires de Sully; on l'appela Arnauld du Fort lorsqu'il devint gouverneur du Fort-Louis. Il mourut sans alliance le 14 septembre 1624.
[2] Lacune dans le texte.
[3] Lacune dans le texte.

rue que Sa Ma¹⁶ faict faire pour aller de la rue Sainct Anthoyne à lad. place Royalle et d'autre bout à [1] contenant lad. place huict thoises de largeur et seize thoises de long; pour d'icelle place joir par led. sieur Arnauld, sesd. hoirs et ayans cause à tousjours et à perpétuité, et en faire et disposer ainsy que bon luy semblera. Ceste présente vente, cession, transport et délaissement faicts à la charge de paier par led. s⁺ achepteur par chacun an, à la Recepte du dommaine de Sa Ma⁴⁶, en la Ville de Paris, au jour de S¹ Jehan Baptiste, ung escu en or de cens, portant lotz, vente, saisine et amende quand le cas y escherra, selon les uz et coustume de la Ville, prévosté et vicomté de Paris. A commencer du premier jour de janvier prochain, et outre, à la charge de faire bastir par led. s⁺ achepteur, sur la face de lad. place, maison manable.

Transportans, en ce faisant, par lesd. sieurs vendeurs oud. nom, aud. sieur Arnauld, ousd. charges, tous droicts de propriété que Sad. Ma⁴⁶ a et peult avoir en lad. place dessus vendue, dessaisissans ausd. charges... voullans... procureur le porteur... donnant pouvoir... Et lequel présent contract lesd s⁺⁺ vendeurs oud nom, pour et au nom de Sad. Ma⁴⁶, veullent et consentent estre verifflé en la Court de Parlement et Chambre des Comptes et estre mis avec les autres tiltres de son dommaine. Promettans... Obligeans chacun en droict soy... lesd. s⁺⁺ vendeurs oud. nom; Renonceans... Faict et passé, assavoir par lesd. s⁺⁺ de Bellièvre et Brullart en leurs maisons, et par lesd. s⁺⁺ de Rosny et Arnauld en l'Arcenac du Roy à Paris, l'an mil six cens cinq, le quatre^me jour de juing, après midy.

Bellièvre, M. de Bethune, Brullart, Arnauld, Herbin, Fournyer.

XI. — 1ᵉʳ JUILLET 1605. — 170.

Vendition d'une place à Jacques Bouhier, s⁺ de Beauregard.

Par devant les notaires du Roy nostre Sire, en son Chastellet de Paris, soubsignés, furent présens : messire Pompone de Bellièvre, chevalier, chancellier de France, messire Nicolas Brullart, aussy chevalier, s⁺ de Sillery, garde des sceaulx de France, et hault et puissant seigneur messire Maximillian de Bethune, chevalier, s⁺ et marquis de Rosny, baron de Sully, conseiller du Roy en ses Conseils d'Estat et privé, cappitaine de cent hommes d'armes de ses Ordonnances, Grand Voyer, Grand maistre et cappitaine général de l'artillerie, superintendant des Finances et bastimens de Sa Majesté, gouverneur et lieutenant général pour Sad. Ma⁴⁶ en Poictou; lesquels, pour et au nom de Sa Ma⁴⁶, ont recongneu et confessé et, par ces présentes, confessent avoir vendu, cedé, quicté, transporté et délaissé du tout dès maintenant à tousjours et à perpétuité, et promectent oud. nom garentir de tous troubles et empeschemens generallement quelsconcques, à Messire [2] Jacques Bouhier, escuier, s⁺ de Beauregard, conseiller du Roy et maistre d'hostel ordinaire du Roy, à ce présent

---

[1] Lacune dans le texte.
[2] Le nom qui figuroit d'abord dans l'acte et qui a été remplacé par celui de Jacques Bouhier était celui de «Messire Vincent Bouhier, s⁺ de Beaumarchais, conseiller du Roy en son Conseil d'Estat et trésorier de son Espargnes», frère de Jacques. Tous deux étaient fils de Robert Bouhier, d'abord marchand aux Sables-d'Olonne, puis s⁺ de la Roche-Guillaume, et de Marie Garreau, dame de la Brosse.

Vincent Bouhier, s⁺ de La Goujonne ou Goujonnière, puis de Beaumarchais, dont nous retrouverons souvent le nom, avoit épousé la fille de François Hotman, trésorier de l'Épargne, Marie-Lucrèce Hotman, qui lui donna deux filles : l'aînée, Lucrèce, épousa en premières noces Louis de La Trémoille, marquis de Noirmoutier, et en secondes noces Nicolas de L'Hospital (cf. IX); la seconde, Marie Bouhier, fut mariée en 1617 à Charles, marquis, puis duc de La Vieuville. Vincent Bouhier remplit les charges de conseiller secrétaire du Roi, de contrôleur général de l'Artillerie en 1600, puis de trésorier de l'Épargne, aux gages de 10,000 ₶ par an. Compris dans la recherche des financiers parce qu'on l'accusait d'avoir mal acquis une fortune évaluée à dix ou douze millions, il fut interné en 1624 au château d'Amboise avec son gendre La Vieuville, ancien surintendant des Finances. Il put s'évader avant son arrêt de condamnation du 25 janvier 1625, et se réfugier à Noirmoutier. Un certain nombre de pièces imprimées de son procès sont conservées dans le volume 118 des Dossiers bleus à la Bibliothèque nationale.

Son frère, dont il est question dans l'acte ci-dessus, Jacques Bouhier, s⁺ de Beauregard, fut gentilhomme servant d'Henri IV en 1594, puis maître d'hôtel ordinaire du Roi et capitaine des toiles de chasse, tentes et pavillons, sous Louis XIII. Une généalogie de 1710 lui donne pour femme Françoise Hélie, d'où Robert, père de Françoise et de Marie, celle-ci femme de Louis de La Rochefoucauld-Bayers. Au contraire, la généalogie imprimée d'Hozier ne lui donne pas de postérité. Un autre frère, André Bouhier, est l'auteur de la branche de La Verrie. (Cf. Bibl. nat., mss. P. O. 444; Cab. d'Hozier, 58.)

achepteur et acquesteur pour luy, ses hoirs et ayans cause, une place scituée au lieu à présent appellé le Marché aux Chevaulx, antiennement appellé le parc des Tournelles, et que Sad. Ma^{té} veult estre doresnavant nommée la place Royalle. *Lad. place, ainsy ceddée aud. s' achepteur, tenant d'un costé au Pavillon qui sera basty pour le Roy et à la rue qui sera ouverte pour entrer à lad. place, d'autre costé à* [1] *abboutissant d'un bout sur lad. place Royalle et d'autre bout à* [2] *Lad. place ayant huict thoises de largeur et vingt deux thoises de longueur ou environ.* Pour d'icelle place joyr par led. s' achepteur, sesd. hoirs et ayans cause, à tousjours et à perpétuité, et en faire et disposer ainsy que bon lui semblera. Cestz vente, cession, transport et dellaissement faicts à la charge de payer par led. achepteur par chacun an, à la Recepte du domayne de sad. Ma^{té}, en ceste Ville de Paris, au jour de St Jehan Baptiste, *ung escu en or de ceus portans lotz*, vente, saisine et amende quand le cas y escherra, selon les uz et coustume de lad. Ville, prévosté et viconté de Paris, à commancer du premier jour de Janvier prochain, et oultre, à la charge de faire bastir par led. s' achepteur, sur la face de lad. place, *ung pavillon couvert d'ardoise ayant des arcades et une gallerie au dessoubs avec des boutiques ouvertes dans lad. gallerie, ayant led. pavillon la muraille estant sur lad. place Royalle de pierre de taille et de bricque* selon le dessoing qui en a esté dressé par commandement de Sa Ma^{té}, que led. s' achepteur a dict luy avoir esté monstré et communicqué; et rendre led. pavillon parfaict et habitable dans le dernier jour de décembre de l'année prochaine que l'on comptera mil six cens six. *Et pourra aussy led. s' achepteur faire tels autres bastimens et tant et sy peu que bon luy semblera et à sa discrétion.* Transportans, en ce faisant, par lesd. s^{rs} vendeurs oud. nom aud. s' achepteur ausd. charges tous droicts de propriété que Sad. Ma^{té} a et peult avoir en lad. place dessus vendue, dessaisissans oud. nom ausd. charges, voullans... procureur le porteur... donnans pouvoyr... Et lequel présent contract lesd. s^{rs} vendeurs oud. nom, pour et au nom de Sad. Ma^{té}, veullent et consentent estre verifié en la Court de Parlement et Chambre des Comptes et estre mis avec les autres tiltres de son domayne. Promettans... Obligeans... chacun en droict soy... lesd. s^{rs} vendeurs oud. nom... Renoncçans...

Faict et passé, assavoir par lesd. s^{rs} de Bellièvre, Brulart et Bouhier en leurs maisons, et par led. s^r de Rosny en l'Arcenac du Roy à Paris, l'an mil six cens cinq, le premier jour de juillet, après midy.

BELLIÈVRE, MAXIMILIAN DE BETHUNE, BRULART, BOUHIER, HERBIN, FO... [3].

---

[1] Lacune dans le texte.
[2] Lacune dans le texte.
[3] La signature de Me Simon Fournyer n'est pas achevée et ne comporte que les deux premières lettres.

Un troisième acte, qui devait être dressé au mois d'août de l'année suivante, 1606, mais qui ne porte pas de date et qui n'est pas signé des notaires non plus que de l'acheteur indiqué, attribue à «messire Jehan de Fourcy, chevalier, s^r du Jon, gentilhomme de la chambre du Roy et escuier de sa grande escurie», une troisième place de *huit toises de large et vingt-deux toises de long*, sans indications de tenants ni d'aboutissants, aux mêmes charges et conditions que celles contenues dans l'acte ci-dessus.

C'est l'aïeul maternel de Mme de Sévigné, Philippe de Coulanges, en faveur de qui Laurent de Gaumont venait de résigner son office de secrétaire des Finances, qui devint acquéreur de ces trois «places» de la façon suivante :

1° De celle de Jacques Bouhier, par contrat passé le 8 juillet 1606, devant Lybault et Bergeon, notaires au Châtelet de Paris, aux termes duquel : «Noble homme François Olier [1], conseiller notaire et secrétaire du Roy et trésorier général de l'ordinaire des guerres,

---

[1] François Olier, deuxième fils de François Olier, secrétaire du Roi et de Magdeleine Molé, reçu secrétaire du Roi sur la résignation de son père, le 22 mai 1586, était le gendre du sieur de Beauregard par son mariage avec Françoise Bouhier, dont il eut : 1° Édouard Olier, s^r de Nointel, qui devint ambassadeur à Constantinople; 2° Louise

demeurant à Paris, vieille rue du Temple, parroisse S‍ᵗ Paul, au nom et comme procureur de Mʳᵉ Jacques Bouhier, sʳ de Beauregard, conseiller maistre d'hostel ordinaire du Roy, demeurant à Paris, fondé de procuration passée devant Pierre Cayneau et Vincent Lodre, notaires au conté des Ollunes, le 23ᵉ jour de Juing dernier passé... recongneut et confessa avoir vendu, ceddé quicté, transporté et delaissé... à noble homme Philippes de Collanges, conseiller notaire et secrétaire du Roy et de ses finances, demeurant à Paris, rue Sᵗ Anthoine, parroisse de Sᵗ Paul..., une place aud. sʳ de Beauregard appartenant et accordée par le Roy et nos sieurs de son Conseil, scize au Marché aux Chevaulx, actuellement appellé la Place Royale, à plain déclarée, désignée et aux charges, clauses et conditions portées par le contract faict avec nos seigneurs dud. Conseil..., que led. sʳ Olier oud. nom promet bailler et mettre ès mains dud. sʳ de Collanges dedans dix jours prochains... moyennant le prix et somme de douze cens livres, que led. sʳ Olier, vendeur, en a confessé et confesse avoir eu et receu dud. sʳ de Collanges, achepteur... »

Le 17 du même mois « led. sʳ de Colanges, achepteur dessus nommé, confesse avoir eu et receu dud. sʳ Olier, oud. nom de procureur dud. sʳ de Beauregard, aussi dessus nommé, à ce présent, le contract d'acquisition faict par led. sʳ de Beauregard de nos seigneurs du Conseil, de la place dessus desclarée vendeue, en date du premier jour de Juillet mil six cens cinq, signé Herbin et Fournyer... »

2° De la moitié de celle de Jehan de Fourcy par « contract passé par devant Turgis et de Briquet, notaires aud. Chastelet, le 14ᵉ du mois de Juillet 1606, par lequel appert mʳᵉ Jehan de Fourcy chevalier, sʳ du Jon, avoir vendu aud... sʳ de Colanges et à noble homme Simon Le Gras, conseiller du Roy et Trésorier de France à Paris, le droit de don à luy faict par le Roy d'une place scize au Marché aux chevaulx, qui est en lad. Place Royalle, moyennant la somme de six cens quatre vingts livres, payée par led. sʳ de Colanges et aussi en la charge de payer au domaine un escu d'or sol de cens par chacun an... »

Philippe de Coulanges se trouvait avoir ainsi un pavillon et demi, sur lequel il construisit son hôtel en façade sur la Place Royale, avec entrée sur la nouvelle rue Royale.

3° Quant à la « place » de Pierre Arnauld, il en devint également propriétaire en vertu de l'acte suivant :

Par devant les notaires du Roy notre sire en son Chᵗᵉˡ de Paris, soubzⁿᵉˢ, furent présens noble homme mᵉ Pierre Arnauld, conseiller du Roy, trésorier gⁿᵃˡ des finances à Paris, demeurant en l'Arsenac du Roy à Paris, lequel a recongneu et confessé et par ces présentes confesse avoir ceddé, quicté, transporté et delaissé du tout dès maintenant à tousjours, sans garentie aucune, à noble homme mᵉ Philippe de Colanges, conseiller secrétaire du Roy et de ses finances, demeurant rue Sainct Anthoine, à ce présent et acceptant pour luy ses hoirs et ayans cause, une place située au lieu cy-devant appellé Le Marché aux Chevaulx, anciennement le Parc des Tournelles et à présent la Place Royalle; lad. place tenant d'une part à ⁽¹⁾ d'autre part à ⁽²⁾ abboutissant

⁽¹⁾ Lacune dans le texte.
⁽²⁾ Lacune dans le texte.

Olier, dame de Beauregard, qui épousa Paul Ardier, président des Comptes; et 3° Marie Olier, mariée à Ferdinand de La Baume, comte de Montrevel. Il était l'oncle de François Olier, sʳ de Verneuil et d'Ivoy-le-Pré, lieutenant des Mines de France; de Nicolas-Édouard Olier, grand audiencier de France; de Jean-Jacques Olier, le célèbre fondateur du séminaire de Saint-Sulpice, tous trois frères de Marie Olier, laquelle épousa le lieutenant civil Dreux Daubray, dont la fille fut la Brinvilliers.

d'un bout sur la rue que Sa Ma^{té} fait faire pour aller de la rue Sainct Anthoine à lad. place Royalle, et d'autre bout à (*) contenant huict thoises de large et seize thoises de long, en la censive du Roy notre sire, et chargée envers luy d'un escu en or de cens portant lotz, vente, saisine et amende, quand le cas y eschet. Et aud. s^r Arnauld appartenant au moyen de la vendition qui luy en a esté fete par messire Pomponne de Bellièvre, chancellier de France, messire Nicolas Brullart, garde des sceaulx de France, et hault et puissant seigneur messire Maximilian de Bethune, chevallier, sieur et marquis de Rosny, baron de Sully, conseiller du Roy en ses Conseils d'Estat et privé, cappitaine de cent hommes d'armes de ses Ordonnances, grand voyer, grand Maistre et capp^{ne} général de l'artillerie, superintendant des finances et bastimens de Sa Ma^{té}, gouverneur et lieutenant g^{nal} pour Sad. Ma^{té} en Poictou, par contract de vendition de ce faict et passé par devant Herbin et Fournyer notaires, le quatrième jour de Juing mil six cens cinq; lequel contract de vendition led. s^r Arnauld a, en ce faisant, pour toute garentie, baillé et mis ez mains dud. s^r de Colanges dont il l'en faict porteur, pour de lad. place cy dessus ceddée joyr par led. s^r de Colanges, sesd. hoirs et ayans cause, et en fere ce que bon luy semblera. Cestz cession et transport fetz à la charge dud. cens, tel qu'il est cy dessus déclaré, que led. s^r de Colanges promect bailler et payer en l'acquit dud. s^r Arnauld à la recepte du dommaine de Sad. Ma^{té} en ceste Ville de Paris au jour Sainct Jehan Baptiste. Et encore à la charge de fere bastir par led. sieur de Colanges, sur la fasse de lad. place, maison manable conformément et suivant qu'il est porté par led. contract dessus datté. Transportant en ce faisant par led. s^r Arnauld aud. s^r de Colanges tous droictz de proprietté qu'il a et peult avoir et prétendre en et sur lad. place dessus ceddée, dessaisissant... voullant procureur le porteur... donnant pouvoir... promettans... obligeans... chascun en droict soy... renonçeant...

Faict et passé assavoir par led. s^r Arnauld aud. Arsenac, et par led. s^r de Collanges ez estudes des notaires, l'an mil six cens six, le douze^{ème} jour de décembre, après midy.

_{(*) Lacune dans le texte.}

ARNAULD. DE COLANGES, HERBIN, FOURNYER.

Le contrat de Jacques Bouhier était assez clair pour que la situation du terrain fût bien déterminée, celui de Jean de Fourcy, sans valeur légale puisqu'il n'était pas signé, semblait bien viser le terrain contigu à celui de Jacques Bouhier et de Simon Le Gras, et celui de Pierre Arnauld un terrain en façade sur la nouvelle rue Royalle, contigu à celui de Jacques Bouhier, mais les termes des contrats n'étant pas suffisamment explicites et les mesures données se trouvant, en fait, inexactes, il fallut nommer d'office des experts pour visiter et pour faire les alignements desdites «places» et de celles y contiguës et attenantes. Les opérations des experts furent approuvées par «un jugement par forme d'advis de m^{rs} les commissaires à ce depputez rendu... le xxiij^e novembre 1607, signé: Langlois et Lefèvre, et par un autre arrest du conseil du dernier dud. mois de novembre.»

Il était nécessaire aussi de régulariser le contrat de Jean de Fourcy dont Philippe de Coulanges et Simon Le Gras ne cessaient de réclamer la production. L'affaire dut venir au Conseil d'État, qui rendit le 22 décembre 1612 l'arrêt suivant:

«Sur ce qui a esté remonstré par Jehan de Fourcy, s^r du Jon, gentilhomme ordinaire de la Chambre du Roy, qu'il auroit pleu au feu Roy, d'heureuse mémoire, luy faire don d'une place scize au Parc des Tournelles, maintenant appellé la Place Royalle, contenant huict toises de large sur vingt deux toises ou plus de profondeur, tenant des deux costés à deux autres appartenans à m^{es} (1) Legras et (2) de Colanges, ausquels il auroit

(1) Simon.
(2) Philippe.

CONSEIL D'ÉTAT. — DOMAINE ROYAL.

dès lors vendu lad. place aux charges des autres, soubz condition de leur fournir le contract qui luy en seroit passé ainsi que aux autres acquéreurs desd. places seizes aud. lieu. Ce qui n'a toutesfois esté effectué au moyen de l'abscence dud. du Jon en divers endroicts de ce Royaume esquels il a été employé pour le service de Sa Ma[té]. Requeroit à ceste cause et qu'il est à présent poursuivy pour raison de ce par lesd. Legras et Collanges, il pleust à Sa Ma[té] luy pourveoir par le brevet du don de lad. place faict au suppliant du jour de[1] et le contract de la vente par lui faicte d'icelle place ausd. Legras et de Colanges. Le Roy, en son Conseil, a ordonné et ordonne que lesd. Legras et de Colanges joiront de lad. place à eulx vendue par le supplyant et qu'il leur en sera passé contract ainsy que aux autres acquéreurs des autres places. BRULART, ARNAULD. »

Le contrat fut en effet passé devant Tolleron et Groyn le 9 mars 1613.

Tous ces détails se trouvent résumés dans un contrat d'échange passé devant Laisné, notaire au Châtelet de Paris, le 21 octobre 1637; nous en avons eu l'original entre les mains, avec tous les autres titres de propriété de l'hôtel des Coulanges, lorsque nous avons publié dans le *Bulletin de la Société de l'Histoire de Paris*, de mars-avril 1882, une notice sur «*La Maison natale de Mme de Sévigné*», communication qui fut suivie de la pose de la plaque commémorative que l'on voit aujourd'hui sur la façade de cette maison.

Nous rappellerons sommairement que cet acte du 21 octobre 1637 comportait échange entre «m[re] Philippe de Coulanges, s[gr] de la Tour, conseiller du Roy en ses Conseils et maître ordinaire en sa Chambre des Comptes, à Paris; m[re] Christophe de Collanges, prêtre, abbé de Livry; et Anthoine de Coullanges, escuyer, s[r] de Richefonds, enseigne au régiment des gardes du Roy, demeurans ensemblement à Paris, en la maison cy-après déclarée, à eulx, appartenant et adjugée... par sentence de licitation donnée aud. Chastelet de Paris, le 23e jour de septembre dernier, entre eulx, d'une part, et m[re] Pierre Le Mercier, procureur aud. Chastelet, curateur créé par justice à Louis de Colanges, escuyer, s[r] de Chesiere, lieutenant aud. régiment des gardes, Charles de Colanges, Escuyer, s[r] de St Aubin; led. s[r] de Colanges, maistre des comptes, comme tuteur de damoiselle Marie de Rabutin, fille mineure du deffunt s[r] baron de Chantail et de dame Marie de Collanges jadis sa femme, et m[re] François Le Hardy, chevalier, s[r] de La Trousse, et dame Henriette de Colanges, son espouse...

«Et m[re] Honoré Barentin, s[r] de Charonne, conseiller du Roy en sesd. conseils et secrétaire de Sa Ma[té], Maison et Couronne de France et de ses finances, et dame Anne du Hamel, son espouse, dud. s[r] son mary deuement auctorisée pour l'effect des présentes, demeurant aussy à Paris rue Berthin Poirée, parroisse St Germain L'Auxerrois, d'autre part..... d'une maison scize en ceste ville de Paris, dictes rue et place Royalle, consistant en vingt une thoises ou environ de long, sur douze thoises ou environ de large, sur lesquels sont plusieurs bastimens sur tout l'entour et circuyt d'icelles, dont le principal, à double estage carré, est scis sur lesd. douze thoises ou environ qui sont et regardent sur lad. place Royalle, tenant d'un long sur le devant, au grand pavillon Royal et à lad. rue Royalle sur laquelle il regarde; d'autre long, sur le derrière, à M. Le Gras, secrétaire des commandemens de la Royne, d'un bout, sur lequel est construict led. principal bastiment, à lad. place Royalle;

[1] Lacune dans le texte.

d'aultre bout, sur le derrière des escuryes au nommé Jollycœur, maistre charron... Et pour et en contre eschange de lad. maison, lesd. s^r et dame Barentin ont baillé, ceddé... auxd. s^{rs} de Coullanges comparans... cinq mil huict cens trente trois livres six sols huict deniers tournois de rentes... »

Le 23 mars 1640, les héritiers d'Honoré Barentin vendirent cette maison par acte devant Cornille, à Mre Anthoine Boyer, s^r de Ste Geneviève-des-Bois et de Villemoisson, conseiller du Roi en ses Conseils, demeurant à Paris rue Geoffroy-Lasnier, paroisse St-Paul, et dame Françoise de Wignacourt, son épouse.

Louise Boyer, leur fille, épousa Anne, duc de Noailles, pair de France, chevalier des Ordres du Roi, premier capitaine des Gardes du corps, dont elle eut Anne-Marie-Louise de Noailles qui fut femme de Henry-Charles, sire de Beaumanoir, marquis de Lavardin, chevalier des Ordres du Roi, lieutenant général au gouvernement de Bretagne, ambassadeur extraordinaire à Rome. Leurs deux filles : Anne Romaine de Beaumanoir, mariée à Louis-Auguste d'Albert d'Ailly, duc de Chaulnes, pair de France, vidame d'Amiens, baron de Picquigny, capitaine lieutenant des deux cents chevau-légers de la garde ordinaire du Roy, lieutenant général de ses armées, et Marie-Louise-Henriette de Beaumanoir, femme de Jacques-Louis de Beringhen, maréchal des camps et armées du Roi, vendirent cette maison par acte passé chez Dona, le 30 avril 1718, à Louis-François de St-Simon, chevalier, marquis de Sandricourt, maréchal des camps et armées du Roi, et à dame Louise-Marie-Gabrielle de Gourgues, son épouse. Le 30 juillet 1737, René Choppin, chevalier, s^r d'Arnouville, conseiller du Roi en ses Conseils et maître des Requêtes de son Hôtel, s'en rendit acquéreur par acte passé devant Guérin; sa veuve, dame Claire-Celenie-Morel, la vendit, par acte devant Maigret et Bronod, le 22 juillet 1768, à Jeanne-Françoise Pouyvet de la Blinière, veuve de Louis-Joachim Johannot, chevalier, marquis de Bartillat, baron d'Huriel, capitaine chatelain des ville et château de Montluçon, colonel d'un régiment de dragons. Leurs deux enfants : Louis-François-Jules Johannot de Bartillat, maréchal des camps et armées, mari de Jeanne-Marguerite de Maistre, et Augustine-Marie Johannot de Bartillat, épouse de Louis Clerembault, marquis de Vendeuil, vendirent, le 26 juin 1821, à M. Merlin, cette maison qui devint ensuite la propriété de MM. Prevosteau et Sobaux.

PAVILLON ROYAL.
(PLACE DES VOSGES, 1.)

Ce pavillon fut construit par les ordres d'Henri IV; nous donnons, dans le chapitre consacré aux Bâtiments, le texte des deux marchés passés dès le 1er juillet 1605 avec Jonas Robelin, pour la maçonnerie, et Gilles Le Redde, pour la charpente. Les travaux ayant été vraisemblablement terminés vers la date du 31 décembre 1606, époque fixée dans tous les contrats, Henri IV donna, par lettres patentes du 27 mai 1607, enregistrées le 9 juillet suivant, à l'un de ses valets de chambre ordinaires, le peintre Charles de Court[1],

---

[1] Charles de Court, fils de Jean, peintre de Charles IX, avait fait du Dauphin plusieurs portraits au crayon, en mars et en juillet 1602, puis en août 1604; c'est en récompense d'un autre portrait fait dans les premiers jours de mai 1607 qu'il fut pourvu, le 27 du même mois, de la charge de concierge du Pavillon Royal.

et à sa femme, Marie de Guille, leur vie durant, la charge de concierge du Pavillon Royal.

Veuve et sans enfant, Marie de Guille épousa en secondes noces Estienne Privé, sʳ de Coquatrix, de qui elle eut un fils, Nicolas Estienne Privé, en faveur de qui elle sollicita et obtint la survivance de la conciergerie le 27 juin 1637, sur la recommandation de Mʳᵉ Jean Phelypeaux, sʳ de Villesavin, conseiller d'État, qui, étant secrétaire des commandements de la Reine mère, avait été pourvu le 31 janvier 1617 de la réserve de la conciergerie du Pavillon Royal, contigu à son hôtel. En 1666, un frère cadet de Nicolas Estienne Privé, jouissait de cette charge sans titre régulier; c'est alors qu'un arrêt du Conseil d'État du 2 décembre 1666, rendu à la requête de François Euldes, fermier du domaine royal, ordonna la suppression de cette charge «du tout inutile au bien du service de S. M.». Le Pavillon Royal fut adjugé, à titre d'*engagement*, le 9 mai 1674, moyennant 8,000 ᴸ, à Guy Le Coq, pour les sʳˢ de Launay et Le Mire, à qui succédèrent divers autres engagistes jusqu'à la Révolution.

XII. — 4 JUIN 1605. — 154.

Vendition d'une place à Pierre Fougeu, sʳ d'Escures.

(Rue de Birague, 16.)

Par devant les notaires du Roy nostre Sire en son Chˡᵗ de Paris, soubzⁿᵉˢ, furent présents : messire Pomponne de Bellièvre, chevalier, chancellier de France; messire Nicolas Brullart, aussy chevalier, sʳ de Sillery, garde des sceaulx de France; et hault et puissant seigneur messire Maximillian de Bethune, chevalier, sʳ et marquis de Rosny, baron de Sully, conseiller du Roy en ses Conseils d'Estat et privé, capⁿᵉ de cent hommes d'armes de ses Ordonnances, grand voyer, grand maistre et capⁿᵉ gⁿᵃˡ de l'Artillerie, superintendant des finances et bastimens de Sa Maᵗᵉ, gouverneur et lieutenant gⁿᵃˡ pour Sad. Maᵗᵉ en Poictou; lesquels, pour et au nom de Sad. Maᵗᵉ, ont recogneu et confessé et par ces présentes confessent avoir vendu, cedé, quicté, transporté et dellaissé du tout dès maintenant à tousjours et à perpétuité, et promectent oud. nom garentir de tous troubles et empeschemens quelsconcques, à *Pierre Fougeu*[1], escuier,

Sʳ *Descures, conseiller du Roy et Intendant des Turcies et levées sur la rivière de Loyre et Cher*, à ce

---

[1] Pierre Fougeu, écuyer, sʳ d'Escures, un des lieutenants de Sully dans sa charge de grand voyer de France, et intendant des turcies et levées, fut souvent employé par lui et par Henri IV dans des missions importantes; il devint maréchal général des camps et armées du Roi, fonction dans laquelle lui succéda son fils Charles. Pierre Fougeu et dˡˡᵉ Claude Touchet, sa femme, firent construire la maison qui porte aujourd'hui le n° 16 de la rue de Birague «en deux grands corps de logis de fonds en comble, attenans l'un à l'autre... une grande cour où il y a ung puis, au bout de laquelle est un autre corps d'hostel où y a grandes escuryes et petites courts à fumier». Par acte du 2 mars 1608, devant Le Semelier et de Rossignol, ils vendirent cette maison à noble homme Jehan Phelypeaux, sʳ de Villesavin, conseiller notaire et secrétaire du Roi, Maison et Couronne de France et de ses finances, gentilhomme ordinaire de la Chambre, demeurant à Paris, sur le quai des Célestins. Celui-ci la louait par bail passé devant les mêmes notaires, le 16 avril 1608, pour dix ans au fameux président Tambonneau. En 1618, étant devenu secrétaire des commandements de la Reine mère, Jehan Phelypeaux vint habiter son hôtel avec sa femme, Élisabeth Blondeau, la plus grande complimenteuse très humble du monde, que Tallemant des Réaux appelait «la servante très humble du genre humain». Cet hôtel est resté dans la même famille pendant près de deux siècles : devenu la propriété du ministre secrétaire d'État Bouthillier de Chavigny par son mariage avec Anne Phelypeaux, fille unique de Jehan et d'Élisabeth Blondeau, il échut ensuite à Marie Bouthillier, qui épousa en premières noces Mʳᵉ Nicolas Brulart, marquis de La Borde, en en secondes noces César-Auguste, duc de Choiseul. Par son testament du 3 juin 1728, la duchesse de Choiseul institua sa légataire universelle sa fille ainée du premier lit, Marie Brulart, veuve de Louis-Joseph de Béthune, marquis de Charost, laquelle transigea, le 3 décembre suivant, avec ses neveux : Gaspard de Vichy de Chamron, chevalier, comte de Vichy, mestre de camp, et Nicolas de Vichy de Chamron, abbé de Sʳ Calais du Mans, leur laissant la propriété de l'hôtel de la place Royale. Deux ans après, le 27 mars 1780, ceux-ci le vendirent à Baltazar-Louis Phelypeaux, conseiller du Roi en ses conseils, évêque de Riez, arrière-petit-neveu du sʳ de Villesavin et descendant direct du trésorier de l'Épargne, Raymond Phelypeaux. L'acte passé devant Le Chanteur en donne la description suivante :

«Une grande maison sizée en ceste ville de Paris, place Royale, composée d'un corps de logis double faisant l'un des pavillons de lad. place Royale... ayant son entrée et porte cochère sur la rue Royale... grande cour pour remises

présent, achepteur et acquesteur pour luy, ses hoirs et ayans cause, une place scituée au lieu à présent appellé le marché aux chevaulx, anciennement appellé le Parc des Tournelles et que Sad. Ma*té* veult estre doresnavant nommé la place Royalle; *lad. place ainsy ceddée aud. sieur achepteur, tenant d'un costé à la place ceddée à* [1], *d'autre à la rue que Sa Ma*[ts]* faict faire pour aller de la rue S*[t]* Anthoine en lad. place Royalle, abboutissant d'un bout sur lad. place Royalle et d'autre bout à* [2], *contenant lad. place huict thoises neuf poulces de largeur ou environ et vingt deux thoises de longueur ou environ.*

Pour d'icelle place joyr par led. s*r* achepteur, ses hoirs et aians cause à tousjours et à perpétuité, et en faire et disposer ainsy que bon luy semblera. Cestz vente, cession, transport et dellaissement faicts à la charge de paier par led. achepteur par chacun an à la recepte du domaine de Sad. Ma*té* en

de carrosses et escuryes, et un petit corps de logis au bout de lad. cour, à droite en entrant par lad. rue Royale, dont cy devant l'entrée estoit attenante la porte cochère par une ouverture qui a esté bouchée depuis le décès de Madame la duchesse de Choiseul... tenant d'une part tant au Pavillon de la place Royalle qu'à lad. rue Royale qui va dud. Pavillon à la rue S[t]* Antoine, d'autre aux héritiers et ayans cause de feue M*me* de Guipeville, aboutissant par derrière à M. Bonneau, secrétaire du Roy, acquéreur des enfans des feus s*r* et dame Forcet, et par devant sur la place Royalle, de la largeur de quatre arcades.»*

L'évêque de Riez institua son légataire universel, par testament du 25 mai 1745, le petit-fils de son frère, Georges-Louis Phelypeaux d'Herbault, patriarche archevêque de Bourges, primat des Aquitaines, chancelier des ordres du Roi. Celui-ci conserva cet hôtel jusqu'au 26 juin 1780, époque à laquelle il le vendit 80,000 livres à Nicolas d'Houppeville de Neuvillette, conseiller honoraire en la Grand'-Chambre du Parlement de Normandie, qui en était locataire depuis le 1*er* juillet 1774, moyennant 3,600 livres de loyer. Au cours du siècle dernier cet hôtel passa en diverses mains et était en ces derniers temps la propriété de M. Callou, ingénieur.

[1] Lacune dans le texte.
[2] Lacune dans le texte.

ceste ville de Paris, au jour de S*t* Jehan Baptiste, *ung escu en or de cens, portant lots, vente, saisine et amende quand le cas y escherra,* selon les uz et coustume de lad. ville, prevosté et viconté de Paris, à commancer du premier jour de Janvier prochain et outre, à la charge de faire bastir par led. s*r* achepteur, sur la face de lad. place, *ung pavillon couvert d'ardoise ayant des arcades et une gallerie au dessoubz avec des boutieques ouvertes dans lad. gallerie;* ayant led. pavillon la muraille estant sur lad. place Royalle de pierre de taille et de bricque, selon le desseing qui en a esté dressé par commandement de Sa Ma*té*, que led. s*r* achepteur a dict luy avoir esté monstré et communicqué; et rendre led. pavillon parfaict et habitable dans le dernier jour de décembre de l'année prochaine que l'on comptera mil six cens six. *Et pourra aussy led. s*r* achepteur faire tels autres bastimens et tant sy peu que bon luy semblera et à sa discrétion.* Transportans en ce faisant par lesd. s*rs* vendeurs oud. nom aud. s*r* achepteur ausd. charges, tous droictz de propriété que Sad. Ma*té* a et peult avoir en lad. place dessus vendue; dessaisissans oud. nom ausd. charges... voullans... procureur le porteur... donnans pouvoyr... Et lequel présent contract lesd. s*rs* vendeurs oud. nom, pour et au nom de Sad. Ma*té*, veuillent et consentent estre vériffié en la Court de Parlement et Chambre des Comptes et estre mis avec les autres tiltres du son domaine. Promettans... Obligeans chacun en droict soy... lesd. s*rs* vendeurs oud. nom... Renonceans...

*Faict et passé assavoir : par lesd. s*rs* de Bellièvre et Brulart en leurs maisons et par lesd. s*rs* de Rosny et Descures en l'Arcenac du Roy à Paris, l'an mil six cens cinq, le quatre*me* jour de juing, après midy.*

BELLIÈVRE, BRULART, M. DE BETHUNE, FOUGEU DESCURES, HERBIN, FOURNYER.

Dans ce dernier acte, de même que dans les précédents, nous avons eu soin de laisser en caractères ordinaires le texte purement formulaire et de faire ressortir en caractères italiques seulement les variantes concernant les noms des acheteurs, la désignation des «places» avec leurs tenants et aboutissants, les clauses spéciales et autres renseignements relatifs aux contractants.

Pour ne pas surcharger ce volume par des répétitions inutiles, nous nous bornons, pour les actes qui suivent, à n'insérer que ces variantes, sans reproduire les formules qui les encadrent.

CONSEIL D'ÉTAT. — DOMAINE ROYAL.

XIII. – 5 DÉCEMBRE 1605. — 174.

Vendition d'une place à Daniel de Massy, s' de Ruvigny.
(Place des Vosges, 2.)

A Daniel de Massy[1], s' de Ruvigny, escuyer, lieutenant au chasteau de la Bastille, à Paris, ... Lad. place ainsy ceddée aud. s' achepteur, tenant d'un costé à la place ceddée à m' Noël Regnouart, secrétaire de la chambre du Roy, d'autre costé à la place ceddée au s' Descures, abboutissant d'un bout sur lad. place Royalle et d'autre bout au logis du s' Trillart[2], contenant lad. place huict thoises neuf poulces de largeur ou environ, et vingt deux thoises de longueur ou environ..... un escu en or de cens .... ung pavillon........ et pourra aussy led. s' achepteur faire tels autres bastimens et tant et sy peu que bon luy semblera et à sa discrétion..... Faict et passé, assavoir, par les d. s'² Bellièvre et Brulart en leurs maisons et par lesd. s'² de Rosny et de Ruvigny en l'Arcenac du Roy à Paris, l'an mil six cens cinq, le cinq"' jour de décembre, après midy.

Bellièvre, Brulart, M. de Bethune, Ruvigny, Herbin, Fournyer.

XIV. – 4 JUIN 1605. — 155.

Vendition d'une place à Noël Regnouart.
(Place des Vosges, 4.)

.... A noble homme m' Noel Regnouart[3], secrétaire de la Chambre du Roy, ... lad. place ainsy ceddée aud. s' Regnouart, tenant d'un costé à la place ceddée à noble homme m' Ysaac Arnault, secrétaire des Finances, d'autre costé à la place ceddée à[4] abboutissant d'un bout sur lad. place Royalle, d'autre bout sur le logis du s' Trillart et sur le bout de la rue qui va aud. marché aux chevaulx que Sad. Ma'° faict fermer, contenant lad. place huict toises neuf poulces de largeur ou environ, et vingt une thoises quatre pieds de longueur ou environ... ung pavillon... Et pourra aussy led. s' achepteur faire tels autres bastimens et tant et

[1] Daniel de Massy, ou de Massue, né en 1577 de Nicolas de Massy et d'Hélène d'Ailly, est connu sous le nom de Ruvigny. Il avait épousé Madeleine de Pynot, dame de Fontaine, fille de Jean de Pynot et de Cyprienne Van; le contrat de leur mariage fut passé le 17 février 1602, à l'Arsenal, en présence de Maximilien de Bethune, marquis de Rosny, et de Rachel de Cochefillet. Louis Le Fèvre, s' de Caumartin, conseiller d'État, parent de Ruvigny, signa également au contrat. (Bibl. nat., mss. cab. d'Hozier, 230.) Devenue veuve, la dame de Ruvigny prit part en décembre 1611 à la reddition des comptes des entrepreneurs de la ville d'Henrichemont.

Ce n'est pas Ruvigny qui fit bâtir l'hôtel qui porte le numéro 4 de la place Royalle; il céda le terrain, dès le 3 janvier 1606, par acte passé devant Simon Fournyer, à Jehan Coin, maître maçon à Paris (l'un de ceux qui ont achevé la grande galerie du Louvre), moyennant la somme de 850", qui fut payée "en doubles et quadruples pistolles et le reste monnoyes". Aussitôt la maison bâtie, Jehan Coin la vendit à M° Pierre Chastelain, conseiller du Roi, trésorier général de l'artillerie, grand joueur, qui fut poursuivi en 1612 pour avoir couvert une dette de jeu de 200,000 l. en la prélevant sur les deniers de l'artillerie. (Arch. nat., E. 38 u.) Une de ses sœurs, Marie Chastelain, avait épousé Jean de Lon, baron de Baye en Champagne, sieur de Lorme, et trésorier de France à Châlons; de ce mariage naquit, le 3 octobre 1613, Marie de Lon, si connue sous le nom de Marion de Lorme. (Bibl. nat., mss. Cab. d'Hozier, 89.)

[2] Jean de Trillart, écuyer, gentilhomme ordinaire de la Chambre et gouverneur d'Alençon, demeurait avec sa femme Madeleine Moinet (ou Moinet), rue Royale; il obtint le 24 juillet 1607 un arrêt du Conseil d'État lui accordant une indemnité de 4,750 " pour le préjudice que lui avait causé l'exhaussement de la rue Royale en vue des nouvelles constructions de la place.

[3] Noël Regnouart, secrétaire de la Chambre du Roi et secrétaire de l'Artillerie de France, était, de tous les secrétaires de Sully, peut-être le plus intime, car il resta, presque jusqu'à sa mort, chargé du soin de ses affaires domestiques Pourvu le 7 décembre 1605 de l'office de conseiller correcteur en la Chambre des comptes de Paris, il remplit, en cette qualité, avec Simon Le Gras, les fonctions de greffier du Conseil de vérification des rentes qui, sous la présidence de Sully, était composé de Châteauneuf, Catignon, Jeannin, Rebours et des présidents de Thou et Tambonneau.

Il épousa, suivant contrat du 3 février 1606, "Anne Rouillé, fille de noble homme Jehan Rouille, bourgeois de Paris, et de Marguerite Gobelin", demeurant rue S' Honoré. Il en eut un fils également prénommé Noël, qui dédia à Sully sa thèse en Sorbonne en 1627, et fut aussi correcteur des comptes.

[4] Lacune dans le texte.

sy peu que bon luy semblera et à sa discrétion......
*Faict et passé, assavoir, par lesd. s" de Bellièvre et
Brulart en leurs maisons et par lesd. s" de Rosny
et Regnouart en l'Arcenac du Roy à Paris, l'an mil*
six cens cinq, le quatre*me* jour de juing, après midy.

BELLIÈVRE, BRULART, M. DE BETHUNE, RE-
GNOUART, HERBIN, FOURNYER.

XV. — 4 JUIN 1605. — 156.

VENDITION D'UNE PLACE À ISAAC ARNAULD ET HILAIRE LHOSTE.
(PLACE DES VOSGES, 6.)

....
*... A nobles hommes M*res* Ysaac Arnauld*[1] *conseiller
du Roy, secrétaire de ses finances, et Hillaire Lhoste*[2]
conseiller notaire et secrétaire du Roy..........
..... *Lad. place ainsy ceddée ausd. s*rs *Arnauld et
Lhoste tenant d'une part aux jardins de Anne Le
Conte, veufve de feu*[3] .... *de Gaumont*[4], *et au
bout de la rue allant aud. marché aux chevaulx que
Sa M*té *faict fermer, d'autre part sur lad. place
Royalle et sur la place ceddée au s*r *de Fourcy, trésorier de France à Paris, abboutissant d'un bout à
m*e *Noël Regnouart, secrétaire de la Chambre de Sa
M*té *et d'autre bout sur la rue qui est devers les rempars de ceste Ville de Paris; contenant lad. place:
de largeur, en ung endroict, vingt une thoises ou environ, en l'autre endroict dix sept thoises ou environ
et quarante sept thoises ou environ de longueur.....
deux escus en or de cens..... ung pavillon.....
... et outre ung corps de logis à leur volonté, et
y pourront faire aussy tels autres bastimens et tant et
sy peu que bon leur semblera et à leur discrétion...
..... Faict et passé, assavoir par lesd. s*rs *de Bellièvre, Brulart et Lhoste en leurs maisons, et par
lesd. s*rs *de Rosny et Arnauld en l'Arsenac du Roy à
Paris, l'an mil six cens cinq, le quatre*me* jour de
juing, après midy.*

BELLIÈVRE, BRULART, M. DE BETHUNE, L'HOSTE,
ISAAC ARNAULD, HERBIN, FOURNYER.

---

[1] Isaac Arnauld, dont nous avons déjà parlé, demeurait rue des Prouvaires, avec sa femme Marie Perrin et ses cinq enfants. Il maria ses deux filles aînées à deux gentilshommes ordinaires de la Chambre du Roi : la première, Marie, à François de Musset, s' de Pray, le 3 août 1611, la seconde, Anne, dont la foi protestante fut invincible, à Manassé de Pas, s' de Feuquières, le 8 février 1612. Il restait, alors, à Isaac Arnauld qui venait de perdre sa femme, en 1610, trois autres enfants mineurs, Isaac, Charles et Madeleine. Le premier devint mestre de camp de carabiniers et gouverneur de Philipsbourg ; il se piquait de poésie et Voiture en faisait cas, il paraît que seul il savait tourner une certaine pirouette, «ce qui fit qu'on le mit comme magicien dans un certain roman sous le nom du *sage Icare*. La vie du second, Charles, est restée obscure ; la dernière fille, Madeleine, épousa un gentilhomme de Picardie, le marquis de Heucourt. Isaac Arnauld ne voulut point quitter sa demeure de la rue des Prouvaires pour s'installer dans le nouvel hôtel de la place Royale, et le vendit par contrat passé devant Briquet, le 14 août 1612, au maréchal de Lavardin, dont la veuve, Marguerite de La Baulme, le loua au partisan Pierre Jacquet, qui eut Philippes de Coulanges au nombre de ses associés dans le parti des gabelles. Devenu fort riche et transformé en seigneur de Tigery, vicomte de Corbeil, conseiller secrétaire du Roi, maison et couronne de France et grand audiencier de France, ayant acquis par décret du 28 février 1622 l'hôtel de Lavardin, Pierre Jacquet épousa Anne de Saulx, fille de «Haut et puissant seigneur sire Guillaume de Saulx, comte de Tavannes», et de Catherine de Chabot. Le contrat fut passé le 29 août 1623, en l'hôtel de Reims, rue des Haudriettes, chez la tante d'Anne de Saulx, Marguerite de Chabot, duchesse d'Elbeuf. Quatorze ans après, en 1637, Pierre Jacquet mourait, laissant, outre ses terres et seigneuries, une fortune de cent mille livres de rente sur la Ville de Paris ; sa fille unique, Françoise, la suivait dans la tombe suivante et l'hôtel de la place Royale fut vendu par de nombreux héritiers, le 23 février 1639, à Louis de Rohan, prince de Guémenée.

L'hôtel de Guémenée, qui fut le centre de toute une société tantôt froudeuse et quelque peu galante, tantôt janséniste et austère, eut de 1837 à 1852, un hôte illustre entre tous, Victor Hugo : la Ville de Paris y conserve aujourd'hui les précieux souvenirs du grand poète, qui lui ont été libéralement donnés et dont elle a formé le Musée Victor Hugo.

[2] Hilaire L'Hoste, beau-frère d'Isaac Arnauld, par son mariage avec Marie Arnauld, habita rue de la Couture Ste Catherine, avec un autre beau-frère Pierre Arnauld du Fort, qui lui faisait faire, dit Tallemant des Réaux «la plus ridicule dépense du monde». Il eut un fils, Hilaire, qui n'est point connu, et une fille Jacqueline, qui épousa, le 4 décembre 1648, Jean de Houdetot, s' de Grosmesnil.

[3] Lacune dans le texte.

[4] Anne Le Conte était veuve de René de Gaumont, s' du Saussoy et de Vaurichard, marchand joaillier, bourgeois de Paris ; un de ses fils, Laurent, était trésorier de France à Paris, l'autre, Jean, receveur général des finances à Orléans.

Cette «place» était en réalité la propriété d'Isaac Arnauld seul, ainsi qu'il résulte de la contre-lettre du 21 janvier 1608, dont le texte suit :

CONSEIL D'ÉTAT. — DOMAINE ROYAL.

Par devant les notaires et garde nottes du Roy notre Sire en son Ch[er] de Paris, soubz[nes], fut présent en sa personne noble homme maistre Hillaire Lhoste, conseiller notaire et secrétaire du Roy, Maison et Couronne de France, demeurant à la Cousture Saincte Catherine, parroisse St Paul, lequel, de sa pure, franche et libre vollonté, a déclairé et recongneu, déclaire et recongnoist combien que par certain contract passé par devant Herbin et Fouruyer, l'un des notaires soubz[nes], le quatre[me] jour de Juing mil six cens cinq, entre feu messire Pomponne de Bellièvre, Chancellier de France, messire Nicolas Brullart, s[r] de Sillery, Garde des sceaux de France et hault et puissant seigneur messire Maximillian de Bethune, marquis de Rosny, Superintendant des finances, lesd. seigneurs contractans au nom de Sa Ma[té], et noble homme Ysaac Arnauld, conseiller du Roy et secrétaire de ses finances, et led. Hillaire Lhoste, il soyt porté que lesd. seigneurs de Bellièvre, Brullart et de Bethune marquis de Rosny, pour et au nom de Sad. Ma[té], ayent vendu, transporté et dellaissé à perpétuité et promis oud. nom garantir de tous troubles et empeschemens quelzconcques ausd. sieurs Arnauld et Lhoste une place située au lieu lors appellé le Marché aux Chevaulx, autrement le parc des Tournelles, et que Sa Ma[té] veult estre nommé la Place Royalle; — lad. place tenant d'une part aux Jardins de Anne le Comte, veufve de Gaumont et au bout de la rue allant aud. Marché aux chevaulx que Sa Ma[té] a faict fermer, d'autre part sur lad. Place Royalle et sur la place ceddée au s[r] de Fourcy, trésorier de France à Paris; aboutissant d'ung bout à Me Noel Regnouart, secrétaire de la chambre de Sa Ma[té] et d'autre bout sur la rue qui est devers les remparts de ceste ville de Paris; contenant lad. place de largeur en ung endroict vingt une thoizes ou environ, en l'autre endroict dix sept thoizes ou environ et quarante sept thoises ou environ de longueur; pour jouyr de lad. place par lesd. sieurs Arnauld et Lhoste et leurs hoirs et ayans cause, et en faire et disposer ainsi que bon leur semblera. Lad. vente cession et dellaissement faicts à la charge de payer par chacun an à la recepte du domaine de Sa Ma[té] en ceste ville de Paris au jour de St Jehan Baptiste, deux escuz en or de cens, portant lotz, vente, saisine, et amende

quand le cas y escherra, selon les us et coustume de la ville, prévosté et viconté de Paris; à commencer du premier jour de Janvier mil six cens six; et outre à la charge de faire bastir par lesd. s[rs] Arnauld et Lhoste sur la face de lad. place ung pavillon couvert d'ardoizes, ayant des arcades et une gallerie au dessoubz avec des boutieques ouvertes dans lad. gallerie; ayant led. pavillon la muraille estant sur lad. Place Royalle de pierre de taille et de bricque, selon le desseing dressé par commandement de Sa Ma[té], et en outre à la charge de faire bastir un autre corps de logis à leur vollonté avec pouvoyr de faire les autres bastimens et tant sy peu que bon leur semblera. — Et que led. contract soict passé soubz le nom dud. s[r] Lhoste et dud. s[r] Arnauld, toutesfois la vérité est qu'il n'est intervenu aud. contract que pour prester son nom et pour faire plaisyr aud. s[r] Ysaac Arnauld, son beau frère, et à sa prière et requeste, l'ayant lors requis et prié de ce faire avec promesse qu'il luy auroit baillée aud. temps de faire construire à ses frais et despens lesd. corps de logis sans que led. s[r] Lhoste en peust estre en peyne. Comme aussy a recongneu et recongnoist que led. s[r] Arnauld a faict bastir lesd. deux corps de logis et tout ce qui est en lad. place, à ses propres cousts, frais et despens et a satisfaict aud. contract sans que led. s[r] Lhoste en ayt payé ni desbourcé aucune chose. Et par ceste occasion led. s[r] Lhoste en faict la présente déclaration; et, en tant que besoing est ou seroyt, a ceddé et transporté sans aucune garantye aud. s[r] Ysaac Arnauld, à présent, stipullant et acceptant pour luy, ses hoirs et ayans cause, tout le droict qu'il pourroit avoyr en lad. place pour en faire et disposer comme de sa propre chose à luy appartenant. Voullans et consentans lesd. s[rs] Lhoste et Arnauld que la presente déclaration il en soyt faict mention en substance sur la minutte et grosse dud. contract dud. quatre[me] jour de Juing mil six cens cinq, le tout ne servant que d'une mesme chose. Promettans... Obligeans... Renonceans...

Faict et passé es estudes des notaires soubz[nes] l'an mil six cens huict, le vingt ung[me] jour de janvier, avant midy.

Is. ARNAULD, L'HOSTE, MOTELET, FOURNYER.

XVI. — 4 JUIN 1605. — 157.

Vendition d'une place à Jehan de Fourcy, s' de Chessy.
(Place des Vosges, 8.)

.......A noble homme Jehan de Fourcy[1], s' de Chessy[2], conseiller du Roy, trésorier g^{nal} de France, Intendant des bastimens de Sa Ma^{té}............
.......Lad. place ainsy ceddée aud. s' de Fourcy tenant d'une part à la place ceddée par le Roy à M' Ysaac Arnauld, secrétaire des Finances, et à M' Hillaire Lhoste, secrétaire du Roy, d'autre part à la place ceddée à Claude de Chastillon, topographe de Sa Ma^{té}; abboutissant d'un bout à la place Royalle, et d'autre bout sur la rue qui est vers les rempars de ceste Ville de Paris. Contenant lad. place ainsy présentement ceddée, de largeur sept thoises deux piedz huict pouces ou environ, et de longueur trente six thoises ou environ..........................
.......ung escu en or de cens.......... ung pavillon............ et pourra faire aussy led. s' de Fourcy tels austres bastimens et tant et sy peu que bon lui semblera à sa discrétion............
.......Faict et passé assavoir : par lesd. s^{rs} de Bellièvre, Brullart et Fourcy en leurs maisons, et par led. s' de Rosny en l'Arcenac du Roy à Paris, l'an mil six cens cinq, le quatre^{me} jour de juing, après midy.

Bellièvre, Brulart, M. de Bethune.
Fourcy, Herbin, Fournier.

XVII. — 4 JUIN 1605. — 158.

Place Royale. — Vendition d'une place à Claude de Chastillon.
(Place des Vosges, 10.)

.......A noble homme m^e Claude de Chastillon[3], topographe du Roy........................
.......Lad. place ainsy ceddée aud. s' de Chastillon, tenant d'une part à la place ceddée à Monsieur de Fourcy, trésorier de France à Paris, d'autre part à la place ceddée à M' Estienne de La Fond, Intendant des meubles de Sa Ma^{té}; abboutissant d'un bout à lad. place Royalle, et d'autre bout sur la rue qui est vers les rempars de ceste ville de Paris. Contenant lad. place sept thoises deux piedz huict pouces de largeur ou environ........................
.......ung escu en or de cens.......... ung pavillon............ selon le desseing qui en a esté dressé par commandement de Sa Ma^{té}, que led. s' de Chastillon a dict luy avoir esté monstré et communiqué[4]..........................
.......Et pourra faire aussy led. s' de Chastillon tels autres bastimens et tant et sy peu que bon luy semblera et à sa discrétion..................
.......Faict et passé, assavoir : par lesd. s^{rs} de Bellièvre et Brullart en leurs maisons, et par lesd. s^{rs} de Rosny et Chastillon, en l'Arcenac du Roy à Paris, l'an mil six cens cinq, le quatre^{me} jour de juing, après midy.

Bellièvre, Brulart, M. de Bethune.
C. Chastillon, Herbin, Fournier.

---

[1] Jean de Fourcy était fils d'un orfèvre de Paris, qui avait épousé, en 1556, Marie Le Conte, sœur de Robert Le Conte, trésorier de France à Bordeaux (1587), et d'Anne Le Conte, femme de René de Gaumont. Né à Paris en 1558, il était, à trente ans, trésorier de France à Paris, devint, en 1594, intendant des bâtiments du Roi sous la surintendance du s' d'O, et reçut le brevet de conseiller d'État le 28 mai 1605. Il avait conservé l'intendance des bâtiments sous la charge de Sully, à qui il succéda, en 1611, dans la surintendance des bâtiments.
Jean de Fourcy avait épousé, suivant contrat du 10 mai 1587, d^{lle} Renée Moreau, fille d'Innocent Moreau, conseiller au présidial d'Orléans, et de Nicole du Puis.

[2] Chessy en Brie, seigneurie mouvante de l'abbaye de Lagny.

[3] Claude de Chastillon, ingénieur, né à Châlons en 1547, mort en 1616, nommé topographe du Roi en 1580, est surtout connu par ses vues des villes de France. De sa femme, N. Papin, il laissa deux fils : l'un Hugues, capitaine de cavalerie, puis élu à Châlons, marié à Philippes Clozier; l'autre, Pierre, intendant des Fortifications en Champagne et Picardie, qui épousa, à Châlons, Francoise Jourdain, et en eut Claude, mariée en 1645 à Joachim Godet de Renneville, lieutenant général des armées du roi, d'où une fille également appelée Claude, qui devint marquise de Puisieux par son mariage avec Roger Brulart, marquis de Sillery et de Puisieux, lieutenant général des armées du Roi, gouverneur d'Huningue et ambassadeur en Suisse, arrière-petit-fils du chancelier de France.

[4] Cette formule, s'appliquant aussi bien au «pavillon» de Claude de Chastillon qu'aux autres, pourrait, si elle n'était clause de style, paraître en contradiction avec l'opinion de certains auteurs qui attribuent à Chastillon le «dessin» de la place Royale.

CONSEIL D'ÉTAT. — DOMAINE ROYAL.

XVIII. — 4 JUIN 1605. — 159.

VENDITION D'UNE PLACE À ESTIENNE DE LA FONT.
(PLACE DES VOSGES, 12 ET 14.)

..........*A Mr Estienne de La Fond*[1], *Intendant des meubles de Sa Ma[té]*............
......*lad. place ainsy ceddée aud. s[r] de La Fond, tenant d'une part à la place ceddée à Me Claude Chastillon, topographe du Roy, d'autre part à Me Anthoine Ribault, s[r] de Bréau, abboutissant d'un bout sur lad. Place Royalle, et d'autre bout sur la rue qui est vers les remparts de ceste ville de Paris. contenant lad. place sept thoises deux pieds huict poulces de largeur ou environ et trente trois thoises de longueur ou environ*......................

.........*ung escu en or de cens*........... *ung pavillon*............ *et pourra faire aussy led. s[r] de La Fond tels autres bastimens et tant et si peu que bon luy semblera à sa discrétion*.........
......*Faict et passé, assavoir : par lesd. s[rs] de Bellièvre et Brulart en leurs maisons, et par lesd. s[rs] de Rosny et de La Font en l'Arcenac à Paris, l'an mil six cens cinq, le quatre[me] jour de juing, après midy*.

BELLIÈVRE, BRULART, M. DE BETHUNE,
DE LAFONT, HERBIN, FOURNYER.

XIX. — 6 JUIN 1605. — 161.

VENDITION D'UNE PLACE À PIERRE JEANNIN.
(PLACE DES VOSGES, 12 ET 14.)

..........*A Messire Pierre Jeanin, conseiller du Roy en ses Conseil d'Estat et privé*............
......*Lad. place ainsy ceddée aud. s[r] Jeanin tenant d'un costé à la place ceddée à Me Estienne de La Font, Intendant des meubles du Roy, d'autre costé au s[r] Ribault, abboutissant d'un bout à lad. Place Royalle et d'autre bout sur la rue qui est vers les remparts de ceste ville de Paris. Contenant lad. place sept thoizes deux pieds huict poulces de largeur ou environ et trente une thoises de longueur ou environ*......................

.........*ung escu en or de cens*........... *ung pavillon*............ *et pourra faire aussy led. s[r] Jeanin tels autres bastimens et tant et sy peu que bon luy semblera à sa discrétion*............
......*Faict et passé, assavoir : par lesd. s[rs] de Bellièvre, Brulart et Janyn en leurs maisons, et par led. s[r] de Rosny en l'Arcenac du Roy à Paris, l'an mil six cens cinq, le six[me] jour de juing, après midy*.

BELLIÈVRE, BRULART, M. DE BETHUNE,
P. JEANNIN, HERBIN, FOURNYER.

XX. — 6 JUIN 1605. — 162.

VENDITION D'UNE PLACE À ANTOINE RIBAULD, S[r] DE BRÉAU.
(PLACE DES VOSGES, 12 ET 14.)

..........*A noble homme Anthoine Ribault*[2], *sieur*

de Bréau et de Forest, conseiller du Roy et Intendant de ses finances......................

---

[1] Estienne de La Font, un des secrétaires de Sully, était fils de Jean, s[r] de La Motte, et de Géraude du Liège; il fut pourvu en 1594 d'un office d'auditeur à la Chambre des comptes de Rouen, et, par lettres du 28 novembre 1604, de la charge d'intendant des meubles de la couronne. Il épousa en premières noces Anne Joubert, dont il eut notamment Jacob de La Font qui lui succéda dans sa charge ; et en secondes noces Anne Le Court. Il jouissait, en 1612, d'une pension de 1,200 livres.

[2] Antoine Ribauld avait été un des plus importants ligueurs et remplissait la charge de trésorier de l'extraordinaire des guerres près de Charles de Lorraine, duc de Mayenne; il était devenu, en janvier 1593, trésorier de l'Épargne; le 5 juillet suivant, après la mort de Benoît Milon, s[r] de Videville, le duc de Mayenne le nommait son conseiller d'État, intendant et contrôleur général des finances. Par son édit de janvier 1596, Henri IV avait ordonné que, conformément au traité conclu avec le duc de

ACTES DE SULLY. 6

IMPRIMERIE NATIONALE.

42 LES ACTES DE SULLY.

.... Lad. place ainsy ceddée aud. sieur de Bréau tenant d'un costé à la place ceddée à Mre Pierre Jeannyn, con^er du Roy en ses Conseils d'Estat et privé, d'aust^e costé au sieur Felissan; abboutissant d'un bout sur lad. Place Royalle et d'autre bout sur la rue qui est vers les rempars de ceste ville de Paris; contenant lad. place sept thoises deux piedz huict poulces de largeur ou environ, et vingt neuf thoises et demie de longueur ou environ..................
.... ung escu en or de cens........... ung

pavillon............. Et pourra aussy led. s^r achepteur faire telz autres bastimens et tant et sy peu que bon luy semblera et à sa discrétion..........
.... Faict et passé, assavoir : par lesd. s^rs de Bellievre et Brulart en leurs maisons, et par lesd. s^rs de Rosny et Ribauld en l'Arcenac du Roy à Paris, l'an mil six cens cinq, le six^me jour de juing, après midy.

BELLIÈVRE. BRULART. M. DE BETHUNE.
RIBAULD. HERBIN. FOURNYER.

Les trois « places » ainsi cédées à Étienne de La Font, Pierre Jeannin et Antoine Ribauld furent, par suite des trois actes de donation, de vente et d'accord qui suivent, réunies et transformées en deux propriétés distinctes : le premier de ces actes, la donation faite par Pierre Jeannin à son gendre, Pierre de Castille [1], est ainsi conçu :

Par devant les notaires du Roy notre sire en son Ch^el de Paris, soubz^nes, fut présent m^re Pierre Jeannin, conseiller du Roy en ses Conseil d'Estat et privé, sieur et baron de Chaigny et Montjeu, en Bourgogne, dem^t Rue St Honnoré, parroisse St Eustache; lequel, de sa bonne, pure franche et libéralle volonté, a recongneu et confessé et par ces présentes confesse avoir donné, ceddé, quicté, transporté et delaissé du tout dès maintenant à tousjours par donnation irrévocable faicte entre vifs, sans espoir de pouvoir jamais revocquer ny rappeller en quelque sorte et manière que ce soict et promect guarantir de ses faicts promesses et obligations seulement, à noble homme Mre Me Pierre de Castille, s^r de Blanchuisson, conseiller du Roy en son Grand Conseil et grand rapporteur en la Chancellerie de France, son gendre, à ce présent et ce acceptant

pour luy, ses hoirs et ayans cause, une place située au lieu appelé le Marché aux chevaulx, anciennement appellé le parc des Tournelles, et à présent la place Royalle, tenant d'un costé à Mre Estienne de La Font, Intendant des meubles du Roy, d'autre costé au s^r Ribault, abboutissant d'un bout à lad. place Royalle et d'autre bout sur la rue qui est vers les rempars de ceste ville de Paris, contenant lad. place sept thoises deux pieds huict poulces de largeur ou environ, en la censive du Roy nostre Sire et chargé envers luy d'un escu d'or de cens, portant lotz, ventes, saisine et amendes quand le cas y eschet; et aud. s^r Jeannyn appartenant de son conquest comme il a dict, au moyen de la vendition, cession et transport qui luy en a esté faicte par Mre Pomponne de Bellièvre, chancellier de France, Mre Nicolas Brulart, garde des sceaulx de France et hault et puissant seigneur Mre Maximilian de Bethune.... et ce pour et au nom de Sad. Ma^té, par contrat de vendition de ce faict et passé par devant Herbin et Fournyer, l'un des notaires s^us, le 6e jour de Juing 1605 dernier passé, lequel contract de vendition led. s^r Me Pierre Jeannin en a ce faisant baillé et délivré aud. s^r de Blanchuisson, son gendre, pour d'icelle place dessus donnée joyr par icelluy s^r de Blanchuisson, ses hoirs et ayans cause, et en faire et disposer ainsy que bon luy semblera. Cestz don, cession et transport faicts tant à la charge dud. cens tel qu'il est cy dessus déclaré, que led. s^r de Blanchuisson sera tenu bailler et payer en l'acquict dud. s^r Jeannyn à la recepte du domaine de Sa Ma^té, en ceste ville de Paris au jour St Jehan Baptiste, à commencer du 1er jour de ce présent mois de Jauvier au présent 1606, que aux charges qui ensuivent, esquelles led. s^r Jeannyn est tenu par led.

Mayenne, Antoine Ribauld serait maintenu dans sa charge, il lui en fit délivrer par Villeroy, le 21 du même mois, les lettres de provisions. Antoine Ribauld avait épousé Madeleine Boucher, fille de Charles Boucher, s^r de Houilles, conseiller au Parlement de Paris, et de Jeanne Le Terrier. Ils fondèrent, en 1609, les «Picpuceuses» de Bréau. Antoine Ribauld mourut en 1613 et Madeleine Boucher le 7 novembre 1636, dans son hôtel de la Place Royale.

[1] Pierre de Castille était fils de Philippe de Castille, marchand de soie à Paris, rue St Denis, à l'enseigne des Trois visages (alias de la Tour de Castille), qui se fit ensuite receveur général du clergé, et mourut en 1607, à 82 ans, riche de 300,000 écus; sa mère était Geneviève Guérin. Conseiller au Grand conseil le 8 juin 1601, maître des requêtes le 14 avril 1611, puis contrôleur général et intendant des finances après la mort de Pierre Jeannin, dont il avait épousé la fille, Charlotte Jeannin, il mourut en 1629, âgé de 48 ans, laissant la réputation «d'un homme de feste et de grand luxe». Sa postérité s'éteignit en son arrière-petite-fille, Marie-Louise-Christine de Castille, marquise de Montjeu, qui épousa, le 2 juillet 1705, Anne-Marie-Joseph de Lorraine, prince d'Harcourt, dont les duchesses de Bouillon et de Richelieu.

contract dessus datté dont led. s' de Blancbuisson sera tenu en acquicter icelluy s' Jeannyn, assavoir de faire bastir par icelluy s' de Blancbuisson à ses despens, sur la face de lad. place ung pavillon couvert d'ardoise, ayant des arcades et une gallerie au dessoubz avec des bouticques ouvertes dans lad. gallerie, ayant led. pavillon la muraille estant sur lad. place Royalle de pierre de taille et de bricque, selon le desseing qui en a esté dressé par commandement de Sa Ma^té, duquel led. s' de Blancbuisson dict avoir communication, et rendre led. pavillon parfaict et habitable devant le dernier jour de décembre de la présente année 1606, le tout suivant conformement et ainsy qu'il y est déclaré par led. contract dessus datté. Et outre, pour la bonne amitié que led. s' Jeannyn a dict porter aud. s' de Blancbuisson, son gendre, et en considération de son alliance qu'il a prinse en la maison dud. s' Jeannyn, d'avoir espouzé dam^lle Charlotte Jeannyn, sa fille, et aussy que tel est son plaisir et vollonté de ce faire. Transportant et en ce faisant par led. s' Jeannin aud. s' Blancbuisson tous droicts de propriété que autres quelzconcques qu'il a en lad. place dessus donnée... Dessaisissant... voullant... procureur le porteur... donnant pouvoir... Et pour faire insinuer ces présentes au greffe des Insignuations du Ch^let de Paris et partout ailleurs où il appartiendra, lesd. parties ont faict et constitué leur procureur irrévocable le porteur des présentes auquel elles donnent pouvoir de ce faire et tout ce qui sera nécessaire. Promectans... Obligeans chacun en droict soy... Renonceans...

Faict et passé en l'hostel dud. s' Jeannyn siz en lad. rue S' Honnoré dessus déclarée, l'an mil six cens six, le vingt huict^me jour de janvier, avant midy.

P. JEANNIN, DE CASTILLE, DE S' FUMEN, FOURNYER.

Par le second acte, en date du même jour, Étienne de la Font vend « sa place » à Pierre de Castille et à Antoine Ribauld :

Par devant les notaires... fut présent noble homme m^e Estienne de La Font, Intendant des meubles de la maison du Roy, dem^t rue du Petit Musc, paroisse St Paul, lequel a recongneu et confessé et par ces présentes confesse avoir vendu, cedde, quicté, transporté et delaissé du tout dès maintenant et à tous jours, et promect garentir de ses faicts, promesses et obligations seullement, à nobles hommes m^es Pierre de Castille s' de Blancbuisson, conseiller du Roy en son Grand Conseil, et Anthoine Ribault, s' du Bréau et de Forest, conseiller du Roy en son Conseil d'Estat, intendant et contrerolleur général de ses finances, à ce présens achepteurs et acquesteurs pour eulx chacun par moictié, leurs hoirs et ayans cause, une place scituée au lieu appellé le Marché aux Chevaulx, autrement le parc des Tournelles et à présent la Place Royalle, tenant d'une part lad. place aud. s' de Blancbuisson à cause de la donnation à luy ce jour d'huy faicte par m^e Pierre Jeannyn, son beau père, d'autre part à m^e Claude Chastillon, topographe du Roy, abboutissant d'un bout sur lad. Place Royalle et d'autre bout sur la rue qui est vers les remparts de ceste ville de Paris; contenant icelle place sept thoises deux pieds huict pouces de largeur ou environ et trente trois thoises de longueur ou environ, en la censive du Roy n^re sire et chargée envers luy d'un escu d'or de cens, portant lots, ventes, saisine et amende quand le cas eschet; et aud. s' de La Font appartenant de son conquest comme il a dict, au moyen de la vendition qui luy en a esté faicte par messire Pomponne de Bellièvre, chancellier de France et haut et puissant seigneur m^e Maximilian de Bethune... Et ce jour et au nom de Sad. Ma^té par contrat de vendition de ce faict et passé par devant Herbin et Fournyer notaires le quatriesme jour de Juing mil six cens cinq dernier passé; lequel contract de vendition led. s' de La Font a, en ce faisant pour toute autre garentie que de sesd. faicts et promesses, baillé et délivré ausd. s^rs de Blancbuisson et du Bréau chacun par moictié comme dict est leurs hoirs et ayans cause, et en faire et disposer ainsy que bon leur semblera. Cests vente, cession et transport faicts à la charge dud. cens tel qu'il est cydessus déclaré, que iceulx s^rs du Blancbuisson et du Bréau sont tenuz bailler et payer chacun par moictié en l'acquict dud. s' de La Font à la receptte du domaine de Sa M^té en ceste ville de Paris au jour St Jehan Baptiste, à commencer du premier jour de ce présent moys de Janvier an présent 1606, et encores aux charges qui ensuivent, esquelles led. de La Font est tenu par led. contract dessus datté, dont lesd. s^rs de Blancbuisson et du Bréau seront tenuz et promectent acquicter chacun par moictié led. s' de La Font, assavoir de faire par eulx bastir à commungs frais et chacun par moictyé sur la face de lad. place, ungs pavillon couvert d'ardoise, ayant des arcades et une gallerie au dessoubz avec des boutiecques ouvertes dans lad. gallerie, ayant led. pavillon la muraille estant sur lad. place Royalle de pierre de taille et de bricque, selon le desseing qui en a esté dressé par commandement de Sad. M^{té}, duquel lesd. s^{rs} de Blancbuisson et du Bréau ont dict avoir eu communicquation, et rendre led. pavillon parfaict et habitable dedans le dernier jour de décembre de lad. présente année 1606. Le tout suivant conformément et ainsy qu'il est déclaré par led. contract dessus datté; et outre, moyennant la somme de douze cens quatre vingts dix livres tournois, que pour ce led. s^r de La Font en a confessé et confesse avoir eu et receu desd. s^{rs} de Blancbuisson et du Bréau chacun par moictyé, par lesquels lad. somme luy a esté baillée, paiée, comptée, nombrée et délivrée présents les notaires ss^{ts}, savoir douze cents quatre vingt neuf livres douze sols en pièces de seize sols et le reste monnoye, le tout bon et dont quictance. Transportans... dessaisissans... voullans... procureur le porteur... donnans pouvoir... Promettans... obligeans chacun en droict soy... Renonceans...

Faict et passé ès estudes des notaires ss^{ts}, l'an mil six cens six, le vingt huict^{me} jour de janvier, après midy.

DE CASTILLE, RIBAULD, DE LAFONT, MOTELET, FOURNYER.

Enfin, le troisième acte, également en date du même jour, contient les stipulations suivantes pour le partage de ces trois places entre Pierre de Castille et Antoine Ribauld :

Par devant les notaires... furent présens noble homme m^e Pierre de Castille, s^r de Blancbuisson, con^{er} du Roy en son Grand Conseil, et grand rapporteur en la Chancellerie, dem^t rue sainct Anthoine, paroisse St Gervays, d'une part — Et noble homme m^e Anthoine Ribauld, s^r de Bréau, conseiller du Roy en son Conseil d'Estat, Intendant et contrerolleur général de ses finances, dem^t rue Neufve St Magloire, parroisse St Leu St Gilles, d'autre part. — Lesquels ont dict et déclaré avoir ce jour d'huy acquis de noble homme Estienne de La Font, Intendant des meubles de la maison du Roy, une place pature au lieu appellé le Marché aux chevaulx, autrement le Parc des Tournelles et à présent la place Royalle, contenant icelle place sept thoises deux piedz huict poulces de largeur ou environ, et trente trois thoises de longueur ou environ, pour le prix et aux charges mentionnées par led. contract de lad. acquisition de ce faict et passé par devant les notaires ss^{ts}; de laquelle place, avec deux autres places pareillement assises en iad. Place Royalle à eulx aussy appartenant, assavoir : celle dud. sieur du Bréau par contract d'acquisition par luy faicte de Sa M^{té} et celle dud. s^r de Blancbuisson, comme ayant le droict de m^e Pierre Janyn, conseiller du Roy en son Conseil d'Estat; ils entendent en faire et construire deux maisons èsd. troys places, et les partager entre eulx esgallement en largeur chacun par moictié et esgalle pourtion, et qu'a ceste fin lad. place acquise dud. sieur de La Font sera entièrement aud. s^r de Blancbuisson, avec la moictié de la place à luy donnée par led. s^r Janyn, et led. s^r de Bréan l'autre moictié de lad. place, dud. s^r Janyn avec la place anciennement par led. s^r du Bréau acquise de Sa Ma^{té}. A la charge de faire bastir par lesd. s^{rs} de Blancbuisson et de Bréau à communs fraiz lad. pavillon par moictié le pavillon du meillen desd. troys places, et faire bastir sur les deux autres places à leurs fraiz particuliers, comme aussy de payer chacun d'eulx par chacun an un escu et demy en or de cens au terme porté par led. contract de Sad. Ma^{té}. — Promettans... Obligeans chacun en droict soy... Renonceans...

Faict et passé ès estudes desd. notaires, l'an mil six cens six, le vingt huict^{me} jour de janvier, après midy.

DE CASTILLE, RIBAULD, MOTELET, FOURNYER.

L'hôtel de Pierre de Castille porte aujourd'hui le n° 12 de la place des Vosges, et celui d'Antoine Ribault le n° 14, chacun avec une façade de six arcades sur la place.

XXI. — 6 JUIN 1605. — 163.
Vendition d'une place à François Felissan.
(Place des Vosges, 16.)

..... A noble homme m*e* *François Felissan*[1], *conseiller du Roy et contrerolleur général du taillon à Soissons, demeurant à Paris rue du Beautreillis, paroisse S*t *Paul*..........................
..... *Lad. place ainsy ceddée aud. s*r *achepteur tenant d'un costé à la place ceddée au sieur Ribault, d'autre costé à* [2] *abboutissant d'un bout sur lad. Place Royalle, et d'autre bout sur la rue qui est vers les rempars de ceste ville de Paris; contenant sept thoises deux pieds huit poulces ou environ de largeur et vingt sept thoises deux pieds ou environ de longueur* ....
..... *ung escu en or de cens* ...... *ung pavillon* .... *Et pourra aussy led. s*r *achepteur faire tels autres bastimens et tant et sy peu que bon luy semblera et à sa discrétion*..................
*Faict et passé assavoir : par lesd. s*rs *de Bellièvre et Brulart en leurs maisons et pour lesd. s*rs *de Rosny et Felissan en l'Arcenac à Paris, l'an mil six cens cinq, le six*me *jour de juing, après midy.*

Bellièvre, Brulart, M. de Bethune, François Felissan, Herbin, Fournyer.

XXII. — 6 JUIN 1605. — 164.
Vendition d'une place à Nicolas Chevalier, s^r de Videville.
(Place des Vosges, 18.)

..... A m*e* *Nicolas Chevalier*[3], *sieur de Videville, conseiller du Roy en son Conseil d'Estat et président ès Enquestes de Sa Court de Parlement*......
..... *Lad. place ainsy ceddée aud. s*r *achepteur tenant d'un costé à la place ceddée au sieur Felissan, d'autre part à* [4] *abboutissant d'un bout sur lad. place Royalle et d'autre bout sur la rue qui est vers les rempars de ceste ville de Paris ; contenant lad. place sept thoises deux pieds huit poulces de largeur ou environ et vingt cinq thoises de longueur ou environ* ....
..... *ung escu en or de cens* .... *ung pavillon* .... *et pourra aussy led. sieur achepteur faire tels autres bastimens et tant et sy peu que bon luy semblera, à sa discrétion* ....
*Faict et passé assavoir : par lesd. s*rs *de Bellièvre, Brulart et Chevalier en leurs maisons, et par led. s*r *de Rosny en l'Arcenac du Roy à Paris, l'an mil six cens cinq, le six*me *jour de juing, après midy.*

Bellièvre, Brulart, M. de Bethune, N. Chevalier, Herbin, Fournyer.

XXIII. — 6 JUIN 1605. — 165.
Vendition d'une place à Nicolas d'Angennes, s^r de Rambouillet.
(Place des Vosges, 20.)

... A M*e* *Jullien Duchet, Secrétaire de Messire Nicolas Dangennes, chevallier des Ordres du Roy, conseiller en ses Conseils d'Estat et privé, capp*ne *des cent gentilshommes de la Maison de Sa Ma*té*, seigneur de Rambouillet*[5], *ou nom et comme soy disant avoir*

---

[1] Il mourut avant 1623, époque à laquelle sa femme, Françoise Guilliart, est qualifiée veuve.
[2] Lacune dans le texte.
[3] Nicolas Chevalier, fils de Jean Chevalier, s^r des Vignaux, conseiller au Parlement, et de Charlotte Testé, épousa Marie de Crèvecœur, veuve de Benoît Milon, s^r de Videville. Il était apparenté à la maison de Cochefillet.
[4] Lacune dans le texte.
[5] Nicolas d'Angennes, né en 1530, de Jacques d'Angennes, s^r de Rambouillet, Maintenon, etc., et d'Isabeau, fille du surintendant des Finances Jean Cottereau, avait, suivant le président de Thou, une grande connaissance des affaires; c'est ainsi qu'il sut négocier heureusement en 1589 à Blois, avec Sully, alors baron de Rosny, la réconciliation

charge et faisant fort dud. s' de Rambouillet, par lequel il promect faire ratiffier et avoir pour agréable le contenu en ces présentes dedans huict jours prochains venans, iceluy Duchet à ce présent achepteur et acquesteur pour led. sieur de Rambouillet, ses hoirs et ayans cause........................
..... Lad. place ainsy ceddée aud. sieur de Rambouillet tenant d'une part à la place ceddée au s' président Chevallier, d'autre costé à celle qui a esté ceddée à Berthelemy de Laffemas dict Beausemblant, abboutissant d'un bout sur lad. place Royalle et d'autre bout sur la rue qui est vers les rempars de ceste Ville de Paris; contenant lad. place sept thoises deux pieds huit poulces de largeur et vingt quatre thoises de longueur ou environ.....................
..... ung escu en or de cens..... ung pavillon ..... et pourra led. s' achepteur oud. nom faire faire tels autres bastimens et tant et sy peu que bon luy semblera, à sa discrétion...................

Faict et passé assavoir : par lesd. s" de Bellièvre et Brulart en leurs maisons, et par lesd. s" de Rosny et Duchet en l'Arcenac du Roy à Paris, l'an mil six cens cinq, le six"" jour de juing, après midy.

BELLIÈVRE, BRULART, M. DE BETHUNE. DUCHET, HERBIN, FOURNYER.

Et le dix neufiesme jour de may mil six cens sept après midy, est comparu par devant les notaires soubz""" led. messire Nicolas d'Angennes, chevallier des Ordres du Roy, conseiller en ses Conseils d'Estat et privé, cappitaine des cent gentilshommes de la maison de Sa Ma'é, s' de Rambouillet, demeurant à S' Germain des Prez lez Paris, rue de Tournon, paroisse S' Sulpice, nommé au contract dessus escript; lequel a dict et déclaré, recongneu et confessé après que lecture luy a esté faite de mot après autre par l'un desd. notaires soubz"", l'autre présent, du contenu aud. contract, et qu'il a dict, iceluy bien entendu, avoir led. contract cy devant escript et tout son d. contenu ratiffié, confirmé, approuvé, eu et a pour agréable, veult, consent et accorde qu'il sorte son plain et entier effect, force et vertu selon sa forme et teneur; et, en ce faisant, à l'entretenement d'iceluy s'est led. messire Nicolas Dangennes obligé et oblige, sans jamais y contrevenir. Promettant ... obligeant .. Renonceant...

Faict et passé es estudes desd. notaires, les jour et an cy devant dicts.

N. DANGENNES, MOYELET, FOURNYER.

XXIV. — 4 JUIN 1605. — 160.

PLACE ROYALE. — VENDITION D'UNE PLACE À BARTHELEMY DE LAFFEMAS, DIT BEAUSEMBLANT.
(PLACE DES VOSGES, 22.)

....
... A Berthelemy de Laffemas dict Beausemblant[1] ....

[1] Barthelemy de Laffemas (1545-1612), fils d'Isnac Laffemas, dit Beausemblant, tailleur du Roi de Navarre, et de Marguerite Botor, avoit été attaché tout jeune à la fortune de Henri IV dont il fut également tailleur et valet de chambre; il démissionna de son état de tailleur du Roi dans le courant de l'année 1603 et fut remplacé par Pierre Dufour (Arch. nat., KK 151). Désigné en 1601, pour être l'un des commissaires chargés d'étudier les questions relatives au commerce du royaume, il collabora à l'établissement des manufactures et devint bientôt controleur général du commerce de France. Il a publié de nombreux ouvrages sur ces matières, parmi lesquels on peut citer un Reglement général pour dresser les manufactures et Remonstrances

controvelleur général du commerce de France......
..... Lad. place ainsy ceddée aud. achepteur, tenant d'un costé à la place ceddée à [2] d'autre costé sur la rue qui est près des logis des Manufactures, abboutissant d'un bout sur lad. place Royalle et d'autre bout sur la rue qui est vers les rempars de ceste ville de Paris; contenant lad. place sept thoises

en forme d'Édit. Barthelemy de Laffemas avait épousé Marguerite Le Bert, fille de Pierre Le Bert et de Françoise Arragon, dont il eut un fils, Isaac, maître des Requêtes, conseiller d'État, surtout connu, comme lieutenant civil au Châtelet de Paris (1638), par la rigueur avec laquelle il fit exécuter les ordres de Richelieu.

Un arrêt du conseil d'État du 17 juillet 1607 ordonna à Jean Fontaine et à Louis Marchant, maîtres des œuvres de maçonnerie et de charpenterie des Bâtiments du Roi, de commencer immédiatement à bâtir sur les terrains de la place Royalle concédés au s' de Rambouillet et à Barthélemy de Laffemas, dit Beausemblant, lesquels demeureront déchus de tous leurs droits pour n'avoir pas satisfait à l'arrêt du 10 courant. (Cf. Arch. N"" E 14° f° 63 R°.)

[2] Lacune dans le texte.

deux pieds huit pouces de largeur ou environ et vingt deux thoises de longueur.................
..... ung escu en or de ceus..... ung pavillon ..... et pourra faire aussi led. achepteur tels autres bastimens et tant et sy peu que bon luy semblera et à sa discrétion..........................
Faict et passé assavoir : par lesd. s^{rs} de Bellièvre et Brulart en leurs maisons et par lesd. s^{rs} de Rosny et Laffemas en l'Arcenac, l'an mil six cens cinq, le quatre^{me} jour de juing, après midy.

BELLIÈVRE, BRULART, M. DE BETHUNE. LAFFEMAS, HERBIN. FOURNIER.

Section III.
ACQUISITIONS.

§ 1. AGRANDISSEMENT DE L'ARSENAL.

Dès que Maximilien de Bethune eût prêté serment au Roi, en Conseil d'État, de l'office de Grand-Maître de l'Artillerie de France, il alla loger à l'Arsenal, qu'il trouva très mal bâti. Les chaussées comprises dans l'enceinte et les voies d'accès étaient également dans le plus mauvais état, aussi, dès le 24 février 1600, le Grand-Maître fit-il affecter par le Conseil d'État une somme de 764 écus 32 sols 6 deniers à la construction d'une chaussée pavée dans l'intérieur de l'Arsenal et à la réparation du pavage aux environs de la porte du port des Célestins. L'année suivante, le 25 août 1601, un autre arrêt du Conseil d'État, reconnaissait la nécessité «pour la commodité, aysance et décoration de son Arsenac», de l'agrandir par l'acquisition de deux maisons sises quai des Célestins, l'une appartenant aux religieux Célestins et l'autre à la Ville de Paris. Cette augmentation du Domaine royal, qui constituait en même temps une opération de voirie, est détaillée dans les deux actes suivants, dont le texte existe également aux Archives nationales (X^{1a} 8644, f°s 368 et suivants). Une fois cet agrandissement de l'Arsenal réalisé, le Grand-Maître de l'Artillerie entreprit les restaurations et les constructions nouvelles qui font l'objet des actes contenus dans le chapitre premier de la sixième partie de ce recueil.

XXV. — 20 SEPTEMBRE 1601. — 68.

Vendition au Roi, par les Religieux du couvent des Célestins, d'une maison sise à Paris, sur le quai des Célestins, pour l'agrandissement de l'Arsenal.

Par devant Jehan Motelet et Simon Fournier, notaires du Roy nostre Sire en son Ch[let] de Paris, soubz[nés], furent présens : Reverend Père, frère Jacques Rioland, vicaire general et prieur, frère Fleurant de Sainctz, soubz prieur; Antoine de Camous; fr. Jehan Bigot; fr. Pierre de Sainctz, f. Gaillard Geuffroy; fr. Pierre du Pont; fr. Jehan Croset; fr. Jacques Anceau; fr. Simon Barbedor; fr. Jehan Bassine; fr. Robert Hardivillier; fr. Nicolas Anceau; fr. Loys Bourdon; fr. Nicolas Daguet; fr. Fleurant Carbonnier; fr. Estienne Courant; fr. Hierosme Tiremoys; fr. Germain Portier; fr. Charles de la Berardiere; fr. Adam Rioland; fr. Nicolas Bernard; fr. Jehan Cloquet; fr. Hierosme Godeffroy; fr. Jacques Regnault; fr. Nicolas Desnotz et fr. Jehan Meurice; tous relligieux profés

du couvent et monnastere des Cellestins de ceste ville de Paris, faisans et representans la plus grande et saine partie des relligieux dud. couvent, assemblez et congregez au son de la cloche en la manière accoustumée en leur chappitre, lieu accoustumé pour traicter de leurs affaires et négoces; lesquelz de leurs bons grez et bonnes vollontez, et aussy pour satisfaire à la vollonté du Roy pour le bien de son service, commodité et décoration de son Arsenac de sa Ville de Paris, ont recongneu et confessé et par ces présentes confessent avoir vendu, cedé, quicté, transporté et dellaissé du tout dès maintenant à tousjours, et promectent garantir de tous troubles et empeschemens generallement quelzconcques audict sieur Roi, ce acceptans pour Sa Ma[té] par : hault et

CONSEIL D'ÉTAT. — DOMAINE ROYAL.

puissant seigneur Messire Maximilien de Bethune, chevallier, sieur et marquis de Rosny, conseiller du Roy en ses Conseilz d'Estat et privé, son chambellan ordinaire, cappitaine de cinquante hommes d'armes de ses Ordonnances, Grand Voyer de France, Grand Maistre et cappitaine général de l'artillerie de France, gouverneur de la Ville et citadelle de Mante, et superintendant des fortiffications de France: nobles hommes M{{es}} F. Le Febvre [1] et François de Donon [2], conseillers dud. S{{r}} Roy et tresoriers généraulx de France, comme commissaires commis et depputez par Sad. Ma{{té}} par ses lettres patentes données à Paris le xxviij{{e}} jour d'Aoust dernier, signées par le Roy en son Conseil : Fayet, et scellées sur simple queue du grand scel de cire jaulne, expédiées et à ceulx adressantes suivant certain arrest du Conseil dud. jour attaché esd. lettres, le tout inséré en la fin des présentes. à ce présens : une maison size à Paris sur le quay des Cellestins, anciennement la rue des Barres, au devant et à l'opposite dud. Arsenac, ainsy qu'elle se poursuict et comporte et de fondz en comble, tenant d'une part à une autre maison appartenant à la Ville de Paris, d'autre part et d'un bout par devant sur led. quay des Cellestins et d'autre bout par derrière sur la rivière de Seyne; en la censive de lad. ville de Paris, et chargée envers elle du cens qui se peult debvoir par lesd. Cellestins, n'ont sceu quand à présent declayrer sur ce enquis pour satisfaire à l'ordonnance; Item une petite place estant au derrière des chappelles du monastère desd. Cellestins du costé vers la porte dud. Arsenac, contenant trente six thoizes comprins les murailles du costé d'icellui Arsenac ayans trois piedz d'espoisseur; Item et une grande place estant au bout du cloz dud. monnastaire à prendre quinze piedz près de l'encoigneure des forges dud. Arsenac, à prendre en droicte ligne du costé vers la Bastille, contenant lad. place ung arpent et demy dix perches, comprins l'espoisseur de la muraille qui fait la séparation dud. Arsenac et led. jardin desd. Cellestins, qui est de quatre piedz et demy.

Pour de ce que dessus vendu joir par Sad. Ma{{té}} et en faire et disposer ainsy que bon luy semblera. Cestz vente, cession et transport faictz à la charge dud. cens que doibt lad. maison et encores à la charge que lesd. s{{rs}} Commissaires oud. nom seront tenuz de faire bastir et construire aux despens de Sa Ma{{té}} une muraille de pierre de taille de six à sept piedz de hault à l'endroict des vittres desd. chappelles, sur laquelle muraille seront posez des barreaux de fer de trois doigtz de distances l'un de l'autre, de la haulteur desd. vittres, plus une muraille à l'endroict des chappelles d'Orléans et de S{{t}} Martin de douze piedz de hault, qui sera de pierre et moellon et une autre muraille de pareille estoffe de neuf à dix piedz de haulteur, depuis le rez de chaussée du costé du jardin dud. Arsenac et ce depuis lesd. quinze piedz de l'encoigneure des forges dud. Arsenac, jusques à l'Arsenac des pouldres; plus, à la charge de recevoir les eaux et neiges qui tumberont sur la platteforme et couvertures desd. chappelles; comme moyennant la somme de quatre mil trois cens vingt escus sol, assavoir : pour lad. maison deux mil escuz sol; pour lad. place de trente six thoizes : six cens escus, qui seroit à raison de vingt escus la toise; et pour ledit arpent et demy dix perches de terre : dix sept cens vingt escus, qui est à raison de mil escus l'arpent; revenant lesd. sommes à lad. somme de quatre mil trois cens vingt escus, de laquelle somme lesd. religieux prieur et couvent desd. Cellestins en confessent avoir eu et receu desdietz s{{rs}} Commissaires oud. nom, par les mains de noble homme M{{e}} Guillaume Hubert, receveur ordinaire et voyer pour le Roy la ville, prevosté et vicomté de Paris, à ce présent, la somme de trois mil neuf cens soixante escus sol présentement et en la présence des notaires soubz{{nés}}, scavoir : testons fournis dix sept cens escus; quartz d'escus, mille escus; demys francs, deux cens escus; réalles de six sols, cent soixante escus, et en douzains, neuf cens escus, le tout bon... dont lesd. relligieux prieur et couvent se sont tenus contans et en quictent Sad. Ma{{té}}, lesd. s{{rs}} Commissaires aud. nom, Hubert et tous autres; et pour le regard du surplus desd. quatre mil trois cens vingt escus, montant led. surplus trois cens soixante escus, a esté évallué pour iceulx la quantité de six septiers de bled mesure de rente, qui est à raison de deux escus chacun septier, que lesd. s{{rs}} Commissaires oud. nom ont estimé au denier trente eu égard à la quallité de lad. redevance qui est perpétuelle et non rachetable, icelle redevance deue par lesd. relligieux prieur et convent, chacun an, aud. S{{r}} Roy à sa recepte de Paris au jour de Chandelleur, à prendre sur leurs

---

[1] François Le Fèvre, s{{r}} de Mormant, frère de Louis Le Fèvre, s{{r}} de Caumartin.

[2] François de Donon, seigneur de Mossy et des Vieilles Vignes, était l'un des neuf enfants de Médéric de Donon, seigneur de Chastres-en-Brie et Loribeau, contrôleur général des bâtiments du Roi, et de Jeanne della Robbia, fille du célèbre Jérôme della Robbia. De son mariage avec Marie Le Noir, nièce et héritière du trésorier des Parties casuelles Mathieu Le Noir, François de Donon eut deux fils : l'un, François, s{{r}} de Mossy, épousa Louise Boquet, fille ainée de la nourrice de Louis XIII; l'autre, Pierre, s{{r}} de La Montagne, obtint dispense pour épouser sa cousine Madeleine de Lou, sœur de Marion de Lorme.

ACTES DE SULLY.

moullins et terre d'Atainville, comme appert par certaines lettres patentes dattées de l'an mil quatre cens quarante quatre, au moys de Novembre, signées sur le reply : par le Roy en son Conseil, de la Locre et scellées en lacs de soye rouge et vert du grand sceau de cire vert, desquels six septiers de bled mouture de rente, partant, lesd. relligieux prieur et couvent desd. Cellestins demeurent quictes et deschargés envers Sad. Ma^té, comme par ces présentes lesd. s^rs Commissaires ond. nom en vertu du pouvoir à eulx donné par lesd. lettres patentes dessus premières dattées, les en quictent et deschargent. Transportans en ce faisant par lesd. relligieux prieur et couvent aud. sieur Roy tous droictz de propriété qu'ils ont et peuvent avoir esd. choses dessus ceddées et dessaisissans... voullans... procureur le porteur... Donnans pouvoir... Promectans... Obligeans chacun en droict soy et lesd. s^rs Commissaires oud. nom... Renonceans... Faict et passé aud. couvent des Cellestins en leurd. Chappitre, fors par led. Sr de Rosny aud. Arcenac du Roy, à Paris, l'an mil six cens ung, le vingt^me jour de septembre avant midy.

Ensuict la teneur desd. arrest du Conseil et lettres patentes dessus premières dattées dont est cy dessus faict mention :

Extrait des Registres du Conseil d'Estat :

Veu au Conseil du Roy le rapport faict par les Trésoriers généraulx de France à Paris, suivant la commission du Roy à eulx addressante en datte du dernier jour de Juing dernier passé, ils auroient en leur presence faict veoir, visiter, toiser, priser et estimer par maistres maçons, charpentiers, couvreurs et autres gens expers et à ce congnoissans, deux maisons estans sur le bord du quay des Celestins, qui contraignent la venue et entrée de l'Arcenac de Sa Ma^té en ceste ville de Paris, l'une d'icelles appartenant aux Religieux et couvent desd. Cellestins, et l'autre à lad. Ville de Paris; l'encloz et espace qui est au dedans dud. Arsenac à l'entrée et du costé desd. Celestins, la muraille duquel enclos il convient rapprocher des chappelles de lad. eglise pour eslargir d'aultant l'entrée dud. Arsenac et donner plus d'aysance et de facilité à la sortie des canons et charrois, comme aussy la quantité de terre qui se pourroit commodément prendre dans et au bout du parc desd. Celestins pour joindre au jardin dud. Arsenac en tirant d'une droicte ligne la muraille dud. jardin du costé du parcq depuis l'entrée d'icelluy jusques à celle qui sert de closture au magazin des pouldres et salpaistres, entre lesd. Religieux et led. magazin; lesquels maistres et expers auroient trouvé et rapporté assavoir : que celle desd. maisons qui appartient ausd. Celestins pouvoit bien et loyaulment valloir la somme de deux mil escus sol; l'autre, appartenant à la Ville de Paris, quinze cens escus sol; la thoise de terre à l'entour de lad. Eglise vingt escuz chacune thoise; et l'arpent au bout de leur parc, mil escuz sol; Revenant le tout ensemble à proportion de la terre qui s'est trouvé estre besoing de prendre pour la commodité dud. Arsenac, la susd. raison à la somme de cinq mil huict cens vingt escuz sol. Ce qu'ayant lesd. Tresoriers généraulx faict veoir et entendre aux prieur, procureur et plus anciens des religieux ayans charge de leurs affaires, en présence desquels lad. visitation et estimation auroit aussy esté faicte, leur auroient iceulx prieur et religieux déclaré qu'ils consentiroient et se conformeroient tousjours à ce qui seroit du vouloir et intention de Sa Ma^té, mesmes à ceste allienation de leur maison et portion de terre estant dans leur encloz, dont ils trouvoient la prisée et estimation aulcunement raisonnable, à condition touteffois que les murailles de leursd. closture et enclos qui seroient abattuz à ceste fin leur fussent refaictz et establis sans despens ny incommodité pour eulx, et outre ce, qu'ils fussent tenus quittes et deschargés envers Sa Ma^té de la quantité de six septiers de bled mouture qu'ils sont tenus de paier par chacun an en la recepte de son domaine à Paris, à prendre sur leurs moullins et terres d'Atteinville. Veu aussy le procès verbal desd. tresoriers généraulx signé de leurs mains, contenant tout ce que dessus plus au long et par le menu; ensemble leur advis, lequel il leur estoit mandé par lad. Commission de donner à Sad. Ma^té, par lequel, attendu le consentement desd. religieux, ils estiment que Sad. Ma^té faisant ladicte acquisition tant d'eux que dud. Prevost des Marchands et Eschevins, les peult justement rembourser de lad. somme de cinq mil huict cens vingt escus, assavoir : lesd. Religieux de la somme de quatre mil trois cens vingt escus, sur ce déduict la somme à laquelle se pourra monter l'évaluation desdicts six septiers de bled mousture doubz par lesd. religieux par chacun an au domaine de Sa Ma^té, à la charge touteffois d'en faire par Sad. Ma^té remplacement en la recepte de sond. domaine en la mesme nature, attendu que dès à présent il n'est à beaucoup près suffisant pour payer et acquitter les charges ordinaires d'icelluy; et lesd. Prevost des Marchands et Eschevins de lad. somme de quinze cens escus; et ce des deniers de son Espargne, n'en scachant aulcuns autres qui y peussent estre employés;

Le Roy en son Conseil,

Voullant l'acquisition desd. maisons et terres estre faictes pour la commodité, aysance et décoration de sond. Arsenac, et ayant pour agréables lesd. prisées et estimations, a commis et députté le sieur de Rosny, Grand Maistre de l'Artillerie et Grand Voyer de France, et Mes François Lefebvre et François de Donon, Trésoriers Généraulx de France à Paris, auxquels il a donné plain pouvoir et authorité pour et au nom de Sad. Ma^{té}, contracter tant avec lesd. prieur et religieux des Cellestins que Prevost des Marchans et Eschevins de la Ville de Paris, et convenir avec eulx pour lesd. maisons et terres selon la prisée et estimation cy-dessus et, pour les parts et portions de terre, au prorata de la quantité qui en sera prise, selon et ainsy qu'il sera par lesd. sieur de Rosny et trésoriers généraulx advisé et convenu avec lesd. religieux, lesquels ne seront tenuz de la réfection de leur mur et closture qu'il conviendra abattre et desmolir, ains se fera aux fraictz et despens de Sad. Ma^{té}, laquelle, en faisant ce que dessus, deschargera iceulx religieux desd. six septiers de bled mousture deubz par eulx chacun an à la recepte de son dommaine, pour l'admortissement desquels Sad. Ma^{té} ordonne que par lesd. Trésoriers Généraulx évalluation sera faicte de la valleur d'iceulx eu esgard à la qualité de lad. redebvance, pour en estre la somme à laquelle elle se pourra monter deduitte et rabattue sur celle qu'il conviendra fournir ausdictz religieux et le surplus leur sera payé comptant. Mandant en outre Sad. Ma^{té} ausd. Trésoriers Généraulx de pourvoir de remplassement au domaine de Sa Ma^{té}, pour la valleur et estimation desd. six septiers de bled mousture, sur les deniers de la Recepte generalle de Paris. — Faict au Conseil du Roy, tenu à Paris, le xxviij^e jour d'aoust mil six cens ung. — Ainsy signé : Fayet.

Henry, par la Grâce de Dieu, Roy de France et de Navarre, à nostre amé et feal conseiller en nostre Conseil d'Estat, le sieur de Rosny, Grand Maistre de nostre Artillerye et Grand Voier de France, et à nos amez et feaulx conseillers Mes François Lefevre et Françoys de Donon, Trésoriers Généraulx de France à Paris, Salut. Ayant advisé pour le bien de nostre service, commodité et décoration de l'Arsenac de nostre Ville de Paris, et pour donner plus d'aisance et facilité à la sortie des canons et charrois dud. Arsenac, de faire acquisition de deux maisons estans sur le quay des Cellestins, qui contraignent la venue et entrée d'icelluy, l'une d'icelles appartenant aux religieux et convent desd. Cellestins, et l'autre à nostred. ville de Paris; et de l'encloz et espace qui en est au dedans dud. Arcenac à l'entrée et du costé desd. Cellestins, la muraille duquel encloz il convient rapprocher des Chappelles de lad. Eglise pour eslargir d'aultant l'entrée dud. Arsenac; comme aussy la quantité de terre qui se pourroit commodément prendre dans et au bout du parc desd. Cellestins pour joindre au Jardin dud. Arsenac en tirant d'une droicte ligne la muraille dud. jardin du costé dud. parcq, depuis l'entrée d'icelluy jusques à celle qui sert de closture au magasin des pouldres et salpestres, entre lesd. religieux et led. magasin; nous avons dès le dernier jour de Juing dernier passé faict expedyer nos lettres de commission à vousd. Tresoriers généraulx de France à Paris, suyvant laquelle auriez en leur presence faict veoir, visiter, toiser, priser et estimer par maistres maçons, charpentiers, couvreurs et aultres experts, lesd. maisons et portions de terre cy dessus, lesquelz auroient trouvé et rapporté que celle desd. maisons qui appartient ausd. Religieux peuvoit bien et loyalment valloir la somme de deux mil escus, l'autre appartenant à lad. Ville de Paris, quinze cens escuz; la thoise de terre alentour de lad. esglise vingt escus chacune thoize; et l'arpent au bout de leur parc, mil escus; revenant le tout ensemble à proportion de la terre qui s'est trouvé estre besoing de prendre pour la commodité dud. Arsenac, la susd. raison, à la somme de cinq mil huict cens vingt escus. Ce qu'ayant lesdicts Trésoriers généraulx faict veoir et entendre aux prieur, procureur et plus anciens desd. religieux ayans charge de leurs affaires, en presence desquels lad. visitation et estimation auroit aussy esté faicte, leur auroient iceulx prieur et religieux déclaré qu'ils consentiroient et se conformeroient toujonrs à ce qui seroyt de notre voulloir et intention, mesmes accordé alliénation de leur maison et portion de terre estans dans leur encloz dont ilz trouvoient la prisée et estimation aulcunement raisonnable, à condition touteffois que les murailles de leurd. closture et enclos qui seroient abattues à ceste fin, leur fussent refaictes et restablies sans despans ny incommodité pour eulx, et outre qu'ils fussent tenus quittes et deschargés envers Nous de la quantité de six septiers de bled mousture qu'ilz sont tenuz de paier par chacun an en la Recepte de nostre domaine de Paris, à prendre sur leurs moulins et terres d'Atainville; sur quoy Nous ayans vousd. Tresoriers Généraulx donné votre advis suyvant ce que vous avions demandé par lad. Commission, par lequel advis: Attendu le consentement desd. Religieux, ils estiment que faisant par Nous lad. acquisition tant d'eux que desd. Prevost des Marchans et eschevins, les pouvions justement rembourser de lad. somme de cinq mil huict cens vingt escus, assavoir : lesd. Religieux de la somme de quatre mil trois cens vingt escus, sur ce déduict la somme à laquelle se pourra monter l'évaluation desd. six septiers de bled mouture deubz par lesd. Religieux par chacun an à nostre domaine, à la charge toutesfois d'en faire par Nous remplacement en la recepte de notre domaine en la mesme nature, attendu que dès à présent il n'est beaucoup près suffisant pour paier et acquitter les charges ordinaires d'icelluy; et lesd. Prevost des Marchands et Eschevins de lad. somme de quinze cens escus, et ce des deniers de nostre Espargne, n'en scachant aulcuns autres qui y peussent estre employés, et voullant l'acquisition desd. maisons et terres estre faicte pour le bien de nostre service. Pour ces causes, ayant agréables lesd. prisées et estimations, vous avons commis et depputtez, commettons et depputons par ces présentes, et vous avons donné et donnons plain pouvoir et aucthorité pour et en notre nom contracter tant avec lesd. Prieur et Religieux des Cellestins que Prevost des Marchans et Eschevins de nostred. ville de Paris, et convenir avec eulx pour lesd. maisons et terres, selon la prisée et estimation cy dessus, et pour les partz et portions de terre, au prorata de la quantité qui en sera prise selon ce et ainsy qu'il sera par vous advisé et convenu avec lesd. religieux, lesquels ne seront tenus de la réfection de leur mur et clostures qu'il conviendra abattre et desmolir; ains se fera à nos fraictz et despans. Et moyennant ce que dessus, deschargeons lesd. Religieux desd. six septiers de bled monsture deubz par eulx chacun an à la recepte de nostre domaine pour l'admortissement desquels en sera par lesd. Trésoriers Généraulx faict evalluation eu égard à la qualité de lad. redehvance, pour en estre la somme à laquelle elle se pourra monter deduitte et rabattue sur celle qu'il conviendra fournir ausd. religieux, et le surplus nous leur ferons paier comptant. Et pour seureté du contenu cy dessus en faire et passer ausd. Prieur et religieux des Cellestins, Prevost des Marchans et Eschevins, les contracts, obligations et promesses qui peuvent être requis et nécessaires, lesquels nous avons dès à présent ratiffyés et approuvés, ratiffions et approuvons par ces présentes; car tel est notre plaisir. Donné à Paris, le xxviij° jour d'aoust, l'an de grâce mil six cens ung et de nostre reigne le treiziesme. --- Ainsy signé : Par le Roy en son Conseil : Fayet, — et scellées sur simple queue du grand scel de cire jaulne.

Lesdicts Arrests dudict Conseil et Lettres Patentes cy dessus inserés et transcripts demeurés par devers lesdicts sieurs Commissaires oud. nom.

Maximilian de Bethune, Riolens prieur, de Donon, Lefevre, Hubert, fr. A. Camos, fr. Geuffroy, f. Croset, fr. Carbonnier, f. Barbedor, f. N. Anceau, f. Bourdon, f. de Saintz, soubz prieur, f. Colrant, f. Portier, f. Bernard, f. J. Regnault, f. N. des Nobs, f. Bigot, f. P. du Pont, f. J. Bassine, f. R. de Hardiviller, f. Hierosme Tiremois, f. Charles de la Berardiere, A. Riolens, f. Jehan Cloquet, f. J. Meurisse, f. Godefroy, f. N. Daguet, f. P^{re} Desaint, J. Anceau,
Motelet, Fournyer.

XXVI. – 1er OCTOBRE 1601. — 69.

Vendition au Roi, par les Prévôt des marchands et Échevins de la Ville de Paris, d'une maison sise à Paris, sur le quai des Célestins, pour l'agrandissement de l'Arsenal.

Par devant Jehan Motelet et Simon Fournier, notaires du Roy nostre sire, au Ch^{let} de Paris, soubz^{nés}, fut présent Mre Anthoine Guiot[1], chevallier, sieur de Charmeaulx et Ansac, conseiller du Roy en son Conseil d'Estat et président en sa Chambre des Comptes; nobles hommes Mes Jacques Garnier, conseiller du Roy et auditeur en sa Chambre des Comptes; Jacques Desjardins, sieur de Marchaiz, conseiller du Roy en la prévosté, viconté et siège présidial establys au Chastellet de Paris; Jehan Baptiste Champin, conseiller notaire et secrétaire du Roy, Maison et Couronne de France, et Me Claude de Choilly, bourgeois de ceste ville de Paris, Eschevins de lad. ville; lesquels oud.

[1] Antoine Guiot, élu Prévôt des marchands de Paris le 16 août 1600, mourut en l'exercice de sa charge, en septembre 1602, après avoir résigné en faveur de Balthazar Gobelin son office de président en la Chambre des comptes, «Homme fort gras et replet, et nouvellement marié, ce qui ne lui allongea pas ses jours, au dire d'un chacun» (P. de Lestoile): sa femme était Élisabeth (ou Isabelle) Dolu, qui, devenue veuve, convola en secondes noces avec Jean de Vienne, Sr de Mesmillon, conseiller d'État.

nom ont recongneu et confessé et par ces présentes confessent avoir vendu, ceddé, quicté, transporté et delaissé du tout dès maintenant à tousjours, et promectent oud. nom garantir de tous troubles et empeschemens generallement quelsconcques, au Roy nostre Sire, stipullant pour Sa Ma^té, hault et puissant seigneur, Mre Maximilian de Bethune[1], nobles hommes Mes Francoys Lefebvre et Francoys de Donon, conseillers dud. Sr Roy et Trésoriers Généraulx de France, comme Commissaires commis et depputez par Sad. Ma^té par ses lettres patentes données à Paris le xxviij^e jour d'Aoust dernier, signées Par le Roy en son Conseil: Fayet, et scellées sur simple queue du grand sceau de cire jaulne, expediées et à eulx adressantes suivant certain arrest du Conseil dud. jour attaché esd. lettres, le tout incéré en la fin des présentes, à ce présens, — Une maison sçize à Paris sur le quay des Cellestins, anciennement la rue des Barres, au devant et à l'opposite dudict Arsenac ainsy qu'elle se poursuict et comporte et de fonds en comble, tenant d'une part à une autre maison qui naguères appartenoit aux Celestins de ceste ville de Paris, d'autre part et d'un bout par devant sur le quay des Cellestins et d'autre bout par derriere sur la riviere de Seyne, appartenant à lad. Ville et tenue d'icelle en censive, laquelle moyennant la présente vendition demeurera estainte, pour de lad. maison et appartenances dessus vendue joyr par Sad. Ma^té et en faire et disposer ainsy que bon luy semblera. Cestz présente vente, cession et transport faicts moyennant la somme de quinze cens escuz sol, que pour ce lesd. sieurs Prevost des Marchans et Eschevins oud. nom en confessent avoir eu et receu desd. sieurs Commissaires oud. nom par les mains de noble homme Me Guillaume Hubert, receveur ordinaire et voyer pour le Roy ès ville, prevosté et viconté de Paris, à ce présent présentement, et en la présence des notaires soubz^nés, scavoir: en francz d'argent quatre cens escus; quartz d'escus cinq cens escus; et testons fourniz six cens escus. le tout bon... laquelle somme de quinze cens escuz a esté à l'instant, par lesd. sieurs Prevost des Marchans et Eschevins oud. nom, baillée et mise ès mains de noble homme Me Leon Frenicle, receveur du dommaine, dons et octroys de lad. Ville, à ce présent, dont et de laquelle somme de quinze cens escus lesd. sieurs Prevost des Marchans et Eschevins et Frenicle se sont tenuz comptans et en quictent lesd. s^rs Commissaires oud. nom, Hubert et tous autres. Transportans par lesd. sieurs Prevost des Marchans et Eschevins oud. nom ausd. s^rs Commissaires oud. nom tous droicts de propriété, dessaisissans oud. nom . voullans... procureur le porteur... donnans pouvoir... Promectans... Obligeans oud. nom... Renonceans...

Faict et passé assavoir: par lesd. sieurs Prevost des marchans, Eschevins, Hubert et Frénicle, en l'hostel de lad. Ville de Paris, et par lesd. s^rs Commissaires oud. nom aud. Arsenac, l'an mil six cens ung, le premier jour d'octobre, après midy.

Ensuict la teneur desd. Arrest du Conseil et Lettres Patentes dont cy dessus est faict mention, qui sont demeurées par devers lesd. s^rs Commissaires oud. nom[1].

MAXIMILIAN DE BETHLNE, GUIOT, LEFEVRE, DE DONON, GARNYER, DES JARDINS, HUBERT, DECHAMPIN, DECHOILLY, FRENICLE, MOTELET, FOURNYER.

[1] Mêmes qualités qu'à l'acte qui précède.

[1] Texte identique à celui inséré dans l'acte précédent.

§ 2. CANAL DE BRIARE.

XXVII. — 31 JANVIER 1607. — 185.

«Marché pour l'achapt que faict le Roy de la ferme de la Trousseboisière, proche le canal de Briare*.»

Par devant les notaires au Chastellet de Paris soubzsignez, fut présent Théodore Maubert, sieur de la Bertrandière, demeurant à Orléans, ou nom et comme procureur de M⁴ Jehan Maubert, son père, sieur de Boisgribault, conseiller magistrat au siège présidial dud. Orléans, y dem¹ parroisse S¹ Maurice, de luy fondé de procuration passée par devant Philippe Thuc, notaire tabellion et garde notte royal hereditaire en son Chastelet dud. Orléans, le dix.ᵐᵉ jour dud. présent moys de Janvier, de laquelle il est apparu aux notaires soubz⁶ⁿˢ et qui sera incérée en la fin des présentes, lequel, oud. nom, a recongneu et confessé et par ces présentes confesse avoir vendu, ceddé, quicté, transporté et delaissé du tout dès maintenant à tousjours et promect oud. nom garentir, délivrer et deffendre de tous troubles et empeschemens quelsconcques envers et contre tous toutesfois et quantes que requis en sera, au Roy nostred. seigneur, messire Pomponne de Bellièvre, chancelier de France, messire Nicolas Brullart chevallier, sieur de Sillery, garde des sceaulx de France, et hault et puissant seigneur Maximilian de Bethune, duc de Sully, pair de France, conseiller du Roy en ses Conseilz d'Estat et privé, cappitaine de cent hommes d'armes de ses Ordonnances, grand voyer, grand maistre et cappitaine g⁽ᵃˡ⁾ de l'Artillerie, superintendant des finances et bastimens de Sa Ma¹ᵉ, gouverneur et lieutenant g⁽ᵃˡ⁾ pour Sad. Ma¹ᵉ en Poictou, à ce presens stippulans et acceptans pour Sad. Ma¹ᵉ. — la proprieté du lieu et ferme appellé la Trousseboisière, assize en la parroisse de Briare, ainsy que led. lieu se poursuict et comporte en bastimens, terres labourables, vignes, boys, prez, pasturaiges, censives, rentes, droict de rivière et en toutes et chacune ses autres aisances et appartenances deppendans dud. lieu, sans aulcune chose en excepter, réserver ne retenir; à prendre le tout ainsy qu'il se comporte et poursuict, sans y rien oster ny parfaire par led. vendeur oud. nom, et selon que le tout est plus au long porté, contenu et déclaré tant par certains actes d'arpentaige et mesuraige que icelluy vendeur oud. nom dict en avoir esté naguères faicts par⁽¹⁾ Poulliot, maistre mesureur et arpenteur juré, en vertu de l'ordonnance et en la présence de M⁺ d'Ore, l'un des Trésoriers généraulx de France en la generallité d'Orléans, que par le procès verbal faict par led. s⁺ d'Ore estant sur led. lieu, et selon que led. vendeur oud. nom et ses prédécesseurs ont cy-devant jouy d'icelluy lieu, et appartenances. Lequel lieu a esté estimé valloir sept cens livres de revenu annuel, comme appert par certain acte d'advis faict par messieurs les Trésoriers de France en lad. generallité d'Orléans, le 29ᵉ Aoust dernier, signé Mallier, de Bragelongne et Pierre d'Ore, en conséquence de procès verbal dessus datté et de la commission à eulx adressante pour l'effect du contenu aud. procès verbal du 29ᵉ juing aud. an mil six cens six signée : par le Roy en son Conseil : Baudouyn, et scellée sur simple queue du grand sceau de cire jaulne; — tous les manoirs dud. lieu avec la plus grande partie des terres et héritaiges deppendantz d'icelluy, tenuz en fief, foy et hommaige dud. S⁺ Roy, à cause de son conté de Gien sur Loire et quelque partie en fief ou censif d'autre seigneurie que led. seigneur vendeur oud. nom n'a peu exprimer pour n'estre venuz à sa congnoissance, sur ce enquis par lesd. notaires pour

⁽¹⁾ Lacune dans le texte.

* Cette acquisition fut décidée à la suite d'une visite faite en 1606 des travaux du canal de Briare par François Le Febvre, s¹ de Mormant, trésorier général des Finances et Jean Fontaine; elle avait pour but de permettre «de tirer un canal de la longueur de quatre cens thoises, lequel commencera près l'escluse de l'embousclure qui est à présent, et ira finir au dessoubz d'ung ruisseau qui tombe dans la rivière de Loyre au port de Rivotte, et en ce lieu faire une escluse semblable aux autres». (Cf. Bibl. nat., ms. fr. 18954.)

CONSEIL D'ÉTAT. — DOMAINE ROYAL. 55

sattisfaire à l'Ordonnance pour toutes et sans autres charges, dettes, ny ypothèque quelsconcques, francs et quictes des droictz seigneuriaulx, féodaulx ou censuaulx, casuels, du passé jusques à luy. Et aud. sieur vendeur appartenant de son propre à luy advenu et escheu par la succession de deffuncte dame Suzanne Chausson, sa mère, vivant veufve de feu noble homme M⁰ René Maubert, contrerolleur des guerres pour le Roy, par partage faict des héritaiges et rentes de la succession d'icelle deffuncte entre led. vendeur oud. nom et René Maubert, s⁰ de la Cante et de Vaulxgirault son frère, receu et passé en la présence de Chauvet, notaire Royal aud. Gien le xxij⁰ Mars dernier passé; le tout ainsy que led. s⁰ vendeur oud. nom a dict, pour de tout ce que dessus vendu joyr, faire et disposer par Sad. Ma⁰⁰ ainsy que bon luy semblera.

Cestz vente, cession et transport faictz ausd. charges desd. droictz seigneuriaulx, feodaulx ou censuels, et outre, moyennant la somme de dix huict mil livres tournoys que pour ce led. vendeur oud. nom en confesse avoir eu et receu de Sad. Ma⁰⁰ par les mains de noble homme M⁰ Raymond Phelipeaux, conseiller du Roy et Trésorier de son Espargne, à ce présent, des deniers de sa charge comme il a dict. De laquelle somme de dix huict mil livres tournoys led. vendeur oud. nom s'est tenu pour comptant et en a quicté et quicte Sad. Ma⁰⁰, lesd. sieurs de Bellièvre, de Sillery et led. sieur duc de Sully et Phelipeaux susd. et tous aultres; transportant par led. vendeur oud. nom à Sad. Ma⁰⁰, en ce faisant, tous droictz de propriété, fondz et tresfondz et autres choses qu'il a et peult prétendre en ce que dessus vendu, dont de tout il s'est dessaisy, desmis et devestu, pour et au proffict de Sad. Ma⁰⁰ et ses hoirs et ayans cause, voullant qu'ils en soient saisis par qui et ainsy qu'il appartiendra. Et pour ce faire, led. vendeur oud. nom, faict et constitue son procureur yrrévocable le porteur des présentes, auquel il donne pouvoir de ce faire et tout ce qui sera nécessaire. Promettans... Obligeans oud. nom... Renonceans.

Faict et passé, assavoir: par lesd. s⁰⁰ de Bellièvre et de Sillery en leurs maisons, et par led. duc de Sully en l'Arsenac du Roy à Paris, et par lesd. s⁰⁰ Théodore Maubert oud. nom et Phelipeaux en la maison dud. s⁰ Phelipeaux, l'an mil six cens sept, le trente ung⁰⁰⁰ et dernier jour de Janvier, après midy.

Ensuict la teneur de lad. procuration dont cy dessus est faict mention.

A tous ceulx qui ces presentes lettres verront, Jehan Cardinet, seigneur du Bois des Armes, conseiller du Roy nostre sire, maistre des Requestes ordinaires de l'hostel la Royne, prévost des Chastellet, chastellenye et prévosté d'Orléans, conservateur des privilèges royaux de l'Université dud. lieu, salut. Scavoir faisons que par devant Philippes Thue, notaire, tabellion et gardenottes royal héréditaire en son Chastellet d'Orléans, fut présent en sa personne noble homme maistre Jehan Maubert, sieur de Boisgibault, conseiller magistrat au siège présidial d'Orléans, demeurant en ceste ville d'Orléans, parroisse Sainct Maurice, lequel a faict et constitué son procureur général et certain messager spécial, Théodore Maubert, son fils, auquel seul, portant et moustrant ces présentes, il a donné et donne plain pouvoir, puissance, auchtorité et mandement exprès de pour luy et en son nom, soy transporter exprès de ceste ville d'Orléans jusques à la ville de Paris, ou en tout autre lieu que besoing sera, affin de faire vente, cession, delais et transport pour tousjours, et promectre garentir, delivrer et deffendre de tous troubles ou empeschemens quelsconcques envers et contre tous, toutesfois et quantes que requis en sera, au Roy, Nostre dict Seigneur, Messieurs ses commissaires et députez par Sa Majesté, la propriété du lieu et ferme appellé la Trousseboisière, assis en la parroisse de Briaire, ainsy que led. lieu se comporte et poursuict, en bastimens, terres labourables, vignes, bois, prez, pasturaige, censives, rentes, droictz de rivierre et en touttes et chascunes ses aultres aysances et appartenances dépendans dud. lieu, sans aulcune chose en excepter, reserver ne retenir; à prendre le tout ainsy qu'il se comporte et poursuict sans en rien oster ne parfaire par led. sieur constituant et selon que le tout est plus au long porté, contenu et déclairé tant par certain acte d'arpentaige et mesuraige que led. sieur constituant dict avoir esté de naguerre faict par Pouillot, maistre mesureur et arpenteur juré, en vertu de l'Ordonnance, et en la présence de Monsieur Dore, l'un des Trésoriers généraux de France en la généralité d'Orléans, que par le Procès Verbal faict par led. sieur Dore estant sur led. lieu, et selon que led. sieur constituant et ses prédécesseurs ont cy devant jouy d'icelluy lieu et appartenances; tous les manoirs dud. lieu, avec la plus grande partie des terres et héritages dépendans d'icelluy en fief, foy ou hommage dud. sieur Roy, à cause de son conté de Gien sur Loire, en quelque partie en fief ou censif d'aultres seigneurs que led. sieur constituant n'a peu exprimer pour n'estre venuz à sa congnoissance. Appartenant tout led. lieu et deppendance d'icelluy, aud. constituant de son propre à luy advenu et escheu de la succession de deffuncte dame Suzanne Chausson, sa mère, vivant veufve de deffunct noble homme m° René Maubert, contrerolleur des guerres pour le Roy, par partaige faict des héritaiges et rentes de la succession d'icelle deffuncte entre led. constituant et René Maubert sieur de la Cante et de Vaugirault, son frère, receu et passé en la présence de Chauvet, notaire Royal aud. Gien, le xxij° jour de Mars dernier passé; faire lad. vente de lieu aux charges desd. droictz seigneuriaulx, féodaulx ou censuels, franc et quicte des arreraiges et proflicts d'iceulx droictz et de touttes autres charges, debtes et ypothecques quelsconcques du passé jusques au jour que led. contract de vente sera passé et accordé; soy dessaisir par sond. procureur d'icelluy lieu et appartenances, ensemble soy desmettre des foy, hommaiges, respect et souffrance en quoy il est et peult estre tenu pour ce, au proflict du Sieur Roy nostre Sire, ses hoirs et ayans cause, et l'en saisir et vestir par led. contract de vente, et ce, à tel pris et somme de deniers que Sad. Ma'° et Messieurs de son Conseil jugeront estre raisonnable avec sond. fils et procureur; recepvoir le prix et somme de deniers par sond. procureur, et sur le tout en faire et passer aud. S' Roy, tel contract de vente, délais, transport, quictance, dessaisine, saisine, promesses, obligations, clauses et conditions que besoin sera et le cas le requierra, en présence des notaires et secrétaires de Sa Ma'°, ou autres personnes que Sad. Ma'° y vouldra commeectre. Et à la susd. garantie y obliger led. constituant et tous et chascuns ses biens tant meubles que immeubles présens et advenir tant et si avant que le cas le requierra. Lequel contract de vente led. constituant promect avoyr pour agréable, le tenir et entretenir ferme et stable, tout ainsy que sy luymesme en personne l'avoict passé et accordé, suppliant Sa Ma'° et Messieurs du Conseil le vouloir excuser de ce qu'il ne peult aller en personne les trouver pour passer led. contract, au moyen de son antien aage et caducité de sa personne. Et généralement donne pouvoir à sond. fils et procureur de faire, dire et procurer pour luy en ce que dessus tout ainsy qu'il feroit et faire pourroit sy présent en sa personne y estoit, jaçoit que le cas requist mandement plus spécial. Promectant led. sieur constituant, par sa foy, pardevant Nous, non venir contre ce qui sera faict par sond. procureur en vertu des présentes et encore l'avoir pour agréable, soubz l'obligation de tous ses biens qu'il a soubmis à la jurisdiction et contraincts de lad. prévosté d'Orléans et à toutes autres. En tesmoing de ce, nous au relat. dud. notaire, avons faict seeller ces présentes du seel aux contracts de lad. prévosté d'Orléans, qui faictes et passées feurent en présence de Philippe Le Soullet et Noël Regnyer, clercs, demourans aud. Orléans, pour tesmoings, le mercredy diziesme jour de janvier, l'an mil six cens et sept, en l'hostel dudict sieur constituant, après midy. La minutte des présentes est signée dud. sieur constituant, ensemble desd. notaires et tesmoings, suyvant l'ordonnance du Roy, nostre sire. Ainsi signé : Thue, et scellé en placart de cire rouge. Ce faict, lad. procuration rendue aud. Théodore Maubert.

M. DE BÉTHUNE, BELLIÈVRE, BRULART, T. MAUBERT, PHELYPEAUX, MOTELET, FOURNYER.

§ 3. SEIGNEURIE D'ANTIBES.

Henri IV attachait la plus grande importance à la situation militaire d'Antibes; le 24 mai 1601 il écrivait à Sully : « Mon cousin, vous sçaurez combien il importe à mon service que la fortification de ma ville d'Antibes soit achevée, estant en tel estat maintenant, qu'il est très facile non seulement de la forcer, mais aussy de la surprendre, comme m'a remonstré ce porteur, que les habitans ont envoyé vers moy..... C'est pourquoy je vous prie d'ouyr les ouvertures que vous fera ce dict porteur au nom desdicts habitans, offrant de faire un bastion à leurs despens et de s'éverteur pour achever ladicte fortification, si je les veux assister, chose que je désire grandement, cognoissant combien il importe à mon service d'asseurer ladicte place et les aultres dudict pays. »

Aussi, lorsque la seigneurie d'Antibes fut mise en vente en 1607, Henri IV voulut-il s'en rendre acquéreur. Elle appartenait alors pour moitié (trente-six parts) à Alexandre Grimaldi, que l'on appelait et qui signait Alexandre de Grimault; l'autre moitié était partagée entre le duc de Mayenne pour vingt-quatre parts, aux droits d'Henrye de Savoye sa femme; Jacques Bresson, pour six parts; le descendant des anciens seigneurs d'Antibes : René de Grasse, sieur de Saint-Tropez, pour cinq parts; et les hoirs Bompar pour une part, ce qui faisait en tout soixante-douze parts.

Le duc de Mayenne, Alexandre Grimaldi, Jacques Bresson et les hoirs Bompar émirent des prétentions excessives, prenant pour base d'évaluation des droits seigneuriaux, cens et tasques un revenu de 8,797 ᵗᵗ 10 s., et des domaines particuliers un revenu de 3,936 ᵗᵗ, soit un revenu total de 12,733 ᵗᵗ 10 s. Les trésoriers généraux de Provence, après une expertise très complète, que nous publions *in extenso*, n'avaient évalué ce revenu total qu'à 6,745 ᵗᵗ 4 s.; ces prétentions motivèrent la lettre suivante, qu'Henri IV écrivit à Sully, le 11 septembre 1608 : « ... Pour le fait d'Antibe, puisque Monsieur du Maine et ceux d'Antibe me veulent survendre leur terre, je leur permettray de la vendre à qui ils voudront, mais je mettray un Gouverneur dans la Place à ma dévotion, qui leur donnera de la peine en la jouissance de leur bien... »

Cette menace produisit un effet immédiat, car douze jours après, le 23 du même mois, le duc de Mayenne et Alexandre Grimaldi acceptèrent les résultats de l'expertise.

Toutes ces procédures existent également aux Archives des Bouches-du-Rhône où elles constituent un registre in-f°, coté B. 1325 (Cour des Comptes de Provence).

XXVIII. — 23 SEPTEMBRE 1608. — 223.

VENDITION AU ROI, PAR ALEXANDRE DE GRIMAULT, ÉCUYER, SIEUR D'ANTIBES, DE SA PORTION ($\frac{36}{72}$) DE LA SEIGNEURIE D'ANTIBES, MOYENNANT LA SOMME DE 132,791 ᵗᵗ 5 SOLS.

PROCÈS-VERBAUX, Y ANNEXÉS, DES PROCÉDURES FAITES POUR L'ESTIMATION DE LA TERRE ET SEIGNEURIE D'ANTIBES, PAR ANTOINE DE SERRES ET JEAN GARRON, TRÉSORIERS GÉNÉRAUX DE FRANCE EN LA GÉNÉRALITÉ DE PROVENCE.

Par devant François Herbin et Simon Fournyer, notaires et garde nottes du Roy nostre Sire en son Chastellet de Paris, soubzsignez, fut présent Alexandre Grimault[1], escuyer, sieur d'Antibes en partie, demeurant aud. Antibes en Provence, lequel, de son bon gré, a recongneu et confessé et, par ces présentes, confesse avoir vendu, cedé, quité, transporté et délaissé du tout dès maintenant à tousjours et promect garentir de tous troubles et empeschemens quelzconcques, au Roy. nostre Sire, messire Nicolas Brulart, chevallier, sieur de Sillery, chancellier de France, et hault et puissant seigneur messire Maximilian de Bethune, duc de Sully, pair de France, marquis de Rosny, conseiller du Roy en ses Conseilz d'Estat et privé, grand voyer, grand maistre et cappitaine général de l'Artillerie de France, superintendant des finances et bastimens de Sa Ma⁽ᵗᵉ⁾, à ce présens, stippullans et acceptans pour Sad. Ma⁽ᵗᵉ⁾, — les six parts et portions par indivis, les douze faisant le tout, de la terre et seigneurie d'Antibes, seize aud. pays de Provence, se consistant en haulte, moyenne et basse jurisdiction, avec mère, mixte impère, puissance de glaive[2],

---

[1] Alexandre Grimaldi, qui signait Alexandre de Grimault d'Antibe, et parfois Intibo seulement, était le troisième fils de René Grimaldi, seigneur d'Antibes, de Cagnes et de Corbons, chevalier de l'Ordre du Roi, mort en 1594, et de Yolande-Claude de Villeneuve, fille de Claude de Villeneuve, marquis de Trans et d'Isabeau de Feltros. Il épousa Julie de La Rovère dont il n'eut que Marguerite Grimaldi, mariée à Melchior Puget, seigneur de Saint-Marc. Alexandre Grimaldi, qui avait conservé la seigneurie de Cagnes, mourut en 1630.

[2] « *Merum antem imperium est habere gladii potestatem, ad animadvertendum in facinorosos homines : quod etiam potestas appellatur.* » La puissance de glaive impliquait le droit d'avoir fourches patibulaires, piloris, échelles et carcans. La

droict d'instituer et destituer officiers aud. lieu, droict de greffe, amendes et peynes municipalles[1], droicts d'albergue[2], de taxques[3], cens et services, lodz et ventes, passaige sur le bestial menu estranger, faculté de dépaistre, l'aisde[4] sur le poisson salé et huile estrangers, droict de *Jus patronnat* en l'Église paroichialle dud. Antibes, dixmes des fruictz qui se recueillent au terrouer dud. lieu, droicts de moulins et fours bannaux, et en toutes et chacune ses autres aisances et appartenances.

Item, la part et portion qui appartient aud. sieur vendeur au Chasteau seigneurial dud. Antibes, maisons et bastimens qui en deppendent.

Item, le total des héritaiges cy après déclarez, assavoir: une maison, avec son magazin, assize en la rue du Port, aud. Antibes; item ung jardin assiz aud. Antibes rue du Puy Neuf; item une terre au devant de la Ville, entre le grand bastion, la rue de la Font et celle de Sainct Sebastien, de tenue de cinq septiers de sepmence[5]; item une autre terre de six septiers de sepmence, hors le grand bastion; item une autre terre hors les murailles Sainct Sebastien jusques au vallon de Laval, avec ce que contient l'entredeux dud. bastion et lad. muraille, qui est en sepmence huict septiers; item, les terres de Lauvert, de dix huict septiers de sepmence; item la terre et possession de la Faissade Grimaulde, qui contient soixante septiers de semence; item le bastiment, vigne et terre de la Vielhe, la vigne portant dix septiers de sepmence et les terres quarante; item une autre terre de six septiers au Moulin; item une autre terre au quartier de Brague, dicte Canasquière, de dix septiers de sepmence; item, la terre des Molières aud. Antibes, de treize septiers; item la terre dicte les Faisses de Cavasse, portant huict septiers de sepmence; item le pré dict de Ponme, de vingt journées d'hommes; item le pré de Deffence, de quinze journées d'homme; et généralement tous autres droicts qui peuvent appartenir aud. sieur vendeur en lad. terre d'Antibes. Le tout, sans aucune chose en retenir ny réserver par led. sieur vendeur et selon qu'il est plus au long porté par certain procès verbal faict par Mes Anthoine de Serre[1] et Jehan Garon[2], conseillers du Roy et trésoriers généraulx de France en la généralité de Provence, sur la prisée et estimation et evaluation du revenu, proffictz et esmolumens de lad. terre et seigneurie d'Antibes et de la maison et chasteau dud. lieu, ses circonstances et deppendances, suivant les lettres patentes de Sa Ma[té], du second jour de Juing mil six cens sept, par lequel appert le total d'icelle terre valloir de revenu par chacun an six mil sept cens quarante cinq livres quatre sols, qui est pour lesd. portions dud. sieur vendeur trois mil sept cens quatre vingtz quatorze livres cinq sols. Signé en fin : Serre et Garon; et plus bas : par Mesd. Seigneurs les Trésoriers généraulx de France : Chais[3]; led. procès verbal inséré en la fin des présentes.

Tenue et mouvante lad. terre et seigneurie d'Antibes, de Sad. Ma[té] à cause de son Conté de Pro-

---

haute justice connaissait notamment de tous les crimes commis dans l'étendue de sa juridiction, hormis les cas royaux; la moyenne justice: «*Mixtum imperium*», connaissait des délits ainsi que des actions civiles réelles, personnelles et mixtes, à l'exception également des cas réservés aux juges royaux.

[1] Répression des délits commis contre les propriétés et des infractions aux règlements de police municipale.

[2] Certains seigneurs avaient le droit de pouvoir loger (*alberger*) avec leur suite dans les maisons de leurs vassaux. Dans l'usage, ce droit a été racheté par l'obligation imposée à la communauté des vassaux de payer au seigneur une rente annuelle, soit en deniers, soit en grains : les rentes de cette nature avaient conservé le nom d'Albergues ou d'Albergos.

[3] Droit que le seigneur lève, au temps de la moisson, sur les fruits de la terre qui y sont sujets.

[4] Le droit de «Lesdes était d'un sou par baril de poisson salé et d'une *cassette* pour chaque charge d'huile.

[5] En Provence, comme dans quelques autres provinces qui n'employaient pas les différentes sortes d'arpents comme mesure de superficie, on mesurait les terres selon la quantité de setiers de semences qu'elles pouvaient recevoir. Ces quantités étaient variables selon la nature des terres, que l'on distinguait ordinairement en trois classes : la bonne terre, la terre commune qui se semait d'un cinquième en moins que la bonne, et la mauvaise qui se semait d'un sixième en moins que la commune. De plus, la capacité du setier était elle-même variable selon les localités. La sêterée, mesure nouvelle, n'était pas plus que l'ancienne, une mesure uniforme, elle variait du simple au double et même au triple, suivant la nature de la terre (de 15 ares à 43 ares environ). On écrivait indifféremment, pour setier : sestié, sestié, sostier, septier, ceptier, cestier; pour sêterée : sesteirée, cesteirée, cesteirée, et pour les prés : sechéirée, séchoirée, seichoirée, suivant l'habitude ou la fantaisie des scribes.

---

[1] Fils de noble homme Thomas de Serre, conseiller du roi et trésorier général de la marine du Levant, mortes-payes, fortifications et réparations de Provence, et de dame Marie de Labia. Antoine de Serre, un des plus anciens, sinon le doyen des trésoriers généraux de France en Provence, avait, à Aix, la jouissance de la maison de la Trésorérie dès 1590.

[2] Jehan Garron avait été pourvu très jeune de l'office de trésorier général de France; il avait obtenu, en 1599, un congé illimité pour continuer ses études spéciales. On conserve, aux Archives des Bouches-du-Rhône, ses «Visites» au pont d'Entrecasteaux, à la maison du roi à Draguignan, au pont de la Brague, près d'Antibes et aux greniers à sel de Cannes et de Fréjus (B. 1320).

[3] Isaac Chais (ou Chaix) devint, plus tard, conseiller auditeur et «archivaire» à la Cour des Comptes de Provence. C'est en cette qualité qu'il reçut, en 1622, les reconnaissances des droits, directes et censives du roi en la ville d'Antibes, faites devant Claude des Rolands, second président à la Cour des Comptes (B. 902).

vence, et chargée envers elle des droicts et debvoirs seigneuriaulx ou féodaulx quand le cas y eschet, pour toutes et sans aultres charges, debtes ny ypothecques quelzconques, franche et quicte lad. terre pour lesd. portions dessus vendues desd. droicts et debvoirs du passé jusques à huy. Et aud. sieur vendeur appartenant de son propre ainsy qu'il a dict et affirmé; pour desd. six parts ou portions dessus vendues joir par Sad. Ma^{té} et ses successeurs et en faire et disposer ainsy que bon luy semblera.

Cestz vente cession et transport faictz à la charge desd. droictz seigneuriaulx et féodaulx pour portion; et oultre moyennant la somme de cent trente deux mil sept cens quatre vingtz unze livres cinq sols tournois, à laquelle somme lesd. partyes ont convenu et accordé pour lesd. six portions desd. droictz seigneuriaulx, dommaine et jurisdiction de lad. terre, y comprins lad. portion dud. chasteau, maisons et aultres bastimens, qui est à la raison du denier trente cinq.

Sur laquelle somme lesd. seigneurs de Sillery et duc de Sully, pour et au nom de Sad. Ma^{té}. ont promis et promettent faire bailler et payer comptant aud. sieur vendeur ou au porteur, dans luy, par noble homme Me Vincent Bouhier, conseiller du Roy, trésorier de son Espargne estant de présent en charge, la somme de dix mil livres tournois [1]; et quand au surplus desd. cent trente deux mil sept cens quatre vingtz unze livres cinq sols tournois, Sad. Ma^{té}, pour plus grande seureté de la présente acquisition, et à cause des substitutions faictes sur les portions de lad. seigneurie d'Antibes appartenans aud. Sr Grimault par ses bizayeul, ayeul et père, et suivant l'advis du sieur du Vair [2], Premier Président à Aix

en Provence, et desd. sieurs Trésoriers de France aud. lieu, ainsy que lesd. partyes ont dict, luy fera employer, scavoir : la somme de trente six mil livres tournois en héritaiges au proflict dud. sieur vendeur, mesmes à l'achapt de la part et portion qui appartient à mes seigneur et dame les duc et duchesse de Mayenne en la terre de Caigne, en laquelle led. sieur vendeur a la plus grande part, ou cas qu'ilz la voulsissent vendre; et les quatre vingtz six mil sept cens quatre vingtz unze livres cinq sols tournois restans, en l'acquit et payement des légitimes legats et debtes, lesquelles doibvent estre prinses sur lad. seigneurie d'Antibes, nonobstant les substitutions faictes par Nicolas, Gaspard et René de Grimault [3], bisayeul, ayeul et père dud. de Grimault. Et moyennant ce, la part qui pouvoit demeurer substituée en lad. seigneurie d'Antibes est transférée sur ce qui sera acquis desd. trente six mil livres tournois, et mesmes sur lad. terre de la Caigne, ou cas que l'acquisition desd. trente six mil livres tournois ne se trouvast suffisante, sans qu'à l'advenir ceulx qui pourroient estre appellez par les substitutions desd. de Grimaulds puissent prétendre

---

quelques détails qui ne figurent pas dans nos Actes : «Nous, Guillaume du Vair, conseiller du Roy en ses Conseils d'Estat et privé, et Premier Président en son Parlement d'Aix en Provence, confessons avoir receu comptant de Me Vincent Bouhier, s^r de Beaumarchais, conseiller au Conseil d'Estat de Sa Ma^{té} et Trésorier de son Espargne, la somme de douze cens livres à nous ordonnée par led. sieur pour nos fraiz, journées et vaccations par nous employés à l'exécution de deux commissions que le feu Roy dernier décédé nous auroit adressées à nos s^rs de Serres, trésorier g^{al} de France en Provence, la première pour faire ordre des créanciers ayans droict d'ypotecque sur la terre et s^{rie} d'Antibes, pour la distribution de la somme de 86,711^{ll},5^s restans à acquiter du prix de l'achapt de lad. terre, à quoy nous aurions vacqué en la Ville d'Aix, lieu de nostre résidence, depuis le xij^e Janvier mil six cens neuf jusques au xxe Mars ensuivant; et l'autre, pour faire payer lesd. créanciers suivant led. ordre et nous transporter sur les lieux affin de mettre Sa Ma^{té} en réelle et actuelle possession de lad. terre et s^{rie} et en affermer le revenu; à l'exécution de quoy nous aurions vacqué scavoir : en lad. Ville d'Aix depuis le ij^e juillet jusques au xxiie Aoust, et à Antibes et autres lieux où nous nous serions transportez, comprins nostre retour en lad. Ville d'Aix, depuis le ve septembre jusques au xiie Octobre aud., au mil six cens neuf, qui est en tout cinq mois, assisté dud. s^r de Serres et de Me Pierre Daviar pris pour nostre greffier, le tout selon et suivant la taxe qui nous en a esté faite au Conseil du Roy, arresté par monsieur Arnaud, Intendant des Finances de Sa Ma^{té}. De laquelle somme etc.» (Bibl. N^{le} mss. P. O. 2909.)

Les vacations des trésoriers de France avaient été réglées par arrêt du Conseil d'État du 22 juillet 1609 (Arch. nat^{les}, E. 23^a, f° 129).

[3] Nicolas Grimaldi, seigneur d'Antibes, de Cagnes et de Corbons, fils de Gaspard et de Marguerite Lascaris, et cousin germain de Lucien Grimaldi, prince de Monaco, avait épousé Charlotte de Villeneuve, de qui il eut Gaspard Grimaldi, mort en 1578, laissant de Jeanne de Quiqueran seize enfants, dont René Grimaldi, père d'Alexandre.

---

[1] La quittance de cette somme de dix mille livres ne fut signée que le 8 octobre suivant.

[2] Guillaume du Vair, conseiller clerc au Parlement de Paris, maître des Requêtes (1595), Premier président du Parlement de Provence (1595), à Aix, où il habitait le Palais Royal, garde des sceaux de France (1616), évêque et comte de Lisieux (1617), naquit à Paris, le 7 mars 1556, de Jehan du Vair, procureur général de Catherine de Médicis, et de Barbe Le François. Il mourut le 3 août 1621, à Tonneins, où il suivait le roi pendant le siège de Clerac, et fut inhumé dans la chapelle du collège des Bernardins, à Paris.

Guillaume du Vair était un homme «d'une figure majestueuse et dont la réputation de capacité et de grande intégrité était reconnue même par ses adversaires. Écrivain et orateur distingué, il a laissé des traités de la *Sainte Philosophie*, sur l'*Éloquence française*, des *Plaidoyers* et des *Harangues*; ses œuvres ont été réunies en un volume in-f^o publié en 1641.

C'est seulement le 8 mai 1611 qu'il fut remboursé des dépenses de ses missions relatives à Antibes, ainsi qu'il résulte de la quittance dont le texte, qui suit, fait connaître

aucun droict sur lad. terre d'Antibes, laquelle, moyennant le susd. remplacement et pour l'importance de sa scituation et du port de mer et des fortifications que Sad. Ma{sup} y veult faire, demeurera perpétuellement à Sad. Ma{sup}; et, en faisant le payement des susd. sommes, sera faict cession et transport au proffict de Sad. Ma{sup} par ceulx qui recevront lesd. deniers, desd. légitimes légats et debtes antiennes, de leurs droictz, actions et ypothecques qu'ilz pourront avoir pour raison de ce. Et pour cest effect, fera Sad. Ma{sup} délivrer commission ausd. Sieurs Président de Vair et de Serre, trésorier de France, pour l'exécution de lad. cession; ensemble de l'ordre qu'il sera besoing de faire pour la délivrance desd. deniers ausd. créantiers [1]. Et a esté accordé que jusques à ce que lesd. cent vingt deux mil sept cens quatre vingtz unze livres cinq sols soient employez à l'effect que dessus, sera payé par chacun an aud. sieur vendeur la somme de trois mil cinq cens huict livres six sols tournois six deniers pour le proffict d'iceulx, qui est à raison du denier trente cinq. Transportant en ce faisant par led. sieur vendeur à Sadicte Majesté tous droicts de propriété et autres quelzconcques qu'il a et peult avoir èsd. portions dessus vendues; dessaisissant ... voullant... procureur le porteur... donnant pouvoir... Promectans... Obligeans chacun endroict soy lesd. sieurs de Sillery et duc de Sully oud. nom... Renonceans...

Faict et passé au Conseil d'Estat tenu au Louvre, à Paris, l'an mil six cens huict, le vingt troisiesme jour de septembre, avant nuidy. Ensuict la teneur dud. procès verbal desd. M{sup} Anthoine Serre et Jehan Garron dont cy-dessus est faict mention, qui est demeuré attaché à la minutte des présentes.

BRULART, M. DE BÉTHUNE, ALEXANDRE DE GRIMAULT D'ANTIBO, HERBIN, FOURNYER.

« PROCÈS-VERBAL ET PROCÉDURES FAICTES PAR NOUS ANTHOINE DE SERRE ET JEHAN GARRON, CONSEILLERS DU ROY, TRÉSORIERS GÉNÉRAULX DE FRANCE EN LA GÉNÉRALITÉ DE PROVENCE, SUR LA PRISÉE, ESTIMATION ET EVALUATION DE REVENU, PROFFICTS ET ESMOLUMENTS DE LA TERRE, SEIGNEURIE ET JURIDICTION D'ANTIBES, ET DE LA MAISON ET CHASTEAU SEIGNEURIAL DUDICT LIEU, SES CIRCONSTANCES ET DEPPENDANCES, SUIVANT LES LETTRES PATTENTES DE SA MAJESTÉ DU SECOND JUING MIL SIX CENS SEPT. »

Scavoir faisons à tous qu'il appartiendra, Nous Anthoine de Serre et Jean Garron, conseillers du Roy, Trésoriers généraulx de France en Provence, que du cinqiesme juillet mil six cens sept, ayant le sieur Alexandre Grimaud, sieur d'Antibes, présenté les lettres pattentes du Roy adressantes à messieurs les Trésoriers généraulx de France, noz confrères, du deuxiesme Juing dernier, par lesquelles Sa Ma{sup} ordonne que, appellé son procureur au siège de Grasse, ils ayent à depputer deux d'entre nous pour se transporter aud. Antibes, et appeller gens expertz et congnoissans qui seront nommez de la part de Sad. Ma{sup}, avec ceux qui seront aussy choisis de la part du seigneur duc de Mayenne, dud. sieur de Grimaud et des autres deux propriétaires de la terre, jurisdiction et seigneurie dud. Antibes, procéder à la prisée, estimation et évaluation du revenu, proffictz et esmoluments d'icelle terre et jurisdiction, ensemble de la maison et chasteau seigneurial dud. lieu, ses circonstances et deppendances, dresser du tout procès-verbal et l'envoyer à Sa Ma{sup} pour servir à l'eeffaict de son intention, suivant laquelle nous avons esté depputez pour l'exécution desd. lettres.

Et le quinziesme septembre aud. an six cens sept, Charles de Mimata, escuyer, et Guillaume Legier, bourgeois de la Ville d'Aix [1], ont esté commis pour expertz de la part du Roy.

Et après avoir veu lesd. lettres pattentes, et icelles receues avec l'honneur qu'il appartient, et les ordonnances desd. Sieurs Trésoriers généraulx de France, nos collègues, avons ordonné qu'il sera par nous procédé aud. affaire, et, pour cest effaict, prins résolution de partir de lad. ville d'Aix avec lesd. expertz, le second du mois de Janvier de l'année prochaine mil six cens huict, pour accéder aud. Antibes, et que les susd. lettres pattentes et ordonnances seront cy après transcriptes.

---

[1] Un arrêt du Conseil d'État, du 24 octobre 1609, valida les payements faits par le trésorier de l'Épargne aux créanciers d'Alexandre Grimaldi (Arch. Nat{sup}, E, 24{sup}, f° 180). Ces créanciers étaient : 1° les enfants de Gaspard Grimaldi et de Jeanne de Quiqueran, savoir : Claude Grimaldi (9,000{sup}), Camille Grimaldi (5,859{sup}), veuve de Gaspard de Brancas, et Julie Grimaldi (660{sup}), femme de Françoys de Rousset; 2° Camille et Julie Grimaldi, filles de René et petites-filles de Gaspard : la première, femme d'Annibal de Forbin (13,800{sup}), et la seconde, femme d'Aleman de Glandevez (13,205{sup}); Honoré Grimaldi, leur frère aîné (27,593{sup} 3'); 3° Laurent de Fortis et Etienne de Sabran (12,199{sup} 2'); Honoré, Vincent et Jacques Guide (3,600{sup}) et Jean Martin (875{sup}) [cf. Arch. des Bouches-du-Rhône, B. 1325].

[1] Guillaume Legier avait été commissaire général des vivres.

CONSEIL D'ÉTAT. — DOMAINE ROYAL.

Teneur des Lettres patentes :

Henry, par la grâce de Dieu, Roy de France et de Navarre, Comte de Provence, Forcalquier et terres adjacentes, à nos amez et féaulx Conseillers les Trésoriers générault de France establis aud. pays, Salut.

Désirant, pour certaines bonnes considérations, estre particulièrement informez de la quallité, valleur et revenu de la terre, jurisdiction et seigneurie d'Antibes, de laquelle les quatre parts appartiennent à nostre cher cousin le duc de Mayenne, les six portions au sieur Alexandre de Grimaud, sieur dud. Antibes, et les deux autres à aucungs conseigueurs :

A ces causes, nous voullons et vous mandons qu'appellé avec vous nostre procureur au siège de Grasse, vous ayez, ou deux de vous qui seront à cest effaict commis par les autres, à vous transporter aud. Antibes pour appeller à ce gens expertz et congnoissans qui seront par vous nommez de nostre part, avec ceux qui seront aussy choisis de la part des propriétaires, procéder à la prisée et estimation et evaluation du revenu, profficiz et esmolumens de la terre, seigneurie et jurisdiction dud. Antibes, ensemble de la maison et chasteau seigneurial dud. lieu, ses circonstances et deppendances, dont vous dresserez bons et amples procès-verbaux, lesquelz vous nous envoyerez aussitost signez et certifiez de vous, de nostre procureur et desd. expertz, pour servir à l'effaict de nostre intention. Et à ce faire, vous avons donné et donnons plain pouvoir, puissance, auctorité, commission et mandement spécial; mandons à tous nos justiciers, officiers et subjectz qu'à vous, ce faisant, soict obey; car tel est nostre plaisir. Donné à Fontainebleau le second de juing, l'an de grâce mil six cens sept et de nostre reigne le dix huictiesme. Signé : Henry. Et plus bas : Par le Roy, comte de Provence : Brulart. Scellées sur simple queue, du grand seel en cire jaulne.

Ordonnance desdicts sieurs, Trésoriers générault.

Du cinquiesme juillet mil six cens sept, assemblez dans la maison du Roy ditte la Trésorerie, Messieurs Maistres Henry de Serre, Anthoine de Serre et Jean Garron, Conseillers du Roy, Trésoriers générault de France, pour traicter des affaires de Sa Maᵗᵉ :

Par le sieur de Grimaud, sieur d'Antibes, a esté rendu un pacquet du Roy à nous adressant, lequel ouvert avons trouvé les lettres pattentes de Sa Maᵗᵉ du second Juing dernier, signées Henry et plus bas, Par le Roy en son conseil : Brulart, scellées sur simple queue du grand seel en cire jaulne, par lesquelles le Roy nous mande qu'appellé son procureur au siège de Grasse, nous ayons deux de nous à nous transporter aud. Antibes pour, appellez à ce gens expertz et congnoissans qui seront par nous commis de la part de Sa Maᵗᵉ avec ceux qui seront aussy choisis de la part des propriétaires de la terre dud. Antibes, procéder à la prisée, estimation et évaluation du revenu, profficit et esmolumentz de lad. terre et jurisdiction d'Antibes, ensemble de la maison et chasteau seigneurial dud. lieu, ses circonstances et deppendances et le tout en dresser procès-verbaulx et les envoyer au Roy pour servir à l'eeffaict de l'intention de Sa Maᵗᵉ.

Après avoir esté faicte lecture desd. lettres pattentes et de la lettre de Monsieur le duc de Sully pour cest effect :

A esté ordonné que lesd. lettres pattentes seront enregistrées pour estre exécutées selon leur forme et teneur, et pour cest effaict, ont esté commis et depputez Mᵉˢ Anthoine de Serre et Jehan Garron, conseillers du Roy, Tresoriers générault de France.

Autre ordonnance et depputation d'experts :

Du quinzeiesme septembre aud. an mil six cens sept, dans lad. maison du Roy, assemblez messieurs de Serres, Anthoine Bionneau[1], Garron et Gilbert Badier[2], Trésoriers générault.

A esté proposé par Messieurs, que suivant lesd. lettres patientes, il est requis et nécessaire nommer deux expertz de la part du Roy, pour le faict de lad. commission.

A quoy a esté par iceulx résolu de nommer Mᵉˢ François Charles de Mimata et Guillaume Legier.

Advenant le susd. jour second janvier mil six cens huict, nousd. Conseillers du Roy, Trésoriers générault de France, sommes partis de lad. Ville

---

[1] Antoine Bionneau, fils aîné de noble homme maître Jean Bionneau, secrétaire de la Chambre du roi, commis à l'extraordinaire des guerres en Provence, en 1588, avait eu d'abord la charge de trésorier et receveur général de la marine du Levant et des réparations, fortifications et mortes-payes de Provence, occupée ensuite par son frère François, contrôleur général du Taillon en Provence. Il épousa, suivant contrat passé à Marseille, le 12 février 1611, Angélique Servian; leurs descendants ont porté le titre de barons d'Eyragues. Les procès-verbaux des *Chevauchées* d'Antoine Bionneau, de 1593 à 1602, sont conservées aux Archives des Bouches-du-Rhône (B. 1313-1315).

[2] Avant d'avoir l'office de trésorier général de France, Gilbert Badier avait été commis à la Recette générale du pays de Provence.

d'Aix en compagnie desd. de Mimata et Legier, expertz et de M⁰ Isaac Chais, prins pour nostre greffier, et venus coucher au lieu de Pourciez.

Le jeudy trois™ᵉ dud. mois, sommes partis dud. Pourciez et venus coucher à Brignolle, n'ayant sceu passer plus oultre, à raison de l'incomodité du temps.

Le vendredy quatreiesme, sommes partis dud. Brignolle et venus coucher aud. lieu du Luc.

Le sabmedy, partis du lieu du Luc, et venus coucher à la ville de Frejus, d'où nous sommes partis le Dimanche et venus coucher au lieu de Cannes.

Le lundy septiesme dud. mois de janvier, sommes partis de Cannes et arrivés aud. Antibes, au logis où pend pour enseigne l'Image Sainct George, tenu à ferme par Estienne Milot.

Auquel logis, le mesme jour, est arrivé Maistre Honnoré Saxy, procureur du Roy au siège et ressort de Grasse, qui nous a dict estre venu exprès, suivant la lettre que nous luy avions escripte, pour assister à ce qui sera nécessaire au faict de nostre Commission, laquelle nous luy avons à l'instant faict veoir affin de l'instruire sur ce qui est de l'intention de Sa Ma¹ᵗᵉ.

Le mardy huictiesme dud. mois, avons prins logis dans la maison de Anthoine Guide, bourgeois dud. Antibes, où peu après est venu le susd. Alexandre de Grimaud, sieur dud. lieu, assisté de Mᵉ Thomas Textoris, advocat, qui nous a dict n'avoir encor rengé ses papiers concernans lad. affaire, à l'occasion de l'absence de l'agent de monsieur le duc de Mayenne; mais estant asseuré qu'il sera en ce lieu par tout le jour, incontinent ils nous donneront ce qui sera besoing et nous feront venir en quoy consistent les droictz que lesd. Seigneurs ont sur lad. place, ce qui a esté cause que nous avons différé jusques lors.

Et le mercredy matin neufviesme dud. mois de janvier, dans la salle de nostre logis, estans comparus les susd. sⁿ d'Antibes: Alexandre de Grimaud, adsisté dud. Mᵉ Textoris, advocat; Anthoine David de Roziers, agent et procureur général des seigneur et dame duc et duchesse de Mayenne, adsisté de Mᵉ Honnoré Arazy, advocat en la cour, juge ordinaire dud. Antibes; et Jacques Bressou⁽¹⁾, conseigneur pour une douziesme; Jehan Raynaud, Anthoine Roustan et Laurens Roustan, consulz dud. lieu, Mᵉ Pierre Jehan Barillon, lieutenant des portz, Jehan Anthoine Roustaug, advocat; Nicolas Bacon, Baptiste Carence, notaires royaulx et Vincent Guide⁽²⁾, bourgeois dud. Antibes; en leur présence et des susd. Mᵉˢ Saxy procureur du Roy, Charles Demimata et Guillaume Légier, experts nommés de la part de Sa Ma¹ᵗᵉ, avons faict lire les susd. lettres pattentes du Roy et les ordonnances desd. sⁿ Trésoriers généraulx de France nos collègues, portant nostre commission et la depputation desd. experts, et leur ayans à tous faict entendre l'intention de Sa Ma¹ᵗᵉ, qui est d'acquérir lad. place.

Led. Mᵉ Arazy, pour et au nom desd. seigneur et dame de Mayenne, et dud. sʳ Alexandre de Grimaud, adsisté d'icelluy et du susd. Anthoine David de Roziers, agent, a dict que puisqu'il a pleu à Sa Ma¹ᵗᵉ nous mander commission pour faire procéder à la prisée et estimation du reveneu, proffictz et esmoluments de lad. terre, seigneurie et jurisdiction d'Antibes et de la maison et chasteau seigneurial dud. lieu, ses circonstances et deppendances, en suitte de l'accord qu'elle en a faict avec lesd. conseigneurs, il accorde, au nom de ses principaulx, estre procédé à l'exécution de nostred. commission, approuve la nomination desd. de Mimata et Légier, experts par nous prins de la part du Roy, et nomme de la part desd. Seigneur et Dame de Mayenne et Sʳ de Grimaud, suivant la procuration expresse qu'il nous a exibée, Anthoine de Grasse, sieur de Montaurou⁽³⁾, Claude Seguiran, escuyer⁽⁴⁾, et Abel Hugoleny⁽⁵⁾, bourgeois de la Ville d'Aix, lesquels nous a présenter et requis leur estre donné serment, ensemble ausd. Demimata et Legier, de procéder au faict de

---

⁽¹⁾ Jacques Bresson fut, en 1616, premier consul d'Antibes.

⁽²⁾ Vincent Guide fut viguier d'Antibes, capitaine pour le Roi de cette ville, charge que ses descendants se transmirent après lui et qui resta dans cette importante famille jusqu'à la Révolution. Les très intéressantes archives de cette maison, devenues l'héritage de M. Maurice Materse, lui ont permis de publier deux études très documentées sur Antibes de 1592 à 1643 et sur Antibes de 1814 à 1818 et de nous fournir, en outre, de précieux renseignements dont nous tenons à lui renouveler ici tous nos remerciements.

⁽³⁾ Fils de Claude de Grasse, seigneur de Sarannon et de Montauroux, et d'Anne de Brandis d'Auribeau; marié à Honorée d'Andréa.

⁽⁴⁾ Claude Seguiran, fils de Pierre et petit-fils de Guillaume Seguiran et de Madeleine de Bompar, était le petit neveu de Boniface Seguiran, docteur en droit; ce dernier, «homme de robe, avoit eu deux clercs à son service qui se rendirent tous deux fort curieux des antiquités en écrivant sous lui; l'un fut le procureur Nostradamus qui en a depuis écrit ex professo, et l'autre, un nommé Blanqui, lequel en avoit encor tout plein de mémoires, à ce que dit Mʳ le conseiller Antoine Seguiran en Avril 1638». (Bibl. Nⁱᵉ, Doss. bleus, 609.) Le procureur au Parlement d'Aix, Jean de Nostredame, auteur des Vies des plus célèbres et anciens poètes provençaulx (Lyon, 1575, in-8°) était le frère du célèbre astrologue Michel de Nostredame, connu sous le nom de Nostradamus.

Claude Seguiran avait été consul d'Aix, procureur du pays de Provence et commissaire général des vivres de l'armée catholique en 1590.

⁽⁵⁾ Alias : Hugolen.

CONSEIL D'ÉTAT. — DOMAINE ROYAL.

lad. prisée et estimation, selon le deub de leurs consciences, sur l'estat et dénombrement qu'ils nous ont, à cest effaict, présenté par eux signé et affirmé estre véritable.

Led. Jacques Bresson, conseigneur dud. Antibes pour une douziesme, nous a aussy présenté l'estat et déclaration des droictz qui luy concernent, et accordé que d'iceux en soict aussy faict la prisée et estimation par les mesmes expertz esleus de la part du Roy et desd. sieurs d'Antibes cy dessus nommez.

Et led. M⁰ Saixy, procureur du Roy au siège de Grasse, a aussy accordé la nomination de tous les susd. expertz, pour procéder aud. affaire selon le deub de leurs consciences et serment qu'ils presteront entre noz mains et que lesd. S⁰ˢ d'Antibes ayent à justifier par tiltres vallables ce qui est mentionné aud dénombrement.

A l'instant le susd. Sᵗ Alexandre de Grimaud, sieur d'Antibes, nous a présenté et remis une minutte non signée, qu'il a dict estre l'extraict de l'accord et convention passée entre Sa Ma¹ᵉ, lesd. Seigneur et Dame de Mayenne et luy, concernant la vente de ladicte terre et Seigneurie d'Antibes, duquel traicté il en a esté faict deux originaux signez par lad. dame duchesse et luy, dont l'ung est demeuré entre les mains de monseigneur le duc de Sully et l'autre riere lad. dame de Mayenne, en conséquence duquel traicté les lettres patentes du Roy que nous avons faict lire contenans nostre commission ont esté expédiées.

Nousd. conseillers du Roy, Trésoriers généraulx de France, avons accordé avec les susd. Sʳˢ d'Antibes, agent des seigneur et dame duc et duchesse de Mayenne, et Bresson, tous seigneurs dud. Antibes, qu'il sera procédé à l'exécution de nostred. commission, et à cest effaict qu'ils exiberont les tiltres et documens des droictz descriptz aux susd. dénombremens, pour avec iceux estre par nous vérifié, présent le susd. Mᵉ Saxy, procureur du Roy. Et cependant avons baillé led. dénombrement ausd. consulz d'Antibes pour le veoir et examiner entre eux et les principaux du conseil et administrateurs de leur communaulté, et nous attester après sy lesd. sieurs d'Antibes possèdent paisiblement les droictz et domayne qui y sont déclarés. Pour ce faict, estre procédé à lad. prisée et estimation ainsy qu'il appartiendra et faict prester serment à tous lesd. expertz de procéder au faict de leur charge soulz le deub de leurs consciences et incéver cy après la procuration desd. de Grasse, Seguiran et Hugoleny, pour y avoir recours.

Procuration des Experts :

Par devant Jehan Le Normant et Fraùçois Herbin, notaires et gardes nottes du Roy, nostre Sire, au Chastelet de Paris, soubzⁿˢ, furent présens en leurs personnes très hault et puissant prince Monseigneur Charles de Lorraine, duc de Mayenne, pair de France, gouverneur et lieutenant général pour le Roy en l'Isle de France, et très haulte et très puissante princesse madame Henrye de Savoye, son espouse, de mond. seigneur duc auctorisée, lesquelz sur ce qu'il auroit pleu au Roy commander et faire entendre le désir qu'il a d'acquérir la terre et seigneurie d'Antibes en Provence, qui appartient en partie à mesd. Seigneurs duc et duchesse de Mayenne et que Sa Maᵗᵉ auroit décerné et envoyé commission et mandement à messieurs les Trésoriers généraulx de France à Aix, de faire faire l'estimation, appréciation et juste évaluation des censes, rentes, péages, dixmes, bastimens et autres droictz et revenus de lad. terre et seigneurie d'Antibes, pour, sur icelle estimation, faire faire par Sa Maᵗᵉ le paiement à raison de ce qu'il luy a pleu en accorder et promettre, tant pour la part desd. seigneur et dame que du seigneur Alexandre de Grimaud et autres conseigneurs dud. Antibes, mesd. seigneur et dame de Mayenne ont esleu, choisy et nommé Anthoine de Grasse, sieur de Montaurou, Claude Seguiran, escuyer, et Abel Hugoleny, bourgeois de la ville d'Aix en Provence, ausquelz ils ont donné et donnent pouvoir et puissance, auctorité et mandement spécial d'assister et se trouver pour eulx et en leur nom avec les autres expertz qui seront nommez par lesd. sieurs Trésoriers pour Sa Maᵗᵉ et par les autres conseigneurs d'Antibes, pour faire lad. estimation, appréciation et juste évaluation desd. revenus et bastimens pour la part et portion qui appartient ausd. seigneur et dame de Mayenne. Et généralllement... Promettans... Obligeans... Faict et passé en l'hostel de mesd. seigneur et dame, siz rue Sainct Anthoine, paroisse Sᵗ Paul, le dix neufᵐᵉ jour de juing mil six cens sept. Mesd. seigneur et dame de Mayenne ont signé la minutte des présentes estans par devers Herbin, l'un des notaires soubzⁿˢ : Le Normant, Herbin ainsi signés.

Le Jeudy dixiesme dud. mois de janvier, ne pouvant procédder à la vérification des droictz descriptz au susd. dénombrement, à occasion que lesd. consulz d'Antibe ne nous ont encor attesté icelluy, avons advisé auec les susd. Alexandre de Grimaud et l'agent des seigneur et dame de Mayenne, de faire cependant toiser et recongnoistre les bastimens du Chasteau et maison seigneurialle pour occupper les expertz, et, à cest effaict, de leur commung consentement et dud. Procureur du Roy au siège de Grasse, ont esté esleus : capitaine Honnoré Mouton, arpenteur, Baptiste Gallot, masson, Loys Monier, plastrier, Donnat Amphoux et Jean François Amene, charpentiers, Jean Giraud et Jean Vien, serruriers, dud. Antibe, lesquelz ayant mandé venir en la présence dud. sʳ d'Antibe et de l'agent desd. seigneur et dame de Mayenne, leur avons faict prester serment de procéder au faict de leur charge, sous le deub de leurs consciences, avec les experiz cy-devant accordez, et en nostre présence et dud. procureur du Roy, pour après estre faict le prisage et estimation dud. bastiment ainsy qu'il appartiendra.

Le dix huictiesme dud. mois de janvier, les susd. consulz d'Antibe nous ont rendu le susd. dénombrement avec un cayer contenant les particulières responces qu'ils font sur chacun article d'icelluy, signé à la fin et au bas de chacun feuillet par lesd. consulz et autres administrateurs de leur maison commune, lesquelz dénombrement et responces avons faict cy après transcripre de mot à mot.

ANTIBES.

ESTATS ET DÉNOMBREMENT DE LA TERRE ET JURIS-DICTION D'ANTIBES, RENTES ET REVENUS D'ICELLES.

C'est l'estat et dénombrement de tous et chacuns les droictz, debvoirs, biens, rentes et revenus seigneuriaux que ont, tiennent et possèdent messeigneur et dame les duc et duchesse de Mayenne, et le sieur Alexandre de Grimauld, seigneurs en partie du lieu d'Antibes tant par communs et indivis avec les autres conseigneurs qu'en leur propre, en la jurisdiction dud. lieu, lequel le sʳ Anthoine David de Rosiers, agent et procureur général desd. seigneur et dame et led. sʳ de Grimauld, mettent et produisent par devant vous Messieurs Mᵉˢ Anthoine de Serre et Jean Garron, conseillers du Roy, Trésoriers généraulx de France, Commissaires depputtez par Sa Maᵗᵉ à la prisée et estimation de lad. place et ses deppendances, suivant les lettres pattentes de Sad. Maᵗᵉ.

Premièrement : lesd. seigneur et dame duc et duchesse de Mayenne et led. sʳ de Grimauld tiennent et possèdent par indivis la plus grande partie de lad. terre et seigneurie dud. Antibes, scavoir : lesd. seigneur et dame les vingt quatre partz, led. sieur de Grimaud les trente six, le sieur de Sᵗ Troppez[1] cinq partz, le cappitaine Jacques Bresson six partz, et les héritiers de feu Mᵉ Pierre Jean Bompar, quand vivoit lieutenant au siège de Grasse, une part, les septante deux partz faisant le total de la Jurisdiction, demeurant par ce moyen lesd. seigneur et dame possesseurs pour un tiers et led sieur de Grimaud pour la moitié de toutte lad. Jurisdiction.

[2] Ladicte terre et seigneurie d'Antibes consiste en haulte, moyenne et basse jurisdiction, avec mère et mixte impère, puissance de glaive, et tout droict de justice sur hommes et habitans du lieu, par la succession de Luc et Marc de Grimauldz frères[1], premiers titulaires et possesseurs de la place puis l'an 1385 ou environ, lesquels et ses successeurs jusques à présent comme tenans icelle en fief des seigneurs Comtes de Provence, ont faict et passé hommage ès années 1429, et le 26 Juillet 1498, et le 29 Décembre 1515, et le 8 Juing 1535, et le 27 Janvier 1552 et le 23 May, et autres.

[3] Au moyen de quoy, avec les autres conseigneurs dud. Antibes, lesd. seigneur et dame et led. sieur de Grimaud ont le droict d'institution et destitution des officiers de la justice dud. lieu, comme sont : Juges, Bailles[2] et Greffier, les amendes procédant des délitz, les revenus du greffe et les peines municipales que le Baille lève sur les habitans et estrangers.

[4] Lesd. amendes vallent annuellement de rentes, une année comportant l'autre, trois cens livres, qui revient la part desd. seigneur et dame cent livres pour leurs tiers et dud sʳ de Grimaud pour la moitié cent cinquante livres, qu'est en tout deux cens cinquante livres, cy.......... CCL.ˡⁱ

[5] Les émolmens et revenu du greffe leur valent aussy annuellement deux cens cinquante livres, cy..................... CCL.ˡⁱ

[6] Les peines municipalles qui sont levées par le Baille sur les habitans et estrangers montent annuellement cent cinquante livres, scavoir : à la part desd. seigneur et dame cinquante livres et à

---

[1] René de Grasse, sʳ de Saint-Tropez, fils de Claude de Grasse et de Marthe de Foix, mari de Diane de Villeneuve.

[1] Tous deux fils d'Antoine Grimaldi et de Catherine Doria. Luc Grimaldi eut de Yolande Grimaldi deux fils : Jean, qui laissa cinq filles, et Nicolas, qui de son mariage avec Cosarine Doria eut Gaspard Grimaldi, auteur de la branche d'Antibes, mari de Marguerite Lascaris dont nous avons parlé, et Lambert Grimaldi, auteur de la branche de Monaco.
Marc Grimaldi, frère de Luc, était en 1374 capitaine général des Arbalétriers; il épousa Sibille de Saluces dont il eut quatre enfants, dont deux, Honorat et Georges, conseigneurs d'Antibes, à la mort desquels la seigneurie d'Antibes revint à leur oncle Luc Grimaldi.

[2] Officier de justice institué dans chaque commune pour juger les affaires sommaires, et s'occuper notamment de celles intéressant la communauté.

la part dud. s' de Grimaud septante cinq, qu'est au tout cens vingt cinq livres, cy.......... cxxv li

[7] Les habitans dud. Antibes leur sont tenuz et aux autres conseigneurs par la transaction de l'an 1497, de leur prester foy et hommage lors qu'il leur est mandé.

[8] Ont le droict d'Albergue sur le corps et communaulté dud. Antibes, qui se paye à chacun premier jour de Janvier, à raison de sept livres dix sols, et par ce moyen en tousche ausd. Seigneur et dame pour leur tiers et aud. s' de Grimauld pour la moitié................... vii li x s

[9] Les cens et services annuelz qu'ils prennent sur leurs emphitéotes et qu'ils ont communs avec les autres conseigneurs, vallent de revenu pour leur part quarante livres, sçavoir : seize livres au proffict desd. seigneur et dame et vingt quatre pour led. sieur de Grimaud, cy.......... xl li

[10] Le droict de Tasque qui se lève à raison de la douziesme de tous les grains et de la vingtiesme des vins et figues sur aulcuns emphitéotes à ce obligez et dont appert par les vieux et anciens terriers des seigneurs dud. Antibes, vault annuellement de revenu, une année comportant l'autre, cent vingt livres et par ce moyen le tiers desd. seigneur et dame monte quarante livres et dud. sieur de Grimaud la moitié soixante, qu'est en tout cent livres, cy....................... c li

[11] Le droict de lods et ventes qu'ils ont communs avec les autres conseigneurs, partie au quarantain et partie au treizain, suivant la désignation des quartiers sy dessoubz descriptz, vallent annuellement, une année comportant l'autre, mil deux cens livres, dont le tiers desd. seigneur et dame monte quatre cens livres et la moitié pour led. s' de Grimaud six cens livres qu'est en tout mil livres, cy........................ m li

[12] Au moyen duquel droict peuvent retirer par puissance de fief les propriétés vendues et transportées, ont droict d'investition, commise et désamparation.

[13] Leur est deub un droict de passage sur le bestial menu estranger depaissant et traversant le terroir dud. Antibes, à raison d'un sol pour chacum trentenier qui vault touttes les années à la part desd. seigneur et dame huict livres et aud. sieur de Grimaud douze livres, montant le tout vingt livres, cy....................... xx li

[14] Lesd. seigneurs ont droict de faire depaistre leur bétail au terroir dud. Antibes, ce qu'ils laissent à l'estime et arbitraige des experts.

[15] Le droict de laisde qu'ils prennent et ont de tout temps sur le poisson sallé que les estrangiers sortent par terre dud. Antibes, à raison d'un sol par chacun baril et sur l'huile estrangère qui entre par terre, à raison d'une cassette pour chacune charge, vault annuellement, pour la part desd. seigneur et dame seize livres, et pour la part dud. sieur de Grimaud vingt quatre livres, qui revient en tout quarante livres, cy............ xl li

[16] Les mollins dud. lieu sont banniers en ce qui concerne tant seullement la faculté d'en pouvoir construire d'autres aud. terroir, de laquelle les habitans sont privez, vault néantmoings le droict de moulture qui se paye à raison du vingtain, puis la Noel jusques au vingt quatriesme Juing, jour de la S' Jean Baptiste, et le reste de l'année au seizain; vault annuellement de rente mil deux cens livres, dont le tiers desd. seigneur et dame monte quatre cens livres et la moitié dud. sieur de Grimaud six cens livres, qu'est en tout mil livres, cy... m li

[17] Les fours sont banniers aud. Antibes, et le droict de fournage est au vingtain, duquel la rente annuelle, attendu l'assiette du lieu, abord des estrangers et affluence du peuple, monte deux mil quatre cens livres, dont le tiers desd. seigneur et dame monte huict cens livres et la moitié dud. sieur de Grimaud douze cens livres qu'est en tout deux mil livres, cy.................... mm li

[18] Possédent par commung et indivis avec les autres conseigneurs, sçavoir : lesd. seigneur et dame pour le tiers et led. sieur de Grimaud pour la moitié, une belle et haulte tour de pierre de taille placée au meillien du chasteau seigneurial dud. Antibes, ayant esté lad. tour délaissée indivise par le partage faict entre les seigneurs dud. lieu en l'an 1442, le pris de laquelle tour laissent à l'arbitrage des expertz.

[19] Les petitz fossés qui sont hors des murailles du chasteau sont aussy communges, avec les libertés portées par led. partage, comme aussy sont communes les entrées, portes et passages pour aller aud. chasteau.

Droictz desd. seigneur et dame et dud. sieur de Grimaud sur la spiritualité d'Antibes.

[20] Lesd. seigneur et dame et led. sieur de Grimaud, avec les autres conseigneurs, ont le jus patronnat en l'Église dud. Antibes, pour la nomination d'un vicaire et official qui a le régisme de la paroisse, congnoist de la spiritualité et, pour ce regard, a jurisdiction sur les habitans dud. lieu, ne recognoist aucun évesque diocezien, comme estant lad. Église distincte et séparée de la mense épiscopalle de Grasse, relevant immédiatement, par privillèges des papes, du Sainct Siège Appo-

stolicque; et led. vicaire faict faire le service divin en lad. Eglise.

[21] Ceste nomination est faicte par lesd. seigneurs et par devant trois Evesques à ce commis par délégation apostolique, scavoir : les Evesques de Fréjus, Riez et Vance, ou l'un d'eux en l'absence ou empeschement des autres.

[22] Au moyen de ce, lesd. seigneurs ont droict de percevoir tous et chacuns les fruictz décimaulx qui se lèvent et recueillent aud. Antibes et son terroir, comme sont bledz, avoyne, toutte sorte de légumes et autres grains, vins, lins, disme des aigneaulx et chevreaulx, et ce, à raison du quarantain; le revenu duquel monte annuellement trois mil livres, dont le tiers desd. seigneur et dame vault mil livres, et la moitié dud. sieur de Grimaud quinze cens livres qu'est en tout deux mil cinq cens livres, cy......................... $\text{ii}^{\text{m}} \text{v}^{\text{c}} \text{ }^{\text{ll}}$

[23] Il est vray que que tous les seigneurs dud. Antibes sont tenuz de contribuer au payement des presbtres qui font le service, du prescheur au temps de caresme, décymes ordinaires et extraordinaires, chacun à proportion ce qu'il a et possède en lad. place et jurisdiction d'Antibes.

[24] Font encores une pension annuelle de cent cinquante livres au s^r Evesque de Grasse, payable à chacun jour et feste de Sainct André, dont le tiers concernant lesd. seigneur et dame, monte cinquante livres et la moitié dud. s^r de Grimaud septante cinq livres, qu'est en tout cent vingt cinq livres, cy....................... cxxv ^{ll}

Droictz Seigneuriaulx qui appartiennent ausd. Seigneur et Dame en particulier.

[25]. Leur est deub tant aud. Antibes qu'en son terroir, des cens et services particuliers à cause des maisons, jardins, terres et propriétés que aucungs habitans du lieu tiennent et possèdent à tiltre d'emphiteose, se mouvant de leur directe particulière, suivant la désignation qui en sera faicte, qui leur vault tous les ans de rente douze livres, cy .... xij^{ll}

[26]. Le droict de taxque sur les terres à ce subjettes de tous les grains qui s'y perçoyvent à raison de la douziesme et des vins et figues de la vingtiesme, rend annuellement ausd. seigneur et dame cent livres, cy................ c ^{ll}

[27]. Les fruicts décimaulx qu'ils perçoyvent ès terres particullières par eux ou leurs devanciers baillées en emphiteose à la mesme raison et colte du quarantain, leur vault annuellement huictante livres, cy .... iiij^{xx} ^{ll}

[28]. Le droict de lodz et ventes au treizain, à cause des alliénations desd. maisons, jardins, terres et propriétez emphiteotiquières, rend aussy annuellement deux cens livres, cy............ ij^{c} ^{ll}

Domaine particulier desd. Seigneur et Dame.

[29]. Tiennent et possèdent une partie du Chasteau seigneurial dud. Antibes, scavoir : le bastiment qui est à costé de la maison dud. s^r de Grimaud, scitué led. bastiment au bout de la mer, advenu à leurs devanciers par le partage faict entre les seigneurs dud. Antibes en l'an 1442; et combien qu'il ne soit habité à cause des ruynes qu'on y voit à présent, s'en rapportant touttesfois à la prisée qu'en sera faicte.

[30]. Leur appartient suivant led. partage le magasin qui est à l'entrée dud. Chasteau à main droicte, au dessoubz de la petitte salle dud. s^r de Grimaud, joignant le crotton.

[31]. Comme aussy la place ou relarguier (qu'on appelle) qui est du costé de la mer comfrontant la muraille de la grand salle dud. s^r de Grimaud.

[32]. Ils ont un cazal ou estable au devant du chasteau où est la cisterne comfronctant l'Eglise paroichialle dud. Antibes.

[33]. Une terre au terroir dud. lieu appellée Faisse Grimande, où il y a partie de prey, comfronctant terre dud. s^r de Grimaud, lad. terre estant de seize costiers de semence ou environ de la mesure nouvelle et rend annuellement avec led. prey cent nonante deux livres, cy.. ciiij^{xx} xij ^{ll}

[34]. Autre terre ditte le Pontet, comfronctant terre de cappitaine Jacques Bresson, conseigneur dud. Antibes, de six costiers de semence et rend annuellement septante deux livres, cy.. lxxij ^{ll}

[35]. Autre terre au quartier des Moulins et au Pas de Bourges, comfronctant le cheming et terre dud. s^r de Grimaud, de sept scterées de semence et rend annuellement huictante quatre livres, cy...................... iiij^{xx} iiij ^{ll}

[36]. Autre terre ditte le pré de Poume, comfronctant terre de Jehan Bremond et terre dud. s^r de Grimaud, de six costerrées de semence et rend aussy actuellement cent vingt livres, cy.. cxx ^{ll}

[37][1]. Toutes les terres susd. sont franches et non taillables ny décymables, portant le revenu que dessus, tous frais et impauces deduictes.

---

[1] Sous ce numéro devait se trouver la terre dite La Masquière (ou Canasquière, cf. [55]), de huit setiers de semence, et dont l'indication, omise en cet endroit, se trouve dans le rapport des experts et dans l'acte de vente du 23 septembre 1608 (xxix.)

CONSEIL D'ÉTAT. — DOMAINE ROYAL.

Droictz et domaine seigneuriaulx particuliers du sieur Alexandre de Grimaud, seigneur pour la moitié d'Antibes :

[38]. Est deub aud. s' Alexandre de Grimaud en propre et particulier à cause de lad. jurisdiction, les cens et services des terres, propriétés, maisons et jardins donnez par luy et ses desvanciers à tiltre d'emphiteoze, ez charges contenues dans les actes sur ce passés, et desquelles en est faicte description particulière aux cayers que led. s' exibe; luy vallent touttes les années dix huict livres, cy. xviii ⁵.

[39]. Les droits des taxques sur les terres à ce subjettes particullières à luy, à raison de la douzeiesme partie de tous les fruictz qui se lèvent en icelles, sauf du vin et figues, lesquelz doibvent la vingtiesme pezée aux quartiers et endroictz dud. Antibes sy dessoubz déclairés, luy portent de revenu annuel cent cinquante livres, cy............ cl. ⁵.

[40]. Il a d'abondant le droict de disme en particulière augmentation de tous grains, légumes, vins et lins, sur les terres données à nouveau bail ou aultrement, soubz ceste réserve, luy rend tous les ans six vingtz livres, cy............ vi²⁰ ⁵.

[41]. Le droict de lodz et ventes à raison du treizain de tous les fonds, maisons, jardins, terres et propriétés du propre et particulier dud. sieur, données par luy et ses desvanciers à mesme tiltre d'emphithéoze, scituées aux lieux et endroictz sy dessoubz désignez avec le droit de retention et désamparation et qui en propre luy vallent trois cens livres, cy................................. iij° ⁵.

[42]. Tient et possède le chasteau et maison seigneurialle aud. lieu assize au hault dud. Antibes.

[43]. Encores un estable au devant dud. Chasteau tout auprès du four en la rue ditte la Prade.

[44]. Un autre estable au devant l'Église paroichialle dud. Antibes, près la porte de Juissy.

[45]. L'estable au devant l'église susd. appellé Lastines, toutz lesquelz estables sont et deppendent des services de lad. maison seigneurialle.

[46]. Possède aussy une maison avec ses magazins, en la rue du Port aud. Antibes. rend tous les ans six vingtz livres, cy............ vi²⁰ ⁵.

[47]. Un jardin aud. Antibes en la rue du Puy neuf, vault de revenu annuel cent livres, cy... c ⁵.

[48]. Une terre au dedans la ville, entre le grand bastion, la rue de la Font et celle de Sainct-Sébastien, détenue de cinq cestiers de semence, mesure vielle dud. Antibes, luy rend de rente tous les ans quarante cinq livres, cy............ xlv ⁵.

[49]. Autre terre de dix cestiers de semence, mesure que dessus, hors le grand bastion, qui vault de rente tous les ans septante cinq livres, cy........................... lxxv ⁵.

[50]. La terre hors les murailles Sainct-Sebastien jusques au Vallon de Laval, avec ce que contient l'entredeux du bastion et lad. muraille qui est en semence huict cestiers, qui rend tous les ans cinquante quatre livres, cy............ liiij ⁵.

[51]. Les terres de Lauvert de dix huict cestiers de semence, luy vault de rente annuelle nonante livres, cy............ iiij×× x ⁵.

[52]. La terre et possession de la Faissade Grimaude, qui contient soixante cestiers de semence, rend tous les ans trois cens livres, cy.... iij° ⁵.

[53]. Le bastiment, vigne et terre de la Vielhe, la vigne portant dix cestiers de semence, et les terres quarante, donnent de rente tous les ans trois cens soixante livres, cy............ iij° lx ⁵.

[54]. Aultre terre de six cestiers au Molin, vingt quatre livres tous les ans........... xxiiij ⁵.

[55]. Une terre au quartier de Brague, ditte Canasquière, de dix cestiers de semence, vault annuellement aud. sieur septante cinq livres, cy. lxxv ⁵.

[56]. Aultre terre appellée Pilon, de douze cestiers de semence, rend tous les ans quarante cinq livres, cy........................... xlv ⁵.

[57]. La terre des Molieres aud. Antibes, de treize cestiers, donne de rente tous les ans trente livres, cy................................. xxx ⁵.

[58]. La terre ditte Las Faisses de Cavasse, portant huict cestiers de semence, septante cinq livres, cy.............................. lxxv ⁵.

[59]. Le pré dit de Poume, de vingt journées d'hommes, cent huictante livres, cy... ciiij×× ⁵.

[60]. Autre pré appellé de la Fons, de trois journées d'homme, vault de rente annuelle quarante cinq livres, cy.................... xlv ⁵.

[61]. Le pré du Deffens qui est de quinze journées d'homme, vault de rente chacun an trois cens livres, cy........................ iij° ⁵.

Terres allienneés par led. s' de Grimaud.

[62]. Il a, led. s' de Grimaud, allienné au quartier de Lauvert quarante deux cestiers de semence en terre, laquelle quelques particulliers d'Antibes possèdent, ces terres retirées par led. sieur luy vauldroient annuellement cent cinquante livres. cl. ⁵.

[63]. A aussy allienné les terres du Puy, possédées par deux particuliers dud. Antibes, lesquelles luy vauldroient de rente tous les ans, attendu qu'elles sont de trente cestiers de semence, cent huictante livres, cy.................... ciiij×× ⁵.

[64]. Et finablement a aussy allienné un pré au quartier de Brague appellé Lou Pontet, possédé par

un particulier, de cinq journées d'homme, lequel rendroit quarante cinq livres, cy....... xlv ᴹ.

Désignation des quartiers qui sont aud. Antibes pour et à raison desquelz est payé ausd. seigneur et dame le duc et duchesse de Mayenne, des cens et services annuels par les emphithéotes et possesseurs des maisons, jardins, places et autres propriétez.

En la rue de Lamourier :

Lesdicts seigneur et dame possèdent et leur est deub des cens et services annuels par les particuliers emphithéotes qui tiennent et possèdent les maisons, places et casalz en lad. rue, puis la maison de Laurens Fugueyron jusques en la maison d'Abraham Astraud inclusivement.

En la rue de Sainct-Troppès :

Possèdent aussy des autres cens et services particuliers en lad. rue, du costé du jardin dud. s' de Grimaud.

En la rue du Safranier :

Comme aussy possèdent des autres cens et services en lad. rue, puis la maison de Laurans Roustan, tournant des deux costez devers la maison de M' Jean Anthoine Roustan, advocat, tirant droict devers le quartier de Sainct André.

En la ferraye appellée de Mons' le Comte :

Aussy possèdent des autres censes et services aud. quartier, puis la maison de Loixon Monier, tirant en hault vers la maison de Pierre Estoupan, jusques au coing de la rue, et tournant toutte lad. ferraye, où il y a maisons, casalz, jardins, places, jeu de paulme de Jean de Servan, s' de la Feurine, et tout droict jusques aux murailles de la ville et dehors aussy jusques au vallon de Laval.

Par mesme suitte, leur est deub le droict de lods à raison du treizain pour les alliennations qui se font desd. maisons, jardins et propriétez contenues ausd. rues et quartiers, comme dict est sydessus.

Quartiers du terroir dud. Antibes qui doibvent cens et services particulliers ausd. seigneur et dame, ensemble le droict de lodz au treizain, les fruictz décimaulx et taxques en partie.

Lesd. seigneur et dame ont encores des cens et services particuliers au terroir dud. Antibes : le droict de lodz au treizain au moyen des transportz qui se font par leurs emphitéotes, les fruictz décimaux, le droict de la taxque en partie, et ce pour raison des terres, vignes et possessions qui ont esté par eux ou leurs devanciers alliennées, deppandans de leur domaine et directe particulière après le partage qui fut faict entre tous les seigneurs dud. Antibes; touttes les quelles terres et possessions contiennent deux cens costeirées de semence, mesure nouvelle ou environ, et sont scituées aux quartiers qui s'ensuivent, scavoir : La Brague, Rastine, Groule, Le Puy ou la Bastide, S' Maymes, Fonmerle, Pimeau, la bastide du s' de Grimaud appellée la Vielle, les Combes, Lauvert, Lestagnol, le Cap et Cougoulin.

Déclaration des maisons, places et jardins propres et serviables au s' Alexandre de Grimaud, pour lesquels luy est deub le lodz particulièrement au treizain au d. Antibes.

Font services et sont particuliers aud. sieur les fondz et maisons qui sont despuis la maison de Pierre Henry en la rue de Lamourier tirant en la rue du Puy neuf, et de lad. rue du Puy neuf jusques à la porte du jardin dud. sieur du costé de son jardin, au service porté par les actes sur ce passez.

La rue de S' Troppes :

En la rue de Sainct Troppès les maisons et places qui sont puis la maison des hoeirs de feu Jean Hugues jusques au jardin du sieur Jacques Bresson exclusivement, sont aussy serviables aud. sieur de Grimaud.

La Ferraye :

Despuis le coing de la maison des heoirs de feu M' Raphael Cavasse sur la rue de Revene jusques au droict de la courtine du jardin de M' Nicolas Bacon, notaire, par ligne droicte inclusivement et au long de la rue de Lauvert tirant vers l'Observance à main droicte, jusques au coing de la maison de Pierre Esmiot et au long de la rue de Rovene jusques aud. coin de Cavasse à main droicte, sont serviables et propres dud. sieur de Grimaud.

Les Crottes :

Est aussy serviable aud. sieur tout ce qui tient despuis la rue de Las Crottes jusques à la muraille de la Ville par ligne droicte des coins de lad. rue, et de l'aultre part de la rue allant à Sainct Sébastien despuis le magasin de la communaulté servant au poids de la resve[1] de la farine jusques à lad. muraille.

Les terres qui font services particuliers aud. sieur et quartiers du terroir dud. Antibes où elles sont scituées subjettes au droict de Lods à raison du Treizain et disme particulier :

Possède led. sieur les cens et services particuliers des terres et propriétez par luy ou ses devanciers données en emphitéoze, desquelles leur est aussy deub lods à raison du treizain et disme au quarantain, toutes lesquelles terres contiennent de semence deux cens septante huict cestiers mesure nouvelle, scitués ez quartiers suivants : La Peyregoue, S¹ Maymes, Lascombes, les Terriers, Fonmerles, Combedongue, Lauvert, Malbousquet, S¹ Cassian, Groule, Combe de Roque, Rastine et Las Moulières.

Terres et quartiers où elles sont scituées subjettes à la tasque particullière dud. sieur :

Doibvent aud. sieur le droict de Tasques à raison de la douziesme de tous fruictz qui se perçoyvent ès terres suivantes, les possesseurs particulliers d'icelles, sauf du vin et des figues qui sont tenuz à la vingtiesme, desquelles au quartier de la Peyregoue en y a quatorze cestiers, à sainct Maymes quinze, à Las Combes douze, à Fonmerles quatre, à Combedongue six, à Lauvert huict et en Malbousquet une et demy.

Quartiers du terroir d'Antibes subjectz au droict de lods à raison du quarantain :

La Fosse.
La Sallis.
Empel jusques à l'Hière longue.
Curel.
La Tamizière, sauf quelques terres au treizain.
La Pinede.
La Verne.
Malsauc.
Le Pontet.
Le Fournel allant à la Peiregoue jusques au vallon de Taron.
Las Colles.
Le Castanier.
La Val.
Le Goulfe Johan.

[1] *Rara* (en provençal) : jauger, mesurer.

Fonmerle en partie.
Rabiac.
Lauvert, despuis le cheming allant à Valauris jusques à la mer et l'islot dud. Lauvert où est assize la possession de M⁰ Fontany despuis la terre dud. sieur de Grimaud jusques au vallon de Taron et depuis le chemin plus hault de Lauvert allant à la Peiregoue jusques aud. vallon de Taron.
La Bastide, sauf le particullier des seigneurs.
Le Puy.
Notre Dame ditte d'entre Vignes.
Bauvert.
Le plan de Bragne.
Le Prougnon.
Camplong.
Puybousson.
Vaucdarette.
S¹ Michel.
S¹ Peire.
Las Pallutz.

Quartiers subjecte au droict de lods au Treizain :

La Garde.
La Molle.
La Garoupe.
Le Cap.
Salamartel.
Les Samboules.
S¹ Maymes.
Pimel.
Les Terriers.
Las Combes.
Les Crottons.
Cougoulin.
Les Rastines.
La Peiregoue.
Lauvert Long.
Les Bousquières.
Malbousquet.
Lestagnol.
Les Pons.

Lesd. seigneur et dame et led. sieur de Grimaud dient et déclairent avoir baillé le dénombrement que dessus, avec protestation d'ajouster les autres droictz et debvoirs seigneuriaulx sy point en y a d'obmis, de quoy requièrent acte.
Faict aud. Antibes le huictiesme Janvier mil six cens huict. Antibo, de Roziers, ainsy signés.

Responce des Consuls d'Antibes :

Veu par les consulz de ceste ville d'Antibes la déclaration, roolle et parcelle baillés pardevant vous

Messieurs Mes Anthoine de Serre et Jean Garron, conseillers du Roy, trésoriers généraulx de France Commissaires depputez par Sa Ma^{té} à la prisée et esvaluation de lad. place d'Antibe, par l'agent de Monseigneur et Madame le duc et duchesse de Mayenne et Monsieur Alexandre de Grimaud, conseigneur dud. Antibes, des droictz, rentes et revenus par eux prétendus en lad. place et seigneurie d'Antibes.

[1, 2]. Et en y respondant particulièrement snivant l'ordre sur ce par vous rendu, disent qu'ils croyent que mesd. seigneurs le duc et duchesse de Mayenne et led. sieur de Grimaud tiennent et possèdent les partz et portions de la Jurisdiction haulte, moyenne et basse, contenue et spécifiée au premier article de leurd. parcelle.

[3]. Comme aussy ils croyent que lesd. seigneurs ont par mesme moyen l'institution et destitution des officiers de la Justice.

Sur quoy lesd. seigneurs accorderont que les consulz et communauté d'Antibes sont en possession, jouissance et saisine de nommer et instituer les extimateurs et regardateurs en lad. ville, qui congnoissent du faict des extimes et de la regarderie respectivement et de ce qui en deppend, sans que les officiers de la Justice s'en meslent.

[4, 5]. Accordent les amendes et esmolumens du greffe.

[6]. Et pour regard des peines municipales, disent que le conseil de lad. ville les impose, augmente et diminue ainsy que bon luy semble, et lorsqu'il y a opposition, led. conseil en congnoist par prevention, excepté des banz desquels la congnoissance totalle en appartient aud. conseil, desquelles peines municipalles dénoncées et déclairées, la moitié en appartient à la justice et l'autre au denonceant.

[7]. Accordent l'hommage à l'accoustumée.

[8]. Accordent le droict d'Albergue à la somme de sept livres dix solz, comme ils ont tousjours payé cy devant et non aultrement, dont en protestent.

[9, 10]. Quand aux articles des Censes, Services et Taxques, disent n'avoir esté jamais payé par aucungs particuliers, manants et habitans tenans et possédans biens aud. Antibes, aucunes censes, services ny taxques.

[11]. Le droict de Lodz et ventes accordent estre deub ausd. seigneurs sçavoir pour les terres et pièces franches, au quarantain, et pour les mainserves au treizain et suivant le roolle qu'en sera baillé et accordé.

[12]. Accordent le droict de Prélation sans abus. L'article des terres gastes doibt estre rayé pour n'y avoir aucune terres gastes au terroir dud. Antibes.

[13]. Le droict de passage sur le bestail menu estranger accordent estre deub ausd. seigneurs pour leurs partz et portions.

[14]. Pour le droict et faculté de dépaistre que lesd. seigneurs prétendent au terroir dud. Antibes, disent que lesd. seigneurs n'ont plus de faculté qu'un des habitans aud. Antibes sans abus.

[15]. Accordent le droict de Laisde sur les estrangiers seulement par terre et non par mer.

[16]. Pour regard des molins, accordent que lesd. seigneurs ont des molins au terroir dud. Antibes, mais que les manans et habitans dud. Antibes ne peuvent estre constrainctz d'aller mouldre leurs bledz ausd. molins; ains au contraire, la communauté, manans et habitans ont faculté d'aller mouldre leurs bledz et grains hors de terroir dud. Antibes et aux molins de lad. communauté ou ailleurs, ainsy que bon leur semble.

[17]. Accordent les fours Banniers, avec faculté touttesfois ausd. habitans et autres estrangiers de porter aud. Antibes, les jours de marché, qu'est le sabmedy, du pain pour vendre ou autrement cazuellement sans abus et sans payer aucune chose ausd. seigneurs.

[18, 19]. Accordent que lesd. seigneurs possèdent la tour du chasteau et fossés autour d'icelluy.

Protestent lesd. consulz et communauté qu'ils ne peuvent sçavoir combien se peult monter de rente les droictz cy dessus spécifiés et baillez par roolle par lesd. seigneurs.

[20, 21, 22]. Et venant aux droictz de l'espiritualité, accordent le Jus patronnat et nomination contenue et spécifiée aux articles baillés par lesd. seigneurs, comme aussy le droict de disme à la cotte du quarantain des bledz, légumes, vins, lins, agneaux et chevreaux et non d'aucung autre fruit qui se recueillent au terroir dud. Antibes, ne scachant ce que peult valloir annuellement de rente.

Lequel droict de disme au quarantain les manans, habitans tenans et possédans biens aud. terroir, ne sont tenuz de le payer que dans leurs maisons, ainsy qu'est de coustume, à lad. cotte de quarantain comme dessus.

[23, 24]. Accordent que lesd. seigneurs sont tenuz aux charges des autres articles de lad. spiritualité.

[25, 26]. Quand aux droictz seigneuriaux que mesd. seigneur et dame prétendent en particullier des maisons, jardins, terres et propriétez que aucungs habitans dud. Antibes tiennent, et du droict de taxques d'iceux, dizent n'en sçavoir rien.

[27]. Et en ce qui concerne l'article des fruicts decimaulx desd. terres particulières, il est comprins

en l'article commung desd. droictz, pour estre la cotte an quarantain.

[28]. Comme aussy ne scavent aucune chose des droictz de lodz desd. allienations soit au treizain ou aultrement.

[29 à 37]. Les huict articles du domaine particullier de mesd. seigneur et dame ne concernent point lad. communaulté, se rapportantz à ce qui en est.

[38 à 61]. Ceste responce servira sur les articles particulliers des droictz dud. sieur Alexandre de Grimaud, seigneur pour la moitié dud. Antibes, pour n'user de redites.

[62 à 64]. Et quand aux terres alliennées par led. sieur Alexandre de Grimaud à aucuns particulliers, n'est raisonnable qu'elles soient estimées pour n'estre plus des biens dud. sieur et pour estre encadastrées et subjettes aux tailles, et par ainsy les trois articles, pour raison de ce pozés par led. sieur, doibvent estre rayez.

Sur les autres articles portans désignations des quartiers et maisons prétendues subjettes au droict de Censes et services des rues de Lamourier, de sainct Troppez, du Safranier et en la Ferraye appellée de Monsieur le Comte, disent lesd. consulz ne scavoir rien sy mesd. seigneur et dame de Mayenne ou led. sieur Alexandre de Grimaud ont aucungs services ausd. rues et moingz aucunes tasques et services aux terres par eux désignées, estant la vérité telle que aucune tasque n'a jamais esté payée par les manans et habitans dud. Antibes.

Et finalement, pour les quartiers du terroir d'Antibes subjectz au droict de lodz au quarantain, accordent les quartiers désignez aud. roolle et parcelle, qui sont : La Fosse, La Salies, Empel jusques à l'Hière longue, Curel, Le Tamyer, La Pinède, La Verne, Malsane, Le Ponteil, Le Fournel, Las Colles, Le Castanier, La Val, le Goulfe Jean, Fonmerle, Rabiac, Lauvert despuis le chemin allant à Valauris jusques à la mer, et l'islot dud. Lauvert où est assize la pocession de Me Fontany, despuis la terre dud. sieur de Grimaud jusques au vallon de Taron et despuis le chemin plus hault de Lauvert allant à la Peyregoue jusques aud. vallon de Tacon ; la Bastide, le Pucy, Notre Dame ditte d'Entre vignes Beauvier, le plan de Brague, le Prougnon, Camplong, Puibousson, Valclarette, Sainct Michel, St Peyre, Las Pallus.

Et pour le regard des autres quartiers prétendus subjectz au droict de lodz et treizain, appellées terres malserves, disent qu'en tous lesd. quartiers et en chacun d'iceux, il y a plusieurs terres qui ne sont tenues qu'au droict de lodz à raison du quarantain, et plusieurs autres que lesd. seigneurs ont rendues franches.

Protestans lesd. consulz qu'ilz ne scavent à combien se peuvent monter ou peuvent valloir lesd. droictz et domaine particullier, et de pouvoir adjouster ou diminuer aux présentz contredictz pour la conservation des droictz de la communaulté, et sans que pour raison de ce que dessus soit faict ny porté aucung préjudice à icelle communaulté.

Et acte faict aud. Antibes ce dix huictiesme janvier mil six cens huict, signés et au bas de chacun feuillet : JEHAN RAYNAUD, consul; LAURANS ROUSTAN, consul; BASQUIN ROUSTAN; HONORÉ GUIDO; LOIZON LOMBARD; PAULON GALOS; HONNORAT MOUTON; AUBERT; ARAZI; C. BONNEAU; BERNARD; RIOUFFE; BERNARDY; M. BARQUIER; PIERRE ESTOUPAN; N. BACON.

Après que les sieurs Alexandre de Grimaud et Anthoine David de Roziers, agent et procureur général de mesd. seigneur et dame, seigneurs en partie dud. Antibes, ont veu la responce faicte par les consuls au nom de la communaulté dud. lieu, sur le dénombrement par eux donné des droictz, debvoirs et biens domaniaux par eux possédez sur les hommes et en la jurisdiction dud. lieu, respondantz tant pour eux que pour les autres conseigneurs, disent qu'ilz acceptent la confession, adveu et accord desd. consulz en ce qui regarde le bien, utilité et advantage de leursd. Jurisdictions et non aultrement; offrent vérifiier par bonnes et valliables preuves les articles nyez et ignorez par lesd. consulz, par devant vous, Messieurs, ou au Roy sy besoing est, et requis acte, lequel de Roziers a accordé soubz le bon plaisir de mesd. seigneur et dame. Signé : ANTIBO et DE ROZIERS.

DÉCLARATION DES BIENS ET DROICTZ SEIGNEURIAUX DU SIEUR JACQUES BRESSON EN LA JURISDICTION D'ANTIBES.

Dénombrement et déclaration de tous les biens, droictz et debvoirs seigneuriaulx que led. sieur Jacques Bresson, conseigneur pour une douzeiesme en la terre et jurisdiction dud. Antibes, tient et possède, lesquels mect par devant vous, Messieurs Me Anthoine de Serre et Jean Garron, conseillers du Roy, trésoriers généraulx de France.

[1]. Dit tenir et posséder a tiltre de vente par le sieur René de Grasse et sieur comte de Bar, une part et portion de la jurisdiction et domaine dud. Antibes, les douze partz faisant le tout, scavoir : haulte, moyenne, basse justice, avec mère, mixte impère, droict de glayve et toutte jurisdiction sur les hommes dud. lieu, amendes, revenu de greffe

et peynes municipales, droict d'hommage, d'albergue, cens, services et taxques, droict de lodz et ventes à raison partie au treizain et le reste au quarantain, retention, commise, désamparation, passage, pasturaige, laisde, fours et molins, la tour et barbacannes au chasteau et autour d'icelluy dud. Antibe, jurisdiction spirituelle et droictz décimaulx; le tout commung et indivis avec les autres conseigneurs, lesquels droictz et debvoirs, suivant la description faicte et donnée par mes seigneur et dame les duc et duchesse de Mayenne et le sieur Alexandre de Grimaud, seigneur en partie dud. lieu, luy rendent et portent de revenu annuel, pour lad. douzeiesme, six cens soixante cinq livres, cy.......................... vi^c lxv ^{ll}.

Droictz et Domaine particulier dud. sieur Bresson en la Jurisdiction.

[II]. Possède aussy led. Bresson en lad. terre, en son propre et particulier, les cens et services particuliers, droict de lodz au treizain sur les maisons, jardins, terres et propriétés tenues par ses emphitéotes, aux charges contenues aux contracts sur ce passés en la ville, les maisons et terres de la rue de Sainct Troppez non encore divisées avec le sieur de Sainct Troppez, les terres de la Ferraye près le grand tripot possédées par Anthoine Amely et autres particuliers; au terroir celles que Honnoré Guide ou ses nepveux et les hoeirs de feu Honnoré Roustan possèdent au quartier de Brague, et autres que proteste d'adjouster venant à sa congnoissance; lequel lodz et service particulier luy donne de revenu annuel trente livres, cy... xxx ^{ll}.

[III]. Encores sa portion de la maison et chasteau seigneurial aud. Antibe, vis à vis de celluy du sieur de Grimaud;

[IV]. Un jardin en la rue de Lauvert, entre celluy desd. sieurs de Grimaud et de Saint Troppez, luy donne de revenu tous les ans, cent livres, cy... c ^{ll}.

[V]. Les estables joignantz led. jardin à luy advenues par l'acquisition faicte du sieur de Montmeyan ou René de Grasse, sieur de Sainct Troppès, rendent soixante livres, cy........ lx ^{ll}.

[VI]. Deux cestiers et demy terre assiz en l'Isle du Fort, de la part acquise du sieur de Bar, vault tous les ans quinze livres, cy...... xv ^{ll}.

[VII]. Une terre de six cesterrées, de la mesme acquisition, à Faisse Grimaude, trente six livres, cy.......................... xxxvi ^{ll}.

[VIII]. A Brague, une autre terre de la mesme portion de cinq cesterées de semence, vault de rente trente six livres, cy.......... xxxvi ^{ll}.

[IX]. Aud. quartier de Brague, en deux divers lieux, trois cesteirées de terre, vallent annuellement trente livres, cy............... xxx ^{ll}.

[X]. Une cesteirée de terre dedans la ville dud. Antibes, à la Ferraye, la portion du sieur de Sainct Troppés, luy donne de rente douze livres, cy .... xii ^{ll}.

[XI]. Item, deux journées d'homme de pré à Brague, de la mesme portion, rend tous les ans trente six livres, cy.............. xxxvi ^{ll}.

[XII]. Au quartier de Rastine, de l'acquisition dud. sieur de Montmeyan, dix cesteirées de terre cultivée et une de terre inculte, donne de revenu cinquante livres, cy.................. l ^{ll}.

[XIII]. Et finablement aud. quartier de Faisse Grimaude, de lad. portion acquise dud. sieur de St Troppès, possède terre d'une cesteirée et demy, qui vault de rente dix livres, cy......... x ^{ll}.

Pour le restant des autres droictz et debvoirs, se rapporte à la désignation qu'en a esté faicte sur le dénombrement desd. seigneur et dame duc et duchesse de Mayenne et de Grimaud, donné par commung et indivis, proteste néantmoings de pouvoir adjouster au présent estat sy rien se trouve d'obmis, et requiert acte, signé : Bresson.

Le mesme jour, dix-huictiesme Janvier, avons remis les susd. dénombremens, responces et contredictz desd. consulz entre les mains desd. expertz, affin de procéder à la visite, prisée et estimation des maisons, jardins, bastides, prez, vignes, terres et autres portions du domaine de lad. seigneurie y désignez et comfronctez et admonnesté lesd. sieurs d'Antibes Alexandre de Grimauld, led. de Roziers agent des seigneur et dame de Mayenne et Jacques Brisson, de remettre rière nous les contractz d'arrentement qui ont esté faictz de la Jurisdiction, seigneurie et domaine de lad. placed'Antibes despuis dix ans, avec les recongnoissances d'investitures et autres tiltres et documentz servantz à lad. estime et néantmoings, pour plus ample justification, avons mandé venir Mes Nicolas Bacon et Baptiste Carence, notaires royaux dud. Antibes, ausquels nous avons enjoinct de faire rechercher dans leurs registres deppuis dix ans en eça de tous les contractz de ventes, eschanges et autres allienations et transportz qui ont esté faictz des maisons, jardins, terres, prez, vignes et autres biens immeubles scituez aud. Antibes et son terroir, par quelques personnes que ce soit, et du tout chacun d'eux en dresser estat contenant particulière désignation des biens vendus, eschangez, ou aultrement transportez, les noms des personnes, le prix des ventes et transportz, et soubz quelle censive et directe lesd. pièces vendues se treuvent mouvantes, pour servir à l'extime et esvaluation des droictz de lodz, taxques et censives deppandans de lad. seigneurie, et pour faire l'arpentage et estime dud. domaine. Ont esté prins et accordez entre nous et lesd. s⁽ʳ⁾ d'Antibes, pour sapiteurs les susd. cappitaine Honnoré Mouton, Loys Monier, C. Baptiste Gallot et Loizon Lombard; ausquels avons faict prester le serment en tel cas requis.

En exécution de ce, led. jour dix huictiesme, et le sabmedy, lundy, mardy et mercredy suivants, dix-neuf, vingt un, vingt deux et vingt trois du susd. mois de janvier, a esté procédé à la visite, arpentage et estimation desd. maisons, jardins, bastide, prez, terres, vignes et autres biens du domaine de lad. seigneurie et jurisdiction d'Antibes, désignez et comfronctez aux susd. dénombremens, ainsy qu'il est plus particullièrement spécifié par le rapport desd. expertz.

Le jeudy vingt quatreiesme dud. mois, lesd. M⁽ᵉˢ⁾ Bacon, Carence, Melian, Calvy, Fontany, Guérin, Bernardy et Textoris, notaires, nous ont remis chacun l'estat et roolle de tous les contractz des ventes, eschanges, insolutmodations ⁽¹⁾ et autres alliénations et transportz par eux receus despuis l'année mil cinq cens quatre vingtz dix huict jusques en six cens sept inclusivement, lesquelz roolles avons remis entre les mains desd. expertz pour en faire le calcul et sur icelluy dresser extime des droictz de lodz et ventes; et, pour led. Lance. a dict et déclairé n'avoir receu aucung contract de vente durant led. temps.

Le mesme jour, l'agent des Seigneur et Dame de Mayenne et M⁽ᵉ⁾ Textoris pour led. Sieur d'Antibes nous ont remis six extraictz des contratz d'arrentement des fours et molins despuis l'année mil cinq cens quatre vingt dix neuf jusques à présent et led. agent nous a remis encor un contract d'arrentement faict par Honnoré François de La Borde, procureur desd. seigneur et dame de Mayenne, de sa part et portion de tous et chacuns les droictz, proffietz, revenus et esmolumentz qu'ils ont en lad. terre et seigneurie et du domaine leur appartenant, et ce pour les années mil six cens quatre, mil six cens cinq et six cens six. receu par led. M⁽ᵉ⁾ Melian du second may six cens trois, lesquelz contractz avons mis entre les mains des susd. expers pour leur servir à lad. estime.

Le vendredi vingt cinqiesme du mesme mois. M⁽ᵉ⁾ Nicolas Bacon, notaire et greffier en lad. Juris-

diction d'Antibes, nous a remis l'estat et roolle des amandes adjugées par le Juge dud. lieu, despuis l'année mil cinq cens quatre vingt dix huit jusques en six cens sept inclusivement, et M⁽ᵉ⁾ Pierre Albarnon, baille ⁽¹⁾, nous a aussy remis l'estat et roolle des peines municipalles par luy receues durant les années mil six cens six et six cens sept.

Et le mesme jour, le susd. M⁽ᵉ⁾ Textoris, pour led. Sieur d'Antibes, nous a encor remis l'extraict abrégé du contract d'arrentement des droictz de laisdo sur l'huille et sur le poisson et le disme des agneaux, pour sa part et portion en l'année mil six cens cinq, receu par led. M⁽ᵉ⁾ Calvy, notaire, du dernier septembre aud. an. Comme aussy nous a remis le certificat de la cotte des décymes ordinaires de l'Eglise dud. Antibes en datte du vingt cinqiesme de ce mois, signé par Alaud, notaire royal de Grasse, et pour les décymes extraordinaires a dict n'en pouvoir donner aucun certificat pour n'estre chose certaine; lesquelles pièces avons. par mesme moyen, remis entre les mains desd. expertz.

A remis encor entre nos mains un cayer contenant un abrégé de l'extraict de quarante trois nouveaux bails faictz par Gaspard de Grimaud, signé : Barcillon, notaire, un livre de recongnoissance dud. Gaspard et un petit livret de recepte des censes et taxques.

Le vingt huictiesme dud. mois de janvier, lesd. expertz nous ont remis leur rapport, lequel nous avons faict incérer cy après.

RAPPORT D'EXTIME :

Nous, Anthoine de Grasse, sieur de Montauroux, Claude Seguiran, François Charles Deminata, escuyers, Abel Hugolen et Guillaume Ligier, bourgeois de la ville d'Aix, expertz esleus et nommez par Messieurs les Trésoriers généraulx de France en la généralité de Provence de la part du Roy, et par hault et puissant seigneur messire Charles de Lorraine, duc de Mayenne, et dame Henryé de Savoye, son espouse, et Alexandre de Grimaud, sieur d'Antibes, aux fins de procéder à la prisée, extime et évaluation du revenu, proffitz et esmolumentz de la terre, seigneurie et jurisdiction dud.

⁽¹⁾ En droit romain : « *la solutio in datio* ».

⁽¹⁾ Il avait remplacé en décembre 1595 M⁽ᵉ⁾ Pierre Jean Arazy dans la charge de bailli et lieutenant de juge. Les Albarnon, d'une très ancienne famille antiboise, qu'on appela plus tard Aubernon, exercèrent à plusieurs reprises les fonctions de premiers consuls d'Antibes. Une des rues de la ville porte leur nom.

Antibes, ensemble de la maison et Chasteau seigneurial dud. lieu, ses circonstances et deppandances particulièrement déclairées au dénombrement baillé par les agent et procureur desd. seigneur et dame duc et duchesse de Mayenne et par led. sieur d'Antibes, à vous, Messieurs Mes Anthoine de Serre et Jehan Garron, conseillers du Roy, trésoriers généraulx de France, commissaires depputtez à l'exécution des lettres pattentes de Sa Ma^{té} du second Juing mil six cens sept, après le serment presté entre vos mains, et avoir veu led. dénombrement et conféré ensemblement de tout ce qu'est mentionné en icelluy, avons, en la présence de vous, mesd. sieurs les commissaires et de m^e Honnoré Saxy, substitut du procureur général du Roy au siège et ressort de Grasse, procédé aud. affaire ainsy qu'il est cy après déclairé.

Premierement, avons considéré ce qui est et en quoy consiste la jurisdiction haulte, moyenne et basse, mère et mixte impère, droict d'instituer et destituer officiers aud. lieu d'Antibe, le revenu et esmoluments du greffe, les amandes et peines municipalles, les droictz d'albergue, de tasques, censes, services, lodz et ventes, passage sur le bestail menu estranger, droict de Jus patronnat en l'eglise paroichialle dud. Antibes, et le dixme des fruictz qui se recueillent au terroir dud. lieu; le tout composé de douze portions; les quatre appartenantz ausd. seigneur et dame de Mayenne, les six aud. sieur de Grimaud, la unziesme au cappitaine Jacques Bresson, et la douziesme au sieur de Sainct Troppez et aux hoirs de feu m^e Pierre Jean Bompar, Lieutenant principal au siège de Grasse.

Aussy avons veu et visité, en compagnie de : cappitaine Honnoré Mouton; Baptiste Galot, masson; Loys Monier, plastrier; Donnat Amphoux et Jean François Amenc charpentiers; Jehan Giraud et Jehan Vien, serruriers, csleus et accordez pour Sappiteurs : le chasteau et maison seigneurialle scitué au plus hault de la ville vieille dud. Antibes, comfronctant du levant avec la mer, du septentrion l'eglise paroichialle, la place du cimetière entre deux, et du midy et couchant lad. vieille ville, ayant son entrée devers septentrion avec une grand porte et pont-levys. La portion dud. sieur Alexandre de Grimaud conciste en une basse cour dud. costé de levant, de la longueur de sept toizes cinq piedz et de trois toizes cinq piedz de large, une gallerie à trois estages faicte en voulte, une cave à plan pied; lad. basse cour du midy de la longueur de sept toizes deux piedz quatre poulces et de trois toizes quatre piedz cinq poulces de large avec une cisterne par dessoubz de quatre toizes de long et deux toizes de large; trois membres⁽¹⁾ aussy à plan pied de lad. basse cour au dessoubz de lad. gallerie, les deux premiers ayant leur entrée dans icelle, pavez de brique et les planchers au dessus de plastre, soubztenus par des poultres et sollives bois de mesle⁽²⁾ et le troisiesme estage par des pierres de taille dure, avec un garde manger à costé, les planchers lambrissez avec des aiz, ayant son entrée au plus bas de la montée. Autre estage à plan pied pavé aussy de pierre de taille, voulté par dessus avec un petit four au dedans; un estage bas appellé l'Enfer, joignant la muraille maistresse dud. chasteau, devers septentrion, auquel on entre par le hault boult de la cuisine, de la longueur de huict toizes et demy et une toize un pied et demy de large, le plancher de plastre soubstenu par deux soliers bois de mesle. Aultre estage au dessus, de la mesme longueur et largeur, couvert en voulte avec un buget de plastre qui le sépare sur le meilieu; aultre estage joignant, voulté par dessus; un crotton⁽³⁾, devers le pont levis, voulté aussy et pavé de brique; estans tous les susd. estages les bas offices dud. chasteau, au dessus desquels, du costé de levant, midy et couchant, est la grande salle dud. chasteau, de la longueur de sept toizes deux piedz neuf poulces et de quatre toizes huict poulces de large, ayant son entrée par des degrez de taille dans lad. basse cour, avec sa porte bois de mesle, aultre porte sur la gallerie, trois croyzées et une demy-croyzée fermées de bois de noyer à chassis dormants vitrés, une grande cheminée façonnée; le plancher de lad. salle avec quatre poultres soubstenues de chacun costé par de grandes pierres de taille noyres, façonnées avec feuillages, lambrissé et faict à parquetz, le tout bois de mesle. Trois chambres à costé de lad. salle, ayans leur entrée dans le premier cours de la susd. gallerie, avec leurs portes tournevent, une croisée vitrée chacune, avec leurs cheminées façonnées, les planchers de mesme ordre que celluy de lad. salle. A costé de la troisiesme chambre un garde-manger, et au bout un cabinet, avec leurs portes et fenestres, du costé de septentrion une montée à repos de deux toizes de long et neuf piedz de large, ayant son entrée dans la basse cour, et au premier cours d'icelle un courroir⁽⁴⁾ visant dans lad. basse cour avec son plancher lambrissé. A plan pied dud. courroir, une petite salle de la longueur de quatre toizes et de deux toizes cinq piedz de large, avec deux portes,

⁽¹⁾ Appartements.
⁽²⁾ Mélèze.
⁽³⁾ Cachot.
⁽⁴⁾ Corridor.

un tourne-vent, deux fenestres croisées et deux demy croisées vitrées en partie. Deux chambres, un garde robbe et un cabinet à plan pied, avec leurs portes, fenestres et vittres, chacune desd. salles et chambres sa cheminée façonnée et les planchers de bois de mesle lambrissez. Au second cours, un grand estage de la longueur et largeur de la grand salle, avec trois portes et quatre fenestres, le plancher servant de couvert aud. quartier faict en tenaille avec poultres, demy poultres, solives et aiz et des tuilles par dessus. Et tout joignant led. estaige, trois chambres visant sur la galerie, avec leurs poultres et fenestres et les planchers à deux pantes lambrissés, la troisiesme desd. chambres ayant issue par derrière sur un petit couvroir et de l'aultre costé une Chappelle au second cours de la montée, avec son hostel (autel), rétable, pare-pied, accoudoirs et aultres deppendances, le plancher aussy lambrissé. Joignant lad. Chappelle, une petite salle de la longueur de quatre toises et deux toises cinq pieds de large, deux chambres, un garde robbe et cabinet tout à plan pied au mesme cours devers septentrion, avec leurs portes, fenestres et vittres, les planchers lambrissés comme l'autre premier cours du dessoubz. Le plus hault estage dessus lad. salle et chambres, couvert avec demy poultres, solivoir et rouestier[1] de bois de mesle, les tuilles par dessus; et tout au plus hault de la montée, un pigeonnier en quarré, la pointe en forme de pavillon couvert de brique vernie et enrichie de couleurs à la vénitienne.

Une grande tour quarrée commune et indivise entre les conseigneurs, joignant la susd. basse cour dud. s^r de Grimaud, de l'espaisseur de cinq piedz, treize toises deux piedz d'haulteur comprins les fondemens et dix toises un pied deux poulces de large en tout son quarré, déduict les espaisseurs, construites les deux faces dedans et dehors de pierre de taille dure à grands quartiers et l'entredeux de massonnerie, avec trois voultes de briques par dedans et de grandz degrez de taille pour monter jusques au plus hault, ayant sa porte bien ferrée, serrure et clef.

La portion desd. seigneur et dame de Mayenne et celle desd. Brisson, sieur de sainct Troppez et heoirs de Me Bompar, autres conseigneurs, tout ruyné, sans couvert, portes ny fenestres, partie des murailles en estat de pouvoir encores servir, et le surplus de tout inutille sinon pour la pierre; led. Chasteau ayant ses fausses brayes[2] devers le midy et le couchant seullement commungs entre lesd. conseigneurs.

Par dehors led. chasteau, est à costé de l'Eglise une escuyerie appartenant aud. s^r Alexandre de Grimaud, couverte de poultres, sollives et tuilles, sans porte; une place tout joignant qui souffloit servir de cave pour tenir les cuves, n'y ayant de présent que quelques murailles à l'entour; aultre escuyerie entre led. Chasteau et la Tour de l'orologe de la ville, bien couverte avec quelques poultres et sollives du plancher qui soulloit estre sur le meillieu pour le grenier à foin, ses portes, fenestres et neschs.

De mesme avons veu et visité en compagnie desd. Honnoré Mouton, Bap^te Gallot, Loys Monier et Loyson Lombard, sappiteurs accordez, trois fours du domaine de lad. seigneurie, scituez aud. Antibes, l'un dans la ville vieille, appelé Lou four de dintre[1], l'autre à la rue du Puid neuf et de Sainct Sauveur, et le trois^me à la Tourragne, et le molin à bled assis au terroir dud. Antibe, quartier appelé la Brague[2], ou y a trois pierres molans avec les outilz et instrumens à ce nécessaires, lesd. fours et molins communs et indivis entre lesd. conseigneurs chacun pour sa portion.

[46][3]. Une maison particullière dud. sieur Alexandre de Grimaud à la rue du Port, confrontant lad. rue d'un costé et la place de l'autre, ou y a deux magasins au plus bas, deux chambres au second estage et le couvert par dessus, avec ses portes et fenestres, serrures et clefs.

[47]. Un jardin à la rue du Puy neuf entouré de murailles, avec ses allées, estant de la contenance de trois pannaux en semence, dans lequel y a soixante orangers et dix sept limiers[4].

[48]. Une terre dedans la ville entre le Grand Bastion, la rue de la Font et celle de Sainct Sebastien, de la contenance de cinq cesterées en semence, y ayant du costé de lad. rue de Sainct Sébastien une place de maison avec vingt sept toises de murailles.

[49]. Aultre terre hors le bastion, de la contenance de dix cesterées en semence, comfronctant le chemin de Nostre Dame, vigne d'Anthoine Rostan, le bastion de Rosny et la contrescarpe.

[50]. Aultre terre hors les murailles sainct Sébastien, jusques au vallon de la Val, avec ce qui contient l'entredeux du bastion et lad. muraille, estant

---

[1] Sommier.
[2] Basse enceinte destinée à défendre les fossés.

[1] De l'intérieur.
[2] Appelé actuellement « Le Moulin du Roix ».
[3] Ces chiffres entre [ ] se rapportent au numérotage des dénombrements et de la réponse des Consuls.
[4] Citronniers.

de la contenance de huict cestiers, comfronctant terre de Bousquet, le vallou de La Val, les murailles de la ville et le chemin royal, ayant une muraille de massonnerie le long dud. cheming.

[51]. Aultre terre, ditte Lauvert, de dix huict cestiers en semence, comfronctant terre d'Honnoré Mouton de deux parts, le cheming royal, le vallon et aultres.

[52]. Aultre terre à la Faisse Grimaude, contenant soixante cestiers en semence, comfronctant la mer, le cheming allant à Nice au melieu, terre de Pierre Roustan, Domergue Fouroux, le cheming de Provignon, terres de cappitaine Bresson et autres.

[53]. Les bastiment, vigne et terre dittes de la Vielhe, lad. vigne contenant dix cestiers en semence et quarante une rangées de souches, et la terre quarante cestiers; y ayant outre ce quelques terres incultes et jonquiere, avec quatre sources d'eau vive, comfronctant la rivière de la Brague, la fousse du Molin, terres de Jean Anthoine Roustan, dud. Sr de Sainct Troppez, Loys Penne, Pierre Calvy, heoirs d'André Niol et autres.

[54]. Aultre terre au Molin, de six cestiers en semence, confronte une petite colline, le chemin, pré d'Anthoine Amely et le fossé dud. molin.

[55]. Aultre terre au quartier de Brague, dicte Canasquière, de dix cestiers, comfroncte pré de Honnoré Bonnaud, la rivière de la Brague, terres de Honnoré Mouton, Loys Lance, du seigneur duc de Mayenne, d'Anthoine Bacon et autres.

[56]. Aultre terre appelée le Pillon, de douze cestiers en semence, comfroncte le cheming allant à Nice, terre de Paulon Gaultier, la vallon de la Pallud, terre de Honnoré Roustang et aultres.

[57]. Aultre terre des Molières aud. quartier, de treize cestiers, estant de la deppendance de la susd. bastide.

[58]. Aultre terre ditte les Faisses de Cavasse, contenant huict cestiers en semence, comfronctant terre de Jean Robien, pré de Jean Bremond, terre dud. seigneur de Mayenne et le cheming.

[59]. Ung pré, dit du Poume et une terre le joignant, de la contenance led. pré de huict séchoirées et demy et la terre de vingt six sestiers comfronctant vigne des heoirs d'Antoine Hemon, le cheming de Biot à la mer, terre de André Roure, et terre et pré dud. seigneur duc de Mayenne.

[60]. Aultre pré appelé la Fous de trois sechoirées et demy comfroncte la mer, cheming allant à Nice au meillieu, pré et terre dud. seigneur de Mayenne et la rivière de la Brague.

[61]. Aultre pré dit le Défens, de quinze seichoirées, comfroncte terre de Pierre Espauliau, le fossé du molin à l'entour, et la rivière de la Brague.

Et du domaine particullier desd. seigneur et dame de Mayenne :

[33]. Une terre appellée Faisse Grimaude, où il y a partie de pré contenant seize cestiers en semence et cinq séchoirées, comfroncte prey dud. s^r d'Antibes, terre et vigne d'Anthoine Estève, heoirs de Ferriol Bremond, la rivière de la Brague, la mer et terre du cappitaine Bresson.

[34]. Aultre terre ditte le Pontet, de six cestiers en semence, comfroncte le fossé dit Lauron, terre et pré dud. Bresson et pré de Manuel Giraud.

[35]. Aultre terre au quartier des Molins dit au Pas de Bourges, comfroncte le cheming, terre dud. de Grimaud, de Jean Brémond et terre de Caille, contient sept cestiers en semence.

[36]. Aultre terre dicte le pré de Poume, de deux cestiers en semence, comfroncte terre de Jean Bremond, terre du susd. s^r de Grimaud et autres, avec un coing de pré ou jonequis en teste, de la contenance d'une seicherée et un tiers.

Aultre terre dicte La Masquière de huict cestiers, en semence, comfroncte terres d'Anthoine Bacon, du s^r de Grimaud, vignes de Thomas Amphoux et autres.

Avons encor veu et visité du domaine particullier dud. cappitaine Jacques Bresson :

[iv]. Un Jardin à la rue ditte de Lauvert de la contenance d'un quart de cestier, comfroncte d'un costé le jardin du susd. s^r de Grimaud et de l'autre cellui du sieur de St Troppez, la rue ditte de St Troppez et la Grand Rue, cy ayant vingt quatre gros orangers et cent septante orangers et limiers en espalliers et le long des allées.

[v]. Deux estables et court joignant led. jardin comfronctant lad. Grand Rue et les susd. jardins des sieurs de Grimaud et de St Troppez.

[vi]. Une terre de deux cestiers et demy en semence à l'isle du Fort, comfroncte la mer, terre de Perron Tourre et autres.

[vii]. Aultre terre de six ceptiers à Faisse Grimaude, comfroncte la mer, cheming de Nice au meillieu, terre dud. sieur de Grimaud, terre de Balthazard Cours et de la dame de Sainct Troppez.

[viii]. Aultre terre ditte la Brague, de six cestiers en semence, comfroncte la val de Lauron, la rivière de la Brague, pré du sieur de St Troppez, terre du seigneur duc de Mayenne et autres.

[ix]. Deux coings de terre aud. quartier de la Brague, de trois cestiers en semence, l'une comfroncte terre de Jean Bremond, le cheming et autres, et l'autre, terre de Honnoré Guido et dud. s^r de Grimaud.

[x]. Aultre terre d'un cestier en semence dans la ville, dicte la Ferraye, confronctant la rue du Trippot, jardin de M° Honnoré Bernard, terre de Honnoré Monier et autres.

[xi]. Deux seichoirées de pré à la Brague, séparées en deux, confrontant pré du s' de S' Troppez, la rivière de la Brague, terre dud. seigneur de Mayenne et autres.

[xii]. Une terre de dix cestiers en semence, au quartier de Rastine, comfroncte terre de Jean Raynaud, Guillaume Milot, le s' de S' Troppex et le chemin allant à Biot, y ayant inculte une cesterée.

[xiii]. Et finablement aultre terre aud. quartier de Faisse Grimaude, d'une cesteirée et demy en semence, confroncte la mer, chemin de Nice au meillieu, terre et pré du seigneur de Mayenne et autres.

Et ayant faict toiser led. Chasteau, treuvons la muraille maistresse du costé du Levant devers le Pont levis avoir de longueur quatre toizes quatre piedz, six toizes cinq piedz d'haulteur et deux piedz d'espaisseur; celle du mesme endroict devers la grande salle, quatre toizes quatre piedz de long, et huict toizes d'haulteur; du Midy sept toizes cinq piedz de long et neuf toises d'haulteur, de l'espaisseur de trois piedz et demy jusques au plus hault plancher, et despuis led. plancher jusques au couvert, d'un pied et demy seullement; du couchant dix neuf toises deux pieds de long et neuf toises d'haulteur, de trois piedz et demy d'espaisseur jusques aud. plancher et de là en hault un pied et demy; et du septentrion dix toizes cinq piedz de long et neuf toizes d'hault, de l'espaisseur de deux piedz et demy, la muraille devant la basse cour trois toizes cinq piedz de long et trois toizes ung pied d'haulteur, de l'espaisseur de deux pieds et demy; la muraille du travers qui sépare la grande salle des chambres, sept toizes cinq piedz de long, et sept toizes et demy d'hault, de deux piedz d'espaisseur: celle de l'autre costé qui sépare la montée d'avec la petite salle et chambres, huict toises deux piedz neuf poulces de long et sept toises deux piedz d'haulteur, de l'espaisseur de trois piedz: l'aultre muraille d'entre la gallerie et les trois chambres, sept toises cinq piedz de long et six toizes et demy d'haulteur, de l'espaisseur de deux piedz: celle de lad. gallerie sur quatre pilliers, sept toises cinq piedz de long et six toises d'hault, de l'espaisseur d'un pied et demy. Les deux murailles qui séparent lesd. trois chambres, de l'espaisseur d'un pied, de deux toises cinq piedz de long chacune et cinq toises et demy d'hault. La muraille de la cuisine neuf toises quatre piedz, de deux piedz et demy d'espaisseur. La muraille de l'Enfer jusques au plancher de la salle et chambres, huict toises et demy de long et trois toises d'hault, de l'espaisseur de trois piedz et demy. Celle qui sépare l'aultre estage dans le magasin de Monsieur le duc de Mayenne, pour la moitié seullement, deux toises et demy pied; la muraille du Crotton trois toises et les trois murailles qui séparent la petite salle et les chambres à plan pied, de l'espaisseur d'un pied, cinquante toises un pied deux poulces au tout; les créneaulx du plus hault du Chasteau pour muraille d'un pied et demy, neuf toises; celles du pigeonnier unze toises quatre piedz. Les trois murailles de la montée, quarante deux toises deux pieds; les marches de la montée de la salle, pour muraille de cinq pieds d'espaisseur, deux toises quatre piedz, et les voultes comptées pour muraille d'un pied et demy, cent quatre vingt huict toises cinq poulces.

Touttes lesquelles murailles réduictes de l'espaisseur d'un pied et demy, revient à la quantité de quatorze cens soixante dix huict toises, quatre pieds dix poulces, qu'estimons valloir au feur[(1)] de sept livres dix sols la toize, ayant esgard qu'elles sont blanchies dedans et dehors : la somme de unze mil quatre vingt une livres dix deniers; tous les planchers et bugets de plastre à trois cens soixante cinq toizes deux piedz cinq poulces, qu'estimons au feur de deux livres la toise : sept cens trente livres seize sols; tous les planchers lambrissez cent soixante dix sept toises quatre piedz cinq poulces, au feur de vingt cinq livres la toize : quatre mil quatre cens quarante trois livres huict sols; tout le gros fer employé aud. bastiment, tant en paumelles et gondz que fer perdu, quarante quintaulx quatre vingt huict livres, à vingt livres le quintal : huict cens dix sept livres douze sols. Le bois des planchers des bas offices et celluy des couvertz dud. Chasteau estimé à neuf cens quatre vingtz cinq livres dix-neuf solz deux deniers. Tous les tuilles desd. couvertz en nombre de quatorze mil cinq cens soixante douze : trois cens cinquante une livres sept sols, à raison de vingt quatre livres le millier; les neuf cheminées façonnées des salles et chambres : cent quatre vingtz six livres; et touttes les portes et fenestres avec leurs ferrementz, serrures et clefs.

Les vittres, pavez de brique et de taille et autre menue despence dud. bastiment : deux mil trois livres dix solz six deniers. Et le sueil et place dud. Chasteau, tirant en carré deux cens vingt cinq

[(1)] Taux.

toises, au feur de quatre livres la toise, neuf cens livres.

Avons aussy faict toiser les escueries dud. sieur de Grimaud, deppandantz dud. Chasteau, et treuvé la muraille de la première escuerie, proche de l'Eglise, de l'espaisseur de deux piedz, en quantité de trente cinq toises deux piedz; celles de la place joignant, de l'espaisseur d'un pied et demy, vingt trois toises cinq piedz; et celles de l'autre escuerie entre le Chasteau et l'orologe, quatre vingtz quinze toises, revenant lesd. murailles, réduites d'un pied et demy d'espaisseur, à cent soixante trois toises deux pieds, qu'estimons valloir au feur de quatre livres dix sols la toize, ayant esgard qu'elles sont fort vieilles, sept cens trente cinq livres; les poultres, solives et autres bois des deux couverts, deux cens soixante dix neuf livres quatre sols; les tuilles, en nombre de cinq mil cent dix, à vingt quatre livres le milier, cent vingt deux livres douze sols neuf deniers; les cloux, les creiches, portes et serrures, vingt une livres dix sols, et les trois sueils et places, deux cent vingt cinq livres.

Les vieilles murailles de la portion dud. Chasteau appartenant ausd. seigneur et dame duc et duchesse de Mayenne, réduictes de l'espaisseur d'un pied et demy, tirent en tout six cens soixante seize toises deux piedz quatre poulces, qu'estimons à raison de trois livres douze sols la toise en l'estat qu'elles sont, deux mil quatre cens trente cinq livres, le sueil et place tirant un quarré cent cinquante toises à quatre livres la toise : six cens livres.

Les autres murailles communes et indivises entre le sieur de St Troppez, Bresson et les heoirs de Me Bompar, deux cens quatre vingt dix huict toises cinq piedz six poulces, dont la moitié appartient aud. Bresson, qu'estimons à la mesme raison de trois livres douze sols la toise : cinq cens trente huit livres un sol et la moictié du sueil et place de lad. portion : cent cinquante livres, à la mesme raison que dessus.

Le grand tour quarrée qui est au meilleu dud. Chasteau commune et indivise entre tous lesd. conseigneurs tient cent trente deux toises quatre piedz de l'espaisseur de cinq piedz, qu'estimons à raison de quarante livres la toise, à ce comprins les voultes et cinquante sept marches de taille qui sont par dedans : cinq mil trois cens cinquante livres treize sols quatre deniers, de laquelle somme en appartient ausd. seigneur et dame de Mayenne pour leur tiers, dix sept cens soixante huit livres dix sept sols neuf deniers; aud. sieur Alexandre de Grimaud pour sa moitié, deux mil six cens cinquante trois livres six sols huict deniers, et aud. Bresson pour sa douzeiesme, quatre cens quarante deux livres quatre sols cinq deniers.

Les faulces brayes et escarpes dud. Chasteau, aussy communes entre tous lesd. conseigneurs contiennent cent soixante seize toizes trois piedz six poulces de l'espaisseur d'un pied et demy, à quatre livres dix sols la toize : sept cens quatre vingts treize livres dix sept sols six deniers. La muraille de la montée aussy commune, vingt toizes trois piedz, à la mesme raison, quatre vingtz douze livres cinq sols. La porte de l'entrée et pont-levis avec le ferrement, serrure et les clefs, aussy commung, estimé quatre vingtz douze livres seize sols; l'encoule[1] du coing dud. Chasteau, appartenant au particulier dud. sieur de Grimaud : quatre vingtz dix livres; desquelles parties en compète ausd. seigneur et dame de Mayenne pour leur tiers : trois cens vingt six livres six sols deux deniers; aud. sieur de Grimaud pour sa moitié, comprins la partie de lad. encoule : cinq cens soixante dix neuf livres neuf solz trois deniers; et aud. Bresson pour sa douzeiesme : quatre vingtz une livres unze solz six deniers.

Et ayant veu la responce et contredictz desd. consuls et communaulté d'Antibe sur le denombrement des droictz de lad. terre, seigneurie et jurisdiction; un cayer contenant quarante trois extraictz en abrégé, des nouveaux baulx faicts par Gaspard de Grimaud, seigneur pour la moitié dud. Antibes, aux particuliers y desnommez, des terres et places de maisons désignées ausd. actes ès années mil cinq cens seize, dix sept, dix huict, dix-neuf et vingt un, et jour y contenus, signé led. cayer par Me Barcillon, notaire; un livre de recognoissance de maisons dans la ville, en nombre de quatre vingtz trois, en faveur dud. Gaspard de Grimaud, actes receus par Me Anthoine Borrely, notaire de Draguignan, en l'année mil cinq cens vingt neuf ez mois d'octobre et novembre; un petit cayer de la recepte des censes et diettes dud. Gaspard, contenant quarante sept feuilletz escriptz; le roolle des amandes depuis le dix sept novembre mil cinq cens quatre vingtz dix huict jusques au septiesme décembre dernier, signé Bacon, notaire greffier; deux roolles des peines municipales des années mil six cens six et mil six cens sept, signé par Me Pierre Albarnon, baillhie; neuf cayers de certificatz de touttes les ventes, eschanges, insolutundations et autres transports et allienations faictes aud. Antibes depuis l'année mil cinq cens quatre vingtz dix huict jusques en six cens sept, signez par Mes Bacon, Carence, Melian, Calvy, Fontany,

---

[1] Contrefort.

Guérin, Bernardy, Testoris et Lance; un extraict abrégé de l'arrentement faict par le susd. Alexandre de Grimaud à Pierre Lance, du droict de laisde sur le poisson sallé et huille et du dix^{me} des agneaulx pour une année, signé Calvy notaire, en datte du dernier septembre mil six cens cinq; trois actes d'arrentement des molins pour les années mil cinq cens quatre vingt dix sept jusques à la fin du mois de décembre dernier, receuz par Mes Bacon, Guerin et Melian, en datte du cinqiesme décembre quatre vingtz seize, quatorze décembre quatre vingtz dix neuf et cinqiesme septembre mil six cens trois; cinq actes d'arrentement des fours pour les années quatre vingtz quinze, seize, dix sept, dix huict, six cens, six cens cinq, six, sept et huict, receus par Mes Honnoré Testoris et Bacon, les dix septiesme juing mil cinq cens quatre vingt quatorze, dix neuf aoust quatre vingt dix neuf et dix sept septembre six cens trois; aultre acte d'arrentement de la troisiesme portion desd. droictz seigneuriaulx et domaine appartenant ausd. seigneur et dame de Mayenne, en faveur d'Adam Giraud pour quatre années, receu par Me Mellian notaire, le second may six cens trois; certifficat des decymes ordinaires de l'Eglise dud. Antibes, signé Aillaud, notaire et le roolle des frais pour l'entretien des presbtres signé par le susd. de Grimaud et de Roziers, agent; et après nous estre informez particulièrement sur le faict desd. droictz, tant de Me Honnoré Arazy, juge ordinaire dud. Antibe et Me Bacon, greffier, que de Jean Reynaud, Anthoine et Laurans Roustans, consulz, Anthoine Guido, Anthoine Amely et autres dud. lieu :

Avons estimé :

[4]⁽¹⁾. Les amendes de lad. jurisdiction ordinaire d'Antibe valloir de rente chacune année cent trois livres au tout;

[5]. Les esmolumens et revenus du greffe, pour chacune année, deux cens quarante livres;

[6]. Les Peines Municipalles, quatre vingtz livres;

[8]. Le droict d'Albergue, sept livres dix sols;

[11]. Les droictz de lodz et ventes communs et indivis entre tous lesdicts conseigneurs, extimez au tout à la rente de neuf cens livres, à ce compris le lodz des quarante trois pièces de terre et places de maisons désignées aux actes de nouveau bail faictz par feu Gaspard de Grimaud, receuz par Me Barcillon notaire, qu'il nous semble debvoir

⁽¹⁾ Les chiffres entre [ ] se rapportent au numérotage des articles des dénombremens, de la réponse des Consuls et de la visite des experts.

estre detraictz de lad. Commission et donnez aud. sieur Alexandre de Grimaud en son particulier;

[13]. Le droict de passage sur le bestail menu estranger, neuf livres de rente chacun an;

[15]. Le droict de laisde sur le poisson sallé que les estrangers sortent par terre dud. Antibe, à raison d'un sol pour chacun barril; et sur l'huille estranger qui entre par terre, à raison d'une cassette pour chacune charge, estimé valloir de rente chacun an vingt quatre livres;

[16]. Les molins seigneuriaux dud. Antibes, pour chacun an, unze cens livres de rente;

[17]. Les fours, seize cens livres de rente aussy par chacun an;

[22]. Le droict de Disme au quarantain sur tous grains, bledz, avoyne, légumes, vins, lins, agneaux et chevreaux, à la rente de unze cens livres au tout par chacun an, franc de toutte despence, tant de services de l'Eglise que des décimes, pension du sieur evesque de Grasse et cueillette; à ce comprins le dixme des fruictz des terres données à nouveau bail par le susd. Gaspard de Grimaud qu'il nous semble debvoir estre destraict de lad. commission et donnez aud. sieur Alexandre de Grimaud en son particulier.

Revenant au tout lesd. droictz seigneuriaulx communs à cinq mil cent soixante trois livres dix sols; de laquelle somme en appartient ausd. seigneur et dame de Mayenne pour leur tiers, mil sept cens vingt une livres trois solz quatre deniers; aud. s^r Alexandre de Grimaud, pour sa moitié, deux mil cinq cens quatre vingt une livres quinze solz; et la douzeiesme dud. Bresson, quatre cens trente livres cinq solz dix deniers.

[9, 10]. Et pour ce qui est des prétendues censes et droictz de taxques communs, demandés par les articles neufiesme et dixiesme dud. dénombrement, disons ne pouvoir procéder à aucune prisée et estimation, pour ne nous appavoir d'aucune chose desd. droictz.

[14]. Sur l'article quatorzeiesme, concernant le prétendu droict de despaistre, déclairons n'y avoir lieu d'aucune prisée, attendu que lad. faculté est commune avec les habitans.

[25, 26, 27]. Et quand aux censes, services, droictz de taxques et de dixme demandez par lesd. seigneur et dame de Mayenne en leur particulier, par les articles xxv, xxvi et xxvii dud. dénombrement, disons aussy ne povoir procéder à aucune prisée et estimation, pour ne nous appavoir desd. droictz.

[28]. De mesmes pour les droictz de lodz mentionnez au vingtz huictiesme article, joinct que de l'estime générale des droictz de lodz appert en-

tièrement tout ce qui est de lad. jurisdiction et sauf à eux pour tous lesd. droictz particuliers se pourveoir ainsy qu'il appartient.

[38] Et venant au chappitre des droicts particulliers dud. sieur Alexandre de Grimaud, avons estimé les cens mentionnez aux quarante trois actes de nouveau bail cy dessus spécifiés, à quatre livres dix sols chacun an.

[39]. Le droit de taxque à raison de la douzieme partie des fruictz qui se recueillent aux terres et propriétés désignées ausd. nouveaux bailz, à quarante livres chacun an.

[40, 41]. Et pour les droictz de dismes et de lodz, particulier desd. propriétés, déclairons n'y avoir lieu d'estime, pour estre comprins à l'esvaluation générale desd. droictz, et sauf aud. sieur de Grimaud, pour ce regard, se pourvoir ainsy qu'il appartient.

[II]. Comme aussy en ce qui est des prétendues censes et droictz de lodz particuliers demandez par led. Bresson au second article de son dénombrement, disons ne pouvoir faire aucune estime à faulte de justiffication et sauf à luy, pour ce regard, se pourveoir comme il appartient.

[33] Du domayne particulier desd. seigneur et dame de Mayenne, avons estimé la terre de Faisse Grimaude désignée au trente troisiesme article dud. dénombrement, valloir de rente chacun an soixante livres et le pré y joignant, quarante livres.

[34]. La terre du Pontel, article trente quatriesme, seize livres dix sols.

[35]. La terre du quartier des Molins, ditte au Pas de Bourges, mentionnée au trente cinquiesme article, vingt une livres.

[36] La terre ditte le pré de Poume avec le Jonquier et autres terres ditte la Masquière, désignées au trente sixiesme article, soixante trois livres.

[46]. Du domaine dud. sieur Alexandre de Grimaud, avons estimé la maison et magazins du port mentionnez au quarante sixiesme article dud. dénombrement, valloir de rente chacun an, quatre vingt livres.

[47]. Le Jardin à la rue du Puy neuf, mentionné au quarante septiesme article, soixante quinze livres.

[48]. La terre dedans la ville, entre le grand bastion et les rues, trente livres.

[49]. La terre hors du grand bastion mentionnée en l'article quarante neuf, soixante livres.

[50]. La terre hors des murailles S¹ Sébastien, désignée au cinquantiesme article, quarante huict livres.

[51]. Les terres de Lauvert mentionnées au cinquante uniesme article, cinquante quatre livres.

[52]. La terre de la Faisse Grimaude, désignée au cinquante deux⁽ᵐᵉ⁾ article, cent quatre vingtz quinze livres.

[53, 57]. Les bastiment, vigne et terre de la Vielhe, deux cens cinq cinquante livres, à ce comprins la terre des Mollières mentionnée au cinquante septiesme article pour estre dud. tenement.

[54]. La terre du Molin, article cinquante quatre, huict livres.

[55]. La terre de Brague, ditte Camasquière, vingt sept livres.

[56]. La terre appelée le Pilon, dix huict livres.

[58]. La terre ditte les Faisses de Cavasses, vingt une livres.

[59]. Le pré de Poumes et la terre joignant, cent soixante dix livres.

[60]. Le pré appellé de la Fons, trente livres.

[61]. Le pré du Deffens, cent vingt livres.

[62, 63, 64]. Et pour les terres désignées aux soixante deux, soixante trois et soixante quatre articles, n'en faisons aucune estime, pour estre alliennées ainsy qu'il est déclairé par lesd. articles.

[IV, V]. Du domaine particullier dud. Jacques Bresson, avons estimé les jardins et estables qu'il a dans lad. ville en la rue de Lauvert désignée aux quatriesme et cinquiesme article de sa demande, à soixante quinze livres de rente chacun an.

[VI]. Deux cestiers et demy de terre en l'isle du Port, trois livres dix sols.

[VII] La terre à Faisse Grimaude, quinze livres.

[VIII] La terre de la Brague, du huictiesme article, neuf livres.

[IX]. Autre terre aud. quartier, six livres.

[X]. La terre de la Ferraye, dans la Ville, neuf livres.

[XI]. Le pré à Brague, unze livres quatre solz.

[XII]. La terre au quartier de Rastine, trente sept livres.

[XIII] Autre terre à Faisse Grimaude, trois livres.

Et ayant faict calcul de tous les susd. prisages et estimations, dizons la part et portion du chasteau appartenant aud. sieur de Grimaud, en son particullier, avec les escueries et la moitié qui luy appartient de la tour, faussoe brayes et montée, revenir à vingt six mil cent vingt cinq livres seize solz deux deniers en fondz et capital.

Sa part et moitié des rentes et revenus de la Jurisdiction, droictz seigneuriaux, fours et mollins, deux mil cinq cens quatre vingt une livres quinze solz; les censes et taxques en son particullier, quarante quatre livres dix solz, et la rente de sa maison, jardin, bastide, vignes, terres et prez de son domaine particullier, unze cens soixante huict livres, revenant toute lad. rente de lad. portion du sieur Alexandre de Grimaud, à la somme de trois mil sept cens quatre vingtz quatorze livres cinq sols.

Et la part et portion du Chasteau appartenant ausd. seigneur et dame de Mayenne, comprins leur tiers des fausses brayes, montée et de la tour, revient à cinq mil cent trente livres trois solz unze deniers.

La troisiesme portion des rentes et revenus de lad. terre et seigneurie d'Antibe, mil sept cens vingt une livres, trois solz quatre deniers, et les rentes des terres de son domaine particulier, deux cens livres dix sols, revenant toute sa portion desd. rentes à la somme de mil neuf cens vingt une livres treize solz quatre deniers.

La douziesme portion dud. Chasteau appartenant aud. Jacques Bresson, avec sa part de la tour, fausses brayes et montée, mil deux cens unze livres seize solz unze deniers.

La douziesme portion des rentes et revenus desd. droictz seigneuriaulx, fours et mollins, quatre cens trente livres cinq sols dix deniers et les rentes de son jardin, estables, preys et terres du domaine de lad. place, cent soixante huict livres quatorze sols, revenant toutte sa portion desd. rentes à la somme de cinq cens quatre vingtz dix huict livres dix neuf sols dix deniers.

Et ainsy avons procédé au faict de lad. estime selon le deub de nos consciences et nous sommes soubzsignez, ayant remis lesd. papiers ausd. sieurs Trésoriers généraulx de France.

Faict aud. Antibe, le vingt huictiesme janvier mil six cens huict.

MONTAUROUX, SEGUIRAN, LEGIER, DEMIMATA, HUGOLENY.

A l'instant, en notre présence, dud. Me Saixy, procureur du Roy, desd. expertz et desd. sieurs Alexandre de Grimaud, dud. Anthoine David de Roziers, agent desd. seigneur duc et duchesse de Mayenne, avons faict publier le susd. rapport, lequel lesd. sieur de Grimaud et David des Roziers, au nom qu'il procède, ont approuvé et consenty icelluy sortir son effaict et se sont soubsignés.

ANTIBO, DESROZIERS, sous le bon plaisir de Mes Seigneur et Dame.

Ce faict, sommes despartis en compagnie desd. expertz, dud. lieu d'Antibes, pour venir en la ville d'Aix, en laquelle sommes arrivés le dernier dud. mois de janvier.

Estat par estimation des rentes de la Place, Terre et Seigneurie d'Antibes.

Les amendes de la Jurisdiction ordinaire dud. Antibes vallent de rente chacun an cent trois livres, cy.....	103"
Les émolumens et revenus du greffe, deux cens quarante livres, cy......	240"
Les peines municipalles, quatre vingtz livres, cy...............	80"
Le droict d'albergue, sept livres dix solz, cy.................	7" 10
Le droict de lodz et vente, neuf cens livres, cy................	900"
Le droict de passage sur le bestail menu estranger, neuf livres, cy.....	9"
Le droict de l'oisde sur le poisson sallé et sur l'huille estrangère qui entre par terre, vingt quatre livres, cy.	24"
Les molins seigneuriaulx, unze cens livres, cy.................	1,100"
Les fours, seize cens livres chacun an, cy....................	1,600"
Le droict de dixme au quarantain, touttes charges desduictes, unze cens livres, cy..................	1,100"
Les censes particuliers dud. sieur de Grimaud, quatre livres dix sols, cy..	4" 10
Les taxques aussy particulières dud. sieur de Grimand, quarante livres, cy.	40"
Et le domaine de lad. Seigneurie et Jurisdiction d'Antibes, quinze cens trente sept livres quatre sols, cy....	1,537" 4
Total desd. rentes : Six mil sept cens quarante cinq livres quatre sols..	6,745" 4'

Ainsy que dessus a esté par nous, Conseillers du Roy, Trésoriers Généraulx de France, procédé. Présents Me Honnoré Saixy, procureur de Sa Ma^{té} au siège de Grasse, et Isaac Chais, notre greffier, et nous sommes soubzsignez

DE SERRE, GARRON.

Par mesd. seigneurs les Trésoriers généraulx de France :

CHAIS.

XXIX. — 23 SEPTEMBRE 1608. — 224.

Vendition au Roi par Charles de Lorraine, duc de Mayenne, et Henrye de Savoye, sa femme, de leur portion ($\frac{24}{27}$) de la seigneurie d'Antibes.

Par devant Francoys Herbin et Simon Fournyer, notaires et garde nottes du Roy nostre Sire en son Chastellet de Paris, soubz^{nes}, furent présens : très hault et très puissant prince Monseigneur Charles de Loraine, duc de Mayenne, pair de France, gouverneur et lieutenant pour le Roy de l'Isle de France, et très haulte et très puissante princesse Madame Henrye de Savoye, son espouze, dud. seigneur duc de Mayenne son mary, suffisamment auctorisée pour l'effect cy après, lesquelz, de leurs bons grez, ont recongneu et confessé et, par ces présentes, confessent avoir vendu, ceddé, quicté, transporté et dellaissé du tout dès maintenant à tousjours et promectent l'un pour l'autre et chacun d'eulx seul et pour le tout, sans division, renonceans au bénéfice de division et de discution, garentir de tous troubles et empeschemens généralement quelsconques au Roy, nostre Sire, messire Nicolas Brulart, chevallier, sieur de Sillery, chancellier de France, et hault et puissant seigneur messire Maximilian de Bethune, duc de Sully, pair de France, marquis de Rosny, conseiller du Roy en ses Conseils d'Estat et privé, grand voyer, grand maistre et cappitaine général de l'Artillerie de France, superintendant des finances et bastimens de Sa Ma^{té}, à ce présens, stippulans et acceptans pour Sad. Ma^{té}, les quatre parts et portions par indivis, les douze faisans le tout, de la terre et seigneurie d'Antibes en Provence, se consistans en haulte, moyenne et basse jurisdiction, avec mère, mixte impère, puissance de glaive, droict d'instituer ou destituer officiers aud. lieu, droict de greffes, amendes et peynes municipalles, droictz d'albergue, de taxques, cens et services, lotz et vente, passwige sur le bestial menu estranger, faculté de depaistre, laisde sur le poisson sallé et huille estrangers, droict de jus-patronnat en l'Eglise paroichiale dud. Antibes, dixmes des fruicts qui se recueillent au terrouer dud. lieu, droicts de moulins et fours bannaulx et en toutes et chacunes ses autres aisances, appartenances et deppendances ; item, la part et portion qui appartient aud. seigneur et dame duc et duchesse de Mayenne, au chasteau seigneurial dud. Antibes ; item, le total d'une terre appelée la Faisse Grimaulde où il y a partie de pré confrontant la terre du sieur Grimauld, lad. terre estant de seize sestiers de sepmence ou cuvison de la mesure nouvelle ; item, une autre terre, dicte Le Pontet, confrontant la terre du cappitaine Jacques Bresson co-seigneur dud. Antibes, estans de six sestiers de sepmence ; item une autre terre au quartier des Moulins, dicte au Pas de Bourges, confrontant le chemin et terre dud. sieur Grimauld, de sept sestiers de sepmence ; item une autre terre dicte le Pré de Poume, confrontant la terre de Jehan Bremont et terre dud. sieur Grimauld, de six sestiers de sepmence ; item une autre terre dicte La Masquière, de huict sestiers de sepmence, confrontant la terre de Anthoine Bacon, du sieur de Grimauld et autres ; et generallement tous autres droicts qui peuvent appartenir ausd. sieur et dame vendeurs en lad. terre d'Antibes ; le tout sans aucune chose en réserver ny retenir par lesd. sieur et dame vendeurs, et selon qu'il est plus au long porté, contenu et déclaré par certain procès verbal faict par Maistres Anthoine de Serre et Jehan Garon, conseillers du Roy, Trésoriers générarulx de France en la généralité de Provence, sur la prisée, estimation et évaluation du revenu, proffits et esmolumens de lad. terre et seigneurie d'Antibes et de la maison et chasteau dud. lieu, ses circonstances et deppendances, suivant les lettres patentes de Sa Ma^{té} du second jour de juin mil six cens sept, par lequel appert le total d'icelle terre valloir de revenu par chacun an, six mil sept cens quarante cinq livres quatre sols, qui, pour lesd. portions desd. sieur et dame vendeurs, dix neuf cens vingt une livres treize sols quatre deniers, signé en fin : Serre et Garon et plus bas : par mesd. seigneurs les Trésoriers générarulx de France : Chais. — Led. procès verbal incoré ou la fin des présentes.

Tenue et mouvante lad. terre et seigneurie d'Antibes de Sad. Ma^{té} à cause de son conté de Provence et chargé envers elle des droicts et debvoirs seigneuriaulx et féodaulx quand le cas y eschet, pour toutes et sans aucunes charges, debtes ny ypothecques quelzconcques, franche et quicte lad. terre pour lesd. portions dessus vendues desd. droicts et debvoirs du passé jusques à luy, et ausd. sieur et dame duc et duchesse de Mayenne appartenant à cause et du propre de lad. dame duchesse de Mayenne ; ainsy qu'ilz ont dict et affirmé ; pour desd. parts et portions dessus vendues joir par Sad. Ma¹⁴ et ses successeurs et en faire et disposer ainsy que bon luy semblera.

Cestz vente, cession et transport faictz à la charge desd. droictz seigneuriaulx et féodaulx pour portions, et outre, moyennant la somme de soixante sept mil deux cens cinquante huict livres seize sols huict deniers tournois, à laquelle somme lesd. partyes ont convenu et accordé pour lesd. quatre portions desd. droictz seigneuriaulx, dommaine et jurisdiction de lad. terre, qui est à la raison du denier trente cinq, lad. portion dud. chasteau, maisons et autres bastimens comprins, que pour ce lesd. sieurs de Sillery et duc de Sully en ont promis et promectent, pour et au nom de Sad. Ma¹⁴, faire bailler et payer ausd. seigneur duc et duchesse de Mayenne ou au porteur, par noble homme M⁵ Vincent Bouhier, conseiller du Roy et Trésorier de son Espargne, estant de présent en charge, dedans luy. Transportant, en ce faisant, par lesd. seigneur duc et duchesse de Mayenne à Sad. Ma¹⁴ tous droictz de propriété, fondz, tresfondz et autres droictz quelzconcques qu'ils ont et peuvent avoir èsd. portions dessus vendues, dessaisissans... voullans... procureur le porteur... donnans pouvoir... Promettans... Obligeans chacun en droict soy lesd. sieur de Sillery et duc de Sully oud. nom, lesd. sieur et dame vendeurs l'un pour l'autre et chacun d'eulx seul et pour le tout, sans division; renonceans iceulx sieur et dame vendeurs aud. bénéfice de division et de discussion.

Faict et passé, assavoir : par lesd. sieurs de Sillery et de Sully, au Conseil d'Estat tenu au Louvre, et par lesd. sieur et dame vendeurs, en leur hostel siz rue S¹ Anthoine, l'an mil six cens huict, le vingt trois⁽ᵐᵉ⁾ jour de septembre, avant midy.

[Ensuict la teneur dud. procès verbal desd. M⁽ᵉˢ⁾ Anthoine Serre et Jehan Garron, dont cy dessus est faict mention, procès verbal et procédure.]

BRULART, M. DE BETHUNE, CHARLES DE LORRAINE, HENRIE DE SAVOYE, HERBIN, FOURNYER.

XXX. — 8 OCTOBRE 1608. — 325.

QUITTANCE, PAR LE DUC ET LA DUCHESSE DE MAYENNE, DE LA SOMME DE 67,258 ᴸᵗ 16 s. 8 d. STIPULÉE AU CONTRAT DU 23 SEPTEMBRE 1608, POUR LE PRIX DE LEUR PORTION DE LA SEIGNEURIE D'ANTIBES VENDUE AU ROI.

Par devant les notaires et garde notes du Roy nostre Sire en son Ch¹ᵉ¹ de Paris, soubzsignez, furent présens : très hault et très puissant prince Monseigneur Charles de Loraine, duc de Mayenne, pair de France, gouverneur et lieutenant général pour le Roy de l'Isle de France, et très haulte et très puissante princesse Madame Henrye de Savoye son espouze, dud. seigneur duc de Mayenne son mary suffisamment aucthorisée pour l'effect cy après, demeurans en leur hostel seiz à Paris, rue Sainct Anthoine, parroisse Sainct Paul.

Lesquels ont recongneu et confessé avoir eu et receu contant de noble homme M⁵ Vincent Bouhier, sieur de Beaumarchais, conseiller du Roy et trésorier de son Espargne, pour et en l'acquit et descharge de Sa Majesté, la somme de soixante sept mil deux cens cinquante huict livres seize solz huict deniers tournois, en pièces de seize solz et monnoye, ausd. sieur et dame duc et duchesse de Mayenne ordounez par Sad. Ma¹⁴ par ses lettres patentes du vingtcinqiesme jour de septembre dernier passé, signées : par le Roy, Brulart et scellées. Et en laquelle somme, par certain contract passé par devant les notaires soubzsignez le vingt trois⁽ᵐᵉ⁾ jour de Septembre dernier passé, messire Nicolas Brullart, chevallier, sieur de Sillery, chancellier de France, et hault et puissant seigneur messire Maximilien de Bethune[¹], sont tenus et obligez, pour et au nom de Sad. Ma¹⁴, bailler et payer ausd. seigneur et dame duc et duchesse de Mayenne pour la vendition qu'ils ont faicte à Sad. Ma¹⁴ des quatre parts et portions par indivis, les douze faisans le tout, de la terre et seigneurie d'Antibes en Provence, à plain déclarée aud. contract et par certain procès verbal faict par M⁽ᵉˢ⁾ Anthoine de Serre et Jehan Garron, conseillers du Roy et Trésoriers généraux de France en la généralité de Provence, sur la prisée, estimation et évaluation du revenu, proffictz et esmolluments de lad. terre et de la maison et chasteau seigneurial dud. lieu, ses circonstances et deppendances, suivant les lettres patentes de Sa Ma¹⁴ du second jour de juing mil six cens sept, led. procès verbal inceré en la fin dud. contract.

[¹] Mêmes qualités que dans l'acte précédent.

De laquelle somme de soixante sept mil deux cens cinquante huict livres seize solz huict deniers lesd. seigneur et dame, duc et duchesse de Mayenne, se sont tenuz et tiennent pour bien contans, et en ont quicté et quictent Sad. Ma^té, led. sieur de Beaumarchais, trésorier de l'Espargne susd. et tous autres.

Et est assavoir que au marge dud. contract de vendition dud. vingt trois^me septembre dernier, qui avoict esté expédié pour servir à Sad. Ma^té, ensemble sur la minutte d'icelluy, a esté escript et faict mention en substance dud. payement desd. soixante sept mil deux cens cinquante huict livres seize solz huict deniers, lesd. escripts et ces présentes ne servant en tout que d'un acquict. Promectans... Obligeans l'un pour l'autre et chacun d'eulx seul et pour le tout, sans division... Renonçans au bénéfice de division et de discussion... Faict et passé aud. hostel desd. seigneur et dame de Mayenne dessus dict, l'an mil six cens huict, le huictiesme jour d'octobre, après midy.

CHARLES DE LORRAINE, HENRIE DE SAVOYE, HERBIN, FOURNYER.

XXXI. — 8 OCTOBRE 1608. — 226.

AUTRE QUITTANCE PAR LE DUC ET LA DUCHESSE DE MAYENNE DE LA SOMME DE 36,000^lt STIPULÉE AU CONTRAT PASSÉ AVEC ALEXANDRE DE GRIMAULT LE 23 SEPTEMBRE 1608, COMME DEVANT ÊTRE EMPLOYÉE À L'ACHAT, AU PROFIT DUDIT ALEXANDRE DE GRIMAULT, DE LA PORTION DE LA TERRE DE CAGNES APPARTENANT AU DUC ET À LA DUCHESSE DE MAYENNE.

Par devant les notaires et garde notes du Roy nostre sire en son Ch^let de Paris, soubzsignez, furent présens très hault et très puissant prince Monseigneur Charles de Lorraine, duc de Mayenne, pair de France, Gouverneur et Lieutenant général pour le Roy de l'Isle de France, et très haulte et très puissante princesse Madame Henrye de Savoye...^(1), lesquels ont recongneu et confessé avoir eu et receu contant de noble homme Me Vincent Bouhier, sieur de Beaumarchais, conseiller du Roy et trésorier de son Espargne, pour et en l'acquict et descharge de Sa Ma^té, la somme de trente six mil livres tournois en pièces de seize solz et monnoye, ausd. seigneur et dame duc et duchesse de Mayenne ordonnez par Sa Ma^té, par ses lettres patentes du vingt cinquiesme jour de septembre dernier passé, signées : par le Roy, Brulart et scellées, lad. somme de trente six mil livres ausd. seigneur et dame duc et duchesse de Mayenne cedée et transportée par Alexandre de Grimault sieur de Caigne et de Salles, pays de Provence, par certain contract de vendition faicte aud. sieur de Grimault par lesd. seigneur et dame duc et duchesse de Mayenne, des quatre partz et portions qui leur appartenoient ès juridiction de Caigne et Salles, les douze faisant le tout, fors et réservé la cinquiesme partye desd. quatre portions, qui appartiennent aux portaniers dud. Caigne, passé par devant Lenormant et Herbin, notaires, le vingt quatriesme jour de septembre dernier. Ladite somme de trente six mille livres à prendre en plus grande somme mentionnée par autre contract de vente faicte à Sa Ma^té par lesd. sieur de Grimault de six parts et portions, les douze faisans le tout, de la terre et seigneurie d'Antibes passé par devant les notaires soubzsignés le vingt trois^me jour dud. mois de septembre dernier passé, par lequel contract de vente dud. vingt trois^me septembre dernier Sad. Ma^té, pour plus grande seuretté d'icelle, doibt faire employer lesd. trente six mil livres en héritaiges au proffict dud. sieur de Grimaud, mesmes à l'achapt de la part et portion qui appartenoit ausd. seigneur et dame duc et duchesse de Mayenne en lad. terre de Caigne, au cas qu'ilz la voulsissent vendre, comme le contient led. contract de vente du vingt trois^me septembre dernier.

De laquelle somme de trente six mil livres lesd. seigneur et dame duc et duchesse de Mayenne se sont tenuz et tiennent pour bien contans et en ont quicté et quictent Sad. Ma^té, led. sieur de Beaumarchais, trésorier de l'Espargne susdict et tous autres. Et, en ce faisant, ont lesd. seigneur et dame duc et duchesse de Mayenne, consenty et accordé, consentent et accordent que sur lesd. deux contracts de venditions desd. vingt trois et vingt quatriesme septembre dernier, ensemble sur les minuttes d'iceulx, il soict escript et faict mention en substance du payement desd. trente six mil livres tournois, par les notaires qui les ont receuz ou par autres, sans que leur présence y soict requise, à la charge que lesdicts escriptz, mentions et ces présentes ne serviront en tout que d'un acquict. Pro-

---

(1) Mêmes qualités et domicile que dans l'acte XXX.

mectans... Obligeans l'un pour l'autre et chacun d'eulx seul et pour le tout, sans division... Renonçeans au bénéfice de division et de discution... Faict et passé audict hostel desd. seigneur et dame de Mayenne dessus déclaré, l'an mil six cens huict, le huictiesme jjour d'octobre, après midy [1].

Charles de Lorraine, Henrie de Savoye, Hermin, Fournyer.

XXXII. — 22 MAI 1610. — 276.

Vendition au Roi, par Jacques Bresson, écuyer, de sa portion ($\frac{9}{72}$) de la seigneurie d'Antibes, moyennant le prix de 20,964 ₶ 14 s. 2 d.

Par devant les notaires et garde nottes du Roy nostre Sire en son Ch[*tel*] de Paris soubz[*nés*], fut présent Me Thomas Textoris, docteur en droictz, advocat au Parlement de Provence, demeurant en la ville d'Antibes aud. pays de Provence, ou nom et comme procureur de Jacques Bresson, escuyer, sieur dud. Antibes en partie, de luy fondé de procuration passée par devant Melian, notaire royal hereditaire aud. Antibes, le seize[me] jour de febvrier dernier passé, de laquelle il est apparu aux notaires soubz[nés] et qui sera incérée en la fin des présentes, lequel oud. nom a recongneu et confessé et par ces présentes, confesse avoir vendu, *cedédé, quicté, transporté et delaissé du tout dès maintenant à toujours et pronect oud. nom garentir de tous troubles et empeschemens genérallement quelzconques, au Roy, nostre Sire,* Messire Nicolas Brulart, *chevalier, sieur de Sillery, chancellier de France, hault et puissant seigneur* Messire Maximilian de Bethune, *duc de Sully, pair de France, prince souverain de Henrichemont et Boisbelle, marquis de Rosny, conte de Dourdan, conseiller du Roy en ses Conseils d'Estat et privé, cappitaine de deux cens hommes d'armes de la compagnie de la Royne, grand maistre et capp[ne] général de l'Artillerie, superintendant des Finances et bastimens de Sa Ma[té], gouverneur et lieutenant g[ral] pour* Sad. Ma[té] en Poictou, et noble homme Ysaac Arnauld, *conseiller du Roy en son Conseil d'Estat et intendant des Finances de Sa Ma[té], à ce présens et acceptans pour et au nom de* Sad. Ma[té], *la douze[me] partie et portion, les douze faisans le tout, par indivis, de la terre et seigneurie* dud. *Antibes, assize en Provence, se consistant en haulte, moyenne et basse jurisdiction, avec mere, mixte impere, puissance de glaive, droict d'instituer et destituer officiers aud. lieu, droict de greffe, amendes et peynes municipalles, droictz d'alberque, de taxques, cens et services, lotz et ventes, passaige sur le bestial menu estranger, faculté de despoistre, laisde sur le poisson sallé et huille estranger, droict de juspatronnat en l'Eglise paroichialle* dud. *Antibes, dixmes des fruictz qui se recueillent au terrouer* dud. *lieu, droicts de moulins et fours bannaux, et en toutes et chacunes ses autres appartenances et deppendances.*

Item, la part et portion qui appartient aud. sieur *Bresson au chasteau seigneurial* dud. *Antibes, maisons et bastimens qui en deppendent.* Item le total des héritaiges cy après déclarez, assavoir : ung jardin en la rue de Lauvert, entre celuy appartenant au Roy et le sieur de Sainct Tropès et les estables y joignans; item deux septiers et demy de terre en sepmence assis en l'Isle du Fort dud. Antibes; item une terre de six septiers de sepmence appellée Faisse Grimaulde, confronte la terre de Sa Ma[té]; item une autre terre aud. quartier de la Brague, de trois septiers de sepmence; item une autre terre seize dans lad. ville, appellée La Ferraye, d'un septier de sepmence; item ung pré aud. quartier de Brague, de deux journées d'homme; item une aultre terre au quartier de Rastine contenant dix cesterées de sepmence de terre cultivée et trois de terre inculte; item, aud. quartier de Faisse Grimaulde, une aultre terre d'une cesterée et demie de sepmence ; et généralement tous aultres droictz qui peuvent appartenir aud. sieur Bresson en lad. terre d'Antibes.

Le tout sans aucune chose se retenir ny réserver par led. *sieur vendeur oud. nom, et selon qu'il est plus au long porté par certain procès-verbal faict par maistres Anthoine de Serre et Jehan Garron, conseillers du Roy et Trésoriers genéraulx de France en la généralité de Provence, sur la prisée, estimation et evaluation du revenu, profficts et esmolumens de* lad. *terre et seigneurie d'Antibes et de la maison et chasteau* dud. *lieu, ses circonstances et dépendances, suivant les lettres patentes de Sa Ma[té] du*

---

[1] Les lettres de remise des droits de lods de la terre de Cogues, accordées par Henri IV au duc de Mayenne, furent vérifiées en la Cour des comptes de Provence. (Archives des Bouches-du-Rhône, B. 2967.)

second jour de juing mil six cens sept, par lequel appert le total d'icelle terre valloir de revenu, par chacun an, six mil sept cens quarante cinq livres quatre solz, qui est, pour la portion dud. sieur de Bresson, cinq cens quatre vingtz dix huict livres dix neuf solz dix deniers. Signé en fin : Serre et Garron, et plus bas : par mesd. seigneurs les Trésoriers généraulx de France, Chais.

Tenue et mouvaute lad. terre et seigneurie d'Antibes de Sad. Ma^{te}, à cause de son conté de Provence, et chargée envers elle des droictz et debvoirs seigneuriaulx et féodaulx quand le cas y eschet, pour toutes et sans autres charges, debtes ny ypotheccques quelzconcques, franche et quicte lad. terre, pour lesd. portions dessus vendues, desd. droictz et debvoirs du passé jusques à huy; et aud. sieur Bresson appartenant tant de son chef que comme père et légitime administrateur de damoiselle Jullie Bresson, sa fille, appartenant de leur propre, ainsy que led. Textoris oud. nom a dict; pour de lad. douze^{esme} partie et portion de lad. terre et seigneurie d'Antibes et héritaiges cy dessus déclarez et vendus, joyr par Sad. Ma^{té} et ses successeurs; et en faire et disposer ainsy que bon leur semblera.

Cestz vente, cession et transport faictz à la charge desd. droictz seigneuriaulx et féodaulx pour portion, et oultre, moyennant la somme de vingt mil neuf cens soixante quatre livres quatorze solz deux deniers tournois, à laquelle somme lesd. partyes ont convenu et accordé pour lad. douze^{esme} portion desd. droictz seigneuriaulx, domaine et jurisdiction de lad. terre, y compris lad. portion dud. chasteau, maisons et autres bastimens; qui est à la raison du denier trente cinq. Laquelle somme de vingt mil neuf cens soixante quatre livres quatorze solz deux deniers, lesd. sieurs de Sillery, duc de Sully et Arnauld, pour et au nom de Sad. Ma^{té}, ont consenty et accordé, consentent et accordent par ces présentes, estre prinse et receue par led. sieur Bresson sur tous et chacun les deniers provenans du revenu que Sa Ma^{té} prend sur lad. terre et jurisdiction d'Antibes à cause de ses acquisitions, et ce par les mains des consulz et officiers de la communaulté dud. Antibes, fermiers dud. revenu, et autres qui seront cy après, jusques au parfaict et entier payement de lad. somme. Pour laquelle somme de vingt mil neuf cens soixante quatre livres quatorze solz deux deniers, led. sieur Bresson fournira de ses quictances ausd. Consulz et autres fermiers à l'advenir pour leur servir de descharge envers les receveurs du domaine du Roy en la ville de Grasse et autres que besoing sera. Duquel revenu, iceulx sieurs de Sillery, duc de Sully et Arnauld oud. nom, ont, en ce faisant, faict cession et transport avec promesse de garantir, fournir et faire valloir aud. sieur de Bresson, jusques à la concurrence d'icelle somme de vingt mil neuf cens soixante quatre livres quatorze solz deux deniers. Transportant oud. nom... Dessaisissaut oud. nom... Voulant... Procureur le porteur... Donnant pouvoir... Pour seuretté de laquelle présente acquisition led. sieur Bresson sera tenu mettre et colloquer en fondz de terre ou sur une communaulté aud. pays de Provence la somme de dix mil quatre cens quatre vingts deux livres sept solz ung denier, qui est la part de lad. damoiselle Bresson, au proffict d'icelle dam^{lle}, ou plus grande somme sy le droict de ladicte dam^{lle} en lad. terre est de plus que la moictié; et ce, suivant l'advis du sieur du Vair, premier président au Parlement de Provence. Et lequel présent contract led. Textoris, oud. nom de procureur dud. sieur Bresson, a promis et promect faire ratiffier et avoir pour agréable par lad. dam^{lle} Bresson, sy tost qu'elle aura attainct l'aage de majorité et que vallablement faire le pourra; et en ce faisant, à la garantie de ce que dessus vendu et entretenement du contenu aud. présent contract, la faire obliger avec led. sieur Bresson solidairement, soubz les obligations et renonciations à ce requises et nécessaires. Promectans... Obligeans chacun en droict soy, lesd. sieurs de Sillery, duc de Sully et Arnauld, oud. nom, led. Textoris aussy oud. nom... Renonceaus... Faict et passé au Conseil d'Estat de Sa Ma^{té} tenu au chasteau du Louvre, à Paris, l'an mil six cens dix, le vingt deux^{me} jour de may, avant midy.

Ensuict la teneur de lad. procuration dont cy dessus est faict mention.

L'an mil six cens dix et le xvie jour du mois de febvrier, après midy, constitue en personne par devant moy notaire royal héréditaire soubz^{né} et des tesmoings après nommés, Jacques Bresson, escuyer, coseigneur de ceste ville d'Antibes, lequel, sans révocation des autres procureurs par luy cy devant constituez, de nouveau et en la meilleure forme et manière que faire peult, a faict et constitué son procureur capérial et général, sans dérogation aucune, assavoir : Me Thomas Textoris, docteur ès droictz, advocat au Parlement de ce pays de Provence, absent comme présent, pour et au nom dud. sieur constituant se transporter en la ville de Paris et autres partz où besoing sera, pour vendre, alliener et transporter au Roy, nostre Sire, à Messieurs ses officiers qui ont ceste charge, la portion de la terre, place et jurisdiction dud. Antibes qui appartient aud. sieur Bresson, constituant tant en son chef, que comme père et légitime administrateur de damoiselle Julie de Bresson, sa fille, consistant lad. portion en une douzoiesme partie, les douze partz faisans le tout, de ladite terre, place et seigneurie dud. Antibes, et au domaine, droictz rentes et revenuz particullièrement déclarez et descriptz dans l'estat cy devant délivré aux sieurs de Serre et de Garron, trésoriers de France en la généralité de Provence, commissaires depputez par le Roy, nostre Sire pour faire estimer les autres portions de lad. terre et seigneurie qui appartenoient à Mes Seigneurs le duc et dame duchesse de Mayenne et au sieur Alexandre de Grimauld, que Sa Ma.té a depuis acquis, incéré led. estat dans le procès verbal desd. sieurs trésoriers et commissaires et dans le contract de lad. acquisition; estimant lad. portion en rente et revenu actuel à la somme de cinq cens quatre vingtz dix huict livres dix neuf sols dix deniers par les expertz qui ont procedé à l'extime desd. autres portions, ainsy qu'il appert par led. procès verbal, ensemble la portion que led. sieur Bresson en son chef et de lad. dam.lle sa fille, ont au chasteau et maison seigneurialle dud. Antibes, confusément comprise en l'estime du fonds et non en rente et revenu annuel, conformément le traicté et accord pour regard desd. maison et chasteau faict des autres portions acquises par Sad. Ma.té; lad. vente faire à Sa Ma.té et ausd. sieurs officiers, que tous les droicts et appartenances quelsconcques sans réservation aulcune, franche de toute ypothecque et autres charges jusques au présent jour et tout ainsy qu'il sera traicté, accordé et convenu par led. M.e Textoris son procureur pour ce chef, avec Sad. Ma.té ou lesd. sieurs officiers, pour lad. portion et douze.me partie de lad. terre, jurisdiction, part et portion dud. chasteau, en faire joyr et disposer par Sad. Ma.té et ses successeurs à leur plaisir et volonté et comme bon leur semblera, moyennant le prix et somme de vingt mil neuf cens soixante quatre livres quatorze sols deux deniers qu'estoit revenant à raison du denier trente cinq, suivant l'estime desd. revenus de lad. portion, et led. prix prendre et recevoir en assignations liquides de ce pays de Provence pour estre par led. s.r Bresson exhigé et recouvert ce que luy touche et appartient en son chef de lad. portion et le restant appartenant à lad. dam.lle de Bresson, sad. fille, estre employé en un fonds au nom et proffict d'icelle dam.lle pour plus grande seureté de Sad. Ma.té, à cause de la minorité de lad. dam.lle de Bresson, sad. fille et autres empeschemens, avec ceste condition que les revenus et rentes de lad. portion seront réservées au proffict dud. sieur constituant jusques à ce qu'il recepvra l'effectuel payement dud. pris de la qualité susdicte. Et pour raison de ce, faire et passer tous actes de vente, cession, transport de lad. portion et douziesme partie de lad. terre et seigneurie dud. Antibes, droictz et appartenances d'icelle quelzconcques et autres nécessaires, avec les promesses d'éviction et garentie en cas de trouble ou empeschemens et autres clausulles et tels actes requis, nécessaires et accoustumés. Et pour validité desd. actes et contracts, obliger tous les biens présens et advenir dudict constituant et de lad. dam.lle sa fille, à toutes courtz et rigueurs du Royaulme de France et à chacune d'icelles, avec les renonciations et sermens requis; et généralement de ce que dict est et qui en dépend, faire, traicter, négotier et procurer tout ainsy et comme sy led. sieur constituant y estoit présent en sa personne, combien que le faict requist plus espécial et général mandement. Promectant avoir le tout pour agréable et relever sond. procureur de toute charge de procuration en deue forme, soubz deue obligation de tous et chacun ses biens et de lad. dam.lle sa fille, présens et advenir aux courtz susd., avec les renonciations nécessaires et la jure requérant acte. Faict et publié aud. Antibes, dans la maison dud. sieur constituant, en présence de noble Claude de Grimault, cadet de la maison d'Antibes et Caigne, et M.e Pierre Albarnon dud. Antibes, tesmoings requis appellés et soubzsignés avec led. sieur constituant. Ainsy signés à l'original : Bresson, C. de Grimaud, Pierres Albarnon et de moy, Esperit Mellian, notaire royal aud. Antibe, soubz.né : Mellian no.re.

Et au dessoubz est escript ce qui ensuict : Extraict d'aultre main et deuement collationné à sond. original par moyd. soubz.né notaire, ainsy signé : Mellian notaire; et au dessoubz est aussy escript : Nos Jacobus Calvius, vicarius et officialis Antipolletanus, notum facimus et attestamur omnibus has presentes inspecturis, Magistrum Esperit Mellian, harum literarum escriptorem, esse notarium regium publicum, catholicum, Antipolitanum, cujusquidem escriptis ab omnibus plena fides adhibetur tam in judiciis quam extra, in cujus fidem has presentes fecimus et obliguavimus nostrumque sigillum imposuimus. Datum Antipolly calendas februarii anno millesimo sexentessimo deximo. Au dessoubs sont encore escripts ces mots : Jacobus Calvius, vicarius et officialis Antipolitanus. Scellé de cire rouge.

Ce faict, lad. procuration attachée à la présente minutte.

TEXTORIS.

Et a esté accordé que pour tous interests que led. vendeur pourroit prétendre pour le prix de

XXXIII. — 22 MAI 1610. — n°77.

VENDITION AU ROY, PAR LES HOIRS DE PIERRE JEHAN DE BOMPAR, DE LEUR PORTION ($\frac{1}{72}$) DE LA SEIGNEURIE D'ANTIBES, MOYENNANT LA SOMME DE 2,509 ᴸ 15 s. 10 D.

Par devant les notaires et garde nottes du Roy nostre sire en son Ch^{l{e}} de Paris, soubz^{nés}, fut présent Pierre du Gal, escuyer, de la Ville d'Aix en Provence, y demeurant, au nom et comme procureur de damoiselle Marthe de Bompar, veufve, mère, tutrice et légitime administeresse de la personne et biens de ses enffans[1] et hoirs de feu Me Pierre Jehan Bompar, vivant conseiller du Roy et lieutenant principal au siège et ressort de la ville de Grasse, d'elle fondé de procuration passée par devant Jehan Roubert Baudoüyn, notaire royal aud. Aix, le dixiesme jour de mars dernier passé, de laquelle il est apparu aux notaires soubzsignés, et qui sera incérée en la fin des présentes, lequel oud. nom a recongneu et confessé et, par ces présentes, confesse avoir vendu... (*même formule que dans le texte en italiques de l'acte précédent XXXII*) la sixiesme partie d'un douze^{me}, les douze faisant le tout par indivis... (*même désignation générale que celle en italiques dans le même acte XXXII*). Item la part et portion qui appartient à lad. dam^{lle} Bompar èsd. noms au chasteau seigneurial dud. Antibes, maisons et bastimens qui en dépendent, et généralement tous autres droictz qui peuvent appartenir à lad. dam^{lle} èsd. noms en lad. terre d'Antibes, le tout sans aucune chose en retenir ny réserver par led. sieur vendeur oud. nom..., qui est pour la portion de lad. dam^{lle} Bompar, soixante unze livres quatorze sols unze deniers... Et à lad. dam^{lle} Bompar èsd. noms appartenant du propre desd. enffants et hoirs du feu sieur Bompar, comme led. sieur du Gal oud. nom a dict: pour desd. portions dessus vendues, joir par Sad. Ma^{té} et ses successeurs et en faire et disposer ainsy que bon leur semblera. Cestz vente, cession et transport faictz à la charge desd. droictz et debvoirs seigneuriaulx et féodaulx pour portion; et outre, moyennant la somme de deux mil cinq cens neuf livres quinze sols dix deniers, qui est, à la raison du denier trente cinq, à laquelle lesd. parties ont convenu et accordé pour lesd. portions dessus vendues; laquelle somme lesd. sieurs de Sillery et duc de Sully et Arnauld, pour et au nom de Sad. Ma^{té}, consentent estre receue par lad. dam^{lle} de Bompar èsd. noms sur les premiers payemens qui sont à faire du revenu dud. Antibes, deubz à Sad. Ma^{té}, pour la ferme de lad. terre, de la présente année par les consulz et officiers de la communaulté dud. Antibes ou du recepveur du domaine de Sa Ma^{té} en la ville de Grasse, au cas qu'il se trouvast avoir la partie vers luy, et à la charge que lad. somme de deux mil cinq cens neuf livres quinze solz dix deniers, sera, pour la seureté de Sa Ma^{té}, employée en terres, héritaiges ou rentes sur des communaultés suivant l'advis du sieur du Vair, premier président au Parlement de Provence, et que les deniers ne seront payez en l'acquict de Sa Ma^{té} qu'après que les plus proches parens des enffans de lad. dam^{lle} de Bompar auront esté assemblez pour donner leur advis sur la vente contenue au présent contract. Transportans oud. nom... dessaisissans oud. nom... Voullans... Procureur le porteur donnant pouvoir... Et lequel présent contract led. sieur du Gal oud. nom de procureur de lad. dam^{lle} Bompar èsd. noms, a promis et promect faire ratiffier le présent contract par lesd. enffans d'icelle dam^{lle} sitost qu'ils auront attaint l'aage de majorité et que vallablement faire le pourront, quicter, faire, obliger à la garantie de ce que dessus vendu et entretenement dud. présent contract solidairement, soubz les obligations et renonciations à ce requises et nécessaires. Promectans... Obligeans chacun en droict soy lesd. sieurs de Sillery, duc de Sully et

la présente vendition, attendu qu'il le reçoit sur led. revenu dud. Antibes. lesd. sieurs de Sillery, duc de Sully et Arnauld ont aussy consenty que outre et par dessus led. pris, iceluy vendeur oud. nom preigne et recoipve sur la ferme dud. Antibes la somme de quinze cens livres tournois.

BRULART, M. DE BÉTHUNE, TEXTORIS. ARNAULD. HERBIN.

---

[1] Les enfants et hoirs de Pierre Jehan de Bompar et de Marthe de Bompar (laquelle était fille du second président en la Cour des comptes de Provence) étaient : Jean-Baptiste, s^{r} de Foncouverte de Montagu, qui épousa, suivant contrat du 6 février 1625, Anne d'Emeric, fille de Georges, s^{r} de Jarreux et de Sallegriffon, et de Marie de Dôle; Melchior, qui devint second consul d'Aix en 1638 et 1644; Anne de Bompar, l'aînée, avait épousé Albert de Durand, seigneur de Sartoux.

CONSEIL D'ÉTAT. — DOMAINE ROYAL.

Arnauld oud. nom et led.sieur du Gal aussy oud. nom... Renonceans... Faict et passé au Conseil d'Estat de Sa Ma^té tenu au Chasteau du Louvre à Paris, l'an mil six cens dix, le vingt deux^me jour de may, avant midy.

Ensuict la teneur de lad. procuration dont cy dessus est faict mention.

L'an mil six cens dix et le dixiesme jour du mois de mars, après midy, par devant moy notaire, constitue dam^lle Marthe de Bompar, veufve, mère, tuterresse et administeresse de la personne et biens de ses enffans et hoirs de feu Me Pierre Jehan Bompar, vivant conseiller du Roy et lieutenant principal au siège et ressort de la ville de Grasse, comme de sad. provision a faict apparoir faicte par devant m^re Honoré Tardivy, lieutenant particulier aud. siège, le xxvij^e Juing mil six cens troys. par extraict signé Floris, greffier, exhibé et retiré, de son gré et vraye volonté, sans revocation des procureurs par elle cy devant constituez, de nouveau, en la meillure forme et manière que faire se peult, a faict et constitué son procureur espécial et général quand à ce Pierre du Gal, deputé des gens des troys estatz du présent pays de Provence estant en Court, aller vers Sa Ma^té pour et au nom de lad. constituante oud. nom, traicter, négotier, convenir accorder avec Sad. Ma^té ou ses officiers, la vente et transport de la part et portion de la jurisdiction que ses enffans ont en la terre, seigneurie et jurisdiction d'Antibe qu'est une six^me partie d'une douze^me de lad. jurisdiction, les douze faisant le tout, ou la soixante douze^me partie du tout, avec tous ses droicts et appartenances, consistant lad. partie de Jurisdiction en haulte, moyenne et basse justice, avec la mère, mixte impère, puissance de glaive, droicts de homage, institution et destitution des officiers de justice, amendes, greffes, albergues, lots et ventes, taxques, censes, services, layde, passaige, pasturage, fouxz et moulins, bien seigneurial et domanial, leur part et portion au batiment, maison et chasteau seigneurial dud. Antibes, jus-patron en l'Église d'ilec, et droictz de percepvoir la dixme des fruictz et agneaulx qui se cueillent et naissent au terrouer de lad. ville; le tout commun et indivis avec les autres hoirs, franche de tous debvoirs et charges, sauf de celle envers Sa Ma^té, quicte toutesfois envers icelle jusques à présent. Lad. partie et tous lesd. droictz. ses circonstances, appartenances et dépendances, vendre, alliener et transporter avec la part aud. nom, bastimens à Sad. Ma^té et en passer contract de vente à ce requis et nécessaire, avec promesse d'eviction et garentie in forma. Et autrement aux conditions. conventions et accords faicts et passés cy devante ntre Sad. Ma^té et messeigneur et dame le duc et duchesse de Mayenne et le sieur Alexandre de Grimault, seigneur de Caignes, pour les parts et portions qu'ils avoient aud. Antibes qu'est à raison de ce qu'est treuvé monter le denier trente cinq^me du revenu annuel de leursd. parts en lad. jurisdiction, suivant la prisée faicte par les sieurs généraulx de France en Provence, le moys de janvier mil six cens huict, en suytte de la Commission de Sad. Ma^té; laquelle part desd. hoirs par le procès verbal de lad. extime s'est treuvée monter soixante unze livres quotorze sols unze deniers de rente annuelle, vallaut en capital, à lad. raison, deux mil cinq cens neuf livres quinze solz dix deniers; et led. prix, en passant led. contract, exiger, recevoir et retenir soit en deniers comptans, assignations, rescriptions et autrement, comme sera par led. sieur du Gal advisé: et du receu passer toutes quitances en tout ou partie, en deue forme, ou bien accorder d'icelle mettre ou faire mettre et coloquer en ung fondz en ce païs de Provence pour l'asseurance dud. transport sy ainsy est convenu par sond. procureur, et ce faisant. obliger tous et chacun les biens présens et advenir de sesd. enffans, ensemble ceulx de lad. dam^lle constituante, dot et droictz, le tout présent et advenir, à toutes cours et rigueurs de ce royaulme avec les clauses, sermens et renonciations à ce requis et nécessaires. Et généralement au fait susdict et qui en dépend, y dire et faire par sond. procureur tout ainsy que lad. dam^lle feroit y estant présente, combien le faict requist mandement plus espécial. Promectant avoir à gré, ratiffier et appreuver tout ce qui sera faict en son nom par sond. procureur et le relever indemne, sous l'obligation des ses biens et droictz présens et advenir aux courts des submissions de Provence et autres, et l'a juré, requérant acte. Faict et publié en la ville d'Aix et dans la maison d'habitation de lad. dam^lle en présence de Me Pierre Coquillat, procureur en la Court des Comptes, et Me Jehan Combe, résidant aud. Aix, tesmoings appellez. Ainsy signé à l'original : de Bompar, Coquillat Pierre, Combe et moy Jehan Robert Baudouyn, notaire royal à Aix, soubz^né. Ainsy signé: Baudouyn notaire.— Et au dessous est escript ce qui ensuict : Nous, Gaspard Remuzat, s^r de Vallauris, plus antien conseiller au siège général de la ville d'Aix en Provence, attestons à tous qu'il appartiendra que Me Jehan Robert Baudouyn, qui a prins et receu l'acte cy dessus, est notaire royal aud. Aix, aux escriptures et signatures duquel foy est adjoustée tant en jugement que dehors, et en foy de verité nous sommes soubzsignés avec l'un des greffiers, et faict mettre et apposer le scel royal dud. siège. Faict aud. Aix, ce xj⁰ mars mil six cens dix. Ainsy signé : Remusat et Eguissée, et scellé de cire rouge.

Ce faict, lad. procuration attachée à la présente minutte.

BRULART, M. DE BETHUNE, ARNAULD, DU GAL, HERBIN.

NOTA. — L'acte relatif à l'acquisition par le Roi de la part de René de Grasse (5/72) n'existe pas au rang des minutes de Mᵉ Simon Fournyer.

TROISIÈME PARTIE.

GRAND VOYER DE FRANCE.

XXXIV. — 13 JUIN 1603. — 113.

Marché avec Michel Richer, maître des œuvres de pavé du Roi, pour le pavage de la chaussée du bac et du port Saint-Paul.

Par devant les notaires du Roy nostre Sire en son Ch[let] de Paris, soubz[ses], fut présent honnorable homme Michel Richer, maistre paveur à Paris et maistre des œuvres de Pavé du Roy, demeurant rue Mortellerie, paroisse St Paul, lequel a recongneu et confessé avoir promis et promect à hault et puissant seigneur Mre Maximilian de Bethune, chevalier, sieur et marquis de Rosny, comte de Moret, baron de Sully, conseiller du Roy en ses Conseils d'Estat et privé, cappitaine de cent hommes d'armes de ses Ordonnances, Grand Voyer, Grand Maistre et cappitaine général de l'Artillerie, superintendant des finances, fortifications et bastimens de Sa M[té], et gouverneur de la ville et citadelle de Mante, absent, noble homme Robert Tiercelin, sieur de la Chevallerye et du Bois d'Auteuil, lieutenant dud. seigneur Grand Maistre, en l'Arcenac du Roy à Paris, à ce présent, stipulant et acceptant pour led. sieur Grand Maistre pour et au nom de Sa Ma[té] et en la présence de honnorable homme Jehan Fontayne, maistre des œuvres de charpenterie des bastimens du Roy et commis dud. seigneur Grand-Maistre en la Voirie de la Ville, Prevosté et Vicomté de Paris, et de Lois Routard, commissaire ordinaire de lad. Artillerie, de faire et parfaire bien et deuement au dire d'ouvriers et gens à ce congnoissans, tous et chacuns les ouvrages de pavé, tant vieil que neuf, qu'il convient faire pour Sa Ma[té] à la chaussée du bac du Port St Paul, ensemble la chaussée dudit port; et pour ce faire, fournira led. Richer de pavé neuf, sable et autres matières à ce nécessaires; à commencer à y travailler dans lundy prochain et y besoigner sans discontinuer avec bon nombre d'ouvriers et le tout rendre faict et parfaict bien et deuement, comme dict est, le plus tost que faire se pourra.

Ce marché fait moyannant assavoir : pour chacune thoise des ouvraiges de pavé neuf la somme de sept livres tournois, et pour chacune thoise des ouvrages de vieil pavé, selon la prisée et estimation qui en sera faite par personnes qu'il plaira nommer par led. seigneur Grand Maistre, attendu les hausses et vuidanges de terres qu'il convient faire pour mettre lesd. ouvrages en leur pente et revers ordinaires. Sur lequel prix de tous les ouvrages cy dessus, sera baillé et advancé aud. Richer dedans huict jours prochains la somme de douze cens livres tournois, scavoir : la somme de six cens livres par Toussainctz de Longuemare et Girard Baudouyn, maistres passeurs ès ports de Paris et jurés de la Communaulté des Maistres passeurs, à ce présens, et tant en leur noms que comme eulx faisans fort desd. autres maistres passeurs, ce que lesd. Longuemare et Baudouyn esd. noms et chacun d'iceulx seul et pour le tout, sans division, renonceans au bénéfice de division et de discussion, ont promis et promectent faire, et ce sur ce que lesd. maistres passeurs sont tenus et obligés envers led. seigneur Grand Maistre en la chaussée et advenue dud. bac suivant certain marché faict entre eulx; et autre pareille somme de six cens livres par ordonnance dud. seigneur Grand Maistre ou dud. sieur de la Chevallerie en son absence; et quant au surplus dud. prix desd. ouvraiges, sera payé aud. Richer aussy par ordonnance dud. seigneur Grand Maistre ou dud. sieur de La Chevallerie, au feur et à mesure qu'il travaillera et fera lesd. ouvrages. Promettans... Obligeans... comme pour les propres affaires du Roy... Renonceans...

Faict et passé ès estudes des notaires, fors par led. sieur de La Chevallerye en l'Arsenac du Roy à Paris, l'an mil six cens trois, le treize^me jour de juin, après midy, lesd. Longuemare et Baudouyn déclaré ne sçavoir escripre ne signer, sinon leurs marques.

TIERCELIN, RICHER, ROUTARD, FONTAINE, HERBIN, FOURNYER.

XXXV. — 28 FÉVRIER 1605. — 148.

BAIL À NICOLAS CLOGUIER, ARCHER DU GUET À CHEVAL, ET GILLETTE MARTIN, SA FEMME, D'UNE PLACE AUX HALLES DE PARIS, MOYENNANT 30 LIVRES DE LOYER PAR AN.

Fut présent hault et puissant seigneur messire Maximilian de Bethune, chevalier, sieur et marquis de Rosny, baron de Sully, conseiller du Roy en ses Conseils d'Estat et privé, cappitaine de cent hommes d'armes de ses Ordonnances, Grand Voyer, Grand Maistre et cappitaine général de l'Artillerie, superintendant des finances et bastimens de Sa Ma^té, gouverneur et lieutenant général pour Sad. Ma^té en Poictou, lequel a recongneu et confessé avoir baillé et délaissé à tiltre de loyer et pris d'argent, du jour St Jehan Baptiste dernier passé, jusques à trois ans prochains, venans finis et accomplis, et promect garentir et faire jouir à Nicolas Cloguier, archer du guet à cheval de ceste Ville de Paris, et Gillette Martin, sa femme, de luy auctorisée en ceste partie, demeurant rue des Prescheurs, parroisse St Eustache, à ce présens, preneurs et reteneurs pour eulx aud. tiltre, led. temps durant, une place seize ès Halles de Paris, servant à vendre œufs et aultre menue denrée, faisant la première à commencer du costé du coing de la Cossonnerie estant contre le pillier de la maison des Corneilles, vers la Halle à Bled, pour en jouir. C'est présent bail et prinse faicts moyennant la somme de trente livres tournois de loyer pour et par chacune desd. trois années, lesd. preneurs en ont promis et sont tenuz, promectent et gagent l'un pour l'autre et chacun d'eulx seul et pour le tout, sans division et discution, et encore lad. femme aux droicts et bénéfices de Velleyan et Autenticque Si qua mulier, qui luy ont esté déclarés et donnés à entendre par l'un des notaires ss^és, l'autre présent, estre tels que femme ne se peult obliger pour aultruy mesmes pour son mary, sans avoir renoncé ausd. droicts et à tous autres droicts faits en faveur des femmes; bailler et payer aud. sieur bailleur ou au porteur par chacun an, aud. jour St Jehan Baptiste, première année de payement escheant au jour de St Jehan Baptiste prochain et continuer. Et outre à la charge que sy lesd. preneurs sont deffaillans de payer led. loyer ung mois après chacune année escheue, le présent bail demeurera nul et résolu sy bon semble aud. sieur bailleur, pour le temps qui en restera à expirer, qui pourra bailler à telle autre personne que bon luy semblera lad. place dessus baillée, sans qu'il soict tenu faire faire aucune signiffication ne autre sollempnité de justice sur ce; garder et néantmoings contraindre lesd. preneurs au payement des loyers qui seront lors deubz du présent bail; lequel présent bail lesd. preneurs ne pourront en quelque sorte et manière que ce soict cedder ny transporter à personne quelconque sans le consentement dud. sieur bailleur, plus sont tenus de paier les droicts deubz par chacun an aud. sieur bailleur suivant les antiennes coutumes; plus de tenir la place nette durant led. temps et icelle rendre en bon et suffisant estat ainsy qu'il appartient; mesmes entretenir le pavé de lad. place et le rendre en bon estat en fin dud. temps sans diminution dud. loyer, et faire en sorte qu'il n'y demeure aucune immondice. — Promettans... Obligeans chacun en droict... Renonceans... et encores lad. femme auxd. droicts...

Faict et passé en l'Arsenac du Roy à Paris, l'an mil six cens cinq, le vingt huict^me et dernier jour de febvrier, après midy

MAXIMILIAN DE BETHUNE, N. CLOGUIER, Lad. GILLETTE MARTIN a déclairé ne sçavoir escripre ne signer. MOTELET, FOURNYER.

XXXVI. — 31 JANVIER 1607. — 187.

Marché avec Charles Tondereau et Jean Doré, maîtres paveurs à Paris, pour le pavage, depuis Saint-Antoine-des-Champs jusqu'à Reuilly, d'un chemin qui conduit à Charenton-Saint-Maurice.

Par devant les notaires du Roy nostre Sire en son Ch^ln de Paris, soubz^nes, furent présens : Charles Tondereau et Jehan Doré, maistres paveurs à Paris, demeurans rue Mortellerie, parroisse Sainct Paul, lesquels ont recongneu et confessé et, par ces présentes, confessent avoir promis et promectent l'un pour l'autre et chacun d'eulx seul et pour le tout, sans division, renonceans au bénéfice de division et de discution, au Roy, nostre Sire, stippulant pour Sa Ma^té hault et puissant seigneur messire Maximilian de Bethune, duc de Sully, pair de France, conseiller du Roy en ses Conseils d'Estat et privé, cappitaine de cent hommes d'armes de ses Ordon^ces, Grand Voyer, Grand Maistre et capp^ne g^al de l'Artillerie, superintendant des finances et bastimens de Sa Ma^té, gouverneur et lieutenant g^al pour Sad. Ma^té en Poictou, à ce présent; de faire et parfaire bien et deuement, au dire d'ouvriers et gens à ce congnoissans, tous et chacun les ouvraiges de pavé que Sad. Ma^té a commandé estre faicts sur le chemin qui conduict à Charenton Sainct Maurice, à commencer proche des murs de Sainct Anthoine des Champs; et à finir iceulx ouvraiges au villaige de Reuilly, auxquels ouvraiges lesd. entrepreneurs ont commencé à travailler; lesquels ils rendront faicts et parfaicts bien et deuement comme dict est, le plus tôt que faire se pourra. Et pour ce faire fourniront iceulx entrepreneurs de pavé neuf, sable et choses à ce nécessaires.

Ceste promesse faicte moyennant et à raison de sept livres tournois chacune thoise desd. ouvraiges de pavé; lequel prix led. sieur duc a promis et promect leur faire bailler et payer par les tresoriers des chaussées, ports, passages et chemins de France au feur et à mesure qu'ils travailleront et feront lesd. ouvraiges de pavé ainsy que dict est cy dessus, suivant les ordonnances qui leur en seront à ceste fin expedyées. Promettans... Obligeans chacun en droict soy et lesd. Tondereau et Doré l'un pour l'autre et chacun d'eux seul et pour le tout, sans division, corps et biens comme pour les propres affaires du Roy... Renonceans iceulx Tondereau et Doré aud. bénéfice de division et de discution...

Faict et passé en l'Arsenac du Roy à Paris, l'an mil six cens sept, le xxxj^e et dernier jour de janvier, après midy.

Maximilian de Bethune, Charles Tondereau, Led. Doré a déclairé ne scavoir escripre ne signer, Motelet, Fournyer.

XXXVII. — 13 NOVEMBRE 1607. — 190.

Travaux pour «l'aplanissement des terres qu'il convient faire au bastion de la Porte Saint-Antoine» et la continuation d'une rue de quinze pieds de large «le long des maisons qui sont à présent où autrefois il y avoit une rue».
Marché passé avec Claude Voisin, maître paveur à Paris, déclaré adjudicataire le même jour, moyennant la somme de 2,900 livres tournois.

L'an mil six cens sept, le treiziesme jour de novembre, a esté par nous, Maximilian de Bethune, duc de Sully, pair de France et Grand Voyer de France, François Le Febvre et François de Donon, conseillers du Roy, trésoriers généraulx de France à Paris, et en la présence de Jehan de Donon, conseiller du Roy et contrerolleur g^al des Bastimens de Sa Ma^té, procedé au bail, adjudication et delivrance au rabais et moings disans, à l'extinction du feu des chandelles en la manière accoustumée, des ouvraiges de remeuement, port et aplanissement des terres qu'il convient faire au Bastion de la Porte Sainct-Anthoine, mentionnez en la forme, selon et ainsy qu'il est porté par l'affiche de laquelle la teneur ensuict :

De par le Roy,
Et Monseigneur le duc de Sully, Grand Voyer de France,

On faict assavoir que le lundy vingt neufiesme

jour du mois d'octobre prochain, deux heures de relevée, en la grande salle de l'Arsenac à Paris, il sera faict bail, adjudication et délivrance au rabais et moings disant, à l'extinction du feu des chandelles, en la manière accoustumée, des ouvraiges de remuement, port et aplanissement des terres qu'il convient faire au Bastion de la Porte Sainct Anthoine, en la forme et selon qu'il est cy-après déclaré :

Fault unyr et aplanir et mettre en une mesme haulteur toutes les terres dont a esté remply led. bastion depuis sa pointe jusques à la rue qui sera continuée du long des maisons qui sont à présent où autrefois il y avoict une rue, d'une part; et de l'autre depuis le bout de son espaulle, front et oreillon qui regarde vers le bastion de la Porte du Temple, gardant le tallud des terres aux lieux où les murailles dud. bastion sont trop basses de pante de la moictié de sa haulteur et prend son nyveau à ung pied neuf poulces plus bas que le parapet dud. bastion.

Plus, fault coupper les terres nécessaires pour la continuation d'une rue de quinze pieds de large du long des maisons comme dict est cy-dessus, praticquant le tallud et pante d'icelles terres sur la moictié de sa haulteur, et au cas qu'il se trouve trop de terres pour remplir les lieux trop bas dud. bastion, l'entrepreneur et adjudicataire sera tenu les porter où il luy sera monstré sur les remparts, pourveu que la distance ne soict que de cent thoises loing dud. bastion, à la charge de fouruyr par l'entrepreneur d'iceulx ouvraiges toutes choses qui luy seront nécessaires pour bien aplanir lesd. terres et rendre place nette.

Et seront toutes personnes receues à moings dire et rabaisser.

L'an mil six cens sept, le vingt sixiesme jour d'octobre, je, Thomas de Bonigalle, premier huissier du Roy de son Trésor[1], certiffie avoir mis et apposé aultant de la présente affiche contre les portes de la Court et des salles du Pallais, Chambre du Trésor, Hostel de Ville, portes de l'Arsenac du Roy et Escriptoire des Jurez maçons de ceste Ville de Paris, ad ce qu'aucun n'en prétende cause d'ignorance, présens : Simon Morand et Dominique Bryère, tesmoings. Ainsy signé : de Bonigalle.

[1] Il était également «*Monnoyer*» en la Monnaie de Paris, en vertu des lettres de translation de la Monnaie de Tours en celle de Paris, vérifiées en la Cour des Monnaies en 1598. Il tenait cet office de son père, qui lui-même le tenait de sa mère, Madeleine Jacob, taillereuse en la Monnaie de Tours, laquelle était héritière de Jeanne Gaudette, d'une ancienne famille de prévôts et d'officiers de la Monnaie de Tours.

Et led. jour vingt neufiesme dud. mois d'octobre aud. an mil six cens sept, deux heures de relevée, en lad. salle de l'Arcenac, auroict esté faict lecture de lad. affiche par led. de Bonigalle, et, faulte de rabaissans, auroict esté l'adjudication desd. ouvraiges mentionnez en lad. affiche remise à la huictaine ensuivante.

Et le cinq^{me} jour de novembre aud. an mil six cens sept, heure de deux heures de relevée, auroict led. Bonigalle faict lecture de lad. affiche à haulte voix, faisant entendre aux assistans que les ouvraiges y mentionnez estoient à bailler au rabais et moings disans; sur quoy seroient intervenuz Simon Faillet, demeurant rue de la Croix, parroisse St Nicolas des Champs, Pierre Noblet, demeurant rue de la Cerizée, parroisse sainct Paul, Denis du Rup, dem^t rue du Temple, de lad. parroisse Sainct Nicolas des Champs et Simon Begue, dem^t en lad. rue et parroisse, à la somme de sept mil livres tournois;

Par Nicolas Claveau, demeurant rue Saincte Catherine, parroisse Sainct Paul, à six mil cinq cens livres;

Par led. Feillet à six mil livres;

Par led. Clement à cinq mil neuf cens livres;

Par led. du Ru et ses associez à cinq mil huict cens livres;

Par Jehan Pernet, dem^t à la Place Maubert, à l'imaige Nostre Dame, à cinq mil cinq cens livres tournois;

Par Pierre Disle à cinq mil livres tournois;

Et sur ce, aurions faict alumer une chandelle et limité le rabais à cinquante livres, sur la fin de laquelle chandelle led. Simon Begue auroict mis lesd. ouvraiges au rabais à quatre mil neuf cens cinquante livres ;

Par led. Pernet, sur le feu de la deux^{me} chandelle, à quatre mil huict cens cinquante livres, depuis laquelle chandelle esteincte n'auroict esté faict aucun rabais, au moyen de quoy lad. adjudication auroict esté remise à la huictaine ensuivante.

Et le douziesme jour desd. mois et an, seroient comparus led. Feillet et ses associez qui auroient mis lesd. ouvraiges au rabais à quatre mil cinq cens livres, et voyant qu'il n'y avoict autres rabaissans sur lesd. prix, auroict encores esté l'adjudication et délivrance desd. ouvraiges mentionnez en lad. affiche continuée au lendemain treize^{me} jour dud. mois de novembre.

Auquel jour, environ deux heures de relevée, seroient comparuz plusieurs entrepreneurs, en la présence desquelz led. de Bonigalle auroict faict la lecture de lad. affiche, leur faisant entendre que les ouvraiges de remuement, port et aplanissement de terres y mentionnez, estoient à bailler au rabais et moings disans sur led. prix de quatre mil cinq cens livres; lesquels ouvraiges auroient esté mis au rabais par Gilles Bernard à quatre mil quatre cens livres;

Par Loys de Monstreuil à quatre mil trois cens cinquante livres;

Par led. Simon Bègue à quatre mil trois cens livres;

Par Claude Voisin à quatre mil deux cens cinquante livres;

Par Jehan Pernet à quatre mil cent quatre-vingt dix livres;

Par Martin Henault à quatre mil cent quarante livres;

Par Remy du Puis à quatre mil quatre vingtz livres;

Par led. Claude Voisin à quatre mil livres;

Par Claude Pernet à trois mil neuf cens livres;

Par Jacques Drouet à trois mil huict cens livres;

Par led. Pernet, à trois mil sept cens dix livres;

Par led. Claude Voisin à trois mil six cens quatre vingts livres;

Par led. du Puys à trois mil cinq cens quatre vingtz dix livres;

Par Lois Monstreuil à trois mil cinq cens livres;

Par led. Drouet à trois mil trois cens dix livres;

Par led. Monstreuil à trois mil deux cens soixante livres;

Par led. Hénault, à trois mil deux cens dix livres;

Par led. du Puys à trois mil cent soixante livres;

Et par led. Voisin, par quatre divers rabais par luy faicts consécutivement, à deux mil neuf cens livres.

Et d'aultant qu'il ne s'est présenté autres personnes qui ayent voullu mettre rabais sur led. pris de deux mil neuf cens livres tournois et que led. Voisin nous auroict prié et requis de luy delivrer lesd. ouvraiges pour led. prix de deux mil neuf cens livres, pour le désir qu'il a de servir Sa Ma^{té}, Nous, aud. Claude Voisin comme moings disant et rabaissant, avons adjugé, baillé et délivré, adjugeons, baillons et délivrons lesd. ouvraiges de remeuement, port et aplanissement des terres qu'il convient faire au bastion de la Porte Sainct Anthoine, mentionnés en l'affiche dont coppie est cy devant escripte, et ce moyennant le pris et somme de deux mil neuf cens livres tournois qui luy sera payée au feur et à mesure qu'il travaillera, suivant les ordonnances qui luy en seront à ceste fin expédyées, à la charge de rendre le tout faict et parfaict dedans la Mi-Caresme prochainement venant. Faict et adjugé en lad. salle de l'Arsenac, led. jour treize^{me} dud. moys de novembre aud. an mil six cens sept.

Par devant les Notaires et garde nottes du Roy, nostre Sire, en son Ch^{let} de Paris, soubzsignez, fut présent Claude Voisin, maistre paveur à Paris, demeurant au Port Sainct Bernard, parroisse St Nicolas du Chardonneret, lequel a recongneu et confessé et par ces présentes confesse avoir promis et promect au Roy nostre Sire, stippullant pour Sa Ma^{té} hault et puissant seigneur Messire Maximilian de Bethune, duc de Sully, pair de France, comte de Dourdan, seigneur souverain de Boisbelle, baron de Baugy, La Chapelle, Bruyère et Espineuil, conseiller du Roy en ses Conseils d'Estat et privé, cappitaine de cent hommes d'armes de ses Ordonnances, Grand Voyer, Grand Maistre et cappitaine g^{nal} de l'artillerie, superintendant des Finances et Bastimens de Sa Ma^{té}, gouverneur et lieutenant général pour Sad. Ma^{té} en Poictou; nobles hommes François Le Febvre et François de Donon, conseillers du Roy, Trésoriers généraulx de France à Paris, à ce présents, et en la présence de noble homme Jehan de Donon, conseiller du Roy et contrerolleur général des Bastimens de Sa Ma^{té}; de faire et parfaire bien et deuement au dire d'ouvriers et gens à ce congnoissans, tous et chacun les ouvraiges de remeuement, port et aplanissement de terre qu'il convient faire au bastion de la Porte Sainct-Anthoine, ainsy, suivant et au désir de l'affiche dont coppie est cy dessus escripte, de laquelle led. Voisin dict avoir eu communication, comme aussy de coupper les terres nécessaires pour la continuation d'une rue de quinze piedz de large du long des maisons, aussy suivant et au désir de lad. affiche. Et pour ce faire, fournira led. Voisin de toutes choses qui luy seront nécessaires pour bien aplanyr lesd. terres et rendre place nette. A commencer à y travailler le plustost que faire se pourra, et le tout rendre faict et parfaict bien et deuement, comme dict est dedans le jour de la My-Caresme prochainement venant. Et ce, moyennant la somme de deux mil neuf cens livres tournois, à laquelle somme ont esté adjugés lesd. ouvraiges aud. Voisin, ainsy qu'il a dict, comme moings disant et rabaissant; laquelle somme luy sera payée, au feur et à mesure qu'il travaillera et fera lesd. ouvraiges cy-dessus, bien et deuement, comme dict est, par M⁰ Loys Arnauld⁽¹⁾, Trésorier des Ponts et Chaussées, suivant les ordonnances qui luy en seront à ceste fin expedyées. Promettant... Obligeant chacun en droict soy et led. Voisin corps et biens comme pour les propres affaires du Roy... Renonceant...

Faict et passé aud. Arsenac du Roy, à Paris, l'an mil six cens sept, le treize^{me} jour de novembre, après midy.

MAXIMILIAN DE BETHUNE, LEFEVRE, DE DONON. VOISIN, DE DONON, HERBIN, FOURNYER.

XXXVIII. — 23 AVRIL 1608. — 305.

CONSTRUCTION D'UN CANAL, DE SILLERY, SUR LA RIVIÈRE DE VESLE, JUSQU'EN LA VILLE DE RHEIMS. — MARCHÉ AVEC HUGUES COSNIER, LICENCIÉ ÈS LOIS ET ENTREPRENEUR DU CANAL DE LOIRE ET SEINE, DÉCLARÉ ADJUDICATAIRE, LE MÊME JOUR, MOYENNANT LE PRIX DE 85,000[1].

L'an mil six cens huict, le mercredy xxiij^{me} jour d'avril, en la grande salle de l'Arsenal du Roy, à Paris, devant nous, Maximilian de Bethune, duc de Sully, pair de France, conseiller du Roy en ses Conseilz d'Estat et privé, Grand maistre de l'Artillerie, Grand voyer de France, Superintendant des Finances, fortifications et bastimens de Sa Ma^{té}, a esté procédé au bail et moings disans, à l'extinction du feu des chandelles, en la manière accoustumée, des ouvraiges mentionnez en l'affiche dont coppie est cy après transcripte, en la forme et manière qui ensuict :

DE PAR LE ROY,

On faict assavoir que le vingt trois^{me} jour d'avril mil six cens huict, deux heures de relevée, en la grande salle de l'Arsenal du Roy à Paris, il sera, par monsieur le Grand Voyer de France, procédé au bail au rabais et moins disant, à l'extinction du feu des chandelles, en la manière accoustumée, des ouvraiges qu'il convient faire pour la construction d'un canal portant bateaux, à commencer cent cinquante toises au dessus de Sillery, sur la rivière de Vesle, jusques en la ville de Rheims, vis à vis du moulin Huon, cy après déclarez.

Premièrement, sera faict une forte chaussée, gazonnée et courroyée⁽²⁾ de la longueur de deux cens cinquante thoises, à commencer au lieu dict les Altrises, au dessus de Sillery, laquelle chaussée sera de neuf à dix piedz de haut et sept toises d'empatement, revenant à vingt piedz de couronne, servant pour faire un réservoir d'eau pour fournir aud. canal.

Sera faict aussi en lad. chaussée un deschargeoir, de dix huict à vingt piedz d'ouverture, de maçonnerie de quartiers de pierres de taille et pareilles que celles dont est basty le chasteau de Sillery, assizes et jointes à chaux et cyment, couvert d'un pont de boys dormant, de pareille largeur, garny de ses empallements servans d'escluze et retenuë d'eau, qui sera à l'endroict de l'ancien cours de lad. rivière, le tout fondé sur pillotis, si besoin est.

Plus un autre pont de bois dormant sur deux pilles, de pareille maçonnerie de pierre de taille et de mesme longueur et largeur que le précédent, qui sera eslevé de hauteur compétant pour passer les bateaux.

Sera faict le commencement dud. canal au bout de la susd. chaussée vers la crouppe de la coline, et continuant icelluy d'un mesme niveau, sans escluses, le long de lad. crouppe, jusques à Reims, au droit du Moulin Huon, en la longueur de quatre mil cinq cens toises sur six toises de large, de telle profondeur qu'il y ait quatre piedz d'eau aux plus basses eaues, revenant le tout environ à vingt sept mil thoises cubes, d'autant que pour tirer led. canal en plus droicte ligne qu'il sera possible, il conviendra profondir en aucuns endroictz plus ou moins, sera augmenté ou diminué le pris de l'adjudication au cas qu'il se trouve plus ou moings que lesd. vingt sept mil toises cubes et massives.

Seront portées le tiers des terres dud. canal du costé de la montagne pour soustenir les eaues de pluies et leur donner esgout en certains lieux commodes pour empescher qu'elles n'esboullent les talluz, et des deux autres tiers en sera faict une

---

⁽¹⁾ Eustache-Louis Arnauld, fils d'Antoine Arnauld et d'Anne Forget, frère d'Isaac, de Claude et de Pierre Arnauld du Fort, était comme eux secrétaire de Sully, mais n'avait point la valeur de ses frères, si l'on en croit Tallemant des Réaux qui lui attribue l'irrévérencieux surnom d'«Arnauld le Peteux»; il fut néanmoins trésorier des ponts et chaussées et contrôleur général des Restes. En 1622, il était tuteur et curateur d'Isaac, Charles et Magdelaine Arnauld, enfants de son frère Isaac.

⁽²⁾ Mode de préparation de la terre glaise bien battue pour lui faire retenir l'eau.

bonne levée du costé du vallon, qui sera dressée de niveau pour plus commodément haller et conduire les bateaux.

Les entrepreneurs seront tenuz de récompenser les propriétaires et particuliers ausquels se trouveront appartenir les héritages, terres, maisons, moulins et autres choses qui pourroient faire empeschement, et qui seront prisées et estimées par les Commissaires deputez pour cest effect. Et en cas d'opposition ou empeschement pour quelque cause que ce soict concernant led. canal, la cognoissance en est réservée au Conseil de Sa Ma[té] et non ailleurs.

Et oultre, à la charge qu'ilz seront tenus de faire bien et deuement lesd. ouvraiges au dire d'ouvriers et gens à ce cougnoissans, fournir de toutes choses à ce nécessaires et rendre le canal navigable dedans trois ans à commencer du jour de l'adjudication, le tout faire recevoir à leurs despens, excepté les vacations desd. sieurs commissaires deputez pour laditte réception. Et pour l'accomplissement de tout ce que dessus, bailler bonnes et suffisantes cautions.

Sur lesquelles conditions cy-dessus, seront toutes personnes recenës à moings dire et rabaisser sur le pris de cent cinquante mil livres, à quoy tous lesd. ouvrages ont esté estimez. Faict à Paris, en lad. salle de l'Arsenal, le quatorze[me] jour du mois d'avril mil six cens huict.

L'an mil six cens huict, le quinze[me] jour d'avril, j'ay, Thomas de Bonigalle, premier huissier pour le Roy de son Trésor, soubz[né], certifié avoir mis et apposé aultant de la présente affiche contre les portes de l'Arsenal du Roy à Paris, Chasteau du Louvre, Escriptoire des Jurez maçons, Parc civil du Chastelet de Paris, portes de la Court et des Salles du Pallais, et au bas de la montée de la Chambre du Trésor, à ce qu'aucun n'en préteude cause d'ignorance. Es présences de Simond Morand et Dominique Bruyère, tesmoins. Ainsy signé : de Bonigalle.

Et led. jour vingt trois[me] dud. mois d'avril aud. an mil six cens huict, en lad. salle de l'Arsenal, se seroient trouvez plusieurs entrepreneurs, ausquels aurions faict entendre le contenu en l'affiche dont coppie est cy-devant escripte par la publication faicte d'icelle par led. Bonigalle, et que les ouvrages y mentionnez estoient à bailler aux rabais et moins disans sur le pris de cent cinquante mil livres, à quoy ils auroient esté mis par Hugues Cosnier, licentié ès droictz, entrepreneur du canal de Loyre et Seyne, où seroit comparu Jean des Fosses, qui les auroit rabaissés à sept vingtz cinq mil livres, par led. Cosnier à sept vingtz mil livres, par Louis Gautier à six vingtz quinze mil livres, après lesquelz rabais aurions faict alumer trois chandelles l'une après l'autre, et limité les rabais à cinq mil livres. Sur le feu desquelles chandelles auroit esté mis rabais : le premier d'iceux par led. Cosnier, le second par Augustin Le Moyne, le tiers par Claude Barbier, le quatre[me] par led. Gautier, le cinqiesme par Jacques Poille et le sixiesme par led. Cosnier; lesquelz, deduictz sur ledict pris de six vingtz quinze mil livres, reste cent cinq mil livres. Et sur le différent du feu desd. chandelles, aurions faict alumer une autre chandelle, sur le feu de laquelle auroient lesd. ouvraiges esté mis au rabais par led. Gautier à cent mil livres; sur lequel rabais y auroit encores eu différent et pour icelluy oster aurions faict alumer une autre chandelle et, sur le feu d'icelle, lesd. ouvraiges auroient esté mis au rabais par led. Cosnier à quatre vingtz quinze mil livres, par Jonas Robelin à quatre vingtz dix mil livres; et sur le différent du feu et rabais faict par led. Cosnier de cinq mil livres, la chandelle auroit esté allumée sur le pris de quatre vingtz cinq mil livres, laquelle se seroit esteinte sans y avoir esté mis aucun rabais. Et d'aultant qu'il ne se seroit présenté autres personnes pour rabaisser le pris desd. ouvrages, et que led. Cosnier nous auroit prié et requis luy adjuger iceulx ouvraiges pour estre demeuré le dernier rabaissant, Nous, aud. Cosnier, comme moings disant et dernier rabaissant, avons adjugé, baillé et délivré, adjugeons, baillons et délivrons lesd. ouvrages mentionnez en lad. affiche dont coppie est cy-devant escripte, moyennant led. pris de quatre vingtz cinq mil livres, aux charges portées et contenues par lad. affiche. Faict et adjugé en lad. salle de l'Arsenal led. jour vingt trois[me] avril aud. an mil six cens huict. Ainsy signé : Cosnyer.

Par devant les notaires et garde nottes du Roy nostre Sire en son Chastelet de Paris, soubz[nés], fut présent Me Hugues Cosnier, licentié ès loix et entrepreneur du canal de Loyre et Seyne, demeurant rue de la Mortellerye, paroisse de Sainct Gervais, lequel a recognneu et confessé, et, par ces présentes, confesse avoir promis et promet au Roy nostre Sire, stipulant pour Sa Ma[té] hault et puissant seigneur messire Maximilian de Bethune, duc de Sully, pair de France, marquis de Rosny, comte de Dourdan, sire d'Orval, Montrond et Sainct-Amand, seigneur souverain de Boisbelle, baron de Baugy, La Chapelle d'Angillon, Poligny et Boutin, seigneur de Villebon et Noviou, conseiller du Roy en ses Conseilz d'Estat et privé, Grand Maistre et Cappitaine général de l'Artillerie, Grand Voyer de France, superintendant des finances, fortifications et bastimens de Sa Ma^té, capitaine de deux cens hommes d'armes de la Compagnie de la Royne, gouverneur et lieutenant général pour Sad. Ma^té en Poictou, Chasteleraudois et Ludounois et gouverneur du chasteau de la Bastille à Paris, à ce présent, de faire et parfaire bien et deuement au dire d'ouvriers et gens à ce cognoissans, tous et chacuns les ouvrages qu'il convient faire pour la construction d'ung canal portant bateaux, à commencer à cent cinquante toises au dessus de Sillery, sur la rivière de Vesle, jusques en la ville de Rheims, vis à vis du Moulin Huon. Le tout suivant, conformément et selon qu'il est déclaré et spécifié par l'affiche dont coppie est cy devant escripte, de laquelle led. Cosnier dict avoir eu communication. Et pour ce faire, fournir iceluy Cosnier de toutes choses à ce nécessaires et rendre led. canal navigable dedans trois ans à commencer du jour de son adjudication, et le tout faire recevoir à ses despens.

Et ce, moyennant le pris et somme de quatre vingtz cinq mil livres tournois, qui est le pris à quoy lesd. ouvrages ont esté adjugés aud. Cosnier ainsy qu'il a dict. Lequel pris luy sera payé au fur et à mesure qu'il travaillera et fera lesd. ouvrages bien et deuement comme dict est, par le Trésorier des Pontz et Chaussées, Me Louis Arnauld, suivant les ordonnances qui luy en seront à ceste fin expédiées.

Et a esté accordé : qu'au cas que led. Cosnier fut empesché par force et violence de parachever led. Canal, il sera desdommagé de toutes ses provisions, matériaux et autres frais faictz à cest effect, suivant la liquidation qui en sera faicte au Conseil du Roy; et manquant de payement, led. temps préfix sera prolongé et continuera autant de temps depuis la demande qu'il en aura faicte; que des moulins, terres et autres héritages que led. Cosnier récompensera, les seigneurs de fiefs n'en pourront prétendre aucuns droicts de lotz et ventes et autres pour raison desd. récompenses, desquelles, au cas qu'ils n'en puissent convenir à l'amyable, la taxe s'en fera au Conseil sur les Procès-Verbaulx desd. sieurs Commissaires; pourra led. Cosnier faire son proffict de toutes sortes de pierres, minéraux et autres choses par luy descouvertes au dedans desd. choses récompensées, pourveu que cela n'apporte dommage aux terres voisines; se pourra led. Cosnier servir et prendre sur les lieux les matériaux et autres choses qui luy seront nécessaires pour la construction dud. canal, en payant la juste valeur d'iceux selon l'estimation qui en sera faicte par lesd. sieurs Commissaires, au cas qu'ilz n'en puissent convenir à l'amyable; que les meusniers et propriétaires des moulins seront tenus cesser de travailler l'espace de trente jours pendant que se feront les fondations des pilles desd. pontz, sans que, pour ce, ils puissent prétendre aucune récompense, attendu que c'est pour œuvre publicq; et si lesd. moulins sont empeschés de moudre pour plus longtemps qu'un mois, led. Cosnier sera tenu desdommager les meusniers; que les moulins que led. Cosnier desmolira et récompensera, il les pourra rééditfier et bastir à ses deppens et proffict en telz autres lieux qu'il advisera, qui n'empescheront la navigation dud. canal, pourveu qu'ilz ne soient sur la seigneurie d'autres seigneurs que de ceux qui luy auront vendu lesdicts moulins.

Pour le regard de tous les différens et procès que ledict Cosnier et les siens auront pour raison dud. canal, circonstances et dépendances, la cognoissance en sera réservée au Conseil d'Estat, avec deffences à tous autres juges d'en prendre cognoissance, à peine de nullité et cassation des procédures, et aux particuliers d'en faire aucune poursuite par devant eux, à peine de mil livres. Sera loisible aud. Cosnier et aux siens pour l'asseurance de ses deniers, de porter pistolets et autres armes pendant la construction dud. canal, dont il prendra un brevet ou permission du Roy.

Toutes lesquelles conditions ont esté accordées par led. seigneur duc de Sully aud. Cosnier, promettans... Obligeans chacun en droit soy, et led. Cosnier corps et biens, comme pour les propres affaires du Roy... Renonceant...

Faict et passé aud. Arsenal du Roy, à Paris, l'an mil six cens huict, le vingt trois^me jour d'avril, après midy.

MAXIMILIAN DE BETHUNE, COSNIER, HERBIN, FOURNYER.

XXXIX. — 19 SEPTEMBRE 1608. — 222.

Bail à Remond Vedel, sieur de La Fleur, Capitaine général du Charroy de l'artillerie du Roi, et à M° Mathieu Bastard, secrétaire de la Chambre du Roi, du revenu des droits et profits de la voirie de la ville, faubourgs, banlieue, prévôté et vicomté de Paris, pour cinq années, du 1ᵉʳ septembre 1608 au 31 août 1613, moyennant la somme de 3,000 ₶ par an.

Par devant les notaires et gardenottes du Roy nostre Sire en son Ch^{let} de Paris, soubzsignez, fut présent hault et puissant seigneur messire Maximilian de Bethune, duc de Sully, pair de France, marquis de Rosny, conte de Dourdan, Souverain de Boisbelle, sire d'Orval, Montrond et sainct Amand, baron d'Espineuil, Bruyères, le Chastelet, Baugy, La Chappelle d'Angillon, Boutin, Villebon, La Gastine et Nouyon, conseiller du Roy en ses Conseils d'Estat et privé, cappitaine lieutenant de deux cens hommes d'armes de la Compagnie de la Royne, Grand Maistre et cappitaine général de l'artillerie, Grand Voyer de France, superintendant des finances, fortifications et bastimens du Roy, gouverneur et lieutenant général pour Sa Ma^{té} en Poictou, Chastelleraudois et Ludounoys et gouverneur du chasteau de la Bastille à Paris, lequel a recongneu et confessé et par ces présentes confesse avoir baillé et dellaissé à tiltre de loyer et pris d'argent, du premier jour de septembre dernier passé jusques à cinq ans prochains venans finiz et accomplz, et promect garantir et faire joir aud. tiltre led. temps durant, à Remond Vedel, sieur de la Fleur, Cappitaine général du Charroy de l'Artillerie de France ⁽¹⁾, demeurant à Paris rue Sainct Martin, parroisse Sainct Laurens, et M° Mathieu Bastard, secrétaire de la Chambre du Roy, demeurant rue des Prouvères, parroisse Sainct Eustache, à ce présent, preneurs et retenans pour eulx aud. tiltre led. temps durant, le revenu des droictz et profictz de la Voirye de la ville, faubourgs, banlieue, prevosté et viconté de Paris, pour d'iceluy revenu joir par lesd. preneurs en tous droictz, iceulx cueillir et recevoir suivant la taxe et prix à plain spécifié par led. règlement verifflié par la Cour de Parlement le quatorziesme mars mil six cens huict dernier, et par la Chambre des Comptes le dix neufiesme jour de may oud. an mil six cens huict dernier. Et le tout exercer suivant les Commissions qui en ont esté dellivrées par led. seigneur bailleur ausd. preneurs.

Cestz présent bail et prinse faictz aux charges cy après déclarées, et outre moyennant la somme de troys mil livres tournois de loyer pour cy et par chascune desd. cinq années, que lesd. preneurs en ont promis, seront tenuz, promectent et gaignent l'un pour l'autre et chacun d'eux seul et pour le tout, sans division, renoncans au bénéfice de division et de discution, bailler et payer aud. seigneur bailleur ou au porteur, à deux termes et payemens esgaux qui sont Noël et St Jehan, dont le premier d'iceulx eschéant au jour de Noel prochain et le second au jour Sainct Jehan Baptiste ensuivant de l'année prochaine que l'on comptera mil six cens neuf, et continuer.

Seront tenus lesd. preneurs faire et exercer lad. Voirye par personnes capables pour donner les alignemens et faire les rapports qui leur seront nécessaires aus despens desd. preneurs. Et par faulte de payement par chacun desd. termes, le présent bail sera et demeurera nul sy bon semble aud. seigneur bailleur, sans autre forme ny difficulté de procès sur ce garder. Sera aussy, s'est led. seigneur bailleur réservé les treize places proches Sainct Innocent et autres lieux qui ont accoustumez d'estre aulmosnez par led. seigneur bailleur suivant la foudation du feu Roy Sainct Loys, et encores les autres places où led. seigneur bailleur a ou pourroit avoir droict de pourveoyr. Et ne pourront lesd. preneurs cedder ne transporter ce présent bail à autres personnes sans le consentement dud. seigneur bailleur.

A ce faire, est intervenu Jehan Dasneau, marchant bourgeois de Paris, et l'un des douze marchans previllégyez suivans la Cour, demeurant rue des Gravilliers, en la maison où est pour enseigne le Lyon d'Or, lequel, de sa bonne volonté, s'est rendu pleige caution, respondant et

---

⁽¹⁾ Avant d'être capitaine général du Charroi de l'Artillerie, Raymond Vedel, dit La Fleur, avait été lieutenant de ses deux prédécesseurs : Jean Guesdon et Jacques Borrel. Esprit entreprenant et avisé, c'est lui qui eut l'idée en la même année, d'installer sur la Seine des «bateaux à lessive» et d'organiser l'enlèvement des boues de Paris (cf. *Ord^{ce} royale de septembre 1608*). Cette dernière entreprise, qui suscita une émeute à Paris, en raison de l'élévation irrégulière de la taxe, fut reprise l'année suivante par Paul Duthiers avec la caution de Raymond Vedel. De même le bail du revenu des droits et profits de voirie passa entre les mains d'Auguste Prevost, ainsi qu'il résulte de l'acte suivant.

principal payeur pour lesd. preneurs, et, en ce faisant au payement du loyer cy dessus, et entretenement des charges contenues en ce présent bail, s'est led. Dasneau obligé et oblige avec lesd. preneurs l'un pour l'autre et chacun d'eulx seul et pour le tout, sans division, renonceant au bénéfice de division et de discussion et forme de fidejussion, aux termes selon et ainsy qu'il est cy dessus déclaré... Promettans... Obligeans chacun en droict soy lesd. preneurs et caution l'un pour l'autre et chacun d'eulx seul et pour le tout sans division, leurs biens et encores leurs propres corps où faulte y auroict de payement desd. loyers quinze jours après chascun desd. termes escheus. Renonceans iceulx preneurs et caution aud. bénéfice de division, discussion et fidejussion.

Faict et passé en l'Arcenac du Roy, à Paris, l'an mil six cens huict, le dix neuf^{me} jour de septembre, après midy.

MAXIMILIAN DE BETHUNE, DASNEAU, VEDEL, BASTARD, HERBIN, FOURNYER.

XL. — 30 DÉCEMBRE 1609. — 246.

BAIL À Me AUGUSTE PREVOST, SECRÉTAIRE DU ROI, DU REVENU DES DROITS ET PROFITS DE LA VOIRIE DE LA VILLE, FAUBOURGS, BANLIEUE, PRÉVÔTÉ ET VICOMTÉ DE PARIS, POUR NEUF ANNÉES, DU 1er JANVIER 1610 AU 31 DÉCEMBRE 1619, MOYENNANT LA SOMME DE 6,000^{tt} PAR AN.

Par devant les notaires et garde nottes du Roy nostre Sire en son Ch^{let} de Paris, soubz^{nés}, fut présent hault et puissant seigneur messire Maximilian de Bethune, duc de Sully, pair de France, prince d'Henrichemont et de Boisbelle, marquis de Rosny, comte de Dourdan, sire d'Orval, Montrond, Saint-Amand, baron d'Espineuil, Bruyères, le Chastellet, Baugy, la Chappelle d'Angillon, seigneur de Villebon, la Gastine et Novion, conseiller du Roy en ses Conseils d'Estat et privé, cappitaine de deux cens hommes d'armes de la Compagnie de la Royne, Grand Maistre et cappitaine général de l'Artillerie, Grand Voyer de France, superintendant des Finances, fortifications et bastimens de Sa Ma^{té}, gouverneur et lieutenant général pour Sad. Ma^{té} en Poictou, Chastelleraudoys et Loudunois et gouverneur du chasteau de la Bastille à Paris, lequel a recongneu et confessé et, par ces présentes, confesse avoir baillé et délaissé à tiltre de loyer et prix d'argent, du premier jour de janvier prochain jusques à neuf ans prochains après ensuivans, finis et accomplis, et promect garentir et faire joyr aud. tiltre led. temps durant, à noble homme Me Auguste Prevost, secrétaire du Roy, demeurant rue des Juifs, parroisse St Gervais, à ce présent, preneur et retenant pour luy aud. tiltre led. temps durant, le revenu des droicts et proffits de la Voirie de la Ville, fauxbourgs, banlieue, prevosté et viconté de Paris, pour d'iceluy revenu joyr par led. preneur en tous droicts, iceulx cueillir et recèvoir suivant la taxe et prix à plain spécifié par les Edits, Arrests et Reglemens, et conformément à iceulx, et le tout exercer suivant les Commissions qui en ont esté delivrées par led. seigneur bailleur aud. preneur.

Cest présent bail et prinse faict aux charges cy après déclarées, et, outre, moyennant la somme de six mil livres tournois de loyer pour et par chacune desd. neuf années, que led. preneur a promis et sera tenu, promect et gaige bailler et payer aud. seigneur bailleur ou au porteur, à deux termes et payemens égaulx qui sont Noël et Sainct Jehan Baptiste, dont le premier d'iceulx escheant au jour de Sainct Jehan Baptiste prochain, l'autre au jour de Noël ensuivant, le tout de l'année prochaine que l'on comptera mil six cens dix et continuer. Sera tenu led. sieur preneur faire exercer lad. Voirie par personnes capables pour donner les alignemens et faire les rapports qui leur seront nécessaires aux despens dud. sieur preneur; et par faulte de payement pour chacun desd. termes, le présent bail sera et demeurera nul sy bon semble aud. seigneur bailleur, sans aucune forme ny difficulté de procès sur ce garder. Et outre, s'est led. seigneur réservé les treize places proche Sainct Innocent et autres lieux, qui ont accoustumé estre aulmosnées par led. seigneur bailleur suyvant la fondation du feu Roy Sainct Loys, et encores les unze places où led. sieur bailleur a ou pourra avoir droict de pourveoir. Et ne pourra led. preneur céder ny transporter ce présent bail à autres personnes sans le consentement dud. seigneur bailleur. Et pour seureté du payement dud. loyer et charges cy dessus, led. s^r preneur a promis et promect y faire obliger avec luy noble homme Me Jehan Faure, son beau-père, sieur de Laubrière, Conseiller Maistre d'hostel ordinaire du Roy et Commissaire des guerres, l'un pour l'autre et chacun d'eulx seul et pour le tout, sans division, le faire renoncer au bénéfice de division et de discution, et ce dedans ung moys prochainement venant. Pro-

mettans... Obligeans chacun en droict soy et led. s'
preneur èsd. noms et chacun d'iceulx seul et pour
le tout sans division, renonceant led. s' preneur
aud. bénéfice de division et de discution.
  Faict et passé assavoir, par led. seigneur duc de
Sueilly en l'Arcenac du Roy à Paris, et par led.
sieur Prevost en la maison cy dessus déclarée. l'an
mil six cens neuf, le xxxe jour de décembre, après
midy.

M. DE BETHUNE, PREVOST, HERBIN, FOURNYER.

QUATRIÈME PARTIE

SURINTENDANT DES BÂTIMENTS.

CHAPITRE PREMIER.

PARIS.

Section I.
LOUVRE ET TUILERIES.

Les actes contenus dans cette section fournissent malheureusement très peu de renseignements sur les architectes qui ont conçu les plans et dirigé l'exécution des travaux des Bâtiments du Roi.

Un seul acte, du 27 mai 1603, nous donne le nom d'Étienne du Perac, architecte du Roi, pour les Tuileries; deux autres actes, du 29 mars 1608, relatifs à la salle des Antiques, sous la grande galerie du Louvre, désignent Metezeau, architecte du Roi, comme auteur des dessins de décoration de cette salle.

Mais ces indications, insuffisantes à elles seules pour confirmer ou infirmer les déductions de M. Berty, dans son savant ouvrage sur la *Topographie historique du Vieux Paris* (Région du Louvre et des Tuileries), demandaient à être complétées par les documents visés dans l'arrêt de la Chambre des Comptes de Paris du 6 août 1597, publié dans l'Appendice IX de cet ouvrage, documents dont M. Berty regrettait de n'avoir pas le texte. Nous avons pu les retrouver dans les Mémoriaux de la Chambre des Comptes, et nous reproduisons tout d'abord les Lettres de commission de Louis Metezeau, du 19 octobre 1594, date d'autant plus importante à noter que l'adjudication des travaux d'achèvement de la grande galerie du Louvre, depuis la partie ancienne jusqu'aux Tuileries, eut lieu l'année suivante, en 1595, comme on le verra dans l'acte numéro XLI de ce recueil. Il semble donc bien que, si Jacques II Androuet du Cerceau signait encore en 1600 comme architecte du Château du Louvre[1], Louis Metezeau ait été l'architecte de cette partie de la grande galerie dont on a toujours remarqué l'ordre «colossal» si différent de celui de la première partie. Le pavillon de Lesdiguières, qui devait servir de ligne de démarcation entre les deux ordres, est compris dans le marché du 19 février 1603.

La nomination de Louis Metezeau suscita les protestations et l'opposition de Jacques An-

---

[1] Il donne reçu en cette qualité, le 31 mars 1600, à M⁰ Henry Estienne, trésorier des Bâtiments, de la somme de quatre cens écus sol pour une année de ses «gages d'architecte du chasteau du Louvre, escheue le dernier jour de Décembre mil cinq cens quatre vingts dix neuf». (Bibl. Nat., ms. P. O. 59.)

drouet du Cerceau, que la Chambre des Comptes renvoya au Roi par son arrêt du 6 août 1597; Henri IV, statuant sur ce renvoi, par ses lettres patentes du 19 avril 1599, manda à la Chambre de n'avoir aucun égard à cette opposition, et le différend fut clos par l'arrêt d'entérinement du 21 mai 1599, que nous publions également.

LETTRES DE COMMISSION DONNÉES À LOUIS METEZEAU.
(19 octobre 1594.)

Henry, par la grâce de Dieu, Roy de France et de Navarre, à nostre cher et bien amé Loys Metezeau, Salut.

Voyant qu'il est besoing et nécessaire que nous ayons encores quelque personnage exprimenté en l'art d'architecture pour vacquer à la conduitte de tous nos bastimens de France, mesmes à ceux où nous faisons assidûellement travailler, affin d'y estre aussy bien et dignement servy comme le mérite la poursuitte et continuation de si beaux desseings et magnifiques entreprises;

A ces causes, et Nous étant apparu de votre suffisance en divers lieux où nous vous avons employé, Nous vous avons commis, ordonné et depputté, commettons, ordonnons et depputtons par ces présentes, pour, avec ceux que nous pourrions avoir desjà mis et depputez, sur nosd. bastimens avoir l'œil, charge et conduitte de la construction de toutes les œuvres de maçonnerie, scultures, menuiserie, charpenterie, couvertures, plomberie, fontes et toutes autres œuvres, visitations et réceptions d'icelles; ensemble de toutes telles autres réparations qui se font et se feront cy après en nos chasteaux du Louvre, des Thuilleryes, de Fontainebleau, Villiers Costeretz, St Germain en Laye, la Muette, led. St Germain, Madril, Chambort, Pont de Paris, la Sépulture neuve de St Denis en France et tous autres chasteaux, maisons et lieux où il se fera bastimens pour nostre service, affin que les ouvrages en soient mieux faits, conduits et asseurez, avec pouvoir d'assister doresnavant aux marchés qui se feront pour lesdits ouvrages, faire les desseings, modelles et devis, faire payer les ouvriers et autres personnages à mesure qu'ils besongneront à tous lesd. ouvrages, en arrester les parties, visiter et recevoir les matéreaux et autres choses requises et nécessaires pour lesdits ouvrages, en raporter, en vos loyauté et conscience, votre procès verbal et de tout ce qui se fera en votre présence pour connoistre s'ils ont esté bien et deuement faits; pour desd. charges en jouir et user par vous aux mesmes honneurs, autoritez, état et entretennement de huit cent escus par an, à sçavoir: quatre cens escus pour les bastimens de nostre Chasteau du Louvre, et quatre cens escus pour nos autres bastimens, tout ainsy et en la mesme forme qu'en jouit à présent nostre cher et bien amé Jacques Androuet du Cerceau aussy nostre architecte; laquelle somme de huit cens escus mandons à nos amés et féaux Conseillers et Trésoriers de nos bastimens présens et advenir que doresnavant par chacun an ils vous payent, baillent et délivrent comptant pour vostre estat et entretenement. Et en rapportant par eux ces présentes ou Vidimus d'icelles deuement collationné à l'original pour une fois seulement avec quittance par chacun an, Nous voulons lad. somme de huict cens escus estre desduitte et rabattue de leur charge et recette, passée et allouée en la mise et dépense de leurs comptes par nos amés et féaux les Gens de nos Comptes, auxquels mandons ainsy le faire sans difficulté. Car tel est nostre plaisir.

Donné à Paris le dix neufvieme jour d'octobre l'an de grâce mil cinq cent quatre vingt quatorze et de Nostre règne le sixiesme. Signé: Henry. Et plus bas: Par le Roy, de Neufville; et scellées sur simple queue du grand sceau de cire jaune [1].

LETTRES DE SURANNATION.
(11 février 1596.)

Henry, par la Grâce de Dieu, Roy de France et de Navarre, à nos amez et féaux Conseillers les gens de nos comptes à Paris, Salut.

Par nos lettres pattentes en forme de commission du dix-neufme jour d'octobre mil cinq cent quatre vingt quatorze, adressantes à notre cher et bien amé Loys Metezeau, Nous l'aurions, pour la connoissance que nous avons de sa capacité et suffisance au fait de

---

[1] Arch. nat., P. 2339, f° 407.

SURINTENDANT DES BÂTIMENTS.

l'architecture, et autres considérations à ce nous mouvans, commis et depputté pour avoir doresnavant l'œil à la conduite et construction de nos batimens, aux gages et droits selon et ainsy qu'il est plus particulièrement, contenu et déclaré par nosd. lettres, lesquelles d'autant qu'elles sont surannées et ne sont à vous adressantes, vous pourriez faire difficulté de vériffier et laisser jouir led. Metezeau du contenu en icelles, ce que ne voulons luy nuire ne prejudicier en aucune sorte et manière que ce soit; Nous voulons, vous mandons et très expressément enjoignons que sans vous arrester à ce que dessus, vous ayez à icelles vériffier purement et simplement, selon leur forme et teneur, et du contenu laisser et souffrir jouir et user led. Metezeau plainement et paisiblement sans y faire aucune difficulté. Car tel est nostre plaisir, nonobstant quelconques Ordonnances, mandemens, deffenses et lettres à ce contraires. Donné à Follambray, le unzième jour de Février l'an de grâce mil cinq cent quatre vingt seize et de notre règne le septième. Signé : par le Roy : Luillier, et scellée sur simple queue du grand sceau de cire jaune [1].

DÉCLARATION DU 19 AVRIL 1599.

Henry, par la Grâce de Dieu, Roy de France et de Navarre, à nos amez et féaux Conseillers les gens de nos comptes à Paris, Salut.

Par nos Lettres pattentes du dix neuf^{me} jour d'octobre mil cinq cent quatre vingt quatorze, et pour les causes et considérations portez par icelles, Nous avons donné à nostre cher et bien amé Loys Metezeau la charge et commission de l'un de nos architectes ordinaires de nos bastimens et pour luy donner moyens de s'entretenir en lad. charge, accordé quatre cens escus de gages par chacun an pour luy estre payés par les Trésoriers de nos batimens, des deniers de leur charge, ainsy qu'il est plus au long déclaré par nosd. Lettres, lesquelles vous estant présentées pour les vériffier, se seroit opposé à la vérification d'icelles Jacques Androuet dit du Cerceau, aussy l'un de nos architectes, prétendant estre seul en leur charge, avec la qualité d'ordonnateur desd. bastimens; sur laquelle opposition et prétention, par vostre arrest du six^{me} jour d'Aoust mil cinq cent quatre vingt dix sept, avez renvoyé le tout par devant Nous pour les régler et déclarer sur ce notre intention.

A ces causes, désirans qu'en la continuation de nos bastimens, l'ordre que Nous avons jà establi et que Nous y pourrons établir cy après pour la conduite d'iceux soit en la charge des intendans et ordonnateurs, soit en celle des architectes par nous nommés et retenus selon que nous avons trouvé estre nécessaire, soient suivyes, gardez et observez, Nous disons et déclarons, voulons et nous plaist que les commissions qui ont esté cy-devant expédiées à quelques personnes que ce soient pour la surintendance de nos dits bastimens soient par eulx executés et sortent leur plain et entier effet, et, suivant icelles, qu'ils disposent et fassent faire les plans, desseings, devis, marchés et autres choses qu'ils seront par Nous commandées pour nosd. bastimens, ordonnent et fassent distribuer les deniers aux ouvriers qui y travaillent, selon qu'ils ont accoustumé faire suivant lesd. commissions, sans qu'aucuns desdits architectes, quels qu'ils soient, puissent aucunement prendre la qualité d'Ordonnateur et s'entremettre de ce qui dépend de la charge desdits Surintendants de nosdits Bâtimens qui ont de tous temps été baillez par nos prédécesseurs Roys et nous à personnes de notable qualité. Revocquant tous pouvoirs et commissions qui par inadvertance ou autrement pourroient avoir esté par nous données contraires à ce que dessus à aucuns desd. architectes, lesquels pour leurs susd. charges, feront les plans et desseings qui leur seront par Nous ou lesd. Surintendants de nosd. bastimens commandez et ordonnez et verront s'ils sont bien suivis, gardez et observez par les ouvriers qui travaillent sur iceulx; déclarant en outre n'avoir jamais entendu comme Nous n'entendons encores Nous estre restraints à un seul architecte, ains d'en choisir et nommer tel nombre qu'adviserons bon estre pour nous servir en l'absence les ungs des autres afin de ne pas manquer de personnes capables en lad. architecture, et qu'advenant le décéds de l'ung d'eux, un autre y puisse succéder si bon nous semble et qui aye la connoissance de nos desseings, batimens et suitte d'iceux, joint que nous faisons travailler en divers lieux et endroits et que pour ung mesme sujet il est besoing qu'il se fassent plusieurs desseings pour choisir ceux qui Nous seront plus agréables. A cest effet, avons à tous nosd. architectes accordé divers gaiges selon la capacité et expérience que nous avons jugé estre en eulx, lesquels gaiges voulons leur estre payez par les Trésoriers de nosd. batimens par les mandemens et ordonnances de nosd. Surintendans

---

[1] Arch. nat., P. 2339, f° 409.

et ordonnateurs d'iceulx, et mesmes led. Metezeau desd. quatre cens escus de gaiges par chacun an, à la charge qu'iceulx architectes seront tenus faire les voyages par devers Nous et aux lieux de nosd. batimens lorsqu'ils seront par Nous ou lesd. Surintendans mandez et qu'il sera besoing pour l'exécution de leurs charges. Et à cest fin, vous mandons proceder à la verifficatíon desd. lettres, nonobstant lad. opposition formé par led. du Serceau, à laquelle ne voulons qu'ayez aucun esgard, ains qu'incontinent et sans delay, vous proceddiez à la verification de nosd. lettres à vous présentées par ledit Metezeau, selon leur forme et teneur, sans y faire difficulté, lesquelles lettres sont cy attachées sous le contre scel de nostre Chancellerie. Car tel est notre plaisir.

Donné à Fontainebleau, le dix neufvieme jour d'avril, l'an de grâce mil cinq cent quatre vingt dix neuf et de notre règne le dix^e. — Signé : Par le Roy : de Neufville, et scellées sur simple queue du grand sceau de cire jaune[1].

ARRÊT DE LA CHAMBRE DES COMPTES.
(21 mai 1599.)

Veu par la Chambre les Lettres pattentes du Roy, données à Fontainebleau le dix neufvième jour d'Avril dernier, signées par le Roy : de Neufville, obtenues par Loys Metezeau, ayant la charge et commission de l'ung des architectes ordinaires des Bastimens dud. S^r, par lesquelles et pour les causes y contenues, Sa Majesté désirant qu'en la continuation de ses Bastimens l'ordre jà establi et qui y pourroit estre cy après pour la conduitte d'iceulx soit en la charge des intendants et ordonnateurs ou en celles des architectes par luy nommez et retenus, selon qu'il a trouvé estre nécessaire, soit suivie et gardée et observée, a dit et déclaré, veult et luy plaist que les commissions qui ont esté cy devant expediées à quelques personnes que ce soit pour la Surintendance de sesd. bastimens soient par eux exécutées et sortent leur plain et entier effet, et suivant icelles qu'ils disposent et fassent faire les plans, desseings, devis, marchez et autres choses qui leur seront par Sa Majesté commandées pour sesdits bastimens, ordonnent et fassent distribuer des deniers aux ouvriers qui y travaillent selon qu'il ont accoutumé faire suivant lesd. commissions, sans que aucun desdits architectes, quels qu'ils soient, puissent aucunement prendre la qualité d'Ordonnateur et s'entremettre de ce qui deppend de la charge desd. Surintendans qui ont de tout temps esté baillées à personnes de notable qualité, revocquant tous pouvoirs et commissions qui par inadvertance pourroient avoir esté donnez contraires; déclarant en outre Sad. Majesté n'avoir entendu et n'entend s'estre restraint à un seul architecte, ains d'en choisir et nommer tel nombre qu'il advisera auxquels il a attribué divers gages selon leur capacité et expérience, et mesmes aud. Metezeau, impétrant, de quatre cent escus par chacun an, à la charge de faire les voyages par devers Sa Majesté et aux lieux de ses bâtimens quand ils seront mandez et sera besoing. Et à cette fin mande à lad. Chambre proceder à la verification des Lettres de commission expediées aud. Metezeau, nonobstant l'opposition formée à icelle par Jacques Androuet du Cerceau, à laquelle Sad. Majesté veult lad. Chambre n'avoir aucun egard, ainsy que plus au long le contiennent lesd. Lettres.

Veu aussy les Lettres de commission dud. Metezeau du dix neuf^{me} Octobre mil cinq cent quatre vingt quatorze, l'arrest intervenu sur icelles le six^{me} jour d'Aoust quatre vingt dix sept, par lequel avant que proceder à la verification d'icelle commission et opposition formée par led. du Cerceau, elle auroit ordonné que les parties se pourvoiroient par devers le Roy pour avoir sur ce déclaration de sa volonté, pour, icelle veue, ordonner ce que de raison; requeste présentée par led. impétrant affin de vérification desdites Lettres de déclaration; conclusions du Procureur général du Roy, et tout considéré, la Chambre en entherinant lesd. lettres, a ordonné et ordonne que led. impétrant jouira de l'effet et contenu en icelles et sera payé de quatre cent escus par chacun an y mentionnez, par forme de pension, si longuement qu'il servira actuellement et tant qu'il plaira au Roy. Fait le vingt uniesme jour de may mil cinq cent quatre vingt dix neuf. Signé : de La Fontaine.

Collationné par nous Conseiller Maître à ce commis.

F. FREMIN[2].

[1] Arch. nat., P. 2339, f° 411.
[2] Arch. nat., P. 2339, f° 415.

SURINTENDANT DES BÂTIMENTS.

§ 1. LOUVRE.

XLI. — 19 FÉVRIER 1603. — 86.

GRANDE GALERIE DU LOUVRE. —RÉSILIATION DU MARCHÉ DE TRAVAUX DE MAÇONNERIE PASSÉ, EN 1595, AVEC GUILLAUME MARCHANT, PIERRE CHAMBIGES, FRANÇOIS PETIT, PIERRE GUILLAIN, ROBERT MARQUELET ET ISAÏE FOURNIER, MAÎTRES MAÇONS À PARIS, ADJUDICATAIRES DE LA CONSTRUCTION DE LA GRANDE GALERIE DEPUIS LA PETITE GALERIE DU LOUVRE JUSQU'AUX TUILERIES.
NOUVEAU MARCHÉ PASSÉ, LE 19 FÉVRIER 1603, AVEC JEHAN COIN, ISIDORE GUYOT ET GUILLAUME JACQUET, MAÎTRES MAÇONS À PARIS, DÉCLARÉS ADJUDICATAIRES, LE 3 DU MÊME MOIS, MOYENNANT LA SOMME DE 66,000 ₶, DES TRAVAUX QUI RESTENT À FAIRE POUR L'ACHÈVEMENT DE LA GRANDE GALERIE, SUR 31 TOISES 1/2 DE LONGUEUR, DEPUIS LE DERNIER MUR DE REFEND DE LA DERNIÈRE BOUTIQUE JUSQUE VERS LE REMPART OU PORTE NEUVE; LESQUELS TRAVAUX SERONT SEMBLABLES AUX OUVRAGES CI-DEVANT FAITS, SAUF QUE LE PAVILLON (*) SYMÉTRIQUE À CELUI DE LA PETITE GALERIE SERA CONFORME AU DESSIN PRODUIT ET SIGNÉ *NE VARIETUR* PAR LES PARTIES.

L'an mil six cens trois, devant Nous, Maximilian de Bethune, marquis de Rosny, conseiller du Roy en ses Conseilz d'Estat, Grand Maistre et cappitaine général de l'Artillerie de France, Grand Voier de France, Superintendant des finances, fortifications et bastimens du Louvre, des Thuilleries et S' Germain en Laye; Jehan de Fourcy, s' de Checy, conseiller du Roy et Trésorier général de France, Intendant desd. bastimens et en la présence de Jehan de Donon(1), conseiller du Roy et contrerolleur général desd. bastimens, — heure d'une heure attendant deux de relevée, en l'Arcenal du Roy à Paris, suivant la publication faicte de notre Ordonnance de laquelle la teneur ensuit :

DE PAR LE ROY :

On faict assavoir que le samedy premier jour de febvrier, heure d'une heure attendant deux, en l'Arcenal du Roy à Paris, par devant Monsieur le marquis de Rosny, Grand Maistre et Superintendant des bastimens de Sa Ma^{té} et chasteaux du Louvre, Pallais des Thuilleries et S' Germain en Laye et le sieur de Fourcy, Intendant desd. bastimens, seront baillez et adjugez au rabais, au feu et chandelle estainte, les ouvrages de massonnerye et pierre de taille qu'il convient faire de neuf pour Sa Ma^{té} en la continuation de la grand gallerye jusques à trente et une thoizes et demye de longueur seullement, à prendre depuis ce qui est jà faict jusques et tirant vers le rampart de la Ville et Porte Neufve.

Assavoir de fonder jusques à vif fondz les deux grands pans de murs d'icelle tant du costé du quay que du costé de la maison du Sieur Mareschal de Matignon, jusques à lad. longueur susd., sur la haulteur à mectre la charpenterye avec les frontons au dessus; le tout de pareille façon et espoisses, estoffes, matières, saillies, moullures, bossaiges et corps saillans, sans aucun enrichissement que les autres grands murs jà faits, sans y rien obmectre ny diminuer; et outre de faire et parfaire tout de ladicte longueur de trente et une thoises et demye la massonnerye de la voulte qui s'arrachera le long dedans œuvre desd. pans de murs qui sera au plain pied de ladicte gallerye de Sad. Ma^{té}; laquelle sera aussi construite de pareilles estoffes et matières que celles qui sont jà faictes en lad. gallerye, hors mis qu'elle sera garnye d'arcqs doubleaux de pierre de taille par voye distante de mitan en mitan de

(1) Jean de Donon, sieur de Chastres et de Montgeroult, fils de Mederic et de Jeanne della Robbia, était le frère de François de Donon s' de Messy, trésorier général de France à Paris, et de Louis de Donon s' d'Auron, également trésorier général de France, puis trésorier de l'Artillerie de France. Il avait épousé Marie de Longueval, fille du gouverneur de Villers-Cotterets dont il eut, entre autres enfants, Jean, s' de Chastres qui lui succéda dans la charge de contrôleur général des Bâtiments du Roi.

(*) Pavillon de Lesdiguières.

douze piedz l'ung de l'autre et entre deux les lunettes dont les crettes seront faictes de pierre de Sainct Leu et le reste de moillon masçonné en bon plastre enduict comme il appartient; et pour la seureté de ladicte voulte lesd. arcqs seront portez sur des doceretz saillans hors des corps des murs, de neuf poulces et de trois pieds de fasse, de pierre de taille pour soustenir et contrebouter la bouttée de lad. voulte et le tout rendre faict et parfaict dedans l'an. Sur le prix de vingt et deux mil escus, vallans soixante six mille livres, qui seront paiez au feur et ainsi que se feront lesd. ouvrages. A condition aussi qu'ilz feront les rigolles et tranchées des fondations desd. deux pans de murs et porter les terres hors la Ville au lieu où on les porte de présent, et remplir lesd. rigolles de massonneryes de libaiges et moilon massonné à chaulx et sable. Faict le xxxi° jour de janvier mil six cens trois.

L'an mil six cens trois, le xxxi° et dernier jour de janvier, a esté par moy Jehan Sannegrain, Sergent à verge du Roy nostre Sire en son Ch[let] de Paris, mis et apposé pareille et semblable affiche que celle cy dessus transcripte, ès lieux et endroictz cy après déclarez; c'est assavoir : une contre la porte et entrée de ceste ville apelée La Porte neufve, une autre contre la Grand Gallerye au bout vers lad. porte, une autre contre la porte et entrée du Grand Chastelet, une autre contre la porte et entrée du Pallais, une autre contre la muraille du Petit Chastelet soubz l'arcade, une autre contre les fenestres de la closture de l'Escriptoire des massons, et l'autre contre la muraille et pilliers de l'Eglise des Celestins près la porte et entrée de l'Arcenac, le tout faict présens Jehan Bellier, Nicollas Doussin, Jacques Guillard, et autres. Signé Sannegrain.

A laquelle heure seroient comparus Pierre Chambige, François Petict, Pierre Guillain, Robert Marquelet, et Ysaye Fournier, maistres massons, auxquelz auroient esté par nous remonstré que Sa Ma[té] avoict receu quelques plainctes de ce que aucuns ouvriers, tant massons que autres, n'avoient travaillé en ses bastimens selon les devis et marchez qui en avoient esté faictz et d'ailleurs que les prix desd. ouvraiges estoient excessifs en ce que soubz ces mots de *Thoizer aux us et coustumes de Paris*, il ce faisoit des appréciations et évaluations à la vollonté desd. massons. C'est pourquoy Sad. Ma[té], désirant de sçavoir la vérité, auroict donné charge de faire faire proclamation desd. ouvrages au rabais, et que si lesd. Chambige et associez voulloient faire quelques offres, ilz y seroient recevz.

Lesquelz Chambige, Petit, Guillain et leurs associez nous auroient dict qu'ils n'y avoict poinct d'occasion de faire plainte des ouvraiges qu'il avoient faictes, et qu'elles estoient bonnes et bien faictes selon leurs devys et marchez. Et pour le regard de celle qui restoit à faire et dont on avoict faict faire proclamation, qu'ilz ne le pouvaient faire au moings de vingt-cinq mille escus.

Et, à ceste fin, auroient baillé la requeste et offres dont la teneur ensuit :

A Nosseigneurs les Intendans et Ordonnateurs des Bastimens du Roy.

Supplient humblement les entrepreneurs de la massonnerye de la grande gallerye du Louvre, disans que dès l'année mil cinq cens quatre vingt quinze, bail et marché leur auroit esté faict en l'hostel de monsieur de Chombert [1] en la présence dud. sieur et des sieurs de Sancy [2], Lagrange le Roy [3], de Fourcy [4] et du Contrerolleur général des Bastimens de Sa M[té], de toutes et chacunes les ouvrages de massonnerye et taille qu'il conviendroit faire pour la construction de la grand gallerye. A laquelle adjudication se seroient trouvez tous les maistres expers en l'art de massonnerye de ceste ville de Paris et d'autres villes, où aprez plusieurs rabaiz faictz par eulx, lesd. ouvrages auroient esté adjugez ausd. supplians, assavoir : quatorze escus pour chacune thoise des ouvrages qui se feroient depuis la petite gallerye du Louvre jusques au dessus du rampart de lad. ville, et de celles qui seroient faictes depuis led. rampart jusques aux Thuilleries : vingt et un escus, ainsi qu'il est contenu par led. marché et bail au rabais. Pour satisfaire ausquelz lesd. supplians auroient faict tout debvoir à eulx possible de travailler ausd. ouvrages et faire achapt de carrières, pierres de taille, basteaulx, engins et autres ustancilles à ce nécessaires, qui estoient lors grandement chers et faulte d'hommes et d'ouvriers qui estoient en ce temps espars, finallement auroient tellement travaillé avec telle diligence qu'ilz auroient faict voir partie

---

[1] Gaspard de Schomberg, comte de Nanteuil, conseiller du Roi en ses Conseils d'État et des finances, grand maréchal général de camp des gens de guerre Allemands entretenus pour le service du Roi, capitaine de cinquante hommes d'armes de ses Ordonnances et lieutenant général en haute et basse Marche.

[2] Nicolas de Harlay, sieur de Saucy, de Grosbois et de Dourdan, baron de Maule, conseiller du Roi en ses Conseils d'État et des finances, surintendant des finances, capitaine de cinquante hommes d'armes des Ordonnances du Roi. Ce fut lui qui vendit à Henri IV le fameux diamant qui a gardé le nom de Sancy, et à Sully la terre de Dourdan.

[3] Jacques de La Grange Le Roy, conseiller du Roi en ses Conseils d'État et des finances et Intendant des finances.

[4] Intendant des Bâtiments.

desd. ouvrages faict et plus que l'on ne leur fournissoit de deniers. De quoy s'estans plainets ausd. sieurs Ordonnateurs, auroient, au mois de janvier mil cinq cens quatre vingt dix huit, faict thoiser ce qui estoit faict desd. ouvrages pour compter avec lesd. supplians, par lequel thoizé appert leur estre deub grand somme de deniers; lesquelz depuis led. temps jusques à présent ilz n'ont peu estre paiez, quelques diligences et remonstrances qu'ilz en auroient lors faictes; et sur l'asseurance que l'on leur donnoit du paiement desd. deniers, ilz auroient continué lesd. ouvrages jusques en l'année mil cinq cens quatre vingt dix neuf, qui se seroient présentés massons qui auroient faict rabais de deux escus sur chacune thoize de massonnerye tant de dedans que dehors lad. ville. Ce que considérans lesd. supplians et que laissans lesd. ouvrages ilz mectoient en hazart ce qui leur estoit deub avec la perte des ustancilles, carrières, basteaulx et autres choses qu'ilz avoient, oultre ce qui leur estoit encore deub des advances qu'ilz avoient faictes depuis led. thoizé de lad. année quatre vingt dix huit, auroient iceux supplians faict encores ung rabais d'un escu sol sur thoize de ce qui estoit à parachever, tellement que lesd. ouvrages leur seroient demeurées de rechef, scavoir la thoize dedans la ville à onze escus et hors lad. ville à dix huit escus; au moien desquelz rabais et jusques au jour d'iceulx, qui fut au mois de mars de lad. année mil cinq cens quatre vingt dix neuf, auroit esté faict second thoizé et trouvé que lors estoit deub ausd. supplians la somme de sept mil cent soixante quinze escus dont ilz n'ont peu avoir paiement non plus que du premier[1]. Et n'auroient laissé de continuer lesd. ouvrages jusques à ce que quelques autres massons se seroient encore presentés qui auroient mis ung autre rabaiz de un escu sur thoize. De quoy la Ma^{té} du Roy estant advertye par les sieurs Surintendans et Ordonnateurs, et recongnoissant par elle lesd. massons n'y avoir voullu entendre; et commanda à iceulx supplians de travailler ausd. ouvrages ainsi qu'ilz avoient bien commencé, ce qu'ilz auroient faict, de plus en plus efforcez pour donner contantement à Sad. Ma^{té} qui désiroit l'advancement d'icelles ouvrages et faict en sorte qu'ilz auroient tellement travaillé qu'ilz ont faict la continuation de lad. gallerye jusques à trente et une thoizes et demye près du rampart de lad. ville, pendant ce temps et au mois de mars mil six cens deux auroit encores esté faict ung troisiesme thoizé par lequel leur est aussi deub la somme de deux mil trois cens quatre vingt

[1] Cf. BERTY et LEGRAND, Topographie historique du Vieux Paris (Région du Louvre et des Tuileries). II. Appendices, p. 201 et 202.

quinze escus quarante et un solz; tous lesd. thoizes faictz par maistres expertz, signez, certifiiez, controllez et arrestez. Est trouvé qu'il leur est deub d'iceulx la somme de neuf mil cinq cens soixante dix escus quarante et un sols, outre ce qui leur sera et pourra estre deub de reste des ouvrages faictz en l'année dernière qui ne leur sont encores thoizez. Ausquelz ouvrages ilz eussent bien désiré continuer suivant leurd. marché et pour l'honneur qu'ilz espéroient en recevoir, ayant faict et conduict ung tel et si bel ouvrage Royal et, de faict, avoient offert à vous Monseigneur de Rosny, Surintendant desd. bastimens, de faire et parachever ce qui reste à faire jusques aux rampars de lad. ville, qui sont lesd. trente et une thoizes et demye à faire jusques aud. rampart, pour la somme de vingt cinq mille escus, encores qu'ils fussent bien certains qu'ilz souffriroient perte. Laquelle offre lesd. supplians ont faict à ce que d'autres n'eussent l'honneur de parachever lad. œuvre. Mais ayans esté advertis qu'il a esté mis affiches par lad. ville pour bailler au rabaiz lesd. trente et une thoizes et demye à faire jusques sur led. rampart, ont estimé que l'on ne désiroit plus se servir d'eux et par ce moien les mectre hors de leur attelier et rompre les marchez si solennellement faictz avec eulx.

A CESTE CAUSE, Nosseigneurs, attendu ce que dict est, et qu'il ne tient pas ausd. supplians qu'ilz ne parachèvent lesd. ouvrages suivant leursd. marchez et offres faictz à mond. sieur de Rosny, ayant faict provision de matières et ustancilles à ce nécessaires, il vous plaise ordonner acte leur estre délivré pour *leur descharge desd. marchez* et ce que à l'advenir ilz n'en puissent estre poursuiviz ne inquiestez et que les ouvrages par eulx faictes en lad. année dernière depuis le troisiesme thoizé jusques à présent seront thoizés par maistres expertz et les faire payer de ce qu'il leur est et sera deub par lesd. thoizez; et ils prieront Dieu pour vous. Lad. requeste signée : Marchant, Chambiges, Petict, Guillain, Marquelet et Fournier.

Après avoir veu lad. requeste en leur présence nous leur avons déclaré que nous leur donnons acte du consentement qu'ilz ont faict de quicter leurd. marché, et pour le surplus qu'il leur seroit faict droict ainsi qu'il seroit trouvé raisonnable et que ce pendant et en la présence desd. marchandz et associez, lesd. ouvrages seroient proclamés au rabais à l'estinction de la chandelle ainsi qu'il est accoustumé.

Et à ceste fin, après avoir faict faire plusieurs proclamations, seroient comparuz Jehan Coing, Ysidoire Guiot et Guillaume Jacquet, maistres massons à Paris, lesquelz nous auroient dict qu'ilz offroient faire lesd. ouvrages contenuz en lad. publication, aux clauses et conditions spécifiées par en l'affiche pour la somme de vingt deux mille escus vallans soixante six mille livres tournois, ormis que s'il se trouvoit quelques endroictz où il fallust faire les fondations plus proffondes et de plus grande haulteur que celles qui estoient jà faictes, ilz entendoient estre paiez à la thoize du surplus. Et pour ce qu'il ne seroit ledict jour venu autres personnes pour mectre lesd. ouvrages au rabaiz, nous aurions ordonné que l'adjudication seroit remise au lundy ensuivant trois.me febvrier, pareille heure d'une heure attendant deux, aud. Arcenac et que à cest effect seroient mis nouvelles affiches aux lieux et endroictz accoustumez.

Et le lundy troiziesme dudict mois de febvrier, audict Arcenac, heure d'une heure attendant deux, estans en la salle dudict Arcenac où se seroient trouvez Jean Amelot, Pierre Le Roy, Pierre Bréau, Jehan Ponsart, Claude Glanneur, lesd. Coing, Jacquet et Guiot, maistres massons à Paris et plusieurs autres personnes, nous avons faict faire lecture desd. affiches contenans le devys desd. ouvraiges et estant ladicte lecture faicte, nous aurions faict faire plusieurs proclamations que lesd. ouvraiges estoient à bailler au rabaiz sur lesd. prix de soixante six mille livres tournois et ayant attendu jusques environ l'heure de trois heures et qu'il n'est apparu aucun qui aist voullu mectre lesd. ouvrages au rabais, autres que les dicts Coing, Guyot et Jacquet, nous leur aurions faict représenter le desseing et plans de ce qui est à faire en lad. longueur de trente une toises et demye auquel est une advance, saillant tant d'un costé que d'autre hors le corps des murs et au dessus une forme de balcon semblable et pour cymetrier celuy du bout de la petite gallerye de Sa Ma.té. Ce qu'ayant iceulx veu, ilz en auroient fait quelque difficulté et dict que lad. advance et balcon n'estoit mentionné par lesd. affiches. Sur quoy leur feust remonstré que par icelles affiches est porté que toutes lesd. ouvraiges seront faictes de la quallité et de mesme forme et cymétrye que celles jà faictes et qu'il estoit en leur option de les prendre ou laisser. Et ayans sur ce considéré ensemblement, auroyent accordé faire icelles ouvraiges, advances et balcon suivant lesd. affiches et desseing pour led. prix de soixante six mille livres, comme aussy de changer d'architecture en la façade depuis led. balcon et advance jusques et vers led. rempart, selon led. desseing, d'aultant qu'il n'est pas plus chargé de saillyes et molures que celuy jà faict.

Sur quoy, nous avons faict allumer trois chandelles l'une après l'autre, ainsi qu'il est accoustumé, et ordonné que le rabaiz qui seroit faict sur la première chandelle allumée seroit de cinq cens escus, et ayant esté lad. première chandelle allumée jusques à l'estinction d'icelle et qu'il ne seroit apparu aucun qui aye voullu mectre lesd. ouvrages au rabais, nous avons faict allumer la seconde, et après icelle estaincte et qu'il n'est encores apparu aucun qui voullusse mectre au rabais, nous avons remonstré aud. Coing, Guiot et Jacquet qu'ilz advisassent s'ilz voulloient persister aux offres par eulx faictes le samedy précédent et que nous entendons qu'ilz feront lesd. ouvrages du tout selon le devys contenu aux première et seconde affiche sans y rien changer ny diminuer. Lesquelz nous auroient dict qu'ilz eussent bien désiré avoir la haulteur et proffondeur des fondemens desd. massonneryes, ce que leur aurions accordé et à l'instant faict apporter les thoizez desd. ouvrages cy devant faictz. Auxquelz s'est trouvé lesd. fondations estre de haulteur en quelque endroict de treize piedz trois quartz, autre de quatorze piedz, de seize piedz et dix huict piedz en aucuns endroictz. Ce que ayans veu, lesd. Coing, Guiot et Jacquet nous ont dict qu'on leur avoit faict entendre que lesd. fondations n'avaient de haulteur que douze et treize piedz l'un portant l'autre, et que se trouvans jusques à dix huict piedz, ilz désiroient qu'on leur donnast mille escus outre lesd. vingt deux mille escus pour faire lesd. ouvrages contenues esd. affiches, ce que ne leur aurions voullu accorder; et ordonné faire de rechef proclamer lesd. ouvrages au rabais sur lesd. prix de soixante six mille livres tournois, ce qui auroit esté faict. Et à l'instant lesd. Coing, Guiot et Jacquet nous auroient dict qu'ilz estoient prestz de faire lesd. ouvrages pour lad. somme de soixante six mille tournois, à la charge qu'ilz seroient paiez au feur qu'ilz travailleroient; et ayant faict allumer la troiziesme chandelle et faict faire encores proclamer lesd. ouvrages en présence desd. massons cy dessus nommez, et ayans encor attendu par quelque espace de temps, et qu'il ne s'est trouvé personne qui ayt mis au rabais icelles ouvrages, après lad. trois.me chandelle estaincte, nous avons adjugé lesd. ouvrages contenus esd. affiches cy dessus transcriptes ausd. Coing, Guiot et Jacquet pour lad. somme de soixante six mille livres tournois, qui leur seront paiez par le Trésorier des bastimens de Sa Ma.té, par noz ordonnances, au feur qu'ilz advanceront lesd. ouvrages, en baillant caution des deniers qui leur seront advancés. Faict les jour et an dessus dictz.

Par devant les notaires du Roy nostre Sire en son

SURINTENDANT DES BÂTIMENTS.   111

Chastellet de Paris, soubz⁶⁶, furent présens: Jehan Coin, Ysidoire Guyot et Guillaume Jacquet, maistres maçons à Paris, demeurans scavoir: led. Coin rue et parroisse S¹ Paul, led. Guyot rue Frépault⁽¹⁾, parroisse S¹ Nicolas des Champs et led. Jacquet rue Michel le Conte en lad. parroisse S¹ Nicolas des Champs; lesquelz ont recongneu et confessé et par ces présentes confessent avoir promis et promectent l'un pour l'autre et chacun d'eulx seul pour le tout, sans division, renonceans au bénéfice de division et de discussion, au Roy nostre Sire, stippullant et acceptant pour Sa Ma¹ᵉ hault et puissant seigneur M¹ᵉ Maximilian de Bethune, chevalier, sieur et marquis de Rosny, conte de Moret, baron de Sully, conseiller du Roy en ses Conseils d'Estat et privé, cappitaine de cent hommes d'armes de ses Ordonnances, grand voyer, grand maistre et cappitaine général de l'Artillerie, supperintendant de ses finances et des fortifications et bastiments de France, et gouverneur de la ville et citadelle de Mante; et noble homme Jehan de Fourcy, sieur de Checy, conseiller du Roy, trésorier g⁻ᵃˡ de France, intendant desd. bastiments du Louvre, des Thuilleryes et de S¹ Germain en Laye, à présent, et aussy en la présence de noble homme Jehan de Donon, conseiller du Roy et contrerolleur g⁻ᵃˡ desd. bastimens, de faire et parfaire bien et deuement, au dire d'ouvriers et gens à ce congnoissans, tous et chacuns les ouvrages de maçonnerye et taille qu'il convient faire pour Sa Ma¹ᵉ en la continuation de la maçonnerye de sa grande gallerye, à commencer depuis le dernier mur de refen de la dernière boutique, où sont les attentes dans la maçonnerye jà faicte et eslevée, jusques à trente une thoises et demye de long tirant vers le rampart où Porte Neufve, de mesmes espoisses, haulteurs, profondeurs, matières, saillyes, moulures et bossaiges que les ouvraiges cy devant faictz, excepté l'advance et balcon représenté par led. desseing qui sera faict pour cy-

métrier l'advance de la petite gallerye de Sa Ma¹ᵉ, et le changer d'architecture comme il est représenté par led. desseing paraphé des notaires soubz⁶⁶ ne varietur et signé des parties, lequel est demeuré ès mains dud. sieur de Fourcy. Et commancer à travailler à icelles ouvraiges avec bon nombre d'ouvriers le plus tost que faire se pourra, et continuer sans discontinuer. Et pour ce faire lesd. entrepreneurs fourniront toutes les matières tant de pierre de taille de clicart, S¹ Leu, lyaiz, moilon, libaiges, chaulx, sable, plastre, peyne d'ouvriers, d'ayde, chariages, voictures, chables, angins, cintres, eschafaudaiges, bastardeaux sy besoing est, et toutes ustancilles et choses à ce nécessaires pour l'entière perfection d'icelles ouvraiges, faire les tranchées et vuidanges des terres des fondations, icelles faire porter en lieu où elles ne puissent nuire ny préjudicier, et rendre place nette ainsy qu'il est déclaré esd. affiches.

Et ce moyennant le prix et somme de soixante six mille livres, lequel prix sera payé ausd. entrepreneurs selon ainsy et au feur qu'ilz travailleront et feront lesd. ouvraiges, par les trésoriers des bastimens de Sad. Ma¹ᵉ, suyvant les ordonnances qui leur en seront à ceste fin expedyées des deniers qui pour ce leur seront destinez. Promectans..., obligeans chacun en droict soy: lesd. entrepreneurs l'un pour l'autre et chacun d'eulx seul pour le tout, sans division corps et biens comme pour les propres affaires du Roy; lesd. sieurs de Rosny et de Fourcy aud. nom. Renonceans iceulx entrepreneurs aud. bénéfice de division et de discussion.

Faict et passé en l'Arsenac du Roy à Paris, l'an mil six cens troys, le dix neuf⁶ᵐᵉ jour de febvrier, avant midy.

MAXIMILIAN DE BETHUNE, FOURCY, COIN, GUILLAUME JACQUET, YSIDOIRE GUYOT, DE DONON, HERBIN, FOURNYER.

XLII. — 8 FÉVRIER 1604. — 129.

GRANDE GALERIE DU LOUVRE. — SALLE DES ANTIQUES. — REVÊTEMENTS D'ARCHITECTURE DES TRUMEAUX FAISANT SÉPARATION DES CROISÉES DE LA FAÇADE.

MARCHÉ PASSÉ, MOYENNANT LA SOMME DE 1,950 ᴸ, AVEC GUILLAUME POIRET, MAÎTRE SCULPTEUR À PARIS, DÉCLARÉ ADJUDICATAIRE LE 28 JANVIER 1604.

L'an mil six cens quatre, le mercredy vingt huictiesme jour de janvier, devant nous Maximilian de Bethune, marquis de Rosny, conseiller du Roy en ses Conseilz d'Estat et privé, superintendant des

---

⁽¹⁾ Devenue rue Phelipot, puis Phélipeaux et supprimée par décret du 23 août 1868 pour le percement de la rue Réaumur dans la partie comprise entre la rue du Temple et la rue Volta.

finances, fortifications et bastimens de Sa Ma^{té}, Jehan de Fourcy, sieur de Chezy, conseiller du Roy, trésorier général des finances, intendant desd. bastimens, et en la présence de Jehan de Donon, conseiller du Roy et contrerolleur général desd. bastimens; en la grande salle de l'Arsenac du Roy à Paris, suivant les publications, proclamations et affiches faites de nostre ordonnance, avons proceddé au bail au rabais des ouvraiges mentionnez en l'affiche cy après transcripte, en la forme et manière qui ensuict.

DE PAR LE ROY :

On faict assavoir que le vendredy xxiiie jour de janvier, deux heures de relevée, en la grande salle de l'Arcenac du Roy à Paris, par devant monseigneur le marquis de Rosny, grand maistre et superintendant des bastimens du Roy et monsieur de Fourcy, intendant desd. bastimens, seront baillez et adjugez au rabais et moings disans, à l'extinction de la chandelle :

Les ouvraiges de maconnerie pierre de taille que Sa Ma^{té} entend faire et construire aux revestemens d'architecture des trumeaux fesans sepparation des croisées et façades de la Salle des Anticques érigée soubz la grande gallerie du Louvre, en semblables matières, estoffes et desseings que celuy qui y est maintenant faict, lequel servira de modelle à l'entrepreneur, qui le pourra veoir et considerer sur le lieu. A la charge qu'il sera tenu faire toutes les places tant pour asseoir et maçonner lesd. pierres de revestemens, que pour y encastrer et maçonner les marbres qu'il sera besoing, lesquelz seront fourniz par Sad. Ma^{té} prests à mettre en œuvre, et le reste comme pierre de Tonnerre, chaulx, sable, plastre et eschaffaudages et peyne d'ouvriers et autres choses génerallement quelconques par l'entrepreneur.

Plus le ciagé, taillé, polly et assiette de tous les marbres qu'il conviendra mettre à chacune face et costez de chacun trumeau des croisées de lad. Salle des Anticques, restablir les colomnes, bazes, chappiteaux et autres frises qu'il sera besoing y mettre, les dresser, pollir et poser et tous autres ornemens et enrichissemens dud. marbre, faire les chiffres, devises, fleurons et autres ornemens de rapport des marbres de diverses coulleurs, ainsy que l'on peult veoir par l'un desd. trumeaulx jà faict, aux conditions toutesfois que s'il estoit rechangé par l'architecte quelques compartimens dud. marbres pour diversifier les formes, led. entrepreneur sera tenu les faire selon le desseing qui luy sera baillé. En luy fournissant par Sad. Ma^{té} les marbres qui se trouveront en son magazin tous bruts, et s'il en est besoing d'autres pour repparer lesd. coullonnes, vazes et chappiteaux, ensemble pour lesd. chiffres, fleurons et devises, seront fourniz par led. entrepreneur avec les scyes, grez pillé, poncé, polly, et toutes autres matières, ustancilles et outilz nécessaires auxd. ouvraiges.

Faict à Paris le xxe jour de janvier mil six cens quatre.

L'an mil six cens quatre, le xxj^e jour de janvier, je, Thomas de Bonigalle, premier huissier pour le Roy de son Trésor, soubsigné, certiflie avoir mis et apposé l'afliche contre la porte de l'Arcenac du Roy, à Paris, atteliers du Louvre et Thuilleryes, au bureau et comptoir de l'Escriptoire des jurez massons, places des Halles, de Grève et cimetière Sainct Jehan, portes des grand et petit Chastelet et des Consuls de cested. ville, greffe du Trésor et au bas de la montée dud. Trésor, à ce qu'aucun n'en prétende cause d'ignorance, en présence de Nicolas Chauvelot. Jehan Bailly, tesmoings. Signé de Bonigalle.

Et ledit jour xxiiie du mois de janvier aud. an mil six cens quatre, en lad. salle de l'Arcenac, avons, après avoir faict lire lad. affiche par led. de Bonigalle, huissier, interpellé plusieurs maistres experts appellez pour led. rabbais, affin de le mectre à prix; sur laquelle interpellation a esté faict offre par Robert Menard, tailleur de marbre, de faire tous les ouvraiges tant de pierre que marbre aux conditions cy dessus déclarées, pour le prix et somme de deux mil huict cens livres chacun trumeau; et pour ce que led. jour personne n'a voullu faire rabbais sur l'offre dud. Menard, avons continué led. bail au rabais au mecredy ensuivant.

Lequel jour de mecredy advenu, xxviij^e de ce dict présent mois de janvier, avons de rechef fait lire par led. Bonigalle en lad. grande salle de l'Arcenac lad. affiche et fait entendre aux assistans que lesd. ouvraiges estoient à bailler au rabbais sur lad. offre de deux mil huict cens livres tournois, lesquelz ouvraiges ont esté mis au rabbais, sur le feu des première, seconde et troisiesme chandelle, par les personnes cy après nommées :

Assavoir par Robert Pierre à deux mil sept cens cinquante livres, par Robert Menard à deux mil six cens cinquante livres, par Georges Loisel à deux mil cinq cens livres, par Jehan Delorme à deux mil trois cens cinquante livres, et par Guillaume Poiret, sur le feu de la troisiesme et dernière chandelle, à deux mil deux cens livres, sur lequel rabais le feu de lad. troisiesme chandelle s'est estainct. Et sur ce que personne n'a voullu rabaisser le prix desd. ouvrages après led. Poiret, qui à ceste fin a prié et requis, pour le désir qu'il a de servir Sad. M^{té}, lui voulloir adjuger iceulx ouvraiges pour lad. somme de deux mil deux cens livres pour chascun trumeau, nous avons aud. Poiret adjugé et adjugeons lesd. ouvrages mentionnez en lad. affiche cy dessus transcripte, pour le prix de deux mille deux cens livres chascun trumeau, comme moings disant, aux charges et conditions contenues en lad. affiche.

Par devant les notaires du Roy nostre Sire en son Chastellet de Paris, soubzsignez, fut présent Guillaume Poiret, maistre sculpteur à Paris, demeurant rue Fremeutel, parroisse Sainct Germain d'Auxerrois, lequel a recongneu et confessé avoir promis et promet au Roy nostre Sire, stippullant pour Sa Ma^{té} hault et puissant seigneur Messire Maximilian de Bethune, marquis de Rosny, baron de Sully, conseiller du Roy en ses Conseils d'Estat et privé, cappitaine de cent hommes d'armes de ses Ordonnances, grand voyer, grand maistre et cappitaine général de l'Artillerie, superintendant des finances, fortifications et bastimens de Sa Ma^{té}, gouverneur pour le Roy du pais de Hault et Bas Poictou, de la ville et citadelle de Mante et du chasteau de la Bastille à Paris, et noble homme Jehan de Fourcy, sieur de Chezy, conseiller du Roy, trésorier g^{nal} de France, intendant desd. bastimens, à ce présent, et aussy en la présence de noble homme Jehan de Donon conseiller du Roy et contrerolleur g^{nal} desd. bastimens, de faire et parfaire bien et deuement au dire d'ouvriers et experts à ce congnoissans, tous et chascuns les ouvraiges de maçonnerie pierre de taille que Sa Ma^{té} entend faire et construire aux revestemens d'architecture des trumeaux faisans sepparation des croisées et façades de la Salle des Anticques érigée soubz la grande gallerie du Louvre, de semblables matières, estoffes et desseings que celuy qui y est maintenant fait, lequel servira de modelle aud. Poiret qui le pourra veoir et considérer sur le lieu, plus le ciage, taille, polly et assiette de tous les marbres qu'il conviendra mettre à chascune face et costez de chacun trumeau des croisées de lad. Salle des Anticques, restablir les coullonnes, bazes, chappiteaux et autres pièces qu'il sera besoing y mettre, les dresser, pollir et faconner, et tous autres ornemens et enrichissemens dud. marbre, faire les chiffres, devises, fleurons et autres ornemens de rapport de marbres de diverses coulleurs. Le tout selon, suivant et conformément à l'affiche dont coppie est cy dessus transcripte, de laquelle a esté faict lecture aud. entrepreneur par l'un des notaires soubz^{nés},

ACTES DE SULLY.

l'autre présent. Et fournira iceluy entrepreneur de pierre tant de Tonnerre que lyais, clicquart, Sainct Leu, taille et maçonnerie de chascun trumeau, eschaffaudages, peine d'ouvriers, mesmes les petits morceaux de marbre qu'il conviendra pour faire lesd. encastrements dont il ne se trouvera parmi ceulx de Sa Majesté, et autres matières à ce nécessaires. A commencer à y travailler présentement et continuer avec nombre d'ouvriers suffisans sans discontinuer et ce moyennaut et à raison de dix neuf cens cinquante livres pour chacun trumeau desd. ouvraiges, qui est le prix à quoy lesd. ouvraiges ont esté laissés et promis faire par led. Poiret depuis le rabais de deux cens livres faict sur chascun desd. trumeaux par autres ouvriers, lequel prix sera payé aud. Poiret au fur et à mesure qu'il travaillera, par les trésoriers généraulx des bastimens de Sa Ma^{té}, suivant les ordonnances qui luy en seront à ceste fin expedyees. Promettans... obligeaus chacun en droict soy et le dict Poiret corps et biens, comme pour les propres affaires du Roy... Renonceant..

Faict et passé aud. Arcenac du Roy à Paris, l'an mil six cens quatre, le huictième jour de febvrier avant midy.

MAXIMILIAN DE BETHUNE, FOURCY, DE DONON, GUILLAUME POIRET, FOURNYER, LE VASSEUR [1].

---

[1] La serrurerie des croisées de la salle des Anticques fit l'objet d'un marché passé devant Motelet et Fournyer le 9 juin 1604, entre Denys Lemoyne, maître serrurier à Paris, demeurant rue de la Verrerie, paroisse Saint-Gervais, et Pierre Bouyn, maître taillandier demeurant rue Saint-Antoine, paroisse Saint-Paul. Ce dernier s'engageait envers Denys Lemoyne «à faire et parfaire bien et deuement des ouvraiges de fer à la livre des grandes ferrares et chassis de fer plat, les fenestres de la salle des Anticques, avec le fer rond des chassis de fil de latton, et mesmes fera tant les verges que clavettes et vignettes que led. Le Moyne a dict estre tenu faire, ce qui s'ensuict, assavoir de faire deux grandes formes pareilles et semblables au desseing que led. Bouyn dict luy avoir esté monstré par led. Le Moyne aux croisées de lad. salle des Anticques, garnyes chacune de cinq traversins où il y aura à chacun traversin troys boittes souldure, portant moulures et douleynes et dix huict barreaux montant garniz de leurs moulures et nylles, assavoir : la maistresse barre de deux poulces de large et les barreaux montans ung poulce et demy pour le plus; et pour cest effect, recongneut led. Bouyn que led. Le Moyne luy a baillé et livré huict cens de fer pour employer ausd. ouvraiges, au pris de cent douze sols pour chacun cent, le pris duquel fer sera desduict aud. Bouyn sur le prix et somme cy après déclarez. A commencer à y travailler présentement et le tout rendre faict et parfaict bien et deuement dans un moys prochainement venant. Ceste promesse et marché faict moyennant le pris et somme de douze livres tournois pour chacun cent dud. fer mis en œuvre ausd. croisées de lad. salle des Anticques, sur lequel

XLIII. — 24 MARS 1608. — 198.

GRANDE GALERIE DU LOUVRE. — TRAVAUX DE PAVAGE NEUF LE LONG DES BOUTIQUES ET AU DROIT DE LA RUE SAINT-THOMAS.
MARCHÉ PASSÉ AVEC MICHEL RICHER, MAÎTRE DES OEUVRES DE PAVÉ DU ROI, DÉCLARÉ ADJUDICATAIRE LE 24 MARS 1608, MOYENNANT LE PRIX DE 6 ᴸᵗ LA TOISE.

L'an mil six cens huict, le vingt quatre^{me} jour de mars, deux heures de relevée, en la grande salle de l'Arcenac du Roy à Paris, devant nous Jehan de Fourcy, sieur de Chécy, conseiller du Roy en son Conseil d'Estat, Intendant des Bastimens de Sa Ma^{té}, et en la présence de Jehan de Donon, conseiller du Roy et Contrerolleur général desd. Bastimens, a esté procceddé au bail au rabais et moings-disans, à l'extinction du feu des chandelles, en la manière accoustumée, des ouvraiges de pavé mentionnez en l'affiche dont coppie est cy après transcripte, en la forme et manière qui ensuict :

DE PAR LE ROY,

Monseigneur le duc de Sully, pair de France, Superintendant des Finances et Bastimens de Sa Ma^{té},
Et Monsieur de Fourcy, conseiller du Roy en son Conseil d'Estat, Intendant desd. Bastimens,
On faict assavoir que le lundy xxiiij^e jour de mars mil six cens huict, deux heures de relevée, en la grande salle de l'Arcenac du Roy à Paris, il sera par mesd. seigneurs procceddé au bail au rabais et moings disans, à l'extinction du feu des chandelles, en la manière accoustumée, des ouvraiges de gros pavé neuf qu'il est besoing faire et continuer le long des boutiques et logis de la grande gallerie du Louvre et au droict de la rue Sainct Thomas tirant vers le fossé ou canal du jardin des Ciprès, en la longueur qu'il sera advisé, sur douze pieds de large avec deux revers et une noue par le mitan, ledit pavé assis avec bon sable et pente raisonnable pour l'évacuation des eaues qui gastent et pourrissent le pied de la muraille de lad. gallerye.

À la charge que l'entrepreneur fera à ses despens la vuidange, remplaige des terres fermes où il sera besoing pour observer la pente nécessaire

pris led. Bouyn confesse avoir eu et receu dud. Le Moyne la somme de trente livres tournois d'une partie, et le surplus dud. pris led. Le Moyne promect bailler et payer aud. Bouyn si tot et incontinent que icelluy Bouyn aura faict et parfaict lesd. ouvraiges cy dessus spécifiez et déclairez ».

dud. pavé et le raccorder à l'autre faict cy devant le long de lad. gallerie.
Et seront toutes personnes receues à moings dire et rabaisser lesd. ouvraiges sur le pris de huict livres la thoise.

L'an mil six cens huict, le xxj^e mars, je Thomas de Bonigalle, premier huissier pour le Roy de son Trésor, soubz^{né}, certiffie avoir mis et apposé aultant de la présente affiche contre les portes de l'Arcenac du Roy à Paris, Escriptoire des jurez maçons, Parc civil du Ch^{let} de Paris, portes de la Court et des salles du Pallais, au bas de la montée de la Chambre du Trésor et contre la porte de la chapelle Monsieur Sainct Siphorien où s'assemblent chacun dimanche les maistres paveurs à Paris ; ad ce qu'aulcun n'en prétende cause d'ignorance ; ès présence de Simon Morand et Dominique Brière, tesmoings. Ainsy signé : de Bonigalle.

Et led. jour xxiiij^e dud. moys de mars aud. an mil six cens huict, en lad. salle de l'Arcenac, aurious par led. de Bonigalle faict faire lecture de l'affiche dont coppie est cy devant escripte, faisant entendre aux assistants que les ouvraiges de gros pavé y mentionnez estoient à bailler au rabais et moings disans sur le pris de huict livres tournois la thoise ; où seroict comparu Pierre Voisin, qui les auroict mis au rabais à sept livres quinze sols, par Michel Richer à sept livres dix sols et encores par led. Richer à sept livres, par Jehan Doré à six livres quinze sols, par led. Richer à six livres et sur ce, aurions faict allumer trois chandelles l'une après l'autre, qui se seroient estainctes sans rabais, ce que voyant et après que led. Richer nous auroict requis de luy adjuger lesd. ouvraiges suivant son dernier rabais, Nous, aud. Richer, comme moings disans et dernier rabaissant, avons adjugé, baillé, délivré, adjugeons, baillons et délivrons lesd. ouvraiges de gros pavé mentionnez en lad. affiche, moyennant et à raison de six livres tournois pour chacune thoise et aux charges y contenues. Faict et adjugé en lad. salle de l'Arcenac, led. jour vingt quatriesme dud. moys de mars aud. an mil six cens huict. Signé Richer.

SURINTENDANT DES BÂTIMENTS.

Par devant les notaires et gardes nottes du Roy nostre Sire en son Ch[let] de Paris soubz[nés], fut présent Michel Richer, maistre des œuvres de pavé du Roy, demeurant rue Mortellerie, parroisse St Paul, lequel a recongneu et confessé et par ces présentes confesse avoir promis et promect au Roy nostre sire, stippullant pour Sa Ma[té] noble homme Jehan de Fourcy, sieur de Checy, conseiller du Roy en son Conseil d'Estat, Intendant des Bastimens de Sa Ma[té], à ce présent, et en la présence de noble homme Jehan de Donon, conseiller du Roy et Contrerolleur g[énéral] desd. bastimens, de faire et parfaire bien et deuement, au dire d'ouvriers et gens à ce congnoissans, tous et chacun les ouvraiges de gros pavé neuf qu'il est besoing faire et continuer le long des bouticques et logis de la Grande Gallerie du Louvre et au droict de la rue Sainct Thomas tirant vers le fossé ou canal du jardin des Cyprès, en la longueur qu'il sera advisé, sur douze pieds de large, avec deux revers et une noue par le mitan, ledit pavé assis avec bon sable et pente raisonnable pour l'évacuation des eaues qui gastent et pourrissent le pied de la muraille de lad. Gallerie. A la charge que led. Richer fera à ses despens la vuidange et remplaige des terres où il sera besoing pour observer la pente nécessaire dud. pavé et le raccorder à l'autre faict par cy devant le long de lad. gallerye, le tout selon et ainsy qu'il est porté par l'affiche dont coppie est cy devant escripte, de laquelle led. Richer dict avoir eu communication. Et pour ce faire, fournira led. Richer de gros pavé neuf, sable et choses à ce nécessaires. A commencer à y travailler présentement et le tout rendre faict et parfaict bien et deuement comme dict est, le plus tost que faire ce pourra; et ce, moyennant et à raison de six livres tournois par chacune thoise dud. pavé neuf, qui est le pris à quoy lesd. ouvraiges de pavé ont esté adjugez aud. Richer comme moings disant et dernier rabaissant, ainsy qu'il a dict; lequel pris luy sera payé au feur et à mesure qu'il travaillera, par les Trésoriers desd. bastimens suivant les ordonnances qui luy en seront à ceste fin expédyées. Promettans... Obligeans chacun en droict soy et ledict Richer corps et biens, comme pour les propres affaires du Roy... Renonceant...

Faict et passé aud. Arcenac, led. jour vingt quatreiesme mars aud. an mil six cens huict, après midy.

FOURCY, DE DONON, RICHER, FOURNYER.

XLIV. — 29 MARS 1608. — 200.

GRANDE GALERIE DU LOUVRE. — SALLE DES ANTIQUES. — TAILLE, MOULURES, ORNEMENTS ET ENRICHISSEMENTS EN LA VOUTE, LUNETTES ET DESSUS DES CROISÉES, SELON LE DESSIN DU Sr METEZEAU, ARCHITECTE DE SA MAJESTÉ.
MARCHÉ PASSÉ AVEC GUILLAUME POIRET, MAÎTRE SCULPTEUR, DÉCLARÉ ADJUDICATAIRE LE 28 MARS 1608, MOYENNANT LE PRIX DE 39 [lt] PAR TOISE.

L'an mil six cens huict, le vingt huictiesme jour de mars, deux heures de relevée, en la grande salle de l'Arcenac de ceste ville de Paris, devant nous Maximilian de Bethune, duc de Sully, pair de France, conseiller du Roy en ses Conseils d'Estat et privé, Superintendant des finances et bastimens de Sa Ma[té], Jehan de Fourcy, sieur de Checy, conseiller du Roy en son Conseil d'Estat, Intendant et ordonnateur desd. bastimens, et en la présence de Jehan de Donon, aussy conseiller du Roy et Contrerolleur général d'iceulx bastimens;

A esté procedé au bail ausd. ouvraiges mentionnés en l'affiche dont coppie est cy après transcripte en la forme et manière qui ensuict :

DE PAR LE ROY,

Monseigneur le duc de Sully, pair de France, Superintendant des finances, fortifications et bastimens de Sa Ma[té],

Et Monsieur de Fourcy, conseiller du Roy en son Conseil d'Estat, Intendant et ordonnateur desd. bastimens.

On faict assavoir que le lundi vingt quatre[me] jour de mars mil six cens huict, deux heures de relevée, en la grande salle de l'Arcenac du Roy, à Paris, il seroit, par mesd. seigneurs, procedé au bail au rabais et moings disans, à l'extinction du feu des chandelles, en la manière accoustumée, des ouvraiges de taille, mouslures, ornemens et enrichissemens en pierre de Sainct Leu et pierre dure, que Sa Ma[té] a commandé estre faicts en la voulte, lunettes et dessus des croisées de la Salle des Antiques, soubz la grande gallerie de son chasteau du Louvre, près l'escalier d'icelle, contenant unze thoises de longueur sur sept thoises de pourtour ou environ; lesd. moulures, ornemens et enrichissemens faicts selon et conformément au desseing qui en a esté faict par le sieur Metezeau, architecte de Sad. Ma^{té}, arresté par icelle, et des saillies et renfondremens qui seront monstrez et désignez à l'entrepreneur par led. Metezeau; en fournissant par l'entrepreneur les trétcaux et eschafaudaiges qu'il conviendra pour faire led. ouvraige.

Et seront toutes personnes receues à moings dire et rabaisser lesd. ouvraiges sur le prix de quatre vingts dix livres la thoise.

L'an mil six cens huict, le xxj^e mars, je Thomas de Bonigalle, premier huissier pour le Roy de son Trésor, soubz^{né}, certiffie avoir mis et apposé aultant de la présente affiche contre les portes de l'Arcenac du Roy à Paris, de la Court et des Salles du Pallais, Chambre du Trésor, Parc civil du Chastellet de Paris et Escriptoire des jurés maçons de ceste Ville de Paris, ad ce qu'aucun n'en prétende cause d'ignorance, ès présences de Simond Morand et Dominique Brière, tesmoings. Signé : de Bonigalle.

Et led. jour, vingt quatre^{me} dud. mois de mars aud. an mil six cens huict, deux heures de relevée, en lad. salle de l'Arcenac, se seroient présentés plusieurs entrepreneurs, auxquels nous aurions faict entendre le contenu en lad. affiche par la lecture qui auroit esté faicte d'icelle par led. Bonigalle, et que lesd. ouvraiges estoient à bailler au rabais sur led. prix de quatre vingts dix livres la thoise : où seroit comparu Jonas Robelin⁽¹⁾, qui les auroit mis au rabais à quatre vingt quatre livres tournois, par Adam Bussart à 78^{lt}, par Jacques Sallé à 72^{lt}, après les trois chandelles esteinctes, auquel iceulx ouvraiges auroient esté adjugez pour led. prix de soixante douze livres tournois la thoise.

Et led. jour vingt huict^{me} dud. mois de mars, en lad. salle de l'Arcenac, à lad. heure de deux heures de relevée, seroient comparus plusieurs entrepreneurs assavoir : Adam Bussart qui auroit mis lesd. ouvraiges au rabais à soixante neuf livres, par ⁽²⁾ Poiret à soixante sept livres sur le feu de la première chandelle, par Thomas Boudin⁽³⁾

⁽¹⁾ Jonas Robelin se présenta, un mois plus tard, le 23 avril 1608, à l'adjudication des travaux de construction du canal de Sillery à Reims (cf. Acte xxxviii).
⁽²⁾ Lacune dans le texte.
⁽³⁾ Thomas Boudin, sculpteur du Roi, auteur d'une statue de Diane de France, duchesse d'Angoulême, figure sur l'état, dressé en 1618, des «Officiers» des Batimens du Roi. Il mourut en 1637, et le registre mortuaire de Saint-Paul le qualifie de sculpteur, peintre et architecte du Roi.

à soixante livres, par Berthellemy Tremblay⁽¹⁾ à cinquante sept livres, par led. Sallé à cinquante livres, par Adam Bussart à quarante cinq livres, et par Guillaume Poiret à trente neuf livres; et d'aultant que depuis led. Poiret il ne se seroit présenté autre rabaissant et que icelluy Poiret nous auroict prié et requis qu'il nous pleust luy adjuger lesd. ouvraiges pour led. prix de trente neuf livres chacune thoise desd. ouvraiges, Nous, aud. Poiret, comme moings disant et rabaissant, avons adjugé et adjugeons lesd. ouvraiges à faire en lad. salle des Anticques mentionnés en l'affiche dont coppie est cy devant escripte, moyennant et à raison de trente neuf livres par chacune thoise desd. ouvraiges. Fait et adjugé led. jour xxviij^e mars aud. an mil six cens huict.

Par devant les notaires et garde nottes du Roy, nostre Sire, en son Ch^{let} de Paris, soubz^{bés}, fut présent Guillaume Poiret, maistre sculpteur à Paris, demeurant rue Fremental, parroisse Sainct Germain de l'Auxerrois, lequel a recongneu et confessé avoir promis et promect au Roy n^{re} Sire, stippulant pour Sa Ma^{té} hault et puissant seigneur messire Maximillian de Bethune, duc de Sully, pair de France, conte de Dourdan, seigneur souverain de Boisbelle, baron de Baugy, la Chappelle, Bruyère et Espineuil, conseiller du Roy en ses Conseils d'Estat et privé, cappitaine de cent hommes d'armes de ses Ordonnances, grand maistre et cappitaine général de l'Artillerie, superintendant des finances et bastimens de Sa Ma^{té}, gouverneur et lieutenant général pour Sad. Ma^{té} en Poictou; noble homme Jehan de Fourcy, sieur de Checy, conseiller du Roy en son Conseil d'Estat, intendant et ordonnateur desd. bastimens, à ce présens, et aussy en la présence de noble homme Jehan de Donon, aussy conseiller du Roy et contrerolleur général d'iceulx bastimens, de faire et parfaire bien et deuement, au dire d'ouvriers et gens à ce congnoissans, tous et chacun les ouvraiges de taille, mouslures, ornemens et enrichissemens en pierre de Sainct Leu et pierre dure, que Sa Ma^{té} a commandé estre faicts en la voulte, lunettes et dessus de croisées de la salle des Anticques soubs la grande gallerie de son chasteau du Louvre près l'escallier d'icelle; contenant unze thoises de longueur sur sept thoises de pourtour ou environ; le tout suivant et conformément au desseing qui en a esté faict par le sieur

⁽¹⁾ Barthelemy Tremblay, sculpteur du Roi, figure sur les états des officiers des Bâtiments du Roi, en 1608 et 1618. Il fut parrain d'un des enfants de Thomas Boudin. Il mourut en 1629 et son épitaphe, dont le dictionnaire de Jal donne le texte, existait à Saint-Eustache.

Metezeau, architecte du Roy, que led. Poiret dict luy avoir esté montré. Et pour ce faire, fournira led. Poiret les tréteaux et eschafaudaiges pour faire lesd. ouvraiges.

A commencer à y travailler présentement, et le tout rendre faict et parfaict bien et deuement comme dict est, dans le plus brief temps que faire se pourra. Et ce, moyennant et à raison de trente neuf livres pour chacune thoise desd. ouvraiges, qui est le prix à quoy ils ont été adjugez aud. Poiret comme moings disant et plus rabaissant.

Lequel prix luy sera payé au feur et à mesure qu'il travaillera, par les Trésoriers desd. bastimens, suivant les ordonnances qui luy en seront à ceste fin expediées. Promettans... Obligeans chacun en droict soy et led. Poiret corps et biens comme pour les propres affaires du Roy... Renonceant...

Faict et passé aud. Arcenac, l'an mil six cens huict, le vingt neuf^{me} jour de mars, après midy.

Maximilian de Bethune, Fourcy, Donon, Guill^e Poiret, Le Vasseur, Fournyer.

XLV. — 29 MARS 1608. — 201.

Grande Galerie du Louvre. — Salle des Antiques. — Pavage en liais de Paris et marbres à compartiments de diverses couleurs, conformément au dessin du Sr Metezeau, architecte de Sa Majesté. — Marché passé avec Félix et Robert Ménart, tailleurs de marbres, déclarés adjudicataires le 28 mars 1608, moyennant le prix de 150 ^{tt} par toise.

L'an mil six cens huict, le vingt huict^{me} jour de mars, deux heures de relevée, en la grande salle de l'Arcenac du Roy, à Paris, devant nous, Maximilian de Bethune$^{(1)}$... A esté proceddé au bail au rabais et moings disans des ouvraiges mentionnez en l'affiche dont coppie est cy après transcripte, en la forme et manière qui ensuict$^{(2)}$...

On faict assavoir que le lundy vingt quatreiesme jour de mars mil six cens huict, deux heures de relevée, en la grande salle de l'Arcenac du Roy à Paris, il seroit par mesd. seigneurs proceddé au bail au rabais et moings disant, à l'extinction des chandelles, des ouvraiges de pavé de l'aire de lad. salle des Anticques, qui contiendra dix thoises de long ou environ sur vingt huict piedz de large, sans les ambrazemens des croisés, composé de liais de Paris appellé ferran, dans lequel seront encastrez des marbres à compartimens de diversitez de couleurs, qui seront désignez et monstrez à l'entrepreneur par les officiers desd. bastimens, selon et conformément au dessaing faict par le sieur Metezeau, architecte de Sad. Ma^{té}, qui sera communiqué et exhibé aud. entrepreneur. A la charge que l'adjudicataire fournira liais, taille, encastremens et assiette d'iceluy, ensemble le siage, taille, polly et encastremens des marbres de diverses formes et couleurs, selon led. dessaing qui sera faict en grand pour en livrer les formes et cartons. En fournissant par Sad. Ma^{té} les marbres bruts seullement, et s'il ne se trouvoict au magazin de Sa Ma^{té} des marbres des couleurs figurées aud. dessaing, pour faire commitures et fleurons, l'entrepreneur sera tenu les fournir à ses despens sauls en demander payement; rendre le tout bien et deuement faict au dire d'ouvriers et gens ad ce congnoissans, dans le temps qui sera advisé.

Et sur ces conditions seront toutes personnes receues à moings dire et rabaisser sur le prix de quinze mil livres.

L'an mil six cens huict, le vingt ung^{me} mars, je, Thomas de Bonigalle, premier huissier pour le Roy de son Trésor, soubz^{nné}, certiffie avoir mis et apposé aultant de la présente affiche contre les portes de l'Arcenac du Roy, de la Court et des Salles du Pallais, Chambre du Trésor, Parc civil du Ch^{let} de Paris, et Escriptoire des Jurez maçons, que contre la porte de la Chappelle Mousieur Sainct Siphorien où s'assemblent chacun dimanche les maistres paveurs de ceste Ville de Paris, ad ce qu'aulcun n'en prétende cause d'ignorance; en présence de Simon Morand et Dominique Bryere, tesmoings. — Signé : de Bonigalle.

Led. jour vingt quatre^{me} dud. moys de mars, en lad. Salle de l'Arcenac, se seroient présentés à lad. heure plusieurs entrepreneurs ausquels nous aurions faict entendre que lesd. ouvraiges cy dessus spécifiés estoient à bailler au rabais et moings disans sur le prix de trois cens livres la thoise, et pour ce faire, aurions faict alumer troys chandelles, après le feu desquelles auroient iceulx ouvraiges esté mis au rabais par Robert et Felix Menard à deux cens quatre vingts quatorze livres auxquels iceulx ouvraiges auroient esté adjugez pour ne s'estre presenté autres rabaissans.

$^{(1-2)}$ Mêmes formules qu'à l'acte qui précède.

Et led. jour xxviij^e dud. mois de mars, se seroient trouvez en lad. salle de l'Arcenac, à lad. heure de deux heures de relevée, plusieurs entrepreneurs qui nous auroient priez de les recevoir à mettre lesd. ouvraiges au rabais, ce que nous leur aurions accordé nonobstant l'adjudication faicte d'iceulx auxdicts Menard. Et, sur ce, aurions faict alumer la première chandelle, sur le feu de laquelle lesd. ouvraiges auroient esté mis au rabais par[1] Poiret à deux cens quatre vingts quatre livres, par Thomas Boudin à deux cens soixante quatorze livres; par led. Poiret, sur le feu de la deux^{me} chandelle, à deux cens soixante quatre livres; par Robert Mesnard à deux cens cinquante quatre livres; par led. Poiret à deux cens quarante quatre livres; par Jehan Baptiste à deux cens trente quatre livres, par led. Menard à cent soixante unze livres; par led. Boudin à cent soixante livres, par[1] à cent cinquante six livres, par led. Baptiste à cent cinquante deux livres et par lesd. Felix et Robert Menard à cent cinquante livres la thoise desd. ouvraiges. Et pour ce que depuis le rabais desd. Felix et Robert Menard ne se seroict présenté autres rabaissans, et qu'ils nous auroient prié et requis leur adjuger iceulx pour le désir qu'ils ont de servir Sad. Ma^{té}, Nous, ausd. Felix et Robert Menard, avons adjugé, baillé et délivré, adjugeons, baillons et delivrons lesd. ouvraiges cy dessus spécifficz, moyennant led. prix de cent cinquante livres pour chacune thoise d'iceulx ouvraiges et aux charges portées par l'affiche dont coppie est cy dessus escripte. Faict et adjugé en lad. salle de l'Arcenac, led. jour vingt huictiesme dud. moys de mars aud. an mil six cens huict.

Par devant les notaires et gardenottes du Roy nostre Sire en son Ch^{let} de Paris, soubzsignez, furent présens Félix et Robert Menard, tailleurs de marbres, demeurans en ceste ville de Paris, scavoir : led. Felix Menard rue St Honoré, parroisse St Eustache, et led. Robert Menard à la Porte Neufve, parroisse St Germain de l'Auxerrois, lesquels ont recongneu et confessé et par ces présentes confessent avoir promis et promectent l'un pour l'autre et chacun d'eulx seul et pour le tout, sans division, renonceans au bénéfice de division et de discussion, au Roy nostre Sire, stippullant pour Sad. Ma^{té} hault et puissant seigneur messire Maximilian de Bethune, duc de Sully[3], ... noble homme Jehan de Fourcy[3] ....., à ce présens, et en la présence de noble homme Jehan de Donon[1] ..... de faire et parfaire bien et deuement, au dire d'ouvriers et gens à ce congnoissans, tous et chacuns lesd. ouvraiges de pavé de l'aire de lad. salle des Anticques, qui contiendra dix thoises de long, ou environ, sur vingt huict pieds de large, sanz les ambrazemens des croisées, composé de liais de Paris appellé ferran, dans lequel seront encastrés des marbres à compartimens de diversitez de coulleurs qui ont esté designez et monstrez ausd. Felix et Robert Menard, ainsy qu'ils ont dict, par les officiers desd. bastimens, selon et conformément au desseing faict par le sieur Metezeau, architecte de Sa Ma^{té}, que iceulx Félix et Robert Menard ont dict leur avoir esté communiqué et exhibé. Et, pour ce faire, fourniront lesd. entrepreneurs de liais, taille, encastremens et assiette d'iceluy, ensemble le ciage, taille, polly et encastrement des marbres de diverses formes et coulleurs, selon led. desseing et conformément à l'affiche dont coppie est cy-devant escripte, de laquelle iceulx entrepreneurs ont aussy dict avoir eu communicquation; en fournissant par Sad. Ma^{té} les marbres bruts seullement, et s'il ne se trouvoict au magazin de Sa Ma^{té} des marbres des coulleurs figurées aud. desseing pour faire roses et fleurons, lesd. entrepreneurs seront tenuz les fournir à leurs despens sans en pouvoir demander payement. A commencer à travailler ausd. ouvraiges le plus diligemment que faire se pourra, et le tout rendre faict et parfaict bien et deuement comme dict est, dedans le plus brief temps que faire se pourra.

Et ce moyennant et à raison de cent cinquante livres tournoys pour chacune thoise d'iceulx ouvraiges, qui est le pris à quoy ilz leur ont esté adjugez comme moings disans et plus rabaissans; lequel pris leur sera payé par les trésoriers desd. bastimens, suivant les ordonnances qui leur en seront à ceste fin expedyées. Promettans... Obligeans chacun en droict soy et lesd. Felix et Robert Menard l'un pour l'autre et chacun d'eux seul et pour le tout sans division, corps et biens comme pour les propres deniers et affaires du Roy. Renonceans iceulx Felix et Robert Menard aud. bénéfice de division et de discussion.

Faict et passé aud. Arcenac, l'an mil six cens huict, le vingt neuf^{me} jour de mars, avant midy.

MAXIMILIAN DE BETHUNE, FOURCY, DE DONON. FELIX MENART, ROBERT MENART, LE VASSEUR, FOURNYER.

---

[1] Lacune dans le texte.
[2,3] Mêmes qualités qu'à l'acte qui précède.

[1] Mêmes qualités qu'à l'acte qui précède.

XLVI. — 29 MARS 1608. — 203.

GRANDE GALERIE DU LOUVRE. — TRAVAUX DE MAÇONNERIE POUR « L'ACCOMMODEMENT » DE QUATRE OU CINQ BOUTIQUES, L'ACHÈVEMENT DE LA FONDATION DU BERCEAU DU GRAND JARDIN DES TUILERIES, LA RÉPARATION D'UN MUR DE CLÔTURE, ETC.
MARCHÉ PASSÉ AVEC PIERRE DOYART, MAÇON À PARIS, DÉCLARÉ ADJUDICATAIRE LE 24 MARS 1608, MOYENNANT LE PRIX DE 115 SOLS TOURNOIS PAR TOISE.

L'an mil six cens huict, le vingt quatre^{me} jour de mars, deux heures de relevée, en la grande Salle de l'Arcenac de ceste ville de Paris, devant nous, Maximilian de Bethune [1]......
On faict assavoir que le lundy vingt quatre^{me} jour du présent mois de mars mil six cens huict, deux heures de relevée, en la grande salle de l'Arcenac du Roy, à Paris, il seroit par mesd. seigneurs procedé au bail au rabais et moings disans, à l'extinction du feu des chandelles en la maniere accoustumée :
Des menuz ouvraiges et repparations de maçonnerie qu'il est besoing faire tant pour l'accommodement de quatre ou cinq boutiques soubz la grande gallerie du chasteau du Louvre, celles que Sa Ma^{té} commande le long de l'eaue pour son service et commodité, sçavoir : *petits murs de plastre d'un pied; cloisons, planchers renformez, enduictz, lambris de plastre, percemens de portes ou fenestres, comme aussi la maçonnerie et toutes autres sortes de menues besongnes qui seront réduictes à la thoise, selon les uz et coustumes de Paris; ensemble la maçonnerie du parachèvement de la fondation et scellement du berceau et pavillons de charpenterie du grand jardin des Thuilleryes, des mesmes matériaulx, espoisseurs et profondeurs qu'elle est de présent commancée, avec la maçonnerie de repparation de la bresche du petit mur de closture du jardin neuf des cyprés aud. pallais des Thuilleryes, tombé par l'impétuosité des vents; lad. muraille maçonnée de bon plastre et de l'espoisseur qu'elle est de présent.*
Et serout toutes personnes receues à moings dire et rabaisser lesd. ouvraiges sur le pris de sept livres dix sols pour chacune thoize.

L'an mil six cens huict, le vingt ungiesme jour de mars, je, Thomas de Bonigalle, premier huissier pour le Roy de son Trésor, soubz^{né}, certiffie avoir mis et apposé aultant de la présente affiche contre les portes de l'Arcenac du Roy à Paris, Escriptoire des Jurez maçons, Parc civil du Ch^{let} de Paris, portes de la Court et des Salles du Pallais, et au bas de la montée de la Chambre du Trésor; ad ce qu'aulcum n'en prétende cause d'ignorance; ès présences de Simon Morand et Dominique Brière, tesmoings. — Signé : de Bonigalle.

Et led. jour vingt quatre^{me} dud. mois de mars, aud. an mil six cens huict, à lad. heure de deux heures de relevée, en lad. Salle de l'Arcenac, se seroient presentez plusieurs entrepreneurs ausquels nous aurions fait entendre le contenu en lad. affiche, par la lecture qui auroit esté faicte d'icelle par led. de Bonigalle et que les ouvraiges y mentionnez estoient à bailler au rabais et moings disans, sur le pris de sept livres dix sols chacune thoise ; où seroit comparu Thomas du Gage, qui les auroit mis à sept livres tournois, par Jacques Le Redde à six livres dix sols. par Pierre Le Normant à six livres cinq sols, par Jehan Clément à six livres et par Pierre Doyart à cent quinze sols tournois; et d'aultant qu'il ne se seroit présenté autres rabaissans depuis led. Doyart et que les chandelles se seroient esteinctes sans autres rabais, mesmes que Jehan Doyart nous auroict prié et requis qu'il nous pleust luy adjuger lesd. ouvraiges pour led. pris de cent quinze sols tournois chacune thoize d'iceulx, Nous, aud. Pierre Doyart avons adjugé, baillé et délivré, adjugeons, baillons et délivrons lesd. menus ouvraiges de maçonnerie et choses mentionnées en l'affiche dont coppie est cy-dessus escripte, et ce moyennant et à raison de cent quinze sols tournois pour chacune thoise d'iceulx ouvraiges. Faict et adjugé en lad. salle de l'Arcenac, led. jour vingt quatre^{me} dud. mois de mars, aud. an mil six cens huit.

Par devant les notaires et garde nottes du Roy nostre Sire en son Ch^{let} de Paris soubz^{nés}, fut présent Pierre Doyart, maçon à Paris, demeurant rue Sainct Denys, parroisse Sainct Nicolas des Champs, lequel a recogneu et confessé avoir promis et promect au Roy nostre Sire, stippullant pour Sa

---

[1] Mêmes qualités et formules qu'à l'acte qui précède.

Ma¹⁴ l.auît et puissant seigneur Messire Maximilian de Bethune⁽¹⁾... noble homme Jehan de Fourcy⁽²⁾... à ce présens, et en la présence de noble homme Jehan de Donon⁽³⁾..., de faire et parfaire bien et deuement au dire d'ouvriers et gens à ce congnoissans, tous et chacun les menuz ouvraiges et repparations de maçonnerie qu'il est besoin faire tant pour l'accommodement de quatre ou cinq bouticques soubz la Grande Gallerie du Chasteau du Louvre, celles que Sa Ma¹ᵉ commande le long de l'eaue pour son service et commodité, sçavoir... ⁽⁴⁾ Le tout suivant et ainsy qu'il est porté par l'affiche dont coppie est cy-devant escripte, de laquelle led. entrepreneur dict avoir eu communiquation. Et pour ce faire, fournira led. Doyart de mathériaulx à ce convenables et de toutes autres choses à ce nécessaires. A commencer à y travailler présentement et le tout rendre faict et parfaict bien et deuement, comme dict est, le plus tost que faire se pourra.

Et ce, moyennant et à raison de cent quinze sols tournois pour chacune thoise desd. ouvraiges, qui est le pris à quoy ils ont esté adjugez aud. Doyart comme moings disant, lequel prix sera paié aud. Doyart au feur et à mesure qu'il travaillera, par les trésoriers desd. bastimens, suivant les ordonnances qui luy en seront à ceste fin expedyées. Promettans..., Obligeans chacun en droyct soy et led. Doyart corps et biens comme pour les propres affaires du Roy... Renonceant...

Faict et passé aud. Arcenac, l'an mil six cens huict, le vingt neufᵐᵉ jour de mars, après midy.

M. de Bethune, Fourcy, de Donon, Pierre Doyart, Le Vasseur, Fournyer.

XLVII. — 24 MAI 1608. — 206.

Château du Louvre. — Réfection de la charpente du plancher de la chambre de la Reine. — Marché passé avec Antoine Le Redde, maître charpentier, déclaré adjudicataire le 23 mai 1608, moyennant la somme de 680 ₶.

L'an mil six cens huict, le vingt quatriesme jour de May, deux heures de relevée, en la grande salle de l'Arcenac du Roy, à Paris, devant nous Maximilian de Bethune, duc de Sully, pair de France, Superintendant des finances et bastimens de Sa Ma¹ᵉ, Jehan de Fourcy, sieur de Checy, conseiller du Roy en son Conseil d'Estat, Intendant desd. bastimens et en la préseunce de Jehan de Donon, conseiller du Roy et Controerolleur général d'iceulx bastimens, a esté procedé au bail au rabais et moings disans, à l'extinction du feu des chandelles, en la manière accoustumée, des ouvraiges de charpenterie mentionnez en l'affiche dont coppie est cy après transcripte, en la forme et manière qui ensuict :

De par le Roy,

Monseigneur le duc de Sully, pair de France, Superintendant des bastimens de Sa Ma¹ᵉ,
Et Monsieur de Fourcy, Intendant d'iceulx;
On faict assavoir que samedy prochain, vingt quatriesme jour du présent mois de may, deux heures de relevée, en la grande salle de l'Arcenac du Roy, à Paris, il sera par lesd. seigneurs procedé au bail au rabais et moings disans, à l'extinction du feu des chandelles, en la manière accoustumée, des ouvraiges de charpenterie que Sa Ma¹ᵉ a commandé estre faicts de neuf au dessus du plancher de la chambre de la Royne, en son chasteau du Louvre, cy après déclarez :

Assavoir : au dessus d'iceluy plancher est très nécessaire mettre deux poultres neufves au lieu des deux qui y sont à présent, dont l'une d'icelles est du tout pourrye dans le corps, et l'autre fort corrompue et ployée contrebas portée et callée sur les descharges de charpenterie qui souspende le platfondz de menuiserie. Et pour ce faire, fauldra desmolir les travées de plancher qui sont sur lesd. poultres et icelles relever en leur place.

A la charge de faire le tout bien et duement au dire d'ouvriers et gens à ce congnoissans, bailler bonne et suffisante caution, et lesd. ouvraiges faire recevoir comme il est accoustumé.

Et seront toutes personnes receues à moings dire et rabaisser sur le pris de huict cens livres.

L'an mil six cens huict, le vingt troisᵐᵉ may, je Thomas de Bonigalle, premier huissier pour le Roy de son Trésor, soubz⁽⁴⁾, certiffie avoir mis et apposé aultant de la présente affiche contre les portes de l'Arcenac du Roy, Chasteau du Louvre, Escriptoire

---

⁽¹,²,³⁾ Mêmes qualités qu'aux actes précédents.
⁽⁴⁾ Même texte que dans la partie en italiques.

SURINTENDANT DES BÂTIMENTS.

des jurez maçons, Parc civil du Ch[let] de Paris. Court et Salles du Pallais et au bas de la montée de la Chambre du Trésor. Ad ce qu'aulcun n'en prétende cause d'ignorance; ès présence de Simon Morand et Michel Aubert, tesmoings. Signé : De Bonigalle.

Et led. jour vingt quatre[me] dud. mois de may, aud. an mil six cens huict, en lad. salle de l'Arcenac, à lad. heure de deux heures de relevée, se seroient trouvez plusieurs personnes en la présence desquelz aurions fait faire lecture de lad. affiche par led. de Bonigalle, leur faisant entendre que les ouvraiges de charpenterie y mentionnez estoient à bailler au rabais et moings disans sur le pris de sept cens livres, et que le rabais valloict vingt livres. Où seroict comparu Anthoine Le Redde, lequel, après la trois[me] chandelle allumée, auroict mis lesd. ouvraiges de charpenterie au rabais à six cens quatre vingtz livres tournois. Et d'autant qu'il ne se seroit présenté personne qui eust voullu faire la condition meilleure que led. Le Redde, qui nous auroict priez et requis de luy adjuger lesd. ouvraiges de charpenterie pour led. pris de six cens quatre vingtz livres, Nous, aud. Le Redde, comme moings disant et rabaissant, avons adjugé, baillé et délivré, adjugeons, baillons et delivrons lesd. ouvraiges de charpenterie mentionnez en l'affiche dont coppie est cy devant escripte, à la charge d'iceulx faire bien et deuement. Faict et adjugé en lad. salle de l'Arcenac, led. jour vingt quatre[me] dud. mois de may, aud. an mil six cens huict.

Par devant les notaires et gardenottes du Roy, nostre Sire en son Ch[let] de Paris, soubz[nés], fut présent Anthoine Le Redde, maistre charpentier, demeurant à Paris, en la Place Royalle[(1)], parroisse Sainct Paul, lequel a recongneu et confessé, et, par ces présentes, confesse avoir promis et promet au Roy nostre Sire, stippullant pour Sa Ma[té] hault et puissant seigneur Messire Maximilian de Bethune, duc de Sully, pair de France, marquis de Rosny, conte de Dourdan, seigneur souverain de Boisbelle, baron de Baugy, La Chappelle, Bruyère et Espineuil, conseiller du Roy en ses Conseilz d'Estat et privé, cappitaine de cent hommes d'armes de ses Ordonnances. grand voyer, grand maistre et cappitaine de l'Artillerie, superintendant des finances, fortifications et bastimens de Sa Ma[té], gouverneur et lieutenant général pour Sad. Ma[té] en Poictou; noble homme Jehan de Fourcy, sieur de Chécy, conseiller du Roy en son Conseil d'Estat, intendant desd. bastimens, à ce présens, et en la présence de noble homme Jehan de Donon, conseiller du Roy et contrerolleur général d'iceulx bastimens, de faire et parfaire bien et deuement au dire d'ouvriers et gens à ce congnoissans, tous et chacun les ouvraiges de charpenterie que Sa Ma[té] a commandé estre faictz de neuf au dessus du plancher de la chambre de la Royne, en son chasteau du Louvre, mentionnez suivant, conformément et ainsy qu'il est porté par l'affiche dont coppie est cy devant escripte, de laquelle led. Le Redde dict avoir eu communication. A commencer à y travailler présentement et le tout rendre faict et parfaict, bien et deuement, comme dict est, avec toute la diligence que faire se pourra. Et ce, moyennant la somme de six cens quatre vingtz livres tournois, à laquelle somme lesd. ouvraiges de charpenterie ont esté adjugez aud. Le Redde, ainsy qu'il a dict, comme moings disant. Laquelle somme lui sera payée, au feur et à mesure qu'il travaillera, par les trésoriers desd. bastimens, suivant les ordonnances qui luy en seront à ceste fin expédyées. Promectans... Obligeans chacun en droict soy et ledict Le Redde corps et biens, comme pour les propres affaires du Roy... Renonceant...

Faict et passé audict Arcenac du Roy, à Paris, l'an mil six cens huict, le vingt quatre[me] jour de may, après midy, et ont signé :

MAXIMILIAN DE BETHUNE, FOURCY, DE DONON,
A. LE REDDE, LE VASSEUR, FOURNYER.

[(1)] Dans la maison qu'il avait construite sur la «place» donnée par le Roi à Jean de Fourcy, Intendant des bâtiments, portant actuellement le n° 8 de la place des Vosges. Il possédait encore une maison sise à la Pierre au Lard, où pendait «pour enseigne les quatre Imaiges et les trois Pucelles», une troisième, bâtie de neuf, entre la Porte Saint-Germain et la Porte de Bussy, attenant au Jeu de paume du Petit Escu, et une quatrième où il vint demeurer, en 1609, rue de la Cerisaie, aboutissant par derrière au jardin de Bourbon. Antoine Le Redde était le père de Gilles — adjudicataire, le 21 juin suivant (acte XLIX) des travaux de charpente à faire aux maisons et boutiques de la grande galerie du Louvre, — et de Jacques, maistre maçon qui habitait, rue Saint-Antoine, la vieille maison des Le Redde.

XLVIII. — 24 MAI 1608. — 207.

GRANDE GALERIE DU LOUVRE. — MENUISERIE DE QUARANTE GRANDES CROISÉES DEPUIS LE PORTIQUE DE LA PETITE GALERIE, AU NOMBRE DE VINGT D'UN CÔTÉ ET VINGT DE L'AUTRE. — MARCHÉ PASSÉ AVEC CHRISTOPHE MAURÉ, LOUIS DE BEAUVAIS, JEAN WARNIER ET JACQUES ROGER, MAÎTRES MENUISIERS À PARIS, DÉCLARÉS ADJUDICATAIRES LE MÊME JOUR, MOYENNANT LE PRIX DE 88 ^{tt} PAR CROISÉE.

L'an mil six cens huict, le vingt quatreiesme jour de may, deux heures de relevée, en la grande salle de l'Arcenac du Roy à Paris, devant nous Maximilian de Bethune[1]... Jehan de Fourcy[2]... et en la présence de Jehan de Donon[3]... a esté proceddé au bail au rabais et moings disant, à l'extinction du feu des chandelles, en la manière accoustumée, des ouvraiges de menuiserie mentionnez en l'affiche dont coppie est cy après transcripte en la forme et manière qui ensuict :

DE PAR LE ROY.

Monseigneur le Duc de Sully, pair de France, superintendant des bastimens de Sa Ma^{té}.

Et monsieur de Fourcy, conseiller du Roy en son conseil d'Estat, intendant et ordonnateur d'icculx,

On faict assavoir que le samedy vingt quatre^{me} jour de may prochain, deux heures de relevée, en la grande salle de l'Arcenac du Roy à Paris, il sera proceddé au bail au rabais et moings disant, à l'extinction du feu des chandelles, en la manière accoustumée, des ouvraiges de menuiserie de quarante grandes croisées que Sa Ma^{té} a commandé estre faictes à partie des fenestres de la Grande Gallerie du Louvre, à commencer depuis le portique ou arc triumphal de sa Petite Gallerye du Louvre, jusques au nombre de vingt d'un costé et vingt de l'autre, qui seront faictes de bon boys sec de Montargis, loyal et marchant, des longueurs et grosseurs cy-après déclarées :

Premièrement : se fera le chassis dormant de chacune croisée garny de deux battans de quinze pieds huict poulces de hault, trois poulces d'espoisseur, ung montant au milieu, de la mesme haulteur de quinze pieds huict poulces sur cinq poulces et quatre poulces d'espoisseur, cinq traverses de six pieds et demy de loug, de mesme largeur et espoisseur; lesd. montans et traverses ravaillez d'une plate bande, ung tallon et ung carré régnant au pourtour dud. chassis dormant par dehors.

(1.2.3) Mêmes qualités et formule qu'aux actes précédents.

Plus, se feront huict chassis à verre portant feuilleure et recouvrement d'un quart de rond boys, desquels aura quatre poulces de large et deux poulces d'espoisse, et auront chacun un quart de rond par bas qui servira de recouvrement sur led. chassis dormant pour empescher la pluye d'entrer.

Plus, se feront les huict guichets ou vollets qui seront assemblez, abouement[1] garny de cinq panneaulx chacun avec les plattes bandes, ainsy qu'il est représenté au desseing de ce faict, et aura le boys desd. vollets troys poulces et demy de large sur ung poulce et quart d'espoisseur. Et le tout, comme dict est, de boys de chesne, sec, loyal et marchant, provenant de la forest de Montargis.

Et seront toutes personnes receues à rabaisser sur le pris de cent livres pièce.

L'an mil six cens huict, le dix neufiesme jour de may, je, Thomas de Bonigalle, premier huissier pour le Roy de son Trésor, soubz^{né}, certiffie avoir mis suitant de la présente affiche contre les portes de l'Arsenac du Roy à Paris, chasteau du Louvre, Escriptoire des jurez maçons et au bas de la montée de la Chambre du Trésor au Pallais à Paris, à ce qu'aucun n'en prétende cause d'ignorance. Présens : Simon Morand et Michel Aubert, tesmoings, signé : de Bonigalle.

Et led. jour vingt quatre^{me} dud. moys de may, aud. an mil six cens huict, à lad. heure de deux heures de relevée, se seroient trouvés plusieurs entrepreneurs auxquels nous aurions faict entendre le contenu en lad. affiche par la lecture faicte d'icelle par led. de Bonigalle, et que les ouvraiges y mentionnés estoient à bailler au rabais et moings disans sur le pris de cent livres pièce. Où seroit comparu Lois de Beauvais qui les auroit mis au rabais à quatre vingtz dix sept livres après la trois^{me} chandelle, et encores par led. de Beauvais un rabais de troys livres, par Jacques Roger à quatre vingts

[1] Assemblage d'une pièce carrée et d'une plus petite en onglet.

unze livres et par Christofle Mauré à quatre vingts huict livres après les chandelles esteinctes, et sur led. rabais aurions faict alumer une autre chandelle qui se seroict esteincte sans autre rabais, ce que voyans et que personne n'auroict voullu faire la condition meilleure de Sad. Ma.^{té} que led. Mauré, Nous, aud. Mauré comme moings disant et plus rabaissant, avons adjugé et adjugeons lesd. ouvraiges de menuiserie mentionnez en lad. affiche dont coppie est cy-dessus escripte, moyennant la somme de quatre vingtz huict livres pour chacune croisée desd. ouvraiges. Faict et adjugé led. jour vingt quatre^{me} may aud. an mil six cens huict, ainsy signé : Mauré, et au dessoubz est escript ce qui ensuict :

Lequel Mauré a déclaré que lad. adjudication est tant pour luy que pour Lois de Beauvais, Jehan Vuarnier et Jacques Roger, qu'il a associez et associe avec luy, partant s'obligent l'un pour l'autre et ung chacun d'eulx seul et pour le tout, et ont signé. Ainsy signé : Mauré, Jehan Vuarnyer, de Beauvais et Jacques Roger.

Par devant les notaires et garde nottes du Roy nostre Sire en son Chastellet de Paris, soubzsignez, furent presens Cristofle Mauré, Lois de Beauvais, Jehan Vuarnyer et Jacques Roger, maistres menuisiers à Paris, demeurans sçavoir : led. Mauré rue Neufve et parroisse Sainct Mederic, led. de Beauvais rue Sainct Anthoine, parroisse sainct Paul, led. Vuarnyer rue Maubué, parroisse Sainct Mederic et led. Roger rue de Montmorency, parroisse Sainct Nicolas des Champs; lesquelz ont recongneu et confessé et, par ces présentes, confessent avoir promis et promectent l'un pour l'autre et chacun d'eulx seul et pour le tout, sans division, renonceans au bénéfice de division et de discution, au Roy nostre sire, stippullant pour Sa Ma^{té} hault et puissant seigneur messire Maximilian de Bethune, duc de Sully, pair de France, conte de Dourdan, seigneur souverain de Boisbelle, baron de Baugy, La Chappelle, Bruyères et Espineuil, conseiller du Roy en ses Conseilz d'Estat et privé, cappitaine de cent hommes d'armes de ses Ordonnances, grand voyer, grand maistre et cappitaine général de l'Artillerie, superintendant des finances, fortiffications et bastimens de Sa Ma^{té}, gouverneur et lieutenant général pour Sad. Ma^{té} en Poictou, noble homme Jehan de Fourcy, sieur de Checy, conseiller du Roy en son Conseil d'Estat, intendant et ordonnateur desd. bastimens, à ce présens; et aussy en la présence de noble homme Jehan de Donon, conseiller du Roy et contrerolleur général d'iceulx bastimens, de faire et parfaire bien et deuement, au dire d'ouvriers et gens à ce congnoissans, tous et chacun les ouvraiges de menuiserie de quarante grandes croisées que Sa Ma^{té} a commandé estre faictes à partie des fenestres de sa Grande Gallerie du Louvre, à commencer depuis le Porticque ou Arc triumphal de sa Petite Gallerie du Louvre, jusques au nombre de vingt d'un costé et vingt de l'autre, qui seront faictes de bon boys sec de Montargis, loyal et marchant, de longueur et grosseur portées par lad. affiche et conformément à icelle, de laquelle lesd. entrepreneurs ont dict avoir eu communication. A commancer à y travailler présentement et le tout rendre faict et parfaict bien et deuement comme dict est, dans le plus brief temps que faire se pourra, et ce moyennant et à raison de quatre vingts huict livres tournois pour chacune croisée desd. ouvraiges de menuiserie cy-dessus, qui est le prix de l'adjudication faicte d'iceulx aud. Mauré, ainsy qu'il a dict. Lequel pris sera payé ausd. Mauré, Vuarnyer, Beauvais et Roger, au feur et à mesure qu'ils travailleront et feront lesd. ouvraiges de menuiserie cy-dessus bien et deuement comme dict est, par les trésoriers desd. bastimens, suivant les ordonnances qui leur en seront à ceste fin expédyées. Promettans... obligeans chacun en droict soy et lesd. Mauré, Vuarnyer, de Beauvais et Roger, l'un pour l'autre et chacun d'eulx seul et pour le tout, sans division, corps et biens comme pour les propres affaires du Roy. Renonceans iceulx Mauré, Vuarnyer, de Beauvais et Roger aud. bénéfice de division et de discution.

Faict et passé aud. Arcenac du Roy, à Paris, l'an mil six cens huict, le vingt quatre^{me} jour de may, après midy.

M. DE BETHUNE, FOURCY, DE DONON, JEHAN WARNIER, JACQUES ROGER, C. MAURÉ, DE BEAUVAIS, LE VASSEUR, FOURNYER.

XLIX. — 21 JUIN 1608. — 209.

GRANDE GALERIE DU LOUVRE. — TRAVAUX DE CHARPENTE À FAIRE AUX PETITES MAISONS ET BOUTIQUES DESTINÉES À LOGER DES OUVRIERS OU TELLES PERSONNES QU'IL PLAIRA À SA MAJESTÉ. MARCHÉ PASSÉ AVEC GILLES LE REDDE, MAÎTRE CHARPENTIER, DÉCLARÉ ADJUDICATAIRE LE 24 MAI 1608, MOYENNANT LE PRIX DE 320 ᴸᵗ LE CENT DE BOIS.

L'an mil six cens huict, le vingt troisiesme de may, deux heures de relevée, en la grande salle de l'Arcenac du Roy, à Paris, devant nous, Maximilian de Bethune, duc de Sully... [1], Jehan de Fourcy... [2], et en la présence de Jehan de Donon... [3], a esté procédé au bail au rabais et moings disans à l'extinction du feu des chandelles, en la manière accoustumée, des ouvraiges de charpenterie mentionnez en l'affiche dont coppie est cy après transcripte, en la forme et manière qui ensuict :

DE PAR LE ROY.

Monseigneur le duc de Sully, pair et grand voier de France, superintendant des bastimens de Sa Ma¹ᵉ;
Et Monsieur de Fourcy, intendant d'iceulx,
On faict assavoir que demain samedy vingt quatriesme jour du présent mois de may, une heure de relevée, en la grande salle de l'Arcenac du Roy à Paris, il sera procédé au bail au rabais et moings disans, à l'extinction du feu des chandelles, en la manière accoustumée, des ouvraiges de charpenterie nécessaires à faire aux petites maisons et boutiques du dessoubz de la Grande Gallerie du Louvre, que Sa Ma¹ᵉ fera faire cy après bastir et accommoder pour y loger des ouvriers ou telles autres personnes qu'il plaira à Sad. Ma¹ᵉ, consistant assavoir : les poultres de trois thoises de long et de quinze à seize poulces de gros; les solives, de dix piedz et demy de long et de cinq et sept poulces de gros; les aiz d'entrevoux de mesme longueur, et de neuf poulces de large et ung poulce d'espoisseur; les soilves du dernier plancher dans la voulte, de quinze pieds de long et de six à sept poulces de gros, avec les aiz d'entrevoux de pareille longueur et de la largeur et espoisseur des susd.; la serche[4] et closture des montées garnie de potteaux de plusieurs longueurs et de quatre à six poulces de gros; les noyaux de six thoises de long et de six poulces de gros, peuplez de jouées de marches de trois et quatre poulces de gros; les cloisons et séparations des chambres, des longueurs qu'il appartiendra et de quatre et six poulces de gros; les sablières le long des murs de trois thoises de long et de sept à huict poulces de gros, et les poitrails sur le devant chaque d'un pied de large et de dix poulces d'espoisse. À la charge de bien et deuement faire lesd. ouvraiges, fournir de bon boys, loyal et marchant et tout ce qui y sera nécessaire, et pour l'accomplissement dud. bail bailler caution.

Et seront toutes personnes receues à moings dire et rabaisser sur le pris de trois cens trente livres le cent de bois au compte des marchans à Paris.

L'an mil six cens huict, le vingt trois͞ᵐᵉ may, je Thomas de Bonigalle, premier huissier pour le Roy de son Trésor, soubs͞ᵉ, certiffie avoir mis et apposé autant de la présente affiche contre les portes de l'Arcenac du Roy, Escriptoire des Jurez maçons, Parc civil du Ch͞ᵉˡ de Paris, portes du Chasteau du Louvre, de la Court et des salles du Pallais, et au bas de la montée de la Chambre du Trésor, ad ce qu'aulcun n'en prétende cause d'ignorance, ès présences de Simon Morand, et Michel Aubert, tesmoings. Ainsy signé : de Bonigalle.

Et led. jour vingt quatreiesme dud. mois de may, aud. an mil six cens huict, à lad. heure de deux heures de relevée, aurions en la présence de plusieurs ouvriers, faict faire par led. de Bonigalle lecture de lad. affiche, leur faisant entendre que les ouvraiges y mentionnez estoient à bailler au rabais et moings disans, sur led. prix de trois cens trente livres, le rabais limité à dix livres. Où seroict comparu Gilles Le Redde[1], lequel, après la troisiesme chandelle esteincte, auroict mis lesd. ouvraiges au rabais à trois cens vingt livres, et sur ce qu'il ne seroict comparu autres personnes pour rabaisser le pris desd. ouvraiges et que led. Le Redde nous auroict requis de luy adjuger iceulx comme moings disant et rabaissant, Nous, aud. Le Redde avons

---

... Mêmes qualités qu'à l'acte XLVII.
(2) Cherche : courbe à plusieurs centres.

[1] Voir la note de l'acte XLVII sur les Le Redde.
Gilles Le Redde eut, d'Agnès Dureau, un fils, Antoine, qui devint conseiller du Roi et trésorier de la Cavalerie légère delà les Monts.

adjugé, baillé et délivré, adjugeons lesd. ouvraiges de charpenterie mentionnez en lad. affiche dont coppie est cy devant escripte, moyennant led. pris de trois cens vingt livres pour chacun cent de boys, aux charges y contenues. Faict et adjugé en lad. salle de l'Arcenac led. jour vingt quatre^{me} dud. mois de may, aud. an mil six cens huict. Ainsy signé : Le Redde.

Par devant les notaires et garde nottes du Roy nostre Sire en son Ch^{let} de Paris, soubzsignez, fut présent Gilles Le Redde, maistre charpentier à Paris, demeurant rue du Petit Musse, parroisse Sainct Paul, lequel a recongneu et confessé et par ces présentes confesse avoir promis et promect au Roy nostre Sire, stippullant pour Sa Ma^{te} hault et puissant seigneur messire Maximilian de Bethune, duc de Sully, pair de France, comte de Dourdan, seigneur souverain de Boisbelle, baron de Baugy, La Chappelle, Bruyères et Espincueil, cappitaine de cent hommes d'armes de ses Ordonnances, grand voier, grand maistre et cappitaine général de l'Artillerie, superintendant des finances, fortiffications et bastimens de Sa Ma^{te}, gouverneur et lieutenant général pour Sad. Ma^{te} en Poictou; noble homme Jehan de Fourcy, sieur de Chécy, conseiller du Roy en son Conseil d'Estat, intendant desd. bastimens, à ce présent, et en la présence de noble homme Jehan de Donon, conseiller du Roy et contrerolleur général d'iceulx bastimens, de faire et parfaire bien et deuement au dire d'ouvriers et gens à ce congnoissans, tous et chacun les ouvraiges de charpenterie nécessaires à faire aux petites maisons et bouticques du dessoubz de la Grande Gallerye du Louvre, que Sa Ma^{te} fera faire cy après bastiret accommoder pour y loger des ouvriers ou telles autres personnes qu'il plaira à Sad. Ma^{te}, le tout suivant et conformément à l'affiche dont coppie est cy devant escripte, de laquelle led. Le Redde dict avoir eu communication et lecture. A commancer a y travailler dès qu'il luy sera commandé et ordonné, et ce moyennant et à raison de trois cens vings livres le cent de bois au compte ordinaire des marchans de ceste ville de Paris, qui est le pris à quoy lesd. ouvraiges de charpenterie luy ont esté adjugés ainsy qu'il a dict; lequel pris luy sera paié au feur et à mesure qu'il travaillera, par les Trésoriers desd. Bastimens, suivant les ordonnances qui luy en seront à ceste fin expédyées. Promettans... obligeans chacun en droict soy et led. Le Redde corps et biens comme pour les propres affaires du Roy. Renonceant...

Faict et passé aud. Arcenac, l'an mil six cens huict, le vingt ung^{me} jour de juing, avant midy.

M. DE BETHUNE, FOURCY, DE DONON, G. LE REDDE, LE VASSEUR, FOURNYER.

L. — 24 JUILLET 1608. — 911.

BÂTIMENTS. — GRANDE GALERIE DU LOUVRE. — TRAVAUX DIVERS DE MENUISERIE POUR LES PETITES MAISONS AU-DESSOUS DE LA GRANDE GALERIE. —
MARCHÉ PASSÉ AVEC LOUIS DE BEAUVAIS, MAÎTRE MENUISIER, DÉCLARÉ ADJUDICATAIRE LE MÊME JOUR.

L'an mil six cens huict, le vingt quatre^{me} jour de juillet, deux heures de relevée, en la grande salle de l'Arcenac du Roy, à Paris, devant nous Jehan de Fourcy, sieur de Checy, conseiller du Roy en son Conseil d'Estat, Intendant des bastimens de Sa Ma^{te}, et en la présence de Jehan de Donon, conseiller du Roy, contrerolleur général desd. bastimens, a esté procédé au bail au rabais et moings disans, à l'extinction du feu des chandelles, en la manière accoustumée, des ouvraiges mentionnez en l'affiche dont coppie est cy après transcripte en la forme et manière qui ensuict :

DE PAR LE ROY

Monseigneur le duc de Sully, pair et grand voyer de France, superintendant des Bastimens de Sa Ma^{te},

Et Monsieur de Fourcy, intendant d'iceulx

On faict assavoir que le jeudy vingt quatreiesme jour de juillet mil six cens huict, en la grande salle de l'Arcenac du Roy à Paris, deux heures de relevée, il sera faict bail au rabais et moings disans, à l'extinction du feu des chandelles, en la manière accoustumée, des ouvraiges de menuiserie qui sont et se trouveront cy après nécessaire à faire aux réparations et accommodemens tant du chasteau du Louvre, basse court des offices d'iceluy, pallais des Thuilleries, maisons et bouticques au dessoubz de la Grande Gallerye du Louvre et autres lieux, le tout ainsy comme ensuict :

Et premièrement pour les petites maisons au dessoubz de la Grande Gallerie;

[*Premier article.*] — La menuiserie des croisées qui seront cy après employées èsd. logis, contenant huict à neuf pieds de hault sur quatre à cinq piedz de large ou environ, garnie d'un chassis dormant, six chassis à verre et six vollets, semblables à celles cy devant faictes aux autres logis de la grande gallerie;

[*Deuxième article.*] — Les autres croisées qui auront quatre à cinq piedz de hault sur trois et quatre piedz et demy de large, garnyes de chassis dormans, quatre chassis à verre et quatre vollets;

[*Troisième article.*] — Les croisées ceintrées fermant le hault de l'arcade au second estaige desd. logis, qui seront garnies d'un chassis dormant de neuf pieds de large et cinq piedz de hault ou environ, les montans, traverses et ceintres duquel auront quatre poulces de large au moings et trois poulces d'espoisseur, garnis de chassis à verre tant carrez que ceintrez et volletz, le tout semblable à ceulx cy devant faictz ausd. logis;

[*Quatrième article.*] — La fermeture des boutiques desd. logis fermans pour le plus ordinaire à deux guichetz de quatre à cinq piedz de hault et de cinq à six piedz de large, qui seront de montans et traverses assemblez à tenons et mortoises, entre lesquels seront mis des panneaulx à rainure et compartimens;

[*Cinquième article.*] — Les trappes servans à fermer la descente des caves desd. logis, garnyes d'un gros chassis dormant de quatre à cinq piedz de long, trois à quatre piedz de large et deux poulces et demy d'espoisseur, garny de lad. trappe, collée et emboistée, ouvrant des deux costez, si besoing est, semblables à celles qui sont aux autres logis;

[*Sixième article.*] — Les portes fortes collées et emboistées tant à clefs que gougeonnement et languette, qui auront cinq à six pieds de hault, deux à trois pieds de large, quatorze et seize lignes d'espoisseur;

[*Septième article.*] — Les grosses portes fermans à deux vanteaux, collées et emboittées à clef, et assemblées à tenons et mortoises, les panneaux mis en raieure et recouvrement, garnyes de croix derrière chacun panneau, qui auront huict à neuf piedz de hault sur quatre à cinq piedz de large ou environ, et deux poulces d'espoisseur;

[*Huitième article.*] — Les porches ou placartz garnis d'un chassis dormant de six piedz de hault ou environ et de deux piedz et demy à trois piedz de large et de deux poulces d'espoisseur, sur lequel y aura une porte de quinze à dix huict lignes d'espoisseur à recouvrement sur lesd. chassis;

[*Neuvième article.*] — Les planchers par terre qui seront faicts d'ais de sapin feuillez à double jointz, garnis de lambourdes espassées de quinze à seize poulces les unes des autres;

[*Dixième article.*] — Les cloisons desd. ays de sapin aussy feuillez à double jointz, cloués et mis en œuvre.

Et seront toutes personnes receues à moings dire et rabaisser lesd. ouvraiges, à la charge par l'entrepreneur de les faire bien et deuement au dire d'ouvriers et gens à ce congnoissans, fournir de bon boys sec, loyal et marchant, bailler bonne et suffisante caution et faire recepvoir lesd. ouvraiges comme il est accoustumé.

L'an mil six cens huict, le dix neufiesme jour de juillet, je, Thomas de Bonigalle, premier huissier pour le Roy de son Trésor, soubz[né], certiffie avoir mis et apposé aultant de la présente affiche contre les portes et entrées du Chasteau du Louvre, Pallais des Thuilleries, Arcenac du Roy, Escriptoire des Jurez macons, portes de la Cour et des salles du Pallais et au bas de la montée de la Chambre du Trésor, ad ce qu'aulcuin n'en prétende cause d'ignorance, en présence de Nicolas Chauvelot tesmoing. Ainsy signé : de Bonigalle.

Et led. jour vingt quatreiesme dud. mois de juillet aud. an mil six cens huict, en lad. salle de l'Arcenac, se seroient trouvez plusieurs ouvriers, en la présence desquels aurions faict faire lecture de lad. affiche par led. Bonigalle, leur faisant entendre que les ouvraiges y mentionnez estoient à bailler au rabais et moings disans, lesquels ouvraiges auroient esté mis à pris par Nicolas Musnyer, maistre menuisier à Paris, scavoir :

Les croisées de neuf pieds de haut sur quatre à cinq pieds de large environ, avec les garnitures contenues au *premier article* de lad. affiche, à xxiiij [lt] pièce,

[*Deuxième article*] [1], à douze livres pièce,

---

[1] Pour éviter les répétitions du détail de chaque article qui figurent dans le texte, tant pour la mise à prix que

[*Troisième article*], à trente quatre livres quatre pièce,
[*Quatrième article*], à vingt une livres chaque,
[*Cinquième article*], à quinze livres pièce,
[*Sixième article*], à huict livres dix sols pièce,
[*Septième article*], à soixante dix livres pièce,
[*Huitième article*], à treize livres dix sols pièce,
[*Neuvième article*], à neuf livres dix sols chacune thoise mise en œuvre, comprins le cloud,
[*Dixième article*], à huict livres dix sols chacune thoise.

Sur lesquelles offres cy dessus nous aurions faict alumer trois chandelles les unes après les autres, et fait dire aux assistans que chacun seroict receu à moings dire et rabaisser sur chacun desd. articles. Où seroit comparu François Cordelou, aussy maistre menuisier, qui auroict rabaissé iceulx ouvraiges de menuiserie scavoir :

[*Premier article*] à vingt trois livres pièce,
[*Deuxième article*] à onze livres pièce,
[*Troisième article*] à trente livres pièce,
[*Quatrième article*] à dix huit livres pièce,
[*Cinquième article*] à quatorze livres pièce,
[*Sixième article*] à huict livres pièce,
[*Septième article*] à soixante cinq livres pièce,
[*Huictième article*] à douze livres dix sols pièce,
[*Neuvième article*] à neuf livres cinq sols chaque,
[*Dixième article*] à huict livres chacune thoise.

Et par Lois de Beauvais, maistre menuisier, ont esté lesd. ouvraiges rabaissez, scavoir :

[*Premier article*] à vingt deux livres dix sols pièce,
[*Deuxième article*] à dix livres pièce,
[*Troisième article*] à vingt-huit livres pièce,
[*Quatrième article*] à quinze livres pièce,
[*Cinquième article*] à treize livres dix sols pièce,
[*Sixième article*] à sept livres dix sols pièce,
[*Septième article*] à soixante livres,
[*Huitième article*] à dix livres pièce,
[*Neuvième article*] à neuf livres la thoise,
[*Dixième article*] à sept livres dix sols la thoise.

Sur quoy, et après qu'il ne s'est présenté aucuns qui ayent voulu moings dire et rabaisser iceulx

---

pour les offres et l'adjudication, nous avons reproduit seulement en tête des prix le numérotage des articles qui permet de se reporter au détail du devis.

ouvraiges, nous avons iceulx adjugez et adjugeons aud. de Beauvais comme moings disant et dernier rabaissant sçavoir : (*Même détail qu'au dernier paragraphe ci-dessus.*)

Par devant les notaires et garde nottes du Roy nostre Sire en son Ch[let] de Paris, soubz[nez], fut présent Lois de Beauvais, maistre menuisier à Paris demeurant rue Sainct Authoine, parroisse Sainct Paul, lequel a recongneu et confessé et par ces présentes confesse avoir promis et promect au Roy, nostre Sire, stippullant pour Sa Ma[té] noble homme Jehan de Fourcy, sieur de Checy, conseiller du Roy en son Conseil d'Estat et intendant des bastimens de Sa Ma[té], à ce présent, et en la présence de noble homme Jehan de Donon, conseiller du Roy et contrerolleur général desd. bastimens, de faire et parfaire bien et deuement au dire d'ouvriers et gens à ce congnoissans, tous et chacun les ouvraiges de menuiserie qui sont et se trouveront nécessaires à faire aux réparations et accommodemens tant du chasteau du Louvre, bassecourt des offices d'iceluy, pallais des Thuilleryes, maisons et bouticques au dessoubz de la grande gallerie dud. chasteau du Louvre et autres lieux, le tout suivant et ainsy qu'il est spécifié et conformément à l'affiche dont coppie est cy devant escripte, de laquelle led. Beauvais dict avoir eu communication, et pour ce faire, fournira de bon boys, sec, loyal et marchant, clouds et autres choses à ce nécessaires. A commancer à y travailler à mesure que besoing sera et le tout rendre faict et parfaict bien et deuement comme dict est. Et ce moyennant, assavoir : (*Pour chaque article les prix ci-dessus indiqués.*)

Auxquelles sommes et prix cy dessus lesd. ouvraiges de menuiserie ont esté adjugez aud. Beauvais, comme moings disant et rabaissant, ainsy qu'il a dict. Tous lesquelz pris luy seront payez au feur et à mesure qu'il travaillera par les Trésoriers desd. Bastimens suivant les ordonnances qui luy en seront à ceste fin expédyées. Promettans... obligeans... chacun en droict soy et led. Beauvais corps et biens, comme pour les propres affaires du Roy. Renonceant...

Faict et passé aud. Arcenac, l'an mil six cens huict, le vingt-quatre[me] jour de juillet, après midy.

Fourcy, de Donon, Debeauvais, de Rossignol, Fournyer.

LI. — 11 JUILLET 1609. — 237.

LOUVRE. — TRAVAUX DE CHARPENTE À L'HÔTEL DE BOURBON, À LA BASSE-COUR DU CHÂTEAU, AUX BOUTIQUES ET LOGEMENTS DE LA «FABRIQUE DE DOUBLES GECTONS ET AUTRES PIÈCES ET MONNOYE QUI SE COUPPENT AU MOULLIN», ETC.
MARCHÉ PASSÉ AVEC ANTOINE LE REDDE, MAÎTRE CHARPENTIER, DÉCLARÉ ADJUDICATAIRE LE 23 JUIN 1609, MOYENNANT LE PRIX DE 300 ᴸᵗ LE CENT DE BOIS.

L'an mil six cens neuf, le vingt trois^{me} jour de juing, deux heures de relevée, en l'auditoire de l'Arcenac, à Paris, devant nous, Jehan de Fourcy, sieur de Checy, conseiller du Roy en son conseil d'Estat, Intendant des bastimens de Sa Ma^{té};

Et en la présence de Jehan de Donon, conseiller du Roy et Contrerolleur général d'iceulx bastimens, a esté proceddé au bail au rabais et moings disans, à l'extinction du feu des chandelles en la manière accoustumée, des ouvraiges de charpenterie mentionnez en l'affiche dont copie est cy après transcripte, en la forme et manière qui ensuict:

DE PAR LE ROY

Et monseigneur le duc de Sully, pair et grand voier de France, Superintendant des Bastimens de Sa Ma^{té}, et Monsieur de Fourcy, Intendant d'iceulx,

On faict assavoir que le vingt trois^{me} jour du présent mois de juing, en la grande salle de l'Arcenac du Roy, à Paris, il sera par mesd. sieurs faict bail, adjudication et délivrance au rabais et moings disans, à l'extinction du feu des chandelles, en la manière accoustumée, des ouvraiges de charpenterie qu'il convient faire *pour Sa Ma^{té} en son Chasteau du Louvre, Hostel de Bourbon, basse court dud. chasteau, boutieques et logemens de la fabricque des doubles gectons et autres pièces et monnoye qui se couppent au moullin, lesquels Sa Ma^{té} a commandé estre faicts soubz la grande gallerie de son dict chasteau du Louvre, avec le coridor et passaige de Sa Ma^{té} du costé de la rivière; ensemble de tous autres ouvraiges de charpenterie qu'il conviendra faire pour les réparations dud. chasteau, comme la planchette du pont-levis, pont dormant et barrières et garde fols de l'entrée principalle d'icelluy chasteau, le tout ainsy qu'il ensuict.*

Premièrement: fault abatre et desmolir trois travées de plancher et deux poultres dans le vieil bastiment du Louvre, pour en rabaisser cinq ou six pieds plus bas qu'elles ne sont de présent et puis penettrer les trois travées de solives, sablières et lambourdes et relever les entrevoultz, et en

remettre au lieu de ceux qui seront fendus et pourriz.

Plus, faire ung estaige de plancher au-dessus d'iceluy qui aura esté rabaissé, lequel sera garny de deux poultres chascune de cinq thoises de long et de seize à dix sept poulces d'eschantillon, reseillées pour mettre les lambourdes et sablières, et par dessus les lambourdes et sablières faire trois travées de solives de longueur qu'il appartiendra et de cinq à sept poulces, et seront garnies d'aiz, d'entrevoulz cloués sur icelles solives, le tout taillé et rabotté.

Plus, faire la charpenterie de la trappe planchette du pont levis de l'entrée du chasteau du Louvre, garny de deux chevestres et cinq pièces assemblées dans lesd. chevestres couvertz d'aiz, joinctifs avec les poultres du pont dormant et en ais aussy, et faire les appuis, barrières et garde foulx dud. pont dormant.

Plus mettre une poultre neufve par dessoubz œuvre à la chambre de Monseigneur le Dauphin au Chasteau du Louvre, au lieu de celle qui y est à présent rompue et estayée de deux poteaux, qui contiendra cinq thoises de long sur seize à dix sept poulces de gros.

Faire la charpenterie d'un grand manteau de chemynée pour faire la cuisine de Mond. Seigneur le Dauphin, avec plusieurs clouaisons au dessus desd. cuisine et aultres chambres joignans.

Plus, faire la charpenterie de quatre travées de logis dans la basse court pour loger les officiers de Mond. Seigneur le Dauphin, garnir de deux poultres et sablières le long des murs et peupler de quatre travées de solives et faire le comble sur jambes de force pour y faire ung plancher en galletas et led. comble garny de pannes, feste et soubz feste, liens et moizes et peuplez de chevrons par dessus. Faire aussy ung escalier pour monter ausd. chambres, et faire les clouaisons pour séparer la moictié garde robbe et chambre.

Plus faire la charpenterie du coridor et passaige du Roy soubz la grande gallerie, boutieques et logemens de la fabrique des doubles gectons et autres pièces et monnoye qui se couppent au moulin que Sa Ma^té a commandé estre faict soubz la grande gallerie, de la longueur de vingt quatre thoises de long ou environ sur la largeur de la grande gallerye, garnye d'une forte clouaison hachée et recouverte en plastre et eriger des gros poteaux pour porter les poultres aux endroicts qu'il sera convenable, garnir de quatre poultres peuplés de six travées de solives sans celles dud. coridor; lad. grande clouaison régnera jusqu'à la voulte et les autres petites clouaizons aussy, et faire deux petites montées au lieu désigné sur le plan et desseing de ce faict.

Plus, faire la charpenterie d'un autre édifice qui sera couvert en apanty contre le mur des maisons de l'église sainct Thomas du Louvre, contenant treize thoises de long sur trois thoises de large, le tout dans œuvre, et faire les planchers aux lieux designez sur le plan de ce faict, avecq persiennes, clouaizons et faire le comble de toute lad. longueur garnie de demye ferme, pans, et festiers, et peupler de chevrons et faire une petite montée pour monter au grenier.

Plus, faire la charpenterie d'une grande clouaison dans la salle de l'hostel de Bourbon pour séparer la salle du bal et les greniers qui ont esté faictz de neuf pour mettre les provisions des chevaulx de la petite escurye du Roy et par ce moien garder led. grenier des feux qui se font en lad. grande salle.

Plus, mettre deux poultres dans la gallerie dud. hostel de Bourbon, au lieu de deux autres qui sont rompues et cassées à cause qu'elles sont trop menues, et plusieurs autres menues besongnes qu'il est besoing de faire tant aud. Bourbon que escuryes des Thuilleryes.

Lesquels ouvraiges l'entrepreneur sera tenu de faire bien et deuement de bon boys, chesne vif, loyal et marchant, en baillant caution et faisant recevoir lesd. ouvraiges en la manière accoustumée. Et seront toutes personnes receues à moings dire et rabaisser sur le pris de trois cens trente livres chacun cent de bois.

L'an mil six cens neuf le vingt deuxme jour de juin, je, premier huissier du Trésor soubz^né, certiffie avoir mis aultant de la présente affiche contre la porte de l'Arcenac, contre l'Escriptoire, portes du Pallais et au pied de la montée du Trésor, à ce qu'aulcun n'en prétende cause d'ignorance, présens : Simon Morand et Nicolas Chauvelot. Ainsy signé : de Bonigalle.

Et led. jour vingt troisme juin mil six cens neuf, à lad. heure de deux heures de relevée, aud.

auditoire de l'Arcenac, se seroient trouvez plusieurs entrepreneurs ausquels aurions faict sçavoir que lesd. ouvraiges estoient à bailler au rabais et moings disant, sur le pris de trois cens trente livres pour chacun cent de boys, mis par Anthoine Le Redde, où seroict comparu Hierosme Tondreau, qui les auroict mis à 325 ^lt, par Gilles Le Redde à 320 ^lt, et sur ce, aurions fait alumer la première chandelle et limité le rabais à dix livres, sur le feu de laquelle lesd. ouvraiges auroient esté mis au rabais par Claude Alexandre, sur lequel rabais aurions fait alumer la deuxiesme chandelle, qui se seroit esteinte sans rabais, et sur la fin de la troisiesme chandelle auroient esté rabaissés par led. Anthoine Le Redde à trois cens livres; et d'aultant qu'il ne se seroit trouvé autres rabaissans et que led. Le Redde Nous auroict prié et requis de luy adjuger lesd. ouvraiges pour le désir qu'il a de servir Sad. Ma^té, Nous aud. Anthoine Le Redde comme moings disant et dernier rabaissant, avons adjugé, baillé et dellivré, adjugeons, baillons et dellivrons lesd. ouvraiges mentionnez en lad. affiche dont coppie est cy devant escripte, pour led. pris de trois cens livres tournois pour chacun cent de bois et aux charges contenues en lad. affiche. Faict et adjugé aud. auditoire de l'Arcenac, led. jour, vingt troisme jour de juing mil six cens neuf.

Par devant les notaires et gardenottes du Roy nostre Sire en son Ch^let de Paris, soubz^nés, fut présent Anthoine Le Redde, maistre charpentier à Paris, demeurant à la Place Royalle, parroisse St Paul, lequel a recongneu et confessé et par ces présentes confesse avoir promis et promect au Roy nostre Sire, stippullant pour Sa Ma^té noble homme Jehan de Fourcy, sieur de Chocy, conseiller du Roy en son Conseil d'Estat et Intendant des Bastimens de Sa Ma^té, à ce présent et en la présence de noble homme Jehan de Donon, conseiller du Roy, et Contrerolleur g^nal d'iceulx bastimens, de faire et parfaire bien et deuement au dire d'ouvriers et gens à ce congnoissans tous et chacun les ouvraiges de charpenterie qu'il convient faire ^(1)... le tout selon qu'il est déclaré par lad. affiche dont coppie est cy devant escripte. A commencer à y travailler présentement et le tout rendre faict et parfaict le plus tost que faire se pourra. Et ce, moyennant et à raison de trois cens livres tournois pour chacun cent de boys, qui est le pris à quoy lesd. ouvraiges ont esté adjugés aud. Le Redde comme moings disant et dernier rabaissant, ainsy qu'il a dict. Lequel pris luy sera payé,

---

(1) Même texte que dans la partie en italique.

au feur et à mesure qu'il travaillera, par les trésoriers desd. bastimens suivant les ordonnances qui luy en seront à ceste fin expédyées. Promettans... Obligeans chacun en droict soy et led. Redde corps et biens comme pour les propres affaires du Roy... Renonceant...

Faict et passé en la maison dud. s^r de Fourcy l'an mil six cens neuf, le unzeiesme jour de juillet après midy.

FOURCY, DE DONON, A. LE REDDE, DE ROSSIGNOL, FOURNIER.

LII. — 31 JUILLET 1609. — 240.

GRANDE GALERIE DU LOUVRE. — TRANSPORT ET MISE EN PLACE DANS LES DEUX NICHES, AUX CÔTÉS DE L'ARC TRIOMPHAL SÉPARANT LA PETITE ET LA GRANDE GALERIE, DE DEUX GRANDES FIGURES ANTIQUES DE MARBRE BLANC, L'UNE REPRÉSENTANT UN BACCHUS, ET L'AUTRE TITUS EMPEREUR; REDRESSEMENT, RETAILLE ET POLISSAGE DE DEUX COLONNES DE MARBRE.

MARCHÉ PASSÉ AVEC ROBERT MÉNART, TAILLEUR DE MARBRE, DÉCLARÉ ADJUDICATAIRE LE 4 JUILLET 1609, MOYENNANT LA SOMME DE 600^{tt}.

L'an mil six cens neuf, le samedi quatre^{me} jour de juillet, neuf heures du matin, devant nous Jehan de Fourcy, sieur de Chessy, conseiller du Roy en son Conseil d'Estat, Intendant des Bastimens de Sa Ma^{té}, en nostre hostel sciz à Paris, rue de Jouy, et en la présence de Jehan de Donon, conseiller du Roy et Contrerolleur général desd. bastimens, a esté proceddé au bail au rabais et moings disans, à l'extinction du feu des chandelles, en la manière accoustumée, des ouvraiges mentionnez en l'affiche dont coppie est cy après transcripte, en la forme et manière qui ensuict :

DE PAR LE ROY

Monseigneur le duc de Sully, pair et grand voyer de France, Superintendant des bastimens de Sa Ma^{té},

Et monsieur de Fourcy, Intendant d'iceulx ;

On faict assavoir que le samedy quatorciesme jour de Juillet, mil six cens neuf, à neuf heures du matin, en l'hostel dud. sieur de Fourcy, sciz rue de Jouy, il sera faict bail au rabais et moings disans à l'extinction du feu des chandelles, en la manière accoustumée, des ouvrages et ornemens d'architecture qu'il est besoing et nécessaire de monter et mettre en place dans la grande gallerie du Louvre ; le tout ainsy et selon qu'il sera cy après déclaré :

Premièrement tirer hors de la salle des Anticques soubz lad. grande gallerie du chasteau du Louvre, deux grandes figures anticques de marbre blanc, chacune de sept à huict pieds de hault ou environ, l'une représentant un Baccus, l'autre un Titus Empereur, et avec engins, chables et équipaiges, les monter dans icelle grande gallerie, icelles lever et poser en places, saynes et entières, dans les deux niches aux costés de l'arc triumphal faisant séparation de la petite et grande gallerie dud. chasteau ; ensemble redresser, retailler et polir deux colonnes de marbre mixte rouge et blanc des monts Pirennées, de la mesure, longueur et grosseur de deux autres de mesme coulleur qui sont dans le magasin du Jeu de Paulme que led. entrepreneur sera aussy tenu de tailler, froter au grez et polir ; lesquelles quatre colonnes doibvent servir aux ornemens d'architecture de l'autre portique qui se faict à l'autre bout et pignon de lad. Gallerie faisant séparation d'icelle et du gros pavillon que Sa Ma^{té} faict faire de neuf aux Thuilleries, et icelles colonnes monter sur les piedestaulx dud. arc.

Et seront toutes personnes receues à moings dire et rabaisser lesd. ouvraiges, sur le prix de huit cens livres tournois, aux charges cy dessus ; du pris de laquelle adjudication led. entrepreneur sera payé au feur et à mesure qu'il travaillera, par les trésoriers desd. bastimens de Sa Ma^{té}, chacun en l'année de son exercice, suivant les ordonnances de mond. seigneur le duc de Sully et dud. sieur de Fourcy.

L'an mil six cens neuf, le vingt six^{me} jour de juing, je, Thomas de Bonigalle, premier huissier pour le Roy de son Trésor, soubzigné, certiffie avoir mis et apposé aultant de la présente affiche contre les portes du chasteau du Louvre, Arcenac du Roy, Escriptoire des jurez maçons et au bas de la montée de la Chambre du Trésor, ad ce qu'aucun n'en prétende cause d'ignorance, présens : Simon Morand et Nicolas Chauvelot, tesmoings. — Signé : de Bonigalle.

Et led. jour quatre^{me} juillet, en nostred. hostel, se seroient trouvez plusieurs ouvriers, en la présence desquels aurions faict faire lecture de lad. affiche par led. de Bonigalle, leur faisant entendre que les ouvraiges y mentionnez estoient à bailler au rabais et moings disans, sur le pris de huict cens livres. Où seroit comparu Felix Menard, qui les auroict mis au rabais à sept cens cinquante livres, par Maurice Bellenger à sept cens livres, sur le feu de la première chandelle. Ce faict, aurions faict alumer la deux^{me} chandelle, laquelle se seroict esteincte sans rabais, depuis laquelle aurions faict alumer la troisiesme chandelle et limité le rabais à cinquante livres, et, pendant le feu d'icelle lesd. ouvraiges auroient esté mis au rabais par Simon Valleray à six cens cinquante livres, et par Robert Menard à six cens livres tournois, et d'aultant qu'il ne se seroict présenté autres personnes qui aye voullu faire la condition meilleure pour Sa Ma^{té}, que led. Robert Menard, qui nous auroict requis de luy adjuger lesd. ouvraiges pour le desir qu'il nous auroict dict avoir de servir Sad. Ma^{té}, avons aud. Robert Menard, comme moings disant et dernier rabaissant, avons adjugé, baillé et délivré, adjugeons, baillons et délivrons lesd. ouvraiges mentionnez en lad. affiche dont coppie est cy devant escripte, moyennant la somme de six cens livres tournois, et aux charges contenues en lad. affiche. Faict et adjugé en nostre hostel led. jour quatre^{me} dud. mois de juillet, aud. an mil six cens neuf. Ainsy signé : Robert Menard.

Par devant les notaires et gardenottes du Roy nostre Sire en son Ch^{let} de Paris, soubzsignez, fut présent Robert Menard, tailleur de marbre, demeurant à la porte neufve, parroisse Sainct Germain de l'Auxerrois, lequel a recongneu et confessé et, par ces présentes, confesse avoir promis et promect au Roy nostre Sire, stippullant pour Sa Ma^{té} noble homme Jehan de Fourcy, sieur de Checy, conseiller du Roy en son Conseil d'Estat, Intendant des bastimens de Sa Ma^{té}, à ce présent, et en la présence de noble homme Jehan de Donon, conseiller du Roy et Contrerolleur général des bastimens, de faire et parfaire bien et deuement, au dire d'ouvriers et gens à ce congnoissans, les ouvraiges et ornemens d'architecture qu'il est besoing et nécessaire monter et mettre en place dans la grande gallerie du Louvre, tirer hors de la salle des Anticques, soubz lad. grande gallerie, deux grandes figures anticques de marbre blanc, chacune de sept à huict pieds de hault ou environ, l'une représentant ung Baccus, l'autre ung Titus Empereur, et avec engins, chables et équipaiges, les monter dans icelle grande gallerie, icelles lever et poser en place, seynes et entières, dans les deux niches aux costez de l'arc triumphal faisant séparation de la petite et grande gallerie dud. chasteau ; ensemble redresser, retailler et polir deux collonnes de marbre mixte rouge et blanc des monts Pirennées, de la mesme longueur et grosseur de deux autres de mesme coulleur, qui sont dans le magasin du Jeu de Paulme, que led. Robert Menard sera aussy tenu de tailler, froter au grez et polir ; lesquelles quatre collonnes doibvent servir aux ornemens d'architecture de l'autre portique qui se faict à l'autre bout et pignon de lad. gallerie, faisant séparation d'icelle et du gros pavillon que Sa Ma^{té} faict faire de neuf aux Thuilleries, et icelles collonnes monter sur les piedestaulx dud. arc. Le tout suivant et conformément à l'affiche dont coppie est cy-devant escripte. A commencer à y travailler présentement et le tout rendre faict et parfaict bien et deuement, comme dict est, le plus tost que faire se pourra. Et ce moyennant la somme de six cens livres tournois, qui est la somme à quoy lesd. ouvraiges ont esté adjugez aud. Menard, comme moings disant et dernier rabaissant, ainsy qu'il a dict. Laquelle somme luy sera payée au feur et à mesure qu'il travaillera, par les trésoriers desd. bastimens suivant les ordonnances qui luy en seront à ceste fin expédyées. Promettans... obligeans chacun en droict soy et led. Robert Menard corps et biens comme pour les propres affaires du Roy... Renonceant...

Faict et passé aud. hostel dud. sieur de Fourcy, l'an mil six cens neuf, le xxxj^e et dernier jour de Juillet, après midy.

Fourcy, de Donon, Robert Menart, de Rossignol, Fournyer.

LIII. — 13 OCTOBRE 1609. — 243.

Louvre. — Travaux de pavage neuf.
Marché passé avec Michel Richer, maître des œuvres de pavé du Roi, déclaré adjudicataire le 4 juillet 1609, moyennant le prix de sept livres la toise.

L'an mil six cens neuf, le quatreiesme jour de juillet, devant nous, Jehan de Fourcy, sieur de Chery, conseiller du Roy en son Conseil d'Estat, intendant des Bastimens de Sa M^{té}, et en la présence de Jehan de Donon, conseiller du Roy et contrerolleur g^{nal} desd. bastimens, a esté proceddé au bail au rabais et moings disans, à l'extinction du feu des chandelles, en la manière accoustumée, des ouvraiges de pavé mentionnez en l'affiche dont coppie est cy après transcripte, en la forme et manière qui ensuict :

De par le Roy

Monseigneur le duc de Sully, pair et grand voyer de France, superintendant des bastimens de Sa Ma^{té}, et monsieur de Fourcy, intendant desd. bastimens.

On faict assavoir que le samedy quatreiesme jour du moys de Juillet, au présent mil six cens neuf, à neuf heures du matin, en l'hostel dud. s^r de Fourcy, seiz rue de Jouy, il sera faict bail, adjudication et délivrance au rabais et moings disans, à l'extinction du feu des chandelles, en la manière accoustumée, des ouvraiges de pavé de grez de trois, quatre et cinq poulces d'eschantillon, assis à mortier de chaux et sable, qu'il convient faire de neuf en plusieurs endroictz du Chasteau et basse court du Louvre, tant pour la réparation de la court dud. chasteau au devant de la porte, réparation de plusieurs troux et fosses estans en lad. court, que pour paver la cuisine de la Bouche de la Royne, laquelle Sa Ma^{té} veult estre faicte près de la garde robe de lad. dame; ensemble les deux offices de Monseigneur le Daulphin et passaige du Roy pour entrer dans lad. bassecourt au grand Jardin du Louvre.

Et seront toutes personnes receues à moings dire et rabaisser lesd. ouvraiges de pavé neuf, sur le prix de sept livres dix sols la thoise, à la charge que l'entrepreneur baillera bonne et suffisante caution et faire recevoir lesd. ouvraiges ainsy qu'il accoustumé.

L'an mil six cens neuf, le premier jour de juillet, je, premier huissier pour le Roy de son Trésor soubz^{né}, certiffie avoir mis et apposé aultant de la présente affiche contre les portes de l'Arcenac du Roy, Escriptoire des jurez maçons, chappelle Sainct Siphorian où s'assemblent les maistres paveurs, Chasteau du Louvre et au bas de la montée de la chambre dud. Trésor, ad ce qu'aulcun n'en prétende cause d'ignorance, ès présences de Dimanche Notte et Simon Morand, tesmoings. Signé : de Bonigalle.

Et led. jour quatre^{me} dud. mois de juillet aud. an mil six cens neuf, en nostred. hostel, se seroient trouvés plusieurs entrepreneurs, en la présence desquelz aurions faict faire lecture de lad. affiche par led. de Bonigalle, et faict sçavoir que les ouvraiges de pavé y mentionnez estoient à bailler au rabais et moings disans sur le pris de sept livres dix sols chacune thoise de pavé neuf. Où seroit comparu Estienne Richer qui les auroit mis au rabais à sept livres cinq sols, sur quoy aurions faict alumer troys chandelles les unes après les autres et limité les rabais qui pourroient estre faicts sur chacune d'icelles; pendant le feu de la première et deux^{mes} desquelles n'auroict esté faict aucun rabais, et, à l'extinction du feu de la deux^{me}, auroient lesd. ouvraiges de pavé esté mis au rabais, par Michel Richer, maistre des œuvres de pavé du Roy à sept livres chacune thoise dud. pavé neuf; et d'aultant qu'il ne se seroit présenté autres rabaissans et que led. Michel Richer nous auroit prié et requis de luy adjuger lesd. ouvraiges de pavé cy dessus mentionnez suivant son rabais, Nous, aud. Michel Richer, comme moings disant et dernier rabaissant, avons adjugé, baillé et délivré, adjugeons, baillons et délivrons lesd. ouvraiges cy dessus mentionnez moyennant et à raison de sept livres tournois pour chacune thoise de pavé neuf, et aux charges contenues en lad. affiche. Faict et adjugé en nostre hostel, led. jour quatreiesme dud. moys de juillet aud. an mil six cens neuf. Ainsy signé : Richer.

Par devant les notaires et garde nottes du Roy nostre sire en son Ch^{let} de Paris, soubz^{nes}, fut présent Michel Richer, maistre des œuvres de pavé du

Roy, demeurant rue Mortellerie, parroisse Sainct Paul, lequel a recongneu et confessé, et par ces présentes, confesse avoir promis et promect au Roy nostre Sire, stippulant pour Sa Ma^{té}, noble homme Jehan de Fourcy, sieur de Checy, conseiller du Roy en son Conseil d'Estat, intendant des Bastimens de Sa Ma^{té}, à ce présent, et en la présence de noble homme Jehan de Donon, conseiller du Roy et contrerolleur général desd. bastimens, de faire et parfaire bien et deuement, au dire d'ouvriers et gens à ce congnoissans, tous et chacun les ouvraiges de pavé de grez de trois, quatre et cinq poulces d'eschantillon, assis à mortier de chaux et sable, qu'il convient faire de neuf en plusieurs endroictz du Chasteau et basse court du Louvre, tant pour la réparation de la court dud. Chasteau au devant de la porte, réparation de plusieurs trous et fosses estans en lad. court, que pour paver la cuisine de la Bouche de la Royne, laquelle Sa Ma^{té} veult estre faicte près de la garde robe de lad. dame; ensemble les deux offices de Monseigneur le Daulphin et passaige du Roy pour entrer de lad. basse court au grand Jardin du Louvre. Et pour ce faire, fournira led. Richer de pavé de grez de trois, quatre et cinq poulces d'eschantillon, assis à mortier de chaux et sable, suivant et conformément à l'affiche dont coppie est cy devant escripte, de laquelle led. Richer dict avoir eu communication. A commencer à y travailler présentement et le tout rendre faict et parfaict, bien et deuement, comme dict est, le plus tost que faire ce pourra. Et ce moyennant et à raison de sept livres pour chacune thoise de pavé neuf, qui est le pris à quoy ils ont esté adjugez aud. Richer comme moings disant et dernier rabaisseur, ainsy qu'il a dict. Lequel prix lui sera payé, au feur et à mesure qu'il travaillera, par les Trésoriers desd. bastimens, suivant les ordonnances qui luy en seront à ceste fin expédyées. Promettans... Obligeans chacun en droict soy et led. Richer corps et biens comme pour les propres affaires du Roy... Renonceant...

Faict et passé en l'hostel dud. sieur de Fourcy, l'an mil six cens neuf, le treiz^{ème} jour de octobre, après midy.

FOURCY, DE DONON, RICHER, DE ROSSIGNOL, FOURNYER.

LIV. — 13 OCTOBRE 1609. — 244.

LOUVRE. — RÉPARATIONS DE VIEUX PAVAGE.

MARCHÉ PASSÉ AVEC MICHEL RICHER, MAÎTRE DES ŒUVRES DE PAVÉ DU ROI, DÉCLARÉ ADJUDICATAIRE LE 4 JUILLET 1609, MOYENNANT LE PRIX DE TRENTE SOLS LA TOISE.

L'an mil six cens neuf, le quatreiesme jour de juillet, devant nous, Jehan de Fourcy, sieur de Checy, conseiller du Roy en son Conseil d'Estat, Intendant des Bastimens de Sa Ma^{té}, et en la présence de Jehan de Donon, conseiller du Roy et Contrerolleur g^{nal} desd. bastimens, a esté procédé au bail au rabais et moings disans, à l'extinction du feu des chandelles, en la manière accoustumée, des ouvraiges de pavé mentionnez en l'affiche dont coppie est cy après transcripte, en la forme et manière qui ensuict.

DE PAR LE ROY

Monseigneur le duc de Sully, pair et grand voyer de France, Superintendant des bastimens de Sa Ma^{té}, et monsieur de Fourcy, Intendant desd. bastimens.

On faict assavoir que le samedy quatreiesme jour du moys de juillet, à neuf heures du matin, en l'hostel dud. s^r de Fourcy, seiz rue de Jouy, il sera faict bail, adjudication et délivrance au rabais et moings disans, à l'extinction du feu des chandelles, en la manière accoustumée, des ouvraiges de vieil pavé qu'il convient lever et rasseoir sur bon mortier de chaux et sable, en plusieurs endroictz du Chasteau et basse court du Louvre, tant pour la réparation de la court dud. Chasteau au devant de la porte, réparation de plusieurs trous et fosses estans en lad. court, que autres endroicts dud. Chasteau.

Et seront toutes personnes reçues à moings dire et rabaisser lesd. ouvraiges de vieil pavé sur le pris de cinquante sols la thoise, à la charge par l'entrepreneur de bailler bonne et suffisante caution et de faire recevoir lesd. ouvraiges ainsy qu'il est accoustumé.

(*Suit le certificat d'affichage semblable à celui de l'acte qui précède.*)

Et led. jour samedy quatre^{me} dud. mois de juillet aud. an mil six cens neuf, en l'hostel de Nous, sieur de Fourcy, à lad. heure de neuf heures du matin, se seroient trouvés plusieurs entrepreneurs en présence desquels aurions faict faire lecture de l'affiche dont coppie est cy devant escripte, faisant entendre aux assistans que les ouvraiges y mentionnés estoient à bailler au rabais et moings disans, sur le pris de cinquante solz la thoise dud. vieil pavé. Où seroict comparu Estienne Richer, qui les auroict mis au rabais à quarante sols. Sur quoy aurions faict alumer troys chandelles les unes après les autres et limité les rabais qui pourroient estre mis sur chacune d'icelles, et pendant le feu de la première et deux^{me} n'auroict esté faict aulcun rabais, et à l'extinction de la deux^{me} desquelles, iceulx ouvraiges auroient esté mis au rabais par Michel Richer, maistre des œuvres de pavé du Roy, à trente sols chacune thoise dud. vieil pavé. Et d'aultant qu'il ne se seroit présenté autres rabaissans et que led. Michel Richer nous auroict requis de luy adjuger lesd. ouvraiges, Nous, aud. Michel Richer, comme moings disant et dernier rabaissant, avons adjugé, baillé, délivré, adjugeons, baillons, délivrons lesd. ouvraiges de vieil pavé mentionnez en lad. affiche dont coppie est cy devant escripte, moyennant et à raison de trente sols chacune thoise et aux charges y contenues. Faict et adjugé en nostre hostel led. jour quatreiesme dud. mois de juillet aud. an mil six cens neuf. Ainsi signé : Richer.

Par devant les notaires et garde nottes du Roy nostre Sire en son Ch^{tel} de Paris soubz^{nés}, fut présent Michel Richer, maistre des œuvres de pavé du Roy, demeurant rue Mortellerie, parroisse St Paul, lequel a recongneu et confessé et, par ces présentes, confesse avoir promis et promect au Roy nostre sire, stipullant pour Sa Ma^{té} noble homme Jehan de Fourcy [1] ... et en la présence de noble homme Jehan de Donon [1] ... de faire et parfaire bien et deuement au dire d'ouvriers et gens à ce congnoissans, tous et chacun les ouvraiges de vieil pavé qu'il convient lever et rasseoir sur bon mortier de chaux et sable, en plusieurs endroictz du Chasteau et basse court du Louvre, tant pour la réparation de la court dud. Chasteau au devant de la porte, réparation de plusieurs trous et fosses estans en lad. court, que autres endroictz dud. chasteau. Le tout selon et ainsy qu'il est porté par l'affiche dont coppie est cy devant escripte, de laquelle ledict Richer dict avoir eu communication. A commencer à y travailler présentement et le tout rendre faict et parfaict bien et deuement comme dict est, le plus tost que faire se pourra, et ce moyennant et à raison de trente sols pour chacune thoise desd. ouvraiges de vieil pavé qui est le pris à quoy ils ont esté adjugez aud. Richer... (*Les formules finales semblables à celles de l'acte qui précède.*)

Faict et passé en l'hostel dud. sieur de Fourcy, l'an mil six cens neuf, le treize^{me} jour de octobre, après midy.

Fourcy, de Donon, Richer, de Rossignol, Fournyer.

LV. — 9 DÉCEMBRE 1609. — 245.

Grande Galerie du Louvre. — Salle des Antiques. — Peinture et dorure des compartiments de la voûte.
Marché passé avec Jacob Bunel, peintre ordinaire du Roi, moyennant la somme de dix mille livres tournois.

Devis des ouvraiges de peinture et de dorure que le Roy a commandé estre faicts aux compartimens de la voulte de la Salle des Anticques érigée soubz la grande gallerie de son Chasteau du Louvre attenant l'escallier de sa petite gallerie, de l'ordonnance et manière cy après déclairée :

Premièrement se fera la dorure de tous les ornemens et enrichissemens des cadres et compartimens de lad. voulte, ensemble la peinture et représentation des marbres et de seize grands camayeulx blanc et noir, le plus richement à propos que faire se pourra; contenant lad. voulte unze thoises de long sur sept thoises et demye de pourtour;

Plus se paindront à huille les quatre grands cadres du mitan de lad. voulte, contenant chacun seize pieds en carré ou environ, où seront painctz et représentés les *Quatre Saisons* de l'année, accompagnées de plusieurs figures, animaulx et autres ornemens selon le subject de chacune histoire, aussy grands et plus que le naturel;

Plus huict autres tableaux, chacun de quatre à cinq pieds sur troys pieds ou environ, qui seront

[1] Mêmes qualités qu'en l'acte précédent.

soubz les plafonds de chacune croisée de lad. salle, où seront représentés et painctz aussi à huille les *Quatre Vents* et les *Quatre éléments*, aussy accompaignés de plusieurs figures tant d'hommes que animaux, suivant le subject de chacun d'iceulx;

Plus la paincture de douze grands targues[1] de relief, érigés aux compartimens de lad. voulte où seront représentées les douze figures du *Zodiaque*, accompagnées de ce qu'il leur appartiendra;

Plus le grand tableau ou cadre du mitan des compartimens de la voulte du petit passaige du Roy en sa petite gallerie, contenant neuf piedz de long sur cinq piedz de large ou environ, où sera représenté la *Renommée* sur ung charriot, traynée par deux cerfs, avec autres accompaignemens selon le subject de l'histoire;

Plus la paincture à huille aux compartimens de deux tableaux érigés aux bouts dud. passaige, où sera représenté à chacun une histoire propre au subject susdict.

Par devant les notaires et gardenottes du Roy nostre sire, en son Ch[let] de Paris, soubz[ues], fut présent Jacob Bunel[2], peintre ordinaire du Roy, demeurant en ceste ville de Paris, soubz la grande gallerie du Louvre, parroisse Sainct Germain de l'Auxerrois, lequel a recongneu et confessé avoir promis et promect au Roy nostre Sire, stippulant pour Sa Ma[té] hault et puissant seigneur Messire Maximilian de Bethune, duc de Sully, pair de France, Superintendant des finances et bastimens de Sa Ma[té], noble homme Jehan de Fourcy, sieur de Checy, conseiller du Roy en son Conseil d'Estat, Intendant desd. bastimens, à ce présens, et en la présence de noble homme Jehan de Donon, conseiller du Roy et Contrerolleur général d'iceulx bastimens, de faire et parfaire bien et deuement, au dire d'experts et gens à ce congnoissans, tous et chascun les ouvraiges de painture et dorure que le Roy a commandé estre faicts aux compartimens de la voulte de la Salle des Anticques érigée sous la grande gallerie de son Chasteau du Louvre, attenant l'escallier de sa petite gallerie, de l'ordonnance et manière selon et ainsy qu'il est porté par le devis cy-devant escript. Et pour ce faire fournira led. Bunel de toutes choses à ce nécessaires, fors et excepté d'eschaffaux. A commancer à y travailler présentement et le tout rendre faict, et parfaict bien et deuement, comme dict est, dans huict moys prochains venans. Et ce moyennant la somme de dix mil livres tournois, qui sera payée aud. Bunel, au feur et à mesure qu'il travaillera, par les trésoriers desd. bastimens, suivant les ordonnances qui luy en seront expédyées. Et lesquels ouvraiges estans faicts il fera recevoir à ses despens. Promettans... Obligeans chacun en droit soy et led. Bunel corps et biens comme pour les propres affaires du Roy... Renonceant...

Faict et passé en l'Arcenac du Roy, à Paris, l'an mil six cens neuf, le neufiesme jour de décembre, après midy.

M. de Bethune, Fourcy, de Donon, Bunel, de Rossignol, Fournyer.

---

[1] Boucliers.
[2] Jacob Bunel (1558-1614), qui fut chargé, en 1604, de l'inventaire des portraits et peintures composant la galerie de Catherine de Bourbon, duchesse de Bar (cf. Acte I), venait de commencer les peintures de la salle des Antiques lorsqu'il fit, en février 1610, le portrait du Dauphin, alors au Louvre. D'une famille de peintres, il avait épousé Marguerite Bahuche, également peintre, qui collabora à ses travaux et qui, après la mort de son mari, obtint du Roi, par brevet du 8 octobre 1614, de conserver sa demeure dans la grande galerie du Louvre où Jacob Bunel, un des «Illustres», était logé en vertu des lettres patentes du 22 décembre 1608.

§ 2. TUILERIES.

LVI. — 15 MARS 1603. — 91.

PALAIS DES TUILERIES. — TRAVAUX DE MENUISERIE POUR LES LAMBRIS À FAIRE AUX POURTOURS, AIRES ET PLANCHERS DE L'ANTICHAMBRE, PETITE SALLE ET GRANDE SALLE DU SECOND ÉTAGE DU CORPS DE LOGIS DU CÔTÉ DE LA SEINE, SELON LES DESSINS FAITS, ARRÊTÉS ET PARAPHÉS *NE VARIETUR*.
MARCHÉ PASSÉ AVEC JEAN WARNIER, DIT PICART, MAÎTRE MENUISIER À PARIS, DÉCLARÉ ADJUDICATAIRE LE MÊME JOUR, MOYENNANT LE PRIX DE 22 LIVRES LA TOISE.

Le quinze^{me} jour de mars mil six cens troys, à l'assignation donnée au logis du sieur de Fourcy, Intendant des Bastimens de Sa Ma^{té}, seroient comparus les personnes cy après nommées, assavoir : Loys de Beauvais et son fils, Adrian de Hancy et Anthoine de Hancy son frère, Jehan Denyau, Thomas Fleche, Jehan Varnyer et Jacques Roger, tous maistres menuisiers à Paris, ausquels ayant esté proposé que Sa Ma^{té} vouloit et entendoit faire bailler au rabais les lambris et parquets de menuiserye qu'il convient faire aux pourtours, ayres et planchers de l'antichambre, petite salle et grande salle, au second estage de son Pallais des Thuilleryes, du costé de la rivière, et après leur avoir moustré et communiqué les pourtraicts et desseings qui auroient esté faicts et arrestés desd. lambris, et dict que lesd. ouvrages seroient delivrez à celuy d'entre eulx qui feroit la condition de Sa Ma^{té} meilleure, la thoise de lambris fut mise à pris :

Assavoir :

Par Lois de Beauvais à vingt cinq livres la thoise;
Par Jehan Denyau à vingt quatre livres;
Par de Hansy à vingt trois livres;
Par led. de Beauvais à vingt deux livres dix sols;
Par Jehan Varynier (*sic*) à vingt deux livres;

Et après les avoir interpellez, par plusieurs fois, de mettre et rabaisser davantaige sur lesd. ouvraiges et que personne d'entre eulx n'y aict voullu entendre, disans qu'ilz ne pouvoient faire à meilleur marché, par ce moyen seroient demeurés lesd. lambris aud. Vuarnyer pour led. pris de vingt deux livres la thoise.

Jehan Vuarnyer, dict Picart, maistre menuisier à Paris, demeurant rue Coquillière, parroisse St Eustache, confesse avoir promis et promect au Roy nostre Sire, stippullant et acceptant pour Sa Ma^{té} hault et puissant seigneur Messire Maximilian de Bethune chevallier, s^r et marquis de Rosny, conte de Moret, baron de Sully, conseiller du Roy en ses Conseils d'Estat et Privé, cappitaine de cent hommes d'armes de ses Ordonnances, grand voyer, grand maistre et cappitaine g^{nal} de l'Artillerie, superintendant des finances, fortiffications et bastimens de Sa Ma^{té} et gouverneur de la ville et citadelle de Mante; noble homme Jehan de Fourcy, conseiller du Roy, trésorier g^{nal} de France, intendant desd. bastimens, et aussy en la présence de noble homme Jehan de Donon, conseiller du Roy et contrerolleur g^{nal} desd. bastimens, de bien et deuement, au dire d'ouvriers et gens à ce congnoissans, faire les lambris de menuiserye qu'il conviendra au pourtour de l'antichambre, antisalle et grande salle au second estaige du corps de logis des Thuilleryes du costé de la rivière, et ce selon les modelles et desseings qui en ont pour ce esté faicts, arrestés et paraphez desd. sieurs de Rosny, de Fourcy, de Donon et des notaires soubz^{nés}, *ne varietur*. Et, pour ce faire, sera tenu le dit entrepreneur quérir et fournir de bon bois sec de Montargis, loyal et marchant, poser et assoir lesd. lambris en leur place, et puis après seront thoisez et mesurez à vingt six pieds pour thoise; et rendre lesd. ouvrages faicts et parfaicts bien et deuement, comme dict est, dans la fin du moys d'Aoust prochain.

Et ce moyannant et à raison de vingt deux livres pour chacune thoise desd. ouvrages de lambris cy dessus, qui est le prix à quoy ils ont esté adjugez aud. Vuarnyer comme moings disant; lequel pris luy sera payé par les trésoriers desd. bastimens qui seront en charge, au feur et à mesure qu'il fera lesd. ouvrages de lambris dessus mentionnez, suivant les ordonnances qui luy en seront à ceste fin expédyées. Promettans... Obligeans chacun en droict soy et led. Vnarnyer corps et biens comme pour les propres affaires du Roy... Renonceant...

Faict et passé en l'Arcenac du Roy à Paris, l'an mil six cens trois le quinze^{me} jour de mars, après midy.

MAXIMILIAN DE BETHUNE, FOURCY, DE DONON, JEHAN WARNIER, LE VASSEUR, FOURNYER.

LVII. — 15 MARS 1603. — 99.

PALAIS DES TUILERIES. — TRAVAUX DE MENUISERIE POUR LES PARQUETS À FAIRE EN L'ANTICHAMBRE, ANTISALLE ET GRANDE SALLE HAUTE AU SECOND ÉTAGE DU CORPS DE LOGIS DU CÔTÉ DE LA SEINE, SELON LES DESSINS FAITS ET ARRÊTÉS.

MARCHÉ PASSÉ AVEC JACQUES ROGER ET THOMAS FLÈCHE, MAÎTRES MENUISIERS À PARIS, DÉCLARÉS ADJUDICATAIRES LE MÊME JOUR, MOYENNANT LE PRIX DE 22 LIVRES LA TOISE.

Le quinziesme jour de mars mil six cens troys, assignation donnée au logis du Sr de Fourcy, Intendant des Bastimens de Sa Majesté, seroyent comparuz les personnes cy après nommez, assavoir : Lois de Beauvays et son fils; Adrian de Hansy et Anthoine de Hansy, son frère, Jehan Denyau, Thomas Fleche, Jehan Vnarnier et Jacques Roger, tous maistres menuisiers à Paris, ausquelz ayant esté proposé que Sa Ma^{té} voulloict et entendoict faire bailler au rabais les lambris et parquets de menuiserye qu'il convient faire aux pourtours, ayres et planchers de l'antichambre, petite salle et grande salle haute au second estage de son Pallais des Thuilleryes, du costé de la rivière, et après leur avoir monstré et communiqué les pourtraicts et desseings qui avoyent esté faicts et arrestés desd. lambrys, et dict que lesd. ouvraiges seroient délivrez à celuy d'entre eulx qui feroit la condition de Sa Ma^{té} meilleure, la thoise desd. parquets fut mise au rabais :

Assavoir :

Par Thomas Fleche à vingt cinq livres;
Par $^{(1)}$ de Hansy, à vingt quatre livres;
Par Lois de Beauvais, à vingt trois livres;
Par Thomas Fleche, à vingt deux livres dix sols;
Et par Jacques Roger, à vingt deux livres tournois.

Et après les avoir sommez et interpelez par plusieurs fois de mettre et rabaisser davantage sur lesd. ouvrages, et que personne d'entre eulx ayant voullu entendre, disans qu'ils ne se pouvoyent faire à meilleur marché, par ce moyen seroient demeurez lesd. parquets aud. Jacques Roger pour led. prix de vingt deux livres tournois la thoise, aux charges et conditions qui seront portées par led. marché dont la teneur ensuict :

Par devant les notaires du Roy nostre Sire en son Ch^{let} de Paris, soubz^{nés}, furent présents Jacques Roger, maistre menuisier à Paris, demeurant rue St Martin, parroisse St Mederic, et Thomas Flesche, aussy maistre menuisier, demeurant à St Germain des Prez lez Paris, rue des Mauvais Garçous, parroisse de St Sulpice, lesquels confessent avoir promis et promectent au Roy nostre Sire, stipulant pour Sa Ma^{té} hault et puissant seigneur messire Maximilian de Bethune $^{(1)}$..., noble homme Jehan de Fourcy $^{(1)}$,... et aussy en la présence de noble homme Jehan de Donon $^{(1)}$... de bien et deuement, au dire d'ouvriers et gens à ce congnoissans, faire les aires, planchers et parquets de menuyserie qu'il convient faire en l'antichambre, antisalle et grande salle haulte au second estaige du corps de logis des Thuilleryes du costé de la rivière, et pour ce faire, fournir de lambourdes de bon boys de troys poulces en carré, espassées les unes des autres de pied en pied, et lesd. parquets de bon boys de Montargis, sec, loyal et marchant, sans jaspeure, dont l'assemblage et tenons des joues seront forts par dessoubz et par dessus, et le tout poser et asseoir en place à leurs despens, et le tout rendre faict et posé en leur place dans le quinziesme jour d'aoust prochainement venant.

Et ce moyannant le prix et somme de vingt deux livres pour chacune thoise desd. ouvrages de parquets de menuyserye, qui est le prix à quoy iceulx ouvrages ont esté adjugez aud. Roger comme moings disant; lequel prix leur sera payé par les

$^{(1)}$ Lacune dans le texte.

$^{(1)}$ Mêmes qualités qu'à l'acte qui précède.

Trésoriers généraulx des bastimens de Sa Ma^té au feur et à mesure qu'ils feront lesd. ouvraiges, bien et deuement, comme dict est, suivant les ordonnances qui leur en seront à ceste fin expédyées... Promettans... Obligeans chacun en droict soy et lesd. entrepreneurs corps et biens comme pour les propres affaires du Roy... Renonceans...

Faict et passé en l'Arsenac du Roy à Paris, l'an mil six cens trois le quinze^me jour de mars, après midy.

MAXIMILIAN DE BETHUNE, FOURCY, DE DONON, JACQUES ROGER, THOMAS FLECHE, LE VASSEUR, FOURNYER.

LVIII. — 17 MARS 1603. — 94.

PALAIS DES TUILERIES. — MENUS OUVRAGES DE MAÇONNERIE POUR RENDRE LOGEABLE LE CORPS DE LOGIS ET PAVILLON DU CÔTÉ DE LA SEINE.

MARCHÉ PASSÉ AVEC GUILLAUME ROBILLART, MAÎTRE MAÇON À PARIS, DÉCLARÉ ADDJUDICATAIRE LE MÊME JOUR, MOYENNANT LE PRIX DE CENT SOLS TOURNOIS LA TOISE.

L'an mil six cens troys, le dix sept^me jour de mars, devant nous, Maximilian de Bethune, marquis de Rosny, conseiller du Roy en son Conseil d'Estat, grand maistre et cappitaine g^nal de l'Artillerie, superintendant des finances, fortifications, et bastimens de Sa Ma^té, Jehan de Fourcy, sieur de Chesy, conseiller du Roy, trésorier g^nal de France, intendant desd. bastimens, et en la présence de Jehan de Donon, conseiller de Sad. Ma^té, et contrerolleur g^nal desd. bastimens, heure d'une heure attendant deux de relevée, en la grande salle de l'Arcenac du Roy, à Paris, suivant les publications, proclamations et affiches contenant le devys des ouvraiges cy après declairez, avons procédé au bail au rabais desd. ouvraiges, ainsy qu'il s'ensuict :

DE PAR LE ROY

On faict assavoir que le Lundy dix-sept^me jour du présent mois de Mars mil six cens trois, heure d'une attendant deux heures de relevée, en l'hostel de l'Arsenac, seront délivrez et adjugez au rabais et moings disant, les menuz ouvraiges de maçonnerie nécessaires pour rendre logeable le corps de logis et pavillon des Thuilleryes, du costé de la rivière, qui ensuivent :

Et premièrement : achever les enduicts et planchers de plastre des petites garderobbes et entresol sur le petit escallier de bois, et sceller en plastre les lambourdes du plancher de l'antichambre du Roy, laquelle contient sept thoises et demie de long sur cinq thoises de large;

Plus abattre et desmolir le plancher de l'antisalle, refaire iceluy et sceller des lambourdes au-dessus; led. plancher de neuf à dix thoises de long sur cinq thoises de large;

Plus le restablissement de deux travées de plancher en la grande salle haulte à cause d'une poultre qu'il faut changer; lesd. deux travées de quatre thoises de long sur cinq thoises de large;

Plus le scellement des lambourdes d'icelle grande salle, de quatorze thoises de long sur lad. largeur de cinq thoises;

Plus le scellement des tasseaux et pattes pour les lambris et autres menuz ouvraiges;

Plus le parachèvement de partie des enduicts contre les vieux murs desd. salle et antisalle, antichambres, chambres et cabinets dud. logis, assavoir : pieds droicts contre les murs faicts de neuf qui n'ont encores esté enduicts, trois thoises pour une;

Les planchers et scellement des lambourdes deux thoises pour une à trente six pieds pour thoise.

Et led. jour dix sept dud. moys de mars, à lad. heure, se seroient trouvés plusieurs entrepreneurs ausquels aurions faict entendre le contenu en lad. affiche et icelle faict lire, et publier que lesd. ouvraiges estoient à bailler au rabais et moings disans, lesquels ouvraiges auroient esté mis au rabais par Jehan Fraillon à six livres la thoise, par Guillaume Robillart à cent dix sols; par led. Robillart à cent sols. Et après que personne n'a voullu faire rabais, nous avons faict allumer trois chandelles, et ayant faict allumer la première chandelle, et icelle esteincte, n'a esté faict aucun rabais, nous avons faict allumer la deuxième chandelle où n'a aussy esté faict aucun rabais, et depuis avons faict allumer la troisiesme chandelle, et faict entendre que c'estoit la dernière chandelle, et quiconcques vouldroict mettre lesd. ouvraiges au rabais seroict receu, où n'a esté pareillement faict aucun rabais. Au moyen de quoy et après lad. chandelle estainte, Nous avons adjugé lesd. ouvraiges aud. Robillart pour led. prix de cent sols la thoise.

Par devant les notaires du Roy nostre Sire en son Ch^{let} de Paris soubz^{nez}, fut présent Guillaume Robillart, maistre maçon à Paris, demeurant rue Beaurepaire, parroisse St Saulveur, lequel a recogneu et confessé avoir promis et promect au Roy, nostre Sire, stipullant pour Sa Ma^té hault et puissant seigneur messire Maximilian de Bethune, marquis de Rosny, conseiller du Roy en ses Conseils d'Estat et privé, grand maistre et cappitaine g^{ral} de l'Artillerie, grand voyer de France, superintendant des finances, fortifica^{ons} et bastimens de Sa Ma^té et gouverneur de la ville et citadelle de Mante, noble homme Jehan de Fourcy, s^r de Chesy, conseiller du Roy, trésorier g^{nal} des Finances, intendant desd. bastimens, et aussy en la présence de noble homme Jehan de Donon, conseiller du Roy et contrerolleur g^{nal} desd. bastimens, de faire et parfaire bien et deuement, au dire d'ouvriers et expertz à ce congnoissans, tous et chacun les ouvraiges de maçonnerye nécessaires pour rendre logeable le corps de logis et pavillon des Thuilleryes du costé de la rivière, faire les desmolitions et abbatages nécessaires et autres ouvrages cy-dessus mentionnez, et commencer à y travailler avec bon nombre d'ouvriers le plustost que faire se pourra, sans discontinuer, et, pour ce faire, fournira ledict entrepreneur le plastre, plastracts et autres choses à ce nécessaires.

Et ce moyannant et à raison de cent sols tournois pour chacune thoise desd. ouvraiges *deux toises pour une*[1] qui est le prix à quoy ilz ont esté adjugez aud. entrepreneur comme moings disant. Lequel prix luy sera payé au feur et à mesure qu'il fera lesdicts ouvraiges bien et deuement, comme dict est, par les trésoriers généraulx des bastimens de Sa Ma^té, suivant les ordonnances qui luy en seront à ceste fin expédiées. Promectans... Obligeans chacun en droict soy et led. entrepreneur corps et biens comme pour les propres affaires du Roy... Renonceant...

Faict et passé en l'Arsenac du Roy à Paris, l'an mil six cens troys, le dix septiesme jour de mars, après midy.

MAXIMILIAN DE BETHUNE, FOURCY, DE DONON, GUILLAUME ROBILLART, LE VASSEUR, FOURNYER.

LIX. — 17 MARS 1603. — 95.

PALAIS DES TUILERIES. — PAVAGE EN PETIT CARREAU DE TERRE CUITE, À SIX PANS, DE L'AIRE DU REZ-DE-CHAUSSÉE DU CORPS DE LOGIS ET PAVILLON DOUBLE DU CÔTÉ DE LA SEINE.

MARCHÉ PASSÉ AVEC PIERRE HALLEBOURG, MAÇON À PARIS, DÉCLARÉ ADJUDICATAIRE LE MÊME JOUR, MOYENNANT LE PRIX DE 4^{tt} 5 s. LA TOISE.

L'an mil six cens troys le dix sept^{me} jour de Mars[1]... seront delivrez et adjugez au rabais et moings disant les menus ouvraiges de maçonnerie et pavé de petit carreau de terre cuite nécessaires au corps de logis et pavillon des Thuilleries qui ensuivent :

Et premièrement : la maçonnerie et pavé de petit carreau de terre cuite à six pans de l'aire du corps de logis et pavillon double au rez de chaussée, contenant ensemble deux cens quarante cinq thoises comprins les embrasseures des croisées des grandes salles, antisalle, antichambre, chambres, garde-robbes, grands et petits cabinets et ayres de plastre qui restent à faire en iceulx,

Et ledit jour[1]... lesquels ouvraiges auroient esté mis au rabais :

Par Jehan Fraillon à huict livres la thoise et trente six pieds pour thoise ;

Par Guillaume Robillart à sept livres quinze sols ;

Par Jehan Legris à six livres dix sols ;

Par led. Robillart à six livres ;

Par Jehan Legris à cent dix sols ;

Par led. Robillart à cent cinq sols ;

Par led. Legris à cent sols et depuis à quatre livres dix sols.

Et après que personne n'a voullu faire rabais[2]... avons faict allumer la troisiesme chandelle et fait entendre que c'estoit la dernière chandelle et quiconque vouldroict mettre lesd. ouvraiges au rabais seroient receu, où seroit comparu Pierre Hallebourg, qui auroit mis au rabais lesd. ou

---

[1] Mêmes formules qu'à l'acte qui précède.

[1] Les mots : deux toises pour une, sont écrits en marge, de la main de Sully.
[2] Mêmes formules qu'à l'acte qui précède.

vraiges à quatre livres cinq sols la thoise de petit pavé aux conditions portées par lad. affiche, au moyen de quoy et après lad. chandelle estaincte. Nous avons aud. Hallebourg adjugé lesd. ouvraiges à lad. somme de quatre livres cinq sols pour chacune thoise de petit pavé.

Par devant les notaires du Roy nostre Sire en son Ch[tel] de Paris soubzsignés, fut present Pierre Hallebourg, maçon à Paris, demeurant rue et parroisse S' Saulveur, lequel a recongneu et confessé avoir promis et promect [1]... de faire et parfaire bien et deuement, au dire d'ouvriers et experts à ce congnoissans, tous et chacun les ouvrages de maçonnerie et pavé de petit carreau cy devant mentionnez, et commencer à y travailler avec bon nombre d'ouvriers, le plustost que faire se pourra, sans discontinuer, et pour ce faire, fournira led. entrepreneur led. pavé de terre cuite, chaulx, sable et autres choses à ce nécessaires.

Et ce moyennant et à raison de quatre livres cinq sols pour chacune thoise de petit pavé, qui est le prix à quoy lesdicts ouvrages luy ont esté adjugés comme moings disant. Lequel prix sera payé aud. entrepreneur au feur selon et ainsi qu'il fera lesd. ouvraiges bien et deuement comme dict est [1]..

Faict et passé aud. Arcenac du Roy à Paris, l'an mil six cens troys, le dix septiesme jour de mars, après midy.

MAXIMILIAN DE BETHUNE, FOURCY, DE DONON, PIERRE HALLEBOURG, LE VASSEUR, FOURNYER.

LX. — 27 MAI 1603. — 110.

PALAIS DES TUILERIES. — SCULPTURE, ORNEMENTS ET ARCHITECTURE DE LA TRIBUNE DU PALAIS DES TUILERIES, CONFORMÉMENT AU DESSIN FAIT PAR ÉTIENNE DUPERAC, ARCHITECTE DU ROI, ET PARAPHÉ NE VARIETUR.

MARCHÉ PASSÉ AVEC GERMAIN GAULTIER, MAÎTRE SCULPTEUR, BOURGEOIS DE PARIS, MOYENNANT LA SOMME DE 1,500 ℔, DONT 500 ℔ LUI SERONT PAYÉES D'AVANCE, SOUS LA CAUTION D'ABSALON MANSART, MAÎTRE CHARPENTIER À PARIS.

Pardevant les notaires du Roi nostre Sire, en son Ch[tel] de Paris, soubz[nes], fut présent honnorable homme Germain Gaultier [2], maistre sculpteur, bourgeois de Paris, demeurant rue Vieille Tixerandrie, parroisse S' Jehan, lequel a recongneu et confessé et, par ces présentes, confesse avoir promis et promet au Roy nostre Sire, stipullans pour Sa Ma[té] hault et puissant seigneur messire Maximilien de Bethune, chevallier, sieur et marquis de Rosny, comte de Moret, baron de Sully, conseiller du Roy en ses Conseils d'Estat et privé, cappitaine de cent hommes d'armes de ses Ordonnances, grand voyer, grand maistre et cappitaine général de l'Artillerie, superintendant des finances, fortifications et bastimens de Sa Ma[té] et gouverneur de la ville et cytadelle de Mante; noble homme Jehan de Fourcy, sieur de Chessy, conseiller du Roy, trésorier g[nal] de France, intendant de ses bastimens, à ce présent. et en la présence de noble homme Jehan de Donon, conseiller du Roy et controrolleur général desd. bastimens, faire et parfaire bien et deuement, au dire d'ouvriers et gens experts à ce cognoissans, toute la sculpture, ornemens et architecture de la tribune du Pallais des Thuilleries, selon et conformément au desseing qui en a esté faict par Estienne Duperac, architecte du Roy, suivant son advis [3]; lequel desseing a esté paraphé ne varietur par les notaires soubz[nes]. Et pour ce faire, fournira led. entrepreneur de plastre, fer, lattes, cloud, eschaffaudages et autres choses à ce nécessaires; à commencer à y travailler le plustost que faire se pourra et continuer jusques à perfection d'iceulx ouvrages sans discontinuation. Et ce, moyennant le prix et somme de quinze cens livres tournois, à quoy iceux ouvrages ont esté adjugez aud. Gaultier comme moings disant : sur laquelle somme de quinze cens livres tournois luy sera payé et advancé par les trésoriers desd. bastimens la

[1] Mêmes formules qu'à l'acte qui précède.
[2] Fils de Michel Gaultier, sculpteur, et de Noémi Pillon, Germain Gaultier eut d'illustres parentés : par sa mère il était le neveu du grand sculpteur Germain Pilon et, par sa femme, fille d'Absalon Mansart (qui intervient comme caution dans le présent acte), il était devenu le beau-frère du célèbre architecte François Mansart. Sa descendance fut non moins remarquable : sa fille, Marie Gaultier, épousa le 24 février 1637, Raphael Hardouin, peintre de mérite; enfin son petit-fils, Jules Hardouin-Mansart, fut, par ses travaux du palais de Versailles et de la chapelle des Invalides, le digne successeur du nom et de la réputation de François Mansart, son grand oncle et son maître.

[1] Mêmes formules qu'à l'acte qui précède.
[2] Cet acte montre que Duperac existait encore en 1603.

somme de cinq cens livres tournois; et le surplus luy sera payé au feur selon et ainsy qu'il fera lesd. ouvraiges de sculpture dessus mentionnez, par lesd. tresoriers, suyvant les ordonnances qui luy en seront à ceste fin expedyées. Et a esté accordé que ayant led. Gaultier rendu lesd. ouvraiges achevés, ils seront receus par lesd. experts qui seront nommés tant de la part de Sad. Ma^{té} que de celle dud. Gaultier. Et s'il se trouve quelque chose desd. ouvrages de mal faict et ne respondant au desseing dud. Duperac, il sera abattu et refaict aux despens dud. Gaultier sans aultre forme de justice sur ce gardée et observée.

A ce faire est intervenu honnorable homme Absalon Mansart, maistre charpentier à Paris, y demeurant rue des Bernardins, parroisse St Nicolas du Chardonneret, lequel, de sa bonne volonté, s'est rendu pleige caution et respondant pour led. Gaultier, pour raison du contenu en ces présentes.

Et, en ce faisant, à l'entretenement dud. contenu s'est icelluy Mansart obligé et oblige avec led. Gaultier l'un pour l'autre et chacun d'eulx seul et pour le tout sans division, renonceans au benefice de division, discussion et fidejussion, sans jamais y contrevenir. Promectans... Obligeantz en chacun en droict soy et lesd. Gaultier et Mansart l'un pour l'autre et chacun d'eulx seul et pour le tout, sans division, corps et biens comme pour les propres deniers et affaires du Roy; renonceans iceulx Gaultier et Mansart au benefice de division et de discussion.

Faict et passé en l'Arsenac du Roy à Paris, le vingt septiesme jour de may, après midy, mil six cens troys.

Maximilian de Bethune, Fourcy, A. Mansart, Gaultier, de Donon, Le Vasseur, Fournyer,

LXI. — 11 MAI 1609. — 234.

Palais des Tuileries. — Charpente du comble du retour de la galerie depuis le gros pavillon double qui est au bout de la grande galerie, jusques aux vieux pavillons du Palais des Tuileries.

Marché passé avec Jean Echappe, maître charpentier à Paris, déclaré adjudicataire le même jour, moyennant le prix de 300^{tt} le cent de bois.

L'an mil six cens neuf, le unzeiesme jour de may, deux heures de relevée, en la grande salle de l'Arcenac du Roy à Paris, devant nous Maximilian de Bethune, duc de Sully, pair de France, Superintendant des Finances et Bastimens de Sa Ma^{té}, Jehan de Fourcy, sieur de Chécy, conseiller du Roy en son Conseil d'Estat, Intendant desd. bastimens, et en la présence de Jehan de Donon, conseiller du Roy et Contrerolleur g^{nal} desd. Bastimens, a esté procéddé au bail au rabais et moings disans, à l'extinction du feu des chandelles, en la manière accoustumée, des ouvraiges mentionnez en l'affiche dont coppie est cy après transcripte, en la forme et manière qui en suit :

De par le Roy

Monseigneur le duc de Sully, pair et grand voyer de France, Superinteudant et Ordonnateur des Bastimeus de Sa Ma^{té} et le sieur de Fourcy, Intendant d'iceulx.

On faict assavoir que le lundy unzeiesme jour du présent moys de may, deux heures de relevée, en la grande salle de l'Arcenac du Roy, à Paris, il sera faict bail au rabais et moings disans, à l'extinction du feu des chandelles, en la manière accoustumée, des ouvraiges de charpenterie qu'il convient faire de neuf pour le comble du retour de la gallerie, à prendre depuis le gros pavillon double qui est au bout de la grande gallerie, jusques aux vieilz pavillons du Pallais des Thuilleries; laquelle gallerie contiendra vingt six thoises de long ou environ, sur six thoises de large hors œuvre, compris l'espoisseur des murs; laquelle charpenterie dud. comble sera faicte de mesme haulteur et façon que celle de la grande gallerie et icelle ceintrée et le tout de mesme eschantillon; et à chacun bout d'icelle, sera faict une croupe, le tout ainsy qu'il sera cy après déclaré.

Premièrement : sera faict de neuf la charpenterie dud. comble de lad. gallerie, laquelle contiendra vingt sept thoises et demie de long sur six thoises de large, compris l'espoisseur des murs; laquelle sera garnie de plattes formes doubles portées sur les murs, icelles de sept à huict poulces de gros, lesquelles seront assemblées des entretthoises de six piedz en six piedz de mesme grosseur, et sur icelles plattes formes sera assemblé la charpenterie de treize maistresses fermes portans poinsson, garnies chacune de deux blochetz de quatre à cinq pieds de long et de sept à huict poulces de gros, deux chevrons de mesme longueur que ceux de la grande gallerie et de six à sept poulces de gros, deux soubz chevrons chacun de quinze à seize piedz de long, de six et huict poulces de gros, à cause du ceintre, ung entrect de trois thoises de long et de six et neuf poulces de gros, deux esselliers de la longueur qu'il appartiendra et de six poulces de gros et d'un pied de large, pour trouver le ceintre; deux jambettes chacune de cinq piedz de long et de six et huict poulces de gros; ung poinsson de la longueur qu'il appartiendra et de neuf à dix poulces de gros; deux forces chacune de quatorze piedz de long et de six poulces de gros; ung petit entrect de unze à douze piedz de long, de six poulces de gros; deux jambettes chacune de trois piedz de long au dessus dud. entrect, garnyes de tasseaux et eschantignolles, le tout de six et sept poulces de gros; entre lesquelles fermes sera assemblé les festes, soubzfestes et liernes dont les festes, et soubzfestes, liens et croix sainct André auront six et sept poulces de gros, et les liernes, de huict à dix poulces de gros; et entre lesquelles maistresses fermes sera aussy faict la charpenterie des autres fermes de remplaige: chacune d'icelles garnye de deux blochets de quatre à cinq piedz de long et de sept poulces de gros, deux chevrons de la longueur qu'il appartiendra et de cinq et sept poulces de gros, deux soubz chevrons aussy des longueurs qu'il appartiendra, de six et sept poulces de gros, ung entrect de mesme longueur que les autres, faict de deux pièces de six et sept poulces de gros, deux esselliers et deux jambettes aussy des longueurs qu'il appartiendra et de six et sept poulces de gros, ung autre second entrect de la longueur qu'il appartiendra, de cinq et sept poulces de gros; deux jambettes des longueurs qu'il appartiendra et de cinq et sept poulces de gros, entre lesquelles sera assemblé les entrethoises et tasseaux des longueurs qu'il appartiendra et de six poulces de gros. Ensemble faire la charpenterie des deux crouppes, lesquelles seront garnyes de plattes formes sur les murs, deux arestiers à chacune d'icelles crouppes, des longueurs qu'il appartiendra et de treize poulces de large et de dix poulces de gros; icelles crouppes garnyes de leurs enrayeures, coyers, embranchemens et empanons, jambettes, blochets et esselliers, le tout de mesme grosseur et eschantillon que les autres fermes cy devant déclarez, et icelles fermes et crouppes faire en mesme ceintre que celles de la grande gallerie et de pareil eschantillon.

Pour le grand pavillon attenant la grande gallerie:

Sera faict de neuf la charpenterie du premier plancher de la grande salle dud. pavillon, lequel sera garny de huict poultres chacune de six thoises de long et de dix-neuf à vingt poulces de gros, sur lesquelles sera assemblé des descharges faictes de trois pièces de unze à douze poulces de gros, et soubz les joincts d'icelles seront mises des tables de plomb pour empescher l'eschauffement du bois, et sur chacune desd. poultres seront mises et posées deux lambourdes des longueurs qu'il appartiendra et de cinq poulces de gros et d'un pied de hault, entre lesquelles seront assemblées neuf travées de plancher dont deux d'icelles travées seront de six piedz de long et les autres de dix piedz de long, chacune d'icelles garnyes de trente deux solives des longueurs qu'il appartiendra et de cinq et sept poulces de gros, couvert d'aiz d'entrevoux, assemblé à mortaises tant dans lesd. lambourdes que sablières qui seront le long des murs; lesquelles sablières auront dix poulces de gros et treize poulces de hault, et les solives d'enchevestrures de huict à neuf poulces de gros, faictes de bon boys de brin, le tout taillé et raboté.

Plus, faire de neuf la charpenterie des autres planchers des chambres attenant icelle salle cy devant déclarée, lesquelz planchers seront garnis de cinq poultres chacune de cinq thoises de long, de dix sept à dix huict poulces de gros, nettes, taillées, sur lesquelles seront assemblées huict travées de plancher enfoncées, dont il y en aura six de chacune neuf à dix piedz de long, chacune travée garnie de ses lambourdes et sablières, dont lesd. lambourdes auront quatre thoizes quatre piedz de long, de cinq poulces de gros et d'un pied de hault: les sablières aussy des longueurs qu'il appartiendra, de huict poulces de gros et d'un pied de hault, et les solives de cinq et sept poulces de gros, les solives d'enchevestrures de sept à huict poulces de gros, faictes de bois de brin, et couvertes au dessus d'aiz d'entrevoux des longueurs qu'il appartiendra, d'un poulce de gros et de dix poulces de large, clouez sur lesd. solives, le tout assemblé à mortaises espassez de cinq poulces d'entrevoux, le tout taillez et rabotez et faire les enchevestrures suivant le desseing.

Sera faict de neuf la charpenterie du second plancher au dessus pour le second estaige, lequel sera garny de treize poultres, assavoir: huict de six thoises et cinq de cinq thoises de long, sur lesquelles sera faict dix sept travées de planchers enfoncez, le tout garny de poultres, sablières, lambourdes, solives, et aiz d'entrevoux, le tout de

SURINTENDANT DES BÂTIMENTS.

mesme longueur, grosseur ou eschantillon que les autres cy devant déclarez et taillez et rabotez de mesme.

Plus, faire aussy de neuf la charpenterie du comble dud. pavillon, lequel contient quinze thoizes de long sur treize thoizes de large hors œuvre; lequel comble sera faict en pavillons à quatre poinssons garnis de doubles sablières sur les murs servans de plattes formes, de huict à neuf poulces de gros, sur lesquelz seront posez quatre maistresses fermes compris celles des croupes qui porteront poinsson, chacune d'icelles garnyes de deux chevrons de neuf thoises de long et de neuf à dix poulces de gros, deux soubz chevrons servans de jambettes de force, qui auront chacun vingt ung pieds de long et de quinze poulces de large et de neuf poulces de gros, lesquelles serviront à porter l'un des bouts des premiers entretz de la première enrayure qui sera faict de deux pièces à cause du grand mur de refant qui sera faict dans le mitan dud. pavillon, qui servira aussy à porter les entrevoux desd. entretz dud. pavillon. Lesquelz premiers entretz seront faicts de deux pièces, assavoir : la première de cinq thoises et l'autre de quatre thoises et demie, de quatorze à quinze poulces de gros, soubz les bouts desquels seront assemblez des liens servant de selliers, des longueurs qu'il appartiendra, de treize à quatorze poulces de gros à cause des ceintres; la seconde enrayure sera aussy faicte de deux pièces dont les entretz auront huict à neuf poulces de gros, garnis de liens et selliers des longueurs qu'il appartiendra et de sept à huict poulces de gros; lesd. fermes garnyes chacune de leurs poinssons aussy des longueurs qu'il appartiendra et de douze à treize poulces de gros, compris les goussets, entre lesquels seront assemblez les faistes, soubz faistes, liernes et liens, dont les liernes auront treize poulces de hault et huict à neuf poulces de gros, et les faistes sept à huict poulces et les bourseaux neuf poulces de gros; et entre lesd. maistresses fermes seront aussy assemblées les fermes et remplaiges avec les empanons et embranchemens, dont lesd. bois desd. fermes et remplaiges, empanons, entretz, esselliers, jambettes et blochetz auront sept et huict poulces de gros, et partie desd. chevrons faicts de deux pièces sur la première ou seconde enrayeure, ainsy que la commodité du bois se trouvera; et faire la charpenterie des quatre arestiers, lesquels auront dix thoizes de long et quinze poulces de gros, dans lesquels seront assemblés les blochetz, jambes et coyers; et au dessoubz desd. coyers de la première enrayeure, sera aussy assemblé des soubz-chevrons de la longueur qu'il

appartiendra et quinze à seize poulces de gros, entre lesquels seront assemblez les jambettes, liens et esseliers, le tout des longueurs qu'il appartiendra et de treize à quatorze poulces de gros pour trouver les ceintres, et faire aussy toutes les enchevestrures qu'il sera besoing tant pour les cheminées que lucarnes et frontons; faire aussy les planchers d'aiz joinctz au dessus des entretz, lesquels planchers seront faictz de gros aiz joinctz d'un poulce et demy à double joinctz, clouez, attachez sur les entretz, et le tout faire suivant le desseing de ce faict.

Et seront toutes personnes receues à moings dire et rabaisser lesd. ouvraiges, à la charge par l'entrepreneur de fournir de bon bois loyal et marchant et qu'au préalable led. boys soict levé et mis en place, sera veu et visité s'il sera bon et de la qualité cy dessus. En oultre, bailler bonne et suffisante caution, et faire recevoir lesd. ouvraiges comme il est accoustumé.

L'an mil six cens neuf, le septiesme jour de may, je Thomas de Bonigalle, premier huissier pour le Roy de son Trésor, soubz[né], certiffie avoir mis et apposé aultant de la présente affiche contre les portes de l'Arcenac du Roy, chasteau du Louvre, pallais des Thuilleries, entrée de l'Auditoire des jurez maçons et dans le bureau de l'Escriptoire, portes de la court et des salles du Pallais, entrée du Pont Neuf et au bout de la montée de la Chambre du Trésor, ad ce qu'aulcun n'en prétende cause d'ignorance; présens : Simon Moraud et Dimanche Notte, tesmoings. Ainsy signé : de Bonigalle.

Et led. jour unze[iesme] dud. mois de may aud. an mil six cens neuf, à lad. heure de deux heures de relevée, en lad. salle de l'Arcenac, se seroient trouvez plusieurs entrepreneurs ausquels aurions faict sçavoir que lesd. ouvraiges de charpenterie mentionnez en l'affiche dont coppie est cy devant escripte estoient à bailler au rabais et moings disans, sur le pris de trois cens quatre vingtz dix livres tournois le cent de boys, et, suivant ce, aurions faict alumer la première chandelle et limité le rabais à six livres tournois, où seroit comparu Jehan Eschape, qui auroit mis au rabais lesd. ouvraiges de charpenterie à trois cens quatre vingt quatre livres; par Hugues Clément, sur la seconde chandelle, à trois cens soixante dix huict livres; par Alexandre Gaultier sur le feu de la troisiesme chandelle, à trois cens soixante douze livres; par led. Clément à trois cens soixante livres; par Gilles Le Redde, sur la quatriesme chandelle, à trois cens cinquante livres; par led. Eschappe à 350[tt]; par led. Clement à 344ᴸˢ sur la cinq^{me} chandelle; par led. Le Redde à 338ᴸˢ; par led. Eschappe à 332ᴸˢ; par led. Clément à 326ᴸˢ; par led. Eschappe à 320ᴸˢ; par led. Le Redde à 308ᴸˢ et par led. Eschappe à trois cens livres. Et depuis aurions faict alumer une sixiesme chandelle sur laquelle n'auroict esté faict aucun rabais. Et, partant, seroient lesd. ouvraiges demeurez aud. Eschappe pour led. pris de trois cens livres le cent de bois. Lequel Eschappe, pour le désir qu'il a de servir Sad. Mᵗᵉ, nous auroit requis de luy adjuger iceulx ouvraiges pour led. pris de trois cens livres le cent de bois. Sur quoy et après qu'il ne se seroict présenté autres rabaissans, Nous aud. Eschappe, comme moings disant et dernier rabaissant, avons adjugé, baillé et délivré, adjugeons, baillons et délivrons lesd. ouvraiges de charpenterie mentionnez en lad. affiche dont coppie est cy devant escripte, moiennant et à raison de troys cens livres le cent de bois et aux charges contenues en lad. affiche. Faict et adjugé led. jour unze^{me} dud. moys de may mil six cens neuf. Signé : Eschappe.

Par devant les notaires du Roy nostre Sire en son Chᵗᵉˡ de Paris, soubzⁿᵉˢ, fut présent Jehan Eschappe, maistre charpentier à Paris, demeurant aux Marestz près la Place Royalle, parroisse Sainct Paul, lequel a recongneu et confessé et, pour ces présentes, confesse avoir promis et promect, au Roy nostre Sire, stippullant pour Sa Maᵗᵉ hault et puissant seigneur messire Maximilian de Bethune, duc de Sully, pair de France, marquis de Rosny, comte de Dourdan, seigneur souverain de Boisbelle, baron de Baugy, La Chappelle, Bruyères et Espineuil, conseiller du Roy en ses Conseils d'Estat et privé, cappitaine de deux cens hommes d'armes de ses Ordonnances, grand voyer, grand maistre et cappitaine général de l'Artillerie, superintendant des finances et bastimens de Sa Maᵗᵉ, gouverneur et lieutenant gᵃˡ pour Sad. Maᵗᵉ en Poictou, noble homme Jehan de Fourcy, sʳ de Checy, conseiller du Roy en son Conseil d'Estat, intendant desd. bastimens, à ce présent, et en la présence de noble homme Jehan de Donon, aussi conseiller du Roy et contrerolleur général d'iceulx bastimens, de faire et parfaire bien et deuement, au dire d'ouvriers et gens à ce congnoissans, tous et chacun les ouvraiges de charpenterie qu'il convient faire de neuf pour le comble du retour de la gallerie, à prendre depuis le gros pavillon double qui est au bout de la grande gallerie, jusques aux vieilz pavillons du Pallais des Thuilleries, laquelle gallerie contiendra vingt six thoises de long, ou environ, sur six thoises de large hors œuvre, compris l'espoisseur des murs. Laquelle charpenterie du comble sera faicte de mesme haulteur et façon que celle de la grande gallerie et icelle ceintrée; ensemble faire la charpente du grand pavillon attenant lad. grande gallerie. Le tout ès lieux et endroictz suivant et ainsy qu'il est porté par l'affiche dont coppie est cy devant escripte, de laquelle led. Eschappe dict avoir eu communication, et conformément au desseing aussy mentionné en lad. affiche, que iceluy Eschappe dict luy avoir esté monstré et communiqué. Et, pour ce faire, fournira le d. Eschappe de bon bois de charpenterie, de la qualité et quantité, longueurs, grosseurs, espoisseurs et largeurs portées par lad. affiche et autres choses à ce nécessaires pour le faict de lad. charpenterie seullement. A commencer à y travailler présentement et le tout rendre faict et parfaict bien et deuement comme dict est, dans la fin de ceste présente année.

Et ce moyennant et à raison de trois cens livres pour chacun cent dud. bois mis en œuvre, qui est le prix à quoy lesd. ouvraiges de charpenterie ont esté adjugez aud. Eschappe comme moings disant et dernier rabaissant, ainsy qu'il a dict. Lequel pris luy sera payé, au feur et à mesure qu'il travaillera, par les Trésoriers desd. bastimens, suivant les ordonnances qui luy en seront à ceste fin expédyées. Pour seureté duquel présent contract et entretenement d'iceluy, led. Eschappe a promis et promect fournir de caution des personnes de Pierre Sellier et Hugues Clement, maistres charpentiers à Paris, qui s'obligeront avec luy l'un pour l'autre et chacun d'eux seul et pour le tout, sans division, soubz les renouciations à ce requises et nécessaires. es encores de la personne de Jehan Guyart, marchant de boys, demeurant ès Fauxbourgs Sainct Jacques, qui aussy s'obligera avec led. Eschappe et les autres dessus nommez solidairement le tout toutesfois et quantes que requis en sera[1]. Promettans... Obligeans chacun en droict soy et led. Eschappe corps et biens comme pour les propres affaires du Roy... Renonceant...

Faict et passé aud. Arcenac, l'an mil six cens neuf, led. unzeiesme jour de may, après midy.

Maximilian de Bethune, Fourcy, de Donon, J. Echappe, de Rossignol, Fournyer.

[1] L'acte de caution a été passé le 22 du même mois devant les mêmes notaires, avec l'intervention de Denys Le Noir, maître bourrelier à Paris, y demeurant rue et paroisse Sᵗ Jean en Grève, qui se porte également caution: mais par un autre acte daté du même jour, Jehan Guyart est déchargé de son obligation de caution par Jehan Echappe, Pierre Sellier et Hugues Clément.

§ 3. POMPE DU PONT NEUF.

LXII. — 12 FÉVRIER 1607. — 188.

POMPE DU PONT NEUF. — TRAVAUX DE MAÇONNERIE POUR LA CONSTRUCTION D'UN RÉSERVOIR AU CLOÎTRE ET PLACE DE SAINT-GERMAIN-L'AUXERROIS.

MARCHÉ PASSÉ AVEC PIERRE ROBELIN, MAÎTRE MAÇON À PARIS ET CLÉMENT METEZEAU, ARCHITECTE, DEMEURANT EN LA GRANDE GALERIE DU CHÂTEAU DU LOUVRE, DÉCLARÉS ADJUDICATAIRES LE MÊME JOUR, MOYENNANT LES PRIX DE 60^{tt} PAR TOISE DE MAÇONNERIE, ET DE SIX LIVRES PAR TOISE DE DÉBLAI.

L'an mil six cens sept, le douzeiesme jour de febvrier, en la grande salle de l'Arcenac du Roy à Paris, deux heures de relevée, devant nous Maximilien de Bethune, duc de Sully, pair de France, conseiller du Roy en ses Conseils d'Estat et privé, superintendant des bastimens de Sa Ma^{té}, Jehan de Fourcy, sieur de Checy, conseiller du Roy en son Conseil d'Estat, intendant desd. bastimens, et en la présence de Jehan de Donon, aussy conseiller du Roy et contrerolleur g^{nal} d'iceulx bastimens, a esté procedé au bail au rabais et moings disans, à l'extinction de la chandelle, en la manière accoustumée, des ouvraiges de maçonnerie et autres mentionnés en l'affiche dont coppie est cy après transcripte, en la forme et manière qui ensuict :

DE PAR LE ROY

On faict assavoir que le lundy cinq^{me} jour de febvrier prochain, une heure de relevée, en la grande salle de l'Arcenac de Sa Ma^{té}, par devant Messieurs les superintendant, intendant et ordonnateurs desd. bastimens, seront baillez et adjugez au rabais et moings disans, à l'extinction du feu des chandelles, en la manière accoustumée. :

Les ouvraiges de maçonnerie pierre de taille que Sad. Ma^{té} veult et entend estre faicts pour la construction d'un grand réservoir ou citerne d'eau, de dix thoises de long sur quatre thoises de large ou environ, laquelle sera edifiée au cloistre et place de Sainct Germain de l'Auxerrois, le long du mur regardant sur la rivière et quay du Louvre, et ce, pour recevoir les eaues que fait monter de la rivière l'angin et pompes que Sad. Ma^{té} a faict construire en l'une des arches du Pont neuf, pour de là les envoyer où il luy plaira, le tout selon qu'il est cy après déclaré.

Premièrement : conviendra abattre et desmolir le vieil pan du mur du costé dud. quay, mettre les matières et desmolitions à part pour les faire servir en moellon et libaiges, faire la vuidange des terres cubes et massives de la longueur, largeur et haulteur qu'il conviendra, fouiller les rigolles et tranches de deux gros murs pignons et mur d'échiffe du mitan qui soustiendra les pilliers jusques à vif fonds, remplir et maçonner icelles fondations de libaiges et moellon avec mortier de chaulx et sable de six pieds d'espesseur pour lesd. deux gros murs jusques au rez-de-chaussée dud. quay et trois pieds d'espoisseur pour le mur d'échiffe qui soustiendra les pilliers, faire aussy la fondation des deux pignons de quatre piedz d'espoisseur chacun pignon qui est moictoyen, et le tout fondé jusques à vif fonds et maçonné, comme dict est, jusques au rez de chaussée dud. quay.

Et au dessus de lad. fondation du costé dud. quay et revers, seront mis et plantez les six trumeaux avec les cinq arcades, lesquelz trumeaux auront quatre piedz et demy de face sur cinq pieds de parpin portant talud de neuf poulces par bas, revenant à rien à la haulteur du dessoubz de la plinte, lesquelz trumeaux faicts de quartiers de pierre de taille de clicart faisants parpin de deux quartiers pour assize et la plinte aussy de quartiers de lad. pierre; le tout que dessus ne sera que picqué et rustiqué à la poincte du marteau.

Et au dessus de lad. plante qui fera le reud [rez] de chaussée du costé du cloistre, seront continués en contremont les six trumeaux, arcades, pillastres, au dessus plantes et entablemens, qui seront tout de quartier de clicart, tant dedans que dehors portant parpin dud. mur, comme dict est, sans y mettre aucun moellon, le tout fiché avec chaux et sable.

Se fera aussy le pan de mur de costé du cloistre qui soustiendra les terres dud. costé, où sera érigé sur la fondation de dedans des bouticques ou magazins; les six pillastres en forme de dosserais qui seront aussy de quartier de pierre de clicart, lesquels quartiers porteront trois piedz de lict passans en liaison l'un sur l'autre d'un pied de chascun costé, outre le corps du pillastre pour faire meilleure liaison dans le mur. Et le résidu dud. mur entre lesd. pillastres, maçonné de bon moillon et libaiges, avec bon mortier de chaux et sable de cinq pieds d'espoisseur, jusques à la hauteur du rez de chaussée de lad. terrasse du cloistre; et au dedans sera mis et planté les six trumeaux de pierre de taille de quartiers de clicart, avec les arcades, pilastres, plainctes, entablemens, moulures, ornemens et enrichissemens, tout de quartier de cliquart, tant dedans que dehors, portans, comme dict est, parpin sans aucun moillon, fichez, comme dict est, de bon mortier de chaux et sable.

Et au dessus de la fondation dud. petit mur de chifle, seront érigez les pilliers de quartiers de pierre de taille de clicart portant quatre piedz et demy de fasse et deux pieds et demy de parpin, comme dict est, avec les arcades en forme de chaisnes et cresle; le tout aussy de pierre de clicart d'une pièce pour assize, et le résidu de lad. voulte de moellon maçonné avec bon mortier de chaux et sable, de deux piedz d'espoisseur, et le remplaige des rains de lad. voulte aussy de moellon, chaux et sable.

Plus, faire la maçonnerie des pignons, au millieu desquels seront mis et plantez les pilliers dosserais saillans en mesme alliguement des pilliers des arcades dans lesd. mur moictoyen, de quartiers de pierre de clicart comme dict est, jusques à la hauulteur de la voulte, au dessus de laquelle seront plantés à plomb sur les pilliers susd. autres pilliers de trois pieds neuf poulces de fasses, et deux pieds parpin; ensemble les arcades en forme de chaisnes et crestes aussy de pierre de clicart des qualités susd., et le résidu de lad. seconde voulte faicte de bricque portant d'un pied et demy d'espoisseur et le remplaige des rains de moellon, chaux et sable avec ung araze au dessus, de huict à neuf poulces d'espoisseur, maçonné avec chaux, cyment, caillou de vigne pour le fonds du bassin où sera l'eau, en y observant la pente et laissant quelques trous pour escouller l'eau, et au dessus de lad. araze s'esleveront les murs, tant pignon que gros murs, au pourtour dud. bassin aussy de quartier de pierre de clicart portant parpin de trois pieds et demy d'espoisse.

Dans lequel bassin sera faict quatre petits murs de pierre de clicart de neuf poulces de parpin, érigez à l'endroict des pilliers et trumeaux, lesquels murs seront percez pour faire entrer l'eaue de l'un à l'autre, dans lesquelz pillastres se feront les troux et encastremens pour mettre les tirans, barres, agraffes et crampons de fer sellez en plomb le long des petits murs pour entretenir led. bassin.

Tous lesquels ouvraiges de maçonnerie cy dessus seront bien et deuement faicts, suivant et conformément au désir du plan, élévation, pourfilles, architectures, ornemens et enrichissemens representez par le desseing qui pour ce en a esté faict. Et ce, pour le pris et somme de soixante livres pour chacune thoise, thoisés et mesurés à thoise boutavant, sans thoiser aucunes saillies, moulures, ornemeus, enrichissemens, rigolles et tranchées.

Et les terres massives thoisées à part à deux cens seize pieds pour thoise, à raison de six livres la thoise.

Et seront tous maistres maçons, ouvriers suffisans et cappables à faire ung tel ouvraige, receuz à moings dire et rabaisser sur lesd. prix.

L'an mil six cens sept, le troisiesme jour de febvrier, je Thomas de Bonigalle, premier huissier pour le Roy de son Trésor, soubz[m], certiffie avoir mis et apposé aultant de la présente affiche contre les portes de l'Arcenac du Roy à Paris, Escriptoire des Jurez maçons, portes de la cour et des salles du Pallais et au bas de la montée du Trésor, ad ce que aucun n'en prétende cause d'ignorance. Présens : Simon Morand et Nicolas Chauvelot, tesmoings. Ainsy signé : de Bonigalle.

Et led. jour cinq[me] dud. mois de febvrier, aud. an mil six cens sept, en lad. salle de l'Arcenac, sont comparuz plusieurs maistres maçons et ouvriers cy après nommez, assavoir : Martin Boulet, Jehan Coing, Ysidoire Guyot, Loys Bailly, Jonas Robelin, Pierre Robelin, Marc Robelin, Jacques Boulet et autres, en la présence desquels dessuz nommés aurions faict faire lecture par led. de Bonigalle à haulte voix du contenu en lad. affiche dont copie est cy devant escripte, faisant entendre aux assistans que lesd. ouvraiges mentionnez en lad. affiche, estoient à bailler au rabais et moings disant sur le prix de soixante livres chacune thoise, à laquelle somme ils auroient esté mis à prix par led. Pierre Robelin. Et d'aultant que personne n'auroit voullu mettre au rabais lesd. ouvraiges, aurions l'adjudication d'iceulx remise à la huictaine ensuivant, pendant lequel temps seroient mises nouvelles affiches aux lieux et endroicts accoustumez.

SURINTENDANT DES BÂTIMENTS.

Et depuis led. Pierre Robelin nous auroict prié et requis que eussions à luy faire adjudication et délivrance desd. ouvraiges sur led. prix de soixante livres pour chacune thoise d'iceulx pour le désir qu'il a de servir Sa Ma??. Ce faict, aurions faict allumer trois chandelles l'une après l'autre, lesquelles se seroient estainctes sans qu'il aict esté faict aucun rabais. Et au moyen de quoy et sur la prière et supplication qui nous auroict esté faicte par led. Pierre Robelin, de luy adjuger lesd. ouvraiges cy devant déclarez pour led. prix de soixante livres chacune thoise d'iceulx, Nous, aud. Robelin comme moings disant et rabaissant, avons adjugé, baillé et délivré, adjugeons, baillons et délivrons lesd. ouvraiges de maçonnerie mentionnés et spécifiiez en lad. affiche, dont coppie est cy-devant, comme dict est, escripte, moyennant le dict prix et somme de soixante livres pour chacune thoise desd. ouvraiges, qui est le rabais faict par led. Pierre Robelin, sauf huictaine, ainsy signé : Pierre Robelin.

Et le douzeiesme jour dud. mois de febvrier ensuivant, aud. an mil six cens sept, en lad. salle de l'Arcenac, seroict comparu led. Pierre Robelin, lequel nous auroict requis l'adjudication desd. ouvraiges luy estre délivrée purement et simplement. Sur quoy, après avoir longuement attendu et qu'il n'est apparu aucun rabaissant sur lesd. ouvraiges. Nous avons aud. Pierre Robelin adjugé et adjugeons lesd. ouvraiges sur led. prix de soixante livres pour chacune thoise de maçonnerie des ouvraiges contenuz en lad. affiche, comme aussy luy avons adjugé lesd. ouvraiges de vuidange et port de terre aussy mentionnez en icelle affiche. Lequel Robelin a déclaré que lad. adjudication est tant pour luy que pour Clément Metezeau, architecte à Paris, lequel Metezeau, pour ce, présent, a aussy accepté lad. adjudication. Ainsy signé : Fourcy, Metezeau et Pierre Robelin.

Par devant les notaires et gardes nottes du Roy nostre Sire en son Chastellet de Paris, soubzsignez, furent présens Pierre Robelin, maistre maçon à Paris, y demeurant [rue] au Maire, parroisse S? Nicolas des Champs, et Clément Metezeau, architecte, demeurant en la grande gallerie du chasteau du Louvre, parroisse S? Germain de l'Auxerrois, lesquels ont recongneu et confessé et, par ces présentes, confessent avoir promis et promectent l'un pour l'autre et chacun d'eulx seul et pour le tout, sans division, renonceans au bénéfice de division et de discussion, au Roy nostre Sire, stippulant pour Sa Ma?? hault et puissant seigneur messire Maximilian de Bethune, duc de Sully, pair de France, conseiller du Roy en ses Conseils d'Estat et privé, cappitaine de cent hommes d'armes de ses Ordonnances, grand voier, grand maistre et cappitaine général de l'Artillerie, superintendant des finances et bastimens de Sa Ma??, gouverneur et lieutenant général pour Sad. Ma?? en Poictou, noble homme Jehan de Fourcy, s? de Cheey, conseiller du Roy en sond. Conseil d'Estat, intendant desd. bastimens, à ce présent, et aussy en la présence de noble homme Jehan de Donon, aussy conseiller du Roy et contrerolleur général d'iceulx bastimens:

De faire et parfaire bien et deuement, au dire d'ouvriers et gens à ce congnoissans, tous et chacun les ouvrages de maçonnerie pierre de taille que Sad. Ma?? veult et entend estre faicts pour la construction d'un grand réservoir ou citerne d'eaue, de dix thoises de long sur quatre thoises de large ou environ, laquelle sera édifiée au cloistre et place de S? Germain de l'Auxerroys, le long du mur regardant sur la rivière et quay du Louvre; et ce, pour recevoir les eaues que faict monter de la rivière l'engin et pompe que Sad. Ma?? a faict construire en l'une des arches du Pont Neuf, pour de là les envoyer où il luy plaira.

Le tout selon et ainsy qu'il est déclaré en l'affiche dont coppie est cy-devant escripte, faire aussy la vuidange des terres cubes et massives de la longueur, largeur et haulteur qu'il conviendra, et ce des lieux et endroicts selon qu'il est déclaré par lad. affiche, de laquelle lesd. Robelin et Metezeau ont dict avoir eu communiquation et lecture. Pour faire lesquels ouvraiges de maçonnerie iceulx Robelin et Metezeau seront tenus fournir de pierre de taille, plattre, chaux, sable et autres matières à ce nécessaires, le tout des qualité et bonté portés par lad. affiche. A commancer à travailler ausd. ouvraiges dans huict jours prochains et y besongner sans discontinuer, et le tout rendre faict et parfait bien et duement, comme dict est, dedans la fin du mois d'aoust aussi prochain.

Et ce moyennant et ainsy qu'il est déclaré en raison de soixante livres tournois pour chacune thoise des ouvraiges de maçonnerie et six livres pour chacune thoise de vuidange de terre massive toisée à deux cens seize pieds pour toise cube, qui est le prix à quoy lesd. ouvraiges ont esté adjugés aud. Robelin comme moings disant et rabaissant; lequel sera paié aud. Robelin et Metezeau au feur et à mesure qu'ils travailleront et feront lesd. ouvraiges cy-dessus bien et deuement comme dict est, par les trésoriers desd. bastimens suivant les ordonnances qui leur en seront à ceste fin expédiées. Promectans... Obligeans chacun en droict soy et lesd. Robelin et Metezeau l'un pour l'autre et chacun d'eulx seul et pour le tout, sans division, corps et biens comme pour les propres affaires du Roy... Renonceans iceulx Robelin et Metezeau aud. bénéfice de division et de discution...

Faict et passé aud. Arcenac du Roy à Paris, l'an mil six cens sept, le douziesme jour de febvrier, après midy.

MAXIMILIAN DE BETHUNE, FOURCY, DE DONON, PIERRE ROBELIN, METEZEAU, LE VASSEUR, FOURNYER.

LXIII. — 24 MARS 1608. — 199.

POMPE DU PONT NEUF. — TRAVAUX DE CHARPENTE POUR LA CONSERVATION DU LOGIS DES POMPES ET FONTAINES ARTIFICIELLES DU PONT-NEUF.

MARCHÉ PASSÉ AVEC ANTOINE LE REDDE, MAÎTRE CHARPENTIER A PARIS, DÉCLARÉ ADJUDICATAIRE LE MÊME JOUR, MOYENNANT LA SOMME DE 381 ll.

L'an mil six cens huict, le vingt quatre[me] jour de mars, deux heures de relevée, en la grande salle de l'Arcenac du Roy, à Paris, devant nous, Maximilian de Bethune, duc de Sully, pair de France, Superintendant des finances et bastimens de Sa Ma[té], Jehan de Fourcy, sieur de Checy, conseiller du Roy en son Conseil d'Estat, Intendant et ordonnateur d'iceulx, et en la présence de noble homme Jehan de Donon, conseiller du Roy et Contrerolleur général d'iceulx bastimens, a esté procedé au bail au rabois et moings disans, à l'extinction du feu des chandelles, en la manière accoustumée, des ouvraiges de charpenterie mentionnez en l'affiche dont coppie est cy après transcripte, en la forme et manière qui ensuict.

DE PAR LE ROY

Monseigneur le duc de Sully, pair de France, Superintendant des finances et bastimens de Sa Ma[té].

Et monsieur de Fourcy, conseiller du Roy en son Conseil d'Estat, Intendant et ordounateur d'iceulx,

On faict assavoir que le vingt quatre[me] jour de mars mil six cens huict, deux heures de relevée, en la grande salle de l'Arcenac du Roy, à Paris, il seroict par mesd. Seigneurs proceddé au bail au rabais et moings disans, à l'extinction du feu des chandelles, en la manière accoustumée :

Des ouvraiges de charpenterie nécessaires pour la conservation et entretenement du logis des pompes et fontaines artificielles du Pont Neuf de ceste Ville de Paris, tant par dedans que par dehors œuvre, ainsy qu'il ensuict :

Premièrement : est besoing d'avoir promptement quatre pièces de bois appellez forces ou arbouttans, chacune de quatre thoises de long sur ung pied, qui prendront sur le bout des grosses poultres du premier plancher bas dud. logis par le bout des poultres, et de l'autre bout au meilleu de deux tirans du plancher au dessus pour sousteuir deux des poinsons du comble à cause que les jambettes de forces se trouvent trop faibles pour le grand fardeau des cheminées, cloisons et planchers dud. logis.

Plus six autres pièces de bois de mesme grosseur que les susd. et de deux thoises quatre piedz et demy de long pour servir et estre employées à pareil effect que les susd., et pour soustenir trois autres poinsons dud. comble à cause desd. grandz fardeaux et de la faiblesse desd. jaubes de force.

Plus, pour tenir et amancher lesd. pièces ou arbouttant cy-dessus, est besoing mettre quinze pièces de boys chacune de six piedz de long, ung pied de large et six poulces d'espoisse, pour servir de semelles qui tiendront les bouts desd. arbouttans au dessoubz et par le meilleu des tirans dud. deux[me] plancher.

Plus, pour la conservation des picux, moises et poultres dud. logis, est nécessaire faire de neuf ung auvent qui sera érigé au dessus desd. picux pour recevoir et gecter l'eaue de la pluye qui tumbe de l'esgout de la couverture dud. logis sur les pieux et moises, qui les pourrit et endommaige grandement, contenant lesd. auvents ensemble vingt deux thoises de long sur six piedz de large.

Et seront toutes personnes receues à moings dire et rabaisser, à la charge de fournir de bon boys, loyal et marchant et toutes choses à ce nécessaires et bailler caution.

L'an mil six cens huict, le vingt ung[me] jour de mars, je Thomas de Bonigalle, premier huissier pour le Roy de son Trésor, souhz[né], certiffie avoir mis et apposé aultant de la présente affiche contre les portes de l'Arcenac du Roy, Chasteau du Louvre, Pompe du Pont Neuf, Escriptoire des Jurés Maçons,

Parc civil du Chastelet de Paris, portes de la court et des salles du Pallais et au bas de la moutée de la Chambre du Trésor, ad ce qu'aulcun n'en prétende cause d'ignorance; ès présences de Simon Morand et Michel Aubert, tesmoings. Ainsi signé : de Bonigalle.

Et led. jour vingt quatre^{me} dud. mois de mars, aud. an mil six cens huict, à lad. heure de deux heures de relevée, en lad. salle de l'Arcenac, se seroient trouvez plusieurs personnes en la présence desquelz aurions faict faire lecture de l'affiche, dont coppie est cy devant escripte, par led. de Bonigalle, leur faisant entendre que les ouvraiges de charpenterie y mentionnez estoient à bailler au rabais et moings disans sur le prix de trois cens quatre vingtz dix livres, à quoy ils ont esté mis à prix par Alexandre Gaultier. Et, sur ce, aurions faict allumer la première chandelle, sur le feu de laquelle lesd. ouvraiges auroient esté mis au rabais : par Anthoine Le Redde, à trois cens quatre vingtz sept livres; par Jehan Bongars, sur le feu de la deux^{me} chandelle, à trois cens quatre vingtz quatre livres et par led. Anthoine Le Redde, à trois cens quatre vingtz une livres. Et d'aultant qu'il ne se seroict présenté autres personnes qui ayent voullu faire la condition de Sa Ma^{té} meilleure que led. Le Redde, qui nous auroict prié et requis de luy adjuger lesd. ouvraiges de charpenterie pour led. pris de trois cens quatre vingtz une livres tournois, Nous, aud. Le Redde, comme moings disant et dernier rabaissant, avons adjugé, baillé et délivré, adjugeons, baillons et délivrons lesd. ouvraiges de charpenterie mentionnez en lad. affiche dont coppie est cy-devant escripte, moyennant led. pris de trois cens quatre vingtz une livres, aux charges portées par lad. affiche. Faict et adjugé en lad. salle de l'Arcenac, led. jour vingt quatre^{me} dud. mois de mars, aud. an mil six cens huict. Ainsy signé : A. Le Redde.

Par devant les notaires du Roy nostre sire, en son Chastellet de Paris, soubzsignez, fut présent Anthoine Le Redde, maistre charpentier, demourant à Paris, en la place Royalle, paroisse sainct Paul, lequel a recongneu et confessé et, par ces présentes, confesse avoir promis et promect au Roy nostre Sire, stippullant pour Sa Ma^{té} hault et puissant seigneur messire Maximilian de Bethune, duc de Sully, pair de France, marquis de Rosny, conte de Dourdan, seigneur souverain de Boisbelle, baron de Baugy, La Chappelle, Bruyères et Espineuil, conseiller du Roy en ses Conseils d'Estat et privé, cappitaine de cent hommes d'armes de ses Ordonnances, grand voyer, grand maistre et cappitaine général de l'Artillerie, superintendant des finances, fortifications et bastimens de Sa Ma^{té}, gouverneur et lieutenant général pour Sad. Ma^{té} en Poictou; noble homme Jehan de Fourcy, sieur de Chécy, conseiller du Roy en son Conseil d'Estat, intendant et ordonnateur desd. bastimens, à ce présent; et en la présence de noble homme Jehan de Donon, conseiller du Roy, et contrerolleur général d'iceulx bastimens; de faire et parfaire bien et deuement au dire d'ouvriers et gens à ce congnoissans, tous et chacun les ouvraiges de charpenterie nécessaires pour la conservation et entretenement du logis des pompes et fontaines artificielles du Pont neuf de ceste ville de Paris, tant par dedans que par dehors œuvre, le tout suivant et ainsi qu'il est porté par lad. affiche dont coppie est cy devant escripte, de laquelle led. Le Redde dict avoir eu communication; à commancer à y travailler présentement et le tout rendre faict et parfaict bien et deuement, comme dict est, dans le plus brief temps que se pourra. Et ce, moyennant led. pris de trois cens quatre vingts une livres tournois qui est le pris à quoy lesd. ouvraiges de charpenterie ont esté adjugez audict Le Redde comme moings disant et dernier rabaissant. Lequel pris sera paié aud. Le Redde au feur et à mesure qu'il travaillera, par les trésoriers desd. bastimens, suivant les ordonnances qui luy en seront à ceste fin expédyées. Promectans . . . obligeans chacun en droict soy et led. Le Redde corps et biens comme pour les propres affaires du Roy... Renonceant...

Faict et passé aud. Arcenac l'an mil six cens huict, le vingt quatre^{me} jour de mars, après midy.

Maximilian de Bethune, Fourcy, de Donon.
A. Le Redde, Le Vasseur, Fournier.

LXIV. — 29 MARS 1608. — 203.

Pompe du Pont-Neuf. — Travaux de maçonnerie pour la construction des «voultes» destinées à conduire l'eau dans le vivier du Jardin des Tuileries.
Marché passé avec Martin Boullet, maître maçon à Paris, déclaré adjudicataire le 24 mars 1608, moyennant le prix de 13 lt 5 s. par toise.

L'an mil six cens huict, le vingt quatre^{me} jour de mars, devant nous Maximilian de Bethune, duc de Sully, pair de France, conseiller du Roy en ses Conseils d'Estat et privé, superintendant des finances et bastimens de Sa Ma^{té}, gouverneur et lieutenant g^{nal} pour Sad. Ma^{té} en Poictou, Jehan de Fourcy, sieur de Checy, conseiller du Roy en son Conseil d'Estat, intendant et ordonnateur desd. bastimens, et en la présence de Jehan de Donon, aussy conseiller du Roy et controlleur général d'iceulx bastimens, a esté procédé au bail, adjudication et délivrance au rabais et moings disans, à l'extinction du feu de la chandelle, des ouvraiges de maçonnerie mentionnez en l'affiche dont coppie est cy après transcripte en la forme et manière qui ensuict :

De par le Roy

Monseigneur le duc de Sully, pair de France, Superintendant des finances, fortifications et bastimens de Sa Ma^{té}.
Et Monsieur de Fourcy, conseiller du Roy en son Conseil d'Estat, Intendant et ordonnateur d'iceulx :
On faict assavoir que le lundi vingt quat^{iesme} jour du présent mois de mars mil six cens huict, deux heures de relevée, en la grande salle de l'Arcenac du Roy à Paris, il seroit par mesd. seigneurs procedé au bail au rabais et moings disans, à l'extinction du feu des chandelles :
Des ouvraiges de maçonnerie des voultes qu'il est bessoing faire dans le grand jardin des Thuilleries, qui serviront tant pour conduire l'eaue qui viendra de la pompe du Pont Neuf dans le vivier faict de neuf aud. jardin, que pour servir de descharge à la vuidange dud. vivier, de la longueur qui sera advisé, sur deux pieds et demy de large dans œuvre et quatorze piedz de pourtour, sçavoir : quatre piedz neuf poulces pour chacun pied droict compris la fondation et quatre piedz et demy de circonférence de voulte par son mitan, qui seroit deux thoises ung tiers pour chacune thoise courante; maçonnez de bon moellon, chaux et sable de dix huict poulces d'espoisseur, avec des chaisnes de pierre de taille par voye, espassées de douze en douze piedz de mitan en mitan, tant au pied droict qu'en la voulte.

A costé de laquelle longueur de voulte, seront erigez des petitz regards de maçonnerie de deux piedz et demy en carré, espacez de vingt cinq thoises en vingt cinq thoises les unes des autres, garniz de marches pour descendre dans lad. voulte et une grande pierre de liais percée pour le couvrir et dont le trou et couvercle aura vingt deux poulces de diamettre, qui serviront tant pour descendre dans led. voultes que pour passer les matériaux quand il y fauldra travailler.

Et, pour ce faire, l'entrepreneur fera à ses despens la vuidange et port des terres de lad. voulte, qu'il fera porter aux lieux les plus proches qui luy seront monstrez et recouvrira d'icelles terres le dessus desd. voultes pour planter et semer dessus; et fournira de toutes autres matières qui luy seront nécessaires; sur le prix de quinze livres pour chacune thoise de trente six piedz.

L'an mil six cens huict, le vingt cinq^{me} jour de mars, je, Thomas de Bonigalle, premier huissier pour le Roy son Tresor, soubz^{né}, certiffie avoir mis et apposé aultant de la présente affiche contre les portes de l'Arcenac du Roy à Paris, Escriptoire des jurés maçons, parc civil du Ch^{let}, portes de la court et des salles du Pallais et au bas de la montée de la Chambre du Trésor. Ad ce qu'aulcun n'en prétende cause d'ignorance: és présences de Simon Morand et Dominique Brière, tesmoings. Signé : de Bonigalle.

Et led. jour vingt quatre^{me} dud. mois de mars aud. an mil six cens huict, à lad. heure de deux heures de relevée, en lad. salle de l'Arcenac, se seroient présentés plusieurs personnes ausquelles nous aurions faict entendre que lesd. ouvraiges de maçonnerie mentionnés en lad. affiche dont coppie est cy-devant escripte estoient à bailler au rabais et moings disans sur led. pris de quinze livres pour chacune thoise de trente six pieds. Et après lecture faite par led. Bonigalle du contenu en lad. affiche seroict comparu Pierre Le Normant, qui auroict

SURINTENDANT DES BÂTIMENTS.

mis lesd. ouvraiges au rabais à quatorze livres quinze solz tournois; par René Fleury à quatorze livres; par Martin Boullet à treize livres cinq sols tournois, après les trois chandelles esteinctes sur le feu desquelles n'auroict depuis led. Boullet esté mis autre rabais. Ce que voyant et que led. Boullet nous auroict priez et requis qu'il nous pleust luy adjuger et délivrer lesd. ouvraiges de maçonnerie cy dessus spécifiiez pour le désir qu'il nous auroict dict avoir de servir Sad. Ma[té], et qu'il ne se seroict présenté autres personnes pour mettre au rabais lesd. ouvraiges, Nous aud. Boullet comme moings disant et plus rabaissant avons adjugé, baillé et délivré, adjugeons, baillons et délivrons lesd. ouvraiges de maçonnerie mentionnez en lad. affiche, dont coppie est cy-dessus escripte, moyennant et à raison de treize livres cinq sols tournois pour chacune thoise desd. ouvraiges de maçonnerie, et aux charges portées par lad. affiche. Faict led. jour vingt quatre[me] mars mil six cens huict.

Par devant les notaires et gardenottes du Roy nostre Sire en son Ch[tel] de Paris soubzsignez, fut présent Martin Boullet, maistre maçon à Paris, demeurant rue Chappon, parroisse St Nicolas des Champs[1], lequel a recongneu et confessé et par ces présentes confesse avoir promis et promect au Roy nostre Sire, stipullant pour Sa Ma[té] hault et puissant seigneur Messire Maximilian de Bethune, duc de Sully, pair de France, conte de Dourdan, seigneur souverain de Boisbelle, baron de Baugy, La Chappelle, Bruyères et Espineuil, conseiller du Roy en ses Conseils d'Estat et privé, cappitaine de cent hommes d'armes de ses Ordonnances, grand voyer, grand maistre et cappitaine g[nal] de l'Artillerie, superintendant des finances et bastimens de Sa Ma[té], gouverneur et lieutenant g[nal] pour Sad. Ma[té] en Poictou; noble homme Jehan de Fourcy, sieur de Checy, conseiller du Roy en son Conseil d'Estat, intendant et ordonnateur desd. bastimens, à ce présent; et noble homme Jehan de Donon, conseiller du Roy et contrerolleur g[nal] d'iceulx bastimens, de faire et parfaire bien et deuement, au dire d'ouvriers et gens à ce congnoissans, tous et chacun les ouvraiges de maçonnerye et choses mentionnées et spécifiiez en l'affiche dont coppie est cy devant escripte, qu'il convient faire dans le grand jardin des Thuilleries suivant et conformément à lad. affiche, de laquelle led. Boullet dict avoir eu communication; ensemble de faire par led. Boullet, à ses despens, la vuidange et transport des terres de lad. voulte mentionnées en lad. affiche, aux lieux les plus proches qui luy seront monstrez, et recouvrir d'icelles terres le dessus desd. voultes pour planter et semer dessus. Et pour ce faire, fournira led. Boullet de toutes matières qui luy seront nécessaires. A commencer à travailler ausd. ouvraiges présentement et le tout rendre faict et parfaict bien et deuement comme dict est, dans le plus brief temps que faire ce pourra.

Et ce moyennant et à raison de treize livres cinq sols tournois pour chacune thoise desd. ouvraiges de maçonnerie cy dessus spécifiiez, qui est le prix à quoy ils ont esté adjugés aud. Boullet comme moings disant. Lequel pris luy sera payé au feur et à mesure qu'il travaillera, par les Trésoriers des bastimens de Sad. Ma[té], suivant les ordonnances qui luy en seront à ceste fin expédyées. Promettans... Obligeans chacun en droict soy et led. Boullet corps et biens comme pour les propres affaires du Roy,... Renonceant...

Faict et passé aud. Arcenac du Roy, à Paris, l'an mil six cens huict, le vingt neufiesme jour de mars, avant midy.

MAXIMILIAN DE BETHUNE. FOURCY, DE DONON, BOULLET, LE VASSEUR, FOURNYER.

[1] Il demeura ensuite rue du Perche, dans une maison qu'on appela la Maison des Boullets et qui, sur licitation, devint, le 12 mai 1636, la propriété de Jacques Bernault, maistre couvreur à Paris, son petit-fils. Martin Boullet avait espousé Catherine David qui lui donna six enfants, parmi lesquels Alix Boullet qui épousa Jonas Robelin, un des maistres maçons dont nous retrouvons souvent le nom dans nos actes, et Catherine Boullet, femme de Vincent Roynard, peintre et valet de chambre de la reine Anne d'Autriche (Bibl. N[le], Mss. P. O. 1564).

LXV. — 22 AVRIL 1608. — 204.

Pompe du Pont-Neuf. — Travaux de toute nature pour l'entretien du logis du moulin et des quatre pompes édifiés en la deuxième arche du Pont-Neuf, du côté de l'École Saint-Germain et quai de la Mégisserie.

Marché passé avec Jean Lintlaer, «ingénieur en pompes et fontaines artificielles», demeurant sur le Pont-Neuf, moyennant trois mille livres de gages par an.

Par devant les notaires et gardenotes du Roy nostre Sire en son Ch[let] de Paris, soubz[nés], fut présent Jehan Lintlaer, Alemant de nation, Ingénieur en pompes et fontaines artificielles, demeurant sur le Pont Neuf[1], parroisse sainct Germain de l'Auxerrois, lequel a recongneu et confessé et, par ces présentes, confesse avoir promis et promect au Roy, nostre Sire, stippullant pour Sa Ma[té] hault et puissant seigneur messire Maximilian de Bethune[2]... noble homme Jehan de Fourcy[2]... à ce présens, et en la présence de noble homme Jehan de Donon[2]... de bien et deuement conserver et entretenir de toutes réparations de maçonnerie, charpenterie, couverture, menuiserie, serrurerie tant grosse que menue, vitrerie et autres repparations quelsconcques, le logis, moulin, tournans et travaillans des quatre pompes que Sad. Ma[té] a faict construire et édiffier de neuf en la deux[me] arche de son Pont Neuf à Paris, du costé de l'Escolle Sainct-Germain et quay de la Mégisserie[3], pour tirer et lever l'eaue de la rivière, et estre conduicte au grand réservoir qu'il dea faict bastir de neuf au cloistre dud. Sainct Germain, et de là estre menée et conduitte par thuyaulx de plomb en son grand jardin des Thuilleries et autres lieux qu'il luy plaira. Outre lesquelles réparations et entretenement dud. logis, led. Lintlaer sera tenu d'entretenir et faire aller sans cesse le mouvement desd. pompes et mesmes, s'il advient quelque rupture de fer, cuivre, bois, plomb ou autre chose quelconque deppendant tant des mouvemens de l'artifice desd. pompes que du moulin qui les faict jouer, soiet par avallement de bateaux habandonnez, pièces de bois, glaces, inondations extraordinaires d'eaues, ou autres accidens qui ne procedderont de la faulte dud. Lintlaer, il sera tenu et obligé d'en refaire et payer à ses despens jusques à la somme de cinquante livres tournois. Et pour le regard des pièces de cuivre ou de fer qui se pourront user, rompre, consoumer aud. travail, quand il les fauldra changer, sera tenu de payer et contribuer à lad. despense jusques à pareille somme de cinquante livres tournois seullement, et le surplus aux fraiz et despens de Sad. Ma[té]; le tout tant et sy longuement qu'il plaira à Sad. Ma[té].

Ceste promesse faicte moyennant la somme de troys mil livres tournois, que lesd. sieurs duc de Sully et de Fourcy, pour et au nom de Sad. Ma[té], ont promis et promectent faire payer aud. Lintlaer, de gaiges, pour subvenir à la despense dud. entretenement, nourriture et entretenement de sa famille et serviteurs; laquelle somme luy sera payée de quartier en quartier par les Trésoriers des bastimens de Sad. Ma[té] chacun en l'année de son exercice, à commancer du premier jour de janvier dernier, et ce des deniers ordonnez pour la construction de lad. pompe. Promectans... Obligeans chacun en droict soy et led. Lintlaer corps et biens comme pour les propres affaires du Roy... Renonceant...

Faict et passé en l'Aresnac du Roy, à Paris, l'an mil six cens huict, le vingt deux[me] jour d'avril, avant midy.

Maximilian de Bethune, Fourcy, de Donon, Jehan Lintlaer, Herbin, Fournyer.

---

[1] À la *Samaritaine*, dont il avait la charge de concierge. Il eut de sa femme, Françoise Robin, un fils, Louis Lintlaer, qui fut contrôleur des Bâtiments du Roi et dont les deux filles, Catherine et Françoise, épousèrent : l'une, Jacques Planson, qui fut directeur général des Gabelles, et l'autre Bernard de Foras, s[r] de Panfou.

[2] Mêmes qualités qu'à l'acte qui précède.

[3] Ces travaux avaient été exécutés en 1604 malgré la résistance du Prévôt des Marchands et des Échevins, qui prétendaient que cela empêcheroit la navigation. (Cf. *Œc. Royales*, II, 207.)

SURINTENDANT DES BÂTIMENTS.

LXVI. — 24 MAI 1608. — 208.

POMPE DU PONT-NEUF. — TRAVAUX DE TERRASSE ET DÉBLAIS POUR FAIRE LES TRANCHÉES ET RIGOLES NÉCESSAIRES À LA CANALISATION DES EAUX DE LA FONTAINE ARTIFICIELLE, DEPUIS LE PORT DE L'ÉCOLE JUSQU'AU VIVIER ET CANAL DES TUILERIES.
MARCHÉ PASSÉ AVEC PIERRE DISLE, TERRASSIER, DÉCLARÉ ADJUDICATAIRE LE MÊME JOUR, MOYENNANT LE PRIX DE TRENTE-CINQ SOLS TOURNOIS PAR TOISE CUBE.

L'an mil six cens huict, le vingt quatre^{me} jour de may, deux heures de relevée, en la grande salle de l'Arcenac du Roy à Paris, devant nous, Maximilian de Bethune, duc de Sully, pair de France, superintendant des finances et bastimens de Sa Ma^{té}, Jehan de Fourcy, sieur de Checy, conseiller du Roy en son Conseil d'Estat, intendant et ordonnateur desd. bastimens, et en la présence de Jehan de Donon, conseiller du Roy et contrerolleur général d'iceulx bastimens, a esté procédé au bail au rabais et moings disans, à l'extinction du feu des chandelles, en la manière accoustumée, des terres qu'il convient vuider, mentionnées en l'affiche dont coppie est cy après transcripte, en la forme et manière qui ensuict :

DE PAR LE ROY.

Monseigneur le duc de Sully, pair de France, Superintendant des bastimens de Sa Ma^{té}.
Et Monsieur de Fourcy, Intendant d'iceulx.
On faict assavoir que demain samedy vingt quatre^{me} jour du présent mois de may, une heure de relevée, en la grande salle de l'Arcenac du Roy à Paris, il sera procédé au bail au rabais et moings disans, à l'extinction du feu des chandelles, en la manière accoustumée, des terres qu'il convient vuider pour faire les tranchées et rigolles nécessaires pour poser et maçonner les thuyaux de plomb qui portent l'eaue de la fontayne artificielle et pompe du Pont Neuf depuis le port de l'Escolle Sainct Germain de l'Auxerrois jusques au vivier et canal que Sa Ma^{té} a faict faire dans le grand jardin de son pallais des Thuilleries, qui auront six piedz d'ouverture au rez de chaussée de pavé, sur la haulteur nécessaire pour faire le cours et pante desd. thuiaulx.
Et seront toutes personnes receues à moings dire et rabaisser lesd. ouvraiges, sur le prix de quarante sols la thoise cube et massive.

L'an mil six cens huict, le vingt troisiesme may, je, Thomas de Bonigalle, premier huissier pour le Roy de son Trésor, soubz^{né}, certiffie avoir mis et apposé aultant de la présente affiche contre les portes de la court et des salles du Pallais, Parc civil du Ch^{let} de Paris, Escriptoire des Jurez maçons, Arcenac du Roy, Chasteau du Louvre, porte de la fontaine artificielle et pompe du Pont Neuf et au bas de la montée de la Chambre du Trésor; ad ce qu'aucun n'en prétende cause d'ignorance; en présence de Simon Morand et Michel Aubert, tesmoings. Ainsy signé : de Bonigalle.

Et led. jour vingt quatre^{me} dud. mois de may aud. an, à lad. heure, en lad. salle de l'Arcenac, aurions, en la présence de plusieurs personnes, faict faire lecture de lad. affiche par led. de Bonigalle, faisant entendre aux assistans que les ouvraiges y mentionnés estoient à bailler au rabais et moings disans, sur le pris de quarante sols la thoise cube et massive. On seroit comparu Simon Besgue, lequel après la trois^{me} chandelle esteincte, auroit mis lesd. ouvraiges au rabais à trente cinq sols la thoise cube et massive. Et d'aultant que personne n'auroit voullu faire rabais après led. Besgue, qui nous auroit priez et requis de luy adjuger lesd. ouvraiges, Nous aud. Besgue comme moings disant et rabaissant, avons adjugé et adjugeons lad. besongne mentionnée en lad. affiche, moiennant à raison de trente cinq sols pour chacune thoise cube et massive. Faict et adjugé en lad. salle de l'Arcenac led. jour vingt quatre^{me} may aud. an mil six cens huict. Ainsy signé : Besgue.

Et au dessoubz est escript ce qui ensuict : Lequel Simon Besgue à l'instant a déclaré que l'adjudication à luy présentement faicte est pour et au proffit de Pierre Disle, terrassier, demeurant rue Sainct Vincent ès faux bourgs sainct Honoré, ce que led. Disle, à ce présent, a accepté et promis acquiter et deschargeur led. Besgue lui sattisfaire au contenu de lad. adjudication : ainsy signé : Besgue.

Par devant les notaires et gardenottes du Roy nostre Sire en son Ch^{let} de Paris, soubzsignez, fut présent Pierre Disle, terrassier, demeurant ès Fauxbourgs Sainct Honoré, rue Sainct Vincent [1], paroisse Sainct Roch, lequel a recongneu et confessé et, par ces présentes, confesse avoir promis et promect au Roy nostre Sire, stippulant pour Sa Ma^{té} hault et puissant seigneur messire Maximilian de Bethune [2]... noble homme Jehan de Fourcy [2]... à ce présent, et aussy en la présence de noble homme Jehan de Donon [2]... de vuider les terres qu'il convient pour faire les tranchées et rigolles nécessaires pour pozer et maçonner les thuyaux de plomb qui portent l'eaue de la fontaine artifficielle et pompe du Pont Neuf, depuis le port de l'Escolle Sainct Germain de l'Auxerrois jusques au vivier et canal que Sa Ma^{té} a faict faire dans le grand jardin de son Pallais des Thuilleries, qui auront six piedz d'ouverture au rez de chaussée de pavé, sur la haulteur nécessaire pour faire le cours et pante desd. thuiaulx; le tout conformément et suivant qu'il est porté par l'afiche, dont coppie est cy devant escripte, de laquelle led. Disle dict avoir eu communication. À commancer à y travailler le plus tost que faire se pourra, et le tout rendre faict dedans le plus brief temps que faire se pourra, sans discontinuer.

Et ce, moyennant et à raison de trente cinq solz tournois pour chacune thoise cube et massive de lad. besongne, qui sera paié aud. Disle au feur et à mesure qu'il travaillera, par le Trésorier desd. bastimens, suivant les ordonnances qui luy en seront expédiées. Promettans... Obligeans chacun en droict soy et led. Disle corps et biens comme pour les propres affaires du Roy... Renonceant...

Faict et passé aud. Arcenac, l'an mil six cens huict, le vingt quatre^{me} jour de may, après midy.

M. DE BETHUNE, FOURCY, DE DONON, led. DISLE a déclaré ne sçavoir escripre ne signer, LE VASSEUR [1].

LXVII. — 10 JUILLET 1609. — 336.

POMPE DU PONT-NEUF. — TRAVAUX DE MAÇONNERIE POUR LA CONSTRUCTION D'UN GRAND BASSIN EN FORME RONDE AU MILIEU DU JARDIN NEUF DU PALAIS DES TUILERIES, DU CÔTÉ DU LOUVRE, POUR RECEVOIR PARTIE DE L'EAU DE LA FONTAINE ARTIFICIELLE DU PONT-NEUF.

MARCHÉ PASSÉ AVEC DENIS ROUX, MAÎTRE MAÇON À SAINT-GERMAIN-EN-LAYE, DÉCLARÉ ADJUDICATAIRE LE 4 JUILLET 1609, MOYENNANT LA SOMME DE 4,300 ^{tt}.

L'an mil six cens neuf, le jeudy vingt ungiesme jour de may, deux heures de relevée, en l'Arcenac du Roy, à Paris, devant nous, Jehan de Fourcy sieur de Checy, conseiller du Roy en son Conseil d'Estat, intendant des bastimens de Sa Ma^{té}, et en la présence de Jehan de Donon, conseiller du Roy et contrerolleur général d'iceulx bastimens, a esté proceddé au bail au rabais et moings disant, à l'extinction du feu des chandelles, en la manière accoustumée, des ouvraiges mentionnés en l'affiche dont coppie est cy après transcripte, en la forme et manière qui ensuict :

DE PAR LE ROY

Monseigneur le Duc de Sully, pair et grand voyer de France, superintendant et ordonnateur des bastimens de Sa Ma^{té}, et le sieur de Fourcy, intendant d'iceulx,

On faict assavoir que le lundy unziesme jour du présent mois de may, deux heures de relevée, en la grande salle de l'Arcenac du Roy, à Paris, il sera faict bail, adjudication et délivrance au rabais et moings disans, à l'extinction du feu des chandelles, en la manière accoustumée, des ouvraiges de maçonnerie tant de moillon, chaux et sable, autre maçonnerie de chaux, cyment et cailloux, pierre de taille, moullures, ornemens et enrichissemens d'un grand bassin en forme ronde qui contiendra six à sept thoises de dyametre, que Sa Ma^{té} a commandé estre faict au milieu du jardin neuf de son Pallais des Thuilleryes, du costé du Louvre, qui servira à la fontayne que Sa Ma^{té} a faict faire en iceluy pour recevoir partye de l'eaue de la pompe et fontayne artifficielle du Pont Neuf; le tout suivant et conformément au desseing qui en a esté résolu par Sad. Ma^{té}.

Premierement : pour planter et asseoir la maçonnerie dud. grand bassin, ensemble le rocher ou aultre ornement qui sera mis au milieu d'iceluy, sy le fondz de la fondation à présent faicte ne se trouve assez bon et solide :

---

[1] Actuellement partie de la rue Saint-Roch entre la rue de Rivoli et la rue Saint-Honoré.
[2] Mêmes qualités qu'aux actes qui précèdent.

[1] La minute n'est pas signée du notaire Fournyer.

SURINTENDANT DES BÂTIMENTS.

Sera faict et fouillé aud. mitan une fosse de cinq piedz de profondeur sur huict pieds de dyamettre, dans laquelle se fichera, à coups de hie ou mail, trente picux de chesne, de grosseurs et longueurs qu'il sera besoing, et au dessus d'iceulx, une platteforme dud. chesne sur laquelle s'érigera la fondation du rocher ou fontaine; et, au cas que lad. fondation se trouvast bonne, ne sera besoing desd. picux et platte forme.

Le reste de la maçonnerie de la fondation du fondz dud. grand bassin se continuera en ses sept thoises de dyamettre sur deux piedz d'espoisseur et au pourtour de lad. distance de sept thoises s'eslevera une ceinture de muraille dud. moellon, chaulx et sable, jusques au rez de chaussée dud. jardin, et ce, d'un pied et demy d'espoisseur.

Sur laquelle fondation se fera une aire de cyment de thuilleaux pillés, chaux vifve et cailloux de vignes meslez ensemble, qui aura huict à neuf poulces d'espoisseur, laquelle aire sera battue et mouillée quinze jours durant, pour la rendre plus ferme, sans jarsures et capable à tenir eaue; et après que led. cyment sera bien accommodé, se tirera, dessus lad. aire, une circonférence de six thoises de dyamettre, qui contiendra le dedans dud. bassin, à l'alignement de laquelle l'on commencera à poser les parpins de pierre de taille de vergelé bien taillez selon la cerche de lad. circonférence, faisant led. parpin des deux costez d'un pied d'espoisseur, et laisser entre led. parpin et le mur contre les terres, six à sept poulces de distance qui sera remply, à mesure que l'on maçonnera et lèvera led. parpin, de mortier de cyment, chaulx vive et cailloux de vignes, comme led. aire, lequel corps fauldra bien lyer, joindre et incorporer à icelle en rafraîchissant le mortier, et en ceste façon eslever le tout jusques aud. rez de chaussée.

Pour couvrir laquelle pierre de taille et cyment se fera une bordure de pierre de liais de Senlis, laquelle aura seize poulces de large et douze poulces d'espoisseur, taillée en rond, suivant la circonférence dud. bassin, avec les moulures et saillyes qui seront monstrées par le desseing ou modelle, portant poulce et demy de saillie dans led. bassin.

Plus se feront deux regards de maçonnerie, l'un du costé de l'entrée de l'eaue dans led. bassin, l'autre à l'opposite d'où elle sortira, lesquels regardz seront couverts d'une grande pierre de liais percée et recouverte en feuillure d'une autre pierre de telle grandeur qu'un homme y puisse entrer dedans et tourner les robinets des descharges à son aise.

Plus sera posée, au millieu dud. bassin, un grand dé de liais de Senlis, lequel aura quatre piedz et demy de dyamettre sur deux piedz et demy de hault, qui est la haulteur du rez de chaussée sur lequel se posera le rocher ou fontayne.

Et est à notter que avant que de mettre et maçonner l'aire dud. bassin, il fauldra poser les thuyaux de plomb dessoubz, et choisir les plus forts, qui porteront troys poulces ou troys poulces et demy de dyamettre et lesquels seront bien entortillez de forte thoille accommodée avec cyment dessoubz et dessus, comme aussy le thuyau montant qui passera au travers du dé bien cymenté et souldé à iceluy.

Plus seront faictes les descharges tant pour rincer et vuider lesd. conduictz et thuyaux de plomb, que led. grand bassin; et pour ce faire, se mettront robinets et grilles de bronze pour empescher que les ordures n'entrent aux descharges, prenant garde surtout que lesd. thuyaux, descharges et robinets soient grandz, eu égard à la capacité du bassin, et que l'eau qui vient de la rivière est ordinairement trouble qui ameyne la vaze et ordures, en sorte qu'il fauldra les nettoyer souvent, autrement seroient en danger de se boucher.

Se fera la descharge dud. grand bassin depuis iceluy jusques au hault du jardin vers la porte Soinct Honoré, pour le faire vuider dans l'abreuvoir que Sa Ma^{té} entend faire dans le fossé de la Ville.

Et pour ce faire, sera besoing paver icelle descharge de dallots en esviers de liais avec deux petits murs aux costez de dix huict à vingt poulces de haut, ung pied de large dans œuvre, couverts au dessus de pierre platte servant de couverture.

Plus, sur le dé de liais du millieu dud. grand bassin, se posera ung pied faict à pans de marbre blanc et rouge de plusieurs pièces, lequel sera fourny par Sa Ma^{té}, que l'entrepreneur fera charier du grand jeu de paulme du Louvre jusques au jardin des Thuilleries, et avant que de ce faire, le faire retailler, ragréer et polir au grez et à la ponce seullement, en sorte qu'il soict bien adjouxté, et posera dessus led. pied le grand bassin de marbre blanc et rouge de sept piedz et demy de dyamettre, qu'il prendra soubz la gallerie basse des Thuilleries, après l'avoir à ses despens bien et deuement retaillé et poly au grez et à la ponce, comme dict est, et posera dessus ung autre petit pied et bassin, lequel luy sera aussi fourny avec cinq figures et statues qui se mettront au dessus et costez dud. bassin, que led. entrepreneur sera aussy tenu poser à ses despens. Et pour les thuyaux, robinets et embouschures de cuivre qu'il sera besoing, estant au nombre de cinq, pesant chacune quatre vingts livres ou environ, led. entrepreneur sera aussy tenu en fournir, poser et asseoir à ses despens, avec vingt-cinq ou trente thoises de thuyaux de plomb de trois à quatre poulces de dyamettre, de la force et espoisseur de quatre lignes.

Le tout suivant le desseing qui a esté arresté par Sa Ma^té.

Et seront toutes personnes receues à moings dire et rabaisser lesd. ouvraiges, à la charge par led. entrepreneur d'iceux faire bien et deuement, au dire d'ouvriers et gens à ce congnoissans, les faire recevoir, et outre bailler caution, comme il est accoustumé.

L'an mil six cens neuf, le sept^me jour de may, je, Thomas de Bonigalle, premier huissier pour le Roy de son Tresor soubz^né, certiffie avoir mis et apposé autant de la présente affiche contre les portes du Chasteau du Louvre, Pallais des Thuilleries, Arcenac du Roy, Escriptoire et bureau des jurez maçons, portes de la court et des salles du Pallais, et au bas de la montée de la Chambre du Trésor, ad ce qu'aucun n'en prétende cause d'ignorance. Présens : Simon Morand et Nicolas Chauvelot, tesmoings. Signé : de Bonigalle.

Et led. jour unziesme dud. mois de may, oud. an mil six cens neuf, à lad. heure de deux heures de rellevée, aurions par led. de Bonigalle faict publier que lesd. ouvraiges estoient à bailler au rabais et moings disant sur le prix de sept mil livres. Et ne s'estant trouvé aucuns rabaissans, aurions l'adjudication d'iceulx remise au sabmedy seizeiesme dud. mois de may, auquel jour ne seroit aussy comparu aucun rabaissant, et, par ce moien lad. adjudication remise au jeudy ensuivant, vingt ungiesme jour dud. mois de may.

Et led. jour vingt ungiesme dud. mois de may aud. an mil six cens neuf, se seroient trouvez aud. Arcenac plusieurs entrepreneurs, ausquels aurions faict sçavoir que lesd. ouvrages mentionnez en l'affiche dont coppie est cy-devant escripte estoient à bailler au rabais et moings disant sur led. prix de sept mil livres, mis par Sebastien Jacquet, où seroient comparuz Marcel Le Roy, qui les auroit mis à six mil huict cens livres, par led. Jacquet à six mil livres, par led. Le Roy à cinq mil cinq cens livres, par Jehan Robelin à cinq mil livres. Et sur ce, aurions faict alumer la première chandelle et limité le rabais à quarante livres, sur la fin de laquelle auroit led. Le Roy mis lesd. ouvraiges au rabais à quatre mil neuf cens soixante livres, par led. Jacquet, sur le feu de la deux^me chandelle à quatre mil neuf cens vingt livres, par led. Le Roy, sur le feu de la trois^me chandelle, à quatre mil huict cens quatre vingts livres, par led. Jacquet à quatre mil huict cens quarante livres, par Martin Bouffet, à quatre mil huict cens livres, par led. Le Roy, à quatre mil sept cens soixante livres et par led. Jacquet, à quatre mil sept cens vingt livres, depuis par led. Le Roy à quatre mil six cens livres, et par led. Jacquet à quatre mil cinq cens livres. Sur lequel rabais aurions faict alumer une chandelle qui se seroit esteincte sans rabais, au moyen de quoy seroit led. Jacquet demeuré adjudicataire desd. ouvraiges, comme moings disant.

Et le vingt sixiesme juing ensuivant, seroit comparu par devant Nous Jehan de Fourcy, Denis Roux maistre maçon, demeurant à St Germain en Laye, lequel nous auroyt dict et déclaré que comme de nouvel adverty de l'adjudication desd. ouvraiges cy dessus, il mectoit rabais de la somme de deux cens livres sur la somme de quatre mil cinq cens livres à laquelle lesd. ouvraiges auroient esté adjugez, requérant qu'il nous pleust le recevoir aud. rabais, et, en ce faisant, luy faire bail et adjudication d'iceulx ouvraiges pour la somme de quatre mil trois cens livres, sur quoy aurions ordonné que led. rabais seroit signiffié aud. Sebastien Jacquet, adjudicataire d'iceulx, à ce qu'il n'en prétendist cause d'ignorance, et qu'il eust à se retirer par devant nous pour y moings dire et rabaisser sy bon luy sembloit; ce qui auroit esté faict, comme il nous seroit apparu par l'exploict dud. Bonigalle huissier susdict, datté du vingt sept^me dud. mois de juing.

Et le sabmedy quatreiesme juillet aud. an, seroit de rechef comparu par devant nous, en nostre hostel, led. Roux, lequel nous auroict requis que faulte d'avoir rabaissé par led. Jacquet plus bas et rabaisser iceulx ouvraiges sur lad. somme de quatre mil trois cens livres, à quoy il les auroit rabaissez, il nous pleust luy en faire bail, adjudication et delivrance pour lad. somme, sur quoy aurions interpellé led. Jacquet de rabaisser iceulx, lequel nous auroit déclaré ne pouvoir faire lesd. ouvraiges à plus bas prix que lad. somme de quatre mil cinq cens livres à quoy ils luy auroient esté cy devant adjugés, ne voulloict ny n'entendoict faire aucun rabais, ains consentoit et accordoict que iceulx ouvraiges feussent réadjugez aud. Le Roux.

Au moien de laquelle déclaration à nous faicte par led. Jacquet, nous aurions, en présence de quelques personnes y assistans, faict alumer trois chandelles les unes après les autres et limité le rabais d'icelles, lesquelles seroient esteintes sans rabais. Partant ont esté lesd. ouvraiges réadjugez aud. Le Roux pour lad. somme de quatre mil trois cens livres tournois, aux charges portées par l'affiche cy devant escripte, led. jour quatriesme juillet mil six cens neuf.

FOURCY, DE DONON.

Par devant les notaires et garde nottes du Roy nostre Sire en son Ch[let] de Paris soubz[nez], fut présent Denis Roux, maistre maçon, demeurant à St Germain en Laye, lequel a recongneu et confessé et, par ces présentes, confesse avoir promis et promect au Roy nostred. Sire, stipullant pour Sa Ma[té] noble homme Jehan de Fourcy, s[r] de Checy, conseiller du Roy en son Conseil d'Estat et Intendant des Bastimens de Sa Ma[té], à ce présent, et en la présence de noble homme Jehan de Donon, conseiller du Roy et Contrerolleur général d'iceulx bastimens, de faire et parfaire bien et deuement au dire d'ouvriers et gens à ce congnoissans, tous et chacun les ouvraiges de maçonnerie tant de moellon, chaux et sable; autre maçonnerie de chaulx, cyment et cailloux, pierre de taille, moullures, ornemens et enrichissemens d'un grand bassin en forme ronde qui contiendra six à sept thoises de diamettre, que Sa Ma[té] a commandé estre faict au meilleu du jardin neuf de son Pallais des Thuilleries, du costé du Louvre, qui servira à la fontaine que Sad. Ma[té] a faict faire en icelluy et pour recevoir partie de l'eaue de la pompe et fonteyne artificielle du Pont Neuf, le tout suivant et conformément au desseing qui en a esté resollu par Sa Ma[té] et ainsy qu'il est spécifié par l'affiche dont coppie est cy-devant escripte, de laquelle led. Roux a dict avoir eu communication. Et pour ce faire, fournira icelluy Roux de pierre de taille, liais, moillon, chaux, sable, cyment, cailloux, moullures, ornemens et enrichissemens, ensemble les tuyaulx, robinets et embouchures de cuivre qu'il sera besoing, estant au nombre de cinq, pesant chacune quatre vingts livres ou environ, avec vingt cinq ou trente thoizes de thuyaulx de plomb de trois à quatres poulces de dyamettre, de la force et espoisseur de quatre lignes; le tout selon qu'il est déclaré par lad. affiche. A commencer à y travailler présentement et le tout rendre faict et parfaict bien et deuement, comme dict est, dans troys moys prochains.

Et ce moyennant la somme de quatre mil trois cens livres tournois, qui est le pris à quoy lesd. ouvraiges ont esté adjugés aud. Roux comme moings disant et dernier rabaissant, ainsy qu'il a dict; lequel pris luy sera payé au feur et à mesure qu'il travaillera, par les trésoriers desd. bastimens, suivant les ordonnances qui luy en seront à ceste fin expedyées. Promettans... Obligeans chacun en droict soy et led. Roux corps et biens comme pour les propres affaires du Roy... Renonceant...

Faict et passé en la maison dud. sieur de Fourcy, l'an mil six cens neuf, le dix[me] jour de juillet, après midy.

FOURCY, DE DONON, led. Roux a déclaré ne sçavoir escripre ne signer. DE ROSSIGNOL, FOURNYER.

Section II.

PLACE ROYALE.

LXVIII. — 1ᵉʳ JUILLET 1605. — 168.

Place Royale. — Travaux de maçonnerie pour la construction du Pavillon du Roi selon le plan et dessin arrêté par le Roi.
Marché passé avec Jonas Robelin, maître maçon à Paris, déclaré adjudicataire le même jour, moyennant le prix de 19ᵗ par toise boultavant.

L'an mil six cent cinq, le premier jour de juillet devant Nous, Maximilian de Bethune, marquis de Rosny, grand voier de France et superintendant des bastimens de Sa Ma^té, François Le Febvre et François de Donon, conseillers du Roy, trésoriers généraulx de France en la généralité de Paris, et en la présence de Jehan de Donon, aussi conseiller du Roy et contrôleur général d'iceulx bastimens, en la grande salle de l'Arcenac du Roy à Paris, avons procedé au bail au rabais des ouvraiges de maçonnerie mentionnés au devis cy après transcript en la forme et manière qui en suit :

Devis des ouvraiges de maçonnerie et pierre de taille qu'il convient faire de neuf pour le Roy en la construction d'un grand pavillon que Sa Ma^té a commandé estre érigé en la grande place de son parc des Tournelles, à Paris, suivant le plan et desseing qu'elle en a arresté.

Et premièrement : sera faict de neuf la maçonnerie des fondations de quatre gros murs dudit pavillon, lequel aura huict thoises de long sur six thoises deux piedz de large, dont les tranchées et rigolles des terres seront de cinq piedz de largeur, jusques à vif fondz, dans lesquelles seront plantées lesdites fondations d'iceulx gros murs qui auront quatre pieds despoisseur jusques au rez de chaussée; maçonnez de bon moillon, chaulx et sable; au fondz de laquelle fondation seront mises des pierres de libage et au dessus dudit rez de chaussée seront continuez lesd. murs de troys piedz d'espoisseur jusques à vingt ung pieds de haulteur, garnis par bas de trois assizes de pierre de taille portant parpin, entre deux une; et aux deux façades dud. pavillon, tant du costé de la rue que de lad. place, seront faictz des pillastres et piedz droictz de pierre de taille de clicquart de douze à treize piedz

de hault jusques au chappiteau avec des chesnes et encoignures de pierre aussy portans parpin, entre deux une, et le résidu tant architraves, chappitaux, frizes, corniches, tables et arcades de pierre de Sainct Leu portant les moulleures et enrichissemens desmontrés au desseing qui en a esté faict.

Plus sera faict la maçonnerie des murs des estages desdictes arcades assavoir celuy de la chambre carrée et celuy du galletas, lesquels murs auront deux piedz et demy d'espoisseur revenant à deux piedz trois poulces par hault, faictz aussy de bon moillon, chaulx et sable, dont les encoigneures et croisées seront faictes de pierre de Sainct Leu portans aussy parpin, entre deux une, et les frizes arquitraves et lucarnes de ladicte pierre avec les enrichissemens portés par led. desseing, et sera le corps dud. mur par dehors faict de brique entre les chaisnes et les piedz droictz des croisées, et les murs des deux costés moictoiens par dedans œuvre de lad. espoisseur, où seront érigés des chaisnes de pierre de taille parpeignée par voye, pour porter les poultres. lesd. murs crespis par dehors comme au résidu de lad. brique, laquelle brique sera frottée et polie et non painete et enduict par dedans œuvre, et seront les remplages et appuys des croisées de pierre de liais et les aires des deux chambres au dernier estage de plastre.

Plus sera faicte la maçonnerie de la fondation des deux murs de refent dedans œuvre pour separrer les passages, salle, escallier, garde robbes et cabinetz, fondez à vif fonds de trois pieds d'espoisseur jusques au rez de chaussée, maçonnez de bon moillon, chaulx et sable; et au dessus desd. fondations seront faictz et continuez lesd. murs de deux piedz et demi d'espoisseur jusques à l'arrasement des voultes, et seront garnis de trois assizes de

SURINTENDANT DES BÂTIMENTS.

pierre de taille de clicquart portans parpin, entre deux une et deux paremens; et le résidu desd. murs au dessus desd. assizes jusques aud. arrasement d'icelles voultes, sera faict et maçonné de moillon, chaulx et sable, et dans lesquels seront faicts et erigez à chascum pan de mur six dosseretz de pierres de taille de S¹ Leu portans parpin, entre deux une de la mesme espoisseur. Le tout maçonné bien et deuement comme il appartient, et au dessus desd. murs et dosseretz seront faictes et érigéez six arcades de lad. pierre de Sainct Leu à chascune desd. grandes et petites voultes et le reste desd. voultes, entre lesd. voultes et dosseretz maçonnés de bonne bricque frottée et pollye comme dict est, et le reste avec le remplage des raings d'icelles voultes sera faict et maçonné de moillon, chaulx et sable, et les planchers ou aires d'audessus desd. voultes seront faicts de carreau à pantz de terre cuytte, et au dessus continuer lesd. murs de refent de dix huict poulces d'espoisseur jusques à l'entablement; le tout maçonné de bon moillon, chaulx et sable, esquelz seront erigées des jambes parpaignes de pierre de taille soubz les poultres et des huysseries de pierre de Sainct Leu aussy parpaignes, enduicts de plastre des deux costés. Ensemble faire les deux petits murs traversins entre l'escallier, garderobbe et cabinetz comme lesd. deux murs de refent de mesme espoisseur et garniz de chaisnes et huysseries de pierre de taille comme il est démonstré par le plan.

Plus faire la maçonnerie de l'escallier, lequel contiendra vingt pieds de long sur unze pieds de large dedans œuvre, garny de son eschyffre servant de noyau fondé sur vif fondz, maçonné en fondation de moillon, chaulx et sable de quatre poulces d'espoisseur jusques au rez de chaussée, et au dessus du rez de chaussée de pierre de sainct Leu de quatorze poulces d'espoisseur portant parpin dont les troys premières assizes seront de pierre dure, ensemble les palliers et marches du premier estage qui seront faicts de pierre de lyais; et le résidu duquel noyau faict de maçonnerie de mesme largeur et espoisseur que celuy de pierre et les deux testes d'iceluy de lad. pierre de Sainct Leu et le dernier estage de maçonnerie et charpenterie.

Plus fault faire la maçonnerie des planchers de l'estage en galletas au dessus des salles garderobbes et cabinetz de l'estage carré et des cloisons qui seront trouvées nécessaires pour la commodité des lieux suivant leurs separpation.

Plus faire la maçonnerie des lambriz desd. galletas tant de costé que d'aultre s'il en est besoing.

Plus faire la maçonnerie de tous les thuyaux, manteaux, âtres et jambages des cheminées aux

lieux et endroicts dessignez par le plan et desseing, lesquelz thuyaux seront faicts de brique et lesd. manteaux et jambages de plastre ou bricque ainsi qu'il sera accordé, et des mesmes ornemens dont sera baillé le desseing à l'entrepreneur par ceulx qui auront la charge dud. bastiment.

Tous lesquelz ouvrages de maçonnerie devant déclarez seront bien et deument faicts et parfaicts des mesures et espoisseurs, pierre de taille et matières cy dessus spécifiées et tranchées des terres à ce nécessaires pour la fondation des murs.

Et seront iceulx ouvraiges thoisés à thoise boutavant, au prix de trente livres pour chascune thoise, rendant place nette, dont l'entrepreneur sera paié au feur qu'il y travaillera; et seront toutes personnes receues à mettre rabais.

Et led. jour premier juillet aud. an mil six cens cinq, en ladite salle de l'Arcenac, deux heures de relevée, seroient comparuz plusieurs entrepreneurs ausquels aurions faict entendre les ouvraiges de maçonnerie mentionnez aud. devis dont coppie est cy-dessus transcripte et dont nous avons faict faire lecture par de Bonigalle, huissier pour le Roy en son Trésor, estoient à bailler au rabais et moings disans sur le pris de trente livres pour chascune thoise desd. ouvrages de maçonnerie, thoise boutavant.

Ce faict, auroient iceulx ouvraiges esté mis au rabais par Sébastien Jacquet à vingt sept livres chascune thoise, après lequel rabais nous aurions fait allumer troys chandelles l'une après l'autre, et sur le feu de la première, iceulx ouvraiges ont esté mis au rabais par Jonas Robelin à vingt six livres, par René Fleury sur le feu de la seconde chandelle à vingt quatre livres, par Jacquet à vingt deux livres, par Martin Boullet à vingt livres et par led. Robelin sur le feu de la dernière chandelle, à dix neuf livres. Et voyant que personne n'a voulu rabaisser le pris desd. ouvraiges, ayant interpellé lesd. assistans d'y mettre rabais, et que led. Robelin nous a prié et requis luy vouloir délivrer lesd. ouvraiges de maçonnerie mentionnez aud. devys pour le prix de dix neuf livres par thoise, pour le désir qu'il a de servir Sa Ma¹⁰, Nous aud. Jonas Robelin comme moings disant et rabaissant, avons adjugé, baillé et délivré, adjugeons, baillons et délivrons lesd. ouvraiges de maçonnerie mentionnés et spécifiiés aud. devis, moiennant la somme de dix neuf livres pour chascune thoise desd. ouvraiges de maçonnerie, à la charge d'iceulx faire et parfaire bien et deuement, au dire d'ouvriers et gens à ce congnoissans, des matières selon et en la forme que le contient led. devis et de bailler caution. Faict led. premier jour dud. mois de juillet mil six cens cinq; ainsy signé, Robelin.

Pardevant les notaires du Roy nostre Sire en son Chastelet de Paris, soubzsignés, fut present Jonas Robelin, maistre maçon à Paris, demeurant rue Chappon, parroisse de S¹ Martin des Champs, lequel a recongneu et confessé et, par ces présentes, confesse avoir promis et promect au Roy nostre sire, stippulant pour Sa Ma¹ᵉ hault et puissant seigneur messire Maximilian de Bethune, chevalier, sieur et marquis de Rosny, baron de Sully, conseiller du Roy en ses Conseils d'Estat et privé, cappitaine de cent hommes d'armes de ses Ordonnances, grand voier, grand maistre et cappitaine général de l'Artillerie, superintendant des finances et bastimens de Sa Ma¹ᵉ, gouverneur et lieutenant général pour Sad. Ma¹ᵉ en Poictou, Françoys Le Febvre et François de Donon, conseillers de Sad. Ma¹ᵉ, trésoriers généraulx de France en la généralité de Paris, à ce présens, et en la présence de noble homme Jehan de Donon, aussy conseiller du Roy et contrerolleur général d'iceulx bastimens, de faire et parfaire bien et deument, au dire d'ouvriers et gens à ce congnoissans, tous et chacun les ouvrages de maçonnerie et pierre de taille mentionnez et spécifiez au devis dont coppie est cy-dessus transcripte, qu'il convient faire de neuf pour le Roy en la construction d'un grand pavillon que Sad. Ma¹ᵉ a commandé estre érigé en la grande place de son parc des Tournelles à Paris, suivant le plan et desseing qu'elle en a arresté, duquel led. Robelin dict avoir eu communiquation et lecture. Et pour ce faire, fournira led. Robelin de bon plastre, chaux et sable, pierre de taille, bricque et aultres choses à ce nécessaires. A commencer à y travailler dedans le prochain jour et le tout rendre faict et parfaict bien et deuement, comme dict est, dedans le plus brief temps que faire se pourra.

Et ce moiennant et à raison de dix neuf livres tournois pour chacune thoise desd. ouvrages de maçonnerie, qui seront thoisés à thoise boutavant, qui est le prix à quoy ilz ont esté adjugez and. Robelin comme moings disant et rabaissant. Lequel prix sera payé aud. Robelin, au feur et à mesure qu'il travaillera, par les trésoriers généraulx desd. bastimens, suivant les ordonnances qui lui en seront à ceste fin expediées. Promettants... Obligeant led. Robelin corps et biens comme pour les propres affaires du Roy... Renonceant...

Faict et passé en l'Arcenac du Roy à Paris, l'an mil six cent cinq, le premier jour de juillet, après midy.

Maximilian de Bethune. de Donon, Lefevre, de Donon, J. Robelin. Herbin, Fourneyer.

LXIX. — 1ᵉʳ JUILLET 1605. — 169.

Place Royale. — Travaux de charpente pour la construction du Pavillon du Roi, selon le plan et dessin arrêtés par le Roi.

Marché passé avec Gilles Le Redde, maître charpentier de la Grande Coignée, déclaré adjudicataire, le même jour, moyennant le prix de 297ᴸ le cent de bois mis en œuvre.

L'an mil six cens cinq, le premier jour de juillet, devant nous, Maximilian de Bethune, marquis de Rosny, grand voyer de France et superintendant des bastimens de Sa Ma¹ᵉ, Françoys Le Febvre et François de Donon, conseillers du Roy, trésoriers généraulx de France en la Généralité de Paris, et en la présence de Jehan de Donon, aussy conseiller du Roy et controlleur général desd. bastimens, a esté procédé au bail et rabais des ouvrages de charpenterie et menuiserie mentionnez en l'affiche cy après transcripte, en la forme et manière qui en suict.

De par le Roy

Monsieur le marquis de Rosny, grand voyer de France, et messieurs les trésoriers généraulx de France à Paris.

On faict assavoir que le [1] jour de juillet prochain, deux heures de relevée, en la grande salle de l'Arcenac de ceste ville, il sera par lesd. sieurs fait bail et adjudication et délivrance au rabais et moings disans à l'extinction des chandelles, en la manière accoustumée, des ouvrages de charpenterie et menuiserie à faire pour la construction du grand pavillon que le Roy a ordonné estre faict en la place du parc des Tournelles de ceste ville, suivant le plan et desseing qui en a esté faict, selon et ainsi qu'il s'ensuict.

Assavoir : faire de neuf la charpenterie du plan-

[1] Lacune dans le texte.

SURINTENDANT DES BÂTIMENTS.

cher pour la première chambre, lequel sera garny de deux poultres chacune de quatre thoises et demie de long, de dix sept poulces de gros, nettes, taillées et refeuillées par dessus pour mettre les lambourdes, et sur icelles seront assemblées trois travées de plancher enfoncées, chacune travée garnie d'une lambourde et d'une sablière de vingt-cinq piedz de long, d'unze poulces de hault et de cinq à six poulces de gros. Entre lesquelles seront assemblées à chacune desd. travées vingt trois solives chacune de douze piedz de long, de cinq à sept poulces de gros, et ung poulce de bouge, et icelle assemblée à mortaises dans lesd. sablières taillées et rabotées et couvertes d'aiz d'entrevoux de mesme longueur, de neuf poulces de large et un poulce d'espois, clouées sur lesd. solives et ériger l'enchevestrure pour led. passage de la cheminée ou besoing sera, dont les solives d'icelles seront de boys de brin de huict à neuf poulces de gros. Le tout assemblé comme il appartient et levé en place.

Plus faire de neuf la charpenterie de la grande travée des garde robes et cabinets de l'autre costé de l'escallier, lequel sera garny de deux sablières le long des murs, chacune de cinq thoises et demie de long, d'ung pied de hault et sept poulces de gros, dans lesquelles seront assemblées trente deux solives chacune de douze piedz de long, de cinq à sept poulces de gros assemblées à mortaises dans lesd. sablières, et couvertes d'aiz d'entrevoux de la longueur desd. solives de neuf poulces de large et ung poulce de gros, clouées sur lesd. solives, et ériger les enchevestrures pour les cheminées dont lesd. solives seront de boys de brin de huict poulces en carré le tout taillé et raboté.

Faire aussy de neuf la demie travée attenant l'escallier, laquelle aura quinze piedz de long sur douze piedz de large, lequel sera garny de sablières et solives de mesme eschantillon que celles cy devant déclarées, icelles enfoncées, taillées et rabotées comme l'autre et couverte d'aiz d'entrevoux.

Plus faire de neuf la charpenterie des cloisons dans les chambres en galletas, lesquelles seront faictes suivant le plan, pour faire la sepparation desd. chambres, garde robes et cabinets, garnies de sablières par bas et remplies de potteaux de remplages de la haulteur qu'il appartiendra, de cinq à six poulces de gros, espassez de pied en pied, et ériger les huisseries où il sera besoing, faire des membres ronds aux huisseries et raboter les potteaux, ensemble faire les palliers du second estage de l'escallier et fournyr led. estage de marches moullées et faire le garde fol, le tout de boys neuf.

Faire aussy de neuf la charpenterie du comble dudit pavillon, en pavillon garny de deux crouppes de la reddeur du desseing, lequel pavillon aura huict thoises de long sur six thoises de large, garniz sur les murs de double platte forme de la longueur qu'il appartiendra, de sept poulces en carré, garniz de leurs entretboises et de mesme grosseur et de deux pieds et demy de long mis à mortaises et queue d'éronde dans lesd. sablières, sur lesquelles sablières sera mis et apporté quarante fermes comprins les crouppes deux pour une, desquelles y aura dix huict maistresses fermes dont les chevrons auront six thoises de long et six à sept poulces de gros, dont cinq d'icelles portant poinson et troiz entraicts à chacune d'icelle ferme, dont le premier entraict aura quatre thoises de long, l'autre quinze pieds et l'autre sept, de six à sept poulces de gros, chacune ferme assemblée à sept quartiers la première anraieure et la seconde à cinq, garniz de leurs aisselliers et jambettes desd. longueurs qu'il appartiendra, de cinq, six et sept poulces de gros. Ensemble faire lesd. anraieures des crouppes avec les coiers. Le tout desd. longueurs qu'il appartiendra, de cinq, six et sept poulces de gros, d'eschantillon, tant les festières que liernes et anraieures, les poinsons de vingt ung pieds de long et neuf à dix poulces de corps, les quatre arrestiers, chascun d'iceulx de six thoises et demie de long, d'un pied de large et de neuf poulces de gros, portant deslardement, le tout assemblé à tenon et mortoise suivant led. desseing et faire les fermettes et noulletz des six lucarnes de boys de trois et quatre poulces de gros et les sablières de quatre à six poulces, le tout mis et posé en place.

A la charge par l'entrepreneur de bien et deuement faire et parfaire tous lesd. ouvraiges, au dire de gens à ce congnoissans, des longueurs et eschantillons portées par led. devis, sur le pris de six vingt escus.

Et seront toutes personnes receues à moindre et rabaisser lesd. ouvraiges sur led. prix, à la charge aussy de bailler caution et faire iceulx ouvraiges recevoir, ainsi qu'il est accoustumé. Faict à Paris, le [1] jour de [1] mil six cens cinq.

Et led. premier jour de juillet, audict an mil six cens cinq, en lad. salle de l'Arceuac, deux heures de relevée, seroient comparuz plusieurs entrepreneurs ausquels aurions faict entendre que les ouvraiges de charpenterye et menuiserie cy devant mentionnez estoient à bailler au rabaiz et moings

[1] Lacune dans le texte.

disant sur le prix de trois cens soixante livres tournois le cent de bois. Ce faict, auroient iceulx ouvraiges esté mis au rabais par Lois à trois cens trente livres, par Alexandre Berger à trois cens livres, et par Gilles Le Redde à deux cens quatre vingt dix sept livres led. cent de bois. Et voyant que personne n'a voullu rabaisser le prix desd. ouvraiges et que led. Le Redde nous a prié et requis luy voulloir délivrer lesd. ouvraiges de charpenterie et menuiserie pour led. prix de deux cents quatre vingt dix sept livres led. cent dud. bois, pour le desir qu'il a de servir Sad. Ma^{te}, Nous, aud. Gilles le Redde avons adjugé, baillé et délivré, adjugeons, baillons et delivrons lesd. ouvraiges de charpenterie et menuiserie mentionnez et spécifiez en l'affiche dont coppie est cy dessus transcripte, moiennant la somme de deux cens quatre vingt dix sept livres tournois pour chacun cent dud. bois mis en œuvre, à la charge d'iceulx ouvraiges faire et parfaire bien et deuement, au dire d'ouvriers et gens à ce congnoissans, en la forme qu'il est contenu par lad. affiche et de bailler caution. Faict led. premier jour dud. mois de juillet audict an mil six cens cinq.

Par devant les notaires du Roy nostre Sire en son Ch^{let} de Paris, soubz^{nez}, fut présent Gilles le Redde, maistre charpentier de la Grande Coignée à Paris, demeurant rue du Petit Musse, parroisse Sainct Paul, lequel a recongneu et confessé avoir promis et promect au Roy nostre Sire, stippullant pour Sa Ma^{te} hault et puissant seigneur messire Maximilian de Bethune$^{(1)}$..., François Lefebvre et François de Donon, conseillers de Sad. Ma^{te} et trésoriers généraulx de France en la généralité de Paris, à ce présens et aussy en la présence de noble homme Jehan de Donon, conseiller du Roy et contrerolleur général desd. bastimens, de faire et parfaire bien et deuement, au dire d'ouvriers et gens à ce congnoissans, tous et chacun les ouvraiges de charpenterie et menuiserie mentionnez et spécifiez en l'affiche dont coppie est cy dessus transcripte, qu'il convient faire de neuf pour le Roy, pour la construction d'un grand pavillon que le Roy a ordonné estre faict en la place du parc des Tournelles de cested. ville, suivant le plan et dessaing qui en a esté faict, de laquelle affiche et dessaing led. Le Redde dict avoir eu communiquation. Et pour ce faire, fournira led. Le Redde de bois de charpenterie et menuiserie suivant et au désir desd. affiche et dessaing. A commencer à y travailler le plustost que faire ce pourra et le tout rendre faict et parfaict, bien et deuement comme dict est, aussy le plustost que faire ce pourra.

Et ce moiennant la somme de deux cens quatre vingt dix sept livres tournois par chacun cent dud. boys mis en œuvre. Laquelle somme sera paiée aud. Le Redde, au feur et à mesure qu'il travaillera, par les trésoriers généraulx desd. bastimens suivant les ordonnances qui lui en seront à ceste fin expédiées. Promettans... obligeant led. Leredde corps et biens comme pour les propres affaires du Roy... Renonceant...

Faict et passé en l'Arcenac du Roy à Paris, l'an mil six cent cinq, le premier jour de juillet, après midy.

MAXIMILIAN DE BETHUNE, LEFEVRE, DE DONON, DE DONON. G. LE REDDE, HERUIN, FOURNYER.

$^{(1)}$ Mêmes qualités qu'à l'acte qui précède.

SURINTENDANT DES BÂTIMENTS. 163

Section III.
GOBELINS.

LXX. — 26 JUILLET 1608. — 212.

Gobelins. — Travaux de maçonnerie pour réparer et accommoder le logis attenant à celui des Gobelins, sis au faubourg Saint-Marcel, à côté de l'entrée regardant sur le grand chemin, lequel logis Sa Majesté a commandé être loué pour y loger bon nombre d'ouvriers tant Français que Flamands, et y mettre plusieurs métiers pour y travailler à la manufacture de ses tapisseries de Flandres.
Marché passé avec Étienne Tartaize, maçon à Paris, déclaré adjudicataire le même jour, moyennant le prix de six livres quinze sols tournois la toise.

L'an mil six cens huict, le vingt sixiesme jour de juillet, deux heures de relevée, en la grande salle de l'Arcenac, à Paris, devant nous Maximilian de Bethune, duc de Sully, pair de France, Superintendant des finances et bastimens de Sa Ma⁽ᵗᵉ⁾, Jehan de Fourcy, sieur de Checy, conseiller du Roy en son Conseil d'Estat, Intendant desd. bastimens, et en la présence de Jehan de Donon, aussy conseiller du Roy et Contrerolleur général d'iceulx bastimens, a esté proceddé au bail au rabais et moings disans, à l'extinction du feu des chandelles, en la manière accoustumée, des ouvraiges de maçonnerie mentionnez en l'affiche dont coppie est cy après transcripte, en la forme et manière qui ensuict :

De par le Roy

Et Monseigneur le duc de Sully, pair et grand voyer de France, superintendant des bastimens de Sa Ma⁽ᵗᵉ⁾.
On faict assavoir que le mercredy vingt troisiesme jour du présent moys de juillet, deux heures de relevée, en la grande salle de l'Arcenac du Roy, à Paris, il sera faict bail au rabais et moings disans, à l'extinction du feu des chandelles, en la manière accoustumée, des ouvraiges de maçonnerie qu'il convient faire aux reparations et accommodemens d'une maison et corps de logis attenant à celuy des Gobelins et les deppendances d'iceluy, seiz aux faux bourgs Sainct Marcel, sur et à costé de l'entrée regardant sur le grand chemin, lequel logis Sa Ma⁽ᵗᵉ⁾ a commandé estre pris et loué pour y loger bon nombre d'ouvriers tant Françoys que Flamens et y mettre plusieurs mestiers pour travailler à la manufacture de ses tappisseries de Flandres.

Premièrement : sera faict la maçonnerie de deux planchers carrez et aire au dessoubz, avec celuy du galetas, les thuyaux de cheminées, jambaiges, manteaux, astres et contremurs, comme aussy les cloisonnaiges desd. premier et second estage, cage, noyau et coquille de l'escallier, percement et saillye de dix huict croisées et huict lucarnes dans les gros murs dud. logis pour donner jour et esclairer la grande bouticque, chambres et allées d'iceluy.
Plus seront faicts les enduictz et renformiz au pourtour des murs dans œuvre, avec les lambris des galletas d'un costé seullement.
Sera aussy faict la maçonnerie d'un plancher au petit logis en potence, avec deux thuyaux de cheminées et deux manteaux, astres et contremurs, l'un pour servir à la salle et l'autre pour servir à la chambre au dessus, avec le percement et cueillie d'une huisserie et petite montée pour monter de lad. chambre à l'allée du grand logis, ensemble la maçonnerie des aires au dessoubz.
Plus, sera faicte une fosse à privé de trois thoises de long, et dix piedz de large et douze piedz de hault, le tout maçonné de chaux, sable et moillon de deux piedz d'espoisseur, et la voulte de plastre et moillon, et la maçonnerie de la cage au dessus pour couvrir icelle, et y garder le passaige des sièges.
Plus la maçonnerie d'un privé en saillye sur la

Le marché aprouvé⁽¹⁾*».*

⁽¹⁾ Annotation manuscrite de Sully.

21.

rivière, pour servir aux compaignons tappissiers qui travaillent en la grande boulicque neufve, à costé la petite boutieque où sont les soyes; et, pour ce faire, sera desmoly un gros mur qui sépare lad. petite bouticque et le tirouer de la citerne, ensemble desmolir les assizes dud. tirouer, faire la maçonnerie d'un plancher pour couvrir led. tirouer, percer et acueillir deux fenestres pour esclairer aud. accroissement et boucher de maçonnerie une huisserie, enduire et restablir tous lesd. murs au pourtour et seller des lambourdes à l'aire pour clouer des aiz dessus.

Plus percer et fouiller ung puis pour servir à la maison du pavillon où se tient le sieur de Comaus[1], et iceluy estant percé sera maçouné de moellon picqué et de chaux et sable et y mettre une mardelle au dessus.

Et seront toutes personnes receues à moings dire et rabaisser lesd. ouvraiges, à la charge de les faire recevoir et bailler caution.

L'an mil six cens huict, le dix neufiesme jour de juillet, je Thomas de Bonigalle, premier huissier pour le Roy de son Trésor, soubz⁹⁰, certiffie avoir mis et apposé auffant de la présente affiche contre les portes de l'Arcenac du Roy à Paris, entrée de l'Auditoire des jurés maçons, dans le bureau de l'Escriptoire, portes de la court et des salles du Pallais, Hostel de Ville, carrefour de l'entrée de Grève, parc civil du Chastellet de Paris, entrée du Pont Neuf et au bas de la moutée de la chambre du Trésor; ad ce qu'aulcun n'en prétende cause d'ignorance; en présence de Nicolas Chauvelot et Simon Morand, tesmoings. Ainsy signé : de Bonigalle.

Et led. jour vingt trois⁹ᵐᵉ dud. mois de juillet, en lad. salle de l'Arcenac, aurions faict savoir que

[1] Marc de Comans et François de La Planche, tous deux « gentilshommes flamans et directeurs de la fabrique des tapisseries de Flandres en France, demourans à S' Marcel lez Paris, rue Mouffetart, parroisse S' Ypolite», furent associés jusqu'en 1629, époque à laquelle ils furent remplacés par leurs fils Charles de Comaus et Raphaël de La Planche. Cette association fut bientôt rompue; Charles de Comans, resté seul aux Gobelins, mourut en 1634. Son père, qualifié alors «noble homme Marc de Comans, sieur des Hermiles, ancien directeur des manufactures des tappisseries à la marche façon de Flandres qui se font en France pour le service du Roy, establyes à S' Marcel lez Paris, y demourant, héritier mobilier de feu noble homme Charles de Comans son fils, vivant directeur desd. manufactures», reçoit, le 14 juillet 1635, du trésorier général des bâtiments, une somme de 1,840ᵛ à compte sur les ouvrages de tapisserie exécutés par son fils pour le service du roi «en outre et par dessus la somme de quinze cens livres que led. feu de Comans son fils a cy devant receue sur lesd. ouvraiges.» (Bibl. nat. ms. P. O. 824.)

lesd. ouvraiges estoient à bailler au rabais et moings disans, et ne s'estans trouvé aucuns pour iceulx mettre au rabais, aurions l'adjudication remise au vingt six⁹ᵐᵉ dud. mois de juillet.

Auquel jour vingt six⁹ᵐᵉ dud. mois de juillet, en lad. salle de l'Arcenac, à lad. heure de deux heures de relevée, aurions par led. Bonigalle faict faire lecture de lad. affiche, et que les ouvraiges y mentionnez estoient à bailler au rabais et moings disans, où seroict comparu Guillaume Turpin, qui les auroict mis au rabais à sept livres tournois, et par Estienne Tartoise à six livres quinze solz, après les troys chandelles esteintes; et pour ce qu'il ne se seroict présenté autre rabaissant et que led. Tartoise nous auroict requis de luy adjuger lesd. ouvraiges, nous, aud. Tartoise, comme moings disant et dernier rabaissant, avons adjugé, baillé et délivré, adjugeons, baillons et délivrons lesd. ouvraiges de maçonnerie mentionnez en lad. affiche, moyennant et à raison de six livres quinze solz tournois pour chacune thoise, aux charges portées par lad. affiche. Faict et adjugé ledicl jour vingt six⁹ᵐᵉ juillet audit an mil six cens huict.

Par devant les notaires et gardenottes du Roy nostre sire en son Ch⁹ᵗ de Paris, soubz⁹⁹⁹, fut present Estienne Tartoise, maçon à Paris, demeurant rue des Jardins, parroisse Sainct Paul, lequel a recongneu et confessé et, par ces présentes, confesse avoir promis et promect au Roy nostre sire, stipulant pour Sa Ma¹ᵉ hault et puissant seigneur messire Maximilian de Bethune, duc de Sully, pair de France, marquis de Rosny, comte de Dourdan, seigneur souverain de Boisbelle, baron de Baugy, La Chappelle, Bruyères et Espineul, conseiller du Roy en ses Conseils d'Estat et privé, cappitaine de cent hommes d'armes de ses Ordonnances, grand voyer, grand maistre et cappitaine général de l'Artillerie, Superintendant des Finances et bastimens de Sa Ma¹ᵉ, gouverneur et lieutenant général pour Sad. Ma¹ᵉ en Poictou, noble homme Jehan de Fourcy, s' de Chicy, conseiller du Roy en son Conseil d'Estat, Intendant desd. bastimens, à ce présens et en la présence de noble homme Jehan de Donon, conseiller du Roy et Contrerolleur général d'iceulx bastimens, de faire et parfaire bien et deuement, au dire d'ouvriers et gens à ce congnoissans, tous et chacun les ouvraiges de maçonnerie mentionnez en l'affiche dont coppie est cy devant escripte, qu'il convient faire aux reparations et accommodemens d'une maison et corps de logis attenant à celuy des Gobelins et les dépendances d'iceluy, seiz aux faux-bourgs Sainct Marcel, sur et à costé de l'entrée regardant sur le grand chemin, lequel logis Sa

Ma`té` a commandé estre pris et loué pour y loger bon nombre d'ouvriers tant François que Flamens et y mettre plusieurs mestiers pour travailler à la manufacture de ses tappisseries de Flandres; le tout suivant et conformément à l'affiche dont coppie est cy devant escripte, de laquelle led. Tartoise dict avoir eu communication et, pour ce faire, fournira de toutes matières à ce necessaires. A commencer à y travailler présentement et le tout rendre faict dedans la fin de la présente année.

Et ce moyennant et à raison de six livres quinze solz tournois pour chacune thoise desd. ouvraiges de maçonnerie; lequel pris luy sera payé, au feur et à mesure qu'il travaillera, par les thresoriers desd. bastimens suivant les ordonnances qui luy en seront à ceste fin expédyées. Promettans... Obligeans chacun en droict soy et led. Tartoise corps et biens comme pour les propres affaires du Roy... Renonceant...

Faict et passé aud. Arcenac, l'an mil six cens huict, le vingt six`me` jour de juillet, après midy.

MAXIMILIAN DE BETHUNE, FOURCY, DE DONON, ESTIENNE TARTAIZE, LE VASSEUR, FOURNYER.

LXXI. — 9 AOÛT 1608. — 218.

GOBELINS. — TRAVAUX DE CHARPENTE POUR LES RÉPARATIONS ET ACCOMMODEMENTS DU CORPS DE LOGIS LOUÉ PAR LE ROI.

MARCHÉ PASSÉ AVEC JEAN ÉCHAPPE, MAÎTRE CHARPENTIER À PARIS, DÉCLARÉ ADJUDICATAIRE LE MÊME JOUR, MOYENNANT LE PRIX DE 280 ᴸᵗ LE CENT DE BOIS.

L'an mil six cens huict, le neufiesme jour d'aoust, deux heures de relevée, en la grande salle de l'Arcenac du Roy, à Paris, devant nous, Maximilian de Bethune, duc de Sully, pair de France, Superintendant des finances et bastimens de Sa Ma`té`, Jehan de Fourcy, sieur de Checy, conseiller du Roy en son Conseil d'Estat, Intendant desd. bastimens, et en la présence de Jehan de Donon, conseiller du Roy et Contrerolleur général d'iceulx bastimens, a esté procedé au bail au rabais et moings disans, à l'extinction du feu des chandelles, en la manière accoustumée, des ouvraiges mentionnez en l'affiche dont coppie cy après transcripte, en la forme et manière qui ensuit :

DE PAR LE ROY

Et Monseigneur le duc de Sully, pair et grand voyer de France, superintendant des bastimens de Sa Ma`té`.

On fait assavoir que le mercredy vingt trois`me` jour du présent mois de juillet, deux heures de relevée, en la grande salle de l'Arcenac du Roy, à Paris, il sera faict bail au rabais et moings disans, à l'extinction des chandelles, en la manière accoustumée des ouvraiges de charpenterye qu'il convient faire aux repparations et accommodemens d'une maison et corps de logis attenant celuy des Gobelins et les deppendances d'iceluy, seiz au Faubourg S` Marcel, et à costé de l'entrée regardant sur le grand chemin. Lequel logis Sa Ma`té` a commandé estre prins et loué pour y loger bon nombre d'ouvriers tant Françoys que Flamans, et y mettre plusieurs mestiers pour la manufacture de ses tappisseries de Flandres.

Premièrement : sera faict la charpenterie nécessaire pour accommoder deux estaiges dud. grand corps de logis. qui conciste en cinq poultres neufves, chascune de quatre thoises et demie de long sur seize à diz-sept poulces de gros, oultre les cinq qui y sont de présent que l'on fera reservir; lesd. deux planchers garniz de douze travées de solives, chacune de douze piedz de long et de cinq à sept poulces de gros, chascune desd. travées garnies de vingt une solives avec leurs sablières aux deux bouts.

Seront faictz aussy tous les potteaux, sablières, linteaux, pour les séparations de l'allée, chambres, des longueurs et grosseurs qui seront nécessaires.

Comme aussy la charpenterie de l'escaillier pour monter audit logis, garny de deux noyaux chacun de trente piedz de long ou environ, et de six à huict poulces de gros, garny de ses potteaux, lymons, sablières, marches et remplaige, des longueurs, grosseurs qu'il appartiendra.

Plus les linteaux de vingt quatre fenestres et lucarnes, qui seront faictz de bon bois de brin de six à sept piedz de long chascun, sur six poulces en carré, avec le gros poteau qui servira d'estaye à la poultre du mitan dud. corps de logis en l'estaige d'en bas qui doibt porter deux cheminées desd. chambres à monter.

Et seront touttes personnes receues à moings dire et rabaisser sur le prix de trois cens dix livres le cent de boys, au compte des marchans, à la charge de faire recevoir lesd. ouvraiges et bailler caution. (*Suit le certificat d'affichage semblable à celui du marché précédent.*)

Et led. jour vingt troisiesme dud. mois de juillet, en lad. salle de l'Arcenac, à lad. heure de deux heures de relevée, aurions faict savoir que lesd. ouvraiges estoient à bailler au rabais et moings disans, et ne s'estant présenté aucuns pour iceulx mettre au rabais, aurions l'adjudication remise au vingt sixiesme dud. mois de juillet.

Auquel jour vingt sixiesme dud. mois de juillet, en lad. salle de l'Arcenac, deux heures de relevée, aurions par led. de Bonigalle faict faire lecture de lad. affiche, faisant entendre aux assistans que lesd. ouvraiges de charpenterie estoient à bailler au rabais et moings disans sur led. pris de trois cens dix livres led. cent de boys, au compte des marchans, où seroict comparu Jehan Eschappe, qui les auroict mis au rabais à trois cens neuf livres et depuis, sur le feu de la deux^{me} chandelle, les auroict encores rabaissés à trois cens six livres; depuis lequel rabais ne se seroict présenté aucuns pour les mettre au rabais, au moyen de quoy, aurions l'adjudication remise au mercredy ensuivant trentiesme dud. moys de juillet, et dud. jour trenteiesme juillet au sixiesme jour d'aoust, esquelz jours ne se seroient trouvé aucuns pour rabaisser lesd. ouvraiges sur le rabais faict par led. Eschappé. Ce que voyant, aurions lad. adjudication de rechef remise et continuée au neufiesme jour dud. mois d'aoust.

Et led. jour neufiesme aoust, en lad. salle et à la mesme heure que dessus, se seroient trouvez plusieurs entrepreneurs en la présence desquelz aurions faict faire lecture de lad. affiche par led. de Bonigalle et que lesd. ouvraiges estoient à bailler au rabais sur le pris de trois cens six livres, où seroict comparu Marin Janet, qui les auroict mis au rabais à trois cens livres, par led. Eschappe à deux cens quatre vingts dix livres, par led. Janet à deux cens quatre vingts cinq livres et par led. Eschappe à deux cens quatre vingts livres led. cent de bois. Et d'aultant qu'il ne seroict comparu autres personnes pour mettre lesd. ouvraiges au rabais et que led. Eschappe nous auroict prié et requis de luy adjuger iceulx ouvraiges pour le désir qu'il a de servir Sad. Ma^{té}, Nous, aud. Eschappe, comme moings disant et dernier rabaissant, avons baillé et adjugé, baillons et adjugeons lesd. ouvraiges de charpenterie mentionnez en lad. affiche dont coppie est cy devant escripte, moyennant et à raison de deux cens quatre vingts livres pour chacun cent de bois de charpenterie, aux charges portées en lad. affiche. Faict et adjugé en lad. salle de l'Ar-

cenac, led. jour neufiesme aoust aud. an mil six cens huict.

Par devant les notaires et garde nottes du Roy nostre Sire, en son Ch^{let} de Paris, soubz^{nez}, fut présent Jehan Eschappe, maistre charpentier à Paris, demeurant rue aux Marestz, parroisse Sainct Paul, lequel a recongneu et confessé et, par ces présentes, confesse avoir promis et promect au Roy nostre Sire, stippullant pour Sa M^{té} hault et puissant seigneur messire Maximilian de Bethune, duc de Sully, pair de France, marquis de Rosny, conseiller du Roy en ses Conseils d'Estat et privé, Superintendant des Finances et Bastimens de Sa Ma^{té}, noble homme Jehan de Fourcy, s^r de Checy, conseiller du Roy en son Conseil d'Estat, Intendant desd. Bastimens, à ce présens, et en la présence de noble homme Jehan de Donon, conseiller du Roy et Contrerolleur général d'iceulx Bastimens, de faire et parfaire bien et deuement au dire d'ouvriers et gens à ce congnoissans, tous et chacun les ouvraiges de charpenterie qu'il convient faire aux réparations et accommodemens d'une maison et corps de logis attenant celuy des Gobelins et les dependances d'iceluy seiz au Faubourg St Marcel, sur et à costé de l'entrée regardant sur le grand chemin. Lequel logis Sa Ma^{té} a commandé estre prins et loué pour y loger bon nombre d'ouvriers tant Francoys que Flamans, et y mettre plusieurs mestiers pour travailler à la manufacture de ses tapisseries de Flandres, et ce ès lieux et endroicts selon et ainsy qu'il est déclaré par l'affiche dont coppie est cy devant escripte et conformément à icelle, de laquelle led. Eschappe dict avoir eu communication; et pour ce faire, fournira led. Eschappe de bon boys et toutes choses à ce nécessaires. A commancer à y travailler présentement et le tout rendre faict et parfaict bien et deuement, comme dict est, dedans la fin de la présente année.

Et ce, moyennant et à raison de deux cens quatre vingtz livres le cent dud. boys, qui est le pris à quoy lesd. ouvraiges de charpenterie ont esté adjugés aud. Eschappe, comme moings disant et dernier rabaissant, ainsy qu'il a dict. Lequel pris luy sera payé, au feur et à mesure qu'il travaillera, par les Trésoriersr desd. Bastimens, suivant les ordonnances qui luy en seront à ceste fin expédyées. Promettans... Obligeans chacun en droict soy ledict Eschappe corps et biens comme pour les propres affaires du Roy... Renonceant...

Faict et passé aud. Arcenac, l'an mil six cens huict, le neufiesme jour d'Aoust.

MAXIMILIAN DE BETHUNE, FOURCY, DE DONON, J. ECHAPPE, LE VASSEUR, FOURNYER.

LXXII. — 9 AOÛT 1608. — 259.

GOBELINS. — MENUISERIE DE QUATRE GRANDES CROISÉES EN L'ÉTAGE BAS DU CORPS DE LOGIS LOUÉ PAR LE ROI, ET DES CROISÉES DES LUCARNES DU GALETAS. — MARCHÉ PASSÉ AVEC CLAUDE CHASSIN, MAÎTRE MENUISIER À PARIS, DÉCLARÉ ADJUDICATAIRE LE MÊME JOUR, MOYENNANT LE PRIX DE 29 lt POUR CHAQUE CROISÉE ET CELUI DE 11 lt 10 S. POUR CHAQUE LUCARNE.

L'an mil six cens huict, le neufiesme jour d'aoust (*même formule qu'à l'acte qui précède*), il sera procedé au bail au rabais et moings disans, à l'extinction du feu des chandelles, en la manière accoustumée, des ouvraiges de menuiserie nécessaires à faire pour les réparations et accommodemens d'un corps de logis et retour à costé d'iceluy, seiz aux fauxbourgs Saint Marcel, à l'entrée de celuy des Gobelins, lequel logis Sa Maté a commandé estre prins et loué pour y loger bon nombre d'ouvriers tant François que Flamands et y mectre plusieurs mestiers pour travailler à la manufacture des tapisseries de Flandres.

Premièrement : sera faict la menuiserie de quatre grandes croisées en l'estage bas dud. logis, chacune de onze à douze piedz de hault et de cinq piedz de large, garnies d'un chassis dormant de trois poulces de large et de deux poulces et demy d'espoisseur, la croisée du meillen de trois poulces et demy de large et de trois poulces de gros, les six chassis à verre chacun de trois poulces de large et d'un poulce et demy d'espoisseur, et les six volletz de trois poulces de large et de quinze lignes de gros, garniz de quatre panneaux et une croix au milieu.

Plus, seront faictes les croisées des lucarnes du galletas au dessus desd. chambres, de quatre à cinq piedz de hault et quatre piedz de large, garniz d'un chassis dormant de deux poulces et demy de large et deux poulces de gros, les quatre chassis à verre de la largeur de trois poulces et d'un poulce et demy d'espoisse, et les quatre volets de trois poulces de large et d'un poulce d'espoisse; à chacun desquels chassis dormans tant des salles, chambres, que galetas, y aura ung quart de rond à la traverse d'en bas pour recouvrir l'apuy de la croisée.

A la charge par l'entrepreneur de faire bien et deuement lesd. ouvraiges, fournir de bon bois, secq, loyal et marchant, iceulx faire recevoir et bailler caution comme il est accoustumé.

Et seront toutes personnes receues à moings dire et rabaisser lesd. ouvraiges, scavoir : lesd. quatre grandes croisées sur le pris de quarante livres chacune et les croisées de lucarnes dud. galetas sur le pris de seize livres pièce. (*Suit le certificat d'affichage semblable à celui de l'acte qui précède.*)

Et led. jour vingt troisme dud. mois de juillet, en lad. salle de l'Arcenac, à lad. heure de deux heures de relevée, aurions fait scavoir que lesd. ouvraiges estoient à bailler au rabais et moings disans, sur le pris scavoir : les quatre grandes croisées, de quarante livres chacune et les croisées des lucarnes dud. galetas de seize livres pièce. Et ne s'estant aud. jour trouvé aucuns rabaissans, aurions l'adjudication remise au samedy ensuivant vingt sixiesme dud. mois de juillet et dud. jour vingt sixme juillet au trenteme dud. mois, dud. jour trenteme juillet aux sixme et huictme du mois d'aoust pour ne s'estre trouvé esd. jours aucuns rabaissans, et encores auroit esté lad. adjudication remise dud. jour huictme aoust au lendemain neufiesme dud. moys, deux heures de relevée. Auquel jour neufiesme dud. mois d'aoust aud. an mil six cens huict, à lad. heure de deux heures de relevée, en lad. salle de l'Arcenac, se seroient trouvez plusieurs personnes en la présence desquelles aurions fait faire lecture de lad. affiche par led. de Bonigalle, faisant entendre aux assistans que lesd. ouvraiges de menuiserie estoient à bailler au rabais et moings disans sur le pris scavoir : les quatre grandes croisées sur le pris de quarante livres pièce et les croisées des lucarnes du galetas de vingt six livres pièce ; où seroict comparu Loys de Beauvais qui auroit mis lesd. quatre grandes croisées au rabais à trente livres tournois, et par Estienne Veniat, après les trois chandelles esteinctes, à vingt neuf livres ; et quand aux croisées des lucarnes dud. galetas, auroient esté mises au rabais par led. de Beauvais à douze livres et par Claude Chassin à unze livres dix sols après les troys chandelles esteinctes. Et d'aultant qu'il ne se seroit présenté autres personnes pour mettre lesd. ouvraiges de menuiserie au rabais, ny faire la condition de Sad. Maté meilleure que lesd. Veniat et Chassin, Nous, ausd. Veniat et Chassin avons

« Raié ce mot de néant et le marché approuvé [1]*. »*

(1) Annotation manuscrite de Sully.

adjugé, baillé et délivré, adjugeons, baillons et délivrons lesd. ouvraiges de menuiserie mentionnez en lad. affiche dont coppie est cy devant escripte, assavoir aud. Veniat les quatre grandes croisées moyennant et à raison de vingt neuf livres chacune d'icelles, et aud. Chassin lesd. croisées desd. lucarnes du galetas, moyennant et à raison de unze livres dix sols pièce, aux charges portées par lad. affiche. Lequel Veniat a déclaré que l'adjudication par cy dessus à luy faicte desd. quatre grandes croisées estoient pour et au nom dud. Claude Chassin. Faict et adjugé en lad. salle de l'Arcenac, led. jour neufiesme dud. moys d'aoust aud. an mil six cens huict. Ainsy signé : Veniat et Claude Chassin.

Par devant les notaires et gardenottes du Roy nostre Sire en son Ch^{lit} de Paris, soubz^{nes}, fut présent Claude Chassin, maistre menuisier à Paris, demeurant rue Pavée, parroisse Sainct Paul, lequel a recongneu et confessé et, par ces présentes, confesse avoir promis et promect⁽¹⁾... de faire et parfaire bien et deuement, au dire d'ouvriers et gens à ce congnoissans, les ouvraiges de menuiserie nécessaires à faire pour les réparations et accommodemens d'un corps de logis et retour à costé d'iceluy, seiz aux fauxbourgs Saint Marcel, à l'entrée de celuy des Gobelins en l'estage bas dud. logis, lequel logis Sa Ma^{té} a commandé estre prins et loué pour y loger bon nombre d'ouvriers tant François que Flamands et y mectre plusieurs mestiers pour travailler à la manufacture des tapisseries de Flandres, assavoir : (*Même détail que ci-dessus.*) Le tout selon et ainsy qu'il est porté par l'affiche dont coppie est cy devant escripte, de laquelle led. Chassin dict avoir en communication. Et pour ce faire, fournira led. Chassin de bon boys, sec, loyal et marchant; à commancer à y travailler présentement et le tout rendre faict et parfaict bien et deuement comme dict est, dedans la fin de la présente année.

Et ce moyennant pour chacune desd. quatre grandes croisées le pris et somme de vingt neuf livres et pour chacune desd. croisées des lucarnes dud. galetas, le pris et somme de unze livres dix sols, qui sont les pris portez par l'adjudication desd. ouvraiges, ainsy que led. Chassin a dict. Lesquels pris seront payez aud. Chassin, au feur et à mesure qu'il travaillera, par les Trésoriers desd. bastimens, suivant les ordonnances qui luy en seront à ceste fin expediées. Promettans... Obligeans chacun en droict et soy et led. Chassin corps et biens, comme pour les propres affaires du Roy... Renonceant...

Faict et passé aud. Arcenac l'an mil six cens huict, le neufiesme jour d'aoust, après midy.

MAXIMILIAN DE BETHUNE, FOURCY, DE DONON, CLAUDE CHASSIN, LE VASSEUR, FOURNYER.

LXXIII. — 9 AOÛT 1608. — 220.

GOBELINS. — MENUISERIE DE HUIT CROISÉES DES CHAMBRES AU-DESSUS DE LA SALLE DU LOGIS LOUÉ PAR LE ROI.

MARCHÉ PASSÉ AVEC NICOLAS PAYÉ, MAÎTRE MENUISIER À PARIS, DÉCLARÉ ADJUDICATAIRE LE MÊME JOUR, MOYENNANT LE PRIX DE 18^{tt} PAR CROISÉE.

« Le marché approuvé⁽²⁾. »

L'an mil six cens huict, le neufiesme jour d'Aoust (*même formule qu'à l'acte* LXII)... il sera procedé au bail au rabais et moings disans, à l'extinction des chandelles, en la manière accoustumée, des ouvraiges de menuiserie qu'il convient faire aux réparations et accommodemens d'une maison et corps de logis (*même désignation que dans les actes précédents*).

Sera faict la menuiserie de huict croisées des chambres au dessus de la salle dud. logis, chacune d'icelles de sept à huict piedz de hault et de quatre piedz et demy de large, garnyes d'un chassis dormant de deux poulces et demy de large et de deux poulces de gros, la croisée du milieu de troys poulces de large sur deux poulces deux tiers de gros; les six chassis à verre de troys poulces de large et d'un poulce et demy d'espoisse, et les six vollets de troys poulces de large et d'un poulce d'espoisse, garniz à deux panneaulx et ung montant au meilleu.

A la charge de fournyr par l'entrepreneur de bon boys, sec, loyal et marchant, faire recevoir lesd. ouvraiges comme il est accoustumé et bailler caution.

Et seront toutes personnes receues à moings dire et rabaisser lesd. ouvraiges sur le pris de vingt quatre livres pièce.

⁽¹⁾ Même formule qu'aux actes précédents.
⁽²⁾ Annotation manuscrite de Sully.

SURINTENDANT DES BÂTIMENTS.

(*Suit le certificat d'affichage semblable à celui des actes qui précèdent.*)

Et led. jour, vingt troisiesme dud. mois de juillet, ne se seroit trouvé aucuns pour rabaisser lesd. ouvraiges, au moyen de quoy y auroit eu plusieurs remises à plusieurs et divers jours et jusques aud. jour neufiesme dud. moys d'aoust.

Auquel jour neufiesme aoust, en lad. salle de l'Arcenac, à lad. heure de deux heures de relevée, se seroient trouvez plusieurs entrepreneurs ausquels aurions faict sçavoir que lesd. ouvraiges de menuiserie estoient à bailler au rabais et moings disans sur le pris de vingt quatre livres chacune desd. croisées, où seroit comparu Nicolas Payé qui les auroict mis à vingt et une livres pièce, par Estienne Veniat à vingt livres, par Loys de Beauvais à dix neuf livres et par led. Payé à dix huict livres, après les troys chandelles esteinctes sans autre rabais, et d'aultant qu'il ne se seroit présenté autres rabaissans, Nous, aud. Payé, comme moings disant et dernier rabaissant, avons adjugé, baillé et délivré, adjugeons, baillons et délivrons lesd. ouvraiges de menuiserie mentionnez en lad. affiche, dont coppie est cy-devant escripte, moyennant et à raison de dix huict livres pour chacune desd. huict croisées, aux charges contenues en lad. affiche. Faict et adjugé en lad. salle de l'Arcenac, led. jour neufiesme dud. moys d'aoust aud. an mil six cens huict. Ainsy signé : Payé.

Par devant les notaires et garde nottes du Roy nostre Sire, en son Ch[el] de Paris, soubz[nés], fut présent Nicolas Payé, maistre menuisier à Paris, demeurant rue des Blancs Manteaux, parroisse Sainct Médéric, lequel a recogneu et confessé et, par ces présentes, confesse avoir promis et promect au Roy nostre Sire, stippullant pour Sa Ma[té] hault et puissant seigneur Messire Maximilian de Bethune, duc de Sully, pair de France, marquis de Rosny, comte de Dourdan, seigneur souverain de Boisbelle, baron de Baugy, La Chappelle, Bruyères et Espineuil, conseiller du Roy en ses Conseils d'Estat et privé, cappitaine de cent hommes d'armes de ses Ordonnances, grand voyer, grand maistre et cappitaine général de l'Artillerie, superintendant des finances et bastimens de Sa Ma[té], gouverneur et lieutenant général pour Sad. Ma[té] en Poictou, noble homme Jehan de Fourcy[1]... à ce présens et en la présence de noble homme Jehan de Donon[2]... de faire et parfaire bien et deuement, au dire d'ouvriers et gens à ce congnoissans, la menuiserie de huict croisées des chambres au dessus de la salle du logis et retour à costé d'icelluy, sciz au faulxbourg St Marcel, à l'entrée de celuy des Gobelins, chacune desd. croisées de sept à huict pieds de hault[2]... Et pour ce faire, fournira led. Payé de bon boys, sec, loyal et marchant, le tout selon et suivant qu'il est porté par l'affiche dont coppie est cy devant escripte, de laquelle led. Payé dict avoir eu communication. A commancer à y travailler présentement, et le tout rendre faict et parfaict bien et deuement comme dict est, à la fin de la présente année.

Et ce, moyennant et à raison de dix huict livres pour chacune desd. croisées cy-dessus, qui est le pris à quoy elles ont esté adjugées aud. Payé comme moings disant et dernier rabaissant[3]...

Faict et passé aud. Arcenac, l'an mil six cens huict, le neufiesme jour d'aoust, après midy.

MAXIMILIAN DE BETHUNE, FOURCY, DE DONON, NICOLLAS PAYÉ, LE VASSEUR, FOURNYER.

---

[1] Mêmes qualités qu'aux actes précédents.
[2] Même détail que ci-dessus.
[3] Même formule finale qu'aux actes précédents.

Section IV.
COLLÈGE DE FRANCE.

LXXIV. — 5 AVRIL 1610. — 266.

Collège de France. — Travaux de maçonnerie pour la construction du Collège, sur l'emplacement des collèges de Cambrai et de Tréguier, suivant le plan qui en a été arrêté.
Marché passé avec Claude Monnart, maitre maçon à Paris, déclaré adjudicataire, en suite des adjudications des 10 et 16 février 1610, moyennant le prix de 14 ll par toise courante et boultavant; les maçonneries de la démolition des collèges de Cambrai et de Tréguier étant à son profit.

L'an mil six cens dix, le mercredy dixiesme jour de febvrier, deux heures de relevée, en la grande salle de l'Arcenac du Roy, à Paris, devant nous Maximilian de Bethune, duc de Sully, pair de France, superintendant des finances et bastimens de Sa Ma[té], et Jehan de Fourcy, sieur de Checy, conseiller du Roy en son Conseil d'Estat, intendant desd. bastimens, et en la présence de Jehan de Donon, conseiller du Roy et contrerolleur général d'iceulx bastimens, a esté procédé au bail au rabais et moings disans, à l'extinction du feu des chandelles, en la manière accoustumée, des ouvraiges mentionnez en l'affiche dont coppie est cy après transcripte, en la forme et manière qui ensuict :

De par le Roy

Et Monseigneur le duc de Sully, pair et grand voyer de France, superintendant des bastimens de Sa Ma[té].
On faict assavoir que le mercredy dixiesme jour du présent moys de febvrier, deux heures de relevée, en la grande salle de l'Arcenac du Roy, à Paris, sera faict bail, adjudication et délivrance au rabais et moings disans, à l'extinction du feu des chandelles, en la manière accoustumée, des ouvraiges de maçonnerie nécessaires à faire pour la construction du Collège de France, que Sa Ma[té] veult estre basty sur les lieux où sont à présent ceulx de Cambray et Tréguier[(1)].

Fault premièrement scavoir que le lieu et place où se bastira led. collège sera de trente thoises de long sur vingt de large, et, suivant le plan qui en a esté arresté, s'y feront troys corps de logis autour d'une court qui sera fermée d'un mur de closture du costé de la rue; chacun desd. corps de logis contenant vingt thoises de long dont les deux oposites, esquels se feront les salles de lecture, auront chacun quatre thoises de largeur dans œuvre, et l'autre, dans lequel seront faicts des logements, aura trois thoises deux piedz aussy de largeur dans œuvre; la haulteur et exautement desquels logis, depuis le rez de chaussée jusques à l'entablement, sera de six thoises.

Ainsy pour l'effect que dessus, tous les ouvraiges de maçonnerie dud. bastiment seront des sorte et qualité qui ensuivent :

Les fondations de tous les murs principaulx se fouilleront et fonderont jusques à vif fonds dont

[(1)] Sully, le cardinal du Perron, le président de Thou et un conseiller au Parlement avaient visité cet emplacement

le 23 décembre 1609. Il semble que les plans et devis des constructions projetées avaient été dressés par Salomon de Brosse, neveu de Jacques Ier Androuet du Cerceau, et dont le nom de Brosse, sans autre indication, se trouve mentionné dans le présent acte comme auteur de la mise à prix de 23[ll] la toise de maçonnerie. Les travaux commencèrent par la démolition du collège de Tréguier, sur l'emplacement duquel le jeune roi Louis XIII posa la première pierre du Collège de France, le samedi 28 septembre 1610, à 3 heures. «M. de Sully, qui l'y avoit accompagné, présenta à Sa Majesté une truelle d'argent avec laquelle il maçonna ladite pierre et y mit quatre médailles auxquelles son portrait etoit gravé : deux d'or et deux d'argent» (*Journal de Lestoile*). Un seul des trois corps de logis prevus fut édifié; c'est en 1774 que fut ordonnée la reconstruction, sur les plans de Chalgrin, du Collège de France tel que nous le voyons aujourd'hui.

SURINTENDANT DES BÂTIMENTS.

ceulx des deux corps de logis esquels seront lesd. salles auront quatre piedz d'espoisseur, et ceux tant de l'autre corps de logis que des murs de closture du costé de la rue auront trois piedz seullement, ayant tous leurs empatemens de bons et grands libaiges et le surplus desdicts murs jusques au rez de chaussée sera faict de bon moellon avec mortier de chaulx et sable. Et quant aux fondations des murs de refendz qui se feront dans led. corps de logis, ils seront semblablement jusques à vif fondz faicts de moellon, chaulx et sable seullement, ayans deux piedz d'espoisseur jusques au rez de chaussée.

Dans le corps de logis où se feront les logemens et joignant les escailliers qui seront aux deux bouts d'iceluy, se feront deux berceaux de caves lesquels auront douze piedz de largeur sur trois thoises de longueur prinse en la largeur dud. logis; chacun desquels berceaux aura trois arcz de pierre de taille, et sera le surplus de moellon essemillé en forme de pendentis et enduicts par dessus, les aisles et reins d'iceulx garnis et maçonnez de moillon de chaulx et sable et les entrées et portes desd. caves se feront de pierre de taille comme toutes celles qui se feront ausd. fondations faisans parping et espoisseur du mur.

Les murs de parement desd. corps de logis, tant ès faces qui regardent la court que la rue, seront, au premier estaige, ornez d'arcades faictes d'espace en espace, et chacun desd. espaces ou trumeaux sera orné de deux pillastres portez sur piedestaux, le tout naissant d'une saillie ou plinthe qui sera sur led. rez de chaussée et regnera en pourtour desd. logis; lesd. pillastres portant ung architrave, frize et cornice, qui regnera en tous lesd. pourtours et marquera le commencement du deux^{me} estaige; sur laquelle cornice s'érigera ung autre ordre de pillastres accouplez aussy de deux en deux et posez directement sur ceulx d'embas, qui sera continué par tout led. deux^{me} estaige et portera aussy son architrave, frize et cornice qui servira d'entablement ausd. corps desd. corps de logis. Ez espaces desquelz pillastres et directement au dessus de chacune desd. arcades, se feront des croisées, comme pareillement en seront faictes dans les arcades du corps de logis où seront les logemens, lesquelles susd. saylies, piedestaux, piédroicts d'arcades avec leurs encoinçons, pilastres du bas estaige jusques à l'imposte des arcz desd. arcades, icelles comprinses, seront faicts de pierre dure, et le reste desd. corps et saillies sera faict de pierre de Sainct Leu, portant le tout liaison; estans lesd. arcades et croisées garnies de leurs encoinçons, voussures et claveaux, portant parement par dedans œuvre. Le reste du dehors desd. murs faisant fasse sur lad. court et rue sera remply de bricque pour faire parement et le surplus du corps de l'œuvre sera faict de moellon avec chesnes de pierre de taille soubz les poultres, le tout maçonné, coullé et fiché avec mortier de chaulx et sable, estans lesd. murs enduicts de plastre par dedans et par dehors, jointoyés et ragrayez et lad. bricque ravallée et mise en coulleur. Et auront lesd. murs ès corps de logis desd. salles troys piedz d'espoisseur au premier estaige, revenans à deux et demy à haulteur d'entablement, et le mur du corps où seront lesd. logemens aura deux pieds et demy au premier estaige, revenant à deux piedz à haulteur dud. entablement.

Au dessus dud. entablement regnera ung plinthe sur lequel se poseront des lucarnes qui seront semblablement de pierre de Sainct Leu, entre lesquelles sera faict ung petit mur à haulteur d'apuy servant de couronnement, dans lequel et directement au dessus de chacun desd. pillastres se feront des piédestaux portant boulles servant d'amortissement. Led. mur faict de pierre et bricque ayant ung pied d'espoisseur tout au plus.

Et le mur estant sur la rue et servant de closture à la court dud. collége, sera de pareil ornement et estoffes que celuy desd. logis, tant en face vers la court que celle vers la rue, aura deux piedz et demy d'espoisseur et les arcades en seront remplies de moellon, chaulx et sable enduict par dessus, et se fera de la mesme haulteur que le premier estaige desd. corps de logis; et oultre, aura ung petit mur servant de chapperon avec ses amortissemens. Et au milieu dud. mur de closture pour l'entrée dud. collége, se fera ung portail portant pareil ornement tant par devant que par de hors, chargé de son frontispice et amortissement; et led. portail, avec les saillies, aura trois pieds d'espoisseur.

Quand aux autres gros murs desd. logis, qui seront au pourtour du dehors dud. collége, ils auront pareille espoisseur que ceulx de leurs faces vers la court et seront de moellon, chaulx et sable, ayant deux assizes de pierre dure au dessus du rez de chaussée et chesnes de pierre de taille soubz les poultres, tant dedans que dehors œuvre, comme pareillement leurs encoignures et les croisées qu'il y conviendra faire, esquelles ne se feront aucunes mouleures ne saillies, et à la haulteur du premier estaige regnera en tout led. pourtour ung plinthe de pierre de taille, comme aussy l'entablement desd. murs soubz lequel y aura ung plinthe servant d'architrave, et sur led. entablement se feront des lucarnes de pierre de taille. Les murs de refendz qui se feront dans les logis où seront lesd. salles, seront de moillon, chaux et sable à vifs fonds et auront deux piedz et demy d'espoisseur jusques au rez de chaussée et au dessus d'iceluy deux piedz seullement, revenant à pied et demy par hault, et ceulx du logis où seront des logemens seront de pareille espoisseur, profondeur et estoffe et en iceulx se feront les portes et huisseries nécessaires de pierre de taille faisans parpin et espoisseur desd. murs.

En chacun des deux boutz du corps desd. logemens sera faict ung escallier de pierre dure depuis l'aire des caves jusques au plain pied du deuxiesme estaige et le surplus desd. escalliers jusques au galletas se fera de charpenterie et plastre.

Les thuyaux et languettes des cheminées se feront et monteront de bricque depuis les enchevestrures jusques au dessus des combles et s'amortiront d'une cornice de pierre de taille avec ung pliuthe au dessoubz servant d'architrave; sera lad. bricque joinctoyée et mise en coulleur et les manteaux et faux manteaux desd. cheminées se feront de plastre seullement avec peu de façon.

Les planchers des premier et deux^{me} estaiges desd. troys logis seront hourdés de plastre et pavez de petit carreau, hormis l'aire de la cuisine qui sera pavé de grez.

Le plancher qui sera dans les combles au dessus des galletas sera rainé et tamponné, hourdé de plastre et enduict par dessoubz.

Les cloisons qui se feront esd. logis seront de hourdis de plastre et plastras et enduictz des deux costez à poteaux recouvertz.

Les lambris seront pareillement faicts de plastre sur latte cloué ainsy qu'il appartient.

Tous lesd. ouvraiges suivant les simétrye, mesures et ornemens portez par les desseings, se feront bien et deuement tant pour les estoffes et matériaux que pour la qualitté desd. ouvraiges. Et seront iceulx ouvraiges thoisés à thoise courante et boutavant, sans retour ne evaltuation aucune des moulleures, saillies, ornemens, ne plus forte espoisseur; les lucarnes et amortissemens thoisez seullement en l'estendue de leurs corps et faces, excepté les cloisons de plastre graschées des deux costés, et les planchers et aires dud. plastre, lambris garnis de lattes et plastre, sy aucuns y en a, qui seront thoisés à deux thoises pour une, et le hourdis de plastre et pavé de terre cuitte uni et posé dessus, qui seront comptez pour thoise; les terres massives se thoisent à thoise cube; et pour les tranchées et rigolles, pour les fondations des murs, n'en sera compté aucune chose, et seront portées aux champs par les entrepreneurs, comme pareillement toutes immondices et gravois desquels ils seront tenuz rendre place nette; et faire les abattaiges des vieilles maçonneries en se servant par eulx des matériaux qu'ils en pourront tirer et propres à remettre en œuvre.

Et seront toutes personnes receues à rabaisser lesd. ouvraiges aux charges cy-dessus, et oultre, de les faire recevoir et de bailler caution par les entrepreneurs.

L'an mil six cens dix, le sixiesme jour de febvrier, je, Thomas de Bonigalle, premier huissier pour le Roy de son Trésor, soubz^{né}, certiffie avoir mis et apposé aultant de la présente affiche contre les portes de la court du Pallais, Arcenac du Roy, Chasteau du Louvre, Pallais des Thuilleries, Escriptoire des Jurés Maçons et au bas de la montée de la Chambre du Trésor, ad ce qu'aucun n'en prétende cause d'ignorance, és présence de Simon Morand et Nicolas Morand tesmoings.

Et led. jour de mercredy dixiesme dud. moys de febvrier aud. an mil six cens dix, en lad. salle de l'Arcenac, à lad. heure de deux heures de relevée, aurions par led. Bonigalle faict faire lecture de l'affiche dont coppie est cy devant escripte, et faict scavoir aux assistans que l'entrepreneur prendroict à son proffict toutes les vieilles desmolitions et abataiges de maçonnerie desd. collèges appartenans à Sa Ma^{té}, et publié que lesd. ouvraiges estoient à bailler au rabais et moings disans sur le prix de vingt cinq livres mis par$^{(1)}$. Brosse, où seroict comparu Jehan Coin, qui les auroict mis au rabais à dix huict livres, par Pierre Noblet à quinze livres, par Claude Monnard à quatorze livres, par Sébastien Messier à douze livres; sur quoy aurions faict alumer la première chandelle et le rabais limité à vingt sols, laquelle se seroict estaincte sans rabais; après, aurions faict alumer la seconde et le rabais limité à pareille somme, qui se seroict aussy esteincte sans rabais; ce que voyant, aurions faict alumer la troisiesme chandelle, à l'extinction du feu de laquelle auroict esté faict un rabais de vingt sols par Estienne Guerinet, et sur ce que personne n'auroict voullu mettre lesd. ouvraiges au rabais depuis led. Guerinet, Nous and. Guerinet comme moings disant et dernier rabaissant, avons adjugé et adjugeons lesd. ouvraiges de maçonnerie cy devant spécifiés, moyennant et à raison de unze livres pour chacune thoise, aux charges cy dessus, et oultre de bailler caution dedans quatre jours. Faict les jour et an susdicts.

Et le seize^{me} jour desd. moys et an, à faulte d'avoir par led. Guerinet baillé caution pour lad.

$^{(1)}$ Lacune dans le texte.

adjudication dans le temps prefix par icelle, aurions ordonné que lad. adjudication demeureroit à Sébastien Messier immédiat rabaissant pour la somme de douze livres chacune thoise desd. ouvraiges de maçonnerie, à quoy ilz auroient esté par luy rabaissés, en baillant aussy par luy caution, ce qui luy auroict esté signiflié. A quoy ils n'auroient satisfaict l'un ny l'autre; au moyen de quoy nous les aurions faict constituer prisonniers.

Et depuis le [1] jour de [2], à faulte d'avoir aussy par led. Messier baillé caution pour lad. adjudication, aurions ordonné que lad. adjudication demeureroit à Claude Monnard, immédiat rabaisseur dud. Messier pour le prix de quatorze livres chacune thoise à quoy ils auroient esté par luy rabaissés, aux charges portées par lad. affiche et de bailler aussy caution. A quoy ayant esté satisfaict par led. Monnart, comme il nous auroict faict apercevoir par acte du vingtiesme jour dud. moys, donné au Ch[let] de Paris, il nous auroict requis luy faire délivrer baif de lad. adjudication, suivant lequel réquisitoire et veu led. acte de la réception des cautions dud. Monnart, avons baillé et délivré aud. Monnart lesd. ouvraiges de maçonnerie nécessaires à faire pour la construction du Collége de France, aux charges portées par l'affiche et publication d'icelle, moyennant le pris et somme de quatorze livres chacune thoise.

M. DE BETHUNE, FOURCY, DE DONON, CLAUDE MONNARD.

Par devant les notaires et gardenottes au Ch[let] de Paris, soubz[rits], fut présent Claude Monnart, maistre maçon à Paris, demeurant Vieille rue du Temple, parroisse Sainct Jehan, lequel a recongneu et confessé avoir promis et promect à hault et puissant seigneur messire Maximilian de Bethune, duc de Sully, pair de France, prince souverain de Henrichemont et Boisbelle, marquis de Rosny, comte de Dourdan. Superintendant des finances et bastimens de Sa Ma[té], noble homme Jehan de Fourcy, sieur de Checy, conseiller du Roy en son Conseil d'Estat, Intendant desd. bastimens, à ce présens et acceptans pour et au nom de Sad. Ma[té], et en la présence de noble homme Jehan de Donon, conseiller du Roy et Contrerolleur général desd. bastimens, de faire et parfaire bien et deuement, au dire d'ouvriers et gens à ce congnoissans, tous et chacun les ouvraiges de maçonnerie nécessaires à faire pour la construction du Collége de France, que Sa Ma[té] veult estre basty sur les lieux où sont à présent ceulx de Cambray et Tréguier, le tout selon, suivant et ainsy qu'il est porté par l'affiche dont coppie est cy devant escripte, de laquelle led. Monnart dict avoir en communication, et pour ce faire, fournira iceluy Monnart de toutes matières à ce nécessaires et telles et semblables qu'il est porté par lad. affiche, lequel prendra à son proffict les vieilles desmolitions qui proviendront des abataiges des vieilles maçonneries. A commencer à y travailler présentement, y besongner sans discontinuer et le tout rendre faict et parfaict bien et deuement, comme dict est, dans le plus brief temps que faire ce pourra.

Et ce moyennant et à raison de quatorze livres tournois pour chacune thoise desd. ouvraiges de maçonnerie, qui seront thoisés à thoise courant et boutavant sans retours ne évaluation aucune des mouleures, saillyes, ornemens ne plus forte espoisseur, et pour lequel pris lesd. ouvraiges auroient esté baillez aud. Monnart ainsy qu'il a dict, suivant le rabais por luy faict. Lequel pris luy sera payé, au feur et à mesure qu'il travaillera, par les Trésoriers desd. bastimens, suivant les ordonnances qui luy en seront à ceste fin expédiées. Promettans... Obligeans chacun en droict soy et ledict Monnart corps et biens comme pour les propres affaires du Roy... Renonceant...

Faict et passé en l'Arcenac du Roy à Paris, fors pour led. Monnart ès estudes des notaires, l'an mil six cens dix, le cinq[me] jour d'avril, après midy.

M. DE BETHUNE, FOURCY, DE DONON, DE ROSSIGNOL, CLAUDE MONNARD.

---

[1] Lacune dans le texte.
[2] Lacune dans le texte.

LXXV. — 10 FÉVRIER 1610. — 248.

Collège de France. — Travaux de charpente pour la construction du collège, sur l'emplacement des collèges de Cambrai et de Tréguier.

Marché passé avec Alexandre Gaultier, maistre charpentier à Paris, déclaré adjudicataire le même jour, moyennant le prix de 260 ᵗᵗ le cent de bois; les démolitions de la charpente des collèges de Cambrai et de Tréguier étant à son profit.

L'an mil six ceus dix, le mercredy dixiesme jour de Febvrier... (*même formule qu'à l'acte qui précède*) sera fait bail des ouvraiges de charpenterie qu'il convient faire pour la construction du Collége de France que Sa Ma⁽ᵗᵉ⁾ veult estre basty sur les lieux ou sont à présent ceulx de Cambray et de Tréguier.

Fault premièrement scavoir que le lieu et place où sera basty led. collége sera de trente thoises de long sur vingt de large, et, suivant le plan qui en a esté arresté, seront faictz trois corps de logis autour d'une court qui sera fermée d'un mur de closture du costé de la rue, chacun desd. corps de logis contenant vingt thoises de long dont les deux oposites, esquels seront faictes les salles de lecture, auront chacun quatre thoises de largeur dans œuvre, et l'autre dans lequel seront faicts des logemens aura trois thoises deux piedz aussy de largeur dans œuvre; la haulteur et exaulcement desquels logis depuis le rez de chaussée jusques à l'entablement, sera de six thoises.

Ainsy pour l'effect que dessus, tous les ouvraiges dud. bastiment seront des sortes et qualité qui ensuivent :

Charpenterie.

Premièrement : pour les deux corps de logis où seront faictes lesd. salles contenant chacune vingt thoises de long sur quatre thoises de large dans œuvre, comme dict est, aura chacun logis deux planchers l'un au dessus de l'autre ; chacun plancher garny de poultres de quatre thoises et demie de long, de dix sept et dix huit poulces de gros, rescellez par dessus pour l'assemblage des lambourdes. Lesquelles lambourdes seront de vingt-cinq pieds de long, de unze poulces de largeur et de cinq poulces d'espoisseur ; les sablières le long des murs seront de pareille largeur que les lambourdes et de sept poulces d'espoisseur; chacun plancher sera garny de quatre de solives tant plain que vuide ; chacune travée garnie de vingt quatre solives de longueur qu'il conviendra et de cinq et sept poulces de gros et par dessus chacune travée seront mis vingt trois aidz d'entrevouz des longueurs convenables et de neuf poulces de largeur et ung poulce d'espoisseur.

La charpenterie du comble de chacun desd. deux corps sera sur jambes de force, excepté que aux deux bouts de chacun comble y aura deux crouppes au lieu de deux pignons ; chacun comble garny d'aultant de fermes comme il y a de poultres, chacune ferme garnye de deux jambes de force chacune de douze piedz de long et d'un pied de gros, un tirant de vingt deux pieds et demy de long d'un pied de gros, deux goussets chacun de quatre piedz et demy de long, de neuf poulces de largeur et sept poulces d'espoisseur; au dessus dud. tirant, ung poinçon de trois thoises de huict à neuf poulces de gros, deux forces chacune de vingt pieds de long et de sept et huict poulces de gros; au dessus ung autre entraict de neuf pieds de long de pareille grosseur, deux contre-fiches chacune de trois pieds de long, deux jambettes par le pied chacune de troys pieds de long, le tout de sept et huict poulces de gros, et par dessus les tirans desd. fermes sera mis des solives des longueurs qu'il appartiendra de cinq à six poulces de gros, resnées et tamponnées. Les combles seront garnis de troys cours de pannes à chacun costé des longueurs qu'il appartiendra de six et sept poulces de gros, avec des tasseaux et chantignolles, ung faiste, ung soubz faite, des longueurs qu'il appartiendra de six et sept poulces de gros avec des liens et moises, le tout des longueur et grosseur qu'il appartiendra; lesd. combles fournis de chevrons de quatre thoises et demie de long et de quatre poulces de gros, espacez de quatre à la latte.

Les deux croupes de chacun desd. corps seront garnies de platte formes tout autour des murs à l'endroict desd. crouppes, lesquelles platteformes seront de deux pieds de largeur, de six poulces d'espoisseur, chacune garnye d'une maistresse ferme, chasque ferme garnie de deux chevrons chacun de quatre thoises et demy de long et de cinq et sept poulces de gros, ung entraict de douze pieds de long et de sept et huict poulces de gros, ung poinçon de trois thoises et demie de long, de dix poulces de gros comprins les bossaiges, ung entraict de quinze piedz de long, ung autre de neuf pieds de long, deux esseliers chacun de six pieds de long, deux jambettes chacune de troys pieds de long, le tout de cinq et sept poulces de gros; ung chevron de crouppe garny de pareil assemblage avec des goussets, le tout de pareille longueur et grosseur que dessus; deux arrestiers chacun de cinq thoises de long, de neuf poulces de gros et ung poulce de large, garnis de coyaux des longueurs et grosseur qu'il appartiendra, avec des esseliers et jambettes, les empanons garnis de leurs embranchemens et jambettes par le pied, aussy de longueur qu'il appartiendra, de cinq et six poulces de gros et espacez de quatre à la latte; se feront tous les chevallets derrière les lucarnes et les coyaux pour les couvreurs, ensemble les linteaux hachez et faux manteaux des cheminées.

La charpenterie du corps d'hostel où seront les logemens, aussy de vingt thoises de long sur trois thoises deux pieds de large par dedans œuvre comme dict est, aura pareillement deux planchers l'un au dessus de l'autre; chacun plancher garny de poultres de trois thoises cinq pieds de long, de quinze et seize poulces de gros, reseillez par dessus pour l'assemblaige des lambourdes; icelles lambourdes de dix neuf piedz et demy de long, et dix poulces de large et quatre poulces et demy d'espoisseur, chacun plancher garny de travées ainsy qu'il sera advisé, et chacune travée garnye de dix huict solives des longueurs qu'il conviendra, de cinq et sept poulces de gros, et de dix sept aidz d'entrevoux des longueurs qu'il conviendra, iceuls estans de neuf poulces de largeur et d'un poulce d'espoisseur, les sablières le long des murs de mesme largeur que dessus, de six poulces d'espoisseur.

La charpenterie du comble dud. logis sera sur jambes de force à l'endroict des poultres et y aura autant de fermes comme de poultres, chaque ferme sera garnye de deux jambes de force chacune de dix pieds et demy de long et unze poulces de gros, ung tirant de dix huict pieds de long et de unze poulces de gros, deux goussets chacun de cinq pieds de long, de huict poulces de large et six poulces d'espoisseur; au dessus dud. tirant ung poinçon de dix sept pieds de long, de sept et huict poulces de gros; deux forces chacune de dix sept piedz de long et de six à sept poulces de gros, ung entraict de dix piedz de long et sept poulces de gros, deux contrefiches chacune de trois pieds de long; deux jambettes chacune de trois à quatre pieds de long, de sept poulces de gros; et par dessus

les tirans desd. fermes, sera mis des solives pour servir de plancher en galletas, des longueurs qu'il appartiendra, de cinq et six poulces de gros, resnez et tamponnez. A chacun costé dud. comble, sera mis deux cours de pannes des longueurs qu'il appartiendra, de six à sept poulces de gros, avec des sesseaux et chantignolles, d'un faiste et ung soubz faiste, liens et moises, le tout des longueurs et grosseurs qu'il appartiendra; par dessus lesd. pannes et faistes sera mis des chevrons de vingt trois piedz de long, de quatorze poulces de gros, espacez de quatre à la latte; sera faict aux deux bouts dud. comble deux grandes noues renversées sur les deux crouppes des deux premiers logis, lesquelles noues seront de quatre thoises deux pieds de long, de sept et huit poulces de gros, garnyes de leurs assemblaiges, avec des entraicts, faistes et soubz faistes, le tout des longueurs et grosseurs qu'il appartiendra; ensemble seront faicts tous les chevallets derrière les lucarnes, ainsy qu'il conviendra.

Toutes les cloisons desd. logis seront de charpenterie, garnyes de sablières par bas, des longueurs qu'il conviendra, de quatre et cinq poulces de gros, espacez par dessus de potteaux de pied en pied, des longueurs qu'il appartiendra, de quatre et six poulces de gros, et y seront les huisseries faictes aux lieux les plus convenables. Ensemble se feront tous les linteaux et faulx manteaux des cheminées et les marches moullées aux escalliers aux lieux où il n'y aura poinct de marches de pierre de taille. Ensemble se feront deux petites viz pour monter dans les greniers, chacune desquelles sera garnye d'un petit noyau de la longueur qu'il conviendra, de cinq poulces de gros, et garnyes des joincts des marches, le tout des longueurs et grosseurs qu'il appartiendra, avec la closture desd. viz. lesquelles seront closes de poteaux de quatre et six poulces de gros avec des sablières de pareille grosseur.

Et seront toutes personnes receues à moings dire et rabaisser lesd. ouvraiges de charpenterie, à la charge de les faire bien et deuement de bon boys neuf, loyal et marchand, bailler bonne et suffisante caution, et faire recevoir iceuls ouvraiges, ainsy qu'il est accoustumé.

L'an mil six cens dix, le sixiesme jour de febvrier... (*Certificat d'affichage semblable à celui de l'acte qui précède.*)

Et led. jour de mercredy dixiesme dud. moys de febvrier aud. an mil six cens dix, en lad. salle de l'Arcenac, à lad. heure de deux heures de relevée, se seroient trouvez plusieurs entrepreneurs en la présence desquels aurions faict faire lecture de l'affiche dont coppie est devant escripte par led. de Bonigalle, leur faisant entendre que lesd. ouvraiges estoient à bailler au rabais et moings disans sur le pris de trois cens trente livres chacun cent de boys à quoy ils ont esté mis par Jehan Fontayne, maistre des œuvres de charpenterie des bastimens de Sa Ma^{té}, à la charge que l'entrepreneur aura et prendra à son proffict les desmollitions de charpenterie desd. colléges de Cambray et Tréguier appartenant à Sa Ma^{té}: par Jehan de Fer à trois cens livres; par Nicolas Le Peuple à deux cens quatre vingt dix neuf livres; par Berthelemy Drouyn à deux cens quatre vingt dix livres; par led. Le Peuple à deux cens quatre vingt cinq livres; sur quoy, après qu'il ne se seroict présenté aucun qui dict vouflu moings dire et rabaisser, aurions faict alumer la première chandelle et le rabais d'icelle limité à cinq livres, laquelle auroict esté esteincte sans rabais, la deux^{me} chandelle aussy allumée et esteincte sans rabais, la troisiesme chandelle allumée et le rabais limité semblablement à cinq livres; et pendant le feu d'icelle auroict esté faict trois rabais de chacun cinq livres : scavoir : ung par Loys Couillon, ung autre par led. de Fer et ung aultre par Alexandre Gaultier, et sur le différend du feu, aurions faict allumer une quatre^{me} chandelle pendant le feu de laquelle auroict esté faict deux rabais aussy de chacun cinq livres : ung par led. Le Peuple et le dernier par led. Gaultier. Et sur ce qu'il ne se seroict présenté autres personnes pour mettre lesd. ouvraiges au rabais et faire la condition de Sad. Ma^{té} meilleure que led. Gaultier qui nous auroict prié et requis de luy adjuger lesd. ouvraiges suivant son dernier rabais. Nous, aud. Gaultier, comme moings disant et dernier rabaissant, avons adjugé, baillé et délivré, adjugeons, baillons et délivrons lesd. ouvraiges de charpenterie mentionnez en l'affiche dont coppie est cy devant escripte, moyennant le pris de deux cens soixante livres pour chacun cent de boys et aux charges contenues en lad. affiche. Faict et adingé led. jour dix^{me} febvrier mil six cens dix Ainsi signé : Gaultier.

Par devant les notaires et gardenottes du Roy nostre Sire en son Ch^{let} de Paris, soubz^{nés}, fut présent Alexandre Gaultier, maistre charpentier à Paris, demeurant rue Freppault, parroisse St Martin des Champs, lequel a recongneu et confessé avoir promis et promect à hault et puissant seigneur Messire Maximilian de Bethune, duc de Sully, pair de France, prince souverain de Henrichemont et Boisbelle, marquis de Rosny, conte de Dourdan, conseiller du Roy en ses Conseils d'Estat et privé, cappitaine de deux cens hommes d'armes de la Compagnie de la Reyne, grand-maistre de l'Artillerie de France, superintendant des finances et bastimens de Sa Ma^{té}, gouverneur et lieutenant général pour Sad. Ma^{té} en Poictou, noble homme Jehan de Fourcy, sieur de Checy, conseiller du Roy en son Conseil d'Estat, intendant desd. bastimens, à ce présens et acceptans pour et au nom de Sad. Ma^{té}, et en la présence de noble homme Jehan de Donon, conseiller du Roy et contrerolleur général desd. bastimens, de faire et parfaire bien et deuement, au dire d'ouvriers et gens à ce congnoissans, tous et chacun les ouvraiges de charpenterie qu'il convient faire pour la construction du Collége de France que Sa Ma^{té} veult estre basty sur les lieux où sont à présent ceulx de Cambray et de Tréguier, le tout suivant et ainsy qu'il est porté et spécifié par l'affiche dont coppie est cy devant escripte et conformément à icelle, de laquelle led. Gaultier dict avoir eu communication; et, pour ce faire, fournira iceluy Gaultier tout le boys de la charpenterie nécessaire pour lesd. ouvraiges et toutes autres choses convenables pour la perfection d'iceulx; ensemble fournira de bonne et suffisante caution pour l'entretenement du contenu en ces présentes ainsy qu'il est contenu par lad. affiche. Et prendra led. Gaultier à son proffict les desmolitions de charpenterie desd. colléges de Cambray et Tréguier appartenant à Sad. Ma^{té}. A commencer à y travailler présentement et le tout rendre faict et parfaict bien et deuement comme dict est, dans le plus brief temps que faire se pourra.

Et ce moyennant et à raison de deux cens soixante livres tournois pour chacun cent de boys de charpenterie, bon, loyal et marchant qui sera mis en œuvre par led. Gaultier, qui est le pris à quoy iceulx ouvraiges ont esté adjugez aud. Gaultier comme moings disant et dernier rabaissant, ainsy qu'il a dict. Lequel pris luy sera payé, au feur et à mesure qu'il travaillera et fera lesd. ouvraiges de charpenterie bien et deuement, comme dict est, par les Trésoriers desd. bastimens, suivant les ordonnances qui luy en seront à ceste fin expédyées. Promettans... Obligeans chacun en droict soy et led. Gaultier corps et biens comme pour les propres affaires du Roy... Renonceant...

Faict et passé aud. Arcenac, led. jour dixiesme dud. mois de febvrier, aud. an mil six cens dix, après midy.

M. DE BETHUNE, FOURCY, DE DONON, A. GAULTIER, DE ROSSIGNOL, FOURNYER.

LXXVI. — 10 FÉVRIER 1610. — 249.

Collège de France. — Travaux de couverture pour la construction du Collège, sur l'emplacement des collèges de Cambrai et de Tréguier.
Marché passé avec Léon Thomas, maître des oeuvres de couverture des bâtiments du Roi, déclaré adjudicataire le même jour, moyennant le prix de 2 lt 15 s. par toise; les démolitions de la couverture des collèges de Cambrai et de Tréguier étant à son profit.

L'an mil six cens dix, le mercredy dix^{me} jour de febvrier, deux heures de relevée, en la grande salle de l'Arcenac du Roy, à Paris, devant Nous Maximilian de Bethune, duc de Sully, pair de France, prince souverain de Henrichemont et Boisbelle, superintendant des finances et bastimens de Sa Ma^{té}, Jehan de Fourcy [1] . . . et en la présence de Jehan de Donon [1] . . . A esté procceddé au bail au rabais et moings disans, à l'extinction du feu des chandelles, en la manière accoustumée, des ouvraiges de couvertures d'ardoises d'Angers mentionnez en l'affiche dont coppie est cy après transcripte, en la forme et manière qui ensuict.

De par le Roy

Et Monseigneur le duc de Sully, pair et grand voyer de France, superintendant des bastimens de Sa Ma^{té}.

On faict assavoir que mercredi prochain, dixiesme du présent moys de febvrier, deux heures de relevée, en la grande salle de l'Arcenac du Roy, à Paris, sera, par mond. Seigneur, faict bail, adjudication et délivrance au rabais et moings disans, à l'extinction du feu des chandelles, en la manière accoustumée, des ouvraiges de couvertures d'ardoises d'Angers carrées, nécessaires à faire au dessus des bastimens et construction du Collège de France que Sa Ma^{té} veult estre faict sur les lieux où sont à présent ceux de Cambray et Tréguier, chacune desquelles ardoises sera clouée de deux clous et d'eschantillon de trois poulces et demy, la latte et contre-latte de sciage, le tout bon, loyal et marchant.

Et seront toutes personnes receues à y mettre pris et moings dire et rabaisser lesd. ouvraiges, à la charge de les faire bien et deuement au dire d'ouvriers et gens à ce congnoissans, bailler bonne et suffisante caution, et iceulx ouvraiges faire recevoir ainsy qu'il est accoustumé.

(Suit le certificat d'affichage semblable aux précédents.)

---
[1] Mêmes qualités qu'aux actes précédents.

Et led. jour, mercredi dix^{me} dud. moys de febvrier, à lad. heure de deux heures de relevée, en lad. salle de l'Arcenac, aurions par led. Bonigalle faict faire lecture de l'affiche dont coppie est cy devant escripte, et faict entendre aux assistans que les ouvraiges de couverture d'ardoise d'Angers y mentionnez estoient à bailler au rabais et moings disans, sur le pris de six livres dix solz mis par Léon Thomas, et que l'entrepreneur desd. ouvraiges auroit et prendroict à son proffict toutes les démolitions des couvertures des colléges de Cambray et Tréguier et qui se trouveront appartenir à Sa Ma^{té}. Où seroit comparu Noel Guerinet, qui les auroit mis à six livres dix sols, par led. Thomas à cent sols, par Gilles Renouard à quatre livres quinze sols, et, sur ce, aurions faict allumer la première chandelle et limité le rabais à cinq sols, laquelle se seroit esteincte sans rabais. Ce que voyans, aurions faict allumer la seconde chandelle qui se seroit aussy esteincte sans rabais: pareillement aurions faict allumer la trois^{me} chandelle pendant le feu de laquelle auroit esté faict deux rabais de chacun cinq sols, scavoir : ung par led. Thomas et l'autre par led. Guerinet. Et sur le différend du feu, aurions faict allumer une quatre^{me} chandelle et pendant le feu d'icelle auroit esté faict deux rabais aussy de chacun cinq sols, ung par led. Thomas, Guerinet et ung autre par led. Thomas, et, encore, aurions faict allumer une autre chandelle sur pareil différend, qui se seroit esteincte sans rabais; et, d'aultant qu'il ne se seroit présenté autre rabaissans pour faire la condition de Sad. Ma^{té} meilleure que led. Thomas, qui nous auroit prié et requis de luy adjuger lesd. ouvraiges comme moings disant et dernier rabaissant. Nous aud. Thomas comme moings disant et dernier rabaissant avons adjugé, baillé et délivré, adjugeons, baillons et délivrons lesd. ouvraiges de couverture mentionnez en l'affiche dont coppie est cy devant escripte, moyennant et à raison de troys livres quinze sols pour chacune thoise desd. ouvraiges de couverture et aux charges contenues en lad. affiche. Faict et adjugé en lad. salle de l'Arcenac, led. jour dix^{me} febvrier aud. an mil six cens dix.

Par devant les notaires et gardenottes du Roy nostre Sire en son Ch[let] de Paris, soubz[nés], fut présent Léon Thomas, maistre des œuvres de couverture des bastimens du Roy, demeurant rue des Juifs, parroisse St Gervais, lequel a recongneu et confessé et, par ces présentes, confesse avoir promis et promect[1]... de faire[1]... tous et chacun les ouvraiges de couvertures d'ardoises d'Angers carrées, nécessaires à faire au dessus des bastimens et constructions du Collége de France que Sa Ma[té] veult estre faict sur les lieux où sont à présent ceulx de Cambray et Tréguier, et clouer chacune desd. ardoises de deux clouds d'eschantillon de trois poulces et demy. Et pour ce faire, fournira led. Thomas d'ardoise d'Angers, cloud, latte et contrelatte de sciage, le tout bon, loyal et marchant, et toutes autres choses à ce nécessaires, et prendra led. Thomas à son proffict toutes les desmolitions des couvertures desd. colléges de Cambray et Tréguier qui se trouveront appartenir à Sa Ma[té], le tout suivant et conformément à l'affiche dont coppie est cy devant escripte, de laquelle led. Thomas dict avoir eu communication. A commencer à y travailler le plus tost que faire se pourra, et le tout rendre faict et parfaict bien et deument comme dict est, le plus tost que faire se pourra.

Et ce moyennant et à raison de troys livres quinze solz pour chacune thoise desd. ouvraiges de couverture, qui est le pris à quoy ils ont esté adjugés aud. Thomas, comme moings disant et dernier rabaissant, ainsy qu'il a dict; lequel pris luy sera payé, au feur et à mesure qu'il travaillera, par les Trésoriers desd. bastimens suivant les ordonnances qui luy en seront à ceste fin expédyés. Promettans... Obligeans chacun en droict soy et led. Thomas corps et biens comme pour les propres affaires du Roy.... Renonceant...

Faict et passé aud. Arcenac du Roy, à Paris, l'an mil six cens dix, led. jour dixiesme dud. moys de febvrier, après midy.

M. DE BÉTHUNE, FOURCY, DE DONON, L. THOMAS, DE ROSSIGNOL.[1]

[1] Mêmes formules qu'à l'acte qui précéde.

[1] Cet acte ne porte pas la signature du notaire Fournyer.

CHAPITRE II.

RÉSIDENCES ROYALES.

Section I.

CHÂTEAU DE SAINT-GERMAIN-EN-LAYE

LXXVII. — 19 AVRIL 1603. — 105.

Château de Saint-Germain-en-Laye. — Travaux de maçonnerie pour : 1° la construction d'une grande descente droite, pareille à celle faite en 1602, avec une façon de grotte[1] au bout de la galerie; 2° pour la construction de trois portiques; et 3° pour le pavage des chambres basses des grands et petits pavillons et pour la réfection des planchers en vue de l'établissement d'une antisalle à côté de l'antichambre où coucheront les gardes du Roi.

Marché passé avec Guillaume Marchant maître des œuvres de maçonnerie des bastiments du Roi et Louis Marchant, aussi maître des œuvres des bâtiments du Roi à la survivance dudit Guillaume Marchant, son père, déclarés adjudicataires le 21 mars 1603, moyennant le prix de 18 ℔ par toise.

L'an mil six cens trois, le vingt ung^{me} jour de mars, devant nous Maximilian de Bethune, marquis de Rosny, conseiller du Roy en ses Conseils d'Estat, Grand Maistre et Cappitaine général de l'Artillerie, Grand Voyer de France, Superintendant des finances, fortifications et bastimens de Sa Ma^{té}, Jehan de Fourcy, sieur de Checy, conseiller du Roy, Trésorier général de France, Intendant desd. bastimens, et en la présence de Jehan de Donon, conseiller de Sad. Ma^{té} et Contrerolleur général desd. bastimens, heure d'une heure attendant deux de relevée, en la grande salle de l'Arcenac du Roy, à Paris, suivant les publications, proclamations et affiches contenant le devis des ouvraiges cy après transcriptz, qui estoient à bailler au rabais, y avons procedé ainsy qu'il s'ensuict.

[1] Le 8 avril 1603, Henri IV écrivait à M. de Rosny : «Mon cousin, j'ey esté bien aise d'apprendre par la vostre du xie de ce mois, qui me fut rendue à Nancy le vi au soir, vostre retour de Rosny à Paris, et que l'on continue en la plus grande diligence qu'il se peut mes bastimens du Louvre et de Sainct-Germain, comme ce que vous faites

De par le Roy.

On faict assavoir que le vendredy vingt ung^{me} jour du présent mois de mars, heure d'une heure attendant deux de relevée, en la salle de l'Arcenac du Roy à Paris, par devant Monseigneur de Rosny, Grand Maistre et Superintendant des bastimens de Sa Ma^{té} ès chasteaux du Louvre, Pallais des Thuilleries et St Germain en Laye, et le sieur de Fourcy, Intendant desd. bastimens, seront baillés et adjugés au rabais et moings disans, à l'extinction du feu de la chandelle, les ouvraiges et repparations de maçonnerye et pierre de taille à faire pour Sa Ma^{té}, en la présente année mil six cens trois, en son bastiment neuf de St Germain en Laye, pour la construction d'une grande descente droicte, pa-

faire pour ceste année à l'Arsenal. Je trouve fort bon vostre avis touchant Francine, pour raison de la grotte de Sainct-Germain; qu'il fasse le dessaing et que l'on face prix avec les ouvriers qu'il y mettra en besogne, ordonnant au contrerolleur Donon d'y avoir l'œil...» (*Œc. Royales*, II, p. 72.)

reille à celle qui a esté faicte en l'année dernière, avec une façon de grotte au bout de la gallerie, faicte de sept à huict thoises de long, selon et ainsy qu'il sera cy après déclaré.

Premièrement faire le ralongement du gros mur contre les terres, qui soustiendra partie de la grande terrace de devant la grotte depuis la jouée de l'arcade du pignon de la gallerie qui est faicte tirant vers Carrières, contenant huict thoises de long ou environ sur six pieds d'espoisseur, garny d'une assize de pierre dure par bas et des pillastres ou dosserets aussy de pierre dure, par voye de douze pieds en douze pieds sur lesquels s'attacheront des doubleaux de pierre de taille pour une voulte sur cinq thoises de hault et environ, maçonné de moëllon, chaux et sable, et fera les rigolles et tranchées dud. mur ainsy qu'il appartient.

Faire la voulte de la grotte au bout de lad. gallerie vers Carrières, sur la longueur susdite de huict thoises et demi, le pourtour garni d'arcqs doubleaux de pierre dure, de pareille distance de douze pieds et de moëllon entre deux maçonné à chaux et sable; faire la maçonnerie des reins de lad. voulte de moëllon, aussi chaux et sable.

Faire le gros mur d'un droict allignement par l'allignement du mur de la devanture de lad. gallerie qui est faicte de vingt cinq thoises de long ou environ sur huict pieds d'espoisse, en fondation maçonné de moëllon et libaige à chaux et sable sur douze pieds de profondeur ou environ, au dessus de laquelle fondation se continuera led. pan de mur de lad. longueur sur six pieds d'espoisseur, maçonné à paremens de pierre de taille dure par le devant, avec niches carrées pareilles à celles faictes de l'autre costé de lad. descente, aussy de lad. pierre dure, sur la haulteur de quatre thoises, ung pied garny dans œuvre dud. mur de pillastres de lad. pierre de pareille espoisseur que dessus pour l'arrachement desd. voultes sur six thoises de hault comprins lad. fondation.

Faire la corniche d'entablement pour le couronnement dud. mur de pierre de taille garny d'une cimaise par le dessus pour le dernier membre qui sera de pierre de lyais de Paris, de quatre poulces d'espoisse sur deux pieds de large tout le long dud. mur.

Faire la maçonnerie du corps de cyment de neuf poulces d'espoix, meslé avec cailloux de vigne, de ce qu'il reste à faire sur la grande terrace vers le Pecq, tant du dessus des grands palliers que du dessus de l'autre petite grote que on doibt faire tirant vers Carrières, contenant cent thoises.

Plus, faire la maçonnerie des deux pignons aux deux boutz de lad. gallerie jà faicte, qui seront de pierre de taille dure par dehors œuvre de cinq pieds d'espoisseur, garny de pillastres, chappiteaux doriques, architrave, frize et corniche, avec un rampant au dessus, sur la haulteur de trois thoises et de trois thoizes de large.

Faire le mur de la devanture de la dessente droicte qui porte les arcades, rempans, tout de pierre de taille dure, tant par le dehors que par le dedans œuvre, avec le carré du mur du pallier d'en hault, le tout contenant vingt cinq thoises de long sur trois thoises et demye de hault prins par son meillieu; et de six pieds d'espoisseur, garny de ses arcades, rempans, aussy de lad. pierre dure de pareille façon et ordonnance que les autres jà faictes du costé du Pecq; et pour ce faire conviendra faire la fondation dud. mur fondé devement de huict pieds d'espoisseur sur douze pieds de hault ou environ sy la bonne fondation s'y trouve.

Ce fera aussy la corniche d'entablement pour le couronnement dud. mur, de pierre de taille garny d'une cymaise de pierre de lyais, ainsy qu'il est dict à l'autre cy-devant transcript.

Faire la maçonnerie de la voulte qui portera lad. dessente droicte qui s'arrachera sur led. mur garny d'arcqs, de pierre dure par voye de douze en douze pieds, et le reste entre deux maçonné de bricque à chaux et sable ainsy que l'autre voulte faicte de lad. dessente vers le Pecq, avec le remplaigi des reings de lad. voulte maçonné de moëllon chaulx et sable, le tout contenant vingt-cinq thoises de long sur quatre thoises et demie de pourtour.

Fault faire la maçonnerie des deux grand pignons du retour dud. grand pallier de dix thoises de pourtour ou environ sur six thoises de hault, comprins la fondation, et de six pieds d'espoix, maçonné en bon moëllon, chaulx et sable.

Faire la maçonnerie des deux autres petits pignons de pareille espoisse, contenant cinq thoises de pourtour sur douze pieds de hault, l'un portant l'autre.

Ce fera le pavé de pierre de liays et brique au dessoubs du grand porticque contenant huict thoises de long ou environ sur dix pieds de large; ensemble pour les pavez des galleries jà faictes cest hiver.

Faire la maçonnerie des balustres de pierre de taille jà taillez et assis que l'entrepreneur a faict tailler durant l'hiver par le commandement de Sa Ma^té, et partie à faire et parachever, garniz de leurs appuis de pierre de taille et embassemens, contenant sept vingts thoises de pourtour ou environ, tant sur la devanture de lad. grande terrace que le long du pourtour des deux dessentes desd.

rempars, à compter courant en leur haulteur de trois pieds.

Faire les devantures des quarante marches droictes de pierre de lyais qui seront au dessus des voultes rempans de lad. dessente droicte où il y aura huit vingts thoises desd. marches.

Autres ouvraiges qu'il convient rechanger au logis du Roy :

Premièrement fault faire la maçonnerie du porticque qui sera faict en la court, en théâtre, pour servir d'entrée en la salle du logis neuf, garny de deux coulonnes de marbre qui seront fournyes de Sa Ma^{té}, desquelles coullonnes les bases et chappiteaux seront de l'ordre doricque, de pierre de Tonnerre, avec l'architrave, frize et corniche de pierre de Trosy, garny de son fronton et timpan où seront apposées les armoryes de Sa Ma^{té}.

Faire la maçonnerie des deux autres porticques aux deux costés, garnis de pillastres de pierre, vazes, chappiteaux, architraves, frize et corniche de pierre de taille.

Faire la maçonnerie du pavé de petit carreau de terre cuitte pour paver les chambres basses des grands et petits pavillons.

Faire la maçonnerie des planchers et autres qu'il conviendra abattre et refaire pour le retranchement à cause d'une antisalle qui se fera à costé de l'antichambre où coucheront les gardes du Roy, laquelle aura six thoises de long sur vingt six piedz de large, avec les manteaux, thuyaux et souches de cheminée et restablissement des murs pour mettre les poultres.

Et seront toutes personnes receues à moings dire et rabaisser sur lesd. ouvraiges, à la charge d'iceulx faire bien et deuement et rendre place nette, et ce sur le pris de vingt sept livres tournois chacune thoise boutavant.

L'an mil six cens trois, le vingtiesme jour de mars, je, Thomas de Bonigalle, premier huissier pour le Roy de son Trésor, soubz^{né}, certiffie avoir mis et apposé autant de la présente affiche contre le bureau et comptoir de l'Escriptoire des jurez maçons de ceste ville de Paris, attelliers du Louvre et Thuilleries, portes de l'Arcenac et de l'Hostel de ceste ville de Paris, portes de la Court, des salles du Pallais, grand et petit Chastellet, Chambre des comptes, Eslection, greffe du Trésor et autres lieux à ce faire accoustumez, ès présence de Nicolas Chauvelot, Denis Baudelot et autres tesmoings.

Et led. jour de vendredy xxj^e dud. mois de mars, à lad. heure, se seroyent trouvez plusieurs entrepreneurs ausquels aurions faict entendre le contenu en lad. affiche, et icelle faict lire, et publier par led. Bonigalle que lesd. ouvraiges estoient à bailler au rabais et moings disant.

Lesquels ouvraiges auroient esté mis au rabais par :

Fontaine, à vingt six livres dix sols;
Par Pierre Salmon, à vingt-cinq livres;
Par led. Fontaine à vingt quatre livres;
Et par led. Salmon à sept écus et demy, vallant vingt deux livres dix sols.

Ce faict, avons faict alumer la première chandelle où n'a esté faict aucun rabais, et sur le feu de la deux^{me} chandelle a esté mis rabais de dix sols : par Jehan Jacquet rabais de dix solz, et par Claude Martin, rabais de dix sols, revenant à vingt une livres; par led. Jacquet rabais de dix sols et par led. Martin rabais de dix sols, qui est vingt livres chacune thoise boutavant, selon le contenu en l'affiche cy-dessus. Et depuys ayant faict alumer la trois^{me} chandelle, n'a esté faict aucun rabais; partant, nous avons aud. Martin adjugé lesd. ouvraiges cy dessus comme moings disant pour led. prix de vingt livres tournois chacune thoise boutavant, aux conditions portées par l'affiche cy dessus transcripte.

Et le lendemain samedy vingt cinq^{me} dud. moys de mars, seroient venus devant nous Pierre Salmon, Jehan Jacquet et Helye Picart, qui nous auroient présenté requeste, tendant ad ce que pour le proffict et utilité du Roy, nous eussions à les voulloir recevoir à mettre au rabais lesdicts ouvraiges adjugés aud. Martin, de trente sols chacune thoise, laquelle requeste et rabais de trente sols aurions ordonné estre communiqué aud. Martin. Ce qu'ayant esté faict et que led. Martin nous auroict dict et déclaré que quand à luy il ne voulloict mettre aucun rabais, mais qu'il consentoict que Guillaume Marchant, maistre des œuvres des bastimens du Roy, pour lequel il avoict mis à pris lesd. ouvraiges, fût subrogé en son lieu; ce que depuis ayant esté communiqué aud. Marchant, nous auroict dict que pour le service qu'il doibt à Sa Ma^{té}, et pour le desir qu'il a de faire lesd. ouvraiges, il nous prioit de voulloir recevoir luy et Loys Marchant son filz, à mettre rabays de dix sols sur chacune thoise desd. ouvraiges, qui seroict dix huict livres pour chacune thoise boutavant, et ce aux charges et conditions portées par lad. affiche cy dessus transcripte. Ce que nous leur aurions accordé et adjugé lesd. ouvraiges comme moings disant pour led. prix de dix huict livres chacune thoise boutavant d'iceulx ouvraiges, ausd. charges et conditions portées par lad. affiche.

Par devant les notaires du Roy nostre Sire en son Ch[let] de Paris, soubzsignez, furent présens honnorables hommes Guillaume Marchant[1], maistre des œuvres de maçonnerie des bastimens du Roy, et Lois Marchant, aussy maistre des œuvres des bastimens du Roy à la survivance dud. Guillaume Marchant son père, demeurans rue Geoffroy Lasnier, parroisse St Gervais; lesquels ont recogneu et confessé et par ces présentes confessent avoir promis et promectent l'un pour l'autre et chacun d'eulx seul et pour le tout, sans division, renonceans au bénéfice de division et de discution, au Roy nostre Sire, stipullant pour Sa Ma[té] hault et puissant seigneur messire Maximilian de Bethune, chevallier, sieur et marquis de Rosny, conte de Moret, baron de Sully, conseiller du Roy en ses Conseilz d'Estat et privé, grand voier, grand maistre et cappitaine général de l'Artillerie, superintendant des finances, fortifications et bastimens de Sa Ma[té] et gouverneur de la ville et citadelle de Mante, et noble homme Jehan de Fourcy, sieur de Checy, conseiller du Roy, trésorier général de France, intendant desd. bastimens du Louvre, des Thuilleries et St Germain en Laye, et en la présence de noble homme Jehan de Donon, conseiller du Roy et contrerolleur général desd. bastimens, de faire et parfaire bien et deuement au dire d'ouvriers et gens à ce congnoissans, tous et chacun les ouvraiges de maçonnerie et taille d'icelles mentionnez et spécifiez en l'affiche dessus escripte, qu'il convient faire pour Sa Ma[té] en son bastiment neuf de St Germain en Laye, et commencer à travailler à icelles ouvraiges avec bon nombre d'ouvriers le plus tost que faire se pourra, et continuer sans discontinuer; et pour ce faire, les dits entrepreneurs fourniront toutes les matières de pareille estoffe et façon que celle portée par le devis contenu en lad. affiche, lyais, moilon, libaiges, chaux, sable, plastre, poyne d'ouvriers, d'aydes, charriages, voictures, chables, engins, cintres, eschafaudaiges et toutes ustancilles et choses nécessaires pour l'entière perfection desd. ouvraiges, faire les tranchées et vuidanges des terres des fondations, icelles faire geeter en lieu où ilz ne puissent nuire ny préjudicier, et rendre place nette.

Et ce moyennant et à raison de dix huict livres tournois pour chacune thoise d'icelles ouvraiges, suivant et conformément au rabais faict par led. Guillaume Marchant d'iceulx ouvrages dont coppie est cy dessus escripte, lesquelles ouvraiges seront thoisez à thoise boutavant. Lequel pris sera paié ausd. entrepreneurs selon et au feur qu'ils travailleront et feront lesd. ouvraiges, par les trésoriers des bastimens de Sa Ma[té] suivant les ordonnances qui leur en seront à coste fin expédyées, des deniers qui pour ce leur seront destinez. Promectons... Obligeans chacun en droict soy et lesd. entrepreneurs l'un pour l'autre et chacun d'eulx seul et pour le tout, sans division, corps et biens comme pour les propres affaires du Roy; renonceans iceulx entrepreneurs aud. bénéfice de division et de discution.

Faict et passé en l'Arsenac du Roy à Paris, fors par led. Guillaume Marchant en sa maison, l'an mil six cens trois, le dix-neuf[me] jour d'apvril, avant midy.

MAXIMILIAN DE BETHUNE. FOURCY. DE DONON, MARCHANT, L. MARCHANT, MOTELET, FOURNYER.

---

[1] Guillaume Marchant avait déjà exécuté, en vertu d'un marché passé le 25 avril 1594 (dont nous devons le texte à M. Gabriel Marcel), les travaux de «parachèvement et perfection du bastiment enconmencé,... où y a de présent deux pavillons construits avec autre commencement de logis attenant lesdits pavillons qui sont fondez...» (Cf. Bull. de la Société de l'Hist. de Paris, 1907, p. 124.) Guillaume Marchant avait aussi construit la grande descente droite faite en 1602, mais en vertu d'un marché également antérieur à la surintendance de Sully.

SURINTENDANT DES BÂTIMENTS. 183

LXXVIII. — 28 JANVIER 1604. — 124.

CHÂTEAU DE SAINT-GERMAIN-EN-LAYE. — TRAVAUX DE MAÇONNERIE POUR LA CONSTRUCTION : 1° DE DEUX GRANDS PANS DE MUR COMPRENANT CHACUN 46 TOISES DE LONG SUR 7 TOISES DE HAUT : L'UN, CONTRE LES TERRES DU PETIT JARDIN HAUT, POUR LA CONTINUATION DU MUR DES LIONS ; L'AUTRE, CONTRE LES TERRES DU PROLONGEMENT DE LA GRANDE TERRASSE, POUR LA CONTINUATION DU MUR DES ARCADES DE LA « DESCENTE DROITE » ; 2° DES CANAUX D'ÉVACUATION DES EAUX ; 3° DE DIVERS MURS ET TERRASSES POUR CLORE LE PETIT JARDIN HAUT VERS CARRIÈRES, ET POUR SOUTENIR LES TERRES DE L'AVENUE DU VIEUX CHÂTEAU. — TRAVAUX DE PAVAGE DE DIVERSES GALERIES.

MARCHÉ PASSÉ AVEC LOUIS MARCHANT, MAÎTRE DES ŒUVRES DES BÂTIMENTS DU ROI, DÉCLARÉ ADJUDICATAIRE, LE MÊME JOUR, MOYENNANT LE PRIX DE 18 ᵗᵗ PAR TOISE COURANTE ET BOUTAVANT.

L'an mil six cens quatre, le mercredi vingt huictᵐᵉ jour de janvier, en la grande salle de l'Arcenac du Roy à Paris, deux heures de relevée, devant nous, Maximilian de Bethune, marquis de Rosny, conseiller du Roy en son conseil d'Estat et privé et superintendant des bastimens de Sa Maᵗᵉ, Jehan de Fourcy, sieur de Checy, intendant desd. bastimens, et en la présence de Jehan de Donon, conseiller du Roy et contrerolleur général desd. bastimens, avons fait procceder au rabais des ouvraiges mentionnez en l'affiche cy après transcripte, en la forme et manière qui ensuict :

DE PAR LE ROY

On fait assavoir que le mardi vingt huictᵐᵉ jour de janvier, deux heures de relevée, en la grande salle de l'Arcenac du Roy, à Paris, par devant monseigneur le marquis de Rosny, grand maistre et superintendant des bastimens du Roy, et monsieur de Fourcy, intendant desd. bastimens, seront baillez et adjugez au rabais et au moings disant, à l'extinction de la chandelle, les ouvraiges de maçonnerie et pierre de taille de la construction de deux grands pans de murs à faire au chasteau de Sainct-Germain-en-Laye, contenant chacun quarante six thoises de long sur sept thoises de hault ou environ, comprinse la fondation ; lesquels seront l'un : contre les terres du petit jardin d'en hault, et l'autre contre celles de l'alongement de la grande terrace devant la grande gallerie des grottes ; qui se poursuivront d'un droict allignement et de pareille fabrication, sçavoir contre les petits jardins après le grand de la descente droicte où sont figurez des lions, et l'autre aussy de droict allignement et de pareille fabrication que le pan de mur des arcades rempans des descentes dernières faictes ; ainsy qu'il s'ensuict :

Premièrement : fault faire la continuation dud. grand pan de mur où sont figurez lesd. lions, desd. longueurs et haulteurs et de huict à neuf pieds d'espoisseur en fondation, maçonné de moellon, chaux et sable, et au dessus de lad. fondation de sept à huict pieds d'espoisseur en contremont garny de deux assizes de pierre de taille par bas, à revenir à six pieds par hault ; faire la devanture dud. pan de mur de bricque et de pierre, aussy et de pareille structure qu'il est de présent faict à l'endroict de la grande dessente droicte guarnye de pillastres et quadres de pierre de taille par bas, espassez comme ceulx de la devanture dud. pan de mur où sont figurez lesd. lions ; continuer sur led. grand pan de mur la corniche de pierre de taille ainsy qu'elle est jà faicte, laquelle sera thoisée pour ung corps, et pareillement continuer au dessus de lad. corniche les embassemens des ballustres d'une assize de parpin de pierre dure où se poseront lesd. ballustres, qui seront de pareille fabrication que les autres guarnyes de leurs appuys de pierre, et le reste dud. mur maçonné de moëllon, chaux et sable.

Se fera par le derrière dud. pan de mur des esperons espassez de neuf piedz en neuf piedz entre deulx ung, qui auront chacun douze piedz de long et six pieds de large, qui seront maçounez en liaison avec led. mur dessus descript de fonds en comble ; et entre les vuides desd. esperons se fera une voulte de maçonnerie de moellon, chaux et sable par embas, avec chacun ung petit mur entre lesd. esperons qui aura six pieds d'espoisseur en fondation à revenir à troys pieds par hault, garny de ses éventz ; le tout à cause de la grande haulteur et bouttée des terres jetées qui seront de cinq à six thoises de hault toute terre mouvante. Et encores sera besoing combien que lesd. esperons se fassent pour soustenir lesd. terres jetées, que les terraciers qui gecteront icelles terres par derrière lesd. esperons fassent des faissines en forme de tallud sur lesquelles ils getteront lesd. terres pour éviter aux inconvénients qui en pourront advenir.

Plus, fault faire la maçonnerie de l'autre pan de mur d'en bas qui acoste lad. grande terrasse, de longueur et haulteur susd., qui se poursuivra de droict allignement après le pan de mur des arcades rempans de lad. dessente droicte d'embas; lequel pan de mur sera maçonné par le devant tout de pierre de taille dure, garny de grandes arcades à jour de pareilles haulteurs et largeurs que celles cy devant faictes, led. mur de pareilles espoisseurs que celuy cy-devant escript, maçonné de moëllon chaux et sable; au devant duquel mur se feront des formes d'esperons comme aud. mur precedднt; entre lesquels se feront des voultes par le dessus dud. mur, et par le derrière se fera ung mur de six piedz en fondation revenant à troys piedz en hault en tallud, maçonné de moellon, chaux et sable, qui servira d'aboutissant des seize caveaulx qui auront chacun douze piedz de long sur neuf piedz de large, et seront pavés de bricque, chaux et sable, qui se feront pour empescher la boultée de la grande haulteur jetée desd. terres et par le dessus dud. grand pan de mur, se feront des ballustres de pareille façon et maçonnerie que ceulx qui sont encommencez.

Se feront au bout desd. grands pans de mur, tant du costé du Pecq que celuy de Carrières, au bout des deux boquets, les murs qui serviront de closture de mont à val, lesquelz seront maçonnez de deux pieds et demy d'espoisseur en fondation jusques au rez de chaussée, maçonnez de moëllon, chaux et sable, et au dessus dud. rez de chaussée se continueront lesd. murs en contremont de telle haulteur qu'il appartiendra et deux piedz d'espoisseur, garniz de jambes de pierre de taille espassez de douze pieds en douze pieds de meilleu en meilleu qui porteront les parpins dud. mur, faire les encheperonnemens desd. murs maçonnez de bricque de champ pour estre de bonne et longue durée et faire les crespis le long d'iceulx murs de chaux et sable tant de costé que d'autre.

Se fera la maçonnerie des dalles et canaulx qui serviront pour la conduitte et évacuation des eaux des offices tant du costé dud. Pecq que dud. Carrières, le long desd. offices, de la longueur de quarante thoises ou environ, qui seront maçonnées de la largeur de deux piedz et demy dans œuvre sur quatre pieds de hault, de maçonnerie de moellon, chaux et sable d'un pied et demy d'espoisseur, avec la maçonnerie du massif desd. mur de pareille espoisseur d'un pied et demy, au dessus duquel massif se pavera le fondz dud. canal de dalles de pierre de liais en pantes telles qu'il appartiendra.

Au bout desquels canaulx se fera une grande fosse à eaue de douze piedz en carré dans œuvre et douze piedz de profondeur dans terre, qui sera voultée et maçonnée comme il appartient, de moëllon, chaux et sable, où se perdront les eaux desd. offices.

Se fera la maçonnerie de la closture du petit jardin du hault, vers Carrières, de pareille façon que les clostures des boquets cy dessus escripts.

Se fera aussy le long du petit jardin ung petit mur en forme de terrasse contre les terres de l'aboutissant dud. jardin, qui sera maçonné de moëllon, chaux et sable de deux pieds et demy d'espoisseur à parement de pierre dure par le devant et la couverture dud. mur au rez des terres maçonnée aussy de lad. pierre; faire une descente en forme de quatre marches droictes de pierre de liays pour descendre dud. jardin.

Se fera ung grand pan de mur en terrasse qui servira à soustenir les terres de devant de l'advenue du Vieil Chasteau pour dessendre dans le pré du parc et aller au bastiment neuf de Sa Ma^{té}, lequel mur sera maçonné à parement de pierre dure par le devant et le reste de moëllon, chaux et sable de trois piedz et demy d'espoisseur, garny d'une assize de pierre de taille dure pour la couverture du dessus dud. mur.

Se fera aud. mur la maçonnerie des deux assizes aussy à parement de pierre de taille, pour servir à la dessente qui sera faicte en forme de colline de lad. terrasse sur la chaussée de lad. advenue.

Se feront les pavez de la dernière gallerie basse et des autres galleryes et rempans, de maçonnerie de bricque et pavé de pierre de liays.

Et seront toutes personnes receues à moings dire et rabaisser sur lesd. ouvraiges, à la charge par l'entrepreneur d'iceulx faire et parfaire bien et deuement au dire d'ouvriers et gens à ce congnoissans, qui en sera payé au feur et à mesure qu'il y travaillera. Faict à Paris, le vingt trois^{me} jour de janvier l'an mil six cens quatre. Et au dessoubz est escript ce qui ensuict :

L'an mil six cens quatre, le vingt six^{me} janvier, je Thomas de Bonigalle, premier huissier pour le Roy de son Tresor, soubz^{sné}. certiffie avoir mis et apposé aultant de la présente affiche contre la porte de l'hostel de l'Arcenac du Roy à Paris, au bureau et comptoir de l'Escriptoire des jurez maçons de ceste ville de Paris, attelliers du Louvre et Thuilleries, places des Halles, Grève et cimetière St Jehan, portes du grand et petit Chastelet et des Consulz

SURINTENDANT DES BÂTIMENTS.

de Paris, greffe du Trésor et au bas de la montée dud. Trésor. Ad ce qu'aucun n'en prétende cause d'ignorance, présence de Nicolas Chauvelot, Jehan Bailly, signé : de Bonigalle.

Et led. jour de mercredi vingt huictiesme dud. moys de janvier en lad. salle de l'Arcenac, à lad. heure de deux heures de relevée, aurions par led. de Bonigalle, faict lire lad. affiche et faict entendre aux assistans que lesd. ouvraiges estoient à bailler au rabais. Où seroit comparu Jehan Fontayne, maistre des œuvres du Roy, qui auroit mis à prix lesd. ouvraiges à raison de vingt quatre livres la thoise. Ce faict, aurions faict allumer la première chandelle, laquelle se seroict esteincte sans aucun rabais. Jà depuis aurions faict allumer la deuxiesme chandelle ou n'auroict aussy esté faict aucun rabais; et après avoir faict allumer la troisiesme chandelle et fait entendre que c'estoit la dernière et que quiconcques vouldroict mettre lesd. ouvraiges au rabais seroict receu, auroient esté mis lesd. ouvraiges au rabais par Loys Marchant à dix huict livres la thoise. Et d'aultant que personne n'auroit voullu faire la condition de Sad. Ma{te} meilleure que led. Marchant, avons aud. Marchant, comme moings disant et rabaissant, adjugé et adjugeons lesd. ouvraiges de maçonnerie et aux charges contenues en l'affiche dont coppie est cy-dessus escripte.

Par devant les notaires du Roy nostre Sire, en son Ch{let} de Paris, soubz{nés}, fut présent honnorable homme Loys Marchant, maistre des œuvres des bastimens du Roy, demourant rue Geoffroy Lasnier, parroisse St Gervais, lequel a recongneu et confessé avoir promis et promect à hault et puissant seigneur Messire Maximilian de Bethune, chevallier, sieur et marquis de Rosny, baron de Sully, conseiller du Roy en ses Conseilz d'Estat et privé, cappitaine de cent hommes d'armes de ses Ordonnances, grand voyer, grand maistre et cappitaine général de l'Artillerie, superintendant des finances, fortifications et bastimens de Sa Ma{té}, gouverneur et lieutenant général pour Sad. Ma{té} en Poictou, noble homme Jehan de Fourcy, sieur de Checy, conseiller du Roy, trésorier général de France, intendant desd. bastimens, à ce présent, stippulans et acceptans pour Sad. Ma{té}, et en la présence de noble homme Jehan de Donon, conseiller du Roy et contrerolleur général desd. bastimens, de faire et parfaire bien et deuement au dire d'ouvriers et gens à ce congnoissans, tous et chacun les ouvraiges de maçonnerie et pierre de taille, tels et selon qu'il est porté par les articles de l'affiche dont coppie est cy dessus escripte, et conformément à icelle, de laquelle led. Marchant dict avoir eu communiquation. Et sera tenu faire une assize par bas de pierre de taille au travers de closture des petits jardins des dessentes dud. Saint Germain. A commencer à y travailler présentement, y besongner sans discontinuer.

Et ce moyennant et à raison de dix huict livres par chacune thoise desd. ouvraiges de maçonnerie cy dessus déclarez, thoisées et mesurés à thoise courante et boutavant, qui est le prix à quoy ils ont esté adjugez aud. Marchant comme moings disant, lequel prix sera paié aud. Marchant, au feur et mesure qu'il travaillera, par les trésoriers des bastimens de Sa Ma{té}, suivant les ordonnances qui lui en seront à ceste fin expédyées. Promectans... obligeans chacun en droict soy el led. Marchant corps et biens comme pour les propres affaires du Roy... Renonceant..

Faict et passé en l'Arsenac du Roy, à Paris, l'an mil six cens quatre, le vingt huict{me} jour de janvier, après midy.

MAXIMILIAN DE BETHUNE, FOURCY, DE DONON,
L. MARCHANT.

LXXIX. — 8 FÉVRIER 1604. — 128.

CHÂTEAU DE SAINT-GERMAIN-EN-LAYE. — MENUISERIE DU PLANCHER DE LA GALERIE DU ROI, AU LOGIS NEUF. — MARCHÉ PASSÉ AVEC LOUIS DE BEAUVAIS, MAÎTRE MENUISIER À PARIS, DÉCLARÉ ADJUDICATAIRE LE 28 JANVIER 1604, MOYENNANT LE PRIX DE 4 lt 10 s. LA TOISE.

L'an mil six cens quatre, le mercredy vingt huict{me} jour de janvier, devant nous Maximilian de Bethune[1]..., Jehan de Fourcy[1]... et en la présence de Jehan de Donon[1]..., en la grande salle de l'Arsenac du Roy à Paris, avons procédé au bail au rabais des ouvraiges mentionnez en l'affiche ci-après transcripte, en la forme et manière qui ensuict :

DE PAR LE ROY

On faict assavoir que le mercredi vingt huict{me}

---
[1] Mêmes qualités qu'à l'acte qui précède.

jour de Janvier, deux heures de relevée, en la grande salle de l'Arcenac du Roy à Paris, par devant monseigneur le marquis de Rosny, grand maistre et superintendant des bastimens du Roy et monsieur de Fourcy, intendant desd. bastimens, seront baillez et adjugés au rabbais et moings disans à l'extinction de la chandelle, les ouvraiges de menuiserie à faire pour Sa Ma^té au chasteau de Sainct Germain en Laye, ainsy qu'il ensuict :

Premièrement : Faire la menuiserie d'ung plancher qui sera fait d'aiz de sappin sur l'aire de la gallerie du Roy, au logis neuf de son chasteau de Sainct Germain en Laye, en laquelle les lambourdes dud. plancher sont jà posées et scellées, et seront livrées les planches ou aids de sappin à l'entrepreneur qui sera tenu les bien rabboter et assembler à roynure et languettes, les assoeir et clouer ainsy qu'il appartient, fournir les clouds et autres choses à ce nécessaires.

Et seront toutes personnes receues à moings dire et rabaisser sur lesd. ouvraiges, à la charge de les faire et parfaire par l'entrepreneur bien et deuement et en sera payé au feur et à mesure qu'il travaillera. Faict à Paris le vingt trois^me janvier mil six cens quatre.

L'an mil six cens quatre, le vingt six^me jour de janvier, je Thomas de Bonigalle... certiflie (*même certificat qu'en l'acte précédent*).

Et led. jour vingt huictiesme dud. mois de janvier en lad. grande salle de l'Arcenac du Roy à Paris, avons, après avoir faict lire lad. affiche cy dessus transcripte par led. de Bonigaille, huissier, interpellé plusieurs maistres experts appellez pour led. rabbais aflin de le mettre à prix, sur laquelle interpellation avons faict allumer la première et la deuxiesme chandelle, sur la fin de laquelle deuxiesme chandelle est comparu Anthoine de Hansy qui a mis à prix lesd. ouvraiges à cent solz chacune thoise; et voyant que personne n'a voullu faire rabbais sur le prix dud. de Hansy, avons faict alumer la troisiesme chandelle et faict entendre aux assistans que c'estoit la dernière chandelle et quiconcques voudroict mectre lesd. ouvraiges au rabais seroict receu; où est comparu Loys de Beauvais maistre menuisier à Paris, qui a mis lesd. ouvraiges au rabbais à quatre livres dix sols, et d'autant que personne n'a voullu faire la condition meilleure que led. de Beauvais, nous avons aud. de Beauvais adjugé et adjugeons lesd. ouvraiges aud. prix de quatre livres dix sols la thoise, aux charges contenues en lad. affiche.

Par devant les notaires du Roy nostre Sire en son Ch^let de Paris, soubz^nés, fut présent Louis de Beauvais, maistre menuisier à Paris, demeurant rue St Antoine, paroisse St Paul, lequel a recongneu et confessé avoir promis et promect au Roy nostre Sire, stipullant pour Sa Ma^té hault et puissant seigneur messire Maximillian de Bethune, chevallier, sieur et marquis de Rosny, grand maistre et cappitaine général de l'Artillerie, supperintendant des finances et bastimens de Sa Ma^té et gouverneur de la ville et citadelle de Mante, noble homme Jehan de Fourcy sieur de Checy[1]... et aussi en la présence de noble homme Jehan de Donon[1]... de faire et parfaire bien et deument, au dire d'ouvriers et expertz à ce congnoissans, tous et chacun les ouvraiges de menuiserie contenuz en l'affiche dont coppie est cy dessus transcripte, de laquelle a esté faict lecture and. entrepreneur par l'un des notaires soubzsignez, l'autre présent, qu'il convient faire pour la menuiserie d'ung plancher qui sera faict d'aiz de sappin sur l'aire de la gallerie du Roy, au logis neuf de son chasteau de Sainct Germain en Laye, en laquelle les lambourdes dud. plancher sont jà posées et scellées, et seront livrées les planches ou aids de sappin à l'entrepreneur qui sera tenu les bien rabboter et assembler à roynure et languettes, les assoeir et clouer ainsy qu'il appartient, fournir les clouds et autres choses à ce nécessaires, le tout selon et conformément à lad. affiche; à commencer à travailler présentement sans discontinuer.

Et ce, moyennant et à raison de quatre livres dix sols chacune thoise, qui est le pris à quoy ils ont esté adjugés aud. de Beauvais, comme moings disant. Lequel prix sera payé and. entrepreneur au feur et à mesure qu'il travaillera, par les trésoriers généraulx des bastimens de Sa Ma^té, selon les ordonnances qui leur seront à ceste fin expédyées. Promectans... Obligeans... Renonceant...

Faict et passé aud. Arcenac l'an mil six cens quatre, le huictiesme jour de febvrier, avant midy.

MAXIMILIAN DE BETHUNE, FOURCY, DE DONON, DE BEAUVAIS, LE VASSEUR, FOURNYER.

[1] Mêmes qualités que dans les actes qui précèdent.

LXXX. — 9 FÉVRIER 1604. — 130.

Château de Saint-Germain-en-Laye. — Travaux de nivellement et de déblais pour faire une terrasse le long du fossé du Vieux Château, depuis la muraille qui sépare le grand bois du parc jusqu'à celle du petit bois.
Marché passé avec Denis Du Ru, manouvrier à Paris, déclaré adjudicataire le 23 janvier 1604, moyennant le prix de vingt et un sols tournois par toise cube.

L'an mil six cens quatre, le vendredi vingt trois^{me} jour de janvier, heure d'une heure de relevée attendant deux, en la grande salle de l'Arcenac du Roy à Paris, devant nous, Maximilian de Bethune... [1] Jehan de Fourcy... [1] et en la présence de Jehan de Donon [1]... avons proceddé au bail au rabais des vuidanges de terres mentionneez en l'affiche cy après en la forme et manière qui ensuict :

De par le Roy :

On faict assavoir que le vendredi vingt trois^{me} jour de janvier, l'heure d'une heure attendant deux de relevée, en la grande salle de l'Arsenac du Roy à Paris, par devant monsieur le marquis de Rosny, grand maistre et superintendant desd. bastimens, et monsieur de Fourcy, intendant desd. bastimens, seront baillez et adjugez au rabais et moings disans les ouvraiges :

Du tranchement, port et vuidange des terres massives que Sa Ma^{té} a commandé estre faicts pour alligner et dresser la terrasse qu'elle entend faire le long du fossé du vieil chasteau de St Germain, à prendre depuis la muraille qui sépare le grand bois du parcq jusques à celle du petit, et espendre les terres qui en proviendront aux lieux où il en sera besoing, comme il sera monstré et marqué, pour rendre de nyveau lad. terrasse jusques à la grande porte de l'entrée à costé du jeu de paulme. Comme aussy de planer et unir toutes les buttes et fossés qui se trouveront dans l'enclos de l'autre court vers et debvant le bastiment neuf. Lesquelz ouvrages seront thoizés et mesurez avant que de commencer et réduicts à thoise cubbe de deux cens seize pieds par thoise. De laquelle ils seront payés au feur et ainsy qu'ils feront lad. besoigne; Et seront toutes personnes receues à moings dire...
(Suit le certificat d'affichage semblable à ceux qui précédent.)

Et led. jour vendredy vingt trois^{me} dud. mois de janvier aud. an mil six cents quatre, en lad. salle de l'Arsenac, lad. heure de deux heures de relevée, avons par led. de Bonipalle faict lire lad. affiche et faict entendre aux assistans que le port et vuidange desd. terres massives sont à bailler au rabais et que toutes personnes y seront receues sur la prisée de trente cinq sols tournois pour chacune thoise cube. Où est comparu Jehan Lefebvre qui les a mis à trente deux sols six deniers chacune thoise cube, par Guillaume Martin à trente sols, par led. Lefebvre à vingt huict sols. Sur quoy nous avons faict allumer la première chandelle, sur le feu de laquelle led. Guillaume Martin a mis lesd. ouvraiges au rabais à vingt six sols tournois chacune thoise cube, par Simon Bègue, à vingt cinq sols, par led. Guill^{me} Martin sur le feu de la seconde chandelle à vingt quatre sols, par Denis du Ru à vingt trois sols, par led. Martin à vingt deux sols et par Denis du Ru à vingt et un sols. Ce faict, avons faict allumer la trois^{me} et dernière chandelle et faict entendre que ce seroit la dernière chandelle et quiconcques vouldroit mettre à pris lesd. ouvraiges seroit receu, sur le feu de laquelle chandelle n'a esté faict aucun rabaiz; partant nous sud. du Ru avons adjugé et adjugeons le port et vuidange desd. terres massives cy dessus pour led. prix de vingt et un sols tournois par chacune thoise cube, aux charges contenues en l'affiche cy dessus transcripte.

Par devant les notaires du Roy nostre Sire en son Ch^{let} de Paris, soubz^{nés}, fut présent Denis du Ru, manouvrier, demeurant rue Pastourelle, parroisse St Nicolas des Champs, lequel a recongneu et confessé avoir promis et promect au Roy nostre Sire, stippullant pour Sa Ma^{té} hault et puissant seigneur messire Maximilian de Bethune... [1] noble homme Jehan de Fourcy... [1], en la présence de noble homme Jehan de Donon [1]... De faire et parfaire bien et deuement les ouvraiges de retranchement, port et vuidange des terres massives que Sa Ma^{té} a commandé estre faicts pour alligner et dresser la terrasse qu'elle entend faire le long du fossé du vieil chasteau de St Germain, à prendre depuis la muraille qui sépare le grand bois du

---

[1] Mêmes qualités que dans les actes qui précédent.

parcq jusques à celle du petit, et espendre les terres qui en proviendront aux lieux où il en sera besoing, comme il sera monstré et marqué pour rendre de nyveau lad. terrasse jusques à la grande porte de l'entrée à costé du jeu de paulme; comme aussy de planer et unir toutes buttes et fossés qui se trouveront dans l'enclos de l'autre court vers et dehvant le bastiment neuf. Lesquelz ouvrages seront thoizés et mesurez avant que de commencer et réduicts à thoise cubbe de deux cens seize pieds par thoise. Le tout ainsy qu'il est porté par l'afflche dont coppie est cy dessus transcripte, de laquelle a esté faict lecture aud. entrepreneur par l'un des notaires soubzsignez, l'autre présent. A commencer à y travailler au plus tôt que faire se pourra sans discontinuer jusques à perfection desd. ouvraiges.

Et ce moyennant le pris et à raison de vingt et un sols tournois pour chacune thoise cube desd. ouvraiges qui est le prix à quoy ils ont esté adjugez aud. du Ru comme moings disant, lequel pris luy sera payé au feur et à mesure qu'il travaillera, par les Trésoriers généraulx des bastimens de Sa Ma^{té}, suivant les ordonnances qui luy en seront à ceste fin expedyées. Promettans... Obligeans... Renonceant...

Faict et passé aud. Arcenac l'an mil six cens quatre, leneuf^{me} jour de febvrier, après midy, et a led. du Ru déclaré ne sçavoir escripre ne signer.

MAXIMILIAN DE BETHUNE, FOURCY, DE DOXON, LE VASSEUR, FOURNYER.

LXXXI. — 9 FÉVRIER 1604. — 131.

CHÂTEAU DE SAINT-GERMAIN-EN-LAYE. — «CONTRE-LETTRE» PAR LAQUELLE DENIS DURU, MANOUVRIER, ADJUDICATAIRE DES TRAVAUX DE NIVELLEMENT ET DE DÉBLAIS, POUR LESQUELS MARCHÉ A ÉTÉ PASSÉ LE MÊME JOUR, 9 FÉVRIER 1604, DÉCLARE QUE CE MARCHÉ EST POUR ET AU NOM DE NICOLAS REGNART, AUSSI MANOUVRIER À PARIS.

Par devant les notaires du Roy nostre Sire en son Ch^{let} de Paris, soubz^{nes}, fut présent Denis Duru, manouvrier, demeurant rue Pastourelle, parroisse St Nicolas des Champs, lequel a recongneu et confessé et déclaré que l'adjudication qui luy a esté faicte en l'Arcenac de ceste ville de Paris, le vendredy vingt trois^{me} jour de janvier dernier passé, du tranchement, port et vuidange des terres massives que le Roy entend faire le long du fossé du vieil chasteau de Sainct Germain, à prendre depuis la muraille qui separpe le grand bois du parc jusques à celle du petit, et espendre les terres qui en proviendront aux lieux où il sera besoing, le tout conformément et selon qu'il est porté par l'afliche faisant mention desd. ouvraiges, datté dud. jour 23e janvier dernier pour le prix et à raison de vingt et un sols tournois pour chacune thoise cube à deux cens [seize] pieds pour thoise, comme le contient lad. adjudication. Pour raison de laquelle adjudication led. du Ru s'est obligé envers le Roy, stippulant pour Sa Ma^{té} Messieurs de Rosny et de Fourcy, de faire lesd. ouvraiges pour led. prix de vingt et un sols tournois chacune thoise cube, par contract estant escript en fin de lad. adjudication passé par devant⁽¹⁾ .... jour de⁽¹⁾ .... est pour et au nom de Nicolas Regnart, aussy manouvrier, demeurant rue des Vertuz, parroisse St Nicolas des Champs, à ce présent et en laquelle adjudication led. du Ru n'a prétendu et ne prétend aucune chose et, en tant que besoing en seroit, icelluy du Ru en a faict et faict par ces présentes cession et transport sans garentie aucune ny restitution de deniers, sinon de ses faicts et promesses, aud. Regnart ce acceptant. A ceste cause led. Regnart a promis et promect acquicter, garentir des dommaiges et rendre indemne led. du Ru, ses biens, hoirs et ayans cause, de l'obligation en quoy il est tenu de faire lesd. ouvraiges par led. contract dessus datté; ensemble de toutes pertes, despens, dommaiges et intérests en quoy il pourroict encourir, avoir et souffrir à cause de ce. Et néantmoings lui rendre et payer tout ce que payé, mis et payé auroict au cas pour quoy poursuivy et contrainct en seroit, sy tost et incontinent le cas advenu à la volonté dud. du Ru et ce d'aultant que ce qu'en a faict led. du Ru n'a esté et n'est que pour faire plaisir aud. Reguart et à sa prière et requeste comme il a dict. Promectans... obligeans chacun en droyct soy et led. Regnart corps et biens comme pour les propres affaires du Roy... Renonceans...

Faict et passé ès estudes des notaires, l'an mil six cens quatre, le neuf^{me} jour de febvrier, après midy, et ont lesd. du Ru et Regnart déclaré ne sçavoir escripre ne signer.

(NOTA. — Cette «contre-lettre» n'est pas signée par les notaires.)

⁽¹⁾ Lacune dans le texte.

SURINTENDANT DES BÂTIMENTS.

LXXXII. — 11 FÉVRIER 1604. — 133.

Château de Saint-Germain-en-Laye. —Travaux de maçonnerie pour la réparation des murailles du parc.

Marché passé avec Jehan Bongars, maçon à Saint-Germain-en-Laye, déclaré adjudicataire le 23 janvier 1604, moyennant le prix de trois livres tournois par toise, ledit Bongars devant se servir des démolitions qui se trouveront bonnes.

Par devant les notaires du Roy nostre Sire en son Ch^{el} de Paris, soubz^{nés}, fut présent Jehan Bongars, maçon, demeurant à St Germain en Laye[1], lequel a recongneu et confessé avoir promis et promect au Roy nostre Sire, stippulant pour Sa Ma^{té} hault et puissant seigneur messire Maximilian de Bethune[2]... noble homme Jehan de Fourcy...[3] à ce présens et aussy en la présence de noble homme Jehan de Donon[3]... de faire et parfaire bien et deuement au dire d'ouvriers et gens à ce congnoissans, tous les ouvraiges et repparations de maçonnerie de moellon, chaux et sable des murailles du parc du chasteau de St Germain en Laye; abbattre et desmolir celles qui se trouveront bouclées, deversées hors de leur plomb et en eminente ruyne, pour les rédiffier de bon moellon, chaux et sable; et celles qui se trouveront bonnes, droictes et de durée, leur faire et rediffier le chapperon seulement maçonné comme dessus, ainsy qu'aux lieux déclairez par la visitation de ce faicte. Et s'aydera led. Bongars des desmolitions qui se trouveront bonnes. Le tout selon et conformément à l'affiche dont coppie est cy dessus transcripte[1], de laquelle a esté faict lecture aud. entrepreneur par l'un des notaires soubsignez, l'autre présent; à commencer à y travailler présentement, sans discontinuer.

Et ce moyennant le prix et à raison de troys livres tournois pour chacune thoise des ouvraiges cy dessus, qui est le prix à quoy ils ont esté adjugez aud. Bongars comme moings disant; lequel prix luy sera paié au feur et à mesure qu'ils travailleront par les Trésoriers généraux des bastimens de Sa Ma^{té} suivant les ordonnances qui leur en seront à ceste fin expedyées. Promectans... Obligeans... Renonceant...

Faict et passé en l'Arcenac du Roy à Paris l'an mil six cens quatre, le onze^{me} jour de febvrier.

Maximilian de Bethune, Fourcy. de Donon, Bongars, Le Vasseur, Fournyer.

LXXXIII. — 6 MAI 1604. — 141.

Château de Saint-Germain-en-Laye. — Marché passé avec Grégoire Aubry, menuisier à Saint-Germain-en-Laye, pour faire, aux trumeaux du pourtour de la galerie du logis neuf, vingt-deux (ou environ) grandes bordures et châssis pour les tableaux sur toile qui doivent y être placés; lesquelles bordures, pour la plus grande partie, de onze à douze pieds de long sur sept pieds de haut, seront enrichies de moulures conformément au dessin paraphé *ne varietur*; et ce, moyennant les prix de douze livres tournois pour chaque bordure et de trente sols tournois pour chaque châssis; le bois, à provenir des magasins du Roi, devant être fourni audit Grégoire Aubry.

Par devant les notaires du Roy nostre Sire en son Ch^{el} de Paris, soubsignez, fut présent Grégoire Aubry, menuisier, demeurant à St Germain en Laye, lequel a recongneu et confessé avoir promis et promect au Roy nostre Sire, stippullant pour Sa Ma^{té} noble

---

[1] Il est à présumer que ce Bongars devait avoir l'aspect quelque peu rébarbatif. Le Dauphin, alors âgé de trois ans, le voyait souvent travailler dans le parc et, suivant Héroard, en avait peur. Aussi, quand il était «opiniâtre» ou qu'il ne voulait pas se lever, Mme de Monglat, sa gouvernante, faisait appeler Bongars, et le Dauphin, qui craignait de le voir, s'empressait de répondre : «Dites-lui que je ne suis plus opiniâtre».

[3] Mêmes qualités que dans les actes qui précèdent.

[1] Le devis contenu en l'affiche étant reproduit textuellement dans l'acte notarié, nous en avons jugé la répétition inutile; aucune mise à prix n'y apparait et l'offre faite par le même Bongars de cinq livres tournois par toise fut réduite par lui à trois livres après les offres de Bailly, maçon tailleur de pierre, qui avait proposé successivement quatre livres dix sols et trois livres dix sols.

homme Jehan de Fourcy sieur de Checy[1]... et en la présence de noble homme Jehan de Donon[1]... de faire bien et deuement, au dire d'ouvriers et gens à ce congnoissans, toutes les grandes bordures et chassis des tableaux sur thoille que Sa Ma[té] entend faire aux trumeaux du pourtour de sa gallerie de son logis neuf de Sainct Germain en Laye, au nombre de vingt deux ou environ, desquelles la plus grande partie contiennent unze à douze piedz de long sur sept piedz de hault, qui seront enrichies et aornées de moulures, conformément au desseing qui luy en a esté baillé, paraphé des notaires soubsignez *ne varietur;* et par mesme moyen sera tenu faire et revestir de bois les costés desd. bordures, bien dressé et raboté pour peindre dessus les trémies et festons qui se feront ausd. croisées, l'ereste desd. trumeaux, et le tout mettre et poser sur le lieu. Ce à commencer à y travailler le plus tost que faire se pourra, y besoigner sans discontinuer.

Ce marché fait moyennant assavoir : pour chacune borvlure et aids des costés douze livres tournois, et pour chacun chassis trente sols tournois. Lesquels prix seront payez aud. Aubry au feur et à mesure qu'il travaillera et fera lesd. ouvraiges de menuiserie cy dessus bien et deuement, comme dict est, et auquel Aubry sera fourny le bois qu'il conviendra pour faire lesd. ouvraiges de menuiserie cy dessus, qui sera prins au magasin du Roy, et duquel bois led. Aubry tiendra bon et fidèle compte à Sad. Ma[té]. Promettans... Obligeans... Renonceant...

Faict et passé[1] l'an mil six cens quatre, le six[me] jour de may, après midy.

FOURCY, DE DONON, GRÉGOIRE AUBRY.

LXXXIV. — 24 MARS 1608. — 194.

CHÂTEAU DE SAINT-GERMAIN-EN-LAYE. — PAVAGE DE L'AIRE DES VOÛTES SERVANT DE CONDUIT POUR L'ÉVACUATION DES EAUX SOUS LE BÂTIMENT NEUF, DESCENTES ET TERRASSES.

MARCHÉ PASSÉ AVEC JEAN DORÉ, MAÎTRE PAVEUR, DEMEURANT EN L'HÔTEL DE SENS, À PARIS, DÉCLARÉ ADJUDICATAIRE, LE MÊME JOUR, MOYENNANT LE PRIX DE SEPT LIVRES TOURNOIS PAR TOISE.

L'an mil six cens huict, le vingt quatriesme jour de mars, en la grande salle de l'Arcenac du Roy à Paris, deux heures de relevée, devant nous Maximilian de Bethune, duc de Sully, pair de France, comte de Dourdan, superintendant des finances et bastimens de Sa Ma[té], Jehan de Fourcy, sieur de Checy, conseiller du Roy en son Conseil d'Estat, intendant et ordonnateur desd. bastimens, et en la présence de Jehan de Donon, aussy conseiller du Roy et controlleur général desd. bastimens, a esté procéddé au bail au rabais des ouvraiges mentionnés en l'affiche dont coppie est cy après transcripte en la forme et manière qui ensuict :

DE PAR LE ROY

Monseigneur le duc de Sully, pair de France, superintendant des bastimens du Roy,

Et monsieur de Fourcy, conseiller du Roy en son Conseil d'Estat, intendant et ordonnateur d'iceulx.

On faict assavoir que le lundi vingt quatriesme jour de mars mil six cens huict, deux heures de relevée, en la grande salle de l'Arcenac du Roy à Paris, il seroit par mesd. sieurs procéddé au bail au rabais et moings disans à l'extinction du feu des chandelles :

Des ouvraiges de gros pavé de grez de six à sept poulces d'eschantillon qu'il convient faire pour paver l'aire des voultes servant de conduict pour l'évacuation des eaues passans soubz le bastiment neuf, descentes et terrasses d'iceluy à Sainct Germain en Laye, de la longueur qu'il sera nécessaire et de troys piedz de large, portans revers d'un pied et demy de chacun costé, avec une noue par le meilleu pour le passage des eaues, lequel pavé sera assiz et renformé de bon sable de Vezinay trié, dressé et battu en la pante ainsy qu'il appartiendra, en fournissant par l'entrepreneur de toutes matières, comme gros pavé de grez de six à sept poulces, sable, formes, oustils, chandelles pour travailler soubz lesd. voultes et peyne d'ouvriers, en rendant place nette.

Et seront toutes personnes receues à moings dire et rabaisser sur le prix de huict livres tournois la toise.

L'an mil six cens huict, le vingt uniesme jour de mars, je Thomas de Bonigalle, premier huissier pour le Roy de son Trésor, soubzsigné, certifie

---

[1] Mêmes qualités que dans les actes qui précèdent.

[4] Lacune dans le texte.

SURINTENDANT DES BÂTIMENTS.

avoir mis et apposé aultant de la présente affiche contre les portes de l'Arcenac du Roy, escriptoire des jurez maçons, parc civil du Ch[el] de Paris, portes de la Court et des salles du Pallais, et au bas de la montée de la Chambre du Trésor, que contre la porte de la Chapelle monsieur Sainct Syphorien où s'assemblent chacun dimanche les Maistres paveurs à Paris; ad ce qu'aucun n'en pretende cause d'ignorance. Présens : Simon Morand et Dominique Bryère, tesmoings. Signé : de Bonigalle.

Et led. jour vingt quatre[me] dud. mois de mars, en lad. salle de l'Arcenac, à lad. heure de deux heures de relevée, se seroient présentés plusieurs entrepreneurs ausquels nous aurions faict scavoir que les ouvraiges cy dessus spécifiés estoient à bailler au rabais et moings disans, par la lecture qui auroict esté faicte de lad. affiche par led. de Bonigalle. Où seroict comparu Jehan Doré, qui auroict mis lesd. ouvraiges au rabais à sept livres dix sols, par Richer à sept livres cinq sols, par led. Doré à sept livres, après lesd. chandelles esteinctes; et d'aultant qu'il ne seroict présenté autres rabaissant et que led. Doré nous auroict prié qu'il nous pleust lui adjuger lesd. ouvraiges pour le désir qu'il a de servir Sad. Ma[té], nous aud. Doré, comme moings disant, avons adjugé lesd. ouvraiges dessus spécifiés, moyennant le prix de sept livres pour chacune thoise d'iceulx, aux charges portées par l'affiche. Faict et adjugé en lad. salle de l'Arcenac, led. jour 24e mars aud. an 1608.

Par devant les notaires et gardenottes du Roy nostre Sire en son Ch[let] de Paris soubz[nés], fut présent Jean Doré, maistre paveur, demeurant dedans l'hostel de Sens, parroisse St Paul, lequel a recogneu et confessé et par ces présentes confesse avoir promis et promect au Roy nostre Sire, stippulant pour Sa Ma[té] hault et puissant seigneur Messire Maximilian de Bethune, duc de Sully, pair de France, comte de Dourdan, seigneur souverain de Boisbelle, baron de Baugy, La Chapelle Bruyères et Espineuil, conseiller du Roy en ses conseils d'Estat et privé, cappitaine de cent hommes d'armes de ses Ordonnances, grand maistre et cappitaine général de l'Artillerie, superintendant des finances et bastimens de Sa Ma[té], gouverneur et lieutenant général pour Sad. Ma[té] en Poictou, noble homme Jean de Fourcy, sieur de Checy, conseiller du Roy en son Conseil d'Estat, intendant et ordonnateur desd. bastimens, et en la présence de noble homme Jehan de Donon, controlleur général desd. bastimens, de faire et parfaire bien et deuement au dire d'ouvriers et gens à ce congnoissans, tous et chacuns les ouvraiges de gros pavé de grez de six à sept poulces d'eschantillon qu'il convient faire pour paver l'aire des voultes servant de conduict pour l'evacuation des eaues passans soubs le bastiment neuf, descentes et terrasses d'iceluy, à Sainct Germain en Laye, de la longueur qu'il sera nécessaire et de troys piedz de large portant revers d'un pied et demy de chacun costé, avec une noue par le meilleu pour le passaige des eaues, lequel pavé sera assiz et renformé de bon sable de Vezinay trié, dressé et battu en la pante ainsy qu'il appartiendra, en fournissant par l'entrepreneur de toutes matières, comme gros pavé de grez de six à sept poulces, sable, formes, oustils, chandelles pour travailler soubz lesd. voultes et peyne d'ouvriers, en rendant place nette. A commencer à y travailler présentement et le tout rendre faict et parfaict bien et deuement comme dict est au plus tost que faire ce pourra.

Et ce moiennant et à raison de sept livres tournois pour chacune thoise desd. ouvraiges, qui est le prix à quoy lesd. ouvraiges ont esté adjugez aud. Doré comme moings disant. Lequel pris luy sera payé, au feur et à mesure qu'il travaillera, par les trésoriers desd. bastimens suivant les ordonnances qui luy en seront à cest effect expediées. Promettans... Obligeans chacun en droict soy et led. Doré corps et biens comme pour les propres affaires du Roy... Renonceant...

Faict et passé aud. Arsenac, l'an mil six cens huict, led. jour vingt quatre[me] mars, après midy. Led. Doré a déclaré ne scavoir escripre ne signer, sauf une marque.

MAXIMILIAN DE BETHUNE, FOURCY, DE DONON, FOURNYER.

LXXXV. — 24 MARS 1608. — 195.

Château de Saint-Germain-en-Laye. — Pavage de la continuation de la terrasse et couverture des éperons du mur des Lions, depuis le bout des petits jardins du bâtiment neuf jusqu'au bout de la terrasse vers l'église du Pecq.

Marché passé avec Michel Richer, maître des œuvres de pavé du Roy, déclaré adjudicataire, le même jour, moyennant le prix de sept livres sept sols par toise.

L'an mil six cens huict, le vingt quatre^{me} jour de mars, deux heures de relevée, en la grande salle de l'Arcenac du Roy à Paris, devant nous Jehan de Fourcy, sieur de Chécy, conseiller du Roy en son Conseil d'Estat, intendant des bastimens de Sa M^{té} et en la présence de Jehan de Donon, conseiller du Roy et contrerolleur général desd. bastimens, a esté procedé au bail au rabais et moings disans, à l'extinction du feu des chandelles en la manière accoustumée, des ouvraiges de pavé mentionnez en l'affiche dont coppie est cy après transcripte, en la façon et manière qu'ensuict :

De par le Roy

Monseigneur le duc de Sully, Pair de France, Superintendant des Finances et Bastimens de Sa Ma^{té}.

Et Monsieur de Fourcy, conseiller du Roy en son Conseil d'Estat, Intendant desd. Bastimens.

On faict assavoir que le lundy vingt quatre^{me} jour de mars mil six cens huict, deux heures de relevée, en la grande salle de l'Arcenac du Roy à Paris, il seroict par mesd. Seigneurs faict bail au rabais et moings disans, à l'extinction du feu des chandelles en la manière accoustumée, de la continuation desd. ouvraiges de petit pavé de grez fendu, dressé et essemillé pour la continuation de la terrasse et couverture des esperons du mur dict des Lions, et ce, depuis le bout des petits jardins dud. bastiment neuf de Sainct Germain, jusques au bout de la terrasse vers l'Eglise du Pec, de la longueur qu'il sera nécessaire, sur la largeur encommencée, assis à mortier de chaux et sable de Vezinay, et de mesme forme et eschantillon que celuy qui est desjà commancé; en fournissant par l'entrepreneur de toutes matières comme pavé, chaux, sable de Vezinay, forme et peyne d'ouvriers, rendant place nette.

Et seront toutes personnes receues à moings dire et rabaisser sur le prix de huict livres tournois la thoise.

L'an mil six cens huict, le vingt ung^{me} mars, je, Thomas de Bonigalle, premier huissier pour le Roy de son Trésor, soubz^{né}, certiffie avoir mis et apposé aultant de la présente affiche contre les portes de l'Arcenac du Roy à Paris, Escriptoire des Jurez maçons, Parc civil du Ch^{let} de Paris, portes de la Cour et des salles du Pallais: chappelle Monsieur St Syphorien où s'assemblent les maistres paveurs et au bas de la montée de la Chambre du Trésor; ad ce qu'aulcun n'en pretende cause d'ignorance; ès présences de Simon Morand et Dominique Bryère, tesmoings. Signé : de Bonigalle.

Et led. jour vingt quatre^{me} dud. mois de mars aud. an mil six cens huict, en lad. salle de l'Arcenac, aurions par led. de Bonigalle faict faire lecture de l'affiche dont coppie est cy devant escripte, faisant entendre aux assistans que les ouvraiges de pavé y mentionnez estoient à bailler au rabais et moings disans sur le prix de huict livres la thoise; où seroict comparu Jehan Doré qui les auroict mis au rabais à sept livres dix sols, par Michel Richer à sept livres sept sols, et sur ce, aurions faict ahumer trois chandelles l'une après l'autre et se seroient esteinctes sans aucun rabais, ce que voyant, et que led. Richer nous auroict requis de luy adjuger lesd. ouvraiges suivant son rabais. Nous aud. Richer, comme moings disant et dernier rabaissant, avons adjugé, baillé et délivré, adjugeons, baillons et délivrons lesd. ouvraiges de pavé mentionnez en l'affiche dont coppie est cy devant, moyennant et à raison de sept livres sept solz tournois pour chacune thoise desd. ouvraiges de pavé, et aux charges contenues en lad. affiche. — Faict et adjugé en lad. salle de l'Arcenac, led. jour 24e dud. moys de mars aud. an 1608. — Ainsy signé : Richer.

Par devant les notaires et gardenottes du Roy nostre Sire en son Ch^{let} de Paris, soubz^{ses}, fut présent Michel Richer, maistre des œuvres de pavé du Roy, demeurant rue Mortellerie, parroisse Sainct Paul, lequel a recongnu et confessé et par ces présentes confesse avoir promis et promect au Roy nostred. Sire, stippullant pour Sa Ma^{té} noble Jehan de Fourcy, sieur de Chery, conseiller du Roy en son Conseil d'Estat, intendant des bastimens de Sa Ma^té, à ce présent, et en la présence de noble homme Jehan de Donon, conseiller du Roy et contrerolleur général desd. bastimens, de continuer bien et deuement, au dire d'ouvriers et gens à ce cognoissans, les ouvraiges de petit pavé de grez fendu, dressé et essemillé pour la continuation de la terrasse et couverture des esperons du mur dict des Lions, et ce, depuis le bout des petits jardins dud. bastiment neuf de Sainct Germain, jusques au bout de la terrasse vers l'Église du Pec, de la longueur qu'il sera nécessaire, sur la largeur encommencée, assis à mortier de chaux et sable de Vezinay, et de mesme forme et eschantillons que celuy qui est déjà commencé, le tout selon et ainsy qu'il est porté par l'affiche dont coppie est cy devant escripte, de laquelle led. Richer dict avoir eu communication. Et pour ce faire, fournira iceluy Richer de toutes matières comme pavé, chaux, sable de Vezinay, forme et peyne d'ouvriers et rendre place nette; à commancer à y travailler présentement et le tout rendre faict et parfaict bien et deuement comme dict est, le plus tost que faire se pourra.

Et ce moyennant et à raison de sept livres sept sols tournois pour chacune thoise desd. ouvraiges de petit pavé de grez, qui este le prix à quoy ils ont esté adjugez aud. Richer comme moings disant et dernier rabaissant, ainsy qu'il a dict: lequel prix luy sera payé au feur et à mesure qu'il travaillera, par les Trésoriers desd. bastimens suivant les ordonnances qui luy en seront à ceste fin expediées. Promettans... Obligeans chacun en droict soy et led. Richer corps et biens comme pour les propres affaires du Roy... Renonceant...

Faict et passé aud. Arcenac led. jour vingt quatreiesme mars aud. an mil six cens huict, après midy.

FOURCY, DE DONON, RICHER, DE ROSSIGNOL, FOURNYER.

LXXXVI. — 24 MARS 1608. — 196.

CHÂTEAU DE SAINT-GERMAIN-EN-LAYE. — TRAVAUX DE CHARPENTE POUR FAIRE LE COMBLE ET LE PLANCHER D'UN PAVILLON NEUF AU BOUT DE LA TERRASSE ET VOÛTE DE L'ORANGERIE, À CÔTÉ DU PARTERRE, AU PIED DES DESCENTES DU LOGIS NEUF DU ROI.

MARCHÉ PASSÉ AVEC ANTOINE LE REDDE, MAITRE CHARPENTIER À PARIS, DÉCLARÉ ADJUDICATAIRE, LE MÊME JOUR, MOYENNANT LA SOMME DE 381 ₶.

L'an mil six cens huict, le vingt quatre^me jour de mars, deux heures de relevée, en la grande salle de l'Arcenac du Roy à Paris, devant nous soubz^nés Maximilian de Bethune, duc de Sully, pair de France, Superintendant des Finances et Bastimens de Sa Ma^té, Jehan de Fourcy, sieur de Checy, conseiller du Roy en son Conseil d'Estat, Intendant et ordonnateur desd. Bastimens, et en la présence de noble homme Jehan de Donon, conseiller du Roy et Contrerolleur g^nal d'iceulx Bastimens, a esté procédé au bail au rabais et moings disans à l'extinction du feu des chandelles en la manière accoustumée, des ouvraiges de charpenterie mentionnez en l'affiche dont coppie est cy après transcripte en la forme et manière qui ensuict:

DE PAR LE ROY

Monseigneur le duc de Sully, Pair de France, Superintendant des Bastimens de Sa Ma^té,

Et Monsieur de Fourcy, Intendant et ordonnateur d'iceulx;

On faict assavoir que le lundy vingt quatre^me jour de mars mil six cens huict, deux heures de relevée, en la grande salle de l'Arcenac du Roy à Paris, il sera procedé au bail au rabais, à l'extinction du feu des chandelles, en la manière accoustumée, des ouvraiges de charpenterie, comble et plancher d'un pavillon érigé de neuf au bout de la terrace et voulte servant d'orangerie à costé du parterre aux pieds des descentes du logis neuf de Sa Ma^té à Sainct Germain en Laye; lequel pavillon contient vingt deux piedz en carré ou environ, qui sera garny d'une poultre de quatre thoises de long et de seize à dix huict poulces de gros, peuplé de solives de douze piedz de long et de cinq et sept poulces de gros; le comble duquel sera basty à sept quartiers, garny de plateformes, blochetz, jambettes, eretiers, chevrons et autres pièces qu'il sera besoing pour un tel comble, et des longueurs et grosseurs convenables. En fournissant par l'entrepreneur de bon bois loyal et marchant, escarrez à vifve areste, charriages, engins et peyne d'ouvriers, et rendre faict et parfaict au dire d'ouvriers et gens à ce cognoissans.

Et seront toutes personnes receues à moings dire et rabaisser sur le prix de trois cens quatre vingt dix livres tournois.

L'an 1608, le 21° mars, je, Thomas de Bonigalle, premier huissier pour le Roy de son Trésor, soubz[sé], certiffie avoir mis et apposé auttant de la présente affiche contre les portes de l'Arcenac du Roy, Escriptoire des Jurez maçons, Parc civil du Ch[let] de Paris, portes de la Court et des Salles du Pallais, et au bas de la montée de la Chambre du Trésor. Ad ce qu'aucun n'en pretende cause d'ignorance. Présens : Simon Morand et Dominique Bryère, tesmoings. Ainsi signé : de Bonigalle.

Et led. jour 24° dud. mois de mars aud. an 1608, deux heures de relevée, en lad. salle de l'Arcenac, se seroient trouvez plusieurs personnes en la presence desquelles aurions fait faire lecture de lad. affiche par led. de Bonigalle, leur faisant entendre que les ouvraiges y mentionnez estoient à bailler au rabais et moings disans sur le pris de 390[tl], à laquelle somme ils auroient esté estimez par Alexandre Gaultier. Et sur ce, aurions fait allumer la première chandelle sur le feu de laquelle lesd. ouvraiges auroient esté mis au rabais par Anthoine Le Redde à 387[tl], par Jehan Bongars sur le feu de la deuxiesme chandelle à 384[tl], et sur la troisiesme chandelle auroient iceulx ouvraiges de charpenterie esté mis au rabais par led. Redde. Anthoine Le Redde à 381[tl]; et d'auttant qu'il ne se seroit présenté autres personnes pour faire la condition meilleure que led. Le Redde, qui nous auroit requis de luy adjuger lesd. ouvraiges de charpenterie cy dessus, Nous, aud. Le Redde, comme moings disant et dernier rabaissant, avons adjugé, baillé et délivré, adjugeons, baillons et délivrons lesd. ouvraiges de charpenterie mentionnez en lad. affiche dont coppie est cy devant escripte, moyennant led. pris de trois cens quatre vingtz une livres tournois, et aux charges portées par lad. affiche. Faict et adjugé en lad. salle de l'Arcenac led. jour 24° dud. moys de mars aud. an 1608. — Signé : A. Le Redde.

Par devant les notaires et gardenottes du Roy nostre Sire en son Ch[let] de Paris, soubz[sés], fut présent Anthoine Le Redde, maistre charpentier, demeurant à Paris, en la place Royalle, parroisse St Paul, lequel a recogneu et confessé et par ces présentes confesse avoir promis et promect au Roy n[re] Sire, stippulant pour Sa Ma[té] hault et puissant seigneur messire Maximilian de Bethune, duc de Sully, pair de France, marquis de Rosny, comte de Dourdan, seigneur souverain de Boisbelle, baron de Baugy, La Chappelle, Bruyères et Espineuil, conseiller du Roy en ses Conseils d'Estat et privé, capp[ne] de cent hommes d'armes de ses Ordonnances, grand voyer, grand maistre et cappitaine général de l'Artillerie, superintendant des Finances, Fortiffications et Bastimens de Sa Ma[té], gouverneur et lieutenant g[ral] pour Sad. Ma[té] en Poictou; noble homme Jehan de Fourcy, sieur de Checy, conseiller du Roy en son Conseil d'Estat, intendant et ordonnateur desd. Bastimens, à ce présens, et en la présence de noble homme Jehan de Donon, conseiller du Roy et contrerolleur général d'iceulx Bastimens, de faire et parfaire bien et deuement au dire d'ouvriers et gens à ce congnoissans, tous et chacun les ouvraiges de charpenterie, comble et plancher d'un pavillon érigé de neuf au bout de la terrasse et voulte servant d'orangerie à costé du parterre aux pieds des descentes du logis neuf de Sa Ma[té] à St Germain en Laye, le tout suivant et conformément à l'affiche dont coppie est cy devant escripte, de laquelle led. Le Redde dict avoir eu communication, et pour ce faire, fournira led. Le Redde de bon boys loyal et marchant escarrez à vifve arreste, charriages, engins et peyne d'ouvriers, et le tout rendre faict et parfaict bien et deuement, comme dict est, aud. dire d'ouvriers et gens à ce congnoissans, dedans le plus brief temps que faire se pourra.

Et ce, moyennant la somme de trois cens quatre vingtz une livres qui est le pris à quoy lesd. ouvraiges de charpenterie luy ont esté adjugez comme moings disant. Lequel pris luy sera payé au feur et à mesure qu'il travaillera, par les trésoriers desd. bastimens, suivant les ordonnances qui luy en seront à ceste fin expédyées. Promectans... Obligeans chacun en droict soy et led. Le Redde corps et biens, comme pour les propres affaires du Roy... Renonceant... Faict et passé aud. Arcenac, l'an mil six cens huict, le vingt quatre[me] jour de mars, après midy.

MAXIMILIAN DE BETHUNE, FOURCY, DE DONON, A. LE REDDE, LE VASSEUR, FOURNYER.

LXXXVII. — 9 AOÛT 1608. — 213.

Château de Saint-Germain-en-Laye. — Travaux de maçonnerie à faire pour diverses réparations et améliorations au vieux Château, à la Chancellerie et à leurs dépendances. — Marché passé avec Jean Bongars, maître maçon à Saint-Germain-en-Laye, déclaré adjudicataire, le même jour, moyennant le prix de sept livres quinze sols tournois par toise.

L'an mil six cens huict, le neufiesme jour d'aoust, deux heures de relevée, devant nous, Maximilian de Bethune, duc de Sully, pair de France, Superintendant des finances et bastimens de Sa Ma⁽ᵗᵉ⁾, Jehan de Fourcy, sieur de Checy, conseiller du Roy en son Conseil d'Estat, Intendant desd. bastimens, et en la présence de Jehan de Donon, conseiller du Roy et Contrerolleur général d'iceulx bastimens, a esté proceddé au bail au rabais et moings disans, à l'extinction du feu des chandelles, en la manière accoustumée, des ouvraiges de maçonnerie mentionnez en l'affiche dont coppie est cy après transcripte, en la forme et manière qui ensuict :

De par le Roy

Et Monseigneur le duc de Sully, Pair et Grand Voyer de France, Superintendant des bastimens de Sa Ma⁽ᵗᵉ⁾.

On faict assavoir que le samedi vingt sixme jour du présent mois de juillet, deux heures de relevée, en la grande salle de l'Arcenac du Roy, à Paris, il sera faict bail, adjudication et délivrance au rabais et moings disans, à l'extinction du feu des chandelles, en la manière accoustumée, des ouvraiges de maçonnerie nécessaire à faire au Vieil Chasteau et Chancellerie de Sainct Germain en Laye, cy après déclarez :

Bon⁽¹⁾. Premièrement : convient faire de neuf le rempiètement de douze pilliers dans la court dud. Chasteau, mettre dix assizes de pierre de taille et bricque où il est besoing, montant ladicte maçonnerie à six thoises;

Bon. Refaire de bricque les trois thuyaux de cheminée proche l'Orologe, que les grands vents ont abatuz, contenant trois thoises et demie de pourtour sur douze pieds de hault. Et pour ce faire, sera nécessaire mettre des crampons de fer à l'endroict des languettes et faire les couronnements des saillyes de lad. cheminée de pareille ordonnance que les autres; revenant lad. maçonnerie à six thoises;

Plus fault refaire de neuf le pavé de vingt terrassines sur les arcades autour de la cour du chasteau et refaire la corniche de bricque où elle est rompue, couvrir lad. corniche d'un larmier de pierre de liais qui portera saillie de trois poulces outre la bricque, affin de jecter l'eaue hors la muraille, de seller les consoles et crampons de fer du costé du logis du Roy, restablir et crespir de sable de rivière où il sera besoing, remettre de la bricque à l'endroict où il en sera besoing, et rejoinctoier de cyment les assizes des arcades du costé où loge Monsieur le Daulphin⁽¹⁾, les renformer et crespir, revenant le tout à seize thoises de maçonnerie; *Bon.*

Remettre de neuf une dalle de liais sur la terrace que lad. cheminée a rompue par la cheutte d'icelle, contenant trois piedz et demy de long sur deux piedz de large, revenant à huict piedz trois quarts; *Bon.*

Est aussy nécessaire faire de bricque l'entablement d'une cheminée du costé où loge Monsieur le Daulphin, contenant une thoise et demie; *Bon.*

Mettre des pierres de liais par voye aux cinq culz de four servant de couverture aux montées dud. Chasteau, et rejoinctoyer les joinctz de chaux et sable où il est besoing, revenant à seize thoises, sans comprendre les eschaffaulx qu'il convient faire pour cest effect; *Bon.*

Relever et rasseoir le pavé de carreau de la terrassine qui sert à passer du logis du Roy à celuy de la Royne, et le remaçonner en plastre, contenant douze piedz de long sur six piedz de large, revenant à deux thoises; *Bon.*

Faire ung rempiètement et renformer le mur du four de la cuisine de la Bouche du Roy, de douze piedz de long et ung pied et demy de hault, avec le restablissement de la gueulle dud. four, vault demy thoise six piedz; *Bon.*

Plus, fault relever la goustière de plomb qui est au dessus de la cuisine de la Bouche et la rechanger en une neufve contenant vingt deux piedz de long ou environ, renformer plusieurs endroicts dans *Bon.*

⁽¹⁾ Les annotations marginales «*Bon*», sur les originaux de ces actes et des suivants, sont de la main de Sully.

⁽¹⁾ Dans le vieux château.

lad. cuisine et du garde manger; vault le tout avec l'aire dud. garde manger, à une thoise et demie;

Bon. Refaire l'aire de la salle du bal, proche le hault des [1] contenant douze piedz de long sur neuf piedz de large, vault à mur une thoise et demye;

Bon. Plus, convient aussy refaire le lambris et relater en plusieurs endroictz du chauffouer de la Royne attenant le jubé de la Chappelle, vault quatre thoises;

Bon. Est aussy nécessaire refaire l'aire du plancher dud. chauffouer, ou cheminée, contenant deux thoises de long sur six piedz de large, vault deux thoises;

Bon. Faire les parapelz du pont-dormant du costé du jardin, les mettre à hauteur de ceulx qui y sont de présent, maçonnez de bon moellon et plastre vault deux thoises et demie;

Bon. Mettre quatre assizes de pierre de taille au pied de la porte du pont-leviz et paver de liais en glassis iesd. deux piedroictz au dessus pour la conservation d'iceulx, vault quatre thoises;

Bon. Abattre et refaire de neuf un pan de mur, aux offices de la basse court dud. chasteau, vis à vis le puys du costé de l'Eglise, contenant dix sept thoises de long sur seize piedz de hault, vault quarante cinq thoises, lequel mur sera maçonné de bon moellon chaux et sable, garny de deux assizes de pierre de taille par bas et chaisnes soubz poultre portant parpin, entre deux une, avec les huisseries de pierre de taille sur l'espoisseur de deux piedz et demy en profondeur, revenant à deux piedz par hault;

Faire une lucarne de neuf au passage de l'allée des chambres de M. de Gesvres [2], vault à mur une thoise et demye;

Bon. Abattre et refaire de neuf une espaulletée de mur des estables du jardin, contenant six thoises de long, sur huict piedz de hault, vault huit thoises;

Bon. Reformer le mur de lad. court du costé de la dicte cuisine, de la longueur de quatre thoises quatre piedz sur quatre piedz de hault, et recueillir les piédroictz de deux huisseries avec ung soupiral, vallant le tout deux thoises et demie;

Bon. Plus, remaçonner le piedroict de la porte proche le puys et rendre lad. porte de quatre piedz et demy de large, sur six piedz de hault, vallant à mur douze pieds;

Bon. Refaire de neuf le pan de mur de closture de la basse court dud. logis du costé du jardin de Mignot [3], contenant sept thoises de long sur trois thoises deux piedz de hault, contre lequel mur sera adossé ung appenty servant d'escurie aud. logis, revenaut à mur à vingt quatre thoises, maçonné de chaux et sable de deux pieds d'espoisse en fondation, revenant à vingt piedz de hault;

Bon. Plus, fault refaire de neuf le pan de mur du costé de lad. cour, servant à porter led. appenty, contenant six thoises de long sur douze piedz de hault, compris la fondation, maçonné de chaux et sable, dans lequel sera érigé une porte et deux fenestres de deux piedz d'espoisse, revenant à vingt poulces par hault, vallant douze thoises;

Bon. Faire les planchers et mangerie dans l'escurie, vallant à mur neuf thoises;

Bon. Refaire les deux aisles dud. appentiz vallans à mur trois thoises;

Bon. Faire de neuf la maçonnerie des mangeoires de la grande escurie, contenant sept thoises de long, sur trois piedz de pourtour, vallant trois thoises et demye;

Bon. Reprendre et renformer le pied du mur du pignon de lad. escurie du costé de la ruelle, de huict thoises de long sur quatre piedz de hault, le tout de chaux et sable, et rencliapronner le mur en la longueur de quatre thoises quatre piedz de long sur deux piedz de hault;

Bon. Plus, fault refaire la desseute de la cave, contenant trois thoises de long sur six pieds de large, garny de dix huict marches dont il en conviendra la moictié de neufves, vallant trois thoises;

Bon. Restablir l'aire de la salle du Commun avec le passaige en plusieurs endroicts, vallant à mur une thoise et demie;

Bon. En la Chancellerie est besoing relever et rasseoir les marches et pallier du perron, y mettre une marche neufve et restablir le bout de l'apuy dud. perron; renformer le pied du mur de la devanture dud. logis et cabinet, du costé de lad. court, vallant à mur cinq thoises;

Bon. Est aussy nécessaire rejoinctoyer les fractions qui sont au manteau de cheminée de la chambre Monsieur le Chancellier [4];

Percer une porte dans l'escallier proche la Chappelle pour entrer dans la chambre de l'Aumosnier et y faire neuf marches pour descendre dans lad.

---

[1] Lacune dans le texte.

[2] Louis Potier, baron de Gesvres, cinquième fils de Jacques Potier, seigneur de Blancmesnil, conseiller au Parlement, et de Françoise Cueillette, dame de Gesvres. Secrétaire du Roi le 2 avril 1567, Secrétaire du Conseil le 26 janvier 1578 et Secrétaire d'Etat le 22 février 1589, il mourut le 25 mars 1630.

[3] Ce nom a été porté par une famille d'officiers de bouche et de pâtissiers du Roi, dont l'un, Jacques, fut le fameux Mignot qui se vengea de la satire de Boileau en enveloppant ses biscuits dans une satire de l'abbé Cotin contre Boileau.

[4] Nicolas Brulart, s' de Sillery.

chambre, reboucher une autre huisserie à costé de lad. chappelle et remettre la cloison de lad. chappelle au dessoubz et à l'endroict du pignon de la gallerie; refaire le lambris en plusieurs endroictz de lad. gallerye et Chappelle; vallant le tout avec le restablissement du pavé de lad. gallerye, huict thoises;

Bon. Restablir les deux jambaiges de cheminées de la chambre de l'Ausmonier et renfermer le mur de lad. chambre du costé de la ruelle, évallué à mur une thoise;

Bon. Relever et rasseoir les marches et pallier du perron de l'escallier du jardin, avec l'apuy dud. perron et mur qui soustient led. pallier et mettre des pierres neufves et apuy où il est besoing, refaire le pied du mur de la gallerie de costé et d'autre dud. perron, évallué le tout à mur à cinq thoises;

Bon. Est aussy nécessaire relever et rassoir le pavé de liais de la cuisine, de neuf piedz de long sur six piedz de large, pour donner la pente à l'eaue et renfermer le mur à l'endroict de l'esvier, refaire l'astre et contre cœur de lad. cuisine, vallant le tout trois thoises;

Bon. Refaire de neuf une chausse de privé qui passe par dedans led. jardin et proche la porte neufve, contenant quinze piedz de hault sur six piedz de pourtour, vault deux thoises et demie;

Bon. Faire une mangeoire dans une escurie à la basse court dud. chasteau, contenant trois thoises de long sur six piedz de pourtour;

Bon. Renformer et enduire aux pourtours des dix neuf croisées du costé du jardin, compris les deux croisées qui regardent le grand escallier, évallué à mur à sept thoises;

Bon. Refaire sept apuys de croisées en l'estaige où loge le train de Monsieur le Daulphin, maçonnez de bricque et plastre comme les autres, évalluez à mur à trois thoises;

Bon. Plus refaire l'aire du passaige de la chambre du Roy, la relacher et refaire de plastre, contenant douze piedz de long sur six piedz de large, vault deux thoises;

Bon. Est aussy nécessaire refaire de neuf la viz de la montée qui monte à la chambre de Monsieur le Daulphin, contenant douze piedz de hault sur la largeur de lad. viz; et pour ce faire, conviendra estayer des deux costés qui serviront en trezillons et y mettre quatre cercles de fer qui iront jusques au bout de la fraction, de quatre piedz en quatre piedz, pour entretenir lad. viz;

Bon. Au jeu de paulme est aussy besoing refaire environ six thoises de pavé neuf.

Et seront toutes personnes receues à moings dire et rabaisser lesd. ouvraiges de maçonnerie, à la charge de les faire bien et deuement, fournir de toutes choses à ce nécessaires, iceulx faire recevoir et bailler caution.

L'an mil six cens huict, le vingt trois.me juillet, je, Thomas de Bonigalle, premier huissier pour le Roy de son Trésor, soubz.ne, certiffie avoir mis et apposé aultant de la présente affiche contre les portes de l'Arcenac du Roy à Paris, entrée de l'Auditoire des Jurez maçons, dans le bureau de l'Escriptoire, portes de la Court et des salles du Pallais, Hostel de Ville, carrefour de l'entrée de Grève, parc civil du Chastellet de Paris, entrée du Pont Neuf et au bas de la montée de la Chambre du Trésor. Ad ce qu'aulcun n'en prétende cause d'ignorance. Préseus : Simon Morand et Nicolas Chauvelet, tesmoings. — Ainsy signé : de Bonigalle.

Et led. jour vingt trois.me dud. mois de juillet, en lad. salle de l'Arcenac, à lad. heure de deux heures de relevée, aurions fait savoir que lesd. ouvraiges estoient à bailler au rabais et moings disans, et ne s'estans présenté aucuns pour mettre au rabais lesd. ouvraiges, aurions l'adjudication d'iceulx remise au lendemain vingt quatre.me dud. mois de juillet et dud. jour 24e au 26e, et 30e dud. mois de juillet et au 6e et 8e aoust ensuivant pour ne s'estre trouvé esd. jours aucuns rabaissans, sinon que aud. jour 8e aoust se seroit présenté Jehan Bongars qui auroit offert faire lesd. ouvraiges de maçonnerie cy devant spécifiés pour huict livres la thoise.

Et le lendemain neufiesme jour dud. mois d'aoust en lad. salle de l'Arcenac, deux heures de relevée, se seroient présentés plusieurs entrepreneurs en la présence desquelz aurions fait faire lecture de lad. affiche par led. Bonigalle, leur faisant entendre que lesd. ouvraiges de maçonnerie y mentionnez estoient à bailler au rabais et moingz disans sur l'offre dud. Bongars qui est de huict livres la thoise; où seroit comparu led. Bongars qui auroit mis lesd. ouvraiges au rabais à sept livres quinze solz la thoise après la troisième chandelle esteincte. Et d'aultant qu'il ne se seroit présenté autres personnes pour mettre lesd. ouvraiges au rabais et que led. Bongars nous auroict priez et requis de luy adjuger lesd. ouvraiges pour le désir qu'il a de servir Sa Ma.té, Nous, aud. Bongars, comme moings disant, avons adjugé, baillé et délivré, adjugeons, baillons et délivrons lesd. ouvraiges de maçonnerie mentionnez en lad. affiche dont coppie est cy devant escripte, moyennant et à raison de sept livres quinze solz tournois pour chacune thoise d'iceulx et aux charges contenues en lad. affiche. Faict et adjugé en lad. salle de l'Arcenac led. jour neufiesme dud. mois d'aoust aud. an mil six cent huict. Ainsy signé : Bongars.

Par devant les notaires et garde nottes du Roy nostre Sire en son Ch[el] de Paris, soubz[nés], fut présent Jehan Bongars, maistre maçon, demeurant à Sainct Germain en Laye, lequel a recongneu et confessé et par ces présentes confesse avoir promis et promet au Roy nostre Sire, stippullant pour Sa Ma[té] hault et puissant seigneur Messire Maximilian de Bethune, duc de Sully[1]..., noble homme Jehan de Fourcy[1]..., à ce présens, et aussi en la présence de noble homme Jehan de Donon, conseiller du Roy et contrerolleur général d'iceulx bastimens, de faire et parfaire bien et deuement au dire d'ouvriers et gens à ce congnoissans, tous et chacun les ouvraiges de maçonnerie nécessaires à faire au vieil Chasteau et Chancellerie de St Germain en Laye, ès lieux et endroicts selon et ainsy qu'il est porté par l'affiche dont coppie est cy devant escripte et conformément à icelle, de laquelle led. Bongars dict avoir eu communication; et pour ce faire, fournira led. Bongars de toutes choses à ce nécessaires, à commencer à y travailler présentement et le tout rendre faict et parfaict bien et deuement comme dict est, dedans la fin de la présente année.

Et ce, moyennant et à raison de sept livres quinze sols tournois pour chacune thoise desd. ouvraiges de maçonnerie, qui est le pris à quoy lesd. ouvraiges ont esté adjugez aud. Bongars comme moings disant et rabaissant. Lequel pris luy sera payé au fur et à mesure qu'il travaillera, par les Trésoriers desd. bastimens suivans les ordonnances qui luy en seront à ceste fin expédyées. Promectans... Obligeans chacun en droict soy et led. Bongars corps et biens, comme pour les propres affaires du Roy... Renonceant.

Faict et passé aud. Arcenac, l'an mil six cens huict, le neufiesme jour d'aoust, après midy.

MAXIMILIAN DE BETHUNE, FOURCY, DE DONON, BONGARS, DE ROSSIGNOL, FOURNYER.

LXXXVIII. — 9 AOÛT 1608. — 214.

CHÂTEAU DE SAINT-GERMAIN-EN-LAYE. — TRAVAUX DE CHARPENTE À FAIRE POUR DIVERSES RÉPARATIONS ET AMÉLIORATIONS AU VIEUX CHÂTEAU, À LA CHANCELLERIE ET À LEURS DÉPENDANCES.
MARCHÉ PASSÉ AVEC JEAN ÉCHAPPE, MAÎTRE CHARPENTIER À PARIS, DÉCLARÉ ADJUDICATAIRE, LE MÊME JOUR, MOYENNANT LE PRIX DE 290[tt] LE CENT DE BOIS.

L'an mil six cens huict, le neufiesme jour d'Aoust (*même formule que dans l'acte qui précède*)....... a esté proceddé au bail....... des ouvraiges de charpenterie nécessaires à faire au vieil Chasteau et chancellerie de St Germain en Laye, cy après déclarez :

Bon[2]. Premièrement, remettre de neuf à la salle de bal du vieil chasteau, deux solives chacune de quinze piedz de long, deux autres de douze piedz de long, avec trois soliveaux chacun de huict piedz de long, trois chevestres de chacun quatre piedz de long, le tout de dix piedz de large et sept poulces d'espoisseur;

Bon. Mettre deux solives d'anchevestrures à la chambre Monsieur le Daulphin, chacune de douze à treize piedz de long et de six à huict poulces de gros, avec ung chevestre de huict piedz de long et de pareille grosseur;

[1] Mêmes qualités que dans l'acte précédent.
[2] Les annotations «Bon» sont de la main de Sully.

Faire une mangeoire dans une des escuryes de *Bon.* la basse court du vieil chasteau, évallué à trois pièces et demie;

Est aussy nécessaire mettre de neuf en la salle et *Bon.* chambre dud. logis deux pouttres neufves par soubz œuvre, de quatre thoises et demye de long chacune et de seize à dix sept poulces de gros, avec quatre solives dans lad. chambre, chacune de dix piedz de long et de cinq à sept poulces de gros, d'aultant que lesd. pouttres et solives sont pouries, rompues et de nulle valleur;

Plus, remettre deux aiz au plancher de lad. *Bon.* chambre qui ont esté ostez pour y mettre ung estaye;

Relever et rassoir cinq aiz de plancher de la *Bon.* chambre de l'Aumosnyer et y en mettre deux neufs chacun de dix piedz de long, avec six boutz de lambourdes de chacune six piedz de long;

Faire la charpenterie de l'escurie où il y aura deux petites pouttres de quinze à seize pieds de long et de douze à treize poulces de gros et trois travées de planches garnyes de trente six solives de douze piedz de long, de cinq à six poulces de gros, avec deux poinsons et deux montans chacun de trois thoises de long et de six à sept poulces de gros, deux cours de pannes et ung faiste chacun de six thoises de long et de cinq à six poulces de gros, avec vingt chevrons chacun de trois thoises de long et de quatre poulces de gros, et faire une lucarne avec six thoises de mangeoire et ratellier;

Bon. Est aussy besoing faire la charpenterie des mangeoires de la grande escurye de lad. Chancellerie, garnyes de deux sablières de sept thoises deux piedz de long et de cinq à six poulces de gros, avec deux pattes d'anfonssures de pareille longueur et grosseur, ensemble quatre poteaux chacun de quatre piedz de long et de six à sept poulces de gros, avec quatre rassinaux chacun de deux piedz de long.

Et seront toutes personnes receues à y mettre rabais sur le prix de [1] à la charge de fournir de bon bois et toutes choses à ce nécessaires, les faire recepvoir comme il est accoustumé et bailler caution.

L'an mil six cens huict, le vingt quatreiesme jour de juillet, je, Thomas de Bonigalle, premier huissier pour le Roy de son Trésor, soubz^{sé}, certiffie avoir mis et apposé aultant de la présente affiche (*aux mêmes endroits que ceux indiqués dans l'acte qui précède*).

Et led. jour vingt six^{me} dud. mois de juillet aud. an, mil six cens huict, en lad. salle de l'Arcenac, aurions faict sçavoir que lesd. ouvraiges estoient à bailler au rabais et moings disans, et ne s'estant présenté personne pour les mettre au rabais, aurions l'adjudication d'iceulx continuée au trente^{me} dud. mois de juillet, et dud. jour trente^{me} juillet au six^{me} et huict^{me} aoust, esquels jours ne se seroict aussy présenté aucun rabaissant, et, partant, l'adjudication desd. ouvraiges auroict esté remise au lendemain neufiesme dud. moys d'aoust.

Et led. jour neufiesme dud. mois d'aoust, à lad. heure de deux heures de relevée, en lad. salle de l'Arcenac, se seroient trouvés plusieurs entrepreneurs ausquels aurions faict entendre que lesd. ouvraiges mentionnez en lad. affiche dont coppie est cy devant escripte, estoient à bailler au rabais et moings disans sur le pris de trois cens trente livres le cent de bois qui seroict fourny par l'entrepreneur; où seroict comparu Marin Janet, demeurant à la Place Maubert, qui les auroict mis à trois cens deux livres, par Claude Couflon à trois cens quinze livres, par led. Janet à trois cens livres, par [1] à deux cens quatre vingts quinze livres et par led. Leschappe à deux cens quatre vingtz dix livres après la dernière chandelle esteincte. Et d'aultant qu'il ne se seroict présenté autres personnes pour mettre lesd. ouvraiges au rabais et que led. Eschappe nous auroict requis de luy adjuger lesd. ouvraiges, Nous, aud. Eschappe, comme moings disant et dernier rabaissant, avons adjugé, baillé et délivré, adjugeons, baillons et délivrons lesd. ouvraiges de charpenterie mentionnez en lad. affiche dont coppie est cy devant escripte, moyennant et à raison de deux cens quatre vingts dix livres le cent de bois qui sera fourny par led. entrepreneur, et aux charges portées par lad. affiche. Faict et adjugé en lad. salle de l'Arcenac led. jour neufiesme dud. moys d'aoust aud. an mil six cens huict; ainsy signé : Eschappe.

Par devant les notaires et gardenottes du Roy, nostre Sire, en son Ch^{let} de Paris, soubzsignez, fut présent Jehan Eschappe, maistre charpentier à Paris, demeurant au Marests, près le Parc Royal, parroisse Sainct Paul, lequel a recongneu et confessé, et par ces présentes confesse avoir promis et promect au Roy nostre Sire, stippullant pour Sa Ma^{té} hault et puissant seigneur Messire Maximilian de Bethune, duc de Sully, pair de France, marquis de Rosny, conseiller du Roy en ses Conseils d'Estat et privé, superintendant des finances et bastimens de Sa Ma^{té}, noble homme Jehan de Fourcy, sieur de Checy, conseiller du Roy en son Conseil d'Estat, intendant desd. bastimens, à ce présens, et en la présence de noble homme Jehan de Donon, conseiller du Roy et controlleur général d'iceulx bastimens, de faire et parfaire bien et deuement, au dire d'ouvriers et gens à ce congnoissans, tous et chacun les ouvraiges de charpenterie nécessaires à faire au vieil Chasteau et Chancellerie de Sainct Germain en Laye, ès lieux et endroictz selon et ainsy qu'il est déclaré par l'affiche dont coppie est cy devant escripte et conformément à icelle, de laquelle led. Eschappe dict avoir eu communication. Et pour ce faire, fournira led. Eschappe de bon bois et toutes choses à ce nécessaires. A commencer à y travailler présentement et le tout rendre faict et parfaict bien et deuement, comme dict est, dedans la fin de la présente année.

Et ce moyennant et à raison de deux cens quatre vingts dix livres le cent dud. bois, qui est le pris à quoy lesd. ouvraiges de charpenterie ont esté adjugés aud. Eschappe comme moings disant et dernier rabaissant ainsy qu'il a dict, lequel pris

---

[1] Lacune dans le texte.

[1] Lacune dans le texte.

luy sera payé au feur et à mesure qu'il travaillera par les Trésoriers desd. bastimens, suivant les ordonnances qui luy en seront à ceste fin expediées. Promettans... Obligeans chacun en droict soy et led. Eschappe corps et biens, comme pour les propres affaires du Roy... Renonceant...

Faict et passé aud. Arcenac l'an mil six cens huict, le neufiesme jour d'aoust, après midy.

Maximilian de Béthune, Fourcy, de Donon, J. Echappe, de Rossignol, Fournier.

LXXXIX. — 9 AOÛT 1608. — 215.

Château de Saint-Germain-en-Laye. — Travaux de menuiserie à faire pour diverses réparations et améliorations au vieux château, à la Chancellerie et à leurs dépendances.
Marché passé avec Jean Baroys, menuisier à Saint-Germain-en-Laye, déclaré adjudicataire le 30 juillet 1608, moyennant la somme de 300 ₶.

L'an mil six cens huict, le neufiesme d'aoust (*même formule que dans les actes qui précèdent*), ... a esté procedé au bail........ des ouvraiges de menuiserie nécessaires à faire au vieil Chasteau et Chancellerie de Sainct Germain en Laye, cy après déclarez :

Bon[1]. Premièrement : mettre de neuf un chassis à verre avec quatre traverses à la seconde chambre proche la Tour de l'Orloge du costé du jardin, et à l'autre fenestre de lad. chambre, mettre quatre traverses et une grande traverse au chassis dormant de cinq poulces de long et de six poulces de large; ensemble à la garde robbe proche lad. chambre, il convient mettre de neuf quatre traverses aux chassis à verre;

Bon. A la troisiesme chambre suivant, mettre quatre traverses à chacune des deux croisées;

Bon. A la quatreiesme chambre proche l'escallier des terrasses, mettre de neuf aux troys croisées de lad. chambre, douze traverses aux chassis à verre et trois grandes traverses aux chassis dormans;

Bon. A la cinq^{me} chambre suivant, mettre et refaire de neuf aux deux croisées du costé du jardin, huict petites traverses et deux grandes avec deux panneaulx de volletz du costé de la court;

Idem. A la sixiesme chambre suivant, faire de neuf huict petites traverses et deux grandes, avec ung vollet aux deux croisées du costé du jardin et une petite porte de cinq piedz et demy de long et de deux piedz et demy de large;

Bon. A la septiesme chambre, il convient faire de neuf quatre petites traverses et une grande;

Bon. A la huictiesme chambre, qui est celle du bout dud. costé du jardin, faire de neuf aux deux croisées de lad. chambre huict petites traverses et deux grandes, avec une porte de six piedz et demy de hault et de deux piedz huict poulces de large, ensemble quatre traverses à la croisée de lad. chambre, du costé du bastiment;

En la chambre au dessus le cabinet du Roy, *Bon*. faire de neuf aux deux croisées deux volletz;

En ung cabinet rond, est nécessaire de faire de *Bon*. neuf à l'une des croisées un grand chassis à verre de six pieds de hault et deux piedz de large, avec ung autre petit chassis à verre par dedans, et une traverse au grand chassis dormant;

En la chambre d'au dessus celle de Monsieur le *Bon*. Daulphin, est nécessaire faire de neuf aux deux croisées du costé des bastimens deux chassis à verre et une grande traverse par en bas, avec troys petites traverses, ung petit chassis à verre;

En la chambre joignant, aux deux croisées, il *Bon*. est besoing faire de neuf une traverse et ung batant, un grand chassis à verre avec deux petits chassis à verre et deux petites traverses et ung autre chassis à verre;

En la chambre de Madame[1], faire de neuf à la *Bon*. croisée une traverse au grand chassis à verre et deux petitz chassis à verre, et au cabinet de lad. chambre, faire ung grand chassis à verre et une traverse à la demye croisée garnye de deux volletz;

En la chambre joignant, est besoing faire une *Bon*. croisée du costée du petit boys, de six piedz de hault sur six piedz de large;

En la chambre où loge madame de Vitry[2], faire *Bon*. de neuf au cabinet de lad. chambre six petites traverses à la demie croisée;

---

[1] Les annotations «*Bon*» sont de la main de Sully.

[1] Élisabeth de France.
[2] Anne de Foissy, fille du premier mariage de Françoise de Longuejoue avec Pierre de Foissy, s^r de Cernay, avait épousé Jacques de Lantages, seigneur de Vitry. Elle habitait près de sa mère, alors mariée en secondes noces avec Robert de Harlay, baron de Montglat, et gouvernante des enfants de France.

Bon. Au Cabinet Doré proche la chambre du Roy, il convient faire de neuf ung morceau de lambris servant de soubassement à la croisée, led. lambris portant sa traverse et feuillure pour led. chassis;

Bon. En la chambre du Roy, il faut rejoinctoyer le lambris et en refaire plusieurs endroictz et refaire la corniche dud. lambris;

Bon. Aux croisées de la chambre des Gardes du Corps du costé du jardin, mettre de neuf seize petites traverses, avec cinq grandes traverses des chassis dormans et deux vollets et restablir les lambris de soubassemens desd. croisées et y mettre quatre panneaux et deux montans; et aux croisées du costé de la court, deux vollets et trois panneaux avec une demie croisée;

Bon. Faire deux portes neufves à panneaux au passaige des chambres de la Royne, chacune de six piedz de hault et deux piedz dix poulces de large;

Bon. En la garde robbe du Roy, une porte neufve de dix piedz de hault et deux piedz dix poulces de large;

Bon. En la chambre noire convient faire une porte neufve de six piedz de hault et deux piedz dix poulces de large;

Bon. Deux guichetz et ung montant à la croisée d'une chambre proche le puys;

Bon. A la cuisine de Monsieur le Daulphin, faire de neuf à la croisée du costé de la court, deux guichets et ung montant, et à la porte de lad. cuisine ung battant de six piedz de hault et de six poulces de large et trois panneaux chacun de deux piedz et demy de hault et huict poulces de large;

Bon. Plus, fault faire ung vollet neuf à une chambre proche la chappelle;

Bon. Mettre ung aiz à la porte qui va au petit pont, de huict piedz de hault sur vingt poulces de large, et deux poulces et demy d'espoisseur;

Bon. Mettre deux tables neufves à la cuisine et garde manger de la bouche du Roy, chacune de neuf piedz de long;

Bon. Est besoing de faire de neuf une demie croisée au garde manger, contenant six piedz de hault et trois piedz de large, garny de deux chassis à verre et deux vollets et ung petit huictz dans led. garde manger de six piedz de hault et deux piedz et demy de large;

Bon. Une autre porte, proche la gallerye de la chappelle sur l'escallier, contenant six piedz de hault et troys piedz de large;

Bon. Mettre une planche à la porte qui descend dans la gallerie de la chappelle, contenant six piedz de hault et quatorze poulces de large et deux poulces d'espoisse, avec une embouture par hault de troys piedz de long et six poulces de large;

Bon. Une autre planche à l'autre porte sortant de lad. gallerie, de six piedz de hault et d'un pied de large et deux poulces d'espoisseur;

Bon. Faire trois tables neufves à la cuisine et garde manger du commun de la Royne;

Bon. Reslargir une porte du grand jardin, appellée la Porte Neufve, de dix huict poulces de large, sçavoir : une planche d'un pied de large et une membrure de six poulces de large et deux poulces d'espoisseur servant de battans sur neuf piedz de hault, avec troys barres chacune de quatre piedz de long, six poulces de large et deux poulces d'espoisseur;

Bon. A la Chancellerie, est nécessaire faire de neuf la croisée de la salle du costé du jardin, deux grandz chassis à verre chacun de six piedz de long, deux piedz et demy de large, garniz chacun de deux volletz; et une traverse au chassis dormant de six poulces de large, cinq piedz de long et deux poulces et demy d'espoisse;

Bon. Faire une porte dans la salle encommancée entrant dans la court, de la haulteur de six piedz et deux piedz huict poulces de large;

Bon. Rembouster la porte de l'entrée d'une embouture de neuf poulces de large et quatre piedz de long.

Et seront toutes personnes receues à moings dire et rabaisser lesd. ouvraiges sur le prix de[1] à la charge de les faire bien et deuement fournir de bon boys, sec, loyal et marchant, les faire recevoir comme il est acconstumé et bailler caution.

(*Suit le certificat d'affichage semblable aux précédents.*)

Et led. jour vingt six.me dud. mois de juillet... ne s'estans présenté aucuns pour mettre au rabais lesd. ouvraiges, aurions l'adjudication d'iceulx remise au trente.me dud. mois de juillet, et dud. jour trente.me au six.me et huict.me aoust et dud. jour huict.me aoust au lendemain neufiesme dud. mois, auquel jour et heure se seroient trouvés plusieurs entrepreneurs ausquels aurions faict entendre que lesd. ouvraiges estoient à bailler au rabais et moings disans et, sur ce, seroit comparu Jehan Barroys qui les auroict mis à cinq cens livres, par Jacques Roger, demeurant à Paris, à 450ł, par Adrien Gachet, demeurant à St Germain, à 440ł sur le feu de la première chandelle, et avant fait alumer la deuxiesme chandelle, auroient lesd. ouvraiges esté mis au rabais par led. Roger à 430ł, par led. Gachet à 420ł, par led. Roger à 410ł, par led. Barroys à 390ł, par led. Roger à 360ł, par led. Gachet à 330ł, par led. Barroys à trois cens livres. Et d'auitant

[1] Lacune dans le texte.

que il ne se seroit présenté autres personnes pour mettre lesdicts ouvraiges au rabais et que led. Barroys nous auroict prié et requis de luy adjuger lesd. ouvraiges, Nous. aud. Barroys, comme moings disant et dernier rabaissant, avons adjugé, baillé et délivré, adjugeons, baillons et delivrons lesd. ouvraiges de menuiserie mentionnez en lad. affiche dont coppie est cy devant escripte, moyennant lad. somme de troys cens livres, aux charges contenues en lad. affiche. Faict et adjugé en lad. salle de l'Arcenac, led. jour neufiesme dud. mois d'aoust aud. an mil six cens huict.

Par devant les notaires et gardenottes du Roy nostre Sire en son Ch^{let} de Paris, soubz^{és}, fut présent Jehan Barroys, menuisier, demeurant à Sainct Germain en Laye, lequel a recongneu et confessé et, par ces présentes, confesse avoir promis et promect au Roy nostre sire, stippulans pour Sa Ma^{té} hault et puissant seigneur Messire Maximilian de Bethune ⁽¹⁾... noble homme Jehan de Fourcy ⁽¹⁾... et aussy en la présence de noble homme Jehan de Donon ⁽¹⁾... de faire et parfaire bien et deuement, au dire d'ouvriers et gens à ce congnoissans, les ouvraiges de menuiserie nécessaires à faire au Chasteau vieil et Chancellerie de Sainct Germain en Laye, ès lieux et endroicts selon et ainsy qu'il est porté par lad. affiche dont coppie est cy devant escripte, conformément à icelle, de laquelle led. Barrois dict avoir eu communication; et pour ce faire, fournira led. Barois de bon bois, sec, loyal et marchant, à commancer à y travailler présentement et le tout rendre faict et parfaict bien et deuement, comme dict est, dedans la fin de la présente année.

Et ce moyennant la somme de trois cens livres, à laquelle somme lesd. ouvraiges de menuiserie ont esté adjugez aud. Barois comme moings disant, ainsy qu'il a dict, laquelle somme luy sera payée au feur et à mesure qu'il travaillera, par les Trésoriers desd. bastimens, suivant les ordonnances qui luy en seront à ceste fin expedyées. Promettans... Obligeans chacun en droict soy et led. Barroys corps et biens comme pour les propres affaires du Roy... Renonceant...

Faict et passé aud. Arcenac, l'an mil six cens huict, le neufiesme jour d'aoust, après midy.

MAXIMILIAN DE BETHUNE, FOURCY, DE DONON, JEHAN BAROYS, LE VASSEUR, FOURNYER.

XC. — 31 JUILLET 1609. — 239.

CHÂTEAU DE SAINT-GERMAIN-EN-LAYE. — TRAVAUX DE MENUISERIE : POUR RENDRE LOGEABLE LE PAVILLON NEUF SITUÉ AU BAS DE LA TERRASSE DE L'ORANGERIE; POUR DIVERSES RÉPARATIONS ET AMÉLIORATIONS AU VIEUX CHÂTEAU ET À LA GRANDE PORTE COCHÈRE DE L'ANTICOUR DU CHÂTEAU NEUF, ENTRE LE JEU DE PAUME ET LE FOSSÉ DU CHÂTEAU.

MARCHÉ PASSÉ AVEC JEAN BAROYS, MAÎTRE MENUISIER À SAINT-GERMAIN-EN-LAYE, DÉCLARÉ ADJUDICATAIRE LE 4 JUILLET 1609, MOYENNANT LA SOMME DE SEPT CENT SOIXANTE LIVRES.

L'an mil six cens neuf, le samedy quatre^{me} jour de juillet, neuf heures du matin, devant nous Jehan de Fourcy, conseiller du Roy en son Conseil d'Estat, Intendant des Bastimens de Sa Ma^{té}, en nostre hostel, sciz rue de Jouy, et en la présence de Jehan de Donon, conseiller du Roy et Contrerolleur général desd. Bastimens, a esté procédé au bail au rabais et moings disans, à l'extinction du feu des chandelles, en la maniere accoustumée, des ouvraiges mentionnez en l'affiche dont coppie est cy après transcripte, de laquelle la teneur ensuict :

DE PAR LE ROY

Monseigneur le duc de Sully, Pair et Grand Voyer de France, Superintendant des Bastimens de Sa Ma^{té}, et monsieur de Fourcy, Intendant d'iceulx,

On faict assavoir que le samedy quatre^{me} jour du mois de juillet, au présent mil six cens neuf, neuf heures du matin, en l'hostel dud. sieur de Fourcy, sciz rue de Jouy, il sera faict bail, adjudication et délivrance au rabais et moings disans, à l'extinction du feu des chandelles, en la maniere accoustumée, des ouvraiges de menuiserie nécessaires à faire en la présente année tant pour *rendre logeable et raccommoder le pavillon que Sa Ma^{té} a faict ériger de neuf au bas de la terrasse de l'orangerie, à costé du parterre au dessoubz des dessentes du logis neuf de Sainct Germain en Laye; du costé du Pecq, que autres ouvraiges qu'il est aussy besoing faire au vieil chasteau dud. Sainct Germain en Laye, et spéciallement en la grande porte du mur érigé de*

⁽¹⁾ Mêmes qualités que dans les actes qui précèdent.

neuf entre le jeu de paulme et le fossé dud. chasteau, le tout ainsy qu'il ensuict :

Et premièrement :

En la chambre dud. pavillon qui est au rez de chaussée de la terrasse de lad. Orangerie, seront faictes quatre croisées, dont l'une servira de porte, à la haulteur de sept piedz, et le reste sera en croisées qui aura neuf piedz de hault et les trois autres chacune de quatorze piedz de hault et de six piedz deux poulces de large, chacune garnye de son chassis dormant, huict chassis à verres et huict vollets, des grosseurs, largeurs et espoisseurs qu'il appartiendra, suivant la haulteur et largeur d'icelles et semblables à celles des salles et chambres dud. chasteau neuf; lad. porte sera d'assemblaige à parement recouvert, qui s'ouvrira à deux pans;

Plus, en la chambre au dessoubz de la susd. où est logé le jardinier, sera faict une croisée de sept piedz quatre poulces de hault, sur cinq piedz et demy de large, garnie de son chassis dormant, six chassis à verre et six vollets ;

En lad. chambre une porte forte, collée et emboistée par les deux bouts à tenons et mortoises, qui aura sept piedz quatre poulces de hault, sur quatre piedz dix poulces de large et dix huict à vingt lignes d'espoisseur, pour entrer aud. jardin.

En la mesme chambre, une autre porte aussy collée et emboistée par les deux bouts, pour aller soubz lad. terrasse, qui aura six piedz de hault et deux piedz dix poulces de large.

Plus au dessoubz de lad. chambre, une autre porte aussy collée et emboistée comme dessus, pour aller à la cave, qui aura cinq piedz de hault et deux piedz huict poulces de large.

Plus sera aussy faicte la menuiserie de la grande porte cochère de l'anticourt dud. chasteau neuf, érigée de neuf au mur abboutissant au jeu de paulme et au fossé du vieil chasteau, qui sera faicte à parement par les deux costez, garnie d'un guichet, contenant lad. porte unze à douze piedz de large, laquelle sera faicte de bon bois de Montargis bien sec, et travailler suivant le desseing.

Plus, en la basse court dud. vieil chasteau, en plusieurs offices qui se réparent de neuf, est besoing faire huict portes fortes collées et emboistées par les deux boutz, chacune de sept piedz de hault ou environ et trois piedz de large.

Plus ausd. offices, quatorze fenestres, chacune de cinq piedz et demy de hault et trois piedz et demy de large, garniz de leurs chassis dormans, quatre chassis à verres et quatre vollets.

Plus huict fenestres de lucarnes chacune de six piedz et demy de hault et de quatre piedz et demy de large aussy pour servir ausd. offices, garnis comme dessus.

Et seront toutes personnes receues à moings dire et rabaisser, à la charge que lesd. ouvraiges de menuiserie cy dessus seront faictz et travaillez par l'entrepreneur bien et deuement de bon boys de chesne, sec et loyal et marchant, bailler bonne et suffisante caution et faire recevoir iceulx ouvraiges en la manière accoustumée, sur ce pris de huict cens quinze livres.

(*Suit la formule du certificat d'affichage*.)

Et le dict jour samedy quatre^{me} dud. mois de juillet, en nostre hostel, où se seroient trouvez plusieurs ouvriers en la présence desquels aurions fait faire lecture de l'affiche cy devant escripte, leur faisant entendre que les ouvraiges y mentionnés estoient à bailler au rabais et moings disans sur le pris de huict cens quinze livres tournois, où seroit comparu Jehan Baroys, maistre menuisier qui les auroit mis à 800^{ll}. Ce fait aurions fait alumer la première chandelle et limité le rabais à dix livres, sur le feu de laquelle lesd. ouvraiges auroient esté mis au rabais par Anthoine de Hancy à 790^{ll}, par led. Baroys à 780^{ll}, et sur ce aurions faict alumer la deux^{me} chandelle qui se seroit esteincte sans rabais et sur le feu de la troisième chandelle lesd. ouvraiges auroient esté mis au rabais par led. de Hancy à 770^{ll} et par led. Baroys à 760^{ll}. Et d'aultant qu'il ne se seroit présenté autres rabaissans pour faire la condition de Sa Ma^{té} meilleure que led. Baroys qui nous auroit requis de luy adjuger lesd. ouvraiges pour le désir qu'il a de servir Sad. Ma^{té}. Nous, aud. Baroys, comme moings disant et dernier rabaissant, avons adjugé, baillé et délivré, adjugeons, baillons et délivrons lesd. ouvraiges de menuiserie mentionnez en lad. affiche dont coppie est cy dessus escripte, moyennant la somme de sept cens soixante livres tournois, aux charges contenues en lad. affiche. Faict et adjugé le quatre^{me} juillet aud. an mil six cens neuf.

Par devant les notaires et gardenottes du Roy nostre Sire en son Ch^{let} de Paris, soubz^{nés}, fut présent Jehan Baroys, maistre menuisier, demeurant à St Germain en Laye, lequel a recongneu et confessé et, par ces présentes, confesse avoir promis et promect au Roy nostre Sire, stippullant pour Sa Ma^{té} noble homme Jehan de Fourcy, sieur de Checy, conseiller du Roy en son Conseil d'Estat, Intendant des Bastimens de Sa Ma^{té}, à ce présent et en la présence de noble homme Jehan de Donon, conseiller du Roy et Contrerolleur général desd.

Bastimens, de faire et parfaire bien et deuement, au dire d'ouvriers et gens à ce congnoissans, tous et chacun les ouvraiges de menuiserie mentionnez en l'affiche dont coppie est cy devant escripte, nécessaires à faire la présente année[1]..., le tout suivant et conformément à lad. affiche cy devant escripte, de laquelle led. Baroys dict avoir eu communication, et pour ce fournira de bon bois de Montargis, sec, loyal et marchant et autres choses à ce nécessaires; à commencer à y travailler présentement, et le tout rendre fait et parfait bien et deuement comme dict est, dans le plus brief temps que faire ce pourra.

[1] Suit l'énumération des travaux telle qu'elle est insérée en italiques dans le texte ci-dessus de l'affiche.

Et ce moyennant la somme de sept cens soixante livres tournois à quoy lesd. ouvraiges ont esté adjugez aud. Baroys comme moings disant et dernier rabaissant, ainsy qu'il a dict. Laquelle somme luy sera payée, au feur et à mesure qu'il travaillera, par lesd. Trésoriers desd. Bastimens, suivant les ordonnances qui luy seront à ceste fin expédyées. Promettans... Obligeans chacun en droict soy et led. Baroys, corps et biens comme pour les propres affaires du Roy... Renonceant...

Faict et passé en l'hostel dud. sieur de Fourcy, l'an mil six cens neuf, le trente ungiesme et dernier jour de juillet, après midy.

FOURCY, DE DONON, JEHAN BAROYS, DE ROSSIGNOL, FOURNYER.

Section II.

CHÂTEAU DE VILLERS-COTTERETS.

XCI. — 21 NOVEMBRE 1603. — 116.

Château de Villers-Cotterets. — Travaux de maçonnerie pour la réparation de la fontaine et la réfection des citernes et des regards.
Marché passé avec Nicaise Vaillant, maître maçon, tailleur de pierres à Coucy, déclaré adjudicataire le 24 octobre 1603, moyennant la somme de 2,300 ᵗˡ.

L'an mil six cens trois, le vingt quatre^{me} jour d'octobre, une heure attendant deux après midy, en la salle de l'Arcenac du Roy à Paris, par devant nous Jehan de Fourcy, sieur de Checy, conseiller du Roy, trésorier général de France et intendant des bastimens de Sa Ma^{té}, et en la présence de Jehan de Donon, aussy conseiller du Roy et contrerolleur général desd. bastimens, et suivant les devys, proclamations et publications faictes de nostre ordonnance dont la teneur ensuict :

De par le Roy

On faict assavoir que le vendredy vingt quatre^{me} jour d'octobre après midy, une attendant deux heures de relevée, en l'Arcenac du Roy à Paris, par devant Monsieur le marquis de Rosny, grand maistre de l'Artillerie de France, et superintendant des bastimens de Sa Ma^{té}, et de noble homme Jehan de Fourcy, conseiller du Roy, trésorier général de France, intendant desd. bastimens, seront baillez et adjugez au rabais et moings disant, à l'extinction de la chandelle, les ouvraiges et réparations de maçonnerye qui seront nécessaires à faire à la fontaine de Villiers Cotteretz, qui ensuivent :

Premièrement : dans la forest :

Le petit bassin du chemin du Vivier estant faict de pierre de taille, contenant pour le carré chacun pan cinq piedz et demy de longueur sur six piedz de haulteur jusques au carré, sur lequel carré sera faict ung plafondz de pierre dure ou de grez, sur lequel plafondz sera faict ung admortissement en crepons comme pavillons de pierre de blocaille dure et grise en façon de cailloux non soubzjecte qui se prendra dans la forest entre la Fontaine aux Loups et la Fontaine aux Grez; lequel bassin contient en tout, tant pour led. carré que plafondz et couverture et ce qu'il fault faire audict bassin, huict thoises vallant chacune thoise douze livres, qui est pour le tout quatre vingtz seize livres;

Plus, fault ung huictz de bois pour fermer led. bassin;

Item, fault refaire le bassin de la Chaussée Bruière contenant cinq piedz et demy de longueur sur quatre piedz et demy de largeur, qui sera comme celuy cy devant dict, et racommoder le bassin, contenant en tout neuf thoises;

Plus fault ung huictz aud. bassin, comme celuy cy-dessus;

Item, au grand bassin de la Fontaine aux Loups, voulte de pierre de taille en angle, auquel fault refaire à l'un des pans une escorchure d'environ douze piedz de longueur sur six piedz de haulteur, et refaire les quatre coings qui sont esbreschés, et la couverture faict en pavillon et de blocaille comme il est dict au premier article, et ragréer les pilliers et petits arseaux par dedans;

Item, fault ung huis pour fermer led. bassin garny de ferrure et panture;

Item, à la voulsure appellée la Mal-Fontaine, est nécessaire de refaire des deux costez environ quarante thoises de longueur sur chacun desd. costez, et de quatre piedz de haulteur servans de piedz droicts pour soustenir lad. voulsure faict de pierre de blocaille, laquelle maçonnerie s'esboulle et preste à thumber, n'y pouvant aller ny passer pour nettoyer les sables aud. endroict; et sur la mesme longueur fault faire de petits pavez de grez qui seront pavez et maçonnez en pente avec bonne terre forte ou glaize, faire ung lict ou aire de lad. terre soubz led. pavé d'un demy pied ou huict poulces d'espoisseur pour empescher la perte des eaues au lieu des rigolles ou coullots qui y sont faictz, qui sont de pierre de taille, tous rompuz et pouritz;

Item, fault faire dans lad. voulsure encores quarante thoises de petits pavez faictz et maçonnez comme celuy cy-dessus;

Item, fault refaire les deux jambaiges et couverture de l'huis de lad. voulsure qui seront faictz de pierre de taille maçonnée avec mortier de chaulx et sable ainsy qu'il estoit, et rempietter environ huict ou neuf piedz de longueur aux piedz droictz en entrant à main gaulche dans lad. voulsure;

Item, au bout de lad. voulsure, fault refaire environ huict piedz de longueur de lad. voulsure et pied droict qui est fendu, contenant en tout quatre thoises;

Item, fault ung huis de bois pour fermer l'entrée de lad. voulsure;

Item, la voulsure et bassin de la Fontaine des Grez : fault faire les conduictz de l'eaue de petitz pavez de grez maçonnez et faictz comme est dict de celuy de la Fontaine aux Loups jusques à la quantité de quarante thoises et aultant de maçonnerye aux piedz droictz soubz lad. voulsure et recouvrir la couverture du bassin de pareille pierre et façon que ceulx cy-devant dictz, et rempièter l'un des jambaiges de l'huis et entrée de lad. voulsure;

Item, au petit bassin et voulsure d'iceluy au dessus du grand bassin du chemin de Villieres, lequel bassin contient en longueur douze piedz sur huict piedz de largeur, la couverture duquel est nécessaire faire de pareille matière et façon que ceulx cy-devant, et avec ce rempieter quelque partie dud. bassin par dedans, et remettre une pierre à l'ung des jambaiges de l'huis, et refaire environ huict thoises de maçonnerye aux deux costez des piedz droictz de la voulsure et faire environ douze thoises de petits pavez pour servir à couller l'eaue, de pareille nature et façon que ceulx cy-devant dictz ès autres voulsures;

Plus fault ung huis aud. bassin, garny de ferrure et panture;

Item, au grand bassin dud. chemin de Villieres, à l'huis duquel fault mettre une serrure;

Plus fault mettre ung gril de fer au lieu de celuy qui y estoit, qui a esté emporté durant les guerres;

Item, est nécessaire de deffaire la couverture dud. grand bassin, qui est de pierre de taille toute gastée et pourye, contenant en longueur quatre thoises et demie sur quatre thoises ung pied, qui est pour toute lad. couverture trente six thoises, qui sera besoing de couvrir de grande thuille maçonnée à chaulx et cyment pour la conservation de la maçonnerie et voulsure qui est soubz lad. couverture, et rempietrer le carré du relaiz qui sert à descharger l'eaue dud. bassin, et remettre cinq marches de pierre dure de six piedz de longueur à l'escallier qui sert à descendre aud. bassin à cause que celles qui y sont sont toutes pouryes et gastées, remettre dix ou douze carreaux tant à la creste que pignon aux droictz de ceulx qui mangent et gastent, refaire les jointz qui sont vuides aux pierres des rempans des deux pignons :

Item à la voulsure appellée la Vieille Fontaine, près la vente Pierre Ruelle, à laquelle fault refaire de pavé de grez tout le long de lad. voulsure, comme ceux des aultres voulsures cy devant, à cause que ceulx qui y sont sont tous pourriz et en danger de perdre les sources, et rempietrer environ quinze thoises de maçonnerye soubz la voulte de pierre taille, maçonné à chaulx et sable;

Item, fault refaire à la descente de lad. voulsure, environ quatre thoises de rempiètrement et refaire les deux jambages et couverture de l'huis de lad. descente;

Plus fault faire ung huis à lad. descente;

Item, est nécessaire de mettre dans le parc dud. chasteau la quantité de cent thoises de thuyaux de plomb ou terre, à cause que sur lad. longueur se trouve une vallée qui est cause qu'il fault que l'eaue monte et faict crever les thuyaux en plusieurs endroicts, et n'y peult on remédier qu'avec grands fraiz et en remettant sur lad. longueur des thuyaux neufs, seroit aisé ou facille les mettre et asseoir de nyveau, et, en ce faisant, lad. eaue n'auroict plus de montée;

Item, seroit besoing de refaire de neuf les cinq regardz ou relaiz servans à descharger les eaues, scavoir : ung dans le Plan et deux dans le Parc, et les deux autres dans la Forest;

Item, restablir et refaire de neuf les citernes et regards deppendans de lad. fontaine ainsy et de pareille fabrication qu'ilz estoient le temps passé;

Refaire toutes les vieilles pierres et en refaire de neufves en recherchant les eaues;

Rechercher tous les thuyaux du cours de la fontaine, en remettre de neufs au lieu de ceulx qui sont cassez et rompus, maçonnez sur une arraze fondée sur terre ferme et maçonné de chaulx et sable et non remuée, de fournir les robinets et pierre qu'il conviendra pour couvrir les regards, et lesd. thuyaux maçonnez et entourés de cyment de thuilleau pillé et chaulx vifve;

A la charge de rendre ung poulce et demy d'eaue dans la basse court dud. chasteau, comme elle a esté par cy-devant.

Et seront toutes personnes receues à rabaisser le pris qui sera mis sur lesd. ouvraiges, à la charge d'iceulx faire et parfaire dans le jour St Remy de l'année prochaine que l'on comptera mil six cens quatre, bien et deuement au dire d'ouvriers et gens à ce congnoissans et baillant caution. Faict à [1] jour de [1] mil six cens troys.

L'an mil six cens trois, le unze^{me} jour d'octobre, je, Thomas de Bonigalle, premier huissier pour le Roy de son Trésor, soubz^{né}, certiffie avoir mis et apposé affiches au bureau et comptoir de l'Escriptoire des jurez maçons de ceste Ville de Paris, attelliers du Louvre, portes du Pallais, du Trésor et de l'Arcenac de ceste ville de Paris, contenant que le vingt quatre^{me} jour d'octobre, deux heures de rellevée, en la grande salle de l'Arcenac du Roy à Paris, par devant monseigneur le marquis de Rosny, grand maistre et superintendant des bastimens de Sa Ma^{té} et monsieur de Fourcy, intendant desd. bastimens, seroient baillez et adjugez au rabais et moings disant, à l'extinction de la chandelle, les ouvraiges et réparations nécessaires à faire pour Sa Ma^{té} en la fontaine de son Chasteau de Villiers Cotterestz, tant la rediffier tant de maçonnerie, thuiaux, de serrurerie que autres ouvraiges nécessaires à y faire pour la rendre bien et deuement faicte, parfaicte et réparée au dire d'experts, ouvriers et gens à ce congnoissans, selon que particullièrement lors de l'adjudication il soict déclaré, et que toutes personnes soyent receues à y moings dire et rabbaisser; ad ce que aucun n'en prétende cause d'ignorance; en présence de Nicolas Chauvelot, Jehan Bailly et autres tesmoings. Ainsy signé : de Bonigalle.

Et led. jour vingt quatre^{me} dud. mois d'octobre aud. an, aud. lieu de l'Arcenac, se seroient trouvez plusieurs maistres pour entreprendre et mettre à pris lesd. ouvraiges, ausquels nous aurions fait entendre le contenu en lad. affiche et icelle faict lire et publier par led. Bonigalle, huissier, que lesd. ouvraiges avoyent esté prisées et estimées par aucuns maistres à la somme de deux mil cinq cens livres, et si quelqu'un vouldoit mettre rabais sur led. pris seroit receu.

Par Anthoine Perigon, à deux mil quatre cens cinquante livres sur le feu de la première chan-

[1] Lacunes dans le texte.

delle, et après avoir faict alumer la deux^{me} chandelle, n'a esté faict aucun rabaiz, nous avons faict alumer la trois^{me} chandelle, sur la fin de laquelle lesd. ouvraiges ont esté mis au rabaiz par Nicaize Vaillant à deux mil trois cens livres; et d'aultant que personne n'a voullu rabaisser led. pris, nous avons aud. Vaillant, comme moings disant, adjugé et adjugeons lesd. ouvraiges pour led. pris de deux mil trois cens livres, à la charge de faire lesd. ouvraiges bien et deuement au dire d'ouvriers et gens à ce congnoissans, dedans le jour St Remy de l'année prochaine que l'on comptera mil six cens quatre, aux charges portées par lad. affiche dont coppie est cy devant transcripte.

Par devant les notaires du Roy nostre Sire en son Ch^{let} de Paris, soubz^{nés}, fut présent Nicaise Vaillant, maistre maçon tailleur de pierre, demeurant à Coucy, près Chasteau Thierry, lequel a recongneu et confessé avoir promis et promect au Roy nostre Sire, stippullant pour Sa Ma^{té} hault et puissant seigneur messire Maximillian de Bethune, chevallier, sieur et marquis de Rosny, conte de Moret, baron de Sully, conseiller du Roy en ses Conseils d'Estat et privé, cappitaine de cent hommes d'armes de ses Ordonnances, grand voyer, grand maistre et cappitaine général de l'Artillerie, superintendant des finances, fortifications et bastimens de Sa Ma^{té}, gouverneur de la Ville et citadelle de Mante, et noble homme Jehan de Fourcy, sieur de Checy, conseiller du Roy, trésorier général des finances, intendant desd. bastimens, à ce présents et acceptans, et en la présence de noble homme Jehan de Donon, aussy conseiller du Roy et contrerolleur général desd. bastimens, de faire et parfaire bien et deuement, au dire d'ouvriers et gens à ce congnoissans, tous et chacuns les ouvrages mentionnez en lad. affiche dont coppie est cy-dessus transcripte, nécessaires à faire en la fontaine du Chasteau de Villiers Cotterez, et ce selon et suivant qu'il est porté par les articles de lad. affiche et generallement restablyr et faire de neuf les cyternes et regards deppendant de lad. fontaine tant antienne que nouvelle, ainsy et de pareille fabrication qu'ils estoyent le temps passé, refaire toutes les vieilles pierres et en refaire de neufves en recherchant toutes les eaues, aussy rechercher tous les tuyaulx du cours de lad. fontaine, en remettre de neufs au lieu de ceulx qui sont cassés et rompus, qu'ils soient maçonnez sur une arraze fondée sur terre ferme et maçonnés de chaulx et sable, les tuyaulx maçonnez et entourrez de cyment de tuyau pillé et chaulx vive, et fournyr les robinetz et pierre de taille qu'il conviendra esd. regards, ausd. charges cy devant de rendre par led. entrepreneur ung poulce de dyametre d'eaue ou plus s'il se peult, dans la basse court dud. chasteau, comme elle a esté par cy-devant. Et travailler ausd. ouvrages sans discontinuer et le tout rendre faict et parfaict bien et deuement, comme dict est, dedans le jour S¹ Remy de l'année prochaine que l'on comptera mil six cens quatre, à la charge que si Sa Ma¹ᵗᵉ venoyt loger aud. chasteau, sera tenu led. entrepreneur de donner cours à l'eaue tant qu'il y en ayt, pour la provision de Sad. Ma¹ᵗᵉ et officiers.

Et ce moyennant la somme de deux mil trois cens livres, qui est le pris à quoy lesd. ouvrages ont esté adjugez aud. Vaillant comme moings disant, lequel pris luy sera payé au feur selon et ainsy qu'il fera lesd. ouvrages, par les Trésoriers généraulx des bastimens de Sa Ma¹ᵗᵉ, suivant les ordonnances qui luy en seront à ceste fin expédyées. Promectans... Obligeans chacun en droict soy et led. Vaillant corps et biens comme pour les propres affaires du Roy... Renonceant...

Faict et passé en l'Arsenac du Roy à Paris, l'an mil six cens troys, le vingt ungᵐᵉ jour de novembre, après midy.

Maximilian de Bethune, Fourcy, de Donon, N. Vaillant, Le Vasseur, Fournyer.

XCII. — 21 NOVEMBRE 1603. — 117.

Bâtiments. — Château de Villers-Cotterets. — Travaux de maçonnerie et de pavage pour la réparation du château, de la basse-cour, de la terrasse, chapelle, jeu de paume, etc. Marché passé avec Robert Le Moyne, maître maçon et voyer pour le Roi au bailliage de Senlis, déclaré adjudicataire le 24 octobre 1603, moyennant la somme de 4,600 ᴸ.

L'an mil six cens trois, le vingt quatreᵐᵉ jour d'octobre (*même formule qu'à l'acte qui précède*)... Seront baillées et adjugées au rabais et moings disant, à l'extinction de la chandelle, les ouvraiges de maçonnerye qui ensuivent :

Premièrement :

En la cuisine tenant à la chambre proche de la porte de la basse court, fault desceller une poultre, et lorsqu'il y en aura esté mise une autre, la fauldra resceller avec bon plastre et mettre des corbeaux de pierre dure soubz lad. poultre;

Item, fault abbattre la plate bande du soubz manteau de la cheminée de lad. cuisine entre les deux pilliers et le reffaire bien et suffisamment;

Item, en la cuisine attenant, fault desceller et resceller une poultre et mettre des corbeaux de pierre dure, plus reffaire la platte bande du soubz manteau de la cheminée de lad. cuisine;

Item, en une autre cuisine proche de la susdite, du costé du jardin du Roy, fault aussy desceller et resceller une poultre et mettre soubz icelle de bons corbeaux de pierre dure;

Item, en la cuisine de la bouche du Roy, au mesme pan, fault mettre des corbeaux de pierre dure soubz les deux bouts de la poultre;

Item, fault faire environ neuf thoises de menues repparations de maçonnerie au garde manger de lad. cuisine;

Item, fault desceller et resceller trois poultres et mettre des corbeaux de pierre dure soubz icelles, en la salle du Commun de la Royne;

Item, fault repaver lad. salle de trente six thoises de petits pavés;

Item, en la dernière salle de lad. basse court du costé du plan, fault aussy maçonner les places pour y mettre troys poultres et, après icelles posées, les fauldra resceller de plastre et mettre soubz chacun bout d'icelle des corbeaux de pierre dure;

Item, sur lad. salle fault refaire trente six thoises de petits pavez;

Item, fault refaire les entrevoux ou cloisons au dessus de lad. salle;

Item, aux deux bouts de la gallerye proche de la porte du chasteau, fault refaire environ quatre thoises de murs de pierre de taille servant d'appuis ou accoudoir pareilz à ceulx qui sont faicts;

Item, fault refaire le lambris de bricque aux deux bouts desd. galleryes, d'environ dix ou douze thoises;

Item, en la chambre haulte, près la salle du Roy, fault desceller et resceller une poultre, y mettre des corbeaux de pierre dure, desseller et reseller les deux bouts de la sablière;

Item, en la grande salle du Roy, fault desseller et reseller trois poultres et y mettre des corbeaux de pierre dure soubz les bouts d'icelles;

Item, fault repaver lad. salle de pavé, qui sont environ soixante quinze thoises;

Item, en la chambre en galletas, près la terrace, du costé de la porte, fault desseller et reseller deux poultres et y mettre des corbeaux de pierre dure;

Item, fault repaver le plancher de lad. chambre de vingt thoises de pavé ou environ;

Item, fault desseller et reseller toutes les sablyères des lucarnes des galletas sur la salle vers le jardin du Roy, qui sont en nombre de huict, et refaire les lambriz, qui sont environ vingt thoises;

Item, refaire de neuf tout le pavé du jeu de paulme du corps de logis, montant sept vingts troys thoises et demye de pavé, sans y comprendre les galleryes;

Item, fault refaire quarante thoises de lambrys de bricque en plusieurs endroicts de lad. gallerye;

Item, est besoing refaire le rempiètement du jeu de paulme du costé vers le jardin, où il se pourra trouver huict thoises et demie de maçonnerie;

Item, fault rechercher tous les admortissemens des lucarnes dud. corps de logis vers led. jeu de paulme, qui sont en nombre de dix huict, et y remettre des pierres aux lieux où il en sera nécessaire où il y en aura de rompues;

Item, en la basse court, à la chambre attenant l'office du Gobellet du Roy, vers le jardin, fault repaver tout de neuf le pavé d'icelle, et mettre un sueil ou pierre pour servir de degré, qui seroit environ unze thoises;

Item, fault repaver de neuf le plancher de la sommellerie vers led. jardin, qui contient environ unze thoises;

Item, fault repaver de neuf les planchers du garde manger de la cuisine du Commun du Roy, qui sont huict thoises ou environ;

Item, fault refaire la platte bande du soubz manteau de la cheminée de la chambre de l'encongueure vers le plan, de pareille façon comme est dict cy dessus;

Item, fault refaire la platte bande du soubz manteau de la cheminée de la cuisine du Commun de la Royne, en la mesme façon qu'elle estoyt;

Item, fault aussy refaire la plattebande du soubz manteau de la cheminée de la cuisine de la Bouche de la Royne;

Item, fault repaver de neuf soubz la porte du grand logis, qui contiendra environ six thoises, de petits pavez de grez;

Terrasse.

Item, fault relever les deux premières assizes de pierre de taille qui sont sur lad. terrace audessus de la grande porte du Chasteau et les restablir au lieu de celles qui se trouveront pourryes; lad. terrace contenant en longueur, comprins les deux retours, vingt sept thoises sur quatre pieds et demy de largeur; fault aussy reprendre le pillier sur lad. porte à main gaulche, et y mettre sept assizes de pierre de taille et ralonger la collonne tenant aud. pillier deux pieds de haulteur, et y remettre ung chappiteau et fault enter ung bout d'architrave à l'encongneure; plus, ragréer la voulte faicte en auce de peuvyer (*sic*)[1] et remettre une pierre de taille au plat fondz; plus, sera faict ung lict de ciment soubz la deuxiesme assize de pierre de lad. terrasse, qui sera de demy pied d'espoisseur, meslé de petits cailloux, lequel lict de ciment continuera la longueur et largeur de lad. terrasse;

Item, fauldra abbattre et relever les deux encongneures faictes en cul de lampe d'icelle terrasse jusques au dessoubz de l'arquitrave et les refaire de bonnes pierres, y faire les couppes, tailles et liaisons nécessaires de pareille estoffe et façon que celles qui y sont à présent et les faire lyer avec bonnes agraffes de fer;

Item, fault relever toutes les pierres du parapel ou appuis de lad. terrasse et rassoir celles qui se trouveront bonnes, et au lieu de celles qui deffaillent, qui sont rompues ou pourryes, et y en remettre d'autres de pierre neufve, qui sera environ seize thoizes de long, qui seront scellées en plomb à chacun joing avec une agraffe de fer; lesd. pierres de pareille estoffe et façon que celles qui sont encores à présent et de mesme haulteur de troys piedz;

Item, fault refaire de neuf la voulte de l'allée qui sert pour aller du Chasteau aux privez du costé du plan, lad. voulte contenant huict thoises de longueur sur quatre piedz de largeur entre les deux murs, qui est en tout neuf thoises ung tiers;

Item, fault relever et rasseoir le pavé de pierre dure sur le portail du chasteau, près la chappelle du Roy, et reffaire environ deux thoises de pavé dans lad. chappelle;

Item, fault mettre des corbeaux de pierre dure soubz les bouts des troys poultres de la chambre du Roy et refaire la platte bande de la croisée vers le plan;

Item, fault desboucher et racommoder la croisée de l'antichambre du Roy, du costé du jardin, et la rendre preste à mettre le bois des fenestres;

Item, fault mettre des corbeaux de pierre dure

---

[1] Voûte surbaissée, dite *en anse de panier* ou *demi-ovale*.

soubz les trois poultres de la salle de la Royne, près la Chapelle;

Item, fault abbattre et desboucher la porte appellée le Gros Huictz qui sert pour entrer au plan, et refaire l'escallier ou perron de pierres dures ainsy qu'il estoict auparavant, et réparer l'allée qui sert pour aller du jeu de paulme au plan, laquelle contient six thoises de long sur six pieds de large, qui sont six thoises;

Item, fault remettre ung remplaige de croisillon à l'une des croisées de la grande salle du bal, qui sera faict à deux croisillons de pierres de taille;

Item, fault abbattre les deux thuyaux de cheminée qui sont par dehors le cabinet et antichambre du Roy, et remettre des entablemens et architraves au droict desd. cheminées avec pierres de taille;

Item, fault remettre environ huict thoises de longueur de corniches au premier estaige, à l'endroict de lad. antichambre et cabinet au dessoubz desd. cheminées, de mesmes matières et façons qui y sont de présent;

Item, fault desboucher l'huys qui sert pour aller aux privés de l'estaige du hault du chasteau au jardin et remaçonner une petite bresche près led. huictz, contenant une thoise ou environ;

Item, de rechercher cent thoises de pavé en toutes les chambres dud. chasteau plus ou moings ainsy qu'elles se trouveront dépavées. Plus, fault rechercher le pavé des planchers des chambres, offices et galleries en hault de la basse court dud. Villiers Cotteretz, qui se pourront monter cent cinquante thoises ou environ.

Et seront toutes personnes receues à rabaisser le pris desd. ouvraiges, à la charge d'iceulx faire et parfaire dans le temps qui sera prefix, bien et deuement, au dire d'ouvriers et gens à ce congnoissans; et s'aydera l'entrepreneur des mathières qui se trouveront sur les lieux, et de bailler caution. Faict à Paris, ce dixiesme jour d'octobre l'an mil six cens troys.

L'an mil six cens trois, le unze^{me} jour d'octobre, je, Thomas de Bonigalle, premier huissier pour le Roy de son Trésor, soubz^{né}, certiffie avoir mis et apposé aultant de la présente affiche contre la porte de l'Arcenac de ceste ville de Paris, attelliers du Louvre et Thuilleries, au bureau et comptoir des jurez maçons de cested. ville, places des Halles, Grève et cimetière St Jehan, portes des Consulz et du grand et petit Chastellet, portes de la court et des salles du Pallais, Chambre des Comptes, Eslection, greffe du Tresor, et au bas de la montée dud. Tresor; ad ce qu'aucun n'en prétende cause d'ignorance; ès présence de Nicolas Chauvelot et Jehan Bailly tesmoings. Signé : de Bonigalle.

Et led. jour vingt quatriesme dud. mois d'octobre aud. an, aud. lieu de l'Arcenac, se seroient trouvés plusieurs maistres pour entreprendre et mettre lesd. ouvraiges à pris, ausquels nous avons faict entendre le contenu en lad. affiche et icelle faict lire, et publier par Bonigalle, huissier, que lesd. ouvraiges avoient esté prisées et estimées par aucuns maistres à la somme de huict mil deux cens trente deux livres; et que si quelqu'un voulloit mettre rabais sur led. pris, il y seroict receu.

Par Nicolas Dupont, sur le feu de la première chandelle, à huict mil livres; par Nicaise Vaillant à sept mil huict cens livres; par led. Dupont à sept mil sept cens livres; Paul Vaudoyer, sept mil six cens livres; par Robert Le Moyne, à sept mil cinq cens livres; par René Fleury à sept mil quatre cens livres; par Sébastien Jacquet, à sept mil trois cens livres; par Nicolas Le Peuple à sept mil livres; par Nicolas Dupont, à six mil huict cens livres; par led. Le Moyne à six mil sept cens livres; par led. Dupont, à six mil cinq cens livres; par led. Paul Vaudoyer, à six mil livres; par led. Vaillant, à cinq mil neuf cens livres; par led. Le Peuple, à cinq mil huict cens livres; par led. Vaillant, à cinq mil sept cens livres; par Louis Gougeron, à cinq mil six cens livres; par led. Vaillant, à cinq mil cinq cens livres; par led. Jacquet, à cinq mil quatre cens livres; par led. Le Moyne à cinq mil trois cens livres; sur le feu de la deux^{me} chandelle, par led. Jacquet, à cinq mil cent livres; et, sur le feu de la trois^{me} chandelle, par led. Le Moyne, à cause du droict de feu, à cinq mil livres; par led. Vaillant, à cause du droict de feu, à quatre mil neuf cens livres; par led. Le Moyne, à quatre mil huict cens livres; par Nicaise Vaillant, à quatre mil sept cens livres, à cause du droict de feu; et voyant que personne n'a voullu rabaisser depuis led. Vaillant sur lesd. ouvraiges, les avons adjugez aud. Vaillant comme moings disant pour led. pris de quatre mil sept cens livres, à la charge de faire et parfaire lesd. ouvrages dedans le jour sainct Jehan Baptiste prochainement venant, aux charges portées par l'affiche dud. Bonigalle, huissier.

Et depuys, lesd. ouvraiges ont esté mis au rabais par led. Le Moyne à quatre mil six cens livres, lequel rabais auroict esté communiqué aud. Vaillant, qui s'en seroit dessisté. Partant, avons aud. Le Moyne comme moings disant, adjugé et adjugeons lesd. ouvrages cy dessus déclarez, pour lad. somme de quatre mil six cens livres, à la charge de rendre iceulx ouvraiges faictz et parfaictz bien et deuement, comme dict est, dans led. jour S¹ Jehan Baptiste prochain, aux charges portées par lad. affiche.

Par devant les notaires du Roy nostre Sire, en son Ch^tet de Paris, soubz^nes, fut présent Robert Le Moyne, maistre maçon, Voyer pour le Roy au bailliage de Senlis, y demeurant, lequel a recongneu et confessé avoir promis et promect au Roy nostre Sire, stippullant pour Sa Ma^té hault et puissant seigneur Messire Maximilian de Bethune (*mêmes qualités qu'en l'acte qui précède*), et noble homme Jehan de Fourcy, conseiller du Roy, trésorier général de France, intendant desd. bastimens, et aussy en la présence de Jehan de Donon, conseiller du Roy et contrerolleur général desd. bastimens, de faire et parfaire bien et deuement, au dire d'ouvriers et gens à ce congnoissans, tous et chacun les ouvraiges de maçonnerie et choses mentionnées et spéciffiées en l'affiche dont coppie est cy devant transcripte; et se servira led. entrepreneur des matières qui se trouveront sur le lieu, à la charge que s'il plaist à Sa Ma^té faire oster la gallerie et le pavé du Jeu de paulme, led. Le Moyne sera tenu faire led. pavé de carreau ou de grais, tel qu'il plaira à Sad. Ma^té; et besongner ausd. ouvraiges sans discontinuer et les rendre faictes et parfaictes bien et deuement comme dict et dedans led. jour sainct Jehan Baptiste prochainement venant.

Et ce, moyennant la somme de quatre mil six cens livres à quoy lesd. ouvraiges ont esté adjugez aud. Le Moyne, comme moings disant; aux charges portées par lad. affiche, de laquelle lecture a esté faicte à icelluy Le Moyne. Laquelle somme de quatre mil six cens livres luy sera payée par les Trésoriers généraulx des bastimens de Sa Ma^té au feur et à mesure qu'il fera lesd. ouvraiges bien et deuement comme dict est, suivant les ordonnances qui luy en seront à ceste fin expédiées. Promectans... Obligeans chacun en droict soy et led. Le Moyne corps et biens comme pour les propres affaires du Roy... Renonceant...

Faict et passé aud. Arcenac du Roy, à Paris, l'an mil six cens troys, le vingt ung^me jour de novembre, après midy.

MAXIMILIAN DE BETHUNE, FOURCY, DE DONON, LE MOYNE, LE VASSEUR, FOURNYER.

XCIII. — 10-11 OCTOBRE 1603. — 114.

CHÂTEAU DE VILLERS-COTTERETS.

ORDONNANCE ET CERTIFICAT D'AFFICHAGE RELATIFS À LA MISE EN ADJUDICATION DES TRAVAUX DE CHARPENTE.
(CF. MARCHÉ DU 21 NOVEMBRE 1603.)

DE PAR LE ROY :

On faict assavoir que le vingtquatre^me jour d'octobre, heure d'une heure attendant deux, en la salle de l'Arcenal du Roy à Paris, par devant Monsieur le marquis de Rosny, Grand Maistre de l'Artillerie de France et Superintendant des Bastimens de Sa Ma^té, seront bailliées et adjugées au rabais et moings disant, à l'extinction de la chandelle, les ouvraiges de charpenterye qui ensuivent :

Premièrement : En la cuisine attenant la grand porte de la basse court de Villiers Cosleretz, du costé de l'Eglise en entrant, fault mettre une poultre au lieu de celle qui y est, à cause qu'elle est pourrye, lad. poultre ayant cinq thoises de long, de dix-huict à vingt poulces de gros;

Item, en l'autre cuisine attenant dud. costé, fault mettre aussy une autre poultre de cinq thoises de long et de dix huict à vingt poulces de gros;

Item, en la cuisine du Commung du Roy, du costé vers lad. Eglise, fault aussy mettre une poultre au lieu de celle qui est pourrie, de mesme longueur de cinq thoises et de dix huict à vingt poulces de gros;

Item, en une chambre de la bassecourt attenant la cuisine du Commung, fault mettre une sablière du costé vers le plan, de trois thoises de longueur, ung pied de large et sept poulces d'espoisseur;

Item, en la cuisine de la Royne, fault mettre une solive contre la muraille du costé de la basse court, de douze pieds de longueur, et de sept à huict poulces de gros, et mettre une poterne soubz la poultre du plancher, ung soliveau de huict pieds de long et de sept à huict poulces de gros;

Item, en la salle du Commung de la Royne, fault remettre trois poultres au lieu de trois qui sont rompues, de longueur de cinq thoises et de dix-huict à vingt poulces de gros;

Item, en la dernière salle dud. costé du plan, près le corps du logis, il fault mettre trois poultres neufves parce qu'il y en a une qui a esté emportée et les deux autres sont rompues, lesd. poultres de cinq thoises de long et de dix huict à vingt poulces de gros; plus cinq lambourdes de cinq thoises de long, cinq poulces de gros et dix poulces de large; plus cinquante solives de douze piedz de long, de cinq à sept poulces de gros;

Item, fault abbattre et relever quatre cloisons sur led. plancher garniz de potteaux qu'il fault abattre et relever et y remettre du bois neuf au lieu de celluy qui se pourra treuver pourry ou perdu; plus une jambe de force de quinze piedz de long, d'un pied de gros, qu'il fault au comble sur lad. salle;

Item, fault mettre neuf chevrons de chacun costé des deux bouts des gallerves tenans au grand corps d'hostel du chasteau, chacun chevron de trois thoises de long et de quatre et six poulces de gros, garniz de contrefiches de huict piedz de long, de quatre et six poulces de gros, avec ung entraict de quatre piedz de long, de mesme grosseur et de deux poitras de douze piedz de long;

Item, en la cuisine de la Bouche du Roy, fault estayer la poultre de deux potences garnies chacune d'ung poteau de quinze pieds de long, d'ung pied de gros, ung soubzpoultreau de huict piedz de long, d'un pied de large, huict poulces de gros, chacun ung lien de neuf pieds de long, d'un pied de large, de huict poulces de gros à chacune desd. potences.

Chasteau.

Item, en la chambre haulte près la salle du Roy, fault mettre une poultre neufve au lieu de celle qui est pourie par un bout, du costé de la cheminée, qui sera de quatre thoises de long, de dix huict à vingt poulces de gros; plus une sablière de la mesme longueur, de huict poulces d'espoisseur et d'un pied de large; deux lambourdes de mesme longueur de quatre poulces d'espoisseur et de dix poulces de large;

Item, en la grande salle du Roy, fault mettre trois poultres neuves au lieu de celles qui sont pouries, chacune poultre de cinq thoises et demie de long, de dix huict à vingt poulces de gros; six lambourdes de mesme longueur, de quatre poulces d'espoisseur et de six poulces de large;

Item, aux chambres en galetas, proche les terraces du costé du grand portail, il fault abbattre et remanier toute la charpenterye, à cause que les tenons d'une grande partie d'icelle sont pourryes; plus, il y fault mettre une poultre de trois thoises de long, d'un pied de gros, deux jambes de force de douze pieds de long, d'un pied de gros; abattre et relever deux travées de plancher et y remettre des pièces au lieu où il s'en trouvera de pouries;

Item, aud. galletas sur la grande salle du Roy du costé du jardin, qui est de longueur de quinze thoises sur cinq thoises de large où il y a dix lucarnes, dont il en fault abbattre et relever huict, et y remettre des sablières, d'aultant que celles qui y estoient sont eschapées des murs et sont trop courtes; lesd. sablières seront de neuf pieds de long de cinq à sept poulces de gros.

Tout le bois de la charpenterye cy dessus sera prins dans la forest du Roy au lieux moings dommageables à deux lieues du chasteau pour le plus loing, delivrez par les officiers d'icelle à l'entrepreneur desd. ouvraiges, qui sera tenu faire à ses despeus les abataiges, escarissages et chariages jusques aux lieux, et prendre les branches et houppes à son proffit.

Et seront toutes personnes receues à rabaisser le pris qui sera mis sur lesd. ouvraiges, à la charge d'iceulx faire et parfaire dans le temps qui sera prefix lors, bien et deuement au dire d'ouvriers et gens à ce congnoissans, et baillant caution. Faict à Paris ce (1) jour de (1) mil six cens trois. Et au cas qu'il se desmolisse des travées de planchers et que les solives se trouvassent pourries, seront tenus les entrepreneurs, en leur fournissant de bois comme dessus, et prendront les entrepreneurs le viel bois de desmolitions à leur proffit. Et à costé est escript : le bois sera marqué par les officiers sans fraiz, et au dessoubz est escript ce qui ensuivt :

L'an mil six cens trois, les dixiesme et unze^{me} jours d'octobre, je, Thomas de Bonigalle, premier huissier pour le Roy de son Trésor, soubz^{gé}, certiffie avoir mis et apposé aultant de la présente affiche contre la porte de l'Arsenacq de ceste ville de Paris, atteliers du Louvre et Thuilleries, places des Halles, Grève et cimetière St-Jehan, au bureau et comptoir de l'Escriptoire des jurez maçons de cested. ville, portes du grand et petit Chastellet et des Consuls de Paris, portes de la cour et des salles du Pallais, Chambre des comptes, Eslection, Greffe du Trésor et au bas de la montée dud. Trésor. Ad ce qu'aucun n'en prétende cause d'ignorance; ès présences de Nicolas Chauvelot et Jehan Bailly, tesmoings.

De Bonigalle.

---

(1) Lacune dans le texte.

XCIV. — 21 NOVEMBRE 1603. — 118.

Château de Villers-Cotterets. — Travaux de charpente pour la réparation du château et de ses dépendances. — Marché passé avec Nicolas Le Peuple, maître charpentier à Paris, déclaré adjudicataire le 24 octobre 1603, moyennant la somme de 1,500^{tt}.

L'an mil six cens trois, le vingt quatre^{me} jour d'octobre, heure d'une heure attendant deux heures après midy, en la grande salle de l'Arcenac du Roy, à Paris, par devant nous, Jehan de Fourcy, sieur de Checy, conseiller du Roy, trésorier général de France et intendant des bastimens de Sa Ma^{té}, et en la présence de noble homme Jehan de Donon, aussy conseiller du Roy et contrerolleur general desd. bastimens, et suivant le devis, proclamations et publications de nostre ordonnance dont la teneur ensuict : (*le texte de l'ordonnance reproduit sous le n° XCIII est suivi des signatures* : Lepeuple, de Donon, Fourcy).

Et led jour vingt quatre^{me} dud. mois d'octobre aud. au, aud. lieu de l'Arcenac, se seroient trouvez plusieurs maistres pour entreprendre et mettre à pris lesd. ouvraiges, auxquels nous avons faict entendre le contenu en lad. affiche, et icelle faict lire, et publier par Bonigalle, huissier, que lesd. ouvraiges avoient esté prisées et estimées par aucuns maistres à la somme de trois mil six cens livres, et que si quelqu'un voulloit mettre rabaiz sur led. pris, il y seroit receu.

Par Hugues Clement, sur le feu de la première chandelle, à trois mil livres, par Jehan Séjourné à deux mil neuf cens cinquante livres, par Alexandre Berger à deux mil neuf cens livres, par Guillaume Mercier à deux mil huict cens cinquante livres, par led. Séjourné à deux mil huict cens livres. Ce faict, avons faict allumer la deux^{me} chandelle, sur le feu de laquelle auroict esté mis lesd. ouvraiges au rabais par led. Mercier à deux mil sept cens livres, et depuis avons faict allumer la trois^{me} chandelle, sur le feu de laquelle lesd. ouvraiges auroient esté mises au rabais par Nicaize Vaillant à deux mil cinq cens cinquante livres, par Alexandre Berger à deux mil quatre cens livres, par Nicolas Le Peuple à deux mil deux cens cinquante livres, par led. Séjourné, comme ayant desjà sur led. feu de la trois^{me} chandelle, à deux mil deux cens livres; et voyant que personne n'a voullu depuis led. Séjourné rabaisser le pris desd. ouvraiges, Nous aud. Séjourné, comme moings disant, avons adjugé lesd. ouvraiges pour led. pris de deux mil deux cens livres, à la charge de faire lesd. ouvraiges dedans le jour St Jehan Baptiste prochain, aux charges contenues en l'affiche cy devant transcripte, signée dud. Bonigalle. Faict ce vingt quatre^{me} octobre mil six cens troys.

Et depuis lesd. ouvraiges ons esté mis au rabais par Loys Bailly à mil neuf cens livres et par led. Séjourné à mil huict cens cinquante livres, et encores du depuis, estans au Bureau, est comparu led. Le Peuple qui a mis lesd. ouvraiges de charpenterye au rabais à dix sept cens livres, à luy adjugez aud. pris et aux conditions portées par lad. affiche, et depuis par led. Séjourné ont esté lesd. ouvraiges mis au rabaiz à seize cens cinquante livres et par led. Le Peuple à quinze cens livres, auquel Le Peuple avons, attendu que personne n'a voullu mettre au rabais sur lesd. ouvraiges, iceulx adjugé et adjugeons comme moings disant pour led. pris de quinze cens livres, à la charge de faire lesd. ouvraiges dans led. jour St Jehan Baptiste prochain, aux charges contenues en lad. affiche signée Bonigalle. Faict led. jour vingt quatre^{me} octobre mil six cens trois, signé : Le Peuple.

Par devant les notaires du Roy nostre Sire ou Ch^{let} de Paris, soubz^{nez}, fut présent Nicolas Le Peuple, maistre charpentier à Paris, demeurant rue St Anthoine, parroisse Sainct Paul, lequel a recongneu et confessé avoir promis et promect au Roy nostre Sire, stippullant pour Sa Ma^{té} hault et puissant seigneur messire Maximilian de Bethune, marquis de Rosny, conseiller du Roy en ses Conseils d'Estat, grand voyer, grand Maistre et cappitaine général de l'Artillerie, superintendant des finances, fortifications et bastimens de Sa M^{té} et gouverneur de la ville et citadelle de Mante, noble homme Jehan de Fourcy [1] en la présence de noble homme Jehan de Donon [1], de faire et parfaire bien et deuement au dire d'ouvriers et gens à ce congnoissans, tous et chacuns les ouvraiges de charpenterye mentionnez et specifiez en l'affiche dont coppie est cy devant transcripte, et ce ès lieux et endroictz y déclarés. Moyennant qu'il sera fourny aud. entrepreneur le bois qu'il conviendra pour faire lesd. ouvraiges,

---

[1] Mêmes qualités que dans les actes qui précèdent.

pris dans la forest et marqués par les officiers de Sa Ma^té, lequel bois sera abattu, escarry, cié, debité, cherrié aud. Chasteau et mis en œuvre par led. entrepreneur, le tout à ses despens, sans que pour ce il soit tenu d'aucuns fraiz envers lesd. officiers, à la charge que les houppiers et branchaiges d'icelluy bois, qui ne pourra servir à autre charpenterie, appartiendront à icelluy entrepreneur, ensemble le vieil bois des desmolitions; et sera led. entrepreneur tenu de commencer à travailler présentement et besonguer sans discontinuer, et le tout rendre faict et parfaict bien et deuement, comme dict est, dans le jour Sainct-Jehan-Baptiste prochainement venant.

Et ce moyennant la somme de quinze cens livres tournois, qui est le pris à quoy lesd. ouvraiges ont esté adjugées aud. Le Peuple comme moings disant, aux charges portées par lad. affiche; laquelle somme de quinze cens livres sera payée aud. Le Peuple au feur et à mesure qu'il fera lesd. ouvraiges bien et deuement, comme dict est, par les Trésoriers généraulx des bastimens de Sa Ma^té, suivant les ordonnances qui luy en seront à ceste fin expédiées. Promectans... Obligeans, chacun en droict soy et led. Le Peuple corps et biens comme pour les propres affaires du Roy... Renonceant...

Faict et passé en l'Arsenac du Roy à Paris, l'an mil six cens trois, le vingt ung^me jour de novembre, après midy.

MAXIMILIAN DE BETHUNE, FOURCY, DE DONON,
LE PEUPLE, LE VASSEUR, FOURNYER.

XCV. — 21 NOVEMBRE 1603. — 119.

CHÂTEAU DE VILLERS-COTTERETS. — TRAVAUX DE VITRERIE À FAIRE AU CHÂTEAU ET À SES DÉPENDANCES.
MARCHÉ PASSÉ AVEC PIERRE GEOFFROY, VITRIER ORDINAIRE DU ROI ET MAÎTRE VITRIER À PARIS, DÉCLARÉ ADJUDICATAIRE LE 24 OCTOBRE 1603, MOYENNANT LA SOMME DE 700 ℔, À LA CHARGE QUE LES CHAMBRES DU ROY ET DE LA ROYNE, AVEC LEURS CABINETS, SERONT FAICTS DE VERRE DE FRANCE... ".

L'an mil six cens trois, le vingt quatre^me jour d'octobre, heure d'une heure attendant deux heures après midy, en la grande salle de l'Arcenac du Roy, à Paris, par devant nous Jehan de Fourcy, sieur de Checy, conseiller du Roy, Trésorier général de France et Intendant des Bastimens de Sa Ma^té, et en la présence de Jehan de Donon, aussy conseiller du Roy et Contrerolleur général desd. bastimens, et suivant le devis, proclamations, publications faictes de nostre Ordonnance dont la teneur ensuit:

DE PAR LE ROY:

On faict assavoir que le vingt quatre^me jour de octobre, heure d'une heure attendant deux heures après midy, en la salle de l'Arcenac du Roy à Paris, par devant Monseigneur le marquis de Rosny, Grand Maistre et cappitaine général de l'Artillerie de France et Superintendant des Bastimens de Sa Ma^té, et le sieur de Fourcy, Intendant desd. Bastimens, seront baillées et adjugées au rabais et moings disans, à l'extinction de la chandelle, les ouvraiges de vitreries qui sont nécessaires à faire au chasteau et bassecourt de Villers Costerez.

Premièrement, *pour le Chasteau* :

Pour le tour du chasteau en dehors, il est nécessaire de mettre six vingtz dix sept panneaux de verre neuf, qui contiendront six cens trente six pieds ou environ;

Au mesme pourtour, il se trouve quatre cens panneaux de verre qu'il faudra relever et fournir plusieurs pièces;

Plus, au dedans dud. chasteau, il est nécessaire faire de neuf soixante trois panneaux revenant à trois cens quinze piedz ou environ;

Plus au mesme chasteau par dedans, il fault relever et racoustrer deux cens panneaulx, et y fournir plusieurs pièces de verre.

Basse Court :

Item, au premier corps de logis de lad. basse court, du costé du Bourg, fault cinquante huict panneaux de verre neuf estimé à deux cens piedz;

Item, au mesme logis, du costé de la basse court, fault quatorze panneaulx de verre neuf qui contiendront soixante dix pieds de verre ou environ; au mesme logis, du costé de la basse court, fault relever vingt panneaulx et fournir plusieurs pièces de verre;

Item, au second estage dud. logis, du mesme costé de la bassecourt, il y fault mettre douze panneaulx de verre neuf, qui pourront contenir quarante six pieds de verre;

Item, au mesme lieu, il fault relever et racoustrer vingt six panneaux et fournir plusieurs pièces de verre;

Item, pour le logis de la basse court du costé du plan, en l'estage haulte au dessus des offices, il fault cinquante neuf panneaulx de verre neuf, qui pourront contenir deux cens quarante piedz;

Item, au mesme lieu, est besoing relever et racoustrer trente six panneaux et fournir de plusieurs pièces;

Item, aux offices basses du costé du plan, il fault quarante sept panneaulx de verre neuf, qui pourront contenir six vingtz piedz;

Item, au mesme lieu, il convient relever et racoustrer treize panneaux et fournir plusieurs pièces;

Item, aux mesmes offices du costé de la basse court, il fault fournir trente quatre panneaux de verre neuf, qui contiendront quatre vingts pieds ou environ;

Item, au mesme lieu, il convient relever et racoustrer quatre vingtz deux panneaux et fournir plusieurs pièces de verre;

Item, en lad. basse court, aux offices du Roy, du costé du jardin, en l'estaige haulte, il fault faire vingt panneaulx de verre neuf, qui contiendront six vingts pieds ou environ;

Item, au mesme lieu, il faut relever et racoustrer quatre vingts deux panneaulx et fournir plusieurs pièces;

Item, aux offices basses du costé du jardin, il fault faire et fournir quarante huict panneaulx neuf, qui pourront contenir ensemble six vingts pieds de verre;

Item, au mesme lieu, il faudra relever et racoustrer vingt panneaulx et fournir plusieurs pièces;

Item, aux mesmes offices du costé de la basse court, il fault faire et fournir trente panneaulx de verre neuf, qui pourront contenir ensemble cent quatre vingts piedz;

Item, au mesme lieu, il sera besoing relever et racoustrer cinquante panneaulx et fournir plusieurs pièces.

Et seront toutes personnes receues à rabaisser le pris desd. ouvraiges, à la charge d'iceulx faire et parfaire, dans le jour St Jehan Baptiste prochain, bien et deuement, au dire d'ouvriers et gens à ce congnoissans, et s'aidera l'entrepreneur des verres qui seront sur les lieux, en baillant caution. Faict à Paris, ce [1] .... jour de octobre mil six cens trois.

[1] Lacune dans le texte.

(*Suit le certificat d'affichage semblable à ceux qui précèdent.*)

Et led. jour, vingt quatre^{me} dud. mois d'octobre aud. an, aud. lieu de l'Arcenac, se seroient trouvez plusieurs maistres pour entreprendre et mettre à pris lesd. ouvraiges, ausquels nous aurions faict entendre le contenu en lad. affiche, et icelle faict lire, et publier par Bonigalle, huissier, que lesd. ouvraiges avoient esté prisées et estimées par aucuns maistres à la somme de douze cens livres, à la charge que les chambres du Roy et de la Royne avec leurs cabinets seront faicts de verre de France, et que, aux vieilles vitres où le plomb sera gasté ou rompu, en sera remis de plomb neuf.

Par Quentin Petit, à mil livres; par Pierre Geoffroy, à neuf cens livres; ce faict, avons faict allumer la première chandelle, sur le feu de laquelle ont esté lesd. ouvraiges mis au rabais par led. Petit à huict cens cinquante livres, par led. Geoffroy à huict cens livres; et depuis avons faict allumer la dernière chandelle sur le feu de laquelle ont aussy esté mis lesd. ouvraiges à rabais par led. Petit à sept cens cinquante livres et par led. Geoffroy à sept cens livres, et d'auitant que personne d'entre eulx n'a voullu faire autre rabaiz sur lesd. ouvraiges, nous avons aud. Geoffroy adjugé et adjugeons icelles ouvraiges de vitrerye cy-dessus declarées comme moings disant, pour led. pris de sept cens livres, aux charges portées par l'affiche signée Bonigalle, dont coppye est cy-devant transcripte. Faict ce vingt quatre^{me} octobre mil six cens troys.

Par devant les notaires du Roy nostre Sire en son Chastellet de Paris, soubz^{nez}, fut présent Pierre Geoffroy, vitrier ordinaire du Roy et maistre victrier à Paris, demeurant rue St Denis, parroisse St Leu St Gilles, lequel a recongneu et confessé avoir promis et promect au Roy nostre Sire, stipullant pour Sa Ma^{té} hault et puissant seigneur messire Maximilian de Bethune[1], noble homme Jehan de Fourcy[1] et en la présence de Jehan de Donon[1] ...... de faire et parfaire bien et deuement, au dire d'ouvriers et gens à ce congnoissans, tous et chacuns les ouvraiges de vitrerye mentionnez et spécifiez en l'affiche dont coppye est cy-devant transcripte, et ce ès lieux et endroicts y declarez, et s'aydera led. entrepreneur des verres qui seront sur les lieux, à la charge que les chambres du Roy et de la Royne avec leurs cabinetz seront faicts de verre de France, et que aux vieilles victres où le plomb sera gasté ou rompu,

[1] Mêmes qualités que dans les actes qui précèdent.

sera mis du plomb neuf. Et y besongner sans discontinuer, et le tout rendre faict et parfaict bien et deuement comme dict est, dedans le jour S¹ Jehan Baptiste prochainement venant.

Et ce moyennant la somme de sept cens livres tournois quy est le pris à quoy lesd. ouvraiges ont esté adjugez aud. entrepreneur comme moings disant; lequel pris luy sera payé au feur et à mesure qu'il fera lesd. ouvraiges bien et deuement comme dict est, par les Trésoriers généraulx des bastimens de Sa Ma¹⁴, suivant les ordonnances qui luy en seront à ceste fin expediées. Promectans... Obligeans chacun en droict soy et led. Geoffroy corps et biens comme pour les propres affaires du Roy... Renonceant...

Faict et passé aud. Arcenac du Roy, à Paris, l'an mil six cens troys, le vingt ung^{me} jour de novembre, après midy.

MAXIMILIAN DE BETHUNE, FOURCY, DE DONON, PIERRE GEOFFROY, LE VASSEUR, FOURNYER.

XCVI. — 24 NOVEMBRE 1603. — 120.

CHÂTEAU DE VILLERS-COTTERETS. — TRAVAUX DE MENUISERIE POUR LA RÉPARATION DU CHÂTEAU ET DE SES DÉPENDANCES.

MARCHÉ PASSÉ AVEC JEAN MYNET, MENUISIER À VILLERS-COTTERETS, DÉCLARÉ ADJUDICATAIRE LE 24 OCTOBRE 1603, MOYENNANT LA SOMME DE 1,200 ᴸ.

L'an mil six cens trois, le vingt quatre^{me} jour d'octobre (*même formule qu'en l'acte précédent*), seront baillées et adjugées au rabais et moings disant, à l'extinction de la chandelle, les ouvraiges de menuiserie qui sont à faire au chasteau et basse court de Villiers Cotteretz, ainsy qu'ils ensuivent :

Premièrement, *en la basse court :*

Fault faire la croisée au dessus de l'escallier du costé vers le jardin, et attenant le corps d'hostel, ung chassis dormant, deux chassis à verre et ung guichet de douze piedz de hault et de cinq piedz et demy de large;

Item, aux chambres haultes du costé vers le jardin, fault refaire six croisées, à chacune desquelles fault ung chassis dormant, deux chassis de verre et quatre guichets de haulteur de douze piedz, et de cinq pieds et demy de large;

Item, en la gallerie du costé de la rue, il y fault faire sept croisées de douze pieds de hault et de cinq piedz et demy de large, tout de bois chesne bon et secq; plus aux chambres oppréz lad. gallerie, fault refaire quatre croisées, à chacune desquelles fault ung chassis dormant, deux chassis à verre et quatre guichets de haulteur de douze pieds et de cinq pieds et demy de large;

Item, aux chambres haultes du costé vers le plan, fault refaire vingt trois croisées, à chacune desquelles fault ung chassis dormant, deux chassis à verre et quatre guichets de haulteur de douze pieds et de cinq pieds et demy de large;

Item, aux chambres haultes desd. galleries, fault faire six huictz de bois neuf de haulteur de six piedz et de largeur trois piedz;

Item, en la cuisine de la Bouche de la Royne, estant en lad. basse court, fault faire deux huictz de haulteur de six à sept pieds et de troys pieds de largeur;

Item, en lad. cuisine, fault faire deux guichets aux croisées qui gettent sur la court;

Item, en une autre cuisine au bout de la gallerie du costé vers le plan et attenant le grand corps d'hostel du chasteau, il fault ung huictz de six piedz et demy de haulteur et de troys piedz de large;

Item, en lad. cuisine, fault faire ung chassis à verre, de haulteur de sept piedz et deux piedz et demy de large, avec deux guichets pour led. chassiz;

Item, en une autre cuisine du costé vers l'église, il fault ung huictz de haulteur de six piedz et demy et de trois piedz de largeur.

Chasteau :

Item, au corps d'hostel de devant, du costé du jardin, il fault faire, en une chambre, deux demy croisées de haulteur de onze pieds et de trois pieds et demy de large;

Item, en la chambre attenant celle cy dessus, il fault faire deux chassiz dormans, deux chassiz à verre et quatre guichetz, assavoir : lesd. chassis dormans de douze piedz de hault et de troys piedz de large;

Item, en une autre chambre montant par l'escallier en entrant à main droicte, fault faire ung

SURINTENDANT DES BÂTIMENTS.

chassis dormant, deux chassiz à verre et quatre guichetz. led. dormant de haulteur de douze piedz et de six piedz de largeur;

Item, en la chambre au dessus, fault faire quatre chassis dormans de haulteur de onze pieds et de troys piedz de large, ung chassiz à verre à chacun desd. dormans et aussy à chacun deux guichets;

Item, à la chambre attenant la susd., il faut faire ung guichet et une croisée;

Item, il fault faire ung guichet à la croisée qui regarde sur led. escallier en montant à main droicte;

Item, en la chambre du Roy, fault faire deux croisées neufves et une demie croisée, de haulteur de quinze piedz, et de largeur de six pieds, oster les vieilles croisées qui y sont et les faire servir en ung autre endroict; lesd. croisées seront faictes de bon boys sec et à la fasson de celles qui sont faictes en la gallerie de l'Arcenac à Paris;

Item, en lad. chambre, fault refaire une partie du lambris du plancher, et remettre des pièces où il sera besoing;

Item, en une autre chambre eu galletas près la viz, du costé vers le plan, fault faire une croisée de unze piedz de hault et de six piedz de large;

Item, en la grande salle appellée la salle de bal, qui regarde sur le jardin, fault faire cinq croisées de haulteur de dix-huict pieds et de six pieds et demy de large;

Item, en la chambre estant au dessus de lad. salle, fault faire trois croisées de haulteur de unze piedz, et de cinq piedz et demy de large;

Plus, fault faire environ quarante thoises de lambriz bois en la chappelle du Roy, de pareille estoffe et fasson que celuy qui est faict and. Chasteau en la chappelle de la Royne.

Et seront toutes personnes receues à moings dire et rabaisser sur le pris qui sera mis sur lesd. ouvraiges, à la charge de les faire et parfaire dans le jour Sainct Jehan Baptiste prochain, bien et deuement, au dire d'ouvriers et gens à ce congnoissans, et s'aidera l'entrepreneur des mathières trouvées sur lesd. lieux, en baillant caution.

Faict à Paris, le dix^{me} jour de octobre mil six cens trois.

(Suit le certificat d'affichage semblable à ceux qui précèdent.)

Et led. jour vingt quatre^{me} dud. mois d'octobre aud. an, aud. lieu de l'Arcenac, se seroient trouvez plusieurs maistres pour entreprendre et mettre à pris lesd. ouvraiges, ausquels nous avons faict entendre le contenu en lad. affiche et icelle faict lire, et publyer par Bonigalle, huissier, que lesd. ouvraiges avoyent esté prisées et estimées par aucuns maistres à la somme de douze cens livres, et que si quelqu'un voulloit mettre rabays sur led. pris, il y seroict receu.

Par Lois de Beauvais, Jacques Roger, Cristofle Mauré et autres menuisiers de Paris, après avoir eu communication et ouy lecture du rapport faict par Jehan Mynet, menuisier, demeurant à Villiers Cotteretz, et de la prisée qu'il en a faicte pour la somme de douze cens vingt quatre livres, ont tous dict ne voulloir entreprendre lesd. besongnes pour led. pris, mais que lesd. ouvrages vallent en leur conscience la somme de troys mil livres à juste pris; sur quoy nous avons mandé led. Mynet.

Et le lendemain, vingt cinq^{me} dud. mois d'octobre, led. Mynet estant comparu devant nous, luy avons remonstré que lesd. ouvraiges estoient à bailler au rabaiz, et que puisqu'il les avoict vnez sur les lieux, s'il voulloict mettre rabays, que luy en ferions l'adjudication; lequel auroict dict que lesd. ouvraiges estoient au plus bas pris qu'il se pouvoict faire, et ne pourroict faire lesd. ouvrages à moings que douze cens livres. Sur quoy, après qu'il ne s'est présenté personne qui aict voullu faire la condition meilleure à Sa Ma^{té} que led. Mynet, avons aud. Mynet adjugé lesd. ouvrages pour lad. somme de douze cens livres.

Par devant les notaires du Roy nostre Sire en son Chastellet de Paris, soubz^{sez}, fut présent Jehan Mynet, menuisier, demeurant à Villiers Cotteretz, lequel a recongneu et confessé avoir promis et promect au Roy nostre Sire, stippullant pour Sa Ma^{té} hault et puissant seigneur Messire Maximilian de Bethune...[1] noble homme Jehan de Fourcy...[1] et en la présence de noble homme Jehan de Donon...[1] de faire et parfaire bien et deuement, au dire d'ouvriers et gens à ce congnoissans, tous et chacuns les ouvrages de menuiserie, lambriz et choses mentionnées en l'affiche dont coppie est cy dessus transcripte, et ce ès endroicts, lieux et places selon qu'il est désigné par lad. affiche, et se servira led. Mynet des matières qu'il trouvera sur les lieux et besongner sans discontinuer, et le tout rendre faict et parfaict bien et deuement comme dict est, dans le jour Saint Jehan Baptiste prochainement.

Et ce moyennant la somme de douze cens livres, qui est le pris à quoy lesd. ouvrages luy ont esté adjugés comme moings disant. Laquelle somme de douze cens livres sera payée aud. Mynet par les trésoriers généraulx des bastiments de Sa Ma^{té}, au feur et à mesure que led. Mynet tra-

---

[1] Mêmes qualités que dans les actes qui précèdent.

vaillera et fera lesd. ouvrages bien et deuement comme dict est, suivant les ordonnances qui luy en seront à ceste fin expedyées. Promettans... Obligeans chacun en droict soy et led. Mynet corps et biens comme pour les propres affaires du Roy... Renonceant...

Faict et passé aud. Arcenac du Roy à Paris, l'an mil six cens trois, le vingt quatre^{me} jour de novembre, après midy.

MAXIMILIAN DE BETHUNE, FOURCY. DE DONON, J. MYNET, LE VASSEUR, FOURNYER.

XCVII. — 19 FÉVRIER 1604. — 135.

CHÂTEAU DE VILLERS-COTTERETS. — TRAVAUX DE RÉFECTION DES COUVERTURES.
MARCHÉ PASSÉ AVEC PIERRE FEUILLET, COUVREUR D'ARDOISE À VILLERS-COTTERETS, MOYENNANT LE PRIX DE QUATRE LIVRES TOURNOIS PAR TOISE.

Par devant les notaires du Roy nostre Sire en son Ch^{tel} de Paris, soubz^{nez}, fut présent Pierre Feuillet, couvreur d'ardoise, demeurant à Villiers Cotteretz. lequel a recongneu et confessé, et par ces présentes confesse avoir promis et promet au Roy nostre Sire, stippulant pour Sa Ma^{té} hault et puissant seigneur messire Maximilian de Bethune, chevalier, sieur et marquis de Rosny, baron de Sully, conseiller du Roy en ses Conseils d'Estat et privé, cappitaine de cent hommes d'armes de ses Ordonnances, grand voyer, grand maistre et cappitaine général de l'Artillerie, superintendant des finances, fortiffications et bastimens de Sa Ma^{té}, gouverneur et lieutenant général pour Sa Ma^{té} en Poitou, et noble homme Jehan de Fourcy...⁽¹⁾, en la présence de noble homme Jehan de Donon...⁽¹⁾, de faire et parfaire bien et deuement au dire d'ouvriers et gens à ce congnoissans, toutes et chacunes les descouvertures et recouvertures d'ardoise qu'il sera besoing pour le restablissement des couvertures du chasteau de Villiers Cotteretz. Lesquelles led. Feuillet fera au feur et mesure que le charpentier travaillera aux changemens des poultres, chevrons, jambes de force, lucarnes et cretiers et de tout ce qui est porté au marché dud. charpentier. Fournira led. Feuillet l'ardoise, latte, contrelatte, cloud et autres matières qui seront pour ce nécessaires, remettre et rapplicquer le plomb qu'il aura desmoly, faire les ruillées où il sera besoing et rendre place nette.

Ce marché faict moyennant la somme de quatre livres tournois pour chacune thoise desd. ouvraiges, lequel pris sera payé aud. Feuillet, au feur et à mesure qu'il travaillera, par les trésoriers généraulx des bastimens de Sa Ma^{té}, suivant les ordonnances qui luy en seront à ceste fin expedyées. Promettans... Obligeans chacun en droict soy et led. Feuillet corps et biens comme pour les propres affaires du Roy... Renonceant...

Faict et passé en l'Arsenal du Roy à Paris, l'an mil six cens quatre, le dix neuf^{me} jour de febvrier, avant midy.

MAXIMILIAN DE BETHUNE, FOURCY, DE DONON, LE VASSEUR, FOURNYER.

Led. Feuillet a déclayré ne scavoir escripre ne signer, fors une marque.

XCVIII. — 7 MAI 1604. — 142.

CHÂTEAU DE VILLERS-COTTERETS. — PROCÈS-VERBAL DE LA VISITE DES TRAVAUX FAITE PAR JEAN FONTAINE, MAÎTRE DES ŒUVRES DE CHARPENTERIE DES BÂTIMENTS DU ROI; ÉTIENNE DE FER, MAÎTRE CHARPENTIER À PARIS; DENIS PLUCHE, MAÎTRE CHARPENTIER À VILLERS-COTTERETS, ET ANTOINE LEFRANC, MAÎTRE MAÇON AUDIT LIEU, DONNANT LE DÉTAIL DES RÉPARATIONS NON COMPRISES AUX MARCHÉS PRÉCÉDENTS ET RESTANT À FAIRE.
MARCHÉ PASSÉ AVEC NICOLAS LE PEUPLE, MAÎTRE CHARPENTIER À PARIS, POUR L'EXÉCUTION DESDITES RÉPARATIONS, «MOYENNANT AU PRORATA DU PRIX PORTÉ À SON MARCHÉ DU 24 NOVEMBRE 1603».

De l'Ordonnance de Monseigneur le marquis de Rosny, Conseiller du Roy en ses Conseils d'Estat,

Grand Voyer et Grand Maître, Cappitaine général de son artillerie, Superintendant des Fortifications et Bastimens de Sa Ma^{té}, Nous, Jehan Fontaine, maistre des œuvres de charpenterye des Basti-

---

⁽¹⁾ Mêmes qualités que dans les actes qui précèdent.

mens de Sa Ma`te`, et juré dud. sieur ès dictes œuvres; Estienne de Fer, maistre charpentier, demourant à Paris, et Denis Pluche, aussy maistre charpentier, demourant à Villiers le Cotrès, Anthoine Lefranc, maistre maçon, demourant aud. lieu : certiffions à vous, mondit seigneur, que le premier jour du moys d'avril mil six cens quatre, suivant vostre dicte ordonnance, nous sommes transportés avec noble homme Jehan de Donon, Conseiller du Roy et Contrerolleur général des Bastimens de Sa Ma`té`, au chasteau et maison Royalle du bourg de Villiers Cotrés, pour veoir, visiter, et vous faire rapport des ouvraiges incessamment à faire audict chasteau, de maçonnerye, charpenterye, menuiserye et serrurye, non comprins au bail et adjudication faict cy devant le vingt et ungiesme jour de novembre mil six cens trois. Lesquels lieux nous avons veuz et visitez en la présence dudict seigneur contrerolleur et de Charles de Longueval, escuyer, seigneur de Lespine, et cappittaine dudict chasteau⁽¹⁾, et des entrepreneurs desd. réparations et faict lecture dud. bail et adjudication. Et avons trouvé estre à faire les réparations qui ensuivent, outre celles contenues ausdictz marchez et rapports cy-devant faicts, lesquelles réparations sont déclarées par augmentation en chacun article cy après, outre lesdictz premiers marchés.

Et premièrement, au premier article de la cuisine attenant la grande porte de la basse court du costé de l'Eglise, a esté trouvé que l'entrepreneur est subject de mettre une poultre seullement, laquelle poultre ne se peult mettre sans abattre la clouaison qui est au dessus de ladicte poultre, non déclarée audict premier marché. Ce que nous avons prisé et estimé valloir, tant la desmolition de ladite cloison que refection d'icelle, pour la charpenterye seullement, la somme de douze livres tournoys, cy.................................. xij`lt`

Et pour la maçonnerye d'icelle clouaison, tant desmolition que refection d'icelle, prisée et estimée valloir la somme de vingt huict livres, cy.................................. xxviij`lt`

Item, en l'autre cuisine attenant, et qui est le deuxiesme article, en fault faire autant que en l'article premier, laquelle nous estimons, assavoir, pour la charpenterye, douze livres, cy.... xij`lt`

Et pour la maçonnerye, vingt huict livres, cy.................................. xxviij`lt`

Au troisiesme article porté en ladicte visitation

⁽¹⁾ Il avait succédé à Jean de Longueval, qui vécut cent cinq ans et avait servi six rois.
Marie de Longueval, fille de Charles, était la femme de Jean de Donon, s`r` de Chastres et de Montperoull, contrôleur général des bâtiments du Roi.

première, il est de besoing faire comme les articles cy dessus, laquelle nous estimons, pour la charpenterye, douze livres, cy.......... xij`lt`

Et pour la maçonnerye, vingt huict livres, cy.................................. xxviij`lt`

Et outre, est de besoing de mettre une jambe de force neufve au dessus de ladicte cuisine, avec ung chevron à costé de ladicte jambe de force au lieu d'ung qui est poury, laquelle jambe de force et chevron avons prisé et estimé valloir pour peine, cheriage et débit, la somme de vingt livres dix sols, cy..................... xx`lt` x s.

Et pour le regard des descharges et jambes de forces qu'il convient mettre sur neuf poultres portées par le premier marché, lesquelles descharges et jambes de force ne sont encores du tout descouvertes, et touteffoys les avons recongneues une partye de pourye et gastée par les bouts et tenons, et pour les restablir seroit besoing d'y mettre des blochez qui seront chevillez avec des chevilles de fer sur lesdictes poultres et descharges, qui pouront valloir, pour façon, débit et chariage de chacune desdictes descharges et blochetz seullement, la somme de vingt cinq livres tournois, qui est pour les dix huict descharges et blochets, à ladicte raison que dessus, vallent ensemble la somme de deux cens vingt cinq livres, cy....... cc xxv`lt`

Au quatreiesme article, fault mettre une sableryere [sablière] d'un pied en carré au lieu de celle qui est portée par ledict article du premier marché, et y mettre une potance par le millieu avec deux liens, d'aultant que lad. potance n'est comprinse audict bail; prisé led. article pour ladicte potance et augmentation de grosseur de ladicte sableriere seullement avec l'escarrissage et cheriages, la somme de dix livres tournois, cy......... x`lt`

Item au cinquiesme article, en la cuisine de la Royne, est de besoing d'abattre et desmolir la descharge qui est sur la poultre, et y en mettre une autre de pareille grosseur et longueur de celle qui y est de présent, et remettre la potance soubz ladicte poultre; laquelle descharge nous prisons, outre ladicte potance, pour peine, façon, chariage et carissage, la somme de quinze livres tournois, cy.................................. xv`lt`

Et pour la maçonnerye qu'il convient faire après avoir mis ladicte descharge, la somme de dix livres tournois, cy..................... x`lt`

Au sixiesme article, les trois poultres se peuvent mettre par dessoubz en retaillant les descharges du bonge qu'ils ont contre bas, et, ce faisant, les planchers se mettront de niveau, et ne se peuvent lesdicts planchers remettre de niveau sans abattre les clouaisons qui sont au dessus, pour lequel taillage, abbatage des clouaisons et les relever, nous prisons et estimons valloir la somme de quatre vingtz livres tournois, cy........ iiij^{xx ll}

Pour le regard des sept, huict, neuf, dix et unziesme articles de la dernière salle, avons trouvé que les clouaisons contenuez ausdicts articles estre abbatues, ensemble deux travées desdicts planchers et outre le contenu ausdictz articles, avons trouvé qu'il est besoing de mettre cinquante sollives neufves plus qu'il n'est porté par lesdicts articles dudict marché, d'aultant qu'il ne se mettra aucunes descharges sur lesdictes poultres et aussy qu'il est de besoing mettre des sablières neufves et mettre aussy des sollives neufves ausdictes quatre travées, d'aultant qu'à présent il ne s'en trouve que deux travées; et soubz les piedz des jambes de force dudict comble, est besoing de mettre des blochets qui seront chevillés dans les poultres neufves, dont il n'est faict mention par ledict marché, et que les piedz desdictes jambes de force sont pourris, et ne se trouve ledict comble afaisé suivant ce qu'il a esté mandé; laquelle réparation nous estimons, outre le marché, valloir la somme de quatre vingtz livres tournois, ayant esgard qu'il ne se mect poinct de descharges sur lesdictes poultres, cy......................... iiij^{xx ll}

Et pour le regard du douzeiesme article, avons trouvé, outre le contenu en ce qui est subject ledict entrepreneur, il y a quatre tirans qui sont pourrys par les portées, ensemble deux coulonnes qu'il est de besoing y faire de bois neuf avec les festes, poinssons et pannes, et luy fault livrer d'autre boys neuf; laquelle augmentation nous prisons et estimons valloir pour le debit, cheriage et façon, la somme de soixante livres tournois, cy............................. lx^{ll}

Pour le regard du treizeiesme article, il n'y a rien à faire.

Au Chasteau :

Premièrement, aux premier, deuxiesme et troisiesme articles, il n'y a rien d'augmentation.

Au quatreiesme article, avons trouvé qu'il doibt estre mis trois poultres neufves, au lieu desquelles trois avons trouvé qu'il en fault mettre six, d'aultant que lesdictes trois autres ont grand bouge contre bas, et le boys d'iceulx eschauffé suivant ce qu'il nous est apparu par le percement que nous en avons faict faire, et y mettre aussy d'autres descharges neufves, afin de faire servir les sollives qui y sont à présent, et ausquelles poultres sera mis à chacune deux ancres de fer pour l'entretenement des murs. Lesquelles réparations nous estimons, outre le contenu au premier marché,

pour la charpenterye seullement, la somme de neuf cens livres tournois, tant pour la peine de mettre les susdictes trois poultres et mettre des descharges neufves aux six poultres; et pour l'abattage, écarrissage et cheriage desdictes trois poultres que des descharges, estayemens et chevallemens qu'il sera besoing, cy......... ix^{c ll}

Et pour la ferrure desdictes ancres, tirans, crampons et cloud, nous estimons à six vingtz livres tournois, cy.................. vj^{xx ll}

Aux cinq et sixiesme articles, il n'y a aulcune augmentation.

Au septiesme article, fault mettre une jambe de force neufve au lieu de celle qui y est, laquelle est pourye par le pied, outre les deux portées par le marché, laquelle nous estimons à douze livres tournois, cy........................ xij^{ll}

Plus, sera besoing estre fourny par le serrurier plusieurs cordeaux de fer pour mettre soubz les sablières au lieu de ceulx de pierre qui sont cassez et rompus, ensemble fournir les ferrures qu'il conviendra pour les descharges et blochets qui seront livrez au poidz, que nous estimons valloir à raison de deux sols la livre.

Item, avons trouvé que la plus grande partye des aiz d'entrevous qui sont au dessus des sollives du plancher de la grande salle, sont pourrys et ne vallent rien, ensemble aux autres planchers des offices, ès articles cy-devant faicts de la basse court que du chasteau, et où il en conviendra, la quantité de cinq cens de neuf, lequel article nous estimons pour la peine du boys qu'il fault escarry, siage, cheriage desdictz cinq cens aiz, avec le cloud qu'il fault pour les attacher, la somme de deux cens trente livres tournoys, cy.... ccxxx^{ll}

Plus, avons trouvé au galletas sur la dicte grande salle, que au lieu de trois croisées portées par ladicte visitation, il en fault cinq de meuuiserye, lesquelles deux d'augmentation nous estimons valloir la somme de cinquante livres tournois, cy l^{ll}

Item, en la chambre en galletas et estant au dessus de la chambre du Roy, il est besoing de mettre ung tirant de charpenterye de quatre thoises et demye de long et de quinze pouces de gros et, pour ce faire, fault estayer les deux travées de plancher, les tirans et couyers de la crouppe, et iceulx rassembler dans les tirans; lequel article n'est comprins audict bail, à cause que l'on n'y peult entrer lors de la première visitation; lequel article nous estimons, pour la peine, écarrissage et cheriage dudict boys, la somme de cinquante livres tournois, cy .... l.^{ll}

Plus, il y fault faire une croisée neufve de menuiserye et restablir l'autre, d'aultant que la pluye gaste tout le plancher au dessoubz, lequel article nous estimons valloir la somme de quarante cinq livres tournois, cy................... LV^{lt}

Au dessus du cabinet du Roy, il est très nécessaire de faire la menuiserye de deux croisées neufves, attendu qu'il n'y en a poinct, et y restablir l'autre, d'aultant que la pluye pourrit tout le plancher et aussy qu'il n'est porté par le premier rapport, d'aultant que l'on n'y peult entrer; lequel article nous estimons valloir la somme de soixante et quinze livres tournois, cy ... LXXV^{lt}

Item, aux chambres en galletas estans au dessus de la chambre du Roy, il est de besoing mettre à chacune lucarne des barres de fer qui seront attachées aux fermes et pannes du comble, d'aultant que icelles sont fort déversées et surplombées sur la court; ensemble mettre plusieurs pierres aux frontons d'icelle au lieu de celles qui sont rompues et tumbées, et icelles recouvrir d'ardouaise; et lequel article n'est comprins audict rapport; lesquelles barres de fer nous estimons valloir à la somme de cinquante livres, cy........... L^{lt}

Et pour la maçonnerye et couverture d'ardouaise, la somme de [1]

A l'entrée du cabinet du Roy, il est besoing de faire les claveaux de la croisée dudict cabinet, qui est en éminant péril, et y mettre des pierres neufves; lequel article nous estimons valloir la somme de vingt livres, cy................... XX^{lt}

Plus, il est besoing y faire six guichetz de menuiserye à l'entresolle pour empescher les eaues qu'elles ne y tombent, lequel article n'est comprins audict marché; lequel nous estimons valloir la somme de vingt livres, cy........... XX^{lt}

Item, en la chambre en galletas estant au dessus de la chambre du Roy, est très nécessaire de y faire deux croisées neufves de menuiserye, pour empescher les eaues, d'aultant que les dictes eaues, quand il pleut, pourissent le plancher et plafons, ce qui n'est comprins audict premier rapport, prisé la somme de soixante livres, cy..... LX^{lt}

Plus, il fault restablir partye du lambrys de maçonnerye qui est de bricque, que nous estimons à quinze livres, cy................... XV^{lt}

Item, en la chambre estant dessoubz celle de la Royne, est de besoing et nécessaire mettre une potance par le millieu de la poultre et y en mettre aussy deux demyes potances, lequel article n'est comprins audict premier rapport; lequel nous estimons valloir la somme de vingt cinq livres tournoys, cy....................... XXV^{lt}

Item, en la chambre estant soubz celle du Roy, est de besoing de mettre une potance par le millieu d'une des poultres et une demye potance soubz l'un des boutz de l'autre poultre, lequel article n'est comprins audict premier rapport, et lequel nous prisons la somme de seize livres tournois, cy....................... XVI^{lt}

Plus, il y fault refaire six thoises de plancher de aiz de menuiserye, qui sont pouriz en plusieurs endroictz, lequel article n'est comprins audict marché, prisé la somme de vingt quatre livres tournois, cy....................... XXIIIJ^{lt}

Item, est très nécessaire de faire à la porte de l'allée qui entre du chasteau dans le plan, ung huis brisé à deux vanteaux de menuiscrye, de neuf piedz de haulteur et six piedz de large, au lieu de la béc [baie] qu'il fault destouper [1] pour faire le passage du Roy; lequel article nous prisons à la somme de trente livres tournois, cy.. XXX^{lt}

Item, en la salle du Conseil, fault faire trois thoises de plancher de aiz de menuiserye, prisé dix huit livres, cy.................. XVIIJ^{lt}

Plus, avons trouvé qu'il est besoing et nécessaire de refaire les frontons des lucarnes de maçonnerye du costé et sur la porte du plan, et y mettre plusieurs pierres neufves au lieu de celles qui sont mangées et pourries, d'aultant que c'est l'antrée quant le Roy va audict plan; lequel article nous estimons valloir la somme de cent livres tournois, cy................................. C^{lt}

Item, avons trouvé que la voulte de maçonnerye servant de passage allant aux chambres aisées [2] qui sont du costé vers le plan, est tumbée et qu'il est besoing de refaire icelle, laquelle voulte ne se peult faire sans refaire de neuf le pan de mur du costé dudict plan, d'aultant qu'à présent il est entre ouvert et surplombé; lequel article nous estimons valloir la somme de trois cens livres, cy................................. CCC^{lt}

Tous lesquels ouvrages nous avons trouvez estre très nécessaires outre ceulx contenus ausdictz baulx et sans lesquelles lesdicts entrepreneurs ne pourroient satisfaire à leurs dicts baulx.

Ce que nous certiffions estre vray, tesmoing nos seings cy mis, les jour et an que dessus.

J. FONTAINE, DEFER.

Par devant les notaires du Roy nostre Sire en son Ch^{let} de Paris, soubz^{scr}, fut présent Nicolas Lepeuple, maistre charpentier à Paris, demeurant rue St Antoine parroisse St Paul, lequel a recon-

---

[1] Lacune dans le texte.

[1] Déboucher.
[2] De plain pied.

gneu et confessé et par ces présentes confesse avoir promis et promet au Roy nostre Sire, stippullant pour Sa Ma^té noble homme Jehan de Fourcy, sieur de Cheey, Conseiller du Roy, Trésorier général de France, Intendant des Bastimens de Sa Ma^té, à ce présent, et aussy en la présence de noble homme Jehan de Donon, Conseiller du Roy et Contrerolleur général desd. Bastimens, de parfaire bien et deuement tous et chacuns les ouvraiges de charpenterie mentionnez au rapport de visitation dessus escript et conformément à iceluy rapport, nécessaires à faire au chasteau de Villiers Cotterets, et ce, ès lieux et endroicts déclarez par led. rapport. Et sera fourny aud. Le Peuple le bois qu'il conviendra pour faire lesd. ouvrages, prins dans la forest dud. Villiers Cotterets et marqués par les officiers de Sa Ma^té, lequel bois sera abattu, escarry, cié, débitté, cherrié aud. chasteau et mis en œuvre par led. Le Peuple, le tout à ses despens sans que pour ce il soict tenu d'aucuns frais envers lesd. officiers, à la charge que les houppiers et branchaiges de ces bois qui ne pourra servir à faire charpenterie appartiendra à icellui Le Peuple,

ensemble le vieil bois des desmolitions. Et sera tenu led. Le Peuple de commencer à travailler présentement et le tout rendre faict et parfaict dedans le dernier septembre prochain.

Ce marché faict moyennant et au prorata du pris porté par led. précédent marché en date du vingt ung^me jour de novembre dernier, qui luy en sera payé au feur et à mesure qu'il travaillera et fera lesd. ouvraiges, par les Trésoriers généraulx des Bastimens de Sa Ma^té, suivant les ordonnances qui luy en seront à ceste fin expediées. Promettans... Obligeans chacun endroict soy et led. Lepeuple corps et biens comme pour les propres affaires du Roy... Renonceant...

Faict et passé assavoir : par led. sieur de Fourcy et Lepeuple en la maison de mondict sieur de Fourcy, rue de Jouy, et par led. sieur de Donon en sa maison, l'an mil six cens quatre, le septiesme jour de may, après midy.

FOURCY, DE DONON, LE PEUPLE, LE VASSEUR, FOURNYER.

XCIX. — 16 SEPTEMBRE 1609. — 241.

CHÂTEAU DE VILLERS-COTTERETS. — TRAVAUX DE MAÇONNERIE POUR LA RÉPARATION DES BRÈCHES QUI SE TROUVENT AUX MURS DE CLÔTURE DU PARC.

MARCHÉ PASSÉ AVEC ANTOINE LE FRANC, MAÇON À VILLIERS-COTTERETS, DÉCLARÉ ADJUDICATAIRE, LE MÊME JOUR, MOYENNANT LE PRIX DE 4 ₶ 10 S. PAR TOISE.

L'an mil six cens neuf, le mercredy seize^me jour de septembre, deux heures de relevée, en la grande salle de l'Arcenac du Roy, à Paris, devant nous, Maximilian de Bethune, duc de Sully, pair de France, superintendant des bastimens de Sa Ma^té, Jehan de Fourcy, sieur de Chécy, conseiller du Roy en son Conseil d'Estat, intendant desd. bastimens et en la présence de Jehan de Donon, conseiller du Roy et contrerolleur général desd. bastimens, a esté procédé au bail au rabais et moins disans, à l'extinction du feu des chandelles, en la manière accoustumée, des ouvraiges mentionnez en l'affiche dont coppie est cy après transcripte, en la forme et manière qui ensuict :

DE PAR LE ROY

Monseigneur le duc de Sully, Pair et Grand Voyer de France, Superintendant des Bastimens de Sa Ma^té,
Et Monsieur de Fourcy, Intendant d'iceulx.

On faict assavoir que le mercredi seize^me jour de septembre prochain, deux heures de relevée, en la grande salle de l'Arcenac du Roy, à Paris, il sera faict bail, adjudication et délivrance au rabais et moings disans, à l'extinction du feu des chandelles, en la manière accoustumée, des ouvraiges de maçonnerie qu'il est nécessaire faire pour la réparation et restablissement des bresches qui se trouvent à présent aux murs de closture du parc du chasteau de Villiers Cottretz ainsy comme ensuict :

Et premièrement : au pan de mur de lad. closture vers Haramond, il se trouve une bresche contenant tant en haulteur qu'en largeur huict thoises;

Au mesme pan, près la porte, une autre bresche contenant tant en haulteur que largeur, sept thoises et demy;

Aud. pan de mur une autre petite bresche revenant à une thoise et demie;

Au pan de mur dud. parc, du costé du chemin

de Soissons, une bresche contenant aussy tant en haulteur que largeur, quatre thoises;

Au reste et surplus de lad. closture est besoing boucher et maçonner six trous par lesquelz peuvent passer les regnardz et grisaulz, contenant le tout ensemble, quatre thoises; revenant tout ensemble à vingt cinq thoises et demie.

Et seront toutes personnes receues à moings dire et rabaisser lesd. ouvraiges sur le pris de (1)   chacune thoise, à la charge de les faire bien et deuement, au dire d'ouvriers et gens à ce congnoissans, les faire recevoir, et outre bailler caution ainsy qu'il est accoustumé.

L'an mil six cens neuf, le quinze^me jour de septembre, je, Thomas de Bonigalle, premier huissier pour le Roy de son Trésor, soubz^né, certiffie avoir mis et apposé aultant de la présente affiche contre les portes de l'Arcenac du Roy, Escriptoire des Jurez maçons, Chasteau du Louvre, Pallais des Thuilleries et au bas de la montée de la Chambre du Trésor, ad ce qu'aulcun n'en prétende cause d'ignorance; ès présences de Dimanche Notte et Simon Morand, tesmoings. Signé : de Bonigalle.

Et led. jour de mercredi seize^me dud. mois de septembre, aud. an mil six cens neuf, deux heures de relevée, en lad. salle de l'Arcenac, aurions par led. Bonigalle fait donner lecture de lad. affiche, faisant entendre aux assistans que les ouvraiges y mentionnez estoient à bailler au rabais et moings disans, où seroit comparu Anthoine Le Franc, qui auroict mis à pris iceulx ouvraiges à cent dix solz chacune thoise, sur quoy, aurions faict alumer trois chandelles les unes après les autres; à la première desquelles lesd. ouvraiges auroient esté mis au rabais par Pierre Feuillet à cens solz; sur la deux^me, n'auroict esté faict aucun rabais, et à la trois^me et dernière desd. chandelles lesd. ouvraiges auroient esté mis au rabais par led. Le Franc à quatre livres dix sols chacune thoise, et d'aultant qu'il ne se seroict présenté autres personnes pour faire la condition meilleure que led. Le Franc, Nous, aud. Le Franc, comme moings disant et dernier rabaissant, avons adjugé et adjugeons lesd. ouvraiges de maçonnerie mentionnez en lad. affiche, moyennant et à raison de quatre livres dix sols chacune thoise, et aux charges y contenues. Faict et adjugé led. jour seize^me septembre aud. an mil six cens neuf.

Par devant les notaires et gardenottes du Roy, nostre Sire, en son Ch^let de Paris, soubz^néz, fut présent Anthoine Le Franc, maçon, demeurant à Villiers Cottretz, lequel a recongneu et confessé avoir promis et promect au Roy, nostre Sire, stippulant pour Sa Ma^té hault et puissant seigneur messire Maximilian de Bethune, duc de Sully, pair de France, prince de Henrichemont et Boisbelle, conte de Dourdan, baron de Baugy, La Chappelle, Bruyères et Espineuil, conseiller du Roy en ses Conseilz d'Estat et privé, cappitaine de deux cens hommes d'armes, grand maistre et cappitaine général de l'Artillerie, superintendant des finances et bastimens de Sa Ma^té, gouverneur et lieutenant général pour Sa Ma^té en Poictou, noble homme Jehan de Fourcy, sieur de Checy, conseiller du Roy en son Conseil d'Estat, intendant desd. bastimens, à ce présent, et en la présence de noble homme Jehan de Donon, conseiller du Roy et controlleur général desd. bastimens, de faire et parfaire bien et deuement, au dire d'ouvriers et gens à ce congnoissans, tous et chacun les ouvraiges de maçonnerie qu'il est nécessaire faire pour la réparation et restablissement des bresches qui se trouvent à présent aux murs de closture du parc du Chasteau de Villiers Cottretz, le tout suivant et ainsy qu'il est porté par l'affiche dont coppie est cy devant escripte, de laquelle led. Le Franc dict avoir eu communication, et, pour ce faire, fournira de toutes matières à ce nécessaires pour rendre lesd. ouvraiges faicts, et s'aydera des desmolitions estans sur le lieu et ès environs, appartenant à Sad. Ma^té. A commencer à y travailler présentement et le tout rendre faict et parfaict bien et deuement comme dict est, le plus tost que faire se pourra.

Et ce moyennant et à raison de quatre livres dix sols pour chacune thoise desd. ouvraiges de maçonnerie, qui est le pris à quoy ils ont esté adjugez aud. Le Franc, comme moings disant et dernier rabaissant, lequel pris luy sera payé, au feur et à mesure qu'il travaillera, par les Trésoriers desd. bastimens, suivant les ordonnances qui luy en seront à ceste fin expédyées. Promettans... Obligeans chacun endroict soy et led. Le Franc corps et biens, comme pour les propres affaires du Roy... Renonceant...

Faict et passé aud. Arcenac du Roy, à Paris, l'an mil six cens neuf, le seizeiesme jour de septembre, après midy.

M. DE BETHUNE. FOURCY, DE DONON, A. LE FRANC. LE VASSEUR (1).

(1) Cet acte ne porte pas la signature de Me Fourcyer.

(1) Lacune dans le texte.

C. — 16 SEPTEMBRE 1609. — 242.

Château de Villers-Cotterets. — Travaux de réparation des couvertures emportées par les vents durant l'hiver.

Marché passé avec Pierre Feuillet, maître couvreur d'ardoises, déclaré adjudicataire, le même jour, moyennant la somme de 450 ₶.

L'an mil six cens neuf, le mardy seize^{me} jour de septembre (*même formule que dans l'acte qui précède*)... il sera faict bail au rabais et moings disans, à l'extinction du feu des chandelles, en la manière accoustumée, des ouvraiges de couvertures qu'il est nécessaire restablir et réparer promptement en plusieurs lieux et endroicts du chasteau et basse court de Villiers Cottretz, lesquelles ont esté rompues, brisées et emportées par les vents, durant l'hiver dernier.

Premièrement : sur le comble au dessus de la chambre tenant à la chappelle du Roy, du costé du jardin, se trouve un brisement et fracas sur la couverture à cause d'une cheminée de bricque qui est tumbée dessus et rompu l'ardoise, latte, contrelatte et chevrons, en la longueur de dix huict piedz sur douze piedz de large, vallans six thoises.

Sur le mesme comble, au dessus de lad. chambre tenant à la chappelle du Roy du costé du jardin, se trouve partie du plomb des enfestemens levé et emporté du vent en la longueur de douze piedz, qui est tumbé dans les goultières, rompu et brisé l'ardoise en plusieurs endroicts; évalué lad. réparation à troys thoises.

Sur le comble au dessus de la grande salle dud. chasteau, y a plusieurs trous de deux à trois piedz en carré, évaluez à deux thoises et demye; sur l'antichambre du Roy deux trous chacun de quatre piedz et demy en carré, évalué à une thoise.

Plus, sur le comble au dessus de la chambre de la Royne, un trou de cinq pieds en carré, évalué à demye thoise.

Sur la tour tenant à lad. chambre, une baugge de sept à huict piedz en carré, évalué à une thoise et demie.

Sur le grand corps d'hostel du costé du plan, toutes les bordures sont descouvertes, brisées et emportées en la longueur de quinze thoises sur deux à troys pieds de hault; évalué le tout à six thoises.

Sur la chappelle de la Royne se trouve plusieurs trous et la couverture cassée et brisée en plusieurs endroicts par les bricques qui sont tumbées

du faiste des cheminées; évaluez ensemble à troys thoises.

Sur les combles de la basse court dud. chasteau y a quantité de trous en plusieurs endroicts et grand nombre d'ardoises emportez comme aussy tous les faistes desd. combles emportez au pourtour de lad. basse court en la haulteur de deux à trois piedz; évalué toute lad. réparation à vingt cinq thoises.

Sur les apentils couverts d'ardoise au dedans de la court, tout au pourtour de lad. basse court, se trouve l'ardoise d'iceulx brisée et rompue en plusieurs endroicts par les bricques des cheminées et croisées qui sont tumbées dessus; évalué le tout à sept thoises.

Plus, sur les combles des quatre pavillons qui sont sur les encoigneures du plan, y a plusieurs trous où l'ardoise est brisée et emportée par les vents, évalué le tout avec ce qu'il fault réparer au pavillon des prisons, à douze thoises et demie.

Sur le clocher de la chappelle, y a trois trous, évaluez à une thoise et demye.

Plus, la couverture et descouverture de deux grandes lucarnes avec leurs joues qu'il fault restablir en la basse court dud. chasteau du costé du plan et jeu de paulme; et pour ce, faire fournir par l'entrepreneur la charpenterie qu'il conviendra; évalué le tout ensemble à quinze thoises.

Revenans tous lesd. ouvraiges et rèpparations cy dessus à quatre vingts quatre thoises et demye.

Et seront toutes personnes receues à moings dire et rabaisser iceulx ouvraiges de couverture sur le pris du [1] à la charge de par led. entrepreneur fournir de toutes choses nécessaires pour rendre lesd. ouvraiges faicts et parfaicts au dire d'ouvriers et gens à ce congnoissans, les faire recevoir et bailler caution comme il est accoustumé. (*Suit le certificat d'affichage semblable à celui de l'acte précédent.*)

Et led. jour mercredy seize^{me} dud. mois de septembre aud. an mil six cens neuf, en lad. salle de

---

[1] Lacune dans le texte.

l'Arcenac, deux heures de relevée, aurions par led. Bonigalle faict faire lecture de l'affiche dont coppie est cy devant escripte, faisant entendre aux assistans que les ouvraiges y mentionnez estoient à bailler au rabais et moings disans, où seroict comparu Léon Thomas, maistre des œuvres de couverture des bastimens du Roy, qui les auroit mis à pris à cent solz chacune thoise, comme aussi seroict comparu Pierre Feuillet, demeurant à Villiers Cottrets, qui les auroict mis au rabais à quatre livres quinze sols chacune thoise; et depuis de nostre ordonnance aurions faict publier que lesd. ouvraiges à faire ausd. couvertures dud. chasteau et generallement tout ce qu'il convient restablir outre ce qui a esté baillé à l'entretenement par chacun an aud. Feuillet, estoient à bailler au rabais sur le pris de cinq cens livres mis par led. Thomas, lequel pris auroict esté rabaissé par led. Feuillet à quatre cens cinquante livres tournois. Sur lequel pris avons faict alumer trois chandelles et à chacune d'icelles limité le rabais à dix livres : à la première desquelles n'auroict esté faict aucun rabais, ny pareillement à la deux^{me} et à la troisiesme, et, partant, seroient lesd. ouvraiges demeurez aud. Feuillet, auquel comme moings disant et dernier rabaissant avons adjugé et adjugeons lesd. ouvraiges mentionnez en l'affiche dont coppie est cy devant escripte, moyennant la somme de quatre cens cinquante livres et aux charges y contenues. Faict et adjugé en lad. salle de l'Arcenac led. jour seize^{me} septembre mil six cens neuf.

Par devant les notaires et gardenottes du Roy nostre Sire en son Ch^{let} de Paris, soubz^{ess}, fut présent Pierre Feuillet, maistre couvreur d'ardoises, demeurant à Villiers Cottrets, lequel a recongneu et confessé avoir promis et promect au Roy nostre Sire, stippullant pour Sa Ma^{té} hault et puissant seigneur Messire Maximilian de Béthune⁽¹⁾... noble homme Jehan de Fourcy⁽¹⁾... et en la présence de noble homme Jehan de Donon⁽¹⁾... de faire et parfaire bien et deuement, au dire d'ouvriers et gens à ce congnoissans, tous et chacuns les ouvraiges de couverture qu'il est nécessaire restablir et réparer promptement en plusieurs lieux et endroicts du chasteau et basse court de Villiers Cottretz, lesquelles ont esté rompues et emportées par les vents, durant l'hiver dernier, le tout suivant et ainsy qu'il est porté et spécifié par l'affiche dont coppie est cy devant escripte, de laquelle led. Feuillet dit avoir eu communication, et pour ce faire fournira de toutes choses nécessaires pour rendre lesd. ouvraiges faicts et parfaicts bien et deuement, comme dict est. A commencer à y travailler présentement et le tout rendre faict le plus tost que faire se pourra.

Et ce moyennant la somme de quatre cens cinquante livres, à quoy lesd. ouvraiges ont esté adjugés aud. Feuillet, comme moings disant et dernier rabaissant ainsi qu'il a dict. Laquelle somme luy sera payée, au feur et à mesure qu'il travaillera, par les trésoriers desd. bastimens, suivant les ordonnances qui luy en seront à ceste fin expédyées. Promettans... Obligeans chacun en droict soy et led. Feuillet corps et biens, comme pour les propres affaires du Roy. Renonceant...

Faict et passé aud. Arsenac du Roy, à Paris, l'an mil six cens neuf, led. seizeiesme jour de septembre, après midy.

M. DE BÉTHUNE, FOURCY, DE DONON, DE ROSSIGNOL, FOURNYER.

Led. Feuillet a declaré ne scavoir escripre ne signer, sinon une marque.

⁽¹⁾ Mêmes qualités qu'à l'acte précédent.

Section III.

CHÂTEAU ET HARAS DE SAINT-LÉGER.

CI. — 11 FÉVRIER 1604. — 132.

Château de Saint-Léger. — Travaux de maçonnerie, charpente, couverture et autres ouvrages pour la réparation des maisons et écuries du grand et petit haras du Bourg-Saint-Léger. Marché passé avec Jacques Imbert, architecte à Saint-Léger, déclaré adjudicataire, le même jour, moyennant la somme de trois mille livres, et cautionné par Antoine Moue, marchand, à Épernon.

L'an mil six cens quatre, le unzeiesme jour de febvrier, devant nous, Maximilian de Béthune, marquis de Rosny, conseiller du Roy en ses Conseilz d'Estat et privé et Superintendant des bastimens de Sa Ma^{té}, Jehan de Fourcy, conseiller du Roy, trésorier général de France, Intendant desd. bastimens, et en la présence de Jehan de Donon, conseiller du Roy et Contrerolleur général d'iceulx bastimens, en la grande salle de l'Arcenac du Roy, à Paris, deux heures de relevée, suivant les publications, proclamations et affiches faictes de nostre Ordonnance, avons procedé au bail au rabais des ouvrages mentionnez en l'affiche cy après transcripte, en la forme et manière qui ensuict :

De par le Roy

On faict assavoir que le mecredi prochain, vingt six^{me} jour du mois de janvier, deux heures de relevée, en la grande salle de l'Arcenac du Roy, à Paris, par devant Monseigneur le marquis de Rosny, Grand Maistre et Superintendant des Bastimens du Roy, et Monsieur de Fourcy, Intendant desd. Bastimens, seront baillez et adjugez au rabais et moings disant, à l'extinction de la chandelle, les ouvraiges et repparations cy après déclarez, à faire pour Sa Ma^{té} aux maisons et escuryes de son grand et petit Haras qui est au bourg St Leger, près Montfort Lamaury, selon et ainsy qu'il ensuict :

Premièrement : fault remanier à bout la couverture de la Grand'Escurye qui est dans le bourg, proche la Geolle, laquelle contient vingt thoises de long sur vingt ung piedz de large, et y remettre plusieurs lattes et thuilles au lieu de celles qui sont rompues et pouries, et faire les enfestemens et entablemens;

Plus, en lad. escurye, du costé de la Geolle, faire de neuf une espaulette de mur et plusieurs enduictz en l'entablement et faire la reprinse des deux encoingneures soubz la poincte de charpenterie qui sert de pignon à lad. escurye, et faire lad. poincte tant de charpenterie neufve que de maçonnerye;

Plus, refaire de neuf le plancher de lad. escurie, de la longueur et largeur d'icelle; icelluy faire de torchis de terre et mettre aud. plancher vingt six solives neufves où il y en deffault; ensemble faire de neuf, tant de maçonnerie que charpenterie les mangeoires et rattelliers de lad. longueur de vingt thoises; mettre vingt thoises de sablières par hault et aultant par bas, dans lesquelles seront mis vingt potteaux neufs ès lieux où il y en deffault, comme aussy les vieilz estans sur le lieu, qui seront espassez de quatre piedz en quatre piedz et à chacun espasse seront assemblez deux lyens par hault; lesd. potteaux de neuf à dix piedz de hault et sept poulces de gros, et faire ung plancher de sollives jointifves soubz les piedz des chevaulx de lad. longueur de vingt thoises sur six pieds de large;

Plus, en lad. escurie faire une porte de neuf piedz de hault et six piedz de large, faicte à deux vanteaux, et quatre demy croisées chacune de quatre piedz en carré, garniz de leurs ferrures;

Plus, de restablir et refaire de neuf, tant de maçonnerie, charpenterie que couverture, l'escallier de charpenterie qui est dans la court, qui sert à monter à la chambre du pallefrenier, et faire deux portes neufves et une croisée pour mettre à lad. chambre, et refaire la lucarne qui sert à serrer les foings au dessus de lad. escurie;

Refaire de neuf partie des murs de closture de lad. court, de la longueur de vingt thoises sur douze piedz de hault; pour ce faire, est besoing abbatre et desmolir partie du mur qui est sur la porte, d'aultant qu'il est trop hault, et iceulx mettre à haulteur de douze pieds, faire ung chapperon dessus; ensemble refaire les joues des piedz droictz de la grand porte et mettre ung poitral neuf de quinze piedz et y faire une porte neufve à deux manteaux garnie de sa ferrure;

Refaire partie des murs de closture du grand jardin où l'on pique les chevaulx, où est la mare, de la longueur de cinquante thoises sur neuf piedz de hault, et nettoyer lad. mare qui sert d'abrenvoir, faire la bonde neufve et restablir le puis;

Rechercher, et partie manyer à bout, les couvertures du logis des escuries, laquelle contient huict thoises de long sur huict thoises de pourtour; ensemble mettre des festières neufves et faire les sollives et ruillées; ensemble le comble dessus la viz et le comble du logis sur la cuisine, et faire plusieurs panneaux à la charge et pavillon; ensemble restablir les marches de lad. viz;

Faire de neuf, tant de maçonnerie, charpenterie que couverture, une petite gallerie qui sert à entrer de la viz au corps de logis sur la cuisine;

Item, en la salle, faire de neuf une porte neufve, restablir les vollets des croisées et mettre six paneaux de verre et une serrure à l'huis de la court, restablir les entrevoux du plancher, l'astre et contrecœur de lad. salle;

Item, en la chambre basse attenant lad. salle, est besoing faire plusieurs entrevoux à la cloison, et restablir les entrevoux des planchers; ensemble l'aire, l'astre et contrecœur; faire deux portes neufves et deux demy croisées au lieu de celles qui sont rompues, et mettre quatre panneaux de verre;

Restablir les entrevoux des chambres au dessus, et les lambris de la chambre à potence, faire deux portes neufves, une demy croisée et six paneaux de verre et reffaire les astres et contrecœurs;

Refaire partie des murs de closture dans lad. court, qui sont thumbez, de la longueur de quatre thoises sur neuf piedz de hault; ensemble refaire la maçonnerie du puis, icelny curer et mettre une potence;

Rechercher, et partie manier à bout, le comble du petit logis où est la forge et contenant à vingt sollives neufves au plancher, et refaire de neuf partie des planchers et manteaux de cheminées, faire les appuys des fenestres de la chambre et aux demyes croisées restablir les vieilles et faire deux portes

neufves; refaire partie de la charge de la montée et marches d'icelle et faire de neuf la forge et la cheminée, laquelle est abattue, et la fermeture d'icelle;

Fault remanyer à bout et renfester la couverture de la grande galerie de la Haraserie qui est dans les prez, laquelle contient vingt quatre thoises de long sur unze thoises de pourtour, y mettre plusieurs thuilles neufves, lattes et contrelattes, et faire les entablemens, ruillées et solives; ensemble restablir les lucarnes de bricque et refaire les entablemens;

Plus, en lad. escurie, convient faire de neuf douze travées de plancher, chacune travée garnie de trente sollives de douze piedz de long, de cinq et sept poulces de gros, et faire le plancher au dessus de terre et de bois, de la longueur de vingt quatre thoises sur cinq thoises de large, et remettre douze potences neufves soubz les poultres, chacune de douze piedz de long et de dix poulces de gros, avec les chappeaux et liens, et remettre douze vieilles qui y sont encores, et soubz chacun pied d'icelles mettre ung dez de pierre de taille;

Faire de neuf la charpenterie des mangeoires et rasteliers de lad. escurie, de vingt quatre thoises de long, de chacun costé, tant de maçonnerie que charpenterie, de mesmes les autres cy devant déclarez, faictz de bois et plastres; ensemble faire deux grandes portes à deux vanteaux chacun de unze piedz de hault et neuf piedz de large; deux autres moyennes portes de huict piedz de hault et de six piedz de large, et faire lesd. fenestres chacune de cinq piedz de hault sur quatre piedz de large, le tout faire de neuf; ensemble les ferrures et vitres;

Remaçonner les couvertures du comble du logis attenant lad. escurie, contenant huict thoises de long sur sept thoises de pourtour, auquel il est besoing de mettre plusieurs chevrons au lieu de ceulx qui sont rompus et pouriz; refaire de neuf une lucarne et restablir une aire; faire les entablemens, refaire les planchers tant de la salle, chambres, que garderobbes dud. logis; y mettre quarante sollives neufves au lieu de celles qui deffaillent et refaire de neuf environ les deux tiers de chacun des deux planchers de petit carreau; refaire les manteaux de cheminées, astres, contrecœurs et aires de la salle et cuisine, et les cloisons, charges, montées et marches, et faire six portes neufves, quatre croisées et six demy croisées, et faire les ferrures et vitres;

Rechercher et manier à bout les couvertures du comble de la petite escurie au derrière dud. logis, contenant huict thoises de long sur sept thoises de pourtour, y mettre plusieurs thuilles neufves, faire les solives et ruillées et deux lucarnes neufves et faire les entablemens; faire quatre travées de plancher dans icelle, chacune travée garnie de ses solives chacune de douze piedz de long, et faire le plancher de terre de lad. largeur sur quatre thoises de large; faire les mangeoires et rasteliiers et faire une porte neufve de huict piedz de haut sur six piedz de large, deux demy croisées et faire les ferrures;

Et pourront les entrepreneurs prendre à leur proffict et s'aider des matériaux de deux vieilles escuries qui sont en ruyne, assavoir: celle d'auprès l'Eglise et celle joignant la forge du mareschal, à la charge de rendre place nette;

Et seront toutes personnes receues à moings dire et rabaisser lesd. ouvraiges sur le pris qui sera déclaré lors de lad. adjudication, à la charge d'iceulx faire et parfaire bien et deuement, au dire d'ouvriers et gens à ce congnoissans, bailler caution et rendre place nette.

Faict à Paris, le vingt trois"" jour de janvier mil six cens quatre.

L'an mil six cens quatre, le vingt six"" jour de janvier, je Thomas de Bonigalle, premier huissier pour le Roy de son Trésor, soubz"", certiffie avoir mis et apposé aultant de la présente affiche contre la porte de l'Arcenac du Roy à Paris, au bureau et comptoir de l'Escriptoire des jurez maçons de ceste ville de Paris, places des Halles, Grève, Cimetière S' Jehan, aux portes des grand et petit Chastellet et des Consuls de Paris, Greffe du Trésor et au bas de la montée dud. Trésor; ad ce qu'aucun n'en prétende cause d'ignorance, ès présences de Nicolas Chauvelot et Jehan Bailly, tesmoings. Signé: de Bonigalle.

Et led. unze"" jour de febvrier aud. an mil six cens quatre, deux heures de relevée, en la grande salle de l'Arcenac, faict lire lad. affiche cy dessus escripte par led. de Bonigalle, huissier, et faict entendre aux assistans que lesd. ouvraiges estoient à bailler au rabbais sur le pris de quatre mil six cens livres. Où est comparu Anthoine Moue, demeurant à Espernon, qui les a mis au rabais à quatre mil quatre cens livres, par Léon Thomas à quatre mil trois cens livres, par Pierre Noblet à quatre mil deux cens cinquante livres. Ce faict, avons faict allumer la première chandelle, laquelle s'est esteincte sans y avoir esté mis aucun rabais, et depuis par Jacques Imbert à quatre mil livres lesd. ouvrages cy dessus; sur lequel rabais avons faict allumer la deux"" chandelle, sur le feu de laquelle ont esté lesd. ouvraiges mis au rabbais par Guillaume Mercier à troys mil neuf cens cinquante livres; et depuis. avons faict allumer la trois""

chandelle et faict entendre que c'estoit la dernière et quiconques vouldroict mettre lesd. ouvraiges et rabais seroict receu; sur lequel feu de lad. trois"" chandelle ont esté mis lesd. ouvraiges au rabais par led. Noblet à trois mil huict cens livres, par led. Mercier à trois mil sept cens livres; et depuis par led. Noblet, auparavant que de sortir du Bureau, à troys mil six cens cinquante livres; par led. Jacques Imbert, architecte, demeurant à Sainct Léger, à troys mil quatre cens livres, à la charge de bailler caution; par led. Mercier à troys mil trois cens cinquante livres, et par led. Imbert à troys mil livres tournois. Et d'aultant que personne n'a voullu mettre au rabais lesd. ouvraiges depuis led. Imbert, et attendu mesmes l'extinction de lad. troisiesme et dernière chandelle, Nous avons aud. Imbert, comme moings disant, adjugé et adjugeons lesd. ouvraiges mentionnez en l'affiche cy dessus transcripte, aux charges portées par icelle et baillant par led. Imbert caution.

Par devant les notaires du Roy nostre Sire en son Ch" de Paris, soubz"", fut présent Jacques Imbert, architecte, demeurant à S' Léger, lequel a recongneu et confessé avoir promis et promect au Roy nostre Sire, stippulant pour Sa Ma" hault et puissant seigneur messire Maximilian de Bethune, marquis de Rosny, conseiller du Roy en ses Conseils d'Estat et privé, cappitaine de cent hommes d'armes de ses Ordonnances, grand voyer, grand maistre de l'Artillerie et superintendant des finances, fortiffications et bastimens de Sa Ma", gouverneur et lieutenant général pour le Roy en Poictou, noble homme Jehan de Fourcy, sieur de Checy, conseiller du Roy, trésorier général de France, intendant desd. bastimens, à ce présens, et aussy en la présence de Jehan de Donon, conseiller du Roy et contrerolleur général desd. bastimens, de faire et parfaire bien et deuement, au dire d'ouvriers et gens à ce congnoissans, tous et chacuns les ouvraiges de maçonnerie, charpenterie, couverture et autres repparations et choses mentionnées en l'affiche dont coppie est cy dessus transcripte, de laquelle led. Imbert dict avoir eu communication; lesquelles ouvraiges et repparations il convient faire aux maisons et escuryes de son grand et petit Haras qui est au bourg Sainct Léger, selon et conformément à lad. affiche. Et sera tenu led. Imbert de faire le mur de la court desd. escuryes de mesme les autres qui restent; faire les jambaiges de la porte de lad. court de pierre et chaulx et sable, comme aussy faire en la réfection de partie des murs de closture du grand jardin où l'on pique-les chevaulx, des chesnes de chaulx et sable de douze pieds en douze pieds, et le reste de mesme ceux de lad. court qui sont à présent. Et prendra led. Imbert à son proffict et s'aidera des matériaux des deux vieilles escuryes qui sont en ruyne, assavoir celle d'auprès l'Eglise et celle joignant la forge du mareschal et rendra place nette; à commencer à y travailler présentement sans discontinuer.

Et ce, moyennant la somme de trois mil livres pour tous lesd. ouvraiges contenuz en lad. affiche, qui est le pris à quoy ils ont esté adjugés aud. Imbert comme moings disant, lequel pris luy sera payé au feur et à mesure qu'il travaillera et fera lesd. ouvraiges bien et deuement comme dict est, par les trésoriers généraulx des bastimens de Sa Ma^{té}, suivant les ordonnances qui luy en seront à ceste fin expedyées. Promectans... Obligeans chacun en droict soy et led. Imbert corps et biens, comme pour les propres affaires du Roy... Renonceant...

Faict et passé aud. Arcenac du Roy, à Paris, l'an mil six cens quatre, le unzeiesme jour de febvrier, après midy.

MAXIMILIAN DE BETHUNE, FOURCY, DE DONON, IMBERT, LE VASSEUR.

Et le quatreiesme jour de mars ensuivant, aud. an mil six cens quatre, après midy, est comparu par devant les notaires soubz^{ts}, Anthoine Moue, marchant, demeurant à Esperuon, lequel, de sa bonne volonté, s'est rendu pleige caution et respondant pour led. Jacques Imbert, nommé au contract cy dessus escript, pour raison des ouvraiges et choses y mentionnées, et, en ce faisant, à l'entretenement et accomplissement du contenu aud. contract s'est icelay Moue obligé et oblige avec led. Imbert l'un pour l'autre et chacun d'eulx seul, pour le tout, sans division, renonceant au bénéfice de division et de discution. A ce faire sont intervenus Pierre de Fredy, lieutenant général de la gruerie de Chevreuze, demeurant aud. Chevreuze, et maistre Jacques Imbert, l'aisné, tabellion royal aud. St Léger et y demeurant, lesquels aussy vollontairement ont certiffié et certiffient led. Moue estre suffisant et solvable pour l'entretenement dud. contenu aud. contract dessus escript; et à ce faire se sont obligés et obligent pareillement l'un pour l'autre et chacun d'eulx seul et pour le tout, sans division, renonceans aud. bénéfice de division et de discution. Promettans... Obligeans l'un pour l'autre et chacun d'eulx seul et pour le tout, sans division, corps et biens, comme pour les propres affaires du Roy, renonceans aud. bénéfice de division et de discution...

Faict et passé ès estudes des notaires les jour et an dessusdicts.

A. MOUE, IMBERT, IMBERT, FREDY, LE VASSEUR[1].

CII. — 9 AOÛT 1608. — 216.

CHÂTEAU DE SAINT-LÉGER. — TRAVAUX DIVERS DE MAÇONNERIE ET DE CHARPENTE.
MARCHÉ PASSÉ AVEC JACQUES IMBERT, ARCHITECTE À SAINT-LÉGER, DÉCLARÉ ADJUDICATAIRE, LE MÊME JOUR, MOYENNANT LA SOMME TOTALE DE MILLE SOIXANTE QUINZE LIVRES TOURNOIS.

L'an mil six cens huict, le neufiesme jour d'aoust, deux heures de relevée, en la grande salle de l'Arcenac du Roy, à Paris, devant nous, Maximilian de Bethune, duc de Sully, pair de France, Superintendant des finances et bastimens de Sa Ma^{té}, Jehan de Fourcy, sieur de Checy, conseiller du Roy en son Conseil d'Estat, Intendant desd. bastimens, et en la présence de Jehan de Donon, conseiller du Roy et Contrerolleur général d'iceulx bastimens, a esté procédé au bail au rabais et moings disans, à l'extinction du feu des chandelles, en la manière accoustumée, des ouvraiges de maçonnerie cy après mentionnez en la forme et manière qui ensuict:

DE PAR LE ROY

Et monseigneur le duc de Sully, Pair et Grand Voyer de France, Superintendant des bastimens de Sa Ma^{té}.

On faict assavoir que le mercredi vingt troisiesme jour du présent mois de juillet, deux heures de relevée, en la grande salle de l'Arcenac du Roy, à

---

[1] Ces actes ne portent pas la signature du notaire Fournyer, qui ne figure que sur un acte passé le lendemain, devant les mêmes notaires, par lequel Jacques Imbert, architecte, et sa femme, Suzanne Bobusse, rendent indemnes Antoine Moue de sa pleigerie caution, ainsi que Pierre de Fredy et Jacques Imbert, tabellion royal, de leur obligation solidaire. Antoine Moue avait exercé les fonctions de procureur au siège d'Épernon, et fut, le 23 mars 1603, le parrain du fils de Jacques Imbert et de Suzanne Bobusse, également nommé Jacques. La marraine fut damoiselle Marguerite de La Guesle, fille du célèbre Jacques de La Guesle, procureur général du Parlement de Paris, alors conseiller d'Etat.

Paris, il sera proceddé au bail au rabais et moings disans, à l'extinction du feu des chandelles, en la manière accoustumée, des ouvraiges de maçonnerie et charpenterie nécessaires à faire au chasteau de Sainct Léger, cy après déclarez.

Bon [1]. Premièrement, sera faict la maçonnerie des deux piedz droicts de la grande porte et principalle entrée dud. chasteau, qui seront de quartiers de gresserie taillez, picquez et assiz à mortier de chaux et sable et le reste de lad. porte enduict et crespy; et au dessus desd. piedz droictz sera miz deux poitrails de charpenterie chacune de douze piedz de long et de douze à treize poulces de gros, couvertz d'un chapperon de maçonnerie de moellon, chaux et sable, crespy et enduict, avec des bornes à costé de chacun piedroict.

Bon. Sera aussy faict le restablissement d'une bresche à la muraille de closture de la court dud. chasteau, contenant cinq thoises de long sur douze piedz de hault, comprius la fondation, maçonné de moellon, chaulx et sable.

Bon. Plus, la réparation d'une lucarne de bricque aud. chasteau, qui est tumbée du costé de la garenne, par la ruyne de laquelle la charpenterie se gaste et pourrit par la distillation des eaues du comble de dessus.

Plus, sera clos de murailles la court et jardin dud. logis, laquelle closture contiendra cinquante cinq thoises de pourtour, scavoir : vingt quatre thoises pour servir de costière et pignon à une escurie qu'il est besoin faire pour loger les poullains que l'on tirera chacun an du Haras, sur quinze piedz de hault comprins la fondation et deux piedz d'espoisseur, y establissans les bées des fenestres et portes que l'on bouchera en attendant que Sa Ma^té donnera moyen de la parachever, et le reste du mur maçonné de terre, avec chaisnes de chaux et sable espassez de douze en douze piedz, led. mur de douze piedz de hault, comprins la fondation et le chapperon de chaux et sable.

Bon. Aud. logis, en la petite cour attenant la cuisine d'iceluy, sera faict ung four pour cuire un septier de farine ou environ, avec un apentil de charpenterie au dessus, couvert de thuille.

Sera aussy restably le plancher de l'allée [et fait une paire d'armoires logées dans la muraille, garnies de ferrures et clef.

En la fenestre de lad. allée et en celle de la cuisine, sera fait quatre panneaux de verre neuf, garniz de verges et petits chassis de fil de letton du costé de la rue pour la conservation des vitres.]

Bon pour le plancher.
Rayé les armoires et l'article suivant entier, par commandement de Monseigneur le duc de Sully.

[1] Les annotations marginales, en *italiques*, sont, sur le texte original de cet acte et des suivants, de la main de Sully.

Plus, sera mis quatre serrures avec leur clef en plusieurs endroictz dud. logis avec plusieurs ferrures, crampons, verroux et loquets aux portes et fenestres, et réparer les lozanges et vitres dud. logis.

Plus sera racoustré la serrure de la grande *Bon.* escurie dud. lieu et mettre plusieurs cloudz et fiches à la porte avec deux serrures à la grange du Parc.

Et seront toutes personnes receues à moings dire et rabaisser lesd. ouvraiges ensemblement, sur les pris, assavoir : pour le regard des trois premiers articles cy dessus déclarez, sur le pris de cent treize livres, tant maçonnerie que charpenterie, et pour le surplus, sur le pris de mil unze livres dix sols tournois, à la charge de les bien et deucment faire au dire d'ouvriers et gens à ce congnoissans, iceulx faire recevoir comme il est accoustumé, et bailler caution.

L'an mil six cens huict, le dix neufiesme juillet, je Thomas de Bonigalle, premier huissier pour le Roy de son Tresor, soubz^né, certiffie avoir mis et apposé aultant de la présente affiche contre les portes de l'Arcenac du Roy à Paris, entrée de l'auditoire des Jurez maçons, dans le bureau de l'Escriptoire, portes de la court et des salles du Pallais, Hostel de Ville, carrefour de l'entrée de Grève, parc civil du Chastellet de Paris, entrée du Pont neuf et au bas de la montée de la chambre du Trésor; ad ce qu'aucun n'en prétende cause d'ignorance; ès présences de Nicolas Chauvelot et Simon Morand, tesmoings. Ainsy signé : de Bonigalle.

Et led. jour vingt troisiesme dud. moys de juillet, en lad. salle de l'Arsenac, à lad. heure de deux heures de relevée, aurions faict scavoir que lesd. ouvraiges estoient à bailler au rabais et moings disans et ne s'estant présenté personne pour mettre iceulx ouvraiges aux rabais, aurions l'adjudication d'iceulx remise au lendemain vingt quatreiesme jour dud. mois de juillet; dud. jour vingt quatre^me au vingt six^me et trente^me dud. mois de juillet et au six^me et huict^me aoust ensuivant, pour ne s'estre trouvé ésd. jours aucuns rabaissans, sinon que aud. huictiesme aoust Jacques Imbert auroit offert faire le premier article pour trente huit livres, le deuxiesme pour soixante livres, le troisiesme pour quinze livres et tous les autres articles ensuivans pour mil livres.

Et le lendemain, neufiesme dud. mois d'aoust, en lad. salle de l'Arcenac, à lad. heure de deux heures de relevée, aurions faict proclamer par led. Bonigalle que lesd. ouvraiges estoient à bailler au rabais et moings disans, sur les offres faictes par led. Imbert, où seroict comparu led. Imbert, le-

SURINTENDANT DES BÂTIMENTS.

quel après la troisiesme chandelle esteincte, auroit mis lesd. ouvraiges desd. trois premiers articles à la somme de cent livres tournois, comme aussy seroict comparu Orson Parmentier qui auroict mis le surplus desd. ouvraiges au rabais à neuf cens quatre vingts dix livres, par Pierre Le Saige à neuf cens quatre vingts cinq livres et par led. Imbert à neuf cens soixante quinze livres après la troisiesme chandelle esteincte. Et d'aultant qu'il ne s'est présenté autre personnes pour mettre lesd. ouvraiges au rabais, Nous, aud. Imbert comme moings disant et dernier rabaisant, avons adjugé, baillé et délivré, adjugeons, baillons et délivrons lesd. ouvraiges cy devant déclarez moyennant assavoir : pour les troys premiers articles, la somme de cent livres et pour les autres articles ensuivans la somme de neuf cens soixante livres tournois, à la charge de faire lesd. ouvraiges bien et deuement, conformément aux affiches qui en ont esté faictes. Faict et adjugé en lad. salle de l'Arcenac, led. jour neufiesme dud. moys d'Aoust, aud. an mil six cens huict.

Ce qui est rayé vaut bien quinze livres, et, partant, reste pour neuf cens soixante livres.

Par devant les notaires et gardenottes du Roy. nostre Sire, en son Ch^{let} de Paris, soubz^{nez}, fut présent Jacques Imbert, architecte, demeurant à Sainct Léger, près Montfort L'Amaury, lequel a recongneu et confessé et, par ces présentes, confesse avoir promis et promect au Roy nostred. Sire, stippullant pour Sa Ma^{té} hault et puissant seigneur Messire Maximilian de Bethune, duc de Sully, pair de France, comte de Dourdan, seigneur souverain de Boisbelle, baron de Baugy, La Chappelle, Bruyeres et Espineuil, conseiller du Roy en ses conseils d'Estat et privé, cappitaine de cent hommes d'armes de ses Ordonnances, grand voyer, grand maistre et cappitaine général de l'artillerie, superintendant des finances et bastimens de Sa Ma^{té}, gouverneur et lieutenant général pour Sad. Ma^{té} en Poictou, noble homme Jehan de Fourcy, sieur de Checy, conseiller du Roy en son Conseil d'Estat, intendant desd. bastimens, à ce présens, et aussy en la présence de noble homme Jehan de Donon, conseiller du Roy et controlleur général d'iceulx bastimens, de faire et parfaire bien et deuement, au dire d'ouvriers et gens à ce congnoissans, tous et chacun les ouvraiges de maçonnerie, charpenterie, vitrerie, serrurerie et autres cy devant déclarez, mentionnez et spécifiez aux affiches qui en ont esté faictes et conformément à icelles, desquelles led. Imbert dict avoir eu communication; et pour ce faire, fournira de toutes matières et choses à ce nécessaires.

A commancer à y travailler présentement et le tout rendre faict et parfaict bien et deuement comme dict est, dedans la fin de la présente année, et moyennant assavoir : pour les trois premiers articles desdicts ouvraiges cy devant déclarez, la somme de cent livres tournois et pour le contenu ès autres articles la somme de neuf cens soixante quinze livres tournois, qui sont le pris à quoy lesd. ouvraiges ont esté adjugez audict Imbert, comme moings disant et dernier rabaissant. Lesquelz pris luy seront payez au feur et à mesure qu'il travaillera, par les Trésoriers desd. bastimens, suivant les ordonnances qui luy en seront à ceste fin expédyées. Promectans... Obligeans chacun en droict soy et led. Imbert, corps et biens comme pour les propres affaires du Roy... Renonceant...

Faict et passé aud. Arcenac l'an mil six cens huict, le neufiesme jour d'Aoust, après midy.

MAXIMILIAN DE BETHUNE, FOURCY, DE DONON, IMBERT, LE VASSEUR.

CIII. — 9 AOÛT 1608. — 217.

CHÂTEAU DE SAINT-LÉGER. — TRAVAUX DE MENUISERIE POUR FAIRE UNE GRANDE PORTE NEUVE A L'ENTRÉE PRINCIPALE ET TRENTE-CINQ CONTREFENÊTRES AUX CROISÉES ET DEMI-CROISÉES DU CHÂTEAU.
MARCHÉ PASSÉ AVEC JEHAN BAROYS, MAÎTRE MENUISIER À SAINT-GERMAIN-EN-LAYE, DÉCLARÉ ADJUDICATAIRE, LE MÊME JOUR, MOYENNANT LA SOMME DE SOIXANTE-QUINZE LIVRES POUR LA PORTE, ET LE PRIX DE DIX-HUIT LIVRES POUR CHACUN DES TRENTE-CINQ CONTREVENTS.

L'an mil six cens huict, le neufiesme jour d'aoust, devant Nous, Maximilian de Bethune, duc de Sully, pair de France, Superintendant des Bastimens de Sa Ma^{té}, Jehan de Fourcy sieur de Checy, conseiller du Roy en son Conseil d'Estat, Intendant desd. Bastimens, et en la présence de Jehan de Donon, conseiller du Roy et Contrerolleur général d'iceulx Bastimens, a esté, en la grande salle de l'Arcenac, procéddé au bail et délivrance au rabais et moings disant, à l'extinction du feu des chandelles, en la manière accoustumée, des ouvraiges de menuiserie mentionnez en l'affiche dont coppie est cy après transcripte, en la forme et manière qui ensuict :

De par le Roy

Et Monseigneur le duc de Sully, Pair et Grand Voyer de France, Superintendant des Bastimens de Sa Ma^té.

On faict assavoir que le mercredi vingt trois^me jour du présent mois de juillet, deux heures de relevée, en la grande salle de l'Arsenac du Roy, à Paris, il sera procédé au bail au rabais et moings disans, à l'extinction du feu des chandelles, en la manière accoustumée, des ouvraiges de menuiserie nécessaires à faire au chasteau de Sainct Léger, cy après déclarez :

Grande porte. Premièrement, sera faict de neuf en la béc de la porte et principalle entrée dud. chasteau, une grande porte de menuiserie à deux vantaulx, garnye d'un guichet, laquelle sera arazée par dedans et par dehors et aura dix piedz de hault, neuf piedz de large entre deux feuillures et quatre poulces d'espoisse, les battans et traverses de laquelle auront huict poulces de large et quatre poulces d'espoisseur, assemblés à tenons et mortaises et les panneaux mis en reyneure et recouvertz, barrez chacun d'une croix Sainct André affleurant ausd. battans et de huict liens ou equierres garniz de gros cloudz à teste estaimez, fiches, gondz, crampons, verrouly, boucle, tiroüer, barre ou fléau, avec une grande serrure à deux tours et une petite pour lad. barre ou fléau, avec leurs clefs;

Contrefenestres. Plus, tant pour la conservation du reste des planchers de charpenterie que pour ceulx qui se pourront restablir cy-après, sera faict la menuiserie de trente cinq grandes contrefenestres aux croisées et demy croisées dud. chasteau qui sont apposées au vent de couchant et midy, pour empescher que l'eaue n'entre dans les chambres et salles d'iceluy, garnyes chacune d'un chassis composé de quatre membrures renées, chacune de douze piedz de long et de cinq à six poulces de gros, dont deux mises et espassées au droict des tranchées d'icelles et les deux autres au dessus et au dessoubz desd. croisées; entre chacune desquelles membrures se mettra deux coulisseaux faictz de bons aiz de chesne collez et gougeonnez ensemble et barrez chacune de deux barres à queue d'aronde de quatorze à quinze lignes d'espoisseur, garnies chacune d'une poignée pour la tirer et lesd. quatre membrures sellées et attachées dans le mur des deux costez desd. fenestres, avec huict liens ou estriers de gros fer pour les soustenir, qui auront quatorze ou quinze poulces de long, compris le retour.

Et seront toutes personnes receues à moings dire et rabaisser lesd. ouvraiges sur le prix de neuf cens dix huict livres, à la charge de les faire bien et deuement au dire de gens à ce congnoissans, fournyr de bon boys sec et toutes choses nécessaires, iceulx faire recepvoir comme il est accoustumé et bailler caution.

L'an mil six cens huict, le dix neufiesme juillet, je Thomas de Bonigalle, premier huissier pour le Roy de son Trésor, soubz^né, certiffie avoir mis et apposé aultant de la présente affiche contre les portes de l'Arcenac du Roy à Paris, entrée de l'Auditoire des Jurez maçons, dans le bureau de l'Escriptoire, portes de la court et des salles du Pallais, Hostel de Ville, carefour de l'entrée de Grève, Parc civil du Ch^let de Paris, entrée du Pont neuf, et au bas de la montée de la Chambre du Trésor; ad ce qu'aucun n'en prétende cause d'ignorance; ès présences de Simon Morand et Nicolas Chauvelot, tesmoings. Ainsy signé : de Bonigalle.

Et led. jour vingt trois^me dud. moys de juillet, ne seroict comparu aucunes personnes pour mettre lesd. ouvraiges au rabais, au moien de quoy aurions remis l'adjudication desd. ouvraiges au lendemain vingt quatre^me dud. mois de juillet, auquel jour ne seroict aussy comparu aucuns rabaissans ny mesmes au vingt six^me et trente^me dud. mois de juillet, sixiesme et huictiesme du moys d'aoust ensuivant, sinon que led. jour huictiesme aoust seroict comparu Jacques Imbert, qui auroict offert faire lad. porte pour soixante dix huict livres, compris la ferrure, les contrevents pour vingt quatre livres la pièce. Sur laquelle offre l'adjudication desd. ouvraiges auroict esté remise au neufiesme dud. moys d'aoust, auquel seroient comparuz plusieurs entrepreneurs, assavoir led. Imbert, qui auroict offert de rechef faire lad. porte pour led. pris de soixante dix huict livres et lesd. trente cinq contrevents pour vingt quatre livres chacun. Après laquelle offre auroient esté mis au rabais lesd. portes et contrevents par Jehan Baroys, assavoir : lad. porte à soixante quinze livres, après la troisiesme chandelle esteincte, et lesd. contrevents à vingt trois livres chacun; par led. Imbert à vingt deux livres chacun desd. contrevents; par led. Baroys à vingt et une livres; par led. Imbert à vingt livres; par led. Baroys à dix neuf livres dix sols; par led. Imbert à dix neuf livres et par led. Barois à dix huict livres après l'extinction desd. chandelles, et sur ce qu'il ne se seroict présenté autres personnes pour rabaisser les pris tant de lad. porte que contrevents dessus déclarez, Nous, aud. Baroys avons adjugé, baillé et délivré, adjugeons, baillons et délivrons lesd. ouvraiges de menuiserie tant de lad. porte que contrevents mentionnez et spécifliez en lad. affiche dont coppie est cy dessus transcripte, moyennant, assavoir : pour lad. porte, la somme de soixante quinze livres et pour chacun desd. trente cinq contrevents dix huict livres, aux charges contenues en lad. affiche. Faict et adjugé en lad. salle de l'Arcenac, led. jour neufiesme dud. moys d'aoust aud. an mil six cens huict. Ainsy signé : Jehan Baroys.

La porte 75ⁱⁱ.
Les contrevents chagun 18ⁱⁱ.

Par devant les notaires et gardenottes du Roy nostre Sire en son Ch^{let} de Paris, soubz^{nez}, fut présent Jehan Baroys, maistre menuisier, demeurant à Sainct Germain en Laye, lequel a recongneu et confessé et par ces présentes confesse avoir promis et promect à hault et puissant Seigneur Messire Maximilian de Bethune, Duc de Sully, Pair de France, Conte de Dourdan, seigneur Souverain de Boisbelle, Baron de Baugy, La Chappelle, Bruyères et Espineuil, Conseiller du Roy en ses Conseils d'Estat et privé, Cappitaine de cent hommes d'armes de ses Ordonnances, Grand Voyer, Grand Maistre et Cappitaine général de l'Artillerie, Superintendant des finances et bastimens de Sa Ma^{té}, Gouverneur et Lieutenant général pour Sad. Ma^{té} en Poictou, Noble homme Jehan de Fourcy, sieur de Checy, Conseiller du Roy en son Conseil d'Estat, Intendant desd. bastimens, à ce présens, et en la présence de Noble homme Jehan de Donon, aussy Conseiller du Roy et Contrerolleur général d'iceulx bastimens, de faire et parfaire bien et deuement, au dire d'ouvriers et gens à ce congnoissans, lad. porte et principalle entrée dud. chasteau, de menuiserie à deux vanteaux, garnie d'un guichet; ensemble trente cinq contrevents aux croisées et demy croisées dud. chasteau, le tout suivant et ainsy qu'il est porté par lad. affiche dont coppie est cy devant escripte, de laquelle led. Baroys dict avoir eu communicquation; et, pour ce faire, fournira led. Baroys de bon boys sec et toutes choses à ce nécessaires. A commancer à y travailler présentement et le tout rendre faict et parfaict bien et deuement, comme dict est, le plus tost que faire se pourra. Et ce moyennant, assavoir : pour lad. porte la somme de soixante quinze livres et pour chacun des dictz trente cinq contrevents, dix huict livres, qui sont les pris à quoy lesd. ouvraiges de menuiserie ont esté adjugez aud. Baroys comme moings disant et dernier rabaissant, ainsy qu'il a dict. Lesquelz pris luy seront payez, au feur et à mesure qu'il travaillera, par les Trésoriers desd. bastimens, suivant les ordonnances qui luy en seront à ceste fin expédyées. Promectans... Obligeans chacun en droyct soy et led. Baroys corps et biens, comme pour les propres affaires du Roy... Renonceant...

Faict et passé aud. Arcenac, l'an mil six cens huict, led. jour neufiesme dud. moys de may aud. an mil six cens huict.

MAXIMILIAN DE BETHUNE, FOURCY, DE DONON, JEHAN BAROYS, LE VASSEUR, FOURNYER.

CIV. — 26 JUILLET 1609. — 938.

CHÂTEAU DE SAINT-LÉGER. — TRAVAUX DE MAÇONNERIE POUR LA CLÔTURE D'UN PETIT PARC, PRÈS LE HARAS, POUR GARDER LES JEUNES POULAINS «DE N'ESTRE OFFENCEZ DES LOUPS, COMME ILS SONT ORDINAIREMENT».
MARCHÉ PASSÉ AVEC JACQUES IMBERT, ARCHITECTE À SAINT-LÉGER, AYANT DROIT PAR TRANSPORT D'ORSON PARMENTIER, DÉCLARÉ ADJUDICATAIRE, LE MÊME JOUR, MOYENNANT LE PRIX DE 6^{tt} 5 s. PAR TOISE DE 31 PIEDS.

L'an mil six cens huict, le vingt six^{me} jour de juillet, deux heures de relevée, en la grande salle de l'Arcenac du Roy à Paris, devant nous Maximilian de Bethune, duc de Sully, pair de France, Superintendant des finances et bastimens de Sa Ma^{té}, Jehan de Fourcy, sieur de Checy, conseiller du Roy en son Conseil d'Estat desd. bastimens, et en la présence de Jehan de Donon, conseiller du Roy et Contrerolleur général d'iceulx bastimens, a esté procédé au bail au rabais et moingz disans, à l'extinction du feu des chandelles, en la manière accoustumée, des ouvraiges de maçonnerie mentionnez en l'affiche dont coppie est cy après transcripte, en la forme et manière qui ensuict.

DE PAR LE ROY

Et Monseigneur le duc de Sully, Pair et Grand Voyer de France, Superintendant des bastimens de Sa Ma^{té}.

On faict assavoir que le mercredy vingt trois^{me} jour du présent moys de juillet, deux heures de re levée, en la grande salle de l'Arcenac du Roy à Paris, il sera proceddé au bail au rabais et moings disans, à l'extinction du feu des chandelles, en la manière accoustumée, des ouvraiges de maçonnerie nécessaires à faire à la closture d'un petit parc près la Harasserie de Sainct Léger, qui servira de pasture pour les jeunes poullains qui se tireront du Haras, et qui contiendra environ six vingtz thoises de pourtour, pour garder et conserver lesd. poullains de n'estre offencez des loups, comme ils sont ordinairement.

La foundation desquels murs sera de deux piedz de profondeur ou environ et de dix huit à vingt poulces d'espoisseur, sur laquelle s'érigeront lesd. murs garnis de chesnes maçonnez à mortier de chaux et sable et espacez de douze en douze piedz et de trois piedz de large, en sorte que d'une chesne à autre il n'y aura que neuf piedz; et au dessus sera faict le chapperon aussy maçonné de chaux et sable d'un pied de hault et de quatre poulces de saillie de chacun costé pour garder que l'eaue ne thumbe dessus, et le reste dud. mur maçonné de moellon de terre franche.

Et seront toutes personnes receues à moings dire et rabaisser lesd. ouvraiges, sur le pris de six livres dix sols chacune thoise de trente six piedz en superficie, aux charges et conditions que l'entrepreneur fournira de toutes matières comme chaux, sable, terre franche et moellon, qu'il sera tenu fouiller et descombrer d'une antienne masure et ruyne plaine de broussailles appartenant à Sa Ma^{té}, qui est proche dud. lieu; item, voicturer et charrier à ses despens sur le lieu, et outre, faire recevoir lesd. ouvraiges comme il est accoustumé, et bailler caution.

L'an mil six cens huict, le dix neuf^{me} juillet, je Thomas de Bonigalle, premier huissier pour le Roy de son Trésor, soubz^{né}, certiffie avoir mis et apposé aultant de la présente affiche contre les portes de l'Arcenac et entrée de l'Auditoire des jurez maçons, dans le bureau de l'Escriptoire, portes de la court et des salles du Pallais, Hostel de Ville, carefour de l'entrée de Grève, Parc Civil du Chastellet de Paris, entrée du Pont Nenf, et au bas de la montée de la Chambre du Trésor; ès présences de Simon Morand et Michel Aubert, tesmoings. Ainsi signé : de Bonigalle.

Et led. jour, vingt trois^{me} juillet, en lad. salle de l'Arcenac, aurions faict lire lad. affiche par led. Bonigalle et faict sçavoir que lesd. ouvraiges y mentionnés estoient à bailler au rabais et moings disans, sur le pris de six livres dix sols chacune thoise, et ne s'estant trouvé aucuns rabaissants, avons l'adjudication remise au vingt six^{me} dud. mois de juillet.

Auquel jour vingt six^{me} juillet, aurions de rechef faict lire lad. alliche par led. Bonigalle et que les ouvraiges y mentionnez estoient à bailler au rabais et moings disans sur le prix de six livres dix sols chacune thoise, ou seroict comparu Orson Parmentier, qui les auroict mis à six livres cinq sols la thoise, et, sur ce, aurions faict allumer trois chandelles l'une après l'autre, lesquelles se seroient esteinctes sans rabais, ce que voyant et qu'il ne se seroict présenté autres rabaissants, Nous, aud. Parmentier, comme moings disant et rabaissant, avons adjugé, baillé, delivré, adjugeons, baillons et délivrons lesd. ouvraiges de maçonnerie mentionnez en l'affiche dont coppie est cy devant escripte, moyennant et à raison de [six livres cinq sols pour chacune thoise de] xxxvi piedz et aux charges contenues en lad. affiche. Faict et adjugé en lad. salle de l'Arcenac led. jour vingt six^{me} dud. mois de juillet aud. an mil six cens huict. Ainsy signé : Parmentier.

Par devant les notaires et gardenottes du Roy nostre Sire en son Ch^{let} de Paris, soubz^{nés}, fut présent Jacques Imbert, architecte, demeurant à St Léger, ayant droict par transport des ouvraiges cy après déclarez d'Orson Parmentier, adjudicataire d'iceulx, par contract passé par devant Morel et Turgis, notaires, le trente^{me} jour de décembre mil six cens huict dernier, lequel a recongneu et confessé et par ces présentes confesse avoir promis et promect au Roy, nostre Sire, stippullant pour Sa Ma^{té} hault et puissant seigneur Messire Maximilian de Bethune, Duc de Sully, Pair de France, Superintendant des finances et bastimens de Sa Ma^{té}, Noble homme Jehan de Fourcy, sieur de Checy, Conseiller du Roy en son Conseil d'Estat, Intendant desd. bastimens, et en la présence de noble homme Jehan de Donon, Conseiller du Roy et Contrerolleur général d'iceulx bastimens, de faire et parfaire bien et deuement, au dire d'ouvriers et gens à ce congnoissans, tous et chacun les ouvraiges de maçonnerie nécessaires à faire à la closture d'un petit parc près la Harasserie de Sainct Léger, qui servira de pasture pour les jeunes poullains qui se tireront du Haras, et qui contiendra environ six vingtz thoises de pourtour, pour garder et conserver lesd. poullains de n'estre offencez des loups, comme ils sont ordinairement. Faire aussy la foundation des murs de deux piedz de profondeur ou environ et de dix huit à vingt poulces d'espoisseur, sur laquelle s'érigeront lesd. murs garnis de chaisnes maçonnées à mortier de chaux et sable, et espacés de douze en douze piedz et de trois piedz de large, en sorte que d'une chaisne à autre il n'y aura que neuf piedz et au dessus sera faict le chapperon aussy maçonné de chaux et sable d'un pied de hault et de quatre poulces de saillie de chacun costé pour garder que l'eaue ne thumbe dessus, et le reste dud. mur maçonné de moellon de terre franche. Le tout selon et ainsy qu'il est porté par l'affiche dont coppie est cy devant transcripte, de laquelle led. Imbert dict avoir eu communication. Et pour ce, fournira icelluy Imbert de toutes matières, comme chaux, sable, terre franche et moellon, qu'il sera tenu fouiller et descombrer d'une antienne masure et ruyne playne de broussailles, appartenant à Sa Ma^{té}, qui est proche dud. lieu, et iceluy voicturer et charrier à ses despens sur le lieu; le tout conformément à l'affiche dont coppie est cy devant escripte, de laquelle led. Imbert dict avoir eu communication. A commancer à y travailler présentement et le tout rendre faict et parfaict bien et deuement, comme dict est, le plus tost que faire se pourra.

Et ce moyennant et à raison de six livres cinq sols pour chacune thoise de trente six piedz, qui est le pris porté par l'adjudication faicte aud. Parmentier, lequel pris sera payé aud. Imbert, au feur et à mesure qu'il travaillera, par les Trésoriers desd. bastimens, suivant les ordonnances qui luy en seront à ceste fin expédyées. Promettans... Obligeans chacun en droict soy et led. Imbert, corps et biens comme pour les propres affaires du Roy. Renonceant...

Faict et passé aud. Arcenac du Roy, à Paris, l'an mil six cens neuf, le vingt six^{me} jour dud. mois de juillet, après midy.

M. DE BETHUNE, FOURCY, DE DONON, IMBERT, DE ROSSIGNOL, FOURNYER.

CHAPITRE III.

JARDINS DES PALAIS ET DES RÉSIDENCES ROYALES.

CV. — 1ᵉʳ AVRIL 1605. — 149.

Jardins. — Construction de sept pavillons en charpente dans une allée du grand jardin ancien du Palais des Tuileries et dans une allée du jardin du vieux château de Saint-Germain-en-Laye. Marché passé avec Jean Échappé, maître charpentier à Paris, déclaré adjudicataire, le même jour, moyennant le prix de 585 ᵗᵗ pour chaque pavillon.

L'an mil six cens cinq, le vendredy premier jour d'avril, devant nous Maximilian de Bethune, marquis de Rosny, Grand Maistre de l'Artillerie et Superintendant des Bastimens du Roy, Jehan de Fourcy, sieur de Checy, Contrerolleur du Roy, Trésorier Général de France, Intendant desd. Bastimens, et en la présence de Jehan de Donou, aussy Conseiller du Roy, et Contrerolleur général desd. Bastimens, en la grande salle de l'Arcenac du Roy à Paris, une heure attendant deux heures de relevée, avons procedé au bail au rabais des ouvraiges de charpenterie mentionnés en l'affiche dont coppie est cy après transcripte, en la forme et manière qui ensuict :

De par le Roy

Et Monsieur le Marquis de Rosny, Grand Voier de France.
On faict assavoir que le lundi vingt huictᵐᵉ jour de mars, deux heures de relevée, en la salle de l'Arcenac du Roy, il sera devant mond. Sieur le Marquis, faict bail et adjudication au rabais et moings disant, des ouvrages de charpenterie qu'il convient faire de neuf en la construction des berceaux de charpenterie que Sa Ma*té* a commandé estre nouvellement érigez tant en l'une des allées du grand jardin antien de son Pallais des Thuilleries que jardin du Viel Chasteau de Sainct Germain en Laie, selon qu'il ensuict :
Et premièrement sera faicte la charpenterie d'un grand berceau qui aura trois cens thoises de long ou environ, sur quatorze pieds et demi pied de large dedans œuvre, sur laquelle longueur seront espacez à l'endroict des maistresses allées sept pavillons,

sans y comprendre celuy jà faict ; entre lesquels pavillons seront érigez des pans de bois tant de costé que d'autre, auxquels seront espacez six façades couronnées chacune d'un grand fronton, et à icelles faictes deux petites fenestres ou arcades chacune de trois pieds de large, lesd. façades garnies chacune de trois grands potteaux espassés de six en six pieds l'un de l'autre, qui auront, assavoir : celui du meilleu de la haulteur qu'il appartiendra pour estre demy pied plus hault que le dessus dud. berceau et les deux autres de treize pieds ou environ et huict à neuf poulces de gros chacune, à la sommité desquels seront assemblées les deux pièces faisant le fronton chacune de huict pieds et demy de long, ou environ ; ensemble huict entrethoises chacune de sept pieds de long et de six à sept poulces de gros, entre lesquelles seront assemblés de petits potteaux de quatre poulces en carré et de telle haulteur qu'il conviendra ; le tout en la forme qu'il est représenté par le desseing qui en a esté faict. Et entre chacune desd. façades et frontons sera mis ung autre gros potteau de neuf pieds de long et de huict à neuf poulces de gros pour le soustènoment des sablières servant d'entablement, et entre tous iceulx potteaux seront encore assemblées lesd. sablières d'entablement, sablières par bas et entrethoises à haulteur d'appuis, de la grosseur de six à sept poulces et de la longueur qu'il conviendra, ausquelles sablières et entrethoises seront encore assemblés les petits potteaux de quatre poulces en carré espacez les ungs des autres de huict en huict poulces ou environ comme dict est, et de la haulteur desd. pans de bois ainsy qu'il appartiendra suivant led. desseing ; et sur lad. sablière servant d'entablement, seront assemblées des courbes pour faire lesd. berceaux portant son plain ceinctre, lesquelles courbes porteront sept poulces de large sur six poulces d'espoisseur pour les maistresses fermes qui seront assemblées aux trois grands potteaux de chacun desd. frontons, et ceulx qui poseront sur lesd. autres gros potteaux de intervalles d'entre icelles façades et les autres courbes qui s'assembleront dedans les liernes ou entrethoises qui n'auront que quatre à cinq poulces de gros sur la longueur selon la distance desd. liernes, lesd. courbes espassées de deux en deux piedz ou environ; et entre icelles courbes seront assemblées cinq liernes y comprins le feste, distans les ungs des autres d'esgalle proportion en ce que contiendra led. berceau et de grosseur suffisante. Mettre ung tirant dessus le travers dud. berceau, qui sera assemblé par hault aux deux potteaux du meilleu de chacune desd. façades de frontons se regardant l'un l'autre pour entretenir le tout ensemble avec plus de seureté, et le long dud. berceau, au dessoubz desd. courbes et piedz droicts, au dedans seront mises et clouées des lattes de ciage, rabottées par leur parement, espacées en leur carré les unes des autres selon la distance desd. petits potteaux, et faire lad. latte de deulx poulces et demy de large et demy poulce d'espoisseur et icelle mettre dans tous lesd. gros potteaux et courbes qui seront feuillez de l'espoisse desd. lattes pour estre le tout unyement par dedans led. berceau et clouer sur chacun potelet et lierne lesd. contrelattes.

Et seront toutes personnes receues à moings dire et rabaisser sur lesd. ouvraiges, à la charge d'iceulx faire et parfaire bien et duement, au dire d'ouvriers et gens à ce congnoissans, et bailler caution.

Faict à Paris le vingt quatre^{me} mars mil six cens cinq.

L'an mil six cens cinq, le vingt quatre^{me} jour de mars, je, Thomas de Bonigalle, premier huissier pour le Roy de son Trésor, soubz^{né}, certiffie avoir mis et apposé aultant de la présente affiche contre la porte de l'hostel de l'Arcenac de ceste ville de Paris, au bureau de l'Escriptoire des Jurés maçons, portes de la cour et des salles du Pallais, Chambre des Comptes, Eslection, Parc civil du Chastellet de Paris, porte de l'Hostel de cested. Ville, greffe du Trésor et au bas de la montée dud. Trésor; ad ce qu'aucun n'en prétende cause d'ignorance; ès présences de Nicolas Chauvelot, Jehan Bailly, tesmoings. Signé : DE BONIGALLE.

Et led. jour de lundi vingt huict^{me} dud. moys de mars aud. an mil six cens cinq, en lad. salle de l'Arsenac, deux heures de relevée, aurions par led.

Bonigalle faict publier et proclamer à haulte voix que les ouvraiges de charpenterie des sept pavillons cy devant mentionnés, estoient à bailler au rabais et moings disans sur le prix de six cens cinquante livres pour la charpenterie de chacun pavillon qui s'érigeront par voyes dans led. berceau, lesquels sont faicts suivant le desseing et devys cy dessus; où est comparu Berthellemy Drouyn, charpentier, qui a mis au rabais lesd. ouvraiges de charpente desd. pavillons à six cens quarante livres chacun pavillon, par Jehan de Bonet à six cens trente livres chacun pavillon, par Gilles Le Redde à six cens vingt livres, par Jehan Marchant à six cens dix livres et depuis à six cens livres, auquel iceulx ouvraiges ont esté adjugez, sauf vendredy, jusques auquel jour auroient remis lad. adjudication et ordonné que affiches seroient de rechef mises aux lieux accoustumés.

Et le vingt neuf^{me} jour dud. mois de mars, Je premier huissier susd. et soubz^{né}, certiffie avoir mis et apposé pareille affiche que celle cy dessus ès lieux cy devant déclarés, contenant chacune d'icelles que le vendredy premier jour du mois d'avril ensuivant, en la grande salle de l'Arcenac, heure de deux heures de relevée, il seroit faict bail au rabais desd. ouvrages, suivant la remise qui en auroit esté faicte du vingt huict^{me} mars aud. jour premier avril, et ce sur le prix assavoir : de chacune thoise des berceaux y mentionnez, de soixante livres, et pour chacun des pavillons y déclarés six cens livres tournois, le tout ad ce qu'aucun n'en prétende cause d'ignorance; les jour et an cy dessus. Signé : DE BONIGALLE.

Et led. jour de vendredy premier dud. mois d'avril aud. an mil six cens cinq, en lad. salle de l'Arcenac, à lad. heure de deux heures de relevée, aurions par led. Bonigalle faict fire lad. affiche à haulte voix et faict entendre aux assistans que lesd. ouvrages de charpenterie auroient esté mis au rabais par led. Marchant à six cens livres pour chacun desd. pavillons et après avoir interpellé plusieurs personnes de rabaisser sur led. prix, aurions faict allumer trois chandelles l'une après l'autre; au feu de la dernière seroit comparu Jehan Leschappé (sic) qui auroit mis au rabais lesd. ouvraiges de charpenterie à cinq cens quatre vingts cinq livres chacun desd. pavillons, et voiant que personne n'a voulu depuis rabaisser ny faire la condition meilleure pour Sad. M^{té} que led. s^r Leschappé, qui nous auroit requis luy faire bail desd. ouvrages de charpenterie pour led. prix, Nous aud. Leschappe, comme moings disant, avons adjugé et adjugeons lesd. ouvraiges de charpenterie cy dessus mentionnés, moyennant la somme de cinq cens quatre vingts cinq livres pour chacun pavillon, a la charge d'iceulx faire et parfaire bien et duement, selon et ainsy qu'il est porté par lad. affiche. Faict led. jour premier avril mil six cens cinq.

Par devant les notaires du Roy nostre Sire en son Ch[let] de Paris soubz[nés], fut présent Jehan Leschappe, maistre charpentier, demeurant rue de la Cerisaie, parroisse Sainct Paul, lequel a recongneu et confessé avoir promis et promect au Roy nostre Sire, stippulant pour Sad. Ma[té] hault et puissant seigneur Messire Maximilian de Bethune, chevallier, seigneur et marquis de Rosny, baron de Sully, Conseiller du Roy en ses Conseilz d'Estat et privé, Cappitaine de cent hommes d'armes de ses Ordonnances, Grand Voyer, Grand Maistre et Cappitaine général de l'Artillerie, Superintendant des Finances et Bastimens de Sa Ma[té], et noble homme Jehan de Fourcy, sieur de Chccy, Conseiller du Roy, Trésorier général de France, Intendant desd. Bastimens, à ce présent; et en la présence de noble homme Jehan de Donon, Conseiller du Roy et Contrerolleur général desd. Bastimens, de faire et parfaire, bien et duement, au dire d'ouvriers et gens à ce congnoissans, tous et chacuns les ouvrages de charpenterie des sept pavillons que Sad. Ma[té] a commandé estre faits ès lieux selon et ainsy qu'il est porté par l'affiche dont coppie est cy dessus transcripte, de laquelle led. Leschappe dict avoir eu communiquation, et, pour ce faire, fournira led. Leschappe toute la charpenterie de bois qu'il conviendra à cest effect et autres choses à ce nécessaires, selon le desseing qui en a esté faict,

signé des parties et paraphé par les notaires soubsignez ne varietur, excepté que le berceau dud. desseing sera en son plain ceintre comme il est porté sur lad. affiche, lequel desseing est demeuré en la possession dud. Eschappe. A commencer à y travailler au vingt[me] du présent mois d'avril et le tout rendre faict et parfaict bien et duement, comme dict est, dedans le jour St Remy, premier jour d'octobre prochainement venant, et seront lesd. sept pavillons de la mesme structure, façon et ordonnance que celuy jà faict, hormis qu'il sera de la haulteur des piedz droicts et ceintres desd. berceaux, et sera mis ung faux ceintre aux devantures desd. pavillons seullement, pour accorder à celui des berceaux et de mesme grosseur et eschantillon de bois que les ceintres d'iceulx berceaux.

Et ce moiennant la somme de cinq cens quatre vingts cinq livres tournois, pour la charpenterie de chacun desd. pavillons, qui est le prix à quoy ils ont esté adjugés aud. Leschappe comme moings disant; lequel pris luy sera payé par les Trésoriers généraulx desd. Bastimens, au feur et à mesure qu'il travaillera, suivant les ordonnances qui luy en seront à ceste fin expediées. Promettans... Obligeans chacun en droict soy et led. Leschappe corps et biens comme pour les propres affaires du Roy. Renonceant.

Faict et passé en l'Arcenac du Roy, à Paris, l'an mil six cens cinq, le premier jour d'avril, après midy.

Maximilian de Bethune, Fourcy, de Donon, J. Echappe, Le Vasseyr, Fournyer.

CVI. — 1er AVRIL 1605. — 150.

Jardins. — Construction de deux grands berceaux en charpente : l'un dans une allée du grand jardin ancien du Palais des Tuileries; l'autre dans une allée du jardin du vieux château de Saint-Germain-en-Laye.

Marché passé avec Alexandre Gaultier, maistre charpentier à Paris, déclaré adjudicataire, le même jour, moiennant le prix de 53 ₶ par toise courante desdits berceaux.

(*Le texte de l'ordonnance, du devis et du certificat d'affichage est identique à celui de l'acte précédent.*)
Et led. jour de lundi vingt huict[me] dud. mois de mars aud. an mil six cens cinq, en lad. salle de l'Arcenac, environ les deux heures de relevée, aurions par led. Bonigalle faict lire à haulte voix lad. affiche, faisant entendre aux assistans que les ouvrages de charpenterie dud. grand berceau estoient à bailler au rabais et moings disant sur le prix de quatre vingtz dix livres la thoise courante, tant d'un costé que d'autre, avec les cintres, frontons, lierues et remplaige de lattes de ciage tant pour les pans de bois que berceau; où seroit comparu Berthelemy Drouyn, charpentier, qui auroict mis au rabais lesd. ouvrages de charpenterie dud. berceau à quatre vingtz cinq livres la thoise, par Jehan de Bonet à quatre vingtz trois livres, par Jehan Marchant à quatre vingtz livres, par Jehan Eschappe

SURINTENDANT DES BÂTIMENTS. 239

à soixante seize livres, par Gilles Le Redde à soixante dix livres, par Louis Yves à soixante livres, et voyant qu'il ne s'estoit led. jour présenté autres personnes pour rabaisser lesd. ouvrages, aurions continué et remis l'adjudication au rabais d'iceulx au vendredy ensuivant premier jour du mois d'avril et cependant ordonné que affiches seroient de rechef mises aux lieux accoustumez.

(*Suit le certificat de l'affichage fait le 29 mars, dont le texte est identique à celui de l'acte précédent.*)

Et led. jour vendredi, premier dud. mois d'avril, aud. an mil six cens cinq, en lad. salle de l'Arcenac, à lad. heure de deux heures de relevée, aurions, par led. Bonigalle faict lire à haulte voix lad. affiche et faict entendre aux assistans que lesd. ouvraiges avoient esté mis au rabais par led. Yves à soixante livres, où seroict comparu led. Berthellemy Drouyn, qui auroit mis iceulx ouvrages de charpenterie dud. grand berceau à cinquante neuf livres. Ce faict, aurions faict allumer trois chandelles l'une après l'autre, se seroient les deux premières esteinctes sans y avoir esté mis aucun rabais, et sur le feu de la trois^{me} et dernière desd. chandelles, seroient comparus Alexandre Gaultier qui auroict mis lesd. ouvraiges au rabais à cinquante sept livres dix sols tournois, et Jehan Eschappe qui les auroict rabaissés par deux fois à la somme de cinquante quatre livres dix sols, pour lequel prix lad. charpenterie dud. berceau luy auroit esté adjugée comme moings disant. Et depuis lad. charpenterie auroict esté mise au rabais par led. Gaultier à cinquante trois livres chacune thoise, et d'aultant qu'il ne s'est présenté personne qui ait voulu rabaisser iceulx ouvraiges ny faire la condition du Roy meilleure que led. Gaultier, Nous, aud. Gaultier comme moings disant et rabaissant, avons adjugé et adjugeons lesd. ouvrages de charpenterie desd. berceaux mentionnez en lad. affiche moyennant la somme de cinquante trois livres par chacune thoise courante, à la charge d'iceulx ouvraiges faire et parfaire bien et deuement, selon et ainsy qu'il est porté par lad. affiche. Faict led. jour premier avril mil six cens cinq.

Par devant les notaires du Roy, nostre Sire, en son Chastellet de Paris, soubz^{nes}, fut présent Alexandre Gaultier, maistre charpentier à Paris, demeurant rue Chappon, parroisse St Martin des Champs, lequel a recongneu et confessé, et, par ces présentes, confesse avoir promis et promect au Roy, nostre Sire, stippullant pour Sa Ma^{té} hault et puissant seigneur Messire Maximilian de Béthune [1], noble homme Jehan de Fourcy [1], à ce présens, et en la présence de noble homme Jehan de Donon [1], de faire et parfaire bien et deuement, au dire d'ouvriers et gens à ce congnoissans, tous et chacuns les ouvraiges de charpenterie desd. berceaulx, tels et semblables et aux lieux, selon et ainsy qu'il est porté par lad. affiche dont coppie est cy devant transcripte, de laquelle led. Gaultier dict avoir eu communiquation; et pour ce faire fournira tout le bois qu'il y conviendra et autres choses à ce nécessaires. A commencer à y travailler au vingtiesme du présent mois d'avril, et le tout rendre faict et parfaict bien et deuement, comme dict est, dans le jour Sainct Remy, premier jour d'octobre prochainement venant.

Et ce moyennant la somme de cinquante trois livres tournois par chacune thoise courante desd. berceaux, qui est le pris à quoy ils ont esté adjugés aud. Gaultier comme moings disant, à la charge que les gros potteaux des travées auront neuf poulces de large et six poulces d'espoix, les sablières six poulces en carré, et seront les joinets desd. sablières et entrethoises entaillez d'un petit poulce dans le corps desd. potteaux pour la conservation des joinets et tenons desd. sablières; plus à chacune ferme des grandes travées sera mis deux grands liens à chacune travée, de longueur qu'il appartiendra, de sept poulces de gros et de la largeur aussy qu'il appartiendra pour trouver le ceintre, dans lesquels liens seront assemblés les maistresses courbes pour porter la lierne du mitan, lesquelles liernes auront six poulces de large et quatre poulces d'espoix, et les autres courbes qui seront assemblées dans lesd. liernes quatre poulces de corps le ceintre faict. Plus sera le tirant de dessus les maistresses fermes de six poulces de large et sept poulces de hault. Lequel pris luy sera paié au feur et à mesure qu'il travaillera, suivant les ordonnances qui luy seront à ceste fin expédyées. Promectans... Obligeans chacun en droict soy et led. Gaultier corps et biens, comme pour les propres affaires du Roy... Renonceant...

Faict et passé en l'Arcenac du Roy à Paris l'an mil six cens cinq, le premier jour d'avril, après midy.

MAXIMILIAN DE BÉTHUNE. FOURCY, DE DONON, A. GAULTIER, LE VASSEUR, FOURNYER.

---

[1] Mêmes qualités qu'à l'acte précédent.

CVII. — 31 JANVIER 1607. — 186.

JARDINS. — TRAVAUX DE TERRASSE POUR FAIRE «UN CANAL» DE 32 TOISES DE LONGUEUR SUR 22 DE LARGEUR ET 3 PIEDS DE PROFONDEUR, DANS L'UN DES CARRÉS DU GRAND JARDIN DU PALAIS DES TUILERIES, À CÔTÉ DE LA GRANDE ALLÉE DU MILIEU.
MARCHÉ PASSÉ AVEC PIERRE DISLE, MANOUVRIER À PARIS, DÉCLARÉ ADJUDICATAIRE, LE 11 DÉCEMBRE 1606, MOYENNANT LE PRIX DE QUARANTE-ET-UN SOLS TOURNOIS PAR TOISE.

L'an mil six cens six, le lundi unziesme jour de décembre, deux heures de relevée, en la grande salle de l'Arcenac devant nous, Maximilian de Bethune, duc de Sully, pair de France, conseiller du Roy en ses Conseils d'Estat et privé, Superintendant des Bastimens de Sa Ma^{té}, Jehan de Fourcy, sieur de Checy, conseiller du Roy, Intendant desd. Bastimens, et en la présence de Jehan de Donon, aussy conseiller du Roy, Contrerolleur général desd. Bastimens, avons procedé au bail au rabais et moings disans, à l'extinction de la chandelle, des vuidanges des terres mentionnées en l'affiche de laquelle la teneur ensuict :

De par le Roy

Monsieur le Duc de Sully, Pair de France, conseiller du Roy en ses Conseils d'Estat et privé, Superintendant des Bastimens de Sa Ma^{té} et le Sieur de Fourcy, Conseiller du Roy aud. Conseil d'Estat et Intendant de ses d. Bastimens.

On faict assavoir que lundy prochain unze^{me} du présent mois de décembre, deux heures de relevée, en la grande salle de l'Arcenac, à Paris, il sera procedé au bail, adjudication et délivrance au rabais et moings disant, à l'extinction de la chandelle, en la manière accoustumée, des vuidanges des terres qu'il convient pour faire ung canal que Sa Ma^{té} a commandé estre faict dans l'un des carrés du grand jardin de son Pallais des Thuilleries, à costé de la grande allée du millieu dud. jardin, de la longueur de trente deux thoises sur vingt deux thoises de largeur, de la proffondeur de troys pieds, à la charge de porter et espandre la meilleure terre de lad. vuidange en aucuns des quarrez dud. jardin, ès lieux et endroicts qui seront monstrez, et le surplus au remplaige de plusieurs fossés et trous qui sont en iceluy jardin; le port desd. terres estant, dud. canal jusques ausd. lieux, d'environ deux cens thoises au plus loing et cent thoises au plus près.

Et seront toutes personnes receues à entreprendre lesd. vuidanges, moings dire et rabaisser sur le prix de$^{(1)}$ chacune thoise, à laquelle somme ils ont esté rabaissés.

L'an mil six cens six, le neufiesme de décembre, je Thomas de Bonigalle, premier huissier pour le Roy de son Trésor, soubzsigné, certiffie à tous qu'il appartiendra, avoir mis et apposé aultant de la présente affiche contre les portes de la court et des salles du Pallais, Chambre des Comptes, Eslection, greffe du Trésor, au bas de la montée dud. Trésor, portes du jardin du Pallais des Thuilleryes, Escriptoire des Jurés maçons et à l'Arcenac de ceste ville de Paris; ad ce qu'aucuns n'en prétendent cause d'ignorance; ès présences de Nicolas Chauvelot et Simon Morand, tesmoings. Signé : DE BONIGALLE.

Et led. jour, unze^{me} décembre aud. an mil six cens six, à lad. heure de deux heures de relevée, en lad. salle de l'Arsenac, seroient comparuz plusieurs entrepreneurs ausquels aurions faict entendre le contenu en l'affiche dout coppie est cy dessus transcripte, par la lecture qui auroit esté faicte d'icelle par led. Bonigalle, et suivant ce, auroit esté mis lad. besongne au rabais par Pierre Disle à 4^{tt} 10^s, par Macé Regnault à 3^{tt} 10^s, par led. Disle à 3^{tt} 5^s, par Remy du Puys à 3^{tt} 2^s 5^d, par Eloi Le Garend à 3^{tt}, par led. Regnault à 58^s, par led. du Puys à 57^s, par led. Garend à 56^s, par led. du Puys à 55^s, par Thomas Barlot sur le feu de la première chandelle à 50^s, par led. Disle sur le feu de la seconde chandelle à 45^s, par led. du Puis à 44^s, par led. Disle à 43^s, et depuis estant la trois^{me} chandelle esteincte, par led. Garend à 42^s et par led. Disle à 41^s et d'aultant que personne n'a voulu rabaisser led. prix de quarante ung sols, nous aud. Disle, comme moings disant et rabaissant, avons adjugé et délivré, adjugeons et délivrons lad. besongne et vuidange de terres mentionnée en lad. affiche dont coppie est cy devant escripte, pour icelle besongne faire et parfaire par led. Disle, suivant et ainsy qu'il est porté par lad. affiche. Et

---

$^{(1)}$ Lacune dans le texte.

ce moyennant et à raison de quarante ung sols pour chacune thoise de vuidange desd. terres, qui sera payée aud. Disle au feur et à mesure qu'il travaillera. Faict led. jour unze^{me} décembre mil six cens six.

Par devant les notaires du Roy nostre Sire, en son Ch^{let} de Paris, soubz^{sns}, fut présent Pierre Disle, manouvrier, demeurant ès Fauxbourgs Sainct Honnoré, lequel a recognu et confessé et par ces présentes confesse avoir promis et promect à hault et puissant Seigneur Messire Maximilian de Bethune, Duc de Sully, Pair de France, Conseiller du Roy en ses Conseils d'Estat et privé, Superintendant des Bastimens de Sa Ma^{té}, Gouverneur et Lieutenant général pour Sad. Ma^{té} en Poictou, et noble homme Jehan de Fourcy, sieur de Checy, Conseiller du Roy en sond. Conseil d'Estat, Intendant desd. Bastimens, à ce présens et stippullans pour Sad. Ma^{té}, et en la présence de noble homme Jehan de Donon, aussy Conseiller du Roy et Contrerollleur général desd. Bastimens, de faire et parfaire bien et deuement, au dire d'ouvriers et gens à ce congnoissans, les vuidanges des terres qu'il convient pour faire ung canal que Sa Ma^{té} a commandé estre faict dans l'un des carrez du grand jardin de son Pallais des Thuilleryes, à costé de la grande allée du millieu dud. jardin, de la longueur de trente deux thoises sur vingt deux thoises de largeur, de la proffondeur de trois pieds, à la charge de porter et espandre la meilleure terre de lad. vuidange ès lieux et endroicts qui seront monstrez,

et le surplus au remplaige de plusieurs fossés et trous qui sont en iceluy jardin; le port desd. terres estant dud. canal jusques ausd. lieux d'environ deux cens thoises au plus loing et cent thoises au plus près, le tout comme le contient l'affiche dont coppie est cy devant escripte, de laquelle led. Disle a dict avoir eu communicquation et lecture, esquelles vuidanges de terres iceluy Disle dict avoir commencé à travailler ; y besongne sans discontinuer et le tout rendre faict et parfaict bien et deuement, comme dict est, dedans deux moys prochains.

Moyennant et à raison de quarante un sols tournois pour chacune thoise de lad. besongne, qui est le prix à quoy ils ont esté adjugés et délivrez aud. Disle comme moings disant et rabaissant, lequel prix luy sera payé au feur et à mesure qu'il fera lad. besongne bien et deuement, comme dict est, par Messieurs les Trésoriers desd. Bastimens, suivant les Ordonnances qui luy en seront à ceste fin expédyées. Promectans... Obligeans chacun en droict soy et led. Disle corps et biens comme pour les propres affaires du Roy... Renonceant...

Faict et passé, assavoir : par led. sieur de Sully aud. Arsenac, par lesd. sieurs de Fourcy et de Donon, en leurs maisons et par led. Disle ès estudes des notaires, l'an mil six cens sept, le trente ung^{me} jour de janvier, après midy. Led. Disle a déclaré ne sçavoir signer.

M. DE BETHUNE, FOURCY, DE DONON, LE VASSEUR ⁽¹⁾.

CVIII. — 24 MARS 1608. — 197.

JARDINS. — PAVAGE DE L'AIRE DE LA «VOUTE» DESTINÉE À ÉCOULER LES EAUX DE LA DÉCHARGE DU VIVIER DU GRAND JARDIN DES TUILERIES.

MARCHÉ PASSÉ AVEC MICHEL RICHER, MAÎTRE DES OEUVRES DE PAVÉ DU ROI, DÉCLARÉ ADJUDICATAIRE, LE MÊME JOUR, MOYENNANT LE PRIX DE SIX LIVRES TOURNOIS PAR TOISE CARRÉE DE 36 PIEDS.

L'an mil six cens huict, le vingt quatre^{me} jour de mars, deux heures de relevée, en la grande salle de l'Arcenac du Roy, à Paris, devant nous Jehan de Fourcy, sieur de Checy, conseiller du Roy en son Conseil d'Estat, Intendant des Bastimens de Sa Ma^{té} et en la présence de noble homme Jehan de Donon, conseiller du Roy et Contrerolleur général desd. Bastimens, a esté procedé au bail au rabais et moings disans, à l'extinction du feu des chandelles, en la manière accoustumée, des ouvraiges de gros pavé mentionnez en l'affiche dont coppie

est cy après transcripte, en la forme et manière qui ensuict :

DE PAR LE ROY

Monseigneur le Duc de Sully, Pair de France, Superintendant des Finances et Bastimens de Sa Ma^{té},

⁽¹⁾ La signature du notaire Fournyer ne figure pas sur cet acte.

Et Monsieur de Fourcy, Conseiller du Roy en son Conseil d'Estat, Intendant d'iceulx.

On faict assavoir que le vingt quatre^{me} mars mil six cens huict, deux heures de relevée, en la grande salle de l'Arcenac du Roy, à Paris, il sera par Mesd. Seigneurs proceddé au bail au rabais et moings disans, à l'extinction du feu des chandelles, en la manière accoustumée, du gros pavé de grez assis à chaux et sable, qu'il est besoing faire en l'aire de la voulte qui sera faicte dans le grand jardin des Thuilleries, de la longueur qui sera advisé, sur deux piedz et demy de large, auquel se feront deux petits revers et une noue par le millieu pour escouller les eaues de la descharge de la vuidange du vivier dud. jardin.

A la charge par l'entrepreneur de fournir de gros pavé, chaux et sable en y observant les pentes, et toutes autres matières nécessaires.

Et seront toutes personnes receues à moings dire et rabaisser lesd. ouvraiges sur le prix de huict livres tournois chacune thoise carrée de trente six piedz.

L'an mil six cens huict, le vingt ung^{me} mars, je Thomas de Bonigalle, premier huissier pour le Roy de son Trésor soubzsigné, certiffie avoir mis et apposé aultant de la présente affiche contre les portes de la cour et des salles du Pallais, chambre du Trésor, Parc Civil du Ch^{let} de Paris, Escriptoire des Jurez maçons, Arcenac du Roy et contre la porte de la Chappelle Monsieur Sainct Siphorian où s'assemblent chacun dimanche les maistres paveurs de ceste Ville de Paris, ad ce qu'aulcun n'en prétende cause d'ignorance; ès présences de Simon Morand et Dominique Brière, tesmoings. Signé : de Bonigalle.

Et led. jour vingt quatre^{me} dud. mois de mars aud. an mil six cens huict, en lad. salle de l'Arcenac, se seroient trouvez plusieurs entrepreneurs en présence desquels aurions faict faire lecture de lad. affiche par led. de Bonigalle, leur faisant entendre que les ouvraiges de gros pavé y mentionnez estoient à bailler au rabais et moings disans sur le pris de huict livres tournois chacune thoise de trente six piedz, où seroit comparu Pierre Voisin, qui les auroict mis au rabais à sept livres quinze sols la thoise, par Michel Richer à sept livres dix sols, par Jehan Doré à six livres quinze sols et par led. Richer à six livres, et sur ce, aurions faict allumer trois chandelles l'une après l'autre, qui se seroient esteinctes sans rabais, ce que voyans et que led. Richer nous auroict requis de luy adjuger lesd. ouvraiges suivant son dernier rabais, Nous, aud. Richer comme moings disant et dernier rabaissant, avons adjugé, baillé et délivré, adjugeons, baillons et délivrons lesd. ouvraiges de gros pavé mentionnez en lad. affiche, moyennant et à raison de six livres tournois pour chacune thoise, et aux charges y contenues. Faict et adjugé led. jour vingt quatre^{me} mars aud. an mil six cens huit. Signé : Richer.

Par devant les notaires et garde nottes du Roy nostre Sire, en son Ch^{let} de Paris, soubz^{nez}, fut présent Michel Richer, maistre des œuvres de pavé du Roy, demeurant rue Mortellerie, parroisse Sainct Paul, lequel a recongneu et confessé avoir promis et promect au Roy nostre Sire, stippullant pour Sa Ma^{té} noble homme Jehan de Fourcy, sieur de Chécy, conseiller du Roy en son Conseil d'Estat, Intendant des Bastimens de Sa Ma^{té}, à ce présent et en la présence de noble homme Jehan de Donon, conseiller du Roy et Contrerolleur général desd. Bastimens, de faire et parfaire bien et deuement, au dire d'ouvriers et gens à ce congnoissans, tous et chacun les ouvraiges de gros pavé de grez assis, à chaux et à sable, qu'il est besoing faire en l'aire de la voulte qui sera faicte dans le grand jardin des Thuilleries, de la longueur qui sera advisé, sur deux piedz et demy de large, auquel il sera tenu faire deux petitz revers et une noue par le millieu pour escouller les eaues de la descharge de la vuidange du vivier dud. jardin. Et pour ce faire, fournira led. Richer de gros pavé de grez, chaux et sable en y observant les pentes et toutes autres matières nécessaires. Le tout selon et ainsy qu'il est porté par l'affiche dont coppie est cy-devant escripte, de laquelle led. Richer dict avoir eu communication. A commancer à y travailler présentement et le tout rendre faict le plus tost que faire se pourra.

Et ce moyennant et à raison de six livres tournois pour chacune thoise desd. ouvraiges de gros pavé, thoise carrée de trente six pieds, qui est le prix à quoy ils ont esté adjugez aud. Richer comme moings disant et dernier rabaissant, ainsy qu'il a dict; lequel pris luy sera payé au feur et à mesure qu'il travaillera, par les Trésoriers desd. Bastimens suivant les ordonnances qui luy en seront à ceste fin expedyées. Promettans... Obligeans chacun en droict soy et led. Richer corps et biens comme pour les propres affaires du Roy... Renonceant...

Faict et passé aud. Arcenac led. jour vingt quatre^{me} mars aud. an mil six cens huict, après midy.

FOURCY, DE DONON, RICHER, DE ROSSIGNOL, FOURNYER.

CIX. — 16 JANVIER 1609. — 327.

JARDINS. — ÉTABLISSEMENT DE "PALISSADES" DE BOIS SAUVAGE ET DE CHARMILLES : 1° ENTRE LE PETIT BOIS DU CHÂTEAU DE SAINT-GERMAIN-EN-LAYE DU CÔTÉ DU PECQ, ET LE MUR DE «L'ANTICOUR» DU CHÂTEAU NEUF, FINISSANT CONTRE LE JEU DE PAUME DU VIEUX CHÂTEAU ; 2° DANS L'ALLÉE CREUSE DU GRAND PARC VIS-À-VIS LE BOUT DE LA GALERIE DU ROI, ET 3° DANS LE GRAND JARDIN DU VIEUX CHÂTEAU. MARCHÉ PASSÉ AVEC JEAN DE LA LANDE, JARDINIER DU ROI, À SAINT-GERMAIN-EN-LAYE, DÉCLARÉ ADJUDICATAIRE LE 23 DÉCEMBRE 1608, MOYENNANT LE PRIX DE 35 SOLS TOURNOIS PAR TOISE, ET LA SOMME DE TRENTE LIVRES POUR L'APLANISSEMENT DES TERRES.

L'an mil six cens huict, le mardy vingt trois^{me} jour de décembre, en la grande salle de l'Arcenac du Roy, à Paris, deux heures de relevée, devant nous, Jehan de Fourcy, sieur de Chécy, conseiller du Roy en son Conseil d'Estat, Intendant des Bastimens de Sa Ma^{té}, et en la présence de André Bérard, sieur de Maisonselles, Contrerolleur des Jardins du Roy, a esté proceddé au bail au rabais et moings disans, à l'extinction du feu des chandelles, en la manière accoustumée, des ouvraiges mentionnez en l'affiche dont coppie est cy après transcripte, en la forme et manière qui ensuict :

DE PAR LE ROY

Et monseigneur le duc de Sully, pair et grand voyer de France, Superintendant des Bastimens de Sa Ma^{té}.

On faict assavoir que le mardy vingt troisme jour de décembre mil six cens huict, deux heures de relevée, en la grande salle de l'Arcenac du Roy à Paris, par devant Monseigneur le duc de Sully, et le sieur de Fourcy, Intendant desd. Bastimens, sera proceddé au bail au rabais et moings disans, à l'extinction du feu des chandelles, en la manière accoustumée :

De la fourniture et façon du plan des palissades de bois sauvaige dans la place et pré qui se trouve entre le petit bois du chasteau de Sainct Germain en Laye, du costé du villaige du Pecq et le mur de l'anticourt du chasteau neuf, finissant contre le jeu de paulme du vieil chasteau, comme aussy dans l'allée creuse du grand parc vis à vis du bout de la gallerie du Roy aud. bastiment neuf, en plusieurs endroicts où il y a des bresches, et dans le grand jardin du vieil chasteau au lieu du trouesne estant aud. jardin que sa Ma^{té} a commandé d'estre arraché; et pour ce faire, sera l'entrepreneur tenu de rayonner des deux costez des allées au pourtour de lad. place et lieux cy dessus, de deux piedz de large et un pied et demy de profond, dans lesquels rayons il sera tenu planter de thoise en thoise un grand charme de quatre à cinq poulces de tour et de six piedz de hault pour faire marque, entre lesquelles marques il mettra douze moiens charmes de quatre piedz de hault et le pied d'iceulx garny de menu plan dud. charme; et remplir les rigolles de la meilleure terre qui se trouvera dans le bois. Comme aussy de peller, dresser, aplanir et remplir les troux qui se trouveront dans lesd. allées, desquelles il arrachera les espines et tirera les pierres et les portera hors desd. allées et entretiendra led. plan en telle sorte qu'il le rendra vif l'espace de trois ans consécutifs.

Et seront toutes personnes receues à moings dire et rabaisser lesd. ouvraiges sur le pris de⁽¹⁾...

A la charge de les faire bien et deuement, au dire d'ouvriers et geus à ce congnoissans, les rendre faicts et parfaicts dans le quinze^{me} febvrier prochain ; et pour l'accomplissement de ce que dessus, bailler bonne et suffisante caution ; desquels ouvraiges l'entrepreneur sera paié au feur et à mesure qu'il travaillera.

L'an mil six cens huict, le jeudy dix huictiesme jour de décembre, j'ay, Noël Herbin, sergent royal exploictant par tout le royaulme de France, demeurant à Sainct Germain en Laye, soubz^{né}, certifié avoir mis et apposé quatre pareilles affiches pour celle cy dessus, l'une contre la porte et principalle entrée de l'Eglise paroichialle de Sainct Germain en Laye, l'autre, contre ung pillier estant au principal carrefour dud. Sainct Germain en Laye, lieu accoustumé à mettre affiches ; une contre la maison Taillement qui est à l'entrée du bourg dud. Sainct Germain, et l'autre contre la principalle porte et entrée de l'Eglise du port au Pecq. Et tout ce que dessus certifie estre vray par moy avoir ainsy esté faict, ès présences de Thomas Bailly, Alexandre du Fresne, et Jehan Guion tesmoings, à ce requis et appellez. Signé : N. Herbin.

L'an mil six cens huict, le dix neufiesme jour de

⁽¹⁾ Lacune dans le texte.

décembre, je, Thomas de Bonigalle, premier huissier pour le Roy de son Trésor, soubz^né, certiffie avoir mis et apposé aultant de la présente affiche contre les portes des jardins du Pallais des Thuilleries, Chasteau du Louvre, Arcenac du Roy, porte de Ville, au bout du Pont Neuf et au bas de la montée de la chambre du Trésor, que contre le bureau de l'Escriptoire. Ad ce qu'aulcun n'en prétende cause d'ignorance. Présens : Nicolas Chauvelot et Simon Morand, tesmoings. Ainsy signé : de Bonigalle.

Et led. jour, vingt troisiesme dud. mois de décembre aud. au, en lad. salle de l'Arcenac, aurions faict lire lad. affiche par led. de Bonigalle, faisant entendre par icelle que les ouvraiges y mentionnez estoient à bailler au rabais et moings disans; où seroict comparu Jehan de La Lande qui auroit mis lesd. ouvraiges au rabais à trente cinq sols la thoise, à la charge d'esplanir et desfricher les allées. Et voyant que personne ne voulloit rabaisser lesd. ouvraiges, aurions admonesté Claude Moulet, jardinier du Roy, Pierre Nepveu, Jehan Herny et autres assistans de mettre rabais sur lesd. ouvraiges; ce qu'ils n'auroient voulu faire et dict estre trop à vil pris.

Sur quoy aurions ordonné la première chandelle estre alumée et le rabais limitté à ung sol, laquelle se seroict esteincte sans rabais, la deux^me chandelle aussy esteincte sans rabais et la troisiesme pareillement esteincte sans rabais, au moyen de quoy et que led. de La Lande nous auroict requis de luy adjuger lesd. ouvraiges, Nous, aud. de La Lande, comme moings disant et rabaissant, avons adjugé, baillé et délivré, adjugeons, baillons et délivrons lesd. ouvraiges mentionnez en l'affiche dont coppie est cy devant escripte, moyennant et à raison de trente cinq sols pour chacune thoise des palissades à la charge de desfricher les allées et trente livres tournois pour l'aplanissement des terres massives qu'il portera ès lieux où il luy sera montré. Faict et adjugé en lad. salle de l'Arcenac, led. jour vingt trois^me dud. mois de décembre aud. an mil six cens huict.

Par devant les notaires et garde nottes du Roy, nostre Sire, en son Ch^tel de Paris, soubz^nez, fut présent Jehan de La Lande[1], jardinier du Roy, demeurant à Sainct Germain en Laye, lequel a recongneu et confessé et par ces présentes confesse avoir promis et promect au Roy nostre Sire, stippullant pour Sa Ma^té noble homme Jehan de Fourcy, sieur de Checy, conseiller du Roy en son Conseil d'Estat, intendant des bastimens de Sa Ma^té, et en la présence de noble homme André Bérard, sieur de Maisonselles, contrerolleur des jardins du Roy, de faire la fourniture et façon du plant des palissades de boys sauvaige dans la place et pré qui se trouve entre le petit boys du chasteau de Sainct Germain en Laye du costé du villaige du Pecq, et le mur de l'auticourt du chasteau contre le jeu de paulme du vieil chasteau, et de rayonner des deux costez des allées au pourtour de lad. place et lieux, le tout suivant et conformément à l'affiche dont coppie est cy devant escripte, de laquelle led. de La Lande dict avoir eu communicquation; plunter de thoise en thoise un grand charme de quatre à cinq poulces de tour et de six piedz de hault pour faire marque, entre lesquelles marques led. de La Lande mettra douze moyens charmes de quatre piedz de hault et le pied d'iceulx garny de même plant dud. charme; remplir les rigolles de la meilleure terre qui se trouvera dans le boys et de faire des aplanissemens et arrachemens d'espines et trouesnes suivant et ainsy qu'il est porté par lad. affiche. A commancer à y travailler présentement et le tout rendre faict et parfaict bien et deuement comme dict est, dedans le quinz^me jour de febvrier prochain.

Et ce moyennant et à raison de trente cinq sols tournois pour chacune thoise desd. palissades, qui est le pris à quoy lesd. ouvraiges luy ont esté adjugez comme moings disant et rabaissant, et trente livres tournois pour l'aplanissement desd. terres massives. Lesquelz pris seront payez aud. de la Lande au feur et à mesure qu'il travaillera, par le trésorier des bastimentz du Roy estant en exercice, suivant les ordonnances qui luy en seront à ceste fin expediées. Promettans... Obligeans chacun en droict soy et led. de la Lande corps et biens comme pour les propres affaires du Roy... Renoncent...

Faict et passé en la maison dud. sieur de Fourcy, fors par led. sieur de Maisonselles au pallais des Thuilleries, l'an mil six cens neuf, le seize^me jour de janvier, avant midy.

FOURCY, BÉRARD, DELALANDE, DE ROSSIGNOL, FOURNYER.

---

[1] Jean de La Lande était déjà, en 1596, «jardinier du Roi en son verger de St Germain en Laye». Il avait épousé Judith Herbin que nous croyons être la fille du sergent royal Noël Herbin, dénommé plus haut, laquelle, veuve en 1624, obtint du Roi de conserver son logement au château de St Germain. Baptiste de La Lande, leur fils aîné, qui avait eu la survivance de son père le 29 juillet 1615, lui succéda dans sa charge de jardinier du Roi, moyennant payement à sa mère d'une «récompense» de 2.800^ll et d'une pension annuelle de 150^ll sa vie durant. Ses gages étaient alors de 1.300^ll et furent portés le 12 mars 1632 à 1.600^ll par an (Arch. nat., O^1 1046).

CX. — 5 FÉVRIER 1609. — 228.

Jardins. — Établissement de «palissades» de bois de genièvre (en remplacement des cyprès morts par suite des gelées), au pourtour de huit grands carrés du jardin neuf du Palais des Tuileries et de la grande galerie du Louvre; réfection des parterres et des allées.

Marché passé avec Claude Mollet, jardinier ordinaire du Roi, à Paris, déclaré adjudicataire le 23 décembre 1608, moyennant le prix de 22 s. 6 d. pour chaque toise de «palissades»; la somme de 182 ₶ pour la réfection des parterres et des allées, et celle de 345 ₶ pour l'arrachement des cyprès.

L'an mil six cens huict, le vingt trois.ᵐᵉ jour de décembre, deux heures de relevée, en la salle de l'Arcenac du Roy, à Paris, devant nous, Jehan de Fourcy, sieur de Chécy, conseiller du Roy en son Conseil d'Estat, intendant des bastimens de Sa Maᵗᵉ et en la présence de André Berard, sieur de Maisoncelles, controrolleur des jardins du Roy, a esté procédé au bail au rabais et moings disant, à l'extinction du feu des chandelles, en la manière accoustumée, des ouvraiges mentionnez en l'affiche dont coppie est cy après transcripte, en la forme et manière qui ensuict :

De par le Roy

Et monseigneur le duc de Sully, pair et grand voyer de France, superintendant et ordonnateur des bastimens de Sa Maᵗᵉ.

On faict assavoir que le mardi vingt troisᵐᵉ jour de décembre mil six cens huict, heure d'une heure attendant deux, après midy, en la salle de l'Arcenac du Roy, à Paris, par devant mond. seigneur le duc de Sully, pair de France, superintendant et ordonnateur desd. bastimens, et le sieur de Fourcy, intendant d'iceulx, seront baillez et adjugez au rabais et moings disans, à l'extinction du feu des chandelles en la manière accoustumée, les ouvraiges cy après déclarez, assavoir :

Les palissades de bois de genièvre que Sa Maᵗᵉ veult estre plantées au pourtour de huict grands carrez du jardin neuf, en la fasse de son pallais des Thuilleries et de la grande gallerie de son chasteau du Louvre; le plant desquelles palissades aura ung pied de hault ou environ hors terre et sera planté à double rang espassé de six poulces l'un de l'autre, les brins se touchans l'un l'autre ainsy que l'on plante ordinairement les grandes bordures et palissades, le tout contenant environ huict cens thoises courantes.

Et auparavant que l'entrepreneur puisse travailler aux susd. ouvraiges, il fouillera et parachèvera à ses despens les grandes palissades de ciprès cy devant plantez au pourtour des compartimens, à présent morts par la rigueur du froid et grande gelée de l'hiver dernier.

Seront lesd. huict grandz carrez ou parterres cy-dessus, labourés et plantés avec plant de buys et rue en forme de compartimens de broderies, suivant et conformément aux desseings qui en ont esté resolus et arrestés par Sa Maᵗᵉ et mond. seigneur le duc de Sully; lequel plant de buys et rue sera pris et arraché dans les grands carrez et parterres à présent plantés aud. jardin et, s'il ne suffist, en sera fourny par l'entrepreneur ce qui en deffauldra, jusques à la perfection dud. ouvraige.

En faisant lequel plant cy-dessus, tant desd. palissades que compartimens, il arrivera qu'à cause du changement de desseing et alignement, les vieilles allées se trouveront en partie dans lesd. carrez, lesquelles ont esté cy devant remplies et haulsées de gravois et sable; sera led. entrepreneur tenu de vuider et transporter lesd. gravois et sable dans les nouvelles allées, et, au lieu desd. gravois, remplir le vuide de bonne terre pareille à celle desd. carrez et propre à faire led. plant, puis ressabler lesd. nouvelles allées où il sera besoing.

Pour arrouser et mouiller le plant cy-dessus tant desd. palissades que compartimens de broderie en la saison qui se requierra, led. entrepreneur fera venir à ses despens de l'eaue de rivière.

Tous lesquels ouvraiges cy-dessus iceluy entrepreneur sera tenu de bien et deuement faire au dire d'ouvriers et gens à ce congnoissans, suivant les desseings et devis cy devant mentionnez et rendre le tout vif trois ans après. Led. plant faict tant des palissades que parterres et ce qui se trouvera mort d'année à autre, sera repeuplé et garny jusques en fin desd. troys années.

Et seront toutes personnes receues à moings dire et rabaisser le pris desd. ouvraiges, à la charge d'iceulx faire et parfaire dans⁽¹⁾ en baillant caution pour l'accomplissement de ce que dessus.

⁽¹⁾ Lacune dans le texte.

L'an mil six cens huict, le vingt deux^{me} décembre, je, Thomas de Bonigalle, premier huissier pour le Roy de son Trésor, soubz^{gé}, certiffie avoir mis et apposé aultant de la présente affiche contre les portes des jardins du Pallais des Thuilleries, Chasteau du Louvre, Arcenac du Roy, Hostel de Ville, aux deux bouts du Pont Neuf et au bas de la montée de la chambre du Trésor. Ad ce qu'aulcun n'en prétende cause d'ignorance; ès présences de Simon Morand, Dimanche Notte et Nicolas Chauvelot, tesmoings. Ainsy signé : de Bonigalle.

Et led. jour vingt trois^{me} dud. mois de décembre aud. an mil six cens huict, en lad. salle de l'Arcenac, se seroient trouvez plusieurs entrepreneurs, en la présence desquels aurions par led. Bonigalle faict lire l'affiche dont coppie est cydevant escripte, leur faisant entendre que les ouvraiges y mentionnez estoient à bailler au rabais et moings disans, scavoir : la thoise desd. palissades sur le pris de trente sols tournois; la façon et accommodement de chacun des parterres, sur le pris de deux cens livres pour chacun d'iceulx, et l'arrachement desd. ciprès selon qu'il est spécifié par lad. affiche, sur le pris de troys cens soixante livres. Et entre autres desd. entrepreneurs seroit comparu Pierre Nepveu, jardinier, demeurant ès Faulxbourgs Sainct Honoré, qui auroict mis au rabais la thoise desd. palissades à vingt huict sol; par Jehan Herny, aussy jardinier, demeurant esd. fauxbourgs, à vingt six sols; après lequel rabais aurions faict alumer la première chandelle et limité le rabais à deux sols, laquelle se seroit esteincte sans rabais; au moyen de quoy aurions faict alumer la deux^{me} chandelle, sur le feu de laquelle seroit comparu Claude Moulet qui auroict mis au rabais la thoise d'icelles palissades à vingt cinq sols tournois et depuis, aurions faict alumer la trois^{me} chandelle et limité le rabais à deux sols, qui se seroit esteincte sans rabais; ce que voyans, aurions interpellé led. Moulet d'en faire meilleur pris, lequel Moulet auroict mis lesd. palissades à vingt deux sols six deniers la thoise, à la charge de faire aller un thuyau d'eaue dans led. jardin.

Pour le regard des parterres et restablissement des nouvelles allées dud. jardin, seroit comparu led. Nepveu, qui les auroict mis au rabais à cent quatre vingz quatorze livres chacun sur le feu de la première chandelle, par led. Moulet à cent quatre vingt huict livres. Après laquelle aurions faict alumer la deux^{me} chandelle, qui se seroit esteincte sans rabais, et, depuis icelle, aurions faict alumer la troisiesme chandelle, durant le feu de laquelle led. Moulet auroict mis lesd. parterres et restablissement desd. nouvelles allées dud. jardin à cent quatre vingtz deux livres chaque.

Et pour l'arrachement des ciprès, seroit comparu led. Moulet, qui les auroict mis à trois cents cinquante livres, en ensuivant lequel rabais aurions faict alumer la première chandelle et limité le rabais à cent solz, laquelle se seroit esteincte sans rabais; à cause de quoy aurions faict alumer la deux^{me} chandelle, sur le feu de laquelle led. Moulet auroict mis au rabais l'arrachement desd. ciprès à trois cens quarante cinq livres, et ayant faict alumer la trois^{me} chandelle, se seroit esteincte sans rabais.

Et voyant que sur tous lesd. ouvraiges cy-dessus spécifiés ne se seroit présenté autres personnes pour les mettre au rabais et que led. Moulet nous auroit requis de luy adjuger iceulx, Nous, aud. Moulet, comme moings disant et dernier rabaissant, avons adjugé, baillé et délivré, adjugeons, baillons et délivrons lesd. ouvraiges mentionnez en lad. affiche dont coppie est cy devant escripte, moyennant, assavoir : pour chacune thoise desd. palissades, vingt deux sols six deniers; pour l'accommodement de chacun des parterres et restablissement des nouvelles allées dud. jardin, cent quatre vingts deux livres et pour l'arrachement desd. ciprès trois cens quarante cinq livres: le tout aux charges portées par lad. affiche. Faict et adjugé en lad. salle de l'Arcenac, led. jour vingt trois^{me} dud. moys de décembre aud. an mil six cens huict. Signé : Moulet.

Par devant les notaires et garde nottes du Roy, nostre Sire, en son Ch^{let} de Paris, soubzsignés, fut présent Claude Moulet⁽¹⁾, jardinier ordinaire du

---

⁽¹⁾ Dans son ouvrage posthume, paru en 1652, sous le titre de *Traité des plans et jardinages*, Claude Mollet (qui signait Cl. Moullet) parle de ces palissades de cyprès qui «estoient bien les plus belles pallissades qu'il y eust en France; mais les injures du grand hyver qui survint en l'année mil six cens huict me firent mourir toutes mes pallissades de cyprès, ce qui apporta un grand mécontentement au Roy». De même qu'Henri IV, Louis XIII appréciait «les bons, fidelles et agréables services que Claude Mollet, son jardinier ordinaire de son jardin devant son pallais des Thuilleries, du costé de la ville de Paris, a depuis longtemps rendus dans sondict jardin, pour l'entretenement duquel il est tenu fournir à ses despens des jardiniers, manœuvres, repeuplement de plants des compartimens et palissades.» Pour recognoistre ces services, il donna, le 26 mai 1630, à son fils (également prénommé Claude), un brevet de retenue «de la charge de son jardinier de sond. jardin devant son palais des Thuilleries, au lieu, place et à la survivance dud. Mollet, son père» (Arch. nat., O¹ 1046). Claude Mollet, le père, avait épousé Claude Martigny, qui

SURINTENDANT DES BÂTIMENTS.

Roy, demeurant derrière l'Eglise Sainct Thomas du Louvre, lequel a recongneu et confessé et, par ces présentes, confesse avoir promis et promect au Roy, nostre sire, stippullant pour Sa Ma^{té} noble homme Jehan de Fourcy, sieur de Cheey, con^{er} du Roy en son Conseil d'Estat, intendant des bastimens de Sa Ma^{té}, à ce présent, et en la présence de André Berard, sieur de Maisoncelle, controrolleur des jardins du Roy, de faire les palissades de bois de genièvre que Sa Ma^{té} veult estre plantées au pourtour des huict grands carrez du jardin neuf en la face de son pallais des Thuilleries et de la grande gallerie de son chasteau du Louvre, et auparavant que de travailler ausd. palissades, faire les arrachemens des ciprès cy devant plantez au pourtour des compartimens, à présent morts par la rigueur du froid et grande gelée de l'hiver dernier; labourer lesd. huict grands carrez ou parterres et y planter autres plants de buys et rue en forme de compartimens de broderie; plus de vuider les gravois et sable des vieilles allées qui se trouveront en partie dans lesd. carrez et les transporter dans les nouvelles allées et au lieu desd. gravois, remplir le vuide de bonne terre pareille à celle desd. carrez et propre à faire led. plant, puis restablir lesd. nouvelles allées où il sera besoing; le tout suivant et conformément à l'affiche dont coppie est cy devant escripte et aux charges y déclarées, de la-

quelle affiche led. Moulet dict avoir eu communication. A commancer à y travailler présentement et le tout rendre faict et parfaict bien et deuement comme dict est, dans la fin du moys de mars prochain.

Et ce moyennant, assavoir : pour chacune thoise desd. palissades, vingt deux sols six deniers tournois; pour l'accommodement de chacun desd. parterres et restablissement desd. nouvelles allées dud. jardin, cent quatre vingts deux livres; et pour l'arrachement desd. ciprès, trois cens quarante cinq livres tournois, qui sont les pris à quoy lesd. ouvraiges ont esté adjugez aud. Moulet, comme moings disant et dernier rabaissant, ainsy qu'il a dict. Lesquelz pris luy seront payez, au feur et à mesure qu'il travaillera, par les Trésoriers desd. Bastimens, suivant les ordonnances qui luy en seront à ceste fin expédyées. Promectans... Obligeans chacun en droict soy et led. Moulet corps et biens, comme pour les propres affaires du Roy... Renonceant...

Faict et passé en la maison dud. sieur de Fourcy, fors par led. sieur de Maisoncelles au pallais des Thuilleries, l'an mil six cens neuf, le cinq^{me} jour de febvrier, avant midy.

FOURCY, BERARD, C. MOULLET, DE ROSSIGNOL, FOURNYER.

CXI. — 5 FÉVRIER 1609. — 229.

JARDINS. — FOURNITURE ET PLANTATION DE QUATRE CENTS PIEDS D'ARBRES FRUITIERS À NOYAU, DANS LE JARDIN NEUF DU PALAIS DES TUILERIES, ET ENTRETIEN DE LADITE PLANTATION PENDANT TROIS ANS. MARCHÉ PASSÉ AVEC PIERRE NEPVEU, JARDINIER À PARIS, DÉCLARÉ ADJUDICATAIRE, LE 23 DÉCEMBRE 1608, MOYENNANT LE PRIX DE QUINZE SOLS TOURNOIS POUR CHAQUE PIED.

L'an mil six cens huict, le vingt trois^{me} jour de décembre, deux heures de relevée, en la grande salle de l'Arcenac du Roy, à Paris, devant nous, Jehan de Fourcy... (*même formule qu'à l'acte qui précède*) sera baillé et adjugé au rabais et moings disans, à l'extinction du feu des chandelles, en la manière accoustumée, la fourniture d'arbres cy après déclarez, assavoir :

La quantité de quatre cens piedz d'arbres fruictiers à noyau, de toutes sortes et des meilleures qui se pourront trouver, que Sa Ma^{té} veult estre plantez en son jardin neuf, en la face de son pallais

des Thuilleries, aux lieux et endroicts marquez et désignez par le desseing qui en a esté résolu par Sad. Ma^{té} et mond. seigneur le duc de Sully, sçavoir dans les angles biais, triangles et boutz tant du grand compartiment des grands carrez du meillieu dud. jardin, que aux environs où il se trouve nécessaire.

Pour arrouser et mouiller lesd. arbres fruictiers en la saison qui se requerra, l'entrepreneur fera venir à ses despens de l'eaue de rivière.

Tous lesquelz arbres iceluy entrepreneur sera tenu de planter ès lieux et endroicts et suivant le desseing, et rendre le tout vif trois ans après le plant; et ce qui se trouvera mort desd. arbres fruictiers d'année à autre, sera repeuplé et regarny jusques en fin desd. troys années.

---

fut marraine, à Saint-Roch, le 12 mars 1613 (cf. *Dict. de Jal*) du célèbre André Le Nostre; le parrain était André Bérard qui figure dans le présent acte.

Et seront toutes personnes receues à rabaisser le pris d'iceulx en baillant caution pour l'accomplissement de ce que dessus.

(*Suit le certificat d'affichage semblable à celui de l'acte qui précède.*)

Et led. jour vingt trois.me dud. mois de décembre mil six cens huict, en lad. salle de l'Arcenac, se seroient trouvez plusieurs entrepreneurs, en la présence desquels aurions par led. Bonigalle faict lire l'affiche dont coppie est cy devant escripte, leur faisant entendre que les ouvraiges y mentionnez estoient à bailler au rabais et moings disans sur le pris de vingt cinq sols chacun pied desd. arbres. Où seroict comparu Pierre Nepveu, jardinier, demeurant ès fauxbourgs Sainct Honoré, qui auroict mis la fourniture desd. arbres au rabais à vingt sols chacun pied d'iceulx, sur le feu de la première chandelle; par Claude Moulet, sur le feu de la deux.me chandelle, à dix huict sols; par led. Nepveu à seize sols, et, sur ce, aurions faict alumer la troisiesme chandelle, sur le feu de laquelle led. Nepveu auroict mis au rabais la fourniture desd. arbres à quinze sols chacun, et d'aultant qu'il ne se seroict présenté autres rabaissans, et que led. Nepveu nous auroict requis de luy adjuger la fourniture desd. arbres fruictiers, Nous, aud. Nepveu, comme moings disant et dernier rabaissant, avons adjugé, baillé et délivré, adjugeons, baillons et délivrons la fourniture de lad. quantité d'arbres fruictiers mentionnez en lad. affiche, moyennant et à raison de quinze sols pour chacun pied desd. arbres et aux charges contenues en lad. affiche. Faict et adjugé led. jour vingt trois.me dudit mois de décembre aud. an mil six cens huict. Ainsy signé : Nepveu.

Par devant les notaires et gardenottes du Roy nostre Sire en son Ch.let de Paris soubz.nes, fut présent Pierre Nepveu jardinier, demeurant ès fauxbourgs S.t Honoré, lequel a recongneu et confessé et, par ces présentes, confesse avoir promis et promect (*même formule qu'à l'acte qui précède*) de faire la fourniture de quatre cens piedz d'arbres fruictiers à noyau, de toutes sortes et des meilleures qui se pourront trouver, que Sa Ma.té veult estre plantez en son jardin neuf, en la face de son pallais des Thuilleries, aux lieux et endroicts marquez et désignez par le desseing qui en a esté résolu par Sad. M.té et mond. seigneur le duc de Sully, sçavoir : dans les angles biais, triangles et boutz tant du grand compartiment des grands carrez du meilleu dud. jardin, que aux environs où il se trouve nécessaire; faire venir de l'eaue de rivière à ses despens pour arrouser et mouiller lesd. arbres fruictiers; iceulx planter ès lieux et endroicts et suivant led. desseing et rendre le tout vif trois ans après led. plant. Et ce qui se trouvera mort desd. arbres fruictiers d'année à autre le repeupler et regarnir jusques en fin desd. trois années. Le tout comme le contient l'affiche dont coppie est cy devant escripte, de laquelle led. Nepveu dict avoir eu communication. A commancer à y travailler présentement, et le tout rendre faict et parfaict bien et deuement, au dire d'ouvriers et gens à ce congnoissans, dans la fin du mois de mars prochain.

Et ce, moyennant et à raison de quinze solz tournois pour chacun desd. arbres fruictiers, qui est le pris à quoy ilz ont esté adjugez aud. Nepveu, ainsy qu'il a dict; lequel pris luy sera paié, au feur et à mesure qu'il travaillera, par les Trésoriers desd. bastimens, suivant les ordonnances qui luy en seront à ceste fin expédiées. Promectans... Obligeans chacun en droict soy et led. Nepveu corps et biens, comme pour les propres affaires du Roy... Renonceant...

Faict et passé en la maison dud. sieur de Fourcy, fors par led. sieur de Maisoncelles au pallais des Thuilleries, l'an mil six cens neuf, le cinq.me jour de febvrier, avant midy.

Fourcy, Bérard, P. Nepveu, de Rossignol, Fournyer.

CXII. — 12 FÉVRIER 1609. — n°30.

Jardins. — Remplacement, au jardin des Tuileries, des hautes "palissades" de buis et cyprès par du petit buis, troësne et rüe, au pourtour et à la croisée du grand parterre où est un cadran porté sur trois marches de pierres, en forme ronde, près le logis du sieur de Congis; labourage et nivellement dudit parterre pour le planter comme dessus avec le "compartiment" conforme au dessin arrêté par le Roi.
Marché passé avec Jean Le Nostre, maître jardinier à Paris, demeurant au Palais des Tuileries, déclaré adjudicataire le 9 février 1609, moyennant la somme de huit cents livres tournois.

L'an mil six cens neuf, le neufiesme jour de febvrier, deux heures de relevée, en la grande salle de l'Arcenac du Roy, à Paris, devant nous, Jehan de Fourcy, sieur de Checy, conseiller du Roy en son Conseil d'Estat, intendant des bastimens de Sa Ma^té, et en la présence de Jehan de Donon, conseiller du Roy et contrerolleur général desd. bastimens, et de André Berard, sieur de Maisoncelle, contrerolleur des jardins du Roy, a esté procedé au bail au rabais et moings disans, à l'extinction du feu des chandelles, en la manière accoustumée, des ouvraiges contenuz en l'affiche dont coppie est cy après transcripte, en la forme et manière qui ensuict :

De par le Roy

Et Monseigneur le duc de Sully, pair et grand voyer de France, superintendant et ordonnateur des bastimens de Sa Ma^té:
On faict assavoir que le lundy neufiesme jour de Febvrier, au présent mil six cens neuf, en la grande salle de l'Arcenac du Roy, à Paris, par devant mond. seigneur le duc de Sully et le sieur de Fourcy, intendant desd. bastimens, sera baillé au rabais et moings disant à l'extinction du feu des chandelles, en la manière accoustumée, les ouvraiges cy après déclarez, assavoir :
Le desfrichement et arrachement des haultes palissades de buys et vieilz ciprès, estant au pourtour et croisée d'un grand parterre, contenant trente quatre thoises de long sur trente thoises de large ou environ, que Sa Ma^té a commandé estre planté en la présente année de petit buys, troesne et rüe, dans son jardin des Thuilleries au meilleu duquel est ung quadran porté sur troys marches de pierres en forme ronde, près le logis du sieur de Congis;
Après lequel défrichement, sera led. parterre labouré à vifve jaulge, et porter les terres d'un costé à l'autre pour le rendre à niveau et planté comme dessus, avec le compartiment conformément au desseing qui en a esté résolu et arresté par Sa Ma^té. Et pour ce faire, fournira l'entrepreneur de tout plant à ce nécessaire, lequel il entretiendra et rendra vif dans trois années consécutifves après qu'il aura iceluy planté et accommodé bien et devement au dire de jardiniers et gens à ce congnoissans, qui sera dans le jour de Pasques prochain; et pour l'accomplissement de ce que dessus bailler caution.
Et seront toutes personnes receues à moings dire et rabaisser sur le pris de [1]   .

L'an mil six cens neuf, le septiesme jour de febvrier, je, Thomas de Bonigalle, premier huissier pour le Roy de son Trésor, soubzsigné, certiffie avoir mis et apposé aultant de la présente affiche contre les portes des jardins du Pallais des Thuilleries, chasteau du Louvre, Arcenac du Roy, Hostel de Ville, aux deux bouts du Pont Neuf et au bas de la montée de la chambre du Trésor, ad ce qu'aulcun n'en prétende cause d'ignorance; en présence de Simon Morand et Nicolas Chauvelot, tesmoings. Signé de Bonigalle.
Et led. jour, neufiesme dud. mois de febvrier, aud. an mil six cens huict (sic) en lad. salle de l'Arcenac, se seroient trouvez plusieurs entrepreneurs ausquels aurions faict scavoir que les ouvraiges mentionnez en l'affiche dont coppie est cy devant escripte estoient à bailler au rabais et moings disans, où seroit comparu Jehan Le Nostre, maistre jardinier, qui les auroict mis à pris à quinze cens livres tournois, par Fiacre Jacquelin à 1,480^ll, par led. Jacquelin à 1,460^ll, par Benoist Petit à 1,445^ll, par Guillaume Mexy à 1,440^ll, par led. Le Nostre à 1,200^ll, par led. Petit à 1,150^ll, par led. Fiacre Jacquelin à 1,100^ll, par Jehan Lebouteau à 1,080^ll, par led. Le Nostre à 1,000^ll, par led. Petit à 950^ll, par led. Le Nostre à 900^ll,

[1] Lacune dans le texte.

et encores depuis par led. Le Nostre à huict cens livres; et voyant que personne ne vouiloit plus mettre au rabais lesd. ouvraiges, aurions faict allumer la première chandelle et le rabais limité à dix livres, laquelle se seroict esteincte sans rabais, la deux*me* alumée qui se seroict aussy esteincte sans rabais, la troisiesme chandelle pareillement alumée, qui semblablement se seroict esteincte sans rabais, tellement que lesd. ouvraiges seroient demeurez aud. Le Nostre, comme dernier rabaissant, au moien de quoy et qu'il nous auroit requis de luy adjuger lesd. ouvraiges, Nous, aud. Jehan Le Nostre, comme moings disant et dernier rabaissant, avons adjugé, baillé et délivré, adjugeons, baillons et délivrons lesd. ouvraiges mentionnez en lad. affiche dont coppie est cy-devant escripte, moyennant la somme de huict cens livres tournois, et ce aux charges et conditions portées par icelle affiche. Faict et adjugé en lad. salle de l'Arcenac, led. jour neufiesme dud. mois de febvrier aud. an mil six cens neuf. Ainsy signé : Jehan Le Nostre.

Par devant les notaires et garde nottes du Roy nostre Sire, en son Ch[let] de Paris, soubzsignez, fut présent Jehan Le Nostre, maistre jardinier à Paris, demeurant au pallais des Thuilleries[1], lequel a recongneu et confessé et, par ces présentes, confesse avoir promis et promect au Roy nostre Sire, stippullant pour Sa Ma[té] noble homme Jehan de Fourcy, sieur de Chocey, conseiller du Roy en son Conseil d'Estat, intendant des bastimens de Sa Ma[té], et en la présence de nobles hommes Jehan de Donon, conseiller du Roy et controlleur général desd. bastimens, et André Berard, sieur de Maisoncelle, controrolleur des jardins du Roy, de desfricher et arracher les haultes palissades de buis, vieils ciprès estans au pourtour et croisée d'un grand parterre contenant trente quatre thoises de long sur trente thoises de large ou environ, que Sa Ma[té] a commandé estre planté en la présente année de petit buis, troesne et rüe, dans son jardin des Thuilleries, au meilleu duquel est à présent ung quadran porté sur trois marches de pierre en forme roude, près le logis du sieur de Congis.

Et après avoir desfriché lesd. palissades, labourer led. parterre à vifve jaulge et porter les terres d'un costé à l'autre pour le rendre à niveau et planté comme dessus, avec le compartiment conformément au dessing qui en a esté résolu et arresté par Sa Ma[té].

Et pour ce faire, fournira led. Le Nostre de tout plant à ce nécessaire lequel il entretiendra et rendra vif durant trois années consécutives après qu'il aura iceluy planté et accomodé bien et deuement au dire de jardiniers et gens à ce conguoissans, le tout suivant et ainsy qu'il est porté par l'affiche dont coppie est cy-devant escripte, de laquelle led. Le Nostre dict avoir eu communication. A commencer à y travailler présentement, et le tout rendre faict et parfaict, bien et deuement comme dict est, dedans le quinze[me] mars prochain.

Et, moyennant la somme de huict cens livres tournois, qui est le pris à quoy lesd. ouvraiges ont esté adjugés audict Le Nostre comme moings disant et dernier rabaissant, ainsy qu'il a dict. Laquelle somme de huict cens livres tournois luy sera payée au feur et à mesure qu'il travaillera, par les Trésoriers desd. bastimens, suivant les ordonnances qui luy en seront à ceste fin expedyées. Promectans… Obligeans chacun en droict soy et led. Le Nostre corps et biens, comme pour les propres affaires du Roy… Renonceant…

Faict et passé assavoir : par lesd. sieurs de Fourcy et de Donon en leurs maisons, par led. sieur de Maisoncelle, au pallais des Thuilleries, et par led. Le Nostre ès estudes des notaires, l'an mil six cens neuf, le douziesme jour de febvrier, après midy.

FOURCY, DE DONON, BERARD, JEHAN LE NOSTRE, DE ROSSIGNOL, FOURNYER.

---

[1] Jean Le Nostre avait épousé Marie Jacquelin, parente de Fiacre, dénommé au présent acte; de ce mariage naquit, le 12 mars 1613, André Le Nostre, qui eut pour parrain le controlleur des Jardins André Bérard, et pour marraine Claude Martigny, femme de Claude Mollet (cf. Acte CX). Une sœur d'André Le Nostre, Françoise, épousa, le 16 février 1631, Simon Bouchard, autre jardinier des Tuileries.

Par brevet du 25 janvier 1637 Louis XIII accorda, en ces termes, à André Le Nostre la survivance de la charge de son père : « Pour le bon et louable rapport qui nous a esté faict de la personne de nostre cher et bien aimé André Le Nostre… à iceluy… donnons l'estat et charge de jardinier de nos jardins des Tuilleries, que tient et exerce à présent Jean Le Nostre, son père, lequel s'en est démis en faveur de son fils, à condition, toutesfois de survivance… » (Arch. nat., O¹ 1046).

CHAPITRE IV.

TRAVAUX D'ENTRETIEN DES PALAIS ET DES RÉSIDENCES ROYALES ET FOURNITURES DIVERSES.

CXIII. — 17 MARS 1603. — 93.

Marchés de fournitures et d'entretien. — Fourniture de gros fer à la livre, comme ancres, harpons, tirants, platebandes, trémies, corbeaux, pour les maçonneries des bâtiments du Louvre, des Tuileries, de Saint-Germain-en-Laye.
Marché passé avec Denis Lemoine, maître serrurier à Paris, déclaré adjudicataire, le même jour, moyennant le prix de dix-huit deniers tournois par livre.

L'an mil six cens troys, le dix sept.me jour de mars, devant nous, Maximilian de Bethune, marquis de Rosny, conseiller du Roy en ses Conseils d'Estat, grand maistre et cappitaine général de l'Artillerie, superintendant des finances, fortifications et bastimens de Sa Ma.té: Jehan de Fourcy, sieur de Chocy, conseiller du Roy, tresorier général de France, intendant desd. bastimens, et en la présence de Jehan de Donon, conseiller de Sad. Ma.té et contrerolleur général desd. bastimens, heure d'une heure attendant deux de relevée, en la grande salle de l'Arcenac du Roy, à Paris, suivant les publications, proclamations et affiches contenant le devys des ouvraiges qui estoient à bailler au rabais, cy après transcript, y avons procédé ainsy qu'il s'ensuict:

De par le Roy

On faict assavoir que le lundi dix sept.me jour du mois de mars, heure d'une attendant deux heures de relevée, en l'Arcenac du Roy à Paris, par devant Monsieur le marquis de Rosny, grand maistre et surintendant de Sa Ma.té ès chasteaux du Louvre, pallais des Thuilleryes, S.t Germain en Laye, et le sieur de Fourcy, intendant desd. bastimens, seront baillés et adjugez au rabais, au feu et chandelles estainctes, les ouvraiges de gros fer à la livre, comme ancres, harpons, tirans, plattes bandes, tremyes, corbeaux et autres ouvraiges de fer nécessaire aux maconneryes desd. bastimens, et ce sur le prix de vingt deniers tournois chacune livre dud. fer qui sera livré et employé à la Grande Gallerye,

pallais des Thuilleryes, Madricq et Sainct Germain en Laye, et le tout de bon fer, loyal et marchant. Et led. jour dix sept.me dud. moys de mars, à lad. heure, se seroient trouvez plusieurs entrepreneurs ausquels aurions faict entendre le contenu en lad. affiche et icelle faict lire, et publier que lesd. ouvraiges estoient à bailler au rabais et moings disans.

Lesquels ouvraiges auroyent esté mis au rabais par Denis Le Moyne, à dix huict deniers la livre de fer; et après que personne n'a voulu faire rabais, nous avons faict allumer trois chandelles, et ayant faict allumer la première chandelle et icelle estaincte n'a esté faict aucun rabais, nous avons faict allumer la deuxiesme chandelle où n'a aussy esté faict aucun rabais, et depuis avons faict allumer la trois.me chandelle et faict entendre que c'estoict la dernière chandelle et quiconques vouldroict mettre lesd. ouvraiges au rabais seroict receu, où n'a esté pareillement faict aucun rabais; au moyen de quoy et après lad. chandelle estaincte, nous avons aud. Le Moyne adjugé lesd. ouvraiges de gros fer cy dessus déclaré pour led. prix de dix huict deniers la livre dud. fer.

Par devant les notaires du Roy nostre Sire en son Ch.let de Paris, soubz.nés, fut présent Denis Le Moyne, maistre serrurier à Paris, demeurant rue de La Verrerie, parroisse S.t Gervais, lequel a recongneu et confessé avoir promis et promect au Roy nostre Sire, stippullant pour Sa Majesté hault et puissant seigneur Messire Maximilian de Bethune, chevallier, sieur et marquis de Rosny, cousseiller du Roy en ses Conseilz d'Estat, grand voyer de France, superintendant des finances, fortiffications et bastimens de Sa Ma`té` et gouverneur de la ville et citadelle de Mante; noble homme Jehan de Fourcy, sieur de Checy, conseiller du Roy et tresorier général de France, intendant desd. bastimens, et aussy en la présence de noble homme Jehan de Donon, conseiller du Roy et contrerolleur général desd. bastimens, de faire et parfaire bien et deuement, au dire d'ouvriers et expers à ce congnoissaus, tous et chacun les ouvraiges de gros fer à la livre, comme ancres, harpons, tirans, platte bandes, trempes, corbeaux et autres ouvraiges de fer nécessaires aux bastimens de Sa Ma`té` cy dessus déclarés; iceluy fer livrer, porter et employer ausd. bastimens et faire en sorte que les maçons qui travailleront en iceulx ne tardent, à peyne de tous despens.

Et ce moyennant et à raison de dix huict deniers tournois pour chacune livre dud. gros fer, qui est le prix au rabays auquel il a esté adjugé aud. Le Moyne comme moings disant, comme le contient l'affiche et adjudication dont coppie est cy-devant transcripte et dont a esté faict lecture aud. entrepreneur. Lequel pris sera payé aud. entrepreneur au feur et à mesure qu'il fera lesd. ouvrages de gros fer et dessus bien et deuement comme dict est, suivant les ordonnances qui luy en seront à ceste fin expediées. Promectans... Obligeans chacun en droict soy et led. le Moyne corps et biens, comme pour les propres affaires du Roy... Renonceant...

Faict et passé en l'Arcenac du Roy à Paris, l'an mil six cens trois, le dix septiesme jour de mars, après midy.

Maximilian de Bethune, Fourcy, de Donon, Denis Lemoine, Le Vasseur, Fournyer.

CXIV. — 19 MARS 1603. — 98.

Marchés de fournitures et d'entretien. — Ouvrages de vitrerie de verre de France qui se feront dorénavant dans les bâtiments du Louvre, des Tuileries et de Saint-Germain-en-Laye.

Marché passé avec Jean Le Lièvre, maître vitrier à Paris, déclaré adjudicataire le même jour, moyennant le prix de sept sols tournois le pied de verre neuf de France.

L'an mil six cens trois, le dix neuf`me` jour de mars, devant nous, Maximilian de Bethune, marquis de Rosny, conseiller du Roy en ses Conseils d'Estat, grand maistre et cappitaine général de l'Artillerie, grand voyer de France, superintendant des finances, fortiffications et bastimens de Sa Ma`té`, Jehan de Fourcy, sieur de Checy, conseiller du Roy, intendant desdicts bastimens, et en la présence de Jehan de Donon, conseiller du Roy et contrerolleur général desd. bastimens; heure d'une heure attendant deux heures de relevée, en la grande salle de l'Arcenac à Paris, suivant les publications, proclamations et affiches, contenant le devys des ouvraiges neufves de vitrerye cy apres déclarés, avons procceddé au bail au rabais des dicts ouvraiges ainsy qu'il s'ensuict :

De par le Roy

On faict assavoir que le mardi dix neuf`me` jour de mars, heure de une heure attendant deux heures de relevée, en l'Arcenac du Roy à Paris, par devant monsieur le marquis de Rosny, grand maistre et superintendant des bastimens de Sa Majesté ès chasteaux du Louvre, pallais des Thuilleries et Sainct Germain en Laye, et le sieur de Fourcy, intendant desd. bastimens, seront baillés et adjugés au rabais au feu et chandelle estaincte, les ouvraiges neufves de vitrerye de verre de France, qui se feront doresnavant aux bastimens du Roy; à ce que toutes personnes qui vouldront faire la condition de Sa Majesté meilleure ayent à se trouver lesd. jour, heure et lieu.

L'an mil six cens troys, le dix neufiesme jour de Mars, du matin, pareilles et semblables affiches que celle cy dessus transcripte, ont esté par moy, huissier, sergent à cheval au Chastelet de Paris, soubzsigné, mises et apposées en chacun des lieux et endroicts cy après déclarés, assavoir : l'une contre la grande porte et principalle entrée du Pallais; une autre contre la porte du Parc Civil du Chastelet, une autre contre la maison vulgairement appellée l'Escriptoire des jurés maçons, scize rue des Arcis, une autre au coin de la rue et sur le port des Célestins, vis à vis de l'Arcenac, une autre contre la grande porte et principalle entrée du Chasteau du Louvre, et la sixiesme et dernière à la Porte Neufve; le tout ad ce que nul n'en prétende cause d'ignorance. Faict lesd. an et jour que dessus, présens : Thomas Le Doyennel, Estienne Martine et autres tesmoings. Ainsy signé : Le Seurre.

Et led. jour dix neuf^me mars, à lad. heure, se seroyent trouvés plusieurs entrepreneurs ausquels aurions faict entendre le contenu en lad. affiche et icelle faict lire, et proclamer que lesd. ouvraiges estoient à bailler au rabays et moings disans, lesquels ouvraiges auroyent esté mis au rabais par Jehan Le Liepvre, demeurant rue Sainct Gervays, à sept sols le pied de verre neuf de France, pied de roy à douze poulces.

Et après que personne n'a voulu mettre au rabais lesd. ouvraiges, nous avons faict allumer troys chandelles et après avoir faict allumer la première chandelle, et icelle chandelle estaincte, n'a esté faict aucun rabbais, nous avons faict allumer la deuxiesme chandelle où n'a esté aussi faict aucun rabays, et avons faict allumer la troisiesme chandelle et faict entendre que c'estoit la dernière chandelle et quiconques vouldroict mettre lesd. ouvraiges au rabais seroict receu en baillant caution, où n'a esté pareillement faict aucun rabais; au moyen de quoi et après lad. chandelle estaincte, Nous avons aud. le Liepvre adjugé lesd. ouvraiges de vitrerye pour led. prix de sept sols le pied de verre neuf de France.

Par devant les notaires du Roy nostre Sire, en son Ch^let de Paris, soubz^ses, fut présent Jehan Le Liepvre, maistre vitrier à Paris, demeurant rue du Monceau(¹), parroisse Sainct Gervays, lequel recongneu et confessé avoir promis et promect au roy nostre Sire, stipullant et acceptant pour Sa Majesté, hault et puissant seigneur Messire Maximilian de Bethune, chevallier, sieur et marquis de Rosny, Conseiller du Roy en son Conseil d'Estat, Grand Voyer de France, Superintendant des Finances, Fortifications et Bastimens de Sa Ma^té et Gouverneur de la ville et citadelle de Mante, noble homme Jehan de Fourcy, sieur de Checy, Conseiller du Roy, Trésorier général des Finances, Intendant desd. Bastimens, et aussy en la présence de noble homme Jehan de Donon, Conseiller du Roy et Controlleur général desd. Bastimens, de faire et parfaire bien et deuement, au dire d'ouvriers et experts à ce congnoissans, tous et chacuns les ouvraiges de verre de France cy dessus mentionnés, et commancer à y travailler le plus tôt que faire se pourra, sans discontinuer; et pour ce faire, fournira led. entrepreneur de verre, plomb et autres matières à ce nécessaires.

Et ce, moyennant et à raison de sept solz tournois le pied dud. verre neuf de France, lequel prix luy sera payé au feur et à mesure qu'il fera lesd. ouvraiges, par les Trésoriers généraulx des bastimens de Sa Majesté, suivant les ordonnances qui luy en seront à ceste fin expédyées. Promectans.... Obligeans chacun en droict soy et led. Le Liepvre corps et biens, comme pour les propres affaires du Roy... Renonceant...

Faict et passé en l'Arcenne du Roy à Paris, l'an mil six cens troys, le dix neuf^me jour de mars, après midy.

Maximilian de Bethune, Fourcy, de Donon. Jehan Le Lievre, Le Vasseur, Fournyer.

CXV. — 18 AVRIL 1603. — 103.

Marchés de fournitures et d'entretien. — Entretien, pendant six ans, à partir du 1er avril 1603, des couvertures d'ardoise et de tuile des bâtiments du Louvre, des Tuileries, de l'hôtel de Bourbon, du château de Boulogne dit «Madricq», du château de Saint-Germain-en-Laye, et de leurs dépendances.

Marché passé avec Rolland Le Duc, maître couvreur à Paris, moyennant la somme de mille livres par an.

Par devant les notaires du Roy en son Ch^let de Paris, soubz^ses, fut présent Rolland Le Duc, maistre couvreur à Paris, demeurant rue Bout de Brye, parroisse St Severin, lequel confesse avoir promis et promect au Roy nostre Sire, stippullant pour Sa Ma^té hault et puissant seigneur messire Maximilian de Bethune, marquis de Rosny, conseiller du Roy en ses Conseils d'Estat, grand maistre et cappitaine général de l'Artillerie, grand voyer de France, superintendant des Finances, fortifications et bastimens de Sa Ma^té, noble homme Jehan de Fourcy, sieur de Checy, conseiller de Sa Ma^té, trésorier général de France à Paris, intendant général desd. bastimens, à ce présent, et en présence de noble

(¹) Rue supprimée par la place Saint-Gervais.

homme Jehan de Donon, aussy con[er] du Roy et contrerolleur général desd. bastimens, d'entretenir à ses dépens, bien et deuement au dire d'ouvriers et gens à ce congnoissans, toutes et chacunes les couvertures d'ardoise des corps de logis vieilz et neufs du chasteau du Louvre à Paris, gros Pavillon du Roy, couverture de thuille desdits logis et pavillon; sur le portail et entrée d'icelluy; des logis des officiers en ce qui est de présent demeuré logeable, logis du fèvre à costé, logis et appentiz du jardinier, logis et despouille du jeu de paulme, sans y comprendre les galleryes, plus la couverture d'ardoise de la petite gallerye neufve dud. chasteau et grande gallerye sur la rivière pour aller au pallays des Thuilleryes, depuis lad. petite gallerye jusques de là le fossé près la porte neufve de lad. ville; et des petits logis couverts de thuille du jardinier de l'hostel de Matignon appartenant à Sad. Majesté; plus les couvertures d'ardoise des combles, pavillons et galleryes en equierre dud. pallais des Thuilleryes jusques à la contrescarpe dud. fossé, des pavillon et logis au dessus des escuryes à costé, manaiges d'icelles; les couvertures tant d'ardoise que thuille des petits logis du Roy dedans le grand jardin antien où est de présent logé le sieur de Congis, chapelle y estant, logis de la cloche et des deux jardiniers dud. jardin; plus les couvertures aussy d'ardoise et thuille des grandes et petites salles et galleryes de l'hostel de Bourbon devant led. chasteau du Louvre, grande chappelle, corps de logis, escuryes et appartenances d'icelluy et des corps de garde adossez contre led. hostel et celui de Retz; plus les couvertures d'ardoise et thuille des chappelles, logis et boutiecques de l'hostel dict les Jésuystes appartenant à Sad. Majesté où travaillent les paintres et tapissiers d'icelle; plus les couvertures d'ardoise des combles et pavillons logeables du chasteau de Boulongne dict Madricq, les pans et les deppendances d'icelluy; et les couvertures d'ardoise en appentis des galleryes érigées contre les murs au pourtour du corps du vieil chasteau de St Germain en Laye, dedans et dehors icelluy pavillon, sur la loge, dosme et pavillon au dessus de l'entrée, comble et pavillon sur le passage et pont levys pour descendre dud. chasteau au parc, le comble sur le jeu de paulme couvert et petit logis couvert de thuille de la despouille dud. jeu; ensemble les couvertures d'ardoise des combles, pavillons, chappelles, galleryes, offices et autres lieux du chasteau et bastimens neufs dudit parc.

Et ce durant le temps et espace de six années prochaines, à commencer du premier jour du présent mois d'avril, pendant lesquelles six années led. Le Duc sera tenu de restablir, repparer et entretenir à ses despens toutes lesd. couvertures tant d'ardoise que thuille des lieux et endroicts cy dessus spécifiés, en sorte qu'il ne puisse plenvoir ny thumber eaues au travers d'icelles qui peust gaster ou endommaiger les susdicts lieux ou aucuns d'iceulx. Quoy advenant et que ce soict appertement par faulte que lesd. couvertures n'auront esté soigneusement et bien deuement entretenues, il sera tenu du restablissement des dégats des paintures et autres ouvraiges, à ses despens, dommaiges et interests, à la réserve et charge toutesfois que ou il adviendroit quelques foudres et oraiges de tonnerres ou vents sur les dictes couvertures, au moyen de quoy il se trouve plus d'un pied en carré de fractures et desmolitions, qu'il en sera payé particullièrement et selon la prisée et estimation qui en sera lors faicte par ouvriers et gens à ce congnoissans.

C'est present marché et accord faicts moyennant la somme de mille livres tournois qui sera payée aud. Le Duc par chacun an aux quatre quartiers d'iceluy, esgallement, par les trésoriers des bastimens de Sad. Ma[té], durant le temps de six années, en fin desquelles il sera tenu de rendre toutes lesd. couvertures d'ardoise et thuille desd. chasteaux, maisons et lieux en bon estat et entretennement desd. repparations ordinaires, aussy au dire d'ouvriers et gens à ce congnoissans. Car ainsy... Promectans... Obligeans chacun en droict soy et led. Le Duc corps et biens, comme pour les propres affaires du Roy... Renonceant...

Faict et passé en l'Arcenac du Roy, à Paris, l'an mil six cens troys, le dix huict[me] jour d'avril, après midy.

MAXIMILIAN DE BETHUNE, FOURCY, DE DONON, R, LE DUC, LE VASSEUR, FOURNIER.

CXVI. — 18 AVRIL 1603. — 104.

Marchés de fournitures et d'entretien. — Travaux de couverture neuve à faire à la grande galerie allant du château du Louvre au Palais des Tuileries; audit Palais des Tuileries et aux châteaux de Saint-Germain-en-Laye et de Madrid, tant en 1603 que pendant les cinq années suivantes.
Marché passé avec Rolland Le Duc, maître couvreur à Paris, déclaré adjudicataire, le 8 mars 1603, moyennant le prix de 6 ᴸ 10 s. la toise de couverture d'ardoise neuve [1].

L'an mil six cens trois, le huict.ᵐᵉ jour de mars, devant nous Maximilian de Bethune, marquis de Rosny, conseiller du Roy en ses Conseils d'Estat, Grand Maistre et Cappitaine général de l'Artillerie, Grand Voyer de France et Superintendant des bastimens et fortifications, seroient venuz Léon Thomas et Gilles Le Noir (sic), maistres couvreurs à Paris, lesquels nous auroyent remonstré qu'ils avoient entendu que nous avions commission de Sa Maᵗᵉ pour faire faire tous les marchés qui seroyent nécessaires pour les bastimens, et entre autres pour faire mettre au rabais les couvertures tant du château du Louvre que autres, et qu'ils desiroient faire des offres pour le service de Sad. Maᵗᵉ. Ce que ayant par nous entendu, leur aurions faict responce que baillant leursd. offres par escript, il leur seroit faict droict ainsy qu'il seroit de raison.

Et led. jour, lesd. Thomas et Renoir seroient retournez pour nous faire entendre qu'ils avoient dressé leursd. offres par escript, nous priant les vouloir recepvoir, ce que nous aurions faict, dont la teneur ensuict :

Nous Léon Thomas, maistre des œuvres de couverture des bastimens du Roy, demeurant rue de Jouy, parroisse St Paul, et Gilles Renoir, maistre couvreur de maisons à Paris, demeurant rue des Jardins, dicte parroisse St Paul, promettons que les ouvraiges de couverture qu'il convient faire de neuf tant d'ardoise que de thuille, tant au château du Louvre que gallerie, Bourbon, chasteau des Thuilleryes, Arcenac et autres endroicts à Paris, de faire bien et deuement lesd. ouvraiges ainsy qu'ils sont accoustumés, moyennant le pris et somme de sept livres tournois pour chacune thoise, et pour le faict de la thoise de couverture de thuille manier à bout qu'il convient faire aud. Arcenac ; à fournir latte, cloud et plastre, moyennant le pris de soixante sols pour chacune thoise, et pour les entretenements des couvertures du chasteau du Louvre, Bourbon, chasteau des Thuilleryes et Sainct Germain en Laye, nous les prendrons et modérons à cent livres moins que les marchés des ouvriers qui y travaillent de présent, montant par chacun an le tout ensemble et pour l'entretenement dud. Arcenac, nous le modérons à deux cens livres tournois à quoy le couvreur qui y travaille à présent est subject suivant son marché; et promectons ainsy faire lesd. ouvraiges de couverture. En tesmoing de quoy nous avons signé le présent, à Paris, ce huictᵐᵉ mars mil six cens trois. Ainsy signé : Thomas et G. Renoir.

Et le diviesme jour de mars aud. an mil six cens troys, lesdictz Thomas et Renoir seroient de rechef venuz par devant nous, lesquelz nous auroient pryé leur vouloir accordé marché desd. couvertures suivant lesd. offres, et affin d'estre assurez sy on les voulloict accepter, nous auroyent présenté requeste dont la teneur ensuict :

A Monseigneur

Monseigneur le Marquis de Rosny,

Supplicat humblement Léon Thomas, maistre des œuvres de couverture des bastimens du Roy, et Gilles Renoir, maistre couvreur de maisons à Paris et juré dud. mestier, disans que depuis quatre ou cinq jours en ça, ils auroient laissé ung mémoire au sieur Renouard, l'un de vos Secrétaires, contenant la modération par eulx faicte des œuvres de couverture qu'il convient faire ès Bastimens du Roy, tant en son chasteau du Louvre, Arcenac de ceste ville de Paris, que autres endroicts mentionnez aud. mémoire, duquel les supplians desireroient

---

[1] L'année suivante, le 16 mars 1604, par acte passé devant les notaires Mahieu et Fournyer, Rolland Le Duc traittait avec Mathieu Fouquin, voiturier par eau à Montargis, pour lui amener de ce port jusques à celui de la Tournelle, à Paris, la quantité de soixante-trois milliers d'ardoises carrées, moyennant, pour ce transport, le prix de cinquante sols tournois par chaque millier d'ardoises comptées à raison de cent deux pour cent.

estre certains de vostre vollonté, affin de se tenir par eulx prests pour recevoir vos commandemens où il vous plaira leur commander, vous supplians très humblement de n'en préférer autres ausd. ouvraiges, attendu que lad. modération n'est venue d'autre que desd. supplians, et commander, s'il vous plaist, que affiches seront mises pour veoir si autres feront plus de modération que lesd. supplians, qui eussent cy-devant faict lad. moderation, sy affiches eussent esté mises. Quoy faisant, Monseigneur, lesd. supplians continueront le très humble service qu'ils vous ont voué. Ainsi signé : Thomas et G. Renoir. Et à costé est escript ce qui ensuict :

Soict communiqué aux entrepreneurs pour le Roy. Ainsi signé : Rosny. Et au dessoubs est aussy escript : du dixiesme mars mil six cens troys.

Et le vendredy treiz[me] jour dud. mois, estant en la grande salle de l'Arcenac, à Paris, heure de deux heures après midy, assisté de nobles hommes Jehan de Fourcy, conseiller du Roy, trésorier général de France, intendant des dicts bastimens, Jehan de Donon, contrerolleur général desd. bastimens et en leur préscence, seroient comparus lesd. Thomas et Renoir, lesquels nous auroient dict qu'ils avoient présenté requeste pour mettre au rabais lesd. couvertures, dont les entrepreneurs qui avoient commencé à travailler ausd. couvertures avoient communication, nous requéroient leur en vouloir passer marché suivant leursd. offres, ou bien faire mettre lesd. ouvraiges de couverture au rabais au feu et chandelle estaincte, ainsi qu'il est accoustumé.

A la dicte heure seroit aussy comparu Nicolas Hulot, maistre couvreur à Paris, lequel nous auroit remonstré qu'il y avoit long temps qu'il avoit faict marché desdictes couvertures, avec les sieurs commissaires[1] à ce depputez, au pris de[1] la thoise, et que sur ce marché il avoit commancé à travailler et faict provision d'ardoises et autres matières pour achever de travailler, requeroit estre préféré ausd. Thomas et Renoir, et estre receu à faire lesd. couvertures pour le mesme pris de sept livres tournois la thoise.

Sur quoy nous aurions dict aud. Hulot que pour le service de Sa Ma[té] il ne se faisoict aucune préférance, ains que s'il voulloit mettre au rabais au feu et chandelle, il seroit receu.

Et à l'instant nous avons faict allumer troys chandelles l'une après l'autre et faict crier et proclamer que lesd. couvertures estoient à bailler au rabais sur led. pris de sept livres pour chacune thoise de couverture, et, sur le feu de la pre-

[1] Lacune dans le texte.

mière chandelle, led. Hulot auroict mis rabais de cinq sols pour chacune thoise de couverture d'ardoise qui seroict faicte tant au[1] que autres bastimens de Sad. Ma[té].

Ce faict, le feu de lad. chandelle esteinct, et que personne n'a voullu mettre au rabais, nous avons faict alumer la seconde chandelle jusques à ce que le feu d'icelle aict esté esteinct, et n'est apparu aucun qui aict mis au rabais ; et, après avoir attendu, nous avons faict allumer la trois[me] chandelle et faict de rechef crier et proclamer que lesd. ouvraiges de couvertures estoient à bailler au rabais et moings disans sur le prix de six livres quinze [sols] pour chacune thoise desd. couvertures, et que c'estoict la trois[me] et dernière chandelle ; et ayant esté allumée et le feu d'icelle esteinct, et que personne n'a voullu mettre lesd. ouvraiges au rabais, nous avons icelles ouvraiges de couverture adjugées et adjugeons aud. Hullot (sauf lundy), pour le prix de six livres quinze sols pour chacune thoise qui seroict faicte à l'advenir de pareilles estoffes et façon que lesd. couvertures sont commencées ausd. bastimens, et les rendre bien et deuement faictes au dire d'ouvriers et gens à ce congnoissans. Faict les jour et an dessusdicts.

Et le landemain quatorzeiesme jour dud. mois de mars, aud. an mil six cens troys, seroict comparu devant nous Rolland Le Duc, maistre couvreur à Paris, lequel nous auroict prié et requis le vouloir recevoir à mettre rabais de cinq sols tournoys pour chacune thoise des ouvraiges de couverture d'ardoise des bastimens du Roy, qui furent le jour d'hier adjugés aud. Hullot à six livres quinze sols, et, pour ce faire, nous auroict présenté la requeste dont la teneur ensuict :

Plaise à Monseigneur de Rosny voulloir recevoir Rolland Le Duc, maistre couvreur à Paris, à mettre rabais de cinq sols tournois pour chacune thoise des ouvraiges de couverture d'ardoise des bastimens du Roy, qui furent le jour d'hier délivrez à Nicolas Hullot et Marin Moreau à six livres quinze sols tournois, attendu qu'il n'a esté mis aucunes affiches, et que led. Le Duc n'en a esté adverty. Ainsy signé : Le Duc.

Ce faict, aurions led. Le Duc receu à mettre rabays de cinq sols tournoys sur chacune thoise desd. ouvraiges dessus mentionnez et spécifiiez en l'affiche cy après transcripte :

DE PAR LE ROY

On faict assavoir que le lundy dix sept[me] jour du

[1] Lacune dans le texte.

SURINTENDANT DES BÂTIMENTS.

présent mois de mars, heure d'une attendant deux de relevée, en l'Arcenac du Roy à Paris, par devant Monsieur le marquis de Rosny, grand maistre et surintendant des bastimens de Sa Ma^té ès chasteaux du Louvre, pallais des Thuillerves et Sainct Germain en Laye, et le sieur de Fourcy, intendant desdicts bastimens, seront baillez et adjugez au rabais, au feu et chandelle estaincte, les ouvraiges de couvertures d'ardoise qu'il convient faire de neuf pour Sad. Ma^té en l'année présente mil six cens troys, sur le comble de la grande gallerye neufve allant du chasteau du Louvre au pallais des Thuilleryes et sur la longueur de quarante cinq thoises ou environ, et en ce faisant, mettre du costé de la rivière deux contrelattes par le bas et couvrir à troys poulces et demy d'eschantillon, fournir et livrer par l'entrepreneur lad. ardoise d'Angers, lattes, contrelattes, aidz de ciage et d'auvant à ce nécessaires, cloud, plastre et peyne d'ouvriers, et à la charge de mettre deux desd. contrelattes en chacun espace des chevrons desd. combles d'icelle grande gallerye, et le tout rendre bien et deuement faict et parfaict sur le pris de six livres dix sols pour chacune thoise de trente six pieds.

Lesquels ouvraiges ont esté mis au rabais par led. Rolland Le Duc à lad. somme de six livres dix sols la thoise.

Et voyant que personne n'a voullu mettre lesd. ouvraiges au rabais, nous avons faict allumer troys chandelles et, après avoir faict allumer la première chandelle, et icelle estaincte n'a esté faict aucun rabays, nous avons faict allumer la deux^me chandelle où n'a aussy esté faict aucun rabays, et depuis avons faict allumer la trois^me chandelle et faict entendre que c'estoict la dernière chandelle, et quiconques vouldroict mettre lesd. ouvraiges au rabais seroict receu, où n'a esté pareillement faict aucun rabays; au moyen de quoy, et après lad. chandelle estaincte, nous avons aud. Leduc adjugé lesd. ouvraiges cy-dessus pour led. pris de six livres dix sols la thoise de couverture d'ardoise neufve qu'il fera tant à lad. gallerie du Louvre, pallais des Thuilleryes, St Germain en Laye et chasteau de Madricq.

Par devant les notaires du Roy nostre Sire en son Chastellet de Paris, soubz^nés, fut présent Rolland Le Duc, maistre couvreur à Paris, demeurant rue du Bout de Brye, parroisse Sainct Severin, lequel a recongneu et confessé et, par ces présentes, confesse avoir promis et promect au Roy nostre Sire, stippullant et acceptant pour Sa Ma^té hault et puissant seigneur Messire Maximilian de Bethune, chevallier, sieur et marquis de Rosny, conte de Moret, baron de Sully, Conseiller du Roy en ses Conseils d'Estat et privé, Cappitaine de cent hommes d'armes de ses Ordonnances, Grand voyer, Grand Maistre et Cappitaine général de l'Artillerie, Superintendant des finances, fortifications et bastimens de Sa Ma^té et Gouverneur de la ville et citadelle de Mante, et noble homme Jehan de Fourcy, sieur de Checy, Conseiller du Roy, Trésorier général de France, Intendant desd. bastimens du Louvre, des Thuillerves et Sainct Germain en Laye, et en la présence de noble homme Jehan de Donon, Conseiller du Roy et Contrerolleur général desd. bastimens, de faire et parfaire bien et deuement, au dire d'ouvriers et gens à ce congnoissans, tous et chacuns les ouvraiges de couvertures neufves qu'il conviendra faire ceste présente année mil six cens troys et cinq années ensuivantes, sur le comble de la grande gallerye neufve du Louvre, Pallais des Thuillerves, Chasteau de St Germain en Laye et Chasteau de Madricq; et commancer à y travailler avec bon nombre d'ouvriers le plus tost que faire se pourra, et continuer sans discontinuer; et pour ce faire, fournira led. entrepreneur d'ardoise d'Angers, lattes, contrelattes et autres choses à ce nécessaires selon et ainsy qu'il est porté par l'affiche dont coppie est cy dessus escripte et de laquelle a esté faict lecture aud. entrepreneur.

Et ce, moyennant et à raison de six livres dix sols la thoise desd. ouvraiges de couvertures neufves, qui est le pris à quoy lesd. ouvraiges ont esté adjugez aud. Le Duc, comme moings disant. Lequel pris luy sera payé au feur selon et ainsy qu'il fera lesd. ouvraiges, par les Trésoriers généraulx des bastimens de Sa Ma^té, suivant les ordonnances qui luy en seront à ceste fin expédiées, des deniers qui, pour ce, luy seront destinés. Promectans... Obligeans chacun en droict soy et led. Le Duc, corps et biens comme pour les propres affaires du Roy... Renonceant...

Faict et passé aud. Arcenac du Roy, à Paris, l'an mil six cens troys, le dix huict^me jour d'apvril, après midy.

MAXIMILIAN DE BETHUNE, FOURCY, DE DONON, R. LE DUC, LE VASSEUR, FOURNYER.

CXVII. — 1ᵉʳ MAI 1609. — 233.

MARCHÉS DE FOURNITURES ET D'ENTRETIEN. — CONTINUATION, POUR UNE NOUVELLE PÉRIODE DE SIX ANNÉES, À COMMENCER DU 1ᵉʳ AVRIL 1609, DES MARCHÉS PASSÉS LE 18 AVRIL 1603 AVEC ROLLAND LE DUC, MAÎTRE COUVREUR À PARIS, POUR LA COUVERTURE DES BÂTIMENTS DU ROI.

NOUVEAU MARCHÉ PASSÉ AVEC ROLLAND LE DUC ET SES ASSOCIÉS : NICOLAS HULOT, FRANÇOIS COQUELLE ET MARIN MOREAU, MAÎTRES COUVREURS À PARIS.

Par devant les notaires et gardenottes du Roy nostre Sire, en son Ch[let] de Paris, soubz[nez], furent présens hault et puissant seigneur Messire Maximilian de Bethune, Duc de Sully, Pair de France, Conte de Dourdan, Seigneur Souverain de Boisbelle, Baron de Baugy, La Chappelle, Bruyères et Espineuil, Conseiller du Roy en ses Conseils d'Estat et privé, Cappitaine de deux cens hommes d'armes de ses Ordonnances, Grand Maistre et Cappitaine général de l'Artillerie, Superintendant des finances et bastimens de Sa Ma[té], Gouverneur et Lieutenant général pour Sad. Ma[té] en Poictou, et noble homme Jehan de Fourcy, sieur de Checy, Conseiller du Roy en son Conseil d'Estat, Intendant desd. bastimens, lesquels, en conséquence de certain bail au rabais par eulx cy devant et dès le dix huict[me] jour d'avril mil six cens troys, faict à Rolland Le Duc, maistre couvreur à Paris, pour le faict des couvertures neufves à faire sur le comble de la grande gallerye neufve du Louvre, Pallais des Thuilleries, Chasteau de Sainct Germain en Laye, Chasteau de Madric et autres lieux, pour le temps de six années finies au dernier jour de mars dernier passé, moyennant et à raison du pris cy après déclaré, et eu égard au proflict que Sad. Ma[té] reçoit aux ouvraiges desd. couvertures par le moien dud. bail au rabais, ont iceulx sieurs Duc de Sully et de Fourcy, pour et au nom de Sad. Ma[té], et en la présence de noble homme Jehan de Donon, Conseiller du Roy et Contrerolleur général d'iceulx bastimens, continué et continuent aud. Le Duc, demeurant rue Poupée[(1)], parroisse Sainct Severin, et à Nicolas Hullot, François Coquelle et Marin Moreau, aussy maistres couvreurs à Paris, demeurans scavoir : led. Hullot rue de la Verrerie, parroisse sainct Gervais; led. Coquelle rue Pastourelle, parroisse de Sainct Nicolas des Champs et led. Moreau rue au Maire, de lad. parroisse Sainct Nicolas des Champs, associez dud. Le Duc, à ce présens et acceptans, led. bail au rabais cy devant faict ainsy que dict est aud. Le Duc, pour autres six années commençantes le premier jour du présent mois d'avril, finissans à pareil jour mil six cens quinze, moyennant le pris cy après déclaré, qui est celuy porté par led. bail au rabais. En faveur de laquelle continuation de bail, lesd. Le Duc, Hullot, Coquelle et Moreau, ont promis et promectent l'un pour l'autre et chacun d'eulx seul et pour le tout, sans division, renouceans au bénéfice de division et de discussion, ausd. sieur Duc de Sully et de Fourcy, ce acceptans pour Sad. Ma[té], de faire tous et chacun les ouvraiges de couvertures neufves qu'il conviendra faire durant lesd. six années sur led. comble de lad. grande gallerie neufve du Louvre, Pallais des Thuilleries, Chasteau de Sainct Germain en Laye, Chasteau de Madry et autres lieux. Et commancer à y travailler avec bon nombre d'ouvriers le plus tost que faire ce pourra, et continuer sans discontinuer; et pour ce faire, fourniront lesd. entrepreneurs d'ardoise d'Angers, lattes, contrelattes et autres choses à ce nécessaires, le tout selon et ainsy que led. Le Duc a cy devant faict, suivant qu'il y estoict tenu par contract du dix huictiesme jour d'avril mil six cens troys, passé par devant Le Vasseur et Fournyer, notaires, estant en fin dud. bail au rabais.

Et ce moyennant et à raison de six livres dix sols pour chacune thoise desd. ouvraiges de couvertures neufves, qui est le pris porté par led. bail au rabais cy devant datté; lequel pris leur sera payé au feur et à mesure qu'ilz travailleront, par les Trésoriers desd. bastimens, suivant les ordonnances qui leur en seront à ceste fin expédyées.

Et oultre, en considération de ce que dessus, ont lesd. sieurs Duc de Sully et de Fourcy, accordé ausd. Le Duc, Hullot, Coquelle et Moreau, l'entretenement des couvertures d'ardoise desd. lieux cy-dessus déclarez, selon qu'il est cy après spéciflié, et ce durant led. temps de six années, commençantes et finissantes comme dessus. Partant, lesd. Le Duc, Hullot, Coquelle et Moreau ont promis et promectant l'un pour l'autre et chacun d'eulx

---

[(1)] Située entre la rue de La Harpe et la rue Hautefeuille; supprimée pour le percement du boulevard Saint-Michel.

seul et pour le tout sans division, renonceans aud. bénéfice de division et de discussion, d'entretenir à leurs despens bien et deuement, au dire d'ouvriers et gens à ce congnoissans, toutes et chacunes les couvertures d'ardoise des corps de logis vieilz et neufs dud. chasteau du Louvre, gros pavillon du Roy, couverture de thuille desd. logis, pavillon sur le portail et entrée d'iceluy, des logis des officiers en ce qui est de présent demeuré logeable, logis des feurs à costé, logis et appentis du jardinier, logis et despouille du jeu de paulme sans y comprendre les galleries d'icelluy plus la couverture d'ardoize de la petite gallerye neufve dud. chasteau et grande gallerie sur la rivière pour aller au Pallais des Thuilleries jusques au gros pavillon du bout de lad. grande gallerie, led. pavillon et le retour de la galerie qui joinct au pavillon double du Palais des Thuilleries, et des petits logis couverts de thuille du jardinier de l'hostel de Matignon appartenant à Sad. Ma^{té}, plus les couvertures d'ardoise des combles, pavillons dud. pallais des Thuilleries, des pavillons et logis au dessus des escuries à costé, manaige d'icelles, couvertures tant d'ardoise que thuille des petits logis du Roy dedans le grand jardin autieu où est de présent logé le sieur de Congis, chapelle y estant, logis de la cloche et des deux jardiniers dud. jardin, plus les couvertures aussy d'ardoise et thuille des grandes et petites salles de l'hostel de Bourbon devant le clasteau du Louvre, grande chappelle, corps de logis, escuries et appartenances d'iceluy et des corps de gardes adossez contre led. hostel et celuy de Retz; plus les couvertures d'ardoise des combles et pavillons logeables du chasteau de Boulongne dict Madry-lez-Paris et les deppendances d'iceluy et les couvertures d'ardoise ou appentis des galleries érigées contre les murs au pourtour du vieil corps de chasteau de Sainct Germain en Laye dedans et dehors iceluy, pavillon sur l'orloge, dosme et pavillon au dessus de l'entrée, comble et pavillon sur le passage du pont levis pour descendre dud. chasteau au parc, le comble sur le jeu de paulme couvert et petit logis couvert de thuille de la despouille dud. jeu; ensemble les couvertures d'ardoise des combles, pavillons, chappelles, galleries, offices et autres lieux du chasteau et bastimens neufs dud. parc, et ce durant led. temps et espace de six années, à commencer comme dessus. Pendant lesquelles six années lesd. Le Duc, Hullot, Coquelle et Moreau seront tenuz de restablir, réparer et entretenir à leurs despens toutes lesd. couvertures tant d'ardoise que thuille des lieux et endroictz cy-dessus spécifficz, en sorte qu'il ne puisse plouvoir ny tumber eaues au travers d'icelles qui peust gaster ou endommaiger lesd. lieux ou aucuns d'iceulx, quoy advenant et que ce soict apertement par faulte que lesd. couvertures n'auront esté soigneusement et bien et deuement entretenues, ils seront tenuz du restablissement des dégatz des peintures et autres ouvraiges à leurs despens, dommaiges et intéretz, à la réserve et charge toutes fois que où il adviendroit quelques fouldres et orages de tonnerre ou ventz sur lesd. couvertures, au moien de quoy il se trouve plus d'un pied carré de fractures et desmolitions, qu'ils en seront payez particulièrement et selon la prisée et estimation qui en sera lors faicte par ouvriers et gens à ce congnoissans.

Cestz présent marché et accord faictz moyennant la somme de mil livres tournois qui sera payée ausd. Le Duc, Hullot, Coquelle et Moreau par chacun an, aux quatre quartiers d'iceluy également, par les Trésoriers desd. bastimens, durant led. temps de six années, en fin desquelles ils seront tenuz de rendre toutes lesd. couvertures d'ardoise et thuille desd. chasteaux, maisons et lieux en bon estat et entretenement desd. réparations ordinaires, aussy au dire d'ouvriers et gens à ce congnoissans. Promettans... Obligeans chacun en droict soy et lesd. Le Duc, Hullot, Coquelle et Moreau, l'un pour l'autre et chacun d'eulx seul et pour le tout, sans division, corps et biens comme pour les propres affaires du Roy... Renonceans iceulx Le Duc, Hullot, Coquelle et Moreau, aud. bénéfice de division et de discussion...

Faict et passé[1]   l'an mil six cens neuf, le premier jour de may, avant midy.

Maximilian de Bethune, Fourcy, de Donon, Nicolas Hullot, R. Le Duc, Marin Moreau, Led. Coquelle a déclaré ne sçavoir escripre ne signer, de Rossignol.[2]

[1] Lacune dans le texte.
[2] Cet acte n'est pas signé par le notaire Fournyer.

CXVIII. — 13 JUIN 1609. — 235.

Marchés de fournitures et d'entretien. — Fourniture de plomb et soudure à faire aux bâtiments du château du Louvre, du Palais des Tuileries, du château de Saint-Germain-en-Laye et aux autres bâtiments du Roi.

Marché passé avec Jean Le Vavasseur, maître plombier à Paris, en vertu d'un « bail au rabais » fait le 18 février 1609, moyennant les prix de deux sols six deniers par livre de plomb, et de neuf sols six deniers par livre de soudure.

Par devant les notaires et garde nottes du Roy nostre Sire, en son Ch^{let} de Paris, soubz^{nez}, furent présens hault et puissant seigneur Messire Maximilian de Bethune, duc de Sully, pair de France, marquis de Rosny, conte de Dourdan, seigneur souverain de Boisbelle, baron de Baugy, La Chappelle d'Angillon, Bruyères et Espineuil, conseiller du Roy en ses Conseils d'Estat et privé, cappitaine de deux cens hommes d'armes de ses Ordonnances, grand voyer, grand maistre et cappitaine général de l'Artillerie, superintendant des finances des bastimens de Sa Ma^{té}, gouverneur et lieutenant général pour Sad. Ma^{té} en Poictou; noble homme Jehan de Fourcy, sieur de Checy, conseiller du Roy en son Conseil d'Estat, intendant desd. bastimens; lesquelz, en conséquence de certain bail au rabais cy devant et dès le mercredy dix huictiesme jour de febvrier dernier passé, au présent mil six cens neuf, faict par le sieur de la Chevallerie, lieutenant dud. seigneur duc de Sully, grand maistre de lad. artillerie, à Jehan Le Vavasseur, maistre plombier à Paris, de la plomberie et souldure qu'il conviendra faire pour l'Arcenac de ceste Ville de Paris, la fourniture de laquelle plomberie et souldure icd. Le Vavasseur est tenu et obligé faire pour Sad. Ma^{té}, par contract passé par devant Herbin et Fournyer, notaires, le seiziesme jour de mars ensuivant⁽¹⁾, estant en fin dud. bail au rabais, ont pour et au nom de Sad. Ma^{té} et pour le proffict d'icelle, et en la présence de noble homme Jehan de Donon, conseiller du Roy et contrerolleur général d'iceulx bastimens, accordé et accordent aud. Jehan Le Vavasseur, maistre plombier à Paris, demeurant rue Sainct Martin, parroisse Sainct Médéric, à ce présent et acceptant, de faire la fourniture de plomb et souldure qu'il conviendra faire tant au chasteau et galleries du Louvre, pallais des Thuilleries, Sainct Germain en Laye, que autres bastimens appartenans à Sad. Ma^{té}; ce que ledict Le Vavasseur a promis et promect faire.

Et ce moyennant, assavoir : pour chacune livre dud. plomb, deux sols six deniers, et pour chacune livre de souldure, neuf sols six deniers, qui sont les rabais portez par lesd. bail et contract dessus datez. Lesquelz rabais et pris luy seront payés au feur et à mesure qu'il fera lad. fourniture de plomb et souldure, par les Trésoriers desd. bastimens, suivant les ordonnances qui luy en seront à ceste fin expédyées. Promectans... Obligeans chacun en droict soy et led. Le Vavasseur corps et biens comme pour les propres affaires du Roy... Renonceaunt...

Faict et passé aud. Arcenac, l'an mil six cens neuf, le treize^{me} jour de juing, avant midy.

Maximilian de Bethune, Fourcy, de Donon, Le Vavasseur, de Rossignol, Fournyer.

---

(1) Cf. Acte CXLII.

CHAPITRE V.

CÉRÉMONIES PUBLIQUES.

CXIX. — 1ᴇʀ JUILLET 1606. — 184.

Cérémonies publiques. — Travaux de charpente à faire : 1° «tant dedans que devant et dehors l'église Notre Dame, à Paris, pour servir au baptesme de Monseigneur le Daulphin et de Mesdames ses sœurs»; 2° pour la construction des échafauds, escaliers et portiques à faire «en la cour et place des logis des manufactures, près la place Royalle des Tournelles». Marché passé avec Charles Marchant, maître des œuvres de charpenterie de la Ville de Paris, déclaré adjudicataire le 26 juin 1606, moyennant le prix de deux cents livres tournois par cent de bois.

L'an mil six cens six, le lundy vingt sixᵐᵉ jour de juing, devant nous Maximilian de Bethune, duc de Sully, pair de France, Conseiller du Roy en ses Conseils d'Estat et privé, Superintendant des Bastimens de Sa Maᵗᵉ, et Jehan de Fourcy, Conseiller du Roy en sesd. Conseils et Intendant desd. Bastimens, et en la présence de noble homme Jehan de Donon, Conseiller du Roy et Contrerolleur général desd. Bastimens, a esté procedé au bail et adjudication au rabais et moings disant, à l'extinction du feu, en la manière accoustumée, des ouvraiges de charpenterie cy après déclarés, qu'il convient faire pour Sa Maᵗᵉ tant dedans que devant et dehors l'Église Nostre Dame à Paris, pour servir au Baptesme de Monseigneur le Daulphin et de Mesdames ses sœurs, en la forme et manière qui ensuict :

De par le Roy

Monsieur le Duc de Sully, Pair de France, Conseiller du Roy en ses Conseils d'Estat et privé, Surintendant des Bastimens de Sa Maᵗᵉ et le Sieur de Fourcy, aussy Conseiller du Roy esd. Conseils et Intendant desd. Bastimens.

On faict assavoir que le vingt troisᵐᵉ jour de juing, deux heures de relevée, en la grande salle de l'Arcenac du Roy à Paris, sera procedé au bail, adjudication et délivrance au rabais et moings disant, à l'extinction du feu, en la manière accoustumée, des ouvraiges de charpenterie cy après déclarés qu'il convient faire pour Sa Maᵗᵉ, tant dedans que devant et dehors l'Église Notre Dame à Paris, pour servir au Baptesme de Monseigneur le Daulphin et de Mesdames ses sœurs.

Premièrement : fault faire la charpenterie de l'eschaffault servant de gallerie à aller de la grande salle de l'Évesché sur le grand eschaffault, en forme d'un pallier estant au devant du grand porticque de lad. Église, laquelle gallerie aura soixante huict thoises de long sur trois thoises et demie de large, comprins les deux petits passaiges des deux costez pour passer les Gardes du Corps, servant de deux petites galleryes en saillye garnie de trente quatre travées, chacune travée garnie de deux potteaux qui seront mis et posés dedans terre scellés et maçonnés de deux à troys pieds pour éviter au branlement et huement desd. eschaffaux, chacun poteau de seize à dix sept pieds de long, une entrethoise, deux rasinaux en saillie pour porter les deux petites allées en forme de gallerie des deux costez, deux petits poteaux au dessus des rasynaux avec ung lien derrière pour entretenir le deversement de l'appuye, quatre liens contenant ensemble huict thoises de long, le tout de cinq, six et sept poulces de gros; douze solives et sablières chacune de douze piedz de long, de six à sept poulces de gros, quatre liens au dessoubz desd. sablières servans d'entrethoises, quatre appuyes, quarante entrethoises contenant ensemble dix neuf thoises de long de cinq, six et sept poulces;

Item, fault faire la charpenterie du plancher d'aix jointifs au dessus desd. travées, contenant soixante huict thoises de long sur trois thoises et demie de large, cloués sur lesd. solives et d'un poulce et demy d'espoisseur;

Item, fault faire la charpenterie d'aiz entre les appuys pour le plancher dud. eschaffaux;

Item, fault faire la charpenterie de l'escallier servant à dessendre de lad. grande salle dud. Evesché sur led. eschaffaux et faire les deux petits escalliers des deux costez pour le passage desd. Gardes, garnis de leurs grandz lymons, rampend, poteaulx, contrefiches, eschantignolles et aiz clouez sur chantignolles tant dessus que devant lesd. marches; le tout de longueur qu'il appartiendra, de six, sept et huict poulces de gros; les aiz d'unze poulces de large, ung poulce et demy d'espoisseur;

Item fault faire la charpenterie du grand eschaffault en forme de paillier au devant dud. grand portail de lad. église, lequel aura treize thoises et demie en carré, garny de vingt six poteaulx chacun de seize pieds de long; vingt quatre autres poteaulx chacun de treize pieds de long; six vingtz dix entrethoises que appuys chacun de douze pieds de long; cent liens chacun de quatre piedz et demy de long, le tout de cinq, six et sept poulces de gros; deux cens quarante solives chacune de douze piedz de long, de pareille grosseur;

Les deux petits passages au pourtour dud. grand eschaffault, pour le passage des gardes, garny de rasynaulx, appuyes, liens, contrefiches, le tout de longueur et grosseur qu'il appartiendra;

Item, fault faire la charpenterie du plancher d'aiz jointif au dessus dud. grand eschaffault, en forme de grand paillier contenant quatorze thoises de long sur treize thoises de large et d'un poulce et demy d'espoisseur: close la totalité des haulteurs d'apuys d'aiz au pourtour dud. grand eschaffault et passaige des gardes;

Item, fault faire la charpenterie de la dessente dans la nef, servant à aller de la maistresse porte de lad. Eglise sur le grand eschaffault, qui contiendra la longueur de la grande croisée de lad. Eglise, lequel eschaffault aura treize thoises de long sur quatre thoises de large comprins les deux passaiges pour passer les gardes, garny de double sablière par bas contenant soixante thoises de long, dans lesquels seront assemblés quarante poteaux chacun de treize à quatorze pieds de long, deux cens quarante thoises tant appuyes que sablières, vingt entrethoises chacune de trois thoises de long, sept vingtz tant de liens que potelets chacun de quatre, cinq, six pieds de long l'un portant l'autre, huict vingt solives chacune de douze pieds de long, le tout de cinq, six, sept et huict poulces de gros;

Item, la charpenterie du plancher d'aiz jointif, contenant trente thoises de long sur quatre thoises de large, d'un poulce et demy d'espois: close la totallité de haulteurs d'appuyes d'aiz au pourtour dud. eschaffault que passage des gardes, et faire les limons, rempend et marche de l'escallier servant à monter au grand eschaffault cy-après déclaré;

Item, fault faire la charpenterie du grand eschaffault, qui contiendra toute la longueur de la croisée de lad. Eglise au devant du chœur, lequel aura vingt quatre thoises de long sur six thoises et demie de large, garny de six vingts thoises de sablière par bas, soixante douze poteaulx chacun de seize piedz de long l'un portant l'autre, quatre vingts seize sablières que appuys chacun de douze piedz de long, deux cens seize liens que potelets chacun de cinq pieds de long l'un portant l'autre, deux cens seize solives chacune de douze piedz de long, le tout de cinq, six, sept et huict poulces de gros;

Item fault faire la charpenterie du plancher d'aiz joinctifs dud. grand eschaffault contenant vingt-quatre thoises de long sur six thoises et demye de large, close à la haulteur d'appuyes, au pourtour dud. eschaffault, d'aiz joinctifs;

Item, fault faire la charpenterie des deux théâtres des deux boutz, qui seront au dessus dud. grand eschaffault, qui seront garnys de quantité de marches, rempend pour veoir le baptesme; garnyes de vingt-quatre lymons chacun de sept à huict thoises de long, sept cens vingt chantignolles et faire les assemblaiges et liaisons qu'il conviendra depuis le rez de chaussée de lad. Eglise jusques à la haulteur du couronnement du bout desd. lymons qui pourront estre de sept à huict thoises de hault, et les sy bien liaisonner de grands poteaux, entrethoise, contrefiche, liens et croix Sainct André, qu'il n'en advienne aucun péril à cause de la grande estendue desd. lymons que poisement [1] du fardeau des personnes qui seront dessus les marches au dessus desd. lymons;

Item, fault clorre d'aiz, tant dessus que devant, toutes les marches estant au dessus desd. limons, clouez sur lesd. chantignolles et cheviller à cheville de fer toutes les chantignolles sur lesd. limons;

Item, fault faire la charpenterie des deux eschaffaulx aux deux costez du chœur, l'un pour mettre Monseigneur le Daulphin, et l'autre pour mettre Mes Dames ses seurs, chacun de huict thoises de long et quatre thoises de large, garnie de vingt huict poteaulx chacun de seize pieds de long, dix huit entrethoises pour porter les solives chacune de douze pieds de long, quinze appuyes chacun de pareille longueur, cinquante quatre solives chacune de douze pieds de long, trente deux liens chacun de quatre pieds et demy de long, le tout de cinq, six et sept poulces de gros;

---

[1] Pesanteur.

Item, fault faire la charpenterie des deux planchers d'ais joinctifs, contenant chacun huict thoises de long sur trois thoises et demy de large, ung poulce et demy d'espois, et faire les clostures d'ais et poteaux au-dessus desd. deux eschaffaux ;

Item fault faire la charpenterie de l'eschaffault au dessus duquel sera le Roy derrière le cruciffix, lequel eschaffault aura six thoises de long sur deux thoises de large, garny de poteaux, entretoises, solives, liens, appuyes, le tout des longueurs qu'il appartiendra, de cinq six et sept poulces de gros et faire le plancher d'ais joinctif et closture pour empescher que le peuple voye sur led. eschaffault.

Pareillement sera faict bail des ouvraiges de charpenterie d'eschaffaux, escaliers et porticques à faire en la court et place du logis des Manufactures près la Place Royalle des Tournelles, de la longueur de quatre vingts dix thoises de long et quarante cinq de large, revenant le tout à trois cens soixante dix thoises, suyvant le desseing qui leur sera monstré.

Plus seront faicts huict eschaffaux.

Mis et apposé par moy, Thomas de Bonigalle, premier huissier pour le Roy de son Trésor subz[rit], le [1] jour de [1] mil six cens six.

Et led. jour vingt trois[me] juing aud. an mil six cens six, sont comparuz en lad. salle de l'Arcenac plusieurs entrepreneurs aoxquels lecture auroit esté faicte du contenu en l'affiche dont copie est cy dessus transcripte par led. Bonigalle, et que lesd. ouvraiges y mentionnés estoient à bailler au rabais et moings disant, à l'extinction du feu de la chandelle, sur le prix de trente six mil livres, à la charge que le bois seroit rendu à celuy qui entreprendroit lesd. ouvraiges, ou sur le prix de deux cens quarante livres le cent de boys de chesne qui sera reprins par l'entrepreneur; sur lesquels prix n'auroit esté faict aucun rabais, au moyen de quoy auroit esté led. bail au rabais remys au lundy ensuivant, vingt six[me] jour dud. mois de juin aud. an mil six cens six; auquel jour seroient aussy comparuz en lad. salle de l'Arcenac, à l'heure accoustumée, plusieurs entrepreneurs en la presence desquels led. Bonigalle auroit de rechef fait lecture de lad. affiche et faict entendre ausd. assistans que lesd. ouvraiges de charpenterie estoient à bailler au rabais et moings disans sur le prix susd. Et à ceste fin auroient esté allumées trois chandelles l'une après l'autre : sur la fin de la première et seconde desquelles n'auroit esté faict aucun ra-

[1] Lacune dans le texte.

bais, et à l'extinction du feu de la trois[me] et dernière chandelle, lesd. ouvraiges de charpenterie ont esté mis au rabais par Charles Marchant à deux cens livres le cent de bois, et d'aultant que personne n'a voullu rabaisser lesd. ouvraiges de charpenterie depuis led. Marchant, ny faire la condition meilleure pour le service de Sad. Ma[té], et que iceluy Marchant nous a prié et requis que eussions à luy faire délivrance pour led. prix de deux cens livres le cent dud. boys, à la charge de reprendre par luy led. boys, Nous, pour le bon désir et intention que led. Marchant a de servir Sad. Ma[té], avons aud. Marchant adjugé, baillé et délivré lesd. ouvraiges de charpenterie mentionnez et spécifiez en lad. affiche dont coppie est cy-dessus transcripte, moyennant led. prix de deux cens livres pour chacun cent dud. bois et ce comme moings disant et rabaissant. Faict led. jour vingt six[me] juing aud. an mil six cens six.

Par devant les notaires du Roy nostre Sire en son Ch[let] de Paris, soubz[nés], fut présent Charles Marchant, maistre des œuvres de charpenterie de la ville de Paris, demeurant en l'Arsenac de lad. Ville, paroisse St Paul[1], lequel a recogneu et confessé et, par ces présentes, confesse avoir promis et promect à hault et puissant seigneur Messire Maximilian de Bethune, Duc de Sully, Pair de France, Conte de Dourdan, Souverain de Boisbelle, Baron de Baugy, La Chappelle, Bruyères et Espineuil, Conseiller du Roy en ses Conseils d'Estat et privé, Cappitaine de cent hommes d'armes de ses Ordonnances, Grand Maistre de l'Artillerie, Superintendant des Finances et Bastimens de Sa Ma[té], Gouverneur et Lieutenant général pour Sad. Ma[té] en Poictou, et noble homme Jehan de Fourcy, sieur de Chesy, Conseiller du Roy en scsd. Conseils d'Estat et privé, Intendant desd. Bastimens, à ce présens, stippullans et acceptans pour Sad. Ma[té] et aussi en la présence de noble homme Jehan de Donon, Conseiller du Roy et Contrerolleur g[ral] desd. bastimens, de faire et parfaire bien et deuement, au dire d'ouvriers et gens à ce cognoissans, tous et chascun les ouvraiges de charpenterie mentionnés et spécifiez en l'affiche dont coppie est cy dessus transcripte, qu'il convient faire pour Sad. Ma[té] tant dedans que devant et dehors l'église Nostre Dame de Pa-

[1] Il s'agit du Petit Arsenal de la Ville de Paris, grande rue Sainte-Catherine, que Charles Marchant avait loué pour cinquante ans, aux Prévôt des Marchands et Échevins, par Lettres du 20 mars 1603, ratifiées par acte passé devant les notaires Herbin et Fournyer, le 12 mars 1605, moyennant, outre les charges, quatre cens livres tournois de loyer annuel.

ris, pour servir au baptesme de Monseigneur le Daulphin et de Mes Dames ses sœurs; ensemble les ouvraiges de charpenterie des eschaffaulx, escalliers et porticques à faire en la court et place des logis des Manufactures près la place Royalle des Tournelles, de la longueur de quatre vingtz dix thoises et quarante cinq de large, revenant le tout à trois cens soixante dix thoises, suivant le desseing que led. Marchant dict luy en avoir esté monstré, avec huict eschaffaux; de laquelle affiche led. Marchant dict avoir eu lecture et communicquation. A commencer à y travailler présentement et y besongner sans discontinuer et le tout rendre faict en parfaict bien et deuement, comme dict est, dedans le premier jour d'aoust prochain. Et pour ce faire, fournira led. Marchant le bois qu'il conviendra pour faire iceulx ouvraiges de charpenterie, bon, loyal et marchant et autres choses à ce nécessaires.

Et ce, moyennant la somme de deux cens livres tournois pour chacun cent dud. bois de charpenterie, qui est le prix à quoy lesd. ouvraiges ont esté adjugez aud. Marchant comme moings disant et rabaissant. Lequel prix luy sera payé par le Trésorier des Bastimens de Sa Ma^{té}, au feur et à mesure qu'il travaillera et fera lesd. ouvraiges de charpenterie bien et deuement, comme dict est, suivant les ordonnances qui luy en seront à ceste fin expediées. A la charge de reprendre par led. Marchant tous les bois; et où il en seroit empesché par qui que ce soit, d'estre payé de ce qui s'en défaudra et pourra avoir esté retenu par force, au prix de trois cens livres chacun cent dudict bois. Promectans... Obligeans chascun en droict soy et led. Marchant corps et biens comme pour les propres affaires du Roy... Renonceant...

Faict et passé en l'Arsenac du Roy à Paris, l'an mil six cens six, le premier jour de juillet, après midy[1].

MAXIMILIAN DE BETHUNE, FOURCY, DE DONON, MARCHANT, MOTELET, FOURNYER.

CXX. — 8 MARS 1610. — n°62.

CÉRÉMONIES PUBLIQUES. — TRAVAUX DE CHARPENTE POUR LA CONSTRUCTION DES «ESCHAFFAUX, BARRIÈRES, DAIZ ET AUTRES OUVRAIGES QU'IL EST BESOING ET ONT ACCOUSTUMÉ ESTRE FAICTS EN L'ÉGLISE DE SAINCT-DENYS EN FRANCE, GRANDE SALLE ET LOGIS DU PALLAIS ROYAL À PARIS, POUR LES CÉRÉMONIES DU COURONNEMENT ET SACRE DE LA ROYNE, SELON LE DESSEING ET LA DÉMONSTRATION QUI EN SERA FAICTE AUX ENTREPRENEURS PAR LES OFFICIERS DE SA MAJESTÉ».

MARCHÉ PASSÉ AVEC PIERRE SELLIER, MAÎTRE CHARPENTIER À PARIS, DÉCLARÉ ADJUDICATAIRE, LE MÊME JOUR, MOYENNANT LE PRIX DE 135^{lt} LE CENT DE BOIS, LEDIT ENTREPRENEUR DEVANT REPRENDRE À SON PROFIT LE BOIS QU'IL AURA EMPLOYÉ, RENDRE PLACE NETTE ET REMETTRE LES LIEUX EN ÉTAT.

L'an mil six cens dix, le huictiesme jour de mars, deux heures de relevée, en la grande salle de l'Arcenac du Roy, à Paris, devant Nous, Maximilian de Bethune, Duc de Sully, Pair de France, Superintendant des Finances et Bastimens de Sa Ma^{té}, et Jehan de Fourcy, sieur de Chessy, Conseiller du Roy en son Conseil d'Estat, Intendant desd. Bastimens, et en la présence de Jehan de Donon, Conseiller du Roy et Contrerolleur général d'iceulx Bastimens, a esté proceddé au bail, au rabais et moings disans, à l'extinction du feu des chandelles, en la manière accoustumée, des ouvraiges mentionnés en l'affiche dont coppie est cy après transcripte, en la forme et manière qui ensuict:

DE PAR LE ROY,

Monseigneur le Duc de Sully, Pair et Grand Voyer de France, Superintendant des bastimens de Sa Ma^{té},

Et Monsieur de Fourcy, Intendant d'iceulx,

On faict assavoir que le lundy huictiesme jour du présent moys de mars, deux heures de relevée, en la grande salle de l'Arcenac du Roy, à Paris, il sera proceddé au bail, adjudication et délivrance au rabais et moings disans, à l'extinction des chandelles, en la manière accoustumée, de la charpenterie des eschaffaux, barrières, daiz et autres ou-

---

[1] On sait que ces cérémonies furent décommandées en raison de la «peste» qui régnait à Paris. Henri IV écrivit à ce sujet à Sully dès le 23 juillet 1606 : «Mon amy, je trouve bon, puisque la maladie continue à Paris, que vous fassiez cesser dès à présent tous les ouvrages des eschaffauts que l'on a ordonnez en l'Eglise de Nostre Dame, au Palais et en la place des Manufactures, car il faudra que nous fassions ailleurs la cérémonie de nos Baptesmes. Je croy que Fontainebleau sera plus propre que nul autre lieu...» C'est en effet à Fontainebleau que le 14 septembre suivant furent baptisés le Dauphin Louis et Mesdames, ses sœurs, Christine et Elizabeth.

vraiges qu'il est besoing et ont accoustumé estre faicts en l'Eglise de Sainct Denys en France, grande salle et logis du Pallais Royal à Paris, pour les sérémonies du couronnement et sacre de la Royne, selon le desseing et démonstration qui en sera faicte aux entrepreneurs par les officiers de Sa Ma[té].

Et seront toutes personnes reçues à moings dire et rabaisser sur le prix de deux cens livres tournois pour chacun cent de boys mis en œuvre, à la charge par les entrepreneurs, de fournir le boys carré, avec planches, clouds, ferrures et chariages, peyne d'ouvriers, et generallement tout ce qu'il conviendra pour la perfection desd. ouvraiges. Lesquels entrepreneurs reprendront à leur profflict tout le boys et ce qu'ils auront employé ausd. eschaffaux et ouvraiges cy devant déclarez, en rendant par eulx place nette et restablissant les lieux, et pour asseurance de tout ce que dessus, bailler bonne et suffisante caution.

L'an mil six cens dix, le sixiesme jour de mars, je Thomas de Bonigalle, premier huissier pour le Roy de son Trésor, soubz[né], certiffie avoir mis et apposé aultant de la présente affiche contre les portes de l'Arcenac du Roy, Hostel de Ville, Escriptoire des Jurés maçons, Chasteau du Louvre, Pallais des Thuilleries, Parc civil du Ch[let] de Paris et au bas de la montée de la Chambre du Trésor. Ad ce qu'aucun n'en prétende cause d'ignorance; ès présence de Nicolas Morand, Simon Morand et aultres tesmoings. Ainsy signé : de Bonigalle.

Et led. jour huict[me] dud. moys de mars, en lad. salle de l'Arcenac, à lad. heure de deux heures de relevée, se seroient trouvez plusieurs entrepreneurs, en présence desquels aurions par led. de Bonigalle faict faire lecture de l'affiche dont coppie est cy devant escripte, faisant entendre aux assistans que les ouvraiges y mentionnez estoient à bailler au rabais et moings disans sur led. prix de deux cens livres chacun cent de boys, aux charges portées par lad. affiche, et outre que l'entrepreneur seroit tenu les rendre faicts et parfaicts dans le jour de Quasimodo prochain venant, tant ceulx à faire au. Pallais Royal que ceulx à faire en lad. Eglise Sainct Denys. Où seroit comparu Berthelemy Drouyn, maistre charpentier à Paris, qui les auroict mis au rabais à neuf vingtz livres; par Jehan Eschappe à vii[xx] x[lt], sur quoy, après qu'il ne seroit apparu autres rabaissans, aurions faict alumer la première chandelle et le rabais d'icelle limité à troys livres, laquelle se seroit esteincte sans rabais, et sur ce, aurions faict alumer la deux[me] chandelle qui se seroit aussy esteincte sans rabais, ce que voyans aurions faict alumer la troisiesme chandelle et limité le rabais à troys livres, pendant le feu de laquelle lesd. ouvraiges auroient esté mis au rabais par Marin Janet à viii[xx] vii[lt]; par Alexandre Gaultier à viii[xx] iv[lt]; par led. Eschappe à viii[xx] i[lt], et sur le different du feu entre lesd. Gaultier et Eschappe, aurions faict alumer une autre chandelle pendant le feu de laquelle auroient esté faicts plusieurs rabais par lesd. Gaultier et Eschappe, et par led. Eschappe rabaissé à vii[xx] vii[lt]; par led. Gaultier à vii[xx] iv[lt]; par led. Eschappe à vii[xx] i[lt]; par Pierre Sellier à vii[xx] [lt]; par led. Gaultier à vi[xx] xviii[lt], après lequel rabais aurions encore faict alumer une autre chandelle et le rabais limité à trois livres, à l'extinction de laquelle lesd. ouvraiges auroient esté mis au rabais par led. Le Sellier à six vingtz quinze livres tournois pour chacun cent de boys; et d'aultant que personne n'auroict voulu rabaisser le prix desd. ouvraiges depuis led. Sellier qui nous auroit requis de luy adjuger lesd. ouvraiges suivant son dernier rabais, Nous, aud. Sellier, comme moings disant et dernier rabaissant, avons adjugé baillé et délivré, adjugeons, baillons et deslivrons lesd. ouvraiges de charpenterie mentionnés à l'affiche dont coppie est cy devant escripte, moyennant et à raison de six vingtz quinze livres pour chacun cent de boys et aux charges contenues en lad. affiche. Faict et adjugé en lad. salle de l'Arcenac, led. jour huictiesme jour de mars mil six cens dix. Ainsy signé : Sellier.

Par devant les notaires et gardenottes du Roy nostre Sire, en son Ch[let] de Paris, soubz[nés], fut présent Pierre Sellier, maistre charpentier à Paris, demeurant rue Neufve et parroisse Sainct Paul, lequel a recongneu et confessé et, par ces présentes, confesse avoir promis et promect à hault et puissant seigneur Messire Maximilian de Bethune, Duc de Sully, Pair de France, Prince Souverain de Henrichemont et Boisbelle, Marquis de Rosny, Conte de Dourdan, Conseiller du Roy en ses Conseilz d'Estat et privé, Grand Voyer, Grand Maistre et Cappitaine général de l'Artillerie, Superintendant des finances et bastimens de Sa Ma[té], Gouverneur et Lieutenant général pour Sad. Ma[té] en Poictou; noble homme Jehan de Fourcy, sieur de Checy, Conseiller du Roy en son Conseil d'Estat, Intendant desd. bastimens; à ce présens et acceptans pour et au nom de Sad. Ma[té], et en la présence de noble homme Jehan de Donon, Conseiller du Roy et Contrerolleur général d'iceulx bastimens; de faire et parfaire bien et deuement, au dire d'ouvriers gens à ce congnoissans, tous et chacun les ouvraiges de charpenterie d'eschaffaulx, barrières, dais, et autres ouvraiges qu'il est besoing et ont accoustumé estre faicts en l'Eglise de Sainct Denys en France, grande salle et logis du Pallais Royal à Paris, pour les cérémonies du couronnement et sacre de la Royne, selon le desseing et demonstration que led. Sellier dict luy avoir esté monstré et communiqué; et pour ce faire fournira iceluy Sellier de boys carré avec planches, cloudz, ferrures et charriages, peynes d'ouvriers et generallement tout ce qu'il conviendra pour la perfection desd. ouvraiges. Lequel Le Sellier reprendra à son proffict tout le boys et ce qu'il aura employé ausd. eschaffaux et ouvraiges, et rendra place nette et restablira les lieux; pour asseurance desquels ouvraiges led. Le Sellier sera tenu bailler bonne et suffisante caution, le tout selon et ainsy qu'il est porté en l'affiche dont coppie est cy-devant escripte, de laquelle il dict avoir eu communicquation. A commencer à y travailler dans huy et le tout rendre faict et parfaict bien et deuement, comme dict est, dedans le jour de Quasimodo prochainement venant.

Et ce moyennant et à raison de six vingt quinze livres tournois pour chacun cent dud. boys, qui est le prix à quoy lesd. ouvraiges ont esté adjugez aud. Sellier, comme moings disant et rabaissant, ainsy qu'il a dict; lequel prix luy sera paié au feur et à mesure qu'il travaillera, par les Trésoriers desd. bastimens, suivant les ordonnances qui luy en seront à ceste fin expediées. Promettans... Obligeans chacun en droict soy et led. Le Sellier corps et biens comme pour les propres affaires du Roy... Renonceant...

Faict et passé aud. Arcenac, led. jour huictiesme mars aud. an mil six cens dix, après midy.

M. DE BETHUNE, FOUBCY, DONON, SELLIER, DE ROSSIGNOL, FOURNYER.

CINQUIÈME PARTIE.

SURINTENDANT DES FORTIFICATIONS.

CXXI. — 19 MARS 1603. — 96.

FORTIFICATIONS. — TRAVAUX DE TERRASSE DANS LE GRAND FOSSÉ DE LA VILLE, DERRIÈRE L'ARSENAL, POUR FAIRE UN GRAND CANAL ET PASSAGE POUR DES BATEAUX, DEPUIS LA SEINE JUSQU'AU PONT ET ENTRÉE DE LA PORTE SAINT-ANTOINE.
MARCHÉ PASSÉ AVEC RENÉ BESNARD, ARCHITECTE À TOURS, SUBROGÉ À MARIN PREVOST, DÉCLARÉ ADJUDICATAIRE LE 7 MARS, MOYENNANT LE PRIX DE SOIXANTE SOLS LA TOISE CUBE, QUI SERA PAYÉ CHAQUE SEMAINE PAR M° PHILIPPE DANQUECHIN, TRÉSORIER GÉNÉRAL DES FORTIFICATIONS.

L'an mil six cens trois, le cinquiesme jour de mars, heure d'une heure attendant deux heures de rellevée, en la grande salle de l'Arcenac du Roy à Paris, devant Nous. Maximilian de Bethune, marquis de Rosny, conseiller du Roy en ses Conseils d'Estat, grand maistre et cappitaine général de l'Artillerie, grand voyer de France, superintendant des finances et fortifications de France, et en la présence de noble homme maistre Jehan de Cothereau, contrerolleur général desd. fortiffications, suivant les devis, publications, affiches et proclamations cy après déclarées, avons procédé au bail au rabaiz des ouvraiges ainsy qu'il s'ensuict :

DE PAR LE ROY

On faict assavoir que aujourd'huy, cinq^{me} jour de mars, heure d'une heure après midy attendant deux, en l'Arcenac du Roy à Paris, pardevant M^r le marquis de Rosny, Grand Maistre de l'Artillerie et Superintendant des Fortifications de France, seront baillées et adjugées au rabais, feu et chandelles estainctes, les ouvrages et transport des terres massives qu'il convient faire dedans le grand fossé de la Ville, derrière led. Arcenac, pour faire ung grand canal à commancer depuis la rivière de Seyne jusques au pont et chaussée de la porte Sainct Anthoine.
Ledict canal sera faict par les entrepreneurs de la largeur de dix thoises de gueulle par hault, revenant en taluant des deux coustez à six thoises de large par bas, et sera led. canal faict de profondeur de deux thoises et demye de cœur où les terres sont maintenant les plus haultes, et mettre le tout à niveau par le bas et fondz dud. canal.

Et se fera led. marché et adjudication au rabais sur le pris de six livres cinq sols qui est le pris de présent moings disant pour chacune thoise cube qu'il conviendra oster pour faire led. canal.

A la charge de faire porter par lesd. entrepreneurs lesd. terres sur la contrescarpe dud. fossé du costé des champs, ou tel autre lieu proche de cent pas dud. fossé, qui sera monstré, et faire unies les terres aux lieux où elles seront portées.

Et aussy à la charge de faire commancer à travailler ausd. ouvrages au quinz^{me} jour de ce présent mois, et continuer jusques à ce que led. canal soit achevé.

Leu et publié le contenu en l'ordonnance cydessus à son de trompe et cry publicq, tant par les carrefours ordinaires qu'extérieurs de ceste ville de Paris, au devant de la grande porte de l'Arcenac et au devant du bureau des jurez maçons et charpentiers de cested. ville appellé l'Escriptoire, par moy Robert Crevel, crieur Juré du Roy en la ville, Prevosté et Viconté de Paris, accompaigné de Mathurin Noiret, trompette dud. seigneur, èsd. lieux et d'un autre trompette, le mercredi cinq^{me} mars mil six cens trois, signé : Crevel.

Et led. jour à lad. heure, aud. lieu de l'Arcenac, se seroient trouvez plusieurs entrepreneurs ausquels aurions faict entendre le contenu en lad. affiche, et icelle faict lire, et publier que lesd. ouvraiges estoient à bailler au rabais, par Jehan du

Flos à six livres la thoise, par Nicolas Nattier à cent dix sept sols six deniers;

Et après avoir attendu jusques à quatre heures ou environ et faict faire plusieurs proclamations par Bonygal, huissier, et qu'il n'est venu aucun qui aict voulu mettre au rabais, nous avons continué led. bail au rabais au premier jour.

Et le six.me jour, environ les cinq heures, seroit comparu Guillaume Dumas, lequel auroict mis lesd. ouvraiges à cent douze sols six deniers la thoise; par led. Nattier à cent sept sols six deniers ; et par Claude Poinssot, demeurant ès faulxbourgs S¹ Germain, à cent cinq sols; par Jehan Fillet, demeurant en la rue du Verbois à cent deux sols six deniers; par led. Poinssot à cent sols; par Nicolas Vendemes, à quatre livres dix sept sols six deniers la thoise;

Et sur ce que nous aurions remonstré ausd. entrepreneurs que nostre intention estoit de faire vuider lesd. terres de la profondeur nécessaire qu'il se puisse trouver en tout temps trois piedz d'eaue aud. canal, mesmes au temps des plus basses eaues de l'année, et tant qu'il y aict profondeur suffisante pour trouver trois piedz d'eaue au dessoubz du niveau de la rivière, Nous auroient dict qu'ilz entendent satisfaire à ceste condition, pourveu que leur fassions fournir de bois et planches pour faire les ponts pour passer les mennouvriers qui porteront lesd. terres, ce que nous leur aurions accordé; et, sur ces conditions, aurions faict de rechef proclamer lesd. ouvraiges au rabais. Et pour ce que, led. jour, n'est apparu aucun qui aict voulu mettre au rabais, nous aurions continué led. bail au sept.me dud. mois, pareille heure de deux heures de relevée, et faict faire nouvelles affiches qui auroient esté mises aux lieux accoustumez.

Et led. jour sept.me dud. mois et an, à lad. heure, en lad. salle de l'Arcenac, seroient comparuz plusieurs entrepreneurs, où après leur avoir faict faire lecture desd. affiches et faict proclamer lesd. ouvraiges par led. Bonigal, huissier, que lesd. ouvraiges estoient à bailler au rabais, aux conditions susd., sur le prix de quatre livres dix sept sols six deniers la thoise cube ;

Seroict comparu Bon Paget, manouvrier, demeurant à Doullantz, lequel auroict mis les vuidanges desd. terres au rabais à quatre livres quinze sols la thoise, aux conditions cy dessus; par Bon Noël, manouvrier, demeurant à Abeville, faulxbourgs S¹ Jehan, à soixante quinze sols la thoise ; par Claude Mercier à soixante dix sols la thoise.

Et après que personne n'a voulu faire rabais, nous avons faict allumer trois chandelles et faict entendre ausd. entrepreneurs que chacun rabais qui seroict faict sur le pris de soixante dix sols, seroict de cinq sols chacun, et depuis avons faict allumer la première chandelle, et icelle chandelle esteincte n'avoir esté faict aucun rabais; nous avons faict allumer la deux.me chandelle où n'a esté faict aucun rabais; et depuis avons faict allumer la trois.me et faict entendre que c'estoit la dernière chandelle, et quiconque vouldroict mettre lesd. ouvraiges au rabais seroict receu en baillant caution, seroict apparu Marin Prevost, demeurant à Abeville, qui auroict mis au rabais lesd. ouvraiges aux conditions dessusd. à soixante sols la thoise cube, auquel Prevost après lad. chandelle estaincte et que personne n'a faict autre rabais, Nous luy avons adjugé lesd. ouvraiges en baillant caution. Et depuis ayant faict entendre aud. Prevost qu'il estoict nécessaire de bailler caution et qu'il nous a remonstré qu'il ne pouvoict bailler caution, nous avons subrogé aud. rabais René Benard, architecte, demeurant à Tours, auquel nous avons passé marché ainsy qu'il s'ensuict :

Devis des ouvraiges de vuidauges des terres et immondices que Sa Ma.té veult et entend estre faicts ès fossés de la ville de Paris, la présente année mil six cens trois, à commancer près de la rivière de Seyne et continuer vers le pont et entrée de la Porte Sainct Anthoine, pour y faire ung canal et passage pour des basteaulx.

Premièrement, dans led. fossé, qui a dix sept thoises de largeur à l'endroict du pan du grand bastion proche lad. rivière, fault faire ung canal et cours de lad. rivière qui aye de largeur à l'embouchure par hault dix thoises, revenant en talu par bas à six thoises, qui sera huict thoises de largeur reduicte par tout, de la profondeur icelluy canal de neuf pieds ou environ au moings, affin qu'il y aye en icelluy canal aux plus basses eaues de trois piedz de profondeur plus bas que l'eaue de la rivière, et que, par ce moyen il demeure en icelluy canal trois piedz de haulteur d'eaue au moings, pour y naviger avec batteaulx chargez, et donner la pante aud. canal vers lad. Porte Sainct Anthoine.

Et lequel canal se fera dans led. fossé, assavoir : du costé de la grosse muraille de revestement de la ceinture de la Ville vers le dedans d'icelle, à l'endroict desd. bastions, à quatre thoises et demye près d'icelle muraille, lesquelles quatre thoises et demye serviront de banquette pour conserver les fondations desd. murailles; et en semblable, de l'austre costé vers les champs et contrescarpe dud. fossé, sera faicte une banquette de deux thoises et demye de large, et ainsy continuer à faire lad. vuidange à l'endroict des courtines entre lesd. bastions jusques

SURINTENDANT DES FORTIFICATIONS.

à lad. Porte Sainct Anthoine, selon et suivant qu'il sera marqué à l'entrepreneur lors que l'on vouldra commencer à faire lad. vuidange.

A la charge de vuider les terres et immondices desd. vuidanges desd. fossez et canal, et porter icelles sur la contrescarpe dud. grand fossé loing du bord d'icelluy et jusques à cent [et deux cens] pas, les mettre et aplanir en talus venant à rien, selon qu'il sera monstré à l'entrepreneur et à ses despens;

J'ay depuis rayé ces deux mots : et deux cens pas. Rosny [1].

Que le thoisé desd. vuidanges d'icelles terres sera faict à thoise cube de deux cens seize pieds pour chacune, suivant les atachemens qui seront prins pour les haulteurs d'icellui canal, sur lad. largeur de huict thoises reduitte. Et sera seullement fourny à l'entrepreneur, aux despens de Sad. Majesté, six treteaulx et pièces de bois pour mettre dessus, pour faire les ponts nécessaires à faire lad. vuidange.

Par devant les notaires du Roy au Ch[let] de Paris soubz[nes], fut présent René Benard, architecte, demeurant à Tours, parroisse Sainct Venant, lequel a recongneu et confessé avoir promis et promect au Roy nostre Sire, stipullant et acceptant pour Sa Ma[té] hault et puissant seigneur messire Maximilian de Bethune, chevallier, sieur et marquis de Rosny, conte de Moret, baron de Seully, conseiller du Roy en son Conseil d'Estat, cappitaine de cent hommes d'armes de ses Ordonnances, grand voyer, grand Maistre et cappitaine général de l'Artillerie, superintendant de ses finances et des fortifications de France, et gouverneur de la ville et citadelle de Mante, et en la présence de Jehan de Cothereau, escuyer, sieur de Cormeille en Parisis, conseiller du Roy et contrerolleur général des repparations et fortifications de l'Isle de France, Paris et Picardie[2], de faire et parfaire bien et deuement, au dire d'ouvriers et gens à ce congnoissans, les vuidanges des terres nécessaires pour faire le canal mentionné, selon et suivant qu'il est porté par le devis ci-dessus escript, et de la profondeur y déclarée ou cas qu'il ne se trouve du rocq; et pour ce faire, y employer le plus grand nombre d'ouvriers que faire ce pourra et rendre icelle vuidange faicte et parfaicte dedans le dernier jour d'octobre prochain; laquelle vuidange sera thoisée à thoise cube comme il est porté par led. devis.

Ce marché faict moyennant et à raison de soixante sols tournois par chacune thoise cube, lequel pris led. s[r] marquis de Rosny a promis faire payer aud. Benard par chacune sepmaine par m[e] Philippes Danquechin, trésorier général des fortiffications de Sa Majesté[3], de présent en charge, suivant les ordonnances qui en seront à ceste fin expédiées, des deniers qui seront pour ce destinez par chacune sepmaine, à mesure qu'il travaillera. Promectans... Obligeans chacun en droict soy et led. Benard corps et biens comme pour les propres affaires du Roy... Renonceant..

Faict et passé en l'Arcenac du Roy à Paris, l'an mil six cens trois, le dix neuf[me] jour de mars, avant midy.

MAXIMILIAN DE BETHUNE, DECOTHEREAU, R. BESNARD, HERRIN, FOURNYER.

CXXII. — 19 MARS 1603. — 97.

FORTIFICATIONS. — TRAVAUX DE TERRASSE POUR FAIRE UNE GRANDE ALLÉE ET TALUS LE LONG DES MURS DE L'ARSENAL.
MARCHÉ PASSÉ AVEC RENÉ BESNARD, ARCHITECTE À TOURS, MOYENNANT LE PRIX DE QUARANTE SOLS PAR TOISE COURANTE SUR TOUTE HAUTEUR ET LARGEUR À PRENDRE DEPUIS LA MURAILLE JUSQUES À LA RIVIÈRE, LEQUEL PRIX SERA PAYÉ AUDIT BESNARD, AU FUR ET À MESURE DE L'AVANCEMENT DES TRAVAUX, PAR Me PHILIPPE DANQUECHIN, TRÉSORIER GÉNÉRAL DES FORTIFICATIONS.

Devis des ouvrages des terres qu'il convient aucter et retrancher pour faire la grande allée et talus que la Magesté du Roy a commandé faire au long des murs et cloture des murs de l'Arsenac de Sa Majesté

---

[1] Annotation marginale de la main de Sully.

[2] Il avait été pourvu, le 31 décembre 1590, de cet «Estat et office de Conseiller et Contrerolleur général et Intendant des répparations et fortifications, vivres, munitions et advitaillement des villes, chasteaux et places fortes de nos provinces et gouvernemens en l'Isle de France, Picardie, Boulenois, Arthois et pays reconquis adjacens, que naguère souloit tenir et exercer Me Charles Jumeau, dernier paisible possesseur d'iceluy, vacant à présent par son trépas» (Arch. N[les], P 2333). Son fils, Jacques, marié à Anne de Brageolonne, fut Maître d'Hôtel ordinaire de Louis XIII.

[3] Fils de Jean, sieur de Verdilly et de Nanteuil, procureur général en la Cour des Aides, et de Nicolle Comtesse; son nom s'est écrit également Danqueschin.

de la longueur et largeur qu'il sera sy a près déclairez.

Premièrement fault abatre parties des terres du grand chemain alent de la porte des Celestins au boulevert, lequelle contient deulx cens cinquante toises de longe ou environ, auquelle chemain sera faictz une grande allée de lad. longeur sur trois toises de large à prendre depuis les contrepilles du mur dud. Arcenac tirant à la rivière, laquelle allée sera dressée suivant les pentes du chemain et auter la terre ou elle se trouvera trop haulte et porter les terres où il y a des fons; et depuis les trois toises de largeur d'icelle allée faudra faire le raiste dudict chemain et talut venant doucement en pente juse dans la rivière; et pour ce faire, faudera retrancher lad. terre et icelle porter ou il sera besoing et le tout rendre bien et duement faict et parfaict, au dire de gens à ce coignoicent, moienent le pris et somme de quarante soulz tornois pour chacune toise, qu'il sera toisé à toise conrent sur tout haulteur et largeur à prendre depuis la muraille jusques à la rivière.

Par devant les notaires du Roy nostre Sire ou Ch[let] de Paris, soubz[nez], fut présent Reué Benard, architecte, demeurant à Tours, parroisse S¹ Venant, lequel a recongneu et confessé avoir promis et promect au Roy, nostre Sire, stippullant pour Sa Ma[té] hault et puissant seigneur Messire Maximilian de Bethune[1], et en la présence de Jehan de Cothereau[1], de faire et parfaire bien et deuement, au dire d'ouvriers et gens à ce coungnoissant, tous et chacun les ouvraiges des terres mentionnez en la forme selon et suivant le devys cy devant escript; et pour ce faire, y employer le plus grand nombre d'ouvriers que faire se pourra, et rendre iceulx ouvraiges faicts et parfaicts dedans les trois mois prochains, et dont le thoisé sera faict à thoize courante tant sur la largeur que haulteur qui se trouvera. Et fournira led. entrepreneur à ses despens tout ce qu'il conviendra pour faire lesd. ouvraiges.

Ce marché faict moyennant la somme de quarante sols pour chacune thoise thoisée comme dessus, lequel pris led. sieur marquis de Rosny a promis faire payer aud. Benard par M⁰ Philippes Danquechin, conseiller du Roy et trésorier général des réparations et fortifficatioṇs desd. provinces, au feur et à mesure que ledit Bernard fera lesdits ouvraiges, et suivant les ordonnances qui en seront à ceste fin expedyées par led. sieur marquis de Rosny, des deniers qui pour ce seront destinés. Promettans... Obligeans chacun en droict soy et led. Benard corps et biens, comme pour les propres affaires du Roy... Renonceant...

Faict et passé en l'Arcenac du Roy à Paris, l'an mil six cens troys, le dix neuf[me] jour de mars, avant midy.

MAXIMILIAN DE BETHUNE, DE COTHEREAU, R. BESNARD, HERBIN, FOURNYER.

CXXIII. — 22 JANVIER 1605. — 146.

FORTIFICATIONS. — PROCURATION PAR MAXIMILIAN DE BETHUNE, SIEUR ET MARQUIS DE ROSNY, SURINTENDANT DES FORTIFICATIONS, À L'EFFET DE RÉSIGNER ET METTRE ÈS MAINS DU ROI SON «OFFICE ET CHARGE DE SUPERINTENDANT DES FORTIFFICATIONS DE FRANCE, POUR ET AU PROFFICT DE MESSIRE MAXIMILLIAN DE BETHUNE, SON FILS, SIEUR DE BONTIN, CAPPITAINE ET GOUVERNEUR DE LA VILLE ET CHASTEAU DE MANTE ET NON D'AUTRE».

Par devant les notaires du Roy nostre Sire, en son Ch[let] de Paris, soubz[nez], fut présent hault et puissant seigneur messire Maximillian de Bethune, chevallier, sieur et Marquis de Rosny, Baron de Sully, Cappitaine de cent hommes d'armes des Ordonnances du Roy, Grand Maistre et Cappitaine Général de l'Artillerie, Superintendant des Finances et des Fortiffications de France, Gouverneur pour Sa Ma[té] en Poictou et du Chasteau de la Bastille à Paris, demeurant en l'Arsenac du Roy aud. Paris, lequel a faict et constitué son procureur irrévocable[1]

Auquel led. sieur constituant a donné et donne pouvoir et puissance de résigner et mectre ès mains du Roy nostred. Sieur, Monseigneur son Chancellier et d'autres personnes qu'il appartiendra, sondict office et charge de Superintendant des Fortifications de France, pour et au nom et au proffict de messire Maximillian de Bethune, son fils, sieur de Bontin, Cappitaine et Gouverneur de la ville et

[1] Mêmes qualités qu'en l'acte précédent.

[1] Lacune dans le texte.

chasteau de Mante, et non d'autre. Voullant et accordant que toutes lettres luy en soient expédyées, signées et scellées par qui et ainsy qu'il appartiendra. Et generallement... Promettant... Obligeant...

Faict et passé aud. Arcenac du Roy à Paris, l'an mil six cens cinq, le vingt deuxiesme jour de janvier, après midy.

MAXIMILIAN DE BETHUNE, MOTELET, FOURNYER.

SIXIÈME PARTIE.

GRAND MAÎTRE ET CAPITAINE GÉNÉRAL DE L'ARTILLERIE DE FRANCE.

CHAPITRE PREMIER.
ARSENAL.

Section I.
MARCHÉS DE TRAVAUX.

CXXIV. — 11 MARS 1600. — 11.

ARSENAL. — TRAVAUX DE PAVAGE. — MARCHÉ PASSÉ AVEC PIERRE PAVOT, MAÎTRE PAVEUR À PARIS, MOYENNANT LE PRIX DE DEUX ÉCUS SOL PAR TOISE.

Fut présent Pierre Pavot, maistre paveur à Paris, demeurant rue du Petit Musse, parroisse S¹ Paul, lequel a recongneu et confessé avoir promis et promect à hault et puissant seigneur Messire Maximilian de Bethune, chevallier, sieur et baron de Rosny, conseiller du Roy en ses Conseilz d'Estat et privé, son chambellan ordinaire, cappitaine de cinquante hommes d'armes de ses Ordonnances, grand voyer de France, grand maistre et cappitaine general de l'Artillerie, superintendant de ses finances et gouverneur de la ville et citadelle de Mante, à ce présent et acceptant, de faire et parfaire bien et deuement, comme il appartient, au dire d'ouvriers et gens ad ce cognoissans, tous et chacuns les ouvraiges de pavé de grez, des grosseurs et eschantillons acoustumez à paver rues en ceste Ville de Paris, bon loyal et marchand, qu'il convient faire ès lieux et endroicts qui seront monstrez et commandez faire par led. seigneur Grand Maistre aud. Pavot, au lieu de l'Arsenac du Roy à Paris. Et, pour ce faire, fournyr et livrer par icelluy Pavot le pavé neuf, sable neuf, et autres choses qu'il conviendra, mesmes garder et observer les pantes desd. pavez à ce que requises et nécessaires; et sera tenu led. Pavot, en faisant lesd. ouvraiges, de mettre à costière dud. pavé la terre qui se trouvera de trop en iceulx ouvrages, sans qu'il soyt tenu la faire oster. A commancer à faire lesd. ouvrages dedans huict jours prochains, y besongner sans discontinuer, et le tout rendre faict et parfaict bien et deuement, comme dict est, dans deux moys après ensuivant.

Ce marché faict moyennant et à raison de deux escus sol pour chacune thoize desd. ouvrages. Sur lequel prix led. sieur Grand Maistre a promis faire bailler et advancer aud. Pavot par le Trésorier général de lad. Artillerie, la somme de *cent escus*⁽¹⁾; et le surplus sy tost et incontinant qu'il aura faict et parfait lesd. ouvraiges bien et deuement, comme dict est. Promectans... Obligeans chacun en droict soy et led. Pavot corps et biens comme pour les propres affaires du Roy... Renonceant...

Faict et passé aud. Arsenac, l'an mil six cens, le unze^{me} jour de mars avant midy; et est ce faict en la présence de maistre Vincent Bouhier, sieur de La Goujonne, conseiller du Roy et controlleur général de lad. Artillerie.

MAXIMILIAN DE BETHUNE, BOUHIER, PAVOT,
HERBIN, FOURNYER.

⁽¹⁾ Ces deux mots : *cent escus* sont de la main de Sully.

CXXV. — 12 JUIN 1600. — 17.

ARSENAL. — TRAVAUX DE MAÇONNERIE POUR L'ACHÈVEMENT D'UN GRAND PAVILLON ET D'UNE GALERIE, «SUIVANT LE DERNIER PLAN ARRESTÉ AVEC MONSEIGNEUR DE ROSNY».
MARCHÉ PASSÉ AVEC MARCEAU JACQUET, JURÉ DU ROI EN L'OFFICE DE MAÇONNERIE, À PARIS, MOYENNANT LE PRIX DE SEPT ÉCUS SOL LA TOISE.

Devis des ouvrages de maçonnerie qu'il convient faire pour le Roy en son Arsenac à Paris, pour le parachèvement d'ung grand pavillon et gallerie continuant le premier desseing du corps de logis dud. Arsenac, pour le rendre faict et parfaict suivant le dernier plan arresté avec Monseigneur de Rosny.

Premièrement : fault abatre et desmolir ce qu'il ce trouvera deffectueulx tant pour n'avoir esté couvert que pour ce qui a esté couvert, faire et rediffier depuis lad. desmolition tout contremont jusques à la haulteur du vieil pavillon qui est de présent faict sur les murs tant du pourtour des pavillons que mur de refans, cave, escallier, descente de cave; faict de mesme nature, fabrication et espoisseur que led. vieil pavillon. Ensemble les planchers de plastre et plastras, lambris faicts de plastre, les tuyaulx des cheminées faicts de brique, les manteaux, lucarnes, le tout rendre faict et parfaict comme il est encommancé; les planchers et cloisons deux thoizes pour une, et les autres ouvraiges à thoize boutavant; abattre et desmolir le mur qui sépare le petit cabinet qui est sur la grande porte et entrée dud. pavillon; et, pour ce faire, fournir de toutes matières à ce requises et nécessaires.

Marceau Jacquet, Juré du Roy en l'office de maçonnerie à Paris, demeurant rué du Temple, parroisse St Nicolas des Champs, confesse avoir promis et promect à noble homme Robert Tiercelin[1], sieur de La Chevallerie et du Bois d'Auteuil, gentilhomme ordinaire de la Chambre du Roy et Lieutenant, en l'Arsenac de Sa Ma^{té} à Paris et Gouvernement de l'Isle de France, de Monsieur de Rosny Grand Maistre de l'Artillerie, à présent et acceptant, pour led. sieur Grand Maistre, pour et au nom de Sad. Ma^{té} et en la présence de noble homme maistre Vincent Bouhier, sieur de La Goujonne, conseiller du Roy et controrolleur général de lad. Artillerie, de faire et parfaire bien et deuement, au dire d'ouvriers et gens à ce congnoissans, tous et chacuns les ouvraiges de maçonnerie et autres choses mentionnées au devis dessus escript, qu'il convient faire pour Sad. Ma^{té} en son Arsenac à Paris, sellon et suivant le plan qui en a esté faict et qui a esté signé des partyes *ne varietur* et paraphé par lesd. notaires soubsignés, tant sur celuy demeuré par devers led. sieur controrolleur, que sur celuy dud. Jacquet. Pour faire lesquels ouvraiges fournir par iceluy Jacquet de toutes matières quelconques à ce nécessaires, besongner sans discontinuer et le tout rendre faict et parfaict bien et deuement, comme dict est, dedans le jour St Martin d'hiver prochain.

Ce marché faict moyennant et à raison de sept escus sol pour chacune thoize desd. ouvrages thoizés sellon qu'il est déclaré par le devis cy-dessus. Sur lequel prix promect led. sieur de la Chevallerie luy faire advancer par les sieurs Trésoriers généraulx de lad. Artillerie la somme de cinq cens escus dedans huy, et le surplus au feur et à mesure qu'il travaillera et fera lesd. ouvrages bien et deuement, comme dict est. Promectans... Obligeans chacun en droict soy et led. Jacquet corps et biens comme pour les propres affaires du Roy... Renonceaut...

Faict et passé aud. Arsenac du Roy, à Paris, l'an mil six cens, le douzeiesme jour de juing, après midy.

R. TIERCELIN. BOUHIER. MARCEAU JAQUET. HERBIN. FOURNYER.

---

[1] Robert Tiercelin (1543-1616), sieur de La Chevalerie, du Bois d'Auteuil, de Choisy en Brie et de Gisy les Nobles, avait été pourveu, par lettres de provision du 17 avril 1594, de la charge de lieutenant du Sr de La Guiche, Grand Maître de l'Artillerie, en remplacement d'Antoine de Sacquespée, sieur de Selincourt. (Arch. nat., P. 2334.) En 1599 il était veuf et sans enfants de Rose Lespine. Il mourut à l'Arsenal le 28 octobre 1616 et fut inhumé dans la chapelle du couvent de l'Ave Maria (Cf. Émile RAUNIÉ, *Épitaphier du Vieux Paris*, I, 284.)

CXXVI. — 3 JUILLET 1600. — 19.

Arsenal. — Travaux de charpente pour la continuation « du grand logis ».
Marché passé avec Jehan de Fer, charpentier ordinaire en l'Artillerie du Roi, et Louys Debures, maître charpentier à Paris, moyennant le prix de 130 écus sol le cent de bois.

Devis des ouvrages de charpenterie qu'il convient faire de neuf pour la continuation du grand logis encommancé dans l'Arsenac du Roy près les Célestins, que Sa Magesté veult faire de neuf, le tout comme il sera cy après déclaré.

Premièrement : fault faire de neuf la charpenterie du planchez tant du ralongement du logis qu'il convient faire de neuf, ensemble ceulx du pavillon, lesquelz planchers seront garnys de poutres et solives des longueurs, grosseurs et eschantillons que ceulx qu'ils sont à présent faicts et de mesme bois, led. plancher enfonsé, taillé et raboté, le tout de bon boys; lesd. poutres estre visitées auparavent estre mises en œuvre.

Item, fault faire de neuf la charpenterie du comble du grand pavillon, lequel sera garny de plateformes sur les murs, led. pavillon faict à deux poinçons, le tout de mesme façon et eschantillon de bois que celuy qu'il est à présent fait, ensemble le comble dud. logis qu'il sera aussy faict de mesme fason que l'autre qu'il est à présent faict; ensemble faire les chevalez des lucarnes et noiaulx et vis, sy besoing est, et ensemble faire tous les cloisons, mentceaulx et autres; le tout faire de bon bois, loial et marchant et le tout rendre faict bien et deuement ainsy qu'il apartient, moiennant le prix et somme de cent trente escus pour chacun cent mis en œuvre, laquelle sera contée au conte des marchands à Paris qu'il est une piesse de douze pieds et de six poulces, en carré, pour chacune piesse.

Jehan de Fer, charpentier ordinaire en l'Artillerie du Roy, demeurant rue S¹ Anthoine, parroisse S¹ Paul, et Loys de Bure, maistre charpentier à Paris, demeurant rue de la Mortellerie, parroisse S¹ Gervais, confessent avoir promis et promectent l'un pour l'autre, et chacun d'eulx seul et pour le tout, sans division, renonceans au bénéfice de division et de discution, à noble homme Robert Tiercelin, sieur de La Chevallerie et du Bois d'Anthenil, gentilhomme ordinaire de la Chambre du Roy, et lieutenant, en l'Arsenac de Sa Ma¹⁶ à Paris et Gouvernement de l'Isle de France, du Mons' de Rosny, Grand Maistre de l'Artillerie, à présent et acceptant pour led. sieur Grand Maistre pour et au nom de Sad. Ma¹⁶, et en la présence de Jehan Dorléans[1], commis de noble homme maistre Vincent Bouhier, sieur de la Goujonne, conseiller du Roy et contrerolleur général de lad. Artillerie, de faire et parfaire bien et deuement, au dire d'ouvriers et gens ad ce cognoissans, tous et chacuns les ouvraiges de charpenterie mentionnez au devis en autre part escript, qu'il convient faire pour Sad. Ma¹⁶ en son Arsenac à Paris, le tout selon et suivant led. devis. Pour faire lesquels ouvrages, seront tenuz lesd. de Fer et de Bure fournyr de bon boys, loyal et marchant, et besongner sans discontinuer, et le tout rendre faict et parfait bien et deuement comme dict est, dedans la Sainct Martin prochainement venant.

Ce marché faict moyennant et à raison de cent trente escus sol pour chacun cent de boys mis en œuvre, à compter au conte des marchands de Paris, qui est une pièce de douze pieds et de six poulces en carré pour chacune pièce; le tout selon et ainsi qu'il est déclaré par led. devis en autre part escript. Sur lequel prix promect led. sieur de La Chevallerie leur faire advancer la somme de quatre cens escus sols dedans huy, et le surplus au feur et à mesure qu'ils travailleront et feront lesd. ouvraiges bien et deuement, comme dict est. Promectans... Obligeans chacun en droict soy et lesd. de Fer et de Bure l'un pour l'autre et chacun d'eulx seul et pour le tout, sans division, corps et biens comme pour les propres affaires du Roy... Renonceans iceulx de Fer et de Bure aud. bénéfice de division et de discution...

Faict et passé aud. Arsenac du Roy à Paris, l'an mil six cens, le troisiesme jour de juillet, avant midy; led. de Fer a déclayré ne savoir escripre ne signer.

R. Tiercelin, Dorléans, Louys Debures, Herbin, Fournier.

---

[1] Jehan Dorléans, bourgeois de Paris, devint, en 1602, commissaire ordinaire de l'Artillerie et fut pourvu, le 25 juillet 1603, de l'office de «conseiller trésorier et garde général de l'Artillerie, tant de çà que de là les monts», vacant par suite de la résignation de M⁰ Zacharie de Perelles (Arch. Nat. P. 2345).

CXXVII. — 6 FÉVRIER 1601. — 33.

ARSENAL. — TRAVAUX DE PAVAGE AU DEVANT DE LA GALERIE NEUVE, ET PAVAGE DE LA CHAUSSÉE DE L'ARSENAL JUSQU'AU MAGASIN DES PIÈCES DE CANON.

MARCHÉ PASSÉ AVEC MICHEL RICHER, MAÎTRE DES OEUVRES DE PAVÉ DU ROI, MOYENNANT LE PRIX DE DEUX ÉCUS DIX SOLS PAR TOISE.

Par devant les notaires du Roy au Chastellet de Paris, soubz***, fut présent honnorable homme Michel Richer, maistre des euvres de pavé du Roy, demeurant rue de la Mortellerie, parroisse St Paul, lequel a promis et promect à hault et puissant seigneur Messire Maximillian de Bethune, chevallier, sieur et baron de Rosny, conseiller du Roy en ses Conseilz d'Estat et privé, son chambellan ordinaire cappitaine de cinquante hommes d'armes de ses Ordounances, grand voyer de France, Grand Maistre et cappitaine général de l'Artillerie, superintendant de ses finances et gouverneur de la Ville et citadelle de Mante, à ce présent et acceptant; de faire et parfaire bien et deuement, comme il appartient, au dire d'ouvriers et gens à ce congnoissans, les ouvrages de pavé de grez cy après déclarez, qu'il convient faire en l'Arsenac du Roy à Paris, assavoir: de paver de neuf au devant de la gallerie faicte de neuf aud. Arsenac, de la mesme largeur, longueur, grosseur et eschantillon que est le pavement faict au devant du logis de mond. seigneur le Grand Maistre aud. Arsenac; plus, de continuer à paver aussy de neuf la chaussée d'icelluy Arsenac jusques au magazin des pièces de canon, de la largeur de trois toises avec la grosseur et eschantillon acoustumés à paver rues en ceste ville de Paris. Et, pour ce faire, fournyr et livrer par led. Richer de pavé neuf, sable neuf et toutes autres matières qu'il conviendra, mesmes garder et observer les pantes desd. pavez à ce requises et nécessaires. Et sera tenu led. Richer, faisant lesd. ouvrages, de mectre à costiere dud. pavé la terre qui se trouvera de trop et icelle terre faire oster par led. Richer à ses despens, et le tout rendre faict et parfaict bien et deuement, comme dict est, le plus tost que faire se pourra, sans aucune discontinuation.

Ce marché faict moyennant et à raison de deux escus dix solz pour chacune thoize dud. pavé; sur lequel pris led. s^r Grand Maistre a promis faire bailler et advancer aud. Richer, par mons^r le Trésorier général de lad. Artillerie la somme de deux cens escus d'or sol, et le surplus au feur et à mesure qu'il travaillera et fera lesd. ouvrages. Et est ce faict en la présence du sieur de La Chevallerie, lieutenant dud. sieur Grand Maistre aud. Arsenac, et de noble homme Sébastien Darchambault⁽¹⁾, conseiller du Roy et controlleur général de lad. Artillerie. Promectans... Obligeans chacun en droict soy et led. Richer corps et biens... Renonceant...

Faict et passé aud. Arsenac, l'an mil six cens ung, le six^{me} jour de febvrier, après midy.

MAXIMILIAN DE BETHUNE, R. TIERCELIN,
DARCHAMBAULT, RICHER, MOTELET, FOURNYER.

CXXVIII. — 30 MARS 1601. — 56.

ARSENAL. — TRAVAUX DE MAÇONNERIE POUR LA CONSTRUCTION D'UN MUR ALLANT DEPUIS LE GROS MUR QUI SÉPARE LA SEINE DU MAGASIN OÙ L'ON MET LES CANONS ET LES BOULETS, JUSQU'AU BOULEVART SUR L'EAU.

MARCHÉ PASSÉ AVEC MARCEAU JAQUET, JURÉ DU ROI EN L'OFFICE DE MAÇONNERIE, ET GUILLAUME JAQUET, MAÎTRE MAÇON À PARIS, MOYENNANT LE PRIX DE SEPT ÉCUS SOL PAR TOISE BOUT AVANT.

Devis des ouvrages de masonnerye qu'il convient faire pour le Roy en sou Arsenacq de Paris, pour faire et continuer un mur depuis le gros mur qui sépare le magazin (là où l'on met les bouletz et le

---

⁽¹⁾ Fils d'un Maitre de la Chambre aux deniers du Roi et de Anne Huc, Sébastien Darchambault, sieur de La Brosse Vrigny, ne conserva pas sa charge de contrôleur général de l'Artillerie, on le trouve, de 1609 à 1620, commissaire ordinaire des guerres, demeurant rue Christine, avec sa femme, Magdeleine Denis.

canon) de la rivière, jusque au boulevert sur l'eau.

Et premièrement :

Faut faire le retranchement de terre pour faire la fondation dud. mur jusque là où la fondation se trouvera bonne; icelle fondation masonner de moylon, chaulx et sable jusque au ré[1] du chemin qui est le long du gros mur, de l'espoisseur de six piedz et au dessus dudit ré de cinq pieds d'espoisseur, revenans à deux pieds à la haulteur du parapel, et ériger aud. ré et haulteur du chemin, trois assizes de pierre de taille à parement du costé vers le chemin, et le reste au dessus jusques à la haulteur du parapel, masonné de moillon, chaulx et sable et érigé en chesne de pierre de taille de douze pieds en douze pieds et faire le chaperon le long dud. mur à la haulteur dud. parapel, de pierre de vergelé en forme de bahu et crepir led. mur de chaulx et sable de rivière.

Item faut faire la massonnerye d'une voulte servant de pont et passage par desoubz pour mener l'artillerye en la quasematte, lad. voulte massonnée de pierre de taille.

Item faut faire le mur qui est abattu entre la Bastille et l'Arcenacq des poudres, de mesme matière, espoisse et haulteur que le mur joignant.

Marceau Jacquet, juré du Roy en l'office de maçonnerie et demeurant rue du Temple, et Guillaume Jacquet, maistre maçon à Paris, demeurant rue Grenier S¹ Ladre[2], parroisse S¹ Nicolas des Champs, confessent avoir promis et promectent l'un pour l'autre et chacun d'eulx seul et pour le tout, sans division, renonceans au bénéfice de division et de discution, à hault et puissant seigneur Messire Maximillien de Bethune, chevallier, sieur et baron de Rosny, conseiller du Roy en ses Conseilz d'Estat et privé, cappitaine de cinquante hommes d'armes de ses Ordonnances, Grand Maistre et cappitaine général de l'Artillerie de France, à ce présent et acceptant pour Sa Ma¹ᵉ, et en la présence de noble homme M¹ Sébastien Darchambault, conseiller du Roy et contrerolleur général de lad. Artillerie; de faire et parfaire bien et deuement, au dire d'ouvriers et gens à ce congnoissans, tous et chacuns les ouvraiges de maçonnerie contenuz et spécifiiez au devis de l'autre part escript, qu'il convient faire en l'Arsenac de Sa Ma¹ᵉ à Paris. Et pour ce faire, fournyr par lesd. Marceau et Guillaume Jacquet de pierre de taille, taille d'icelle, moillon, chaulx, sable et toutes autres matières à ce nécessaires, payer peyne d'ouvriers et rendre place nette, et le tout rendre faict et parfaict bien et deuement, comme dict est, le plus tost que faire se pourra, et y travailler sans discontinuer.

Ce marché faict, moyennant et à raison de sept escus sol par chacune thoise boutavant desd. ouvraiges; sur lequel pris led. seigneur Grand Maistre a promis faire payer et advancer ausd. Marceau et Guillaume Jacquet, par le Trésorier g⁽ᵃˡ⁾ de lad. Artillerie, dedans huy, la somme de «*Trois cens escus*»[1]; et quant au surplus dud. pris, leur sera payé par led. Trésorier au feur et à mesure qu'ils travailleront et feront lesd. ouvraiges bien et deuement, comme dict est. Promectans... Obligeans chacun en droict soy et lesd. Marceau et Guillaume Jacquet, l'un pour l'autre et chacun d'eulx seul et pour le tout, sans division, corps et biens, comme pour les propres affaires du Roy... Renonceans iceulx Marceau et Guillaume Jacquet aud. bénéfice de division et de discution...

Faict et passé aud. Arsenac du Roy à Paris, l'an mil six cens ung, le trente⁽ᵐᵉ⁾ et pénultiesme jour de mars, après midy.

MAXIMILIAN DE BETHUNE, DARCHAMBAULT, MARCEAU JAQUET, GUILLAUME JAQUET, HERBIN, FOURNYER.

---

[1] Rez : Niveau.
[2] Actuellement rue Grenier-Saint-Lazare.

[1] Ces trois mots sont de l'écriture de Sully.

CXXIX. — 18 MAI 1601. — 6o.

ARSENAL. — TRAVAUX DE TERRASSE ET DE DÉBLAIS À FAIRE «JOIGNANT LA MURAILLE NEUVE DU BOULEVART PROCHE L'ARSENAC».
MARCHÉ PASSÉ AVEC NICOLAS DAGUET, EDME CHAMPAIGNE, NICOLAS VENDEUVRE, JEHAN VENDEUVRE, CLAUDE POINSSOT, VICTOR CHOPPART ET LAURENT FLAGEOLLET, MANOUVRIERS, MOYENNANT LE PRIX DE TRENTE SOLS TOURNOIS PAR TOISE.

Par devant les notaires du Roy au Chastellet de Paris soubz[scz], furent présens Nicolas Daguet, demeurant rue des Fauconniers, parroisse S¹ Paul, Edme Champaigne, demeurant rue des Jardins, de lad. parroisse, Nicolas Vendeuvre et Jehan Vendeuvre, demeurans rue de la Croix, parroisse S¹ Nicolas des Champs; Claude Poinssot, demeurant ès faulx bourgs S¹ Germain des Prez, grand rue dud. lieu; Victor Choppart, demeurant rue de la Fontaine, parroisse dud. S¹ Nicolas des Champs; Laurens Flageollet, demeurant rue S¹ Anthoine, parroisse S¹ Paul, tous manouvriers, lesquels ont recongneu et confessé avoyr promis et promectent l'un pour l'autre et chacun d'eulx seul et pour le tout, sans division, renonceans au bénéfice de division et de discution, à hault et puissant seigneur Messire Maximillian de Bethune, chevallier, sieur et baron de Rosny, conseiller du Roy en ses Conseilz d'Estat et privé, cappitaine de cinquante hommes d'armes de ses Ordonnances, grand maistre et cappitaine général de l'Artillerie de France et superintendant de ses finances, à ce présent et ce acceptant pour et au nom de Sa Ma¹ᵉ; de faire tous et chacuns la vuidange de terre que led. seigneur Grand Maistre leur a monstré et qu'il convient faire joignant la muraille neufve du boullevart proche l'Arsenac de Sad. Ma¹ᵉ, et y besongner sans discontinuer.

Ce marché faict moyennant et à raison de trente solz tournois par chacune thoize de lad. vuidange, que led. s¹ Grand Maistre en a promis et promect faire bailler et payer aus dessusd. par Monsieur le Trésorier général de lad. Artillerie au feur et à mesure qu'ils travailleront et feront lad. vuidange et euvres, à la charge qu'ils auront à leur proffict toute la pierre qu'ils trouveront en faisant lad. vuidange. Promectans... Obligeans chacun en droict soy et lesdicts Daguet, Champaigne, Nicolas et Jehan Vendeuvre, Poinsot, Choppart et Flageollet, l'un pour l'autre et chacun d'eulx seul et pour le tout, sans division, corps et biens comme pour les propres affaires du Roy... Renonceans iceulx Daguet et autres dicts susnommés aud. bénéfice de division et de discution...

Faict et passé aud. Arsenac de Sad. Ma¹ᵉ l'an mil six cens ung, le dix huict^{me} jour de may, avant midy; lesd. Daguet, Champaigne, Nicolas et Jehan Vandeuvre et Choppart ont déclaré ne scavoir escripre ne signer.

MAXIMILIAN DE BETHUNE, L. FLAGEOLLET, C. POINSSOT, HERBIN, FOURNYER.

CXXX. — 16 JUILLET 1601. — 64.

ARSENAL. — TRAVAUX DE DÉBLAI DE VINGT-DEUX TOISES DE TERRE (TOISE CUBE), ÉTANT SUR LE BOULEVART PRÈS DE LA MURAILLE NEUVE, DEPUIS LE BOUT DE LA CASEMATE JUSQUE VERS LA RIVIÈRE.
MARCHÉ PASSÉ AVEC MARTIN DE VERLY, JACQUES JACQUEMART, PIERRE LE ROY ET NAZAIRE GAUCHOT, MANOUVRIERS, MOYENNANT, À RAISON DU PRIX DE TRENTE SOLS TOURNOIS PAR TOISE, LA SOMME DE ONZE ÉCUS SOL.

Par devant les notaires du Roy ou Chastellet de Paris soubz[scz], furent presens Martin de Verly, demeurant rue des Gravilliers, parroisse S¹ Nicolas des Champs; Jacques Jacquemart, demeurant rue S¹ Anthoine, parroisse S¹ Paul; Pierre Le Roy, demeurant rue du Vertbois, parroisse S¹ Nicolas des Champs et Nazere Gauchot, demeurant Cousture S¹ᵉ Catherine, tous manouvriers, lesquels ont recongneu et confessé et, par ces présentes, confessent avoir promis et promectent l'un pour l'autre et chacun d'eux seul et pour le tout, sans division, renonceans au bénéfice de division et de discution,

GRAND-MAÎTRE DE L'ARTILLERIE. 279

à Messire Maximillian de Bethune, chevallier, sieur et baron de Rosny, conseiller du Roy en ses Conseils d'Estat et privé, son chambellan ordinaire, cappitaine de cinquante hommes d'armes de ses Ordonnances, grand voyer de France, Grand Maistre de l'Artillerie, superintendant de ses finances, gouverneur de la ville et citadelle de Mante et superintendant des Fortifications de France, demeurant en l'Arsenac du Roy à Paris; au nom et comme ayant charge de Sa Ma^té comme il a dict, à ce présent et ce acceptant pour elle, en la présence de noble homme Me Sébastien Darchambault, conseiller du Roy et contreroleur général de lad. Artillerie, de vuider la quantité de vingt deux thoizes de terre, thoize cube, estant sur le boullevart proche de la muraille constructe de neuf le long dud. boullevart, et ce depuis le boult de la cassemathe dud. lieu en tirant vers la rivière; et y travailler sans discontinuer.

Ce marché faict moyennant et à raison de trente sols tournois pour chacune thoize de lad. vuidange, qui seroyt pour lesd. vingt deux thoizes la somme de unze escus sol, que led. seigneur Grand Maistre en a promis faire bailler et payer ausd. de Verly, Jacquemart, Le Roy et Gauchot par le Trésorier général de lad. Artillerie au feur et à mesure qu'ils travailleront et feront lad. vuidange. Promectans... Obligeans chacun en droict soy et lesd. de Verly et consors l'un pour l'autre et chacun d'eulx seul et pour le tout, sans division, corps et biens comme pour les propres affaires du Roy... Renonceans iceulx de Verly et autres aud. bénéfice de division et de discution...

Faict et passé aud. Arsenac l'an mil six cens ung, le douze^me jour de juillet, avant midy.

MAXIMILLIAN DE BETHUNE, DARCHAMBAULT, M. DE VERLY, J. JACQUEMARD.

Lesd. LE ROY et GAUCHOT ont déclayré ne scavoyr escripre ne signer; MOTELET, FOURNYER.

CXXXI. — 7 JANVIER 1602. — 74.

ARSENAL. — TRAVAUX DE TERRASSE POUR OSTER, TIRER ET ENLEVER LA TERRE D'UNE GROSSE BUTTE ESTANT DANS LE JARDIN DE L'ARSENAC, PRÈS LA CASEMATTE, ICELLE TERRE PORTER DANS LE JARDIN DES CÉLESTINS EN LA PLACE ACQUISE PAR S. M. DES RELIGIEUX DESD. CÉLESTINS, ET CE POUR REMPLIR LAD. PLACE, ET RENDRE LE LIEU OÙ LAD. BUTTE SERA OSTÉE AU NYVEAU DUD. JARDIN; ENSEMBLE PORTER LE SABLE SUR LES TERRES DUBES APRÈS AVOIR REMPLY LE BASTION".
MARCHÉ PASSÉ AVEC NICOLAS DAGUET, NICOLAS VENDEUVRE ET JEAN LE FLOT, MANOUVRIERS, MOYENNANT LE PRIX DE VINGT CINQ SOLS TOURNOIS PAR TOISE CUBE.

Furent présens Nicolas Daguet, Nicolas Vendeuvre et Jehan Le Flot, manouvriers, demeurans à Paris, scavoir: led. Daguet, rue des Faulcouniers; led. Vendeuvre, rue de la Croix, parroisse St Nicolas des Champs, et led. Le Flot dans l'Arsenac du Roy, à Paris, lesquels ont recongneu et confessé et par ces présentes, confessent avoir promis et promectent à hault et puissant seigneur Messire Maximilian de Bethune, chevallier, sieur et marquis de Rosny, conseiller du Roy en ses Conseils d'Estat et privé, son chambellan ordinaire, cappitaine de cinquante hommes d'armes de ses Ordonnances, grand voyer de France, Grand Maistre et cappitaine général de l'Artillerie de France, superintendant de ses finances et des fortiffications de France et gouverneur de la Ville et citadelle de Mante, au nom et comme ayant charge de Sa Ma^té, à ce présent, et ce acceptant pour elle, de oster, tirer et enlever la terre d'une grosse butte estant dans le jardin de l'Arsenac, près la casematte, environ de ^(1) icelle terre porter dans le jardin des Célestins en la place acquise par Sad. Ma^té des Religieux desd. Célestins, et ce pour remplir lad. place, et rendre le lieu où lad. butte sera ostée au nyveau dud. jardin, ensemble porter le sable sur les terres dont à présent on remplit le bastion. A commencer à y travailler le plus tost que faire se pourra et le tout rendre faict et accommodé bien et deuement, dedans deux moys prochains.

Ce marché faict moyennant et à raison de vingt-cinq sols tournois pour chacune thoise cube de lad. terre, que led. seigneur Grand Maistre en a promis faire bailler et payer ausd. entrepreneurs par monsieur le Trésorier général de lad. Artillerye au feur et à mesure qu'ils feront lad. besongne cy-dessus bien et deuement, comme dict est. Promectans... Obligeans chacun en droict soy et lesd. Daguet, Vendeuvre et Le Flot l'un pour

(1) Lacune dans le texte.

l'autre et chacun d'eulx seul et pour le tout, sans division, corps et biens, comme pour les propres affaires du Roy... Renonceans iceulx Daguet, Vendeuvre et Le Flot au bénéfice de division et de discution...

Faict et pasé en l'Arsenac du Roy à Paris, l'an mil six cens deux, le sept.me jour de janvier, avant midy; lesd. entrepreneurs ont déclaré ne scavoir signer.

MAXIMILIAN DE BETHUNE, MOTELET, FOURNYER.

CXXXII. — 2 FÉVRIER 1602. — 75.

ARSENAL. — TRAVAUX DE TERRASSE POUR LEVER ET ÔTER LES TERRES, PLATRAS ET IMMONDICES QUI SONT EN LA COUR DE LA BASTILLE, ET LE TOUT PORTER DANS LE CLOS DES CÉLESTINS RÉCEMMENT ACQUIS POUR L'AGRANDISSEMENT DE L'ARSENAL.
MARCHÉ PASSÉ AVEC JEAN HAVÉ, ALAIN CHAPPELLE ET PIERRE NIFLET, MANOUVRIERS, MOYENNANT LA SOMME DE CENT CINQUANTE ÉCUS SOL.

Par devant les notaires du Roy nostre Sire en son Chastellet de Paris, soubz.nes, furent presens Jehan Havé, Alain Chappelle, et Pierre Niflet, manouvriers, demeurans, scavoir : led. Havé rue du Petit Musse, led. Chapelle, rue des Barrez et led. Niflet, rue de la Cerizaye, parroisse S¹ Paul, lesquels ont recongneu et confessé et, par ces presentes, confessent avoir promis et promectent l'un pour l'autre et chacun d'eulx seul et pour le tout, sans division, renonceans au bénéfice de division et de discution, à hault et puissant seigneur Messire Maximilian de Béthune [1]... ou nom et comme ayant charge de Sa Ma¹ᵉ, à ce présent et ce acceptant pour elle, de lever et oster toutes et chacunes les terres, platras et immondices qui sont en la court de la Bastille, qui leur ont esté monstrées, et le tout porter dans le clos des Celestins, à l'endroict où l'on mect les autres terres dud. Arsenac. A commencer à y travailler dans le jour de lundy prochain et le tout rendre faict et parfaict et rendre place nette dans le dernier mars prochain.

Ce marché faict moyennant la somme de cent cinquante escus sol, que led. seigneur en a promis et promect faire bailler et payer ausd. entrepreneurs dessus nommés ou au porteur, au feur et à mesure qu'ils travailleront et feront lad. besongne bien et deuement, et ce par monsieur le Trésorier général de lad. Artillerie. Et est ce faict en la présence du sieur de La Chevallerie. Promectans... Obligeans chacun en droict soy et lesd. entrepreneurs l'un pour l'autre... [1]

Faict et passé aud. Arsenac du Roy, à Paris, l'an mil six cens deux, le second jour de febvrier, après midy; lesd. Havé et Niflet ont déclaré ne scavoir signer synon led. Havé qui a faict une merque.

MAXIMILIAN DE BETHUNE, R. TIERCELIN, ALAIN CHAPPELLE, MOTELET, FOURNYER.

CXXXIII. — 2 FÉVRIER 1602. — 76.

ARSENAL. — TRAVAUX DE MAÇONNERIE POUR LA CONSTRUCTION D'UN GRAND MUR DEPUIS LES FORGES DE L'ARSENAL JUSQU'À L'ATELIER DES POUDRES, AFIN DE CLORE LE JARDIN DE L'ARSENAL.
MARCHÉ PASSÉ AVEC MARCEAU JAQUET, MAÎTRE MAÇON JURÉ DU ROI EN L'OFFICE DE MAÇONNERIE, MOYENNANT LE PRIX DE QUATRE ÉCUS TRENTE SOLS PAR TOISE.

Par devant les notaires du Roy au Chastellet de Paris, soubz.nes, fut présent Marceau Jacquet, maistre maçon juré du Roy en l'office de maçonnerie, demeurant à Paris rue du Temple, parroisse S¹ Nicolas des Champs, lequel a recongneu et confessé avoir promis et promect à hault et puissant seigneur Messire Maximilian de Béthune... [2] de faire et construire dans l'enclos des Célestins, bien et deuement, au dire d'ouvriers et gens à ce congnoissans, ung grand pan de mur qui se continuera depuis les forges dud. Arsenac jusques à

---
[1] Même formule qu'à l'acte précédent.
[2] Mêmes qualités qu'aux deux actes précédents.

[1] Mêmes qualités qu'en l'acte précédent.

l'attelier des pouldres, pour servir à faire la separation d'entre led. enclos et le jardin dud. Arsenac, selon l'allignement qui luy en sera baillé. Et, pour ce faire, faire les rigolles et tranchées des vuidanges de terres massives du creux des fondations dud. mur, fouillées jusques à vif fondz, comme il appartient, de six pieds et demy de large, et en icelles tranchées remplir de maçonnerie, de six pieds et demy d'espoisseur, la fondation dud. mur jusques et de deux pieds plus hault que l'aire et rez-de-chaussée dud. clos des Cellestins; à laquelle haulteur sera faict ung arrachement de maçonnerie tout de nyveau, au dessus duquel arrasement s'érigera led. mur de six pieds d'espoisseur gardant l'empatement de demy pied pour led. mur par dehors œuvre, revenant à la haulteur du nyveau du jardin bas dud. Arsenac à cinq pieds d'espoisseur, qui sera ung pied de tallud qu'aura led. mur par dehors œuvre sur la haulteur de l'aire dud. jardin qui est de dix pieds de hault ou environ, pour soustenir les terres massives et gettices [1] qui seront derrière led. mur; et au dessus de lad. haulteur s'erigera led. mur de deux pieds et demy d'espoisseur jusques à telle haulteur qu'il appartiendra, revenant par hault au dessoubz du chapperon à deux pieds de large, qui sera trois poulces diminution de chacun costé pour luy donner fruict, contrefruict. Toute laquelle maçonnerie led. Jacquet promect faire de bon moellon maçonné à chaulx et sable ainsy qu'il appartient, et ce faisant, à l'endroict du parterre d'en hault dud. jardin qui est plus hault que l'aire dud. jardin de cinq pieds ou environ, se continuera led. tallud d'icellui mur par dehors œuvre, jusques à la haulteur d'icelluy à cause de la bouttée des terres, que led. Jacquet sera tenu crespir, tout le long dud. mur tant par dehors que par dedans œuvre, de chaulx et sable de rivière. Plus, faire par le derrière dud. mur des esperons par voye pour ayder à soustenir les terres nouvellement mises, de douze pieds en douze pieds, de milieu en milieu, ayant neuf piedz de long sur trois pieds de large. Et sera tenu led. Jacquet fournir de bonnes pierres et matériaux et autres choses nécessaires pour faire lesd. ouvrages, sans que luy soict payé aucune chose desd. rigolles et tranchées. A commencer à travailler ausdicts ouvraiges dedans lundy prochain et le tout rendre faict et parfaict, au dire d'ouvriers et gens à ce congnoissans, et rendre place nette dedans le quinze^{me} juillet prochain.

Ce marché faict moyennant et à raison de quatre escus trente sols pour chascune thoise d'iceulx ouvraiges, que led. seigneur Grand Maistre a promis et promect faire bailler et payer aud. Jacquet, ou au porteur, par monsieur le Trésorier g^{nal} de lad. Artillerie, au feur et à mesure que led. Jacquet travaillera et fera lesd. ouvraiges bien et deuement, comme dict est. Promectans... Obligeans chacun en droict soy et led. Jacquet corps et biens, comme pour les propres affaires du Roy... Renonceaut...

Faict et passé aud. Arsenac l'an mil six cens deux, le second jour de febvrier, après midy. Et est ce faict en la présence du sieur de La Chevallerie.

Maximilian de Bethune, R. Tiercelin, Marceau Jaquet, Motelet, Fournyer.

CXXXIV. — 30 JUIN 1602. — 83.

Arsenal. — Travaux de maçonnerie pour la construction d'une grande galerie le long du gros mur des écuries, depuis le vieux pavillon jusqu'à la fonderie.
Marché passé avec Marceau Jaquet, juré du Roi en l'office de maçonnerie, moyennant le prix de trois écus sol par toise boutavant, les planchers comptés à deux toises pour une.

Devis des ouvrages de massonnerie qu'il convient faire pour le Roy en son Arcenacq de Paris pour faire et construire une grande gallerie et salle le long du gros mur où sont les escuries, deppuis le viel pavillon jusques contre la fonderie, ledit édifice levé de la haulteur que ledict viel pavillon et de mesme largeur porté par le plan et decin.

Premièrement : faut faire la massonnerie du pan de mur sur la court, massonné de moelon, chaulx et sable en fondation de deulx pieds un quart jusques au rez de chaussée et aire dessus jusques au premier planché, de vingt deulx poulces revenant à vingt et ung poulces en hault, massonné aussy de moelon, chaulx et sable; faire et eriger audit pan de mur troys assises de pierre de taille de clicquart ou hault liais à parement sur la court; le reste massonné de moilon, les jambes soubz poultre de pierre de Sainct Leu portant parpin entre deulx ung. Et les croisées et bes [baies]

[1] Terres remuées et jetées d'un endroit en un autre.

qu'il convient faire en iceluy pan, cuillir[1] en plastre, et faire les apuis de pierre de taille de liais; les entablemens et plaintes [plinthes] entre les jambes soubz poultres faictes de plastre; crespir iceluy pan de chaux et sable par dehors œuvres et enduire de plastre par dedans; faire aussy les lucarnes de plastre et plastras, et faire les hausseries au rez de chaussée, suivant le plan, de pierre de taille tant les pieds droicts que voussouoirs [voussoirs], le tout de mesme le dein.

Item, faut faire la massonnerie de l'aultre pan de mur du costé de la rivière pris sur le gros mur massonné de moilon, chaux et sable, de la mesme espoisseur que celuy sur la court, et eriger les jambes soubz comme aud. pan de mur cy devant déclaré de pierre de taille.

Item, faut faire la massonnerie des murs separant la salle, gallerie et escallier, massonné aussy de moelon, chaux et sable et faire les testes du mur servant de noyau, faictes de pierre de Sainct Leu; ensemble les marches seulement du premier estage faictes de pierre de taille, le reste de boys et plastre, et le reste des murs de noiau massonné de plastre, moelon ou chaux.

Item faut faire la massonnerie des mantheaux de cheminée faictz de plastre, ensemble les planchers et cloisons aussy faicts de plastre et plastras et ceux des murs de refau cueillir en plastre, et faire les tuiaux de cheminées de bricque s'il plaist audit sieur; ensemble faire les lambris de plastre qu'il conviendra faire en iceluy édifice. Le tout faire bien et deuement, au dire d'ouvriers, gens à ce connoissans, et le tout querir, fournir et livrer par l'entrepreneur de toutes matières à ce requises et nécessaires : comme pierre de taille, la taille d'icelle, moilon, chaux et sable, plastre, peinne d'ouvriers et aydes, et rendre place nette et mener les gravas aux champs; et prendra led. entrepreneur les matières provenant des desmolitions des murs qui sont à présent sur les lieux qu'il conviendra demolir, et le tout rendre faict et parfaict dans le temps qu'il sera advisé par ledit sieur.

Marceau Jacquet, juré du Roy en l'office de

[1] Cueillir en plâtre : faire une petite bordure de plâtre qui dessert de niveau pour enduire les tableaux des portes et croisées.

maçonnerie, demeurant rue du Temple, parroisse Sainct Nicolas des Champs, confesse avoir promis et promect à hault et puissant seigneur Messire Maximilian de Bethune, chevallier, sieur et marquis de Rosny, Conseiller du Roy en ses Conseils d'Estat et privé, Cappitaine de cent hommes d'armes de ses Ordonnances, Grand Voyer, Grand Maistre et Cappitaine général de l'Artillerie de France, Superintendant de ses Finances et des Fortiffications de France et Gouverneur de la Ville et Citadelle de Mante, ou nom et comme ayant charge de Sa Ma^{té}, à ce présent et acceptant pour elle, de faire et parfaire bien et deuement, au dire d'ouvriers et gens à ce coungnoissans, tous et chacuns les ouvraiges de maçonnerie mentionnez et spécifiiez au devis dessus escript, qu'il convient faire en l'Arsenac de Sa M^{té} à Paris, ès endroictz selon et ainsy qu'il est déclaré par led. devis. Et pour ce faire, fournir par led. Jacquet de toutes matières à ce requises et nécessaires, comme pierre de taille, la taille d'icelle, moilon, chaulx, sable, plastre, peynes d'ouvriers, aydes, rendre place nette et mener les gravois aux champs; à la charge toutteffois que led. Jacquet prendra les matières provenant des desmolitions des murs qui sont à présent sur les lieux. A commencer à y travailler dedans le jour de lundy prochain. Et sera tenu led. Jacquet de faire desdicts ouvraiges jusqu'à la longueur de douze thoizes dedans ung moys prochain et le reste quand il plaira aud. seigneur de Rosny.

Ce marché faict moyaumaut et à raison de troys escus sol pour chacune thoise desd. ouvraiges de maçonnerie, thoise bout avant, qui seront thoisées, et les planchers à deux thoises pour une, que led. seigneur de Rosny en a promis et promect faire bailler et payer par monsieur le Trésorier g^{nal} de lad. Artillerie au feur et à mesure qu'il travaillera et fera lesd. ouvrages bien et deuement, comme dict est. Promectans... Obligeans chacun en droict soy et led. Jacquet corps et biens, comme pour les propres affaires du Roy... Renonceant.

Faict et passé aud. Arsenac du Roy, à Paris, l'an mil six cens deux, le trente^{me} et dernier jour de juing, avant midy.

MAXIMILIAN DE BETHUNE, Marceau JAQUET, MOTELET, FOURNYER.

CXXXV. — 18 AVRIL 1603. — 102.

ARSENAL. — TRAVAUX DE MAÇONNERIE ET DE PAVAGE POUR LA CONSTRUCTION D'UN GRAND CANAL AU DEVANT DE L'ENTRÉE DE L'ARSENAL ET DE «DEUX PETITS CANAULX POUR RACHEPTER LES EAUX».
MARCHÉ PASSÉ AVEC MARTIN BOULLET, MAÎTRE MAÇON À PARIS, DÉCLARÉ ADJUDICATAIRE, LE 1ᵉʳ MARS 1603, MOYENNANT LE PRIX DE NEUF LIVRES CINQ SOLS PAR TOISE COURANTE.

L'an mil six cens trois, le premier jour de mars, devant nous, Maximilian de Bethune, marquis de Rosny, Conseiller du Roy en ses Conseils d'Estat, Grand Voyer de France, Grand Maistre et Cappitaine général de l'Artillerie, Superintendant des finances, fortifications et bastimens de Sa Maᵗᵉ et en la présence de noble homme Enemont du Benoist, sieur de Sᵗ Thivier, Conseiller du Roy et Contrerolleur général de son Artillerie, heure d'une heure attendant deux de relevée, en la grande salle de l'Arsenac du Roy à Paris, suivant les publications, proclamations et affiches, contenant le devys des ouvraiges cy-après déclairez, avons procedé au rabaiz desd. ouvraiges ainsy qu'il s'ensuit :

DE PAR LE ROY :

On fait assavoir que le mercredi vingt sixᵐᵉˢ jour de febvrier, heure d'une heure après midy, en la salle de l'Arsenac du Roy, à Paris, par devant monsieur le Marquis de Rosny, Grand Maistre de l'Artillerie de France, seront baillez et adjugés au rabais et moings disant, à l'extinction du feu de la chandelle, les ouvraiges de maçonnerie et pavé cy-après déclarés, qu'il convient faire pour la construction d'un grand canal au devant de l'entrée dud. Arsenac, et deux petits canaulx pour rachepter les eaux, selon et ainsy qu'il s'ensuict :

Premièrement : fault faire la maçonnerye du grand canal, lequel aura huict toises de long sur trois pieds de large dans œuvre, sur six pieds de hault par l'un des bouts, et par l'autre quatre pieds aux deux costés d'icelluy ; sera faict deux murs de maçonnerye de chacun costé, maçonné de bon moillon, chaulx et sable de vingt poulces d'espoys, fondé en bon pied, auquel mur sera érigé tant d'un costé que d'autre, une assize de pierre de cliquart, et au-dessus des chesnes de pierre de neuf pieds en neuf pieds, portant l'espoisseur dud. mur, et sur icelle chesne sera faict des arcqs de pierre de neuf pieds en neuf pieds pour faire la voulte dud. canal, laquelle voulte sera surbaissée ; lesdits arcs faitz de pierre dure de cliquart et le reste de la voulte maçonné de moillou, chaulx et sable ; faire les deux testes d'iceluy canal aussy de pierre de taille dure ; faire les deux autres petits canaulx pour faire conduire les eaues de la court de l'Arsenac dans le grand canal et les eaues de la rue des Celestins ; iceulx canaulx maçonnés de moillon, chaulx et sable, et iceulx couvrir de pierre de liays par le dessus, iceulx canaulx d'un pied de large de la hauteur qu'il appartiendra pour donner la pente aux eaues ; ensemble faire les deux pierres percées pour l'entrée des eaues dans led. grand canal, lesquelles seront de pierre de liays et deux petits canaux aussy garniz d'une assise de pierre de cliquart par bas.

Fault faire la maçonnerie des murs des parapetz au dessus du mur du quay des Celestins de la longueur qu'il appartiendra, lesquels murs auront dix-huict poulces d'espois maçonné de bon moillon, chaulx et sable, et sur iceluy mur, estant à haulteur d'apuys sera mis et posé au dessus dud. mur une assize de pierre de vergelé en forme de chapperon arrondi, portant dix-huict poulces, maçonné sur led. mur et cramponné au droit de l'Arcenac ; sera érigé une huisserie de pierre de taille pour sortir dud. quay sur la rivière, au droict d'icelle sera faict une descente droicte garnye de marches de pierre de taille, maçonné de chaulx et sable ; ensemble faire les abataiges du reste du viel mur et de la porte, dont il n'aura aucune chose, sinon les démolitions à son profitat.

Relever le pavé du quay des Celestins, depuis le Port Sᵗ-Paul jusques à l'entrée de l'Arcenac, et douze toises dans la rue des Celestins, et mettre led. pavé à sauvette[1] pour le faire reservir, lequel pavé sera faict suivant les pentes qui en seront baillez ; faire les vuidanges des terres qu'il conviendra oster pour faire lesd. pentes, après que les canaulx seront faicts.

Et seront toutes personnes reçues à moings dire et rabaisser sur lesd. ouvraiges sur les prix qui seront particullièrement déclarez sur chacun d'iceulx, à la charge d'iceulx ouvraiges faire et parfaire bien et deuement, au dire d'ouvriers et

---
[1] En lieu sûr.

gens à ce congnoissans, dans le quinze^{me} jour d'aoust prochain, rendre place nette et bailler caution pour l'entretenement dud. bail. Faict à Paris le xxie febvrier mil six cens troys.

L'an mil six cens troys, le xxve jour de febvrier, je, Thomas de Bonigalle, premier huissier pour le Roy de son Trésor, soubz^{né}, certiffie avoir mis et apposé aultant de la présente affiche au bureau de l'Escriptoire des jurés maçons de ceste ville de Paris, attelliers du Louvre et Thuilleryes et à la porte de l'Arsenac de ceste Ville de Paris, portes de la court et des salles du Pallais, grand et petit Chastellet, greffe du Trésor et au bas de la montée dud. Trésor : ad ce qu'aucun n'en prétende cause d'ignorance ; en présence de Nicolas Chauvelot, Jehan Bailly, tesmoings, ainsy signé : de Bonigalle.
Et led. jour xxvie febvrier, à lad. heure d'une heure attendant deux de relevée, se seroient trouvez plusieurs entrepreneurs ausquels aurions faict entendre le contenu en lad. affiche et icelle fait lire, et publier que lesd. ouvraiges estoient à bailler au rabais et moings disans, sur le prix de treize livres dix sols la thoise, lesquels auroient esté mis au rabais scavoir : par Noblet, treize livres la thoise ; par Jacquet, douze livres dix sols ; par Le Roy, douze livres cinq sols ; par Jehan Jacquet unze livres dix sols ; par Jean Delorme, unze livres ; par Jehan Jacquet, dix livres dix solz ; par Jehan Delorme, dix livres ; par Pierre Noblet, neuf livres dix sols ; par Martin Boulet, à neuf livres cinq sols la thoise de maçonnerie à thoise boutavant ; et après avoir attendu quelque temps et qu'il ne s'est présenté personne pour mettre au rabais lesd. ouvraiges, aurions led. bail continué au premier jour de mars ensuivant.
Et led. premier jour de mars, à lad. heure d'une heure attendant deux de relevée, nous avons fait alumer trois chandelles et ayant fait alumer la première chandelle et icelle esteincte n'a esté faict aucun rabais, nous avons fait alumer la deux^me où n'a aussy esté faict aucun rabais, et depuis avons fait alumer la trois^me chandelle et faict entendre que c'estoit la dernière et quiconques vouldront mettre lesd. ouvraiges au rabais seront receus, où n'a esté pareillement faict aucun rabais. Au moyen de quoy et après lad. chandelle estainte, Nous, aud. Boullet avons adjugé lesd. ouvraiges dessus déclarez, pour led. prix de neuf livres cinq sols la thoise de maçonnerie, thoisée à thoise boutavant.

Par devant les notaires du Roy nostre Sire, en son Chastellet de Paris, soubz^{nés}, fut présent Martin Boullet, maistre maçon à Paris, demeurant rue et parroisse Sainct Saulveur, lequel a recongneu et confessé avoir promis et promect au Roy nostre Sire, stippulant pour Sa Ma^{té} hault et puissant seigneur Messire Maximilian de Bethune, chevallier, sieur et marquis de Rosny, conte de Moret, baron de Sully, Conseiller du Roy en ses Conseils d'Estat et privé, Cappitaine de cent hommes d'armes de ses Ordonnances, Grand Voyer, Grand Maistre et Cappitaine général de l'Artillerie, Superintendant des finances, fortiffications et bastimens de Sa Ma^{té}, et Gouverneur de la ville et citadelle de Mante, à ce présent, et en la présence de Enemont du Benoist, sieur de St Thivier, Conseiller du Roy et Contrerolleur général de lad. Artillerie, de faire et parfaire bien et deuement, au dire d'ouvriers et gens à ce congnoissans, tous et chacuns les ouvraiges de maçonnerye et pavé qu'il convient faire pour la construction d'un grand canal au devant de l'entrée dud. Arsenac et deux petits canaulx et autres ouvraiges de maçonnerye et vuidange des terres qu'il conviendra faire après que lesd. canaulx seront faictz. Et commancer à y travailler, avec bon nombre d'ouvriers, le plustost que faire ce pourra et continuer, sans discontinuer. Et, pour ce faire, fournira led. entrepreneur de pierre de taille, lyais et Sainct Leu et pierre de vergelé, de bon moillon, chaulx et sable et toutes autres matières à ce nécessaires ; payer peyne d'ouvriers et rendre place nette ; le tout porté tant par l'affiche dont coppie est cy-dessus transcripte, que par les articles transcripts après lad. affiche, dont a esté faict lecture aud. entrepreneur par l'un des notaires soubz^{nés}, l'autre présent. Et ce, moyannant et à raison de neuf livres cinq sols pour chacune thoise de maçonnerie, thoisée à thoise boutavant, qui est le pris à quoy lesd. ouvrages ont esté adjugez aud. entrepreneur, comme moings disant. Lequel pris sera payé aud. entrepreneur, au feur et à mesure qu'il fera lesd. ouvrages, par Monsieur le Trésorier général de l'Artillerie, suivant les Ordonnances qui luy en seront à ceste fin expédiées. Promectans... Obligeans chacun en droict soy et led. Boulet corps et biens, comme pour les propres affaires du Roy... Renonceant...

Faict et passé aud. Arsenac du Roy à Paris, l'an mil six cens troys, le dix huict^me jour de apvril, après midy.

MAXIMILIAN DE BETHUNE, DU BENOICT, M. BOULLET, HERBIN, FOURNYER.

CXXXVI. — 19 AVRIL 1603. — 106.

Arsenal. — Travaux de maçonnerie pour la continuation de la grande galerie.
Marché passé avec Marceau Jaquet, juré du Roi en l'office de maçonnerie, déclaré adjudicataire le 7 mars 1603, moyennant le prix de 12^{lt} par toise boutavant.

L'an mil six cens trois, le septiesme jour de mars, en la grande salle de l'Arcenac du Roy à Paris, heure d'une heure attendant deux, après midy, devant nous Maximilian de Bethune, marquis de Rosny, Conseiller du Roy en ses Conseilz d'Estat, Grand Maistre et Cappitaine général de l'Artillerie, Grand Voyer et Superintendant des finances, fortiffications et bastimens de Sa Ma^{té}, et en la présence de Enemont du Benoist, sieur de St Thivier, Conseiller du Roy et Contrerolleur général de son Artillerie, suivant le devys, affiches et proclamations faictes de nostre Ordonnance dont la teneur ensuict, avons procéddé au bail au rabais desd. ouvrages ainsy qu'il s'ensuict.

Devis des ouvraiges de maçonnerie qu'il convient faire de neuf pour la continuation de la maçonnerie de la grande gallerye que Monseigneur le Marquis de Rosny, Grand Maistre et Cappitaine général de l'Artillerie de France, a faict commencer faire dans le grand Arcenac du Roy en ceste ville de Paris, le tout comme il sera cy-après déclaré ainsy qu'il ensuict :

Premièrement : fault faire de neuf la maçonnerie du pan de mur dud. corps de logis, de la longueur qu'il sera advisé faire en ceste année, et de mesme haulteur et espoisseur que celui encommancé; lequel mur sera fondé à vif fonds, lad. fondation maçonnée de bon moillon, chaulx et sable, de troys pieds d'espoisseur jusques au rez de chaussée et sur iceluy sera mis des assizes de pierre et chesne soubz poultre de pierre dure, portant parpin entre eux une, de mesme que est encommancé led. mur, portant deux pieds revenant par hault à vingt deux poulces, et à iceluy mur eriger les becs (baies) et fenestres de pierre de St Leu, avec l'entablement qui sera aussy faict de pierre de Sainct Leu, et au droict des jambaiges de pierre dure, le tout de mesme ordonnance qu'il est encommancé.

Fault faire la maçonnerye du rehaulsement du gros mur du costé de la rivière, lequel sera fondé sur le gros mur de closture qui y est de présent, lequel mur sera faict de mesme l'autre qui est commancé; auquel sera aussi érigé des croisées de pierre de St Leu, avec l'entablement qui sera aussy faict de pierre de St Leu comme l'autre cy devant.

Fault faire la maçonnerie des planchers qu'il sera besoing faire aud. logis, lesquels planchers seront thoisez à deux thoises pour une, et les autres murs cy devant déclarés à thoise boutavant.

Et le tout rendre bien et deuement faict et rendre place nette, faire les vuidanges des terres pour la fondation des murs dont il ne sera rien compté, et mener les terres aux champs. Et prendront les entrepreneurs les desmolitions des vieilles murailles à leur proffict.

Lad. maçonnerie sur le pris de treize livres la thoise, comprins le pavé du plancher de la salle qui sera thoisé à thoise boutavant, ensemble les cloisons où il sera besoing, à deux thoises pour une.

Ainsy signé : Fontayne.

De par le Roy :

On faict assavoir que le vendredy septiesme jour de mars, heure d'une heure après midy, en la salle de l'Arcenac du Roy à Paris, par devant Monsieur le Marquis de Rosny, Grand Maistre de l'Artillerie de France, seront baillez et adjugez au rabais et moings disant, à l'extinction du feu de la chandelle, les ouvraiges et repparations de maçonnerye qu'il convient faire pour la continuation de la grande gallerye dud. Arcenac cy dessus déclarez.

L'an mil six cens troys, le six^{me} jour de mars, je, Thomas de Bonigalle, (*suit le certificat d'affichage semblable à celui du marché qui précède*).

Et led. jour sept^{me} mars, à lad. heure, se seroient trouvez plusieurs entrepreneurs, ausquels aurions faict entendre le contenu en lad. affiche, et icelle faict lire, et publier que lesd. ouvraiges estoient à bailler au rabais et moings disant; lesquels ouvraiges auroient esté mis au rabais par Pierre Noblet, demeurant rue de Jouy, à douze livres dix sols la thoise boutavant, aux charges et conditions cy-dessus : à lui adjuger sauf huictaine, et seront toutes enchères receues. Ainsy signé : Loys Noblet, avec paraphe.

Et depuys, ont esté lesd. ouvraiges mis au rabays par Jehan Fraillon, à douze livres cinq sols, aux conditions cy-dessus; par Mathurin Gaultier, demeurant aux fauxbourgs S¹ Marceau, à douze livres tournois chacune thoise, aux conditions cy-dessus. Et après que personne n'a voullu faire rabais, nous avons faict alumer trois chandelles : et ayant faict alumer la première chandelle et icelle estaincte, n'a esté faict aucun rabais, nous avons faict alumer la deux^{me} chandelle où n'a aussy esté faict aucun rabais, et depuis avons faict alumer la trois^{me} chandelle et faict enteadre que c'estoict la dernière, et quiconcques vouldroict mettre rabais ausd. ouvrages seroict receu, où n'a esté pareillement faict aucun rabais; au moyen de quoy et après lad. chandelle estaincte, avons lesd. ouvraiges adjugez aud. Gaultier, sauf huictaine, signé : Gaultier.

Lad. Gaultier a déclaré que le rabais qu'il a faict des ouvraiges de maçonnerye cy-dessus est pour et au nom de Marceau Jacquet, maistre maçon, où cas qu'il le veulle accepter présentement, et où led. Marceau ne vouldra accepter, qu'il fera lesd. ouvraiges au pris de douze livres la thoise. Et à l'instant led. Marceau Jacquet a déclairé qu'il accepte et offre faire lesd. ouvraiges cy-dessus à douze livres; à luy adjugé à douze livres tournois pour chacune thoise. Faict le septiesme mars, l'an mil six cens troys. Ainsi signé : Marceau Jacquet.

Par devant les notaires du Roy nostre Sire en son Chastellet de Paris, soubz^{nés}, fut présent Marceau Jacquet, juré du Roy eu l'office de maçonnerie à Paris, demeurant rue du Temple, parroisse Sainct Nicolas des Champs, lequel a recongneu et confessé avoir promis et promect au Roy nostre Sire, stipullant et acceptant pour Sa Ma^{té} hault et puissant seigneur Messire Maximilian de Bethune⁽¹⁾... et en la présence de Enemont du Benoist, sieur de Sr Thivier, conseiller du Roy et contrerolleur général de lad. Artillerie, de faire et parfaire bien et deuement, au dire d'ouvriers et gens à ce congnoissans, tous et chacuns les ouvraiges de maçonnerye qu'il convient faire de neuf pour la continuation de la grande gallerye que mond. Seigneur de Rosny a faict commancer à faire dans le grand Arcenac du Roy à Paris, le tout comme il est contenu tant par l'affiche dont coppie est cy dessus escripte, que par les articles transcripts en fin de lad. affiche, de laquelle a esté faict lecture aud. entrepreneur par l'un des notaires soubsignez, l'autre présent; et commancer à travailler à icelles ouvraiges avec bon nombre d'ouvriers le plustost que faire ce pourra, y besongner sans discontinuer. Et, pour ce faire, led. entrepreneur fournira de bon moillon, chaux, sable, plastre, pierre de taille lyais et Sainct Leu, peyne d'ouvriers, d'aydes, et toutes autres matières à ce nécessaires; rendre place nette et faire la vuidange des terres pour la fondation des murs et mener les terres aux champs; et prendra néantmoings led. entrepreneur les démolitions des vieilles murailles à son proffict.

Et ce, moyennant et à raison de douze livres tournoys pour chacune thoise desd. ouvrages de maçonnerye, qui est le pris à quoy ils ont esté adjugez aud. Jacquet comme moings disant; lequel pris luy sera payé au feur et à mesure qu'il travaillera et fera lesd. ouvrages bien et deuement, comme dict est, par monsieur le Trésorier général de lad. Artillerie, suivant les ordonnances qui luy en seront à ceste fin expédyées. Promectans... Obligeans chacun en droict soy et led. Jacquet corps et biens, comme pour les propres affaires du Roy... Renonceant...

Faict et passé aud. Arcenac du Roy, à Paris, l'an mil six cens trois, le dix neuf^{me} jour de apvril, avant midy.

MAXIMILIAN DE BETHUNE, DU BENOICT, Marceau JAQUET, HERBIN, FOURNYER.

⁽¹⁾ Mêmes qualités qu'à l'acte précédent.

CXXXVII. — 19 AVRIL 1603. — 107.

ARSENAL. — TRAVAUX DE MAÇONNERIE POUR «LE RALONGEMENT DE LA GALLERIE AU CANON DE L'ARCENAC». MARCHÉ PASSÉ AVEC JEAN JAQUET, MAÎTRE MAÇON À PARIS, DÉCLARÉ ADJUDICATAIRE, LE 5 MARS 1603, MOYENNANT LE PRIX DE VINGT-UNE LIVRES TOURNOIS PAR TOISE BOUTAVANT.

L'an mil six cens troys, le cinq^{me} jour de mars, devant nous, Maximilian de Bethune, marquis de Rosny, conseiller du Roy en ses Conseils d'Estat, Grand Maistre et Cappitaine général de l'Artillerie, Grand Voyer de France, Superintendant des finances, fortifications et bastimens de Sa Ma^{té}, en la présence de Enemont du Benoist, conseiller du Roy et Contrerolleur général de lad. Artillerie, heure d'une heure attendant deux heures de relevée, en la grande salle de l'Arcenac du Roy, à Paris, suivant les publications, proclamations et affiches contenant le devys des ouvraiges cy après desclarez, avons procedé au bail au rabais desd. ouvraiges ainsy qu'il s'ensuict :

DE PAR LE ROY :

On faict assavoir que le vendredy vingt ung^{me} febvrier prochain, heure d'une heure après midy attendant deux, en la salle de l'Arsenac du Roy à Paris, par devant Monsieur le Marquis de Rosny, Grand Maistre de l'Artillerie de France, seront baillez et adjugez au rabais, feu et chandelle esteincte, les ouvraiges qui ensuivent :
Premièrement : Fault faire la maçonnerie du pan de mur pour le ralongement de la *Gallerie au canon* de l'Arcenac, laquelle aura douze thoises de long sur douze pieds de hault, sans comprendre la fondation, laquelle fondation sera faicte à vifz fonds; maçonné de bon moilion, chaulx et sable de troys pieds d'espoix, et sur icelle sera faict led. mur, lequel sera garny de pille par voye faicte de pierre de taille, portant deux pieds trois poulces de face et vingt poulces d'espoix, taillé en tout sens et portant bossaiges comme les autres qui sont à présent; icelle pille faicte de pierre dure de clicquart à trois assyses de hault. Et outre les pilles sera faict une travée et demie dud. mur, laquelle sera faicte entre deux pilles, maçonnée de pierre de taille, garnye de deux assyses de pierre dure et le reste de pierre de Sainct Leu, led. mur portant le parpin mesme que l'autre qui est de présent, sur lequel seront mis et posés les potteaux, le tout maçonné avec chaulx et sable.

L'an mil six cens troys, le vingt^{me} jour de febvrier, je, Thomas de Bonigalle... (*Suit le certificat d'affichage semblable à ceux des deux actes précédents.*)

Et led. jour, vingt ung^{me} febvrier, à lad. heure, ne seroient comparuz aucuns pour mectre lesd. ouvraiges au rabais, au moyen de quoy aurions continué l'adjudication au vingt trois^{me} dud. mois de febvrier.

L'an mil six cens troys, le vingt deux^{me} jour de febvrier, je, Thomas de Bonigalle... (*Autre certificat d'affichage semblable aux précédents.*)

Et led. jour vingt trois^{me} febvrier, aussy à lad. heure, après avoir longtemps attendu, et qu'il ne seroict apparu aucuns pour faire rabais, aurions lad. adjudication continuée au premier jour de Mars ensuivant, et cependant ordonné que affiches seroient mises aux lieux accoustumez.

L'an mil six cens troys, le premier jour de mars, je, Thomas de Bonigalle... (*Autre certificat d'affichage semblable aux précédents.*)

La thoise de maçonnerie du premier article à raison de vingt sept livres tournois la thoise.

Et led. jour cinq^{me} mars, aud. an mil six cens troys, à lad. heure, se seroyent trouvez entrepreneurs ausquels aurions faict entendre le contenu en lad. affiche et icelle faict lire par led. Bonigalle, huissier, et publier que lesd. ouvraiges estoient à bailler au rabais et moings disant sur le pris de vingt sept livres la thoise, sur lequel pris seroict compara Lois Noblet, qui auroict mis lesd. ouvraiges au rabais à vingt six livres dix solz, par$^{(1)}$ Noblet à vingt cinq livres; par Jehan Jacquet, à vingt quatre livres dix sols; par Jehan Jacquet à vingt quatre livres; par $^{(')}$ Noblet à vingt trois livres; par Jehan de Lorme à vingt deux livres; par Guillaume Jacquet à vingt une livres dix sols, et par Jehan Jacquet à vingt une livres.

Après que personne n'a voullu faire rabays, nous avons faict allumer troys chandelles, et après avoir faict allumer la première chandelle, et icelle chandelle estaincte n'a esté faict aucun rabais, nous avons faict allumer la deux^{me} chandelle où n'a aussy esté faict aucun rabays, et depuis avons faict allumer la trois^{me} chandelle et faict entendre que c'estoict la dernière chandelle et quiconques vouldroict mettre lesd. ouvrages au rabays seroict receu, où n'a esté pareillement faict aucun rabays, au moyen de quoy et après lad. chandelle estaincte, nous avons aud. Jehan Jacquet adjugé lesd. ouvraiges pour ledit pris de vingt une livres la thoise, qui sera thoisée à thoise boutavant.

Par devant les notaires du Roy nostre Sire en son Chastellet de Paris, soubz^{nez}, fut présent Jehan Jacquet, maistre maçon à Paris, demeurant rue Mortellerie, paroisse St Gervais, lequel a recogneu et confessé avoir promis et promect au Roy nostre Sire, stipulant et acceptant pour Sa Ma^{te} hault et puissant seigneur Messire Maximilion de Bethune$^{(2)}$... et en la présence de Enemont du Benoist, sieur de St Thivier, conseiller du Roy et Controerolleur général de lad. Artillerie, de faire et parfaire bien et deuement, au dire d'ouvriers et gens à ce congnoissans, tous et chacuns les ouvrages de maçonnerie nécessaires à faire au pan de mur pour le ralongement de la *Gallerie au canon* de l'Arsenac, et autres ouvrages mentionnez et spécifiiez en l'affiche dont coppie est cy dessus escripte; et commancer à y travailler, avec bon nombre d'ou-

---

$^{(1)}$ Lacune dans le texte.
$^{(2)}$ Mêmes qualités qu'aux actes qui précèdent.

vriers, le plus tost que faire ce pourra, y besongner sans discontinuer. Et, pour ce faire, led. entrepreneur fournira de bon moilion, chaux, sable, plastre, pierre de taille clicart et Saint-Leu, peyne d'ouvriers, d'aydes, et autres matières à ce nécessaires et rendre place nette, le tout comme il est porté tant par lad. affiche que par les articles transcripts en fin d'icelle affiche, de laquelle lecture a esté faicte aud. entrepreneur par l'un des notaires soubz^{nes}, l'autre présent.

Et ce, moyannant et à raison de vingt une livres pour chacune thoise desd. ouvraiges de maçonnerie, qui est le pris à quoy ils ont esté adjugez aud. entrepreneur comme moings disant; lequel pris sera payé aud. Jacquet au feur et à mesure qu'il fera lesd. ouvrages bien et deuement, comme dict est, par monsieur le Trésorier général de lad. Artillerie, suivant les ordonnances qui luy en seront à ceste fin expedyées. Promectans... Obligeans chacun en droict soy et led. Jehan Jacquet corps et biens, comme pour les propres affaires du Roy... Renonceaus...

Faict et passé aud. Arsenac du Roy, à Paris, l'an mil six cens troys, le dix neuf^{me} jour d'apvril, avant midy.

MAXIMILIEN DE BETHUNE, DU BENOICT, JAQUET, HERBIN, FOURNYER.

CXXXVIII. — 19 AVRIL 1603. — 108.

ARSENAL. — TRAVAUX DE MAÇONNERIE POUR LA SURÉLÉVATION D'UN MUR AU BOUT DE LA GALERIE AU CANON, LA CONSTRUCTION DU MUR DU PIGNON, ET DES MURS ATTENANT LA FONDERIE.
MARCHÉ PASSÉ AVEC LOUIS NOBLET, MAÎTRE MAÇON A PARIS, DÉCLARÉ ADJUDICATAIRE, LE 5 MARS 1603, MOYENNANT LE PRIX DE SEPT LIVRES CINQ SOLS PAR TOISE BOUTAVANT.

L'an mil six cens trois, le cinq^{me} jour de mars (mêmes formules qu'au marché qui précède)... avons procédé au bail au rabais... [des] ouvraiges qui ensuivent :

Premièrement : Fault faire le rehaulsement d'un mur estant au bout de la *Gallerie au Canon* de l'Arcenac, du costé de la Rivière, de la haulteur qu'il sera besoing pour porter les poultres; ensemble faire les entablements d'iceluy; lequel mur aura dix huict poulces d'espoix, maçonné de bon moilion, chaulx et sable, crespy par dehors et enduict par dedans; ensemble faire le mur du pignon, lequel sera aussy faict de moilion, chaulx et sable, portant dix huict à vingt poulces d'espoix et ériger une fenestre aud. pignon.

Item fault faire la maçonnerye des autres pans de murs attenant la fonderye, lequel aura douze thoises et demie de long sur onze pieds de hault, lequel sera fondé à vilfondz, lad. foundation portant trois pieds d'espoix revenant à deux pieds et demi par hault; et sur icelle sera maçonné led. mur garny de deux assyses de pierre dure pour servir à porter les poultres; icelle chesne et pierre portant parpin entre deux une, de mesme espoisseur que le mur qui est de présent; auquel mur sera érigé deux huisseryes dont les jambes seront de pierre de taille et ensemble les jours de fenestres qui seront aussy de pierre, et le dessus tant desd. fenestres que portes il aura des porteaux, ledit mur maçonné de bon moilion, chaulx et sable.

Item, fault faire la maçonnerie du scellement des poultres, ensemble la maçonnerie des lucarnes où il sera besoing, lesquelles seront faictes de plastre.

Tous lesquels ouvrages cy dessus déclarés seront bien et deuement faicts, des eschantillons portés par les articles cy dessus mentionnés, et s'aydera led. entrepreneur des mathériaux qu'il desmolira des murs qui sont à présent, et le tout rendre bien et deuement faict, au dire de gens à ce congnoissans, dedans le jour St Jehan Baptiste prochain.

(*Suivent, aux mêmes dates, les mêmes incidents et les mêmes certificats d'affichage que ceux relatés dans l'acte qui précède.*)

La thoise de maçonnerie au pris de douze livres tournois la thoise, le tout à thoise boutavant.

Et led. jour, cinq^{me} dud. moys de mars, aud. an mil six cens troys, à lad. heure, se seroyent trouvez plusieurs entrepreneurs ausquelz aurions faict entendre le contenu en lad. affiche et icelle faict lire et publier par led. Bonigalle que lesd. ouvrages estoyent à bailler au rabais et moings disant; lesquels ouvrages auroyent esté mis au rabais par :

Lois Noblet, à unze livres quinze sols, par Jehan Jacquet, à unze livres cinq sols, par Pierre Noblet, à dix livres quinze sols; par Jehan Jacquet, à dix livres dix sols; par led. Pierre Noblet, à dix livres cinq sols; par led. Jehan Jacquet, à dix livres; par led. Pierre Noblet, à neuf livres quinze sols; par led. Jehan Jacquet, à neuf livres dix sols; par led. Pierre Noblet, neuf livres cinq sols; Marcel Le Roy, neuf livres; Lois Noblet, huict livres dix sols; Jehan Jacquet, huict livres; et par led. Lois Noblet, à sept livres cinq sols.

Et après que personne n'a voullu faire rabais, nous avons faict allumer troys chandelles, et ayant faict allumer la première chandelle et icelle estaincte, n'a esté faict aucun rabais, avons faict allumer la deux.^{me} chandelle où n'a aussy esté faict aucun rabais, et depuis avons faict allumer la trois.^{me} chandelle et faict entendre que c'estoict la dernière chandelle, et quiconques vouldroict mettre lesd. ouvrages au rabais seroict receu, où n'a esté pareillement faict aucun rabais; au moyen de quoy, et lad. chandelle estaincte, nous avons aud. Lois Noblet adjugé lesd. ouvraiges pour le pris de sept livres cinq sols chacune thoise, thoisez à thoise boutavant, comme moings disant.

Par devant les notaires du Roy nostre Sire, en son Chastellet de Paris soubz^{nes}, fut présent Loys Noblet, maistre maçon à Paris, demeurant Vieille rue du Temple, lequel a recogneu et confessé et par ces présentes confesse avoir promis et promect au Roy nostre Sire, stipullant pour Sa Ma^{té} hault et puissant seigneur messire Maximilian de Bethune ⁽¹⁾... et en la présence de noble homme Enemont du Benoist, sieur de St Thivier, conseiller du Roy et controolleur général de lad. Artillerie, de faire et parfaire bien et deuement au dire d'ouvriers et gens à ce congnoissans, tous et chacuns les ouvraiges de maçonnerie nécessaires pour le rehaulssement d'un mur estant au bout de la Gallerie au canon de l'Arcenac, du costé de la rivière; ensemble les autres pans de murs attenant la fonderye, et la maçonnerye du scellement des poultres et lucarnes, le tout selon et ainsy qu'ils sont désignez et spéciffiez en l'affiche cy devant escripte, des matières y mentionnnées. Et s'aydera led. entrepreneur des matières qu'il desmolira desd. murs qui sont à présent, payer peyne d'ouvriers, et rendre place nette le plus tost que faire ce pourra, y besongner sans discontinuer et le tout rendre faict et parfaict bien et deuement comme dict est, dedans le jour St Jehan Baptiste prochain, le tout comme il est contenu tant par lad. affiche que par les articles transcripts en fin de lad. affiche, de laquelle lecture a esté faicte aud. entrepreneur par l'un des notaires soubzsignez, l'autre présent.

Et ce, moyennant le pris et somme de sept livres cinq sols pour chacune thoise desd. ouvraiges de maçonnerye, thoisez à thoise boutavant, qui est le pris à quoy lesd. ouvrages de maçonnerye ont été adjugez aud. Noblet, comme moings disant. Lequel pris led. seigneur de Rosny promect faire bailler et payer aud. Noblet, au feur et à mesure qu'il travaillera et fera lesd. ouvrages, par Monsieur le Trésorier général de lad. Artillerye, suivant les Ordonnances qui luy en seront fin expédyées. Promectans... Obligeans chacun en droict soy et led. Loys Noblet corps et biens comme pour les propres affaires du Roy; Renonccant...

Faict et passé aud. Arcenac du Roy, à Paris, l'an mil six cens troys, le dix neuf^{me} jour de apvril, avant midy.

MAXIMILIAN DE BETHUNE, DU BENOICT, LOYS NOBLET, HERBIN ⁽¹⁾.

⁽¹⁾ Mèmes qualités qu'aux actes précédents.

⁽¹⁾ Cet acte ne porte pas la signature de Me Simon Fournyer.

Section II.
MARCHÉS DE FOURNITURES.

CXXXIX. — 26 FÉVRIER 1604. — 137.

ARSENAL. — FOURNITURE DES PLANCHERS, PLAFONDS ET LAMBRIS DE BOIS DE SAPIN, À FAIRE TANT À L'ARSENAL DE PARIS, QU'AILLEURS À QUINZE LIEUES PRÈS PARIS, «POURVU QUE CE SOIT SUR LA RIVIÈRE DE SEINE».
MARCHÉ PASSÉ AVEC PIERRE DU FOURNEL, ECUYER, INTENDANT DES FORTIFICATIONS ET RÉPARATIONS DE LA VILLE DE LYON, ET ANCIEN GOUVERNEMENT DU LYONNAIS ET PAYS DE BRESSE, AYANT «L'OCTROY DE FAIRE LA TRAICTE DE BOIS DE SAPIN EN FRANCE»; LADITE FOURNITURE ET POSE DEVANT ÊTRE FAITE MOYENNANT LE PRIX DE SIX LIVRES TOURNOIS PAR CHAQUE TOISE EN CARRÉ DE BOIS MIS EN OEUVRE.

Par devant les notaires du Roy au Chastellet de Paris, soubz^{nés}, fut présent Pierre du Fournel, escuier, Intendant des fortiffications et reparations de la Ville de Lyon, et antien gouvernement de Lyonnois et pays de Bresse, demeurant aud. Lyon, lequel suivant l'octroy qu'il dict avoir de Sa Ma^{té} de faire la traicte de bois de sapin en France⁽¹⁾, a recongneu et confessé avoir promis et promect au Roy nostre Sire, stippullant pour Sad. Ma^{té} hault et puissant seigneur messire Maximilian de Bethune, chevalier, sieur et marquis de Rosny, baron de Seuilly, conseiller du Roy son Conseil d'Estat, Cappitaine de cent hommes d'armes de ses Ordonnances, Grand Voyer, Grand Maistre et Cappitaine général de l'Artillerie, Superintendant des finances et fortiffications de France, Gouverneur pour Sa Ma^{té} du hault et bas Poictou et de la Bastille à Paris, à ce présent, de faire faire bien et deuement, au dire d'ouvriers et gens à ce congnoissans, tous les planchers, plafondz et lambris à languettes à doubles joincts, que Sad. Ma^{té} vouldra faire faire de boys de sapin dans son Arcenac à Paris, ou ailleurs où il plaira à Sad. Ma^{té} à quinze lieues près Paris pourveu que ce soit sur la rivière de Seine, sur les lambourdes et charpenteries faictes ou à faire qui seront posées aux despens de Sad. Ma^{té} et, pour ce faire, sera tenu led. du Fournel fournyr led. boys de sapin, sec, net, loyal et marchant et autres choses à ce nécessaires. A commencer à faire travailler d'huy en quinze jours prochains et y faire besongner sans discontinuer.

Ceste promesse faicte moyennant et à raison de six livres tournois pour chacune thoise en carré mise en œuvre des ouvraiges susdicts, que led. seigneur Grand Maistre en a promis et promect aud. nom faire bailler et payer aud. du Fournel par le Trésorier général de lad. Artillerie au feur et à mesure que lesd. ouvraiges se feront. Promettans... Obligeans chacun en droict soy et led. du Fournel corps et biens, comme pour les propres affaires du Roy... Renonceant...

Faict et passé aud. Arsenac du Roy à Paris, l'an mil six cens quatre, le ving sixm^e jour de febvrier, après midy.

MAXIMILIAN DE BETHUNE, DU FOURNEL, HERBIN, FOURNYER.

⁽¹⁾ Pierre du Fournel, sieur du Chastelier, traita également pour le rachat du domaine de Lyonnais, Forez et Beaujolais.

CXL. — 2 SEPTEMBRE 1605. — 171.

Arsenal. — Marché entre Pierre du Fournel et Jean Mathieu, maitre menuisier à Paris, par lequel ce dernier s'engage à faire la pose, partout où il conviendra, des planchers, plafonds et lambris qui font l'objet du marché du 26 février 1604, et ce moyennant le prix de trente sept sols six deniers par toise, à prélever par ledit Mathieu sur le prix de six livres tournois alloué à Pierre du Fournel par son marché ci-contre du 26 février 1604.

Fut présent Jehan Mathieu, maistre menuisier à Paris, demeurant rue Sainct Martin, parroisse St Nicolas des Champs, lequel a recongneu et confessé et, par ces présentes, confesse avoir promis et promect à Pierre du Fournel, Conseiller du Roy et Intendant des fortiffications et repparations de la Ville de Lion et anciens gouvernemens de Lionnais et pays de Bresse, demeurant aud. Lion, à ce présent et acceptant, de faire et parfaire bien et deuement, au dire d'ouvriers et gens à ce congnoissans, tous les planchers, plafondz et lambris à double joinct, de bois de sappin que icelui sieur du Fournel a dict estre tenu faire pour le Roy en son Arcenac de ceste ville de Paris, sur les lambourdes et charpenteryes faictes ou à faire qui sont mises et posées aux despens de Sa Ma^{té}. Pour lesquels ouvraiges cy-dessus led. du Fournel promect fournyr et livrer aud. Mathieu toutes les planches de bois de sappin qu'il conviendra à cest effect, sec, net, loyal et marchant, et ce en ceste ville de Paris, dans ses magazins, soict dans celuy des Bernardins qu'il a à présent, ou ailleurs, dans lequel magazin des Bernardins led. Mathieu a dict avoir veu partye desd. planches préparées pour employer ausd. ouvraiges. A commencer à y travailler par led. Mathieu toutes fois et quantes qu'il sera commandé aud. sieur du Fournel par M^{er} le Marquis de Rosny d'y faire travailler, et y besongner par led. Mathieu au feur et à mesure qu'il sera besoing, et d'aller prendre et recevoir à ses despens dans led. magazin des Bernardins ou autres dud. sieur du Fournel lesd. planches qui seront d'un poulce d'espoisseur et au dessoubz, lesquelles luy seront mesurées à la thoize à l'endroict le plus estroict desd. planches pour la largeur et pour la longueur où elles se trouveront en équerre ou pour les y mettre, laquelle thoise sera de six pieds en largeur qui faict trente-six pieds de carré.

Ce marché faict moyennant et à raison de quatre livres deux sols six deniers pour chacune thoize desd. planches faisans partie de la somme de six livres tournois qui est le prix pour chacune desd. thoises à quoy led. du Fournel dict avoir convenu et accordé avec led. sieur marquis de Rosny par contract du vingt six^{me} Febvrier mil six cens quatre. Lequel prix de quatre livres deux sols six deniers led. Mathieu promect payer aud. sieur du Fournel ou pour luy à noble homme Cezard de Cenamy, gentilhomme Lucquois, demeurant rue Sainct Avoye$^{(1)}$, parroisse St Médérie, auquel sieur Cenamy led. sieur du Fournel a donné et donne pouvoir et puissance de recevoir led. prix de quatre livres deux sols six deniers pour chacune desd. thoises dud. Mathieu, et ce trois mois après que led. Mathieu se sera chargé desd. planches de sappin pour employer auxd. ouvraiges, dont à mesure qu'il les recevra il en baillera récépicé à celuy qui aura la charge pour led. sieur du Fournel dud. bois, pour le payer au temps susdict. Et pour le surplus de lad. somme de six livres pour chacune desd. thoises, montant led. surplus trente sept sols six deniers, demeurera et appartiendra aud. Mathieu pour sa peyne, façon et fourniture de chacune thoise desd. ouvrages. Le prix desquels ouvraiges, à la raison de six livres, qui seront ainsy faicts aud. Arcenac par led. Mathieu, sera par luy receu des Trésoriers généraulx de lad. Artillerie et pour ce faire led. sieur du Fournel constitue led. Mathieu son procureur auquel il donne pouvoir pour recevoir desd. sieurs Trésoriers, du reçu s'en tenir pour comptant et en bailler quictance telle qu'il appartiendra. Et a esté accordé par led. Mathieu aud. sieur du Fournel qu'il ne pourra employer autre bois de sappin aud. Arcenac ou pour led. sieur de Rosny que de celuy qui est dans led. magazin des Bernardins, et, après icelluy fini, de autre que icelluy sieur du Fournel fera venir, à peyne de perdition des ouvrages à quoy ils se puissent monter, et d'estre dehors du présent marché. Et pour l'exécution du contenu en ces présentes, led. sieur du Fournel a constitué et constitue son domicile irrévocable en la maison dud. sieur Cenamy dessus déclarée, auquel lieu il

---

$^{(1)}$ Dans la même maison que le traitant Barthelemy Cenamy, associé de Zamet; ils avaient également une maison à Lyon.

veult, consent et accorde que tous coummandemens, sommations, signiffications et autres actes et exploicts de justice qui y seront faicts pour raison de ce soyent de tel effect, force et vertu comme sy faicts estoient à sa propre personne et domicille ordinaire. Promettans... Obligeans chacun en droict soy et led. Mathieu corps et biens comme pour les propres affaires du Roy... Renonceant...

Faict et passé ès estudes desd. notaires, l'an mil six cens cinq, le second jour de septembre, avant midy, et a led. Mathieu déclaré ne scavoir escripre ne signer, sinon une marque.

DU FOURNEL, MOTELET, FOURNYER.

CXLI. — 1ᵉʳ JUIN 1605. — 159.

ARSENAL. — FOURNITURE DE SOIXANTE CHEVALETS DE BOIS DE SAPIN, SUIVANT MODÈLE.

MARCHÉ PASSÉ AVEC GABRIEL DE SAINTE LUCE, AU NOM DE PIERRE DU FOURNEL, INTENDANT DES FORTIFICATIONS À LYON, DÉCLARÉ ADJUDICATAIRE, LE 27 MAI 1605, MOYENNANT LE PRIX DE TRENTE-SIX LIVRES TOURNOIS POUR CHAQUE CHEVALET.

L'an mil six cens cinq, le vingt septiesme jour de may, devant nous Maximilian de Bethune, chevallier sieur et marquis de Rosny, baron de Sully, conseiller du Roy en ses Conseils d'Estat et privé, Grand Voier, Grand Maistre de l'Artiflerie, Superintendant des Finances et Bastimens de Sa Maᵗᵉ, en la grande salle de l'Arcenal du Roy à Paris, deux heures de relevée, avons proceddé au bail au rabais des ouvraiges mentionnez au devis cy après transcript, en la forme et manière qui en suict.

Devis des ouvraiges qu'il fault faire en la grande salle de l'Arcenac du Roy à Paris, de soixante chevallets de boys ou environ : chacun chevallet sera garny de quatre potteaux de douze à treize pieds de longueur et de quatre à cinq poulces de gros ; huict entrethoises chacune de douze piedz de long et de trois et cinq poulces de gros; huict autres entrethoises d'un pied de long, de mesme grosseur; ung patin par bas et ung chappeau par hault, de deux pieds de long chacun et de six et cinq poulces de gros pour celuy d'en bas, et le chappeau d'en hault de cinq poulces d'espoisseur et de quinze poulces de large; vingt quatre entrethoises de deux piedz de long chacune et de trois poulces de gros, assemblees à queue deronde dans les grandes entrethoises; quarante huict croix chacune de trois pieds et demy de hault ou environ, comprins le croisillon qui sera de deux poulces de gros; le tout selon le modelle du chevallet qui a esté faict de bois de sapin à quarante huict croix.

Et led. jour vingt septᵐᵉ dud. mois de may, aud. an mil six cens cinq, à lad. heure de deux heures de relevée, en lad. salle de l'Arcenal, seroient comparues les personnes cy après nommées, ausquelles personnes nous aurions faict entendre que les ouvrages mentionnez aud. devis, dont coppie est cy dessus transcripte estoient à bailler au rabais et moings disans; et, sur ce, iceulx ouvraiges auroient esté mis à pris par Jehan Mathieu à soixante quinze livres pour chacun chevallet de bois de chesne; sur lequel pris Gabriel de Saincte Luce, pour le sieur du Fournel, auroit mis au rabais lesd. ouvraiges à soixante douze livres chacun chevallet de bois de sappin; par Estienne de Fer à soixante livres chacun chevallet de bois de chesne; par Estienne Veniat à fournir le bois de chesne à cinquante sept livres; par Jehan Petro demeurant près Sainct Severin, à cinquante cinq livres chacun chevallet de bois de chesne; par Martin Belhomme, maistre menuisier, à cinquante quatre livres; par René Mouflart, maistre menuisier, demeurant près la porte Sᵗ Anthoyne, à cinquante trois livres; par led. Veniat à cinquante deux livres; par led. de Saincte Luce pour le sieur du Fournel, à cinquante livres; par led. Petro à quarante neuf livres; par led. Mathieu à quarante six livres; par led. de Sᵗᵉ Luce pour led. du Fournel, à quarante cinq livres; par led. Jehan Mathieu, à quarante quatre livres; par led. de Sᵗᵉ Luce pour led. du Fournel, à quarante une livres; par led. Veniat à quarante livres; par ⁽¹⁾ Maina à trente neuf livres; par led. de Sᵗᵉ Luce pour led. du Fournel, à trente huict livres; par led. de Fer, à trente sept livres; par led. de Sᵗᵉ Luce pour led. du Fournel, à trente six livres tournois pour chacun desd. chevallets de bois de sapin. Et voyant que personne n'auroit voullu faire la

⁽¹⁾ Lacune dans le texte.

condition meilleure que led. sieur de S" Luce oud. nom, Nous, aud. de S" Luce, oud. nom, avons adjugé, baillé et délivré, adjugeons, baillons et délivrons lesd. ouvrages mentionnez et spécifiiez par led. devis, moiennant la somme de trente-six livres tournois pour chacun chevalet et ce comme moings disant et rabaissant. A la charge d'iceulx faire et parfaire, bien et deuement de bois de sapin bon, loyal et marchant, en baillant par led. de Saincte Luce caution. Faict led. jour vingt sept^{me} may, aud. an mil six cens cinq.

Par devant les notaires du Roy nostre Sire, en son Chastellet de Paris, soubz^{nez}, fut présent Gabriel de Saincte Luce [1], bourgeois de Paris, demeurant rue Bourlabbé, au nom et comme soy faisant fort de Pierre du Fournel, Intendant des fortifications à Lyon, lequel a recongneu et confessé et par ces présentes confesse avoir promis et promect au Roy nostre Sire, stippullant pour Sa Ma" hault et puissant seigneur Messire Maximilian de Bethune, chevalier, sieur et marquis de Rosny, baron de Sully, Conseiller du Roy en ses Conseils d'Estat et privé, Cappitaine de cent hommes d'armes de ses Ordonnances, Grand Voier, Grand Maistre et Cappitaine général de l'Artillerie, Superintendant des Finances et Bastimens de Sa Ma", Gouverneur et Lieutenant général pour Sa Ma" en Poitou, à ce présent, et en la présence de noble homme Me Francois de Guillon [2], Conseiller notaire et secrétaire du Roy et Contrerolleur général de son Artillerie, de faire et parfaire bien et deuement, au dire d'ouvriers et gens à ce congnoissans, tous et chacunes les ouvraiges de soixante chevalets tels et au lieu, selon et ainsy qu'il est porté par le devis dont coppie est cy dessus transcripte; et, pour ce faire, fournira tout le bois de sapin qu'il conviendra à cest effect. A commencer à y travailler le plus tost que faire se pourra, et le tout rendre faict et parfaict, bien et deuement comme dict est, dedans six sepmaines prochaines.

Et ce moyennant la somme de trente six livres tournois pour chacun chevalet, qui est le pris à quoy iceulx ouvraiges luy ont esté adjugés comme moings disant et rabaissant, lequel pris sera payé aud. de S" Luce, aud. nom, par messieurs les Trésoriers généraulx de lad. Artillerie, au feur et à mesure qu'il travaillera et fera lesd. ouvraiges mentionnez aud. devis, bien et deuement comme dict est, suivant les Ordonnances qui luy en seront à ceste fin expédiées. Promectans... Obligeant led. de S" Luce, aud. nom, corps et biens comme pour les propres affaires du Roy... Renonceant...

Faict et passé en l'Arsenal du Roy, à Paris, l'an mil six cens cinq, le premier jour de juing, apres midy.

Maximilian de Bethune, de Guillon, de S" Luce, Motelet, Fournyer.

CXLII. — 16 MARS 1609. — 231.

Arsenal. — Fourniture de plomberie et de soudure.

Marché passé avec Jehan Le Vavasseur, maître plombier à Paris, déclaré adjudicataire le 18 février 1609, moyennant les prix de deux sols six deniers pour chaque livre de plomb, et de neuf sols six deniers pour chaque livre de soudure.

L'an mil six cens neuf, le mercredy dix huictiesme jour de febvrier, deux heures de relevée, en la grande salle de l'Arcenac du Roy, à Paris, devant nous Robert Tiercelin, sieur de La Chevallerie, Lieutenant de Monsieur le duc de Sully, Grand Maistre de l'Artillerie de France,

A esté proceddé au bail au rabais et moings disans, à l'extinction du feu des chandelles, en la manière accoustumée, de la fourniture de plomberie et souldure qu'il conviendra faire aud. Arcenac, le tout mentionné en l'affiche dont coppie est cy après transcripte en la forme et manière qui ensuict :

[1] Gabriel de Sainte-Luce, agent du sieur de Chevrier, avait traité le 18 juin 1601, avec le Grand Bureau des pauvres de Paris pour loger et nourrir, pendant un an, un certain nombre de vagabonds dans une maison bâtie dans l'ancienne porte du Temple.

[2] Fils aîné de Marcellin de Guillon, qui avait résigné à son profit la charge de contrôleur général de l'Artillerie. Il semble, avec son frère Jacques, avoir justifié la médiocre opinion exprimée à leur sujet dans le Journal de L'Estoille. De son mariage avec Marguerite Rancher sont issus plusieurs enfants, dont Antoine, aumônier du Roi. Quant à Jacques de Guillon, conseiller au Parlement, qui avait épousé Louise Locquet de Lespine, l'Historiette de Tallemant des Réaux sur le Président Le Coigneux nous renseigne copieusement sur son mérite en même temps que sur ses mésaventures conjugales.

DE PAR LE ROY

Et Monseigneur le duc de Sully, Pair, Grand Maistre de l'Artillerie et Superintendant des bastimens de France:

On faict assavoir que mercredi prochain, vingt huictiesme du présent mois de janvier, deux heures de relevée, en la grande salle de l'Arcenac du Roy à Paris, sera baillé au rabais et moings disans, à l'extinction du feu des chandelles, en la manière accoustumée :

Toute la fourniture de plomberie et souldure qu'il conviendra faire aud. Arcenac.

Et seront toutes personnes receues à entreprendre lad. fourniture de plomberie et souldure.

L'an mil six cens neuf, le vingt six^{me} janvier, je, Thomas de Bonigalle, premier huissier pour le Roy de son Trésor, soubzsigné, certiflie avoir mis et apposé aultant de la présente affiche contre les portes des Chasteau du Louvre, Pallais des Thuilleries, Arcenac du Roy, entrée de l'Auditoire des Jurez Maçons, Bureau de l'Escriptoire, Hostel de Ville et au bas de la montée de la Chambre du Trésor, ad ce qu'aulcun n'en prétende cause d'ignorance; présens : Simon Morand et Nicolas Chauvelot, tesmoings. Ainsy signé : de Bonigalle.

Et led. jour dix huictiesme dud. mois de febvrier aud. an mil six cens neuf, en lad. salle de l'Arcenac, se seroient trouvez plusieurs entrepreneurs ausquelz aurions faict scavoir que lad. fourniture de plomb et souldure estoict à bailler au rabais et moings disans; où seroit comparu Jehan Le Vavasseur, qui auroict mis à pris chacune livre dud. plomb à troys sols six deniers; par Barbe Le Queulx, femme de Jehan Coulon, plombier, à trois sols quatre deniers; par François Le Queulx, plombier, à trois sols deux deniers; par led. Vavasseur, à troys sols la livre, et sur ce, aurions faict allumer la première chandelle et limité le rabais à troys deniers; laquelle se seroit esteincte sans rabais; la deux^{me} chandelle allumée, le rabais aussy limité à troys deniers, sur le feu de laquelle lad. Barbe Le Queulx auroict mis au rabais la livre dud. plomb à deux sols neuf deniers, et à l'extinction dud. feu, par led. Le Vavasseur à deux sols six deniers tournois.

Et pour le regard de la livre de souldure, led. Jehan Le Vavasseur l'auroict mise au rabais à douze solz; par lad. Barbe Le Queulx à unze solz six deniers; par Nicolas Bernard, plombier, à unze solz; par François Le Queulx, à dix solz neuf deniers; par lad. Barbe Le Queulx, à dix sols six deniers; par led. Le Vavasseur, à dix sols; la première chandelle alumée, le rabais limité à trois deniers, laquelle se seroict esteincte sans rabais; la deux^{me} chandelle aussy esteincte sans rabais, et sur le feu de la troisiesme chandelle : par lad. Barbe Le Queulx, à neuf sols neuf deniers et par led. Le Vavasseur, à neuf sols six deniers.

Et d'aultant qu'il ne s'est présenté autres rabaissans, Nous, aud. Le Vavasseur, comme moings disant et dernier rabaissant, avons adjugé, baillé et délivré, adjugeons, baillons et délivrons lad. fourniture de plomb et souldure mentionnée en lad. affiche dont coppie est cy devant escripte, moyennant assavoir : pour chacune livre dud. plomb deux sols six deniers, et pour chacune livre de souldure, neuf sols six deniers, aux charges portées par lad. affiche. Faict et adjugé en lad. salle de l'Arcenac, led. jour dix huictiesme dud. mois de febvrier, aud. an mil six cens neuf.

R. TIERCELIN.

Par devant les nottaires et garde nottes du Roy nostre Sire en son Chastellet de Paris, soubzsignez, fut présent Jehan Le Vavasseur, maistre plombier à Paris, demeurant rue Sainct Martin, parroisse Sainct Mederie, lequel a recongneu et confessé et, par ces présentes, confesse avoir promis et promect au Roy nostre Sire, stippullant pour Sa Ma^{té} hault et puissant seigneur Messire Maximilian de Bethune, duc de Sully, pair de France, conte de Dourdan, seigneur souverain de Boisbelle, baron de Baugy, conseiller du Roy en ses Conseils d'Estat et privé, grand maistre de l'Artillerie, superintendant des bastimens de Sa Ma^{té}, noble homme Robert Tiercelin, sieur de La Chevallerie, lieutenant dud. sieur grand maistre, à ce présent, et en la présence de noble homme Nicolas de Morely, conseiller du Roy et contrerolleur général de ladicte Artillerie, de faire toute la fourniture de plomberie et souldure qu'il conviendra faire en l'Arcenac de ceste Ville de Paris, suivant et ainsy qu'il est porté dans l'affiche dont coppie est cy devant escripte, de laquelle led. Le Vavasseur dict avoir eu communication; et ce, moyennant assavoir : pour chacune livre dud. plomb, deux sols six deniers, et pour chacune livre de souldure, neuf sols six deniers, qui sont les pris à quoy lad. fourniture de plomb et souldure ont esté adjugez aud. Le Vavasseur comme moings disant et dernier rabaissant; lesquels pris luy seront payez au feur et à mesure qu'il fera lad. fourniture de plomb et souldure, par les trésoriers généraulx de lad. Artillerie, suivant les ordonnances qui luy en seront à ceste fin expédyées. Promectans... Obligeans chacun en droict soy et led. Le Vavasseur corps et biens, comme pour les propres affaires du Roy... Renonceant...

Faict et passé aud. Arcenac, l'an mil six cens neuf, le seizeiesme jour de mars, après midy.

MAXIMILIAN DE BETHUNE, R. TIERCELIN, LE VAVASSEUR, MORELY, HERBIN, FOURNYER.

Section III.
MARCHÉS D'ENTRETIEN.

CXLIII. — 15 MAI 1603. — 109.

ARSENAL. — ENTRETIEN DE LA COUVERTURE DES BÂTIMENTS, MAGASINS ET ATELIERS DE L'ARSENAL PENDANT SIX ANNÉES À COMPTER DU 1ᵉʳ JANVIER 1603.

MARCHÉ PASSÉ AVEC MATHIEU FEZART, «MAISTRE COUVREUR DE MAISONS» À PARIS, MOYENNANT LA SOMME DE DEUX CENT QUARANTE LIVRES TOURNOIS POUR CHACUNE DES SIX ANNÉES.

Mathieu Ferrat[1], maistre couvreur de maisons, à Paris, demeurant rue Geoffroy Lasnier, parroisse Sainct Gervais, confesse avoir promis et promect au Roy nostre Sire, stipullant pour Sa Maᵗᵉ hault et puissant seigneur Messire Maximilien de Bethune, chevallier, sieur et marquis de Rosny, conte de Moret, baron de Sully, conseiller du Roy en ses Conseils d'Estat et privé, grand voyer, Grand Maistre et cappitaine général de l'Artillerie, superintendant des finances, fortifications et bastimens de Sa Maᵗᵉ, et gouverneur de la ville et citadelle de Mante, à ce présent, et en la présence de noble homme Enemont du Benoist, sieur de Sᵗ Thrivier, conseiller du Roi et contrerolleur général de l'Artillerie, de bien et deuement entretenir au dire d'ouvriers et gens à ce congnoissans, du premier jour de janvier passé, jusques à six ans prochains venans finis et accomplis, toutes et chacunes les couvertures des bastimens qui sont tant aud. Arsenac que magasins et astelliers des pouldres dud. Arsenac de ceste ville de Paris, sans aucune chose en réserver ny excepter. Et pour ce faire sera tenu led. Ferrat fournir d'ardoise, thuille, cloud, latte, plastre et goustière et autres choses de son estat à ce nécessaires, et en la fin dud. temps le tout rendre en bon estat.

Ceste promesse faicte moyennant la somme de deux cens quarante livres tournois pour et par chacune desd. six années, qui seront payées aud. Ferrat par les trésoriers généraulx de lad. Artillerie chacun en l'année de son exercice, par moictié et égalle portion de six moys en six moys, dont les premiers six moys escherront le dernier jour de Juing prochain venant et à continuer; et où il adviendroict devant led. temps de six ans aucun dommaige et accident ausd. couvertures ou aucunes d'icelles par fouldre, tempeste ou aultre cas fortuict, en ce cas led. Ferrat ne sera tenu de la reffection qui à ceste occasion seroit à faire. Car ainsy... Promectans... Obligeans chacun en droict soy et led. Ferrat corps et biens comme pour les propres affaires du Roy... Renonceant...

Faict et passé aud. Arcenac du Roy à Paris, l'an mil six cens troys, le quinzeᵐᵉ jour de may, après midy, et a led. Ferrat déclaré ne scavoir escripre ne signer.

MAXIMILIAN DE BETHUNE, DU BENOICT, MOTELET, FOURNYER.

---

[1] On trouve ce nom écrit de différentes manières : Ferrat, Ferarti et le plus souvent Fezart; Mathieu et Laurent étaient illettrés, Antoine est nommé et paraît bien signer Fezart dans l'acte CXLIV du 17 juin 1605 par lequel, après la mort de Mathieu, il prend avec son frère Laurent la suite du marché d'entretien des couvertures de l'Arsenal, et dans l'acte CXLV du 10 février 1610 relatif à la continuation de ce marché. Il en est de même dans un bail du 3 novembre 1605 dans lequel il est partie, avec son frère Laurent, Anne Bachellet, veuve de Mathieu Fezart, et Renée Fezart, veuve de Jehan Jaquet, maître maçon, pour louer à «Mᵉ Claude Gosset, maistre d'escolles», leur maison de la rue de la Mortellerie en laquelle est pour enseigne, au derrière d'icelle, *La Corne de Cerjn*.

GRAND-MAÎTRE DE L'ARTILLERIE.

CXLIV. — 17 JUIN 1605. — 166.

ARSENAL. — ENTRETIEN DE LA COUVERTURE DES BÂTIMENTS, MAGASINS ET ATELIERS DE L'ARSENAL, PENDANT TROIS ANS ET DEMI, À COMPTER DU 1ᵉʳ JUILLET 1605.
MARCHÉ PASSÉ AVEC LAURENT FEZART ET ANTOINE FEZART, FRÈRES, MAÎTRES COUVREURS À PARIS, MOYENNANT LA SOMME DE DEUX CENT QUARANTE LIVRES POUR CHAQUE ANNÉE.

Par devant les notaires du Roy nostre Sire, en son Ch[*et*] de Paris, soubz[*nés*], furent présens Laurens Fezart et Anthoine Fezart, frères, maistres couvreurs à Paris, demeurans sçavoir : led. Laurens Fezart rue Verrerie, parroisse Saint Jehan en Grève, et led. Anthoine Fezart, rue du Monceau parroisse Sainct Gervais; lesquels ont recongneu et confessé et, par ces présentes, confessent avoir promis et promectent l'un pour l'autre et chacun d'eulx seul et pour le tout, sans division, renonceans au bénéfice de division et de discution, au Roy nostre Sire, stipullant pour Sa Ma[*té*], hault et puissant seigneur Messire Maximilian de Bethune, chevallier, sieur et marquis de Rosny, baron de Sully, conseiller du Roy en ses Conseils d'Estat et privé, cappitaine de cent hommes d'armes de ses Ordonnances, grand voyer, Grand Maistre et cappitaine général de l'Artillerie, superintendant des finances et bastimens de Sa Ma[*té*], gouverneur et lieutenant général pour Sad. Ma[*té*] en Poictou; et en la présence de noble homme François de Guillon, conseiller notaire et secrétaire du Roy et contrerolleur général de lad. Artillerie, de bien et deuement entretenir au dire d'ouvriers et gens à ce congnoissans, du premier jour de juillet prochainement venant jusques à troys ans et demy prochainement après ensuivans finiz et accomplyz, toutes et chacunes les couvertures des bastimens qui sont tant en l'Arcenal de ceste ville de Paris que magazin et astelliers des pouldres dud. Arcenal de ceste Ville de Paris, sans aucune chose en réserver ny excepter. Et pour ce faire, seront tenuz lesd. Laurens et Anthoine Fezart fournyr d'ardoises, thuille, cloud, latte, plastre et gouttières et autres choses de leur estat à ce nécessaires, et en la fin dudit temps le tout rendre en bon estat.

Ceste promesse faicte moyennant la somme de deux cens quarante livres pour et par chacune année dud. temps, qui seront payez ausd. Laurens et Anthoine Fezart par les trésoriers généraux de lad. Artillerie chacun en l'année de leur exercice par moictié et egalle portion, de six moys en six moys, dont les premiers six mois eschéant le dernier jour de décembre prochainement venans et continuer. Et où il adviendrait durant led. temps aucun dommage et accident ausd. couvertures ou aucune d'icelles par fouldres, tempeste ou autre cas fortuit, en ce cas lesd. Laurens et Anthoine Fezart ne seront tenuz de la réfection qui à ceste occasion seroit faicte. Car ainsy... Promectans... Obligeans chacun en droict soy et lesd. Laurens et Anthoine Fezart, l'un pour l'aultre et chacun d'eulx seul et pour le tout sans division corps et biens comme pour les propres affaires du Roy... Renonceans iceulx Laurens et Anthoine Fezart aud. bénéfice de division et de discution...

Faict et passé en l'Arsenac du Roy, à Paris, l'an mil six cens cinq, le dix sept[*me*] jour de juing, après midy.

MAXIMILIAN DE BETHUNE, DE GUILLON, ANTHOINE FEZART.

Led. Laurent Fezart a déclayré ne sçavoir escripre ne signer synon un signe : HERRIN [1].

CXLV. — 16 FÉVRIER 1610. — 250.

ARSENAL. — ENTRETIEN DE LA COUVERTURE DES BÂTIMENTS, MAGASINS ET ATELIERS DE L'ARSENAL, PENDANT SIX ANS À COMPTER DU 1ᵉʳ JANVIER 1610.
MARCHÉ PASSÉ AVEC LAURENT FEZART ET ANTOINE FEZART, FRÈRES, MAÎTRES COUVREURS À PARIS, MOYENNANT LA SOMME DE DEUX CENT QUARANTE LIVRES POUR CHAQUE ANNÉE.

Par devant les notaires et gardes nottes du Roy nostre Sire, en son Ch[*et*] de Paris, soub[*nés*], furent presens : Laurens Fezart et Anthoine Fezart, frères, maistres couvreurs à Paris, demeurans sçavoir : led. Laurens Fezart rue des Mauvais Garçons, parroisse Saint-Jehan, et led. Anthoine Fezart, rue Geoffroy

---

[1] Cet acte ne porte pas la signature du notaire Fournyer.

Lasnier, parroisse Sainct Paul, lesquels ont recongneu et confessé et, par ces présentes, confessent avoir promis et promectent l'un pour l'autre et chacun d'eulx seul et pour le tout, sans division, renoncecans au bénéfice de division et de discution, au Roy nostre Sire, stippullant pour Sa Ma^{té} hault et puissant seigneur Messire Maximilian de Bethune, duc de Sully, pair de France, marquis de Rosny, conte de Dourdan, seigneur souverain de Boisbelle, baron de Baugy, La Chappelle, Bruyères et Espineuil, conseiller du Roy en ses Conseils d'Estat et privé, cappitaine de deux cens hommes d'armes de ses Ordonnances, Grand Maistre et cappitaine général de l'Artillerie de France, superintendant des Finances et bastimens de Sa Ma^{té}, gouverneur et lieutenant général pour Sad. Ma^{té} en Poictou, à ce présent, et en la présence de noble homme Me Zacarie de Perelles, sieur de Saumery, conseiller du Roy et controrolleur général de lad. Artillerie, de bien et deuement entretenir, au dire d'ouvriers et gens à ce congnoissans, du premier jour de janvier dernier passé, jusques à six ans prochains, suivans, finis et accompliz, toutes et chacune les couvertures de bastimens qui sont tant en l'Arcenac de ceste Ville de Paris que au magasin et astelliers des pouldres dud. Arcenac de ceste Ville de Paris, sans aucune chose en réserver ny excepter; et pour ce faire seront tenuz lesd. Laurens et Anthoine Fezart fournir d'ardoise, thuille, cloud, latte, plastre, goustières et autres choses de leur estat à ce nécessaire, et en la fin dud. bail, le tout rendre en bon estat.

Ceste promesse faicte moyennant la somme de deux cens quarante livres tournois pour et par chacune desd. six années, qui seront payez aud. Laurens et Anthoine Fezart par les Trésoriers généraux de lad. Artillerie chacun en l'année de leur exercice, par moictié et égalle portion de six moys, dont les premiers six moys escheans au jour Sainct Jehan Baptiste prochainement venant et continuer. Et où il adviendroict durant led. temps aucun dommaige et accident aud. couvertures, ou aucune d'icelles, par fouldre, tempeste, ou autre cas fortuit, en ce cas lesd. Laurens et Anthoine Fezart ne seront tenuz de la refection qui, à ceste occasion, seroict faicte. Car ainsy... Promectans... Obligeans chacun en droict soy et lesd. Laurens et Anthoine Fezart, l'un pour l'autre et chacun d'eulx seul et pour le tout, sans division, corps et biens, comme pour les propres affaires du Roy... Renouceans iceulx Laurens et Anthoine Fezart aud. bénéfice de division et de discution...

Faict et passé aud. Arcenac, l'an mil six cens dix, le seize^{me} jour de febvrier, après midy, et a led. Laurens Fezars déclaré ne sçavoir escripre ne signer, sinon une marque.

MAXIMILIAN DE BETHUNE, DE PERELLES, FEZART, HERRIN, FOURNYER.

CHAPITRE II.

CANONS, BOULETS, REMONTAGE DE PIÈCES D'ARTILLERIE.

CXLVI. — 12 JANVIER 1600. — 3.

ARTILLERIE. — BOULETS. — FOURNITURE, À L'ARSENAL DE PARIS, DE 20,000 BOULETS DU CALIBRE DE FRANCE.
MARCHÉ PASSÉ AVEC CLAUDE VAUDIN, AIDE DE MARÉCHAL DE CAMP EN PICARDIE, MOYENNANT LE PRIX DE VINGT-DEUX SOLS TOURNOIS PAR BOULET PESANT 33 LIVRES 1/3 ENVIRON, LES TROIS FAISANT LE CENT, SOIT LA SOMME, 7,333 ÉCUS 1/3, DONT 1,700 ÉCUS PAYÉS D'AVANCE, SOUS LA CAUTION DE JACQUES DE VERDAVAYNE S^r DE LAUNAY, DAM^{lle} MARIE LE RAGOIS, SA FEMME, ET DE Me GUILLAUME VAUDIN, PROCUREUR EN LA COUR DE PARLEMENT.
CERTIFICAT DE RÉCEPTION DESDITS 20,000 BOULETS, DÉLIVRÉ LE 30 JUIN 1601, PAR ZACHARIE DE PERELLES, S^r DE SAULMERY, CONSEILLER DU ROY, TRÉSORIER GARDE GÉNÉRAL, DES PIÈCES ET MUNITIONS DE L'ARTILLERIE DE FRANCE.

Par devant François Herbin et Simon Fournier, notaires du Roy au Ch^{let} de Paris, soubz^{nes}, fut présent en sa personne Messire Maximillien de Bethune, chevallier, sieur et baron de Rosny, conseiller du Roy en ses Conseilz d'Estat et privé, son chambellan ordinaire, cappitaine de cinquante hommes d'armes de ses Ordonnances, grand voyer, Grand Maistre et cappitaine général de l'Artillerie de France, superintendant de ses finances et gouverneur pour Sa Ma^{té} de la ville et citadelle de Mante, demeurant en l'Arsenac du Roy, à Paris, parroisse St Paul, lequel, au nom et comme ayant charge de Sa Ma^{té}, a faict, convenu, passé et accordé, eu la présence des sieurs de Boru[1], de La Chevallerie[2], et de maistre Vincent Bonbier, sieur de La Goujonne, conseiller du Roy et contrerolleur général de lad. Artillerie, avec Claude Vaudin, Ayde de Mareschal de camp en Picardie[3], demeurant à Champignelles

lez-Grand-Pré, païs de Champagne, à ce présent et acceptant, ce qui ensuict : c'est assavoir led. Vaudin avoir promis et promect aud. seigneur Grand Maistre de fournir et livrer dans led. Arsenac du Roy à Paris, dedans ung an prochain, à commencer du premier jour du présent mois de janvier, la quantité de vingt mille bouletz à canon du calibre de France, de fer doux, ronds et charbez, sans aucune fosse ny croizure, suivant la coquille et callibre qui luy sera faicte et délivrée par mond. seigneur le Grand Maistre selon et ainsy qu'il est accoustumé de les fournyr et recevoir aud. Arsenac; pezant chacun boullet trente trois livres ung tiers ou environ, les trois faisant le cent qui est le poix ordinaire.

Et ce, moiennant la somme de sept mil trois cent trente escus ung tiers, pour lad. quantité de vingt mille boullets, qui est à raison de vingt deux sols tournois pièce, que led. seigneur Grand Maistre a promis faire bailler et paier aud. Vaudin par les sieurs Trésoriers généraulx de lad. Artillerie, sçavoir : la somme de dix sept cens escus d'or sol dedans huy par advance, qui demeurera aud. Vaudin pour la dernière livraison de lad. quantité de

---

[1] Jean de Durfort, sieur de Born, lieutenant général du Grand Maistre de l'Artillerie de France sous Charles IX, Henri III et Henri IV, eut de sa femme, Louise de Polignac, un fils, Armand Léon, qui épousa en 1605 Lucrèce de Bethune, proche parente de Sully. Armand Léon de Durfort, gentilhomme de la Chambre du Roi, fut pourvu, sur la démission de son père, de la charge de Lieutenant général de l'Artillerie; cette charge était rétribuée par une pension de 8,000 livres sans compter les parts de prises.
[2] Robert Tiercelin.
[3] On le trouve, en 1611, écuyer de la Grande Écurie du Roi.
Sous Henri IV il n'y avait qu'un Maréchal de camp par armée, commandant en second et chargé spécialement des logements et du campement. Cet officier général avait luimême un second, qui portait alors le titre de Mestre de camp, puis de Maréchal général des Logis et qui était presque toujours le Maréchal des Logis d'une des compagnies d'Ordonnances du Roi; enfin, des Lieutenants et des Aides complétaient cet État-Major spécial, dont les titres et les fonctions furent modifiés sous Louis XIII et Louis XIV.

vingt mil boulletz, et le surplus au feur et à mesure qu'il fournira icelle quantité de vingt mil boulletz. Pour seuretté de la quelle somme de dix sept cens escuz d'or sol d'advance, ensemble et l'entretenement du présent contract, sont intervenus Jacques de Verdavayne [1], sieur de Laulnay, et damoiselle Marie Le Ragois, sa femme, de luy auctorisée en ceste partie, demeurant ès fauxbourg St Germain des Prez et rue de Seine, et maistre Guillaume Vaudin, procureur en la Court de Parlement, demeurant rue des Noyers, parroisse St Estienne du Mont, lesquels se sont constituez et constituent pleiges cautions et respondans pour led. Claude Vaudin d'icelle somme de dix sept cens escus d'avance et de l'entretenement dud. présent contract. Et, à ce faire, se sont obligez et obligent avec luy l'un pour l'autre et chacun d'eulx seul et pour le tout, sans division, renonceans au bénéfice de division, discution et fidéjussion et encore lad. Ragois aux droicts et bénéfices de Velleyan et autenticque *Si qua mulier* qui luy ont esté déclarez et donnez à entendre par l'un des notaires soubz[nes], l'autre présent, estre tels que femme ne se peut obliger pour aultruy, mesmes pour son mary, sans avoir renoncé ausd. droictz et à tous autres droictz faitz en faveur des femmes. Et a esté accordé que led. Claude Vaudin ne pourra prétendre aucun rabais ny diminution de lad. fourniture, synon en cas d'hostillité de guerre au dedans de la province où sont situez les forges et fourneaux desd. boulletz. Ne sera tenu led. Claude Vaudin paier pour raison de lad. quantité de boulletz aucun péage, imposts ou gabelles ny autres subsydes en quelque sorte que ce soyet.

Et pour l'exécution du contenu en ces présentes, lesd. Claude Vaudin, sieur de Laulnay, sa femme et Me Guillaume Vaudin ont esleu et eslizent leurs domicilles irrévocables en la maison dud. maistre Guillaume Vaudin, size en lad. rue des Noyers, dessus déclarée, auquel lieu ilz veullent, consentent et accordent que tous commandemens, sommations, significations et autres actes de justice qui y seront faictz pour raison de ce, soyent de tel effect, force et vertu comme s'y faictz estoient à leurs propres personnes et domicilles ordinaires. Promectans... Obligeans chacun en droict soy et lesd. Claude Vaudin, sieur de Laulnay, sa femme et maistre Guillaume Vaudin, l'un pour l'autre et chacun d'eulx seul et pour le tout, sans division, corps et biens comme pour les propres deniers et affaires du Roy... Renonceans iceulx Claude Vaudin, sieur de Laulnay, sa femme et maistre Guillaume Vaudin aud. bénéfice

[1] Avocat en la Cour de Parlement.

de division, discution et fidéjussion et encore lad. damoiselle Ragois ausd. droictz et bénéfices susdictz...

Faict et passé double, le douze[me] jour de janvier mil six cens, en l'Arsenac du Roy à Paris, lors par lesd. cautions en leurs maisons, après midy.

MAXIMILIAN DE BETHUNE, BORN, R. TIERCELIN. BOUHIER, JACQUES DE VERDAVAYNE, C. VAUDIN, MARIE LE RAGOIS. G. VAUDIN, HERBIN. FOURNYER.

A cette minute est annexée la copie suivante du reçu délivré à Claude Vaudin :

Je, Zacarie de Perelles, sieur de Saulmery, conseiller du Roy, trésorier garde général des pièces et munitions de l'Artillerie de France [1], confesse avoyr receu de Claude Vaudin, demourant à Champigneules lez Grand pré, en Champaigne, le nombre de dix huict cens quarante ung boulletz de fer de fonte à canon, qu'il a ce jour d'huy livrez en l'Arsenac et magazin de Sa Ma[té] en ceste ville de Paris, faisant le parfaict nombre de vingt mil boulletz à canon qu'il y estoit tenu fournyr suyvant son marché faict avec luy par monseigneur le Grand Maistre de lad. Artillerie, et qu'il a livrez assavoir : aud. Arsenac le cinquiesme jour de juing, trois mil quarante cinq; le vingt six[me] aoust, trois mil cent soixante; le deux[me] septembre, six cens soixante dix huict; le dix huict[me] dud. mois, au magasin de Sad. Ma[té] à Chaallons, treize cens soixante et ung; le tout de l'année dernière mil six cens; le premier jour de febvrier dernier passé, mil six cens et ung, aud. Arsenac de Paris, cinq mil deux cens soixante dix neuf; le vingt sept[me] du présent mois de juing, quatre mil six cens trente six; et ce dit jour les dictz dix huict cens quarante ung; receus tous les dicts boulletz ensemble audict nombre de vingt mil boulletz à canon. Desquelz dix huict cens quarante ung boulletz, je prometz tenir bon compte à Sad. Ma[té]. Faict à Paris, le vingt cinq[me] jour de juing mil six cens ung. Ainsi signé : de Perelles, et au dessoubz est escript ce qui ensuict : Enregistré par moy Conseiller du Roy et Controolleur general de son Artillerie, les an et jour que dessus, ainsy signé : d'Archambault.

Collation de la présente copie a esté faite à son original en papier, par les notaires soubz[mes], l'an mil six cens ung, le trente[me] et dernier jour de juing ; ce faict, rendu.

MOTELET, FOURNYER.

[1] Zacharie de Perelles résigna son office en 1603 en faveur de Jean Dorléans, pour devenir contrôleur général de l'Artillerie ; il demeurait à Paris rue de la Licorne, aujourd'hui supprimée.

CXLVII. — 12 JANVIER 1600. — 4.

ARTILLERIE. — CANONS. — MARCHÉ POUR LA FOURNITURE, À L'ARSENAL DE PARIS, DE CENT MILLIERS DE FER DESTINÉ AU REMONTAGE DES PIÈCES D'ARTILLERIE, PASSÉ AVEC CLAUDE VAUDIN, AIDE DE MARÉCHAL DE CAMP EN PICARDIE, MOYENNANT LA SOMME DE DEUX MILLE ÉCUS SOL, DONT 666 ÉCUS 2/3 PAYÉS D'AVANCE, SOUS LES MÊMES CAUTIONS QUE CELLES STIPULÉES EN L'ACTE PRÉCÉDENT.
DÉSISTEMENT, EN DATE DU 3 JUILLET 1601, ET DÉCHARGE DE L'AVANCE FAITE, MOYENNANT LES 1,818 BOULETS QUI ONT ÉTÉ LIVRÉS À L'ARSENAL, AU LIEU DU FER QUI «NE S'ESTOYT TROUVÉ BON».

Par devant François Herbin, et Simon Fournier, notaires du Roy ou Chastellet de Paris, soubz signez, fut présent en sa personne messire Maximilien de Béthune, chevalier, sieur et baron de Rosny, conseiller du Roy en ses Conseilz d'Estat et privé, son chambellan ordinaire, cappitaine de cinquante hommes d'armes de ses Ordonnances, grand voyer, Grand Maistre et cappitaine général de l'Artillerie de France, superintendant de ses finances et gouverneur pour Sa Ma^{té} de la ville et citadelle de Mante, demeurant en l'Arsenac du Roy à Paris, parroisse St Paul, lequel, au nom et comme ayant charge de Sa Ma^{té}, a faict, convenu, passé et accordé, en la présence des sieurs de Born, de La Chevallerie et de maistre Vincent Bouhier, sieur de La Goujonne, conseiller du Roy et contrerolleur général de lad. Artillerie, avec Claude Vaudin, ayde de mareschal de camp en Picardie, demeurant à Champignelles lez Grand-pré, païs de Champaigne; à présent et acceptant, ce qui ensuit : C'est assavoir : ledit Vaudin avoyr promis et promect aud. sieur Grand Maistre de fournir et livrer dans led. Arsenac du Roy à Paris, dedans six moys prochains, à commancer du premier jour du présent moys de janvier, la quantité de cent milliers de fer, bon, loyal et marchant, propre pour l'emploi et remontage des pièces d'artillerie, selon et ainsy que les modelles et les eschantillons luy seront baillez.

Et ce, moyennant la somme de deux mille escus sol pour lad. quantité de cent milliers de fer, que ledict seigneur Grand Maistre a promis faire bailler et paier aud. Vaudin par les sieurs Trésoriers généraulx de lad. Artillerie, scavoir : six cent soixante six escus deux tiers dedans luy par advance, et le surplus au fur et à mesure de la livraison de lad. quantité. Pour seureté de laquelle somme d'advance, ensemble à l'entretenement du présent contract, sont intervenuz : Jacques de Verdavayne, sieur de Laulnay et damoiselle Marie Le Ragoys, sa femme, de luy auctorisée en ceste partie, demeurant ès faulxbourgs St Germain des Prez, rue de Seine; et maistre Guillaume Vaudin, procureur en la Court de Parlement, demeurant rue des Noyers, parroisse St Estienne du Mont, lesquelz se sont constituez et constituent pleiges cautions et respondans, pour led. Claude Vaudin, d'icelle somme de six cens soixante six escus deux tiers et de l'entretenement dud. present contract; et, à ce faire, se sont obligez et obligent avec luy, l'un pour l'autre et chacun d'eulx seul et pour le tout, sans division, renonceans au béneficé de division, discution et fidéjussion, et encores lad. damoiselle Ragoys aux droictz et benefice de Velleyane et autenticque *Si qua mulier*, qui luy ont esté declarez et donnez à entendre par l'un des notaires soubz signez, l'autre présent, estre telz que femme ne se peult obliger pour aultruy, mesmes pour son mary, sans avoir renoncé ausd. droictz et à tous autres droicts faicts en faveur des femmes. Et a esté accordé que led. Claude Vaudin ne sera tenu payer pour raison de lad. quantité de cent milliers de fer, aucun péage, impost ou gabelles, ny autres subsides en quelque sorte que ce soit. Et, pour l'exécution du conteau en ces présentes, lesd. Claude Vaudin, sieur de Laulnay, sa femme et maistre Guillaume Vaudin ont esleu et eslizent leurs domiciles irrévocables en la maison dud. maistre Guillaume Vaudin, size en ladite rue des Noyers dessus déclarée, auquel lieu ils veullent, consentent et accordent que tous commandemens, sommations, significations et autres actes et exploictz de justice qui y seront faitz pour raison de ce soient de tel effect, forme et vertu comme sy faictz estoient à leurs propres personnes et domiciles ordinaires. Promectans... Obligeans chacun en droict soy et lesd. Claude Vaudin sieur de Laulnay, sa femme et maistre Guillaume Vaudin, l'un pour l'autre et chacun d'eulx seul et pour le tout sans division, corps et biens comme pour les propres deniers et affaires du Roy... Renonceans iceulx Claude Vaudin, sieur de Laulnay, sa femme et maistre Guillaume Vaudin, aud. bénéfice de division, discution et fidejussion, et encores lad. damoiselle Ragois ausd. droictz et bénéfices susdicts...

Faict et passé double, le douze^me jour de janvier mil six cens, aud. Arsenac du Roy à Paris, fors pour lesd. cautions en leurs maisons dessus déclarées, après midy.

MAXIMILIAN DE BETHUNE, BORN, R. TIERCELIN, BOUHIER, JACQUES DE VERDAVAINE, C. VAUDIN, MARIE LE RAGOIS, G. VAUDIN, HERBIN, FOURNYER.

(En marge est écrit :)
Et le tiers jour de juillet mil six cens ung, après midy, led. sieur baron de Rosny et Claude Vaudin nommés au marché cy endroict escript ont déclaré et déclarent qu'ils se dessistoient comme de fait ils se sout désistés et départiz du contenu audit marché cy endroict escript, convenans qu'il demeure nul; et quand à l'advance des six cens soixante six escus deux tiers que led. sieur baron de Rosny estoyt tenu faire aud. Claude Vaudin pour icellui merché, et que icelui Claude Vaudin a eu depuis receuz, icelluy seigneur baron de Rosny l'en quicte et descharge, ensemble ses cautions, moyennant la livraison qui a esté cy-devant faicte par led. Vaudin pour ladite advance, aud. Arsenac, de la quantité de dix huict cens dix huict boullets à canon, au lieu du fer qu'il estoyt tenu fournir, attendu qu'il ne s'estoyt trouvé bon et valiable. Promectans... Obligeans chacun en droict soy... Renonceaus...

Faict et passé aud. Arcenac les jour et an dessus dicts.

M. DE BETHUNE; R. TIERCELIN, présent; BOUHIER, présent; VAUDIN; MOTELET: FOURNYER.

CXLVIII. — 3 FÉVRIER 1600. — 6.

ARTILLERIE. — BOULETS. — MARCHÉ PASSÉ AVEC MESSIRE ANTOINE DU CHASTELLET, SIEUR ET BARON DE SAINT-AMAND ET DE CIRAY, POUR LA FOURNITURE, À L'ARSENAL DE PARIS, DE 3,855 BOULETS DU CALIBRE DE FRANCE, FAISANT LE RESTE DES 10,000 BOULETS QUE LEDIT S^r DE SAINT-AMAND Y DEVAIT LIVRER; ET CE, MOYENNANT LE PRIX DE VINGT-TROIS SOLS PAR BOULET, SOIT, POUR LES 3,855 BOULETS, LA SOMME DE 1,477 ÉCUS 45 SOLS TOURNOIS, NONOBSTANT LE PRIX CI-DEVANT ACCORDÉ POUR LA QUANTITÉ DE 10,000 BOULETS À RAISON DE TRENTE SOLS TOURNOIS PIÈCE.

Pardevant les notaires du Roy au Ch^let de Paris, soubsignez, fut présent messire Anthoine du Chastellet[1], sieur et baron de St Amand, de Ciray près Joinville, demeurant aud. lieu de Ciray, bailliage de Chaulmont; lequel a recongneu et confessé et, par ces présentes, confesse avoir promis et promect à Messire Maximillien de Bethune[2]... absent; noble homme maistre Vincent Bouhier, conseiller du Roy et contrerolleur général de lad. Artillerie, sieur de La Goujonne, à ce présent et stipullant pour led. sieur Grand Maistre pour et au nom de la Ma^té du Roy, de fournyr et livrer dans l'Arsenac du Roy à Paris, dedans troys moys prochains venans, la quantité de troys mil huict cens cinquante cinq boullets à canon du calibre de France, faisant le reste de la quantité de dix mil boullets à canon que led. sieur de St Amand debvoit fournyr à Sa Ma^té en sond. Arsenac, laquelle quantité de trois mil huict cens cinquante cinq boullets led. sieur de Sainct Amand sera tenu livrer à ses despens aud. Arsenac et mettre ès mains dud. sieur Grand Maistre ou officiers à ce depputez de lad. Artillerie.

Et ce moyennant et à raison de vingt troys sols tournois pour chacun boullet, qui seroict, pour lad. quantité de trois mil huict cens cinquante cinq boullets, la somme de quatorze cens soixante dix sept escus quarante cinq sols tournois, nonobstant le prix cy devant acordé aud. sieur de St Amand pour lad. quantité de dix mil boullets à raison de trente sols tournois pièce. Laquelle somme de quatorze cens soixante dix sept escus quarante cinq sols led. sieur de la Goujonne, oud. nom, a promis et promect faire payer aud. s^r de St Amand, dans ce jour d'huy, par Me Nicolas Placin[3], trésorier de lad. Artillerie, ou autre trésorier de lad. Artillerie; le tout sans déroger ny préjudicier aux contracts cy-

---

[1] Antoine du Chastelet, fils de Philibert, sieur de Pierrefitte et de Françoise de Lenoncourt, était apparenté à Sully par sa grand'mère Jacqueline de Béthune. Il mourut en 1620, sans enfants de sa femme, Judith de La Rochefoucauld.

[2] Mêmes qualités que dans l'acte précédent.

[3] Secrétaire de la Chambre du Roi, Trésorier général de l'Artillerie, en 1597, par la résignation d'Estienne Puget, dont il était le commis.

devant faicts entre led. sieur Grand Maistre ou ses prédécesseurs et led. sieur de S¹ Amand pour fourniture de boullets, de laquelle fourniture lesdicts dix mil boullets font partye et ce pour raison de la caution par luy baillée que led. de la Goujonne entend demeurer obligé jusques ad ce que led. sieur de S¹ Amand aict fourny lad. quantité de trois mil huict cens cinquante cinq boullets cy dessus restans, à la charge qu'estans fournis elle en demeurera deschargée, ensemble du contenu esd. contractz dattez des six⁽ᵐᵉ⁾ febvrier quatre vingtz seize passé par devant Le Voyer[1] et Pajot[2], l'autre du unze⁽ᵐᵉ⁾ mars dernier, passé par devant Deriges[3] et de Briquet, notaires, attendu que led. s¹ de Sainct Amand a fourny, comme il a dict, des boullets jusques à la concurrence des advances à luy faictes et mentionnées aux contracts cy-dessus. Promettans... Obligeans chacun en droict soy et led. sieur de La Goujonne oud. nom. led. sieur de S¹ Amand corps et biens... Renonceant...

Faict et passé en la maison où led. sieur de La Goujonne est logé, sur le quay des Orphevres, l'an mil six cens, le tiers jours de febvrier, après midy.

Du Chastellet Sainct Amand, Bouhier, Herbin, Fournier.

CXLIX. — 14 FÉVRIER 1600. — 7.

Artillerie. — Boulets. — Fourniture, à l'Arsenal de Paris, de treize mille boulets du calibre de France.

Marché passé avec Jehan Goffin, maître de forges, aux Forges-sous-Haraucourt, moyennant : pour trois mille boulets, le prix de vingt-trois sols pièce, et pour dix mille boulets le prix de vingt-deux sols pièce, soit une somme totale de 4,816 écus 2/3, dont 1,605 écus sol. 33ˢ 4ᵈ d'avance, sous la caution de Mᵉ Christofle Léger, marchand bourgeois de Paris.

Par devant François Herbin et Simon Fournier, notaires du Roy nostre Sire en son Chastellet de Paris, soubz signez, fut présent en sa personne Pierre Goffin, maistre de forges, demeurant à Remilly, près Mouzon, estant de présent en ceste ville de Paris, au nom et comme procureur de Jehan Goffin, maistre de forges, demeurant aux Forges soubz Haraucourt, Souveraineté de Sedan, son père, fondé de lectres de procuration passées par devant Jehan Husson et Pierre Grosselin, notaires jurez et establis au bailliage de la Souveraineté de Raucourt, en datte du quatreiesme jour du présent mois et an, de laquelle est apparu aux notaires soubzsignez et qui sera inscrée en fin des présentes; lequel oud. nom a recongneu et confessé avoir promis et promect au Roy nostre dict Sieur, et stipullant pour Sa Majesté messire Maximillian de Bethune[4]..., à ce présent, et en la présence des sieurs de Born, de La Chevallerie, et de maistre Vincent Bouhier, sieur de La Goujonne, conseiller du Roy et contrerolleur général de la dicte Artillerie, de fournir et livrer, pour le service de Sa dicte Majesté, le nombre de treize mil boulletz à canon du calibre de France; et de faire ou faire faire lesd. boulletz de fer doulx, non aigre, ronds et eslourbez et sans aulcunes fosses ni croisures, et les coustures bien rabattues, de sorte que puissent chacun d'iceulx passer dans les calibres qui luy seront pour ce delivrez de l'Arcenac de ceste ville de Paris. Lesquels boulletz il promect oudict nom livrer à ses despens dans le jour et feste sainct Martin d'yver prochain venant, à trois diverses fournitures, assavoir : le nombre de trois mil boulletz à canon de ceste ville de l'Arcenac de ceste ville de Paris, ès mains dudict sieur Grand Maistre, contrerolleur et garde généraux, lieutenans ou commis, dans le premier jour de may prochain; trois aultres mille dans le jour et feste sainct Jehan Baptiste ensuivant; et les sept mille restans audict jour sainct Martin d'yver, le tout prochainement venant. Qui est pour trois mil boulletz à raison de vingt trois solz pièce, et les dix mil restans à raison de vingt deux solz pièce; toute ladicte quantité montant et revenant à la somme de quatre mil huit cens seize escus deux tiers, laquelle somme luy sera payée par Monsieur le Trésorier général de l'Artillerye estant de présent en charge. Et pour luy donner plus de moyen de faire ses préparatifs, il sera payé comptant par advance, par ledict Trésorier audict Pierre Goffin oudict nom, la somme de seize cens cinq escus sol trente trois solz quatre deniers, qui est la tierce

---

[1] Le Voyer (Claude), notaire au Châtelet de Paris, en exercice de 1587 à 1637.
[2] Pajot (Guillaume), notaire au Châtelet de Paris, en exercice de 1592 à 1605.
[3] De Riges (Claude), notaire au Châtelet de Paris, en exercice de 1594 à 1619.
[4] Mêmes qualités qu'aux actes précédents.

partie de lad. somme entière dedans ce jour d'huy, qui demeurera audict Goffin pour sa dernière livraison de lad. quantité de treize mille boulletz; et pour le surplus de lad. quantité de marchandise, luy sera payé par led. recepveur au fur et à mesure qu'il fournira ladicte quantité jusques à la dernière livraison, à laquelle dernière livraison sera desduict ladicte somme de seize cens cinq escus trente trois sols quatre deniers. En faisant laquelle fourniture ledict Goffin oud. nom sera tenu d'apporter récepissé du garde général de l'Artillerye de France, deuement contrerollé, de la délivrance desdictz boulletz. Et a esté accordé que ledict Goffin oud. nom ne pourra prétendre aulcun rabais ny diminution de lad. fourniture sinon en cas d'hostillité au dedans de la dicte province où sont scituées les forges dudict Goffin père. Et ne sera tenu ledict Goffin payer, pour raison de lad. quantité de boulletz, aucun peage, impostz ny aultres subcides en quelque sorte que ce soit.

A ce faire, venu et fut présent honnorable homme maistre Christofle Leger, marchant bourgeois de Paris, demeurant rue de la Juifrye[1] près la Magdelaine, lequel s'est constitué et constitue pleige caution et respondant pour ledict Goffin oud. nom, l'un pour l'aultre et chacun d'eulx seul et pour le tout, sans division ni discution, renonceans aux bénéfices de division, ordre de droit, de discution, fidejussion, pour et en raison de ladicte somme de seize cens cinq escus trente trois sols quatre deniers ainsy advancés, comme à l'entretenement du présent contract. Car ainsy a esté accordé entre les dictes partyes. Promectans... Obligeans chacun en droict soy et ledict Goffin, oud. nom, et led. Leger, l'un pour l'aultre et chacun d'eulx seul et pour le tout, sans division ne discution, comme pour les propres deniers et affaires du Roy, nostre Sire... Renonceans aux bénéfices de division, ordre de droit de discution et fidejussion...

Ensuict la teneur de lad. procuration dont cy dessus est faict mention :

Comparut en sa personne honnorable homme Jehan Goffin, maistre de forges, demeurant aux Forges soubz Haraucourt, lequel, pour luy et en son nom, a faict, nommé, créé, estably et constitué son procureur irrévocable honnorable homme Pierre Goffin, aussy maistre de forges, demeurant à Remilly, en la terre et seigneurye de Mouzon, auquel seul et pour le tout, portant ces présentes,

led. constituant a donné plain pouvoir, puissance, auctorité et mandement de délivrer pour led. constituant les boulletz qu'il a cy devant vendus, ou partye d'iceulx, à l'Arsenacq à Paris, et de ce qu'il en reste encores à délivrer; en accorder, convenir et faire comme il trouvera bon et en vendre encores plus grande quantité et jusques au nombre de vingt mil boulletz à canon, ainsy que la quantité de cinquante milliers de fer de tailly, pour et à tel pris qu'il trouvera bon et expédient. Et de ce en passer contract au nom dud. constituant tel qu'il appartiendra au cas, en recevoir les deniers qui par advance luy en seront délivrez au nom dudict constituant. Et pour assurance desd. deniers par luy receus par advance, en passer obligation et bailler caution, telle qu'il appartiendra, au nom dudict constituant, et généralement faire en tout ce que dict est pour le dict constituant, comme il feroit ou faire pourroit si présent en personne y estoit, jaçoit que le cas requist mandement plus spécial. Promectant en bonne foi ledict constituant avoir pour agréable et vallable tout ce que par ledict procureur sera faict, négotié et expédié en ce que dict est et qui en deppend et jusques à la somme de dix mil escuz et soubz l'obligation de ses corps et biens, et de descharger lesd. cautions ensemble ledit. procureur, en peyne de tous despens dommaiges et intérestz payer; renonceant à toutes choses contraires à l'entretenement de ces présentes, et généralement au droit reprouvant generalle renonciation non valloir. Qui furent faictes et passées en la maison dudict constituant, deux heures de rellevée, par devant Jehan Husson et Pierre Grosselin, notaires jurez et establis au bailage de la Souveraineté de Raucourt, le quatreiesme jour du mois de febvrier, l'an mil six cens, et si a led. constituant signé avecq nous, suyvant l'Ordonnance. Ainsy signé : Goffin, Husson et Grosselin. Ce faict, l'original de lad. procuration rendu audict Pierre Gofin.

Faict et passé en l'Arsenac du Roy de ladicte ville, le quatorzes̃me jour de febvrier, après midy, l'an mil six cens et ont signé :

MAXIMILIAN DE BETHUNE, BORN, R. TIERCELIN. BOURIER, LEGER, GOFFIN, HERBIN, FOURNYER.

Au bas est escrit :

Led. sieur baron de Rosny, dessus nommé, confesse avoir quicté et deschargé et quicte led. Jehan Goffin, aussy dessus nommé, du contenu au marché cy dessus escript, et ce attendu la livraison par luy

---

[1] Son nom se trouve parfois escrit Legier. Christofle Leger avait épousé Catherine, fille de Jehan de Compans. La rue de la Juiverie était située dans la Cité.

faicte de la quantité de boulletz y mentionnez; ensemble descharge led. sieur de Rosny la caution par led. Goffin baillée pour cest effect. Promectans... Obligeans... Renonceant...

Faict et passé en l'Arsenac du Roy à Paris, le dix huict^{me} aoust mil six cens ung, après midy.

Cette quittance n'est pas signée (cf. Acte CLVII).

CL. — 23 FÉVRIER 1600. — 9.

ARTILLERIE. — BOULETS. — FOURNITURE, À L'ARSENAL DE PARIS, DE 20,000 BOULETS DU CALIBRE DE FRANCE.

MARCHÉ PASSÉ AVEC ANTOINE CORMIER, SIEUR DE VOROSES, MAÎTRE DES FORGES DE LA ROCHETTE, MOYENNANT LE PRIX DE 22 SOLS PIÈCE, SOIT UNE SOMME TOTALE DE 7,333 ÉCUS 1/3, DONT 1,700 ÉCUS D'AVANCE, SOUS LA CAUTION DE MAISTRE FLORENT GOULLET, SIEUR DE MALESPINE, AVOCAT DU ROY À CONCHES ET BRETEUIL, ET JEAN DE ROST, MARCHAND BOURGEOIS DE PARIS.

Par devant François Herbin et Simon Fournier, notaires du Roy nostre Sire au Chastellet de Paris soubz^{nez}, fut present en sa personne messire Maximilian de Bethune[1]..., lequel au nom et comme ayant charge de Sa Ma^{té}, a faict, convenu, passé et accordé, en la présence des sieurs de Born, de La Chevallerie et de maistre Vincent Bouhier, sieur de La Goujonne, conseiller du Roy et contrerolleur général de lad. Artillerie, avec Anthoine Cormier, sieur de Voroses[2], maistre des forges de la Rochette, demeurant à Breteuil près Verneuil au Perche, à ce présent, ce qui ensuict : c'est assavoir que led. Cormier avoir promis et promect aud. sieur Grand Maistre de fournir et livrer dans led. Arsenac du Roy, à Paris, dans ung an prochain, à commancer du premier jour de janvier dernier passé, la quantité de vingt mil boullets à canon du calibre de France, de fer doux, ronds et charbez, sans aucune fosse ny croisure, suivant la coquille et calibre qui luy sera faict et livré par mond. seigneur le Grand Maistre, selon et ainsy qu'il est acoustumé de les fournir et recevoir aud. Arsenac; poisant chacun boullet trente trois livres ung tiers ou environ, les troys faisans le cent, qui est le poix ordinaire. Et ce moyennant la somme de sept mil trois cens trente troys escus ung tiers d'escu sol pour lad. quantité de vingt mil boullets, qui est à raison de vingt deux sols pièce, que led. sieur Grand Maistre a promis faire baillier et payer aud. Cormier par les trésoriers généraux de lad. Artillerie, scavoir : la somme de dix sept cens escus d'or sol dedans ce jour d'huy, par advance, qui demeurera aud. Cormier pour la dernière livraison de lad. quantité desd. vingt mille boullets; et le surplus au feur et à mesure qu'il fournyra icelle quantité de vingt mille boullets. Pour seureté de laquelle somme de dix sept cens escus d'advance, ensemble l'entretenement du présent marché, sont intervenus Maistre Florent Goullet, sieur de Malespine, advocat du Roy à Conches et Breteuil, demeurant aud. Breteuil en Normandie, et honnorable homme Jehan de Rost, marchant bourgeois de Paris, demeurant rue St Honnoré, parroisse St Eustache[1], lesquels se sont constituez et constituent pleiges cautions et respondans pour led. Cormier d'icelle somme de dix sept cens escus sol et entretenement dud. marché, et, à ce faire, se sont obligés et obligent avec led. Cormier, l'un pour l'autre et chacun d'eulx seul et pour le tout, sans division, renonceans au benefice de division, de discution et fidejussion, comme pour les propres affaires du Roy; et lesquelles cautions cy dessus par led. Cormier baillées, icelluy Cormier sera tenu faire recevoir par devant le bailly dud. Arsenac en la manière acoustumée. Et a esté accordé que led. Cormier ne pourra prétendre aucun rabaiz ny diminution de lad. fourniture, synon en cas d'hostilité au dedans de la province où sont scituées les forges pour faire icsd. boullets; et ne sera tenu led. Cormier payer pour raison de lad. quantité de boullets aucun péage, impost, ny autres subcydes de quelque sorte que ce soyt. Et pour l'exécution du contenu en ces présentes, lesd. Cormier, Goullet et de Rost ont esleu et eslisent leurs domiciles irrévocables en lad. maison où led. de Rost est demeurant, size en lad. rue St Honoré dessus desclarée, auquel lieu ils veullent, consentent et accordent que tous commandemens, sommations, significations et autres actes de justice qui y seront

---

[1] Mêmes qualités que dans les actes précédents.
[2] Commune du Coudray (Eure).

[1] Jean de Rost et Catherine Blastrier ou Blatier, sa femme, eurent deux filles, l'une, Claude, mariée à Jacques Helot, marchand bourgeois de Paris, et l'autre, Marie, qui épousa Edme Regnard, marchand à Rouen.

faicts pour raison de ce soyent de tel effect, force et vertu, comme sy faicts estoyent à leurs propres personnes et domiciles. Promectans... obligeans chacun en droict soy et lesd. Cormier, Goullet et de Rost, l'un pour l'autre et chacun d'eulx seul et pour le tout, sans division, corps et biens, comme pour les propres deniers et affaires du Roy... Renonceans iceulx Cormier, Goullet et de Rost au bénéfice de division, discution et fidejussion...

Faict et passé l'an mil six cens, le vingt trois[me] jour de febvrier, après midy, en l'Arsenac du Roy à Paris [1].

MAXIMILIAN DE BETHUNE, R. TIERCELIN, BOUHIER, BORN, GOULLET, DE ROST, CORMIER, HERBIN, FOURNIER.

CLI. — 11 MARS 1600. — 10.

ARTILLERIE. — CANONS. — MARCHÉ PASSÉ AVEC ANTOINE LEMOYNE, FONDEUR À PARIS, ET GASPARD JACQUES, FONDEUR À COMPIÈGNE, POUR LA FONTE, EN LA VILLE DE MÉZIÈRES, DE QUATRE CANONS DU POIDS ET CALIBRE DE FRANCE, AVEC LEURS AFFÛTS, MOYENNANT LA SOMME DE 744 ÉCUS 40 SOLS ET LA FOURNITURE QUI LEUR SERA FAITE DE VINGT-SIX MILLIERS DE CUIVRE «TANT EN PIÈCES ÉVENTÉES QUE AUTRES»; SOUS LA CAUTION DE MESSIRE ROBERT DE LA VIEUVILLE, CHEVALIER DES ORDRES DU ROI, LIEUTENANT POUR S. M. EN RETHELOIS ET GOUVERNEUR DE MÉZIÈRES, REPRÉSENTÉ AUDIT MARCHÉ, EN VERTU DE SA PROCURATION DATÉE À PARIS DU 10 MARS, PAR JEHAN DORLÉANS, BOURGEOIS DE PARIS.

Par devant François Herbin et Simon Fournier, notaires du Roy au Ch[let] de Paris, soubz[nes], fut présent en sa personne Messire Maximilian de Bethune [1]..., au nom et comme ayant charge de Sa Ma[té], a faict, convenu, accordé et passé, en présence des sieurs de Born, de La Chevallerie et de maistre Vincent Bouhier, sieur de La Goujonne, conseiller du Roy et contrerolleur général de lad. Artillerie, avec Anthoine Le Moine, fondeur, demeurant en la ville de Paris, rue Sainct Martin, paroisse S' Laurant, à ce présent, tant en son nom que comme soy faisant fort de Jaspart Jacques, aussy fondeur, demeurant en la ville de Compiègne, ce qui ensuict : lequel, oud. nom, a promis et promect, par ces présentes, aud. sieur de Rosny de faire à ses despens ung fourneau au lieu le plus commode qui ce pourra eu la ville de Mézieres, dont luy sera baillé la place par le gouverneur de lad. ville; et aud. fourneau fera fondre, pour le service de Sa Ma[té], dans le jour de Thoussainctz prochainement venant, la quantité de quatre canons du pois et calibre de France, sur le corps desquels il fera enlever en bosse ung escusson où seront gravées les armes de France et de Navarre, et sur la voltée seront aussy relevées les fleurs de lys et les H, et graver le nom de mond. sieur le Grand Maistre ainsy qu'on a acoustumé faire aux canons qui se fondent en l'Arsenac de Paris; feront faire la lumière d'iceulx d'assier et mettre les radresses à la culace, les repparer et reyer; lesquels canons ainsy fonduz et repparés, l'esprouveront de charge et demie en présence du lieutenant de mond. sieur le Grand Maistre ou autre qui sera par luy commis et ordonné. Et outre, promect de fournir quatre affutz et rouages ferrées avec les amboistures de cuivre, essieux, lymons, de la grandeur et longeur dont l'on a accoustumé d'user aux remontages desd. canons, et prest à marcher.

Pour faire laquelle fonte led. sieur Grand Maistre a promis et promect, par ces présentes, faire délivrer aud. Le Moine par les gouverneurs des villes de Mouzon, Rocroy, et de lad. ville de Meziere jusques au nombre de vingt six milliers de cuivre, tant en pièces éventées que autres, que led. Le Moine sera tenu faire mener et charier à ses despens en lad. ville de Meziere, sy tant s'en trouve, sinon luy fera fournir le reste en cuivre neuf du tiltre convenable à faire icelà. Et outre ce luy faire bailler, payer et delivrer par maistre Nicolas Placin, conseiller du Roy et trésorier général de son Artillerie, la somme de sept cens quarante quatre escus quarante sols, et ce des deniers à luy ordonnez à prendre sur la traicte des bledz et vins de la province de Champaigne, destinez pour convertir en employer aux munitions de guerre de lad. ville de Meziere; qui est : pour la fonte desd. quatre canons, la somme de deux cens quatre vingtz escus; pour la fonte de seize amboistures servans ausd. quatre paires de roues, vingt escus; pour le boys, ferrure et fasson desd. affutz,

---

[1] Mêmes qualités qu'aux actes précédents.

[2] Par acte passé le 1er mars suivant devant le même notaire, Antoine Cormier associa à son entreprise ses deux cautions, Florent Goulet et Jean de Rost, chacun pour un tiers.

rouages, essieux et lymons, trois cens quatre vingtz quatorze escus deux tiers; et cinquante escus pour la voicture desd. pièces et fasson dud. fourneau; revenant toutes lesd. sommes à la susd. somme de sept cens quarante quatre escuz quarante solz; et recevant laquelle par led. Le Moyne il sera tenu passer obligation aud. Placin, trésorier général susdict, de rapporter dans led. jour de Thoussainctz prochain récépicé de monsieur le Garde général de lad. Artillerie ou Garde provincial en Champaigne, de la réception qu'ils auront faicte desd. canons bien et deuement faicts, comme dict est, ensemble le recepicé du reste des cuivres qui se trouveront après lad. fonte, tant en machelottes[1] que chevetz.

Et pour seureté de lad. somme de sept cens quarante quatre escus quarante sols, est intervenu Jehan Dorléans, bourgeois de Paris, demeurant rue St Jullien le Pauvre, lequel, comme procureur de messire Robert de la Vieville[2], chevallier des ordres du Roy et lieutenant pour Sa Ma^{té} en Rethelois, gouverneur de lad. ville de Mezière, demourant aud. Mezière, de luy fondé de procuration passée par devant Trouvé et Tolleron notaires, le dixiesme du present moys de mars, de laquelle est apparu aux notaires soubz^{nés} et qui sera insérée en la fin des presentes, lequel aud. nom, a pleigé et cautionné, pleige et cautionne lesd. Le Moine et Jacques pour lad. somme de sept cens quarante quatre escus quarante sols tournois. Promectans... Obligeans chacun en droict soy et lesd. LeMoyne esd. noms et Dorléans oud. nom, l'un pour l'autre esd. noms et en chacun d'iceulx seul et pour le tout, sans division, mesmes led. Le Moyne esd. noms, corps et biens, comme pour les propres affaires du Roy... Renonceans iceulx Le Moyne esd. noms et Dorléans oud. nom, au bénéfice de division, discution et fidejussion...

Faict et passé en l'Arsenac du Roy à Paris l'an mil six cens, le unzeiesme jour de mars, avant midy.

[1] Masselottes : excédent de matière que l'on enlève au bourrelet de la pièce, immédiatement après la fonte.
[2] Robert de La Vieville, qui commandait pour le Roi en Rethelois depuis le 27 janvier 1574, fut fait chevalier des ordres du Roi en 1599 et succéda au maréchal de Brissac dans la charge de grand fauconnier de France. Veuf de Guillemette de Bossut qui ne lui avait laissé qu'une fille, il eut de son second mariage avec Catherine d'O un fils, Charles, qui devint, en 1611, gendre de Bouhier, dont il partagea la fortune et les revers (cf. note Acte XI).

Jean Dorléans, qui figure dans l'acte comme procureur de Robert de La Vieville, était le commis de Vincent Bouhier.

Ensuict la teneur de lad. procuration dont cy dessus est faict mention :

Par devant Estienne Tolleron et Claude Trouvé, notaires du Roy nostre Sire, en son Ch^{let} de Paris, soubz^{nés}, fut présent Messire Robert de La Vieville, chevallier des deux ordres du Roy, Lieutenant pour Sa Ma^{té} en Rethelois, Gouverneur de Mezières, estant de présent en ceste ville de Paris logé rue Percée, paroisse Sainct Paul, lequel a faict et constitué, faict, nomme et constitue son procureur Jehan Dorléans, bourgeois de Paris, auquel led. sieur constituant a donné et donne pouvoir, puissance, auctorité et mandement spécial de soy constituer plege et caution pour Anthoine Le Moyne et Jaspart Jacques, maistres ouvriers fondeurs, demeurans assavoir : led. Le Moyne en ceste ville de Paris, et led. Jacques en la ville de Compiègne, envers le Roy, ou monsieur le Grand Maistre de l'Artillerie de France pour Sa Ma^{té}, pour la fourniture du contenu au marché qui en sera faict avec mond. sieur le Grand Maistre : c'est assavoir de fondre quatre canons en la ville de Mezière, iceux monter d'affutz et rouages prests à charoyer. A la charge que mond. sieur le Grand Maistre promettra de fournir la quantité de vingt six milliers de cuivre, soict des pièces eventées qui sont à Mouzon et Rocroy, que de cuivre neuf; à la charge que s'il fault aucuns chariots pour transporter lesd. pièces dud. Mouzon et Rocroy aud. Mezière, lesd. entrepreneurs le feront; à la charge aussy que led. sieur Grand Maistre promettra de faire payer ausd. entrepreneurs cinquante escus sol pour la fasson du fourneau où se foudront lesd. canons, et encores que leur sera payé pour la fasson de chacun desd. canons le mesme pris qui s'en paye de présent en l'Arsenac de ceste ville de Paris, et aussy le mesme pris pour le montage desd. canons. Et en passer telles promesses et obligations qui seront à ce nécessaires et que sond. procureur verra bon estre, et généralement... Promectans... Obligeans... Faict et passé, l'an mil six cens, le dixiesme jour de mars, après midy, en la maison de la Croix Verte, et a led. sieur constituant signé la minute des présentes. Ainsy signé : Tolleron et Trouvé.

Ce faict, lad. procuration rendue aud. Dorléans.

MAXIMILIAN DE BÉTHUNE, BOUHIER, BORN, R. TIERCELIN, DORLÉANS, ANTHOINE LEMOYNE, HERRIN[1].

[1] Cet acte n'est pas signé par Simon Fournyer.

CLII. — 27 MARS 1600. — 12.

ARTILLERIE. — CANONS. — MARCHÉ POUR LA FOURNITURE EN L'ARSENAL DE PARIS, DE CENT MILLIERS DE CUIVRE PROPRE À LA FONTE DES CANONS, PASSÉ AVEC CHARLES DU HAY, MARCHAND À PARIS, MOYENNANT LE PRIX DE 14 ÉCUS 2/3 LE CENT, FORMANT LA SOMME TOTALE DE 14,666 ÉCUS 2/3 DONT 4,850 ÉCUS SOL D'AVANCE, SOUS LA CAUTION DE JEHAN MULOT ET EUGÈNE LE FEBVRE, MARCHANDS BOURGEOIS DE PARIS.

Par devant les notaires du Roy au Ch[et] de Paris, soubz[nés], fut présent Messire Maximillien de Bethune, chevallier, sieur et baron de Rosny, Conseiller du Roy en ses Conseils d'Estat et privé, son Chambellan ordinaire, Grand Voyer de France, Grand Maistre et Cappitaine général de l'Artillerie, Superintendant de ses finances, Gouverneur de la ville et citadelle de Mante et Superintendant des Fortiffications de France, demeurant en l'Arsenac du Roy à Paris, parroisse Sainct Paul, au nom et comme ayant charge de Sa Majesté, a faict, convenu, accordé et passé, en présence des sieurs de Born, de La Chevallerie et de maistre Vincent Bouhier, sieur de La Goujonne, Conseiller du Roy et Contrevolleur général de lad. Artillerie, avec Charles du Hay, merchant, demeurant à Paris, rue de Truanderie, parroisse St Eustache, à ce présent, ce qui ensuict, c'est assavoir : led. du Hay avoir promis et promect aud. sieur Grand Maistre de fournyr et livrer dans led. Arsenac du Roy à Paris, la quantité de cent milliers de cuivre, poix de marc à seize onces la livre, doux, affiné, endurant la forge et qui se puisse battre froid et chauld, loyal et merchant, propre à servyr à la fonte des canons et pièces d'artillerie que Sad. Ma[té] fera faire aud. Arsenac et tel et semblable que celui qui a esté mis ès mains dud. sieur Grand Maistre pour en faire l'essay, qui demeurera aud. Arsenac pour le confronter lors de la livraison, scavoir : vingt-cinq milliers dans le premier jour de juillet prochain, et le reste dans la fin du mois d'aoust prochain.

Et ce, moyennant le prix et somme de quatorze mille six cens soixante six escus deux tiers pour lad. quantité de cent milliers de cuivre, qui est à raison de quatorze escus deux tiers par cent, que led. sieur Grand Maistre a promis faire bailler et payer aud. du Hay par les Tresoriers généraulx de lad. Artillerie, scavoir : la somme de quatre mil huit cens cinquante escus sol dedans huy par advance, qui demeurera aud. du Hay jusques à la dernière livraison de la quantité de cent milliers de cuivre, qui luy sera lors rabattue; et le surplus luy sera payé à mesure qu'il fera lad. fourniture, laquelle il ne pourra faire qu'il n'y ayt jusques au nombre de vingt cinq milliers dud. cuivre. Tous les deniers duquel payement qui luy sera ainsi faict, il les pourra transporter hors ce royaulme, en telles espèces qu'il trouvera bon estre propre pour sa commodité, suyvant le passeport qui luy en sera baillé par le Roy, ensemble pour la seureté des navires dans lesquelles seront amenez lesd. cuivres, avec autre passeport pour le faire tenyr quicte en tous les endroicts que pourroyent debvoir lesd. cuivres entrans en ce royaulme, pour lesquelz led. du Hay ne sera tenu payer ny acquicter aucune chose desd. droicts tant par les champs, rivières que en ceste ville de Paris ny autres villes par où il seroyt nécessaire passer et tous imposts quelsconques, attendu que c'est pour le service de Sad. Ma[té]. Et a esté accordé par led. sieur Grand Maistre aud. du Hay que, en cas que lesd. navires dans lesquels seront chargés lesd. cuivres feussent prins ou perduz en mer, en ce cas, en faisant deuement apparoir desd. pertes ou prinses qui pourraient empescher lad. fourniture dud. cuivre, en fournissant seullement par led. du Hay pour la somme qu'il aura receu, luy sera donné autre terme qu'il sera advisé entre lesd. parties pour faire icelle comme ils adviseront bon estre.

Et pour seureté de lad. somme de quatre mil huict cens cinquante escus qui sera fournye aud. du Hay par advance, ensemble pour l'entretenement du présent contract, sont intervenus : honnorable homme Jehan Mulot, merchant bourgeois de Paris, demeurant rue des Prescheurs, parroisse St Eustache, et Eugène Le Febvre, aussy merchant bourgeois de Paris, demeurant rue du Bourg Labbé parroisse St Leu St Gilles, lesquels vollontairement se sont rendus pleiges cautions et respondans pour led. du Hay, tant d'icelle somme de quatre mil huit cens cinquante escus d'advance, que entretenement dud. présent contract. Et, à ce faire, se sont obligés et obligent avec led. du Hay, l'un pour l'autre et chacun d'eulx seul et pour le tout, sans division... Renonceans au benefice de division, de discution et fidejussion... Promectans... Obligeans chacun en droict soy et lesdicts du Hay et cautions dessus nommés, l'un pour l'autre et chacun d'eulx seul pour le tout, sans division, corps et biens comme pour les propres affaires du Roy... Renonceans iceulx du Hay et cautions aud. benefice de division, de discution et fidejussion...

Faict et passé aud. Arsenac du Roy à Paris, l'an mil six cens, le vingt cinq.^{me} jour de mars, après midy.

MAXIMILIAN DE BETHUNE, BOUHIER, R. TIERCELIN, BORN, J. MULLOT, DU HAY, LE FEBVRE, HERBIN, FOURNYER.

CLIII. — 29 MAI 1600. — 15.

ARTILLERIE. — CANONS. — DÉCHARGE DONNÉE A MATHIAS TRICQUOYS, SIEUR DE LA CAILLAUDIÈRE, COMMISSAIRE ORDINAIRE DE L'ARTILLERIE A ORLÉANS, DE LA FOURNITURE ET LIVRAISON QU'IL ÉTAIT TENU FAIRE EN L'ARSENAL DE PARIS, DE CINQUANTE MILLIERS DE FER POUR SERVIR À LA FERRURE DES AFFÛTS ET «ROUAGES A CANON», EN VERTU DE SON MARCHÉ DU 30 NOVEMBRE 599.

Fut présent Messire Maximilian de Bethune [1]..., lequel a recongneu et confessé avoyr deschargé et descharge par ces présentes Mathias Tricquoys, sieur de la Caillodiere [2], commissaire ordinaire de l'Artillerie, demeurant à Orléans, à ce présent et acceptant, de la fourniture et livraison qu'il estoit tenu et obligé faire en l'Arsenac de ceste ville de Paris, du nombre et quantité de cinquante milliers de fer pour servir à la ferrure des affuz et rouages à canon dans le temps porté et ainsy qu'il est déclaré par le marché qui en auroict esté de ce faict et passé entre eulx, par devant Desmarquetz [3] et de Troyes [4] notaires, le dernier jour de novembre mil cinq cens quatre vingts dix neuf dernier, et d'aultant que par led. marché on luy debvoit faire advance de la somme de quatre cens escus sur le prix porté par icelluy, laquelle somme de quatre cens escus

[1] Mêmes qualités qu'à l'acte précédent.
[2] Dès 1590 Mathias Tricquoys, sieur de La Caillaudière, commandait l'artillerie dans l'armée de M. de La Bourdaisière, à Châteaudun; en 1610 son commandement s'étendait sur l'Orléanais, le Berry, le Nivernais et le pays Chartrain.
[3] Desmarquetz (Germain), notaire au Châtelet de Paris, en exercice de 1598 à 1612.
[4] De Troyes (Claude), 1583-1617.

icelluy sieur de la Caillodière auroict du depuys receue; a iceluy sieur de la Caillodière consenty et accordé, consent et accorde que icelle somme de quatre cens escus sol luy soit desduicte et rabattue sur les premiers deniers qui luy sont et seront deubs cy après à cause de la fourniture et livraison qu'il est tenu faire aud. Arsenac du Roy, de remontage pour cent affuz à canon, comme appert par autre marché faict entre eulx, passé led. jour par devant lesdits notaires. Et, en ce faisant, a le sieur de Rosny consenty et accordé que led. marché de lad. quantité de cinquante milliers de fer, tant la minutte que grosse d'icelluy, soient deschargés en substance par la présente descharge par lesd. notaires qui l'ont receu ou par autres, sans que sa présence soit requise, à la charge que lad. descharge et ces présentes ne serviront que pour une mesme chose. Promectans... Obligeans chacun en droict soy... Renonceant...

Faict et passé aud. Arsenac du Roy, à Paris, l'an mil six cens, le vingt neuf.^{me} jour de may, après midy.

MAXIMILIEN DE BETHUNE, MATHIAS TRICQUOYS, HERBIN, FOURNYER.

CLIV. — 29 MAI 1600. — 16.

ARTILLERIE. — CANONS. — MARCHÉ POUR LA FOURNITURE ET LIVRAISON, EN L'ARSENAL DE PARIS, DE DEUX CENTS MILLIERS DE FER POUR LE REMONTAGE DE PIÈCES D'ARTILLERIE, PASSÉ AVEC PHILBERT GODET, MARCHAND BOURGEOIS DE CHÂLONS EN CHAMPAGNE, MOYENNANT LE PRIX DE 26 ÉCUS 2/3 PAR CHAQUE CENT, SOIT POUR LES 200 MILLIERS LA SOMME TOTALE DE 5,333 ÉCUS 1/3, DONT 1,700 ÉCUS D'AVANCE, SOUS RÉSERVE DE FOURNIR CAUTION.

Par devant les notaires du Roy au Chastellet de Paris, soubz[nés], fut présent Messire Maximilian de Bethune[1]...., au nom et comme ayant charge de Sa Ma[té], a faict, convenu, acordé et passé, en la présence de noble homme maistre Vincent Bouhier sieur de La Goujonne, conseiller du Roy et contreroolleur général de lad. Artillerie, avec Philbert Godet[2], marchant bourgeois de la ville de Chaallons en Champaigne et y demourant, à ce présent, ce qui ensuict : c'est assavoir : led. Godet avoir promis et promect aud. seigneur Grand Maistre de fournir et livrer dans led. Arsenac du Roy à Paris, la quantité de deux cens milliers de fer bon, loyal et marchant, propre pour l'employ et remontage des pièces d'artillerye : ledict fer marqué à l'Estoille, de la sorte dont il a baillé l'eschantillon aud. Arsenac, et suivant le modelle qui luy en sera baillé par led. sieur Grand Maistre; scavoir : le tiers de lad. quantité de deux cens milliers de fer dedans deux moys prochains, ung autre tiers deux moys après et ung autre tiers pareillement deux moys après, le tout ensuivant et consécutivement.

Et ce, moyennant la somme de cinq mil trois cens trente trois escus ung tiers pour lad. quantité de deux cens milliers de fer, à raison de vingt six escus deux tiers pour chacun un cent, que led. seigneur Grand Maistre a promis et promect faire bailler et payer aud. Godet par les Trésoriers généraulx de lad. Artillerie, scavoir : la somme de dix sept cens escus dedans ce jour d'huy par advance, qui demeurera aud. Godet sur la dernière livraison de ladicte quantité et le reste dud. prix au feur et à mesure qu'il fera lad. livraison. Pour seuretté de laquelle somme d'advance, ensemble pour l'entretenement du présent contract, led. Godet a promis et promect bailler bonne et suffisante caution, laquelle il sera tenu faire recevoir pardevant le bailly dud. Arsenac en la présence du procureur du Roy d'iceluy, en la manière accoustumée. Et est accordé que led. Godet ne sera tenu payer pour raison de lad. quantité de deux cens milliers de fer aucun impost ni droict d'entrée de ce Royaulme ; et pour ce faire luy sera baillé par led. seigneur Grand Maistre toutes lettres et passeports à ce nécessaires. Et pour l'exécution du contenu en ces présentes led. Godet a esleu et eslit son domicile irrévocable en la maison de Pierre Le Bled, marchant à Paris, demourant rue Mortellerye, où est pour enseigne les Trois Cocquerets[3] ; auquel lieu il veult, consent et accorde que tous commandemens, sommations, significations et autres actes et exploicts de justice qui y seront faicts pour raison de ce soient de tel effect, force et vertu comme sy faicts estoient à sa propre personne et domicile ordinaire. Promectans... Obligeans chacun en droict soy et led. Godet corps et biens, comme pour les propres affaires du Roy... Renonceant...

Faict et passé aud. Arsenac du Roy, à Paris, l'an mil six cens, le vingt neuf[me] jour de may, après midy.

MAXIMILIAN DE BETHUNE, BOUHIER, P. GODET, HERBIN, FOURNIER.

---

[1] Mêmes qualités qu'aux deux actes précédents.
[2] Philbert Godet appartenait à la nombreuse et riche famille des Godet de Champagne qui contracta les plus belles alliances. Il fut un des plus grands fournisseurs d'armes et de munitions des arsenaux de Sully et nous le retrouvons, dans l'acte des 2-9 janvier 1608, à la tête du département le plus important pour la fourniture des salpêtres destinés à la fabrication des poudres.

[3] Il signe Le Bled dans un acte du 9 septembre 1603 par lequel, à cause de Marie Chouvin, sa femme, auparavant veuve de Marc de Bourges, il donne reçu d'un quartier d'une rente de 25[lt] constituée par la Ville de Paris à Nicolas de Bourges, père de Marc.

CLV. — 26 JUIN 1600. — 18.

ARTILLERIE. — CANONS. — MARCHÉ POUR LA FOURNITURE EN L'ARSENAL DE PARIS DE DOUZE CHARIOTS « POUR PORTER LE CORPS DES CANONS », PASSÉ AVEC ANTHOINE MALHERBE ET NICOLAS PAYEN, CHARRONS ORDINAIRES DE L'ARTILLERIE À PARIS, MOYENNANT LE PRIX DE CINQUANTE ÉCUS PAR CHARIOT, ET POUR LES DOUZE, LA SOMME DE 600 ÉCUS, DONT 300 ÉCUS D'AVANCE.

Par devant les notaires au Ch[let] de Paris, soubz[nés], furent présens Anthoine Malherbe et Nicolas Payen, charrons ordinaires de l'Artillerie, demeurans scavoir : led. Malherbe sur le quay des Ormes et led. Payen rue St Anthoine, lesquels ont recongneu et confessé avoir promis et promectent l'un pour l'autre et chacun d'eulx seul et pour le tout, sans division, renonceans au bénéfice de division et de discution, à noble homme Robert Tiercelin, sieur de La Chevallerie et du Bois d'Autheul, gentilhomme ordinaire de la Chambre du Roy et lieutenant en l'Arsenac de Sa Ma[té] à Paris et gouvernement de l'Isle de France de monsieur de Rosny Grand Maistre de l'Artillerie, à ce présent et acceptant pour led. sieur Grand Maistre pour et au nom de Sad. Ma[té] et en la présence de noble homme maistre Vincent Bouhier, sieur de La Goujonne, conseiller du Roy et contrerolleur général de son Artillerie, de faire et parfaire bien et deuement, au dire d'ouvriers et gens ad ce congnoissans, la quantité de douze charriotz fortz et tels que l'on accoustume faire aud. Arsenac pour porter le corps des canons. Et, pour ce faire, fournyr par lesd. Malherbe et Payen de bon boys, fer, cordage et toutes autres choses à ce nécessaires, et le tout rendre faict et parfaict bien et deuement, comme dict est, d'huy en troys sepmaines prochainement venant.

Et ce, moyennant la somme de six cens escuz, qui est à raison de cinquante escuz chacun charriot, que led. sieur de La Chevallerie aud. nom a promis et promect faire bailler et payer ausd. Malherbe et Payen ou au porteur, par le trésorier général de lad. Artillerie, scavoir : moyeyté de lad. somme de six cens escuz sol dedans ce jourd'huy, par advance, et l'autre moictyé en la fin de l'entière livraison de lad. quantité des douze charriots susdictz. Promectans... Obligeans chacun en droict soy et led. sieur de La Chevallerie aud. nom, iesd. Malherbe et Payen, l'un pour l'autre et chacun d'eulx seul et pour le tout, sans division corps et biens, comme pour les propres affaires du Roy... Renonceans iceulx Malherbe et Payen aud. bénéfice de division et de discution...

Faict et passé aud. Arsenac du Roy à Paris, l'au mil six cens, le vingt six[me] jour de juing, après midy.

R. TIERCELIN, BOUHIER, Anthoine MALHERBE, Nicolas PAYEN, MOTELET, FOURNYER.

CLVI. — 2 MARS 1601. — 34.

ARTILLERIE. — BOULETS. — MARCHÉ POUR LA FOURNITURE ET LIVRAISON, EN L'ARSENAL DE PARIS, DE VINGT MILLE BOULETS DU CALIBRE DE FRANCE, PASSÉ AVEC DANIEL GOMMERET, MARCHAND À SEDAN ET JEAN GOFFIN, MAÎTRE DE FORGES AUX FORGES-SOUS-HARAUCOURT, MOYENNANT LE PRIX DE 20 SOLS PIÈCE, SOIT, POUR LES 20,000 BOULETS, LA SOMME TOTALE DE 6,666 ÉCUS 2/3, DONT 2,222 ÉCUS 13 SOLS 4 DENIERS D'AVANCE, SOUS LA CAUTION DE CHRISTOFLE LÉGER, MARCHAND BOURGEOIS DE PARIS.

Par devant Francoys Herbin et Symon Fournyer, notaires du Roy nostre Sire en son Ch[let] de Paris soubzsignez, fut présent messire Maximillian de Bethune, chevallier, sieur et baron de Rosny, conseiller du Roy en ses Conseilz d'Estat et privé, cappitaine de cinquante hommes d'armes de ses Ordonnances, grand voyer de France, Grand Maistre et cappitaine général de l'Artillerye, superintendant de ses finances, demeurant en l'Arsenac du Roy, à Paris, parroisse St Paul; lequel, au nom et comme ayant charge de Sa Ma[té], a faict, convenu et accordé, en la présence du sieur de La Chevallerie et noble homme maistre Sebastien Darchambault, conseiller du Roy et contrerolleur général de lad. Artillerie, avec Daniel Gommeret, marchant, demeurant à Sedan, tant en son nom que comme procureur de Jehan Goffin, maistre de forges, demeurant aux Forges soubz Haraucourt, de luy fondé de procuration passée devant Jehan Husson et Pierre Grosselin, notaires jurez et establiz au baillaige de la Souveraineté de Raucourt, le treize^{me} jour de febvrier dernier passé, de laquelle il est apparu aux notaires soubz^{nés}, et qui sera incerrée en la fin des présentes. Led. Gommeret, à ce présent et acceptant esd. noms ce qui ensuict : c'est assavoir led. Gommeret avoir promis et promect esd. noms et en chacun d'iceulx seul et pour le tout, sans division, renonceant au bénéfice de division et de discution, audit seigneur le Grand Maistre, de fournyr et livrer dans led. Arsenac du Roy à Paris, dans la fin de la présente année, la quantité de vingt mil boullets à canon du calibre de France, de fer doux, ronds et ébarbés, sans aucune fosse ni croizure, suivant la cocquille et calibre qui luy sera faicte et délivrée par monseigneur le Grand Maistre sellon et ainsy qu'il est accoustumé de les fournyr et recevoir aud. Arsenac.

Et ce, moyennant la somme de six mil six cens soixante six escus deux tiers pour lad. quantité de vingt mil boullets, qui est à raison de vingt sols pièce, que led. seigneur Grand Maistre en a promis faire bailler et payer aud. Gommeret, èsd. noms, par messieurs les trésoriers généraulx de lad. Artillerie, scavoir : la somme de deux mil deux cens vingt deux escus treize sols quatre deniers par advance, qui demeurera aud. Gommeret esd. noms pour la dernière livraison de lad. quantité de vingt mil boullets, et le surplus au feur et à mesure qu'il fournira icelle quantité de vingt mil boullets, dont la réception se fera par le Garde général de lad. Artillerie, en la présence dud. sieur Grand Maistre ou son lieutenant et contrerolleur ou son commis, et de laquelle fourniture led. Gommeret, esd. noms, sera tenu d'apporter récépicé dud. Garde général, deuement contrerollé, de lad. livraison desd. boullets. Et a esté accordé que led. Gommeret ne pourra prétendre aucun rabais ny diminution de lad. fourniture, sinon en cas d'hostilité en dedans de lad. province où sont scituées les forges et fourneaulx dud. Goffin et sans que pour raison de lad. quantité de vingt mil boullets led. Gommeret, esd. noms, soict tenu payer aucun péage, impost ny autre subcides en quelque sorte que ce soict. Et, moyennant le présent marché, a esté accordé que tous autres marchés cy devant faictz tant par led. sieur Grand Maistre que par le sieur Sallé, commissaire ordinaire de lad. Artillerie comme ayant charge d'icelluy sieur Grand Maistre$^{(1)}$, tant avec led. Goffin qu'avec Charles Pietre demeurant à Remilly, prevosté de Mouzon, demoureront nulz et resoluz, en fournissant touteffois par led. Goffin, avec la première livraison qui sera faicte du présent marché, la quantité de sept cens quarante sept boullets qu'il doibt de reste de la quantité de treize mil boullets portée par le marché faict entre led. sieur Grand Maistre et led. Goffin, par devant Herbin et Fournyer, notaires, le quatorze^{me} jour de febvrier mil six cens $^{(2)}$. Consentant en ce faisant par led. sieur Grand Maistre qu'après lad. livraison desd. sept cens quarante sept boullets, les cautions cy devant baillées par led. Goffin demeurent deschargées, ce qui a esté mesmes accepté par led. Pietre, pour ce présent, qui a, partant, deschargé led. Salle du contenu au marché des deux mil boullets faict avec luy le vingt neuf^{me} jour d'aoust dernier.

A ce faire est intervenu honnorable homme Christofle Leger, marchant bourgeois de Paris, demourant rue de la Juifverie près la Magdelaine, lequel s'est constitué et constitue pleige caution et respondant pour led. Gommeret èsd. noms, tant de lad. somme de deux mil deux cens vingt deux escus treize sols quatre deniers d'advance cy dessus, que de l'entretenement du présent marché; et, à ce faire, s'est led. Leger obligé et oblige avec led. Gommeret esd. noms, l'un pour l'autre, esd. noms, et en chacun d'iceulx seul et pour le tout, sans division, renonceans au benefice de division, discution et fidejussion. Et pour l'exécution du contenu en ces présentes, lesd. Gommeret esd. noms et Leger ont esleu et eslisent leurs domiciles irrévocables en la maison dud. Leger seize en lad. rue de la Juifverie dessus déclarée auquel lieu ils veullent, consentent et accordent que tous commandemens, sommations, significations et autres actes et exploictz de justice qui y seront faictz pour raison de ce soyent de tel effect, force et vertu, comme sy faictz estoient à leurs propres personnes et domiciles ordinaires. Promectans... Obligeans chacun en droict soy... lesd. Gommeret èsd. noms et Leger l'un pour l'autre, esd. noms, et chacun d'eulx seul et pour le tout, sans division corps et biens, comme pour les propres affaires de Sa Ma^{té}... Renonceans iceulx Gommeret esd. noms et Leger aud. bénéfice de division, discution et fidejussion...

Faict et passé aud. Arsenac du Roy, à Paris.

$^{(1)}$ Ce fut lui qui, le 21 juillet 1602, fut chargé par Sully de prendre possession de la baronnie de Sully, de la chatellenie de Saint-Goudon et de la terre et seigneurie de Moulinfrou.
$^{(2)}$ Cf. Acte CXLIX.

GRAND-MAÎTRE DE L'ARTILLERIE.

l'an mil six cens ung, le second jour de mars, avant midi.

Ensuict la teneur de lad. procuration dont cy dessus est faict mention :

Comparut en sa personne honnorable homme Jehan Goffin, maistre des forges, demourant aux Forges soubz Haraucourt, lequel, pour luy et en [son] nom, a faict, nommé, estably, créé et constitué son procureur général et spécial, honneste homme Daniel Gommeret, marchant, demourant à Sedan, auquel led. constituant a donné et donne, par ces présentes, plain pouvoir, puissance et auctorité de poursuivre le marché et convention de la quantité de huict mil boullets, contenuz et spécifiez au marché cy devant faict entre Monsieur Sallé, Commissaire de l'Artillerie et led. Goffin constituant, tant pour l'entretenement dud. marché que aussy pour en recevoir le payement. Oultre encores pour en vendre autre quantité jusques à cinquante mil boullets à Monseigneur de Rosny, Grand Maistre de l'Artillerie de France, et iceulx livrer, dedans le jour de Noël prochainement venant, au lieu qu'il sera dict et convenu par le marché qui en sera faict, en recevoir les advances et en bailler quictance telle qu'il appartiendra, bailler et présenter caution sy bon est pour l'asseurance des deniers desd. advances, et généralement faire et négotier en ce que dict est et qui en deppend, comme feroict ou faire pourroict led. constituant sy présent en sa personne y estoict. Promectant led. constituant d'avoir et tenir pour agréable tout ce qui par led. Gommeret, son procureur, sera faict et négotié en ce que dict est et qui en deppend, et mesmes de descharger et desdommaiger les cautions qu'il conviendra bailler et employer, soubz l'obligation de tous ungs et chacuns ses biens meubles et immeubles présens et advenir et mesmes de son propre corps où faulte il y auroict d'accomplir et entretenir le contenu cy dessus, renonceaut à toutes choses contraires au contenu et entretenement de ces présentes et au droict, reprouvant generalle renonciation non valoir. Faict et passé en la maison dud. constituant, huict heures du matin, par devant Jehan Husson et Pierre Grosselin, notaires jurez et establiz au bailliage de la Souveraineté de Raucourt, le treiz[me] jour du moys de febvrier, l'an mil six cens ung; et a led. constituant sigué avec nous, suivant l'Ordonnauce. Ainsy signé : Husson, Goffin, Grosselin.

Lad. procuration rendue aud. Gommeret èsd. noms.

MAXIMILIAN DE BETHUNE, R. TIERCELIN, DARCHAMBAULT, LEGER, GOMERET, PIÈTRE, HERMIN, FOURNYER.

CLVII. — 6 JUILLET 1601. — 66.

ARTILLERIE. — BOULETS. — RÉCÉPISSÉ DONNÉ PAR ZACHARIE DE PERELLES, SIEUR DE SAULMERY, CONSEILLER DU ROI ET GARDE GÉNÉRAL DES PIÈCES ET MUNITIONS DE L'ARTILLERIE DE FRANCE, À JEAN GOFFIN, DE LA PARFAITE FOURNITURE DES 13,000 BOULETS QUI FAISAIENT L'OBJET DU MARCHÉ DU 14 FÉVRIER 1600.

Je Zacarie de Perelles, sieur de Saulmery, Conseiller du Roy et Garde général des pièces et munitions de l'Artillerie de France, confesse avoir receu de Jehan Goffin, marchant, demeurant aux Forges soubz Haraucourt, le nombre de neuf cens soixante seize boullets de fer de fonte à canon du calibre de France, qu'il a ce jourd'huy livrez en l'Arsenac et magazins de Sa Ma[té] en ceste ville de Paris, pour la parfaicte fourniture de treize mil boullets à canon qu'il y estoict tenu fournyr, suivant le marché faict avec luy par Monseigneur de Rosny, Grand Maistre de lad. Artillerie, le quatorze[me] jour de febvrier mil six cens[(1)], combien que par autre marché faict entre eulx le der[nier] jour de mars dernier passé[(2)], il soiet clausé que led. Goffin n'estoict en reste de sond. marché du quatorze[me] febvrier mil six cens, que de sept cens quarante sept boullets à canon, ce qui auroict esté dict à faulte de deux verifications de la fourniture précéddente desd. boullets. Et lesquels treize mil boullez led. Goffin a livrez comme s'ensuict, assavoir : aud. Arsenac, par mon recepicé du vingt ung[me] juing aud. an mil six cens : trois mil quatre cent cinquante; par autre du vingt huict[me] juillet ensuivant : cinq mil trois cens soixante dix sept; au magazin de Sad. Ma[té] à Chaallons, par récépicé de Pierre Marchis, garde provincial de l'Artillerie en icellay, du dix huict[me] septembre aussy ensuivant : soixante douze; de Charles Pietro pour led. Goffin, par autre mon recépicé remply par led. Marchis et datté aud. Chaallons le dix[me] jour d'octobre aud. an : trois mil soixante cinq; par récépicé

[(1)] Cf. Acte CXLIX.
[(2)] Cf. Acte précédent CLVI.

d'icelluy Marchis du trois.^mes febvrier aussy dernier passé : soixante ; et led. jour, lesd. neuf cent soixante seize ; revenant tous lesd. boullets ensemble aud. nombre de treize mil ; desquels neuf cens soixante seize boulletz cy dessus, je promelz tenir bon compte à Sad. Ma.^té. Faict à Paris le sixiesme jour de juillet mil six cens ung. Ainsy signé : de Perelles. Et au dessoubz est escript ce qui ensuit : Enregistré par moy conseiller du Roy et contrerolleur général de son Artillerie, le unze.^me jour de juillet mil six cens ung. Ainsy signé : Darchambault.

Collationné à son original estant en papier, à l'instant rendu par les notaires soubz.^nés, l'an mil six cens ung, le douziesme jour de juillet.

MOTELET, FOURNYER.

Je soussigné, conseiller du Roy et Trésorier général de son Artillerie, certiffie à tous qu'il appartiendra que l'original du récépicé de Me Zacarie de Perelles, Garde général de lad. Artillerie, duquel coppie est cydessus transcripte, m'a esté fourny par Jehan Goffin, y dénommé, pour estre par moy rapporté sur le compte que j'ay à rendre du faict de ma charge de l'année dernière mil six cens.

Faict à Paris le vingt.^me juillet mil six cens ung, signé aud. original et à costé est escript : Pour servyr de certification seullement.

Collation de la dernière coppie dessus escripte a esté faicte à l'original en papier, à l'instant rendu, par les notaires au Ch^let de Paris soubz.^nés, l'an mil six cens ung, le premier jour d'aoust, led. original estant au dessoubz d'une première coppie du récépicé dessus première escripte.

HERRIN, FOURNYER.

CLVIII. — 21 AOÛT 1601. — 67.

ARTILLERIE. — BOULETS. — MARCHÉ POUR LA FOURNITURE ET LIVRAISON, EN CERTAINES VILLES DE CHAMPAGNE ET DE PICARDIE, DE SEIZE MILLE BOULETS, DU CALIBRE DE FRANCE, SAVOIR : 8,000 BOULETS À COULEUVRINES DE 15 À 16 LIVRES CHAQUE BOULET, ET 8,000 À BÂTARDES, DE 7 À 8 LIVRES CHAQUE BOULET, PASSÉ AVEC DANIEL GOMMERET, MARCHAND À SEDAN, ET JEAN GOFFIN, MAÎTRE DE FORGES, AUX FORGES-SOUS-HARAUCOURT ; MOYENNANT LES PRIX DE QUINZE SOLS POUR CHAQUE BOULET DE COULEUVRINE ET DE SEPT SOLS SIX DENIERS POUR CHAQUE BOULET DE BÂTARDE, SOIT, POUR LE TOUT, LA SOMME DE TROIS MILLE ÉCUS DONT MILLE ÉCUS D'AVANCE, SOUS LA CAUTION DE CHRISTOFLE LEGER, MARCHAND BOURGEOIS DE PARIS.

Par devant François Herbin et Simon Fournier, notaires du Roy au Ch^let de Paris, soubz.^nés, fut present Messire Maximilian de Bethune, chevallier, sieur et baron de Rosny, conseiller du Roy en ses Conseils d'Estat et privé, son chambellan ordinaire, cappitaine de cinquante hommes d'armes de ses Ordonnances, grand voyer de France, Grand Maistre et cappitaine général de l'Artillerie de France, superintendant de ses finances, gouverneur de la ville et citadelle de Mante et superintendant des fortiffications de France, demeurant en l'Arsenac du Roy à Paris, parroisse St Paul, au nom et comme ayant charge de Sa M^té, a faict, convenu et accordé, en la présence du sieur de La Chevallerie et de noble homme maistre Sebastien Darchambault, conseiller du Roy et contrerolleur général de lad. Artillerie ; avec Daniel Gommeret, marchant, demeurant à Sedan, tant en son nom que comme procureur de Jehan Goffin, maistre de forges, demourant aux Forges soubz Haraucourt, de luy fondé de procuration passée par devant Jehan Husson et Pierre Grosselin, notaires jurez et establiz au bailliage de la Souveraineté de Raucourt, le vingt-neuf.^me jour de juing dernier, de laquelle il est apparu aux notaires soubz.^nés, et qui sera incérée en la fin des présentes. Led. Gommeret a ce présent et ce acceptant esd. noms, ce qui ensuit : c'est assavoir led. Gommeret avoir promis et promect esd. noms et en chacun d'iceulx seul et pour le tout, sans division, renonceant au bénéfice de division et de discution, aud. seigneur Grand Maistre, de fournir et livrer d'huy en ung an prochain, ès villes de Champaigne et Picardye qui luy seront nommées par led. sieur Grand Maistre quatre mois auparavant led. an expiré, la quantité de seize mil boulletz, assavoir : huict mil à coulverines, de quinze à seize livres chacun boullet ; et autres huict mil boulletz à batarde, de sept à huict livres aussy chacun boulet ; le tout callibre de France, de fer doux, ronds et esbarbez, sans aucune fosse ny croisure, suivant les callibres qui luy seront baillez par mond. seigneur le Grand Maistre, selon et ainsy qu'il est accoustumé de les fournir et recevoir.

Et ce moyennant la somme de trois mil escuz,

qui est à raison de quinze sols pour chacun boullet de coulverine et sept sols six deniers pour chacun boullet à batarde, que led. seigneur Grand Maistre en a promis faire bailler et payer aud. Gommeret esd. noms par le Trésorier général de lad. Artillerie, scavoir : la somme de mil escus sol dedans huy par advance, qui demeurera aud. Gommeret esd. noms pour la dernière livraison de lad. quantité de seize mil boulletz, et le surplus au feur et à mesure qu'il fournira lad. quantité. Laquelle fourniture il fera ès mains des Gardes provinciaulx desd. provinces de Champaigne et Picardye ou autres qui seront deputtez lorsque lesd. villes luy seront nommées par mond. seigneur de Rosny pour cest effect. Et a esté accordé que led. Gommeret èsd. noms, ne pourra prétendre aucun rabais ni diminution de lad. fourniture, sinon en cas d'hostilité au dedans de lad. province où sont scituées les forges et fourneaulx dud. Goffin, et sans que, pour raison de lad. quantité de seize mil boulletz, led. Gommeret èsd. noms soiet tenu payer aucun péage, impost ny autres subcides en quelque sorte que ce soict.

A ce faire, est intervenu honnorable homme Crestofle Leger, marchant bourgeois de Paris, demourant rue de la Juifrie, près la Magdeleine, lequel s'est constitué et constitue pleige caution et respondant pour led. Gommeret èsd. noms, de lad. somme de mil escuz d'advance cy dessus. Et, à ce faire, s'est led. Leger obligé et oblige avec led. Gommeret esd. noms, l'un pour l'autre et chacun d'eulx seul et pour le tout, sans division. Renonceans aud. bénéfice de division et de discution et fidejussion. Et pour l'exécution du contenu en ces présentes, lesd. Gommeret èsd. noms et Leger ont esleu et eslisent leurs domicilles irrévocables en la maison dud. Leger, scize en lad. rue de la Juifrie dessus déclarée, . . . [1].

Faict et passé aud. Arsenac du Roy à Paris, l'an mil six cens ung, le vingt ungiesme jour d'aoust, après midy.

Ensuict la teneur de lad. procuration dont dessus est faict mention, qui a esté dellaissée ès mains dud. Gommeret :

Fut présent en sa personne honnorable homme Jean Goffin, maistre aux forges, demourant aux Forges soubz Haraucourt, lequel, pour luy et en son nom, a faict, nommé, créé, estably et constitué son procureur et messaiger spécial honneste homme Daniel Gommeret, marchant, demourant à Sedan, présent et acceptant, auquel il a donné et donne par ces présentes plain pouvoir, puissance, auctorité et mandement de convenir et faire marché avec Messire Maximilian de Bethune [1]... ou à autre personne qu'il luy plaira establir, de la quantité et nombre de trente mil boulletz à canon, ou de quelque autre quantité qu'il advisera, et pour iceulx boulletz livrer où il sera besoing dans le temps d'ung an ou dix-huict mois à compter du jour de ces présentes, convenir de prix de lad. vendition, en recevoir les advances, fournir et présenter caution, icelle faire certiffier et faire tout ce qui sera requis de ce faire. Oultre, recevoir au nom dud. constituant l'argent des boulletz qu'il délivrera aud. sieur Grand Maistre sur le marché cy devant faict de la quantité de vingt mil boulletz aud. sieur de Rosny et comme il est porté et contenu par le marché qui en a esté passé cy devant avec led. sieur Grand Maistre, en l'Arsenac de Paris, en date du second jour du mois de mars dernier passé, an présent mil six cens ung [2]. Et, pour le regard desd. trente mil boulletz, en passer contract au nom dud. constituant par devant notaires royaulx, et ainsy et comme il appartiendra, et généralllement faire et négotier pour led. constituant en ce que dict est et qui en deppend, comme feroict ou faire pourroict led. constituant sy présent en personne y estoict, jacoit que le cas requist mandement plus spécial. Promectant en bonne foy led. constituant d'avoir et tenir pour agréable et vallable à tousjours tout ce que par led. procureur susnommé sera faict, contracté et passé en ce que dict est et qui en deppend, soubz l'obligation de tous et chacuns des biens présens et advenir et mesmes son propre corps et de tous despens et dommaiges et interests payer. Renonceant en ce faisant à toutes choses contraires à la teneur desd. présentes. Faict et passé en la maison dud. constituant environ les huict heures, le matin, par devant Jehan Husson et Pierre Grosselin, notaires jurez et establis au bailliaige de la Souveraineté de Raucourt, le vingt neufᵐᵉ jour du mois de juing, l'an mil six cens ung, et sy a led. constituant signé suivant l'Ordonnance. Ainsy signé : Goffin, Husson et Grosselin.

Lad. procuration dellaissée ès mains dud. Gommeret, comme dict est.

MAXIMILIAN DE BETHUNE, DARCHAMBAULT, R. TIERCELIN, GOMERET, LEGER, HERBIN, FOURNYER.

[1] Mêmes qualités que ci-dessus.
[2] Cf. Acte CLVI.

---

[1] Même formule finale qu'à l'acte CLVI.

CLIX. — 30 DÉCEMBRE 1601. — 73.

ARTILLERIE. — MARCHÉ POUR LA FOURNITURE ET LA LIVRAISON EN L'ARSENAL DE PARIS DE DEUX DOUZAINES DE GRANDES POÊLES «DE FER DE FONTE SERVANT À METTRE DU FEU», CHACUNE DU POIDS DE 60 LIVRES ENVIRON, PASSÉ AVEC JEAN LHOMMEDIEU, MARCHAND À SEDAN, MOYENNANT LE PRIX DE CINQ ÉCUS POUR CHAQUE POÊLE, SOIT, POUR LES DEUX DOUZAINES, LA SOMME TOTALE DE 120 ÉCUS SOL, DONT 40 ÉCUS SOL D'AVANCE, SOUS LA CAUTION DE NICOLAS GROSJEHAN, CANONNIER ORDINAIRE DE L'ARTILLERIE, BOURGEOIS DE PARIS.

Pardevant les notaires du Roy nostre Sire au Chastellet de Paris soubz[nés], fut présent Jehan Lhommedieu[1], marchant, demeurant à Sedan, lequel a recongneu et confessé avoir promis et promect à hault et puissant seigneur Messire Maximilian de Bethune, chevallier, sieur et Marquis de Rosny, Conseiller du Roy en ses Conseils d'Estat et privé, son Chambellan ordinaire, Cappitaine de cinquante hommes d'armes de ses Ordonnances, Grand Voyer de France, Grand Maistre et Cappitaine Général de l'Artillerie de France, Superintendant de ses finances et des fortifications de France et Gouverneur de la ville et citadelle de Mante, ou nom et comme ayant charge de Sa Ma[té], à ce présent et ce acceptant pour elle, de fournyr et livrer dans l'Arsenac de ceste ville de Paris, dedans le jour de Chandelleur prochain venant, la quantité de deux douzaines de grandes poisles de fer de fonte servant à mettre du feu[2], chacune poisle du poix de soixante livres ou environ, lesquelles auront ung pied de hauteur et deux pieds et demy de largeur par hault, garnyes chacune poisle de troys pieds de fer de fonte et de deux anneaulx de fer forgé, bonnes, loyalles et marchandes.

Ce marché faict moyennant la somme de six vingts escuz sol pour les deux douzaines de poisles, qui est à raison de cinq escus pour chacune poisle, sur laquelle somme led. sieur Grand Maistre a promis et promect faire bailler et payer par le Trésorier général de lad. Artillerie par advance aud. Lhommedieu, la somme de quarante escuz sol, et le surplus luy sera baillé et payé par led. Trésorier, sy tost et incontinent qu'il aura faict la livraison desd. deux douzaines de poisles cy dessus, comme dict est. A ce faire, est intervenu Nicolas Grosjehan, canonnier ordinaire de lad. Artillerie, bourgeois de Paris, demeurant sur le quay des Célestins, paroisse St Paul, lequel, de son bon gré et bonne vollonté, s'est rendu pleige caution et respondant pour led. Lhommedieu, pour le regard de lad. advance seullement; et, en ce faisant, s'est avec led. Lhommedieu obligé et oblige l'un pour l'autre et chacun d'eulx seul et pour le tout, sans division, renonceant au bénéfice de division et de discution. Promectans... Obligeans chacun en droict soy et lesd. Lhommedieu et caution l'un pour l'autre et chacun d'eulx seul et pour le tout, sans division, corps et biens, comme pour les propres affaires du Roy... Renonceans iceulx Lhommedieu et caution aud. bénéfice de division et de discution...

Faict et passé aud. Arsenac du Roy, à Paris, l'an mil six cens ung, le trente[me] et pénultième jour de décembre, après midy.

MAXIMILIAN DE BETHUNE, DARCHAMBAULT, JEHAN LHOMMEDIEU, GROSJEAN, MOTELET, FOURNYER.

---

[1] Jean Lhommedieu l'ainé, et, pour lui, son fils Philippe passèrent de nombreux marchés pour la fourniture d'armes et harnais, de corcelets, morions, mousquets, etc.; pour certains de ces marchés ils s'associèrent avec Philbert Godet. Divers arrêts du Conseil d'État durent intervenir en 1602 et en 1607 pour exempter Jean et Philippe Lhommedieu des droits forains pour les armes qu'ils avaient expédiées à l'Arsenal en 1603 et en 1604.

[2] Pour faire chauffer les boulets afin de tirer à boulets rouges.

CLX. — 12 AVRIL 1603. — 101.

ARTILLERIE. — CANONS. — MARCHÉ POUR LE REMONTAGE DE PIÈCES D'ARTILLERIE À ROCROY, MEZIÈRES, LANGRES, CHAUMONT, COIFFY, Sᵗᵉ-MENEHOULD, MAUBERT-FONTAINE, MOUZON, Sᵗ-DIZIER, DONCHERY, REIMS, RETHEL ET CHÂLONS, PASSÉ AVEC JEAN DE FER, MAÎTRE CHARPENTIER ORDINAIRE DE L'ARTILLERIE DU ROI À PARIS, ET JACQUES GUELART, MAÎTRE FORGEUR À PARIS, MOYENNANT LES PRIX PORTÉS EN L'ÉTAT QUI FIGURE EN TÊTE DUDIT MARCHÉ.

Estat des pièces d'artillerie que Jehan Defer, charpentier ordinaire de lad. Artillerie, et Jaques Guesiard, forgeur d'icelle, ont entreprins remonter en la province de Champagne, par le commandement de Monseigneur le Marquis de Rosny, Grand Maistre de lad. Artillerie et ce pour les prix portés et tirés hors ligne cy après sur chacun article du present estat.

Premièrement :

Rocroy. — En la ville de Rocroy fault remonter deux Canons, quatre Coulleuvrines, cinq Bastardes, cinq Moyennes et dix Faulcons, pour lesquels remonter a esté accordé assavoir :

Pour le bois des affusts et rouages pour monter de neuf lesd. deux Canons, à raison de quarante huict livres pour chacun affust et rouages, la somme de quatre vingts seize livres, cy........ .... iiij^{xx} xvj^{tt}.

Pour la façon desd. deux affuts et deux paires de roues, à raison de vingt une livres pour chacun affust et vingt une livres pour chacune paire de roues, la somme de quatre vingts quatre livres, cy..... .... iiij^{xx} iiij^{tt}.

Pour la ferrure des dits affusts et rouages poisant chacun par estimation mil cinquante neuf livres de fer, qui est pour les dits deux canons deux mil cent dix huict livres, à raison de trois sols six deniers la livre, monte la somme de trois cent soixante et dix livres treize sols tournois, cy..... .... iij^c lxx^{tt} xiij^s.

Pour le bois, pour monter de neuf lesd. quatre Coulleuvrines, à raison de quarante livres pour chacun desd. affusts et rouages, monte pour le total huict vingt livres, cy.............. viij$^{xx tt}$.

Pour la façon des dits quatre affusts et quatre paires de roues, à raison de vingt une livres chacun affust et vingt une livres chacune paire de roues, monte pour le total....... viij^{xx} viij^{tt}.

Pour la ferrure de deux desd. affusts et deux paires de roues de Coulleuvrine poisant par estimation neuf cents livres chacun, qui est lesd. deux affusts et deux paires de roues dix huict cens livres, à lad. raison de trois sols six deniers, monte la somme de..................... iij^c xv^{tt}.

Pour le bois des affusts et rouages pour monter de neuf cinq Bastardes, à raison de trente cinq livres pour chacun, monte la somme de..... clxxv^{tt}.

Pour la façon desd. affusts et roues, à raison de douze livres pour chacun affust et douze livres pour chacune paire de roues, monte pour le total la somme de..................... vj$^{xx tt}$.

Pour la ferrure des deux desdits affusts et deux paires de roues de Bastarde, poisant chacune par estimation huit cent vingt livres, qui est pour le tout seize cens quarante livres poisant, à la dicte raison de trois sols six deniers la livre de fer, monte de deux cens quatre vingts sept livres, cy.................. ij^c iiij^{xx} vij^{tt}.

Pour le bois des affusts et rouages pour monter de neuf cinq Moyennes, à raison de vingt une livres pour chacun affust et rouages, monte ensemble à la somme de............................. cv^{tt}.

Pour la façon desdits affusts et rouages, à raison de huict livres pour chacun affust et de huict livres pour chacune paire de roues, monte pour le total à la somme de..................... iiij$^{xx tt}$.

Pour la ferrure des deux des dites Moyennes, poisant chacune par estimation trois cent cinquante livres, qui est pour lesd. deux Moyennes sept cens livres, à la dicte raison, monte la somme de..... .... vj^{xx} ij^{tt} x^s.

Pour le bois des affusts et rouages pour remonter de neuf dix Faulcons, à raison de quatorze livres chacun, monte pour le total la somme de.. .... vij$^{xx tt}$.

Pour la façon des dits affusts et rouages, à raison de six livres pour chacun affust et de six livres pour chacune paire de roues, monte la somme de............................. vj$^{xx tt}$.

Mezières. — En la ville de Mezières fault remonter deux Canons, quatre Coulleuvrines, deux Bastardes, huict Moyennes et trois Faulcons.

Pour le bois des affustz et rouages pour monter

de neuf lesd. deux Canons, à raison de quarante huict livres pour chacun affust et rouages, la somme de.................... iiij^xx xvj ^lt.

Pour la façon desd. deux affutz et deux paires de roues, à raison de vingt une livres pour chacun affust et vingt une livres pour chacune paire de roues, monte la somme de........ iiij^xx iiij ^lt.

Pour la ferrure desdictz affustz et rouages, poisant chacun par estimation mil cinquante neuf livres de fer, qui est pour les deux canons deux mil cent dix huict livres, à lad. raison, monte la somme de...................... iij^c lxx ^lt xiij ^s.

Pour le bois pour monter de neuf lesd. quatre Couilleuvrines, à raison de quarante livres pour chacun desd. affustz et rouages, monte pour le total la somme de................ viij^xx ^lt.

Pour la façon desd. quatre affusts et quatre paires de roues, à raison de vingt une livres chacun affust, et vingt une livres chacune paire de roues, monte pour le total la somme de... viij^xx viij ^lt.

Pour la ferrure desdits affusts et rouages, poisant par estimation neuf cens livres chacun, qui est pour lesd. quatre affusts et quatre paires de roues à Couilleuvrines trois mil six cens livres de fer, à la dicte raison de trois sols six deniers, monte pour le total la somme de.... vj^c xxx ^lt.

Pour le bois des affusts et rouages pour remonter de neuf deux Bastardes à raison de trente cinq livres pour chacune, monte la somme de. lxx ^lt.

Pour la façon desd. affusts et roues, à raison de douze livres pour chacun affust et douze livres pour chacune paire de roues, monte pour le total la somme de.................... xlviij ^lt.

Pour la ferrure desd. deux affusts et deux paires de roues, poisant chacune par estimation huit cens vingt livres, qui est pour les deux seize cent quarante livres, à lad. raison de trois sols six deniers la livre, monte la somme de........ ij^c iiij^xx vij ^lt.

Pour le bois des affusts pour monter de neuf huict Moyennes, à raison de vingt une livres pour chacun affust et rouage, monte ensemble la somme de...................... viij^xx viij ^lt.

Pour la façon desd. affusts et rouages, à raison de huict livres pour chacun affust et de huict livres pour chacune paires de roues, monte pour le total la somme de................. vj^xx viij ^lt.

Pour la ferrure de deux desd. Moyennes, poisant par estimation chacune trois cens cinquante livres, qui est pour lesd. deux moyennes sept cens livres, à lad. raison, monte la somme de...
.... vj^xx ij ^lt x ^s.

Pour le bois des affusts et rouages pour monter de neuf trois Faulcons, à raison de quatorze livres chacun, monte pour le total la somme de. xlij ^lt.

Pour la façon desdicts affusts et rouages, à raison de six livres pour chacun affust et de six livres pour chacune paire de roues, monte pour le total la somme de................... xxx vj ^lt.

Langres. — En la ville de Langres fault remonter deux Canons, quatre Bastardes, cinq Moyennes et quatre Faulcons.

Pour le bois des affusts et rouages pour monter de neuf lesd. deux Canons, à lad. raison de quarante huict livres pour chacun affust et rouages, monte pour lesd. deux canons la somme de..
.... iiij^xx xvj ^lt.

Pour la façon desd. deux affustz et deux paires de roues, au pris qu'il est porté cy dessus, la somme de.................... iiij^xx iiij ^lt.

Pour la ferrure desd. affustz et rouages, poisant ensemble deux mil cent dix huict livres, à lad. raison de trois sols six deniers la livre, monte la somme de................. iij^c lxx ^lt xiij ^s.

Pour le bois des affusts et rouages de quatre Bastardes, façon et ferrure de deux desd. Bastardes au prix qu'il est porté cy-dessus, monte pour le total à la somme de.......... v^c xxiij ^lt.

Pour le bois des affusts et rouages pour monter de neuf cinq Moyennes, façon et ferrure desdites Moyennes, au prix qu'il est porté cy-dessus, monte pour le total à la somme de....... iij^c vij ^lt x ^s.

Pour le bois des affusts et rouages pour remonter de neuf quatre Faulcons et pour la façon au prix qu'il est porté cy-dessus, monte pour le total à la somme de.................... ciiij ^lt.

Chaumont. — En la ville de Chaumont en Bassigny, fault remonter de neuf deux Canons, ung Faulcon et quatre Faulconneaux.

Pour le bois des affusts et rouages, ferrure, façon desdicts deux Canons, au prix qu'il est porté cy dessus, monte pour le total à la somme de......
.... v^cIII xiij ^s.

Pour le bois de l'affust et rouages et façon pour monter de neuf ung Faulcon au prix qu'il est porté cy-dessus, monte pour le total à la somme de....
.... xxvj ^lt.

Pour le bois des affusts, rouages et façon pour monter de neuf quatre Faulconneaux, au prix de dix neuf livres pour chacun desd. Faulconneaux, monte pour le total à la somme de..... lxxvj ^lt.

Coiffy. — Au chasteau de Coiffy, fault remonter deux Faulcons et deux Faulconneaux.

Pour le bois de l'affust et rouages, façon pour monter de neuf deux Faulcons au prix qu'il est porté cy dessus, monte pour le total la somme de........................... lij ^lt.

Pour le bois des affusts, rouages et façon pour monter de neuf deux Faulconneaux au prix porté cy-dessus, monte pour le total la somme de.....
.... xxx viij ".

Ste Menehould. — Au chasteau de Saincte Menehould, fault remonter deux Coulleuvrines, une Bastarde, cinq Moyennes, un Faulcon et unze Faulconneaux.

Pour le bois des affusts et rouages, ferrure et façon pour remonter de neuf lesd. deux Coulleuvrines au prix qu'il est porté cy-dessus, monte pour le total à la somme de...... iiij^c lxxix ".

Pour le bois des affusts et rouages, ferrure et façon au prix qu'il est porté cy-dessus pour monter de neuf une Bastarde, monte pour le total la somme de............................ ij^c ij " x^s.

Pour le bois des affusts et rouages, ferrure et façon pour remonter de neuf cinq Moyennes au prix qu'il est porté cy-dessus, monte pour le total à la somme de............ iiij^c iiij^xx xj v^s.

Pour le bois des affusts et rouages pour monter de neuf ung Faulcon et pour la façon, au prix que dessus, monte la somme de.......... xxvj ".

Pour le bois des affusts, rouages et façon pour monter de neuf unze Faulconneaux au prix qu'il est porté cy-dessus, monte à la somme de.....
.... ij^c ix ".

Maubert-Fontaine. — En la ville de Maubert-Fontaine fault remonter une Coulleuvrine, trois Bastardes et quatre Moyennes.

Pour le bois des affusts et rouages, ferrure et façon pour monter de neuf une Coulleuvrine au prix qu'il est porté cy-dessus, monte à la somme de. .
.... ij^c xxxix " x^s.

Pour le bois des affusts et rouages pour monter de neuf trois Bastardes et façon; ferrure d'une desd. Bastardes au prix qu'il est porté cy dessus, monte pour le total à la somme de. . . iij^c xx " x^s.

Pour le bois des affusts et rouages pour monter de neuf quatre Moyennes et façon; ferrure de deux desd. Moyennes au prix qu'il est porté cy-dessus, monte pour le total à la somme de. . . ij^c lxx " x^s.

Mouzon. — En la ville de Mouzon, fault remonter deux Bastardes, trois Moyennes et deux Faulcons.

Pour le bois des affusts et rouages, ferrure et façon pour monter de neuf deux Bastardes au prix qu'il est porté cy dessus, monte à la somme de. . .
.... iiij^c v ".

Pour le bois des affusts et rouages, ferrure et façon pour monter de neuf trois Moyennes au prix qu'il est porté cy-dessus, pour le total monte à la somme de................ ij^c iiij^xx xiij " xv^s.

Pour le bois des affusts, rouages et façon pour monter de neuf deux Faulcons au prix porté cy-dessus, la somme de................ lij ".

Sainct Dizier. — En la ville de Sainct Dizier fault remonter deux Coulleuvrines, quatre Bastardes et trois Faulcons.

Pour le bois des affusts, rouages, ferrure et façon pour monter de neuf deux Coulleuvrines au prix qu'il est porté cy dessus, monte à la somme de............................ iiij^c lxxix ".

Pour le bois des affustz et rouages, ferrure et façon pour monter de neuf quatre Bastardes au prix qu'il est porté cy-dessus, monte à la somme de............................ viij^c x ".

Pour le bois des affusts, rouages et façon pour monter de neuf trois Faulcons au prix qu'il est porté cy dessus, monte la somme de. . lxx viij ".

Donchery. — En la ville de Donchery fault remonter une Moyenne et deux Faulcons.

Pour le bois des affusts, rouages pour remonter de neuf une Moyenne, façon et ferrure d'icelle au prix qu'il est porté cy dessus, monte à la somme de............................ iiij^xx viij ".

Pour le bois des affusts, rouages, façons pour monter de neuf deux Faulcons au prix qu'il est porté cy dessus, monte pour le total la somme de.
.... lij ".

Rheims. — En la ville de Rheims faut remonter de (neuf) trois Bastardes et quatre Moyennes.

Pour le bois des affusts, rouages et façon pour monter de neuf trois Bastardes, pour la ferrure d'une des Bastardes au prix qu'il est porté cy dessus, monte à la somme de........ iiij^c xx " x^s.

Pour le bois des affusts et rouages et façon pour monter de neuf quatre moyennes et pour la ferrure de deux desdites Moyennes au prix qu'il est porté cy dessus, monte à la somme de........
.... ij^c lxx " x^s.

Rethel. — En la ville de Rethel, fault remonter quatre Bastardes et une Moyenne.

Pour le bois des affusts et rouages de quatre Bastardes, façon et ferrure de deux desd. Bastardes, au prix qu'il est porté cy dessus, monte pour le total à la somme de............... v^c xxiij ".

Pour le bois des affusts et rouages pour remettre de neuf une Moyenne, ferrure et façon, monte à la somme de.................. iiij^xx xviij ".

Challons. — En la ville de Challons fault remonter deux Canons, une Couleuvrine et une Bastarde.

Pour le bois des affusts et rouages pour monter de neuf deux Canons, ferrure et façon au prix qu'il est porté cy dessus, monte à la somme de.. .... v ^{c} l ^{lt} xiij ^{s}.

Pour les bois des affusts et rouages pour monter de neuf une Couleuvrine, ferrure et façon au prix qu'il est porté cy dessus, monte à la somme de... .... ij ^{c} xxxix ^{lt} x ^{s}.

Pour le bois des affusts et rouages pour monter de neuf une Bastarde, ferrure et façon au prix qu'il est porté cy dessus, monte la somme de.... .... ij ^{c} ij ^{lt} x ^{s}.

Par devant les notaires du Roy nostre Sire en son Chastellet de Paris, soubzsignez, furent présens Jehan de Fer, maistre charpentier ordinaire de l'Artillerie du Roy, demeurant rue Sainct Antoine, parroisse St Paul, et Jacques Guelart, maistre forgeur à Paris, demeurant [rue] de Jouy, en lad. parroisse St Paul; lesquels ont recongneu et confessé et, par ces présentes, confessent avoir promis et promectent l'un pour l'autre et chacun d'eulx seul et pour le tout, sans division, renonceans au bénéfice de division et de discution, au Roy nostre Sire, stippullant et acceptant pour Sa Ma^{té}, hault et puissant seigneur Messire Maximilian de Bethune, chevallier, sieur et marquis de Rosny, conte de Moret, baron de Sully, conseiller du Roy en ses Conseils d'Estat et privé, cappitaine de cent hommes d'armes de ses Ordonnances, grand voyer, Grand Maistre et cappitaine général de l'Artillerie, superintendant des finances, fortiffications et bastimens de Sa Ma^{té} et gouverneur de la Ville et citadelle de Mante, et en la présence de Enemon du Benoist sieur[1], conseiller du Roy et contrerolleur général de lad. Artillerie, de faire remonter bien et deuement, au dire d'ouvriers et gens à ce congnoissans, les pièces d'artillerie et choses mentionnées en l'Estat cy devant escript, ès villes et places desnommées aud. Estat. Et, pour ce faire, fourniront tous et chacuns les boys et ferrures et choses à ce nécessaires, le tout bon et loyal, selon et ainsy qu'ils ont accoustumé de les remonter en l'Arsenac de ceste ville de Paris, et continuer à y travailler sans discontinuer.

Ce marché fait moyannant les prix portez par chacun article dudict Estat, qui seront payés ausd. Jehan de Fer et Guelart, par les Trésoriers généraulx de lad. Artillerie, au feur et à mesure qu'ils travailleront et feront lesd. remontages. A la charge que lesd. de Fer et Guelart rapporteront récépicé du Garde général ou provincial de lad. Artillerie comme ils auront faict et parfaict lesd. ouvraiges cy dessus et iceux livrés aud. Garde, et certifications du Lieutenant dud. sieur Grand Maistre. Promettans... Obligeans chacun en droict soy et lesd. de Fer et Guelart l'un pour l'autre et chacun d'eulx seul et pour le tout, sans division, corps et biens comme pour les propres affaires du Roy... Renoucceans iceulx de Fer et Guelart aud. bénéfice de division et de discution...

Faict et passé en l'Arsenac du Roy à Paris, l'an mil six cens trois, le douze^{me} jour d'apvril, après midy.

MAXIMILIAN DE BETHUNE, DU BENOICT, GUELART, Led. DE FER a déclavré ne sçavoir escripre ny signer, HERBIN, FOURNYER.

[1] Lacune dans le texte.

CLXI. — 6 JUIN 1603. — 111.

Artillerie. — Canons. — Marché pour la fourniture et livraison, en la ville de Mézières, de 6,500 de cuivre, en pièces rompues, pour servir à parachever la fonte de quatre canons, passé avec Gaspard Jacques, fondeur à Compiègne, moyennant le prix de 36 livres tournois pour chaque cent de cuivre, soit, pour le tout, la somme de 2,340^{lt} dont 585^{lt} d'avance, sous réserve de fournir caution.

Récépissé de ladite fourniture, délivré le 21 octobre 1603, par Pierre Marchis, garde ordinaire et provincial de l'Artillerie au gouvernement de Champagne et de Brie.

Par devant les notaires du Roy nostre Sire en son Ch^{let} de Paris, soubz^{nez}, fut présent Gaspard Jacques, fondeur, demeurant à Compiègne, parroisse St Anthoine, lequel a recongneu et confessé avoir promis et promect au Roy nostre Sire, stipullant pour Sa Ma^{té} hault et puissant seigneur Messire Maximillian de Bethune [1] à ce présent et en la présence de noble homme maistre Enemont du Benoist, sieur de St Thivier, conseiller du Roy et contrerolleur de lad. Artillerie, de fournyr et livrer dedans six sepmaines prochaines en la ville de Mézières, ès halles dud. lieu, la quantité de six mil cinq cens de cuivre en pièces rompues propres pour servir à parachever la fonte de quatre canons commencez à fondre en lad. ville de Mézières, pour le service de Sad. Majesté.

Ce marché faict moyennant et à raison de trente six livres tournois pour chacun cent dud. cuivre, revenant le tout à la somme de deux mil trois cens quarante livres, que led. sieur Grand Maistre en a promis et promect faire bailler et payer aud. Jacques par Monsieur le trésorier général de lad. Artillerie, sçavoir : la somme de cinq cens quatre vingts cinq livres dans troys jours prochains, par advance, aud. Jacques jusques à la dernière et entière livraison de lad. quantité de cuivre cy-dessus, et le surplus sitost et incontinent qu'il aura faict livrer icelle livraison. Pour la fourniture et recherche duquel cuivre luy seront délivrées par led. Grand Maistre toutes lettres et commissions à ce requises et nécessaires; et laquelle fourniture de cuivre icelluy Jacques sera tenu de faire ès mains de monsieur le garde général ou provincial de Brie et Champagne audict Mézières, duquel garde led. Jacques rapportera récépissé, deuement contrerollé, de la fourniture dud. cuivre. Et pour raison de laquelle somme d'advance promect led. Jacques bailler bonne et suffisante caution en ceste ville de Paris et ce auparavant que de recebvoir par luy icelle advance. Promettans... Obligeans chacun en droict soy et led. Jacques, corps et biens comme pour les propres affaires du Roy... Remonceant...

Faict et passé en l'Arcenac du Roy à Paris, l'an mil six cens troys, le six^{me} jour de juing, après midy.

MAXIMILIAN DE BETHUNE, DU BENOICT, JACQUES, HERBIN, FOURNYER.

Récépissé.

Je soubz^{né}, Pierre Marchis, Garde ordinaire et provincial de l'Artillerie pour le Roy au gouvernement de Champaigne et Brye, confesse avoir receu, aux Halles de la Ville de Mezières, de Gaspart Jacques, maistre fondeur, demeurant à Compiègne, la quantité de six mil cinq cens vingt deux livres cuivre en pièces rompues et coulœuvrines hors callibre, duquel cuivre a esté faict essay qui s'est trouvé bon et propre pour employer à la fonte de quatre canons qui se doibvent fondre aud. Mezières, conformément au marché que pour ce led. Jacques a faict avec Monseigneur de Rosny, Grand Maistre et cappitaine général de l'Artillerie en date du six^{me} jour de juing dernier pour la délivrance de lad. quantité de cuivre; de laquelle quantité de six mil cinq cens livres je me suis tenu comptant et prometz en tenir bon compte au Roy et tous autres qu'il appartiendra. Faict aud. Mezières, le vingt deux^{me} jour d'octobre mil six cens troys. Ainsy signé : Marchis. Et au dessoubz est escript ce qui ensuict : contrerollé et registré par moy, contrerolleur ordinaire et provincial de l'Artillerie pour le Roy au gouvernement de Champagne et Brye, lesd. jour et an que dessus escript; ainsy signé : Mauclerc. Et au dos est encores escript ce qui ensuict : Enregistré par moy, conseiller du Roy et contrerolleur général de lad. Artillerie le vingt ung^{me} jour de novembre mil six cens troys; ainsy signé : du Benoict.

[1] Mêmes qualités qu'à l'acte précédent.

Collation de la présente coppie a esté faicte à son original en papier, à l'instant rendu, par les notaires au Chastelet de Paris soubsignés, l'an mil six cens troys, le vingt deux^{me} jour de novembre.

FOURNYER, MOTELET.

CLXII. — 12 MARS 1604. — 139.

ARTILLERIE. — CANONS. — MARCHÉ POUR « FAIRE TEL NOMBRE ET QUANTITÉ DE PIÈCES DE CUIVRE DU CALLIBRE DE BASTARDE, MOYENNE ET FAULCON, SUIVANT L'ESTAT QUI LEUR EN SERA BAILLÉ ET SELON LES MARCHÉS ORDINAIRES DE L'ARCENAC DE PARIS », PASSÉ AVEC GASPARD JACQUES ET ANTOINE LE MOYNE, FONDEURS ORDINAIRES DU ROI, MOYENNANT LES PRIX DÉTAILLÉS AUDIT MARCHÉ, DONT 2,000 ^{lt} D'AVANCE, SOUS RÉSERVE DE FOURNIR CAUTION.

Par devant les notaires du Roy nostre Sire en son Ch^{let} de Paris, soubz^{nes}, fut présent hault et puissant seigneur Messire Maximilian de Bethune, marquis de Rosny, Conseiller du Roy en ses Conseils d'Estat et privé, Cappitaine de cent hommes d'armes de ses Ordonnances, Grand Maistre de l'Artillerie et Superintendant des Finances, Gouverneur et Lieutenant général pour Sa Ma^{té} en Poitou, au nom et comme ayant charge de Sa Ma^{té} et acceptant pour elle, a faict, convenu et accordé, en la présence de noble homme Zacarie de Perelles, sieur de Saulmery, Conseiller du Roy et Contrerolleur général de lad. Artillerie, avec Gaspart Jacques et Anthoine Le Moyne, fondeurs ordinaires du Roy, demeurans scavoir : led. Jacques à Compiègne, et led. Le Moyne à Paris, rue St Martin, parroisse St Laurent, à ce présens et acceptans, c'est assavoir : lesd. Jacques et Le Moyne avoir promis et promectent l'un pour l'autre, chacun d'eulx seul et pour le tout, sans division, renonceans au bénéfice de division et de discution, aud. sieur Grand Maistre, de faire tel nombre et quantité de pièces de cuivre du callibre de Bastarde, Moyenne et Faulcon, suivant l'estat qui leur en sera baillé et selon les marchés ordinaires de l'Arcenac de Paris, et du déchet de dix pour cent de cuivre que, pour cest effect, leur sera delivré soict en pièces d'artillerie ou aultres; à la charge qu'ils seront tenus de faire voicturer lesd. pièces ou les cuivres des lieux et endroicts où ils sont pour estre admenez en la ville d'Amyens, et icelles faictes, fondues et remontées, les faire revoicturer, le tout selon l'estat qui leur en sera baillé par led. seigneur Grand Maistre, à condition qu'ilz se serviront, si bon leur semble, du fourneau, magazin estant de présent aud. Amiens et autres ustancilles qui pourront estre aud. magazin. Comme aussy promettent de remonter lesd. pièces bien et deuement, et oultre promettent lesd. Jacques et Le Moyne de fournir toutes les amboistures qu'il conviendra ès places de la Picardie, tant pour Canon, Coulcuvrine que Bastarde; et seront tenus reprendre les vieilles ferrures desd. pièces qui se trouveront, au pris d'un sol pour livre, lequel pris leur sera desduict sur les pris cy après déclarez.

Ce marché faict moyennant assavoir :

Pour la fonte de chacune Bastarde : cent cinq livres tournois; pour la fonte de chacune Moyenne : quatre vingtz livres et pour la fonte de chacun Faulcon cinquante deux livres dix sols.

Plus pour la ferrure de chacune Bastarde : cent livres; pour la ferrure de chacun affutz et moyeux de Moyenne : soixante et une livres cinq sols;

Plus pour la façon de chacun affut de Bastarde : quinze livres; pour la façon de chacun affust de chacune Moyenne : huict livres, et pour la façon de l'affust de chacun Faulcon : six livres; plus pour la façon de chacune paire de roues à Bastarde : quinze livres; pour chacune paire de roues de Moyenne : huict livres; pour la façon de chacune paire de roues de Faucon : six livres; plus pour la façon de chacune amboisture : trois livres quinze sols;

Plus pour le bois de l'affustz de chacune Bastarde : quinze livres; pour le bois de chacune paire de roues : quinze livres; pour le bois de l'affust chacune Moyenne : onze livres; et pour le bois de de chacune paire de roues : onze livres; plus pour le bois de l'affust de chacun Faulcon : sept livres tournois et pour le bois de chacune paire de roues : sept livres.

Tous lesquelz pris ci-dessus seront payés ausd. Jacques et Le Moyne par les Trésoriers générauls de lad. Artillerie, scavoir : la somme de deux mil livres, dedans trois jours prochains par advance; et le surplus desd. pris, au feur et à mesure qu'ils travailleront et feront lesd. ouvraiges cy dessus bien et deuement, comme il appartient. Pour raison de laquelle somme d'advance lesd. Jacques et Le Moyne seront tenuz bailler bonne et suffisante caution par devant le bailly de l'Arcenac auparavant que de recevoir icelle advance. Promettans...

Obligeans chacun en droict soy et lesd. Jacques et

GRAND-MAÎTRE DE L'ARTILLERIE.

Le Moyne l'un pour l'autre et chacun d'eulx seul et pour le tout, sans division, corps et biens, comme pour les propres affaires du Roy... Renonceans iceulx Jacques et Le Moyne aud. bénéfice de division et de discution...

Faict et passé aud. Arsenac du Roy à Paris, l'an mil six cens quatre, le douze^{me} jour de mars, après midy.

MAXIMILIAN DE BETHUNE, DE PERELLES, JACQUES, ANTHOINE LEMOYNE, HERBIN, FOURNYER.

CLXIII. — 26 AVRIL 1610. — 269.

ARTILLERIE. — BOULETS. — MARCHÉ POUR LA FOURNITURE, EN LA VILLE DE MEZIÈRES, SAVOIR : DE 12,000 BOULETS PESANT CHACUN 33 LIVRES 1/3, LES TROIS FAISANT LE CENT ; DE CENT GRENADES DES TROIS SORTES, PETITES, MOYENNES ET GROSSES, PASSÉ AVEC GUILLAUME CONNART, MAISTRE DE FORGES À ORBEZ EN BRIE, MOYENNANT LES PRIX DE 20 SOLS PAR BOULET, ET 12 SOLS PAR GRENADE, SOIT, POUR LE TOUT, LA SOMME DE 12,060^{lt}, DONT 4,020^{lt} D'AVANCE, SOUS RÉSERVE DE FOURNIR CAUTION. DÉSISTEMENT EN DATE DU 8 MAI 1610.

Par devant les notaires et garde nottes du Roy au Ch^{let} de Paris, soubz^{nes}, fut présent Guillaume Connart, maistre de forges, demeurant à Orbez en Brie, lequel a recongneu et confessé, et, par ces presentes, confesse avoir promis et promect au Roy nostre Sire, stippullant pour Sa Ma^{té} hault et puissant seigneur Messire Maximillian de Bethune, duc de Seuilly (sic), pair de France, prince souverain de Henrichemont et Boisbelle, marquis de Rosny, conte de Dourdan, conseiller du Roy en ses Conseils d'Estat et privé, cappitaine de deux cens hommes d'armes de la compaignie de la Royne, Grand Maistre et cappitaine général de l'Artillerie, superintendant des finances et bastimens de Sa Ma^{té}, gouverneur et lieutenant général pour Sad. Ma^{té} en Poictou, à présent, et en présence de noble homme maistre Zacarie de Perelles, sieur de Saulmery, conseiller du Roy et controrolleur général de lad. Artillerie, de fournir livrer à Sad. Ma^{té} dans la ville de Mezières, la quantité de douze mil boullets à canon, du callibre de France, de fer doux, rondz et esbarbez, sans aucune fosse ny croizure, suivant la coquille et callibre qui luy sera faicte et dellivrée par mond. seigneur le Grand Maistre, pezant chacun boullet trente trois livres ung tiers ou environ, les trois faisant le cent, qui est le poix ordinaire ; plus, la quantité de cent grenades des trois sortes, petites, moiennes et grosses. Laquelle livraison il fera, scavoir : quatre mil boullets et lesd. cent grenades, dedans ung moys prochain ; autres quatre mil : ung moys après, et le surplus pareillement ung autre moys après ; le tout ensuivant et consécutivement.

Et ce, moyennant, assavoir : pour chacun boullet, vingt sols tournois ; et pour chacune grenade, douze sols tournois, revenant le tout, pour lesd. quantitez de douze mil boullets et cent grenades, à la somme de douze mil soixante livres, que led. seigneur Grand Maistre a promis faire bailler et paier aud. Connart par le trésorier général de lad. Artillerie, sçavoir : la somme de quatre mil vingt livres tournois dedans huy, par advance, qui demeurera aud. Connart pour la dernière livraison de lad. quantité de douze mil boulletz et le surplus, au feur et à mesure qu'il fournira lesd. quantitez de boullets et grenades. Pour seureté de laquelle somme d'avance, led. Connart sera tenu bailler bonne et suffisante caution par devant le bailly de lad. Artillerie ou son lieutenant, le Procureur du Roy d'icelle appellé. Promettant... Obligeant chacun en droyct soy et led. Connart corps et biens, comme pour les propres affaires du Roy... Renonceant...

Faict et passé en l'Arsenac du Roy, à Paris, l'an mil six cens dix, le vingt six^{me} jour d'avril, après midy.

M. DE BETHUNE, DE PERELLES, G. CONNART, HERBIN, FOURNYER.

8 mai 1610.

Et le huictiesme jour de may ensuivant, aud. an mil six cens dix, après midy, sont comparuz lesd. seigneur duc de Sully et Guillaume Connart, nommez au contract dessus escript, lesquelz se sont dessistez et despartiz, se dessistent et départent dud. contract dessus escript, consentent respectivement qu'il soict et demeure nul, comme chose non faicte ne advenue. Promectans... Obligeans chacun en droict soy... Renonceans...

Faict et passé en l'Arsenac du Roy, à Paris, les jour et an dessus devant dictz.

M. DE BETHUNE, G. CONNART, HERBIN, FOURNYER.

CHAPITRE III.

ARMES. — OUTILS. — MATÉRIEL DE CAMPAGNE.

CLXIV. – 12 MAI 1600. — 13.

ARTILLERIE. — ARMES. — MARCHÉ POUR LA FOURNITURE ET LIVRAISON, EN L'ARSENAL DE PARIS, DE SIX MILLE PIQUES, PASSÉ AVEC JEAN DE ROST, MARCHAND BOURGEOIS DE PARIS, MOYENNANT LE PRIX DE 25 SOLS CHAQUE PIQUE, SOIT POUR LES 6,000 LA SOMME TOTALE DE 2,500 ÉCUS SOL.

Par devant les notaires du Roy en son Ch[let] de Paris, soubz[nez], fut présent Messire Maximillian de Bethune, chevallier, sieur et baron de Rosny, conseiller du Roy en ses Conseilz d'Estat et privé, son chambellan ordinaire, cappitaine de cinquante hommes d'armes de ses Ordonnances, grand voyer de France, Grand Maistre et cappitaine général de l'Artillerie, superintendant de ses finances, gouverneur de la ville et citadelle de Mante, et superintendant des fortifications de France, demeurant en l'Arsenac du Roy à Paris, parroisse St Paul, au nom et comme ayant charge de Sa Ma[té], a faict, convenu, accordé et passé, en la présence de noble homme Maistre Vincent Boubier, sieur de La Goujonne, conseiller du Roy et contrerolleur général de son artillerie, avec Jehan de Rost, marchand bourgeois de Paris, demeurant rue St Honnoré, parroisse St Eustache, à ce présent, ce qui ensuict : c'est assavoir que led. de Rost avoyr promis et promect aud. seigneur Grand Maistre de fournyr et livrer dans led. Arsenac du Roy, à Paris, la quantité de six mil picques en boys de fresne, bonnes, loyalles et merchandes, bien ferrées et pareilles aux sept picques que led. de Rost a laissées aud. Arsenac pour servyr d'eschantillon; sçavoir : le tiers de lad. quantité de six mil picques dedans deux moys; ung autre tiers deux moys après, et ung autre tiers aussy deux moys après, le tout ensuivant et prochainement venant.

Et ce moyennant la somme de deux mil cinq cens escus sol, qui est à raison de vingt cinq sols tournois chacune picque, que led. seigneur Grand Maistre a promis faire bailler et payer aud. de Rost par les trésoriers généraulx de lad. Artillerie, au feur et à mesure qu'il fera lad. fourniture de lad. quantité de six mil picques. Et pour l'exécution du contenu en ces présentes, led. de Rost a esleu et eslit son domicile irrévocable en la maison en laquelle est demeurant, size en lad. rue St Honnoré dessus déclarée, auquel lieu il veult, consent et accorde que tous commandemens, sommations, significations et autres actes et exploictz de justice qui y seront faictz pour raison de ce, soyent de tel effect, force et vertu comme sy faicts estoyent à sa propre personne et domicile. Promectans... Obligeans chacun en droict soy et led. de Rost corps et biens comme pour les propres affaires du Roy... Renonceant...

Faict et passé aud. Arsenac du Roy, à Paris, l'an mil six cens, le douze[e] jour de may, après midy.

MAXIMILIAN DE BETHUNE, BOUBIER, DE ROST. HERBIN, FOURNYER.

CLXV. — 30 JUILLET 1600. — 23.

ARTILLERIE. — ARMES. — MARCHÉ POUR LA FOURNITURE ET LIVRAISON, À St-JEAN DE L'OSNE OU CHALON SUR SAÔNE, DE PIQUES, ARQUEBUSES ET MOUSQUETS, PASSÉ AVEC PHILBERT GODET, MARCHAND BOURGEOIS DE CHÂLONS, MOYENNANT PRIX CONVENUS, REVENANT ENSEMBLE À LA SOMME TOTALE DE 3,166 ÉCUS 2/3 DONT 1,053 ÉCUS 1/3 D'AVANCE, SOUS CAUTION DE PIERRE LE BLEF, MARCHAND BOURGEOIS DE PARIS.

Par devant les notaires du Roy nostre Sire en son Ch^{tel} de Paris soubz^{nes}, fut présent Philbert Godet, marchand bourgeois de Chaallons en Champaigne et y demeurant, lequel a recongneu et confessé et, par ces présentes, confesse avoir promis et promect à Messire Maximillian de Bethune (*mêmes qualités qu'à l'acte précédent*), au nom et comme ayant charge de Sa Ma^{té}, à ce présent et acceptant pour elle, de fournyr et livrer en la ville de St Jehan de Laulne ou Chaallons sur la Saulne, à l'un desquels lieux se doivent mener les munitions qui se preignent en Champaigne, assavoir: la quantité de deux mil picques de boys de fresne bien ferrées, bonnes, loyalles et marchandes, propres pour service, plus mil harquebuzes à mesche, garnies de leurs flasques et poulvrains[1]; et deux cens mousquets aussy garniz de leurs fourchettes et bandouillières de cuyr; lesd. harquebuses et mousquetz, communes, sans encornure, le tout aussi bon, loyal et merchant pour service; et ce scavoir : lesd. deux mil picques dedans quinze jours prochains et lesd. harquebuses et mousquetz dedans d'huy en troys sepmaines aussy prochaines.

Ce marché faict moyennant assavoir : pour chacune desd. deux mil picques : trente deux solz tournois; pour chacune desd. arquebuzes garuyes comme dessus : ung escu et demy, et pour chacun desd. mousquetz pareillement garnys comme dessus : trois escus sol, revenant toutes lesd. quantités desd. choses cy-dessus à lad. raison que dessus, à la somme de trois mil cent soixante six escus deux tiers, que led. seigneur oud. nom en a promis et promect faire bailler et payer aud. Godet ou au porteur par monsieur le trésorier général de lad. Artillerie, scavoir : la somme de mil cinquante trois escus ung tiers dedans huy par advance, et le surplus : montant deux mil deux cent treize escus vingt sols, sy tost et incontinement que lad. délivrance desd. choses cy-dessus sera faicte ès mains du garde général de lad. artillerie ou de son commis

duquel garde général il sera tenu rapporter acquit de lad. réception. Et a esté accordé entre les partyes en cas que led. Godet peust encores fournyr et livrer en l'un desd. lieux cy-dessus dedans ledit temps de quinze jours prochains la quantité de mil autres picques pareilles cy-dessus, que led. sieur de Rosny oud. nom sera tenu de les prendre et retenyr en faisant payer comme dessus led. Godet à lad. raison de trente deux sols tournois chaque pièce; comme aussy a esté accordé que led. Godet ne payer pour raison desd. quantités d'armes cy-dessus aucunes impositions ny droict d'entrée en ce Royaulme, attendu que c'est pour le service de Sad. Majesté.

Et pour seureté de laquelle advance cy dessus est intervenu Pierre Le Blef, marchand bourgeois de Paris, demeurant rue de la Mortellerye, parroisse St Gervais, lequel s'est rendu pleige caution et respondant pour led. Godet d'icelle advance et à ce faire s'est obligé et oblige avec led. Godet l'un pour l'autre et chacun d'eulx seul et pour le tout, sans division. Renonceans aud. bénéfice de division, discution et fidejussion. Promectans... Obligeans chacun en droict soy et lesd. Godet et Le Blef l'un pour l'autre et chacun d'eulx seul et pour le tout, sans division, corps et biens comme pour les propres affaires du Roy... Renonceans iceulx Godet et Le Blef aud. bénéfice de division, discussion, fidejussion...

Faict et passé aud. Arsenac du Roy, à Paris, fors pour led. Le Bled ès estudes des notaires, l'an mil six cens, le trente^{me} et penultiesme jour de juillet, avant midy.

MAXIMILIAN DE BETHUNE, P. LEBLEF, P. GODET, HERBIN, FOURNYER[1].

---

[1] Étuis destinés : la *flasque*, à contenir la poudre pour charger l'arquebuse, et le *pulverin*, à contenir la poudre fine pour amorcer, appelée également pulverin.

[1] A la suite de cet acte se trouve la mention suivante : «Fut présent Philbert Godet, marchand bourgeois de Chaallons en Champaigne et y demeurant, lequel a recongneu et confessé avoir promis et promect à Pierre Le Blef merchant bourgeois de Paris, demeurant rue de La Mortellerie, parroisse St Gervais, à ce présent, ce acceptant, de l'acquicter, garentir, desdommaiger et rendre indempne ses biens, hoirs et ayans cause, de la pleigerie et constitution de caution par led. Le Blef faicte pour led. Godet. Godet pour raison de l'advance à huy promise par Monsieur le baron de Rosny, Grand Maistre et cappitaine général de l'Artillerie

CLXVI. — 12 MAI 1601. — 59.

ARTILLERIE. — ARMES. — SOMMATION À M° NICOLAS PARENT, SECRÉTAIRE DU ROI, DE FOURNIR ET LIVRER PROMPTEMENT EN L'ARSENAL DE PARIS LA QUANTITÉ DE 1,000 CORCELETS QU'IL S'EST ENGAGÉ À FOURNIR, FAUTE DE QUOI LE S' GRAND MAÎTRE EN FERA ACHETER PAREILLE QUANTITÉ AUX DÉPENS DU S' PARENT. — RÉPONSE DE NICOLAS PARENT.

Aujourdhuy, en la présence des notaires du Roy nostre Sire en son Ch[let] de Paris, soubz[ners], Loys Routard, commissaire ordinaire de l'Artillerie du Roy, demeurant Vieille rue Tixerandrie, parroisse S' Gervais, ou nom et comme soy disant avoir charge de hault et puissant seigneur Messire Maximillian de Bethune, chevalier, sieur et baron de Rosny, conseiller du Roy en ses Conseils d'Estat et privé, cappitaine de cinquante hommes d'armes de ses Ordonnances, Grand Maistre et cappitaine général de l'Artillerie de France et superintendant de ses finances, pour et au nom de Sa Ma[té], s'est transporté en l'hostel et domicile de noble homme maistre Nicolas Parant, secrétaire du Roy, siz à Paris, soubz la Tonnellerie, près les Halles, auquel parlant à sa personne, led. Routart oud. nom l'a sommé et interpellé de bailler, fournyr et livrer promptement aud. sieur Grand Maistre, pour Sad. Ma[té], en son Arcenac d'icelle ville de Paris, la quantité de mil corceletz completz que led. sieur Parent a cy-devant promis fournyr et livrer aud. sieur Grand Maistre pour Sad. Ma[té]; protestant par led. Routart oud. nom allencontre dud. sieur Parent, à faulte de faire promptement, comme dict est, lad. fourniture et livraison de corceletz, que led. sieur Grand Maistre fera achepter pareille quantité de corceletz cy-dessus aux despens dud. sieur Parant, et outre de tous despens, dommaiges et interestz et de tout ce qu'a faict a protester.

A quoy led. sieur Parant a faict responce qu'il a faict merché avec Bernardin Stippe merchand à Lyon, et avec le sieur de Lomagne [1], demeurant à Paris, d'iceulx livrer aud. sieur Grand Maistre y a plus de sept à huict moys en la ville de Lyon, ou led. sieur Grand Maistre desiroyt les avoir, et envoyé le marché aud. sieur pour se les faire delivrer. Depuis il a esté adverty leur avoir esté donné commandement par led. sieur Grand Maistre pour iceulx delivrer en ceste ville de Paris pour lui, le moys de mars dernier passé, et comme faisant apparoyr du reffus par eulx faict de les luy delivrer, fera ce qu'il appartiendra.

Et par led. Routart oud. nom a esté protesté que le dire et declaration dud. sieur Parant cy dessus ne puisse prejudicier aud. sieur Grand Maistre et contester en sesd. sommations et protestation cy dessus.

Et de ce lesd. partyes ont requis et demandé acte ausd. notaires qui leur ont octroyé ès présentes pour leur servir et valloir en temps et lieu ce que de raison.

Ce fut faict, requis et octroyé en la maison dud. sieur Parant, l'an mil six cens ung, le douze[me] jour de may, avant midy, et auquel sieur Parant [2] a esté laissé aultant du présent acte.

ROUTARD, PARENT, DE S' FUMEN.
FOURNYER.

Cette promesse d'*Indemnité* n'est signée ni de Philbert Godet ni des notaires.

[1] Jean-André Lumague, d'une famille de banquiers originaire des Grisons, dont le nom, francisé s'écrivit d'abord Lumagna, fut anobli en même temps que Moisset, Sainctot, Le Camus et Parfait, ses associés dans l'entreprise des manufactures de soie, d'or et d'argent filé. Il marja une de ses filles, Catherine, avec Georges Quesnel, gentilhomme de Normandie, sieur du Fresne près de Conches, et une autre, Marie, «illustre dévote», avec François Polaillon, résident de France à Raguse.

[2] Nicolas Parent, conseiller notaire et secrétaire du Roi, trésorier général des gabelles de France (1597), a défrayé, comme bien d'autres *partisans*, la chronique scandaleuse de son époque; il avait épousé Claude Paltnau, veuve de Louis Hennequin, président du bureau des finances à Châlons. Il mourut de la pierre en 1604.

« par certain merché faict entre eulx ce jour d'huy, passé par devant les notaires soubsignés et pour les causes y contenues, ensemble le promect acquicter de tous despens, dommaiges et interests en quoy icelluy Le Blef pourroyt encouryr, avoir et souffrir pour raison de ce. Et néantmoins luy rendre et payer tout ce que payé, ruys et frayé auroyt et ce pour quoy poursuivi et contraict su seroit sy tost et incontinent le cas advenu, à la vollonté et première requeste d'icelluy Le Blef. Ceste promesse faicte d'aultant que ce que en a faict led. Le Blef n'a esté et n'est que pour faire plaisir aud. Godet et à sa prière et requeste ainsy que lod. Godet a dict et declairé. Promectant... Obligeant... mesmes par les mesmes voyes et contrainctes que led. Le Blef y pourrait estre tenu et contraict... Renonceant... Faict et passé ès estudes des notaires, l'an mil six cens, le trente[me] et penultiesme jour de Juillet. »

CLXVII. – 11 JUILLET 1601. – 63.

Artillerie. — Armes. — Sommation itérative à m° Nicolas Parent d'avoir à livrer les mille corcelets qui ont fait l'objet de la première sommation du 12 mai 1601. — Réponse dudit Nicolas Parent.

Aujourd'huy, en la présence des notaires du Roy en son Ch[let] de Paris, soubz[nés], Jacques Hue, commissaire de l'Artillerie du Roy, demeurant rue St Martin, parroisse St Nicolas des Champs, ou nom et comme soy disant avoir charge de hault et puissant seigneur messire Maximillian de Bethune (*mêmes qualités qu'en l'acte précédent*), pour et au nom de Sa Ma[té], s'est transporté en l'hostel et domicile de noble homme maistre Nicolas Parant, secrétaire du Roy, siz à Paris soubz la Tonnellerie, près les Halles, auquel lieu parlant à sa personne, led. Hue aud. nom a en reyterant autre sommation cy devant dès le douze[me] may dernier passé faicte par Loys Routard, commissaire ordinaire de lad. Artillerie, comme lors soy disant avoir charge dud. sieur Grand Maistre, aud. Parant venant, et interpellant d'abondant icelluy sieur Parant de fournyr et livrer dedans troys jours prochains aud. sieur Grand Maistre pour Sad. Ma[té], en son Arcenac à Paris, la quantité de mil corcelletz complets que led. sieur Parant a par cy-devant promis fournyr et livrer aud. sieur Grand Maistre pour Sad. Ma[té]; protestant à faulte de ce faire par led. Hue aud. nom allencontre dud. sieur Parant, à faulte de faire lad. fourniture et livraison de corcellets dedans led. temps, que led. sieur Grand Maistre 'en fera achepter pareille quantité aux despens dud. sieur Parant et outre en tous despens, dommaiges interestz, et de ce que ce faict a protester.

A quoy led. sieur Parant a faict responce qu'il n'a tenu que aud. sieur de Rosny qu'il ne les ayt acceptez, et sont en la maison de l'hostel d'Argent, rue de la Verrerie, ès mains du sieur Lumagne avec lequel led. sieur Parant a traicté et faict merché de les livrer aud. sieur de Rosny, et auquel sieur de Rosny led. sieur Parant a dict avoyr envoyé le reste desd. armes en la Ville de Chambery, le Roy y estant, auquel lieu il les debvoit livrer; et par led. Hue aud. nom a esté protesté en ses dits noms... et de ce les partyes ont requis acte oud. nom, à eulx octroyé le présent en la maison dud. sieur Parant l'an mil six cens ung, le douze[me] jour de juillet, après midy, et auquel sieur Parant a été laissé aultant du présent acte.

Hue, Parent, de St Fumen, Fournyer.

CLXVIII. – 29 JUIN 1601. – 64.

Artillerie. — Armes. — Marché pour la fourniture et livraison, en l'Arsenal de Paris, de 400 corcelets, passé avec Jean Lhommedieu l'aîné, marchand à Sedan, moyennant la somme de 3,200 écus sol, dont 400 écus d'avance, sous réserve de fournir caution.

Pardevant les notaires du Roy au Ch[let] de Paris, soubz[nés], fut present hault et puissant seigneur messire Maximillian de Bethune, chevallier, sieur et baron de Rosny, conseiller du Roy en ses Conseils d'Estat et privé, son chambellan ordinaire, cappitaine de cinquante hommes d'armes de ses Ordounances, grand voyer de France, grand maistre et cappitaine général de l'Artillerie, superintendant de ses finances, gouverneur de la ville et citadelle de Mante et superintendant des fortifications de France, demeurant en l'Arsenac du Roy, à Paris, parroisse St Paul, ou nom et comme ayant charge de Sa Ma[té], a faict, convenu et accordé en la présence de noble homme maistre Sebastien Darchambault, conseiller du Roy et contrerolleur général de lad. Artillerie, avec Jehan Lhommedieu, l'aisné, merchant, demeurant à Sedan, ce qui ensuict.

C'est assavoir led. Lhommedieu avoir promis et promect aud. seigneur Grand Maistre de fournyr et livrer dans led. Arsenac du Roy à Paris, dans six sepmaines prochainement venantes, la quantité de quatre cents corcellets de Milan, gravez, garniz de leurs brassardz, gantelletz, bourguignottes et sallades, scavoir: deux cens bourguignottes poinctues et deux cens sallades, le tout gravé et garny de cuir comme l'on a accoustumé, bons, loyaulx et marchands et de mesme eschantillons que l'on a monstré aud. sieur Grand Maistre.

Ce présent marché faict moyennant le prix et somme de trois mil deux cens escus sol, qui est à raison de huict escus par chacun corcellet, que led. sieur Grand Maistre a promis et promect oud. nom faire bailler et payer aud. Lhommedieu, par monsieur le Trésorier général de lad. Artillerie lors de lad. livraison desd. quatre cens corcelletz faicte entre les mains du Garde général de lad. Artillerie.

Et a promis led. sieur Grand Maistre faire faire advance aud. Lhommedieu de la somme de quatre cens escuz, en baillant par luy bonne et suffisante caution d'icelle en ceste ville de Paris; et pour le regard de lad. somme de trois mil deux cens escus luy fournyr passeport pour le transport d'icelle hors du Royaulme. Promectans... Obligeans chacun en droict soy et led. Lhommedieu, corps et biens comme pour les propres affaires du Roy... Renonceant...

Faict et passé aud. Arsenac du Roy, à Paris, l'an mil six cens ung, le vingt neuf^{me} et penultiesme jour de juing, après midy.

MAXIMILIAN DE BETHUNE, DARCHAMBAULT, JEHAN LHOMME DIEU, MOTELET, FOURNYER.

CLXIX. — 13 JUILLET 1601. — 65.

ARTILLERIE. — ARMES. — MARCHÉ POUR LA FOURNITURE ET LIVRAISON, EN L'ARSENAL DE PARIS, DE PIQUES, MOUSQUETS ET ARQUEBUSES, PASSÉ AVEC PHILBERT GODET, MARCHAND BOURGEOIS DE CHÂLONS, MOYENNANT LA SOMME TOTALE DE 5,333 ÉCUS 1/3 DONT 1,777 ÉCUS 46ˢ 8ᵈ D'AVANCE, SOUS RÉSERVE DE FOURNIR CAUTION.

Par devant les notaires du Roy nostre Sire en son Chastellet de Paris, soubz^{ses}, fut présent Messire Maximilian de Bethune (*mêmes qualités qu'à l'acte précédent*)...., au nom et comme ayant charge de Sa Ma^{té}, a faict, convenu, accordé et passé en la présence de noble homme maistre Sebastien Darchambault, conseiller du Roy et contrerolleur général de l'Artillerie, avec Philbert Godet, marchant bourgeois de la ville de Chaallons en Champaigne et y demeurant, à present, ce qui ensuict:

C'est assavoir led. Godet avoir promis et promect aud. sieur Grand Maistre de fournyr et livrer aud. Arsenac du Roy à Paris, la quantité de deux mil picques de boys de fresne, ferrées de deux gros clouds qui seront rivez des deux costés, bonnes, loyalles et marchandes, propres pour service. Plus la quantité de mil mousquetz, le canon d'iceulx de Badonvillier et le boys façon de Metz, sans encornure, garniz de leurs fourchettes et bandouillières de cuir, les charges couvertes aussy de cuir. Plus la quantité de mil harquebuzes à mesche, de mesme sorte que lesd. mousquetz, garnyes de leurs fournymens et poulverins commungs. Le tout neuf, bon, loyal et marchant pour service. Et ce, scavoir : moictyé de lad. fourniture dedans troys moys prochains, et l'autre moictyé dedans autres troys mois après.

Ce marché faict moyennant assavoir : pour chacun desd. deux mil picques, vingt cinq sols tournois; pour chacun desd. mousquetz garniz comme dessus, trois escuz; et pour chacune desd. harquebuzes aussy garnyes comme dessus, ung escu et demy; revenant toutes lesd. quantités desd. armes cy dessus, à la dicte raison que dessus, à la somme de cinq mil trois cens trente troys escus ung tiers, que led. seigneur de Rosny en a promis et promect aud. nom faire bailler et paier aud. Godet ou au porteur par monsieur le trésorier général de lad. Artillerie, scavoir : la somme de dix sept cens soixante dix sept escus quarante six sols huict deniers, faisant le tiers d'icelle somme de cinq mil trois cens trente trois escus ung tiers, dedans luy par advance; ung autre tiers lors de la première livraison dedans le temps cy dessus; et l'autre tiers en faisant la dernière et entière livraison desd. armes. Pour seureté de laquelle somme d'advance, ensemble pour l'entretenement du présent contract, led. Godet a promis et promect bailler bonne et suffisante caution en ceste ville de Paris, laquelle il sera tenu faire recevoir par devant le bailly dud. Arsenac ou son lieutenant en la présence du procureur du Roy d'iceluy, en la manière accoustumée. Et a esté accordé que led. Godet ne sera tenu de payer pour raison desd. armes aucun impost ny droict d'entrée en ce royaulme ny dans iceluy, et pour ce faire luy sera baillé par led. seigneur Grand Maistre toutes lettres et passeports à ce nécessaires, mesmes luy fournyr passeport pour le

CLXX. — 2 OCTOBRE 1601. — 70.

ARTILLERIE. — ARMES. — MARCHÉ POUR LA FOURNITURE ET LIVRAISON, EN L'ARSENAL DE PARIS, DE 1,800 CORCELETS BLANCS ET 200 CORCELETS GRAVÉS DE MILAN, PASSÉ AVEC PHILBERT GODET, MARCHAND BOURGEOIS DE CHALONS, ET JEAN LHOMMEDIEU, MARCHAND À SEDAN, MOYENNANT LE PRIX DE SIX ÉCUS SOL POUR CHAQUE CORCELET, TANT BLANC QUE GRAVÉ, REVENANT ENSEMBLE À LA SOMME TOTALE DE 12,000 ÉCUS SOL DONT 3,000 ÉCUS D'AVANCE, SOUS CAUTION D'OLIVIER PICQUES, MARCHAND BOURGEOIS DE PARIS.

transport de la moictyé desd. deniers cy dessus hors ce royaulme pour employer à l'achapt desd. armes. Promectans... Obligeans chacun en droict soy et led. Godet corps et biens comme pour les propres affaires du Roy... Renonceant...

Faict et passé aud. Arsenac, l'an mil six cens ung, le treizeᵐᵉ jour de juillet, avant midy.

MAXIMILIAN DE BETHUNE, DARCHAMBAULT, P. GODET, MOTELET, FOURNYER.

Par devant les notaires du Roy nostre Sire, au Chᵗ de Paris, soubzᵗˢ, fut présent Messire Maximilian de Bethune, chevallier, sieur et marquis de Rosny, conseiller du Roy en ses Conseils d'Estat et privé, son chambellan ordinaire, cappitaine de cinquante hommes d'armes de ses Ordonnances, grand voyer de France, Grand Maistre et Cappitaine général de l'Artillerie de France, gouverneur de la ville et citadelle de Mante et superintendant des fortifications de France, demeurant en l'Arsenac du Roy, à Paris, parroisse Sᵗ Paul, au nom et comme ayant charge de Sa Mᵗᵉ, a fait, convenu et accordé, en la présence de noble homme maistre Sebastien Darchambault, conseiller du Roy et contrerolleur général de lad. Artillerie, avec Philbert Godet, marchant bourgeois de la ville de Chaallons et y demeurant et Jehan Lhommedieu, marchant, demeurant à Sedan, à ce présent, ce qui ensuict, c'est assavoir : lesd. Godet et Lhommedieu, avoir promis et promectent aud. seigneur Grand Maistre aud. nom, de fournir et livrer aud. Arsenac, scavoir : moictyé dedans le premier janvier prochain et l'autre moictyé dedans le moys de may ensuivant que l'on comptera mil six cens deux, la quantité de dix huict cens corceletz blancs neufs, dont les devantz et les derrières seront chacun d'une seulle piece, garniz de bourguignottes à la françoise, hausecols, brassards, tassettes, ayans les boucles de fer rondes, cloudz de fer blanchiz et les charnières desd. bourguignottes de fer; le tout garny de cuir bien et deuement, comme il appartient. Plus deux cens d'autres corceletz de Milan, gravez, tels et semblables que led. Lhommedieu en a cy-devant fourny aud. Arsenac; le tout bon, loyal et marchant.

Ce présent marché fait moyennant les prix et somme de douze mil escuz sol, qui est à raison de six escuz sol pour chacun desd. corceletz tant blancz que gravez, l'un portant l'autre, que led. sieur Grand Maistre en a promis faire bailler et payer ausd. Godet et L'Hommedieu par monsieur le Trésorier général de lad. Artillerie, à mesure que la délivrance desd. corceletz se fera aud. Arsenac, qui ne se pourra faire moings que de deux cens à chacune d'icelle, entre les mains du Garde général de lad. Artillerie, et néantmoings led. sieur Grand Maistre a promis faire bailler et payer par advance par led. sieur Trésorier ausd. Godet et Lhommedieu, la somme de trois mil escus qui leur demeurera pour la dernière livraison de ladite quantité d'armes cy-dessus. Pour seureté de laquelle somme d'advance est intervenu Olivier Picques⁽¹⁾, marchant bourgeois de Paris, demeurant rue Sᵗ Denis, parroisse Sᵗ Méderic, lequel de sa bonne volonté s'est rendu pleige, caution et respondant pour lesdicts Godet et Lhommedieu pour raison d'icelle advance, et à ce faire s'est obligé avec eulx l'un pour l'autre et chacun d'eulx seul et pour le tout, sans division, renonceans au bénéfice de division, discution et de fidejussion. Et outre, a le dict sieur Grand Maistre promis de leur fournir bon et suffisant passeport de Sad. Mᵃᵗᵉ pour le transport de lad. somme hors ce Royaulme, et que pour le passaige desd. armes cy dessus en ce royaulme ne sera payé aucuns droicts ny imposts, attendu que c'est pour le service de Sad. Mᵃᵗᵉ. Promectans... Obligeans chacun en droict soy et lesd. Godet, Lhommedieu et caution, l'un pour l'autre et chacun d'eulx seul et pour le tout sans division, corps et biens, comme pour les propres affaires du Roy...

⁽¹⁾ Son fils, également prénommé Olivier, secrétaire du Roi, eut de sa femme, Marie Le Vasseur, un fils, Jacques Picques, qui devint résident de France en Suède.

Renonceans iceulx Godet, Lhommedieu et caution aud. bénéfice de division et de discution...

Faict et passé aud. Arsenac du Roy à Paris, fors par le dict Picques ès estudes desd. notaires, l'an mil six cens ung, le second jour d'octobre, après midy; et est ce faict en la présence des sieurs de La Chevallerie et Darchambault.

MAXIMILIAN DE BETHUNE, TIERCELIN, DARCHAMBAULT, O. PICQUES, P. GODET, JEHAN LHOMMEDIEU, MOTELET, FOURNYER.

CLXXI. — 14 FÉVRIER 1602. — 79.

ARTILLERIE. — ARMES. — MARCHÉ POUR LA FOURNITURE ET LIVRAISON EN L'ARSENAL DE PARIS DE CORCELETS, PIQUES, MOUSQUETS ET ARQUEBUSES, PASSÉ AVEC PHILBERT GODET, MARCHAND BOURGEOIS DE CHÂLONS, MOYENNANT PRIX CONVENUS, REVENANT ENSEMBLE À LA SOMME TOTALE DE 17.333 ÉCUS 1/3, DONT 4,777 ÉCUS 40^s 8^d D'AVANCE, SOUS RÉSERVE DE FOURNIR CAUTION.

Par devant les notaires du Roy nostre Sire en son Chastellet de Paris, soubzsignez, fut présent Messire Maximilian de Bethune, chevallier, sieur et marquis de Rosny, conseiller du Roy en ses Conseilz d'Estat et privé, cappitaine de cinquante hommes d'armes de ses Ordonnances, grand voyer, Grand Maistre et cappitaine général de l'Artillerie de France, gouverneur de la ville et citadelle de Mantes, et superintendant de ses finances et des fortiffications de France, au nom et comme ayant charge de Sa Ma^{te}, a faict, conclu et accordé, en la présence de noble homme maistre François de Guillon, sieur de Richebourg, conseiller notaire et secrétaire du Roy et contrerolleur général de son Artillerie, avec Philbert Godet, marchand bourgeois de la ville de Chaalons et y demeurant, à ce présent, ce qui s'ensuict : c'est assavoir led. Godet avoir promis et promect aud. seigneur Grand Maistre de fournir et délivrer en l'Arsenac de Sa Ma^{te} à Paris la quantité de deux mil corceletz, scavoir : dix huit cens corceletz neufs dont les devantz et les derrières seront chascun d'une seulle pièce, garnis de bourguignottes à la françoise, hausse colz, brassardz, tassettes, ayant les boucles de fer rondes, cloudz de fer blanchis, et les charnières des dictes bourguignottes de fer; le tout garny de cuir bien et deuement comme il appartient, et deux cens corceletz de Millan, gravez aussy, garnis comme ceulx cy dessus; plus la quantité de deux milles picques de boys de fresne ferrées de deux gros cloudz qui seront rivez des deux costés, bonnes loyalles et marchandes, propres pour service; plus la quantité de mille mousquets, le canon d'iceulx de Badonvilliers et le boys façon de Metz, sans encornure, garniz de leurs fourchettes et bandoullieres de cuyr, les charges aussy couvertes de cuyr; plus la quantité de mil harquebuzes à mesche, de mesme sorte que lesd. mousquetz, garnies de leurs fourniments et poulverins communs; le tout neuf, bon loyal et marchant, aussi propre pour service, selon et suyvant l'eschantillon et modelle qui luy a esté baillé tant desdictz corceletz, mousquetz et harquebuzes. Et ce, scavoir : moictié desdittes armes cy dessus dans le dernier jour de juillet prochain venant et l'aultre moictyé dans le jour Saint Martin d'hiver ensuyvant.

Ce marché faict moyennant assavoir : pour chacun des dictz corceletz cy dessus, l'un portant l'autre, tant blancs que gravez, la somme de six escus sol; pour chacune desdittes picques, vingt cinq sols pièce; chacun desdictz mousquets garnis comme dessus, troys escus sol et pour chacune desdittes harquebuses aussi garnies comme dessus, ung escu et demy; revenant toutes lesdittes quantités d'armes cy dessus à la ditte raison que dessus, à la somme de dix sept milles troys cens trente troys escus ung tiers, que lediet seigneur Grand Maistre audict nom en a promis faire bailler et payer audict Godet ou au porteur, par monsieur le Trésorier général de lad. Artillerie, scavoir : la somme de quatre mil sept cens soixante dix sept escus quarante six sols huict deniers dedans huy, par advance, qui demeurera aud. Godet jusques à la dernière et entière délivrance desd. armes cy-dessus, et le surplus au feur et à mesure qu'il fera livraison desd. armes. Pour seureté de laquelle somme d'advance led. Godet a promis et promect bailler bonne et auffisante caution, laquelle il sera tenu faire recepvoir par devant les esleuz dud. Chaalons en présence du Procureur du Roy de lad. Election en la manière accoustumée. Et a esté accordé que led. Godet ne sera tenu payer pour raison desd. armes aucun impost ny droict d'entrée en ce royaume en aucune manière que ce soit, et pour ce faire luy sera baillé par led. seigneur Grand Maistre toutes lettres et passeports à ce nécessaires, mesmes luy fournir passeport pour le transport de la somme de cinq mil six cens soixante six escus deux tiers hors ce royaume pour employer à l'achapt desd. armes. Car ainsy... Promectans... Obligeans chacun endroict soy et led. Godet corps et biens comme pour les propres affaires du Roy... Renonceant...

Faict et passé aud. Arsenac du Roy à Paris, l'an mil six cens deux, le jeudy quatorze^{me} jour de febvrier, après midy.

MAXIMILIAN DE BETHUNE; DE GUILLON; P. GODET; MOTELET; FOURNYER.

CLXXII. — 22 MARS 1602. — 8o.

ARTILLERIE. — ARMES. — MARCHÉ POUR LA FOURNITURE ET LIVRAISON, EN L'ARSENAL DE PARIS, DE CORCELETS, RONDACHES, MOUSQUETS, ARQUEBUSES, PISTOLETS, PIQUES, HALLEBARDES ET PERTUISANES, PASSÉ AVEC JEAN LHOMMEDIEU, MARCHAND À SEDAN, MOYENNANT PRIX CONVENUS, REVENANT ENSEMBLE À LA SOMME TOTALE DE 8,876 ÉCUS 2/3, DONT 2,219 ÉCUS 10^s D'AVANCE, SOUS CAUTION DE NICOLAS GENEST, BOURGEOIS DE PARIS.

Par devant les notaires du Roy nostre Sire, en son Chastellet de Paris soubz^{nes}, fut présent hault et puissant seigneur Mre Maximilian de Bethune, (mêmes qualités qu'à l'acte précédent)..., au nom et comme ayant charge de Sa Ma^{té}, a faict, convenu, accordé et passé, en la présence de noble homme François de Guillon, sieur de Richebourg, conseiller notaire et secrétaire du Roy et contrerolleur général de lad. Artillerie, avec Jehan Lhommedieu, marchant, demourant à Sedan, à ce présent, ce acceptant, ce qui ensuict.

C'est assavoir : led. Lhommedieu avoir promis et promect aud. seigneur Grand Maistre ond. nom, de fournir et livrer en l'Arsenac de Sa Ma^{té} en ceste ville de Paris, la quantité de deux cens corceletz complets, le devant d'iceulx à l'espreuve du pistolet, avec ung gantelet gauche; plus quatre cens corcelets de Milan gravez pareils et semblables à ceulx que led. Lhommedieu a cy devant fournis; plus vingt rondaches à l'espreuve de l'harquebuse, pareilles à la monstre qui est aud. Arsenac; plus mil mousquets montés à la Vallonne, le calibre de seize balles à la livre, le fustz d'iceulx de bois de noyer ou merizier, serizier ou de cornier, garniz de leurs bandouillières de cuir de beuf, avec chacun huict charges, le poulverin, et de leur fourchette; plus cinquante harquebuzes à grand ressort, le canon de trois piedz et demy de long, le fustz d'icelles de pareil bois que lesd. mousquets; plus cinquante pistolletz aussy à grand ressort, le fust aussy de mesme bois que lesd. mousquets; plus mil picques pareilles et semblables que celles cy devant fournyes par Philbert Godet, marchant, demourant à Chaailons; plus cent hallebardes pollyes et semblables à la monstre; plus et cinquante pertusannes aussy pollyes et semblables à la monstre; le tout neuf, bon loyal et marchant,

propre pour service, et ce scavoir : ung tiers desd. armes cy-dessus dans le jour sainct Jehan Baptiste prochain venant, ung autre tiers au jour St Remy ensuivant, et ung autre tiers faisant le reste desd. armes au jour de Noël aussy après ensuivant.

Ce marché faict moyannant assavoir : pour chacun corcelet de lad. quantité de deux cens corceletz, neuf escuz sol; pour chacun desd. corcelets de Milan gravez, huict escuz sol; pour chacune rondache, trois escuz sol; pour chacun mousquet garny comme dessus, trois escuz sol; pour chacune harquebuse quatre escuz sol; pour chacun pistolet trois escuz sol; pour chacune picque, vingt solz tournois; pour chacune hallebarde, cinquante sols; pour chacune pertusanne, ung escu sol; revenant toutes lesd. quantités d'armes cy dessus à lad. raison que dessus, à la somme de huict mil huict cens soixante seize escus deux tiers, que led. seigneur Grand Maistre aud. nom en a promis et promect faire bailler et payer aud. Lhommedieu par monsieur le Tresorier g^{nal} de lad. Artillerie, scavoir : la somme de deux mil deux cens dix neuf escus dix sols tournois dedans huy par advance, qui demeurera aud. Lhommedieu jusques à la dernière et entière livraison desd. armes cy dessus, et le surplus au feur et à mesure qu'il fera la livraison desd. armes.

A ce faire est intervenu honorable homme Nicolas Genest, bourgeois de Paris, demourant rue Grande Troanderie, lequel de sa bonne volonté s'est rendu pleige caution et respondant pour led. Lhommedieu pour raison de la somme de deux mil deux cens dix neuf escus dix sols tournois d'advance cy dessus seullement, et à ce faire s'est led. Genest obligé et oblige avec luy l'un pour l'autre et chacun d'eulx seul et pour le tout sans division, renonceans au bénéfice de division, discution et fidéjussion...

Promettans... Obligeans chacun en droict soy et lesdicts Lhommedieu et Genest l'un pour l'autre et chacun d'eulx seul et pour le tout sans division corps et biens, comme pour les propres affaires du Roy... Renonceans iceulx Lhommedieu et Genest aud. bénéfice de division, discution et fidejussion...

Faict et passé en l'Arsenac du Roy, à Paris, l'an mil six cens deux, le vingt deux^{me} jour de mars, après midy.

MAXIMILIAN DE BETHUNE, DE GUILLON, JEHAN LHOMMEDIEU, N. GENEST, MOTELET, FOURNYER.

CLXXIII. — 20 SEPTEMBRE 1602. — 84.

ARTILLERIE. — ARMES. — DÉCHARGE DONNÉE À NICOLAS GENEST, BOURGEOIS DE PARIS, « DE LA PLEIGERIE CAUTION ET RESPONSE PAR LUY CY DEVANT FAICTE POUR JEHAN LHOMMEDIEU » DANS L'ACTE QUI PRÉCÈDE PASSÉ LE 22 MARS 1602, ET ACCEPTATION EN SON LIEU ET PLACE DE JACQUES BORREL, SIEUR DU FRESNOY.

Par devant les notaires du Roy nostre Sire en son Ch^{let} de Paris soubz^{sgn}, fut présent hault et puissant seigneur messire Maximillian de Bethune, chevallier sieur et marquis de Rosny, baron de Seuilly, conseiller du Roy en ses Conseilz d'Estat et privé, son chambellan ordinaire, cappitaine de cent hommes d'armes de ses Ordonnances, grand voyer, Grand Maistre et cappitaine général de l'Artillerie de France, superintendant de ses finances et des fortifficacions de France, et gouverneur de la ville et citadelle de Mante, demeurant en l'Arsenac du Roy à Paris; lequel a recongneu et confessé avoir vollontairement deschargé et descharge honnorable homme Nicolas Genest, bourgeois de Paris, absent, les notaires soubz^{sgn} stipullant pour luy autant que faire le peuvent, de la pleigerie, cautions et response par luy cy devant faicte pour Jehan Lhommedieu, marchant, demeurant à Sedan, de l'advance que led. sieur de Rosny lui a faict faire de la somme de deux mil deux cens dix neuf escus sol dix sols sur certaine quantité d'armes que led. Lhommedieu auroit promis fournyr à sa Majesté par marché faict entre led. sieur de Rosny et led. Lhommedieu, passé par devant Motelet et Fournyer, notaires, le vingt deux^{me} jour de mars dernier passé, sans que à l'advenir led. Genest en puisse estre inquieté en quelque sorte que ce soyt.

Ceste descharge faicte moyennant que pour et au lieu dudict Genest, Jacques Borrel, sieur du Fresnoy, demeurant rue des Francs Bourgeoys, parroisse St Gervais[1], à ce présent, s'est vollontairement rendu pleige caution et respondant pour led. Lhommedieu d'icelle advance ainsy à luy faict faire par led. sieur de Rosny d'icelle somme de deux mil deux cens escus dix sols et pour les causes que dessus; et à ce faire s'est led. Borrel obligé et oblige avec led. Lhommedieu aussy à ce present. l'un pour l'autre, chacun d'eulx seul et pour le tout, sans division, renonceans au bénéfice de division, discution et fidejussion. Et laquelle descharge cy-dessus faicte par led. sieur de Rosny dud. Genest, icelluy sieur de Rosny a consenty et accorde estre escripte en substance sur led. marché dessus datté et minutte d'icelluy, par les notaires qui l'ont receu ou par autres, sans que sa présence soyt requise, à la charge que lesd. escriptz et ces présentes ne serviront en tout que d'une même chose. Promettans... Obligeans chacun en droict soy et led. Borrel avec led. Lhommedieu l'un pour l'autre et chacun d'eulx seul et pour le tout sans division, corps et biens, comme pour les propres affaires du Roy... Renonceans comme dessus...

Faict et passé aud. Arsenac du Roy à Paris, par lesd. sieurs de Rosny, Lhommedieu et le sieur de Guillon, contrerolleur present, et par led. Borrel en sa maison dessus déclarée, l'an mil six cens deux, le vingt^{me} jour de septembre, avant midy.

MAXIMILIAN DE BETHUNE, DE GUILLON, JEHAN LHOMMEDIEU, JACQUES BOREL, MOTELET, FOURNYER.

---

[1] Capitaine du charroi de l'Artillerie sous Charles IX, Henri III et Henri IV qui le nomma capitaine général du charroi. Il était mort au commencement de l'année 1604, laissant pour héritiers son frère Mathieu Borrel et Anthonin Berlot, dit Borrel, tous deux capitaines du charroi, qui acceptèrent sa succession sous bénéfice d'inventaire. Un arrêt du Conseil d'État du 11 mars 1604 ordonna la vente des immeubles de Jacques Borrel en même temps que la remise du produit de la vente de ses biens meubles au trésorier général de l'Artillerie. Sa succession fut liquidée par les soins de Charles Le Roux, capitaine du charroi, et son frère Me Jean Le Roux, procureur au Châtelet de Paris, en vertu des pouvoirs que Mathieu Borrel, tant en son nom que comme tuteur du fils d'Anthonin, leur donna par actes passés devant les notaires Motelet et Fournyer, les 27 et 30 septembre 1604.

CLXXIV. — 23 SEPTEMBRE 1602. — 85.

Artillerie. — Armes. — Promesse, par Jean Dorléans et Jean Lhommedieu, de rendre indemne Jacques Borrel de son acte de caution du 20 septembre 1602.

Furent presens noble homme Jehan Dorléans, commissaire ordinaire de l'Artillerie du Roy, demeurant à Paris, rue des Barrez, parroisse S¹ Paul, et Jehan Lhommedieu, marchant, demeurant à Sedan, lesquels ont recongneu et confessé et, par ces présentes, confessent avoyr promis et promectent l'un pour l'autre et chacun d'eulx seul et pour le tout, sans division, renonceans au bénéfice de division et de discution, à Jacques Borrel, sieur du Fresnoy, demeurant rue des Francs Bourgeois, parroisse S¹ Gervais, absent, les notaires soubz⁽ⁿˢ⁾ stipullant pour luy, de l'acquicter, garentyr desdommaiger et rendre indempne, luy, ses biens, hoirs et ayans cause, de la pleigerie, caution et response par luy faicte le vingt⁽ᵐᵉ⁾ jour de ce présent mois de septembre, pour led. Lhommedieu, de l'advance que luy a cy devant faict faire hault et puissant seigneur Messire Maximillian de Bethune, chevallier sieur et marquis de Rosny, baron de Sully, conseiller du Roy en ses Conseils d'Estat et privé et Grand Maistre de l'Artillerie de France, de la somme de deux mil deux cens dix neuf escus dix sols, sur certaine quantité d'armes que led. Lhommedieu auroyt promis fournyr à Sa Ma⁽ᵗᵉ⁾ par marché faict entre led. sieur de Rosny et led. Lhommedieu le vingt deux⁽ᵐᵉ⁾ jour de mars dernier passé, ainsy qu'il est déclaré par l'acte de ce faict et passé par devant lesd. notaires soubz⁽ⁿˢ⁾; ensemble de tous despens, donmaiges et intéretz en quoy led. Borrel pourroit estre recherché et succomber pour raison de ce; et néantmoings, luy rendre et payer tout ce payé, mis et frayé auroyt ou ce pour quoy poursuivy et contraint en droict, sytost et incontinent le cas advenu à la voullonté et première requeste d'icelluy Borrel. Cette promesse faicte d'aultant que ce qu'en a faict led. sieur Borrel n'a esté et n'est que pour faire plaisir ausd. sieurs Dorléans et Lhommedieu et à leur prière et requeste ainsy qu'ils ont dict et déclayré. Promettans... Obligeans... l'un pour l'autre et chacun d'eux seul et pour le tout, sans division, corps et biens et par les mesmes voyes et contrainctes que led. sieur Borrel y pourroyt estre tenu et contrainct. Renonceans aud. bénéfice de division et de discussion...

Faict et passé ès estudes des notaires soubz⁽ⁿˢ⁾, l'an mil six cens deux, le vingt trois⁽ᵐᵉ⁾ jour de septembre, avant midy.

Dorléans, Jehan Lhommedieu, Motelet, Fournyer.

CLXXV. — 12 AVRIL 1603. — 99.

Artillerie. — Armes. — Marché pour la fourniture et livraison, en l'Arsenal de Paris, de mousquets, morions, arquebuses, passé avec Jean Lhommedieu, marchand à Sedan, moyennant prix convenus, revenant ensemble à la somme totale de 13,821ᴸ dont 4,607ᴸ d'avance, sous réserve de fournir caution.

Par devant les notaires du roy nostre Sire en son Ch⁽ᵗᵉᵗ⁾ de Paris, soubz⁽ⁿˢ⁾, fut présent hault et puissant seigneur Messire Maximilian de Bethune, chevallier, sieur et marquis de Rosny, conte de Moret, baron de Sully conseiller du Roy en ses Conseils d'Estat et privé, cappitaine de cent hommes d'armes de ses Ordonnances, grand voyer, Grand Maistre et cappitaine général de l'Artillerie, superintendant de ses finances, fortifications et bastimens de Sa Majesté et gouverneur de la ville et citadelle de Mante, ou nom et comme ayant charge de Sa Ma⁽ᵗᵉ⁾, a faict, convenu et accordé, en la présence de noble homme Enemont du Benoist, sieur de S¹ Thivier, conseiller du Roy, contrerolleur général de lad. Artillerie, avec Jehan Lhommedieu, marchant, demeurant à Sedan, à ce présent, ce qui ensuict : c'est assavoir led. Lhommedieu avoir promis et promect aud. seigneur Grand Maistre, de fournir et livrer en l'Arsenac de Sa Majesté à Paris, la quantité de mil mousquets garnis de bandoullières et fourchettes; plus deux cens cinquante morions de Millan, dorés et gravés; plus cinq cens morions blancs gravés de Millan; plus deux mousquets a mesche et deux à rouet de dix pieds, bien renforcez; plus vingt cinq mousquets à rouet de huict pieds avec la bandouillière et fourchette; plus vingt cinq autres mousquets à rouet de mesme longueur aussy avec la bandouillière et fourchette; plus vingt harquebuzes à rouet de six pieds chacune; plus vingt harquebuzes à rouet de cinq pieds chacune; plus et vingt harquebuzes à rouet de quatre pieds et demy chacune. Le tout neuf, fors lesd. morions tant dorés que blancs, qui seront, suivant la moustre qui en a esté faicte aud. Grand Maistre, propres pour service. Et ce, scavoir : moictyé desd. armes dedans le jour S‍t Remy prochain, et l'autre moictyé au jour de Pasques ensuyvant de l'année prochaine que l'on comptera mil six cens quatre.

Ce marché faict moyannant assavoir : pour chacun mousquet de lad. quantité de mil mousquets, la somme de neuf livres; pour chacun desd. morions de Millan, quatre livres dix sols; pour chacun morion blanc gravé, trois livres; pour chacun desd. mousquets de dix pieds, vingt quatre livres l'un portant l'autre; pour chacun desd. mousquets à mesche de huict pieds, dix huict livres; pour chacun des vingt cinq mousquets à rouet de pareille longueur que ceux derniers déclarés, trente livres tournois; pour chacune desd. harquebuzes à rouet de six pieds, dix huict livres; pour chacune harquebuze à rouet de cinq pieds, quinze livres; et pour chacune harquebuze à rouet de quatre pieds et demy, douze livres; revenant toutes lesd. sommes pour lesd. quantités d'armes cy-dessus à la somme de treize mil huict cens vingt une livres, que led. seigneur Grand Maistre oud. nom en a promis et promect faire bailler et payer audict Lhommedieu ou au porteur, par monsieur le Trésorier général de lad. Artillerie, scavoir : la somme de quatre mil six cens sept livres par advance, dedans troys jours après qu'il aura baillé caution pour raison de lad. advance, qui demeurera aud. Lhommedieu jusques à la dernière et entière livraison desd. armes cy dessus; et le surplus au feur et à mesure qu'il fera lad. livraison desd. armes. Pour sûreté de laquelle somme d'advance led. Lhommedieu a promis et promect bonne et suffisante caution, laquelle il sera tenu faire recevoir par devant le bailly de l'Arsenac, à Paris ou son lieutenant, en la manière accoustumée; et a esté [accordé] que led. Lhommedieu ne sera tenu payer pour raison desd. armes aucun impost ny droict d'entrée en ce royaulme en aulcune manière que ce soit; et pour ce faire, luy sera baillé par led. seigneur Grand Maistre toutes lettres et passeports à ce nécessaires, mesmes luy fournir passeport pour le transport de lad. somme d'advance hors ce Royaulme, pour subvenir et employer à l'achat desd. armes. Car ainsy... Promectans... Obligeans chacun en droict soy et led. Lhommedieu corps et biens comme pour les propres affaires du Roy... Renonceant...

Faict et passé aud. Arsenac du Roy, à Paris, l'an mil six cens troys, le douze^{me} jour d'apvril, après midy.

Maximilian de Bethune, Du Benoict, Jehan Lhomme Dieu, Herbin, Fournyer.

CLXXVI. — 12 AVRIL 1603. — 100.

Artillerie. — Armes. — Marché pour la fourniture et livraison, en l'Arsenal de Paris, de 500 «harnoys» complets et de 1,000 corcelets, passé avec Philbert Godet, marchand bourgeois de Chàlons, moyennant les prix de 34^{tt} 10^s pour chaque harnoys et de 18^{tt} pour chaque corcelet, revenant ensemble à la somme totale de 35,250^{tt}, dont 11,750^{tt} d'avance, sous réserve de fournir caution.

Par devant les notaires du Roy nostre Sire en son Ch‍let de Paris, soubz‍nés, fut présent hault et puissant seigneur Messire Maximilian de Bethune (*mêmes qualités qu'en l'acte précédent*)... a faict convenu et accordé, en la présence de noble homme Enemont du Benoict, sieur de S‍t Thivier, conseiller du Roy et contrerolleur général de lad. Artillerie, avec Philbert Godet, marchand bourgeois de la ville de Chaallons et y demeurant, à ce présent, ce qui ensuict : c'est assavoir led. Godet avoir promis et promect aud. seigneur Grand Maistre de fournir et livrer en l'Arsenac de Sa Majesté à Paris la quantité de cinq cens harnoys complects, le devant et la sallade à l'espreuve du pistollet, et le reste de coups d'espée seullement; plus mil corcelets, dont il y en aura neuf cens de blanc et ung cent de Millan gravez; le tout neuf sauf lesd. cent corcelez de Millan gravez, propres pour service. Et ce, scavoir moictyé desd. armes dans le jour S‍t Remy prochainement venant, et l'autre moictyé au jour de Pasques ensuyvant de l'année prochaine que l'on comptera mil six cens quatre.

Ce marché faict moyannant assavoir : pour chacun desd. harnoys complects, comme dict est, la somme de trente quatre livres dix sols pièce; et pour chacun desd. corceletz tant blancs que gravés, la somme de dix huict livres pièce, revenant le tout à la somme de trente cinq mil deux cens cinquante livres, que led. seigneur Grand Maistre oud. nom, en a promis et promect faire bailler et payer aud. Godet ou au porteur, par monsieur le Trésorier général de lad. Artillerie, scavoir la somme de unze mil sept cens cinquante livres par advance, dedans troys jours après qu'il aura baillé caution pour raison de lad. advance qui demeurera aud. Godet jusques à la dernière et entière livraison desd. armes cy dessus; et le surplus au feur et à mesure qu'il fera la délivrance desd. armes. Pour seuretté de laquelle somme d'advance led. Godet a promis et promect bailler bonne et suffisante caution, laquelle il sera tenu faire recevoir par devant les esleus dudict Chaallons en présence du Procureur du Roy de lad. eslection en la manière accoustumée. Et a esté accordé (*même exemption d'impôts et de droits que dans l'acte précédent*). Car ainsy... Promectans... Obligeans chacun en droict soy et led. Godet corps et biens comme pour les propres affaires du Roy... Renonceant...

Faict et passé aud. Arsenac du Roy, à Paris, l'an mil six cens troys, le douzeme jour d'apvril, après midy.

Maximilian de Bethune, Du Benoict, Godet, Herbin, Fournyer.

CLXXVII. – 29 OCTOBRE 1603. – 115.

Artillerie. — Armes. — Marché pour la fourniture et livraison, en l'Arsenal de Paris, de mille harnoys complets, le devant et le casque à l'épreuve du pistolet et le reste de coups d'épée, passé avec Florentin Menses, armurier à Sedan, moyennant le prix de 34lt 10s pour chaque harnoys, soit, pour le tout, la somme de 34,500lt dont 8,625lt d'avance, sous caution de Jehan Dorléans, conseiller du Roi, trésorier et garde général de l'Artillerie.

Par devant les notaires du Roy nostre Sire en son Chlet de Paris, soubzmes, fut présent Fleurantin Minse, armurier, demeurant à Sedan, lequel a promis et promect au Roy nostre Sire, stipullant et acceptant pour Sa Maté noble homme Robert Tiercelin, sieur de La Chevallerie et du Boys d'Autheul, gentilhomme ordinaire de la Chambre du Roy et lieutenant en l'Arsenac de Sa Majesté à Paris, à ce présent, en l'absence de monsieur le marquis de Rosny, Grand Maistre de lad. Artillerie; et en la présence de noble homme Enemont du Benoist, sieur de St Thivier, conseiller du Roy et contrerolleur général de lad. Artillerie, de fournir et livrer en l'Arsenac de Sa Majesté à Paris, la quantité de mil harnois complets, le devant et le casque à l'espreuve du pistollet et le reste de coups d'espée, suivant l'eschantillon que led. Minse dict en avoir monstré aud. sieur Grand Maistre. Et ce, scavoir : le quart desd. armes dans trois mois prochains, et continuer pareil quart de trois mois en trois mois après ensuivans jusques en fin de lad. fourniture desd. armes.

Ce marché faict moyennant et à raison de trente quatre livres dix sols pour chacun desd. harnoys complet, revenant ensemble pour lad. quantité à la somme de trente quatre mille cinq cents livres que led. sieur de La Chevallerie aud. nom en a promis et promect faire bailler et payer aud. Minse par monsieur le Trésorier Général de lad. Artillerie, scavoir : la somme de huict mille six cens vingt cinq livres dedans huy, par advance, qui demeurera aud. Minse jusques à la dernière et entière livraison desd. armes, et le surplus au feur et à mesure que led. Minse livrera icelles armes cy dessus. Et est accordé (*même exemption d'impôts et de droits que dans les actes précédents*).

A ce faire est intervenu noble homme Jehan Dorléans, conseiller du Roy, trésorier et garde général de lad. Artillerie, demeurant rue Gallande, parroisse St Estienne du Mont, lequel, de sa bonne vollonté s'est rendu pleige caution et respondant pour led. Minse de lad. somme de huict mil six cens vingt cinq livres d'advance cy-dessus, et seullement et à ce faire s'est led. sieur Dorléans obligé et oblige avec led. Minse l'un pour l'autre et chacun d'eulx seul et pour le tout, sans division ni discution, renonceant au bénéfice de division, discution et fidejussion. Promectans... Obligeans chacun en droict soy led. sieur de La Chevallerie oud. nom, lesd. Minse et sieur Dorléans comme dessus, l'un pour l'autre et chacun d'eulx seul et pour le tout, sans division, corps et biens comme pour les propres affaires du Roy... Renonceans iceulx Minse et sieur Dorleans aud. benefice de division, discution et fidejussion...

Faict et passé aud. Arsenac du Roy à Paris, l'an mil six cens trois, le vingt neuf^{me} jour d'octobre, après midy [1].

R. Tiercelin, du Benoict, Dorleans, F. Menses, Herbin, Fournyer.

CLXXVIII. — 2 DÉCEMBRE 1603. — 121.

Artillerie. — Armes. — Marché passé avec Marin Hébert, armurier du Roi à Paris, pour la fourniture de douze paires d'armes complètes dont six gravées, dorées et en couleurs, fournies de velours et galons d'or, du prix de 500^{lt} chacune, et six gravées et argentées avec les couleurs, fournies de velours et galons d'argent du prix de 360^{lt} chacune.

Par devant les notaires du Roy nostre Sire en son Ch^{let} de Paris, soubz^{nes}, fut présent hault et puissant seigneur Messire Maximilian de Bethune (*mêmes qualités qu'en l'acte* CLXXV), a faict, convenu et accordé avec Marin Hebert, armurier du Roy à Paris, demeurant rue de La Heaumerie, parroisse St Jacques de la Boucherie, aussi à ce présent et acceptant, ce qui s'ensuict : c'est assavoir led. Hebert avoir promis et promect aud. seigneur Grand Maistre de faire et parfaire bien et deuement la quantité de douze paires d'armes complettes avec les eschanfreins, assavoir : six paires gravées, dorées et des couleurs, fournies de velours et gallon d'or, pareilles et semblables à celles que led. Hubert a dict avoir cy-devant monstrées aud. sieur Grand Maistre en l'Arsenac de Sa Ma^{té} à Paris; et les autres six paires gravées et argentées, avec les couleurs, fournyes de velours et gallon d'argent. A commencer à y travailler le plustot que faire se pourra et le tout rendre faict et parfaict bien et deuement, comme dict est, dans led. Arsenac du Roy à Paris dedans *quatre mois prochainement venans* [1].

Ce marché faict moyennant assavoir : pour chacune desd. six paires d'armes dorées et gravées comme dessus, la somme de cinq cens livres tournois, et pour chacune des autres six paires d'armes gravées et argentées, la somme de troys cens soixante livres tournois ; revenant lesd. sommes ensemble, pour lesd. armes cy dessus, à la somme de cinq mil cent soixante livres. Sur laquelle somme de cinq mil cens soixante livres led. Hebert a dict avoir cy-devant receu la somme de neuf cens livres tournois, dont il a baillé quictance d'icelle somme de neuf cens livres, qui sera desduicte aud. Hébert sur la dernière livraison desd. armes cy-dessus ; et le surplus de lad. somme de cinq mil cent soixante livres sera payé aud. Hebert par les Trésoriers généraux de l'Arsenac au feur et à mesure qu'il livrera icelles armes cy dessus. Car ainsy... Promectans... Obligeans chacun en droict. soy et led. Hebert corps et biens comme pour les propres affaires du Roy... Renonceant...

Faict et passé aud. Arsenac du Roy à Paris, l'an mil six cens troys, le deux^{me} jour de décembre, après midy. Et est ce faict en la présence de noble homme Enemont du Benoit, sieur de St Thivier, conseiller du Roy et contrerolleur général de lad. Artillerie.

Maximilian de Bethune, du Benoict, Marin Hébert, Motelet, Fournyer.

---

[1] Ces quatre mots en italiques sont de la main de Sully.

[1] Le 12 janvier suivant, par devant les notaires Viard et Grouyn, Florentin Menses sous-traita avec Jehan Lhommedieu la fourniture de soixante harnoys moyennant la somme de 2070^{lt}. La livraison n'en était pas encore faite à l'Arsenal le 22 janvier 1605, date à laquelle Philippe Lhommedieu, au nom de son père, Jehan, se substitua, pour cette fourniture, Philbert Godet.

CLXXIX. — 30 JANVIER 1604. — 125.

ARTILLERIE. — ARMES. — MARCHÉ POUR LA FOURNITURE, EN L'ARSENAL DE PARIS, DE 500 HARNOIS COMPLETS, DONT TROIS DORÉS ET DEUX ARGENTÉS, PASSÉ AVEC JACQUES JOCQUET, MARCHAND À METZ, MOYENNANT LE PRIX DE 34^{lt} 10^s POUR CHAQUE HARNOIS, REVENANT POUR LES 500 À LA SOMME TOTALE DE 17,250^{lt}, DONT 5,750^{lt} D'AVANCE, SOUS RÉSERVE DE FOURNIR CAUTION.

Par devant les notaires au Ch^{let} de Paris, soubz^{nes}, fut présent Jacques Jocquet, marchant, demeurant à la ville de Metz, lequel a recongneu et confessé avoir promis et promect au Roy nostre Sire, stippulant pour Sa Ma^{té} hault et puissant seigneur Messire Maximilian de Bethune, chevalier, sieur et marquis de Rosny, baron de Sully, conseiller du Roy en ses Conseils d'Estat et privé, cappitaine de cent hommes d'armes de ses Ordonnances, grand voyer, Grand Maistre et cappitaine général de l'Artillerie, superintendant des finances, fortifficacions et bastimens de Sa Ma^{té}, gouverneur et lieutenant général pour Sa Majesté en Poictou, à ce présent et en la présence de noble homme Zacarie de Perelles, sieur de Saulmery, conseiller du Roy et contrerolleur général de lad. Artillerie, de fournir et livrer à Sad. Ma^{té}, en l'Arcenac de Paris, la quantité de cinq cens harnoys complets, le devant et le casque à l'espreuve du pistollet et le reste de coups d'espées, suivant lad. monstre et eschantillon qui en a esté monstré aud. Jocquet. Sur laquelle quantité y en aura cinq gravez, dont trois dorés et deux argentés, qui seront comprins au nombre desd. cinq cens harnoys sans qu'il soict tenu d'aucune garniture desd. cinq harnays gravez; chacun desquels cinq harnois gravés sera fourny d'un chanfrein aussi gravé et de la mesme sorte que lesd. cinq harnoys. Laquelle livraison il sera tenu faire, scavoir : moictié desd. armes dans six mois prochains, et l'autre moictié six mois après ensuivant.

Ce marché faict moyennant et à raison de trente quatre livres dix sols tournois pour chacun desd. harnois complects, revenant pour lad. quantité à la somme de dix sept mil deux cens cinquante livres, que led. Grand Maistre aud. nom en a promis et promect faire bailler et payer aud. Jocquet par monsieur le Trésorier général de lad. Artillerie, scavoir : le tiers de lad. somme de dix sept mil deux cens cinquante livres, montant led. tiers cinq mil sept cens cinquante livres tournois, par advance dedans trois jours prochains, ung autre tiers à la première livraison et l'autre tiers à la dernière livraison desd. armes cy dessus. Et a esté accordé (même exemption d'impôts et de droits que dans les actes précédents)... Et pour raison de laquelle advance led. Jocquet sera tenu bailler caution auparavant que de recevoir icelle. Promectans... Obligeans... Renonceant...

Faict et passé aud. Arcenac du Roy à Paris, l'an mil six cens quatre, le trente^{me} et pénultiesme jour de janvier, après midy.

MAXIMILIAN DE BETHUNE, DE PERELLES, JACQUES JOCQUET, HERBIN, FOURNYER.

(*La procuration et la quittance qui suivent font connaître les opérations auxquelles a donné lieu la caution dont il est question ci-dessus.*)

Par devant les notaires du Roy nostre Sire en son Ch^{let} de Paris, soubz^{nes}, fut présent Jacques Jocquet, marchant, demeurant en la ville de Metz, lequel a faict et constitué son procureur général et spécial [1] auquel led. constituant a donné et donne pouvoir et puissance de recevoir de noble homme M^e [1], conseiller du Roy et Trésorier général de l'Artillerie, ou de ses commis, la somme de cinq mil sept cens cinquante livres, aud. constituant due comme il a dict et qui luy ont esté promis bailler par advance par certain marché par luy faict avec monsieur le marquis de Rosny, Grand Maistre et cappitaine général de lad. Artillerie, pour les causes et contenues, passé pardevant Herbin et Fournyer, notaires, le trente^{me} et pénultiesme jour de janvier dernier passé; duquel marché, ensemble de l'ordonnance dud. sieur Grand Maistre pour faire payer lad. somme, et de la quictance dud. constituant aux Trésoriers pour recevoir lad. somme, led. procureur sera porteur; du receu de lad. somme de cinq mil sept cens cinquante livres se tenir pour comptant. Laquelle somme de cinq mil sept cens cinquante livres estant receue, led. constituant a donné et donne pouvoir et puissance à soud. procureur icelle somme bailler et delivrer à noble homme Maistre Daniel du Temps, conseiller du Roy et Trésorier de l'Artillerie de ses

---

[1] Lacune dans le texte.

guerres et à ses commis, led. sʳ du Temps, caution dud. constituant de lad. somme d'advance envers Sa Maᵗᵉ, et retirer acquict dud. sieur du Temps ou de sesd. commis de lad. somme de cinq mil sept cens cinquante livres au proffit dud. constituant. Et généralement...
Promectans... Obligeans...

Faict et passé ès estudes desd. notaires, l'an mil six cens quatre, le dixiesme jour de febvrier, avant midy.

Jacques Jocquet, Motelet [1].

Furent présens Abraham Faber, contrerolleur de l'Artillerie à Metz [2], et Paul Pestre, marchant, demeurans aud. Metz, ou nom et comme procureurs de Jacques Jocquet, merchant bourgeoys et habitant dud. Metz, de luy fondés de procuration passée par devant Demarsal, notaire royal aud. Metz, le dixᵐᵉ mars dernier passé, et desquelz il est apparu aux notaires soubzⁿᵉˢ et qui sera incérée en la fin des présentes; lesquels ont recogneu et confessé avoir eu et receu de noble homme maistre Daniel du Tens, conseiller du Roy et Trésorier provincial du régiment des Gardes de la suitte de la Court, à ce présent, la somme de cinq mil sept cens cinquante livres tournois, que led. Jocquet avoyt cy devant dellaissez ès mains dud. sieur du Tens pour seuretté de la constitution de caution par luy faicte pour led. Jocquet envers monseigneur le marquis de Rosny, Grand Maistre et cappitaine général de l'Artillerie de France, pour l'advance qu'il estoyt tenu luy faire sur certain marché d'armes faict entre eulx, passé par devant Herbin et Fournyer le penultiesme janvier dernier passé, et desquelles sommes de cinq mil sept cens cinquante livres tournois lesd. Faber et Pestre oud. nom se sont tenus pour contans et en ont quicté et quictent led. sieur du Tens et tous autres, et l'en promectent aud. nom... acquicter et garentyr... Comme aussy le promectent... acquicter et garentyr des dommaiges et rendre indempne de tout ce dont led. sieur du Tens pourroyt estre tenu comme caution dud. Jocquet, pour raison dud. marché...

Faict et passé en la maison dud. sieur du Tens size rue Bourtibourg, l'an mil six cens quatre, le tiers jour de décembre, après midy.

Dutens, Abraham Faber, Peltre, Le Normant, Fournyer.

CLXXX. — 18 AVRIL 1605. — 151.

Artillerie. — Armes. — Marché pour la fourniture d'armes à l'Arsenal de Paris et au Magasin d'Orléans, passé avec Florentin Menses, maître armurier à Sedan, moyennant prix convenus, revenant ensemble à la somme totale de 30,380ᵗᵗ dont 10,126ᵗᵗ 13ˢ d'avance, sous réserve de fournir caution.

Par devant les notaires du Roy nostre Sire en son Chᵗᵉᵗ de Paris soubzⁿᵉˢ, fut présent Florentin Mense, maistre armurier, demeurant à Sedan, lequel a recogneu et confessé et par ces présentes confesse avoir promis au Roy nostre Sire, stipulant pour Sa Mᵗᵉ hault et puissant seigneur Messire Maximilian de Bethune (*mêmes qualités qu'à l'acte précédent*) à ce présent, de fournyr et livrer les armes qui ensuivent, assavoir : en la ville d'Orléans, au magasin d'icelle, cent paires d'armes complettes, le devant du casque à l'espreuve du pistollet et le reste de coups d'espée seullement; plus cent corceletz pour gens de pied, savoir : cinquante blancs et cinquante de Millan gravez; plus cent picques de fresne, ferrées; plus cent mousquets à clefs montés à la Vallonne, avec les fourchettes et bandouillères; plus cent harquebuzes à clefs montez à la Vallonne avec le fourniement et poulverins; plus cinquante morions blancs gravez, dont y en aura dix de gravez et dorez; plus vingt grands mousquets à rouet de dix pieds de long, avec les fourchettes et bandouillères; plus vingt cinq hallebardes et vingt cinq pertuisanes de la mesme sorte que celles pour le cabinet des armes du Roy; plus vingt rondaches à l'espreuve du mousquet; plus dix paires d'armes : le devant, le casque et trois lames aux brassarts et tassettes, à l'espreuve de l'arquebuse, et le derrière, du pistollet; plus cent pistollets commungs avec les fournitures.

Et en l'Arsenal de ceste ville de Paris, aussy les armes qui ensuivent, assavoir : cent paires d'armes, le devant, le casque et trois lames aux brassards et tassettes à l'espreuve du mousquet, et le derrière à

---

[1] Cette procuration n'est pas signée par Mᵉ Fournyer.
[2] De son mariage avec Anne des Bernards, en 1595, il eut deux fils : François, qui lui succéda dans sa charge de contrôleur de l'artillerie à Metz, et Abraham (1599-1662), qui devint marquis d'Esternay et maréchal de France.

l'espreuve de l'arquebuse; plus cinquante rondaches à l'espreuve du mousquet; plus cent paires d'armes: le devant, le casque et trois lames de brassartz et tassettes à l'espreuve de l'arquebuse, et le derrière à l'espreuve du pistollet; plus trois cens pistollets commungs avec les fournitures, plus trente mousquets dont les canons seront fort renforcez et auront dix piedz de longueur, la moictié à roues, et l'autre moictié à mesche à clefs; plus cent cinquante corcelets de Millan et deux cens corceletz blancs, le tout complet.

A commencer à faire la livraison desd. armes cy-dessus, assavoir: celles qui seront, comme dict est, fournies dans le magazin de lad. Ville d'Orléans, dedans trois mois, et le reste par moictié de trois mois en trois mois, qui seront neuf mois pour l'entière fourniture desd. armes, sinon lesd. corcelets blancs et gravez qui se fourniront à Paris dedans ung mois, le tout prochainement venant.

Ce marché faict moyennant assavoir: pour le regard desd. armes qui seront comme dict est, livrées aud. magasin de la ville d'Orléans:

pour chacune desd. cent paires d'armes premières déclarées : trente quatre livres dix sols;

pour chacun desd. cent corcelets tant blancs que gravés, dix huict livres;

pour chacune desd. cent picques de fresne ferrées : vingt solz pièce;

pour chacun desd. cent mousquets à clef montés à la Vallonne avec les fourchettes et bandouillères : neuf livres pièce;

pour chacune desd. cent harquebuses à clef montées à la Vallonne avec le fourniment et pulverin : quatre livres dix sols pour chacune;

pour chacun desd. cinquante morions blancs gravés dont y en aura dix dorés et gravez : trois livres pièce;

pour chacun desd. vingt grands mousquets à rouet, de dix pieds de long avec les fourchettes et bandouillières : trente livres pièce;

pour chacune desd. vingt cinq hallebardes et vingt cinq pertuisanes : trois livres pièce;

pour chacune desd. vingt rondaches à l'espreuve du mousquet : vingt cinq livres pièce;

pour chacune desd. dix paires d'armes, le devant, le casque, et trois lames aux brassartz et tassettes à l'espreuve du mousquet et le derrière à l'espreuve de l'arquebuse : quarante huict livres;

pour chacune desd. dix paires d'armes, le devant, le casque et trois lames aux brassartz et tassettes à l'espreuve de l'arquebuse et le derrière du pistollet : quarante cinq livres;

et pour chacun desd. cent pistollets commungs, avec les fournitures : neuf livres.

Et pour le regard desd. armes qui pareillement seront ainsy que dict est, livrées dans led. Arcenac de ceste Ville de Paris, assavoir :

pour chacune desd. cent paires d'armes, le devant, le casque et trois lames aux brassarts et tassettes à l'espreuve du mousquet et le derrière de l'arquebuse : quarante huict livres;

pour chacune desd. cinquante rondaches à l'espreuve du mousquet : vingt cinq livres;

pour chacune desd. cent paires d'armes, le devant, le casque et trois lames des brassarts et tassettes à l'espreuve de l'arquebuse et le derrière à l'espreuve du pistollet : quarante cinq livres;

pour chacun desd. troys cens pistollets commungs, avec la fourniture : neuf livres;

pour chacun desd. trente mousquets : trente livres;

et pour chacun desd. corcelets de lad. quantité desd. cent cinquante corceletz de Milan et pour chacun desd. deux cens corcelets blancs, le tout complet : dix huict livres tournois.

Revenans tous lesd. prix cy dessus déclarés ensemble à la somme de trente mil trois cens quatre vingts livres tournoys, qui est assavoir : pour toutes lesd. armes qui seront fournyes au magasin de lad. ville d'Orléans, la somme de neuf mil neuf cens trente livres tournois; et pour toutes lesd. armes qui seront livrées aud. Arsenac de ceste ville de Paris, la somme de vingt mil quatre cens cinquante livres tournois. Sur laquelle somme de trente mil trois cens quatrevingts livres tournoys, sera baillé et paié par advance aud. Mense, dedans huy, la somme de dix mil cent vingt six livres treize solz quatre deniers, qui est le tiers d'icelle somme de trente mil trois cens quatrevingts livres tournoys; pour laquelle somme d'advance iceluy Mense sera tenu bailler bonne et suffisante caution par devant monsieur le Bailly de l'Arsenac, ou son lieutenant, en présence de monsieur le Procureur du Roy aud. Arcenac. Et pour les deux autres tiers de lad. somme de trente mil trois cens quatrevingts livres tournoys, seront payés aud. Mense, savoir : les deux autres tiers du prix desd. armes qui se fourniront par led. Mense en lad. ville d'Orléans, en rapportant par iceluy Mense ordonnance du sieur Grand Maistre avec récépicé du Garde Général de la livraison qu'il aura faicte desd. armes aud. magazin de lad. ville d'Orléans; et quand aux deux autres tiers desd. armes qui seront aussy livrées dans led. Arsenac de cestedicte ville de Paris, luy seront paiez scavoir : les deux tiers du prix desd. corcelets blancs et gravez, lorsqu'ils seront livrez aud. Arcenac, et pour le reste dud. prix desd. deux tiers des autres armes, luy sera

43.

paié scavoir : ung tiers lors de la première livraison et l'autre tiers en faisant par led. Mense la dernière livraison; le tout par monsieur le Trésorier général de lad. Artillerie. Et a esté accordé que pour raison desd. armes cy dessus déclarées, led. Mense ne sera tenu payer aucun droict d'entrée ny impost en ce royaulme en quelque lieu et place que ce soict, et, pour ce faire, led. sieur Grand Maistre luy fera fournyr par Sa Ma^{té} tous passeports à ce nécessaires, mesmes pour le transport du tiers de lad. somme pour employer à partie de l'achapt et voicture desd. armes. Car ainsy... Promettans...

Obligeans chacun en droict soy et led. Mense corps et biens comme pour les propres affaires du Roy... Renonceant...

Faict et passé en l'Arcenac du Roy, à Paris, l'an mil six cens cinq, le dix huict^{me} jour d'avril, après midy. — Et est ce faict en la présence de noble homme François de Guillon, conseiller notaire et secrétaire du Roy et contrerolleur général de lad. Artillerie.

MAXIMILIAN DE BETHUNE. DEGUILLON, F. MENSES. HERBIN. FOURNYER.

CLXXXI. — 1er JUILLET 1605. — 167.

ARTILLERIE. — ARMES. — MARCHÉ PASSÉ AVEC JACQUES BILLART, MAITRE FOURBISSEUR À PARIS, POUR LA FOURNITURE ET LA LIVRAISON DANS LE CABINET DU ROI, À L'ARSENAL DE PARIS, DE 11 PERTUISANES ET 11 HALLEBARDES DORÉES, DEUX DOUZAINES DE PIQUES DORÉES ET SIX FOURNIMENTS DE CORNE AVEC LES FERRURES DORÉES, MOYENNANT PRIX CONVENUS, REVENANT LE TOUT ENSEMBLE À LA SOMME DE 984^{ll}.

Estat des armes dorrées qu'il convient faire faire pour le cabinet du Roy estant en l'Arcenac de ceste ville de Paris.

Premièrement : unze pertuzanes dorées d'or moulu, garnies de vellours ginjolin semées de cloudz dorez, avec quatre passemens d'or et la crespine d'or et de soye.

Lesquelles unze pertuzanes seront dorées et façonnées pareilles à celle qui sera monstrée et qui est à présent aud. cabinet.

Plus unze hallebardes dorées d'or moullu, semées de cloudz dorez et qui seront remises en coulleur de bois.

Plus deux douzaines de picques de Bisquaye qui seront dorées d'or moulln.

Plus six fournymens de corne, avec les ferrures dorées.

Par devant les notaires du Roy nostre Sire en son Chastelet de Paris, soubz^{nez}, fut présent Jacques Billart, maistre fourbisseur à Paris, demeurant rue St Anthoine, parroisse St Paul, lequel a recongneu et confessé et par ces présentes confesse avoir promis et promet au Roy nostre Sire, stippullant pour Sa Ma^{té} hault et puissant seigneur Messire Maximilian de Bethune$^{(1)}$ à ce présent, de faire et parfaire bien et deuement, au dire d'ouvriers et gens à ce congnoissans, toutes les pertuzanes, hallebardes, picques et fournymens mentionnez en l'estat cy devant escript et de la mesme sorte et façon qu'il est désigné par iceluy estat. Auquel Billart sera seullement fourny par Sad. Ma^{té} le fer desd. pertuzanes et hallebardes et la hampe d'icelles; ensemble le bois de ses picques; à commencer à y travailler *au premier jour*$^{(1)}$ et le tout rendre faict et parfaict bien et deuement comme dict est, dedans *deux mois*$^{(1)}$.

Ceste promesse faicte moiennant assavoir : pour chacune pertuzanne, le pris et somme de quarante huict livres; pour l'or et façon de chacune hallebarde, trente livres; pour l'or et façon de chacune picque, quatre livres, et pour chascun fournyment *cinq livres*$^{(1)}$. Tous lesquels prix cy dessus, revenant ensemble à la somme de neuf cent quatre vingtz quatre livres, seront payez aud. Billart par monsieur le Trésorier général de lad. Artillerie au feur et à mesure qu'il travaillera et fera lesd. ouvrages cy-dessus bien et deuement comme dict est. Promettans... Obligeans chacun en droict soy et led. Billart corps et biens comme pour les propres affaires du Roy... Renonceans...

Faict et passé en l'Arcenac du Roy, à Paris, l'an mil six cent cinq, le premier jour de juillet, après midy. Et est ce faict en la présence de noble homme maistre François de Guillon, conseiller notaire secrétaire du Roy et contrerolleur général de lad. Artillerie.

MAXIMILIAN DE BETHUNE, DEGUILLON, HERBIN. FOURNIER, et a led. BILLART déclaré ne savoir escrire ne signer.

(1) Mêmes qualités qu'aux actes précédents.

(2) Les mots en italiques sont de la main de Sully.

CLXXXII. — 7 DÉCEMBRE 1605. — 175.

ARTILLERIE. — ARMES. — MARCHÉ PASSÉ AVEC FLORENTIN MENSES, MAÎTRE ARMURIER À SEDAN, POUR LA FOURNITURE ET LIVRAISON EN L'ARSENAL DE PARIS DE 500 «HARNOYS» POUR CAVALIERS, LE DEVANT ET LE CASQUE À L'ÉPREUVE DU PISTOLET ET LE RESTE DE COUPS D'ÉPÉE, GARNIS CHACUN DE LEUR GANTELET GAUCHE, MOYENNANT LE PRIX DE 34^{lt} 10^s, REVENANT POUR LE TOUT À 17,250^{lt} DONT 5,750^{lt} D'AVANCE, SOUS RÉSERVE DE FOURNIR CAUTION.

Par devant les notaires du Roy nostre Sire en son Chastellet de Paris, soulsignez, fut present Florentin Menses, maistre armurier, demeurant à Sedan, lequel a recongneu, confessé et, par ces présentes, confesse avoir promis et promect à hault et puissant seigneur Messire Maximilian de Bethune, chevalier, sieur et marquis de Rosny, conte de Dourdan, souverain de Boisbelle, baron de Baugy, Sully, La Chappelle, Bruyères et Espineuil, conseiller du Roy en ses Conseils d'Estat et privé, cappitaine de cent hommes d'armes de ses Ordonnances, grand voyer, Grand Maistre et cappitaine général de l'Artillerie, superintendant des finances et bastimens de Sa Ma^{té}, gouverneur et lieutenant général pour Sad. Ma^{té} en Poictou, à ce présent et acceptant pour et au nom de Sad. Ma^{té}, et en la présence de noble homme François de Guillon, conseiller notaire et secrétaire du Roy et contrerolleur général de lad. Artillerie, de fournyr et livrer dedans l'Arcenac de ceste ville de Paris dedans le dernier jour de Febvrier prochainement venant, la quantité de cinq cens harnois pour cavaliers, le devant et le casque à l'espreuve du pistolet et le reste de coups d'espée seullement, garniz chascun de leur gantelet gauche.

Ce marché faict moyennant et à raison de trente quatre livres dix solz pour chascune paire desd. armes cy dessus, revenant en tout pour lad. quantité de cinq cens harnoys, à la somme de dix sept mil deux cens cinquante livres tournois. Sur laquelle somme de dix sept mil deux cens cinquante livres tournois sera baillé et payé par advance aud. Menses dedans huy la somme de cinq mil sept cens cinquante livres, pour laquelle somme d'advance led. Mense sera tenu bailler bonne et suffisante caution pardevant monsieur le Bailly de l'Artillerie ou son lieutenant, en présence de monsieur le procureur du Roy aud. Arcenac. Et pour les deux autres tiers de lad. somme de dix sept mil deux cent cinquante livres, seront payez aud. Menses en rapportant par led. Menses ordonnance dud. sieur Grand Maistre ou son lieutenant avec récépicé du garde général de la livraison qu'il aura faict desd. armes cy dessus aud. Arcenac de ceste ville de Paris. Et a esté accordé que pour raison desd. armes cy dessus led. Menses ne sera tenu payer aucun droict d'entrée ny imposts en ce Royaume en quelque lieu et place que ce soit, et pour ce faire, led. sieur Grand Maistre luy fera fournyr par Sa Ma^{té} tous passeports à ce nécessaires, mesmes pour le transport du tiers de lad. somme d'advance pour employer à partie de l'achapt et voicture desd. armes.

Et a esté accordé que à faulte de faire lad. livrayson de lad. merchandise dedans le temps susdit, en ce cas led. sieur de Rosny pourra si bon luy semble en achepter d'autres, en ceste ville de Paris aux despens dud. Menses [1]. Promettans... Obligeans chascun en droict soy et led. Menses corps et biens comme pour les propres affaires du Roy... Renonceant...

Faict et passé en l'Arcenac du Roy, à Paris, l'an mil six cens cinq, le septiesme jour de décembre, après midy.

MAXIMILIAN DE BETHUNE, DE GUILLON, F. MENSES, MOTELET, FOURNIER.

---

[1] Cette clause spéciale était motivée par les retards apportés aux précédentes livraisons. (Cf. Acte CLXXVII.)

CLXXXIII. — 17 DÉCEMBRE 1605. — 176.

ARTILLERIE. — ARMES. — MARCHÉ PASSÉ AVEC JACQUES JOCQUET, MARCHAND À METZ, POUR LA FOURNITURE ET LIVRAISON EN L'ARSENAL DE PARIS, DE CINQ CENTS «HARNOYS» POUR CAVALIERS, DANS LES MÊMES CONDITIONS QUE CELLES STIPULÉES DANS LE MARCHÉ QUI PRÉCÈDE.

Par devant les notaires du Roy nostre Sire en son Ch[tet] de Paris, soubz[ncs], fut présent Jacques Joquet, marchant, demeurant à Metz, lequel a recongneu et confessé avoir promis et promect à hault et puissant seigneur Messire Maximilian de Bethune (*mêmes qualités qu'à l'acte précédent*)... à ce présent, et en la présence de noble homme Francoys de Guillon, conseiller notaire secrétaire du Roy et controlleur général de lad. Artillerie, de fournir et livrer dedans l'Arcenac de ceste ville de Paris, dedans le quinze[me] jour de mars prochainement venant, la quantité de cinq cens harnoys pour cavailliers, le devant et le casque à l'espreuve du pistollet et le reste de coups d'espée seullement, garniz chacun de leur gantelet gauche.

Ce marché faict moyennant et à raison de trente quatre livres dix sols pour chacun desd. harnoys, revenant en tout pour lad. quantité de cinq cens harnoys à la somme de dix sept mil deux cent cinquante livres. Sur laquelle somme de dix sept mil deux cens cinquante livres sera baillé et payé par advance aud. Joquet dedans huy la somme de cinq mil sept cens cinquante livres, qui est le tiers de lad. somme de dix sept mil deux cens cinquante livres; pour laquelle somme d'advance led. Joquet sera tenu bailler bonne et suffisante caution par devant monsieur le Bailly de l'Arsenac ou son Lieutenant, en présence de monsieur le procureur du Roy aud. Arsenac. Et pour les deux autres tiers de la somme de dix sept mil deux cent cinquante livres, seront payés aud. Joquet en rapportant par luy ordounnance dud. sieur Grand Maistre ou son lieutenant, avec récépicé du garde général de la livraison qu'il aura faict desd. armes aud. Arsenac. Et a esté accordé que pour raison desd. armes led. Joquet ne sera tenu payer aucun droict d'entrée ny imposts en ce Royaulme en quelque lieu et place que ce soict; et pour ce faire led. sieur Grand Maistre luy fera fournyr par Sa Ma[té] tous passeports à ce nécessaires, mesmes pour le transport du tiers de lad. somme d'advance pour employer à partie de l'achapt et voicture desd. armes. Promettans... Obligeans chacun en droict soy et led. Joquet corps et biens comme pour les propres affaires du Roy... Renonceant...

Faict et passé aud. Arsenac, l'an mil six cens cinq, le dix sept[me] jour de décembre, après midy. Et a esté accordé que à faulte de faire par led. Joquet lad. livraison de lad. merchandise dedans led. temps, en ce cas sera loysible aud. sieur de Rosny d'achepter pareille quantité de merchandise en ceste ville de Paris aux despens dud. Jocquet.

MAXIMILIAN DE BETHUNE, DE GUILLON, JACQUES JOCQUET, MOTELET, FOURNYER.

CLXXXIV. — 25 FÉVRIER 1606. — 178.

ARTILLERIE. — ARMES. — MARCHÉ PASSÉ AVEC JEAN GABOURY, TAPISSIER DU ROI ET «TENTIER ORDINAIRE EN SON ARTILLERIE», POUR LA FOURNITURE DE DIX MILLE SACS «À PORTER TERRE», MOYENNANT LE PRIX DE 9ˢ 6ᵈ PAR SAC, REVENANT LE TOUT ENSEMBLE À LA SOMME DE 4,750ᵗᵗ DONT 3,000ᵗᵗ D'AVANCE, ET LE SURPLUS PAYABLE LE JOUR DE LA LIVRAISON DES 10,000 SACS.

Par devant les notaires du Roy nostre Sire, en son Ch[tet] de Paris, soubz[ncs], fut présent Jehan Gaboury[(1)], tappissier du Roy et tantier ordinaire en son Artillerie, demeurant rue St Honnoré, parroisse St Eustache, lequel a reconnu et confessé avoir vendu et promect fournir et livrer à hault et puis-

---

[(1)] Par une obligation en date du 7 octobre 1605, passée devant Motelet et Fournyer, Jehan Gaboury et Anne Galland, sa femme, avaient emprunté à Noël Regnouart, secrétaire de l'Artillerie de France, «pour subvenir à leurs affaires», une somme de 5,400ᵗᵗ qu'ils lui remboursèrent le 19 mai 1611.

saut seigneur Messire Maximilian de Bethune (*mêmes qualités qu'aux actes précédents*)... à ce présent et en la préseuce de noble homme Nicolas de Morely, conseiller notaire secrétaire du Roy et contrerolleur général de lad. Artillerie, la quantité de dix mil sacqs à porter terre, chascun de quartier et demy de large et de la longueur de trois quartiers et demy, avec une petite corde à chacun pour le lyer estant plein. Lad. thoille pareille à l'eschantillon que led. Gaboury a dict estre vers led. sieur de Rosny, et ce dedans quinze jours prochains.

Ce marché faict moyennant et à raison de neuf sols six deniers tournois pour chaque sac, revenant le tout ensemble pour lesd. dix mil sacqs, à la somme de quatre mil sept cens cinquante livres tournois. Sur laquelle somme sera baillé aud. Gaboury par advance par messieurs les Trésoriers généraulx de lad. Artillerie dedans huy, la somme de trois mil livres tournois et le surplus, montant mil sept cens cinquante livres tournois luy sera aussy payé par lesd. Trésoriers lors de la livraison desd. dix mil sacs cy dessus que iceluy Gaboury sera tenu faire dans le temps susdict en l'Arsenac de ceste ville de Paris. Car ainsy... Promettans... Obligeans chacun en droict soy et led. Gaboury corps et biens comme pour les propres affaires du Roy... Renonceant...

Faict et passé aud. Arcenac l'an mil six cens six, le vingt cinq^{me} jour de febvrier, après midy.

Maximilian de Bethune, Morely, Gaboury, Herbin, Fournyer.

CLXXXV. — 27 FÉVRIER 1606. — 179.

Artillerie. — Armes. — Outils. — Matériel de campagne. — Marché passé avec Gilles du Val, Pierre Bouyn, dit Sancerre, Claude Le Febvre et Pierre Durant dit La Bresche, tous quatre «maistres taillandiers grossiers à Paris», pour la fourniture et livraison en l'Arsenal de Paris, de bêches, coignées, pics, serpes, pinces, masses à roc, coins à tarières, moyennant prix convenus, revenant le tout ensemble à la somme de 9,150^{tt}, dont 3,000^{tt} d'avance, sous réserve de fournir caution.

Par devant les notaires du Roy nostre Sire en son Ch^{let} de Paris, soubz^{nes}, furent présens : Gilles du Val, Pierre Bouyn dict Saucerre, Claude Le Febvre et Pierre Durand dict La Bresche, tous maistres taillandiers grossiers à Paris, demeurans scavoir : lesd. du Val et Bouyn près le chasteau de la Bastille, parroisse St Paul, led. Le Febvre ès fauxbourgs St Germain des prez, rue des Mauvais garçons, et led. Durand à Brye Conte Robert; lesquels ont recongneu et confessé et, par ces présentes, confessent avoir promis et promectent l'un pour l'autre et chacun d'eulx seul et pour le tout sans division, renounceans au benefice de division et de discution, à hault et puissant seigneur Messire Maximilian de Bethune (*mêmes qualités qu'aux actes précédents*)... à ce présent, et en la présence de noble homme maistre Nicolas de Morely, conseiller notaire secrétaire du Roy et contrerolleur général de lad. Artillerie, de fournir et livrer en l'Arcenac de ceste ville de Paris pour le service de Sa Ma^{té}, les oustils et choses cy après déclarées; assavoir : deux mil besches à douille, du pois de trois livres et demye chacune; quatre cens coignées, aussy de mesme pois de trois livres et demie chacune; trois cens picqs à roc, du poix de cinq livres chacun; trois mil picqs à houyau, aussy du poids de trois livres et demy; trois mil picqs à teste, pareillement du mesme poids de trois livres et demie chacun; et deux mil serpes amanchées; tous lesd. outils cy-dessus amanchez et du poix susdict au moings, sans comprendre toutesfois aud. poix lesd. manches. Le tout bon fer, loyal et marchant et acéré suivant le modelle et eschantillon qui leur en a esté monstré par led. seigneur Grand Maistre; plus la quantité de cinquante pinces de fer de trois grandeurs, assavoir : de trois piedz, quatre pieds et demy et six pieds chacune; cent masses à roc et trois cens coings à tarrières, aussy le tout de fer, bon et acéré pour le regard desd. pinces. Laquelle livraison cy-dessus lesd. Du Val, Bouyn, Le Febvre et Durand seront tenuz faire, scavoir : moitié, d'huy en quinze jours et l'autre moictié huict jours après ensuivant, le tout prochainement venant.

Ce marché faict moyennant assavoir : pour chacune desd. besches à douille, vingt sols tournois; pour chacune desd. coignées, pareille somme de vingt sols; pour chacun desd. trois cens picqs à roc, semblable somme de vingt sols; pour chacun picq à houyau aussy pareille somme de vingt sols; pour chacun picq à teste, quinze sols; pour chacune serpe amanchée, douze sols tournois. Revenant lesd. prix cy-dessus specifliez à la somme de neuf mil cent cinquante livres tournois; et pour lesd. cinquante pinces, cent masses et trois cens coings de fer aussy dessus déclarez, à raison de deux sols la livre du fer qui s'y en trouvera lors de la livraison d'iceulx. Sur lesquels prix cy dessus led. sieur Grand Maistre promect faire bailler et payer dedans huy par advance ausd. du Val, Bouyn, Le Febvre et Durand, par le Trésorier général de l'Artillerie, la somme de trois mil livres. Pour laquelle somme d'advance ils seront tenuz bailler bonne et suffisante caution, laquelle ils feront recevoir par devant le Bailly de lad. Artillerie, le Procureur du Roy d'icelle appellé; et quand au surplus desd. prix, leur sera paié par led. Trésorier lors de l'entière livraison desd. outils et choses cy dessus déclarées. Promectans... Obligeans chacun en droit soy et lesd. du Val, Bouyn, Le Febvre et Durand, l'un pour l'autre et chacun d'eux seul et pour le tout, sans division, corps et biens comme pour les propres affaires du Roy... Renonceans... iceulx du Val, Bouyn, Le Febvre et Durand aud. bénéfice de division et de disention...

Faict et passé aud. Arcenac, l'an mil six cens six, le vingt sept^{me} jour de febvrier, après midy; led. Durand a déclaré ne sçavoir escripre ne signer sinon une marque.

MAXIMILIAN DE BETHUNE, MORELY, DU VAL, BOUYN, CLAUDE LE FEBVRE, HERBIN, FOURNYER.

CLXXXVI. — 8 FÉVRIER 1610. — 247.

ARTILLERIE. — ARMES. — OUTILS. — MATÉRIEL DE CAMPAGNE. — MARCHÉ PASSÉ AVEC MATHIAS TRICQUOYS, ESCUYER, SIEUR DE LA CAILLAUDIÈRE, LIEUTENANT DU GRAND MAÎTRE AUX DÉPARTEMENTS D'ORLÉANS, BERRY, NIVERNAIS, BOURBONNAIS ET PAYS CHARTRAIN, POUR FAIRE ET POUR LIVRER, EN L'ARSENAL DE PARIS, 60 CHARIOTS DESTINÉS AU CHARROI DES ARMES ET MUNITIONS ET 35 CHARRETTES DESTINÉES AU TRANSPORT DES BAGAGES, MOYENNANT PRIX CONVENUS, REVENANT LE TOUT ENSEMBLE À LA SOMME DE 5,790^{tt} DONT 2,500^{tt} D'AVANCE.

Par devant les notaires et gardes nottes du Roy nostre Sire en son Ch^{let} de Paris, soubz^{nez}, fut présent Mathias Tricquois, escuyer, sieur de La Caillaudière, lieutenant de Monsieur le duc de Sully, Grand Maistre de l'Artillerie de France, ès departemens d'Orléans, Berry, Nivernois, Bourbonnoys et Pays Chartrain, demeurant aud. Orléans, lequel a recongneu et confessé et, par ces présentes, confesse avoir promis et promect à hault et puissant seigneur Messire Maximilian de Bethune, duc de Sully, pair de France, prince souverain de Henrichemont et Boisbelle, marquis de Rosny, conte de Dourdan, conseiller du Roy en ses Conseils d'Estat et privé, cappitaine de deux cens hommes d'armes de la Compagnie de la Royne, Grand Maistre de l'Artillerie, superintendant des finances et bastimens de Sa Ma^{té}, gouverneur et lieutenant général pour Sad. Ma^{té} en Poictou, à ce présent et acceptant pour et au nom de Sad. Ma^{té}, et en la présence de noble homme Zacarie de Perelles, sieur de Saumery, conseiller du Roy, et contrerolleur général de lad. Artillerie, de faire faire bien et deuement les chariotz et charrettes qui ensuivent, assavoir : treize chariotz à ridelles à porter picques, cordaiges et autres équipaiges de l'Artillerie, partie enfermez par les boutz d'ais, affin que l'on ne tire les picques par derrière, à essieux happez; plus vingt charrettes avec ridelles, à essieux, pour porter pouldres; plus vingt autres charrettes à basses ridelles pour porter boullets; plus vingt aultres charrettes à haultes ridelles pour servir à porter cordaiges, oustilz à pionniers et autres équipaiges, le tout à essieux de boys; lesd. charrettes, revenant au nombre de soixante, des trois sortes susdites. Plus trente cinq charrettes de bagage à essieux de fer, du poix de cent à six vingts livres, enfermées d'ais, garnyes aussy de leurs ridelles, les roues desquelles charrettes cy dessus seront de la haulteur de cinq pedz.

Toutes lesquelles charrettes et chariotz cy dessus led. sieur de la Caillaudière promect fournyr et livrer aud. sieur Grand Maistre dans l'Arcenac et magazins de ceste ville de Paris, qu'il fera admener par les chevaulx que led. sieur Grand Maistre entend que led. sieur de la Caillaudière lève. Et au cas que led. sieur Grand Maistre ne feroict faire aucune levée de chevaulx par led. sieur de la Caillaudière, il sera tenu seullement les livrer dans l'Arcenac et magazin dud. Orléans, le tout dedans *six sepmaines*⁽¹⁾ prochaines.

Ce marché faict moyennant, assavoir : pour chacun desd. charriotz, la somme de quatre vingts dix livres; et pour chacune charrette des trois

---
(1) Les mots en italiques sont de la main de Sully.

sortes susdictes, quarante deux livres; et pour chacune charrette de bagage, la somme de soixante livres tournois; revenans tous lesd. pris cy dessus à la somme de cinq mil sept cens quatre vingts dix livres tournois. Sur laquelle somme de cinq mil sept cens quatre vingts dix livres sera payé et advancé aud. sieur de la Caillaudière, par sa promesse, par monsieur le Trésorier général de lad. Artillerie estant de présent en charge, la somme de *deux mille cinq cens livres*, qui sera desduitte et rabattue sur la quantité des susd. charrettes et charriotz; et le surplus, montant à la somme de trois mil deux cens quatre vingts dix livres, sera payé aud. sieur de la Caillaudière au feur et à mesure qu'il fera lad. livraison desd. charriotz et charrettes dans le temps susdict. Promectans... Obligeans chacun en droict soy et led. sieur de la Caillaudière corps et biens comme pour les propres affaires du Roy... Renonceant...

Faict et passé aud. Arcenac du Roy, à Paris, l'an mil six cens dix, le huict^{me} jour de febvrier, après midy.

M. de Bethune, de Perelles, Mathias Tricquoys de la Caillaudière, Herbin, Fournyer.

CLXXXVII. — 24 FÉVRIER 1610. — 256.

Artillerie. — Armes. — Outils. — Matériel de campagne. — Marché passé avec Pierre Durant et Jacques Guelart, forgeurs ordinaires de l'Artillerie du Roi, pour la fourniture et la livraison à Châlons en Champagne, de munitions d'artillerie, savoir : pics, masses, pinces, serpes, coignées, bêches, pelles et hottes, moyennant prix convenus, revenant le tout ensemble à la somme de 8,615^{lt} 12^s, dont 3,000^{lt} d'avance.

Estat des munitions d'Artillerie qu'il faut achepter en la province de Champaigne et faire rendre et voicturer à Chaallons en lad. province :

Premièrement :

Picqz à hoyau asserez par les deux bouts : [trois] mil huict cens cinquante, à raison de vingt sols la pièce, revenant à la somme de trois mil huict cens cinquante livres, cy............ III^m VIII^c L^{lt}.

Picqz à teste asserez : trois mil trois cens trente quatre, à raison de treize sols pièce, revenant à la somme de deux mil cent soixante sept livres deux sols, cy.................... II^m CLXVII^{lt} II^s.

Picqz à roc asserez par la poincte : mil trois, à vingt sols la pièce, revenans à la somme de mil trois livres, cy............. mil trois ^{lt}.

Masses à roc : soixante six à vingt sols la pièce, revenans à la somme de soixante six livres, cy................................. LXVI^{lt}.

Pinses de fer de trois longueurs : douze, à raison de deux sols la livre, poiseront ensemble environ quatre cens livres et revenant à la somme de quarante livres, cy................ XL^{lt}.

Serpes : cinq cens soixante douze, à raison de dix solz pièce, revenans à la somme de deux cens quatre vingtz six livres, cy......... II^c IIII^{xx} VI^{lt}.

Coignées : cent quatrevingts huit, à raison de vingt sols pièce, revenans à la somme de cent quatre vingtz huit livres, cy.......... C IIII^{xx} VIII ^{lt}.

Besches à douille assérées, quatre cens trente quatre, à raison de vingt sols pièce, revenant à la somme de quatre cens trente quatre livres, cy....
.... IIII^c XXXIV ^{lt}.

Pelles de bois : douze cens dix, à raison de quinze livres le cent, revenant à la somme de neuf vingtz une livres dix sols, cy.......... IX^{xx} I ^{lt}. X^s.

Hottes : deux mil, à raison de vingt livres le cent, revenant à la somme de quatre cens livres. IIII^c ^{lt}.

Somme totalle à quoy reviennent les susd. outils à pionniers et hottes : huict mil six cens quinze livres douze sols, cy....... VIII^m VI^c XV ^{lt} XII^s.

Pardevant les notaires et garde nottes du Roy nostre Sire en son Ch^{let} de Paris, soubz^{sez}, furent présens Pierre Durant et Jacques Gueulart, forgeurs ordinaires de l'Artillerie du Roy, demeurans, sçavoir : led. Durant à Braye coute Robert (sic) et led. Gueulard en ceste ville de Paris, rue de Jouy, parroisse Sainct Paul, lesquelz ont recogneu et confessé et, par ces présentes, confessent avoir promis et promettent l'un pour l'autre et chacun d'eulx seul et pour le tout, sans division, renonceans au bénéfice de division et de discution, à hault et puissant seigneur Messire Maximilian de Béthune, duc de Sully (*mêmes qualités qu'à l'acte précédent*)... à ce présent et acceptant pour et au nom de Sa Ma^{té}, et en la présence de noble homme Zacharie de Perelles, sieur de Saumery, conseiller du Roy et controlleur général de lad. Artillerie, de fournir pour Sad. Ma^té aud. sieur Grand Maistre tous et chacuns les picqs, masses à roc, pinces de fer, serpes, congnées, besches, pelles de bois et hottes mentionnez et spécifiiez en l'estat cy devant escript, le tout bon, loyal, et marchant et semblable aux eschantillons dont lesd. Durant et Gueulart recongnoissent leur en avoir esté baillé ung de chacune sorte desd. oultiz par ledit seigneur Grand Maistre, lesquelz eschantillons ilz ont dict estre marquez d'un Lion, qu'ils représenteront au feur et à mesure qu'ilz livreront lesd. oultis. La livraison de tous lesquelz oultiz lesd. Durant et Gueulart seront tenuz faire dedans le quinze^me jour d'avril prochainement venant, au magazin de Chaalons, ès mains du sieur Durant, commissaire ordinaire de lad. Artillerie, pour l'absence du sieur de Viaspre, lieutenant dud. sieur Grand Maistre en Champaigne et Brie, et du contrerolleur et gardes provinciaulx aud. magazin, dont ils seront tenuz rapporter récépicé de la réception desd. oultis.

Ce marché faict moyennant assavoir : pour chacun picq à hoyau, vingt sols pièce; pour chacun picq à teste, treize solz pièce; pour chacun picq à roc, vingt solz pièce; pour chacune masse à roc, vingt sols pièce; pour les pinsses de fer, à raison de deux solz la livre; pour chacune serpe, dix sols pièce; pour chacune congnée, vingt sols pièce; pour chacune besche, vingt solz pièce; pour chacun cent de pelles, quinze livres, et pour chacun cent de hottes, vingt livres. Tous lesd. pris cy dessus revenans ensemble, pour tous lesd. oultis cy dessus, à la somme de huict mil six cens quinze livres douze sols, sur laquelle somme sera baillé par advance ausd. Pierre Durant et Gueulart par monsieur le Trésorier général de lad. Artillerie la somme de troys mil livres tournois, et le surplus de lad. somme, montant cinq mil six cens quinze livres douze solz, leur sera payé par led. Trésorier au feur et à mesure qu'ils feront lad. livraison desd. oultis au lieu susdict. Promettans... Obligeans chacun en droict soy et lesd. Pierre Durant et Gueulart l'un pour l'autre et chacun d'eulx seul et pour le tout, sans division, corps et biens comme pour les propres affaires du Roy... Renonceans comme dessus...

Faict et passé en l'Arcenac du Roy, à Paris, l'an mil six cens dix, le vingt quatre^me jour de febvrier, après midy.

M. DE BETHUNE, DE PERELLES, GUELART, HERBIN[1]; led. DURANT a déclaré ne scavoir escripre ne siguer, synon une marque.

CLXXXVIII. — 24 FÉVRIER 1610. — 257.

ARTILLERIE. — ARMES. — OUTILS. — MATÉRIEL DE CAMPAGNE. — MARCHÉ PASSÉ AVEC JACQUES BILLARD, MAISTRE FOURBISSEUR À PARIS, POUR LA FOURNITURE ET LIVRAISON EN L'ARSENAL DE PARIS, DE PLOMB, MOULES À BALLES, BANDOULIÈRES ET TENAILLES, MOYENNANT PRIX CONVENUS, REVENANT LE TOUT ENSEMBLE À 838^tt 4^s 6^d DONT 279^tt 8^s 2^d D'AVANCE.

Estat de ce que Jacques Billard, fourbisseur ordinaire de l'Artillerie, est tenu fournir et livrer dans l'Arcenac de ceste ville de Paris, pour les pris cy après déclarez :

Premièrement :

Trois milliers de plomb, sçavoir : moictié en lingots et moictié en balles, à raison de deux sols six deniers la livre, cy.............. III^c LXXV^tt

Dix huict moulles de mousquets et d'arquebuze, faisans à la fois douze balles chacun, à raison de six livres chacun, cy................... CVIII^tt

Cent bandoullières à douze charges chacune, avec leurs cordons couverts de cuir et leur poulvrin à raison de trois livres dix sols chacune, cy. III^c L^tt

Six paires de tenailles à couper balles, à raison de huict sols chacune paire, cy.......... XLVIII^s

Sept paires de tenailles à tordre fil de fer, à raison de huict sols chacune paire, cy....... LVI^s

Somme toute............. VIII^c XXXVIII^tt IIII^s

Par devant les notaires et garde nottes du Roy nostre Sire en son Ch^let de Paris, soubz^nés, fut présent Jacques Billard, maistre fourbisseur à Paris, demeurant rue Sainct-Anthoine, parroisse Sainct Paul, lequel a recougneu et confessé et, par ces présentes, confesse avoir promis et promect au Roy nostre Sire, stippullant pour Sa Ma^té messire Robert Tiercelin, chevalier, sieur de La Chevallerie et d'Auteuil, gentilhomme ordinaire de la chambre du Roy et lieutenant de monsieur le duc de Sully, Grand Maistre de l'Artillerie de France, à ce présent, et acceptant pour Sad. Ma^té, et par le commandement

---

[1] Cet acte n'est pas signé par le notaire Fournyer.

dud. sieur duc de Seuilly, ainsy que led. sieur de La Chevallerie a dict, de fournir et livrer dans l'Arsenac de ceste ville de Paris les quantités de plomb, moulles de mousquets et d'arquebuze, bandoullières et tenailles à couper balles et à tordre fil de fer, mentionnez en l'estat cy devant escript.

Ce marché faict moyennant, assavoir : par chacune livre dud. plomb, deux sols six deniers; pour chacun desd. dix huict moulles, six livres; pour chacune bandoullière, trois livres dix sols; pour chacune paire de tenailles à couper balles, huict sols, et pour chacune paire de tenailles à tordre fil de fer, huict solz. Revenant tous lesd. pris pour lesd. quantités à la somme de huict cens trente huict livres quatre sols. Sur laquelle somme sera baillé par advance aud. Billard par monsieur le Trésorier général de lad. Artillerie, la somme de deux cens soixante dix neuf livres huict sols, et le surplus luy sera payé au feur et à mesure de la livraison desd. choses cydessus. Promettans... Obligeans chacun en droict soy et led. Billard corps et biens, comme pour les propres affaires du Roy... Renonceant...

Faict et passé aud. Arcenac, l'an mil six cens dix, le vingt quatre^{me} jour de febvrier, après midy. Led. Billard déclaré ne scavoir escripre ne signer.

R. TIERCELIN, DE PERELLES, HERBIN, FOURNYER.

CLXXXIX. — 24 FÉVRIER 1610. — 258.

ARTILLERIE. — ARMES. — MARCHÉ PASSÉ AVEC GUILLAUME HUGUET, ARMURIER DU ROI À PARIS, POUR LA FOURNITURE ET LIVRAISON, EN L'ARSENAL DE PARIS, DE VINGT PAIRES D'ARMES ET DE SIX RONDACHES, MOYENNANT PRIX CONVENUS, REVENANT LE TOUT ENSEMBLE À 3,160^{tt} DONT 1,000^{tt} D'AVANCE.

Par devant les notaires et gardenottes du Roy nostre Sire en son Ch^{let} de Paris soubz^{nez}, fut present Guillaume Huguet, armurier du Roy, demeurant rue de la Heaumerye, parroisse St Jacques de la Boucherye, lequel a recongneu et confessé et, par ces présentes, confesse avoir promis et promect au Roy, nostre Sire, stipullant pour Sa Ma^{té} messire Robert Tiercelin, sieur de La Chevallerye et d'Auteuil, Gentilhomme ordinaire de la Chambre du Roy, Lieutenant de monsieur le duc de Sully, Grand Maistre de l'Artillerie de France, à ce présent et acceptant pour et au nom de Sa Ma^{té}, par le commandement dud. sieur duc de Sully, ainsy que led. sieur de la Chevallerye a dict; et en la présence de noble homme Zacharie de Perelles, sieur de Saumery, Conseiller du Roy et Controrolleur général de lad. Artillerie, fournir et livrer en l'Arcenac de ceste ville de Paris, dans le quinze^{me} jour d'avril prochain, la quantité de vingt paires d'armes, le devant de la cuirasse, quatre lames aux tassettes et quatre lames aux brassards, avec son plastron à l'espreuve du mousquet et le reste du harnois à l'espreuve de l'arquebuze, avec l'habillement de teste aussy à l'espreuve du mousquet; et la quantité de six rondaches aussy à l'espreuve du mousquet. Toutes lesd. armes garnies et prestes à porter.

Ce marché faict moyennant, assavoir : pour chacune desd. paires d'armes, sept vingts livres tournois, et pour chacune rondache soixante livres tournois. Revenans tous lesd. prix ensemble pour lesd. vingt paires d'armes et rondaches, à la somme de trois mil cent soixante livres tournois. Sur laquelle somme sera baillé par advance aud. Huguet par monsieur le Trésorier général de lad. Artillerye, la somme de mil livres tournois, et le surplus luy sera payé au feur et à mesure qu'il fera la livraison desd. choses cy dessus. Promettans... Obligeans chacun en droict soy et led. Huguet corps et biens comme pour les propres affaires du Roy... Renonceant...

Faict et passé en l'Arcenac du Roy, à Paris, l'an mil six cens dix, le vingt quatre^{me} jour de febvrier, après midy.

R. TIERCELIN, DE PERELLES, led. HUGUET a déclaré ne scavoir escripre ne signer, synon par une marque, HERBIN, FOURNYER.

CXC. — 24 FÉVRIER 1610. — 259.

Artillerie. — Armes. — Outils. — Matériel de campagne. — Marché passé avec Richard Poignant, marchand bourgeois de Paris, pour la fourniture et livraison en l'Arsenal de Paris, de feuilles de fer, cordes à mèche, billes d'acier et tirefonds, moyennant prix convenus, revenant le tout ensemble à la somme de 1,253^{tt} 15^s, dont 418^{tt} 18^s 4^d d'avance.

Estat de ce que Richard Poignant, marchand bourgeois de Paris, doibt livrer dans l'Arcenac du Roy, à Paris, aux pris cy après spécifiés :

Premièrement :

Deux cens cinquante grandes feuilles de fer noir et blanc, à raison de cinq sols chacune feuille, cy.............................. lxij^{tt} x^s

Deux cens cinquante autres petites feuilles de fer blanc et noir, à raison de deux sols six deniers chacune feuille, cy.................. xxxj^{tt} v^s

Quatre milliers de corde à mesche, à raison de quatre sols six deniers la livre, cy........ ix^{c tt}

Mil billes d'assier à raison de quatre sols chacune, cy............................... ij^{c tt}

Quatre cens tirefonds, à raison de trois sols, cy............................... lx^{tt}

Somme toute : douze cens cinquante trois livres quinze sols, cy................. xij^c liij^{tt} xv^s

Par devant les notaires et gardenottes du Roy, nostre Sire, en son Ch^{let} de Paris, soubz^{ner}, fut présent Richard Poignant, marchant bourgeois de Paris, demeurant rue et au coing de la Pierre au lard⁽¹⁾, parroisse Sainct Jacques de la Boucherie, lequel a recongneu et confessé et, par ces présentes, confesse avoir promis et promect au Roy nostre Sire, stippullant pour Sa Ma^{té} messire Robert Tiercelin, chevallier, sieur de La Chevallerie et d'Auteuil, gentilhomme ordinaire de la Chambre du Roy, Lieutenant de Monsieur le duc de Sully,

⁽¹⁾ Tenant à la maison d'Antoine Le Redde.

Grand Maistre et cappitaine général de l'Artillerie de France, à ce présent et acceptant pour et au nom de Sa Ma^{té}, par le commandement dud. sieur duc de Sully, ainsy que led. sieur de La Chevallerye a dict, de fournir et livrer dans l'Arcenac de ceste Ville de Paris, dedans le quinzeicsme jour d'avril prochainement venant, les quantitez de feuilles de fer noir et blanc, corde à mesche, billes d'acyer et tirefonds mentionnez en l'estat cy-devant escript.

Ce marché faict moyennant, assavoir : pour chacune grande feuille de fer noir et blanc, cinq sols pièce; pour chacune petite feuille de fer noir et blanc, deux sols six deniers; pour chacune livre de corde à mesche, quatre sols six deniers; pour chacune bille d'acyer, quatre sols; pour chacun tirefonds, trois sols; revenans tous lesd. pris, pour toutes lesd. quantitez mentionnées aud. estat cy devant escript, à la somme de douze cens cinquante troys livres quinze sols; sur laquelle somme sera baillé par advance aud. Poignant, par monsieur le Trésorier général de lad. Artillerie, la somme de quatre cens dix huict livres dix huit sols quatre deniers. Et le surplus luy sera payé au feur et à mesure de la livraison de ce que dessus. Promettans... Obligeans chacun en droyct soy, et led. Poignant corps et biens comme pour les propres affaires du Roy... Renounceant...

Faict et passé en l'Arcenac du Roy, à Paris, l'an mil six cens dix, le vingt quatre^{me} jour de febvrier, après midy.

R. Tiercelin, de Perelles, R. Poignant, Herbin, Fournyer.

CXCI. — 24 FÉVRIER 1610. — 260.

ARTILLERIE. — ARMES. — OUTILS. — MATÉRIEL DE CAMPAGNE. — MARCHÉ PASSÉ AVEC ÉTIENNE MAILLY, TAPISSIER À PARIS, POUR LA FOURNITURE ET LIVRAISON, EN L'ARSENAL DE PARIS, DE PAILLASSES, CARTOUCHES, SACS À POUDRE ET SACS À TERRE, MOYENNANT PRIX CONVENUS REVENANT POUR LE TOUT À LA SOMME DE 1,878ᴸ 11ˢ 6ᵈ, DONT 626ᴸ D'AVANCE.

Estat des paillaces, cartouches et sacqz à porter terre et à poudre que Estienne Mailly est tenu fournir et livrer dans l'Arcenac du Roy, à Paris, aus pris qui seront cy après spéciffiez, suivant le marché arresté par Monsieur le marquis de Rosny, en la présence de Messieurs de Born, de La Chevallerye, et de Saumery, contrerolleur général de l'Artillerie le ⁽¹⁾ jour du présent moys et signez de Monseigneur le Grand Maistre.

Premièrement :

Soixante quinze paillaces à raison de cent sols pièce, cy..................... iij^c lxxv^{lt}

Trois cens vingt cinq cartouches, assavoir : à canon, deux cens; à couleuvrine, cent; et à bastarde vingt cinq, à raison de quatre solz, l'une portant l'autre, cy................. lxv^{lt}

Trente sacqz de coustil à porter poudre, à raison de quarante cinq sols pièce, revenans à la somme de........................ lxvij^{lt} x^s

Trois mil deux cens vingt cinq sacqz à porter terre, à huict sols six deniers pièce, chacun sacq de troys quartiers de thoille ayant de lé troys quartiers et demy, revenant à la somme de........................ xiij^c lxx^{lt} xij^s vj^d

Somme toute : xviij^c lxxviij^{lt} ij^s vj^d.

Par devant les notaires et gardenottes du Roy nostre Sire en son Ch^{let} de Paris, soubz^{nez}, fut présent Estienne Mailly, tapissier, demeurant rue Jehan Pymollet, parroisse Sainct Mederic, lequel a recongneu et confessé et par ces présentes confesse avoir promis et promect au Roy nostre Sire, stippullant pour Sa Ma^{té} messire Robert Tiercelin, chevallier, sieur de La Chevallerie et d'Auteuil, Gentilhomme ordinaire de la Chambre du Roy, Lieutenant de Monsieur le duc de Sully, Grand Maistre de l'Artillerie de France, à ce présent et acceptant pour et au nom de Sad. Ma^{té}, par le commandement dud. sieur duc de Sully, ainsy que led. sieur de La Chevallerie a dict, et en la presence de noble homme Zacharie de Perelles, sieur de Saumery, conseiller du Roy et Contrerolleur général de lad. Artillerie, de fournir et livrer, dans l'Arcenac de ceste ville de Paris, dedans le quinz^{esme} jour d'avril prochain, les quantités de paillaces, cartouches, sacqs à poudre et sacqs à porter terre, mentionnez et spéciffiez en l'estat cy devant escript et conformément à iceluy.

Ce marché faict moyennant, assavoir : pour chacune paillace, cent sols pièce; pour chacune cartouche, à raison de quatre sols, l'une portant l'autre; pour chacun sacq de coustil à porter poudre, quarante cinq sols pièce; et pour chacun sacq à porter terre, huict sols six deniers pièce. Revenant tous lesd. pris ensemble pour les susd. quantitez cy-dessus, à la somme de dix huict cens soixante dix huict livres deux sols six deniers. Sur laquelle somme sera baillé par advance aud. Mailly par monsieur le Trésorier général de lad. Artillerie la somme de six cens vingt six livres, et le surplus lui sera payé au feur et à mesure de la livraison desd. choses cy-dessus. Promettans... obligeans chacun en droict soy et led. Mailly corps et biens, comme pour les propres affaires du Roy... Renonceant...

Faict et passé aud. Arcenac du Roy à Paris, l'an mil six cens dix, le vingt quatre^{me} jour de febvrier, après midy.

R. TIERCELIN, DE PERELLES, ESTIENNE MAILLY, HERBIN. FOURNYER.

⁽¹⁾ Lacune dans le texte.

CXCII. — 24 FÉVRIER 1610. — 261.

ARTILLERIE. — ARMES. — OUTILS. — MATÉRIEL DE CAMPAGNE. — MARCHÉ PASSÉ AVEC JEAN GABOURY, MAÎTRE TAPISSIER ET TENTIER ORDINAIRE DU ROI À PARIS, POUR LA FOURNITURE ET LIVRAISON EN L'ARSENAL DE PARIS, AU 15 AVRIL 1610, DE PAVILLONS, CUISINES, CANONNIÈRES, LANSQUENETTES, PAILLASSES, CARTOUCHES, SACS DE COUTIL ET SACS À TERRE, SUIVANT DÉTAIL, MOYENNANT PRIX CONVENUS, REVENANT LE TOUT ENSEMBLE À LA SOMME DE 11,520 ₶ 2ˢ 6ᵈ, DONT 4,000 ₶ D'AVANCE.

Estat des tentes, pavillons, sacqs à porter terre, à pouldre, cartouches et paillaces que Jehan Gaboury, tappissier et tantier ordinaire du Roy, est tenu de fournir et livrer dans l'Arcenac de ceste ville de Paris, aus pris qui seront cy après spéciffiez, suivant les marchez arrestés par monsieur de Rosny, en la présence de messieurs de Born, de La Chevallerie et de Saulmery, contrerolleur général de l'Artillerie, le   jour du présent mois et signez de monsieur le Grand Maistre.

Premièrement :

Six pavillons de douze poinctes, garniz de leurs garde robes, à raison de trois cens livres pour chacun pavillon, cy.................. xviijᶜ ₶
Treize pavillons de dix poinctes, garnis, à raison de deux cens dix livres pour chacun, cy........................ ij vijᶜ xxx ₶
Deux cuisines à deux mats, garnies, à raison de deux cens quarante livres chacune, cy. iiijᶜ iiijˣˣ ₶
Quarante huit canonnières, à raison de quatre vingts quatre livres chacune, cy.... iiijᵐ xxxij ₶
Cinq lansquenettes doubles à troys mats à raison de six vingts livres chacune, cy.......... vjᶜ ₶
Soixante quinze paillaces, à raison de cent sols pièce........................ iijᶜ lxxv ₶
Trois cens vingt cinq cartouches, assavoir : à canon, deux cens; à couleuvrine, cent, et à bastarde vingt cinq, à raison de quatre sols, l'une portant l'autre, cy................ lxvᶸ
Trente sacqs de coustil à porter pouldre, à raison de xlvˢ pièce, revenans à la somme de.. lxvijᶸ xˢ
Trois mil deux cens vingt cinq sacqs à porter terre, à huict sols six deniers pièce, chacun sac de trois quartiers de thoille ayant de lé trois quartiers et demy, revenant ensemble à la somme de..................... xiiijᶜ lxx ₶ xijˢ vjᵈ
Somme toute : xjᵐ vᶜ xx ₶ ijˢ vjᵈ.

Par devant les notaires et garde nottes du Roy nostre Sire en son Chˡᵉᵗ de Paris, soubzᵐᵉˢ, fut présent Jehan Gaboury, maistre tapissier et tantier ordinaire du Roy, demeurant rue Sᵗ Honoré, parroisse sainct Eustache, lequel a recongneu et confessé et par ces présentes confesse avoir promis et promect au Roy nostre Sire, stippulant pour Sa Maᵗᵉ Robert Tiercelin, sieur de La Chevallerie et d'Anteuil, gentilhomme ordinaire de la Chambre du Roy, et Lieutenant de monsieur le duc de Sully, Grand Maistre de l'Artillerie de France, à ce présent et acceptant pour et au nom de Sa Maᵗᵉ, par le commandement dud. sieur duc de Seuilly, ainsi que led. sieur de La Chevallerie a dict, et en la présence de noble homme Zacharie de Perelles, sieur de Saumery, conseiller du Roy et Contrerolleur général de lad. Artillerie, de fournir et livrer dans l'Arcenac de ceste ville de Paris, dedans le quinzeᵐᵉ jour d'avril prochain, les quantitez des pavillons, deux cuisines à deux mats, canonnières, lansquenettes, paillaces, cartouches, sacs de coustil à porter pouldre et sacqz à porter terre, le tout mentionné et spéciffié en l'estat cy devant escript et conformément à iceluy, lesd. tentes, pavillons, cuisines, canonnières et lansquenettes garnies de leurs mats, festières, chevilles, cordaiges, et prestz à servir; le tout bon, loyal et marchant et ainsy que l'on a accoustumé de les fournir aud. Arcenac.

Ce marché faict moyennant assavoir : pour chacun des six pavillons de douze poinctes garniz de leurs garderobes trois cens livres pièce; pour chacun des treize pavillons, deux cens dix livres; pour chacune des deux cuisines, deux cens quarante livres; pour chacune canonnière quatre vingts quatre livres pièce; pour chacune lansquenette, six vingts livres; pour chacune paillace, cent sols; pour chacune cartouche, quatre sols l'une portant l'autre; pour chacun sac de coustil à porter pouldre, quarante cinq sols, et pour chacun sac à porter terre, huict sols six deniers; tous lesd. pris revenant ensemble à la somme de onze mil cinq cens vingt livres deux sols six deniers. Sur laquelle somme sera baillé par advance aud. Gaboury, par Monsieur le Trésorier général de lad. Artillerie, la somme de quatre mil livres tournois, et le surplus luy sera payé au feur et à mesure de la livraison de ce que

GRAND-MAÎTRE DE L'ARTILLERIE.   351

dessus. Promettans... Obligeans chacun en droict soy et led. Gaboury corps et biens, comme pour les propres affaires du Roy... Renonceaut...

Faict et passé aud. Arcenac du Roy, à Paris, l'an mil six cens dix, le vingt quatre^{me} jour de febvrier, après midy.

R. Tiercelin, de Perelles, Gaboury, Herbin, Fournyer.

CXCIII. — 29 AVRIL 1610. — 270.

Artillerie. — Marché passé avec «Siphorian de Lezines, seigneur de Mortefontaine», commissaire ordinaire de l'Artillerie et Lieutenant du Grand Maître à Amiens, pour la fourniture et livraison de 90 charrettes des trois sortes et dix chariots, dont la moitié à Soissons et l'autre moitié à La Ferté-sous-Jouarre, moyennant les prix de 48^{lt} par charrette et 100^{lt} par chariot, revenant le tout à la somme de 5,320^{lt}, dont 2,660^{lt} d'avance.

Par devant les notaires et garde nottes du Roy au Ch^{let} de Paris, soubz^{nez}, fut présent Siphorian de Lesine, seigneur de Mortefontaine, commissaire ordinaire de l'Artillerie et lieutenant de monsieur le Grand Maistre de lad. Artillerie, demeurant à Amyens, lequel a recongneu et confessé et par ces présentes confesse avoir promis et promect à hault et puissant seigneur Messire Maximilian de Bethune, duc de Sully, pair de France, Grand Maistre et cappitaine général de l'Artillerie, superintendant des finances et bastimens de Sa Ma^{té}, gouverneur et lieutenant général pour Sad. Ma^{té} en Poictou, à ce présent et acceptant pour et au nom de Sad. Ma^{té}, et en la présence de noble homme Zacharie de Perelles, sieur de Saumery, conseiller du Roy et controlleur général de lad. Artillerie de fournir et livrer à Sad. Ma^{té} dedans le vingt cinq^{me} jour de May prochain la quantité de quatre vingts dix charrettes des troys sortes, assavoir : ung tiers sans ridelles, à essieu, pour porter pouldres; ung autre tiers à basses ridelles pour porter boullets et l'autre tiers à haultes ridelles pour servir à porter cordaiges, outils à pionniers et autres équipaiges; le tout à essieux de bois; lesd. charrettes de unze pieds de long et les roues d'icelles de la haulteur de cinq piedz; le tout bien et deuement ferré; et seront les moyeux d'icelles charrettes de dix poulces de grosseur par le gros bout et de huict poulces par le menu bout. Plus dix chariots de seize à dix-sept piedz de long, à ridelles, à porter picques, cordaiges et autres équipaiges de l'Artillerie, partie enfermez par des boutz d'aiz, affin que l'on ne tire les picques par derrière, à essieux happez. Lesquelles charrettes et chariotz cy dessus led. sieur de Mortefontaine sera tenu rendre, scavoir : moictié d'icelles charrettes et chariots en la ville de Soissons et l'autre moictié à la Ferté sus Ouerre (sic), le tout dedans led. jour vingt cinq^{me} may prochain.

Ce marché faict moyennant assavoir : pour chacune charrette quarante huict livres, et pour chacun charriot cent livres tournois, revenant le tout ensemble à la somme de cinq mil trois cens vingt livres tournois; sur laquelle somme de cinq mil trois cens vingt livres tournois sera baillé et paié par advance aud. sieur de Mortefontaine par Monsieur le Trésorier général de lad. Artillerie estant de présent en charge, la somme de deux mil six cens soixante livres, qui sera desduitte et rabatue sur lad. quantité des susd. charrettes et charriotz; et le surplus, montant à pareille somme de deux mil six cens soixante livres tournois sera paié aud. sieur de Mortefontaine lad. livraison estant faite desd. charrettes et charriotz aux lieux et dans le temps susdicts. Promectans... Obligeans chacun en droict soy et led. sieur de Mortefontaine corps et biens comme pour les propres affaires du Roy... Renonceant...

Faict et passé en l'Arcenac du Roy, à Paris, l'an mil six cens dix, le vingt neuf^{me} jour d'avril, après midy.

M. de Bethune, de Lezines, de Perelles, Herbin, Fournyer.

CXCIV. — 29 AVRIL 1610 — 272.

ARTILLERIE. — MARCHÉ PASSÉ AVEC NICOLAS PAYEN, MAÎTRE CHARRON À PARIS, POUR LA FOURNITURE ET LIVRAISON EN L'ARSENAL DE PARIS DE CENT CHARRETTES DES TROIS SORTES ET DE DIX CHARIOTS, DESTINÉS AU CHARROI DES MUNITIONS, ARMES ET OUTILS D'ARTILLERIE, MOYENNANT LES PRIX DE 48^{tt} PAR CHARRETTE ET 100^{tt} PAR CHARIOT, REVENANT LE TOUT À LA SOMME DE 5,800^{tt} DONT 2,900^{tt} D'AVANCE.

Par devant les notaires et garde nottes du Roy nostre Sire en son Ch^{let} de Paris, soubz^{ers}, fut présent Nicolas Payen, maistre charon à Paris, demeurant rue St Anthoine, parroisse St Paul; lequel a recongneu et confessé avoir promis et promect à haut et puissant seigneur messire Maximilian de Bethune, duc de Sully, pair de France, Grand Maistre et Capp^{ne} G^{ral} de l'Artillerie, superintendant des Finances et bastimens de Sa Ma^{té}, gouverneur et lieutenant général pour Sad. Ma^{té} en Poictou, à ce présent et acceptant pour et au nom de Sad. Ma^{té}, et en la presence de noble homme Zacarie de Perelles, sieur de Saumery, conseiller du Roy et contrerolleur général de lad. Artillerie, de fournir et livrer à Sad. Ma^{té} en l'Arcenac de ceste ville de Paris, dedans le vingt cinq^{me} jour de may prochain, la quantité de cent charrettes des trois sortes, assavoir : ung tiers sans ridelles, à essieux, pour porter pouldres; ung autre tiers, à basses ridelles, pour porter bouletz, et l'autre tiers à haultes ridelles, pour servir à porter cordaiges, oustilz à pionniers et autres équipages; le tout à essieulx de bois. Lesd. charrettes de unze pieds de long et les roues d'icelles de la haulteur de cinq piedz, le tout bien et deuement ferré; les moyeux desquelles charrettes seront de deux poulces de grosseur par le gros bout et de huict poulces par le menu bout. Plus dix chariotz de seize à dix sept piedz de long à ridelles, à porter picques, cordaiges et autres équipaiges de l'Artillerie, partie enfoncez par les boutz d'aiz, affin que l'on ne tire les picques par derrière, à essieulx happez.

Ce marché faict moyennant assavoir : pour chacune charrette quarante huict livres tournois et pour chacun chariot cent livres tournois, revenant le tout ensemble à la somme de cinq mil huict cens livres. Sur laquelle somme de cinq mil huict cens livres, sera baillé et payé par advance aud. Payen, par monsieur le Trésorier général de lad. Artillerie estant de présent en charge, la somme de deux mil neuf cens livres, qui sera desduicte et rabattue sur lad. quantité des susd. charrettes et chariotz, et le surplus, montant à pareille somme de deux mil neuf cens livres, sera payé aud. Payen, lad. livraison estant par luy faicte des susd. charrettes et chariotz au lieu et dans le temps susd dict. Promettans... Obligeans chacun en droict soy et led. Payen corps et biens comme pour les propres affaires du Roy... Renonceant...

Faict et passé aud. Arcenac du Roy à Paris, l'an mil six cens dix, le vingt neuf^{me} et penultiesme jour de avril, après midy.

M. DE BETHUNE, DE PERELLES, NICOLAS PAYEN, HERBIN, FOURNYER.

CHAPITRE IV.

POUDRES ET SALPÊTRES.

CXCV. — 12 JANVIER 1600. — 1.

ARTILLERIE. — POUDRES ET SALPÊTRES. — «CONVENTION» POUR LA FOURNITURE ET LIVRAISON, EN L'ARSENAL DE PARIS, PENDANT NEUF ANS, À COMPTER DU 1ᵉʳ JANVIER 1600, DE CENT MILLIERS DE POUDRE À CANON DES TROIS SORTES, PASSÉE AVEC JEAN BARREAU, COMMISSAIRE GÉNÉRAL DES POUDRES ET SALPÊTRES À L'ARSENAL ET ILE DE FRANCE, MOYENNANT LE PRIX DE SIX SOLS LA LIVRE, SOIT, POUR CHAQUE 100 MILLIERS DE POUDRE, LA SOMME DE DIX MILLE ÉCUS, DONT D'AVANCE ET PAR SEMESTRE 3,333 ÉCUS 1/3, SOUS RÉSERVE DE FOURNIR CAUTION. LEDIT JEAN BARREAU AURA POUR DÉPARTEMENT «POUR FAIRE L'AMAS ET LEVÉE» DES SALPÊTRES, LA VILLE DE PARIS, L'ILE DE FRANCE, BRIE, LAON, LE GOUVERNEMENT DE NOYON, COMPIÈGNE ET ÉLECTIONS EN CE QUI NE DÉPEND PAS DU GOUVERNEMENT DE PICARDIE, PLUS LES GOUVERNEMENTS DE SOISSONS ET DE NORMANDIE. LES ANCIENNES COMMISSIONS SONT RÉVOQUÉES ET 80 NOUVELLES COMMISSIONS, SIGNÉES DU GRAND MAÎTRE DE L'ARTILLERIE ET CONTRÔLÉES, LUI SERONT REMISES POUR ÊTRE DÉLIVRÉES À 80 SALPÊTRIERS DE SON CHOIX.

Par devant François Herbin et Simon Fournier, notaires du Roy nostre Sire en son Chastellet de Paris, soubssignez, fut présent en sa personne Messire Maximillien de Bethune, chevallier, sieur et baron de Rosny, conseiller du Roy en ses Conseils d'Estat et privé, chambellan ordinaire de Sa Majesté, cappitaine de cinquante hommes d'armes de ses Ordonnances, Grand Maistre et cappitaine général de l'Artillerie, superintendant des Finances, grand voyer de France et gouverneur de la ville et citadelle de Mante, lequel, au nom et comme ayant charge de Sad. Maᵗᵉ, a faict, convenu, accordé et passé, faict, convient, accorde et passe, en présence des sieurs de Born, de La Chevallerie, et de maistre Vincent Bouhier, sieur de La Goujonne, conseiller du Roy et contrerolleur général de l'Artillerie, avec Jehan Barreau, commissaire général des salpestres et poudres à canon aud. Arsenac du Roy à Paris et Isle de France, demeurant rue Tixerandrie, parroisse Sᵗ Jehan en Grève, à ce présent, ce qui s'ensuict.

Assavoir que led. Barreau a promis, promet et sera tenu fournir et livrer par chacun an aud. Arsenac et magasin, durant neuf années à commencer du premier jour du présent moys de janvier an présent mil six cens, le nombre et quantité de cent milliers de poudre à canon des troys sortes, assavoir quatre vingts milliers grosse grenée, dix huict milliers de menue grenée, et deux milliers amorce; la grosse grenée enfoncée en cacques de deux cens livres, la menue en barilz de cent livres et l'amorce en petits barilz de cinquante livres; tous lesd. cacques et barilz revestuz de leurs chappes marqués à un P couronné pour congnoistre d'où elles viennent. Fera faire lesdictes pouldres bonnes et loyalles du tiltre du Roy, poix de marc à seize onces à la livre, et fournira à ses propres coustz et despens tous les salpestres, souffres, charbon, cacques, chappes et tous autres frais qu'il conviendra faire pour la confection et composition desd. pouldres, sans pour ce prétendre aucuns fraiz, decheiz ni rescompense. Et lesquelles pouldres il sera tenu de livrer ès mains du garde général de lad. Artillerie, qui sera aussy tenu de les recevoir au fur et à mesure que led. Barreau les luy présentera, jusques au nombre de quatre milliers pour le moings, pour estre mise dans led. Arsenac; lad. réception en présence dud. sieur Grand Maistre, dud. contrerolleur général ou de leurs lieutenans ou commis, et de les faire voicturer à ses despens dans la tour du Temple, ainsi qu'il est accoustumé.

Moyennant le prix et somme de dix mil escuz pour lesd. cent milliers de pouldre, qui est à raison de six solz la livre, que pour ce led. sieur Grand Maistre a promis faire payer aud. Barreau par les Trésoriers generaulx de lad. Artillerie, respectivement; de laquelle somme de dix mil escus luy sera baillé par lesd. Trésoriers, par ordonnance de Sa Ma^{té} ou dud. sieur Grand Maistre deuement contrerollée par led. contrerolleur général, par advance pour chacune demie année, la somme de trois mil trois cens trente trois escus ung tiers. Pour laquelle somme de trois mil trois cens trente trois escus ung tiers led. Bareau fournira audict Trésorier de lad. Artillerie obligation suffisante de luy aporter six moys après lad. advance à luy faicte, récépicé du garde général deuement contrerollé de cinquante milliers de pouldre à canon qu'il aura fournie aud. Arsenac de Paris. Et ainsy continuer de demie année en demie année le payement desd. pouldres, à mesure que led. Barreau fournira au Tresorier Général les recepicez dud. garde général deuement contrerollés, led. Tresorier sera tenu en deschargcr d'aultant l'obligation dud. Barreau; et ayant fourny lesd. cinquante milliers de pouldre, les paier et parachever la somme de cinq mil escuz pour lesd. cinquante milliers de pouldre. Icelny Trésorier rendra aud. Barreau lad. obligation pour demeurer quicte et deschargé du contenu en icelle et sans demeurer aucunement comptable de lad. somme.

Pour satisfaire à laquelle fourniture de pouldre de la qualité susd., led. Barreau aura pour son département pour faire l'amas et levée desd. salpestres, la Ville de Paris, l'Isle de France, Brie, Laon, gouvernement de Noyon, Compiègne et Eslections en ce qui ne seront poinct du gouvernement de Picardie, plus aura le gouvernement de Soissons et gouvernement de toute la Normandye, seullement, et non autres provinces; sans qu'il soict loisible, èsd. pays, à quelque personne que ce soict autre que aud. Barreau, ses commis et depputez, faire amas et recherche desdictz salpestres; lequel néantmoings ne pourra faire faire lesd. pouldres ailleurs que en l'atellier de Sad. Ma^{té} en ceste ville de Paris, et à la composition d'icelle pouldre led. Barreau sera tenu d'appeler le lieutenant dud. sieur Grand Maistre ou le controrelleur et garde prouincial.

Et outre, led. Barreau sera tenu de bailler bonne et suffisante caution par devant le Bailly de lad. Artillerie ou son Lieutenant, pour la somme de trois mil trois cens trente trois escus ung tiers qui luy sera ainsy advancée comme dict est, pour la seuretté d'icelle et pour l'entretenement du prendnt contract, de laquelle caution il sera tenu de bailler acte ès mains dudict Trésorier général de lad. Artillerie pour raporter sur son compte et de mesme aud. contrerolleur general, pour en défault de fournir par ed. Barreau lad. fourniture de pouldres, en faire faire les poursuites contre luy et ses cautions. Lequel payement cy dessus se fera par lesd. Trésoriers généraulx, chacun an en l'année de leur exercice, des deniers à ce destinez.

Et pour l'exécution des choses desusd., led. Barreau ny les salpestriers par luy commis ses gens, serviteurs ou autres ayans commission dud. sieur Grand Maistre deuement contrerollée par led. contrerolleur général de lad. Artillerie, allans et venans par les endroicts de leur Département ou pays circonvoisins, ne seront tenus payer aucun péage ny imposition, gabelles ny autres subcides pour le port et transport aud. Arsenac desd. salpestres, boys, souffre, charbon, cendres et autres choses que ce soict consernant le faict de lad. charge, et seront toutes commissions et lectres par cy devant octroyées pour le faict desd. salpestres et pouldres, soict de Sad. Ma^{té} ses lieutenans généraulx et gouverneurs de Provinces, moyennant ces présentes nulles et de nul effect, au lieu desquelles luy en sera expedié d'autres par led. sieur Grand Maistre qui seront contrerollées par led. controrelleur estant de présent en charge ainsy qu'il est accoustumé; et ne pourra led. Barreau prétendre aucun rabais ny diminution de lad. fourniture, synon en cas d'hostilité au dedans desd. provinces, retardement de payement et qu'il ne puisse joyr dud. Département, et en sera tenu quite et deschargé depuis le jour seullement qu'il aura faict sa plaincte aud. sieur Grand Maistre du trouble et empeschement qui luy sera donné; sera aussy tenu quite et deschargé de ce qu'il restera à fournir en rendant le surplus des deniers qu'il aura pour cest effect touchez, en faisant aparoir des dilligences qu'il aura faictes pour satisfaire aud. fournissement, par acte vallable, lequel il sera tenu mettre ès mains dud. Tresorier avec les acquitz dud. garde général, pour demeurer quite et deschargé du contenu en son obligation, laquelle luy sera en ce faisant rendue. Sera tenu semblablement de rendre ès mains dud. garde général, en présence dud. sieur Grand Maistre et contrerolleur général, lieutenans ou commis, toutes les ustancilles, mortiers, pilons, chaudières qui luy ont esté cy devant baillez par inventaire, d'aultant qu'elles appartiennent à Sad. Ma^{té}. Et pour cest effect et execution de ce que dessus, a led. sieur Grand Maistre promis faire expedier aud. Barreau toutes lettres, acquietz et provisions nécessaires. Aussy sera tenu de prendre quatre vingts commissions signées du mond. seigneur le Grand Maistre de lad. Artillerie contrerollées dud. contrerolleur general, pour les delivrer aux salpestriers. Ledict Barreau a promis et promet sattisfaire à tout le contenu au présent contract,

GRAND-MAÎTRE DE L'ARTILLERIE. 355

ayant pour cest effect obligé, affecté et ypothéqué tous et chacun ses biens présens et advenir, mesmes sa propre personne, comme pour les propres affaires de Sa Ma^té, à la simple requeste desd. sieurs Grand Maistre, contrerolleurs, trésoriers généraulx ou l'un d'eulx en vertu du présent marché. Car ainsy... Promettans... Obligeans... chacun en droict soy et ledict Barreau, corps et biens comme pour les propres deniers et affaires du Roy comme dict est... Renonceant...

Faict et passé double le douze^me jour de janvier mil six cens, aud. Arcenac du Roy, à Paris, après midy.

MAXIMILIAN DE BETHUNE, BORN, R. TIERCELIN, J. BARREAU, BOUHIER, HERBIN, FOUNYER.

CXCVI. — 12 JANVIER 1600. — 2.

ARTILLERIE. — POUDRES ET SALPÊTRES. — « CONVENTION » POUR LA FOURNITURE ET LIVRAISON, AUX MAGASINS DE PARIS ET DE CHALONS, PENDANT NEUF ANS À COMPTER DU 1er JANVIER 1600, DE CENT MILLIERS DE POUDRE À CANON DES TROIS SORTES, PASSÉE AVEC JACQUES DU CROCHET, DEMEURANT À VERDUN, MOYENNANT LES MÊMES CONDITIONS DE PRIX ET DE PAYEMENT QUE CELLES DU MARCHÉ PRÉCÉDENT. LEDIT JACQUES DU CROCHET AURA POUR SON DÉPARTEMENT LES VILLES ET GOUVERNEMENTS DE METZ, VERDUN, TOUL ET LA PICARDIE; LES ANCIENNES COMMISSIONS SONT RÉVOQUÉES ET CENT NOUVELLES COMMISSIONS, SIGNÉES DU GRAND MAÎTRE DE L'ARTILLERIE ET CONTRÔLÉES, LUI SERONT REMISES POUR ÊTRE PAR LUI DÉLIVRÉES À CENT SALPÊTRIERS DE SON CHOIX.

LE 10 AVRIL 1600, ADJONCTION AU DÉPARTEMENT CI-DESSUS INDIQUÉ, DE LA THIERACHE, DU BARROIS, DE LIGNY ET DE COMMERCY.

Par devant François Herbin et Simon Fournier, notaires du Roy nostre Sire en son Chastellet de Paris, soubz^nés, fut présent en sa personne Messire Maximillien de Bethune (*mêmes qualités qu'à l'acte précédent*)... lequel au nom et comme ayant charge de Sa Ma^té, a faict, convenu, acordé et passé en présence des sieurs de Born, de la Chevallerie, et de maistre Vincent Bouhier, sieur de La Goujonne, con^er du Roy et contrerolleur général de lad. Artillerie, avec Jacques du Crochet, demeurant à Verdun, à ce present et acceptant, ce qui s'ensuict.

C'est assavoir led. du Crochet avoir promis et promet aud. sieur Grand Maistre de fournir et livrer par chacun an, neuf ans durant, à commancer du premier jour du présent mois de janvier mil six cens, aux magasins de Paris et Chaallons en Champagne, la quantité de cent milliers de pouldre à canon, assavoir : à Paris soixante milliers et à Chaallons quarante milliers. Desquels cent milliers il y en aura quatre vingtz milliers de grosse grenée enffonssez en cacques de deux cens livres chacun, dix huict milliers de menue grenée enffonssez en barils de cent livres chacun, et deux milliers amorce aussy enffonssez en petitz barilz de cinquante livres chacun. Tous lesd. cacques et barils doubles et enchapés et marqués à un V couronné pour conguoistre d'où elles viennent. Fera faire led. du Crochet lesd. pouldres bonnes et loyalles du tiltre du Roy, poix de marc à seize onces la livre; et fournira à ses propres coustz et despens tous les salpestres, souffre, charbon, cacques, chappes et tous autres frais qu'il conviendra faire pour la confection et composition desd. pouldres, à la composition desquelles il sera tenu d'apeller le lieutenant dud. sieur Grand Maistre ou le contrerolleur et garde provincial, sans pour ce prétendre aucuns fraiz, dechetz ne rescompence desd. pouldres qu'il sera tenu livrer ès mains des gardes généraulx de l'Artillerie ausd. magazins qui seront aussy tenus de les recevoir au fur et à mesure que led. du Crochet leur présentera jusques au nombre de quatre milliers pour le moings pour estre mis dans lesd. magazins. Lad. réception en présence du sieur Grand Maistre et du sieur contrerolleur général ou bien de leurs lieutenans et commis èsd. lieux qui en feront laissé [l'essai] et veoir sy led. tiltre aura esté gardé.

Et ce moyennant le prix et somme de dix mil escus sol qui luy seront payez par chacun an en la ville de Paris ou Chaallons, à proportion des pouldres qui s'y menerout, par les trésoriers généraulx de lad. Artillerie et par chacune demye année; à commencer du premier jour dud. moys de janvier, la somme de trois mil trois cent trente trois escus ung tiers pour advance et pour subvenir aux achapts qu'il conviendra faire de cinquante milliers de salpestre faisant moictié desd. cent milliers qu'il convertira en pouldre à canon ainsy qu'il est acoustumé; et ce par l'ordonnance du Roy ou dud. sieur Grand Maistre et non d'autre, deuement contrerollée par led. Contrerolleur général. Pour laquelle somme de trois mille trois cens trente trois escus ung tiers led. du Crochet fournira au Trésorier de lad. Artillerye obligation suffisante comme pour les propres affaires du Roy, par laquelle il s'obligera de luy raporter, six mois après ladite advance à luy faicte, les quictances des Gardes généraulx ou provinciaulx de lad. Artillerie, deuement contrerollées, de cinquante milliers de lad. pouldre à canon qu'il auroict fourniz ausd. magazins; sera tenu led. Tresorier general de descharger led. du Crochet de sad. obligation et le payer de ce qui luy sera deub de reste pour lad. fourniture desd. cinquante milliers, sans qu'il soit autrement comptable de ce qu'il auroict receu, ainsy continuer de demie année en demie année l'advance desd. salpestres et payement de la fasson desd. pouldres à mesure que led. du Crochet fournira aud. Trésorier général recépicé dud. Garde général.

Pour satisfaire à laquelle fourniture de cent milliers de pouldre à canon, led. du Crochet aura pour son Département, pour faire l'amas desd. salpestres et composition desd. pouldres, les Villes et Gouvernemens de Metz, Verdun, Thou, et la Picardie hors mis le Département qui a esté baillé à Barreau, sans qu'il soit loisible esd. pays à quelque personne que ce soict à autres que aud. du Crochet, ses commis et deputez faire amas et recherche desd. salpestre et composition desd. pouldres, sauf et réservé pour la quantité de trente milliers de salpestre dont le marché a esté faict par le sieur de Fugeres, commissaire ordinaire de lad. Artillerie qui les recevera et en fera ce qui lui sera commandé pour le service du Roy; Et se pourra led. du Crochet ayder des moulins servans à faire pouldre à canon estans en ses Departemeus en ce qui appartient au Roy, à la charge de les rendre à la fin du temps en l'estat qu'ilz sont de présent. Et ou cas qu'il y soict faict par led. du Crochet despence, demeurera au proffit du Roy, et ou il y auroict autres moulins appartenant à des particuliers, led. du Crochet s'en pourra servir s'en accordant avec lesd. particuliers.

Et outre sera tenu led. du Crochet bailler caution resseante et solvable dans Paris, Troyes ou Chaallons, pour lad. somme de trois mille trois cens trente trois escuz ung tiers, qui luy sera advancée comme dict est et pour la seureté d'icelle et entretenement du présent contract, de laquelle caution il sera tenu de bailler l'acte ès mains du Trésorier de lad. Artillerie pour la raporter sur son compte, et aultant aud. Contrerolleur général, pour en défault de fournir par led. du Crochet lad. fourniture de pouldre en faire faire à ses despens poursuites contre luy et ses cautions telles qu'il advisera. Les payemens des quelles advances cy dessus se feront par led. Trésorier, ensemble pour la fasson desd. pouldres, des deniers ordonnez pour cest effect.

Et pour l'exécution des choses dessus dictes seront delivrées aud. du Crochet cent commissions par led. sieur Grand Maistre, contrerollées par le Contrerolleur général estant de présent en charge, pour delivrer à cent salpestriers que led. du Crochet choisira en lad. charge et Département. Et ne sera tenu led. du Crochet, ses gens, serviteurs, salpestriers et deputez allans et venans par les endroictz de lad. charge ou pays circonvoisins ayans la commission dud. sieur Grand Maistre deuement contrerollée comme dict est, payer aucun péage, imposition, ou gabelle ny autres subsides ou pour le port et transport ausd. magasins desd. salpestres, boys, souffre, charbon, cendres et autres choses que ce soict pour le faict de sad. charge. Et pour mieulx exécuter par led. du Crochet le contenu cy dessus, serout toutes lettres et commissions cy devant octroyées pour le faict desd. salpestres soict par Sad. Maté, led. sieur Grand Maistre, Gouverneurs des provinces, Lieutenans generaulx ou les prédecesseurs dud. sieur Grand Maistre, revoquez, cassés, et adnullez, lesquelles moyennant ces présentes demeureront nulles et de nul effect; au lieu desquelles luy en sera expedié d'autres par led. sieur Grand Maistre, contrerollées comme dict est[1]. Et ne pourra led. du Crochet prétendre aucun rabais ny diminution de lad. fourniture sinon en cas d'hostilité au dedans desd. provinces et retardement de payement soict de lad. advance que fasson de pouldre et qu'il ne puisse jouir dud. département et en sera tenu quicte et deschargé depuis le jour seulement qu'il aura faict sa plainte aud. sieur Grand Maistre du trouble ou empeschement qui luy sera donné; sera aussy tenu quicte et deschargé de ce qui restera à fournir en rendant le surplus des deniers qu'il aura pour cest effect touchez en faisant apparoir des diligences qu'il aura faictes pour satisfaire ausd. fournisseurs

[1] Le 17 du même mois, Jacques du Crochet (cadet d'une ancienne maison du Perche) signa, devant le même notaire, une procuration pour convenir de prix avec les salpétriers auxquels il devoit remettre les commissions expédiées par le Grand Maitre de l'Artillerie.

par actes vaillables qu'il sera tenu mettre ès mains dud. Tresorier avec les acquietz dud. garde general, ensemble le surplus desd. deniers pour demeurer quicte et deschargé du contenu en ladicte obligation, laquelle luy sera en ce faisant rendue comme dict est.

Et pour l'effect et exécution de ce que dessus a led. sieur Grand Maistre promis faire expédier aud. du Crochet toutes lettres et provisions nécessaires, comme aussy led. du Crochet a promis et promet satisfaire au contenu du présent contract, ayant pour cest effect obligé et oblige tous et chacuns ses biens présens et advenir, mesmes sa personne, comme pour les propres deniers et affaires du Roy, à la simple requeste desd. sieur Grand Maistre, ses lieutenant, contrerolleur et trésoriers generaulx ou l'un d'eulx en vertu du présent contract ou copie d'iceluy. Et a led. du Crochet esleu son domicile irrévocable pour l'exécution du contenu en ces présentes en la maison où pend pour enseigne la Croix Blanche, assize rue Saint Denis, en laquelle il est de présent logé, auquel lieu il consent que tous commandemens, sommations, significations et autres qui y seront faicts pour raison de ce tel effect, soyent de force et vertu comme sy faits estoient à sa propre personne et domicille ordinaire. Car ainsy... Promettans...

Obligeans chacun en droict soy et led. du Crochet corps et biens comme pour les propres deniers et affaires du Roy, comme dict est... Renonceant...

Faict et passé double le douze^{me} jour de janvier mil six cens, à l'Arcenac du Roy, à Paris, après midy.

Maximilian de Bethune, Born, R. Tiercelin, Bouhier, du Crochet, Herbin, Fournyer.

Et le dixiesme jour d'apvril ensuivant aud. an mil six cens, avant midy, seroyt et est comparu par devant les notaires soubz^{nes}, led. seigneur baron de Rosny, nommé au contract cy endroict escript, lequel a dict et déclaré qu'il accordoyt et accorde aud. du Crochet aussy y dénommé, à ce présent et ce acceptant, outre les départemens cy dessus à luy baillez, la Thierache, le Barrois, Ligny et Commercy en ce qui deppendra de la France et qui ne sera baillé à d'autre, le tout aux conditions déclarées aud. contract. Promettans... Obligeans... Renonceant...

Faict et passé aud. Arcenac du Roy, les jour et an dessus déclairez.

Maximilian de Bethune, du Crochet, Herbin, Fournyer.

CXCVII. — 27 JANVIER 1600. — 5.

Artillerie. — Poudres et Salpêtres. — Transaction avec Nicolas de Corberon, commissaire général des Poudres et Salpêtres en Champagne et duché de Bourgogne, lui accordant, en considération de certaines dépenses, la fourniture pendant neuf ans à compter du 1er janvier 1600, pour le magasin de Troyes, de 60 milliers de poudre à canon des trois sortes, moyennant le prix de six sols la livre, soit pour le tout une somme de six mille écus par an, dont 2,333 écus 1/3 d'avance, sous réserve de fournir caution. Les poudres fournies antérieurement seront payées à raison de sept sols la livre.

Son département sera composé des gouvernements de Champagne, duché de Bourgogne « et autres provinces circonvoisines qui ne sont baillées aux autres commissaires des Salpêtres ».

Les anciennes commissions sont révoquées et soixante nouvelles commissions seront remises audit Nicolas de Corberon pour être délivrées à soixante salpêtriers de son choix.

Par devant François Herbin et Simon Fournyer, notaires du Roy nostre Sire en son Chastellet de Paris soubz^{nes}, fut présent en sa personne Messire Maximillian de Bethune (*mêmes qualités que dans les actes précédents*)... lequel, au nom et comme ayant charge de Sad. Ma^{té}, a faict, convenu, accordé et passé, faict, convient, accorde et passe en présence des sieurs de Born, de La Chevallerie, et de maistre Vincent Bouhier, sieur de La Goujonne,

conseiller du Roy et Contrerolleur général de lad. Artillerie, avec Nicolas de Corberon, Commissaire Général des poudres et Salpestres, au pays de Champaigne et duché de Bourgogne, demeurant à Troyes en Champaigne, parroisse St Jehan [1], à ce présent et acceptant, ce qui ensuit:

[1] Nicolas de Corberon et Claude, son frère, capitaine d'une compagnie d'arquebusiers à cheval, avaient toujours

C'est assavoir que en considération de ce que le sieur de Corberon, suivant le contract à luy faict le vingt huict.me septembre mil cinq cens quatre vingtz quatorze, a faict plusieurs bastiments, outre ceulx qu'il estoit tenu faire par led. contract, à ses propres coustz et despens; des pertes qu'il a cy devant faictes, tant aux deux premières années de son contract, qu'au remboursement des assignations qui luy ont esté données à Poitiers, Langres et autres lieux, et pour luy donner moyen de se rembourcer desd. frais, mesmes du rabais qui luy a esté faict présentement du sol pour livre, mond. sieur de Rosny luy a et à sa veufve et héritiers acordé le fournissement des pouldres et salpestres au magasin du Roy establi à Troyes, par chacun an durant le temps de neuf années, pendant chacune desquelles il sera tenu et a promis fournir et livrer aud. magazin de Troyes, à commencer du premier jour du présent mois de janvier mil six cens, la quantité de soixante milliers de pouldre à canon des trois sortes grenées, assavoir : cinquante milliers grosse grenée, huict milliers menue grenée et deux milliers amorce. Assavoir la grosse grenée en cacques de deux cens livres, la menue grenée en barils de cent livres et deux milliers amorce enfoncez en barilz de cinquante livres chacun; tous lesd. cacques et barils doublés, enchapez et marquez à un T couronné pour congnoistre d'où ils viennent. Fera faire led. de Corberon lesd. pouldres bonnes et loyalles du titre du Roy, poix de marc de seize onces à la livre; fournira à ses propres cousts et despens tous les salpestres, souffre, charbons, chappes, cacques et tous autres frais qu'il conviendra de faire pour la confection et composition desd. pouldres. A la composition desquelles pouldres led. de Corberon sera tenu d'appeller le lieutenant dud. sieur Grand Maistre, le contrerolleur, garde provincial, ung des trois sy tant est qu'ils soient sur les lieux, et sans pour ce prétendre aucuns frais, deschetz ni rescompence desd. pouldres qu'il sera tenu livrer ès mains du garde général ou provincial aud. magazin, qui seront aussy tenus de les recevoir aud. Troyes, au feur et à mesure que led. de Corberon les luy présentera et jusques au nombre de quatre milliers pour le moings, pour estre mis aud. magazin en présence dud. sieur Grand Maistre, contrerolleur général ou bien leurs lieutenans ou commis qui en feront l'essay pour veoir sy led. tiltre aura esté gardé.

Et ce moyennant le prix et somme de six mil escus qui luy seront paiez en ceste ville de Paris à proportion de la fourniture qu'il fera desd. pouldres, par les trésoriers généraulx de l'Artillerie respectivement, qui est à raison de six sols la livre; laquelle somme led. sieur Grand Maistre a promis faire payer par chacun an en cested. ville de Paris aud. de Corberon, par les susd. Trésoriers généraulx de lad. Artillerie au commencement de chacune demie année, à commencer au premier jour dud. présent moys de janvier, la somme de deux mille trois cens trente trois escus ung tiers par advance et pour subvenir aux achapts qu'il conviendra faire de trente milliers de salpestre qu'il convertira en pouldre à canon ainsy qu'il est acoustumé, et ce par ordonnance du Roy ou dud. sieur Grand Maistre et non autrement, deuement contrerollée par le contrerolleur général qui sera en charge. Pour laquelle somme de deux mil trois cent trente trois escus ung tiers led. de Corberon fournira aud. trésorier de l'Artillerie d'obligation suffisante comme pour les propres affaires du Roy, par laquelle il s'obligera luy rapporter six moys après lad. advance recepcé du garde général ou provincial, deuement contrerollé, de trente milliers de pouldre à canon qu'il aura fourny aud. magazin. Sera tenu led. trésorier luy rendre sa dicte obligation et luy payer six cens soixante six escus deux tiers qui luy seront deubs pour la fasson desd. trente milliers, sans que led. de Corberon soict aucunement comptable de ce qu'il aura receu, et ainsy à continuer de demye année en demie année l'advance desd. salpestres et payement de la façon de lad. pouldre, à mesure que led. de Corberon fournira aud. trésorier aquict du garde général ou provincial deuement contrerollés.

Pour satisfaire à laquelle fourniture de soixante milliers, led. de Corberon aura pour son département, pour faire l'amas desd. salpestres et composition desd. pouldres, les gouvernements de Champaigne et duché de Bourgongne et autres provinces circonvoisines qui ne sont baillées aux autres commissaires des salpestres, sans qu'il soict loisible ausd. pays à qui que ce soict faire amas desd. salpestres fors aud. de Corberon, ses commis ou salpestriers.

Et oultre ce, sera deschargé de la grange et astelier du moulin à eaue et de tout ce qu'il estoit tenu faire par led. contract du vingt huictiesme septembre quatre vingts quatorze et autre contract du cinquiesme décembre dernier. Pendant lesquelles neuf années ou au bout d'icelles, led. de Corberon pourra enlever ou autrement faire son proffict des asteliers, moulin à cheval et à eaue, estuves, tours à broyer le souffre et charbon qu'il

---

servi fidèlement Henri IV contre la Ligue. Par ce marché du 27 janvier 1600, Nicolas de Corberon ne faisait que conserver le département qu'il avait toujours eu comme commissaire général des Poudres et Salpêtres.

a faict faire à ses propres cousts et despens et remporter tous les ustancilles comme à luy appartenans, moyennant qu'il les aict faict faire et que Sa Ma^{té} n'y aict aucune chose fournie.

Et pour seuretté de lad. somme de deux mil trois cens trente troys escus ung tiers led. de Corberon sera tenu bailler bonne et suffisante caution au bailliage de l'Artillerie ou par devant les Esleuz de Troyes, l'acte de laquelle il sera tenu bailler et mettre ès mains du Trésorier de l'Artillerie pour rapporter sur son compte et aultant au Contrerolleur général pour en faire les poursuites en default de satisffaire aud. contract [1].

Et pour l'exécution du présent contract seront délivrées aud. de Corberon soixante commissions par led. sieur Grand Maistre, contrerollées par le Contrerolleur général pour bailler à soixante salpestriers tels que led. de Corberon vouldra choisir en sond. département. Et ne sera tenu led. de Corberon, ses gens, deputtez ou salpestriers allans par pays payer aucun péage, imposition ou gabelle ny autres subcides pour le port ou transport ausd. magazins desd. salpestres, souffre, bois, charbon, cendre et autres choses que ce soict pour le faict de sad. charge. Et pour mieulx exécuter par led. de Corberon le contenu cy dessus, seront toutes lettres et commissions cy devant octroyées pour le faict desd. salpestres et pouldres, soict par Sad. Ma^{té}, led. sieur Grand Maistre, Gouverneurs des provinces, Lieutenans généraulx ou les prédécesseurs dud. sieur Grand Maistre, revoquées, cassées et adnullées, lesquelles moyennant ces présentes, demeurent nulles et de nul effect; au lieu desquelles luy en sera expedié d'autres par led. sieur Grand Maistre, contrerollées comme dict est.

[1] Par acte du 29 du même mois, Nicolas de Corberon fut cautionné par son fils «noble homme maistre Nicolas de Corberon, lieutenant particulier au bailliage et siège présidial de Troyes, y demeurant». Ce dernier épousa Marie Cornuel, fille de Nicolas et nièce de la célèbre Mme Cornuel. Un de leurs filz, Nicolas III de Corberon, avocat général, maître des requêtes, puis intendant du Limousin, La Marche, Aunis, Saintonge et Angoumois, a laissé des plaidoyers estimés qui furent publiés par Abel de Sainte-Marthe, son gendre.

Et ne pourra led. de Corberon prétendre aucun rabais desd. soixante milliers, sinon en cas d'hostillité au dedans du sond. département et retardement de payement soict de lad. advance ou soict de la façon de lad. pouldre et qu'il ne puisse joyr dud. département par l'empeschement dud. sieur Grand Maistre et en sera quicté et deschargé depuis le jour qu'il en fera sa plainte aud. sieur Grand Maistre; sera aussy quicte et deschargé de ce qui restera à fournir desd. pouldres en rendant le surplus des deniers qu'il aura pour cest effect touchez, en faisant apparoir des diligences qu'il aura faictes pour satisfaire au fournissement par actes vallables qu'il sera tenu mettre ès mains dud. Trésorier avec les aquictz dud. Garde général ou provincial, ensemble le surplus desd. deniers, pour demeurer quictte et deschargé du contenu en lad. obligation, laquelle luy sera en ce faisant, rendue. Et pour l'effet et exécution de ce que dessus a led. sieur Grand Maistre promis faire expedier aud. de Corberon toutes lettres acquits et provisions nécessaires.

Et a esté acordé que pour le regard des pouldres que led. de Corberon a livrées auparavant la présente année, led. sieur Grand Maistre a promis de les luy faire payer à la somme de sept sols tournois la livre.

Led. de Corberon a promis et promet satisfaire à tout le contenu au présent contract, ayant pour cest effect obligé, affecté et ypotéqué tous et chacun ses biens présens et advenir, mesmes sa propre personne, comme pour les propres affaires de Sa Ma^{té}, à la simple requeste desd. sieurs Grand Maistre, Contrerolleurs et Tresoriers généraulx, ou l'un d'eulx, en vertu du présent marché. Car ainsy... Promettans... Obligeans chacun en droict soy et led. de Corberon corps et biens comme pour les propres deniers et affaires du Roy comme dict est... Renonceaant...

Faict et passé double le vingt sept^{me} jour de janvier mil six cens, apres midy, en l'Arsenac du Roy à Paris.

Maximilian de Bethune, R. Tiercelin, Born, Boulier, de Corberon, Herbin, Fournyer.

CXCVIII. — 23 FÉVRIER 1600. — 8.

ARTILLERIE. — POUDRES ET SALPÊTRES. — «MARCHÉ» POUR LA FOURNITURE ET LIVRAISON, AU MAGASIN DE TOURS, PENDANT NEUF ANNÉES, À COMPTER DU 1ᵉʳ JANVIER 1600, DE CINQUANTE MILLIERS DE POUDRE À CANON DES TROIS SORTES, PASSÉ AVEC MICHEL MOUSSART, COMMISSAIRE GÉNÉRAL DES SALPÊTRES ET POUDRES À CANON À TOURS, MOYENNANT LES MÊMES CONDITIONS DE PRIX QUE DANS LES MARCHÉS QUI PRÉCÈDENT, SOIT UNE SOMME DE 5,000 ÉCUS, DONT 1,666 ÉCUS 2/3 D'AVANCE, SOUS RÉSERVE DE FOURNIR CAUTION.

SON DÉPARTEMENT SERA COMPOSÉ DES GÉNÉRALITÉS DE TOURAINE, BERRY, POITOU ET BRETAGNE; LES ANCIENNES COMMISSIONS SONT RÉVOQUÉES ET CINQUANTE NOUVELLES COMMISSIONS SERONT REMISES AUDIT MICHEL MOUSSART POUR ÊTRE DÉLIVRÉES À CINQUANTE SALPÊTRIERS DE SON CHOIX.

Nota. CE MARCHÉ A ÉTÉ ANNULÉ PAR CELUI DU 4 AVRIL 1604 (CCI-140).

Par devant François Herbin et Simon Fournier, notaires du Roy en son Ch[let] de Paris, soubz[nes], fut présent en sa personne messire Maximilien de Bethune (*mêmes qualités que dans les actes précédents*)... lequel, au nom et comme ayant charge de Sa Ma[té], a faict, convenu et accordé, faict, convient, accorde et passe en présence des sieurs de Born, de La Chevallerie et de maistre Vincent Boulier, sieur de La Goujonne, conseiller du Roy et contrerolleur général de lad. Artillerie, avec Michel Moussart, demeurant à Tours, commissaire général des salpestres et pouldres à canon au magasin et arsenac de Sa Ma[té] establiy en lad. ville de Tours, à ce présent et acceptant ce qui ensuict.

C'est assavoir que led. Moussart a promis et promect aud. seigneur Grand Maistre de fournyr et livrer pendant le temps de neuf années consécutifves, aud. magazin de Tours, à commancer du premier jour de janvier dernier passé, la quantité de cinquante milliers de pouldre à canon des trois sortes grenées, assavoir: quarante deux milliers grosse grenée enfoncée en cacques de deux cens livres chacune, sept milliers menue grenée, enfoncée en barilz de cent livres chacun, ung millier amorce aussy enfoncé en petits barils de cinquante livres chacun; tous lesd. caques et barils doubles et marqués à ung To couronné pour cougnoistre d'où elles viennent; fera faire led. Moussart lesd. pouldres bonnes et loyalles du tiltre du Roy, poix de marc à seize onces la livre, et fournyra à ses propres cousts et despens tous les salpestres, souffre, charbon, chappes, caeques et tous autres fraiz qu'il conviendra pour la confection et transport desd. pouldres. Et sera tenu led. Moussart d'y appeller le lieutenant dud. sieur Grand Maistre, le contrerolleur ou garde provincial, l'un des trois, sy tant est qu'ils soyent sur les lieux et sans pour ce prétendre aucuns fraiz dechetz ny rescompense desd. pouldres qu'il sera tenu livrer ès mains du garde général ou provincial aud. magazin, qui sera aussy tenu de les recevoir aud. Tours au feur et à mesure que led. Moussart les luy présentera et desquels, au nombre de quatre milliers pour le moings, pour estre mis aud. magazin en présence dud. seigneur Grand Maistre, contrerolleur général, ou leurs lieutenans ou commis qui en feront l'essay pour veoir sy led. tiltre aura esté gardé.

Et ce, moyennant le prix et somme de cinq mil escus sol, qui luy seront payés tant en ceste ville de Paris que en la ville de Tours, à proportion de la fourniture qu'il fera desd. pouldres par les Trésoriers généraulx de lad. Artillerie respectivement, qui est à raison de six solz la livre; laquelle somme led. seigneur Grand Maistre a promis faire payer aud. Moussart par chacun an au commencement de chacune année demie année à commancer du premier jour de janvier dernier passé, la somme de seize cens soixante six escus deux tiers par advance et pour subvenyr aux achapts qu'il conviendra faire de vingt cinq milliers de salpestre qu'il convertira en pouldre à canon ainsy qu'il est accoustumé, et ce par ordonnance du Roy ou dud. sieur Grand Maistre et non autres, deuement contrerollée par le Contrerolleur général qui en sera en charge. Pour laquelle somme de seize cens soixante six escus deux tiers, led. Moussart fournyra aud. trésorier de l'Artillerie d'obligation suffisante comme pour les propres affaires du Roy, par laquelle il s'obligera luy rapporter six moys après lad. advance à luy faicte, en la présence du garde général ou provincial deuement contrerollée, de vingt cinq milliers de pouldre à canon qu'il aura fourny aud. magazin, sera tenu, led. trésorier luy rendre sad. obligation et lui payer la somme de huit cens trente trois escus ung tiers qui luy sera deue pour la façon desd. vingt cinq milliers de pouldre; sans que led. Moussart soiet aucunement comptable de ce qu'il aura receu, et ainsy continuer de demye année en demye année l'advance desd. salpestres et paiement de la façon de lad. pouldre à mesure que led. Moussart fournyra aud. Trésorier acquict du garde général ou provincial deuement contrerollée.

Et pour satisfaire à laquelle fourniture de cinquante milliers de pouldre, led. Moussart aura pour son département, pour faire l'amas desd. salpestres et composition desd. pouldres, ce qui est soubz les generallitez de Touraine, Berry, Poictou et Bretaigne, suivant son antien Département, sans qu'il soyt loysible à quelque personne que ce soyt faire amas desd. salpestres et composition de pouldre à canon en dedans desd. pays fors aud. Moussart, ses commis et salpestriers.

Et pour seuretté de lad. somme de seize cens soixante six escus deux tiers, led. Moussart sera tenu bailler bonne et suffisante caution au bailliage de l'Artillerie ou pardevant le bailly de Tourraine ou ses lieutenans, l'acte de laquelle il sera tenu bailler et mectre ès mains du Trésorier de l'Artillerie pour rapporter sur son compte et aultant au Contrerolleur général pour en faire les poursuites en défault de satisffaire aud. contract.

Et pour l'exécution du présent contract, seront délivrées aud. Moussart cinquante commissions par led. sieur Grand Maistre et contrerollées par led. Contrerolleur général pour bailler à cinquante salpestriers tels que led. Moussart vouldra choisyr en son département. Et ne sera tenu icelluy Moussart, ses gens, depputtez et salpestriers allans par pays, payer aucun péage, imposition ou gabelle ny autres subcydes pour le port ou transport aud. magazin desd. salpestres, souffres, boys, charbon et autres choses que ce soyt pour le faict de sad. charge. Et pour mieulx exécuter par led. Moussart le contenu cy dessus, seront toutes lettres et commissions cy devant octroyées pour le faict desd. salpestres et pouldres, soyt par Sad. Ma^{té}, led. sieur Grand Maistre, Gouverneurs de province. Lieutenans généraulx, ou les prédécesseurs dud. sieur Grand Maistre, revocquées, cassées et adnullées, lesquelles, moyennant ces présentes, demeurent nulles et de nul effect; au lieu desquelles luy en sera expédyées d'antres par led. sieur Grand Maistre, contrerollées comme dict est.

Et ne pourra led. Moussart prétendre aucun rabais desd. cinquante milliers de pouldre synon (*sous les conditions stipulées dans l'acte précédent*)... Et pour l'effect et exécution de ce que dessus, a led. Sr Grand Maistre promis faire expédier aud. Moussart toutes lettres acquits et provisions nécessaires.

Led. Moussart a promis et promect satisfaire en tout au contenu du présent contract, ayant pour cest effect obligé et affecté et ypothéqué tous et chacun ses biens présens et ad venyr, mesme sa propre personne, comme pour les propres affaires de Sa Ma^{té}, à la simple requeste desd. sieurs Grand Maistre, Contrerolleurs et Trésoriers generaulx ou l'un d'eulx en vertu du présent contract. Car ainsy... Promectans... Obligeans chacun en droict soy et led. Moussart corps et biens pour les propres deniers et affaires du Roy, comme dict est... Renonceant...

Faict et passé le vingt trois^{me} jour de febvrier mil six cens, en l'Arsenac du Roy à Paris.

Maximilian de Béthune, Born, R. Tiercelin, Bouhier, Moussart, Herbin, Fournyer.

CXCIX. – 26 OCTOBRE 1601. — 71.

Artillerie. — Poudres et Salpêtres. — «Marché» pour la fourniture au magasin de Bordeaux, pendant cinq années à commencer du 1er janvier 1602, de trente milliers de poudre à canon des trois sortes, passé avec Abraham de Vienne, marchand à Sarlat, moyennant le prix de sept sols la livre, poids de marc à 16 onces la livre, soit pour les 30 milliers de poudre la somme de 3,500 écus dont 875 écus d'avance, sous réserve de fournir caution.
Son département se composera des villes et gouvernement de Guyenne qui ne font pas partie du département du commissaire général de Tours; les anciennes commissions sont révoquées et vingt nouvelles commissions seront remises audit A. de Vienne pour être délivrées à vingt salpêtriers.

Par devant les notaires du Roy nostre Sire au Chastellet de Paris, soubz^{nés}, fut présent hault et puissant seigneur messire Maximilian de Bethune, chevallier, sieur et marquis de Rosny, conseiller du Roy en ses Conseils d'Estat et privé, son chambellan ordinaire, cappitaine de cinquante hommes d'armes de ses Ordonnances, grand voyer de France. Grand Maistre et cappitaine général de l'Artillerie de France, superintendant de ses finances, gouverneur de la ville et citadelle de Mante et superintendant des fortiffications de France; lequel au nom et comme ayant charge de Sa Ma^{té}, a faict, convenu, accordé et passé en présence du sieur de La Chevallerie et de noble homme maistre François de Guillon, conseiller du Roy et contrerolleur général de lad. Artillerie; avec Abraham de Vienne, marchant, demeurant à Sarlat en Périgort[1], à ce présent, ce qui ensuit.

C'est assavoir led. de Vienne avoir promis et promect aud. sieur Grand Maistre de fournir et livrer par chacun au durant le temps de cinq années, à commancer du premier jour de janvier mil six cens deux, au magazin de la ville de Bourdeaulx, la quantité de trente milliers de pouldre à canon des trois sortes grenées, assavoir: vingt cinq milliers grosse grenée, enfoncez en cacques de deux cens livres chacune; quatre milliers de menue grenée, enfoncez en barils de cent livres chacun; et ung millier amorce, aussy enfoncez en petitz barilz de cinquante livres chacun; tous lesd. cacques et barilz doubles et enchappez et marquez à ung B couronné pour congnoistre d'où elles viennent. Fera led. de Vienne les dictes pouldres bonnes, loyalles et marchandes du tiltre du Roy, poix de marc à seize onces la livre, et fournira à ses propres coustz et despens, tous les salpestres, souffre, charbon, cacques, chappes et tous autres fraiz qu'il conviendra faire pour la confection et composition desd. pouldres; à la composition desquelles il sera tenu d'appeller le lieutenant dud. sieur Grand Maistre, le contrerolleur et garde provincial, sans pour ce prétendre aucuns fraiz dechetz ny rescompence desd. pouldres qu'il sera tenu livrer ès mains du garde général ou provincial de lad. Artillerie aud. magazin, qui sera aussy tenu de les recevoir à mesure que led. de Vienne les présentera jusques au nombre de troys milliers pour le moings, pour estre mis dans led. magazin en présence dud. sieur Grand Maistre et du sieur contrerolleur général ou bien de leurs lieutenans et commis esd. lieux, qui en feront l'essay pour veoir sy led. tiltre aura esté gardé. Et ce moyennant le prins et somme de troys mil cinq cens escuz par an, qui est à raison de sept sols la livre, que led. sieur Grand Maistre a promis aud. de Vienne luy faire payer en ceste ville de Paris, par les trésoriers généraulx de lad. Artillerie, respectivement chacun en l'année de leur exercice.

[1] Abraham de Vienne, qui signe Devienne comme Jean de Vienne, était très certainement proche parent du célèbre président, qui, du reste, avait le bon esprit de ne pas cacher ses humbles origines.

Et pour donner moyen aud. de Vienne de faire les achapts qu'il conviendra faire de quinze milliers de salpestre, faisant moictié desd. trente milliers, qu'il convertira en pouldres à canon ainsy qu'il est accoustumé, luy sera baillé par davance au commencement de chacune demye année par lesd. trésoriers susd., par ordonnance dud. sieur Grand Maistre ou son lieutenant, deuement controllée, la somme de huict cens soixante quinze escuz, pour laquelle somme led. de Vienne fournira ausd. sieurs Trésoriers d'obligations suffisantes comme pour les propres affaires du Roy; pour laquelle il s'obligera de luy rapporter, six mois après lad. avance, récepicé du garde général ou provincial d'icelle Artillerie, deuement contrerollée, de quinze milliers de lad. pouldre à canon qu'il auroict fournis aud. magazin; et moyennant ce, sera tenu led. tresorier luy rendre sad. obligation et le payer ce qui luy sera deub de reste pour lad. fourniture desd. quinze milliers, et ainsy continuer de demie année en demie année l'advance desd. salpestres et payements de la façon desd. pouldres, à mesure que led. de Vienne fournira aud. trésorier récépicé du garde général ou provincial deuement controllé.

Pour satisfaire à laquelle fourniture de trente milliers de pouldres à canon led. de Vienne aura pour son deppartement pour faire l'amatz desd. salpestres et composition desd. pouldres, les Villes et gouvernement de Guyenne qui ne sont du département du commissaire général des salpestres du magazin de Tours, sans qu'il soict loisible èsd. pays ainsy à luy baillez à quelques personnes que ce soict, faire amatz et recherche desd. salpestres et composition desd. pouldres, fors aud. de Vienne, ses commis ou salpestriers. Et pour seureté tant de lad. advance que de l'entretenement du présent contract, sera tenu led. de Vienne bailler bonne et suffisante caution par devant le Bailly de l'Arsenac à Paris, l'acte de laquelle il sera tenu bailler ès mains du Trésorier de lad. Artillerie pour les rapporter sur son compte, et aultant aud. Contrerolleur général pour, en deffault de fournir aud. contract, en faire les poursuittes.

Et pour l'exécution du présent contract seront délivrées aud. de Vienne vingt commissions par led. sieur Grand Maistre, contrerollées par led. contrerolleur général estant de présent en charge, pour délivrer à vingt salpestriers que led. de Vienne choisira en sond. département. Et ne sera led. de Vienne, ses gens, salpestriers et depputtez, allans et venans par les endroictz de lad. charge aux pays circonvoisins, ayans la commission dud. sieur Grand Maistre deuement contrerollée comme dict est, tenu payer aucun péage d'imposition ou gabelles ny autres charges, subcides pour le transport et port aud. magazin desd. pouldres, salpestres, boys, souffre, charbon, cendres et autres choses nécessaires pour le faict de sad. charge.

Et pour mieulx exécuter par led. de Vienne le contenu cy dessus, seront toutes lettres de commission cy devant octroyées pour le faict desd. salpestres et pouldres soict par Sad. Ma^{té}, lesd. sieurs Grand Maistre, Gouverneurs de provinces, Lieutenans généraulx ou les prédécesseurs d'icelluy Grand Maistre révocquées, cassées et adnullées, lesquelles, moyennant ces présentes demeurent nulles et de nul effect, au veu desquelles luy en seront expedyées d'autres par led. sieur Grand Maistre controllées comme dict est. Et ne pourra led. de Vienne prétendre aucun rabais ni diminution de lad. fourniture, sinon (*sous les conditions stipulées dans les deux actes précédents*)...

Et pour l'exécution du contenu en ces présentes led. de Vienne a esleu son domicille irrévocable en la maison de maistre Simon Moreau, procureur en Parlement, size à Paris, rue du Foing, parroisse St Severin, auquel lieu il consent que tous commandemens, significations et autres actes et exploictz qui y seront faictz pour raison de ce, soyent de tel effect, force et vertu comme sy faicts estoient à sa propre personne et domicille ordinaire. Promectans... Obligeans chacun en droict soy et led. de Vienne corps et biens comme pour les propres affaires du Roy... Renonceaunt...

Faict et passé aud. Arsenac du Roy, à Paris, l'an mil six cens ung. le vingt six^{esme} jour d'octobre, après midy.

Maximilian de Bethune, R. Tiercelin, Deguillon, A. Deviene, Motelet, Fournyer.

CC. — 6 JUIN 1603. — 112.

Artillerie. — Poudres et Salpêtres. — «Marché» pour «racomoder, rafreschir et recharger toutes et chacune les poudres mentionnées en l'estat» qui le précède, à Rethel, Maubert-Fontaine, Rocroi, Mouzon, Villefranche, Châlons, St-Dizier et Coiffy, passé avec Thomas Laurens, bourgeois de Châlons, moyennant le prix de un sol trois deniers par livre, soit pour 42,300 livres de poudre la somme totale de 2,643^{lt} 15^s dont 881^{lt} d'avance sous réserve de fournir caution.

Estat des pouldres à canon qui sont ès villes frontières de Champaigne, qui sont de nul service, qu'il convient rafreschir et recharger:

Premièrement:

A Rethel, grosse grenée, deux mille livres;
A Maubert-Fontaine, grosse grenée, trois cens livres;
A Rocroy, grosse grenée, quatre mil livres;
— menue grenée, cinq cens livres;
A Mouzon, grosse grenée, seize cens livres;
— menue grenée, six cens livres;
A Villefranche, grosse grenée, onze mil livres;
— menue grenée, mil livres;
A Châlons, grosse grenée, huict mil livres;
— menue grenée, six cens livres;
A St Dizier, grosse grenée, dix mil quatre cens livres;
— menue grenée, seize cens livres;
— amorce, trois cens livres;
A Coiffy, menue grenée, quatre cens livres;
Nombre desd. pouldres à canon, quarante deux mille trois cens livres.

Par devant les notaires du Roy nostre Sire en son Ch^{let} de Paris, soubz^{és}, fut présent Thomas Laurens, bourgeois de Châllons, y demeurant, lequel a recongneu et confessé avoir promis et promect au Roy nostre Sire, stipullant pour Sa Ma^{té} hault et puissant seigneur Messire Maximilian de Bethune, chevallier, seigneur et marquis de Rosny, comte de Moret, baron de Sully, conseiller du Roy en ses Conseils d'Estat et privé, cappitaine de cent hommes d'armes de ses Ordonnances, grand voyer, Grand Maistre et cappitaine général de l'Artillerie, superintendant des finances, fortifications et bastimens de Sa Ma^{té}, et gouverneur de la Ville et citadelle de Mante, à ce présent, et en la présence de noble homme maistre Enemont du Benoist, sieur de St Thivier, conseiller du Roy et controlleur général de lad. Artillerie, de racomoder, rafreschir et recharger toutes et chacunes les pouldres à canon mentionnées en l'estat cy devant et de l'autre part escript, ès lieux et endroictz y declarez, et mectre lesd. pouldres en bon et suffisant estat pour servir Sad. Ma^{té} et icelles rendre au mesme poix qui luy seront dellivrées.

Et pour le recouvrement des salpestres qu'il conviendra avoyr pour cest effect, sera dellivré aud. Laurens toutes lettres et commissions dud. S' Grand Maistre pour prendre desd. salpestres aux plus prochains magazins des lieux mentionnés aud. estat cy devante script, en payant par led. Laurens lesd. salpestres. A commencer à faire led. rafreschissement et recharge desd. pouldres dedans huict jours prochains et le tout rendre fait dans le cours de septembre prochain, et y besongner incessamment sans discontinuer.

Ceste promesse faite moyennant et à raison de ung sol troys deniers tournois par chacune livre de pouldre qu'il rafreschira et rechargera, l'un portant l'autre, revenans pour toutes lesd. quantités de pouldres mentionnées aud. estat à la somme de deux mil six cens quarante trois livres quinze sols; sur laquelle somme led. seigneur Grand Maistre promect faire bailler par advance aud. Laurens par monsieur le Tresorier général de lad. Artillerie la somme de huict cens quatre vingts une livre cinq sols, et le surplus de lad. somme au feur et à mesure que led. Laurens fera led. rafreschissement et recharge desd. pouldres en rapportant au préalable par icellui Laurens certification du lieutenant dud. sieur Grand Maistre et récépissé du garde général et provincial de lad. Artillerie deuement contrerollé dès qu'il aura fait rafreschyr et recharger desd. pouldres. Pour raison de laquelle somme d'advance promet led. Laurens bailler bonne et suffisante caution en ceste ville de Paris ou Chaallons au lieutenant dud. sieur Grand Maistre, et ce auparavant que de recevoir par led. Laurens lad. advance comme dessus. — Promettans... Obligeans chacun en droict soy et led. Laurens corps et biens comme pour les propres affaires du Roy... Renonceant...

Faict et passé aud. Arsenac du Roy à Paris, l'an mil six cens troys, le six^{me} jour de juing, après midy.

MAXIMILIAN DE BETHUNE, DU BENOICT, LAURENS, HERBIN, FOURNYER.

CCI. — 4 AVRIL 1604. — 140.

ARTILLERIE. — POUDRES ET SALPÊTRES. — «MARCHÉ» POUR LA FOURNITURE ET LIVRAISON, AUX MAGASINS DE TOURS ET DE POITIERS, PENDANT SIX ANNÉES À COMPTER DU 1er JANVIER 1604, DE CENT MILLIERS DE POUDRE À CANON DES TROIS SORTES, PASSÉ AVEC AUGER MARMOT, MARCHAND À TOURS, TANT EN SON NOM QU'EN CELUI DE Me MICHEL MOUSSART, COMMISSAIRE GÉNÉRAL DES SALPÊTRES ET POUDRES À CANON À TOURS, MOYENNANT LE PRIX DE SIX SOLS LA LIVRE, SOIT POUR 100 MILLIERS DE POUDRE, LA SOMME DE 30,000^{tt} DONT 10,000^{tt} D'AVANCE, SOUS RÉSERVE DE FOURNIR CAUTION, LEDIT MARCHÉ ANNULANT CELUI PASSÉ LE 23 FÉVRIER 1600 AVEC LEDIT MICHEL MOUSSART (CXCVIII–8).

ILS AURONT POUR DÉPARTEMENT LES GÉNÉRALITÉS DE TOURAINE, BERRY, ORLÉANS, POITOU ET BRETAGNE; LES ANCIENNES COMMISSIONS ÉTANT RÉVOQUÉES, IL LEUR SERA DÉLIVRÉ CENT COMMISSIONS NOUVELLES POUR ÊTRE REMISES À CENT SALPÊTRIERS DE LEUR CHOIX.

SUIT LE TEXTE DE LA *PROCURATION* DE Me MICHEL MOUSSART EN DATE DU 2 MARS 1604.

Par devant les notaires du Roy nostre Sire en son Chastellet de Paris soubz^{nez}, fut présent Auger Marmot, marchant, demeurant à Tours, tant en son nom que comme procureur de maistre Michel Moussart, commissaire général des salpestres et pouldres à canon en l'Arcenac et magasin du Roy à Tours, pour les provinces et autiens deppartemens de Languedoc et Bretaigne, de luy fondé de procuration passée par devant Pierre Coynard, notaire royal aud. Tours, en date du dix neufiesme jour de mars dernier passé, de laquelle est apparu aux notaires soubz^{nez} et sera incérée en la fin des présentes; lequel esd. noms, a recongneu et confessé avoir promis et promect à hault et puissant seigneur Messire Maximilian de Bethune, chevallier, sieur et marquis de Rosny, baron de Sully, conseiller du Roy en ses Conseils d'Estat et privé, cappitaine de cent hommes d'armes de ses Ordonnances, grand voyer, Grand Maistre et cappitaine général de l'Artillerie, superintendant des finances, fortifications et bastimens de Sa Ma^{té}, gouverneur et lieutenant général pour Sa Ma^{té} en Poictou, à présent et acceptant pour et au nom de Sa Ma^{té} et en la présence de noble homme Zacarie de Pérelles, sieur de Saulmery, conseiller du Roy et contrerolleur général de lad. Artillerie, de fournir et livrer à Sad. Ma^{té} pendant le temps de six années consécutifves, la quantité de cent milliers de pouldre à canon des trois sortes grenées, assavoir : au magasin de Tours, cinquante milliers, et en la ville de Poictiers pareille quantité de cinquante milliers ; à commencer du premier jour de janvier dernier passé, an présent mil six cens quatre : assavoir : quatre vingtz milliers grosse grenée enfoncée en cacques de deux cens livres chacune ; dix huict milliers menue grenée, enfoncée en barils de cent livres chacun et deux milliers amorce enfoncés en petits barils de cinquante livres chacun. Tous lesd. cacques et barilz doubles et marquez à ung To couronné par congnoistre d'où elles viennent. Fera faire led. Marmot esd. noms lesd. pouldres bonnes et loyalles du tiltre du Roy, poix de marcq à seize onces la livre, et fournira à ses propres coustz et despens tous les salpestres, souffre, charbon, chappes, cacques et tous autres frais qu'il conviendra pour la confection et composition desd. pouldres ; et sera tenu led. Marmot esd. noms, d'y appeler le Lieutenant dud. sieur Grand Maistre, le Contrerolleur ou Garde provincial, l'un des trois, sy tant est qu'ils soient sur les lieux, et sans, pour ce, prétendre aucuns frais, dechetz, ny rescompense desd. pouldres qu'il sera tenu livrer ès mains des Gardes généraulx ou provinciaux auxd. magasins de Tours et Poictiers, qui seront aussy tenuz de les recevoir ès dits fieux au feur et à mesure que led. Marmot esd. noms les luy présentera et jusques au nombre de cinq milliers pour le moings, pour estre mis esd. lieux en présence dud. seigneur Grand Maistre, contrerolleur général et leurs lieutenans ou commis, qui en feront l'essey pour veoir sy led. tiltre aura esté gardé.

Et ce, moyennant la somme de trente mille livres tournoys qui luy seront payez tant en ceste ville de Paris que aud. Tours, à proportion de la fourniture qu'il fera desd. pouldres, par les Trésoriers generaulx de lad. Artillerie respectivement, qui est à raison de six sols tournois la livre, laquelle somme led. seigneur Grand Maistre a promis faire payer aud. Marmot, chacun an, au commencement de chacune demie année à commencer dud. premier jour de janvier dernier passé, la somme de dix mil livres par advance et pour subvenir aux achapts qu'il conviendra de cinquante milliers de salpestre qu'il couvertira en pouldre à canon ainsy qu'il est accoustumé, et par Ordonnance du Roy ou dud. sieur Grand Maistre et non d'autre, deuement contrerollée par led. Contrerolleur général qui sera en charge. Pour laquelle somme de dix mil livres tournoys led. Marmot èsd. noms fournira aud. trésorier d'obligation suffisante, comme pour les propres affaires du Roy, par laquelle il s'obligera luy rapporter six mois après lad. advance à luy faicte, récépicé du Garde général ou provincial, deuement contrerollé, de cinquante milliers de pouldre à canon qu'il aura fourny tant aud. magazin de Tours que en la ville de Poictiers ; sera tenu led. trésorier luy rendre sad. obligation et luy paier la somme de cinq mil livres tournois qui luy sera deue pour la façon desd. cinquante milliers de pouldre, sans que led. Marmot èsd. noms soict aultrement comptable de ce qu'il aura receu, et ainsy continuer de demie année en demie année l'advance desd. salpestres et paiement de la façon de lad. pouldre à mesure que iod. Marmot èsd. noms fournira aud. Trésorier acquict du Garde général ou provincial deuement contrerollé.

Et pour satisfaire à laquelle fourniture de cent milliers de pouldre, led. Marmot èsd. noms, aura pour son deppartement et pour faire l'amas desd. salpestres et composition desd. pouldres qui est soubz les généralitez de Touraine, Berry, Orléans, Poictou, Bretaigne, suivant son antien deppartement, sans qu'il soict loisible à quelque personne que ce soict faire amas desd. salpestres et composition de pouldre à canon au dedans desd. païs, fors aud. Marmot èsd. noms, ses commis et salpestriers.

Et pour sureté de lad. somme de dix mil livres tournois led. Marmot èsd. noms sera tenu bailler bonne et suffisante caution par devant le bailly de Touraine ou son lieutenant ; l'acte de laquelle il sera tenu bailler et mettre ès mains du Trésorier de lad. Artillerie pour rapporter sur son compte, et aultant aud. Contrerolleur général pour en faire poursuitte en defflault de satisfaire aud. contract.

Et pour l'exécution du présent contract, seront délivrées aud. Marmot èsd. noms cent commissions par led. sieur Grand Maistre, contrerollées par led. Contrerolleur, pour bailler à cent salpestriers tels que led. Marmot èsd. noms vouldra choisir en son deppartement. Et ne sera tenu iceluy Marmot esd. noms, ses gens, depputez et salpestriers, allans par païs, payer aucun péage, imposition ou gabelle ny autres subcides pour le port ou transport aud. magazin desd. salpestres, souffre, bois, charbon et autres choses que ce soict pour le faict de sad. charge. Et pour mieulx entretenir par led. Marmot èsd. noms, le contenu cy dessus, seront toutes lettres et commissions cy-devant octroiées pour le faict desd. salpestres et pouldre soict par Sad. Ma[té], led. sieur Grand Maistre ou les prédécesseurs dud. sieur Grand Maistre, gouverneurs de provinces et lieutenans généraulx, révocquées, cassées et adnullées, lesquelles moyennant ces présentes demeurent nulles, au lieu desquelles luy en sera expédié d'autres par led. sieur Grand Maistre controrollées comme dict est. Et ne pourra led. Marmot èsd. noms, prétendre aucun rabais desd. cent milliers de pouldre, sinon en cas d'hostilité au dedans de sond. deppartement et retardement de paiement soict de lad. advance ou paiement de la façon de lad. pouldre, et en sera quicté et deschargé depuis le jour qu'il en fera sa plaincte aud. sieur Grand Maistre, ensemble sera quicté et deschargé de ce qui restera à fournir desd. pouldres en rendant le surplus des deniers qu'il aura pour cest effect touchés, pour demeurer quicte et deschargé du contenu en lad. obligation, laquelle luy sera en ce faisant, rendue. Et pour l'effect et exécution de ce que dessus, led. sieur Grand Maistre a promis faire expédier aud. Marmot èsd. noms, toutes lettres, acquictz et provisions nécessaires. Led. Marmot èsd. noms a promis et promect satisfaire au contenu du présent contract, ayant pour cest effect obligé, affecté et ypothéqué tous et chacun ses biens présens et advenir, mesmes sa propre personne, comme pour les propres affaires du Roy, à la simple requeste desd. Grand Maistre, Controrolleur et Trésoriers généraulx ou l'un d'eulx en vertu du présent contract.

Et moyennant ce présent contract demeure autre contract cy-devant passé le vingt trois^{me} jour de febvrier mil six cens, faict entre led. sieur Grand Maistre et led. Moussart, pour raison de la quantité de cinquante milliers de pouldre, passé devant Herbin et Fournyer, notaires, nul pour le temps qui en reste à expirer du dernier jour de novembre dernier passé. Car ainsy... Promettans... Obligeans chacun en droict soy et led. Marmot èsd. noms et en chacun d'iceulx seul et pour le tout, sans division corps et biens comme pour les propres affaires du Roy... Renonceant icelluy Marmot aud. bénéfice de division et de discution...

Faict et passé en l'Arsenac du Roy, à Paris, l'an mil six cens quatre, le second jour de avril, après midy.

Ensuict la la teneur de lad. procuration dont cy dessus est faict mention :

Par devant Pierre Coynard, notaire Royal à Tours, soubz^{né}, fut présent en sa personne, estably et deuement soubmis Maistre Michel Moussart, Commissaire général des salpestres et pouldres à canon en l'Arsenac et magazin du Roy estably à Tours pour les provinces et antiens deppartements de Languedoc et Bretaigne, lequel a faict et constitué son procureur Maistre Auger Marmot, marchant, demeurant à Tours, auquel led. constituant a donné et donne plain pouvoir, puissance et auctorité et mandement spécial par ces présentes, de l'obliger à Sa Ma^{té} en la personne de hault et puissant seigneur Messire Maximilian de Bethune chevallier, sieur et marquis de Rosny, conseiller du Roy en ses Conseils d'Estat et privé, cappitaine de cinquante hommes d'armes de ses Ordonnances, Grand Maistre et cappitaine général de l'Artillerie, superintendant des finances et fortifications, grand voyer de France et gouverneur de la ville et citadelle de Mante, de fournir par led. constituant chacun an, durant neuf années consécutives dans led. magazin de Tours, à commencer du premier jour de Janvier dernier passé, le nombre de cent milliers de pouldre à canon des trois sortes grenées, enfoncées scavoir : les grosses grenées en cacques de deux cens livres chacune, les menues grenées en cacques de cent livres chacune et l'amorce en barils de cinquante livres chacun; tous lesd. cacques doubles et enchappés; lesd. pouldres bonnes et loyalles du tiltre du Roy, poix de mare à seize onces la livre. Fournira led. constituant de toutes choses nécessaires pour la confection d'icelles et les rendre et livrer dans le magazin ès mains de Monsieur le Garde général de l'Artillerie ou son commis. Et ce pour et moyennant le prix et somme de trente mil livres tournois, qui luy sera baillée et payée aud. Tours, à proportion de la fourniture qu'il fera desd. pouldres, par messieurs les Trésoriers généraux de lad. Artillerie, respectivement, qui est à raison de six sols la livre; faire le tout par le procureur suivant et conformément certain contract faict entre led. seigneur Grand Maistre et led. constituant dès le vingt trois^{me} de febvrier mil six cens, passé par Fournyer et Herbin, notaires au Ch^{let} de Paris et pour cest effet en faire et passer tel contract et obligation que besoing sera, y obliger led. constituant avec tous et chascun ses biens présens et advenir. Et généralement promettans... Obligeans... Renonceant... Donné, faict et passé aud. Tours, en l'estude dud. notaire avant midy, le dix neufiesme jour de mars mil six cent quatre; présens : Jehan Le Febvre et Pierre Safouin clercs aud. Tours, tesmoings. Et est la minute du présent signée dud. constituant, des tesmoings et du notaire soubz^{né}. Ainsy sigué : Coynard.

Ce faict, lad. procuration rendue aud. Marmot.

MAXIMILIAN DE BETHUNE, DE PERELLES, MARMOT, HERBIN, FOURNYER.

CCII. – 9 OCTOBRE 1604. – 144.

ARTILLERIE. — POUDRES ET SALPÊTRES. — MARCHÉ POUR LA FOURNITURE, AU MAGASIN D'ORLÉANS, CHAQUE ANNÉE, «TANT ET SI LONGUEMENT QU'IL PLAIRA AU SIEUR GRAND MAISTRE», DE DEUX MILLIERS DE POUDRE À CANON DES TROIS SORTES, PASSÉ AVEC JEHAN BAILLY, «POULDRIER» À VIERZON, MOYENNANT LE PRIX DE SIX SOLS LA LIVRE, SOIT UNE SOMME DE 600ᵗᵗ, DONT 200ᵗᵗ D'AVANCE, SOUS RÉSERVE DE FOURNIR CAUTION.
LEDIT JEHAN BAILLY AURA POUR SON DÉPARTEMENT LA PROVINCE D'AUVERGNE; LES ANCIENNES COMMISSIONS ÉTANT RÉVOQUÉES, IL LUI SERA DÉLIVRÉ DOUZE COMMISSIONS NOUVELLES POUR ÊTRE REMISES À DOUZE SALPÊTRIERS DE SON CHOIX.

Par devant les notaires du Roy nostre Sire en son Chᵗᵉˡ de Paris, soubzsignez, fut présent Jehan Bailly, pouldrier, demeurant en la ville de Vierzon, païs de Berry, lequel a recongneu et confessé avoir promis et promect à hault et puissant seigneur Messire Maximilian de Bethune (*mêmes qualités que dans l'acte précédent*)... à ce présent et acceptant pour Sad. Maᵗᵉ, de fournir et livrer chacun an, tant et si longuement qu'il plaira aud. sieur Grand Maistre, au magazin de la ville d'Orléans, ou en telle autre ville, de la province d'Auvergne, qui luy sera ordonné par led. sieur Grand Maistre, trois mois après que iceluy sieur Grand Maistre luy aura mandé, le nombre de deux milliers de poudre à canon des trois sortes grenées, assavoir: ung millier de grosse grenée, comme pour canon, six cens de moyenne grenée pour le mousquet et quatre cens de menue grenée pour l'arquebuse, chacune d'icelle enfoucée en doubles cacques, bonne et loyalle, du tiltre du Roy, poix de marc à seize onces la livre. Tous lesd. cacques et barils doubles et marquez à ung A couronné pour congnoistre d'où elles viennent. Fournira led. Bailly à ses propres coustz et despens tous les salpestres, soufïre, charbon, chappes, cacques et tous autres frais qu'il conviendra pour la confection et composition desd. pouldres, et sera tenu d'y appeler led. sieur Grand Maistre, le Contrerolleur ou Garde provincial, l'un des trois sy tant est qu'ils soient sur les lieux, et sans pour ce prétendre aucuns fraiz, déchetz ny rescompense desd. pouldres qu'il sera tenu livrer ès mains des Gardes généraulx ou provinciaulx aud. Orléans ou à telle ville qu'il luy sera ordonné dans lad. province d'Auvergne, qui seront aussy tenuz les y recevoir, et de laquelle pouldre sera faict essey en présence du sieur Grand Maistre, Contrerolleur général et leur Lieutenant ou commis pour veoir sy led. tiltre aura esté gardé.

Et ce moyennant la somme de six cens livres tournois qui luy sera payée par chacune des années qu'il fournira lad. quantité de deux milliers de pouldre à canon aud. magazin d'Orléans ou autre ville qui luy sera, comme dict est, ordonné, et ce par les Trésoriers généraulx de lad. Artillerie respectivement, qui est à raison de six solz la livre, et quand il sera besoing de faire lad. fourniture, luy sera baillé par advance, par ordonnance dud. sieur Grand Maistre, la somme de deux cens livres pour subvenir aux achaptz desd. salpestres, qu'il convertira en pouldre à canon ainsy qu'il est accoustumé et par ordonnance du Roy ou dud. sieur Grand Maistre et non d'autre, deuement contrerollée par le Contrerolleur général qui sera en charge. Pour laquelle somme de deux cens livres led. Bailly fournira aud. Trésorier d'obligation suffisante comme pour les propres affaires du Roy, par laquelle il s'obligera luy rapporter six mois après lad. avance à luy faicte, récépicé du Garde général ou provincial, deuement contrerollé, de lad. quantité de deux milliers de pouldre à canon qu'il aura fourniz aud. magazin d'Orléans ou autre lieu aiusy que dict est; sera tenu led. Trésorier luy rendre sad. obligation et luy payer la somme de quatre cenz livres qui luy sera deue pour la façon de lad. pouldre sans que led. Bailly soict aultrement comptable de ce qu'il aura receu.

Pour satisfaire à laquelle fourniture de deux milliers de pouldre à canon, led. Bailly aura pour son deppartement pour faire l'amas desd. salpestres et composition desd. pouldres, ce qui est soubz les generallitez de la province du hault et bas Auvergne, sans qu'il soit loisible à quelque personne que ce soict faire amas desd. salpestres et composition de pouldres à canon au dedans desd. païs fors aud. Bailly, ses commis et salpestriers. Et pour seureté de lad. somme de deux cens livres, led. Bailly sera tenu bailler bonne et suffisante caution par devant tel juge où officier qui luy sera ordonné, l'acte de laquelle il sera tenu bailler et mettre ès mains du Trésorier de lad. Artillerie pour rapporter sur son compte et aultant au Contrerolleur général pour en faire poursuitte en deffault de saltisfaire aud. contract.

Et pour l'exécution du présent contract, seront délivrées aud. Bailly douze commissions par led. seigneur Grand Maistre, contrerollées par led. Contrerolleur, pour bailler à douze salpestriers tels que led. Bailly vouldra choisir en sond. deppartement. Et ne sera tenu led. Bailly, ses gens, depputez et salpestriers allans par païs, paier aucun péage, imposition ou gabelle ny autres subcides pour le port ou transport aud. magazin desd. salpestres, souffre, bois, charbon et autres choses que ce soict pour le faict de sad. charge. Et pour mieulx exécuter par led. Bailly le contenu cy dessus, seront toutes lettres et commissions cy devant octroyées pour le faict desd. salpestres et pouldres, soict par Sad. Ma^{té}, led. sieur Grand Maistre ou les predecesseurs dud. sieur Grand Maistre, Gouverneur de provinces, Lieutenans généraulx, revocquées, cassées et adnullées, lesquelles moyennant ces présentes demeureront nulles. Et ne pourra led. Bailly prétendre aucun rabais desd. deux milliers de pouldre, sinon (*sous les conditions stipulées dans les actes précédents*)...

Et pourra led. Bailly bastir un moulin pour battre lad. pouldre en tel lieu de lad. province qu'il trouvera estre plus commode. Car ainsy... Promettans... Obligeans chacun en droict soy et led. Bailly corps et biens comme pour les propres affaires du Roy... Renonceant...

Faict et passé en l'Arcenac du Roy à Paris, l'an mil six cens quatre, le neufiesme jour d'octobre, après midy.

MAXIMILIAN DE BETHUNE, JEHAN BAILLY, MOTELET, FOURNYER.

CCIII. — 29 NOVEMBRE 1605. — 172.

ARTILLERIE. — POUDRES ET SALPÊTRES. — MARCHÉ POUR LA FOURNITURE, AU MAGASIN DE MARSEILLE, CHAQUE ANNÉE, «TANT ET SI LONGUEMENT QUE PLAIRA AU SIEUR GRAND MAISTRE», DE VINGT CINQ MILLIERS DE POUDRE À CANON DES TROIS SORTES, PASSÉ AVEC JEAN JOURDAN, «POULDRIER ORDINAIRE DU ROY» À MARSEILLE, MOYENNANT LE PRIX DE SIX SOLS LA LIVRE, SOIT LA SOMME DE 7,500^{tt}, DONT 2,500^{tt} D'AVANCE, SOUS RÉSERVE DE FOURNIR CAUTION.

LEDIT JEAN JOURDAN AURA POUR SON DÉPARTEMENT LA PROVENCE; LES ANCIENNES COMMISSIONS ÉTANT RÉVOQUÉES, IL LUI SERA DÉLIVRÉ VINGT CINQ COMMISSIONS NOUVELLES POUR ÊTRE REMISES PAR LUI À VINGT CINQ SALPÊTRIERS DE SON CHOIX.

Par devant les notaires du Roy nostre Sire, en son Chastellet de Paris, soubz^{bes}, fut présent Jehan Jourdan, pouldrier ordinaire du Roy, demeurant à Marseille, lequel a recongneu et confessé et, par ces présentes, confesse avoir promis et promet à hault et puissant seigneur messire Maximilian de Bethune, chevallier, sieur et marquis de Rosny, comte de Dourdan, souverain de Boisbelle, baron de Sully, Baugy, la Chappelle, Bruyères et Espimeuil, conseiller du Roy en ses Conseilz d'Estat et privé, cappitaine de cent hommes d'armes de ses Ordonnances, grand voyer, Grand Maistre et cappitaine général de l'Artillerie, superintendant des finances et bastimens de Sa Ma^{té}, gouverneur et lieutenant général pour Sad. Ma^{té} en Poictou, à ce présent, de fournyr et livrer chacun an, tant si longuement qu'il plaira aud. sieur Grand Maistre, au magazin de lad. ville de Marseille, troys mois après que icelluy sieur Grand Maistre luy aura mandé, le nombre de vingt cinq milliers de pouldre à canon des troys sortes grenées, assavoir : douze milliers et demy grosse grenée pour le canon; neuf milliers menue grenée pour le mousquet et troys milliers et demy menue grenée pour l'arquebuse; chacune d'icelle enfoncée ez cacques de deux cens livres poisans toutes plaines, bonne et loyalle du tiltre du Roy, poids de marc à seize onces la livre; tous lesd. cacques et barilz doubles et marquez à une M couronnée pour congnoistre d'où elles viennent. Fournira led. Jourdan à ses propres constz et despens tous les salpestres, souffre, charbon, chappes, cacques et tous aultres fraiz qu'il conviendra pour la confection et composition desd. pouldres. Et sera tenu d'y appeller led. sieur Grand Maistre, le Contrerolleur ou Garde provincial, l'un des troys sy tant qu'ils soyent sur les lieux. Et sans pour ce prétendre aucuns fraiz, déchetz ny rescompense desd. pouldres qu'ils feraient livrer esd. mains des Gardes généraulx ou provinciaux aud. Marseille qui seront aussy tenuz les y recevoir; et de laquelle pouldre sera faict essey en présence desd. sieur Grand Maistre, Con-

GRAND-MAÎTRE DE L'ARTILLERIE.

trerolleur général, leur lieutenant ou commis pour veoir si led. tiltre aura esté gardé.

Et ce moyennant la somme de sept mil cinq cens livres tournois qui luy sera payée par chascune des années qu'il fournira lad. quantité de vingt cinq milliers de pouldre à canon aud. magazin de Marseille. Et ce, par les Trésoriers généraulx de lad. Artillerie respectivement, qui est à raison de six solz la livre. Et quand il sera besoing de faire lad. fourniture, luy sera baillé par advance et par ordonnance dud. sieur Grand Maistre la somme de deux mil cinq cens livres tournois pour subvenir aux achaptz des salpestres qu'il convertira en pouldre à canon ainsy qu'il est accoustumé et par ordonnance du Roy ou dud. sieur Grand Maistre et non d'autres, deuement contrerollée par le Contrerolleur général qui sera en charge. Pour laquelle somme de deux mil cinq cens livres led. Jourdan fournira aud. Trésorier d'obligation suffisante comme pour les propres affaires du Roy, par laquelle il s'obligera luy rapporter six moys après lad. advance à luy faicte, récépicé du Garde général ou provincial deuement contrerollé, de lad. quantité de vingt cinq milliers de pouldre à canon qu'il aura fourniz aud. magazin de Marseille ainsy que dict est. Sera tenu led. trésorier lui rendre sad. obligation et lui payer la somme de cinq mil livres qui lui sera donnée pour la façon de lad. pouldre.

Pour sattisfaire à laquelle fourniture de vingt cinq milliers de pouldre à canon, led. Jourdan aura pour son deppartement pour faire amas desd. salpestres et composition desd. pouldres, ce qui est soubz les generalitez de la haulte et basse Provence, sans qu'il soit loisible à quelque personne que ce soit faire amas desd. salpestres ny toutes choses propres à faire iceluy, vendre ni desbiter aucune pouldre ny salpestre au dedans desd. pays, sur les peynes portées par les ordonnances du Roy, fors aud. Jourdan ses commis et salpestriers. Et pour seureté de lad. somme de deux mil cinq cens livres, led. Jourdan sera tenu bailler bonne et suffisante caution par devant tel juge ou officier qu'il luy sera ordonné, l'acte de laquelle il sera tenu bailler et mettre ès mains du Trésorier général de lad. Artillerie pour rapporter sur son compte et autrement aud. Contrerolleur général pour en faire poursuitte en deffault de sattisfaire aud. contract.

Et pour l'exécution du présent contract seront délivrées aud. Jourdan vingt cinq commissions par led. sieur Grand Maistre, contrerollées par led. Contrerolleur, pour bailler à vingt cinq salpestriers tels que led. Jourdan vouldra choisir en sond. deppartement. Et ne sera tenu led. Jourdan ses gens depputez et salpestriers allans par pays, payer aucun péage, imposition, gabelle ny autres subsides pour le port ou transport aud. magazin desd. salpestres, souffre, boys, charbon et autres choses que ce soict pour le faict de sad. charge. Et pour mieulx exécuter par led. Jourdan le contenu cy dessus sont toutes lettres et commissions cy devant octroyées à d'autres que à luy pour le fait desd. salpestres et pouldres, soict par Sad. Ma^{té}, led. sieur Grand Maistre, ou les prédécesseurs dud. sieur Grand Maistre, gouverneurs de provinces lieutenans généraulx, revocquées, cassées et adnullées, lesquelles, moyennant ces présentes, demeurent nulles. Et ne pourra led. Jourdan prétendre aucun rabais desd. vingt cinq milliers de pouldre à canon, sinon en cas d'hostillité au dedans de sond. deppartement et retardement de payemens soit de lad. advance ou payement de la façon de lad. pouldre et en cas quicté et deschargé depuis le jour qu'il en fera sa plainte aud. sieur Grand Maistre, ensemble de ce qui restera à fournyr desd. pouldres, en rendant le surplus des deniers qu'il aura touchez pour cest effect.

Et outre toutes les charges et conditions cydessus, sera encore tenu led. Jourdan de raffiner à ses propres coustz et despens toutes les poudres qui se trouveront en mauvais estat à présent estans aud. magazin de Marseille, ensemble celles qu'il fournyra pendant le temps du présent contract. Promettans... Obligeans chacun en droict soy et led. Jourdan corps et biens comme pour les propres affaires du Roy... Renonceant...

Faict et passé aud. Arcenac du Roy à Paris, l'an mil six cens cinq, le vingt neuf^{me} et penultiesme jour de novembre, après midy, et est ce faict en la présence de noble homme Maistre François de Guillon, conseiller notaire et secrétaire du Roy et Contrerolleur général de lad. Artillerie.

MAXIMILIAN DE BETHUNE, DEGUILLON, JEHAN JOURDAN, MOTELET, FOURNIER.

CCIV. — 9 JANVIER 1608. — 193.

ARTILLERIE. — POUDRES ET SALPÊTRES. — MARCHÉ POUR LA FOURNITURE ET LIVRAISON, AUX MAGASINS DE VERDUN, CHAQUE ANNÉE, PENDANT NEUF ANS, À COMPTER DU 1ᵉʳ JANVIER 1608, DE CENT MILLIERS « DE SALPESTRE EN GLACE DE DEUX CUYTTES, DESCHARGÉ DE GRESSE, SEL ET ORDURE, BON ET PREST DE METTRE EN POULDRE À CANON SELON LE TILTRE DU ROY », PASSÉ AVEC JACQUES DU CROCHET ET NICOLAS JAPPIN, MOYENNANT LE PRIX DE SEPT SOLS LA LIVRE, SOIT POUR LES CENT MILLIERS LA SOMME DE 35,000ᵗᵗ DONT 11,666ᵗᵗ 13ˢ 4ᵈ D'AVANCE, SOUS RÉSERVE DE FOURNIR CAUTION. S'ILS REÇOIVENT L'ORDRE DE CONVERTIR LE SALPÊTRE EN POUDRE À CANON, ILS SERONT TENUS DE FOURNIR 100 LIVRES DE POUDRE POUR 90 LIVRES DE SALPÊTRE.

LESDITS JACQUES DU CROCHET ET NICOLAS JAPPIN AURONT POUR LEUR DÉPARTEMENT : LA PICARDIE ET Sᵗ-GOBAIN, LE BOULONNNAIS, LA THIÉRACHE, LES VILLES, GOUVERNEMENTS ET ÉVÉCHÉS DE METZ, VERDUN, TOUL, LIGNY. COMMERCY ET LA PRÉVÔTÉ DE VAUCOULEURS, ET IL LEUR SERA DÉLIVRÉ CENT COMMISSIONS POUR ÊTRE REMISES PAR EUX À CENT SALPÊTRIERS DE LEUR CHOIX.

Par devant les notaires et gardenottes du Roy nostre Sire en son Chˡᵉᵗ de Paris, soubzⁿᵒˢ, fut présent hault et puissant seigneur messire Maximilian de Bethune, duc de Sully, pair de France, conte de Dourdan, seigneur souverain de Boisbelle, baron de Bangy, la Chappelle, Bruyères et Espineuil, conseiller du Roy en ses Conseils d'Estat et privé, cappitaine de cent hommes d'armes de ses Ordonnances, Grand Maistre et cappitaine général de l'Artillerie, superintendant des finances et bastimens de Sa Maᵗᵉ, gouverneur et lieutenant général pour Sa Maᵗᵉ en Poictou, lequel, au nom et comme ayant charge de Sa Maᵗᵉ, a faict, convenu, accordé et passé, en présence de noble homme François de Guillon, sieur de Richebourg, conseiller notaire et secrétaire du Roy et contrerolleur général de lad. Artillerie, avec Jacques du Crochet et Nicolas Japin, demeurans à Verdun, à ce présens et acceptans, ce qui ensuict.

C'est assavoir lesd. du Crochet et Japin avoir promis et promectent l'un pour l'autre et chacun d'eux seul et pour le tout, sans division, renonceans au bénéfice de division et de discution, aud. sieur Grand Maistre, de fournyr et livrer par chacun an, neuf ans durant, à commencer au premier jour du présent moys de janvier mil six cens huict, aux magazins de Verdun, la quantité de cent milliers de salpestre en glace de deux cuyttes, deschargé de gresse, sel et ordure, bon et prest de mettre en pouldre à canon selon le tiltre du Roi, poix de seize onces la livre; led. salpestre enfoncé en poinsons neufs de chacun troys cens livres et marqués à un V couronné, pour congnoistre d'où il vient. Et fourniront lad. quantité de cent milliers de salpestre par chacun an durant lesd. neuf années ausd. magazins de Verdun à leurs propres cousts et despens; la réception duquel salpestre sera faicte en la présence dud. sieur Grand Maistre, son Lieutenant, Contrerolleur général, Garde provincial ou leurs commis, sans pour ce prétendre aucuns frais, déchets ne rescompense, qu'ils livreront ès mains du Garde général de lad. Artillerie, qui sera auasy tenu de les recevoir au feur et à mesure que lesd. du Crochet et Japin leur présenteront, moyennant le pris et somme de trente cinq mil livres tournois qui seront payez ausd. du Crochet et Japin en ceste ville de Paris, à proportion de la délivrance desd. salpestres par les Trésoriers généraulx de lad. Artillerie respectivement pour lesd. cent milliers de salpestre par chacun an, qui est à raison de sept sols la livre, et laquelle somme led. sieur Grand Maistre a promis faire payer ausd. du Crochet et Japin par les Trésoriers généraulx de lad. Artillerie et par chacune demie année, à commancer dud. premier jour dud. présent mois de janvier la somme de unze mil six cens soixante six livres treize sols quatre deniers par advance et pour subvenir aux achapts qu'il conviendra faire de cinquante milliers de salpestre faisans moictié desd. cent milliers et ce par l'ordonnance du Roy ou dud. sieur Grand Maistre deuement contrerollée par led. Contrerolleur général. Pour laquelle somme de unze mil six cens soixante six livres treize sols quatre deniers lesd. du Crochet et Japin fourniront au Trésorier de lad. Artillerie obligation suffisante, comme pour les propres affaires du Roy, par laquelle ils s'obligeront luy rapporter, six moys après lad. advance à eulx faicte, les quictances du Garde général ou provinciaulx de lad.

Artillerie de cinquante milliers de salpestre qu'ils auront fournis ausd. magazins de Verdun. Sera tenu led. Trésorier de deschargcr lesd. du Crochet et Japin de leurd. obligation et leur payer ce qui leur sera deub de reste pour lad. fourniture desd. cinquante milliers de salpestre, sans qu'ils soyent aultrement comptables de ce qu'ils auront receu. Ainsy continuer de demie année en demie année l'advance desd. salpestres à mesure que lesd. du Crochet et Japin fourniront aud. Trésorier général récépicé du Garde général.

Pour sattisfaire à laquelle fourniture de cent milliers de salpestre lesd. du Crochet et Japin auront pour leur deppartement, pour faire l'amas desd. salpestres, la Picardie et Sainct Gobin, pays Boullonnois, Tirache, les villes, gouvernemens, eveschez et chappitres de Metz et leurs deppendances, Verdun, Thoul, abbaye de Gozé sans toutesfois que led. seigneur de Seuilly oud. nom estre garrant de lad. abbaye de Gozé, terres de franc aleu et autres, de quelque condition qu'elles soient estans dans lesd. Gouvernemens, Ligny, Commercy, prevosté de Vaucouilleurs et leurs ressortz en ce qui deppend de l'auctorité du Roy, sans qu'il soit loisible esd. pays à quelque personne que ce soict à autre que ausd. du Crochet et Japin leurs commis et depputez faire amas et recherche desd. salpestres, ne faire ne composer pouldres, sur les peynes aux délinquans portées par les ordonnances de Sa Ma**. Promectans lesd. du Crochet et Japin de porter la tare et dechet desd. salpestres qu'ils fourniront dans lesd. magazins de Verdun durant lesd. neuf années, et icelluy salpestre rendre en ceste ville de Paris, ou en tel autre magazin qu'il plaira à mond. sieur le Grand Maistre, aux frais et despens desd. du Crochet et Japin; fournir de cacques, les entretenir durant lesd. neuf années en bon estat.

Ont aussy promis lesd. du Crochet et Japin que toutesfois et quantes que durant ced. bail il plaira à Sad. Ma** et mond. sieur le Grand Maistre faire convertir led. salpestre par eulx ainsy délivré en pouldre à canon selon led. tiltre, lesd. du Crochet et Japin seront tenus de fournir ausd. magazins de Verdun cent livres de pouldre pour quatre vingtz dix livres de salpestre et ainsy du surplus à proportion, et de fournir lesd. chappes marquées comme dict est, pour recongnoistre d'où elles viendront, sans que pour ce ils puissent demander aucun payement ny fonds tant pour rendre lesd. pouldres en ceste ville de Paris, que pour les convertir en pouldres à canon.

Et pourront lesd. du Crochet et Japin s'ayder des moulins servans à faire pouldres qui se trouveront dans leur deppartement[1] sans qu'il soit permis à autres faire amas desd. salpestres ou composition de pouldres, à la charge qu'ils seront tenuz d'avoir ausd. magazins de Verdun quatre ou cinq cens livres de pouldre d'arquebuze preste pour ceulx qui en auront à faire, ainsy qu'il plaira à mond. seigneur le Grand Maistre leur ordonner, et pour subvenir à en faire la distribution ès villes de leur deppartement tant pour l'exercice de la jeunesse que pour le service du Roy en payant par eulx le prix qu'elle vauldra.

Et oultre, seront tenuz lesd. du Crochet et Japin de faire rebattre, seicher et regrener toutes lesd. pouldres à canon qui se trouveroyent en mauvais estat, qui sont provenues et sont encores de présent aux susd. magazins de Sa Ma** et les rendre en la fin dud. temps de neuf ans en bon estat de service.

Et oultre seront tenus lesd. du Crochet et Japin bailler caution ressceante et solvable dans Paris, Troyes ou Chaallons pour lad. somme de unze mil six cens soixante six livres treize sols quatre deniers qui leur sera advancée comme dict est, et pour la seureté d'icelle et entretenement du présent contract; de laquelle caution ils seront tenuz de bailler l'acte ès mains dud. Trésorier de lad. Artillerie pour le rapporter sur son compte, et aultant aud. contrerolleur général pour, en deffault de fournyr par lesd. du Crochet et Japin lad. fourniture de salpestre, en faire faire à leurs despens poursuittes contre eulx et leurs cautions telles qu'il advisera.

Les payemens desquelles advances cy dessus se feront par lesd. Trésoriers des deniers ordonnez pour cest effect.

Et pour l'exécution des choses dessusd., seront délivrées ausd. du Crochet et Japin cent commissions par led. sieur Grand Maistre, contrerollées par le Contrerolleur général estandz de présent en charge, pour délivrer à cent salpestriers que lesd. du Crochet et Japin choisiront en leurd. charge et deppartement. Et ne seront tenuz iceulx du Crochet et Japin, leurs gens, serviteurs, salpestriers et depputez allans et venans par les endroicts de leurd. charge en pays circonvoisins ayans la commission dud. sieur Grand Maistre, contrerollée comme dict est, payer aucun péage, imposition ou gabelle

---

[1] Par acte passé à Verdun le 24 février 1620, devant Gerardin et Le Noir, notaires, Nicolas Jappin et dame Julianne Bernier, sa femme, achetèrent à Jean Bouldier et Anne Gerardin, sa femme, le moulin de Gloneu, au faubourg de Verdun, «moyennant la somme de cinq mil quatre cents francs barrois en marché principal argent franc, et deux cent vingt cinq francs pour une robe à ladicte venderesse et dix escus aux vins beus».

ny aucuns subcides ou pour le port et transport ausd. magazins desd. salpestres et pour la composition de pouldres à canon, bois, souffre, charbon, cendres et autres choses que ce soit pour le faict de lad. charge. Et pour mieulx exécuter par lesd. du Crochet et Japin le contenu cy dessus, seront toutes lettres de commissions cy devant octroyées pour le faict desd. salpestres et pouldres, soict par Sa M^té, led. sieur Grand Maistre, Gouverneurs de provinces, Lieutenans généraulx, ou les prédécesseurs dud. sieur Grand Maistre, revocquées, cassées et adnullées, lesquelles, moyennant ces présentes, demeureront nulles et de nul effect; au lieu desquelles leur en sera expédié d'autres par led. sieur Grand Maistre, contrerollées comme dict est, ausquels du Crochet et Japin led. sieur Grand Maistre a promis que les commissions qui seront par luy expédyées pour le faict desd. salpestres et ventes de pouldres aud. deppartement seront à la nomination desd. du Crochet et Japin. Ausquels du Crochet et Japin led. sieur Grand Maistre a encores promis faire bailler passeport pour les deniers qu'il conviendra avoir pour faire l'amas desd. salpestres. Et ne pourront lesd. du Crochet et Japin prétendre aucun rabais ny diminution de lad. fourniture, sinon en cas d'hostillité au dedans desd. provinces et retardement de payement soict de lad. advance que du parfaict payement et qu'ils ne puissent joir dud. deppartement, auquel cas ils seront tenuz quictes et deschargez depuis le jour qu'ils auront faict leur plainte aud. sieur Grand Maistre du trouble ou empeschement qui leur en sera donné s'il ne leur est pourveu; seront aussy tenuz quictes et deschargez de ce qui restera à fournyr en rendant le surplus des deniers qu'ils auront pour cest effect touchez et faisant apparoir des dilligences qu'ils auront faictes pour sattisfaire ausd. fournissemens par actes vallables qu'ils seront tenuz représenter aud. sieur Grand Maistre pour les juger et en cas de descharge pour payer, après mettre ès mains dud. Trésorier général pour les rapporter sur son compte avec les acquicts dud. Garde général ou provincial, ensemble le surplus desd. deniers pour demeurer quictes et deschargez du contenu en lad. obligation, laquelle leur sera en ce faisant rendue comme dict est. Et pour l'effet et exécution de ce que dessus, a led. sieur Grand Maistre promis faire expédyer ausd. du Crochet et Japin toutes lettres et provisions nécessaires. Comme aussy ont lesd. du Crochet et Japin promis et promectent sattisfaire au contenu du présent contract, ayant pour cest effect obligé et obligent tous et chacun leurs biens présens et advenir, mesmes leurs propres personnes, comme pour les propres deniers et affaires du Roy, à la simple requeste dud. sieur Grand Maistre, ses Lieutenans, Contrerolleurs et Trésoriers généraulx ou l'un d'eulx, en vertu du présent contract ou coppie d'icelluy.

Et pour l'exécution du contenu en ces présentes, lesd. du Crochet et Japin ont esleu leur domicile yrrévocable en la maison où est pour enseigne la Teste Blanche, assize rue de la Verrerie, en laquelle ils sont de présent logez, auquel lieu ils consentent que tous commandemens, sommations et autres actes et exploicts de justice qui y seront faicts pour raison de ce soyent de tel effect, force et vertu comme s'y faicts estoient à leurs propres personnes et domicilles ordinaires. Promectans... Obligeans chacun en droict soy et lesd. du Crochet et Japin l'un pour l'autre et chacun d'eulx seul et pour le tout, sans division, corps et biens comme pour les propres deniers et affaires du Roy, comme dict est... Renonceans iceulx du Crochet et Japin aud. bénéfice de division et de discution...

Faict et passé en l'Arcenac du Roy, à Paris, l'an mil six cens huict, le neuf^me jour de janvier, après midy.

MAXIMILIAN DE BETHUNE, DE GUILLON, DU CROCHET, NICOLAS JAPPIN, HERBIN, FOURNIER.

CCV. — 9 JANVIER 1608. — 193.

Artillerie. — Poudres et Salpêtres. — Marché passé avec Philbert Godet, marchand à Châlons en Champagne pour la fourniture et livraison, aux magasins de Paris, Châlons, Troyes et Tours, chaque année, pendant neuf ans, à compter du 1er janvier 1608, de deux cents milliers de salpêtres, dans les conditions stipulées à l'acte précédent, moyennant le prix de sept sols la livre et pour deux cents milliers la somme de 70,000^{lt} dont 23,333^{lt} 6^s 8^d d'avance.
Il aura pour son département la Ville de Paris, l'Île de France, la Brie, Laon, le gouvernement de Noyon, Compiègne, Soissons, la Normandie, la Champagne, le duché de Bourgogne, la Touraine, le Berry, Orléans, Poitou et Bretagne, et il lui sera délivré deux cents commissions pour être remises par lui à deux cents salpêtriers de son choix.

Par devant les notaires et garde nottes du Roy nostre Sire en son Ch^{let} de Paris, soubz^{nez}, fut présent hault et puissant seigneur messire Maximilian de Bethune (*mêmes qualités qu'à l'acte précédent*)... lequel, au nom et comme ayant charge de Sa Ma^{té}, a faict, convenu, accordé et passé en présence de noble homme Françoys de Guillon, sieur de Richebourg, conseiller notaire et secrétaire du Roy et contrerolleur général de lad. Artillerie, avec Philbert Godet, marchant, demeurant à Chaallons en Champagne, à ce présent et acceptant ce qui ensuict.

C'est assavoir led. Godet avoir promis et promect aud. sieur Grand Maistre de fournir et livrer par chacun an, neuf ans durant, à commancer du premier jour du présent mois de janvier mil six cens huict, aux magazins de Paris, Chaallons, Troyes et Tours, la quantité de deux cents milliers de salpestre en glace, de deux cuittes, deschargé de sel, gresse et ordure, bon, loyal et marchant et prest à faire pouldre, de la composition et tiltre du Roy, poids de marc à seize onces la livre; led. salpestre enfoussé en poinssons neufs de chacun trois cens livres et marquez scavoir : Celuy du magazin de Paris à ung P couronné; celuy de Chaallons à ung C couronné; celuy de Troyes à ung T couronné, et celuy de Tours à ung To. couronné; et fournir lad. quantité de deux cens milliers de salpestre par chacun an, durant lesd. neuf années, ausd. magazins par egalle portion à ses propres cousts et despens; la réception dud. salpestre sera faicte en présence dud. sieur Grand Maistre, ses lieutenants et contrerolleurs généraulx, garde général ou à leurs commis, sans pour ce prétendre aucun frais, déchetz ne rescompense, qu'il livrera ès mains du garde général de lad. Artillerie qui sera aussy tenu de les recevoir au feur et à mesure que led. Godet les présentera, jusques au nombre de quatre milliers pour le moings en chacun desd. magazins pour estre mis dans iceulx.

Et ce moyennant le prix et somme de soixante dix mil livres tournois, qui seront payés aud. Godet en ceste ville de Paris à proportion de la délivrance desd. salpestres par les Trésoriers généraulx de lad. Artillerie respectivement pour lesd., deux cens milliers de salpestre par chacun an, qui est à raison de sept sols la livre, et laquelle somme led. sieur Grand Maistre a promis faire payer aud. Godet en ceste ville de Paris par lesd. trésoriers généraux de lad. Artillerie et par chacune demie année à commancer du premier jour dud. présent mois de Janvier, la somme de vingt trois mille trois cent trente trois livres six sols huict deniers tournois par advance et pour subvenir aux achapts qu'il couviendra faire de cent milliers de salpestre faisant moictié desd. deux cents milliers, et ce par l'ordonnance du Roy ou dud. sieur Grand Maistre, deuement contrerollée par led. contrerolleur général. Pour laquelle somme de vingt trois mille trois cens trente trois livres six sols huict deniers, led. Godet fournira au tresorier de lad. Artillerie obligation suffisante comme pour les propres affaires du Roy, par laquelle il s'obligera luy rapporter six mois après lad. advance à luy faicte, les quictances du garde général, provinciaulx ou leurs commis de lad. Artillerie, deuement contrerollées, de cent milliers de salpestre qu'il aura fournis ausd. magazins desnommez declarez; sera tenu led. trésorier de descharger led. Godet de lad. obligation et luy payer ce qui luy sera deub de reste de lad. fourniture desd. cent milliers de salpestre, sans qu'il soict aultrement comptable de ce qu'il aura receu; ainsy continuer de demie année en demie année l'advance desd. salpestres à mesure que led. Godet fournira aud. trésorier général récépicé dud. garde général.

Pour satisfaire à laquelle fourniture de deux cens milliers de salpestre led. Godet aura pour son département, pour faire l'amas desd. salpestres, la ville de Paris, l'Isle de France, Brye, Laon, Gouvernemens de Noyon, Compiègne et Eslections en ce qu'ils ne seront poinct du Gouvernement de Picardie, le Gouvernement de Soissons, la Normandie, la Champagne, duché de Bourgongne, la Touraine, Berry, Orléans, Poictou et Bretaigne, le tout suivant les antiens deppartemens, sans qu'il soict loisible à quelque personne que ce soict à aultre que aud. Godet, ses commis et depputez faire amas et recherche desd. salpestres, ne faire ne composer pouldres, sous les peynes aux délinquants portées par les Ordonnances de Sa Ma^té. Promectant led. Godet de porter la tare et déchet desd. salpestres qu'il fournira dans lesd. magazins durant lesd. neuf années, et iceluy salpestre rendre en ceste ville de Paris, ou en tel autre magazin qu'il plaira à mond. sieur le Grand Maistre, aux frais et despens dud. Godet; fournir de cacques, les entretenir durant lesd. neuf aunées en bon estat.

A aussy promis led. Godet que toutes fois et quantes et durant ced. bail il plaira à Sad. Ma^té et mond. sieur le Grand Maistre faire convertir led. salpestre par luy ainsy délivré en pouldre à canon, selon led. tiltre, led. Godet sera tenu de fournyr ausd. magazins cent livres de pouldre pour quatre vingts dix livres de salpestre, et ainsy du surplus à proportion, et de fournyr lesd. chappes marquées comme dict est pour recongnoistre de laquelle desd. villes et magazins elles viendront, sans que pour ce il puisse demander aucun payement ny frais, tant pour rendre lesd. pouldres en ceste ville de Paris, que pour les convertir en pouldres à canon.

Et pourra led. Godet s'ayder des moulins servans à faire pouldres qui se trouveront dans lesd. deppartemens, lesquels il sera tenu de conserver et tenir en bon estat et les restituer ainsy en la fin du présent bail; comme aussy sera tenu led. Godet de faire parachever les bastimens que la veufve Bougault est tenue parachever au magazin de Sa Ma^té aud. Challons, et ce dedans deux ans prochains; sans qu'il soict permis à aultres faire amas des salpestres ou composition de pouldres; à la charge qu'il sera tenu d'avoir en chacun desd. magazins quatre ou cinq cens livres de pouldres d'arquebuze preste pour ceux qui en auront à faire, ainsy qu'il plaira à mond. sieur le Grand Maistre luy ordonner, et pour subvenir à en faire la distribution ès villes de sesd. deppartemens tant pour l'exercice de la jeunesse que pour le service du Roy, en payant par eulx le prix qu'elle vauldra.

Et outre, sera tenu led. Godet de faire rabatre, seicher et regrener toutes les pouldres à canon estans en mauvais estat qui sont provenuz ou sont encores de présent aux magazins de Chaallons et Troyes, qui sont en grand nombre, et aultres magazins cy dessus, si besoing est, à ses propres coustz et despens, et icelles mettre en bon estat de servir, fournir de cacques et chappes où besoing sera.

Et encores sera tenu led. Godet de bailler caution ressèante dans Paris, Troyes, Chaallons ou Tours, pour lad. somme de vingt trois mil trois cens trente trois livres six sols huict deniers tournois qui lui sera advancée comme dict est, et pour la seureté d'icelle et entretenement du présent contract; de laquelle caution il sera tenu de bailler l'acte ès mains du trésorier général de lad. Artillerie pour le rapporter sur son compte, et aultant aud. contrerolleur général, pour en deffault de fournyr par led. Godet lad. fourniture de salpestre, en faire faire à ses despens poursuittes contre luy et ses cautions, tel qu'il advisera. Les payemens desquelles advances cy dessus se feront par led. trésorier de lad. Artillerye, des deniers ordonnez pour cest effect.

Et pour l'exécution des choses dessus dictes seront delivrées aud. Godet, par led. sieur Grand Maistre, deux commissions contrerollées par led. Contrerolleur général, pour delivrer à deux cens salpestriers que led. Godet choisira en sesd. deppartemens.

Et ne sera tenu iceluy Godet, ses commis, serviteurs, salpestriers et depputtez allans et venans par les endroictz de sad. charge ou païs circonvoisins, ayans la commission dud. sieur Grand Maistre deuement contrerollée comme dict est, payer aucun péage ny impositions (*suivent les dispositions formulées comme dans l'acte précédent, relatives à cette exemption, à l'annulation des anciennes commissions, à la nomination des nouveaux salpêtriers et au règlement des cas où il y aurait lieu à prétendre rabais ou diminution de fourniture*)...

Et pour l'effect et exécution de ce que dessus, a led. sieur Grand Maistre promis faire expedyer aud. Godet toutes lettres et provisions à ce nécessaires, comme aussy led. Godet a promis et promect de sattisfaire au contenu du présent contract, ayant pour cest effect obligé et oblige tous et chacun ses biens présens et advenir, mesme sa propre personne, comme pour les propres deniers et affaires du Roy, à la simple requeste dud. sieur Grand Maistre et ses Lieutenans, Contrerolleurs et Trésoriers généraulx ou l'un d'eulx, en vertu du présent contract ou coppie d'iceluy.

Et pour l'exécution du contenu en ces présentes, led. Godet a esleu et eslist son domicille irrévocable en la maison de Perrette Rivière, veufve de feu

Jehan Barreau, vivant Commissaire général des salpestres et poudres à Paris, seize rue Vieille Tixerandrye, parroisse Sainct Jehan, auquel lieu il veult, consent et accorde que tous commandemens, sommations, significations et autres actes et exploicts de justice qui y seront faicts pour raison de ce soyent de tel effect, force et vertu, comme sy faicts estoient à sa propre personne et domicille ordinaire. Car ainsy... Promectans... Obligeans chacun en droict soy et led. Godet corps et biens, comme pour les propres deniers et affaires du Roy, comme dict est... Renonceant...

Faict et passé en l'Arcenac du Roy, à Paris, l'an mil six cens huict, le neuf^{me} jour de janvier, après midy.

MAXIMILIAN DE BETHUNE; DE GUILLON; P. GODET; HENNIN; FOURNYER.

CCVI. — 23 JUIN 1608. — 210.

ARTILLERIE. — POUDRES ET SALPÊTRES. — MARCHÉ POUR LA FOURNITURE, EN L'ARSENAL DE LYON, CHAQUE ANNÉE «TANT ET SI LONGTEMPS QU'IL PLAIRA AU SIEUR GRAND MAISTRE», DE DEUX MILLIERS DE SALPÊTRE, PASSÉ AVEC PIERRE GREYSIEU, COMMISSAIRE ORDINAIRE DE L'ARTILLERIE DE FRANCE À LYON, AU NOM ET COMME PROCUREUR DE ANTOINE LA COURBE, «MARCHAND POULDRIER D'ARQUEBUSE, CITOYEN DE LION», MOYENNANT LE PRIX DE SEPT SOLS LA LIVRE, SOIT, POUR DEUX MILLIERS, LA SOMME DE SEPT CENTS LIVRES.

LEDIT ANTOINE LA COURBE AURA POUR SON DÉPARTEMENT LES PROVINCES DE LYONNAIS, FOREZ, BEAUJOLAIS, BRESSE, BUGEY, VEROMMEY ET GEX, ET IL LUI SERA DÉLIVRÉ DOUZE COMMISSIONS POUR ÊTRE REMISES PAR LUI À DOUZE SALPÊTRIERS DE SON CHOIX.

Par devant les notaires et gardenottes du Roy, nostre Sire, en son Chastellet de Paris, soubz^{nés}, fut présent Pierre Greysieu, commissaire ordinaire de l'Artillerie de France, demeurant à Lion, au nom et comme procureur de Anthoine La Courbe, marchand pouldrier d'arquebuse, citoyen de Lion, y demeurant, de luy fondé de procuration passée par devant Guiton, notaire Royal héréditaire à Lion, en dacte du dix neufiesme jour d'avril dernier passé, an présent mil six cens huict, de laquelle il est apparu aux notaires soubz^{nés}, et qui sera incérée en la fin des présentes; lequel oud. nom, a recogneu et confessé et, par ces présentes, confesse avoir promis et promect à hault et puissant seigneur Messire Maximilian de Béthune, duc de Sully, pair de France, marquis de Rosny, conte de Dourdan, souverain de Boisbelle, baron de Baugy, Poligny et Bontin, sire d'Orval, Montrond et Sainct-Amand, Bruyères et Espineuil, conseiller du Roy en ses Conseilz d'Estat et Privé, cappitaine lieutenant de deux cens hommes d'armes de la compagnie de sa Royne, Grand Maistre et cappitaine général de l'Artillerie, grand voyer de France, superintendant des finances, fortifications et bastimens, gouverneur et lieutenant général pour Sad. Ma^{té} en Poicton, Chastelleraudois et Ludounois et cappitoine du chasteau de la Bastille à Paris, à ce présent et acceptant pour Sad. Ma^{té}, et en la présence de François de Guillon, sieur de Richebourg et de Vaucourtois, conseiller du Roy et controlleur général de lad. Artillerie, de fournir et livrer chacun an, tant et si longuement qu'il plaira aud. seigneur Grand Maistre, en l'Arcenac du Roy aud. Lion, ou en tel autre magazin de la province de Lionnois que luy sera par led. seigneur Grand Maistre ordonné, le nombre de deux milliers de salpestre en glace de douze cuittes, deschargé de sel, gresse et ordure, bon, loyal et marchant et prest à faire pouldres de la composition et tiltre du Roy, poix de marc à seize onces la livre; led. salpestre enfoncé en poinsons neufs de trois cens livres et marqués à ung L couronnée pour congnoistre d'où il vient. La réception duquel salpestre qu'il livrera, sera faicte en présence dud. sieur Grand Maistre, ses lieutenans, controlleurs généraulx, garde général ou leurs commis, sans pour ce prétendre aucuns fraiz, dechets ny rescompenses.

Et ce moyennant la somme de sept cens livres tournois, qui sera payée aud. Greysieu oud. nom, par chacune des années qu'il fournira lad. quantité de deux milliers de salpestre aud. Arcenac de Lion ou autre ville, qui luy sera, comme dict est, ordonné. Et ce par les trésoriers généraulx de lad. Artillerie respectivement chacun en l'année de leur exercice, qui est à raison de sept sols la livre, et quand il sera besoing de faire faire lad. fourniture, luy sera baillé par advance la somme de deux cens livres tournois, pour subvenir aux achapts desd.

salpestres, et ce par ordonnance du Roy ou dud. seigneur Grand Maistre, deuement contrerollée par le contrerolleur général qui sera en charge. Pour laquelle somme de deux cens livres led. Greysieu oud. nom fournira aud. Trésorier d'obligation suffisante comme pour les propres affaires du Roy, par laquelle il s'obligera luy rapporter, six mois après lad. advance à luy faicte, récépicé du garde général ou provincial deuement contrerollé de lad. quantité de deux milliers de salpestre qu'il aura fournis aud. Arcenac de Lion, ou autre lieu, ainsy que dict est; sera tenu led. trésorier luy rendre sad. obligation et luy payer la somme de cinq cens livres tournois qui luy sera deue de reste pour la fourniture desd. deux milliers de salpestre, sans que led. Greysieu oud. nom soict aucunement comptable de ce qu'il aura receu.

Pour sattisfaire à laquelle fourniture de deux milliers de salpestre, led. Greysieu oud. nom, aura pour son deppartement pour faire l'amas d'iceulx, les provinces de Lionnois, Forestz, Beaujollois, Bresse, Beugey, Veronney et Gex, sans qu'il soict loisible à quelque personne que ce soict faire amas ny recherche desd. salpestres et composition de pouldres dans lesd. provinces, fors aud. Greysieu oud. nom, ses commis et salpestriers. Promectant lad. Greysieu oud. nom de porter la tare et déchet desd. salpestres qu'il fournira dans led. magasin jusques au temps qui luy sera ordonné de les convertir en pouldres.

A aussy promis led. Greysieu oud. nom que toutesfois et quantes qu'il plaira à Sad. Ma[té] et aud. seigneur Grand Maistre faire convertir led. salpestre par luy ainsy délivré en pouldres à canon selon led. tiltre, led. Greysieu oud. nom sera tenu de fournir cent livres de pouldre pour quatre vingtz dix livres de salpestre, et ainsy du surplus en proportion, et de fournir de cacques et chappes marquées comme dict est, sans que pour ce il soict tenu demander aucun payement ny fraiz, tant pour rendre lesd. salpestres aud. magasin que pour les convertir en pouldres à canon.

Et oultre, sera tenu de faire rebattre, secher et regrener toutes les pouldres à canon estans en mauvais estat, qui sont à présent en magasin dud. Lion, sy besoing est, à ses propres cousts et despens et icelles mettre en bon estat de service et les y entretenir pendant le temps de son bail.

Et pour seureté de lad. somme de deux cens livres d'advance, led. Greysieu oud. nom sera tenu bailler bonne et suffisante caution par devant tel juge ou officier qu'il luy sera ordonné, l'acte de laquelle il sera tenu bailler et mettra ès mains du trésorier de lad. Artillerie pour rapporter sur son compte, et aultant aud. contrerolleur général pour en faire poursuitte en deffault de sattisfaire aud. contract.

Et pour l'exécution d'iceluy seront délivrées aud. Greysieu oud. nom, douze commissions par led. seigneur Grand Maistre, contrerollées par led. contrerolleur, pour bailler à douze salpestriers tels que led. Greysieu oud. nom vouldra choisir en sond. département. Et ne sera tenu led. Greysieu oud. nom, ses gens, deputez, commis et salpestriers allans par pays payer aucuns péages, douennes, impositions ou gabelles, ny autres subcides pour le port ou transport desd. salpestres aud. Arcenac ou autres lieux, ny aucunes choses que ce soict pour le faict de sad. charge. Et pour mieulx exécuter par led. Greysieu oud. nom le contenu cy dessus, seront toutes lettres de commissions cy-devant octroyées pour le faict desd. salpestres et pouldres, soict par Sad. Ma[té], led. sieur Grand Maistre, ou ses prédécesseurs Grands Maistres, gouverneurs de provinces, lieutenans généraulx, révocquées, cassés et adnullées, lesquelles, moyennant ces présentes, demeurent nulles.

Et ne pourra led. Greysieu oud. nom prétendre aucun rabais desd. deux milliers de salpestre, sinon en cas d'hostilité au dedans desd. provinces et retardement de payement soict de lad. advance ou payement de la façon dud. salpestre, et en sera quicte et deschargé depuis le jour qu'il en fera sa plainte aud. sieur Grand Maistre; ensemble sera quicte et deschargé de ce qui restera à fournir desd. salpestres en rendant le surplus des deniers qu'il aura pour cet effect touchez, pour demeurer quicte et deschargé du contenu en lad. obligation, laquelle luy sera, en ce faisant, rendue.

Et sera permis aud. Greyssieu oud. nom, de composer pouldres et les exposer en vente tant aux particulliers, pour la commodité et usaige ordinaire, que à ceulx qui auront pouvoir dud. seigneur Grand Maistre d'en vendre par les villes dud. département. Lui sera aussy permis se servir du moulin à batre pouldre, boutieque à salpestriers et autres ustancilles qui sont aud. Arcenac de Lion, faisant lad. fourniture.

Car ainsy... Promectans... Obligeans chacun en droict soy et led. Gressieu oud. nom corps et biens, comme pour les propres affaires du Roy... Renonceant...

Faict et passé en l'Arcenac du Roy à Paris, l'an mil six cens huict, le vingt trois[me] jour de juing, avant midy.

Ensuict la teneur de lad. procuration dont cy dessus est faict mention : A tous ceulx qui ces présentes lettres verront, nous, garde du scel commung royal, establyès bailliage de Mascon, seneschaussée et siége présidial de Lion, sçavoir faisons que par devant le notaire tabellion royal hereditaire à Lion soubssigné, et en présence des tesmoings cy après nommez, personnellement estably et constitué sieur Anthoine Lacourbe, marchant pouldrier d'arquebuse, citoyen de Lion, lequel sçachant de son bon gré, faict. crée et constitue son procureur spécial et yrévocable Pierre Greysieu, commissaire ordinaire de l'Artillerie de France, combien qu'il soict absent, auquel led. constituant a donné et donne plain pouvoir, puissance et mandement spécial par ces présentes, de passer contract par devant notaire, au nom dud. constituant, des pasches verballes cy devant par luy accordées avec hault et puissant seigneur Messire Maximilian de Bethune, duc de Sully, pair de France, Grand Maistre de l'Artilerie de France, desquelles paches led. Lacourbe en a faict dresser la minutte de la forme en laquelle il desire lesd. pasches estre passées, le tout soubz la modération et amplification que led. seigneur Grand Maistre advisera et trouvera raisonnable: laquelle minutte a esté paraphée par led. notaire royal soubssigné et délivré aud. Lacourbe pour icelle remettre aud. sieur procureur, icelles paches passer et contracter au nom dud. constituant, iceluy constituant obliger en bonne et deue forme, ayant ferme, stable et agréable par led. constituant tout ce qui sera faict et passé, tout ainsy que sy luy mesme l'avoiet faict par led. sieur procureur et au contract qui sera faict et passé, sans y contrevenir aucunement. Promect de ratiffier tout le contenu aud. contract de paches qui sera ainsy faict et passé par led. sieur procureur incontinent qu'il en sera par luy requis, et generallement faire en ce que dict est comme led. constituant feroiet ou faire pourroict sy présent en sa personne y estoict, jaçoict que le cas requist mandement plus spécial. Promectant led. constituant par son serment et soubz l'obligation et ypothecques de tous et chacun ses biens meubles et immeubles présens et advenir, avoir à gré ce que au faict susd. sera faict par led. sieur procureur, ny contrevenir, à peyne de tous despens et dommaiges et interests, submissions qu'il a pour ce fait aux cours du Roy nostre Sire, senéchaussée et siége présidial de Lionnois et à toutes autres renonciations de tous droicts et clauses nécessaires. En tesmoing de quoy, Nous, garde susd., led. scel commun royal avons faict mettre et apposer à ces présentes. Faict et passé aud. Lion, dans la boutieque du notaire royal soubzsigné, le dix neufme jour d'avril l'an mil six cens huict, après midy; présens à ce : Jehan Thomas et Jehan Barbier, clercs, dud. Lion, tesmoings requis, qui ont signé à la cedule des présentes, et non led. constituant pour ne sçavoir escripre, de ce requis suivant l'ordonnance. Ainsy signé : Guiton, notaire royal, et scellé en placart de cire rouge.

Ce faict led. procuration rendue aud. Greysieu oud. nom.

MAXIMILIAN DE BETHUNE; DE GUILLON; GREYSIEU; HERBIN[1]

[1] Cet acte ne porte pas la signature du notaire Fournyer.

CHAPITRE V.

TRANSPORTS.

CCVII. — 25 MAI 1600. — 14.

ARTILLERIE. — TRANSPORTS. — MARCHÉ PASSÉ AVEC JEAN DESCHAMPS, «MARCHANT VOICTURIER PAR TERRE, DEMEURANT À LION», POUR LE TRANSPORT, PAR TERRE, À LYON DE «TOUS ET CHACUN LES MEUBLES, COFFRES, HARDES ET AUTRES CHOSES QU'IL PLAIRA À ICELUY SIEUR DE ROSNY ENVOYER EN LAD. VILLE DE LION POUR SA MA^{té}...» MOYENNANT LE PRIX DE DEUX ÉCUS UN TIERS POUR CHAQUE CENT PESANT, SOIT VINGT SIX ÉCUS DEUX TIERS POUR CHAQUE MILLIER, SELON LE POIDS DU ROI À PARIS.

Par devant les notaires du Roy au Chastellet de Paris, soubz^{nés}, fut présent Jehan Deschamps, marchant voicturier par terre, demourant à Lion, estant de présent en ceste ville de Paris, logé rue St Denis, enseigne des Quatre fils Aymon; lequel a recongneu et confessé et par ces présentes confesse avoir promis à Messire Maximilian de Bethune, chevalier et baron de Rosny, conseiller du Roy en ses Conseils d'Estat et privé, son chambellan ordinaire, cappitaine de cinquante hommes d'armes de ses Ordonnances, grand voyer de France, Grand Maistre et cappitaine général de l'Artillerie, superintendant de ses finances, gouverneur de la ville et citadelle de Mante et superintendant des fortifications de France, demeurant en l'Arcenac du Roy, à Paris, parroisse St Paul; ou nom et comme ayant charge de Sa Ma^{té}, à ce présent, ce acceptant pour elle, de mener, conduire et voicturer bien et deuement par terre depuis ceste ville de Paris jusques en ceste ville de Lion, toutes fois et quentes que led. sieur de Rosny lui commandera de faire lad. voicture qui sera d'huy en cinq sepmaines, tous et chacun les meubles, coffres, hardes, et autres choses qu'il plaira à iceluy sieur de Rosny envoyer en lad. ville de Lion pour Sa Ma^{té}, et le tout rendre et livrer dedans quinze jours après que le tout luy sera baillé pour faire lad. voicture.

Ceste promesse faicte moyennant et à raison de vingt six escus deux tiers par chacun millier desd. meubles, coffres, hardes et autres choses qu'il mènera, qui est à raison de deux escus ung tiers pour cent, et ce selon le poix du Roy à Paris; lequel pris led. seigneur de Rosny aud. nom a promis faire bailler et payer aud. Deschamps, scavoir : la somme de cinquante escus d'or sol dedans le jour qu'il fera lad. conduicte, par advance, et le surplus, sy tost et incontinent que lad. voicture sera faicte bien et deuement comme dict est. Promectans... Obligeans chacun en droict soy et led. Deschamps corps et biens comme pour les propres affaires du Roy... Renonceant...

Faict et passé aud. Arcenac du Roy, à Paris, l'an mil six cens, le vingt cinq^{me} jour de may, avant midy.

M. DE BETHUNE; HERRIN; Led. DESCHAMPS a déclaré ne scavoir escripre ny signer synon une marque; FOURNYER.

CCVIII. — 26 JUILLET 1600. — 20.

ARTILLERIE. — TRANSPORTS. — MARCHÉ PASSÉ AVEC NICOLAS MARAN, VOITURIER PAR EAU, À SENS, POUR LE TRANSPORT, DEPUIS LE PORT DES CÉLESTINS JUSQU'AU PORT DE CREVANT, DE DEUX CENTS MILLIERS DE MUNITIONS DE GUERRE, MOYENNANT LE PRIX DE TROIS ÉCUS PAR MILLIER, REVENANT LE TOUT À SIX CENTS ÉCUS SOL.

Par devant les notaires du Roy au Chastellet de Paris soubz^{nés}, fut présent Nicolas Maran, voicturier par eaue, demeurant à Sens, estant de présent en ceste ville de Paris logé rue de Bièvre, enseigne du Cerceau d'or, lequel a recongneu et confessé avoir promis et promect à Messire Maximilian de Bethune (*mêmes qualités qu'à l'acte précédent*)..., ou nom et comme ayant charge de Sa Ma^{té}, à ce présent, ce acceptant pour elle, de mener, conduire et voicturer par eaue, bien et deuement à toutes risques et fortunes, aux us et coustumes de la Rivière, depuis le port des Célestins de ceste ville de Paris, jusques au port de Crevan, la quantité de deux cens milliers pezant, tant de munition de guerre que autre chose et ce dans douze jours prochains, à commancer du jour qu'il fera lad. voicture, et que lad. quantité de deux cens milliers luy aura esté fournie.

Ceste promesse faicte moyannant et à raison de troys escus pour chacun millier de lad. quantité, revenant le tout à la somme de six cens escus sol, que led. sieur de Rosny oud. nom en a promis faire bailler et payer aud. Maran par le Trésorier général de lad. Artillerie, scavoir : la somme de « *deux cens escus content*[1] » dedans le jour qu'il fera lad. conduite par advance, et le surplus sy tost et incontinent que lad. voicture sera faicte bien et deuement, comme dict est. Promectans... Obligeans chacun en droict soy et led. Maran corps et biens comme pour les propres affaires du Roy... Renonceant... Faict et passé aud. Arsenac du Roy, à Paris, l'an mil six cens, le vingt six^{me} jour de juillet, avant midy.

« *Bonne pour six cens escus*[1]. »

MAXIMILIAN DE BETHUNE; R. TIERCELIN; MARANT; HERBIN; FOURNYER.

CCIX. — 26 JUILLET 1600. — 21.

ARTILLERIE. — TRANSPORTS. — MARCHÉ PASSÉ AVEC LOUIS LE FEBVRE, VOITURIER PAR EAU, À PARIS, POUR LE TRANSPORT DEPUIS LE PORT DES CÉLESTINS JUSQU'AU PORT DE NOGENT-SUR-SEINE, DE TROIS CENTS MILLIERS DE CANONS, POUDRES, BOULETS ET AUTRES MUNITIONS, MOYENNANT LE PRIX DE DEUX ÉCUS DIX SOLS POUR CHAQUE MILLIER, REVENANT LE TOUT À LA SOMME DE SIX CENT CINQUANTE ÉCUS SOL.

Par devant les notaires du Roy au Ch^{let} de Paris, soubz^{nés}, fut présent Loys Le Febvre, voicturier par eaue, demeurant à Paris, rue de la Mortellerie, parroisse St Gervais, lequel a recongneu et confessé et par ces présentes confesse avoir promis et promect à Messire Maximilian de Bethune (*mêmes qualités que dans les actes précédents*)... ou nom et comme ayant charge de Sa Ma^{té}, à ce présent et acceptant pour elle, de mener, conduire et voicturer par eaue bien et deuement à toutes risques et fortunes, aux uz et coustumes de la Rivière, depuis le port des Célestins de ceste ville de Paris jusques au port de Nogent sur Seine, la quantité de troys cens miliers pezant ou environ, tant canons, poudres, boullets que autres munitions de guerre; et ce dans dix jours prochains à commancer du jour qu'il fera lad. voicture et que lad. quantité de trois cens milliers luy aura esté fournie.

Ceste promesse faicte moyannant et, à raison de deux escus dix sols pour chacun milier pezant de lad. quantité, revenant le tout à la somme de six cens cinquante escus sol, que led. seigneur de Rosny en a promis faire bailler et payer aud. Le Febvre par le Trésorier général de l'Artillerie, scavoir : la somme de deux cens escus sol dedans le jour qu'il fera lad. conduite, par advance, et le surplus sy tost et incontinent que lad. voicture sera faicte bien et deuement comme dict est. Promectans... Obligeans chacun en droict soy et led. Le Febvre corps et biens comme pour les propres affaires du Roy... Renonceant...

Faict et passé aud. Arsenac du Roy à Paris, l'an mil six cens, le vingt six^{me} jour de juillet, après midy, et est ce faict en la présence du sieur de La Chevalerie.

MAXIMILIAN DE BETHUNE; R. TIERCELIN; LOUYS LE FEBVRE; HERBIN; FOURNYER.

[1] Les mots en italiques sont de la main de Sully.

CCX. — 26 JUILLET 1600. — 22.

ARTILLERIE. — TRANSPORTS. — MARCHÉ PASSÉ AVEC FRANÇOIS BARTEL, VOITURIER PAR EAU, À TROYES, POUR LE TRANSPORT, DEPUIS LE PORT DES CÉLESTINS JUSQU'AU PORT DE LADITE VILLE DE TROYES, DE 25 MILLIERS DE BOULETS, MOYENNANT LE PRIX DE TROIS ÉCUS 1/3 POUR CHAQUE MILLIER, REVENANT LE TOUT À LA SOMME DE 83 ÉCUS 1/3.

Par devant les notaires du Roy au Ch^{let} de Paris, soubz^{nés}, fut présent François Bartel, voicturier par eaue, demeurant à Troies en Champaigne, estant de présent à Paris, logé près le port St Paul, enseigne du Petit Cerf, lequel a recongneu et confessé et, par ces présentes, confesse avoir promis et promect à Messire Maximilian de Bethune (*mêmes qualités que dans les actes précédents*)... ou nom et comme ayant charge de Sa Ma^{té}, à ce présent, ce acceptant pour elle, de mener, conduire et voicturer par eaue, bien et deuement, à toutes risques et fortunes, aux uz et coustumes de la Rivière, depuis le port des Célestins de ceste ville de Paris jusques au port de lad. ville de Troyes, la quantité de vingt cinq milliers pesant de boullets à canon, et ce dans dix jours prochains à commancer du jour qu'il fera lad. voicture et que lad. quantité de vingt cinq milliers dessus déclarez luy aura esté fournye.

Ceste promesse faicte moyennant et à raison de trois escus ung tiers pour chacun millier pezant d'icelle quantité de vingt cinq milliers, revenant le tout à la somme de quatre vingts trois escus ung tiers, que led. seigneur de Rosny oud. nom en a promis faire bailler et payer aud. Bartel par le Trésorier général de lad. Artillerie, scavoir : trente escuz sol dedans le jour qu'il fera lad. conduicte et par advance, et le surplus sy tost et incontinent que lad. voicture sera faicte bien et deuement, comme dict est. Promectans... Obligeans chacun en droict soy et led. Bartel corps et biens comme pour les propres affaires du Roy... Renonceant...

Faict et passé aud. Arsenac du Roy, à Paris, l'an mil six cens, le vingt six^{me} jour de juillet, après midy; et est ce faict en la présence du sieur de La Chevallerye.

M. DE BETHUNE; R. TIERCELIN; FRANÇOYS BARTEL; HERBIN; FOURNYER.

CCXI. — 1ER AOÛT 1600. — 24.

ARTILLERIE. — TRANSPORTS. — MARCHÉ PASSÉ AVEC GRATIEN RAVENEL, CAPITAINE ORDINAIRE DU CHARROY DE L'ARTILLERIE, À ORLÉANS, POUR LE TRANSPORT PAR TERRE, DEPUIS LA VILLE DE CHÂLONS EN CHAMPAGNE JUSQU'À CHALON-SUR-SAÔNE, DE POUDRES, BOULETS ET AUTRES MUNITIONS D'ARTILLERIE, MOYENNANT LE PRIX D'UN ÉCU VINGT CINQ SOLS TOURNOIS POUR CHAQUE CENT PESANT, POIDS DE MARC, DONT 450 ÉCUS SOL D'AVANCE.

Par devant les notaires du Roy au Ch^{let} de Paris, soubz^{nés}, fut présent Gratien Ravenel, cappitaine ordinaire du Roy en l'Artillerie, demeurant à Orléans, lequel a recongneu et confessé avoir promis et promect à messire Maximilian de Bethune (*mêmes qualités que dans les actes précédents*)... ou nom et comme ayant charge de Sa Ma^{té}, à ce present et ce acceptant pour elle, de mener et conduire par terre bien et deuement, depuis la ville de Chaallons en Champaigne jusques dans la ville de Chaallons sur la Saulne, toutes et chacunes les pouldres, boullets et autres munitions d'artillerie que led. seigneur de Rosny vouldra faire mener aud. Chaallons sur la Saulne, et ce dedans le seize^{me} jour de ce présent moys d'aoust.

Cette promesse faicte moyennant et à raison de ung escu vingt cinq solz tournois pour chacun cent pezant poix de marc, que led. seigneur de Rosny oud. nom a promis et sera tenu faire bailler et payer aud. Ravenel par le Trésorier général de lad. Artillerie, scavoir : la somme de quatre cens cinquante escuz sol dedans huy, par advance, et le surplus sy tost et incontinent que lad. conduicte aura esté faicte bien et deuement comme dict est. Promectans... Obligeans chacun en droict soy et led. Ravenel corps et biens comme pour les propres affaires du Roy... Renonceant...

Faict et passé aud. Arsenac l'an mil six cens, le premier jour d'aoust, avant midy.

MAXIMILIAN DE BETHUNE; RAVENEL; HERBIN; FOURNYER.

CCXII. — 1ᵉʳ AOÛT 1600. — 25.

Artillerie. — Transports. — Marché passé avec Jean Dion, voiturier par eau, à Paris, pour le transport, depuis le port des Célestins jusqu'au port de Crevant, de 203 milliers de poudre, boulets et autres munitions, moyennant le prix de trois écus sol pour chaque millier, revenant le tout ensemble à la somme de 609 écus sol.

Par devant les notaires du Roy au Ch¹ᵉᵗ de Paris, soubz⁽ˢ⁾, fut présent Jehan Dion, voiturier par eaue, demeurant à Paris, rue des Nonnains d'Iesres, parroisse S¹ Paul, lequel a recongneu et confessé avoir promis et promect à Messire Maximilian de Bethune (*mêmes qualités que dans les actes précédents*)... ou nom et comme ayant charge de Sa Ma¹ᵉ, à ce présent, ce acceptant pour elle, de mener, conduire et voicturer par eaue, bien et deuement dans ses basteaulx, à toutes risques et fortunes, aux uz et constumes de la Rivière, depuis le port des Célestins de ceste ville de Paris, jusques au port de Crevan, la quantité de deux cens trois milliers pezant tant pouldre, boulletz à canon que autres munitions d'artillerie, et ce dans treize jours prochains, à commencer du jour de demain.

Ceste promesse faicte moyennant et à raison de troys escus sol pour chacun millier de lad. quantité, revenant le tout à la somme de six cens neuf escus sol, que led. seigneur de Rosny oud. nom en a promis et sera tenu faire bailler et payer aud. Dion dedans huy par Monsieur le Trésorier général de lad. Artillerie. Promectans... Obligeans chacun en droict soy et led. Dion corps et biens comme pour les propres affaires du Roy... Renonceant...

Faict et passé aud. Arsenac du Roy, à Paris, l'an mil six cens, le premier jour d'aoust, après midy; et a led. Dion déclaré ne sçavoir escripre ne signer.

Maximilian de Bethune; Herbin; Fournyer.

CCXIII. — 3 AOÛT 1600. — 27.

Artillerie. — Transports. — Marché passé avec Jean Adam, Guillaume Le Roux, Jean Pourelle, Denis Mulart, serviteur de la veuve Jean Valda, voituriers à Troyes et Nicolas Lormeau, voiturier à Orléans, pour le transport, depuis l'Arsenal de Paris jusqu'à Chalon-sur-Saône, de sept caisses et quatre tonnes pleines d'armes, le tout faisant la quantité de onze mille huit cents pesant, moyennant le prix de deux écus dix sols pour chaque cent, revenant ensemble à la somme de 255 écus quarante sols payée d'avance.

Par devant les notaires du Roy au Ch¹ᵉᵗ de Paris soubz⁽ˢ⁾, furent presens Jehan Adam, Guillaume Le Roulx, Jehan Pourelle, tous voicturiers par terre, demeurans à Troyes en Champaigne, Denis Mulart, serviteur de la veufve Jehan Velda, vivant aussy voicturier par terre demeurant aud. Troyes, led. Mulart aussy y demeurant, et Nicolas Lormeau, pareillement voicturier per terre, demeurant à Orléans, lesquels ont recongneu et confessé et, par ces presentes, confessent avoir promis et promectent l'un pour autre et chacun d'eulx, seul et pour le tout, sans division, renonceans au bénéfice de division et de discution, à noble homme Robert Tiercelin, sieur de La Chevallerie et du Boys d'Auteuil, gentilhomme ordinaire de la Chambre du Roy et lieutenant en l'Arsenac de Sa Ma¹ᵉ à Paris et Gouvernement de l'Isle de France de Monsieur de Rosny,

Grand Maistre de l'Artillerie, à ce présent et acceptant pour led. sieur Grand Maistre pour et au nom de Sad. Ma¹ᵉ, et en la présence de noble homme Maistre Vincent Boubier, sieur de La Goujonne, conseiller du Roy et contrerolleur général de l'Artillerie, de mener, conduire et voicturer par terre bien et deuement, depuis l'Arsenac de ceste ville de Paris, jusques en la ville de Chaallons sur la Saulne, la quantité de sept quaisses et quatre tonnes pleynes d'armes, le tout pezant ensemble la quantité de unze mil huict cens pezant, et ce le plus tôt que faire ce pourra, sans aucun séjour.

Ceste promesse faicte moyennant et à raison de deux escus dix sols pour chacun cent pezant, revenant le tout à la quantité de unze mil huict cens à la somme de deux cens cinquante cinq escus quarante sols, que led. sieur de La Chevalerie oud.

nom en a promis faire bailler et payer par monsieur le Trésorier général de lad. Artillerie dedans huy ausd. Adam, Le Roulx, Pourelle, Mulart et Lormeau. Promectans... Obligeans chacun en droict soy et lesd. Adam, Leroux, Pourelle, Mulart et Lormeau l'un pour l'autre et chacun d'eulx seul et pour le tout sans division, corps et biens, comme pour les propres affaires du Roy... Renonceans iceulx Adam, Le Roulx, Pourelle, Mulart et Lormeau au bénéfice de division et de discution...

Faict et passé aud. Arsenac du Roy à Paris, l'an mil six cens, le troisiesme jour d'aoust, avant midy, et ont tous lesd. voicturiers déclaré ne scavoir escripre ne signer synon led. Le Roulx qui a signé avec lesd. sieurs de La Chevallerie et de La Goujonne.

TIERCELIN; BOUHIER; GUILLAUME LE ROULX; HERBIN[1].

CCXIV. — 3 AOÛT 1600. — 28.

ARTILLERIE. — TRANSPORTS. — MARCHÉ PASSÉ AVEC PIERRE SAILLART, MARCHAND VOITURIER PAR TERRE À RUGLES EN NORMANDIE, PIERRE CODIRON, PIERRE ESTIENNE ET PIERRE BAILLY, VOITURIERS À BEUREVILLE EN LORRAINE, POUR LE TRANSPORT, DEPUIS L'ARSENAL DE PARIS JUSQU'À CHALON-SUR-SAÔNE, DE SIX TONNES ET UN CAISSON D'ARMES, LE TOUT FAISANT LA QUANTITÉ DE QUATRE MILLE QUATRE CENTS PESANT, MOYENNANT LE PRIX DE DEUX ÉCUS DIX SOLS POUR CHAQUE CENT, REVENANT ENSEMBLE À LA SOMME DE 95 ÉCUS SOL 20 SOLS TOURNOIS, PAYÉE D'AVANCE, SOUS CAUTION DE LOUIS LE POYVRE, MARCHAND À PARIS.

Par devant les notaires du Roy au Chastellet de Paris, soubz[nés], furent présens Pierre Saillart, marchant voicturier par terre, demeurant à Rugle en Normandie, Pierre Codiron, Pierre Estienne et Pierre Bailly, tous voicturiers par terre, demeurans à Beureville en Loraine, lesquels ont recongneu et confessé et, par ces présentes, confessent avoir promis et promectent l'un pour l'autre et chacun d'eulx seul et pour le tout, sans division, renonceans au bénéfice de division et de discution, à noble homme Robert Tiercelin, sieur de La Chevallerye et du Boys d'Anteuil, gentilhomme ordinaire de la Chambre du Roy et lieutenant en l'Arsenac de Sa Ma[té] à Paris et Gouvernement de l'Isle de France de M. de Rosny, Grand Maistre de l'Artillerie, à ce présent, ce acceptant pour led. s[r] Grand Maistre pour et au nom de Sad. Ma[té], et en la présence de Jehan Dorléans, commis de noble homme Maistre Vincent Bouhier, s[r] de La Goujonne, conseiller du Roy et contrerolleur général de lad. Artillerie, de mener, conduire et voicturer par terre bien et deuement depuis l'Arsenac de ceste ville de Paris jusques en la ville de Chaallons sur la Saulne, la quantité de six tonnes et ung quaisson pleynes d'armes, le tout pezant ensemble la quantité de quatre mil quatre cens pezant, et ce le plus tost que faire ce pourra, sans aucun séjour.

Ceste promesse faicte moyennant et à raison de deux escus dix sols pour chacun cent pezant, revenant le tout pour lad. quantité de quatre mil quatre cens à la somme de quatre vingtz quinze escus sol vingt sols tournois, que led. sieur de La Chevallerye oud. nom en a promis faire bailler et payer ausd. Saillart, Codiron, Estienne et Bailly, dedans huy, par monsieur le Trésorier général de iad. Artillerie.

A ce faire est intervenu Louis Le Poisvre, marchant, demeurant à Paris, ès Halles dud. lieu, enseigne du Heaulme, lequel vollontairement s'est rendu pleige caution et respondant pour lesd. voicturiers cy-dessus, pour raison desd. quatre vingts quinze escus vingt sols, et à ce faire s'est obligé et obligé avec eulx l'un pour l'autre et chacun d'eulx seuls et pour le tout, sans division, renonceant au bénéfice de division, discution et fidejussion.

Promectans... Obligeans chacun en droict soy et lesd. Saillart, Codiron, Estienne, Bailly et Le Poisvre l'un pour l'autre et chacun d'eulx seul et pour le tout, sans division, corps et biens, comme pour les propres affaires du Roy. Renonceans iceulx Saillart, Codiron, Estienne, Bailly et Le Poyvre aud. bénéfice de division et de discution.

Faict et passé aud. Arsenac du Roy, à Paris, l'an mil six cens, le troisiesme jour d'aoust, après midy, et ont tous lesd. voicturiers déclaré ne scavoir escripre ne signer, sinon led. Bailly qui a signé avec lesd. sieurs de La Chevallerie et Dorléans et led. Le Poyvre.

R. TIERCELIN, LE POYVRE, BAILLY, DORLEANS[2].

[1] Cet acte n'est pas signé par le notaire Fournyer.
[2] Cet acte n'est pas signé par les notaires.

CCXV. − 5 AOÛT 1600. − 29.

ARTILLERIE. — TRANSPORTS. — MARCHÉ PASSÉ AVEC JEAN MAINZEVILLE, VOITURIER PAR TERRE, À DIEPPE, POUR LE TRANSPORT, DEPUIS L'ARSENAL DE PARIS JUSQU'À CHALON-SUR-SAÔNE, DE QUATRE TONNES PLEINES D'ARMES, FAISANT LA QUANTITÉ DE DIX HUIT CENTS PESANT, MOYENNANT LE PRIX DE DIX SOLS POUR CHAQUE CENT PESANT, REVENANT LE TOUT À LA SOMME DE 39 ÉCUS SOL, PAYÉE D'AVANCE, SOUS CAUTION DE LOUIS LE POYVRE, MARCHAND À PARIS.

Par devant les notaires du Roy au Chastellet de Paris, soubzsignez, fut présent Jehan Mainzeville, voicturier par terre, demeurant à Dieppe, lequel a recongneu et confessé avoir promis et promect à noble homme Robert Tiercelin[1]... et en la présence de Jehan Dorléans[1]... de mener, conduire et voicturer par terre bien et deuement, depuis l'Arsenac de ceste ville de Paris jusques en la ville de Chaallons sur la Saulne, la quantité de quatre tonnes pleynes d'armes, le tout pezant ensemble la quantité de dix huict cens pezant, et ce le plus tost que faire ce pourra, sans aucun séjour.

Ceste promesse faicte moyennant et à raison de deux escus dix sols tournois pour chacun cent pezant, revenantle tout pour la quantité de dix huit cens, à la somme de trente neuf escus sol, que led. sieur de la Chevallerie oud. nom en a promis faire bailler et payer aud. Mainzeville par monsieur le Trésorier général de lad. Artillerie, dedans huy.

A ce faire est intervenu Loys Le Poyvre, marchant, demeurant à Paris, lequel vollontairement s'est rendu pleige caution et respondant pour led. Mainzeville pour raison de lad. somme de trente neuf escus sol. Et à ce faire, s'est obligé avec luy l'un pour l'autre et chacun d'eulx seul et pour le tout, sans division, renonceant au bénéfice de division, discution et fidejussion. Promectans... Obligeans chacun en droict soy et lesd. Mainzeville et Le Poyvre, l'un pour l'autre et chacun d'eulx seul et pour le tout, sans division, corps et biens, comme pour les propres affaires du Roy. Renonceans iceulx Mainzeville et Le Poyvre aud. bénéfice de division, discution et fidejussion.

Faict et passé aud. Arsenac du Roy, à Paris, l'an mil six cens, le cinquiesme jour d'aoust, après midy. Led. Mainzeville a déclaré ne sçavoir escripre ne signer, sinon une marque.

R. TIERCELIN, DORLÉANS, LE POYVRE, HERMIN[1].

CCXVI. − 5 AOÛT 1600. − 30.

ARTILLERIE. — TRANSPORTS. — MARCHÉ PASSÉ AVEC PHILBERT DE BONNEFOY, VOITURIER À BEUREVILLE EN LORRAINE, POUR LE TRANSPORT, DEPUIS L'ARSENAL DE PARIS JUSQU'À CHALON-SUR-SAÔNE, DE QUATRE TONNES PLEINES D'ARMES, FAISANT LA QUANTITÉ DE DEUX MILLIERS PESANT, MOYENNANT LE PRIX DE DEUX ÉCUS DIX SOLS POUR CHAQUE CENT PESANT, REVENANT LE TOUT À LA SOMME DE 43 ÉCUS 1/3, PAYÉE D'AVANCE, SOUS CAUTION DE LOUIS LE POYVRE, MARCHAND À PARIS.

Par devant les notaires du Roy au Ch^{let} de Paris soubz^{nez}, fut présent Philbert de Bonnefoy, merchant voicturier par terre, demeurant à Bureville en Lorraine, lequel a recongneu et confessé et, par ces présentes, confesse avoir promis et promect à noble homme Robert Tiercelin[1]... et en la présence de Jehan Dorléans[1]... de mener, conduire et voicturer par terre, bien et deuement, depuis l'Arsenac de ceste ville de Paris jusques en la ville de Chaallons sur la Saulne, la quantité de quatre tonnes plaines d'armes, le tout pezant ensemble la quantité de deux milliers pezant, et ce le plus tost que faire se pourra, sans aucun séjour.

Ceste promesse faicte moyennant et à raison de deux escus sol dix sols pour chacun cent pezant, revenant le tout, pour lad. quantité de deux milliers, à la somme de quarante trois escus ung tiers, que led. s^r de La Chevallerie oud. nom en a promis faire bailler et payer aud. de Bonnefoy par Monsr le Trésorier général de lad. Artillerie, dedans huy.

[1] Mêmes qualités qu'à l'acte précédent.

[1] Cet acte n'est pas signé par le notaire Fournyer.

A ce faire est intervenu Loys Le Poyvre, marchand, demeurant à Paris, ès Halles dud. lieu, enseigne du Heaulme, lequel vollontairement s'est rendu pleige caution et respondant pour led. de Bonnefoy, pour raison de lad. somme de quarante trois escus ung tiers. Et à ce faire, s'est obligé et oblige avec luy l'un pour l'autre et chacun d'eulx seul et pour le tout, sans division, renonceant au bénéfice de division, discution et fidejussion. Promettans... Obligeans chacun en droict soy et lesd. de Bonnefoy et Le Poivre l'un pour l'autre et chacun d'eulx seul et pour le tout, sans division, corps et biens, comme pour les propres affaires du Roy. Renonceans iceulx de Bonnefoy et Le Poivre aud. bénéfice de division, de discution et de fidejussion.

Faict et passé en l'Arsenac du Roy à Paris, l'an mil six cens, le cinq^{me} jour d'aoust, après midy. Led. de Bonnefoy a declayré ne scavoir escripre ny signer, synon une merque.

R. TIERCELIN, DORLÉANS, merque dud. DE BONNEFOY, LE POYVRE [1].

CCXVII. — 5 AOÛT 1600. — 3 f.

ARTILLERIE. — TRANSPORTS. — MARCHÉ PASSÉ AVEC FRANÇOIS BRET, FACTEUR DE CLAUDE GALLIOT, VOITURIER À LYON, POUR LE TRANSPORT, DEPUIS L'ARSENAL DE PARIS JUSQU'À CHALON-SUR-SAÔNE, DE HUIT TONNES PLEINES D'ARMES, FAISANT LA QUANTITÉ DE TROIS MILLIERS PESANT, MOYENNANT LE PRIX DE DEUX ÉCUS DIX SOLS POUR CHAQUE CENT PESANT, REVENANT LE TOUT À LA SOMME DE 65 ÉCUS, PAYÉS D'AVANCE, SOUS CAUTION DE JEAN MARCHEZ, CAPITAINE DU CHARROI DE L'ARTILLERIE, À PARIS.

Par devant les notaires du Roy ou Chastellet de Paris, soubz^{nés}, fut présent François Bret, facteur de Claude Galliot, voicturier par terre, demeurant à Lion, confessa avoir promis et promect à noble homme Robert Tiercelin [1]... et en la présence de Jehan Dorléans [1]... de mener, conduire et voicturer par terre, bien et deuement, depuis l'Arsenac de ceste ville de Paris jusques en la ville de Chaallons sur la Saulne, huict tonnes pleynes d'armes, tant grandes que petites, le tout pezant ensemble la quantité de troys milliers, et ce, le plus tost que faire ce pourra, sans aucun séjour.

Ceste promesse faicte moyennant et à raison de deux escus dix sols tournois pour chacun cent pezant, revenant le tout, pour lad. quantité de troys milliers pezant, à la somme de soixante cinq escus que led. s^r de La Chevallerie oud. nom en a promis faire bailler et payer aud. Bret par monsieur le Trésorier général de lad. Artillerie, dedans huy.

A ce faire est intervenu Jehan Marchez, cappitaine du charoy de l'Artillerie du Roy, demeurant à Paris rue Montorgueil, parroisse St Eustache, lequel vollontairement s'est rendu pleige caution et respondant pour led. Bret pour raison de lad. somme de soixante cinq escus sol, et à ce faire s'est obligé et oblige avec luy l'un pour l'autre et chacun d'eulx seul et pour le tout, sans division, renonceant au bénéfice de division, discution et fidejussion. Promectans... Obligeans chacun en droict soy et lesd. Bret et Marchez l'un pour l'autre et chacun d'eulx seul et pour le tout, sans division, corps et biens comme pour les propres affaires du Roy. Renonceans iceulx Bret et Marchez aud. bénéfice de division, discution et fidejussion.

Faict et passé aud. Arsenac du Roy à Paris, l'an mil six cens, le cinquiesme jour de aonst, après midy. Et a led. Bret déclaré ne scavoir escripre ne signer.

R. TIERCELIN, DORLÉANS, Jehan MARCHEZ, HERBIN, FOURNYER.

[1] Cet acte n'est pas signé par les notaires.

[1] Mêmes qualités qu'aux actes précédents.

GRAND-MAÎTRE DE L'ARTILLERIE.

CCXVIII. — 22 AOÛT 1600. — 32.

ARTILLERIE. — TRANSPORTS. — MARCHÉ PASSÉ AVEC : JACQUES DU FAY, JEAN GODART, JEAN BOURGOING, GUILLAUME DU FOUR, PIERRE DU FOUR, VOITURIERS PAR EAU, À PARIS, POUR LE TRANSPORT, DEPUIS LE PORT DES CÉLESTINS JUSQU'AU PORT DE CRAVANT, DE LA QUANTITÉ DE 10,000 BOULETS PESANT ENSEMBLE 300 MILLIERS, MOYENNANT LE PRIX DE TROIS ÉCUS SOL VINGT SOLS TOURNOIS POUR CHAQUE MILLIER, REVENANT LE TOUT À LA SOMME DE MILLE ÉCUS D'OR SOL, PAYÉE D'AVANCE.

Par devant les notaires du Roy nostre Sire en son Ch[tel] de Paris, soubz[ncs], furent présens : Jacques du Fay, Jehan Godart, Jehan Bourgoing, Guillaume du Four et Pierre du Four, tous voicturiers par eaue, demeurans à Paris rue de la Mortellerie, scavoir : lesd. du Fay et Godart, de la parroisse St Paul et lesd. Jehan Bourgoing, Guillaume et Pierre du Four de la parroisse St Gervais; lesquels recongnurent et confessèrent avoir promis et promectent l'un pour l'autre et chacun d'eulx seul et pour le tout, sans division, renonceans au bénéfice de division et de discution, à noble homme maistre Vincent Bouhier, sieur de La Goujonne, conseiller du Roy et contreroleur général de l'Artillerie de France, ou nom et comme soy disant avoir charge de monseigneur le baron de Rosny, Grand Maistre et cappitaine général de lad. Artillerie, led. s[r] de La Goujonne à ce présent, ce acceptant pour led. s[r] Grand Maistre pour et au nom de la Ma[té] du Roy, et en la présence de Noël Regnouard, secrétaire de lad. Artillerie, de mener, conduire et voicturer par eaue bien et deuement, en toutes dilligences, et sans séjour et à toutes risques, périls et fortunes, aux riz et coustumes de la Rivière, depuis le port des Celestins de ceste ville de Paris jusques au port de Cravan, port de deschargement, la quantité de dix mil boullets à canon pezant ensemble la quantité de trois cens milliers pezans, et ce dedans le douze[me] jour du moys de septembre prochain, au plus tard.

Ceste promesse faicte moyennant et à raison de trois escus sol vingt sols tournois pour chacun millier de lad. quantité de trois cens milliers, revenant le tout à la somme de mil escus d'or sol, que led. sieur de La Goujonne en a promis et promect oud. nom faire bailler et payer ausd. du Fay, Godart, Bourgoing, Guillaume du Four et Pierre du Four, par monsieur le trésorier général de lad. Artillerie, dedans ce jour d'huy. Promectans... Obligeans chacun en droict soy led. sieur de La Goujonne oud. nom et lesd. du Fay, Godart, Bourgoing, Guillaume du Four et Pierre du Four, l'un pour l'autre et chacun d'eulx seul et pour le tout, sans division, corps et biens comme pour les propres affaires du Roy. Renonceans iceulx du Fay, Godart, Bourgoing, Guillaume du Four et Pierre du Four ausd. bénéfice de division et de discution.

Faict et passé en la maison où led. sieur de La Goujonne est logé, size sur le quay des Cellestins, l'an mil six cens, le vingt deux[me] jour d'aoust, avant midy. Led. Jacques du Fay a déclaré ne scavoir escripre ny signer, synon qu'il a faict une merque qu'il dict user en ses affaires.

BOUHIER, REGNOUART, merque dud. DU FAY. JEHAN GODART, GUILLAUME DUFOUR, JEHAN BOURGOIN, PIERRE DU FOUR, MOTELET, FOURNYER.

CCXIX. — 10 JUILLET 1601. — 62.

ARTILLERIE. — TRANSPORTS. — MARCHÉ PASSÉ AVEC JEAN GUÉRIN, VOITURIER PAR EAU, À ORLÉANS, POUR LE TRANSPORT, TANT PAR EAU QUE PAR TERRE, DEPUIS L'ARSENAL DE LYON JUSQU'À CELUI DE PARIS, DE TOUTES LES ARMES QUI LUI SERONT DÉLIVRÉES PAR LE LIEUTENANT DU GRAND MAÎTRE À LYON, SUIVANT ÉTAT DÉTAILLÉ, MOYENNANT LE PRIX D'UN ÉCU 2/3 POUR CHAQUE CENT PESANT, SOIT 16 ÉCUS 2/3 POUR CHAQUE MILLIER.

Par devant les notaires du Roy nostre Sire en son Chastellet de Paris, soubz[ncs], fut présent Jehan Guérin, marchant voicturier par eaue, demourant à Orléans, lequel a recongneu et confessé et, par ces présentes, confesse avoir promis et promect à Messire Maximilian de Bethune, chevallier, sieur et baron de Rosny, conseiller du Roy en ses Conseils d'Estat et privé, son chambellan ordinaire, cappitaine de cinquante hommes d'armes de ses Ordonnances, grand voyer de France, Grand Maistre de l'Artillerie, superintendant de ses finances, gouverneur de la ville et citadelle de Mante et superintendant des fortifications de France, demourant en l'Arsenac du Roy, à Paris, ou nom et comme ayant charge de Sa Ma^{té}, à ce présent, ce acceptant pour elle, en la présence de maistre Sébastien Darchambault conseiller du Roy et contrerolleur général de lad. Artillerie, de voiturer tant par eaue que par terre depuis l'Arsenac du Roy estant en la ville de Lion jusques à celluy de ceste ville de Paris, tous les corceletz garniz de leurs brassardtz, tassettes, bourguignottes, haulse colz, picques de biscayes, picques communes, mousquetz et harquebuzes garnyes de leurs fournymentz et bandouillieres, avec les quaissons et tonnes propres à mettre et emballer lesd. armes, qui seront delivrez aud. Guerin par le lieutenant de mond. seigneur le Grand Maistre aud. Arsenac de Lion, controlleur et garde provincial dud. magazin, le tout par ung estat qui luy sera delivré signé d'eulx, avec le poix de tout ce qui luy sera délivré, au poix de marc. Et promect iceluy Guerin par ces présentes rendre lesd. armes aud. Arsenac de Paris en tel estat et qualité qu'elles luy seront delivrées aud. Arsenac de Lion, et ce dedans deux moys prochainement venans.

Ce marché faict moyannant la somme d'ung escu deux tiers pour chacun cent pezant, qui est à raison de seize escus deux tiers pour chacun millier, que led. seigneur de Rosny a promis faire payer et délivrer par le trésorier général de lad. Artillerie aud. Guerin scavoir : dans ce jourd'huy par advance et sur et tant moings desd. voictures la somme de trois cens escus sol, en baillant par led. Guerin bonne et suffisante caution d'icelle advance en ceste ville de Paris, et le surplus lorsque les dictes voictures seront faictes et parfaictes. Promectans... Obligeans chacun en droict soyet led. Guerin corps et biens comme pour les propres affaires du Roy... Renonceant...

Faict et passé aud. Arsenac du Roy à Paris, l'an mil six cens ung, le dixiesme jour de juillet, avant midy.

MAXIMILIAN DE BETHUNE. DARCHAMBAULT. GUERIN. MOTELET, FOURNYER.

CCXX. — 7 NOVEMBRE 1601. — 72.

ARTILLERIE. — TRANSPORTS. — MARCHÉ PASSÉ AVEC JEAN GUÉRIN, VOITURIER PAR EAU À ORLÉANS, ET OFFICIER ORDINAIRE DE L'ARTILLERIE DE FRANCE, POUR LE TRANSPORT TANT PAR EAU QUE PAR TERRE, DEPUIS L'ARSENAL DE LYON JUSQU'À CELUI DE PARIS, DE TOUTES LES MUNITIONS DE GUERRE, ARMES ET AUTRES CHOSES QUI LUI SERONT DÉLIVRÉES PAR LE LIEUTENANT DU GRAND MAÎTRE À LYON, SUIVANT ÉTAT DÉTAILLÉ; MOYENNANT LE PRIX D'UN ÉCU TRENTE SOLS POUR CHAQUE CENT PESANT, SOIT QUINZE ÉCUS POUR CHAQUE MILLIER.

ACTE D'ASSOCIATION, PASSÉ LE 7 NOVEMBRE 1601, ENTRE LEDIT JEAN GUÉRIN ET JEAN FORGES, AUSSI VOITURIER PAR EAU À ORLÉANS, POUR L'EXÉCUTION DU MARCHÉ CI-DESSUS.

Par devant les notaires du Roy nostre Sire, au Ch^{let} de Paris, soubz^{nés}, fut présent Jehan Guerin, marchant voicturier par eaue, demourant à Orléans, et officier ordinaire de l'Artillerie de France, lequel a recongneu et confessé avoir promis et promect à hault et puissant seigneur Messire Maximilian de Bethune, chevallier, sieur et marquis de Rosny, Conseiller du Roy en ses Conseils d'Estat et privé, son Chambellan ordinaire, Cappitaine de cent hommes d'armes de ses Ordonnances, Grand Voyer de France, Grand Maistre et Cappitaine général de l'Artillerie de France, Superintendant de ses finances, Gouverneur de la ville et citadelle de Mante, et Superintendant des fortifications de France, demourant en l'Arsenac du Roy à Paris, parroisse St Paul, ou nom et comme ayant charge de Sa Ma^{té}, à présent et ce acceptant pour elle, en la présence de noble homme maistre Sébastien Darchambault, conseiller du Roy et Contrerolleur général de lad. Artillerie, de voiturer tant par eaue que par terre, depuis l'Arsenac du Roy estant à Lion jusques à celluy de ceste ville de Paris, toutes et chacunes les munitions de guerre, armes et autres choses que led. seigneur Grand Maistre vouldra faire venir, qui seront delivrez aud. Guerin par le Lieutenant de mond. seigneur le Grand Maistre aud. Arsenac de Lion. Contrerolleur et Garde provincial dud. magazin, le tout par ung estat qui luy sera baillé signé d'eulx, avec le poix de tout ce qui luy sera délivré, au poix de marc; et promect iceluy Guerin, par ces presentes, rendre lesd. munitions, armes et choses cy dessus, dans le magazin de l'Arsenac de ceste ville de Paris, en tel estat et qualité qu'elles luy seront delivrées aud. Arsenac de Lion, et ce dedans deux moys prochainement venans.

Ce marché faict moyennant la somme de ung escu trente solz pour chacun cent pezant, qui est à raison de quinze escuz pour chacun millier, que led. seigneur Grand Maistre a promis faire payer et delivrer par le Trésorier général de lad. Artillerie aud. Guerin sy tost et incontinent que led. Guerin aura faict la livraison desd. munitions, armes et choses cy dessus aud. magazin cy dessus déclaré.

Promectans... Obligeans chacun en droict soy et led. Guerin corps et biens comme pour les propres affaires du Roy... Renonceant...

Faict et passé aud. Arsenac du Roy à Paris, l'an mil six cens ung, le sept^{me} jour de novembre, avant midy.

MAXIMILIAN DE BETHUNE, DARCHAMBAULT, GUERIN, MOTELET, FOURNYER.

7 NOVEMBRE 1601. — ASSOCIATION.

Fut présent Jehan Guérin, marchant voicturier par eaue, demeurant à Orléans, et officier ordinaire de l'Artillerie de France, lequel a recogneu et confessé avoir associé et associe avec luy, tant à perte que à gain, honnorable homme Jehan Forges, aussy voicturier par eaue, demeurant aud. Orléans. à ce présent et ce acceptant, au marché par led. Guerin ce jourd'huy faict avec Monseigneur de Rosny, Grand Maistre et Cappitaine général de l'Artillerie de France, de mener et voicturer depuis l'Arsenac de la ville de Lion jusques à l'Arsenac du Roy en ceste ville de Paris, toutes et chacunes les munitions, armes de guerre et autres choses que led. seigneur Grand Maistre vouldra faire venir, et ce moyennant le prix selon et ainsy qu'il est porté par led. marché, lequel pris il recevront chacun par moictyé, et néantmoings sera tenu led. Forges de payer et advancer tous et chacuns les fraiz et autres choses qu'il conviendra faire pour raison de lad. voicture, à la charge toutesfois qu'il s'en remboursera sur led. pris des premiers deniers qui en proviendront.

Promecteus... Obligeans chacun en droict soy et led. Forges corps et biens, selon que led. Guerin y est tenu et obligé par led. marché... Renonceans... Faict et passé ès estudes desd. notaires l'an mil six cens ung, le septiesme jour de novembre, avant midy.

JEHAN FORGES, J. GUÉRIN, MOTELET, FOURNYER.

CCXXI. — 20 JUIN 1602. — 81.

ARTILLERIE. — TRANSPORTS. — MARCHÉ PASSÉ AVEC REGNAULT REGNARD, LOUIS LE FEBVRE, GUILLAUME JOSSEQUIN ET NICOLAS BOURGUILLOT, VOITURIERS PAR EAU À PARIS, POUR LE TRANSPORT DANS LEURS BATEAUX, DEPUIS LE PORT DES CÉLESTINS : 1° JUSQU'AU PORT DE MANTES, DE DEUX CANONS, UNE COULEUVRINE ET DEUX BÂTARDES AVEC LEURS ÉQUIPAGES ; 2° JUSQU'AU PORT DE CRAVANT, DE DIX CANONS, 4,000 BOULETS ET AUTRES MUNITIONS ET OUTILS, LE TOUT FAISANT LA QUANTITÉ DE 252 MILLIERS PESANT, MOYENNANT LE PRIX DE 3 ÉCUS 20° POUR CHAQUE MILLIER, REVENANT ENSEMBLE À LA SOMME TOTALE DE 840 ÉCUS SOL PAYÉE D'AVANCE, SOUS CAUTION DE LOUIS ROUTART, COMMISSAIRE ORDINAIRE DE L'ARTILLERIE À PARIS, ET DE BERNARD BAILLON, CONDUCTEUR ORDINAIRE DE LADITE ARTILLERIE À PARIS.

Par devant les notaires du Roy au Ch^{let} de Paris, soubz^{ner}, furent présens Regnault Regnard, Loys Lefebvre, Guillaume Josquin et Nicolas Bourguillot, tous voicturiers par eaue, demeurans à Paris, rue de la Mortellerie, parroisse St Gervais, lesquels ont recogneu et confessé et, par ces présentes, confessent avoir promis et promectent l'un pour l'autre et chacun d'eulx seul et pour le tout, sans division, renonceaus au bénéfice de division et de discution, à hault et puissant seigneur messire Maximillian de Bethune, chevallier, sieur et marquis de Rosny, conseiller du Roy en ses Conseils d'Estat et privé, cappitaine de cent hommes d'armes de ses Ordonnances, grand voyer, Grand Maistre et cappitaine général de l'Artlerie de France, superintendant de ses finances et des fortifications de

France et gouverneur de la ville et citadelle de Mante, au nom et comme ayant charge de Sa Ma^té, à ce présent et acceptant pour elle, et en la présence de noble homme Francoys de Guillon, sieur de Richebourg, conseiller, notaire et secrétaire du Roy, et contrerolleur général de lad. Artillerie, de mener, conduire et voicturer par eaue, dans leurs basteaux, bien et deuement, à toutes risques, périls et fortunes, aux uz et coustumes de la Rivière, scavoir : depuis le port des Celestins en ceste ville de Paris, jusques au port de Mante, la quantité de deux canons, une coulleuvrine et deux bastardes, avec leurs esquipages seullement de hampes montées d'escouvillons et lanternes, dedans trois jours prochains; et encores dud. port des Celestins de ceste ville jusques au port de Crevant, la quantité de dix canons garniz de leurs affustz et rouages et six affustz hault le pied, quatre mil boullets à canon, le cordage pour dix huict canons, quarante hampes montees de leurs lanternes et escovillons, avec une forge garnye de soufflet, enclume et bigorne, les oustils des charrons, forgeurs, charpentiers, deux paires de verins et une chevre; et ce dans seize jours prochains, le tout à commencer du jour qu'ils feront la dicte voicture. Tout ce que dessus pezant la quantité de deux cent cinquante deux milliers.

Ceste promesse faicte moyennant et à raison de troys escuz vingt solz tournois par chacun millier pezant de lad. quantité, revenant le tout à la somme de huict cens quarante escus sol que led. s^r de Rosny en a promis et promect oud. nom faire bailler et payer ausd. Regnard, Lefebvre, Josquin et Bourguillot par mons^r le trésorier général de lad. Artillerie dedans ce jour d'huy par advance.

A ce faire furent présens noble homme Loys Routart, commissaire ordinaire de lad. Artillerie, demeurant Vieille rue Tixerandrie, parroisse St Gervais, et Bernard Baillou, conducteur ordinaire de lad. Artillerie demeurant à la porte Baudoyer, paroisse St Gervais, lesquelz vollontairement se sont renduz pleiges cautions et respondans pour lesd. Regnard, Lefebvre, Josquin et Bourguillot, de lad. somme de huict cens quarante escus d'advance, et, à ce faire se sont iceulx Routart et Baillou obligez et obligent avec eulx l'un pour l'autre et chacun d'eulx seul et pour le tout, sans division, corps et biens, comme pour les propres affaires du Roy... Renonceans iceulx Regnard, Lefebvre, Josquin et Bouguillot, Routart et Baillon aud. bénéfice de division et discution...

Faict et passé en l'Arseuac du Roy à Paris, l'an mil six cens deux, le vingt^me jour de juing, avant midy.

MAXIMILIAN DE BETHUNE, DE GUILLON, REGNAULT REGNARD, B. BAILLON, LOUYS LEFEBVRE, JOSSEQUIN, L. ROUTART, led. BOURGUILLOT a déclayré ne scavoir escripre ny signer. MOTELET, FOURNYER.

CCXXII. — 24 JUILLET 1604. — 143.

ARTILLERIE. — TRANSPORTS. — MARCHÉ PASSÉ AVEC PIERRE AMETTE, VOITURIER PAR EAU À ROUEN, POUR LE TRANSPORT, DEPUIS LE PORT St-PAUL DE PARIS, JUSQU'AU PORT DE ROUEN, DE LA QUANTITÉ DE CENT MILLIERS DE POUDRE À CANON DES TROIS SORTES, MOYENNANT LE PRIX DE QUARANTE SOLS POUR CHAQUE MILLIER, DONT LES DEUX TIERS PAYÉS D'AVANCE, SOUS CAUTION DE JEAN DE FER, MAÎTRE CHARPENTIER EN L'ARTILLERIE DU ROI À PARIS.

Par devant les notaires du Roy nostre Sire en son Ch^let de Paris, soubzsignez, fut présent Pierre Amette, voicturier par eaue, demeurant à Rouen, lequel a recongneu et confessé et, par ces présentes, confesse avoir promis et promect au Roy nostre sire, stipullant pour Sa Ma^té Robert Tiercelin, sieur de La Chevallerie, lieutenant de monseigneur le marquis de Rosny, Grand Maistre et cappitaine général de l'Artillerie, à ce présent, et en la présence de noble homme Zacarie de Perelles, sieur de Saulmery, conseiller du Roy et contrerolleur général de lad. Artillerie, de mener, conduire et voicturer par eaue, bien et deuement, aux uz et coustumes de la Rivière, depuis le port de St Paul de ceste ville de Paris jusques au port de Rouen, la quantité de cent milliers de pouldre à canon, scavoir : quatre vingts milliers de grosse grenée, dix huit milliers de menue grenée et deux milliers amorce; ce sans faire par led. Amette aucun séjour à lad. conduite Et pour ce faire, sera tenu led. Amette de rendre son batteau vnide et prest à charger dedans lundy prochain pour tout le jour.

Ce marché faict moyennant et à raison de quarante solz tournois pour chacun millier de lad.

quantité de cent milliers de pouldre; sur lequel pris luy sera baillé et payé par advance par mons' le trésorier général de lad. Artillerie dedans huy aud. Amette, la somme de six vingts treize livres six sols huict deniers, qui sont les deux tiers du pris du présent marché. Et quand à l'autre tiers dud. pris, montant la somme de soixante six livres treize sols quatre deniers, luy sera baillé et payé par led. sieur trésorier de lad. Artillerie dedans quinze jours prochainement venans, en rapportant led. Amette certifficat vallable de la réception de lad. pouldre.

A ce faire est intervenu Jehan de Fer, maistre charpentier en l'Artillerie ordinaire du Roy, demeurant rue S' Anthoine, parroisse S' Paul, lequel de sa bonne vollonté, s'est rendu pleige caution et respondant pour led. Amette pour raison de lad. advance cy-dessus, et en ce faisant s'est avec led. Amette obligé et oblige l'un pour l'autre et chacun d'eulx seul et pour le tout, sans division, renonceans au benefice de division et de discution. Promectans... Obligeans chacun en droict soy et lesd. Amette et de Fer l'un pour l'autre et chacun d'eulx seul et pour le tout, sans division, corps et biens comme pour les propres affaires du Roy... Renonceans iceulx Amette et de Fer aud. bénéfice de division et de discution...

Faict et passé en l'Arsenac du Roy à Paris, l'an mil six cens quatre, le vingt quatre^{me} jour de juillet, après midy. Led. de Fer a déclaré ne sçavoir escripre ne signer.

R. TIERCELIN, DE PERELLES, PIERRE AMETTE, MOTELET, FOURNYER.

CCXXIII. — 17 FÉVRIER 1606. — 177.

ARTILLERIE. — TRANSPORTS. — MARCHÉ PASSÉ AVEC JEAN GROSSIER ET NICOLAS BOURGUILLOT, VOITURIERS PAR EAU À PARIS, POUR LE TRANSPORT DEPUIS LE PORT DES CÉLESTINS JUSQU'À CHÂLONS EN CHAMPAGNE, DE 20,000 BOULETS AVEC 25 CANONS DE BATTERIE ET LEURS ÉQUIPAGES, LE TOUT PESANT 860 MILLIERS; MOYENNANT LE PRIX DE 9^{lt} 10^s POUR CHAQUE MILLIER, REVENANT LE TOUT À LA SOMME DE 8,170^{lt} DONT 4,000^{lt} D'AVANCE.

Par devant les notaires du Roy nostre Sire, en son Ch^{let} de Paris, soubz^{nes}, furent présens : Jehan Grossier et Nicolas Bourguillot, voicturiers par eaue, demeurant sçavoir : led. Grossier, rue Mortellerie, parroisse St Gervais et led. Bourguillot sur le quay des Ormes, parroisse Sainct Paul; lesquels ont recongneu et confessé et, par ces présentes, confessent avoir promis et promectent l'un pour l'autre et chacun d'eulx seul et pour le tout, sans division, renonceans au bénéfice de division et de discution, au Roy nostre Sire, stippulant pour Sa Ma^{té}, hault et puissant seigneur Messire Maximilian de Bethune, chevallier, sieur et marquis de Rosny, conte de Dourdan, Souverain de Boisbelle, baron de Baugy, Sully, La Chappelle, Bruyères, et Espineuil, conseiller du Roy en ses Conseils d'Estat et privé, cappitaine de cent hommes d'armes de ses Ordonnances, Grand Maistre de l'Artillerie, superintendaut des Finances et Bastimens de Sa Ma^{té}, gouverneur et lieutenant général pour Sad. Ma^{té} en Poictou, à présent, et en la présence de noble homme maistre Nicolas de Morely, conseiller, notaire et secrétaire du Roy, et contrerolleur général de lad. Artillerie, de voicturer bien et deuement dans ieurs basteaulx, depuys le port des Celestins de ceste ville de Paris, jusques à Chaallons en Champaigne, la quantité de vingt mil boullets avec vingt cinq canons de batterie et leurs affuts, rouages et aultres équipages servant aud. canon, le tout poisant huict cens soixante milliers, et ce dedans troys sepmaines prochaines, et pour ce fourniront lesd. voicturiers de tel nombre de chevaulx, basteaulx, gens et aultres choses à ce requises, à ce nécessaire, le tout à leurs risques, périls et fortunes auxquels est mestier de la rivière.

Ce marché faict moyennant et à raison de neuf livres dix sols tournoys pour chacun millier poisant des choses susdictes, revenant le tout à la somme de huict mil cent soixante dix livres tournois; sur laquelle somme de huict mil cent soixante dix livres led. seigneur Grand Maistre a promis faire advancer ausd. Grossier et Bourguillot, dedans huy, par monsieur le Trésorier général de lad. Artillerie la somme de quatre mil livres tournois, et le reste de lad. somme, montant à quatre mil cent soixante dix livres leur sera payé lorsqu'ils auront faict et parfaict lad. voicture ainsy que dict est. Promectans... Obligeans chacun en droict soy et lesd. Grossier et Bourguillot l'un pour l'autre et chacun d'eulx seul et pour le tout, sans division, corps et biens, comme pour les propres affaires du Roy. Renonceans iceulx Grossier et Bourguillot aud. bénéfice de division et de discution...

Faict et passé en l'Arcenac du Roy, à Paris,

l'an mil six cens six, le dix sept.me jour de febvrier, après midy.

MAXIMILIAN DE BETHUNE, MORELY, J. GROS-SIER, led. BOURGUILLOT a déclaré ne scavoir escripre ou signer, synon sa merque, HERBIN, FOURNYER.

CCXXIV. — 30 MARS 1606. — 181.

ARTILLERIE. — TRANSPORTS. — MARCHÉ PASSÉ AVEC GUILLAUME JOSSEQUIN ET PIERRE DU FOUR, VOITURIERS PAR EAU À PARIS, POUR LE TRANSPORT, DEPUIS LE PORT S^T-PAUL DE PARIS, JUSQU'AU PORT DE CHÂLONS EN CHAMPAGNE, DE LA QUANTITÉ DE CENT MILLIERS DE POUDRE À CANON; MOYENNANT LE PRIX DE 12^{lt} POUR CHAQUE MILLIER, REVENANT LE TOUT À LA SOMME DE 1,200^{lt}, DONT 800^{lt} D'AVANCE.

Par devant les notaires du Roy nostre Sire, en son Ch^{let} de Paris, soubz^{nes}, furent présens Guillaume Josquin et Pierre du Four, voicturiers par eaue, demeurant rue Mortellerie, scavoir : led. Josquin parroisse Sainct Gervais et led. du Four parroisse Sainct Paul, lesquels ont recogneu et confessé et, par ces présentes, confessent avoir promis et promectent l'un pour l'autre et chacun d'eulx seul et pour le tout, sans division, renonceans au bénéfice de division et de discution, au Roy nostre Sire, stippulant pour Sa Ma^{té} noble homme Robert Tiercelin, sieur de La Chevallerye et du Boys d'Autheuil, lieutenant de l'Artillerie de France, à ce présens, et aussy en la présence de noble homme maistre Nicolas de Morely, conseiller, notaire et secrétaire du Roy, controrolleur général de lad. Artillerie, de voicturer bien et deuement dans leurs batteaux, à leurs risques, périls et fortunes, aux uz et coustumes de la Rivière, depuis le port Sainct Paul de ceste ville de Paris jusques à Chaallons en Champaigne, la quantité de cent milliers de pouldre à canon, ou plus, sy plus y a; et ce, dedans vingt jours prochains à compter du jour de dimanche prochain.

Ce marché faict moyennant et à raison de douze livres pour chacun millier de lad. pouldre, revenant pour lesd. cent milliers à la somme de douze cens livres tournois; sur laquelle somme de douze cens livres sera baillé par advance ausd. Josquin et du Four par monsieur le trésorier général de lad. Artillerie dedans huy, la somme de huict cens livres tournois, et le surplus de lad. somme, montant quatre cens livres, sera baillé et payé ausd. du Four et Josquin par led. sieur trésorier lors que la livraison cy dessus sera faicte et parfaicte aud. Chaallons ainsy que dict est cy dessus, et en rapportant par eulx récépicé du garde de lad. Artillerie de la réception de lad. quantité de pouldre. Promectans... Obligeans chacun en droict soy et lesd. Josquin et du Four l'un pour l'autre et chacun d'eulx seul et pour le tout, sans division, corps et biens, comme pour les propres affaires du Roy... Renonceans...

Faict et passé en l'Arcenac du Roy à Paris, l'an mil six cens six, le trente^{me} et penultiesme jour de mars, avant midy.

R. TIERCELIN, MORELY, JOSSEQUIN, PIERRE DU FOUR, MOTELET, FOURNYER.

CCXXV. — 22 AVRIL 1606. — 182.

ARTILLERIE. — TRANSPORTS. — MARCHÉ PASSÉ AVEC MATHIEU MASCRIER, MAISTRE DES PONTS DE PARIS, ET NICOLAS BOURGUILLOT, VOITURIER PAR EAU, POUR LE TRANSPORT, DEPUIS LE PORT S^T-PAUL DE PARIS JUSQUES AU PORT DE MANTES, DE DEUX CANONS AVEC LEURS ÉQUIPAGES, LES CORDAGES DE QUATRE CANONS, MILLE BOULETS, VINGT MILLIERS DE POUDRE, MILLE PIQUES ET AUTRES MUNITIONS DE GUERRE, LE TOUT PESANT ENSEMBLE 118 MILLIERS NEUF CENS LIVRES; MOYENNANT LE PRIX DE 3^{lt} 10^{s} POUR CHAQUE MILLIER, REVENANT LE TOUT À LA SOMME DE 416^{lt} DONT 250^{lt} D'AVANCE.

Par devant les notaires du Roy nostre Sire en son Ch^{let} de Paris, soubz^{nes}, furent présens : Mathieu Mascrier, maistre des ponts de ceste ville de Paris, et Nicolas Bourguillot, voicturier par eaue, demeurans scavoir : led. Mascrier à l'Escolle Sainct Germain de Lauxerrois et led. Bourguillot sur le quay des Ormes, parroisse Sainct Paul, lesquels ont recongneu et confessé et, par ces présentes, confessent avoir promis et promectent l'un pour l'autre et chacun d'eulx seul et pour le tout, sans division, renonceans au bénéfice de division et de discution, au Roy nostre Sire, stippulant pour Sa Ma^té par hault et puissant seigneur Messire Maximilian de Bethune, duc de Seuilly, pair de France, marquis de Rosny, conte de Dourdan, souverain de Boisbelle, baron de Baugy, La Chappelle, Bruyères et Espineuil, conseiller du Roy en ses Conseils d'Estat et privé, cappitaine de cent hommes d'armes de ses Ordonnances, grand voyer, Grand Maistre et cappitaine général de lad. Artillerie, superintendant des finances et bastimens de Sa Ma^té, gouverneur et lieutenant général pour Sad. Ma^té en Poictou, à ce présent, et en la présence de noble homme maistre Nicolas de Morely, conseiller du Roy et contrerolleur général de lad. Artillerie, de mener, conduire et voicturer bien et deuement dans leurs basteaux, à toutes risques, périls et fortunes, aux uz et coustumes de la Rivière, depuis le port St Paul de ceste ville de Paris jusques au port de Mante, la quantité de deux canons, avec leurs affusts hault le pied, les cordages de quatre canons, mil bouletz à canon, vingt milliers de pouldre, mil picques et autres munitions de guerre, le tout pezant ensemble la quantité de cent dix huict milliers neuf cens livres; et ce le plus tost que faire ce pourra.

Ce marché faict moiennant et à raison de trois livres dix sols pour chacun millier pezant, revenant le tout à la somme de quatre cens seize livres, sur laquelle somme leur sera baillé par advance par Monsieur le trésorier général de lad. Artillerie dedans huy, la somme de deux cens cinquante livres, et le reste, montant la somme de huict vingt six livres, leur sera aussy baillé et payé sy tost et incontinent qu'ils auront faict lad. voiture bien et deuement, comme dict est. Promectans..... Obligeans chacun en droict soy et lesdictz Mascrier et Bourguillot, l'un pour l'autre et chacun d'eulx seul et pour le tout, sans division, corps et biens comme pour les propres affaires du Roy... Renonceans iceulx Mascrier et Bourguillot aud. bénéfice de division et de discution...

Faict et passé en l'Arsenac du Roy, à Paris, l'an mil six cens six, le vingt deux^me jour d'avril, après midy.

MAXIMILIAN DE BETHUNE, MORELY. M. MASCRIER, led. Bourguillot a declaré ne scavoir escripre ne signer synon une merque. LE NORMANT, FOURNYER.

CCXXVI. — 24 FÉVRIER 1610. — 255.

ARTILLERIE. — TRANSPORTS. — MARCHÉ PASSÉ AVEC NICOLAS BOURGUILLOT, VOITURIER PAR EAU À PARIS, POUR LE TRANSPORT, DEPUIS LE PORT DE St-PAUL JUSQU'AUX VILLES DE CHÂLONS EN CHAMPAGNE, NOGENT-SUR-SEINE, PONTAVER ET CHAULNY, DE CANONS, BOULETS, POUDRE À CANON ET AUTRES MUNITIONS D'ARTILLERIE, MOYENNANT LE PRIX DE 8^lt POUR CHAQUE MILLIER PESANT.

Par devant les notaires et gardenottes du Roy nostre Sire, en son Ch^let de Paris, soubz^nés, fut présent Nicollas Bourguillot, voicturier par eaue, demeurant sur le quai des Ormes, parroisse St Paul, lequel a recongneu et confessé avoir promis et promect à hault et puissant seigneur Messire Maximilian de Bethune, duc de Sully, pair de France, prince souverain de Henrichemont et Boisbelle, marquis de Rosny, conte de Dourdan, conseiller du Roy en ses Conseils d'Estat et privé, Grand Maistre et cappitaine général de l'Artillerie, superintendant des finances et bastimens de Sa Ma^té, gouverneur et lieutenant général pour Sad. Ma^té en Poictou, à ce présent et acceptant, pour et au nom de Sad. Ma^té, et en la présence de noble homme Zacharie de Perelles, sieur de Saumery, conseiller du Roy et contrerolleur général de lad. Artillerie, de voicturer bien et deuement tous les canons, pouldres, boullets et autres munitions de l'Artillerie qui luy seront delivrez, depuis le port St Paul jusques ès villes de Chalons en Champaigne, Nogent sur Seine, Pontaver et Chaulny, suivant le deppartement et commandement que led. s^r Grand Maistre en fera et ordonnera. Desquelles munitions led. Bourguillot se chargera pour les rendre entre les mains de celuy qui sera ordonné pour la réception d'icelles, dont il rapportera récépicé pour sa descharge; lesquelles voictures il fera aux uz et coustumes de la Rivière, mesmes es alèges et autres choses nécessaires pour les voictures desd. munitions, à condition que led. Bourguillot sera tenu faire tenir batteaux prestz pour charger les munitions qui luy sera ordonné estre conduictes, ensemblement pour les autres qui resteront encores à charger.

Ce marché faict moyennant et à raison de

huict livres pour chacun millier poysant desd. munitions, sur quoy sera baillé par advance aud. Bourguillot par monsieur le trésorier général de lad. Artillerie la moictié de ce que poiseront lesd. munitions qui seront chargées dans lesd. batteaux, et le surplus luy sera payé au feur et à mesure que l'on chargera lesd. batteaux desd. munitions, lorsqu'ilz seront prestz à partir. Promettans... Obligeans chacun en droict soy et led. Bourguillot corps et biens comme pour les propres affaires du Roy.... Renonceant...

Faict et passé aud. Arcenac du Roy à Paris, l'an mil six cens dix, le vingt quatre^{me} jour de febvrier, après midy. Led. Bourguillot a déclaré ne scavoir escripre ne signer.

M. de Bethune, de Perelles, Herbin, Fournyer.

CCXXVII. – 23 MAI 1610. — 278.

Artillerie. — Transports. — Marché passé avec Nicolas Bourguillot, voiturier par eau à Paris, pour le transport, depuis le port St-Paul de Paris jusqu'à Montargis, de toutes les armes, poudres et munitions de guerre qui lui seront délivrées; moyennant le prix de 12^{lt} pour chaque millier pesant.

Par devant les notaires et gardenottes du Roy nostre Sire, en son Ch^{let} de Paris, soubz^{nez}, fut présent Nicolas Bourguillot, voicturier par eaue, demeurant sur le quay des Ormes, parroisse St Paul, lequel a recongneu et confessé et, par ces présentes, confesse avoir promis et promect à hault et puissant seigneur messire Robert Tiercelin, chevalier sieur de la Chevallerie et de Chailly, gentilhomme ordinaire de la Chambre du Roy, Lieutenant de l'Artillerie en l'Isle de France et Arcenac de ceste ville de Paris de mons^r le duc de Sully, pair et Grand Maistre de lad. Artillerie, led. sieur de La Chevallerie à ce présent et acceptant pour et au nom de Sad. Ma^{té} et en la présence de noble homme Zacharie de Perelles, sieur de Saulmery, conseiller du Roy et Contrerolleur général de lad. Artillerie, de voicturer bien et deuement toutes les armes, pouldres et autres munitions de guerre qui luy seront délivrez, et ce, depuis le port Sainct Paul jusques en la ville de Montargis, port deschargeable; desquelles armes et munitions led. Bourguillot se chargera pour les rendre entre les mains de celuy qui sera ordonné pour la réception d'icelles, dont il rapportera récépicé pour sa descharge; lesquelles voictures il fera aux uz et coustumes de la Rivière, mesmes ès alèges et autres choses nécessaires pour les voictures desd. munitions, à condition que led. Bourguillot sera tenu faire tenir basteaulx prestz pour charger les armes et munitions qui luy seront ordonnées estre conduittes.

Ce marché faict moyennant et à raison de douze livres pour chacun milier poisant desd. munitions, sur quoy sera baillé par advance aud. Bourguillot par monsieur le Trésorier général de lad. Artillerie, la somme de trois cens livres tournois, et le surplus luy sera payé par led. Trésorier lorsqu'il aura faict la voicture desd. armes et munitions au lieu susd., en rapportant led. récépicé de la réception d'icelles. Promettans... Obligeans chacun en droict soy et led. Bourguillot corps et biens comme pour les propres affaires du Roy... Renonceant...

Faict et passé en l'Arcenac du Roy à Paris, l'an mil six cens dix, le vingt trois^{me} jour de may, avant midy.

R. Tiercelin, de Perelles, led. Bourguillot a déclaré ne scavoir escripre ne signer. Herbin, Fournyer.

CHAPITRE VI.

CHARROI. — CHEVAUX ROULIERS.

CCXXVIII. – 1ᴱᴿ AOÛT 1600. — 26.

ARTILLERIE. — CHEVAUX ROULIERS. — MARCHÉ PASSÉ AVEC MATHURIN LAMBERT, CHEVALIER DU GUET À ORLÉANS, ET RÉMOND VEDEL, DIT LA FLEUR, CAPITAINE ORDINAIRE DU CHARROI DE L'ARTILLERIE, POUR LA FOURNITURE ET LIVRAISON À CRAVANT-SUR-YONNE DE 100 CHEVAUX ROULIERS.

Par devant les notaires du Roy nostre Sire en son Chlet de Paris, soubzⁿᵉˢ, fut présent Mathurin Lambert, Chevalier du Guet à Orléans et y demeurant, tant pour luy que pour Remond Vedel dict La Fleur, Cappitaine ordinaire du charroy de l'artillerie, demeurant à Poissy, lequel ès d. noms a promis et promect ès d. noms et en chacun d'iceulx seul et pour le tout, sans division, renonceant au bénéfice de division et de discution, à Messire Maximillian de Bethune, chevalier, sieur et baron de Rosny, conseiller du Roy en ses Conseils d'Estat et privé, son Chambellan ordinaire, Cappitaine de cinquante hommes d'armes de ses Ordonnances, Grand Voyer de France, Grand Maistre et Cappitaine général de l'Artillerye, Superintendant de ses finances, Gouverneur de la ville et citadelle de Mante et Superintendant des fortiffications de France, demeurant en l'Arsenac du Roy, à Paris, parroisse Sainct Paul, ou nom et comme ayant charge de Sa Maᵗᵉ, à ce présent et ce acceptant pour elle, de fournyr et livrer en la ville de Crevan sur Yonne, pour le service de Sa Maᵗᵉ, la quantité de cent bons chevaulx roulliers bien et deuement hernachez pour servyr à l'attirail de l'artillerie partout où Sad. Maᵗᵉ les vouldra employer et ce dedans le quinzeᵐᵉ jour de ce présent moys d'aoust, tant et si longuement qu'il plaira à Sad. Maᵗᵉ les faire servir.

Ce merché faict moyennant le prix et somme de quarante sols tournois par jour pour chacun cheval, qui seront payés aud. Lambert èsd. noms, avec quatre jours de levée, à commencer quatre jours auparavant qu'il arrive aud. Crevant, mesmes le faire payer pour ung moys à lad. raison que dessus, avec lesd. quatre jours de levée estant arrivez aud. Crevant, ce du moings pour quinze jours, le tout par le Trésorier général de lad. Artillerye auquel led. Lambert èsd. noms sera tenu représenter le certificat des Trésoriers généraulx de France à Orléans du jour que lesd. chevaulx seront partys dud. Orléans. Et a esté acordé avec les partyes en cas que lesd. chevaulx fussent prins par les ennemys ou tuez, ou autrement forcés, en ce cas, pourveu qu'il n'y ait de la faulte dud. Lambert èsd. noms, led. sieur de Rosny aud. nom sera tenu faire payer aud. Lambert èsd. noms à la raison de cinquante escus pour chacun cheval, suyvant la prisée qui en sera faicte, et ne pourra icelluy Lambert èsd. noms estre contrainct à faire servyr lesd. chevaulx sinon à mesure que luy sera baillé argent à lad. raison cy dessus. Promectans... Obligeans chacun en droict soy et led. Lambert èsd. noms et en chacun d'iceulx seul et pour le tout, sans division, corps et biens comme pour les propres affaires du Roy... Renonceant icelluy Lambert èsd. noms au bénéfice de division et de discution...

Faict et passé aud. Arsenac du Roy à Paris, l'an mil six cens, le premier jour d'aoust, après midy.

MAXIMILIAN DE BETHUNE, LAMBERT, HERBIN, FOURNYER.

CCXXIX. — 3 MARS 1601. — 35.

ARTILLERIE. — CHEVAUX ROULIERS. — MARCHÉ PASSÉ AVEC «JACQUES BORREL, CAPPITAINE GÉNÉRAL DU CHARROY DE L'ARTILLERIE DU ROY, DEMEURANT RUE DES FRANCS-BOURGEOIS, PARROISSE St-GERVAIS, TANT EN SON NOM QUE COMME SOY FAISANT FORT DE ANTHOINE BORREL, SON NEPVEU, AUSSI CAPPITAINE DU CHARROY, PAR LEQUEL IL PROMECT ET SERA TENU FAIRE RATIFFIER ET AVOYR POUR AGRÉABLE LE CONTENU EN CES PRÉSENTES DEDANS QUINZE JOURS PROCHAINS; CHARLES LEROUX, JEHAN VINCENT ET CHARLES TESTU, DICT LA FOREST, PAREILLEMENT CAPPITAINES DUD. CHARROY, DEMEURANS SCAVOIR : LED. LEROUX À PARIS, PRÈS LA RUE NEUVE-St-PAUL, LED. VINCENT À FRENIÈRES PRÈS MONTEREAU OÙ FAULT YONNE, ET LED. TESTU À BOISGAULTIER PRÈS MELUN», POUR LA FOURNITURE ET LIVRAISON «EN L'ARSENAC DE SAD. MAJESTÉ EN CESTE VILLE DE PARIS» DE «DEUX CENS CINQUANTE CHEVAUX ROULIERS», DANS LES CONDITIONS ET POUR LES PRIX DÉTAILLÉS AUDIT MARCHÉ, ET SOUS L'OBLIGATION DE FOURNIR CAUTION PAR DEVANT «LE BAILLY DUD. ARSENAC».

Par devant François Herbin et Simon Fournyer, notaires du Roy nostre Sire en son Ch^{let} de Paris, soubzsignez, furent présens : Jacques Borrel, cappitaine général du charroy de l'Artillerie du Roy, demeurant rue des Francs Bourgeois, parroisse Sainct Gervais, tant en son nom que comme soy faisant fort de Anthoine Borrel, son nepveu, aussy cappitaine dud. charroy, par lequel il promect et sera tenu faire ratiffier et avoir pour agréable le contenu en ces présentes dedans quinze jours prochains; Charles Le Roux, Jehan Vincent et Charles Testu dict La Forest, pareillement cappitaines dud. charroy, demeurans scavoir : led. Le Roux à Paris, près la rue Neufve St Paul, led. Vincent à Frenieres près Montreau où fault Yonne, et led. Testu à Boisgaultier, près Melun, lesquels èsd. noms ont vollontairement promis et promectent l'un pour l'autre, èsd. noms, et en chacun d'iceulx seul et pour le tout, sans division, renonceans au bénéfice de division et de discution, au Roy nostre Sire, stipulant et acceptant pour Sa Ma^{té} hault et puissant seigneur Messire Maximillien de Bethune, chevalier, sieur et baron de Rosny, conseiller du Roy en ses Conseilz d'Estat et privé, cappitaine de cinquante hommes d'armes des Ordonnances de Sa Ma^{té}, Grand Maistre et Cappitaine Général de l'Artillerie de France, à ce présent, et en la présence de noble homme maistre Sebastien Darchambault, conseiller du Roy et contrerolleur général de lad. Artillerie, de fournir et livrer à Sad. Ma^{té} toutesffois et quantes qu'il plaira à mond. seigneur le Grand Maistre, en l'Arsenac de Sad. Ma^{té} en ceste ville de Paris, dans troys semaines après qu'ils auront esté advertis, le nombre de deux cent cinquante bons chevaulx roulliers, qui est à chacun d'eulx cinquante chevaulx, garniz et harnachez de colliers, sellettes, brides et avalloires, du prix de quarante cinq à cinquante escus chacun cheval, l'un portant l'autre, propres pour servyr en l'Artillerie ès armées qui se pourront mettre sus ou autres lieux qui leur sera ordonné.

Moyennant laquelle promesse et obligation led. seigneur Grand Maistre oud. nom a promis et promect par ces présentes leur faire payer et advancer par le Trésorier général de lad. Artillerie qui sera en charge lors dud. commandement, la somme de quinze escus sol pour chacun desd. chevaulx, et outre leur faire payer et continuer par led. Trésorier, tant qu'ils seront en service, la somme de vingt cinq sols tournois par jour pour leur solde, nourriture et entretenement, comprins celles des chartiers, à compter depuis le jour de leur réception jusques au jour qu'ils seront licentiez; advenant lequel licentiement, leur sera continué lad. solde pour leur renvoy de leur maison, à raison de dix lyeues par jour; et encores promect leur faire payer et advancer ung moys de lad. solde lors de la présentation et reception d'iceulx, sur lequel luy sera rabattu et précompté la somme de cinq escus pour chacun cheval faisant partye desd. quinze escus cy dessus d'advance et les autres dix escus leur seront pareillement rabattuz sur les deux autres moys après, à lad. raison de cinq escus par chacun cheval par moys.

Et affin de donner commodité aux susd. cappitaines dessus nommez, de faire porter les fers, clouds et autres équipaiges requis pour servyr à faire ferrer et referrer les harnoys desd. chevaulx et les entretenir en bon estat, leur a esté accordé qu'ils auront une charrette attelée de deux chevaulx pour chacune cinquantaine desd. chevaulx. Et advenant que aucuns d'iceulx chevaulx estans au service de Sa Ma^{té} feussent prins par les ennemys, tuez, bruslez par embrazement de munitions, pourveu qu'il n'y aict de la faute desd. cappitaines ou de leurs gens et serviteurs, en rapportant bons et vallables certifficats de mond. seigneur le Grand Maistre, son Lieutenant ou Commissaire ordinaire de lad. Artillerie, deuement contrerollé, avec la marque desd. chevaulx, leur sera payé et delivré pour la perte de chacun desd. chevaulx la somme à laquelle ilz seront lors prisez et estimez; et néantmoings, affin que lesd. cappitaines et leurs gens ne s'exposent témérairement aux périlz, ils ne pourront loger ni aller au fourrage en lieu qu'il ne leur soict permis et désigné pour departement, autrement ce sera à leurs risques et fortunes.

Outre, led. seigneur Grand Maistre a promis oud. nom les faire exempter de tous péages ès lieux où ils feront lad. levée et achapts desd. chevaulx; pour quoy faire Sad. Ma^{té} fournyra bon et suffisant passeport pour le transport des deniers qu'il conviendra pour l'achapt desd. chevaulx hors ce Royaulme, et sans estre pour ce tenuz payer aucun droict d'entrée aux receveurs des Traictes foraines. Et outre ne seront tenuz lesd. cappitaines rapporter les quictances et certifficatious des payemens qui auront esté faicts par eulx ou leurs gens ès lieux esquelz ilz auront logé et séjourné avec lesd. chevaulx et charrettes.

Et pour seuretté tant de l'advance cy dessus que de l'entretenement de ce présent contract, lesd. cappitaines seront tenus bailler bonne et suffisante caution par devant le bailly dudict Arsenac, et en fournir délivrer acte aud. sieur Grand Maistre dedans six sepmaines prochaines. Car ainsy... Promectans... Obligeans chacun en droict soy et lesd. cappitaines l'un pour l'autre èsd. noms et en chacun d'eulx seul et pour le tout, sans division, corps et biens, comme pour les propres affaires du Roy... Renonceans iceulx cappitaines aud. bénéfice de division et de discution...

Faict et passé aud. Arsenac, l'an mil six cens ung, le tiers jour de mars, après midy.

MAXIMILIAN DE BETHUNE, DARCHAMBAULT, JACQUES BORREL, J. VINCENT, C. TESTU, CHARLES LE ROUX, HERBIN, FOURNYER.

Et le dix sept^{me} jour dud. moys de mars, seroyt et est comparu par devant lesd. notaires soubz^{nés}, led. Antoine Borrel, cappitaine ordinaire du charroy de l'Artillerie du Roy, demeurant à Paris rue des Francs Bourgeois, parroisse Sainct Gervais, nommé au contract de l'autre part escript, lequel a recongneu et confessé, après que lecture luy a esté faicte de mot après autre par l'un des notaires soubz^{ner}, l'autre présent, du contenu aud. contract et qu'il a dict icelluy bien entendre et l'avoir ratiffié, afirme, approuve et a pour agréable, veult, consent et accorde qu'il sorte son effect, et, en ce faisant, à l'entretenement d'icelluy s'est avec lesd. Jacques Borrel, Charles Le Roux, Jehan Vincent et Charles Testu dict La Forest, y dénommez, à ce présens, obligé et oblige l'un pour l'autre et chacun d'eulx seul et pour le tout, sans division, renonceans au bénéfice de division et de discution, sans jamais y contrevenir. Promectans... Obligeans l'un pour l'autre et chacun d'eulx seul et pour le tout sans division, corps et biens comme pour les propres affaires du Roy... Renonceans aud. bénéfice de division et de discution...

Faict et passé ès estudes des notaires soubz^{nés} les jour et au dessus dictz.

A. BORREL, C. TESTU, J. VINCENT, CHARLES LE ROUX, JACQUES BOREL, HERBIN, FOURNYER.

CCXXX. — 3 MARS 1601. — 36.

ARTILLERIE. — CHEVAUX ROULIERS. — MARCHÉ PASSÉ AVEC «*JACQUES REGNAULT, DIT LA POTTERIE, CAPITAINE DU CHARROI DE L'ARTILLERIE DU ROY, DEMEURANT À GERGEOT, PRÈS ORLÉANS*», POUR LA FOURNITURE ET LIVRAISON, EN L'ARSENAL D'ORLÉANS, DE *VINGT-CINQ CHEVAUX ROULIERS*, DANS LES CONDITIONS ET POUR LES PRIX STIPULÉS DANS LES MARCHÉS QUI PRÉCÈDENT (N° 35) ET SOUS L'OBLIGATION DE FOURNIR CAUTION «*DEVANT LE S^r DE LA CAILLODIÈRE, LIEUTENANT DUD. Sr GRAND MAISTRE EN L'ARSENAC DUD. ORLÉANS*».

Par devant Françoys Herbin et Simon Fournyer, notaires du Roy nostre Sire en son Ch^{let} de Paris, soubz^{nés}, fut présent Jacques Regnault, dict La Potterie, cappitaine du charroy de l'Artillerie du Roy, demeurant à Gergeot, près Orléans, lequel a vollontairement promis et promect par ces présentes au Roy nostre Sire, stipulant et acceptant pour Sa Ma^{té} hault et puissant seigneur Messire Maximil-

50.

lian de Bethune (*mêmes qualités qu'à l'acte précédent*) à ce présent, et en la presence de noble homme maistre Sebastien Darchambault, conseiller du Roy et contrerolleur général de lad. Artillerie, de fournyr et livrer à Sad. Ma^{té} toutesfois et quantes qu'il plaira à mond. seigneur le Grand Maistre, en l'Arsenac de Sad. Ma^{té} aud. Orléans, dans troys sepmaines après qu'il en aura esté adverty, le nombre de vingt cinq chevaulx roulliers, garniz et harnachez de colliers, sellettes, brides et avaloires, du pris de quarante cinq à cinquante escus chacun, l'un portant l'autre, propres pour servyr en l'Artillerie, ès armées qui se pourront mectre sus ou autres lieux qui luy seront ordonnez.

Moyennant laquelle promesse et obligation, led. seigneur Grand M^e aud. nom a promis et promect par cesd. présentes luy faire payer et advancer, par le Trésorier général de lad. Artillerie qui sera en charge lors dud. commandement, la somme de quinze escus sol pour chacun desd. chevaulx, et outre luy faire payer et continuer par led. trésorier, tant qu'il sera en service, la somme de vingt cinq sols tournois par jour pour sa solde, nourriture et entretenement, comprins celles des chartiers, à compter depuis le jour de sa réception jusques au jour qu'il sera licentié; advenant lequel licentiement luy sera continué lad. solde pour son renvoy de sa maison à raison de dix lieues par jour. Et encores promect luy faire payer et advancer ung moys de lad. solde lors de la présentation et réception d'iceulx, sur lequel luy sera rabattu et préconté la somme de cinq escus pour chacun cheval, faisant partye desd. quinze escuz cy-dessus d'advance, et les autres dix escuz luy seront pareillement rabattuz sur les deux autres moys après, à lad. raison de cinq escus pour chacun cheval par moys.

Et affin de donner commodité aud. Regnault de faire porter les fers, clouds et autres équipaiges requis pour servyr à faire ferrer et referrer les harnoys desd. chevaulx et les entretenir en bon estat, luy a esté accordé qu'il aura une charrette attelée d'un cheval. Et advenant que aucuns desd. chevaulx estans au service de Sa Ma^{té} feussent prins par les ennemys, tuez, bruilez par embrazement de munitions, pourveu qu'il n'y ayt de la faute dud. Regnault ou de ses gens et ses serviteurs, en rapportant bons et valiables certificats de mond. seigneur le Grand Maistre, son Lieutenant ou Commissaire ordinaire de lad. Artillerie, deuement contrerollé, avec la marque desd. chevaulx, luy sera payé et délivré pour la perte de chacun desd. chevaulx la somme à laquelle ils seront lors prisez et estimez; et néantmoings, affin que led. Regnault et ses gens ne s'exposent temerairement aux perilz, ils ne pourront loger ny aller au fourrage en lieu qu'il ne leur soyt permis et désigné par département, autrement se sera à ses risques et fortunes.

Outre led. seigneur Grand Maistre a promis oud. nom le faire exempter de tous péages ès tieux où il fera lad. levée et achapts desd. chevaulx; pourquoy Sad. Ma^{té} fournyra bon et suffisant passeport pour le transport des deniers qu'il conviendra pour l'achapt desd. chevaulx hors ce royaulme et sans estre pour ce tenu payer aucun droict d'entrée aux receveurs des Traictes foraines. Et outre, ne sera tenu led. Regnault rapporter les quittances et certifications des payemens qui auront esté faictz par luy ou ses gens ès lieux esquels ils auront logé et séjourné avec lesd. chevaulx et charrettes.

Et pour seurrété de l'advance cy dessus et de l'entretenement du présent contract, led. Regnault sera tenu bailler bonne et suffisante caution par devant le sieur de la Caillodière, lieutenant du. seigneur Grand Maistre en l'Arsenac dud. Orléans, et en fournir et délivrer acte aud. seigneur Grand Maistre dedans six sepmaines prochaines. Promectans... Obligeans chacun en droyt soy et led. Regnault corps et biens comme pour les propres affaires du Roy... Renonceant...

Faict et passé aud. Arsenac l'an mil six cens ung, le tiers jour de mars, après midy.

MAXIMILIAN DE BETHUNE. DARCHAMBAULT. J. REGNAULT, HERBIN, FOURNYER.

Les clauses et conditions insérées dans les actes CCXXXI à CCLI sont semblables à celles des deux actes précédents CCXXIX et CCXXX et constituent une partie formulaire rédigée en termes identiques dans tous les actes : le prix des chevaux (45 à 5o écus), le montant et les conditions de l'avance de 15 écus par cheval, la solde de 25 sols par jour, le nombre de charrettes accordées pour le service des chevaux (une charrette attelée de deux chevaux pour le service de chaque cinquantaine de chevaux, et, pour un nombre moindre, une charrette attelée d'un seul cheval), constituent des conditions invariables dont la reproduction n'eût présenté aucun intérêt.

GRAND-MAÎTRE DE L'ARTILLERIE.   397

Les seules variantes consistent donc, avec la date du marché, dans les noms des contractants, le nombre des chevaux qu'ils s'engagent à fournir, le lieu où doit se faire la livraison et la constitution de caution. Ce sont ces renseignements que nous avons pris soin de reproduire textuellement, en italiques, dans chacun des sommaires qui suivent.

CCXXXI. — 3 MARS 1601. — 37.

ARTILLERIE. — CHEVAUX ROULIERS. — MARCHÉ PASSÉ AVEC *MARTIN MOUTON, CAPPITAINE DU CHARROY DE L'ARTILLERIE DU ROY, DEMEURANT À ORLÉANS, PARROISSE St-PATERNE, POUR LA FOURNITURE ET LIVRAISON, EN L'ARSENAC DE SA MAJESTÉ AUD. ORLÉANS, DE LA QUANTITÉ DE CINQUANTE CHEVAULX ROULLIEZ, DANS LES CONDITIONS ET POUR LES PRIX ORDINAIRES, ET SOUS L'OBLIGATION DE BAILLER BONNE ET SUFFISANTE CAUTION PAR DEVANT LE SIEUR DE LA CAILLODIÈRE*[1]*, LIEUTENANT DUD. SIEUR GRAND MAISTRE À L'ARSENAC DUD. ORLÉANS.*

CCXXXII. — 3 MARS 1601. — 38.

ARTILLERIE. — CHEVAUX ROULIERS. — MARCHÉ PASSÉ AVEC *JEHAN DUNESME, CAPPITAINE DU CHARROY DE L'ARTILLERIE DU ROY, DEMEURANT À DREUX, POUR LA FOURNITURE ET LIVRAISON, EN L'ARSENAC DE SAD. MA^{té} À PARIS, DE TRENTE CHEVAUX ROULLIERS, DANS LES CONDITIONS ET POUR LES PRIX ORDINAIRES ET SOUS L'OBLIGATION DE FOURNIR CAUTION PAR DEVANT LES ÉLEUZ DE LA VILLE DE DREUX, LE PROCUREUR DU ROY DE LAD. ÉLECTION APPELLÉ*[2]*.*

CCXXXIII. — 3 MARS 1601. — 39.

ARTILLERIE. — CHEVAUX ROULIERS. — MARCHÉ PASSÉ AVEC *JEHAN DAVID, CAPPITAINE DU CHARROY DE L'ARTILLERIE DU ROY, DEMEURANT À ORLÉANS, POUR LA FOURNITURE ET LIVRAISON EN L'ARSENAC DE SAD. MA^{té} À ORLÉANS, DE CINQUANTE CHEVAUX ROULLIEZ, DANS LES CONDITIONS ET POUR LES PRIX ORDINAIRES ET SOUS L'OBLIGATION DE FOURNIR CAUTION PAR DEVANT LE SIEUR DE LA CAILLODIÈRE, LIEUTENANT DUD. SIEUR GRAND MAISTRE EN L'ARSENAC DUD. ORLÉANS.*

CCXXXIV. — 3 MARS 1601. — 40.

ARTILLERIE. — CHEVAUX ROULIERS. — MARCHÉ PASSÉ AVEC *JEHAN LEROY, CAPPITAINE DU CHARROY DE L'ARTILLERIE DU ROY, DEMEURANT À FONTENAY-St-PÈRE, PRÈS MANTE, POUR LA FOURNITURE ET LIVRAISON EN L'ARSENAL DE SAD. MA^{té} EN CESTE VILLE DE PARIS, DE TRENTE CHEVAULX ROULLIERS, DANS LES CONDITIONS ET POUR LES PRIX ORDINAIRES, ET SOUS L'OBLIGATION DE FOURNIR CAUTION PAR DEVANT LES ELEUZ DE MANTE, LE PROCUREUR DU ROY DE LAD. ELECTION APPELLÉ.*

---

[1] Mathias Tricquoys.
[2] Jehan Dunesme demande, en 1602, à fournir caution à Montfort-l'Amaury au lieu de Dreux; une autorisation sur ce sens avait été préparée par le notaire, elle figure au bas de l'acte CCXXXII, mais elle n'est revêtue d'aucune signature.

CCXXXV. – 3 MARS 1601. – 41.

ARTILLERIE. — CHEVAUX ROULLIERS. — MARCHÉ PASSÉ AVEC GUILLAUME LE PREUX, CAPPITAINE DU CHARROY DE L'ARTILLERIE DU ROY, DEMEURANT À MILLY-S*t*-FRONT, POUR LA FOURNITURE ET LIVRAISON EN L'ARSENAC DE SAD. MA*té* EN CESTE VILLE DE PARIS, DE VINGT-CINQ CHEVAUX ROULLIERS, DANS LES CONDITIONS ET POUR LES PRIX ORDINAIRES, ET SOUS L'OBLIGATION DE FOURNIR CAUTION DEVANT LES ELEUZ DE LA VILLE DE SOISSONS, LE PROCUREUR DU ROY DE LAD. ELECTION APPELLÉ.

CCXXXVI. – 3 MARS 1601. – 42.

ARTILLERIE. — CHEVAUX ROULLIERS. — MARCHÉ PASSÉ AVEC PIERRE RAVENEL, DESCHARGEUR DE L'ARTILLERIE DU ROY[1], À ORLÉANS, AU NOM ET COMME PROCUREUR DE GRATIAN RAVENEL, SON PÈRE, CAPPITAINE ORDINAIRE DU CHARROY DE LAD. ARTILLERIE, DEMEURANT AUD. ORLÉANS, DE LUY FONDÉ DE PROCURATION PASSÉE PAR DEVANT LOYS CLOUSTIER, NOTAIRE À ORLÉANS, LE XXVIII*e* ET DERNIER JOUR DE FEBVRIER DERNIER, POUR LA FOURNITURE ET LIVRAISON EN L'ARSENAC DE SA MA*té*, AUD. ORLÉANS, DE VINGT-CINQ CHEVAUX ROULLIEZ, DANS LES CONDITIONS ET POUR LES PRIX ORDINAIRES, ET SOUS L'OBLIGATION DE FOURNIR CAUTION PAR DEVANT LE SIEUR DE LA CAILLODIÈRE, LIEUTENANT DUD. SIEUR GRAND MAISTRE EN L'ARSENAC DUD. ORLÉANS.

CCXXXVII. – 3 MARS 1601. – 43.

ARTILLERIE. — CHEVAUX ROULIERS. — MARCHÉ PASSÉ AVEC PIERRE DE LA HAYE (SIGNÉ : DELAHAIE), CONDUCTEUR ORDINAIRE DE L'ARTILLERIE DU ROY, DEMEURANT À LA FERTÉ-MILLON, AU NOM ET COMME PROCUREUR DE ESTIENNE GAULTIER, CAPPITAINE ORDINAIRE DU CHARROY DE L'ARTILLERIE DU ROY, DEMEURANT À BELLEAU PRÈS CHASTEAU-THIERRY, DE LUY FONDÉ DE PROCURATION PASSÉE PAR DEVANT JEHAN DU JARDIN, NOTAIRE ROYAL EN LA PREVOSTÉ DUD. CHASTEAU THIERRY LE XXVII*e* JOUR DE FEBVRIER DERNIER PASSÉ, POUR LA FOURNITURE ET LIVRAISON, EN L'ARSENAC DE SAD. MA*té* EN CESTE VILLE DE PARIS, DE VINGT-CINQ CHEVAUX ROULLIERS, DANS LES CONDITIONS ET POUR LES PRIX ORDINAIRES, ET SOUS L'OBLIGATION DE FOURNIR CAUTION PAR DEVANT LES ELEUZ DE CHASTEAU THIERRY, LE PROCUREUR DU ROY DE LAD. ELECTION APPELLÉ.

CCXXXVIII. – 3 MARS 1601. – 44.

ARTILLERIE. — CHEVAUX ROULLIERS. — MARCHÉ PASSÉ AVEC PIERRE MAUROY, S*r* DE LA BAUME, CAPPITAINE DU CHARROY DE L'ARTILLERIE DU ROY, DEMEURANT À CHASTEAU THIERRY, POUR LA FOURNITURE ET LIVRAISON, EN L'ARSENAC DU ROY, À PARIS, DE VINGT-CINQ CHEVAULX ROULLIERS, DANS LES CONDITIONS ET POUR LES PRIX ORDINAIRES ET SOUS L'OBLIGATION DE FOURNIR CAUTION PAR DEVANT LES ELEUZ DE CHASTEAU THIERRY, LE PROCUREUR DU ROY DE LAD. ELECTION APPELLÉ.

---

[1] Les déchargeurs de l'artillerie, placés sous les ordres des gardes du parc des équipages, étaient chargés de tenir état du mouvement des munitions qui sont à la suite des équipages.

CCXXXIX. — 3 MARS 1601. — 45.

Artillerie. — Chevaux rouliers. — Marché passé avec Lucas Ravenel, cappitaine du charroy de l'Artillerie du Roy, demeurant à Orléans, pour la fourniture et la livraison en l'Arsenac de sad. Ma^{té} aud. Orléans, de vingt-cinq chevaulx rouliers, dans les conditions et pour les prix ordinaires et sous l'obligation de fournir caution par devant le s^r de La Caillodière, Lieutenant dud. s^r Grand Maistre en l'Arsenac dud. Orléans.

CCXL. — 3 MARS 1601. — 46.

Artillerie. — Chevaux rouliers. — Marché passé avec Anthoine Belier, dict le cappitaine Le Maistre [1], cappitaine du charroy de l'Artillerie du Roy, demeurant à Chillieurs, près Orléans, pour la fourniture et livraison, en l'Arsenac de sad. Ma^{té} à Orléans, de cinquante chevaulx rouliez, dans les conditions et pour les prix ordinaires, et sous l'obligation de fournir caution par devant le s^r de La Caillodière, Lieutenant dud. s^r Grand Maistre en l'Arsenac dud. Orléans.

CCXLI. — 14 MARS 1601. — 47.

Artillerie. — Chevaux rouliers. — Marché passé avec Symon La Voisière [2], cappitaine ordinaire du charroy de l'Artillerie du Roy, demeurant à Coeuvre, près Soissons, pour la fourniture et livraison, en l'Arsenac du Roy à Paris, de vingt-cinq bons chevaulx rouliers, dans les conditions et pour les prix ordinaires, et sous l'obligation de fournir caution par devant les esleuz dud. Soissons, le procureur du Roy de lad. election appellé.

CCXLII. — 14 MARS 1601. — 48.

Artillerie. — Chevaux rouliers. — Marché passé avec Estienne Houzé, cappitaine ordinaire du charroy de l'Artillerie du Roy, demeurant à Fontenay-St-Père, près Mante [3], pour la fourniture et livraison, en l'Arsenac du Roy à Paris, de vingt-cinq chevaulx rouliers, dans les conditions et pour les prix ordinaires, et sous l'obligation de fournir caution par devant les esleuz de Mante, le procureur du Roy de lad. élection appellé.

CCXLIII. — 14 MARS 1601. — 49.

Artillerie. — Chevaux rouliers. — Marché passé avec Jehan Danet, cappitaine ordinaire du charroy de l'Artillerie du Roy, demeurant à Fontenay-St-Père, près Mante, pour la fourniture et livraison en l'Arsenac du Roy, à Paris, de vingt-cinq bons chevaulx rouliers, dans les conditions et pour les prix ordinaires, et sous l'obligation de fournir caution par devant les eleuz de Mante, le procureur du Roy de lad. élection appellé.

---

[1] Signé Lemaistre.
[2] Signé : Lavoisier.
[3] Pendant plus d'un siècle, les Houzé ont donné à l'Artillerie de nombreux capitaines du Charroy, depuis Nicolas qui occupait cet office avant 1558, jusqu'à Simon qui était en fonctions en 1688. Nicolas Houzé avait pour femme Agnès Danet, dont un neveu, Jehan Danet, traite, dans le marché suivant, pour vingt-cinq chevaux rouliers.

CCXLIV. – 14 MARS 1601. – 5o.

Artillerie. — Chevaux rouliers. — Marché passé avec Jehan Marchais[1], cappitaine ordinaire du charroy de l'Artillerie du Roy, demeurant à Paris, rue Montorgueil, parroisse S¹-Eustache, pour la fourniture et livraison, en l'Arsenac du Roy, à Paris, de cinquante bons chevaulx roulliers, dans les conditions et pour les prix ordinaires et sous l'obligation de fournir caution par devant le bailly dud. Arsenac.

CCXLV. – 14 MARS 1601. – 5₁.

Artillerie. — Chevaux rouliers. — Marché passé avec Claude Gaulcher, dict Danjou[2], cappitaine ordinaire du charroy de l'Artillerie du Roy, demeurant rue de l'Arbre-Sec, parroisse S¹-Germain de l'Auxerrois, pour la fourniture et livraison en l'Arsenac du Roy à Paris de vingt-cinq bons chevaulx roulliers, dans les conditions et pour les prix ordinaires, et sous l'obligation de fournir caution.

CCXLVI. – 30 MARS 1601. – 5₂.

Artillerie. — Chevaux rouliers. — Marché passé avec Lazare Rimberge, cappitaine ordinaire du charroy de l'Artillerie du Roy, demeurant à Poissy, pour la fourniture et livraison, en l'Arsenac de Sad. Ma^{té} à Paris, de vingt-cinq bons chevaulx roulliers, dans les conditions et pour les prix ordinaires, et sous l'obligation de fournir caution par devant les esleuz de l'election dud. Poissy, le procureur du Roy de lad. election appellé.

CCXLVII. – 30 MARS 1601. – 53.

Artillerie. — Chevaux rouliers. — Marché passé avec Remond Vedel, dict La Fleur, cappitaine ordinaire du charroy de l'Artillerie du Roy, demeurant à Poissy, tant en son nom que soy faisant et portant fort en ceste partie de Charles Vedel, son frère, aussy cappitaine ordinaire dud. charroy, demeurant aud. Poissy, pour la fourniture et livraison, en l'Arsenac de Sa Ma^{té} à Paris, de cinquante bons chevaux roulliez, dans les conditions et pour les prix ordinaires, et sous l'obligation de fournir caution par devant les esleuz de l'election dud. Poissy, le procureur du Roy de lad. election appelée.

Suit la ratification de Charles Vedel, en date du 1er avril 1601.

CCXLVIII. – 30 MARS 1601. – 54.

Artillerie. — Chevaux rouliers. — Marché passé avec Jehan Goedon[3], cappitaine ordinaire du charroy de l'Artillerie du Roy, demeurant à Poissy, pour la fourniture et livraison, en l'Arsenac de Sad. Ma^{té} à Paris, de vingt-cinq bons chevaulx roulliers, dans les conditions et pour les prix ordinaires, et sous l'obligation de fournir caution par devant les esleuz de l'election dud. Poissy, le procureur du Roy de lad. election appellé.

---

[1] Signé : Jehan Marchez. — [2] Signé Danjou. — [3] Signé : Guesdon.

GRAND-MAÎTRE DE L'ARTILLERIE.

CCXLIX. — 30 MARS 1601. — 55.

ARTILLERIE. — CHEVAUX ROULIERS. — Marché passé avec ROLAND GOSSE[1], DICT LA CAMPAIGNE, CAPPITAINE ORDINAIRE DU CHARROY DE L'ARTILLERIE DU ROY, DEMEURANT À GISORS, POUR LA FOURNITURE ET LIVRAISON, EN L'ARSENAC DE SAD. MA^{té} À PARIS, DE VINGT-CINQ BONS CHEVAULX ROULLIEZ, DANS LES CONDITIONS ET POUR LES PRIX ORDINAIRES, ET SOUS L'OBLIGATION DE FOURNIR CAUTION PAR DEVANT LES ESLEUZ DE GISORS, LE PROCUREUR DU ROY EN LAD. ELECTION APPELLÉ.

CCL. — 1er AVRIL 1601. — 57.

ARTILLERIE. — CHEVAUX ROULIERS. — Marché passé avec DENIS FLESCHER[2], CAPPITAINE ORDINAIRE DU CHARROY DE L'ARTILLERIE DU ROY, DEMEURANT À PROVINS, POUR LA FOURNITURE ET LIVRAISON, EN L'ARSENAC DE SA MA^{té}, À PARIS, DE VINGT-CINQ BONS CHEVAULX ROULLIERS, DANS LES CONDITIONS ET POUR LES PRIX ORDINAIRES, ET SOUS L'OBLIGATION DE FOURNIR CAUTION PAR DEVANT LES ESLEUZ DE L'ELECTION DE PROVINS, LE PROCUREUR DU ROY DE LAD. ELECTION APPELLÉ.

CCLI. — 1er AVRIL 1601. — 58.

ARTILLERIE. — CHEVAUX ROULIERS. — Marché passé avec NICOLAS GESU, CAPPITAINE ORDINAIRE DU CHARROY DE L'ARTILLERIE DU ROY, DEMEURANT À MELUN, POUR LA FOURNITURE ET LIVRAISON EN L'ARSENAC DE SA MA^{té} À PARIS, DE VINGT-CINQ BONS CHEVAULX ROULLIERS, DANS LES CONDITIONS ET POUR LES PRIX ORDINAIRES, ET SOUS L'OBLIGATION DE FOURNIR CAUTION PAR DEVANT LES ESLEUZ DE MELUN, LE PROCUREUR DU ROY DE LAD. ELECTION APPELLÉ.

La formule des actes passés en 1602 est la même que celle des actes passés en 1601, avec cette seule différence que l'année d'exercice de la charge de Sébastien Darchambault ayant pris fin, les actes sont passés *en la présence de noble homme maistre François de Guillon, sieur de Richebourg, conseiller notaire et secrétaire du Roy et contrerolleur général de son Artillerie*.

CCLII. — 9 FÉVRIER 1602. — 77.

ARTILLERIE. — CHEVAUX ROULIERS. — Marché passé avec ESTIENNE GAULTIER, CAPPITAINE ORDINAIRE DU CHARROY DE L'ARTILLERIE DU ROY, DEMEURANT À BELLEAUE, PRÈS CHASTEAU-THIERRY, POUR LA FOURNITURE ET LIVRAISON EN CESTE VILLE DE PARIS, DE VINGT-CINQ BONS CHEVAULX ROULLIEZ, DANS LES CONDITIONS ET POUR LES PRIX ORDINAIRES, ET SOUS L'OBLIGATION DE FOURNIR CAUTION PAR DEVANT LES ESLEUS DE CHASTEAU-THIERRY, LE PROCUREUR DU ROY DE LAD. ELECTION APPELLÉ.

---

[1] Signé : R. Gosse La Campaigne. — [2] Signé Flécher.

CCLIII. — 9 FÉVRIER 1602. — 78.

ARTILLERIE. — CHEVAUX ROULIERS. — MARCHÉ PASSÉ AVEC ANTHOINE BELIER, DICT LE MAISTRE[1], CAPPITAINE ORDINAIRE DU CHARROY DE L'ARTILLERIE DU ROY, AU NOM ET COMME SOY DISANT AVOIR CHARGE, FAISANT ET PORTANT FORT DE PIERRE LE MAISTRE, AUSSY CAPPITAINE ORDINAIRE DU CHARROY DE LAD. ARTILLERIE, DEMEURANS, SÇAVOIR : LED. BELIER À CHILLEURS, PRÈS ORLÉANS, ET LED. PIERRE LE MAISTRE AUD. ORLÉANS, POUR LA FOURNITURE ET LIVRAISON, EN L'ARSENAC DE SA MA^{té} AUD. ORLÉANS, DE VINGT-CINQ BONS CHEVAULX ROULLIEZ, DANS LES CONDITIONS ET POUR LES PRIX ORDINAIRES, ET SOUS L'OBLIGATION DE FOURNIR CAUTION PAR DEVANT LE S^r DE LA CAILLODIÈRE, LIEUTENANT DUD. Sr GRAND MAISTRE AUD. ORLÉANS.

SUIT LA RATIFICATION DE PIERRE LE MAISTRE, DATÉE DU 27 DU MÊME MOIS.

CCLIV. — 30 JUIN 1602. — 82.

ARTILLERIE. — CHEVAUX ROULIERS. — RATIFICATION DE MARCHÉS PASSÉS AVEC DIFFÉRENTS VOITURIERS D'ORLÉANS PAR MATHIAS TRICQUOYS, S^r DE LA CAILLAUDIÈRE, COMMISSAIRE ORDINAIRE DE L'ARTILLERIE ET LIEUTENANT DU GRAND MAÎTRE EN L'ARSENAL ET MAGASINS D'ORLÉANS, POUR LA FOURNITURE ET LIVRAISON DE CHEVAUX ROULIERS.

Fut présent hault et puissant seigneur Messire Maximilian de Bethune, chevalier, sieur et marquis de Rosny, conseiller du Roy en ses Conseils d'Estat et privé, cappitaine de cent hommes d'armes de ses Ordonnances, grand voyer, Grand Maistre et cappitaine général de l'Artillerie de France, superintendant de ses finances et des fortiffications de France, gouverneur de la ville et citadelle de Mante, ou nom et comme hault et puissant de Sa Ma^{té}, lequel oud. nom a recongneu et confessé, après que lecture luy a esté faicte de mot après autre par l'un des notaires soubz^{nés}, l'autre présent, du contenu en certain contract fait entre Martin Mouton, Jamet Chauvyn, Jehan David, Guillaume Barré le jeune, Jehan Pottier, André Chailly et autres, tous voicturiers à Orléans, d'une part, et Mathias Tricquoys, sieur de La Caillaudière, Commissaire ordinaire de l'Artillerie et Lieutenant dud. seigneur Grand Maistre en l'Arsenac et magaziu dud. Orléans, passé par devant Fleureau notaire aud. Orléans, le vingt quatre^{me} jour des présens mois et an, pour raison de la fourniture de chevaulx pour le service de Sa Ma^{té}, plus à plain mentionnez par led. contract, que icelluy seigneur de Rosny a dict bien entendre, avoir led. contract et le contenu en icelluy ratiffié, confirmé, approuvé, eu et a pour agréable, veult, consent et accorde qu'il sorte son effect, force et vertu selon sa forme et teneur, et à l'entretenement d'icelluy s'est led. seigneur Grand Maistre obligé et oblige, sans jamais y contrevenir, le tout à condition que au cas qu'il y eust de la faulte desd. voicturiers arrivant que lesd. chevaulx fussent tuez ou pris par les ennemyz de Sa Ma^{té} ou brulez par embrazements de munitions, led. s^r de Rosny ne sera tenu leur en payer aucune chose. Promettans... Obligeans... aud. nom... Renonceans...

Faict et passé aud. Arsenac du Roy, à Paris l'an mil six cens deux, le trente^{me} et dernier jour de juing, avant midy.

MAXIMILIAN DE BETHUNE, MOTELET, FOURNYER.

Et led. trente^{me} et dernier jour de juing aud. an mil six cens deux, avant midy, sont comparus par devant les notaires soubzsignez Jehan Lezy, Jehan Jousset, Jehan Rivière, Guillaume Barré, Jehan Prevost, René Le Plaige, Hubert Chevallier, Denis David facteur de Guillaume Carpentier et André Chailly, tous voicturiers par terre, demeurans à Orléans, et encores led. Prevost comme soy faisant fort de Michel la Vouste aussy voicturier par terre, demeurant aud. Orléans, lesquels ont dict et déclaré qu'ils ont pour agréable et la ratification faicte par monseigneur le marquis de Rosny, du contrat mentionné, en l'autre part escript, et sont demeurez d'accord de la condition y apposée et en ce faisant ont quicté et deschargé led. s^r de La Caillaudière y dénommé, de ce qu'il y estoyt tenu par

---

[1] Signé : Lemaistre.

lesd. contract de faire ratifier icelluy par led. sʳ de Rosny, sans qu'ils se puissent cy après adresser aud. sʳ de La Caillaudière pour raison du contenu aud. contract. Promectans... Obligeans... Renonceans...

Faict et passé ès estudes des notaires soubz^{cts} les jour et an de l'autre part dictz. Et ont lesd.

Lezy, Prevost et Le Paige déclaré ne scavoir escripre ne signer.

A. Chailly, Jehan Rivière, J. Jousset, Guillaume Barré, Hubert Chevallier, Denis David, Motelet [1].

Les actes de 1603 sont toujours rédigés suivant la même formule, avec cette variante que François de Guillon n'étant plus en exercice, ces actes sont passés *en présence de noble homme maistre Enemont du Benoist, sieur de St-Thivier, conseiller du Roy et contrerolleur général de son Artillerie*. Les prix ne sont pas changés, mais les sommes sont énoncées en livres et non plus en écus, conformément à l'Édit de septembre 1602.

CCLV. – 24 FÉVRIER 1603. — 87.

Artillerie. — Chevaux roulliers. — Marché passé avec Nicolas Lemercier, cappitaine ordinaire du charroy de l'Artillerie du Roy, demeurant à Estampes, pour la fourniture et livraison, en l'Arcenac de Sa Ma^{té} à Paris, de cinquante bons chevaulx rouliez, dans les conditions et pour les prix ordinaires, et sous l'obligation de fournir caution par devant les esleus de l'élection dud. Estampes, le procureur du Roy de lad. élection appellé.

(Annulé par le marché ci-dessous.)

CCLVI. – 9 MARS 1603. — 89.

Artillerie. — Chevaux roulliers. — Marché passé avec Nicolas Lemercier, cappitaine ordinaire du charroy de l'Artillerie du Roy, demeurant à Estampes, pour la fourniture et livraison, en l'Arcenac de Sa Ma^{té} à Paris, de vingt-cinq chevaulx rouliez, du pris de cent-trente-cinq à cent-cinquante livres, l'un portant l'autre... et moyennant ce présent contract, demeurera autre contract cy devant faict entre led. sʳ de Rosny et led. Mercier pour la fourniture de cinquante chevaulx passé par devant Herbin et Fournyer, le vingt quatre^{me} jour de Febvrier dernier, nul et résolu, duquel contract dud. vingt quatre^{me} febvrier dernier, iceulx sʳ de Rosny et Mercier se désistent et départent, consentans par eulx que sur led. contract et minutte d'icelluy il soict faict mention en substance dud. desistement, lad. mention et ces presentes ne servans comme d'une mesme chose [2].

CCLVII. – 9 MARS 1603. — 90.

Artillerie. — Chevaux roulliers. — Marché passé avec Mathias Tricquoys, sʳ de La Caillodière, demeurant aud. lieu, près Orléans, ou nom et comme ayant charge, soy faisant et portant fort de Sebastien Leconte, cy-devant cappitaine d'une compagnie de gens de pied entretenue pour le service du Roy, demeurant aud. Orléans, pour la fourniture et livraison, en l'Arsenac de Sa Ma^{té} aud. Orléans, de vingt-cinq chevaulx rouliez, dans les conditions et pour les prix ordinaires, et sous l'obligation de fournir caution par devant le lieutenant dud. sʳ Grand Maistre au magasin dud. Orléans.

---

[1] Cet acte ne porte pas la signature du notaire Fournyer. — [2] Cette mention ne figure pas sur le contrat du 24 février.

CCLVIII. – 11 DÉCEMBRE 1603. – 122.

ARTILLERIE. — CHEVAUX ROULIERS. — MARCHÉ PASSÉ AVEC *BONNAVANTURE COUYN, CAPPITAINE ORDINAIRE DU CHARROY DE L'ARTILLERIE DU ROY, DEMEURANT À TROYES EN CHAMPAIGNE, POUR LA FOURNITURE ET LIVRAISON, EN L'ARCENAC DE SA M^{té} EN CESTE VILLE DE PARIS, DE VINGT-CINQ BONS CHEVAULX ROULLIEZ, DANS LES CONDITIONS ET POUR LES PRIX ORDINAIRES, ET SOUS L'OBLIGATION DE FOURNIR CAUTION PAR DEVANT MONSIEUR LE BAILLY DE LAD. ARTILLERIE EN L'ARSENAC DE CESTE VILLE DE PARIS.*

CCLIX. – 11 DÉCEMBRE 1603. – 123.

ARTILLERIE. — CHEVAUX ROULIERS. — MARCHÉ PASSÉ AVEC *NOBLE HOMME MATHIEU BOREL*[1], *CAPPITAINE ORDINAIRE DU CHARROY DE L'ARTILLERIE DU ROY, DEMEURANT RUE DES FRANCS-BOURGEOIS, PARROISSE St-GERVAIS, POUR LA FOURNITURE ET LIVRAISON, EN L'ARSENAC DE SAD. M^{td} EN CESTE VILLE DE PARIS, DE CINQUANTE BONS CHEVAULX ROULLIEZ, DANS LES CONDITIONS ET POUR LES PRIX ORDINAIRES, ET SOUS L'OBLIGATION DE FOURNIR CAUTION PAR DEVANT MONSIEUR LE BAILLY DE LAD. ARTILLERIE EN L'ARSENAC DE CESTE VILLE DE PARIS.*

CCLX. – 6 FÉVRIER 1604. – 126.

ARTILLERIE. — CHEVAUX ROULIERS. — MARCHÉ PASSÉ AVEC RÉMOND VEDEL, DIT LA FLEUR, CAPITAINE GÉNÉRAL DU CHARROI DE L'ARTILLERIE, DEMEURANT À POISSY, POUR LA FOURNITURE ET LIVRAISON EN L'ARSENAL DE PARIS DE HUIT CHEVAUX ROULIERS.

Par devant les notaires du Roy nostre Sire en son Ch^{let} de Paris soubz^{nes}, fut present Remond Vedel, dict La Fleur, cappitaine général du charroy de l'Artillerie du Roy, demeurant à Poissy, lequel a recongneu et confessé avoir promis et promect à haut et puissant seigneur messire Maximilian de Bethune, chevallier, sieur et marquis de Rosny, baron de Sully, conseiller du Roy en ses Conseils d'Estat et privé, Grand Maistre et cappitaine général de l'Artillerie, superintendant des finances, fortifications et bastimens de Sa M^{té}, gouverneur et lieutenant général pour Sa M^{té} en Poictou, de luy fournir et livrer toutes fois et quantes qu'il en sera requis par led. sieur Grand maistre, le nombre de huict chevaulx roulliez propres pour voicturer, et ce en l'Arcenac de ceste ville de Paris.

Cette promesse faicte moyennant et à raison de vingt sols tournois pour chacun jour que lesd. chevaulx seront employés, tant pour leur despense que des chartiers qui les conduisent. Lequel prix luy sera payé (*lacune dans le texte*). Promectans... Obligeans... Renonceant...

Faict et passé aud. Arcenac du Roy à Paris, l'an mil six cens quatre, le six^{me} jour de febvrier, après midy.

MAXIMILIAN DE BETHUNE, R. VEDEL.[2]

Les Actes de 1604 ne présentent pas d'autre variante que d'avoir été dressés *en la présence de noble homme maistre Zacarie de Perelles, sieur de Saulmery, conseiller du Roy et contrerolleur général de lad. Artillerie,* alors en charge.

(1) Signé : Mathieu Borrel. — (2) Cet acte ne porte pas les signatures des notaires.

GRAND-MAÎTRE DE L'ARTILLERIE.

CCLXI. — 6 FÉVRIER 1604. — 127.

ARTILLERIE. — CHEVAUX ROULIERS. — MARCHÉ PASSÉ AVEC GUILLAUME DE LA PORTE, CAPPITAINE ORDINAIRE DU CHARROY DE L'ARTILLERIE DU ROY, DEMEURANT À POISSY, POUR LA FOURNITURE ET LIVRAISON, EN L'ARSENAC DE SA M^{té} DE CESTE VILLE DE PARIS, DE CINQUANTE CHEVAULX ROULLIERS, MOYENNANT LES CONDITIONS ET POUR LES PRIX ORDINAIRES, ET SOUS L'OBLIGATION DE FOURNIR CAUTION PAR DEVANT LE BAILLY DUD. ARSENAC À PARIS.

CCLXII. — 18 FÉVRIER 1604. — 134.

ARTILLERIE. — CHEVAUX ROULIERS. — MARCHÉ PASSÉ AVEC RENÉ LAMBERT, CAPPITAINE ORDINAIRE DU CHARROY DE L'ARTILLERIE DU ROY, DEMEURANT À LUZARCHES, POUR LA FOURNITURE ET LIVRAISON, EN L'ARSENAC DE SA M^{té} EN CESTE VILLE DE PARIS, DE VINGT-CINQ BONS CHEVAULX ROULLIEZ, MOYENNANT LES CONDITIONS ET POUR LES PRIX ORDINAIRES ET SOUS L'OBLIGATION DE FOURNIR CAUTION PAR DEVANT LE BAILLY DE LAD. ARTILLERIE OU SON LIEUTENANT.

Les actes de 1605, formulés comme les précédents, sont passés *en la présence de noble homme François de Guillon, conseiller du Roy et contrerolleur général de lad. Artillerie*, qui était en exercice en 1602.

CCLXIII. — 19 JANVIER 1605. — 145.

ARTILLERIE. — CHEVAUX ROULIERS. — MARCHÉ PASSÉ AVEC JACQUES VEAU, DICT LE CAPPITAINE SAINCT-ANDRÉ, CAPPITAINE ORDINAIRE DU CHARROY DE L'ARTILLERIE DU ROY, DEMEURANT À PITIVIERS, PRÈS ORLÉANS, POUR LA FOURNITURE ET LIVRAISON, EN L'ARSENAC DU ROY, EN CESTE VILLE DE PARIS, DE VINGT-CINQ BONS CHEVAULX ROULLIEZ, MOYENNANT LES CONDITIONS ET POUR LES PRIX ORDINAIRES, ET SOUS L'OBLIGATION DE FOURNIR CAUTION PAR DEVANT LE S^r DE LA CAILLAUDIÈRE, LIEUTENANT DUD. Sr GRAND MAISTRE EN L'ARSENAC D'ORLÉANS.

CCLXIV. — 31 JANVIER 1605. — 147.

ARTILLERIE. — CHEVAUX ROULIERS. — MARCHÉ PASSÉ AVEC ANTHOINE NOËL, CAPPITAINE ORDINAIRE DU CHARROY DE L'ARTILLERIE DU ROY, DEMEURANT À VAUBEROV EN SOISSONNOIS, POUR LA FOURNITURE ET LIVRAISON, EN L'ARSENAC DE CESTE VILLE DE PARIS, DE VINGT-CINQ BONS CHEVAULX ROULLIEZ, MOYENNANT LES CONDITIONS [1] ET POUR LES PRIX ORDINAIRES, ET SOUS L'OBLIGATION DE FOURNIR CAUTION PAR DEVANT LES ESLEUS DE SOISSONS, LE PROCUREUR DU ROY DE LAD. ESLECTION APPELLÉ.

---

[1] Cet acte contient cependant une rectification qui modifie la formule ordinaire suivante : «Sad. Ma^{té} fournira bon et suffisant passeport pour le transport des deniers qu'il conviendra pour l'achapt desd. chevaux hors ce Royaulme»; ces trois derniers mots sont rayés et remplacés, en marge, par ceux-ci, de la main de Sully : «S'il est besoing de les faire hors le roiaume». Ce renvoi est signé «Rosny», suivant l'usage adopté par Sully en pareil cas.

CCLXV. — 29 NOVEMBRE 1605. — 173.

ARTILLERIE. — CHEVAUX ROULLIERS. — MARCHÉ PASSÉ AVEC JEHAN ROUSSELET, BOURGEOIS D'ORLÉANS ET Y DEMEURANT, POUR LA FOURNITURE ET LIVRAISON, EN L'ARCENAC DE SAD. MA^{té} AUD. ORLÉANS, DE VINGT-CINQ BONS CHEVAULX ROULLIEZ, MOYENNANT LES CONDITIONS ET POUR LES PRIX ORDINAIRES, ET SOUS L'OBLIGATION DE FOURNIR CAUTION PAR DEVANT LE LIEUTENANT DUD. Sr GRAND MAISTRE EN L'ARCENAC DUD. ORLÉANS.

Les actes de 1606, formulés comme les précédents, sont passés *en la présence de noble homme Nicolas de Morely, conseiller notaire et secrétaire du Roy et contrerolleur général de lad. Artillerie*, alors en exercice.

La rectification apportée par Sully à l'acte CCLXIV figure également sur l'acte ci-dessous.

CCLXVI. — 16 MARS 1606. — 180.

ARTILLERIE. — CHEVAUX ROULIERS. — MARCHÉ PASSÉ AVEC JACQUES DE CROSO, CAPPITAINE ORDINAIRE DU CHARROY DE L'ARTILLERIE DE FRANCE, DEMEURANT À BOURG-EN-BRESSE, POUR LA FOURNITURE ET LIVRAISON, EN L'ARSENAC DE CESTE VILLE DE PARIS, DE VINGT-CINQ BONS CHEVAULX ROULLIEZ, MOYENNANT LES CONDITIONS ET POUR LES PRIX ORDINAIRES, ET SOUS L'OBLIGATION DE FOURNIR CAUTION PAR DEVANT MONSIEUR LE BAILLY DE LAD. ARTILLERIE, LE PROCUREUR DU ROI D'ICELLE APPELLÉ.

CCLXVII. — 4 MAI 1606. — 183.

ARTILLERIE. — CHEVAUX ROULIERS. — MARCHÉ PASSÉ AVEC JEHAN GAILLARD, CAPPITAINE ORDINAIRE DU CHARROY DE L'ARTILLERIE DU ROY, DEMEURANT À ORLÉANS, POUR LA FOURNITURE ET LIVRAISON, EN L'ARSENAC DE SA MA^{té} EN CESTE VILLE DE PARIS, DE VINGT-CINQ BONS CHEVAULX ROULLIEZ, MOYENNANT LES CONDITIONS ET POUR LES PRIX ORDINAIRES, ET SOUS L'OBLIGATION DE FOURNIR CAUTION PAR DEVANT LE S^r DE LA CAILLODIÈRE, LIEUTENANT DUD. Sr GRAND MAISTRE AUD. ORLÉANS.

CCLXVIII. — 17 FÉVRIER 1610. — 251.

ARTILLERIE. — CHEVAUX ROULIERS. — MARCHÉ PASSÉ AVEC PIERRE BOURDIN, S^r DE MONTMANSOIS, BONAVENTURE FORAIN, MATHIAS TRICQUOIS S^r DE LA CAILLAUDIÈRE, CHARLES HILLAIRE, JEAN PAYON S^r DE LA BROSSE, ET ANDRÉ PERINNEL S^r DE CHATEAUVIEUX, TOUS LIEUTENANTS DU GRAND MAÎTRE, POUR FAIRE FOURNIR, DANS LEURS DÉPARTEMENTS, 1,075 CHEVAUX ROULIERS, DANS LES CONDITIONS ET POUR LES PRIX STIPULÉS AUDIT MARCHÉ.

Par devant les notaires et gardenottes du Roy nostre Sire en son Ch^{let} de Paris, soubz^{nez}, furent presens : Pierre Bourdin, s^r de Montmansois, demourant à Lyon; Bonaventure Forain, demourant à l'Arsenac du Roy, à Paris; Mathias Tricquois, s^r de La Caillaudière, demourant à Orléans; Charles Hillaire, demourant à Metz; Jehan Payon, s^r de la Brosse, demourant à Lion, et André Perinnel, s^r de Chateauvieulx, demourant rue du Figuyer, parroisse St Paul, tous Lieutenans de monseigneur le duc de Sully, pair et Grand Maistre de l'Artillerie de France, lesquels ont recongneu et confessé et par ces présentes confessent avoir promis et promettent chacun en son regard, à hault et puissant seigneur Messire Maximilian de Bethune, duc de Sully, pair de France, prince souverain d'Henrichemont et Boisbelle, marquis de Rosny, conte de Dourlan, conseiller du Roy en ses Conseils d'Estat et privé, capitaine de deux cens hommes d'armes de la Compagnie de la Royne, Grand Maistre et cappitaine général de lad. Artillerie, superintendant des finances et bastimens de sa Ma^té; gouverneur et lieutenant général pour Sad. Ma^té, en Poictou, à ce présent et acceptant pour et au nom de Sad. Ma^té, et en la présence de noble homme Zacarye de Perelles, s^r de Saulmery, conseiller du Roy et Contrerolleur général de lad. Artillerie, de faire fournir pour Sad. Ma^té seigneur Grand Maistre le nombre de mil soixante et quinze chevaulx roulliers enharnachez, qu'ils seront tenuz faire livrer aud. seigneur Grand Maistre chacun en leur département, assavoir : led. s^r Bourdin, dans son deppartement de Bourgogne, la quantité de deux cens chevaulx; led. s^r Forain, cent chevaulx dans son deppartement de Normandye; led. s^r de La Caillaudière, deux cens vingt cinq chevaulx dans son deppartement d'Orléans; led. s^r Hillaire, deux cens cinquante chevaulx dans son deppartement de Metz; led. s^r Payon deux cens chevaulx, dans son deppartement de Lionnois et led. s^r de Chateauvieux, cent chevaulx dans son deppartement de Daufiné; qui reviennent ensemble au susd. nombre de mil soixante et quinze chevaulx, qui seront iceulx receus chacun dans leurd. deppartement, et en rapporter acte signé de leur main et du Contrerolleur provincial de la réception et estimation qui aura esté faicte desd. chevaulx. Et advenant que led. s^r Grand Maistre trouvast quelque deffectuosité dont il voudroict faire rebout d'aucuns desd. chevaulx, leur a accordé et accorde leur faire payer depuis le jour de la susd. réception, à la raison de quarante sols par jour pour leur retour en leurs maisons du lieu où ils seront licentiez, à raison de dix lieues françoises par jour.

Ce marché faict moyennant et à raison de quarante solz par jour pour chacun cheval que led. seigneur Grand Maistre a promis et promect par lesd. présentes faire payer par Monsieur le Trésorier général de lad. Artillerie ausd. Lieutenans ou aultres par eulx nommez, tant et si longuement que les susd. chevaulx seront en service; et oultre, à la charge que led. seigneur Grand Maistre les advertira six sepmaines auparavant que de faire lad. levée; auquel jour il leur fera le commandement et advertissement de lad. levée, leur sera led. seigneur Grand Maistre payer par avance huict jours de levée qu'il leur a accordé et accorde par lesd. présentes à la susd. raison de quarante solz tournois par jour pour chacun cheval, sans qu'il puisse estre rabatu aucune chose aux sus nommez, d'aultant que c'est pour subvenir aux frais de lad. levée. Et leur a aussy led. s^r Grand Maistre promis et promet leur faire payer par avance, le jour de lad. réception, la solde de quinze jours et continuer lad. avance de là en avant de quinzaine en quinzaine. Dans lesquels Deppartemens nulz aultres ne pourront lever ny arrester aucuns chevaulx; comme aussy a led. seigneur Grand Maistre accordé et accorde par les présentes qu'advenant mort d'aucuns desd. chevaulx, soit qu'ils feussent tuez, bruslez, noyez ou priz, par les ennemis ou autre mort en service, seront payez contant par les susd. Tresoriers suivant l'estimation qui aura esté faicte des susd. chevaulx en rapportant les certifficats accoustumez. Plus leur a accordé led. seigneur Grand Maistre pareille condition aux susnommez, qu'advenant qu'il luy plaise licentier tout en partye des susd. chevaulx, de leur faire payer le renvoy du lieu où ils seront licentiez jusques au lieu d'où ils seront partis de leurs maisons ou du lieu où ils auront esté receus, à la susd. raison de dix lieues françoises par jour et au mesme pris de quarante sols pour chacun desd. chevaulx par jour; plus led. seigneur Grand Maistre consent et accorde que les susnommés prendront sur chacune levée desd. chevaulx quatre chevaulx pour mener la charette où sera porté les fers, cloudz, colliers et aultres équipages des susd. chevaulx, qui seront payés de leur solde. Et pour avoir l'œil, soin, garde et conduitte de l'entretenement desd. chevaulx, a led. s^r Grand Maistre consenty et accordé, consent et accorde par ces présentes aus susnommez qu'ils mettent deux lieutenans à chacune cent de chevaulx, ausquel led. seigneur fera payer par led. Trésorier général de lad. Artillerie la somme de cinquante livres par chacun mois à chacun desd. lieutenans. Promettans... Obligeans chacun en droict soy et led. s^rs Bourdin, Forain, de La Caillaudière, Hillaire, Payon et de Chasteauvieux corps et biens comme pour les propres affaires du Roy... Renonceans...

Faict et passé en l'Arsenac du Roy, à Paris, l'an mil six cens dix, le dix sept^me jour de febvrier, après midy.

Maximilian de Bethune. Payon, Bourdin. de La Caillaudière, Hillaire. Forain. Chateauvieux, de Perelles, Herbin, Fournier.

CCLXIX. — 17 FÉVRIER 1610. — 252.

ARTILLERIE. — CHEVAUX ROULIERS. — MARCHÉ PASSÉ AVEC REMOND VEDEL, DIT LA FLEUR, CAPITAINE GÉNÉRAL DU CHARROI DE L'ARTILLERIE DE FRANCE, DEMEURANT À L'ABBAYE DE St-ANTOINE-DES-CHAMPS. POUR FAIRE FOURNIR AU GRAND MAÎTRE, EN L'ARSENAL DE PARIS, 200 CHEVAUX ROULIERS, DANS LES CONDITIONS ET POUR LES PRIX STIPULÉS AUDIT MARCHÉ.

Par devant les notaires et gardenottes du Roy, nostre Sire, en son Ch^{let} de Paris, soubz^{nez}, fut présent Remond Vedel, sieur de Lafleur, cappitaine général du charroy de l'Artillerie de France, demeurant à l'abbaye de St Anthoine des Champs, lequel a recougneu et confessé et par ces présentes confesse avoir promis et promect à hault et puissant seigneur Messire Maximilian de Bethune [1] . . . et en la présence de noble homme Zacharie de Perelles [1] . . . de faire fournir pour Sad. Ma^{té} aud. seigneur Grand Maistre, dans l'Arcenac de ceste ville de Paris, deux cens chevaulx roulliers enharnachez. Et advenant que led. seigneur Grand Maistre trouvast quelque defectuosité dont il voulust faire rebut d'aucuns desd. chevaulx, luy a accordé et accorde luy faire paier depuis led. jour de la réception d'iceulx à la raison de quarante sols par jour pour son retour en sa maison du lieu où il sera licentié, à raison de dix lieues françoises par jour.

Ce marché faict moyennant et à raison de quarante sols par jour pour chacun cheval, que led. seigneur Grand Maistre a promis et promect par cesd. présentes faire paier par monsieur le Trésorier général de lad. Artillerie ou aud. s^r de La Fleur ou autres par luy nommés, tant et si longuement que les susd. chevaulx seront en service; et oultre, à la charge que led. seigneur Grand Maistre l'advertira six sepmaines auparavant que de faire lad. levée; auquel jour qu'il luy fera le commandement et advertissement de lad. levée, luy fera led. seigneur Grand Maistre paier et advancer huict jours de levée qu'il luy a accordé et accorde par cesd. présentes à la susd. raison de quarante sols pour chacun cheval, sans qu'il en puisse estre rabattu aucune chose aud. s^r de La Fleur, d'aultant que c'est pour subvenir aux frais de lad. levée. Et luy a aussy led. seigneur Grand Maistre promis et promect luy faire paier, le jour de lad. réception, la solde de quinze jours, et continuer lad. advance de là en avant de quinzaine en quinzaine, comme aussy a led. seigneur Grand Maistre accordé et accordé par cesd. presentes qu'advenant mort d'aucuns desd. chevaulx, soit qu'ils fussent tuez, brulez, noyez ou pris par les ennemys, ou autre mort en service, sera payé comptant par le susd. trésorier suivant l'estimation qui aura esté faicte desd. chevaulx, en rapportant les certifficats accoustumez; plus accorde led. seigneur Grand Maistre pareille condition aud. sieur de La Fleur qu'advenant qu'il luy pleust licentier tout ou partie desd. chevaulx, de luy faire paier le renvoy au lieu où il sera licentié jusques au lieu d'où il sera party de sa maison ou du lieu où ils auront esté receuz, à la susd. raison de dix lienes françoises par jour. Plus led. seigneur Grand Maistre consent et accorde que led. s^r de La Fleur prendra sur chacun cent de chevaulx quatre chevaulx pour mener la charrette où sera portée les fers, colliers et autres équippages des susd. chevaux, qui seront paiez de leur solde; et pour avoir l'œil, soing, garde et conduicte de l'entretenement desd. chevaulx, a led. seigneur Grand Maistre consenty et accordé par cesd. présentes que led. s^r de La Fleur, qu'il mette deux lieutenans à chacun cent de chevaulx, ausquels led. seigneur fera payer par led. Trésorier général de lad. Artillerie la somme de cinquante livres par chacun mois à chacun desd. lieutenans. Promettans... Obligeans chacun en droict soy et led. s^r de La Fleur corps et biens, comme pour les propres affaires du Roy... Renonceant...

Faict et passé aud. Arcenac, l'an mil six cens dix, le dix sept^{me} jour de febvrier, après midy.

MAXIMILIAN DE BETHUNE, R. VEDEL, DE PERELLES, HERBIN, FOURNYER.

---

[1] Mêmes qualités qu'à l'acte précédent.

GRAND-MAÎTRE DE L'ARTILLERIE.

CCLXX. — 17 FÉVRIER 1610. — a53.

ARTILLERIE. — CHEVAUX ROULIERS. — MARCHÉ PASSÉ AVEC JACQUES DE CROSO, BOURGEOIS DE PONT-D'AIN EN BRESSE ET Y DEMEURANT, AU NOM ET COMME PROCUREUR DE JEHAN MIREGODIN, CAPPITAINE ORDINAIRE DU CHARROY DE L'ARTILLERIE DU ROY, DEMEURANT À RILLY PRÈS TROYES EN CHAMPAGNE, POUR LA FOURNITURE ET LIVRAISON EN L'ARSENAL DE SA MA^{té} À PARIS DE CINQUANTE CHEVAUX ROULIERS DANS LES CONDITIONS ET POUR LES PRIX STIPULÉS DANS LEDIT MARCHÉ.

Par devant les notaires et gardenottes du Roy nostre Sire en son Ch[let] de Paris, soubz[nés], fut present Jacques de Croso, bourgeois de Bontdin [1] en Bresse et y demeurant, au nom et comme procureur de Jehan Miregodin, cappitaine ordinaire du charroy de l'Artillerie du Roy, demourant à Rilly [2] près Troyes en Champaigne, fondé de procuration passée par devant Frard, tabellion royal héréditaire à Lion, le vingt cinq^{me} jour de janvier dernier, spécialle entre aultre chose pour faire et passer ce qui ensuict, ainsy qu'il est apparu aux notaires soubz[nés], laquelle procuration sera insérée en fin des présentes. Lequel, oud. nom a volontairement promis et promect au Roy nostre sire, stippulant et acceptant pour Sa Ma^{té} hault et puissant seigneur Messire Maximilian de Bethune, duc de Sully, pair de France, prince d'Henrichemont, conte de Dourdan, marquis de Rosny, seigneur souverain de Boishelle, baron de Baugy, Poligny, Bontin, La Chappelle d'Angillon, Bruière et Espineuil, seigneur de Villebon et Novyon, conseiller du Roy en ses Conseils d'Estat et privé, cappitaine et lieutenant de deux cens hommes d'armes de la compagnie de la Royne, Grand Maistre, grand voyer et cappitaine général de l'Artillerie de France, superintendant des finances, fortifications et bastimens de Sa Ma^{té}, gouverneur et lieutenant général pour Sad. Ma^{té} en ses païs et provinces de hault et bas Poictou, Chastelleraudois et Loudunois et gouverneur du Chasteau de la Bastille, à Paris, à ce présent et en la présence de noble homme Zacarye de Pereilles, s^r de Sommery, conseiller du Roy et Contrerolleur général de son Artillerie, de fournir et livrer à Sad. Ma^{té} toutesfois et quantes qu'il plaira aud. seigneur Grand Maistre, en l'Arsenal de Sa Ma^{té} en ceste ville de Paris, dans trois sepmaines après qu'il aura esté adverty, le nombre de cinquante bons chevaulx roulliez garnis et harnachez de colliers selletttes, brides et avalloirs, du pris de cent trente cinq à cent cinquante livres tournois chacun, l'un portant l'aultre, propres pour servir à l'Artillerie ès armées qui se pourront mettre sus ou aultres lieux qui luy sera ordonné.

Moyennant laquelle promesse et obligation led. seigneur Grand Maistre oud. nom promect par ces présentes luy faire payer et advancer par le Trésorier général de lad. Artillerie qui sera en charge lors dud. commandement la somme de quarante cinq livres tournois pour chacun desd. chevaulx, et oultre, luy faire payer et continuer par led. trésorier, tant qu'il sera en service, la somme de vingt cinq sols tournois par jour, pour sa solde, nourriture et entretenement pour chacun desd. chevaulx, compris celle des chartiers, à compter depuis le jour de la réception jusques au jour qu'il sera licentié. Advenant lequel licentiement luy sera continué lad. solde pour son renvoy en sa maison, à raison de dix lieues par jour; et encores promect luy faire payer et advancer ung mois de lad. solde lors de la présentation et réception d'iceulx, sur lequel luy sera rabattu et précompté la somme de quinze livres tournois faisant partye desd. quarante cinq livres cy-dessus d'advance, et les autres trente livres luy seront pareillement rabattuz sur les deux aultres mois à raison de quinze livres pour chacun cheval par moys. Et affin de donner commodité aud. de Croso oud. nom, de faire porter les fers, cloudz et autres équipaiges requis pour servir à faire ferrer et refaire les harnois desd. chevaulx et les entretenir en bon estat, luy a esté accordé qu'il aura une charrette attelée de deux chevaulx. Et advenant que aulcuns desd. chevaulx estans au service de Sad. Ma^{té} feussent pris par les ennemis, tuez, bruslés par embrasement de munitions, pourveu qu'il n'y ait de la faulte dud. Croso oud. nom, ou de ses gens et serviteurs, en rapportant bons et valables certificatz dud. seigneur Grand Maistre, son Lieutenant ou Commissaire ordinaire de lad. Artillerie, deuement contrerollé, avec la marque desd. chevaulx, luy sera payé et délivré pour la perte de chacun desd. chevaulx la somme à laquelle ils seront lors prisés et estimez, et néantmoings, affin que

---
[1] Pont d'Ain.
[2] Rilly-Sainte-Syre.

led. Croso et ses gens ne s'exposent témérairement aux perilz, ils ne pourront loger ny aller au fourraige en lieu qu'il ne leur soict permis et désigné par deppartement; aultrement se sera à ses risques et fortunes. Oultre, led. seigneur Grand Maistre a promis oud. nom le faire exempter de tous péages ès lieux où il passera en faisant lad. levée et achapt desd. chevaulx; pour quoy faire Sad. Ma^{té} fournira bon et suffisant passeport pour le transport des deniers qu'il conviendra pour l'achapt desd. chevaulx, hors ce royaulme, et sans estre pour ce tenu payer aulcuns droicts d'entrées aux recepveurs des traictes foraynes. Et ne sera tenu led. Croso oud. nom, rapporter les quittances et certifications des payements qui auront esté faicts par luy ou ses gens ès lieux esquels ils auront logé et séjourné avec lesd. chevaulx et chartiers. Et pour seuretté tant de l'advance cy dessus que de l'entretenement du présent contract, led. Croso oud. nom, sera tenu bailler bonne et suffisante caution par devant le Bailly dud. Arcenac à Paris, et en fournir acte aud. seigneur Grand Maistre, dans six sepmaines prochaines. Promettans... Obligeans chacun en droict soy et led. Croso oud. nom, corps et biens, comme pour les propres affaires du Roy... Renonceant...

Faict et passé aud. Arcenac du Roy à Paris, l'an mil six cens dix, le dix sept^{me} jour de febvrier, après midy. Et ont tous signé. Ensuict le texte de lad. procuration dont cy dessus est faict mention...

M. DE BETHUNE, DE PERELLES, DECROSO. HERBIN, FOURNYER.

En marge est écrit :

Et le six^{me} jour de mars ensuivant aud. an mil six cens dix, avant midy, est comparu par devant les notaires soubz^{crs}, led. Jehan Miregodin, nommé au contract cy endroict escript, lequel après lecture à luy faicte de mot après autre, par l'un des notaires soubz^{crs} l'autre présent, du contenu aud. contract et qu'il a dict pour bien entendu, a recongneu et confessé avoir icelluy contract et tout son contenu ratiffié, confirmé, approuvé, eu et a pour agréable; veult, consent et accorde qu'il sorte son plain et entier effect, force et vertu selon sa forme et teneur, et, en ce faisant, à l'entretenement dud. contract, s'est obligé et oblige sans jamais y contrevenir. Promettant... Obligeant corps et biens comme pour les affaires du Roy... Renonceant. Faict et passé ès estudes des notaires soubz^{crs}, lesd. jour et an susdicts.

JEHAN MIREGODIN, HERBIN, FOURNYER.

CCLXXI. — 20 FÉVRIER 1610. — 254.

ARTILLLERIE. — CHEVAUX ROULIERS. — MARCHÉ PASSÉ AVEC GILLES DE LA PORTE, CAPPITAINE ORDINAIRE DU CHARROY DE L'ARTILLERIE, DEMEURANT À POISSY, POUR LA FOURNITURE ET LIVRAISON, EN L'ARSENAC DE SA MA^{té} EN CESTE VILLE DE PARIS, DE VINGT-CINQ CHEVAULX ROULIEZ, DANS LES CONDITIONS FORMULAIRES ET POUR LES PRIX STIPULÉS DANS LE MARCHÉ PRÉCÉDENT (CCLXX). ET SOUS L'OBLIGATION DE FOURNIR CAUTION PAR DEVANT LE BAILLY DUD. ARCENAC À PARIS.

CCLXXII. — 3 AVRIL 1610. — 264.

ARTILLERIE. — CHEVAUX ROULIERS. — MARCHÉ PASSÉ AVEC RENÉ VEDEL, CAPPITAINE ORDINAIRE DU CHARROY DE L'ARTILLERYE DEMEURANT À POISSY, POUR LA FOURNITURE ET LIVRAISON, EN L'ARSENAC DE SA MA^{té} EN CESTE VILLE DE PARIS, DE VINGT-CINQ CHEVAULX ROULIEZ, DANS LES CONDITIONS FORMULAIRES ET POUR LES PRIX STIPULÉS DANS LES DEUX MARCHÉS QUI PRÉCÈDENT ET SOUS L'OBLIGATION DE FOURNIR CAUTION PAR DEVANT LE BAILLY DE LAD. ARTILLERIE OU SON LIEUTENANT, LE PROCUREUR DU ROY APPELÉ.

GRAND-MAÎTRE DE L'ARTILLERIE.

CCLXXIII. — 3 ET 9 AVRIL 1610. — 265.

Artillerie. — Chevaux rouliers. — Marché passé avec Remond Vedel, s^r de La Fleur, capitaine général du charroi de l'Artillerie du Roi, Denis Flecher, Jean Marchais, Charles Testu, Jean Vivien, Charles Vedel, Martin Mouton, Josse Brocard, Denis Le Preux, Lucas Ravenel, Nicolas Gesu, Guillaume Le Preux et Pierre Mauroy, tous capitaines ordinaires du charroi de l'Artillerie, pour la fourniture de 1,200 chevaux rouliers, dans les conditions et pour les prix stipulés dans ledit marché.

Par devant les notaires et garde nottes du Roy nostre Sire en son Ch^{let} de Paris soubz^{nez}, furent présents : Remond Vedel, sieur de La Fleur, cappitaine général du charroy de l'Artillerie du Roy, demourant en l'Abbaye sainct Anthoine des Champs lez Paris; Denys Flecher, demeurant à Provins; Jehan Marchais, demeurant à Paris, rue Montorgueil; Charles Testu, demeurant rue St Anthoine; Jehan Vivien, demeurant à Fesnières près Montereau; Charles Vedel, demeurant à Poissy; Martin Mouton, demeurant à Orléans; Josse Brocard, demeurant à Paris, rue des Vieux Augustins, au lieu de feu Jehan Brocard, vivant l'un des cappitaines dud. charroy; Denys le Preux, demeurant à Senlys, et Lucas Ravenel, demeurant aux Halles de Paris, proche le Heaulme, tous cappitaines de lad. Artillerie, lesd. Flecher et Vivien, tant en leurs noms que comme eulx faisant forts de Nicolas Gesu, pareillement l'un desd. cappitaines d'icelluy charroy par lequel ils promettent faire ratiffier et avoir pour agréable le contenu en ces présentes pour son regard toutes fois et quantes qu'ils en seront requis et pour sond. regard le faire obliger à l'entretenement dud. contenu; et led. Denys Le Preux aussy tant en son nom que comme soy faisant fort de Guillaume Le Preux et Pierre Mauroy; pareillement cappitaines ordinaires dud. charroy par lesquels ils promettent faire ratiffier (*même formule que ci-dessus*); lesquels ont recongneu et confessé et par ces présentes confessent avoir promis et promettent au Roy nostre Sire stipullant et acceptant pour Sa Ma^{té} haut et puissant seigneur Messire Maximilien de Bethune [1]... et en la présence de noble homme Zacharie de Pereiles [1]... de fournir et livrer à Sad. Ma^{té} dedans un mois du jour de la réception de la somme en deniers cy après déclarée, le nombre de douze cens chevaulx rouilliers bons et forts qui seront aagés de cinq ans et qu'ils ayent servy, garnis et harnachez de colliers, sellettes, brides et avalloires, du prix de cent cinquante livres chacun, l'un portant l'autre, propres pour servir à l'Artillerie ès armées qui se pourront mettre sus ou autres lieux qui leur sont ordonné, assavoir :

Led. Remond Vedel, cent treize chevaulx et encores led. Remond Vedel, tant pour luy que pour led. Gesu, quatre vingtz dix sept chevaulx;
led. Flecher, cent dix sept chevaulx;
led. Marchais, deux cents chevaulx;
led. Testu, cent quarante trois chevaulx;
led. Vivian, trente trois chevaulx;
led. Charles Vedel, sept chevaulx;
led. Denys Le Preux, tant pour luy que pour lesd. Pierre Mauroy et Guillaume Le Preux, deux cens trente neuf chevaulx, savoir : led. Denis Le Preux, cent soixante seize chevaulx, led. Pierre Mauroy, trente quatre chevaulx, et led. Guillaume Le Preux, vingt neuf chevaulx;
led. Martin Mouton, soixante deux chevaulx;
led. Josse Brocard, soixante dix neuf chevaulx;
et led. Lucas Ravenel, cent dix chevaulx.

Moyennant laquelle promesse et obligation led. seigneur Grand Maistre a promis et promet, par ces présentes, leur faire payer, par monsieur le Trésorier général de lad. Artillerie, vingt sols tournois par cheval par jour, de solde, à proportion de la fourniture qu'ils sont tenuz faire desd. chevaulx, selon qu'il est cy dessus spécifié, et ce tant et si longuement que lesd. chevaulx seront en service et depuis la réception d'iceulx jusques au jour que iceulx chevaulx seront licentiez. Et affin de donner commodité ausd. cappitaines dessusnommez de faire porter les fers, cloudz et autres équipaiges requis pour servir à faire ferrer et referrer les harnoys des chevaulx et les entretenir en bon estat, leur a esté accordé qu'ils auront trois chevaulx pour chacune centaine de lad. quantité de chevaulx cy dessus, pour conduire leur bagage et équipaiges. Et advenant qu'aucuns desd. chevaulx estans au service de Sad. Ma^{té} feussent prins par les ennemis, tuez,

---

[1] Mêmes qualités que dans les actes précédents.

bruslez par embrazement de munitions ou autres, pourveu qu'il n'y eust de la faulte desd. cappitaines dessus nommés ou de leurs gens et serviteurs, en rapportant bons et vallables certifficats de monseigneur le Grand Maistre, son lieutenant ou commissaire ordinaire de lad. Artillerie, deuement contrerollé, leur sera payé et délivré pour la perte de chacun desd. chevaulx la somme à laquelle ils seront lors prisez et estimez. Et néantmoings affin que lesd. cappitaines dessus nommez et leurs gens ne s'exposent témérairement aux périls, ilz ne pourront loger ny aller au fouraige en lieu qu'il ne leur soict permis et désigné et sans le commandement exprès dud. s' Grand Maistre ou de ses lieutenants en son absence, autrement se sera à leurs risques et fortunes. Oultre, led. seigneur Grand Maistre a promis oud. nom les faire exempter de tous péages ès lieux où ils feront la levée et achapts desd. chevaulx; pour quoy faire Sad. Ma^{té} fournira bon et suffisant passeport des deniers qu'il conviendra pour l'achapt desd. chevaulx hors ce royaulme et sans estre, pour ce, tenuz payer aucun droict d'entrée aux receveurs des traictes foraines. Et oultre, ne seront tenuz lesd. cappitaines dessus nommez rapporter les quictances et certifficats des payemens qui auront esté faicts par eulx ou leurs gens ès lieux èsquels ils auront logé et séjourné avec leursd. chevaulx et chartiers. Et pour parvenir à l'achapt desd. chevaulx, led. seigneur Grand Maistre oud. nom, a promis et promect aux susd. cappitaines de leur faire payer par led. Trésorier de lad. Artillerie dedans huy, la somme de cent soixante cinq mil livres qui leur sera distribuée au sol la livre, à proportion des sommes employées soubz leurs noms, en l'estat qui en a esté dressé par le s' Maupeou, conseiller du Roy en son Conseil privé, Intendant et Contrerolleur général de ses finances, et ce, de la somme de deux cens treize mil deux cens quarante sept livres ung sol neuf deniers à eulx deue par Sa Ma^{té} pour les services qu'ils ont faicts durant les guerres dernières, pour le surplus de laquelle somme de 213,247^{ll} 1^s 9^d Sad. Ma^{té} en

demeurera quicte et deschargée envers lesd. cappitaines dessus nommez, sans qu'ils en puissent prétendre aucune chose à l'advenir, le tout suivant l'arrest du Conseil d'Estat du trenteiesme jour de mars dernier, signé : Maillier. Comme aussy a led. seigneur Grand Maistre promis faire payer par advance par led. Trésorier ausd. cappitaines dessus nommés ung moys de lad. solde desd. chevaulx lors de la réception d'iceulx et continuer lad. advance de moys en moys tant et si longuement que lesd. chevaulx seront en service. Et pour seuretté de lad. livraison de lad. quantité de douze cens chevaulx, seront tenuz lesd. cappitaines dessus nommés, comparant èsd. noms, de fournir bonne et suffisante caution par devant led. seigneur Grand Maistre ; lesquelles cautions, après la réception desd. chevaulx, en demeureront quictes et deschargés envers Sad. Ma^{té}; et a esté accordé que à faulte de fournyr lesd. chevaulx par lesd. cappitaines dedans led. temps d'ung moys, lesd. cappitaines seront tenuz à la restitution des deniers qu'ilz auront touchez, ou leurs cautions pour eulx. Car ainsy... Promettans... Obligeans chacun en droict soy et lesd. Flecher et Vivien èsd. noms, led. Denys Le Preux aussy èsd. noms, et encores tous les susd. cappitaines dessusnommez, comparans èsd. noms, corps et biens comme pour les propres affaires du Roy... Renoncans...

Faict et passé en l'Arcenac du Roy, à Paris, l'an mil six cens dix, le trois^{me} jour d'avril, avant midy, fors par led. Charles Vedel, ès estudes des notaires, le neuf^{me} jour dud. moys d'avril aud. an mil six cent dix, avant midy.

M. DE BÉTHUNE, DE PERELLES, TESTU, A. VEDEL, FLECHER, VIVIEN, MARTIN MOLTON, JEHAN MARCHEZ, JOSSE BROCART, LE PREUX, VEDEL, RAVENEL, HERBIN, FOURNYER.

Suit la ratification de Pierre Mauroy en date du 8 avril 1610.

CCLXXIV. — 12 AVRIL 1610. — 267.

ARTILLERIE. — CHEVAUX ROULIERS. — PROMESSE DE M° PIERRE CHASTELAIN, CONSEILLER DU ROI ET TRÉSORIER GÉNÉRAL DE L'ARTILLERIE DE FRANCE, DE RESTITUER LA SOMME DE 165,000^{lt} REÇUE PAR LUI DE M° PUGET, TRÉSORIER DE L'ÉPARGNE, POUR ÊTRE DISTRIBUÉE AUX CAPITAINES DU CHARROI DE L'ARTILLERIE NOMMÉS AU CONTRAT QUI PRÉCÈDE EN DATE DES 3 ET 9 AVRIL 1610, ET CE, EN CAS QUE LESDITS CAPITAINES NE FOURNISSENT CHACUN EN LEUR REGARD LE NOMBRE DE CHEVAUX PORTÉ AUDIT CONTRAT.

Par devant les notaires et gardenottes du Roy nostre Sire en son Ch^{let} de Paris, soubz^{nes}, fut present noble homme maistre Pierre Chastelain, conseiller du Roy, et trésorier général de l'Artillerie de France, demeurant en la Place Royalle, paroisse St Paul, lequel a recongneu et confessé avoir promis et promect au Roy nostre Sire, stippullant pour Sa Ma^{té} noble homme maistre Zacharie de Perelles, s^r de Saumery, conseiller du Roy et contrerolleur général de l'Artillerie de France, à ce present pour et en l'absence de monseigneur le duc de Sully, Grand Maistre de lad. Artillerie, de rendre et restituer aud. sieur duc de Sully, ou autres personnes qu'il luy plaira nommer, la somme de cent soixante cinq mil livres, que led. s^r Chastelain a déclaré avoir receu de maistre Puget, trésorier de l'Espargne, pour icelle distribuer aux cappitaines du charroy de lad. Artillerie nommez des noms déclarez au contract qu'ils ont faict avec led. s^r duc de Sully stippullant pour Sad. Ma^{té}, le trois^{me} et neuf^{me} jour des présent mois et an, passé par devant Herbin et Fournyer notaires, pour la fourniture de douze cens chevaulx roulliers mentionnez par led. contract, et ce en cas que lesd. cappitaines ne fournissent chacun en leur regard led. nombre de chevaux dans le temps porté par iceluy. Promettant... Obligeans... comme pour les propres deniers et affaires du Roy... Renonceant...

Faict et passé en la maison dud. s^r Chastellain, dessus déclarée, l'an mil six cens dix, le douze^{me} jour de avril, après midy.

CHASTELAIN, DE PERELLES, CONTESSE, FOURNYER.

CCLXXV. — 29 AVRIL 1610. — 271.

ARTILLERIE. — CHEVAUX ROULIERS. — MARCHÉ PASSÉ AVEC NICOLAS MIREGODIN, CAPPITAINE DU CHARROY DE L'ARTILLERIE, DEMEURANT À RILLY EN CHAMPAIGNE, ESTANT AU LIEU DE LAZARE RINBERGE, POUR LA FOURNITURE ET LIVRAISON EN L'ARSENAC DE SA MA^{té}, À PARIS, DANS QUINZE JOURS PROCHAINS, DE VINGT CINQ BONS CHEVAULX ROULLIERS, DANS LES CONDITIONS FORMULAIRES ET POUR LES PRIX STIPULÉS DANS L'ACTE CCLXX, SOUS L'OBLIGATION DE FOURNIR CAUTION PAR DEVANT MONSIEUR LE BAILLY DE LAD. ARTILLERIE EN L'ARSENAC DE CESTE VILLE DE PARIS.

CCLXXVI. — 5 MAI 1610. — 273.

ARTILLERIE. — CHEVAUX ROULIERS. — MARCHÉ PASSÉ AVEC REMOND VEDEL, S^r DE LA FLEUR, POUR LA FOURNITURE ET LIVRAISON DANS L'ARSENAL DE LA VILLE DE PARIS, OU À CHALONS, LE 25 MAI 1610, DE TROIS CENTS CHEVAUX ROULIERS, DANS LES CONDITIONS ET POUR LES PRIX STIPULÉS AUDIT MARCHÉ.

Par devant les notaires et gardenottes du Roy nostre Sire, en son Ch^{let} de Paris soubz^{nes}, fut présent Remond Vedel, sieur de La Fleur, cappitaine général du charroy de l'Artillerie du Roy, demeurant à l'Abbaye St Anthoine des Champs lez Paris, lequel a recongneu et confessé avoir promis et promect à hault et puissant seigneur Messire Maximilien de Bethune [1] ... et en la présence de noble homme Zacharie de Perelles [1] ... de faire fournyr pour Sad. Ma^{té} aud. Sr Grand

[1] Mêmes qualités que dans les actes précédents.

Maistre, dans l'Arcenac de ceste ville de Paris, ou à Challons, dans le vingt cinq"" de ce présent moys, le nombre de trois cens chevaulx roulliers, harnachez, bons de traict. Et advenant que led. sieur Grand Maistre trouvant quelque defectuosité dont il voullust faire rebut d'aucuns desd. chevaulx, luy a accordé et accorde luy faire payer depuys le jour de la réception d'iceulx, à la raison de quarante sols pour chacun cheval par jour, son retour en sa maison du lieu où il sera licentyé, à raison de dix lieues françoises par jour.

Ce marché faict moyennant et à raison de quarante sols par jour pour chacun cheval, que led. s^r Grand Maistre a promis et promect luy faire payer par monsieur le Trésorier général de lad. Artillerie aud. sieur de La Fleur ou autre par luy nommé, tant et si longuement que les susd. chevaulx seront en service; et où ils seront licentiez avant troys moys dud. service, neantmoings led. Sr Grand Maistre a promis faire payer aud. sieur de La Fleur la solde desd. chevaulx pour lesd. troys moys entiers, et outre, luy faire payer et advancer, dedans huy, huict jours de levée qu'il luy a accordé et accorde par cesd. présentes à la susd. raison de quarante sols par chacun cheval, sans qu'il en puisse estre rabattu aucune chose aud. s^r de La Fleur, d'aultant que c'est pour subvenyr aux frais de lad. levée. Et luy a aussy led. Sr Grand Maistre promis et promect luy faire payer, le jour de la réception desd. chevaulx, la solde de quinze jours et continuer lad. advance de là en avant de quinze en quinze jours. Comme aussy a led. s^r Grand Maistre accordé et accorde par cesd. présentes, qu'advenant mort d'aucuns desd. chevaulx, soyt qu'ils fussent tuez, bruslez, noyez ou prins par les ennemys, ou autre mort en service, sera payé comptant par le susd. Trésorier, suivant estimation qui aura esté faicte desd. chevaulx, en rapportant les certificats accoustumez. Plus accorde led. sieur Grand Maistre pareille condition aud. s^r de La Fleur, qu'advenant qu'après lesd. troys moys expirez, il pleust aud. s^r Grand Maistre licentyer tout ou partye des susd. chevaulx, de luy faire payer ce renvoy du lieu où il sera licentyé jusques au lieu d'où il sera party de sa maison, à la susd. raison de dix lieues françoises par jour et au mesme pris de quarante sols pour chacun desd. chevaulx par jour; plus led. s^r Grand Maistre consent et accorde que led. s^r de La Fleur prendra sur chacun cent desd. chevaulx, quatre chevaulx pour mener la charrette où sera porté les fers, clouds, colliers et autres équipaiges des susd. chevaulx, qui seront paiez de leur solde; et pour avoir l'œil, garde et conduicte de l'entretenement desd. chevaulx, a led. Sr Grand Maistre consenty et accordé, consent et accorde, par cesd. présentes, aud. s^r de La Fleur qu'il mette deux lieutenans à chacun cent desd. chevaulx, ausquels led. Sr Grand Maistre fera payer par led. Sr Trésorier général de lad. Artillerie la somme de cinquante livres par chacun moys à chacun desd. lieutenans. Et outre, a esté accordé aud. de La Fleur que si dans le moys qu'il doibt fournir lesd. chevaulx, il en présente jusques au nombre de cinquante, led. Sr Grand Maistre sera tenu les faire recevoyr pour entrer à lad. solde. Promettans... Obligeans chacun en droict soy et led. de La Fleur corps et biens comme pour les propres affaires du Roy... Renoncant...

Faict et passé aud. Arsenac du Roy, à Paris, l'an mil six cens dix, le cinq^{me} jour de may, avant midy.

M. DE BÉTHUNE, DE PERELLES, R. VEDEL, HERBIN, FOURNYER.

CCLXXVII. — 7 MAI 1610. — 274.

ARTILLERIE. — CHEVAUX ROULIERS. — MARCHÉ PASSÉ AVEC *NICOLAS PETITJEHAN*, S^r *DE LA BASTIDE*[1], GENTILHOMME ORDINAIRE DE LA FAULCONNERIE DU *ROY*, DEMEURANT EN CESTE VILLE DE *PARIS*, RUE *SAINCT-ANTHOINE*, PARROISSE *SAINCT-PAUL*, POUR LA FOURNITURE ET LIVRAISON EN L'*ARCENAC* DE CESTE VILLE DE *PARIS*, OU À *CHALLONS EN CHAMPAIGNE*, SCAVOIR MOITIÉ DANS LE VINGT CINQ^{me} JOUR DE CE PRESENT MOYS DE *MAY* ET L'AUTRE MOICTYÉ DANS LE PREMIER JOUR DE *JUING* PROCHAIN, DE DEUX CENS CHEVAULX ROULLIERS, DANS LES CONDITIONS ET POUR LES PRIX STIPULÉS AU MARCHÉ PRÉCÉDENT, ET OUTRE, A ESTÉ ACCORDÉ AUD. SIEUR DE *LA BASTIDE* QUE SY DANS LED. TEMPS CY DESSUS DÉCLARÉ IL N'A FAICT LAD. FOURNITURE ENTIÈRE DESD. DEUX CENS CHEVAULX, LED. SIEUR GRAND MAISTRE SERA TENU RECEVOIR CE QUI LUY PRÉSENTERA DE CHEVAULX POUR ENTRER EN LAD. SOLDE.

---

[1] Signé : Labastide.

CCLXXVIII. – 8 MAI 1610. – 275.

ARTILLERIE. — CHEVAUX ROULIERS. — Marché passé avec ABEL DENYS, cappitaine du charroy de l'Artillerie, demeurant en la ville d'Orléans, estant au lieu du cappitaine LA POTTERIE, pour la fourniture et livraison à SA MAJESTÉ, dans quinze jours prochains, de vingt-cinq bons chevaulx roulliers, dans les conditions formulaires et pour les prix stipulés dans l'acte CCLXX, sous l'obligation de fournir caution par devant MONSIEUR LE BAILLY DE LAD. ARTILLERIE EN L'ARCENAC DE CESTE VILLE DE PARIS.

RÉPERTOIRE CHRONOLOGIQUE.

1600.

1. CXCV[1]. — 12 JANVIER 1600.

ARTILLERIE. — **Poudres et salpêtres.** — «Convention» pour la fourniture et livraison, en l'Arsenal de Paris, pendant neuf ans, à compter du 1ᵉʳ janvier 1600, de cent milliers de poudre à canon des trois sortes (grosse grenée, menue grenée et amorce), passée avec Jean Barreau, commissaire général des Poudres et Salpêtres à l'Arsenal et Île de France, moyennant le prix de six sols la livre, soit pour chaque cent milliers de poudre, la somme de dix mille écus, dont d'avance 3,333 écus 1/3, sous réserve de fournir caution.

Ledit Jean Barreau aura pour département, «pour faire l'amas et levée» des salpêtres, la Ville de Paris, l'Île de France, Brie, Laon, le gouvernement de Noyon, Compiègne et Élections, en ce qui ne dépend pas du gouvernement de Picardie, plus les gouvernements de Soissons et de Normandie. Les anciennes commissions sont révoquées et 80 nouvelles commissions, signées du Grand Maître de l'Artillerie et contrôlées, lui seront remises pour être délivrées à 80 salpêtriers de son choix 353

2. CXCVI. — 12 JANVIER 1600.

ARTILLERIE. — **Poudres et Salpêtres.** — «Convention» pour la fourniture et livraison, aux magasins de Paris et de Châlons, pendant neuf ans à compter du 1ᵉʳ janvier 1600, de cent milliers de poudre à canon des trois sortes, passée avec Jacques du Crochet, demeurant à Verdun, moyennant les mêmes conditions de prix et de payement que celles du marché précédent.

Ledit Jacques du Crochet aura pour son département les villes et gouvernements de Metz, Verdun, Toul et la Picardie. Les anciennes commissions sont révoquées et 100 nouvelles commissions, signées du Grand Maître de l'Artillerie et contrôlées, lui seront remises pour être par lui délivrées à 100 salpêtriers de son choix.

Le 10 avril 1600, adjonction, au département ci-dessus indiqué, de la Thiérache, du Barrois, de Ligny et de Commercy 355

3. CXLVI. — 12 JANVIER 1600.

ARTILLERIE. — **Canons et boulets.** — Fourniture, à l'Arsenal de Paris, de 20,000 boulets du calibre de France.

Marché passé avec Claude Vaudin, aide de maréchal de camp en Picardie, moyennant le prix de

---

[1] Les chiffres romains sont ceux des actes dans l'ordre de leur publication.

vingt-deux sols tournois par boulet pesant 33 livres 1/3 environ, les trois faisant le cent, soit la somme de 7,333 écus 1/3, dont 1,700 écus payés d'avance, sous la caution de Jacques de Verdavayne, s' de Launay, dam⁽¹⁾ᵉ Marie Le Ragois, sa femme, et de Mᵉ Guillaume Vaudin, procureur en la Cour de Parlement.

Certificat de réception desdits 20,000 boulets, délivré le 30 juin 1601, par Zacharie de Perelles, s' de Saulmery, conseiller du Roi, trésorier garde général des pièces et munitions de l'Artillerie de France.. 299

4. CXLVII. – 12 JANVIER 1600.

ARTILLERIE. — **Canons et boulets.** — Marché pour la fourniture, à l'Arsenal de Paris, de cent milliers de fer destiné au remontage des pièces d'artillerie, passé avec Claude Vaudin, aide de maréchal de camp en Picardie, moyennant la somme de deux mille écus sol, dont 666 écus 2/3 payés d'avance, sous les mêmes cautions que celles stipulées en l'acte précédent.

Désistement, en date du 3 juillet 1601, et décharge de l'avance faite, moyennant les 1,818 boulets qui ont été livrés à l'Arsenal, au lieu du fer qui «ne s'estoyt trouvé bon»............ 301

5. CXCVII. – 27 JANVIER 1600.

ARTILLERIE. — **Poudres et Salpêtres.** — Transaction avec Nicolas de Corberon, commissaire général des Poudres et Salpêtres en Champagne et duché de Bourgogne, lui accordant, en considération de certaines dépenses, la fourniture pendant neuf ans à compter du 1ᵉʳ janvier 1600, pour le magasin de Troyes, de 60 milliers de poudre à canon des trois sortes, moyennant le prix de six sols la livre, soit pour le tout une somme de six mille écus par an, dont 2,333 écus 1/3 d'avance, sous réserve de fournir caution. Les poudres fournies antérieurement seront payées à raison de sept sols la livre.

Son département sera composé des gouvernements de Champagne, duché de Bourgogne «et autres provinces circonvoisines qui ne sont baillées aux autres commissaires des Salpêtres». Les anciennes commissions sont révoquées et 60 nouvelles commissions seront remises à Nicolas de Corberon, pour être délivrées à 60 salpêtriers de son choix............................ 357

6. CXLVIII. – 3 FÉVRIER 1600.

ARTILLERIE. — **Canons et boulets.** — Marché passé avec messire Antoine du Chastellet, sieur et baron de Saint-Amand et de Ciray, pour la fourniture, à l'Arsenal de Paris, de 3,855 boulets du calibre de France, faisant le reste des 10,000 boulets que ledit s' de Saint-Amand y devait livrer; et ce, moyennant le prix de vingt-trois sols par boulet, soit, pour les 3,855 boulets, la somme de 1,477 écus 45 sols tournois, nonobstant le prix ci-devant accordé pour la quantité de 10,000 boulets à raison de trente sols tournois pièce................................ 302

7. CXLIX. – 14 FÉVRIER 1600.

ARTILLERIE. — **Canons et boulets.** — Fourniture, à l'Arsenal de Paris, de treize mille boulets du calibre de France.

Marché passé avec Jehan Goffin, maître de forges, aux Forges-sous-Haraucourt, moyennant, pour trois mille boulets, le prix de vingt-trois sols pièce, et pour dix mille boulets le prix de vingt-deux sols pièce, soit une somme totale de 4,816 écus 2/3, dont 1,605 écus sol 33ˢ 4ᵈ d'avance, sous la caution de mᵉ Christophe Léger, marchand bourgeois de Paris.................. 303

8. CXCVIII. — 23 février 1600.

Artillerie. — **Poudres et salpêtres.** — «Marché» pour la fourniture et livraison, au magasin de Tours, pendant neuf années, à compter du 1ᵉʳ janvier 1600, de cinquante milliers de poudre à canon des trois sortes, passé avec Michel Moussart, commissaire général des salpêtres et poudres à canon à Tours, moyennant les mêmes conditions de prix que dans les marchés qui précèdent, soit une somme de 5,000 écus, dont 1.666 écus 2/3 d'avance, sous réserve de fournir caution.

Son département sera composé des généralités de Touraine, Berry, Poitou et Bretagne. Les anciennes commissions sont révoquées et 50 nouvelles commissions seront remises à Michel Moussart pour être délivrées à 50 salpêtriers de son choix.

Nota. Ce marché a été annulé par celui du 4 avril 1604 (140-cci) 360

9. CL. — 23 février 1600.

Artillerie. — **Canons et boulets.** — Fourniture, à l'Arsenal de Paris, de 20,000 boulets du calibre de France.

Marché passé avec Antoine Cormier, sʳ de Voroses, maître des forges de la Rochette, moyennant le prix de 22 sols pièce, soit une somme totale de 7,333 écus 1/3, dont 1,700 écus d'avance, sous la caution de mᵉ Florent Goullet, sʳ de Malespine, avocat du Roi à Conches et Breteuil et de Jean de Rost, marchand bourgeois de Paris 305

10. CLI. — 11 mars 1600.

Artillerie. — **Canons et boulets.** — Marché avec Antoine Lemoyne, fondeur à Paris, et Gaspard Jacques, fondeur à Compiègne, pour la fonte, en la ville de Mézières, de quatre canons du poids et de calibre de France, avec leurs affûts, moyennant la somme de 744 écus 40 sols et la fourniture qui leur sera faite de vingt-six milliers de cuivre «tant en pièces éventées que autres», sous la caution de messire Robert de La Vieuville, chevalier des Ordres du Roi, lieutenant pour S. M. en Rethelois et gouverneur de Mézières, représenté audit marché, en vertu de sa procuration datée à Paris du 10 mars, par Jehan Dorléans, bourgeois de Paris 306

11. CXXIV. — 11 mars 1600.

Artillerie. — **Arsenal.** — Travaux de pavage.

Marché passé avec Pierre Pavot, maître paveur à Paris, moyennant le prix de deux écus sol par toise 273

12. CLII. — 27 mars 1600.

Artillerie. — **Canons et boulets.** — Marché pour la fourniture en l'Arsenal de Paris, de cent milliers de cuivre propre à la fonte des canons, passé avec Charles du Hay, marchand à Paris, moyennant le prix de 14 écus 2/3 le cent, formant la somme totale de 14,666 écus 2/3 dont 4,850 écus sol d'avance, sous la caution de Jehan Mulot et Eugène Le Febvre, marchand bourgeois de Paris 308

13. CLXIV. – 12 mai 1600.

Artillerie. — **Armes, outils, matériel de campagne.** — Marché pour la fourniture et livraison, en l'Arsenal de Paris, de six mille piques, passé avec Jean de Rost, marchand bourgeois de Paris, moyennant le prix de 25 sols chaque pique, soit pour les 6,000 la somme totale de 2,500 écus sol.. 324

14. CCVII. – 25 mai 1600.

Artillerie. — **Transports.** — Marché passé avec Jean Deschamps, «marchand voiturier par terre, demeurant à Lion», pour le transport, par terre, à Lyon de «tous et chacun les meubles, coffres, hardes et autres choses qu'il plaira à iceluy s' de Rosny envoyer en lad. Ville de Lion pour Sa Ma"....», moyennant le prix de deux écus un tiers pour chaque cent pesant, soit vingt-six écus deux tiers pour chaque millier, selon le poids du Roi à Paris.................... 378

15. CLIII. – 29 mai 1600.

Artillerie. — **Canons et boulets.** — Décharge donnée à Mathias Tricquoys, s' de la Caillodière, commissaire ordinaire de l'artillerie à Orléans, de la fourniture et livraison qu'il était tenu faire en l'Arsenal de Paris, de cinquante milliers de fer pour servir à la ferrure des affûts et «rouages à canon», en vertu de son marché du 30 novembre 1599................................... 309

16. CLIV. – 29 mai 1600.

Artillerie. — **Canons et boulets.** — Marché pour la fourniture et livraison, en l'Arsenal de Paris, de deux cents milliers de fer pour le remontage de pièces d'artillerie, passé avec Philbert Godet, marchand bourgeois de Châlons en Champagne, moyennant le prix de 26 écus 2/3 par chaque cent, soit pour les 200 milliers la somme totale de 5,333 écus 1/3, dont 1,700 écus d'avance, sous réserve de fournir caution... 310

17. CXXV. – 12 juin 1600.

Artillerie. — **Arsenal** — Travaux de maçonnerie pour l'achèvement d'un grand pavillon et d'une galerie, «suivant le dernier plan arresté avec Monseigneur de Rosny».
Marché passé avec Marceau Jacquet, juré du Roi en l'office de maçonnerie, à Paris, moyennant le prix de sept écus sol la toise... 274

18. CLV. – 26 juin 1600.

Artillerie. — **Canons et boulets.** — Marché pour la fourniture en l'Arsenal de Paris de douze chariots «pour porter le corps des canons», passé avec Antoine Malherbe et Nicolas Payen, charrons ordinaires de l'artillerie à Paris, moyennant le prix de cinquante écus par chariot, et pour les douze, la somme de 600 écus, dont 300 écus d'avance....................... 311

19. CXXVI. – 3 juillet 1600.

ARTILLERIE. — **Arsenal.** — Travaux de charpente pour la continuation «du grand logis». Marché passé avec Jehan de Fer, charpentier ordinaire en l'artillerie du roi, et Louis de Bures, maître charpentier à Paris, moyennant le prix de 130 écus sol le cent de bois.............. 275

20. CCVIII. – 26 juillet 1600.

ARTILLERIE. — **Transports.** — Marché passé avec Nicolas Maran, voiturier par eau, à Sens, pour le transport, depuis le port des Célestins jusqu'au port de Crevant, de deux cents milliers de munitions de guerre, moyennant le prix de trois écus par millier, revenant le tout à six cents écus sol... 378

21. CCIX. – 26 juillet 1600.

ARTILLERIE. — **Transports.** — Marché passé avec Louis Le Febvre, voiturier par eau, à Paris, pour le transport depuis le port des Célestins jusqu'au port de Nogent-sur-Seine, de trois cents milliers de canons, poudre, boulets et autres munitions, moyennant le prix de deux écus dix sols pour chaque millier, revenant le tout à la somme de six cent cinquante écus sol............ 379

22. CCX. – 26 juillet 1600.

ARTILLERIE. — **Transports.** — Marché passé avec François Bartel, voiturier par eau, à Troyes, pour le transport, depuis le port des Célestins jusqu'au port de ladite ville de Troyes, de 25 milliers de boulets, moyennant le prix de trois écus 1/3 pour chaque millier, revenant le tout à la somme de 83 écus 1/3.. 380

23. CLXV. – 30 juillet 1600.

ARTILLERIE. — **Armes, outils, matériel de campagne.** — Marché pour la fourniture et livraison, à St-Jean de l'Osne ou Chalon sur Saône, de piques, arquebuses et mousquets, passé avec Philbert Godet, marchand bourgeois de Châlons, moyennant prix convenus, revenant ensemble à la somme totale de 3,166 écus 2/3 dont 1,053 écus 1/3 d'avance, sous caution de Pierre Le Blef, marchand bourgeois de Paris... 325

24. CCXI. – 1ᵉʳ août 1600.

ARTILLERIE. — **Transports.** — Marché passé avec Gratien Ravenel, capitaine ordinaire du charroi de l'artillerie, à Orléans, pour le transport par terre, depuis la ville de Châlons en Champagne jusqu'à Chalon-sur-Saône, de poudres, boulets et autres munitions d'artillerie, moyennant le prix d'un écu vingt-cinq sols tournois pour chaque cent pesant, poids de marc, dont 450 écus sol d'avance... 380

25. CCXII. — 1ᵉʳ août 1600.

Artillerie. — **Transports.** — Marché passé avec Jean Dion, voiturier par eau, à Paris, pour le transport, depuis le port des Célestins jusqu'au port de Crevant, de 203 milliers de poudre, boulets et autres munitions, moyennant le prix de trois écus sol pour chaque millier, revenant le tout ensemble à la somme de 609 écus sol.................................... 381

26. CCXXVIII. — 1ᵉʳ août 1600.

Artillerie. — **Chevaux rouliers.** — Marché passé avec Mathurin Lambert, chevalier du guet à Orléans, et Rémond Vedel, dit La Fleur, capitaine ordinaire du charroi de l'artillerie, pour la fourniture et livraison, à Cravant-sur-Yonne, de 100 chevaux rouliers................... 393

27. CCXIII. — 3 août 1600.

Artillerie. — **Transports.** — Marché passé avec Jean Adam, Guillaume Le Roux, Jean Pourelle, Denis Mulart serviteur de la veuve Jean Valda, voituriers à Troyes, et Nicolas Lormeau, voiturier à Orléans, pour le transport depuis l'Arsenal de Paris jusqu'à Chalon-sur-Saône, de sept caisses et quatre tonnes pleines d'armes, le tout faisant la quantité de onze mille huit cents pesant, moyennant le prix de deux écus dix sols pour chaque cent, revenant ensemble à la somme de 255 écus quarante sols, payée d'avance... 381

28. CCXIV. — 3 août 1600.

Artillerie. — **Transports.** — Marché passé avec Pierre Soillart, marchand voiturier par terre, à Rugles en Normandie, Pierre Codirou, Pierre Estienne et Pierre Bailly, voituriers à Beureville en Lorraine, pour le transport, depuis l'Arsenal de Paris jusqu'à Chalon-sur-Saône, de six tonnes et un caisson d'armes, le tout faisant la quantité de quatre mille quatre cents pesant, moyennant le prix de deux écus dix sols pour chaque cent, revenant ensemble à la somme de 95 écus sol 20 sols tournois, payée d'avance, sous caution de Louis Le Poyvre, marchand à Paris......... 382

29. CCXV. — 5 août 1600.

Artillerie. — **Transports.** — Marché passé avec Jean Mainzeville, voiturier par terre, à Dieppe, pour le transport, depuis l'Arsenal de Paris jusqu'à Chalon-sur-Saône, de quatre tonnes pleines d'armes, faisant la quantité de dix huit cents pesant, moyennant le prix de deux écus dix sols pour chaque cent pesant, revenant le tout à la somme de 39 écus sol, payée d'avance, sous caution de Louis Le Poyvre, marchand à Paris.. 383

30. CCXVI. — 5 août 1600.

Artillerie. — **Transports.** — Marché passé avec Philbert de Bonnefoy, voiturier à Beureville en Lorraine, pour le transport, depuis l'Arsenal de Paris jusqu'à Chalon-sur-Saône, de quatre tonnes pleines d'armes, faisant la quantité de deux milliers pesant, moyennant le prix de deux écus dix sols pour chaque cent pesant, revenant le tout à la somme de 43 écus 1/3, payée d'avance, sous caution de Louis Le Poyvre, marchand à Paris........................... 383

31. CCXVII. — 5 août 1600.

ARTILLERIE. — **Transports.** — Marché passé avec François Bret, facteur de Claude Gailiot, voiturier à Lyon, pour le transport, depuis l'Arsenal de Paris jusqu'à Chalon-sur-Saône, de huit tonnes pleines d'armes, faisant la quantité de trois milliers pesant, moyennant le prix de deux écus dix sols pour chaque cent pesant, revenant le tout à la somme de 65 écus, payés d'avance, sous caution de Jean Marchez, capitaine du charroi de l'Artillerie, à Paris. 384

32. CCXVIII. — 22 août 1600.

ARTILLERIE. — **Transports.** — Marché passé avec : Jacques du Fay, Jean Godart, Jean Bourgoing, Guillaume du Four, Pierre du Four, voituriers par eau, à Paris, pour le transport, depuis le port des Célestins jusqu'au port de Crevant, de la quantité de 10,000 boulets pesant ensemble 300 milliers, moyennant le prix de trois écus sol vingt sols tournois pour chaque millier, revenant le tout à la somme de mille écus d'or sol payée d'avance. 385

1601.

33. CXXVII. — 6 février 1601.

ARTILLERIE. — **Arsenal.** — Travaux de pavage au devant de la galerie neuve et pavage de la chaussée de l'Arsenal jusqu'au magasin des pièces de canon.
Marché passé avec Michel Richer, maître des œuvres de pavé du Roi, moyennant le prix de deux écus dix sols par toise. 276

34. CLVI. — 2 mars 1601.

ARTILLERIE. — **Canons et boulets.** — Marché pour la fourniture et livraison, en l'Arsenal de Paris, de vingt mille boulets du calibre de France, passé avec Daniel Gommeret, marchand à Sedan, et Jean Goflin, maître de forges, aux Forges-sous-Haraucourt, moyennant le prix de 20 sols pièce, soit, pour les 20,000 boulets, la somme totale de 6,666 écus 2/3, dont 2,222 écus 13 sols 4 deniers d'avance, sous la caution de Christofle Léger, marchand bourgeois de Paris 311

35. CCXXIX. — 3 mars 1601.

ARTILLERIE. — **Chevaux rouliers.** — Marché passé avec «Jacques Borrel, cappitaine général du charroy de l'Artillerie du Roy, demeurant rue des Francs-Bourgeois, parroisse S‐Gervais, tant en son nom que comme soy faisant fort de Anthoine Borrel, son nepveu, aussi cappitaine du charroy, par lequel il promect et sera tenu faire ratiffier et avoyr pour agréable le contenu en ces présentes dedans quinze jours prochains; Charles Leroux, Jehan Vincent et Charles Testu, dict La Forest, pareillement cappitaines dud. charroy, demeurans scavoir : led. Leroux à Paris près la rue Neuve-S‐Paul, led. Vincent à Frenières près Montereau où Fault Yonne, et led.

Testu à Boisgaultier près Melun», pour la fourniture et livraison «en l'Arsenac de Sad. Ma^{té} en ceste ville de Paris», de «deux cens cinquante chevaux roulliers», dans les conditions et pour les prix détaillés audit marché, et sous l'obligation de fournir caution par devant «le bailly dud. Arsenac»... 394

36. CCXXX. — 3 mars 1601.

ARTILLERIE. — **Chevaux rouliers.** — Marché passé avec «Jacques Regnault, dit La Potterie, cappitaine du charroi de l'Artillerie du Roy, demeurant à Gergeot, près Orléans», pour la fourniture et livraison, en l'Arsenal d'Orléans, de «vingt-cinq chevaux roulliers», dans les conditions et pour les prix stipulés dans les marchés qui précèdent et sous l'obligation de fournir caution devant «le s^r de La Caillodière, lieutenant dud. s^r Grand Maistre en l'Arsenac dud. Orléans»... 395

37. CCXXXI. — 3 mars 1601.

ARTILLERIE. — **Chevaux rouliers.** — Marché passé avec «Martin Mouton, cappitaine du charroy de l'Artillerie du Roy, demeurant à Orléans, parroisse St-Paterne», pour la fourniture et livraison, en «l'Arsenac de Sa Majesté aud. Orléans», de la quantité de «cinquante chevaulx roulliers», dans les conditions et pour les prix ordinaires, et sous l'obligation de «bailler bonne et suffisante caution par devant le sieur de la Caillodière, lieutenant dud. s^r Grand Maistre à l'Arsenac dud. Orléans».. 397

38. CCXXXII. — 3 mars 1601.

ARTILLERIE. — **Chevaux rouliers.** — Marché passé avec «Jehan Dunesme, cappitaine du charroy de l'Artillerie du Roy, demeurant à Dreux», pour la fourniture et livraison, «en l'Arsenac de Sad. Ma^{té} à Paris», de «trente chevaux roulliers», dans les conditions et pour les prix ordinaires et sous l'obligation de fournir caution par devant «les éleuz de la ville de Dreux, le procureur du Roy de lad. élection appellé».. 397

39. CCXXXIII. — 3 mars 1601.

ARTILLERIE. — **Chevaux rouliers.** — Marché passé avec «Jehan David, cappitaine du charroy de l'Artillerie du Roy, demeurant à Orléans», pour la fourniture et livraison, «en l'Arsenac de Sad. M^{té} à Orléans», de «cinquante chevaux roulliers», dans les conditions et pour les prix ordinaires et sous l'obligation de fournir caution par devant «le s^r de La Caillodière, lieutenant dud. s^r Grand Maistre en l'Arsenac dud. Orléans»...................................... 397

40. CCXXXIV. — 3 mars 1601.

ARTILLERIE. — **Chevaux rouliers.** — Marché passé avec «Jehan Leroy, cappitaine du charroy de l'Artillerie du Roy, demeurant à Fontenay-St-Père, près Mante», pour la fourniture et livraison, «en l'Arsenal de Sad. Ma^{té} en ceste ville de Paris», de «trente chevaulx roulliers», dans les conditions et pour les prix ordinaires, et sous l'obligation de fournir caution par devant «les eleuz de Mante, le procureur du Roy de lad. election appellé»............................ 397

41. CCXXXV. — 3 mars 1601.

Artillerie. — Chevaux rouliers. — Marché passé avec «Guillaume Le Preux, cappitaine du charroy de l'Artillerie du Roy, demeurant à Milly-St-Front», pour la fourniture et livraison, «en l'Arsenac de Sad. Ma^{té} en ceste ville de Paris», de «vingt-cinq chevaux roulliers», dans les conditions et pour les prix ordinaires, et sous l'obligation de fournir caution devant «les eleuz de la ville de Soissons, le procureur du Roy de lad. election appellé».................... 398

42. CCXXXVI. — 3 mars 1601.

Artillerie. — Chevaux rouliers. — Marché passé avec «Pierre Ravenel, deschargeur de l'Artillerie du Roy, à Orléans, au nom et comme procureur de Gratian Ravenel, son père, cappitaine ordinaire du charroy de lad. Artillerie, demeurant aud. Orléans, de luy fondé de procuration passée par devant Loys Cloustier, notaire à Orléans, le xxviiie et dernier jour de Febvrier dernier», pour la fourniture et livraison, «en l'Arsenac de Sa Ma^{té} aud. Orléans», de «vingt-cinq chevaux roulliers», dans les conditions et pour les prix ordinaires, et sous l'obligation de fournir caution par devant «le s^r de La Caillodière, lieutenant dud. s^r Grand Maistre en l'Arsenac dud. Orléans»................... 398

43. CCXXXVII. — 3 mars 1601.

Artillerie. — Chevaux rouliers. — Marché passé avec «Pierre de La Haye (signe: Delahaie), conducteur ordinaire de l'Artillerie du Roy, demeurant à La Ferté-Milon, au nom et comme procureur de Estienne Gaultier, cappitaine ordinaire du charroy de l'Artillerie du Roy, demeurant à Belleau près Chasteau-Thierry, de luy fondé de procuration passée par devant Jehan du Jardin, notaire royal en la prevosté dud. Chasteau Thierry, le xxviie jour de Febvrier dernier passé», pour la fourniture et livraison, «en l'Arsenac de Sad. Ma^{té} en ceste ville de Paris», de «vingt-cinq chevaulx roulliers», dans les conditions et pour les prix ordinaires, et sous l'obligation de fournir caution par devant «les eleuz de Chasteau Thierry, le procureur du Roy de lad. election appellé»................... 398

44. CCXXXVIII. — 3 mars 1601.

Artillerie. — Chevaux rouliers. — Marché passé avec «Pierre Mauroy, s^r de La Baume, cappitaine du charroy de l'Artillerie du Roy, demeurant à Chasteau Thierry», pour la fourniture et livraison, «en l'Arsenac du Roy à Paris», de «vingt-cinq chevaulx roulliers», dans les conditions et pour les prix ordinaires et sous l'obligation de fournir caution par devant «les eleuz de Chasteau Thierry, le procureur du Roy de lad. election appellé»................... 398

45. CCXXXIX. — 3 mars 1601.

Artillerie. — Chevaux rouliers. — Marché passé avec «Lucas Ravenel, cappitaine du charroy de l'Artillerie du Roy, demeurant à Orléans», pour la fourniture et la livraison, «en l'Arsenac de Sad. Ma^{té} aud. Orléans», de «vingt-cinq chevaulx roulliers», dans les conditions et pour les prix ordinaires et sous l'obligation de fournir caution par devant «le s^r de La Caillodière, lieutenant dud. s^r Grand Maistre en l'Arsenac dud. Orléans»................... 399

46. CCXL. – 3 mars 1601.

ARTILLERIE. — **Chevaux rouliers.** — Marché passé avec «Anthoine Belier, dict le cappitaine Le Maistre, cappitaine du charroy de l'Artillerie du Roy, demeurant à Chillieurs, près Orléans», pour la fourniture et livraison, «en l'Arsenac de Sad. Ma^{té} à Orléans», de «cinquante chevaulx roulliers», dans les conditions et pour les prix ordinaires, et sous l'obligation de fournir caution par devant «le s^r de La Caillodière, lieutenant dud. s^r Grand Maistre en l'Arsenac dud. Orléans».. 399

47. CCXLI. – 14 mars 1601.

ARTILLERIE. — **Chevaux rouliers.** — Marché passé avec «Symon La Voisière, cappitaine ordinaire du charroy de l'Artillerie du Roy, demeurant à Cœuvre, près Soissons, pour la fourniture et livraison, en l'Arsenac du Roy à Paris», de «vingt-cinq bons chevaulx roulliers», dans les conditions et pour les prix ordinaires, et sous l'obligation de fournir caution par devant «les esleuz dud. Soissons, le procureur du Roy de lad. election appellé»..................... 399

48. CCXLII. – 14 mars 1601.

ARTILLERIE. — **Chevaux rouliers.** — Marché passé avec «Estienne Houzé, cappitaine ordinaire du charroy de l'Artillerie du Roy, demeurant à Fontenay-St-Père, près Maute», pour la fourniture et livraison, «en l'Arsenac du Roy à Paris», de «vingt-cinq bons chevaulx roulliers», dans les conditions et pour les prix ordinaires, et sous l'obligation de fournir caution par devant «les esleuz de Mante, le procureur du Roy de lad. election appelé»............................ 399

49. CCXLIII. – 14 mars 1601.

ARTILLERIE. — **Chevaux rouliers.** — Marché passé avec «Jehan Danet, cappitaine ordinaire du charroy de l'Artillerie du Roy, demeurant à Fontenay-St-Père, près Mante», pour la fourniture et livraison, «en l'Arsenac du Roy, à Paris», de «vingt-cinq bons chevaulx roulliers», dans les conditions et pour les prix ordinaires, et sous l'obligation de fournir caution par devant «les eleuz de Mante, le procureur du Roy de lad. election appellé»............................. 399

50. CCXLIV. – 14 mars 1601.

ARTILLERIE. — **Chevaux rouliers.** — Marché passé avec «Jehan Marchais, cappitaine ordinaire du charroy de l'Artillerie du Roy, demeurant à Paris, rue Montorgueil, parroisse St-Eustache», pour la fourniture et livraison, «en l'Arsenac du Roy, à Paris, de cinquante bons chevaulx roulliers», dans les conditions et pour les prix ordinaires et sous l'obligation de fournir caution par devant «le bailly dud. Arsenac»... 400

51. CCXLV. – 14 mars 1601.

ARTILLERIE. — **Chevaux rouliers.** — Marché passé avec «Claude Gauicher, dict Danjon, cappitaine ordinaire du charroy de l'Artillerie du Roy, demeurant rue de l'Arbre-Sec, parroisse

St-Germain de l'Auxerrois», pour la fourniture et livraison, «en l'Arsenac du Roy à Paris», de «vingt-cinq bons chevaulx roulliers», dans les conditions et pour les prix ordinaires, et sous l'obligation de fournir caution 400

52. CCXLVI. – 30 mars 1601.

Artillerie. — **Chevaux rouliers.** — Marché passé avec «Lazare Rimberge, cappitaine ordinaire du charroy de l'Artillerie du Roy, demeurant à Poissy», pour la fourniture et livraison, «en l'Arsenac de Sad. Ma^{té} à Paris», de «vingt-cinq bons chevaulx roulliers», dans les conditions et pour les prix ordinaires, et sous l'obligation de fournir caution par devant «les esleuz de l'election dud. Poissy, le procureur du Roy de lad. election appellé» 400

53. CCXLVII. – 30 mars 1601.

Artillerie. — **Chevaux rouliers.** — Marché passé avec «Remond Vedel, dict La Fleur, cappitaine ordinaire du charroy de l'Artilerie du Roy, demeurant à Poissy, tant en son nom que soy faisant et portant fort en ceste partie de Charles Vedel, son frère, aussy cappitaine ordinaire dud. charroy, demeurant aud. Poissy», pour la fourniture et livraison, «en l'Arsenac de Sa Ma^{té} à Paris», de «cinquante bons chevaulx roulliez», dans les conditions et pour les prix ordinaires, et sous l'obligation de fournir caution par devant «les esleuz de l'election dud. Poissy, le procureur du Roy de lad. election appellé».

Suit la ratification de Charles Vedel, en date du 1er avril 1601 400

54. CCXLVIII. – 30 mars 1601.

Artillerie. — **Chevaux rouliers.** — Marché passé avec «Jehan Guedon, cappitaine ordinaire du charroy de l'Artillerie du Roy, demeurant à Poissy», pour la fourniture et livraison, «en l'Arsenac de Sad. Ma^{té} à Paris», de «vingt-cinq bons chevaulx roulliers», dans les conditions et pour les prix ordinaires, et sous l'obligation de fournir caution par devant «les esleuz de l'election dud. Poissy, le procureur du Roy de lad. election appellé» 400

55. CCXLIX. – 30 mars 1601.

Artillerie. — **Chevaux rouliers.** — Marché passé avec «Roland Gosse, dict La Campaigne, cappitaine ordinaire du charroy de l'Artillerie du Roy, demeurant à Gisors», pour la fourniture et livraison, «en l'Arsenac de Sa Ma^{té} à Paris», de «vingt-cinq bons chevaulx roulliers», dans les conditions et pour les prix ordinaires, et sous l'obligation de fournir caution par devant «les esleuz de Gisors, le procureur du Roy en lad. election appellé» 401

56. CXXVIII. – 30 mars 1601.

Artillerie. — **Arsenal.** — Travaux de maçonnerie pour la construction d'un mur allant depuis le gros mur qui sépare la Seine du magasin où l'on met les canons et les boullets jusqu'au boulevart sur l'eau.

Marché passé avec Marceau Jacquet, juré du Roi en l'office de maçonnerie, et Guillaume Jacquet, maître maçon à Paris, moyennant le prix de sept écus sol par toise boutavant..... 276

57. CCL. – 1ᵉʳ avril 1601.

Artillerie. — **Chevaux rouliers.** — Marché passé avec «Denis Flesche, cappitaine ordinaire du charroy de l'Artillerie du Roy, demeurant à Provins», pour la fourniture et livraison, «en l'Arsenac de Sa Maᵗᵉ», à Paris, de «vingt-cinq bons chevaulx roulliers», dans les conditions et pour les prix ordinaires, et sous l'obligation de fournir caution par devant «les esleuz de Provins, le procureur du Roy de lad. election appellé»..................................... 401

58. CCLI. – 1ᵉʳ avril 1601.

Artillerie. — **Chevaux rouliers.** — Marché passé avec «Nicolas Gesu, cappitaine ordinaire du charroy de l'Artillerie du Roy, demeurant à Melun», pour la fourniture et livraison, «en l'Arsenac de Sa Maᵗᵉ à Paris, de «vingt-cinq bons chevaulx roulliers», dans les conditions et pour les prix ordinaires, et sous l'obligation de fournir caution par devant «les esleuz de Melun, le procureur du Roy de lad. election appellé»..................................... 401

59. CLXVI. – 12 mai 1601.

Artillerie. — **Armes, outils, matériel de campagne.** — Sommation à Mᵉ Nicolas Parent, secrétaire du Roi, de fournir et livrer promptement en l'Arsenal de Paris la quantité de 1,000 corcelets qu'il s'est engagé à fournir, faute de quoi le sʳ Grand Maître en fera acheter pareille quantité aux dépens du sʳ Parent. — Réponse de Nicolas Parent........................ 326

60. CXXIX. – 18 mai 1601.

Artillerie. — **Arsenal.** — Travaux de terrasse et de déblais à faire «joignant la muraille neuve du boulevart proche l'Arsenac».

Marché passé avec Nicolas Daguet, Edme Champaigne, Nicolas Vendeuvre, Jehan Vendeuvre, Claude Poinssot, Victor Choppart et Laurent Flageollet, manouvriers, moyennant le prix de trente sols tournois par toise... 278

61. CLXVIII. – 29 juin 1601.

Artillerie. — **Armes, outils, matériel de campagne.** — Marché pour la fourniture et livraison en l'Arsenal de Paris de 400 corcelets, passé avec Jean Lhommedieu l'aîné, marchand à Sedan, moyennant la somme de 3,200 écus sol, dont 400 écus d'avance, sous réserve de fournir caution. 327

62. CCXIX. – 10 juillet 1601.

Artillerie. — **Transports.** — Marché passé avec Jean Guérin, voiturier par eau, à Orléans, pour le transport, tant par eau que par terre, depuis l'Arsenal de Lyon jusqu'à celui de Paris, de toutes les armes qui lui seront délivrées par le Lieutenant du Grand Maître à Lyon, suivant état détaillé; moyennant le prix d'un écu 2/3 pour chaque cent pesant, soit 16 écus 2/3 pour chaque millier.. 385

63. CLXVII. – 11 juillet 1601.

ARTILLERIE. — **Armes, outils, matériel de campagne.** — Sommation itérative à M⁰ Nicolas Parent d'avoir à livrer les mille corcelets qui ont fait l'objet de la première sommation du 12 mai 1601. — Réponse dudit Nicolas Parent.. 327

64. CXXX. – 16 juillet 1601.

ARTILLERIE. — **Arsenal.** — Travaux de déblai de vingt-deux toises de terre, toise cube, étant sur le boulevart près de la muraille neuve, depuis le bout de la casemate jusque vers la rivière.

Marché passé avec Martin de Verly, Jacques Jacquemart, Pierre Le Roy et Nazaire Gauchot, manouvriers, moyennant, à raison du prix de trente sols tournois par toise, la somme de onze écus sol.. 278

65. CLXIX. – 13 juillet 1601.

ARTILLERIE. — **Armes, outils, matériel de campagne..** — Marché pour la fourniture et livraison, en l'Arsenal de Paris, de piques, mousquets et arquebuses, passé avec Philbert Godet, marchand bourgeois de Châlons, moyennant la somme totale de 5,333 écus 1/3 dont 1,777 écus 46ˢ 8ᵈ d'avance, sous réserve de fournir caution................................ 328

66. CLVII. – 6 juillet 1601.

ARTILLERIE. — **Canons et boulets.** — Récépissé donné par Zacharie de Perélles, sʳ de Saulmery, conseiller du Roi et garde général des pièces et munitions de l'Artillerie de France, à Jean Goffin, de la parfaite fourniture des 13,000 boulets qui faisaient l'objet du marché du 14 février 1600. 313

67. CLVIII. – 21 août 1601.

ARTILLERIE. — **Canons et boulets.** — Marché pour la fourniture et livraison, en certaines villes de Champagne et de Picardie, de seize mille boulets, du calibre de France, savoir : 8,000 boulets à couleuvrines de 15 à 16 livres chaque boulet, et 8,000 à bâtardes, de 7 à 8 livres chaque boulet, passé avec Daniel Gommeret, marchand à Sedan, et Jean Goffin, maître de forges aux Forges-sous-Haraucourt; moyennant les prix de 15 sols pour chaque boulet de couleuvrine et de sept sols six deniers pour chaque boulet de bâtarde, soit, pour le tout, la somme de trois mille écus dont mille écus d'avance, sous la caution de Christofle Leger, marchand bourgeois de Paris.. 314

68. XXV. – 20 septembre 1601.

CONSEIL D'ÉTAT. — « Vendition » au Roi, par les religieux du couvent des Célestins, d'une maison sise à Paris, sur le quai des Célestins, pour l'agrandissement de l'Arsenal........... 48

69. XXVI. — 1ᵉʳ octobre 1601.

CONSEIL D'ÉTAT. — «Vendition» au Roi, par les Prévôt des marchands et Échevins de la Ville de Paris, d'une maison sise à Paris, sur le quai des Célestins, pour l'agrandissement de l'Arsenal 52

70. CLXX. — 2 octobre 1601.

ARTILLERIE. — **Armes, outils, matériel de campagne.** — Marché pour la fourniture et livraison, en l'Arsenal de Paris, de 1,800 corcelets blancs et 200 corcelets gravés de Milan, passé avec Philbert Godet, marchand bourgeois de Châlons, et Jean Lhommedieu, marchand à Sedan, moyennant le prix de six écus sol pour chaque corcelet, tant blanc que gravé, revenant ensemble à la somme totale de 12,000 écus sol dont 3,000 écus d'avance, sous caution d'Olivier Picques, marchand bourgeois de Paris 329

71. CXCIX. — 26 octobre 1601.

ARTILLERIE. — **Poudres et salpêtres.** — Marché pour la fourniture au magasin de Bordeaux, pendant cinq années à commencer du 1ᵉʳ janvier 1602, de trente milliers de poudre à canon des trois sortes, passé avec Abraham de Vienne, marchand à Sarlat, moyennant le prix de sept sols la livre, poids de marc à 16 onces la livre, soit pour les 30 milliers de poudre la somme de 3,500 écus dont 875 écus d'avance, sous réserve de fournir caution.

Son département se composera des villes et gouvernement de Guyenne qui ne font pas partie du département du commissaire général de Tours. Les anciennes commissions sont révoquées et 20 nouvelles commissions seront remises audit Abraham de Vienne pour être délivrées à 20 salpêtriers 361

72. CCXX. — 7 novembre 1601.

ARTILLERIE. — **Transports.** — Marché passé avec Jean Guérin, voiturier par eau à Orléans, et officier ordinaire de l'Artillerie de France, pour le transport tant par eau que par terre, depuis l'Arsenal de Lyon jusqu'à celui de Paris, de toutes les munitions de guerre, armes et autres choses qui lui seront délivrées par le Lieutenant du Grand Maître à Lyon, suivant état détaillé ; moyennant le prix d'un écu trente sols pour chaque cent pesant, soit quinze écus pour chaque millier.

Acte d'association, passé le 7 novembre 1601, entre ledit Jean Guérin et Jean Forges, aussi voiturier par eau à Orléans, pour l'exécution du marché ci-dessus 386

73. CLIX. — 30 décembre 1601.

ARTILLERIE. — **Canons et boulets.** — Marché pour la fourniture et la livraison, en l'Arsenal de Paris, de deux douzaines de grandes «poêles de fer de fonte servant à mettre du feu», chacune du poids de 60 livres environ, passé avec Jean Lhommedieu, marchand à Sedan, moyennant le prix de cinq écus pour chaque poêle, soit, pour les deux douzaines, la somme totale de 120 écus sol, dont 40 écus sol d'avance, sous la caution de Nicolas Grosjehan, canonnier ordinaire de l'Artillerie, bourgeois de Paris 316

1602.

74. CXXXI. – 7 JANVIER 1602.

ARTILLERIE. — **Arsenal.** — Travaux de terrasse pour «oster, tirer et enlever la terre d'une grosse butte estant dans le jardin de l'Arsenac, près la casematte, icelle terre porter dans le jardin des Célestins en la place acquise par Sa Ma**té** des religieux desd. Célestins, et ce pour remplir lad. place, et rendre le lieu où lad. butte sera ostée au nyveau dud. jardin; ensemble porter le sable sur les terres dures après avoir remply le bastion».

Marché passé avec Nicolas Daguet, Nicolas Vendeuvre et Jean Le Flot, manouvriers, moyennant le prix de vingt-cinq sols tournois par toise cube 279

75. CXXXII. – 2 FÉVRIER 1602.

ARTILLERIE. — **Arsenal.** — Travaux de terrasse pour lever et ôter les terres, platras et immondices qui sont en la cour de la Bastille, et le tout porter dans le clos des Célestins récemment acquis pour l'agrandissement de l'Arsenal.

Marché passé avec Jean Havé, Alain Chappelle et Pierre Niflet, manouvriers, moyennant la somme de cent cinquante écus sols... 280

76. CXXXIII. – 2 FÉVRIER 1602.

ARTILLERIE. — **Arsenal.** — Travaux de maçonnerie pour la construction d'un grand mur depuis les forges de l'Arsenal jusqu'à l'atelier des poudres, afin de clore le jardin de l'Arsenal.

Marché passé avec Marceau Jacquet, maître maçon juré du Roi en l'office de maçonnerie, moyennant le prix de quatre écus trente sols par toise.............................. 280

77. CCLII. – 9 FÉVRIER 1602.

ARTILLERIE. — **Chevaux rouliers.** — Marché passé avec «Estienne Gaultier, cappitaine ordinaire du charroy de l'Artillerie du Roy, demourant à Belleaue, près Chasteau-Thierry», pour la fourniture et livraison «en ceste ville de Paris», de «vingt-cinq bons chevaux rouliers», dans les conditions et pour les prix ordinaires, et sous l'obligation de fournir caution par devant «les esleus de Chasteau-Thierry, le procureur du Roy de lad. élection appellé»..................... 401

78. CCLIII. – 9 FÉVRIER 1602.

ARTILLERIE. — **Chevaux rouliers.** — Marché passé avec «Anthoine Bellier, dict Le Maistre, cappitaine ordinaire du charroy de l'Artillerie du Roy, au nom et comme soy disant avoir charge, faisant et portant fort de Pierre Le Maistre, aussy cappitaine ordinaire du charroy de lad. Artillerie, demeurans, sçavoir : led. Belier à Chillieurs, près Orléans, et led. Pierre Le Maistre aud. Orléans», pour la fourniture et livraison« , en l'Arsenac de Sa Ma**té** aud. Orléans», de «vingt-cinq

bons chevaux rouliers », dans les conditions et pour les prix ordinaires, et sous l'obligation de fournir caution par devant «le s' de la Caillodière, lieutenant dud. s' Grand Maistre aud. Orléans ».
Suit la ratification de Pierre Le Maistre, datée du 27 du même mois.................. 402

79. CLXXI. – 14 février 1602.

ARTILLERIE. — **Armes, outils, matériel de campagne.** — Marché pour la fourniture et livraison, en l'Arsenal de Paris, de corcelets, piques, mousquets et arquebuses, passé avec Philbert Godet, marchand bourgeois de Châlons, moyennant prix convenus, revenant ensemble à la somme totale de 17,333 écus 1/3, dont 4,777 écus 40' 8ᵈ d'avance, sous réserve de fournir caution... 330

80. CLXXII. – 22 mars 1602.

ARTILLERIE. — **Armes, outils, matériel de campagne.** — Marché pour la fourniture et livraison, en l'Arsenal de Paris, de corcelets, rondaches, mousquets, arquebuses, pistolets, piques, hallebardes et pertuisanes, passé avec Jean Lhommedieu, marchand à Sedan, moyennant prix convenus, revenant ensemble à la somme totale de 8,876 écus 2/3, dont 2,219 écus 10' d'avance, sous caution de Nicolas Genest, bourgeois de Paris........................... 331

81. CCXXI. – 20 juin 1602.

ARTILLERIE. — **Transports.** — Marché passé avec Regnault Regnard, Louis Le Febvre, Guillaume Josquin et Nicolas Bourguillot, voituriers par eau à Paris, pour le transport dans leurs bateaux, depuis le port des Célestins : 1° jusqu'au port de Mantes, de deux canons, une couleuvrine et deux bâtardes avec leurs équipages; 2° jusqu'au port de Crevant, de dix canons, 4,000 boulets et autres munitions et outils; le tout faisant la quantité de 252 milliers pesant; moyennant le prix de 3 écus 20' pour chaque millier; revenant ensemble à la somme totale de 840 écus sol payée d'avance, sous caution de Louis Routart, commissaire ordinaire de l'Artillerie à Paris, et de Bernard Baillon, conducteur ordinaire de ladite Artillerie à Paris............. 387

82. CCLIV. – 30 juin 1602.

ARTILLERIE. — **Chevaux rouliers.** — Ratification de marchés passés avec différents voituriers d'Orléans par Mathias Tricquoys, s' de la Caillaudière, commissaire ordinaire de l'Artillerie et Lieutenant du Grand Maitre en l'Arsenal et Magasins d'Orléans, pour la fourniture et livraison de chevaux rouliers.. 402

83. CXXXIV. – 30 juin 1602.

ARTILLERIE. — **Arsenal.** — Travaux de maçonnerie pour la construction d'une grande galerie le long du gros mur des écuries, depuis le vieux pavillon jusqu'à la fonderie.
Marché passé avec Marceau Jacquet, juré du Roi en l'office de maçonnerie, moyennant le prix de trois écus sol par toise boutavant, les planchers comptés à deux toises pour une......... 281

RÉPERTOIRE CHRONOLOGIQUE. 433

84. CLXXIII. – 20 septembre 1602.

Artillerie. — **Armes, outils, matériel de campagne.** — Décharge donnée à Nicolas Genest, bourgeois de Paris, «de la pleigerie caution et response par luy cy devant faicte pour Jehan Lhommedieu» dans l'acte passé le 22 mars 1602, et acceptation en son lieu et place de Jacques Borrel, s' du Fresnoy 332

85. CLXXIV. – 23 septembre 1602.

Artillerie. — **Armes, outils, matériel de campagne.** — Promesse, par Jean Dorléans et Jean Lhommedieu, de rendre indemne Jacques Borrel de son acte de caution du 20 septembre 1602. 333

1603.

86. XLI. – 19 février 1603.

Bâtiments. — **Grande galerie du Louvre.** — Résiliation du marché de travaux de maçonnerie passé, en 1595, avec Guillaume Marchant, Pierre Chambiges, François Petit, Pierre Guillain, Robert Marquelet et Isaïe Fournier, maîtres maçons à Paris, adjudicataires de la construction de la Grande Galerie, depuis la Petite Galerie du Louvre jusqu'aux Tuileries.
Nouveau marché passé, le 19 février 1603, avec Jehan Coin, Isidore Guyot et Guillaume Jacquet, maîtres maçons à Paris, déclarés adjudicataires, le 3 du même mois, moyennant la somme de 66,000", des travaux qui restent à faire pour l'achèvement de la Grande Galerie sur 31 toises 1/2 de longueur, depuis le dernier mur de refend de la dernière boutique jusque vers le rempart ou Porte Neuve; lesquels travaux seront semblables aux ouvrages ci-devant faits, sauf que le pavillon symétrique à celui de la Petite Galerie sera conforme au dessin produit et signé *ne varietur* par les parties. 107

87. CCLV. – 24 février 1603.

Artillerie. — **Chevaux rouliers.** — Marché passé avec «Nicolas Lemercier, cappitaine ordinaire du charroy de l'Artillerie du Roy, demeurant à Estampes», pour la fourniture et livraison, «en l'Arcenac de Sa Ma"* à Paris», de «cinquante bons chevaux roulliers», dans les conditions et pour les prix ordinaires. et sous l'obligation de fournir caution par devant «les esleus de l'élection dud. Estampes, le procureur du Roy de lad. élection appellé». (Cf. 89. – CCLVI.) 403

88. II. – 25 février 1603.

Conseil d'État. — Accord et convention avec Ambroise Lomelin pour la fourniture, l'équipement et l'entretien d'une escadre de six galères.................................. 9

89. CCLVI. — 9 mars 1603.

Artillerie. — Chevaux rouliers. — Marché passé avec «Nicolas Lemercier, cappitaine ordinaire du charroy de l'Artillerie du Roy, demeurant à Estampes», pour la fourniture et livraison, «en l'Arcenac de Sa Ma^{té} à Paris», de «vingt-cinq chevaulx roulliers, du pris de cent-trente-cinq à cent-cinquante livres l'un portant l'autre... et moyennant ce présent contract, demeurera autre contract cy devant faict entre led. s^r de Rosny et led. Mercier pour la fourniture de cinquante chevaulx passé par devant Herbin et Fournyer, le 24e jour de Febvrier dernier (87.-CCLV), nul et résolu, duquel contract dud. 24e Febvrier dernier, iceulx s^{rs} de Rosny et Mercier se désistent et consentans par eulx que sur led. contract et minutte d'icelluy il soict faict mention en substance départent, dud. desistement, lad. mention et ces presentes ne servans comme d'une mesme chose».. 403

90. CCLVII. — 9 mars 1603.

Artillerie. — Chevaux rouliers. — Marché passé avec «Mathias Tricquoys, s^r de la Caillodière, demeurant aud. lieu, près Orléans, ou nom et comme ayant charge, soy faisant et portant fort de Sebastien Leconte, cy devant cappitaine d'une compagnie de gens de pied entretenue pour le service du Roy, demeurant aud. Orléans», pour la fourniture et livraison, «en l'Arsenac de Sa Ma^{té} aud. Orléans», de «vingt-cinq chevaux roulliers», dans les conditions et pour les prix ordinaires, et sous l'obligation de fournir caution par devant «le lieutenant dud. s^r Grand Maistre au magasin dud. Orléans».. 403

91. LVI. — 15 mars 1603.

Bâtiments. — Palais des Tuileries. — Travaux de menuiserie pour les lambris à faire aux pourtours, aires et planchers de l'antichambre, petite salle et grande salle du second étage du corps de logis du côté de la Seine, selon les dessins faits, arrêtés et paraphés *ne varietur*.

Marché passé avec Jean Warnier, dit Picart, maître menuisier à Paris, déclaré adjudicataire le même jour, moyennant le prix de 22 livres la toise................................. 136

92. LVII. — 15 mars 1603.

Bâtiments. — Palais des Tuileries. — Travaux de menuiserie pour les parquets à faire en l'antichambre, antisalle et grande salle haute au second étage du corps de logis du côté de la Seine, selon les dessins faits et arrêtés.

Marché passé avec Jacques Roger et Thomas Flèche, maîtres menuisiers à Paris, déclarés adjudicataires le même jour, moyennant le prix de 22 livres la toise..................... 137

93. CXIII. — 17 mars 1603.

Bâtiments. — Marchés de fournitures et d'entretien. — Fourniture de gros fer à la livre, comme ancres, harpons, tirants, platebandes, trémies, corbeaux, pour les maçonneries des bâtiments du Louvre, des Tuileries, de Saint-Germain-en-Laye.

Marché passé avec Denis Lemoine, maître serrurier à Paris, déclaré adjudicataire le même jour, moyennant le prix de dix-huit deniers tournois par livre......................... 251

RÉPERTOIRE CHRONOLOGIQUE.   435

94. LVIII. – 17 mars 1603.

Bâtiments. — **Palais des Tuileries.** — Menus ouvrages de maçonnerie pour rendre logeable le corps de logis et pavillon du côté de la Seine.

Marché passé avec Guillaume Robillart, maître maçon à Paris, déclaré adjudicataire le même jour, moyennant le prix de cent sols tournois la toise....................................... 138

95. LIX. – 17 mars 1603.

Bâtiments. — **Palais des Tuileries.** — Pavage en petit carreau de terre cuite, à six pans, de l'aire du rez-de-chaussée du corps de logis et pavillon double du côté de la Seine.

Marché passé avec Pierre Hallebourg, maçon à Paris, déclaré adjudicataire le même jour, moyennant le prix de 4^{lt} 5 s. la toise... 139

96. CXXI. – 19 mars 1603.

Fortifications. — Travaux de terrasse dans le grand fossé de la Ville, derrière l'Arsenal, pour faire un grand canal et passage pour les bateaux, depuis la Seine jusqu'au pont et entrée de la Porte Saint-Antoine.

Marché passé avec René Besnard, architecte à Tours, subrogé à Mario Prevost, déclaré adjudicataire le 7 mars, moyennant le prix de soixante sols la toise cube, qui sera payé chaque semaine par Me Philippe Danquechin, trésorier général des fortifications................ 267

97. CXXII. – 19 mars 1603.

Fortifications. — Travaux de terrasse pour faire une grande allée et talus le long des murs de l'Arsenal.

Marché passé avec René Besnard, architecte à Tours, moyennant le prix de quarante sols par toise courante sur toute hauteur et largeur à prendre depuis la muraille jusques à la rivière, lequel prix sera payé audit Besnard, au fur et à mesure de l'avancement des travaux, par Me Philippe Danquechin, trésorier général des fortifications............................ 269

98. CXIV. – 19 mars 1603.

Bâtiments. — **Marchés de fournitures et d'entretien.** — Ouvrages de vitrerie de verre de France qui se feront dorénavant dans les bâtiments du Louvre, des Tuileries et de Saint-Germain-en-Laye.

Marché passé avec Jean Le Lièvre, maître vitrier à Paris, déclaré adjudicataire le même jour, moyennant le prix de sept sols tournois le pied de verre neuf de France.................. 252

99. CLXXV. – 12 avril 1603.

Artillerie. — **Armes, outils, matériel de campagne.** — Marché pour la fourniture et livraison, en l'Arsenal de Paris de mousquets, morions, arquebuses, passé avec Jean Lhommedieu, marchand à Sedan, moyennant prix convenus, revenant ensemble à la somme totale de 13,821^{lt} dont 4,607^{lt} d'avance, sous réserve de fournir caution........................ 333

100. CLXXVI. – 12 avril 1603.

ARTILLERIE. — **Armes, outils, matériel de campagne.** — Marché pour la fourniture et livraison, en l'Arsenal de Paris, de 500 «harnoys» complets et de 1,000 corcelets, passé avec Philbert Godet, marchand bourgeois de Châlons, moyennant les prix de 34 # 10' pour chaque harnoys et de 18 # pour chaque corcelet, revenant ensemble à la somme totale de 35,250 #, dont 11,750 # d'avance, sous réserve de fournir caution.................................... 334

101. CLX. – 12 avril 1603.

ARTILLERIE. — **Canons et boulets.** — Marché pour le remontage de pièces d'artillerie à Rocroy, Mézières, Langres, Chaumont, Coiffy, S*-Menehould, Maubert-Fontaine, Mouzon, S*-Dizier, Donchery, Reims, Rethel et Châlons, passé avec Jean de Fer, maître charpentier ordinaire de l'Artillerie du Roy à Paris, et Jacques Guelart, maître forgeur à Paris, moyennant les prix portés en l'état qui figure en tête dudit marché.. 317

102. CXXXV. – 18 avril 1603.

ARTILLERIE. — **Arsenal.** — Travaux de maçonnerie et de pavage pour la construction d'un grand canal au devant de l'entrée de l'Arsenal et de «deux petits canaulx pour rachepter les eaux».

Marché passé avec Martin Boullet, maître maçon à Paris, déclaré adjudicataire, le 1ᵉʳ mars 1603, moyennant le prix de neuf livres cinq sols par toise courante..................... 283

103. CXV. – 18 avril 1603.

BÂTIMENTS. — **Marchés de fournitures et d'entretien.** — Entretien, pendant six ans, à partir du 1ᵉʳ avril 1603, des couvertures d'ardoise et de tuile des bâtiments du Louvre, des Tuileries, de l'hôtel de Bourbon, du château de Boulogne «dit Madricq», du château de Saint-Germain-en-Laye, et de leurs dépendances.

Marché passé avec Rolland Le Duc, maître couvreur à Paris, moyennant la somme de mille livres par an.. 253

104. CXVI. – 18 avril 1603.

BÂTIMENTS. — **Marchés de fournitures et d'entretien.** — Travaux de couverture à faire à la grande galerie neuve allant du château du Louvre au Palais des Tuileries; audit Palais des Tuileries et aux châteaux de Saint-Germain-en-Laye et de Madrid, tant en 1603 que pendant les cinq années suivantes.

Marché passé avec Rolland Le Duc, maître couvreur à Paris, déclaré adjudicataire, le 8 mars 1603, moyennant le prix de 6 # 10 s. la toise de couverture d'ardoise neuve............... 255

105. LXXVII. – 19 avril 1603.

BÂTIMENTS. — **Château de Saint-Germain-en-Laye.** — Travaux de maçonnerie pour 1° la construction : d'une grande descente droite, pareille à celle faite en 1602, avec une façon de grotte au bout de la galerie; 2° pour la construction de trois portiques; et 3° pour le pavage des chambres basses des grands et petits pavillons et pour la réfection des planchers en vue de l'établissement d'une antisalle à côté de l'antichambre où coucheront les gardes du Roi.

Marché passé avec Guillaume Marchant, maître des œuvres de maçonnerie des bâtiments du Roi, et Louis Marchant, aussi maître des œuvres des bâtiments du Roi à la survivance dudit Guillaume Marchant, son père, déclarés adjudicataires le 21 mars 1603, moyennant le prix de 18ᴸ par toise.. 179

106. CXXXVI. – 19 avril 1603.

ARTILLERIE. — **Arsenal.** — Travaux de maçonnerie pour la continuation de la grande galerie.

Marché passé avec Marceau Jacquet, juré du Roi en l'office de maçonnerie, déclaré adjudicataire le 7 mars 1603, moyennant le prix de 12ᴸ par toise boutavant................. 285

107. CXXXVII. – 19 avril 1603.

ARTILLERIE. — **Arsenal.** — Travaux de maçonnerie pour «le ralongement de la gallerie au canon de l'Arcenac».

Marché passé avec Jean Jacquet, maître maçon à Paris, déclaré adjudicataire, le 5 mars 1603, moyennant le prix de vingt-une livres tournois par toise boutavant..................... 286

108. CXXXVIII. – 19 avril 1603.

ARTILLERIE. — **Arsenal.** — Travaux de maçonnerie pour la surélévation d'un mur au bout de la galerie au canon, la construction du mur du pignon et des murs attenant la fonderie.

Marché passé avec Louis Noblet, maître maçon à Paris, déclaré adjudicataire, le 5 mars 1603, moyennant le prix de sept livres cinq sols par toise boutavant........................ 288

109. CXLIII. – 15 mai 1603.

ARTILLERIE. — **Arsenal.** — Entretien de la couverture des bâtiments, magasins et ateliers de l'Arsenal pendant six années, à compter du 1ᵉʳ janvier 1603.

Marché passé avec Mathieu Fezart, «maistre couvreur de maisons» à Paris, moyennant la somme de deux cent quarante livres tournois pour chacune des six années................. 296

110. LX. – 27 mai 1603.

BÂTIMENTS. — **Palais des Tuileries.** — Sculpture, ornements et architecture de la Tribune du Palais des Tuileries, conformément au dessin fait par Étienne Duperac, architecte du Roi, et paraphé *ne varietur*.

Marché passé avec Germain Gaultier, maître sculpteur, bourgeois de Paris, moyennant la somme de 1,500ᴸ, dont 500ᴸ lui seront payées d'avance, sous la caution d'Absalon Mansart, maître charpentier à Paris.. 140

111. CLXI. – 6 juin 1603.

ARTILLERIE. — **Canons et boulets.** — Marché pour la fourniture et livraison, en la ville de Mézières, de 6,500 de cuivre, en pièces rompues, pour servir à parachever la fonte de quatre canons, passé avec Gaspard Jacques, fondeur à Compiègne, moyennant le prix de 36 livres tournois pour chaque cent de cuivre, soit, pour le tout, la somme de 2,340^{tt} dont 585^{tt} d'avance, sous réserve de fournir caution.

Récépissé de ladite fourniture, délivré le 21 octobre 1603, par Pierre Marchis, garde ordinaire et provincial de l'Artillerie au gouvernement de Champagne et de Brie.............. 321

112. CC. – 6 juin 1603.

ARTILLERIE. — **Poudres et salpêtres.** — «Marché» pour «racomoder, rafreschir et recharger toutes et chacune les poudres mentionnées en l'estat» qui le précède, à Rethel, Maubert-Fontaine, Rocroy, Mouzon, Villefranche, Châlons, St-Dizier et Coiffy, passé avec Thomas Laurens, bourgeois de Châlons, moyennant le prix de un sol trois deniers par livre, soit pour 42,300 livres de poudre la somme totale de 2,643^{tt} 15^s dont 881^{tt} d'avance sous réserve de fournir caution.. 363

113. XXXIV. – 13 juin 1603.

VOIRIE. — Marché passé avec Michel Richer, maitre des œuvres de pavé du Roi, pour le pavage de la chaussée du bac et du port Saint-Paul... 91

114. XCIII. – 10-11 octobre 1603.

BÂTIMENTS. — **Château de Villers-Cotterets.** — Ordonnance et certificat d'affichage relatifs à la mise en adjudication de travaux de charpente. (Cf. Marché du 21 novembre 1603, 118. - XCIV.)

115. CLXXVII. – 29 octobre 1603.

ARTILLERIE. — **Armes, outils, matériel de campagne.** — Marché pour la fourniture et livraison, en l'Arsenal de Paris, de mille harnoys complets, le devant et le casque à l'épreuve du pistolet et le reste de coups d'épée, passé avec Florentin Menses, armurier à Sedan, moyennant le prix de 34^{tt} 10^s pour chaque harnoys, soit, pour le tout, la somme de 34,500^{tt} dont 8,625^{tt} d'avance, sous caution de Jehan Dorléans, conseiller du Roi, trésorier et garde général de l'Artillerie.. 335

116. XCI. – 21 novembre 1603.

BÂTIMENTS. — **Château de Villers-Cotterets.** — Travaux de maçonnerie pour la réparation de la fontaine et la réfection des citernes et des regards.

Marché passé avec Nicaise Vaillant, maitre maçon, tailleur de pierres à Coucy, déclaré adjudicataire le 24 octobre 1603, moyennant la somme de 2,300^{tt}....................... 205

117. XCII. — 21 novembre 1603.

BÂTIMENTS. — **Château de Villers-Cotterets.** — Travaux de maçonnerie et de pavage pour la réparation du château, de la basse-cour, de la terrasse, de la chapelle, du jeu de paume, etc.

Marché passé avec Robert Le Moyne, maître maçon et voyer pour le Roi au bailliage de Senlis, déclaré adjudicataire le 24 octobre 1603, moyennant la somme de 4,600 ".............. 208

118. XCIV. — 21 novembre 1603.

BÂTIMENTS. — **Château de Villers-Cotterets.** — Travaux de charpente pour la réparation du château et de ses dépendances.

Marché passé avec Nicolas Le Peuple, maître charpentier à Paris, déclaré adjudicataire le 24 octobre 1603, moyennant la somme de 1,500". (Cf. 114. - XCIII.).................. 213

119. XCV. — 21 novembre 1603.

BÂTIMENTS. — **Château de Villers-Cotterets.** — Travaux de vitrerie à faire au château et à ses dépendances.

Marché passé avec Pierre Geoffroy, vitrier ordinaire du Roy et maître vitrier à Paris, déclaré adjudicataire le 24 octobre 1603, moyennant la somme de 700 ", «à la charge que les chambres du Roy et de la Royne, avec leurs cabinets, seront faicts de verre de France»............. 214

120. XCVI. — 24 novembre 1603.

BÂTIMENTS. — **Château de Villers-Cotterets.** — Travaux de menuiserie pour la réparation du château et de ses dépendances.

Marché passé avec Jean Mynet, menuisier à Villers-Cotterets, déclaré adjudicataire le 24 octobre 1603, moyennant la somme de 1,200 "... 216

121. CLXXVIII. — 2 décembre 1603.

ARTILLERIE. — **Armes, outils, matériel de campagne.** — Marché passé avec Marin Hébert, armurier du Roi à Paris, pour la fourniture de douze paires d'armes complètes dont six gravées, dorées et en couleurs, fournies de velours et galons d'or, du prix de 500" chacune et six gravées et argentées avec les couleurs, fournies de velours et galons d'argent, du prix de 360" chacune.. 336

122. CCLVIII. — 11 décembre 1603.

ARTILLERIE. — **Chevaux rouliers.** — Marché passé avec «Bonnaventure Couyn, capitaine ordinaire du charroy de l'Artillerie du Roy, demeurant à Troyes en Champaigne, pour la fourniture et livraison, en l'Arsenac de Sa Ma^té en ceste ville de Paris», de «vingt-cinq bons chevaulx roulliers», dans les conditions et pour les prix ordinaires, et sous l'obligation de fournir caution par devant «Monsieur le bailly de lad. Artillerie en l'Arsenac de ceste ville de Paris».. 404

123. CCLIX. – 11 décembre 1603.

ARTILLERIE. — **Chevaux rouliers.** — Marché passé avec «noble homme Mathieu Borel, cappitaine ordinaire du charroy de l'Artillerie du Roy, demeurant rue des Francs-Bourgeois, parroisse St-Gervais», pour la fourniture et livraison, «en l'Arsenac de Sad. Ma^{té} en ceste ville de Paris», de «cinquante bons chevaulx roulliez», dans les conditions et pour les prix ordinaires, et sous l'obligation de fournir caution par devant «Monsieur le bailly de lad. Artillerie en l'Arsenac de ceste ville de Paris».. 404

1604.

124. LXXVIII. – 28 janvier 1604.

BÂTIMENTS. — **Château de Saint-Germain-en-Laye.** — Travaux de maçonnerie pour la construction : 1° de deux grand pans de mur comprenant chacun 46 toises de long sur 7 toises de haut : l'un, contre les terres du petit jardin haut, pour la continuation du mur des Lions; l'autre, contre les terres du prolongement de la grande terrasse, pour la continuation du mur des Arcades de la «descente droite»; 2° des canaux d'évacuation des eaux; 3° de divers murs et terrasses pour clore le petit jardin haut vers Carrières, et pour soutenir les terres de l'avenue du Vieux-Château. — Travaux de pavage de diverses galeries.

Marché passé avec Louis Marchant, maître des œuvres des bâtiments du Roi, déclaré adjudicataire le même jour, moyennant le prix de 18^{lt} par toise courante et boutavant............ 183

125. CLXXIX. – 30 janvier 1604.

ARTILLERIE. — **Armes, outils, matériel de campagne.** — Marché pour la fourniture, en l'Arsenal de Paris, de 500 harnois complets, dont trois dorés et deux argentés, passé avec Jacques Jocquet, marchand à Metz, moyennant le prix de 34^{lt} 10^s pour chaque harnois, revenant pour les 500 à la somme totale de 17,250^{lt}, dont 5,750^{lt} d'avance, sous réserve de fournir caution... 337

126. CCLX. – 6 février 1604.

ARTILLERIE. — **Chevaux rouliers.** — Marché passé avec Rémond Vedel, dit La Fleur, capitaine général du charroi de l'Artillerie, demeurant à Poissy, pour la fourniture et livraison, en l'Arsenal de Paris, de huit chevaux rouliers... 404

127. CCLXI. – 6 février 1604.

ARTILLERIE. — **Chevaux rouliers.** — Marché passé avec «Guillaume de La Porte, cappitaine du charroy de l'Artillerie du Roy, demeurant à Poissy», pour la fourniture et livraison, «en l'Arsenac de Sa Ma^{té} de ceste ville de Paris», de «cinquante chevaulx rouliers», moyennant les conditions et pour les prix ordinaires, et sous l'obligation de fournir caution par devant «le bailly dud. Arsenac à Paris».. 405

RÉPERTOIRE CHRONOLOGIQUE.

128. LXXIX. – 8 février 1604.

Bâtiments. — **Château de Saint-Germain-en-Laye.** — Menuiserie du plancher de la galerie du Roi, au logis neuf.
Marché passé avec Louis de Beauvais, maître menuisier à Paris, déclaré adjudicataire le 28 janvier 1604, moyennant le prix de 4 lt. 10 s. la toise........................... 185

129. XLII. – 8 février 1604.

Bâtiments. — **Grande galerie du Louvre** (Salle des Antiques). — Revêtements d'architecture des trumeaux faisant séparation des croisées de la façade.
Marché passé, moyennant la somme de 1,950 lt, avec Guillaume Poiret, maître sculpteur à Paris, déclaré adjudicataire le 28 janvier 1604.................................. 111

130. LXXX. – 9 février 1604.

Bâtiments. — **Château de Saint-Germain-en-Laye.** — Travaux de nivellement et de déblais pour faire une terrasse le long du fossé du Vieux-Château, depuis la muraille qui sépare le grand bois du parc jusqu'à celle du petit bois.
Marché passé avec Denis du Ru, manouvrier à Paris, déclaré adjudicataire le 23 janvier 1604, moyennant le prix de vingt et un sols tournois par toise cube..................... 187

131. LXXXI. – 9 février 1604.

Bâtiments. — **Château de Saint-Germain-en-Laye.** — «Contre-lettre» par laquelle Denis Duru, manouvrier, adjudicataire des travaux de nivellement et de déblais pour lesquels marché a été passé le même jour, 9 février 1604, déclare que ce marché est pour et au nom de Nicolas Regnart, aussi manouvrier à Paris.. 188

132. CI. – 11 février 1604.

Bâtiments. — **Château de Saint-Léger.** — Travaux de maçonnerie, charpente, couverture et autres ouvrages pour la réparation des maisons et écuries du grand et petit haras du Bourg-Saint-Léger.
Marché passé avec Jacques Imbert, architecte à Saint-Léger, déclaré adjudicataire le même jour, moyennant la somme de trois mille livres, et cautionné par Antoine Moue, marchand, à Épernon... 226

133. LXXXII. – 11 février 1604.

Bâtiments. — **Château de Saint-Germain-en-Laye.** — Travaux de maçonnerie pour la réparation des murailles du parc.
Marché passé avec Jehan Bongars, maçon à Saint-Germain-en-Laye, déclaré adjudicataire le 23 janvier 1604, moyennant le prix de trois livres tournois par toise, ledit Bongars devant se servir des démolitions qui se trouveront bonnes............................... 189

ACTES DE SULLY.

134. CCLXII. — 18 FÉVRIER 1604.

ARTILLERIE. — **Chevaux rouliers**. — Marché passé avec «René Lambert, cappitaine ordinaire du charroy de l'Artillerie du Roy, demeurant à Luzarches», pour la fourniture et livraison, «en l'Arsenac de Sa Ma^té en ceste ville de Paris», de «vingt-cinq bons chevaulx roulliez», moyennant les conditions et pour les prix ordinaires, et sous l'obligation de fournir caution par devant «le bailly de lad. Artillerie ou son lieutenant».. 405

135. XCVII. — 19 FÉVRIER 1604.

BÂTIMENTS. — **Château de Villers-Cotterets**. — Travaux de réfection des couvertures.
Marché passé avec Pierre Fouillet, couvreur d'ardoise à Villers-Cotterets, moyennant le prix de quatre livres tournois par toise... 218

136. I. — 20 FÉVRIER 1604.

INVENTAIRE des biens meubles appartenant à la succession de Catherine de Bourbon, duchesse de Bar, sœur unique du Roi, trouvés «en la maison de la feue royne mère du feu Roy», sise à Paris, rue des Deux-Écus.. 2

137. CXXXIX. — 26 FÉVRIER 1604.

ARTILLERIE. — **Arsenal**. — Fourniture des planchers, plafonds et lambris de bois de sapin, à faire tant à l'Arsenal de Paris qu'ailleurs à quinze lieues près de Paris, «pourvu que ce soit sur la rivière de Seine».

Marché passé avec Pierre du Fournel, escuier, intendant des fortifications et réparations de la ville de Lyon, et ancien gouvernement du Lyonnois et pays de Bresse, ayant «l'octroy de faire la traicte de bois de sapin en France»; ladite fourniture et pose devant être faite moyennant le prix de six livres tournois par chaque toise en carré de bois mis en œuvre. (Cf. 171. — CXL.).... 290

138. VII. — 6 MARS 1604.

CONSEIL D'ÉTAT. — **Bail** à cens pour 99 ans, à Me Louis Routard, garde ordinaire et provincial de l'Artillerie à Paris et en Île de France, d'un terrain de dix-huit pieds de largeur, le long de la muraille de l'Arsenal, pour y dresser un jeu de *Paillemail*........................... 22

139. CLXII. — 12 MARS 1604.

ARTILLERIE. — **Canons et boulets**. — Marché pour «faire tel nombre et quantité de pièces de cuivre du callibre de Bastarde, Moyenne et Faulcon, suivant l'estat qui leur en sera baillé et selon les marchés ordinaires de l'Arcenac de Paris», passé avec Gaspard Jacques et Antoine Le Moyne, fondeurs ordinaires du Roi, moyennant les prix détaillés audit marché, dont 2,000^lt d'avance, sous réserve de fournir caution.. 322

140. CCI. – 4 avril 1604.

ARTILLERIE. — **Poudres et salpêtres.** — Marché pour la fourniture et livraison, aux magasins de Tours et de Poitiers, pendant six années à compter du 1ᵉʳ janvier 1604, de cent milliers de poudre à canon des trois sortes, passé avec Auger Marmot, marchand à Tours, tant en son nom qu'en celui de Mᵉ Michel Moussart, commissaire général des salpêtres et poudres à canon à Tours, moyennant le prix de six sols la livre, soit, pour 100 milliers de poudre, la somme de 30,000ᵗ dont 10,000ᵗ d'avance, sous réserve de fournir caution, ledit marché annulant celui passé le 23 février 1600 avec ledit Michel Moussart. (8. - CXCVIII.)

Ils auront pour département les généralités de Touraine, Berry, Orléans, Poitou et Bretagne. Les anciennes commissions étant révoquées, il leur sera délivré 100 commissions nouvelles pour être remises à 100 salpêtriers de leur choix.

Suit le texte de la procuration de Mᵉ Michel Moussart en date du 2 mars 1604............ 364

141. LXXXIII. – 6 mai 1604.

BÂTIMENTS. — **Château de Saint-Germain-en-Laye.** — Marché passé avec Grégoire Aubry, menuisier à Saint-Germain-en-Laye, pour faire, aux trumeaux du pourtour de la galerie du logis neuf, vingt-deux (ou environ) grandes bordures et châssis pour les tableaux sur toile qui doivent y être placés; lesquelles bordures, pour la plus grande partie, de onze à douze pieds de long sur sept pieds de haut, seront enrichies de moulures conformément au dessin paraphé *ne varietur*; et ce, moyennant les prix de douze livres tournois pour chaque bordure et de trente sols tournois pour chaque châssis; le bois, à provenir des magasins du Roi, devant être fourni audit Grégoire Aubry.. 189

142. XCVIII. – 7 mai 1604.

BÂTIMENTS. — **Château de Villers-Cotterets.** — Procès-verbal de la visite des travaux faite par Jean Fontaine, maître des œuvres de charpenterie des bâtiments du Roi: Étienne de Fer, maître charpentier à Paris; Denis Pluche, maître charpentier à Villers-Cotterets, et Antoine Lefranc, maître maçon audit lieu, donnant le détail des réparations non comprises aux marchés précédents et restant à faire.

Marché passé avec Nicolas Le Peuple, maître charpentier à Paris, pour l'exécution desdites réparations, «moyennant et au prorata du prix porté à son marché du 21 novembre 1603»...... 218

143. CCXXII. – 24 juillet 1604.

ARTILLERIE. — **Transports.** — Marché passé avec Pierre Amette, voiturier par eau à Rouen, pour le transport, depuis le port Sᵗ-Paul de Paris jusqu'au port de Rouen, de la quantité de cent milliers de poudre à canon des trois sortes, moyennant le prix de quarante sols pour chaque millier, dont les deux tiers payés d'avance, sous caution de Jean de Fer, maître charpentier en l'Artillerie du Roi à Paris... 388

144. CCII. – 9 octobre 1604.

ARTILLERIE. — **Poudres et salpêtres.** — Marché pour la fourniture, au magasin d'Orléans, chaque année, «tant et si longuement qu'il plaira au sʳ Grand Maistre», de deux milliers de poudre à canon des trois sortes, passé avec Jehan Bailly, «pouldrier» à Vierzon, moyennant le prix de six sols la livre, soit une somme de 600ʰ, dont 200ʰ d'avance sous réserve de fournir caution.

Ledit Jehan Bailly aura pour son département la province d'Auvergne. Les anciennes commissions étant révoquées, il lui sera délivré 12 commissions nouvelles pour être remises à 12 salpêtriers de son choix.. 367

1605.

145. CCLXIII. – 19 JANVIER 1605.

ARTILLERIE. — **Chevaux rouliers.** — Marché passé avec «Jacques Veau, dict le capitaine Sainct-André, cappitaine ordinaire du charroy de l'Artillerie du Roy, demeurant à Pitiviers, près Orléans», pour la fourniture et livraison «en l'Arsenac du Roy, en ceste ville de Paris», de «vingt-cinq bons chevaulx roulliez», moyennant les conditions et pour les prix ordinaires, et sous l'obligation de fournir caution par devant «le sʳ de La Caillaudière, lieutenant dud. sʳ Grand Maître en l'Arsenac d'Orléans».. 405

146. CXXIII. – 22 JANVIER 1605.

FORTIFICATIONS. — Procuration par Maximilien de Bethune, sieur et marquis de Rosny, surintendant des fortifications, à l'effet de résigner et mettre ès mains du Roi son «office et charge de superintendant des fortifications de France, pour et au proffict de messire Maximillian de Bethune, son fils, sieur de Boutin, cappitaine et gouverneur de la ville et chasteau de Mante et non d'autre». 270

147. CCLXIV. – 31 JANVIER 1605.

ARTILLERIE. — **Chevaux rouliers.** — Marché passé avec «Anthoine Noël, cappitaine ordinaire du charroy de l'Artillerie du Roy, demeurant à Vauberon en Soissonnois», pour la fourniture et livraison, «en l'Arsenac de ceste ville de Paris», de «vingt-cinq bons chevaulx roulliez», moyennant les conditions et pour les prix ordinaires, et sous l'obligation de fournir caution par devant «les esleus de Soissons, le procureur du Roy de lad. eslection appellé».................... 405

148. XXXV. – 28 FÉVRIER 1605.

VOIRIE. — **Bail** à Nicolas Cloquier, archer du guet à cheval, et Gillette Martin, sa femme, d'une place aux Halles de Paris, moyennant 30 livres de loyer par an........................ 92

149. CV. – 1ᵉʳ AVRIL 1605.

BÂTIMENTS. — **Jardins.** — Construction de sept pavillons en charpente dans une allée du grand jardin ancien du Palais des Tuileries et dans une allée du jardin du vieux château de Saint-Germain-en-Laye.

Marché passé avec Jean Échappe, maître charpentier à Paris, déclaré adjudicataire le même jour, moyennant le prix de 585ʰ pour chaque pavillon.................................... 236

150. CVI. — 1ᵉʳ avril 1605.

Bâtiments. — Jardins. — Construction de deux grands berceaux en charpente : l'un dans une allée du grand jardin ancien du Palais des Tuileries; l'autre dans une allée du jardin du vieux château de Saint-Germain-en-Laye.

Marché passé avec Alexandre Gaultier, maître charpentier à Paris, déclaré adjudicataire le même jour, moyennant le prix de 53ᵗᵗ par toise courante desdits berceaux.................. 238

151. CLXXX. — 18 avril 1605.

Artillerie. — Armes, outils, matériel de campagne. — Marché pour la fourniture d'armes à l'Arsenal de Paris et au magasin d'Orléans, passé avec Florentin Menses, maître armurier à Sedan, moyennant prix convenus, revenant ensemble à la somme totale de 30,380ᵗᵗ dont 10,126ᵗᵗ 13ˢ d'avance, sous réserve de fournir caution............................. 338

152. CXLI. — 1ᵉʳ juin 1605.

Artillerie. — Arsenal. — Fourniture de soixante chevalets de bois de sapin suivant modèle.

Marché passé avec Gabriel de Sainte-Luce, au nom de Pierre du Fournel, intendant des fortifications à Lyon, déclaré adjudicataire le 27 mai 1605, moyennant le prix de trente-six livres tournois pour chaque chevalet.. 292

153. X. — 4 juin 1605.

Conseil d'État. — Place Royale. — «Vendition» d'une place à Pierre Arnauld. (Maison natale de Mᵐᵉ de Sévigné. Rue de Birague, 11 bis.)............................ 28

154. XII. — 4 juin 1605.

Conseil d'État. — Place Royale. — «Vendition» d'une place à Pierre Fougeu, sʳ d'Escures. (Rue de Birague, 16.).. 35

155. XIV. — 4 juin 1605.

Conseil d'État. — Place Royale. — «Vendition» d'une place à Noël Regnouart. (Place des Vosges, 4.).. 37

156. XV. — 4 juin 1605.

Conseil d'État. — Place Royale. — «Vendition» d'une place à Isaac Arnauld et Hilaire Lhoste. (Place des Vosges, 6.).. 38

157. XVI. — 4 juin 1605.

Conseil d'État. — Place Royale. — «Vendition» d'une place à Jehan de Fourcy, sʳ de Chessy. (Place des Vosges, 8.).. 40

158. XVII. – 4 juin 1605.

Conseil d'État. — **Place Royale**. — «Vendition» d'une place à Claude de Chastillon. (Place des Vosges, 10.)... 40

159. XVIII. – 4 juin 1605.

Conseil d'État. — **Place Royale**. — «Vendition» d'une place à Estienne de La Font. (Place des Vosges, 12 et 14.).. 41

160. XXIV. – 4 juin 1605.

Conseil d'État. — **Place Royale**. — «Vendition» d'une place à Barthelemy de Laffemas, dit Beausemblant. (Place des Vosges, 22.).. 46

161. XIX. – 6 juin 1605.

Conseil d'État. — **Place Royale**. — «Vendition» d'une place à Pierre Jeannin. (Place des Vosges, 12 et 14.)... 41

162. XX. – 6 juin 1605.

Conseil d'État. — **Place Royale**. — «Vendition» d'une place à Antoine Ribauld, s^r de Bréau. (Place des Vosges, 12 et 14.).. 41

163. XXI. – 6 juin 1605.

Conseil d'État. — **Place Royale**. — «Vendition» d'une place à François Felissan. (Place des Vosges, 16.).. 45

164. XXII. – 6 juin 1605.

Conseil d'État. — **Place Royale**. — «Vendition» d'une place à Nicolas Chevalier, s^r de Videville. (Place des Vosges, 18.).. 45

165. XXIII. – 6 juin 1605.

Conseil d'État. — **Place Royale**. — «Vendition» d'une place à Nicolas d'Angennes, s^r de Rambouillet. (Place des Vosges, 20.)... 45

166. CXLIV. – 17 juin 1605.

Artillerie. — **Arsenal**. — Entretien de la couverture des bâtiments, magasins et ateliers de l'Arsenal, pendant trois ans et demi, à compter du 1er juillet 1605.

RÉPERTOIRE CHRONOLOGIQUE.   447

Marché passé avec Laurent Fezart et Antoine Fezart, frères, maîtres couvreurs à Paris, moyennant la somme de deux cent quarante livres pour chaque année 297

167. CLXXXI. — 1ᵉʳ juillet 1605.

ARTILLERIE. — **Armes, outils, matériel de campagne.** — Marché passé avec Jacques Billart, maître fourbisseur à Paris, pour la fourniture et la livraison dans le cabinet du Roi, à l'Arsenal de Paris, de 11 pertuisanes et 11 hallebardes dorées, deux douzaines de piques dorées et six fournimens de corne avec les ferrures dorées, moyennant prix convenus, revenant le tout ensemble à la somme de 984ᵗ... 340

168. LXVIII. — 1ᵉʳ juillet 1605.

BÂTIMENTS. — **Place Royale.** — Travaux de maçonnerie pour la construction du Pavillon du Roi selon le plan et dessin arrêté par le Roi.
Marché passé avec Jonas Robelin, maître maçon à Paris, déclaré adjudicataire le même jour, moyennant le prix de 19ᵗ par toise boutavant................................... 158

169. LXIX. — 1ᵉʳ juillet 1605.

BÂTIMENTS. — **Place Royale.** — Travaux de charpente pour la construction du Pavillon du Roi, selon le plan et dessin arrêté par le Roi.
Marché passé avec Gilles Le Redde, «maître charpentier de la Grande Coignée», déclaré adjudicataire le même jour, moyennant le prix de 297ᵗ le cent de bois mis en œuvre............ 160

170. XI. — 1ᵉʳ juillet 1605.

CONSEIL D'ÉTAT. — **Place Royale.** — «Vendition» d'une place à Jacques Bouhier, sʳ de Beauregard. (Rue de Birague, 11 bis.)... 29

171. CXL. — 2 septembre 1605.

ARTILLERIE. — **Arsenal.** — Marché entre Pierre du Fournel et Jean Mathieu, maître menuisier à Paris, par lequel ce dernier s'engage à faire la pose, partout où il conviendra, des planchers, plafonds et lambris qui font l'objet du marché du 26 février 1604 (137. - CXXXIX), et ce moyennant le prix de trente sept sols six deniers par toise, à prélever par ledit Mathieu sur le prix de six livres tournois alloué à Pierre du Fournel par son marché susdit du 26 février 1604... 291

172. CCIII. — 29 novembre 1605.

ARTILLERIE. — **Poudres et salpêtres.** — Marché pour la fourniture, au magasin de Marseille, chaque année, «tant et si longuement que plaira au sʳ Grand Maître», de vingt-cinq milliers de poudre à canon des trois sortes, passé avec Jean Jourdan, «pouldrier ordinaire du Roy» à Marseille, moyennant le prix de six sols la livre, soit la somme de 7,500ᵗ, dont 2,500ᵗ d'avance, sous réserve de fournir caution.
Ledit Jean Jourdan aura pour son département la Provence. Les anciennes commissions étant

révoquées, il lui sera délivré 25 commissions nouvelles pour être remises par lui à 25 salpêtriers de son choix.. 368

173. CCLXV. — 29 novembre 1605.

Artillerie. — **Chevaux rouliers.** — Marché passé avec «Jehan Rousselet, bourgeois d'Orléans et y demeurant», pour la fourniture et livraison «en l'Arcenac de Sad. Ma^{té} aud. Orléans», de «vingt-cinq bons chevaulx roulliez», moyennant les conditions et pour les prix ordinaires, et sous l'obligation de fournir caution par devant «le Lieutenant dud. s^r Grand Maistre en l'Arsenac dud. Orléans»... 406

174. XIII. — 5 décembre 1605.

Conseil d'État. — **Place Royale.** — «Vendition» d'une place à Daniel de Massy, s^r de Ruvigny. (Place des Vosges, 2.)... 37

175. CLXXXII. — 7 décembre 1605.

Artillerie — **Armes, outils, matériel de campagne.** — Marché passé avec Florentin Menses, maître armurier à Sedan, pour la fourniture et livraison, en l'Arsenal de Paris, de 500 «harnois» pour cavaliers, le devant et le casque à l'épreuve du pistolet et le reste de coups d'épée, garnis chacun de leur gantelet gauche, moyennant le prix de 34^{tt} 10^s revenant pour le tout à 17,250^{tt} dont 5,750^{tt} d'avance, sous réserve de fournir caution............. 341

176. CLXXXIII — 17 décembre 1605.

Artillerie. — **Armes, outils, matériel de campagne.** — Marché passé avec Jacques Jocquet, marchand à Metz, pour la fourniture et livraison, en l'Arsenal de Paris, de cinq cens «harnois» pour cavaliers, dans les mêmes conditions que celles stipulées dans le marché qui précède..... 342

1606.

177. CCXXIII. — 17 février 1606.

Artillerie. — **Transports.** — Marché passé avec Jean Grossier et Nicolas Bourguillot, voituriers par eau à Paris, pour le transport, depuis le port des Célestins jusqu'à Châlons en Champagne, de 20,000 boulets avec 25 canons de batterie et leurs équipages, le tout pesant 860 milliers; moyennant le prix de 9^{tt} 10^s pour chaque millier, revenant le tout à la somme de 8,170^{tt} dont 4,000^{tt} d'avance.. 389

178. CLXXXIV. — 25 février 1606.

Artillerie. — **Armes, outils, matériel de campagne.** — Marché passé avec Jean Gaboury, tapissier du Roi et «tentier ordinaire en son Artillerie», pour la fourniture de dix mille sacs "à porter terre", moyennant le prix de 9ˢ 6ᵈ par sac, revenant le tout ensemble à la somme de 4,750ˡ dont 3,000ˡ d'avance, et le surplus payable le jour de la livraison des 10,000 sacs.... 342

179. CLXXXV. – 27 février 1606.

ARTILLERIE. — **Armes, outils, matériel de campagne.** — Marché passé avec Gilles du Val, Pierre Bouyn dit Sancerre, Claude Le Febvre et Pierre Durant dit La Bresche, tous quatre "maistres taillandiers grossiers à Paris", pour la fourniture et livraison, en l'Arsenal de Paris, de bêches, coignées, pics, serpes, pinces, masses à roc, coins à tarières, moyennant prix convenus, revenant le tout ensemble à la somme de 9,150ˡ, dont 3,000ˡ d'avance, sous réserve de fournir caution.. 343

180. CCLXVI. – 16 mars 1606.

ARTILLERIE. — **Chevaux rouliers.** — Marché passé avec "Jacques de Croso, cappitaine ordinaire du charroy de l'Artillerie de France, demeurant à Bourg-en-Bresse", pour la fourniture et livraison, "en l'Arsenac de ceste ville de Paris", de "vingt-cinq bons chevaulx roulliers", moyennant les conditions et pour les prix ordinaires, et sous l'obligation de fournir caution par devant "Monsieur le bailly de lad. Artillerie, le procureur du Roi d'icelle appellé"........... 406

181. CCXXIV. – 30 mars 1606.

ARTILLERIE. — **Transports.** — Marché passé avec Guillaume Josquin et Pierre du Four, voituriers par eau à Paris, pour le transport, depuis le port Sᵗ-Paul de Paris jusqu'au port de Châlons en Champagne, de la quantité de cent milliers de poudre à canon; moyennant le prix de 12ˡ pour chaque millier, revenant le tout à la somme de 1,200ˡ, dont 800ˡ d'avance..... 390

182. CCXXV. – 22 avril 1606.

ARTILLERIE. — **Transports.** — Marché passé avec Mathieu Mascrier, maître des ponts de Paris, et Nicolas Bourguillot, voiturier par eau, pour le transport, depuis le port Sᵗ-Paul de Paris jusques au port de Mantes, de deux canons avec leurs équipages, les cordages de quatre canons, mille boulets, 20 milliers de poudre, 1,000 piques et autres munitions de guerre, le tout pesant ensemble 118 milliers neuf cens livres; moyennant le prix de 3ˡ 10ˢ pour chaque millier, revenant le tout à la somme de 416ˡ dont 250ˡ d'avance................................. 390

183. CCLXVII. – 4 mai 1606.

ARTILLERIE. — **Chevaux rouliers.** — Marché passé avec "Jehan Gaillard, cappitaine ordinaire du charroy de l'Artillerie du Roy, demeurant à Orléans", pour la fourniture et livraison, "en l'Arsenac de Sa Maᵗᵉ" en ceste ville de Paris, de "vingt-cinq bons chevaulx roulliez", moyennant les conditions et pour les prix ordinaires, et sous l'obligation de fournir caution par devant "le sʳ de La Caillodière, lieutenant dud. sʳ Grand Maistre aud. Orléans"..................... 406

184. CXIX. – 1ᵉʳ juillet 1606.

Bâtiments. — **Cérémonies publiques.** — Travaux de charpente à faire : 1° «tant dedans que devant et dehors l'église Notre Dame, à Paris, pour servir au baptesme de Monseigneur le Daulphin et de Mesdames ses sœurs»; 2° pour la construction des échafauds, escaliers et portiques à faire «en la cour et place des logis des manufactures, près la place Royalle des Tournelles».

Marché passé avec Charles Marchant, maître des œuvres de charpenterie de la Ville de Paris, déclaré adjudicataire le 26 juin 1606, moyennant le prix de deux cents livres tournois par cent de bois 261

1607.

185. XXVII. – 31 janvier 1607.

Conseil d'État. — «Marché pour l'achapt que faict le Roy de la ferme de la Trousseboisière, proche le canal de Briare» 54

186. CVII. – 31 janvier 1607.

Bâtiments. — **Jardins.** — Travaux de terrasse pour faire «un canal» de 32 toises de longueur sur 22 de largeur et 3 pieds de profondeur, dans l'un des carrés du grand jardin du Palais des Tuileries, à côté de la grande allée du milieu.

Marché passé avec Pierre Disle, manouvrier à Paris, déclaré adjudicataire, le 11 décembre 1606, moyennant le prix de quarante et un sols tournois par toise 240

187. XXXVI. – 31 janvier 1607.

Voirie. — Marché passé avec Charles Tondereau et Jean Doré, maîtres paveurs à Paris, pour le pavage, depuis Saint-Antoine-des-Champs jusqu'à Reuilly, d'un chemin qui conduit à Charenton-Saint-Maurice 93

188. LXII. – 12 février 1607.

Bâtiments. — **Pompe du Pont-Neuf.** — Travaux de maçonnerie pour la construction d'un réservoir au cloître et place de Saint-Germain l'Auxerrois.

Marché passé avec Pierre Robelin, maître maçon à Paris, et Clément Metezeau, architecte, demeurant en la Grande Galerie du château du Louvre, déclarés adjudicataires le même jour, moyennant les prix de 60ᴸᵗ par toise de maçonnerie, et de six livres par toise de déblai 145

189. VIII. – 10 mars 1607.

Conseil d'État. — **Place Dauphine et rue de Harlay.** — Bail à cens et à rente à Mᵉ Achilles de Harlay, Premier Président du Parlement de Paris, d'un terrain d'une superficie de 3120 toises 1/2, entre les deux rivières de l'Ile du Palais, depuis le bas du jardin du Bailliage jusqu'au Pont-Neuf, et le long des quais qui environnent l'île de part et d'autre, à la charge d'y faire bâtir suivant le plan et devis qui en sera arrêté par le duc de Sully, Grand Voyer de France.......... 23

190. XXXVII. – 13 novembre 1607.

Voirie. — Travaux pour «l'aplanissement des terres qu'il convient faire au bastion de la Porte Saint-Antoine» et la continuation d'une rue de quinze pieds de large «le long des maisons qui sont à présent où autrefois il y avoit une rue».

Marché passé avec Claude Voisin, maître paveur à Paris, déclaré adjudicataire le même jour, moyennant la somme de 2,900 livres tournois.................................. 93

191. IX. – 19 décembre 1607.

Conseil d'État. — Bail à cens et à rente à Mre Nicolas de Lhospital, baron de Vitry, du restant d'un terrain qui servait de jeu de longue paume, situé au bout du jardin du s^r de Vitry, son père.. 24

1608.

192. CCIV. – 9 janvier 1608.

Artillerie. — **Poudres et salpêtres.** — Marché pour la fourniture et livraison, aux magasins de Verdun, chaque année, pendant neuf ans, à compter du 1er janvier 1608, de cent milliers de «salpestre en glace de deux cuyttes, deschargé de gresse, sel et ordure, bon et prest de mettre en pouldre à canon selon le tiltre du Roy», passé avec Jacques du Crochet et Nicolas Jappin, moyennant le prix de sept sols la livre, soit pour les cent milliers la somme de 35,000^lt dont 11,666^lt 13^s 4^d d'avance, sous réserve de fournir caution. S'ils reçoivent l'ordre de convertir le salpêtre en poudre à canon, ils seront tenus de fournir 100 livres de poudre pour 90 livres de salpêtre.

Lesdits Jacques du Crochet et Nicolas Jappin auront pour leur département : la Picardie et St-Gobain, le Bourbonnais, la Thiérache, les villes, gouvernements et évêchés de Metz, Verdun, Toul, Ligny, Commercy et la prévôté de Vaucouleurs, et il leur sera délivré 100 commissions pour être remises à 100 salpétriers de leur choix.................................. 370

193. CCV. – 9 janvier 1608.

Artillerie. — **Poudres et salpêtres.** — Marché passé avec Philbert Godet, marchand à Châlons en Champagne, pour la fourniture et livraison, aux magasins de Paris, Châlons, Troyes et Tours, chaque année, pendant neuf ans, à compter du 1er janvier 1608, de deux cents milliers de salpêtres, dans les conditions stipulées à l'acte précédent, moyennant le prix de sept sols la livre et pour 200 milliers la somme de 70,000^lt dont 23,333^lt 6^s 8^d d'avance.

Il aura pour son département la Ville de Paris, l'Île de France, la Brie, Laon, le gouvernement de Noyon, Compiègne, Soissons, la Normandie, la Champagne, le duché de Bourgogne, la Touraine, le Berry, Orléans, Poitou et Bretagne, et il lui sera délivré 200 commissions pour être remises par lui à 200 salpétriers de son choix.................................. 373

452   RÉPERTOIRE CHRONOLOGIQUE.

194. LXXXIV. — 24 mars 1608.

BÂTIMENTS. — **Château de Saint-Germain-en-Laye.** — Pavage de l'aire des voûtes servant de conduit pour l'évacuation des eaux sous le bâtiment neuf, descentes et terrasses.

Marché passé avec Jean Doré, maître paveur, demeurant en l'hôtel de Sens, à Paris, déclaré adjudicataire le même jour, moyennant le prix de sept livres tournois par toise............... 190

195. LXXXV. — 24 mars 1608.

BÂTIMENTS. — **Château de Saint-Germain-en-Laye.** — Pavage de la continuation de la terrasse et couverture des éperons du mur des Lions, depuis le bout des petits jardins du bâtiment neuf jusqu'au bout de la terrasse vers l'église du Pecq.

Marché passé avec Michel Richer, maître des œuvres de pavé du Roi, déclaré adjudicataire, le même jour, moyennant le prix de sept livres sept sols par toise........................ 192

196. LXXXVI. — 24 mars 1608.

BÂTIMENTS. — **Château de Saint-Germain-en-Laye.** — Travaux de charpente pour faire le comble et le plancher d'un pavillon neuf au bout de la terrasse et voûte de l'Orangerie, à côté du parterre, au pied des descentes du logis neuf du Roi.

Marché passé avec Antoine Le Redde, maître charpentier à Paris, déclaré adjudicataire, le même jour, moyennant la somme de 381 lt... 193

197. CVIII. — 24 mars 1608.

BÂTIMENTS. — **Jardins.** — Pavage de l'aire de la «voute» destinée à écouler les eaux de la décharge du vivier du grand jardin des Tuileries.

Marché passé avec Michel Richer, maître des œuvres de pavé du Roi, déclaré adjudicataire, le même jour, moyennant le prix de six livres tournois par toise carrée de 36 pieds........... 241

198. XLIII. — 24 mars 1608.

BÂTIMENTS. — **Grande Galerie du Louvre.** — Travaux de pavage neuf le long des boutiques et au droit de la rue Saint-Thomas.

Marché passé avec Michel Richer, maître des œuvres de pavé du Roi, déclaré adjudicataire le 21 mars 1608, moyennant le prix de 6 lt la toise............................... 114

199. LXIII. — 24 mars 1608.

BÂTIMENTS. — **Pompe du Pont-Neuf.** — Travaux de charpente pour la conservation du logis des pompes et fontaines artificielles du Pont-Neuf.

Marché passé avec Antoine Le Redde, maître charpentier à Paris, déclaré adjudicataire le même jour, moyennant la somme de 381 lt.. 148

200. XLIV. – 29 mars 1608.

BÂTIMENTS. — **Grande Galerie du Louvre** (Salle des Antiques). — Taille, moulures, ornements et enrichissements en la voûte, lunettes et dessus des croisées, selon le dessin du s' Metezeau, architecte de Sa Majesté.
Marché passé avec Guillaume Poiret, maître sculpteur, déclaré adjudicataire le 28 mars 1608, moyennant le prix de 39^{lt} par toise.. 115

201. XLV. – 29 mars 1608.

BÂTIMENTS. — **Grande Galerie du Louvre** (Salle des Antiques). — Pavage en liais de Paris et marbres à compartiments de diverses couleurs, conformément au dessin du s' Metezeau, architecte de Sa Majesté.
Marché passé avec Félix et Robert Ménart, tailleurs de marbres, déclarés adjudicataires le 28 mars 1608, moyennant le prix de 150^{lt} par toise................................. 117

202. XLVI. – 29 mars 1608.

BÂTIMENTS. — **Grande Galerie du Louvre**. — Travaux de maçonnerie pour «l'accommodement» de quatre ou cinq boutiques, l'achèvement de la fondation du berceau du grand jardin des Tuileries, la réparation d'un mur de clôture, etc.
Marché passé avec Pierre Doyart, maçon à Paris, déclaré adjudicataire le 24 mars 1608, moyennant le prix de 115 sols tournois par toise.. 119

203. LXIV. – 29 mars 1608.

BÂTIMENTS. — **Pompe du Pont-Neuf**. — Travaux de maçonnerie pour la construction des «voutes» destinées à conduire l'eau dans le vivier du jardin des Tuileries.
Marché passé avec Martin Boullet, maître maçon à Paris, déclaré adjudicataire le 24 mars 1608, moyennant le prix de 13^{lt} 5^s par toise,.. 150

204. LXV. – 22 avril 1608.

BÂTIMENTS. — **Pompe du Pont-Neuf**. — Travaux de toute nature pour l'entretien du logis du moulin et des quatre pompes édifiés en la deuxième arche du Pont-Neuf du côté de l'École Saint-Germain et quai de la Mégisserie.
Marché passé avec Jean Lintlaer, ingénieur en pompes et fontaines artificielles, demeurant sur le Pont-Neuf, moyennant trois mille livres de gages par an............................ 152

205. XXXVIII. – 23 avril 1608.

VOIRIE. — Construction d'un canal, de Sillery, sur la rivière de Vesle, jusqu'en la ville de Rheims.
Marché avec Hugues Cosnier, licencié ès lois et entrepreneur du canal de Loire et Seine, déclaré adjudicataire le même jour, moyennant le prix de 85,000^{lt}.................... 96

206. XLVII. — 24 mai 1608.

BÂTIMENTS. — **Château du Louvre.** — Réfection de la charpente du plancher de la chambre de Reine.

Marché passé avec Antoine Le Redde, maître charpentier, déclaré adjudicataire le 23 mai 1608, moyennant la somme de 680^{lt}.. 120

207. XLVIII. — 24 mai 1608.

BÂTIMENTS. — **Grande Galerie du Louvre.** — Menuiserie de quarante grandes croisées depuis le portique de la Petite Galerie, au nombre de vingt d'un côté et vingt de l'autre.

Marché passé avec Christophe Mauré, Louis de Beauvais, Jean Warnier et Jacques Roger, maîtres menuisiers à Paris, déclarés adjudicataires le même jour, moyennant le prix de 88^{lt} par croisée.. 122

208. LXVI. — 24 mai 1608.

BÂTIMENTS. — **Pompe du Pont-Neuf.** — Travaux de terrasse et déblais pour faire les tranchées et rigoles nécessaires à la canalisation des eaux de la fontaine artificielle depuis le port de l'École jusqu'au vivier et canal des Tuileries.

Marché passé avec Pierre Disle, terrassier, déclaré adjudicataire le même jour, moyennant le prix de trente-cinq sols tournois par toise cube................................... 153

209. XLIX. — 21 juin 1608.

BÂTIMENTS. — **Grande Galerie du Louvre.** — Travaux de charpente à faire aux petites maisons et boutiques destinées à loger des ouvriers ou telles personnes qu'il plaira à Sa Majesté.

Marché passé avec Gilles Le Redde, maître charpentier, déclaré adjudicataire le 24 mai 1608, moyennant le prix de 320^{lt} le cent de bois................................... 124

210. CCVI. — 23 juin 1608.

ARTILLERIE. — **Poudres et salpêtres.** — Marché pour la fourniture, en l'Arsenal de Lyon, chaque année «tant et si longtemps qu'il plaira au s^r Grand Maître», de deux milliers de salpêtre, passé avec Pierre Greysieu, commissaire ordinaire de l'Artillerie de France à Lyon, au nom et comme procureur d'Antoine La Courbe, «marchand pouldrier d'arquebuse, citoyen de Lion», moyennant le prix de sept sols la livre, soit, pour deux milliers, la somme de sept cents livres.

Ledit Antoine La Courbe aura pour son département les provinces de Lyonnais, Forez, Beaujolais, Bresse, Bugey, Verommey et Gex, et il lui sera délivré douze commissions pour être remises par lui à douze salpêtriers de son choix................................... 375

211. L. — 24 juillet 1608.

BÂTIMENTS. — **Grande Galerie du Louvre.** — Travaux divers de menuiserie pour les petites maisons au-dessous de la Grande Galerie.

Marché passé avec Louis de Beauvais, maître menuisier, déclaré adjudicataire le même jour... 125

212. LXX. — 26 juillet 1608.

Bâtiments. — **Gobelins.** — Travaux de maçonnerie pour réparer et accommoder le logis attenant à celui des Gobelins, sis au faubourg Saint-Marcel, à côté de l'entrée regardant sur le grand chemin, lequel logis Sa Majesté a commandé être loué pour y loger bon nombre d'ouvriers, tant Français que Flamauds, et y mettre plusieurs métiers pour y travailler à la manufacture de ses tapisseries de Flandres.

Marché passé avec Étienne Tartoise, maçon à Paris, déclaré adjudicataire le même jour, moyennant le prix de six livres quinze sols tournois la toise.................................. 163

213. LXXXVII. — 9 août 1608.

Bâtiments. — **Château de Saint-Germain-en-Laye.** — Travaux de maçonnerie à faire pour diverses réparations et améliorations au vieux château, à la Chancellerie et à leurs dépendances.

Marché passé avec Jean Bongars, maître maçon à Saint-Germain-en-Laye, déclaré adjudicataire le même jour, moyennant le prix de sept livres quinze sols tournois par toise............... 195

214. LXXXVIII. — 9 août 1608.

Bâtiments. — **Château de Saint-Germain-en-Laye.** — Travaux de charpente à faire pour diverses réparations et améliorations au vieux château, à la Chancellerie et à leurs dépendances.

Marché passé avec Jean Échappe, maître charpentier à Paris, déclaré adjudicataire le même jour, moyennant le prix de 290^{lt} le cent de bois................................. 198

215. LXXXIX. — 9 août 1608.

Bâtiments. — **Château de Saint-Germain-en-Laye.** — Travaux de menuiserie à faire pour diverses réparations et améliorations au vieux château, à la Chancellerie et à leurs dépendances.

Marché passé avec Jean Baroys, menuisier à Saint-Germain-en-Laye, déclaré adjudicataire le 30 juillet 1608, moyennant la somme de 300^{lt}................................. 200

216. CII. — 9 août 1608.

Bâtiments. — **Château de Saint-Léger.** — Travaux divers de maçonnerie et de charpente.

Marché passé avec Jacques Imbert, architecte à Saint-Léger, déclaré adjudicataire, le même jour, moyennant la somme totale de mille soixante quinze livres tournois.................. 229

217. CIII. — 9 août 1608.

Bâtiments. — **Château de Saint-Léger.** — Travaux de menuiserie pour faire une grande porte neuve à l'entrée principale et trente-cinq contre-fenêtres aux croisées et demi-croisées du château.

Marché passé avec Jehan Baroys, maître menuisier à Saint-Germain-en-Laye, déclaré adjudicataire, le même jour, moyennant la somme de soixante-quinze livres pour la porte, et le prix de dix-huit livres pour chacun des trente-cinq contrevents................................. 231

218. LXXI. – 9 août 1608.

BÂTIMENTS. — **Gobelins.** — Travaux de charpente pour les réparations et accommodements du corps de logis loué par le Roi.

Marché passé avec Jean Échappe, maître charpentier à Paris, déclaré adjudicataire le même jour, moyennant le prix de 280ᵗ le cent de bois.................................... 165

219. LXXII. – 9 août 1608.

BÂTIMENTS. — **Gobelins.** — Menuiserie de quatre grandes croisées en l'étage bas du corps de logis loué par le Roi, et des croisées des lucarnes du galetas.

Marché passé avec Claude Chassin, maître menuisier à Paris, déclaré adjudicataire le même jour, moyennant le prix de 29ᵗ pour chaque croisée et celui de 11ᵗ 10ˢ pour chaque lucarne. 167

220. LXXIII. – 9 août 1608.

BÂTIMENTS. — **Gobelins.** — Menuiserie de huit croisées des chambres au-dessus de la salle du logis loué par le Roi.

Marché passé avec Nicolas Payé, maître menuisier à Paris, déclaré adjudicataire le même jour, moyennant le prix de 18ᵗ par croisée... 168

221. III. – 14 août 1608.

CONSEIL D'ÉTAT. — Convention entre le Roi, représenté par le Chancelier de Sillery et le duc de Sully, d'une part; les Prévôt des Marchands et Échevins de la Ville de Paris, d'autre part; et Mᵉ Severin Pineau, chirurgien du Roi et son opérateur ordinaire pour la pierre, professeur et docteur en chirurgie en l'Université de Paris, qui s'engage à enseigner à dix jeunes chirurgiens «l'Art et méthode de tirer la pierre de la vessie, qui s'engendre aux corps humains de l'un et l'autre sexe».. 11

222. XXXIX. – 19 septembre 1608.

VOIRIE. — Bail à Remond Vedel, sieur de La Fleur, capitaine général du charroy de l'Artillerie du Roi, et à Mᵉ Mathieu Bastard, secrétaire de la Chambre du Roi, du revenu des droits et profits de la voirie de la ville, faubourgs, banlieue, prévôté et vicomté de Paris, pour cinq années, du 1ᵉʳ septembre 1608 au 31 août 1613, moyennant la somme de 3,000ᵗ par an.... 99

223. XXVIII. – 23 septembre 1608.

CONSEIL D'ÉTAT. — **Antibes.** — «Vendition» au Roi, par Alexandre de Grimault, écuyer, sieur d'Antibes, de sa portion ($\frac{44}{77}$) de la seigneurie d'Antibes, moyennant la somme de 132,791ᵗ 5 sols.

Procès-verbaux, y annexés, des procédures faites pour l'estimation de la terre et seigneurie d'Antibes, par Antoine de Serres et Jean Garron, trésoriers généraux de France en la généralité de Provence.. 57

224. XXIX. – 23 septembre 1608.

Conseil d'État. — **Antibes.** — «Vendition» au Roi par Charles de Lorraine, duc de Mayenne, et Henrye de Savoie, sa femme, de leur portion ($\frac{7\text{-}1}{7\text{-}2}$) de la seigneurie d'Antibes.... 82

225. XXX. – 8 octobre 1608.

Conseil d'État. — **Antibes.** — Quittance, par le duc et la duchesse de Mayenne, de la somme de 67,258ᶫ 16ˢ 8ᵈ stipulée au contrat du 23 septembre 1608, pour le prix de leur portion de la seigneurie d'Antibes vendue au Roi............................... 83

226. XXXI. – 8 octobre 1608.

Conseil d'État. — **Antibes.** — Autre quittance par le duc et la duchesse de Mayenne de la somme de 36,000ᶫ stipulée au contrat passé avec Alexandre de Grimault le 23 septembre 1608, comme devant être employée à l'achat, au profit dudit Alexandre de Grimault, de la portion de la terre de Cagnes appartenant au duc et à la duchesse de Mayenne....................... 84

1609.

227. CIX. – 16 janvier 1609.

Bâtiments. — **Jardins.** — Établissement de «palissades» de bois sauvage et de charmilles : 1° entre le petit bois du château de Saint-Germain-en-Laye du côté du Pecq, et le mur de «l'anticour» du château neuf, finissant contre le jeu de paume du vieux château; 2° dans l'allée creuse du grand parc vis-à-vis le bout de la galerie du Roi, et 3° dans le grand jardin du vieux château.

Marché passé avec Jean de La Lande, jardinier du Roi, à Saint-Germain-en-Laye, déclaré adjudicataire le 23 décembre 1608, moyennant le prix de 35 sols tournois par toise, et la somme de trente livres pour l'aplanissement des terres............................... 243

228. CX. – 5 février 1609.

Bâtiments. — **Jardins.** — Établissement de «palissades» de bois de genièvre (en remplacement des cyprès morts par suite de gelées), au pourtour de huit grands carrés du jardin neuf du Palais des Tuileries et de la grande galerie du Louvre; réfection des parterres et des allées.

Marché passé avec Claude Mouflet, jardinier ordinaire du Roi, à Paris, déclaré adjudicataire le 23 décembre 1608, moyennant le prix de 2 s. 6 d. pour chaque toise de «palissades»; la somme de 182ᶫ pour la réfection des parterres et des allées et celle de 345ᶫ pour l'arrachement des cyprès.. 245

229. CXI. – 5 février 1609.

BÂTIMENTS. — **Jardins**. — Fourniture et plantation de quatre cents pieds d'arbres fruitiers à noyau, dans le jardin neuf du Palais des Tuileries, et entretien de ladite plantation pendant trois ans.

Marché passé avec Pierre Neveu, jardinier à Paris, déclaré adjudicataire, le 23 décembre 1608, moyennant le prix de quinze sols tournois pour chaque pied............................ 247

230. CXII. - 12 février 1609.

BÂTIMENTS. — **Jardins**. — Remplacement au jardin des Tuileries des hautes «palissades» de buis et cyprès par du petit buis, troesne et rüe, au pourtour et à la croisée du grand parterre où est un cadran porté sur trois marches de pierres, en forme ronde, près le logis du sieur de Congis; labourage et nivellement dudit parterre pour le planter comme dessus avec le «compartiment» conforme au dessin arrêté par le Roi.

Marché passé avec Jean Le Nostre, maître jardinier à Paris, demeurant au Palais des Tuileries, déclaré adjudicataire le 9 février 1609, moyennant la somme de huit cents livres tournois.. 249

231. CXIII. – 16 mars 1609.

ARTILLERIE. — **Arsenal**. — Fourniture de plomberie et de soudure.

Marché passé avec Jehan Le Vavasseur, maître plombier à Paris, déclaré adjudicataire le 18 février 1609, moyennant les prix de deux sols six deniers pour chaque livre de plomb, et de neuf sols six deniers pour chaque livre de soudure.................................. 293

232. IV. – 19 mars 1609.

CONSEIL D'ÉTAT. — Traité et convention avec Jehan Wolff et Antoine Lambert, marchands bourgeois habitant la ville de Mantes, pour la translation en cette ville et en un lieu proche la rivière de Loire de manufactures de toiles fines de Hollande et autres étrangères............ 13

233. CXVII. – 1er mai 1609.

BÂTIMENTS. — **Marchés de fournitures et d'entretien**. — Continuation, pour une nouvelle période de six années, à commencer du 1er avril 1609, des marchés passés le 18 avril 1603 avec Rolland Le Duc, maître couvreur à Paris, pour la couverture des bâtiments du Roi.

Nouveau marché passé avec Rolland Le Duc et ses associés : Nicolas Hulot, François Coquelle et Marin Moreau, maîtres couvreurs à Paris................................ 258

234. LXI. – 11 mai 1609.

BÂTIMENTS. — **Palais des Tuileries**. — Charpente du comble du retour de la galerie depuis le gros pavillon double qui est au bout de la grande galerie jusques aux vieux pavillons du Palais des Tuileries.

Marché passé avec Jehan Échappe, maître charpentier à Paris, déclaré adjudicataire le même jour, moyennant le prix de 300" le cent de bois.................................... 141

235. CXVIII. – 13 juin 1609.

BÂTIMENTS. — **Marchés de fournitures et d'entretien.** — Fourniture de plomb et soudure à faire aux bâtiments du château du Louvre, du Palais des Tuileries, du château de Saint-Germain-en-Laye et autres bâtiments du Roi.

Marché passé avec Jehan Le Vavasseur, maître plombier à Paris, en vertu d'un «bail au rabais» fait le 18 février 1609, moyennant les prix des deux sols six deniers par livre de plomb, et de neuf sols six deniers par livre de soudure................................... 260

236. LXVII. – 10 juillet 1609.

BÂTIMENTS. — **Pompe du Pont-Neuf.** — Travaux de maçonnerie pour la construction d'un grand bassin en forme ronde au milieu du jardin neuf du Palais des Tuileries, du côté du Louvre, pour recevoir partie de l'eau de la fontaine artificielle du Pont-Neuf.

Marché passé avec Denis Roux, maître maçon à Saint-Germain-en-Laye, déclaré adjudicataire le 4 juillet 1609, moyennant la somme de 4,300".............................. 154

237. LI. – 11 juillet 1609.

BÂTIMENTS. — **Louvre.** — Travaux de charpente à l'hôtel de Bourbon, à la basse-cour du Château, aux boutiques et logements de la «fabrique de doubles gectons et autres pièces de monnoye qui se couppent au moulin», etc.

Marché passé avec Antoine Le Redde, maître charpentier, déclaré adjudicataire le 23 juin 1609, moyennant le prix de 390" le cent de bois................................... 128

238. CIV. – 26 juillet 1609.

BÂTIMENTS. — **Château de Saint-Léger.** — Travaux de maçonnerie pour la clôture d'un petit parc, près le Haras, pour garder les jeunes poulains «de n'estre offencez des loups, comme ils sont ordinairement».

Marché passé avec Jacques Imbert, architecte à Saint-Léger, ayant droit par transport d'Orson Parmentier, déclaré adjudicataire, le même jour, moyennant le prix de 6" 5 s. par toise de 31 pieds.. 233

239. XC. – 31 juillet 1609.

BÂTIMENTS. — **Château de Saint-Germain-en-Laye.** — Travaux de menuiserie: pour rendre logeable le pavillon neuf situé au bas de la terrasse de l'Orangerie; pour diverses réparations et améliorations au vieux château et à la grande porte cochère de l'anticour du château neuf, entre le jeu de paume et le fossé du château.

Marché passé avec Jehan Baroys, maître menuisier à Saint-Germain-en-Laye, déclaré adjudicataire le 4 juillet 1609, moyennant la somme de sept cent soixante livres................. 202

240. LII. — 31 juillet 1609.

BÂTIMENTS. — **Grande Galerie du Louvre.** — Transport et mise en place, dans les deux niches aux côtés de l'arc triomphal séparant la petite et la grande galerie, de deux grandes figures antiques de marbre blanc, l'une représentant un Bacchus, et l'autre Titus empereur; redressement, retaille et polissage de deux colonnes de marbre.

Marché passé avec Robert Ménart, tailleur de marbre, déclaré adjudicataire le 4 juillet 1609, moyennant la somme de 600ᵗ... 130

241. XCIX. — 16 septembre 1609.

BÂTIMENTS. — **Château de Villers-Cotterets.** — Travaux de maçonnerie pour la réparation des brèches qui se trouvent aux murs de clôture du parc.

Marché passé avec Antoine Le Franc, maçon à Villiers-Cotterets, déclaré adjudicataire, le même jour, moyennant le prix de 4ᵗ 10 s. par toise..................................... 222

242. C. — 16 septembre 1609.

BÂTIMENTS. — **Château de Villers-Cotterets.** — Travaux de réparation des couvertures emportées par les vents durant l'hiver.

Marché passé avec Pierre Feuillet, maître couvreur d'ardoises, déclaré adjudicataire, le même jour, moyennant la somme de 450ᵗ... 224

243. LIII. — 13 octobre 1609.

BÂTIMENTS. — **Louvre.** — Travaux de pavage neuf.

Marché passé avec Michel Richer, maître des œuvres de pavé du Roi, déclaré adjudicataire le 4 juillet 1609, moyennant le prix de sept livres la toise................................. 132

244. LIV. — 13 octobre 1609.

BÂTIMENTS. — **Louvre.** — Réparations de vieux pavage.

Marché passé avec Michel Richer, maître des œuvres du pavé du Roi, déclaré adjudicataire le 4 juillet 1609, moyennant le prix de trente sols la toise................................. 133

245. LV. — 9 décembre 1609.

BÂTIMENTS. — **Grande Galerie du Louvre** (Salle des Antiques). — Peinture et dorure des compartiments de la voûte.

Marché passé avec Jacob Bunel, peintre ordinaire du Roi, moyennant la somme de dix mille livres tournois... 134

246. XL. — 30 décembre 1609.

VOIRIE. — **Bail** à Mᵉ Auguste Prevost, secrétaire du Roi, du revenu des droits et profits de la voirie de la ville, fauxbourgs, banlieue, prévôté et vicomté de Paris, pour neuf années, du 1ᵉʳ janvier 1610 au 31 décembre 1619, moyennant la somme de 6,000ᵗ par an........... 100

1610.

247. CLXXXVI. — 8 février 1610.

ARTILLERIE. — **Armes, outils, matériel de campagne.** — Marché passé avec Mathias Tricquoys, escuyer, s' de La Caillaudière, Lieutenant du Grand Maître aux départements d'Orléans, Berry, Nivernais, Bourbonnais et pays Chartrain, pour faire et pour livrer en l'Arsenal de Paris 60 chariots destinés au charroi des armes et munitions et 35 charrettes destinées au transport des bagages, moyennant prix convenus, revenant le tout ensemble à la somme de 5,790^{ll} dont 2,500^{ll} d'avance... 344

248. LXXV. — 10 février 1610.

BÂTIMENTS. — **Collège de France.** — Travaux de charpente pour la construction du collège, sur l'emplacement des collèges de Cambrai et de Tréguier.

Marché passé avec Alexandre Gaultier, maître charpentier à Paris, déclaré adjudicataire le même jour, moyennant le prix de 260^{ll} le cent de bois; les démolitions de la charpente des collèges de Cambrai et de Tréguier étant à son profit................................... 174

249. LXXVI. — 10 février 1610.

BÂTIMENTS. — **Collège de France.** — Travaux de couverture pour la construction du Collège, sur l'emplacement des collèges de Cambrai et de Tréguier.

Marché passé avec Léon Thomas, maître des œuvres de couverture des bâtiments du Roi, déclaré adjudicataire le même jour, moyennant le prix de 2^{ll} 15 s. par toise; les démolitions de la couverture des collèges de Cambrai et de Tréguier étant à son profit..................... 177

250. CXLV. — 16 février 1610.

ARTILLERIE. — **Arsenal.** — Entretien de la couverture des bâtiments, magasins et ateliers de l'Arsenal, pendant six ans à compter du 1er janvier 1610.

Marché passé avec Laurent Fezart et Antoine Fezart, frères, maîtres couvreurs à Paris, moyennant la somme de deux cent quarante livres pour chaque année........................ 297

251. CCLXVIII. — 17 février 1610.

ARTILLERIE. — **Chevaux rouliers.** — Marché passé avec Pierre Bourdin, s^r de Montmansois, Bonaventure Forain, Mathias Tricquoys, s^r de La Caillaudière, Charles Hillaire, Jean Payen, s^r de La Brosse, et André Perinnel, s^r de Chateauvieux, tous lieutenants du Grand Maître, pour faire fournir, dans leurs départements, 1,075 chevaux rouliers, dans les conditions et pour les prix stipulés audit marché.. 406

252. CCLXIX. – 17 février 1610.

ARTILLERIE. — **Chevaux rouliers.** — Marché passé avec Remond Vedel, dit La Fleur, capitaine général du charroi de l'Artillerie de France, demeurant à l'Abbaye de St-Antoine-des-Champs, pour faire fournir au Grand Maître, en l'Arsenal de Paris, 200 chevaux rouliers, dans les conditions et pour les prix stipulés audit marché................................. 408

253. CCLXX. 17 février 1610.

ARTILLERIE. — **Chevaux rouliers.** — Marché passé avec «Jacques de Croso, bourgeois de Pont-d'Ain en Bresse et y demeurant, au nom et comme procureur de Jehan Miregodin, cappitaine ordinaire du charroy de l'Artillerie du Roy, demeurant à Risle près Troyes en Champagne», pour la fourniture et livraison, «en l'Arsenac de Sa Ma^{té} à Paris», de «cinquante chevaux rouliers», dans les conditions et pour les prix stipulés dans ledit marché..................... 409

254. CCLXXI. – 20 février 1610.

ARTILLERIE. — **Chevaux rouliers.** — Marché passé avec «Gilles de La Porte, cappitaine ordinaire du charroy de l'Artillerie, demeurant à Poissy», pour la fourniture et livraison, «en l'Arsenac de Sa Ma^{té} en ceste ville de Paris», de «vingt-cinq chevaulx roulliers», dans les conditions formulaires et pour les prix stipulés dans le marché précédent, et sous l'obligation de fournir caution par devant «le bailly dud. Arcenac à Paris»................................. 410

255. CCXXVI. – 24 février 1610.

ARTILLERIE. — **Transports.** — Marché passé avec Nicolas Bourguillot, voiturier par eau à Paris, pour le transport, depuis le port St-Paul jusqu'aux villes de Châlons en Champagne, Nogent-sur-Seine, Pontaver et Chaulny, de canons, boulets, poudre à canon et autres munitions d'artillerie, moyennant le prix de 8^{tt} pour chaque millier pesant....................... 391

256. CLXXXVII. – 24 février 1610.

ARTILLERIE. — **Armes, Outils, Matériel de campagne.** — Marché passé avec Pierre Durant et Jacques Gueulart, forgeurs ordinaires de l'Artillerie du Roi, pour la fourniture et la livraison à Châlons en Champagne de munitions d'artillerie, savoir : pics, masses, pinces, serpes, coignées, bêches, pelles et hottes, moyennant prix convenus, revenant le tout ensemble à la somme de 8,615^{tt} 12^s, dont 3,000^{tt} d'avance... 345

257. CLXXXVIII. – 24 février 1610.

ARTILLERIE. — **Armes, Outils, Matériel de campagne.** — Marché passé avec Jacques Billard, maistre fourbisseur à Paris, pour la fourniture et livraison en l'Arsenal de Paris, de plomb, moules à balles, bandoulières et tenailles, suivant détail, moyennant prix convenus, revenant le tout ensemble à 838^{tt} 4^s 6^d dont 279^{tt} 8^s 2^d d'avance........................ 346

258. CLXXXIX. — 24 février 1610.

ARTILLERIE. — **Armes, Outils, Matériel de campagne.** — Marché passé avec Guillaume Huguet, armurier du Roi à Paris, pour la fourniture et livraison, en l'Arsenal de Paris, de 20 paires d'armes et de six rondaches, moyennant prix convenus, revenant le tout ensemble à 3,160^{lt}, dont 1,000^{lt} d'avance.. 347

259. CXC. — 24 février 1610.

ARTILLERIE. — **Armes, Outils, Matériel de campagne.** — Marché passé avec Richard Poignant, marchand bourgeois de Paris, pour la fourniture et livraison, en l'Arsenal de Paris, de feuilles de fer, cordes à mèche, billes d'acier et tirefonds, moyennant prix convenus, revenant le tout ensemble à la somme de 1,253^{lt} 15^s, dont 418^{lt} 18^s 4^d d'avance.................... 348

260. CXCI. — 24 février 1610.

ARTILLERIE. — **Armes, Outils, Matériel de campagne.** — Marché passé avec Étienne Mailly, tapissier à Paris, pour la fourniture et livraison, en l'Arsenal de Paris, des paillasses, cartouches, sacs à poudre et sacs à terre, moyennant prix convenus, revenant pour le tout à la somme de 1,878^{lt} 11^s 6^d, dont 626^{lt} d'avance... 349

261. CXCII. — 24 février 1610.

ARTILLERIE. — **Armes, outils, matériel de campagne.** — Marché passé avec Jean Gaboury, maître tapissier et tentier ordinaire du Roi à Paris, pour la fourniture et livraison en l'Arsenal de Paris, au 15 avril 1610, de pavillons, cuisines, canonnières, lansquenettes, paillasses, cartouches, sacs de coutil et sacs à terre, suivant détail, moyennant prix convenus, revenant le tout ensemble à la somme de 11,520^{lt} 2^s 6^d, dont 4,000^{lt} d'avance........................ 350

262. CXX. — 8 mars 1610.

BÂTIMENTS. — **Cérémonies publiques.** — Travaux de charpente pour la construction des «eschaffaux, barrières, daiz et autres ouvraiges qu'il est besoing et ont accoutumé estre faicts en l'église de Sainct-Denys en France, grande salle et logis du Palais Royal à Paris, pour les cérémonies du couronnement et sacre de la Royne, selon le desseing et la démonstration qui en sera faicte aux entrepreneurs par les officiers de Sa Majesté».

Marché passé avec Pierre Sellier, maître charpentier à Paris, déclaré adjudicataire, le même jour moyennant le prix de 135^{lt} le cent de bois, ledit entrepreneur devant reprendre à son profit le bois qu'il aura employé, rendre place nette et remettre les lieux en état.................. 264

263. V. — 9 mars 1610.

CONSEIL D'ÉTAT. — «Traité» avec Charles Bateu, pour l'établissement, proche la rivière de Loire, de manufactures : de blanchissage des cires «à la façon qu'elles se blanchissent à Venise et en Flandres»; de «bleu ou azur appelé esmail», et de blanc de plomb................ 16

264. CCLXII. – 3 avril 1610.

ARTILLERIE. — **Chevaux rouliers.** — Marché passé avec «René Vedel, cappitaine ordinaire du charroy de l'Artillerie, demeurant à Poissy», pour la fourniture et livraison, «en l'Arcenac de Sa Ma^{té} en ceste ville de Paris», de «vingt-cinq chevaulx rouliez», dans les conditions formulaires et pour les prix stipulés dans les marchés précédents et sous l'obligation de fournir caution par devant «le bailly de lad. Artillerie ou son lieutenant, le procureur du Roy appelé»............ 410

265. CCLXIII. – 3 et 9 avril 1610.

ARTILLERIE. — **Chevaux rouliers.** — Marché passé avec Remond Vedel, s^r de La Fleur, capitaine général du charroi de l'Artillerie du Roi, Denis Flecher, Jean Marchais, Charles Testu, Jean Vivien, Charles Vedel, Martin Mouton, Josse Brocard, Denis Le Preux, Lucas Ravenel, Nicolas Gesu, Guillaume Le Preux et Pierre Mauroy, tous capitaines ordinaires du charroi de l'Artillerie, pour la fourniture de 1,200 chevaux rouliers, dans les conditions et pour les prix stipulés dans ledit marché... 411

266. LXXIV. – 5 avril 1610.

BÂTIMENTS. — **Collège de France.** — Travaux de maçonnerie pour la construction du Collège, sur l'emplacement des collèges de Cambrai et de Tréguier, suivant le plan qui en a été arrêté.

Marché passé avec Claude Monnart, maître maçon à Paris, déclaré adjudicataire, en suite des adjudications des 10 et 16 février 1610, moyennant le prix de 14^{lt} par toise courante et boutavant; les maçonneries de la démolition des collèges de Cambrai et de Tréguier étant à son profit... 170

267. CCLXXIV. – 12 avril 1610.

ARTILLERIE. — **Chevaux rouliers.** — Promesse de Me Pierre Chastelain, conseiller du Roi et Trésorier général de l'Artillerie de France, de restituer la somme de 165,000^{lt} reçue par lui de Me Puget, trésorier de l'Épargne, pour être distribuée aux capitaines du charroi de l'Artillerie nommés au contrat en date des 3 et 9 avril 1610 (265. - CCLXXIII), et ce, en cas que lesdits capitaines ne fournissent chacun en leur regard le nombre de chevaux porté audit contrat.. 413

268. VI. – 22 avril 1610.

CONSEIL D'ÉTAT. — **Traité** avec Philippes de Coulanges et Claude Barbin, pour la fourniture, à l'armée de la Meuse, de cinquante mille pains par jour, pendant trois mois.............. 18

269. CLXIII. – 26 avril 1610.

ARTILLERIE. — **Canons et boulets.** — Marché pour la fourniture, en la ville de Mézières, savoir : de 12,000 boulets pesant chacun 33 livres 1/3, les trois faisant le cent, de cent grenades des trois sortes, petites, moyennes et grosses, passé avec Guillaume Connart, maître de

RÉPERTOIRE CHRONOLOGIQUE.

forges à Orbez en Brie, moyennant les prix de 20 sols par boulet, et 12 sols par grenade, soit, pour le tout, la somme de 12,060^{lt}, dont 4,020^{lt} d'avance, sous réserve de fournir caution. Désistement en date du 8 mai 1610... 323

270. CXCIII. — 29 avril 1610.

ARTILLERIE. — **Armes, outils, matériel de campagne.** — Marché passé avec «Siphorian» de Lezines, seigneur de Mortefontaine, Commissaire ordinaire de l'Artillerie et Lieutenant du Grand Maître à Amiens, pour la fourniture et livraison de 90 charrettes des trois sortes et dix chariots, dont la moitié à Soissons et l'autre moitié à la Ferté-sous-Jouarre, moyennant les prix de 48^{lt} par charrette et 100^{lt} par chariot, revenant le tout à la somme de 5,320^{lt}, dont 2,660^{lt} d'avance.... 351

271. CCLXXV. — 29 avril 1610.

ARTILLERIE. — **Chevaux rouliers.** — Marché passé avec «Nicolas Miregodin, cappitaine du charroy de l'Artillerie, demeurant à Rissey en Champaigne, estant au lieu de Lazare Rinberge», pour la fourniture et livraison «en l'Arsenac de Sa Ma^{té}», à Paris, dans quinze jours prochains», de «vingt cinq bons chevaulx roulliers», dans les conditions formulaires et pour les prix stipulés dans les actes précédents, sous l'obligation de fournir caution «par devant M^r le Bailly de lad. Artillerie en l'Arsenac de ceste ville de Paris»... 413

272. CXCIV. — 29 avril 1610.

ARTILLERIE. — **Armes, outils, matériel de campagne.** — Marché passé avec Nicolas Payen, maître charron à Paris, pour la fourniture et livraison, en l'Arsenal de Paris, de 100 charrettes des trois sortes et de dix chariots, destinés au charroi des munitions, armes et outils d'artillerie, moyennant les prix de 48^{lt} par charrette et 100^{lt} par chariot, revenant le tout à la somme de 5,800^{lt} dont 2,900^{lt}, d'avance... 352

273. CCLXXVI. — 5 mai 1610.

ARTILLERIE. — **Chevaux rouliers.** — Marché passé avec Remond Vedel, s^r de La Fleur, pour la fourniture et livraison dans l'Arsenal de la Ville de Paris, ou à Chalons, le 25 mai 1610, de trois cents chevaux rouliers, dans les conditions et pour les prix stipulés audit marché........ 413

274. CCLXXVII. — 7 mai 1610.

ARTILLERIE. — **Chevaux rouliers.** — Marché passé avec «Nicolas Petitjehan, s^r de La Bastide, gentilhomme ordinaire de la faulconnerie du Roy, demeurant en ceste ville de Paris, rue Sainct-Anthoine, paroisse Saint-Paul, pour la fourniture et livraison en l'Arsenac de ceste ville de Paris, ou à Challons en Champaigne, scavoir moitié dans le vingt cinq^{me} jour de ce present moys de May et l'autre moietyé dans le premier jour de Juing prochain, de deux cens chevaulx roulliers», dans les conditions et pour les prix stipulés au marché précédent, «et outre, a esté accordé aud. sieur de La Bastide que sy dans led. temps cy dessus déclaré il n'a faict lad. fourniture entière desd. deux cens chevaulx, led. sieur Grand Maistre sera tenu recevoir ce qui luy présentera de chevaulx pour entrer en lad. solde.»... 414

275. CCLXXVIII. – 8 mai 1610.

Artillerie. — **Chevaux rouliers.** — Marché passé avec «Abel Denys, cappitaine du charroy de l'Artillerie, demeurant en la ville d'Orléans, estant au lieu du cappitaine La Potterie», pour la fourniture et livraison «à Sa Majesté, dans quinze jours prochains, de vingt-cinq bons chevaulx roulliers», dans les conditions formulaires et pour les prix stipulés dans les marchés précédents, sous l'obligation de fournir caution «par devant Monsieur le Bailly de lad. Artillerie en l'Arcenac de ceste ville de Paris».. 415

276. XXXII. – 22 mai 1610.

Conseil d'État. — «Vendition» au Roi, par Jacques Bresson, écuyer, de sa portion ($\frac{4}{72}$) de la seigneurie d'Antibes, moyennant le prix de 20,964^{lt} 14 s. 2 deniers.................... 85

277. XXXIII. – 22 mai 1610.

Conseil d'État. — «Vendition» au Roi, par les hoirs de Pierre Jehan de Bompar, de leur portion ($\frac{1}{72}$) de la seigneurie d'Antibes, moyennant la somme de 2,509^{lt} 15 s. 10 deniers...... 88

278. CCXXVII. – 23 mai 1610.

Artillerie. — **Transports.** — Marché passé avec Nicolas Bourguillot, voiturier par eau à Paris, pour le transport, depuis le port Saint-Paul de Paris jusqu'à Montargis, de toutes les armes, poudres et munitions de guerre qui lui seront délivrées; moyennant le prix de 12^{lt} pour chaque millier pesant... 392

TABLE GÉNÉRALE ALPHABÉTIQUE.

Nota. — Les chiffres, qui indiquent la pagination, sont en caractères gras pour le texte des Actes, et en caractères ordinaires pour le texte des notes et commentaires.

A

Abbeville. — Faubourg Saint-Jean : Noël (Bon), manouvrier à —, **268**; – Prévost (Marin), à —, **268**.
Ableiges. — Maupeou (Gilles), s' d' —, 13.
ADAM (Jehan), voiturier par terre, à Troyes en Champagne, **381**.
Aide de maréchal de camp : Vaudin (Claude), — en Picardie, 299.
Aides, **19**. Cf. Paris, Cour des Aides; Fermier des —.
AILHAUD, notaire, 79. Cf. Alaud.
AILLY (D'). — D'Albert d'Ailly, 34.
——— (Hélène D'), femme de Nicolas de Massy, 37.
Aix-en-Provence. — Baudouyn (Jehan-Roubert), notaire royal, **89**; – De Bompar (Marthe), **89**; – De Bompar (Melchior), second consul, **88**; – Combe (Jehan), **89**; – Coquillat (Pierre), procureur en la Cour des Comptes, **89**; – Du Gat (Pierre), esc', député des trois États de Provence, **88**, **89**; – Du Vair, premier président du Parlement de Provence, **59**; – Éguissée, greffier, **90**; – Hugeleny (Abel), bourgeois, **62**; – Legier (Guillaume), bourgeois, **60**, **61**, **73**, **81**; – Commissaire général des vivres, 60; – Nostredamus, procureur au Parlement, 62; – Remuzat (Gaspard), conseiller au siège général de la Ville, **89**; – Seguiran (Antoine), conseiller au Parlement, 62, **63**; – De Serre (Antoine), trésorier général, **58**; – De Serre (Henry), trésorier général, **61**; – Maison du Roi, dite «La Trésorerie», **58**; – Palais Royal, 59.
Aix-la-Chapelle, **18**.
ALAUD, notaire royal de Grasse, **73**. Cf. Ailhaud.
ALBARNON ou AUBERNON (Pierre), bailli d'Antibes, **73**, **78**, **87**.
ALBERT D'AILLY (Louis-Auguste D'), duc de Chaulnes,

pair de France, vidame d'Amiens, baron de Picquigny, capitaine-lieutenant des deux cents chevau-légers de la Garde ordinaire du Roi, lieutenant général de ses armées, **34**.
Alençon. — De Trillart (Jean), gouverneur d' —, 37.
ALEXANDRE (Claude), maître charpentier à Paris, **129**.
Altrises (Les). — Lieu-dit au-dessus de Sillery, **96**.
AMBASSADEURS DE FRANCE. — A Constantinople : Olier (Édouard), 30; – à Rome : Beaumanoir (Henri-Charles, sire de), 34; – en Suisse : Brûlart (Roger), 40; – à Venise : Hurault (André), 9.
Amboise (Château d'), 29.
AMELOT (Jean), maître maçon à Paris, **110**.
AMELY (Antoine), **79**; - terres de La Ferraye, à Antibes, possédées par —, **72**; pré d' —, au Moulin, **76**.
AMENC (Jean-François), charpentier, à Antibes, **64**, **74**.
AMETTE (Pierre), voiturier par eau, à Rouen, **388**.
Amiens, **15**, **34**, **322**; — D'Albert d'Ailly (Louis-Auguste), duc de Chaulnes, vidame d' —, 134; – De Lézines (Siphorien), commissaire ordinaire de l'Artillerie et lieutenant du Grand Maître à —, **351**.
AMPUOUX (Donnat), charpentier, à Antibes, **64**, **74**.
——— Vigne de Thomas —, à Antibes, **76**.
ANCEAU (Jacques), religieux profès du couvent des Célestins, **48**, **52**.
ANCRE (Maréchal D'), 24. Cf. Concini.
ANDRÉA (Honorée D'), femme d'Antoine de Grasse, 62.
ANDROUET DU CERCEAU (Jacques Ier), architecte, 170.
——— (Jacques II), architecte du Roi, 103, **104**, **105**, **106**.
ANGENNES (Charles D'), marquis de Rambouillet, **46**.

468 TABLE GÉNÉRALE ALPHABÉTIQUE.

ANGENNES (Jacques d'), s' de Rambouillet, Maintenon, etc., 45.
—— (Nicolas d'), chevalier des Ordres du Roi, conseiller en ses conseils d'État et privé, capitaine des cent gentilshommes de la maison de Sa Majesté, seigneur de Rambouillet, 45, demeurant à Saint-Germain des Prés lez Paris, rue de Tournon, 46.
—— (Julie), 46.
ANGOULÊME (Duchesse d'), Diane de France — 116.
Angoumois, 359.
ANJOU (Portrait du duc d'), 3.
ANNE D'AUTRICHE (La Reine), 151.
Ansac, Guiot (Antoine), s' d' —, 52.
Antibes (Seigneurie d'), 56 à 90.
—— Château et maison seigneuriale, 65, 67, 72, 74, 75, 77, 81, 82, 85; — droits féodaux, 57, 58, 64, 65, 66, 67, 70, 79, 80, 82, 85; — église, 65, 66, 67, 73, 79; — mesures, 58 et suiv.
—— Arpenteurs : Cf. Mouton (capitaine Honoré).
—— Avocats : Cf. Arazy (Honoré), Roustan (Jean-Antoine), Textoris (Thomas).
—— Baillis : Cf. Albarnon (Pierre), Arazy (Pierre-Jean).
—— Charpentiers : Cf. Amenc (Jean-François), Amphoux (Donnat).
—— Consuls : Cf. Albarnon, Bresson (Jacques), Raynaud (Jehan), Roustan (Anthoine), Roustan (Laurent).
—— Habitants : Cf. Albarnon, Amely, Amenc, Amphoux, Arazy, Astraud, Aubert, Bacon, Barillon, Barquier, Bernard, Bernardy, Bonnaud, Bonneau, Bremond, Bresson, Calvy, Carence, Cavasse, Cours, Des Roziers, Esmiol, Espaulian, Estève, Estoupan, Fontany, Fouroux, Fugueyron, Gallot, Galos, Gaultier, Giraud, De Grimault, Guérin, Guide, Hemon, Henry, Hugues, De La Borde, Lance, Lombard, Melian, Milot, Monier, De Montmeyan, Mouton, Niol, Penne, Raynaud, Riouffe, Robien, Roure, Roustan, De Servan, Textoris, Tourre, Vien.
—— Jeu de paume de Jean de Servan, s' de la Feurine, 68.
—— Juge ordinaire : Cf. Arazy (Honoré).
—— Lieutenant de juge : Cf. Arazy (Pierre-Jean).
—— Lieutenant des ports : Cf. Barillon (Pierre-Jean).
—— Maçons : Cf. Gallot (Baptiste).
—— Notaires : Cf. Ailhaud, Bacon (Nicolas), Bernardy, Calvy, Carence (Baptiste), Fontany, Guérin, Lance, Melian, Textoris (Honoré).
—— Plâtrier : Cf. Monier (Loys).
—— Quartiers et lieux-dits : Bastide (La), 69, 71; — Bastion (Grand), 75; — Bastion de Rosny, 75; — Bauvert, 69, 71; — Bousquet (Terre de), 76; — Bousquières (Les), 69; Brague, 58, 67, 68, 72, 75, 76, 77, 80, 85; — Complong, 69, 71; — Canasquière, 76; — Cap (Le), 68, 69; — Castanier (Le), 69, 71; — Combe de Roque, 69; — Combelongue, 69; — Cougoulin, 68, 69; — Crottons (Les), 69; — Curel, 69, 71; — Deffens (Pré du), 58, 67, 76, 80; — Empel, 69, 71; — Faissade Grimaulde, 58, 66; — Faisses de Cavasse, 58, 67, 76, 80; — Faisse Grimaude (La), 72, 76, 77, 80, 82, 85; — Ferraye (La), 68, 71, 72, 76, 77; — Fonmerle, 68, 69, 71; — Fons (Pré de la), 67, 76, 80; — Fosse (La), 69, 71; — Fournel (Le), 69, 71; — Garde (La), 69; — Garoupe (La), 69; — Golfe Juan, 69, 71; — Grand Tripot (Le), 72; — Groule, 68, 69; Ile du Fort, 72, 76, 85; — Ilot de Lauvert, 69, 71; — Jonquier (Le), 80; — Las Colles, 69, 71; — Las Combes, 68, 69; — Las Moulières, 69; — Las Pallutz, 69, 71; — Lauron, 76; — Lauvert, 58, 67, 68, 69, 71, 76, 80; — Lauvert long, 69; — Laval (Vallon de), 58, 67, 68, 69, 71, 75, 76; — Lestagnol, 68, 69; — L'Hière longue, 69, 71; — Malbousquet, 67; — Malsanc, 69, 71; — Masquière (La), 76, 80, 82; — Molières (Les), 58, 67, 76, 80; — Molle (La), 69; — Moulins (Les), 58, 67, 76, 80, 82; — Moulins du Roi, 75; — Moulins seigneuriaux, 75, 76; — Notre Dame d'Entrevignes, 69, 71, 75; — Observance, 68; — Pallud (Vallon de la), 76; — Pas de Bourges, 76, 80, 82; — Peyregoue (La), 69, 71; — Pilion (Le), 67, 76, 80; — Pimeau, 68; — Pimel, 69; — Pinède (La), 69, 71; — Plan de Brague, 69, 71; — Pons (Les), 69; — Ponteil ou Pontet, 66, 67, 69, 71, 76, 80, 82; — Porte de Juissy, 67; — Poume (Pré de), 58, 66, 76, 80, 82; — Prougnon (Le), 69, 71; — Puy (Le), 68, 69, 71; — Puybousson, 69, 71; — Rabiac, 69, 71; — Rastines (Les), 68, 69; 72, 77, 80; 85; — Saint-André, 68; — Saint-Cassian, 69; — Saint-Maymes, 68, 69; — Saint-Michel, 69; 71; — Saint-Peire, 69, 71; — Salamartel, 69; — Salis (La), 69, 71; — Samboules (Les), 69; — Tamyer (Le), 71; — Tamizières (La), 69; — Taron (Vallon de), 69, 71; — Terriers (Les), 69; — Vauclarette (Les), 69, 71; — Verne (La), 69, 71; — Vielhe (La), 58, 67, 68, 76, 80.
Antibes (Ville d') : —— Rues : Grande rue, 76; — de La Font, 5, 58, 67, 75; — de Lamourier, 68, 71; — de La Prade, 67; — Las Crottes, 68, — de Lauvert, 68, 72, 76, 85; — du Port, 58, 67, 75; — du Puy, 67; — du Puy neuf, 58, 67, 68, 75, 80; — de Revene, 68; — du Safranier, 68, 71; — Saint-Sauveur, 75; — Saint-Sébastien, 58, 67, 68, 75, 80; — de Saint-Tropez, 68, 71, 72; — du Tripot, 76.
—— Serruriers : Cf. Giraud (Jean), Vien (Jean).
—— Viguier : Cf. Guide (Vincent).
ANTIBO (D'). Cf. De Grimault (Alexandre).
Apprentis, 16.

Aquitaines, Cf. Primat des — 36.
Arazy (Honoré), avocat en la Cour, juge ordinaire d'Antibes, **62, 71, 79.**
—— (Pierre-Jean), bailli et lieutenant de juge à Antibes, 73.
Arbalétriers : Grimaldi (Marc), capitaine général des —, 64.
Archambault (D'), Cf. Darchambault.
Archers du guet : Cf. Paris.
Architectes : Cf. Paris; Architectes du Roi.
—— Besnard (René), architecte à Tours, paroisse Saint-Venant, **268 à 270**; – Chalgrin, 170; – Imbert (Jacques), architecte, demeurant à Saint-Léger, **228.**
Ardier (Paul), président des Comptes, 31.
Armagnac, **4.**
Armand (Jehan), sergent à verge au Châtelet de Paris et priseur juré, vendeur de biens de la ville, prévôté et vicomté de Paris, **2.**
Arnauld (Anne), femme de Manassé de Pas, s^r de Fouquières, 38.
—— (Antoine), 18, 28, 96.
—— (Charles), 38, 96.
—— (Claude), secrétaire de Sully, 96.
—— (Eustache-Louis), trésorier des ponts et chaussées, 96, 98; – secrétaire de Sully et contrôleur général des Restes, 96.
—— (Isaac), secrétaire de Sully, 28; – conseiller du Roi et secrétaire de ses Finances, 37 à 40; – conseiller du roi en son conseil d'État et privé et intendant de ses Finances, **18, 23, 28, 33, 59, 85, 86, 88, 90,** 96.
—— (Isaac), mestre de camp de carabiniers, gouverneur de Philipsbourg, 38, 96.
—— (Madeleine), femme du marquis de Heucourt, 38, 96.
—— (Marie), femme d'Hilaire L'Hoste, 38.
—— (Marie), femme de François de Musset, s^r de Pray, 38.
—— (Pierre), secrétaire de Sully, 28; – conseiller du Roi et trésorier de France à Paris, **28, 31, 32;** – gouverneur du Fort-Louis, 28, appelé Arnauld du Fort, 38.
Arnouville, Choppin (René), s^r d' —, 34.
Arpenteurs : Maîtres — jurés : Pouliiot, **54.**
Arquebusiers à cheval : De Corberon (Claude), capitaine d'une compagnie d' —, 357.
Arquesay (Julienne d'), dame de Chamfleuri, de Bignon et de Maisoncelles, femme de Nicolas d'Angennes, 46.
Arragon (Françoise), femme de Pierre Le Bert, 46.
Artillerie de France. — Arsenaux et magasins :
—— de Bordeaux, **362;**
—— de Châlons-en-Champagne, **300, 313, 320, 345, 346, 355, 363, 373;**

Artillerie de France — Arsenaux et magasins :
—— de Lyon, **375;**
—— de Marseille, **368, 369;**
—— d'Orléans, **367;**
—— de Paris, **48 à 53, 255, 273 à 298, 353, 355, 373 à 375;** bailliage, *passim;* fonderie, **281;** forges, **49, 280;** galeries, **217, 281, 285 à 289;** jardin, **281;** paillemail, **22;** poudres, **49, 50, 281, 297.** Cf. Arnauld (Pierre), Fougeu (Pierre), Le Flot (Jehan), de Massy (Daniel), Routard (Louis), Tiercelin (Robert);
—— de Poitiers, **365;**
—— de Tours, **360, 364, 373;**
—— de Troyes, **358, 373;**
—— de Verdun, **370 à 372.**
—— Canonniers ordinaires de l'artillerie : Grosjehan (Nicolas), bourgeois de Paris, 316.
—— Charpentiers ordinaires de l'artillerie : De Fer (Jehan), **275, 317, 320.**
—— Charroi de l'. — Capitaines généraux : Borrel (Jacques), 99; – Guesdon (Jean), 99; – Vedel (Raymond), **99, 404.**
—— Charroi de l'. — Capitaines ordinaires : Belier (Anthoine), dit le capitaine Le Maistre, **399, 402;** – Bertot (Antonin), dit Borrel, 322; – Borrel (Antoine), **394, 395;** – Borrel (Mathieu), 332, **404;** – Brocard (Jehan), **411;** – Brocart (Josse), **411;** – Couyn (Bonaventure), **404;** – Dauet (Jehan), **399;** – David (Jehan), **397;** – Decrose (Jacques), **406, 409;** – Denys (Abel), **415;** – Dunesme (Jehan), **397;** – Fléchor (Denis), **401, 411;** – Gaillard (Jehan), **406;** – Gaulcher (Claude) dit Danjou, **400;** – Gaultier (Estienne), **398, 401;** – Gesu (Nicolas), **401, 411;** – Gosse (Roland), **401;** – Guesdon (Jehan), 99; – Guesdon (Jehan), **400;** – Houzé (Estienne), **399;** – Lambert (René), **405;** – De La Porte (Gilles), **410;** – De La Porte (Guillaume), **405;** – Lavoisier (Simon), **399;** – Le Maistre (Pierre), **402;** – Lemercier (Nicolas), **403;** – Le Preux (Denis), **411;** – Le Preux (Guillaume), **398, 411;** – Le Roux (Charles), 332, **394, 395;** – Le Roy (Jehan), **397;** – Marches (Jehan), **384, 400, 411;** – Mauroy (Pierre), **398, 411, 412;** – Miregodin (Jehan), **409, 413;** – Mouton (Martin), **317, 411;** – Noël (Antoine), **405;** – Ravenel (Gratien), **380, 395;** – Ravenel (Lucas), **399, 411;** – Regnault (Jacques), dit La Potterie, **395, 415;** – Rimberge (Lazare), **400, 413;** – Testu (Charles), dit La Forest, **394, 395, 411;** – Veau (Jacques), **405;** – Vedel (Charles), **400, 411;** – Vedel (Raymond), dit La Fleur, **393, 400;** – Vedel (René), **410;** – Vincent (Jehan), **394, 395;** – Vivien (Jehan), **411.**
—— (Charrons ordinaires de l'. — Malherbe (Antoine), **311;** – Payen (Nicolas), **311.**

ARTILLERIE DE FRANCE. — Commissaires généraux des poudres et salpêtres : Cf. Bailly (Jehan), à Vierzon; Barreau (Jehan), à Paris; De Corberon (Nicolas), à Troyes; Du Crochet (Jacques), à Verdun; Godet (Philbert), à Châlons; Jappin (Nicolas), à Verdun; Jourdan (Jehan), à Marseille; La Courbe (Antoine), à Lyon; Moussart (Michel), à Tours; De Vienne (Abraham), à Sarlat.
—— Commissaires ordinaires de l'. — Cf. Dorléans (Jehan), à Paris; Durant, en Champagne et Brie; Greysieu (Pierre), à Lyon; Hue (Jacques), à Paris; De Lezines (Siphorien), à Amiens; Routard (Louis), à Paris; Sallé, à Paris; Tricquoys (Mathias), Orléanais, Berry, Niveruais et pays Chartrain.
—— Conducteurs ordinaires de l'. — Cf. Baillon (Bernard), Delahaie (Pierre).
—— Contrôleurs généraux de l'. — Cf. Bouhier (Vincent), Darchambault (Sébastien), Du Benoist (Ennemont), De Guillon (François), De Morely (Nicolas), De Péreilles (Zacharie).
—— Contrôleurs ordinaires et provinciaux de l'. — Cf. Fabert (Abraham), Fabert (François), Mauclerc.
—— Déchargeur de l'. — Cf. Ravenel (Pierre), à Orléans.
—— Forgeurs de l'. — Cf. Durand (Pierre), — Gueliart (Jacques).
—— Gardes ordinaires et provinciaux de l'. — Cf. Marchis (Pierre), Routard (Louis).
—— Grand maître et Capitaine général de l'. — De Bethune (Maximilien), *passim*.
—— Lieutenant général du Grand-maître de l'. — Cf. De Durfort (Jean), s' de Born.
—— (Lieutenants du Grand-maître de l'). — Cf. Bourdin (Pierre), à Paris; Forain (Bonaventure), en Normandie; Hillaire (Charles), à Metz; De Lezines (Siphorien), en Picardie; Payon (Jehan), Lyonnais; Perinnel (André), en Dauphiné; Tiercelin (Robert), à Paris; Tricquoys (Mathias), à Orléans; De Viuspre, en Champagne.

ARTILLERIE DE FRANCE (Officier ordinaire de l'). — Cf. Guérin (Jehan).
—— Salpêtriers, 353 à 377.
—— Secrétaires de l'. — Cf. Regnouart (Noël).
—— Tentier ordinaire de l'. — Cf. Gaboury (Jean).
—— Trésoriers généraux de l'. — Cf. Chastelain (Pierre), De Donon (Louis), Dorléans (Jehan), Du Temps (Daniel), De Perelles (Zacharie), Placin (Nicolas), Puget (Estienne).

ASTRAUD (Abraham), Maison d' —, à Antibes, en la rue de Lamourier, 68.
Attainville. — Moulins et terres du couvent des Célestins, 50.
Aubaine (Droits d'), 15.
AUBERNON. Cf. Alburnon.
AUBERT, à Antibes, 71.
—— (Catherine), dame de Montaleau, première femme de Jacques de Besze, 19.
—— (Michel), témoin signant les certificats d'affichage, 121, 122, 124, 149, 153, 234.
AUBRY (Grégoire), menuisier à Saint-Germain-en-Laye, 189.
Aumônier du Roi : De Guillon (Antoine), 293.
Aunis, 359.
Auribeau. Cf. de Brandis d' —, 62.
Auron, De Donon (Louis), s' d' — 107.
Autun, 18.
Auvergne, 19.
—— (Haute et Basse), 367.
Avocat du Roi à Conches et Breteuil : Florent Goullet, s' de Malespine, 305.

B

BACCHUS, figure antique en marbre blanc, 130, 131.
BACHELET (Anne), femme de Mathieu Fezart, 296.
BACON, greffier, à Antibes, 78, 79.
—— (Antoine), Terre appartenant à —, à Antibes, 76.
—— (Nicolas), notaire royal à Antibes, 62, 68, 71, 72, 73, 78, 79.
BADIER (Gilbert), trésorier général en la généralité de Provence, 64.
Badonvilliers. — Canons de mousquets et d'arquebuses de —. 328.
BAHUCHE (Marguerite), femme de Jacob Bunel, 135.
BAILLON (Bernard), conducteur ordinaire de l'artillerie, demeurant à la porte Baudoyer, paroisse Saint-Gervais, 388.
BAILLY (Jehan), poudrier, demeurant en la ville de Vierzon, pays de Berry, commissaire général des poudres et salpêtres, 367, 368.
—— (Jehan), témoin signant les certificats d'affichage, 112, 185, 207, 210, 212, 228, 237, 284.
—— (Loys), maître maçon à Paris, 146, 213.
—— (Pierre), voiturier par terre, à Beureville en Lorraine, 382.
—— (Thomas), témoin de Noël Herbin sergent royal à Saint-Germain-en-Laye, 243.

TABLE GÉNÉRALE ALPHABÉTIQUE. 471

Baptiste (Jehan), **118**.
Bar (Comte de), **71, 72**.
—— (Henry, prince de Lorraine, duc de), **2**.
—— (Catherine de Bourbon, duchesse de), **1**.
Barbedor (Simon), religieux profès du couvent des Célestins, **48, 52**.
Barbier (Claude), **97**.
—— (Jean), clerc, à Lyon, **377**.
Barbin (Christophe), sʳ du Mesnil, capitaine de la ville de Melun, 19.
—— (Claude), bourgeois de Paris, demeurant rue de la Verrerie, paroisse Saint-Jehan en Grève, **19, 20, 21**.
—— (Dreux), baron de Broyes, 19.
Barcillon, notaire, **73, 78, 79**.
Barentis (Honoré), sʳ de Charonne, conseiller secrétaire du Roi, maison et couronne de France et de ses finances, demeurant à Paris, rue Bertin-Poirée, paroisse Saint-Germain-l'Auxerrois, **33, 34**.
Barillon (Pierre-Jean), lieutenant des ports, à Antibes, **62**.
Barlot (Thomas), manouvrier à Paris, **240**.
Baroys (Jehan), maître menuisier à Saint-Germain-en-Laye, **204 à 204, 232, 233**.
Barquier (M.), à Antibes, **71**.
Barré (Guillaume), le jeune, voiturier à Orléans, **402**.
Barreau (Jehan), commissaire général des salpêtres et poudres à canon à l'arsenal du Roi à Paris et Ile de France, demeurant rue Tixeranderie, paroisse de Saint-Jehan-en-Grève, **353 à 356, 374, 375**.
Barrois, **357**.
Bartel (François), voiturier par eau, demeurant à Troyes en Champagne, logé à Paris près le port Saint-Paul, enseigne du «Petit Cerf», **380**.
Bertillat. — Johannot (Louis-Joachim), marquis de —, 34.
Bassigny. — Chaumont en —), **318**.
Bassine (Jehan), religieux profès du couvent des Célestins, **48, 52**.
Bastard (Mathieu), secrétaire de la chambre du Roi, fermier, avec Raymond Vedel, du revenu des droits de la voirie de la ville, faubourgs, banlieue, prévôté et vicomté de Paris, demeurant rue des Prouvaires, paroisse Saint-Eustache, **99**.
Bastonneau (Anne), femme de Vincent Maupeou, 13
—— (François), notaire au Châtelet de Paris, 13.
Baten (Charles), allemand, entrepreneur des manufactures de blanchissage des cires et de bleu ou azur appelé émail, **16**.
Bâtiments du Roi. Cf. Contrôleurs et contrôleurs généraux des —; intendants des —; maîtres des œuvres des —; officiers des — ; Paris : travaux des —; surintendants des —; trésoriers des —.

Baudelot (Denis), témoin signant les certificats d'affichage, **181**.
Baudouyn, secrétaire du Roi, **54**.
—— (Girard), maître passeur des ports de Paris et juré de la communauté des maîtres passeurs, **91**.
—— (Jehan-Roubert), notaire royal à Aix-en-Provence, **88, 89**.
Baugy (Jacques de), maître ordinaire en la Chambre des Comptes de Paris, 20.
—— (Marie de), femme de Jehan II Le Prévost, sʳ de Saint-Germain, 20.
Beaujolais (Province de), **376**,
Bauldier (Jean), à Verdun, **371**.
Baye en Champagne, — De Lon (Jean), baron de — 37.
Bazin (Théodore), fermier du sel, 19.
Beaumanoir (Anne-Romaine de), femme de Louis-Auguste d'Albert d'Ailly, duc de Chaulnes, 34.
—— (Henri-Charles-...ire de), marquis de Lavardin, chevalier des Ordres du Roi, lieutenant général au gouvernement de Bretagne, ambassadeur extraordinaire à Rome, 34.
—— (Marie-Louise-Henriette), femme de Jacques-Louis de Beringhen, 34.
Beaumarchais. Cf. Bouhier (Vincent), sʳ de —.
Beauregard. Cf. Bouhier (Jacques), sʳ de —; Olier (Louise), dame de —.
Beausemblant. — De Laffemas (Isaac et Barthélemy), dits —, **46**.
Beauvais (Louis de), maître menuisier à Paris, rue Saint-Antoine, paroisse Saint-Paul, **122, 123, 127, 136, 167, 169, 186, 217**.
Bègue (Simon), terrassier à Paris, demeurant rue du Temple, paroisse Saint-Nicolas-des-Champs, **94, 153, 187**.
Belhomme (Martin), maître menuisier à Paris, **292**.
Belier (Anthoine), dit «le capitaine Le Maistre», capitaine ordinaire du charroi de l'Artillerie, demeurant à Chillieurs près Orléans, **399, 402**.
Belleau, près Château-Thierry. — Gaultier (Estienne), capitaine du charroi de l'artillerie, demeurant à —, **398**.
Bellenger (Maurice), tailleur de marbre à Paris, **131**.
Bellier (Jehan), témoin signant les certificats d'affichage, **108**.
Bellièvre (Claude de), premier président du Parlement de Lyon, 9.
—— (Nicolas de), 11.
—— (Pomponne de), chevalier, sʳ de Grignon, conseiller du Roi en ses Conseils d'État et privé, chancelier de France, **9, 11, 22, 23, 28, 29, 32, 35, 36, 37, 38, 39, 40, 41, 42, 43, 45, 46, 47, 54, 55**.

Bénard (René). Cf. Besnard.
Bérard (André), s' de Maisoncelles, contrôleur des Jardins du Roi, au palais des Tuileries, 243, 244, 245, 246, 247, **248**, **250**.
Bergron (François), notaire au Châtelet de Paris, 3o.
Berger (Alexandre), maître charpentier, **213**.
Beringhen (Jacques-Louis de), maréchal des camps et armées du Roi, 34.
Bernard (Gilles), **95**.
—— (Honoré), **71**; – Jardin de maître —, à Antibes, **77**.
—— (Nicolas), plombier à Paris, **294**.
—— (Nicolas), religieux profès du couvent des Célestins, 48, **52**.
Bernardy, notaire à Antibes, **71**, **79**.
Bernier (Julienne), femme de Nicolas Jappin, 371.
Berry. — 3o9, **361**, **365**, **374**.
Bertot (Anthonin), dit Borrel, capitaine ordinaire du charroi de l'Artillerie de France, 332.
Berty et Legrand, 1o3, **1o8**.
Besnard (René), architecte, demeurant à Tours, paroisse Saint-Venant, **268** à **270**.
Bessault (Guillaume), 2.
Besgue (Simon). Cf. Bègue.
Besze (Jacques de), trésorier provincial de l'extraordinaire des guerres en Picardie, 19.
—— (Marie de), femme de Philippe de Coulanges, 19.
Bethune (Jacqueline de), **302**.
—— (Louis-Joseph de), marquis de Charost, 35.
—— (Lucrèce de), femme d'Armand-Léon de Durfort, 299.
—— (Maximilien de), s' de Bontin, capitaine et gouverneur de la ville et château de Mantes, **270**.
Beugey (Province de). Cf. Bugey.
Beureville en Lorraine. Cf. Bailly (Pierre), de Bonnefoy (Philbert), Codiron (Pierre), Estienne (Pierre), voituriers à — **382**, **383**.
Bignon. — D'Arquenay (Julienne), dame de —, 46.
Bigot (Jehan), religieux profès du couvent des Célestins, 48, **52**.
Billard (Jacques), maître fourbisseur à Paris, rue Saint-Antoine, paroisse Saint-Paul, **340**, **346**.
Bjonneau (Anthoine), trésorier général en la généralité de Provence, **61**.
—— (François), contrôleur général du taillon en Provence, trésorier et receveur général de la Marine du Levant et des réparations, fortifications et mortes payes de Provence, 61.
—— (Jean), secrétaire de la chambre du Roi, commis à l'extraordinaire des guerres en Provence, trésorier et receveur général de la Marine du Levant et des réparations, fortifications et mortes payes de Provence, 61.

Biot, **76**.
Blancbuisson. — Pierre de Castille, s' de — 18, **112**.
Blanc de plomb, **16**.
Blancmesnil. — Potier (Jacques), s' de — 196.
Blanqui, clerc de Boniface Seguiran, 62.
Blastrier ou Blatier (Catherine), femme de Jean de Bost, 3o5.
Blois, 45.
Blondeau (Elisabeth), femme de Jean Phelypeaux, s' de Villesavin, 35.
Bobussk (Suzanne), femme de Jacques Imbert, architecte à Saint-Léger, 229.
Bochetel (Marie), femme de Claude de L'Aubespine, 9.
Boileau, 196.
Bois d'Auteuil. — Cf. Tiercelin (Robert), s' du —.
Bois des Armes. — Cf. Cardinet (Jehan), s' du —.
Boisgautier, près Melun. — Testu (Charles), dit « La Foresta », demeurant à —, **394**.
Boisgibault. — Cf. Maubert (Jehan), s' de —.
Boislève (Renée), femme de André Hurault, 9.
Bompar (Anne de), femme d'Albert de Durand, **88**.
—— (Jean-Baptiste), s' de Foncouverte et de Montagu, **88**.
—— (Madeleine de), femme de Guillaume Seguiran, 62.
—— (Marthe de), veuve de Pierre Jehan de Bompar, demeurant à Aix en Provence, **88**, **89**, **90**.
—— (Melchior de), second consul d'Aix, **88**.
—— (Pierre-Jehan de), conseiller du Roi et lieutenant principal au siège et ressort de la ville de Grasse, 57, **64**, **74**, **88**, **89**.
Bonet (Jean de), maître charpentier à Paris, **237**, **238**.
Boncars (Jehan), maître charpentier à Paris, **149**, **194**.
—— (Jehan), maître maçon, à Saint-Germain-en-Laye, **189**, **197**, **198**.
Bonigalle (Thomas de), premier huissier du Roy de son trésor, **94**, **97**, **112**, **114**, **117**, **119**, **120**, **121**, **122**, **124**, **126**, **129**, **130**, **132**, **143**, **146**, **148**, **150**, **153**, **156**, **159**, **164**, **166**, **167**, **172**, **177**, **181**, **184**, **186**, **187**, **190**, **192**, **194**, **197**, **199**, **207**, **210**, **212**, **213**, **215**, **217**, **223**, **225**, **228**, **230**, **234**, **237**, **239**, **240**, **242**, **244**, **246**, **248**, **249**, **263**, **265**, **269**, **284**, **285**, **287**, **289**, **294**; – monnoyer en la Monnaie de Paris, 94.
Bonnaud (Honoré), pré de —, à Antibes, **76**.
Bonneau, secrétaire du Roi, 36.
—— (C.), à Antibes, **71**.
Bonnefoy (Philbert de), marchand voiturier par terre, à Beureville en Lorraine, **383**.
Bonneval. — Cf. Jean de Vienne, s' de —.
Boquet (Louise), fille aînée de la nourrice de Louis XIII, femme de François II de Donon, 49.

Bordeaux. — Magasin d'artillerie de —, **362** ; — Le Conte (Robert), trésorier de France à —, 40.
Born (Le s' de). — Cf. de Durfort (Jean).
Borrel (Anthoine), capitaine ordinaire du charroi de l'artillerie, à Paris, rue des Francs-Bourgeois, paroisse Saint-Gervais, **394, 395**.
—— (Anthonin Bertot, dit), capitaine ordinaire du charroi de l'artillerie, 332.
—— (Jacques), s' du Fresnoy, capitaine général du charroi de l'artillerie, demeurant rue des Francs-Bourgeois, paroisse Saint-Gervais, 99, **323, 333, 394, 395**.
—— (Mathieu), capitaine ordinaire du charroi de l'artillerie, demeurant à Paris, rue des Francs-Bourgeois, paroisse Saint-Gervais, 332, **404**.
Borrely (Antoine), notaire à Draguignan, **78**.
Bossut (Guillemette de), première femme de Robert de La Vieuville, 307.
Boton (Marguerite), femme d'Isaac Laffemas, 46.
Bouchard (Simon), jardinier des Tuileries, 250.
Boucher (Charles), s' de Houilles, conseiller au Parlement de Paris, 42.
—— (Madeleine), femme d'Antoine Ribauld, 42.
Boudin (Thomas), sculpteur, peintre et architecte du Roi, **116, 118**.
Bouhier (André), s' de La Verrie, 29.
—— (Françoise), 29, 30.
—— (Jacques), écuyer, s' de Beauregard, conseiller du Roy et son maître d'hôtel ordinaire, **29, 30, 31, 32** ; — Capitaine des toiles de chasse, tentes et pavillons, 29.
—— (Lucrèce), femme en premières noces de Louis de la Trémoille, marquis de Noirmoutier, et en secondes noces de Nicolas de Lhospital, duc de Vitry, 24, 29.
—— (Marie), femme de Louis de La Rochefoucauld, 29.
—— (Marie), femme de Charles, marquis puis duc de La Vieuville, 29.
—— (Robert), marchand aux Sables-d'Olonne, s' de La Roche-Guillaume, 29.
—— (Robert), s' de Beauregard, 29.
—— (Vincent), s' de La Goujonne, conseiller du Roi et contrôleur général de l'artillerie, demeurant quai des Orfèvres, **273, 274, 275, 299, 301, 302, 303, 305, 306, 307, 308, 310, 311, 324, 353, 355, 357, 360, 381, 382, 383, 385**; — s' de Beaumarchais, conseiller du Roi et trésorier de son Épargne, 24, 29, **59, 83, 84, 85**.
Bouillon (Duchesse de), 42.
Boulencourt. — Cf. Luillier de —.
Boullet (Alix), femme de Jonas Robelin, 151.
—— (Catherine), femme de Vincent Roynard, 151.
—— (Jacques), maître maçon à Paris, **146**.

Boullet (Martin), maître maçon à Paris : en 1603, rue et paroisse Saint-Sauveur, **284** ; — en 1605, 1607 et 1609, rue du Perche, maison dite des Boulets, **146, 156, 159**.
Boulogne (Château de), dit Madricq. — Cf. Madrid.
Boullonnois, 371.
Bourbon (Catherine de), sœur unique du roi Henri IV; épouse de Henry, prince de Lorraine, duc de Bar, **1, 2**.
Bourbon. — Cf. Paris. Hôtel de —. Jardin de —.
Bourbonnais. — Lieutenant du Grand Maître de l'Artillerie ès départements de — : Tricquoys (Mathias), **344**.
Bourdeaulx. — Cf. Bordeaux.
Bourdin (Pierre), s' de Montmansois, lieutenant du Grand Maître de l'artillerie pour le département de Bourgogne, résidant à Lyon, **406, 407**.
Bourdon (Loys), religieux profès du couvent des Célestins, **48, 52**.
Bourg-en-Bresse. — Cruso (Jacques de), capitaine ordinaire du charroi de l'artillerie, demeurant à —, **406**.
Bourges (Marc de), 310.
—— (Nicolas de), 310.
Bourgogne, 18, 42, 358, 374, 407.
Bourgoing (Jehan), voiturier par eau à Paris, rue de la Mortellerie, paroisse Saint-Gervais, 385.
Bourguillot (Nicolas), voiturier par eau, à Paris : en 1602 : rue de la Mortellerie, paroisse Saint-Gervais, 387; — en 1606 : quai des Ormes, paroisse Saint-Paul, **389, 390, 391, 392**.
Bouthillier de Chavigny, ministre secrétaire d'État, 35.
Bouthillier (Marie), femme en premières noces de Nicolas Brulart, marquis de La Borde et, en secondes noces, de César-Auguste duc de Choiseuil, 35.
Bouyn (Pierre) dit Sancerre, maître taillandier grossier demeurant rue Saint-Antoine, paroisse Saint-Paul, près le château de la Bastille, **113, 114, 343**.
Brosse (Salomon de), architecte, **170, 172**.
Boyer (Antoine), s' de Sainte-Geneviève-des-Bois et de Villemoisson, conseiller du Roi en ses conseils, demeurant à Paris, rue Geoffroy-Lasnier, paroisse Saint-Paul, 34.
—— (Louise), femme d'Anne, duc de Noailles, 34.
Braglongne (De), trésorier général de France en la généralité d'Orléans, **54**.
Braglonne (Anne de), femme de Jacques de Cothereau, 269.
Brancas (Gaspard de), 60.
Brandebourg (Le marquis de) —, 18.
Brandis d'Aurineau (Anne de), femme de Claude de Grasse, 62.
Brasseries de bière, **15**.

Bréau (Pierre), maître maçon à Paris, 110.
Bréau. — Ribauld (Antoine), s' de —, 41; — et Madeleine Boucher, sa femme, fondateurs des «Picquepus» de Bréau, 42.
Breban (Simon de), marchand tapissier à Paris, rue Trainée, 7.
Brémond (Ferriol), terre des hoirs —, à Antibes, 76.
—— (Jean), la terre de —, confrontant le pré de Poume, à Antibes, 66, 76, 82.
—— (Jean), terre de —, à Antibes, 76.
Bresse (Pays de). — Du Fournel (Pierre), intendant des fortifications et réparations des anciens gouvernements du Lyonnais et —, 290, 291, 292, 376.
Bresson (Le capitaine Jacques), écuyer, coseigneur d'Antibes, 57, 62, 63, 64, 71, 72, 74, 81, 82, 85, 86, 87.
—— (Julie), fille du capitaine Jacques Bressou, 86.
Bret (François), facteur de Claude Galliot, voiturier par terre, demeurant à Lyon, 384.
Bretagne, 34, 364, 365, 366, 374.
Breteuil, près Verneuil au Perche. — Cormier (Antoine), maître des Forges de La Rochette, demeurant à —, 305; — Goullet (Florent), avocat du Roi à Conches et —, 305.
Breuil (Le). — Cf. De Vailly (Jean), s' du —.
Briare (Canal de), 54.
—— (Paroisse de). — La Troussebosière en la —, 54, 55.
Brière (Dominique: *alias* Bruyère et Bryère), témoin signant les certificats d'affichage, 94, 97, 114, 116, 117, 119, 150, 190, 192, 194, 242.
Brichanteau (Françoise de), femme de Louis de Lhospital, marquis de Vitry, 94.
Brie, 321, 346, 354, 374. Cf. Chastres en —; — Chessy en —.
Brie-Comte-Robert. — Durand (Pierre), dit La Brèche, forgeur ordinaire de l'artillerie du Roi, à —, 343, 345, 346.

Brignolle, 62.
Brinvilliers (Marquise de), 31.
Briquet (Pierre de), notaire au Châtelet de Paris, 31, 38, 303.
Brissac (Maréchal de), grand-fauconnier de France, 307.
Brisson (Jacques). Cf. Bresson.
Brocard (Jehan), capitaine du charroi de l'artillerie, 411.
Brocart (Josse), capitaine ordinaire du charroi de l'artillerie, demeurant à Paris, rue des Vieux-Augustins, 411.
Bronod, notaire au Châtelet de Paris, 34.
Broyes (Baronnie de). — Cf. Barbin (Claude et Dreux), barons de —.
Brulart (Claude), femme de Nicolas de Bellièvre, 11.
—— (Marie), femme de Louis-Joseph de Bethune, marquis de Charost, 35.
—— (Nicolas Ier), chevalier, s' de Sillery, garde des sceaux de France, 9, 11, 23, 28, 29, 32, 33, 35, 36, 37, 38, 39, 40, 41, 42, 45, 46, 47, 54, 55, 56, 57, 60, 61; — Chancelier de France, 13, 16, 18, 24, 26, 82, 83, 85, 86, 88, 90, 196.
—— (Nicolas II), marquis de La Borde, 35.
—— (Pierre Ier), président aux Enquêtes, 11.
—— (Pierre II), 11.
—— (Roger), marquis de Sillery et de Puisieux, lieutenant général des armées du Roi, gouverneur d'Huningue et ambassadeur en Suisse, 40.
Bugey (Province de), 376.
Bullant (Jehan), architecte, 2.
Bunel (Jacob), peintre ordinaire du Roi, demeurant sous la grande galerie du Louvre, paroisse Saint-Germain-de-l'Auxerrois, 5, 134, 135.
Bune (Louis de). — Cf. Debures.
Bussart (Adam), 116.

C

Cagnes. — Cf. Grimaldi (René et Nicolas) et de Grimault (Alexandre), sieurs de —.
Caillebot (Louis de), 28.
Calignon, membre du Conseil de vérification des rentes, 37.
Calvy, notaire à Antibes, 73, 78, 79.
—— (Jacob), vicaire et official d'Antibes, 87.
—— (Pierre). — Terre de — à Antibes, 76.
Cambrai. — Cf. Paris, collège de —.
Camous (Antoine de), religieux profès du couvent des Célestins, 48, 52.

Camus, 18.
Camus de Pontcarré (Nicolas), conseiller d'État, 20.
Canaux de Loire et Seine, 97; — de Sillery, 96, 97, 98. Cf. Cosnier (Hugues), entrepreneur.
Cannes. — Greniers à sel, 58.
Capitaines. Cf. : Charroi de l'artillerie; — Compagnies : d'arquebusiers à cheval; des Cent Gentilshommes de la Maison du Roi; de gens de pied; d'ordonnances.
—— des toiles de chasse, tentes et pavillons du Roi : Boulier (Jacques), s' de Beauregard, 29.

Carabiniers. — Arnauld (Ysaac II), mestre de camp de — 38.
CARBONNIER (Fleurant), religieux profès du couvent des Célestins, **48, 52**.
CARDINET (Jehan), seigneur du Bois des Armes, conseiller du Roi, maître des requêtes ordinaires de l'Hôtel de la Reine, prévôt des Châtelet, châtellenie et prévôté d'Orléans, conservateur des privilèges royaux de l'Université d'Orléans, 55.
CARENCE (Baptiste), notaire royal à Antibes, **62, 72, 73, 78**.
CARPENTIER (Guillaume), voiturier à Orléans, 402.
Carrières, **180, 184**.
CASTILLE (Marie-Louise-Christine DE), marquise de Montjeu, femme d'Anne-Marie-Joseph de Lorraine, prince de Harcourt, 42.
—— (Nicolas), abbé de Saint-Bénigne de Dijon, 18.
—— (Philippe), marchand de soie à Paris, rue Saint-Denis, à l'enseigne des *Trois Visages* (alias de *La Tour de Castille*), receveur général du clergé, 42.
—— (Pierre), sʳ de Blancbuisson, 18; – conseiller du Roi en son grand Conseil et grand rapporteur en la Chancellerie de France, 42, 43, demeurant rue Saint-Antoine, paroisse Saint-Gervais, 44; – maître des requêtes, contrôleur général et intendant des Finances, 42.
CATHERINE DE MÉDICIS. — Sa maison rue des Deux-Écus, 2; - son portrait, 3. — Cf. du Vair (Jehan), son procureur général.
CAUCHON (Marie), dame de Puisieux et de Sillery, 11.
Caumartin. — Cf. Le Fèvre (Jean et Louis), sʳˢ de —.
CAVASSE (Raphael). — Maison des hoirs de feu maître — sur la route de Revene, à Antibes, 68.
CAYNEAU (Pierre), notaire au comté des Ollonnes, 31.
CENAMY (Barthélemy), traitant, associé de Zamet, 291.
—— (César DE), gentilhomme lucquois, demeurant à Paris, rue Saint-Avoye, paroisse Saint-Mederic, 291.
Cernay. Cf. de Foissy (Pierre), sʳ de —.
CHABOT (Catherine DE), femme de Guillaume de Saulx, comte de Tavannes, 38.
—— (Marguerite DE), duchesse d'Elbeuf, demeurant en l'Hôtel de Reims, rue des Haudriettes, 38.
Chaigny. — Cf. Jeannin (Pierre), sʳ et baron de —.
CHAILLY (André), voiturier à Orléans, 402.
Chailly. — Cf. Tiercelin (Robert), sʳ de —.
CHAIS (Isaac), conseiller auditeur et archiviste à la Cour des Comptes de Provence, **58, 62, 81, 82, 85**.
CHALGRIN, architecte, 170.
Chalon-sur-Saône (Ville de), **325, 380, 381, 382, 383, 389, 391**.
Châlons en Champagne. — Artillerie et magasins, 300, **313, 345, 346, 355, 363, 373, 380, 414**. – de Chastillon (Claude), Hugues et Pierre, 40; – Godet (Philbert), marchand bourgeois de — 310; – Hennequin (Louis), président du bureau des finances à — 326; – Jourdain (Françoise), 40; – Laurens (Thomas), bourgeois de —, 363.
Chambéry (Ville de), 327.
CHAMBIGES (Denise), femme de Louis Marchant, 23.
—— (Jeanne), femme de Jean Fontaine, 23.
—— (Pierre), entrepreneur de maçonnerie du Louvre, 23, 24; – maître maçon, entrepreneur de la maçonnerie de la grande galerie du Louvre, **108, 109**.
Chambord (Château de), 104.
Chambres des Comptes. — Cf. Paris; Rouen.
Chambre du commerce, 16.
Chambre du Roi. — Cf. secrétaires de la —; valets de —; gentilshommes ordinaires de la —.
Champagne. — Chastillon (Pierre de), intendant des fortifications en —, 40; – Durant, commissaire ordinaire de l'artillerie en — et Brie, 346.
—— (Province de), **314, 315, 321, 363, 374**; - traite des blés et vins de la —, 306.
CHAMPAIGNE (Edme), terrassier manouvrier, à Paris, rue des Jardins, paroisse Saint-Paul, 278.
Champfleuri. — D'Arquenay (Julienne), dame de —, 46.
Champignelles-les-Grand-Pré, pays de Champagne. — Vaudin (Claude), aide de maréchal de camp en Picardie, demeurant à —, 299.
CHAMPIN (Jehan-Baptiste), conseiller notaire et secrétaire du Roi, maison et couronne de France, **52, 53**.
Chamron. — De Vichy de —, 35.
Chanceliers de France. — Cf. Bellièvre (Pompone de); Brulart (Nicolas), sʳ de Sillery.
Chancellerie de France. — Castille (Pierre de), grand rapporteur en —, 42.
Chantal. — Rabutin (De), baron de —, 33.
CHAPPELLE (Alain), terrassier manouvrier à Paris, rue des Barrez, paroisse Saint-Paul, 280.
Charenton Saint-Maurice, 93.
CHARLES. — Portrait du Roi, 3; – portrait de la Reine femme dudit roi —, 3.
CHARLES QUINT, **3, 18**.
CHARLES V. — Portrait du Roi et de la Reine, sa femme, 4.
CHARLES VIII. — Son portrait, 4.
Charmeaux. — Guiot (Antoine), sʳ de —, 9.
Charonne. — Barentin (Honoré), sʳ de —, 33.
Charost. — Béthune (Louis-Joseph de), marquis de —, 35.
Charpente. — Cf. Jurés du Roi en l'office de charpente-

TABLE GÉNÉRALE ALPHABÉTIQUE.

rie; – maîtres des œuvres de charpenterie; – *Paris :* Travaux de charpente.

Charpentiers. — Bailly (Louis), 213; – Berger (Alexandre), 213; – Mercier (Guillaume), 213; – Séjourné (Jehan), 213.

Charrons (Maîtres). — Cf. Paris —.

Chartres. — Pineau (Séverin), 12.

Chasse. — Bouhier (Jacques), capitaine des toiles de chasse, tentes et pavillons du Roi, 29.

Chassin (Claude), maître menuisier à Paris, rue Pavée, paroisse Saint-Paul, 167, 168.

Chastelain, secrétaire de la Chambre du Roi, trésorier provincial de l'extraordinaire des guerres en Picardie, 19.

—— (Marie), femme de Jean de Lon, baron de Baye, en Champagne, s^r de Lorme, trésorier de France à Châlons, 37.

—— (Pierre), conseiller du Roi, trésorier général de l'Artillerie, demeurant en la Place Royale, 37, 413.

Chastelier (Le). — Fournel (Pierre du), écuyer, s^r du —, 290, 291.

Chastillon (Claude de). — Topographe du Roi, 40, 41, 43; – ingénieur, né à Châlons, 40.

—— (Claude de), femme de Joachim Godet de Renneville, 40.

—— (Hugues de), capitaine de cavalerie, élu à Châlons, 40.

—— (Pierre de), intendant des fortifications en Champagne et en Picardie, 40.

Chastres-en-Brie. — Donon (Médéric de), s^r de —, 49.

Châteauneuf. — Guillaume de l'Aubespine, s^r de —, 9; – membre du Conseil de vérification des rentes, 37.

Château-Thierry. — Jardin (Jehan du), notaire royal en la prévôté de —, 398; – Mauroy (Pierre), s^r de la Baume, capitaine du charroi de l'artillerie, à —, 398; – élection de —, 398, 401.

Châteaux royaux. — Cf. Chambord, Fontainebleau, La Muette, Louvre, Madrid, Saint-Germain-en-Laye, Tuileries, Villers-Cotterets.

Châteauvieux. — Perrinael (André), s^r de —, 406.

Châtelet. — Cf. Orléans; – Paris.

Chaulnes. — D'Albert d'Ailly (Louis-Auguste, duc de —), 34.

Chaulny, 391.

Chaumont (Bailliage de). — Joinville, 302.

Chaumont-en-Bassigny (Ville de). — Artillerie de la ville de —, 318.

Chausson (Suzanne), femme de René Maubert, 55, 56.

Chauvelot (Nicolas). — Témoin signant les certificats d'affichage, 112, 126, 129, 130, 146, 156, 164, 181, 184, 197, 207, 210, 212, 228, 230, 237, 240, 244, 246, 249, 284, 294.

Chauvet, notaire royal à Gien, 55, 56.

Chauvin (Jamet), voiturier à Orléans, 402.

—— (Marie), femme en premières noces de Marc de Bourges et en secondes noces de Pierre Le Blef, 310.

Chavigny. — Cf. Bouthillier de —.

Checy. — Cf. Chessy-en-Brie.

Cher, 35.

Chésière. — Coulanges (Louis de), s^r de —, 33.

Chessy-en-Brie. — Seigneurie mouvante de l'abbaye de Lagny, Cf. Fourcy (Jean), s^r de —.

Chevalier (Jean), s^r des Vignaux, conseiller au Parlement, 45.

—— (Nicolas), s^r de Videville, conseiller du Roi en son Conseil d'État et président ès enquêtes de sa cour de Parlement, 45.

Chevaliers des ordres du Roi. — Augennes (Nicolas d'), 45; – Beaumanoir (Henri-Charles de), 34; – Grimaldi (René), 57; – La Vieuville (Robert de), 307; – Noailles (Anne, duc de), 34.

Chevalier du guet. — A Orléans : Lambert (Mathurin), 393.

Chevallier (Hubert), voiturier à Orléans, 402.

Chevau-légers. — D'Albert d'Ailly (Louis-Auguste), duc de Chaulnes, capitaine lieutenant des deux cents — de la garde ordinaire du Roi, 34.

Cheverny. — Cf. Hurault de —.

Chevreuse. — De Fredy (Pierre), lieutenant général de la gruerie de —, y demeurant, 229.

Chevrier (Le s^r de), 293.

Chillieurs près Orléans. — Bélier (Antoine), dit le capitaine Le Maistre, capitaine du charroi de l'artillerie, y demeurant, 399.

Chiourme, 10.

Chirurgiens du Roi. — Pineau (Severin), 12.

Choilly (Claude de), bourgeois de Paris, échevin de Paris, 52, 53.

Choiseul (César-Auguste, duc de), 35.

Choisy-en-Brie. — Tiercelin (Robert), s^r de —, 274.

Choppant (Victor), terrassier manœuvrier à Paris, rue de La Fontaine, paroisse Saint-Nicolas-des-Champs, 278.

Choppin (René), chevalier, s^r d'Arnouville, conseiller du Roi en ses conseils et maître des requêtes de son Hôtel, 34.

Christine de France, 261 à 264.

Ciray, près Joinville, bailliage de Chaumont. — Chastellet (Mre Antoine du), s^r et baron de —, y demeurant, 302.

Cires (Blanchissage des), 16.

Claude (Portrait de la Reine), 2.

Claude de France, duchesse de Lorraine. — Son portrait, 3.

Claveau (Nicolas), demeurant rue Sainte-Catherine, paroisse Saint-Paul, 94.

TABLE GÉNÉRALE ALPHABÉTIQUE.

Clément (Hugues), maître charpentier à Paris, **143**, **144**, 213.
—— (Jehan), entrepreneur de maçonnerie, à Paris, **119**.
Clerac, 59.
Cléremault (Louis), marquis de Vendeuil, 34.
Clèves (Guillaume, duc de Juliers et de ——); – Jean, — 18.
Cloguier (Nicolas), archer du guet à cheval de la ville de Paris, y demeurant rue des Prêcheurs, paroisse Saint-Eustache, **92**.
Cloquet (Jehan), religieux profès du couvent des Célestins, 48, **52**.
Cloustier (Louis), notaire à Orléans, 398.
Clozier (Philippes), femme d'Hugues de Chastillon, 40.
Cochefillet (Maison de), 45.
—— (André de), beau-frère de Sully, 9.
—— (Rachel de), femme de Maximilien de Bethune 37.
Cochon (Jeanne), femme de Claude Barbin, 19.
Codiron (Pierre), voiturier par terre, à Beureville en Lorraine, 382.
Cœuvres, près Soissons. —— Lavoisier (Symon), capitaine du charroi de l'artillerie à ——, **399**.
Coiffy (Château de). —— Artillerie du château de ——, 318, 363.
Coin (Jehan), maître maçon à Paris, 37, **109**, **110**, **172**; – demeurant rue et paroisse Saint-Paul, **111**.
Colanges (De) et Collanges (de). Cf. de Coulanges.
Cologne, **18**.
Comans (Charles de), directeur de la Manufacture des Gobelins, **164**.
—— (Marc de), gentilhomme flamand et directeur des manufactures des tapisseries à la Marche, façon de Flandres en France, demeurant à Saint-Marcel-lez-Paris, rue Mouffetard, paroisse Saint-Hippolyte, **164**; – s' des Hermines, **164**.
Combe (Jehan), résidant à Aix-en-Provence, **89**.
Commerce de France. —— Chambre du ——, **16**; –– commissaires généraux établis pour le ——, **15**, **16**; – contrôleur général du ––, **46**.
Commercy, 357, 371.
Commissaires généraux des vivres. —— La Fosse (Jean de), **19**; – Légier (Guillaume), 60.
Commissaires ordinaires des guerres. —— Faure (Jean), **100**; – Darchambault (Sébastien), 276; – La Fosse (Jehan de), **19**.
Compagnies : — d'arquebusiers à cheval : De Corberon, (Claude), capitaine, 357.
—— des cent gentilshommes de la Maison du Roi : Angennes (Nicolas d'), capitaine de la ——, **45**.
—— de gendarmes : de Mgr le Dauphin : de Lhospital (Nicolas), enseigne, 24.

Compagnies : — de gens de pied : Leconte (Sébastien), capitaine d'une ——, 403.
—— d'ordonnances du Roi. —— Cf. Ordonnances.
—— Béthune (Maximilien de), *passim*; – Schomberg (Gaspard de).
Compans (Catherine de), femme de Christofle Leger, 304.
—— (Jehan de), 304.
Compiègne, 354, 374; – Jacques (Gaspard), fondeur à ——, y demeurant, paroisse Saint-Antoine, **306**, **321**.
Comtesse (Nicolle), femme de Jean Danquechin, 269.
Conches. —— Goulet (Florent), avocat du Roi à —— et Breteuil, 305.
Congis (Le sieur de). —— Logis du —— dans le jardin des Tuileries, 249, 254, 259.
Connart (Guillaume), maître de forges, à Orbez-en-Brie, 323.
Conseil d'État, **98**, tenu au château du Louvre, **13**, 24, **83**, **86**, **89**.
Conseillers d'État. —— D'Angennes (Nicolas), 45; – Arnauld (Isaac), **18**, **23**; – De Bethune (Maximilien), *passim*; – Bouhier (Vincent), **29**; – Brulart (Nicolas), **11**, **15**, **18**; – Camus de Pontcarré (Nicolas), 20; – Chevalier (Nicolas), 45; – Du Vair (Guillaume), **59**; – De Fourcy (Jehan), 40, **107** à 266; – Guiot (Antoine), **52**; – De Harlay (Achille), **23**; – De Harlay (Nicolas), **108**; – Jeannin (Pierre), **18**, **41**; – De Laffemas (Isaac), **46**; – De La Grange Le Roy (Jacques), **108**; – De La Guesle (Jacques), 229; – De Laubespine (Guillaume), **15**, **18**; – Le Fèvre (Louis), **18**; – Maupeou (Gilles), **15**, **18**; – Milon (Benoît), 41; – Miron (Marc), **18**; – De Schomberg (Gaspard), **108**.
Conseillers secrétaires du Roi. Cf. : Barentin (Honoré), Boyer (Antoine), Cardinet (Jehan), Champin (Jehan-Baptiste), Charbonnières (Charles), Charbonnières (Gabriel), Chastelain (Pierre), Choppin (René), De Coulanges (Philippes), De Donon (François), Felissan (François), Fougeu (Pierre), De Fourcy (Jehan), De Guillon (François), Jacquet (Pierre), De La Barre (Guillaume), De La Fosse (Jehan), Le Prevost (Jehan), Lhoste (Hilaire), De Morely (Nicolas), Parent (Nicolas), Phelypeaux (Balthazar-Louis), Phelypeaux (Jehan), Puget (Estienne), Ribault (Antoine), De Serre (Antoine).
Constantinople. —— Olier (Édouard), ambassadeur à ——, 30.
Contesse, notaire au Châtelet de Paris, 413.
Contrôleurs généraux et contrôleurs. —— Des bâtiments du Roi : Cf. De Donon (Jehan et Mederic), contrôleurs généraux, et Lintlaër (Louis), contrôleur;
—— du commerce de la France : Cf. de Laffemas (Barthelemy), contrôleur général.

CONTRÔLEURS GÉNÉRAUX ET CONTRÔLEURS : — des Finances : Cf. Barbin (Claude), De Castille (Pierre), Jeannin (Pierre), Maupeou (Gilles), Milon (Benoît), de Vienne (Jehan), contrôleurs généraux.
—— des fortifications : Cf. De Cottereau (Jehan), Jumeau (Charles), contrôleurs généraux.
—— des guerres : Cf. Maubert (René), contrôleur.
—— des jardins du Roi : Cf. Berard (André), contrôleur.
—— du taillon : Cf. Bionneau (François), Felissan (François), contrôleurs généraux.
Coquatrix. — Privé (Estienne), s' de —, 35.
COQUILLE (François), maître couvreur à Paris, rue Pastourelle, paroisse Saint-Nicolas-des-Champs, **258**, **259**.
COQUILLAT (Pierre), procureur en la Cour des Comptes de Provence, 89.
Corbeil. — Jacquet (Pierre), vicomte de —, 38.
CORBERON (Claude DE), capitaine d'une compagnie d'arquebusiers à cheval, 357.
—— (Nicolas DE), commissaire général des poudres et salpêtres au pays de Champagne et duché de Bourgogne, demeurant à Troyes en Champagne, paroisse Saint-Jean, 357. — Son département : les gouvernements de Champagne et duché de Bourgogne, **358**.
—— (Nicolas II DE), lieutenant particulier au bailliage et siège présidial de Troyes, y demeurant, 359.
—— (Nicolas III DE), avocat général, maître des requêtes, intendant du Limousin, la Marche, Aunis, Saintonge et Angoumois, 359.
Corbons. — Grimaldi (René), s' de —, 57 ; — Grimaldi (Nicolas), s' de —, 59.
CORDELOU (François), maître menuisier à Paris, **127**.
CORNIER (Antoine), sieur de Voroses, maître des forges de la Rochette, demeurant à Breteuil, près Verneuil-au-Perche, **305**, **306**.
CORNILLE, notaire au Châtelet de Paris, 34.
CORNUEL (Marie), femme de Nicolas de Corberon, 359.
—— (Nicolas), 359.
COSNIER (Hugues), licencié ès droits, entrepreneur des canaux de Loire et Seine et de Sillery, demeurant rue de la Mortellerie, paroisse Saint-Gervais, **96**, **97**, **98**.
COTREBEAU (Jacques DE), maître d'hôtel ordinaire de Louis XIII, 269.
—— (Isabeau), femme de Jacques d'Angennes, 45.
—— (Jehan DE), écuyer, s' de Cormeilles en Parisis, conseiller du Roi et contrôleur général des réparations et fortifications de l'Île de France, Paris et Picardie, **267**, **269**, **270**.
COTIN (Abbé), 196.
Coudray (Le). — Cf. Voroses.
COULANGES (Antoine DE), écuyer, s' de Richefonds, enseigne au régiment des gardes du Roi, 33.

COULANGES (Charles DE), écuyer, s' de Saint-Aubin, 33.
—— (Christophe DE), prêtre, abbé de Livry, 33.
—— (Claude DE), procureur au Parlement, 19.
—— (Henriette DE), femme de François Le Hardy, s' de La Trousse, 33.
—— (Louis DE), écuyer, s' de Chesières, lieutenant au régiment des gardes du Roi, 33.
—— (Marie DE), femme de Celse Bénigne de Rabutin, baron de Chantal, 33.
—— (Philippes DE), conseiller secrétaire du Roi et de ses finances, demeurant en la place Royale, paroisse Saint-Paul, 19 ; — trésorier provincial de l'extraordinaire des guerres en Picardie, **19**, 28, 30 ; — conseiller notaire et secrétaire du Roi et de ses finances, demeurant à Paris, rue Saint-Antoine, paroisse Saint-Paul, 31 ; — associé de Pierre Jacquet dans le parti des Gabelles, 38.
—— (Philippe DE), s' de La Tour, conseiller du Roi en ses conseils et maître ordinaire en sa Chambre des comptes, 33.
COULON (Claude), maître charpentier à Paris, **199**.
—— (Loys), maître charpentier à Paris, **176**, **199**.
COULON (Jehan), plombier à Paris, **294**.
COURANT (Estienne), religieux profès du couvent des Célestins, **48**, **52**.
Cour des Aides. — Cf. Paris.
Cour des Comptes. — Cf. Provence.
Cour des Monnaies. — Cf. Paris.
COURS (Balthazar). — Terre de — à Antibes, **76**.
COURT (Charles DE), peintre, concierge du Pavillon Royal, 34.
—— (Jean DE), peintre de Charles IX, 34.
Couvreurs. — Cf. Paris. Travaux de couverture, **218**. — Cf. Villers-Cotterets.
COUIN (Bonaventure), capitaine ordinaire du charroi de l'artillerie, demeurant à Troyes en Champagne, **404**.
COYNARD (Pierre), notaire royal à Tours, **364**.
Cravant-sur-Yonne, **393** ; — (Port de), **379**, **381**, **385**, **388**.
CRIL (Anne DE), femme de Gilles II Maupeou, 13.
CRÈVECŒUR (Marie DE), femme en premières noces de Benoît Milon, s' de Videville, et, en secondes noces, de Nicolas Chevalier, 45.
CREVEL (Robert), crieur juré du Roi en la Ville, prévôté et vicomté de Paris, **267**.
Croquetaine. — Du Mesnil (Denis), s' de —, 11.
CROSET (Jehan), religieux profès du couvent des Célestins, **48**, **52**.
CROSO (DE). Cf. Decroso.
CUEILLETTE (Françoise), dame de Blancmesnil, femme de Jacques Potier, conseiller au Parlement, 196.
CUIGNY (Louis DE), 22.
Curanderies, **14**.

D

Daguesseau (Madeleine), femme en premières noces de Claude de Coulanges; en secondes noces de Barthelemy Sancizi, et en troisièmes noces de Jacques de Besze, 19.

Daguet (Nicolas), religieux profès du couvent des Célestins, **48, 52**.

—— (Nicolas), terrassier manouvrier à Paris, rue des Fauconniers, paroisse Saint-Paul, **278, 279**.

Dampierre (Philippe-Emmanuel de Gondi), s^r de —, 10.

Danet (Agnès), femme de Nicolas Houzé, 399.

—— (Jehan), capitaine du charroi de l'artillerie, demeurant à Fontenay-Saint-Père, près Mantes, 399.

Dangueschin. Cf. Danquechin.

Danjou. — Gaulcher (Claude), dit —, 400.

Danquechin (Jean), s^r de Verdilly et de Nanteuil, procureur général en la Cour des Aides, 269.

—— (Philippe), trésorier général des Fortifications, 269, 270.

Darchambault, maître de la Chambre aux deniers du Roi, 276.

—— (Sébastien), s^r de La Brosse, conseiller du Roi et contrôleur général de l'artillerie (1601), 276, 277, 279, 311, 314, 327, 328, 329, 386, 394, 396, 401; — commissaire ordinaire des guerres, à Paris, rue Christine (1609-1620), 276.

Dasneau (Jean), marchand bourgeois de Paris et l'un des douze marchands privilégiés suivant la Cour, demeurant rue des Gravilliers, en la maison où est pour enseigne «le Lyon d'Or», 99.

Daubray. — Cf. Dreux-Daubray.

Dauphin (Mgr le). — Baptême de —, **261** à **264**; — compagnie de gendarmes de —, 24; — portrait de —, 34; — appartements de — : au Louvre, **128, 132, 133**; à Saint-Germain-en-Laye, **195, 196, 200, 201, 202**.

Dauphin de Viennois, fils du grand roi François. — Son portrait —, 4.

David (Catherine), femme de Martin Boullet, 151.

—— (Denis), facteur de Guillaume Carpentier, voiturier à Orléans, 402.

—— (Jehan), voiturier à Orléans, **402**.

—— (Jehan), capitaine du charroi de l'artillerie, demeurant à Orléans, 397.

Davier (Pierre), greffier du premier président Guillaume du Vair, 59.

Debures (Louis), maître charpentier à Paris, rue de la Mortellerie, paroisse Saint-Gervais, 275.

Decourt. — Cf. De Court.

Decroso (Jacques), capitaine ordinaire du charroi de l'artillerie, demeurant à Bourg en Bresse, 406; — (Jacques), bourgeois de Pont-d'Ain, en Bresse, et y demeurant, 409.

Defer. — Cf. De Fer.

Delahaie (Pierre), conducteur ordinaire de l'artillerie du Roi, demeurant à la Ferté-Milon, **398**.

Delenchise. Cf. Sancizi (Barthelemi).

Della Robbia (Jeanne), femme de Médéric de Donon, 49, 107.

—— (Jérôme), 49.

Delorme (Jehan), maître maçon à Paris, **112, 284, 287**.

Demarsal, notaire royal à Metz, **338**.

Demimata. — Cf. De Mimata.

Denis (Magdeleine), femme de Sébastien d'Archambault, 276.

Denyau (Jehan), maître menuisier à Paris, **136**.

Denys (Abel), capitaine ordinaire du charroi de l'artillerie, demeurant à Orléans, **415**.

Deriges. — Cf. De Riges.

Des Bernards (Anne), femme d'Abraham Faber, 338.

Deschamps (Jehan), marchand voiturier par terre, demeurant à Lyon et logé à Paris, rue Saint-Denis, enseigne des «*Quatre fils Aymon*», **378**.

Des Fosses (Jean), 97.

Desjardins (Jacques), s^r de Marchaiz, conseiller du Roi en la prévôté, vicomté et siège présidial établi au Châtelet de Paris, **52, 53**.

Desmarquets (Germain), notaire au Châtelet de Paris, 309.

Des Noes, *alias* Desnoix (Nicolas), religieux profès du couvent des Célestins, **48, 52**.

Des Rolands (Claude), second président à la Cour des comptes de Provence, 58.

Des Rozieux (Antoine-David), agent procureur général des seigneur et dame duc et duchesse de Mayenne, **62, 64, 69, 71, 72, 79, 84**.

Devienne (Abraham). — Cf. De Vienne.

Diane de France, duchesse d'Angoulême, 116.

Dieppe, **15**; — Mainzeville (Jehan), voiturier par terre, à —, **383**.

Dijon, 18.

Dion (Jehan), voiturier par eau, demeurant à Paris, rue des Nonnains-d'Hyères, paroisse Saint-Paul, **381**.

Disle (Pierre), terrassier manouvrier à Paris, rue Saint-Vincent, ès faubourg Saint-Honoré, **94, 153, 240, 241**.

Docteur en chirurgie. — Pineau (Séverin) —, **12**.

TABLE GÉNÉRALE ALPHABÉTIQUE.

Docteur en médecine. — De La Barre (Guillaume) —, 13.

Dôle (Marie de), femme de Georges d'Émeric, 88.

Dolu (Élisabeth ou Isabelle), femme en premières noces d'Antoine Guiot, et en secondes noces de Jean de Vienne, s^r de Mesmillon, 9, 5n.

Domaine du Roi. — Cf. Recette, Receveurs, Fermiers.

Domergue Fouroux. — Cf. Fouroux.

Dona, notaire au Châtelet de Paris, 34.

Donchery (Ville de). — Artillerie de la ville de —, 319.

Donon (de), 24; - contrôleur, 27.

—— (François de), conseiller du Roi et trésorier général de France en la généralité de Paris, 49, 51, 52, 53, 93, 95, 158, 160, 162; - seigneur de Messy et des Vieilles-Vignes, 49, 107.

—— (François II), s^r de Messy, 49.

—— (Jehan Ier de), conseiller du Roi et contrôleur général des bâtiments, 93, 107 à 266; - s^r de Chastres et de Montgeroult, 107.

—— (Jean II de), s^r de Chastres, contrôleur général des Bâtiments du Roi, 107.

—— (Louis), s^r d'Auron, trésorier général de France, trésorier de l'artillerie de France, 107.

—— (Médéric de), seigneur de Chastres-en-Brie et Loribeau, contrôleur général des Bâtiments du Roi, 49, 107.

—— (Pierre de), s^r de la Montagne, 49.

Dore. — Cf. D'Ore.

Doré (Jehan), maître paveur à Paris, y demeurant rue de la Mortellerie, paroisse Saint-Paul (1607), 93, 114; - demeurant en l'hôtel de Sens, paroisse Saint-Paul (1608), 191, 242.

Doria (Catherine), femme d'Antoine Grimaldi, 64.

—— (Césarine), femme de Nicolas Grimaldi, 64.

Dorléans (Jehan), commis de noble homme m^e Vincent Bouhier, conseiller du Roi et contrôleur général de l'artillerie, 275; – 3 août 1600 : 382, 383, 384; - 1601-1602 : commissaire ordinaire de l'artillerie du Roi, demeurant à Paris, rue des Barrez, paroisse Saint-Paul, 275, 333; - 1603 : conseiller du Roi, trésorier et garde général de l'artillerie, demeurant rue Galande, paroisse Saint-Étienne-du-Mont, 275, 300, 335.

—— (Jehan), bourgeois de Paris, demeurant rue Saint-Jullien-le-Pauvre (1600), 307.

Doullantz. — Paget (Bon), demeurant à —, 268.

Dourdan. — De Harlay (Nicolas), s^r de —, 108; - De Bethune (Maximilien), s^r de —, passim.

Doussin (Nicolas), témoin signant les certificats d'affichage, 108.

Doyart (Pierre), maçon à Paris, demeurant rue Saint-Denis, paroisse Saint-Nicolas-des-Champs, 119, 120.

Draguignan. — Maison du Roi, 58; - Borrely (Anthoine), notaire à —, 78.

Dreux (Ville de). — Dunesme (Jehan), capitaine du charroi de l'artillerie, demeurant à —, 397; - Élection de —, 397.

Dreux-Daubray, lieutenant civil, 31.

Droits d'entrée dans le royaume de France. — Cf. Péages.

Drouart, avocat au Châtelet de Paris, 12.

—— (Marie), femme de Pierre Parfaict, 11.

Drouet (Jacques), 95.

Drouyn (Berthélemy), maître charpentier à Paris, 176, 237, 238, 265.

Du Benoict (Enemont), s^r de Saint-Thivier, conseiller du Roi et contrôleur général de son artillerie, 283, 284, 285, 286, 289, 296, 320, 321, 333, 334, 335, 336, 363, 403.

Du Breuil. — Vailly (Jean de), s^r —, 11.

Du Cerceau (Jacques), marchand et bourgeois de Paris, demeurant rue Vieille-Monnoye, paroisse de Saint-Jacques-de-la-Boucherie, 17.

—— Cf. Androuet du Cerceau (Jacques).

Du Chastellet (Mre Antoine), s^r et baron de Saint-Amand, de Ciray, près Joinville, y demeurant, bailliage de Chaumont, 302.

—— (Philibert), s^r de Pierrefitte, 302.

Ducuet (Julien), secrétaire de messire Nicolas d'Angennes, 45.

Du Chocnet (Jacques), commissaire général des poudres et salpêtres, demeurant à Verdun et logé à Paris, rue Saint-Denis, en la maison où pend pour enseigne «La Croix Blanche», 355, 356; - a pour son département pour faire l'amas et levée des salpêtres et composition des poudres : les villes et gouvernements de Metz, Toul et Verdun et la Picardie, hormis le département baillé à Jean Barreau, 356; - plus la Thiérache, le Barrois, Ligny et Commercy, 357; – associé avec Nicolas Japin pour la fourniture de salpêtre, 370 à 372.

—— (Jacques), logé (1608) en la maison où est pour enseigne «La Teste Blanche», assise rue de la Verrerie, 372.

Du Fay (Jacques), voiturier par eau, à Paris, rue de la Mortellerie, paroisse Saint-Paul, 385.

Du Flos (Jean), 268.

Foroüs (Jehan), voiturier par eau, à Orléans, 387.

Du Four (Guillaume), voiturier par eau, à Paris, rue de la Mortellerie, paroisse Saint-Gervais, 385.

—— (Pierre), voiturier par eau, à Paris, rue de la Mortellerie, paroisse Saint-Gervais, 385; - rue de la Mortellerie, paroisse Saint-Paul, 390.

Dufour (Pierre), tailleur du Roi, 46.

Du Fournel (Pierre), écuyer, s^r du Chastelier, intendant des fortifications et réparations de la ville de Lyon et ancien gouvernement de Lyonnais et pays

TABLE GÉNÉRALE ALPHABÉTIQUE.

de Bresse, demeurant à Lyon, ayant l'octroi de faire la traite du bois de sapin en France, **290, 291, 292, 293**.

Du Fresne (Alexandre), témoin de Noël Herbin, sergent royal à Saint-Germain-en-Laye, 243.

Du Gage (Thomas), entrepreneur de maçonnerie, **119**.

Du Gal (Pierre), écuyer de la ville d'Aix-en-Provence, député des gens des trois États de Provence, **88, 89**.

Du Hamel (Anne), femme d'Honoré Barentin, s' de Charonne, 33.

Du Hay (Charles), marchand à Paris, rue de la Truanderie, paroisse Saint-Eustache, **308**.

Du Jardin (Jehan), notaire royal en la prévôté de Château-Thierry, **398**.

De Liege (Géraude), femme de Jean de La Font, 41.

Du Maine (Monsieur). — Cf. de Lorraine (Charles).

Dumas (Guillaume), **268**.

Du Mesnil (Denis), s' de Crocquetaine, **11**; — (Marie), femme de Jacques Sanguin —, **11**.

Du Monceau de Tignonville (Jeanne), fille de Lancelot — et de Marguerite de Selve et femme du comte de Panjas, 4.

Dunesme (Jehan), capitaine du charroi de l'artillerie, demeurant à Dreux, **397**.

Du Perac (Étienne), architecte du Roi, 103; architecte de la tribune du palais des Tuileries, **140, 141**.

Du Perron (Cardinal), 170.

Dupont (Nicolas), maître maçon, **210**.

Du Pont (Pierre), religieux profès du couvent des Célestins, **48, 52**.

Du Puis (Nicole), femme d'Innocent Moreau, 40.

Dupuis ou De Puys (Rémy), terrassier manouvrier à Paris, **95, 240**.

Durand (Pierre), dit La Brèche, maître taillandier grossier à Brie-Comte-Robert, **343**; — forgeur ordinaire de l'artillerie du Roi, demeurant à Brie-Comte-Robert, **345**.

Durand (Albert de), s' de Sartoux, 88.

Durant, commissaire ordinaire de l'artillerie en Champagne et Brie, **346**.

Durfort (Armand-Léon de), gentilhomme de la Chambre du Roi, lieutenant général de l'artillerie, 299.

—— (Jean), s' de Born, lieutenant général du grand maître de l'artillerie, **299, 301, 303, 305, 306, 308, 349, 350, 353, 355, 358, 360**.

Du Ru, Du Ru, alias Du Ruy (Denis), manouvrier à Paris, rue Pastourelle, paroisse Saint-Nicolas-des-Champs, **187, 188**.

—— (Denis), demeurant rue du Temple, paroisse Saint-Nicolas-des-Champs, 94.

Du Serceau, **106**. — Cf. Androuet du Cerceau (Jacques).

Du Temps, alias Du Tens (Daniel), conseiller du Roi et trésorier de l'artillerie (10 février 1604), **337, 338**; — conseiller du Roi et trésorier provincial du régiment des gardes de la suite de la Cour (3 décembre 1604), **338**.

Du Vair (Guillaume), premier président à Aix-en-Provence, **59, 86, 88**; — conseiller du Roi en ses conseils d'État et privé, 59; — conseiller clerc au Parlement de Paris, maître des requêtes, garde des sceaux de France, évêque et comte de Lisieux, 59.

—— (Jehan), procureur général de Catherine de Médicis, 59.

Du Val (Catherine), femme de Christophe de Harlay, 23.

—— (Gilles), maître taillandier grossier à Paris, près le château de la Bastille, **343**.

E

Eaux et Forêts de France. — Jacques Sanguin, lieutenant général des —, 11.

Eauze. — Ville et citadelle —, 4.

Echappe (Jehan), maître charpentier à Paris, demeurant : rue de la Cerisaie, paroisse Saint-Paul (1605), **237, 238, 239**; — rue au Marais, près la place Royale, paroisse Saint-Paul (1608-1609), **143, 144, 166, 198 à 200, 265**.

Écuyer de la grande écurie. — De Fourcy (Jehan), 30.

Éguisser, greffier à Aix-en-Provence, 90.

Elbeuf (Duchesse d'). — De Chabot (Marguerite), 38.

Élisabeth de France, **200, 261 à 264**.

Émail, 16.

Emeric (Anne d'), femme de Jean-Baptiste de Bompar, 88.

Émeric (Georges d'), s' de Jarreux et de Sallegriffon, 88.

Enseignes. — Cf. Paris.

—— «L'Image Saint-Georges», à Antibes, **62**.

Entrecasteaux (Pont d'), 58.

Épargne du Roi, **12, 17**. — Cf. Trésorier de l'Épargne.

Épernon. — Moue (Antoine), marchand à —, **229**.

Épiciers (Maîtres jurés) : **16**.

Escadres : 9.

Eschappe (Jehan). — Cf. Echappe.

Escriptoire, maître maçons, **252**.

Escures. — Fougeu (Pierre), s' d'—, **28, 35**.

Esmiol (Pierre). — Maison de —, en la Ferraye, à Antibes, **68**.

Espagne. — Portrait de Don Carlos, prince d'—. 3.

482   TABLE GÉNÉRALE ALPHABÉTIQUE.

Espagne. — Portrait du roi Philippe d'Espagne, 3.
—— Portrait d'une reine d' —, 3.
Esparlian (Pierre). — Terre de —, à Antibes, 76.
Espeisses. — Cf. Faye d'Espeisses.
Esternay. — Faber (Abraham), marquis d' —, 338.
Estève (Antoine) : Terre et vigne d' —, à Antibes, 76.
Estienne (Henry), trésorier des bâtiments du Roi 103.
—— (Pierre), voiturier par terre, à Beureville en Lorraine, 382.

Estoupan (Pierre). — Maison de —, à Antibes, en la Ferraye de M. le Comte, 68, 71.
Étampes. — Lemercier (Nicolas), capitaine du charroi de l'artillerie, demeurant à —, 403; – élection d' —, 403.
Euldes (François), fermier du domaine royal, 35.
Exemptions de droits. — Cf. Péages.
Expropriations. (Procédure et indemnités d'), 98.
Extraordinaire des guerres. Cf. Trésoriers généraux et provinciaux de l' —.

F

Fabert (Abraham) [*sign.* : Faber], contrôleur de l'artillerie, à Metz, 338.
—— (Abraham), marquis d'Esternay, maréchal de France, 338.
—— (François), contrôleur de l'artillerie, à Metz 338.
Faillet, *alias* Feillet (Simon), demeurant rue de la Croix, paroisse Saint-Nicolas-des-Champs, 94.
Fauconnerie du Roi. — Petitjehan (Nicolas), gentilhomme ordinaire de la —, 414.
Faure (Jean), s' de Laubrière, conseiller maître d'hôtel ordinaire du Roi et commissaire des guerres, 100.
Faye d'Espeisses (Louise), femme de Claude de Bellièvre, 9.
Fayet, 51, 53.
Feillet (Simon). — Cf. Faillet.
Felissan (François), 42, - conseiller du Roi et contrôleur général du taillon, à Soissons, demeurant à Paris, rue du Beautreillis, paroisse Saint-Paul, 45.
Feltres (Isabeau de), femme de Claude de Villeneuve, 57.
Fer. — « Marqué à l'Estoille », 310.
Fer (Estienne de), maître charpentier, à Paris, 219, 292.
—— (Jehan de), maître charpentier ordinaire en l'artillerie du Roi, demeurant à Paris, rue Saint-Antoine, paroisse Saint-Paul, 275, 317, 320, 389.
—— (Jehan), maître charpentier, à Paris, 176.
Ferant. — Cf. Fezart.
Fermier du domaine royal. — Euldes (François), 35.
Fermier des aides et des greniers à sel. — De Moisset (Jean), 19, 28, 326.
Ferrat. — Cf. Fezart.
Fesnières, près Montereau. — Vivien (Jehan), capitaine ordinaire du charroi de l'artillerie, demeurant à —, 411.
Feuillet (Pierre), maître couvreur d'ardoises, à Villers-Cotterets, 218, 225.

Fouquières. — De Pas (Manassé), s' de —, 38.
Fezart (Antoine), maître couvreur, à Paris, rue du Monceau, paroisse Saint-Gervais (1605), 296, 297; – (1610) rue Geoffroy-Lasnier, paroisse Saint-Paul, 297.
—— (Laurent), maître couvreur, à Paris, rue de la Verrerie, paroisse Saint-Jean-en-Grève (1605), 296, 297; – (1610), rue des Mauvais-Garçons, paroisse Saint-Jehan, 297.
—— (Mathieu), maître couvreur de maisons, à Paris, rue Geoffroy-Lasnier, paroisse Saint-Gervais, 296.
—— (Renée), femme de Jehan Jaquet, maître maçon, 296.
Fiefs de haubert, 14.
Figures antiques de marbre blanc : - Bacchus, 130, 131; – Titus empereur, 130, 131.
Filanderies, 16.
Fillet (Jehan), demeurant en la rue du Vertbois, 268.
Finances. — Cf. : contrôleurs généraux des —; Épargne; impôts; intendants des —; présidents des bureaux des —; receveurs généraux des —; secrétaires des —; - surintendants des —; trésoriers des —.
Flageollet (Laurent), terrassier manouvrier à Paris, rue Saint-Antoine, paroisse Saint-Paul, 278.
Flamands. — Cf. De Comans (Marc), 164; – Gobelins, 163; – De La Planche (François), 164.
Flandre, 13, 16. — Cf. Tapisseries de —, 164.
Flèche (Thomas), maître menuisier, demeurant à Saint-Germain-des-Prés lez Paris, rue des Mauvais-Garçons, paroisse de Saint-Sulpice, 137, 138.
Fléchier (Denis), capitaine ordinaire du charroi de l'artillerie, demeurant à Provins, 401, 410.
Fleury (René), maître maçon à Paris, 151, 159, 210.
Foissy (Anne de), femme de Jacques de Lantages, s' de Vitry, 200.
—— (Pierre), s' de Cernay, 200.
Foix (Marthe de), femme de Claude de Grasse, s' de Saint-Tropez, 64.
Follambray, 105.

Foncouverte. — De Bompar (Jean-Baptiste), s' de —, 88.
Fondeurs. — Cf. Paris. — Jacques (Gaspard), — à Compiègne, 306.
Fontaine. — De Pynot (Madeleine), dame de —, 37.
Fontaine, maçon, 181.
—— (Jehan), maître des œuvres de charpenterie des bâtiments du Roi, 23, 46, 176, 185, 218; - commis du grand-voyer de France en la voirie de la ville, prévôté et vicomté de Paris, 23, 25, 91; - visite les travaux du canal de Briare, 54.
Fontainebleau (Château de), 1, 61, 104, 264.
Fontany (M⁰), notaire à Antibes. —Possession de —, à Antibes, 69, 71, 73, 78.
Fonteine. — Cf. Fontaine (Jehan).
Fontenai. — Prudhomme (Louis), s' de —, 11.
Fontenay-Saint-Père, près Mantes. — Cf. Danet (Jehan), Houzé (Estienne), Leroy (Jehan), capitaines du charroi de l'artillerie, demeurant à —, 397, 399.
Forain (Bonaventure), lieutenant du grand maître de l'artillerie du Roi pour le département de Normandie, demeurant en l'Arsenal de Paris, 406, 407.
Foras (Bernard de), s' de Panfou, 152.
Forbin (Annibal de), 60.
Forcalquier, 61.
Forçats condamnés aux galères, 10.
Forcet, 36.
Forest. — Ribault (Antoine), s' de —, 41.
Forez (Province de), 376.
Forges (Maîtres de) : — Connart (Guillaume), à Orbezen-Brie, 323 ; - Cormier (Antoine), à la Rochette, 305 ; - Goffin (Jehan), aux Forges-sous-Haraucourt, 303 ; - Goffin (Pierre), à Remilly, 303.
Forges-sous-Haraucourt, souveraineté de Sedan. — Goffin (Jehan), maître de forges à —, 303.
Forget (Anne), femme d'Antoine Arnauld, 18, 28, 96.
Fortifications. — Contrôleurs généraux : Jumeau (Charles), 269 ; - De Cothereau (Jehan), 269 ; - Intendants, 40, 290 à 292 ; - Surintendance, 267 à 271 ; - Trésoriers généraux : Danquechin (Philippes), 269.
Fortis (Laurent de), 60.
Fort-Louis. — Arnauld (Pierre), gouverneur du —, 28.
Foucquet (François), conseiller au Parlement et commissaire des requêtes du palais, 13.

Foucou (Charles), maréchal général des camps et armées du Roi, 35.
—— (Pierre), écuyer, s' d'Escures, 28 ; - conseiller du Roi et intendant des turcies et levées sur les rivières de Loire et Cher, 35 ; - lieutenant du grand-voyer de France, maréchal général des camps et armées du Roi, 35.
Fouquin (Mathieu), voiturier par eau, à Montargis, 255.
Foucy (Jehan), trésorier de France en la généralité de Paris, 38, 39, 40 ; - conseiller d'État, 40 ; - s' de Chessy, conseiller du Roi en son Conseil d'État, intendant des bâtiments de Sa Majesté, 40, 107 à 266 ; - demeurant en son hôtel, à Paris, rue de Jouy, 130, 203.
Foucy (Jehan de), chevalier, s' du Jon, gentilhomme de la Chambre du Roi et écuyer de sa grande écurie, 30, 32.
Fournier (Isaïe), entrepreneur des travaux de maçonnerie du Louvre, 24 ; - maître maçon, entrepreneur de la maçonnerie de la grande galerie du Louvre, 108, 109.
Fouroux (Domergue). — Terre de —, à la Faisse-Grimaude, 76.
Fourriers des logis de l'armée, 20.
Fraillon (Jehan), maître maçon, à Paris, 138, 139, 286.
François. — Portrait du Roi —, 2 ; - portrait du petit Roi —, 3 ; - portrait de la Reine, femme dudit roi —, 3.
Fredy (Pierre de), lieutenant général de la gruerie de Chevreuse, demeurant audit Chevreuse, 229.
Fréjus, 62 ; - évêque de —, 66 ; - grenier à sel de —, 58.
Fremin (F.), conseiller maître à la Chambre des Comptes, 106.
Frésicle (Léon), receveur du domaine, dons et octrois de la Ville de Paris, 53.
Frenières, près Montereau où Fault Yonne. — Vincent (Jean), capitaine du charroi de l'artillerie à —, 394.
Fresne (Le), près Conches. — Quesnel (Georges), s' du —, 326.
Fresnoy (Le). — Borrel (Jacques), s' du —, 332.
Fugueyron (Laurens). — Maison de —, à Antibes, en la rue de Lamourier, 68.

G

Gabelles de France, 15. — Directeur général des —, - Planson (Jacques), 152.

Gabelles de France (Trésorier général des —) : - Parent (Nicolas), 326. — Cf. Greniers à sel.

484   TABLE GÉNÉRALE ALPHABÉTIQUE.

Gaboury (Jean), tapissier du Roi et tentier ordinaire en son Artillerie, demeurant rue Saint-Honoré, paroisse Saint-Eustache, 342, 350.
Gachet (Adrien), menuisier à Saint-Germain-en-Laye, 201.
Gaillard (Jehan), capitaine ordinaire du charroi de l'Artillerie, demeurant à Orléans, 406.
Galères (général des): de Gondi (Philippe-Emmanuel), s' de Dampierre, 10.
Galland (Anne), femme de Jean Gaboury, 342.
Galliot (Claude), voiturier par terre, demeurant à Lyon, 384.
Gallot (Baptiste), maçon à Antibes, 64, 73, 74, 75.
Galos (Paulon), à Antibes, 71.
Gardes du corps, 261. — Capitaines: de Lhospital (Louis), 24; - de Noailles (Anne, duc), premier capitaine des —, 34.
—— du Roi. — Cf. Régiment des —.
—— de la Marchandise, 16.
—— général des Vivres, 19.
Garde ordinaire du Roi. — Cf. Chevau-légers.
Gardes des sceaux de France. — Cf. Brulart (Nicolas), s' de Sillery; - du Vair (Guillaume); - Le Fèvre (Louis), s' de Caumartin.
Garenne. — Cf. Le Garend.
Gannier (Jacques), conseiller du Roi et auditeur en la Chambre des comptes, 52, 53.
Garreau (Marie), dame de La Brosse, femme de Robert Bouhier, 29.
Garron (Jehan), conseiller du Roi et trésorier général de France en la généralité de Provence, 58, 60, 61, 64, 70, 71, 74, 81, 82, 83, 85, 87.
Gauchot (Nazaire), terrassier manouvrier à Paris, cousture Sainte-Catherine, 278.
Gaudette (Jeanne), taillenesse en la Monnaie de Tours, 94.
Gaulcher (Claude), dit «Danjou», capitaine du charroi de l'Artillerie, demeurant rue de l'Arbre-Sec, paroisse Saint-Germain-de-l'Auxerrois, 400.
Gaultier (Alexandre), maître charpentier à Paris: (1605) rue Chapon, paroisse Saint-Martin-des-Champs, 239; - (1608-1610) rue Frépault, même paroisse, 143, 149, 176, 194, 265.
—— (Estienne), capitaine du charroi de l'Artillerie, demeurant à Belleau, près Château-Thierry, 398, 401.
—— (Germain), maître sculpteur, bourgeois de Paris, rue Vieille-Tixeranderie, paroisse Saint-Jehan, 140.
—— (Marie), femme de Raphaël Hardouin, 140.
—— (Mathurin), maître maçon à Paris, demeurant au faubourg Saint-Marceau, 286.
—— (Michel), sculpteur, 140.
Gaultier (Paulon). — Terre de —, à Antibes, 76.
Gaumont (Jean de), receveur général des finances à Orléans, 38.

Gaumont (Laurent de), secrétaire des finances, 19, 30; – Trésorier de France à Paris, 38.
—— (René de), s' du Saussoy et de Vaurichard, marchand joaillier, bourgeois de Paris, 38, 40.
Gautier (Louis), 97.
Gênes, 9.
Genest (Nicolas), bourgeois de Paris, rue Grande-Truanderie, 331, 332.
Gens d'armes. — Cf. Compagnies de —.
—— de guerre Allemands, entretenus pour le service du Roi: de Schomberg (Gaspard), maréchal général de camp des —, 108.
—— de pied. — Cf. Compagnies de —.
Gentien (Marie), femme de Marc Miron, 18.
Gentilshommes: de la maison du Roi. — Cf. Compagnie des Cent —.
—— ordinaires de la Chambre du Roi. — Cf.: de Durfort (Armand-Léon), de Fourcy (Jehan), de Lhospital (Nicolas), Phelypeaux (Jehan), Tiercelin (Robert), de Trillart (Jehan).
—— servants du Roi. — Cf. Bouhier (Jacques).
—— de la Fauconnerie du Roi. — Cf. Petitjehan (Nicolas).
Geoffroy (Pierre), vitrier ordinaire du Roi et maître vitrier à Paris, rue Saint-Denis, paroisse Saint-Leu Saint-Gilles, 245.
Gerardin, notaire à Verdun, 371.
—— (Anne), femme de Jean Danldier, 371.
Gergeot, près Orléans. — Cf. Jargeau.
Gesu (Nicolas), capitaine ordinaire du charroi de l'Artillerie, demeurant à Meluun, 401, 411.
Gesvres. — Cueilletie (Françoise), dame de —, 196; – Potier (Louis), baron de —, 196.
Gesvres (M. de). — Chambres de M. — au château de Saint-Germain-en-Laye, 196. — Cf. Potier (Louis), baron de —.
Geoffroy (Guillard), religieux profès du couvent des Célestins, 48, 52.
Gex, 376.
Gien (ville de). — Chauvet, notaire royal à —, 55.
Gien-sur-Loire (comté de). — La Trousseboizière (fief de), relevant du Roi à cause de son comté de —, 54, 55.
Giraud (Adam). — Arrentement à — 79.
—— (Jean), serrurier à Antibes, 64, 74.
—— (Manuel). — Pré de — à Antibes, 76.
Gisors. — Gosse (Roland), dit «La Campaigne», capitaine ordinaire du charroi de l'Artillerie, demeurant à —, 401.
—— Élection de —, 401.
Gisy-les-Nobles. — Tiercelin (Robert), s' de —, 274.
Glandevez (Alenan de), 60.
Glanneur (Claude), maître maçon à Paris, 110.
Glouen (moulin de), au faubourg de Verdun, 371.

TABLE GÉNÉRALE ALPHABÉTIQUE. 485

Goblin (Balthazar), président en la Chambre des comptes de Paris, 52.
—— (Marguerite), femme de Jehan Rouillé, 37.
Godart (Johan), voiturier par eau à Paris, rue de la Mortellerie, paroisse Saint-Paul, 385.
Godefroy (Hiérosme), religieux profès du couvent des Célestins, 48, 52.
Godet (Philbert), marchand bourgeois de la ville de Châlons en Champagne, y demeurant : Fourniture d'armes, 310, 316, 325, 328, 329, 330, 334, 335, 336; – fourniture de salpêtres, 373 à 375; – 9 janvier 1608, élit domicile en la maison de Perrette Rivière, veuve de Jehan Barreau, vivant commissaire général des poudres et salpêtres, rue Vieille-Tixeranderie, paroisse Saint-Jean, 374, 375.
—— de Renneville (Claude), marquise de Puisieux, femme de Roger Brulart, marquis de Sillery et de Puisieux, 40.
—— (Joachim), lieutenant général des armées du Roi, 40.
Godey (Jean), fermier des nouvelles impositions de Normandie, 19.
Goffin (Jehan), maître de forges, demeurant aux Forges-sous-Haraucourt, souveraineté de Sedan, 303, 304, 312, 313, 314, 315.
—— (Pierre), maître de forges, demeurant à Remilly, près Mouzon, 303, 304.
Gommeret (Daniel), marchand, demeurant à Sedan, 312, 313, 314, 315.
Gondi (Philippe-Emmanuel de), s' de Dampierre, général des Galères, 10.
Gosse (Roland), dit «La Campaigne», capitaine ordinaire du charroi de l'Artillerie, demeurant à Gisors, 401.
Gosset (M' Claude), maître d'école à Paris, rue de la Mortellerie, à l'enseigne de «La corne de cerf», 296.
Gouffé (Germain), substitut du procureur du Roi au Châtelet de Paris, échevin de Paris, 11.
Goulet (M' Florent), s' de Malespine, avocat du Roi à Conches et Breteuil, en Normandie, 305, 306.
Gourbon (Louis), maître maçon, 210.
Gourgues (Louise-Marie-Gabrielle de), femme de Louis-François de Saint-Simon, marquis de Sandricourt, 34.
Gozé (abbaye de), 371.
Grands audienciers de France. — Olier (Nicolas-Édouard), 31; Jacquet (Pierre), 38.
Grand conseil. — Cf. de Castille (Pierre), Le Fèvre (Louis).
Grands fauconniers de France. — De Brissac (Maréchal), 307; – de La Vieuville (Robert), 307.
Grand maréchal général de camp des gens de guerre allemands entretenus pour le service du Roi. — De Schomberg (Gaspard), 108.
Grand-Pré. — Cf. Champignelles-lez- ——.
Grand prieur de France. — Son portrait, 4.
Grand voyer de France, 91 à 101. — De Bethune (Maximilien), passim; – lieutenant du : — Fougeu (Pierre), s' d'Escures —, 35.
Grasse. — Alaud, notaire royal à —, 73; – Bompar (Pierre-Jean), lieutenant principal au siège de —, 64; – Saxy (Honoré), procureur au siège de —, 61, 62; – Tardivy (Honoré), lieutenant particulier au siège de —, 89; – Évêque de —, 65, 66; – mense épiscopale, 65; – Receveurs du domaine du Roi en la ville de — 86, 88.
Grasse (Anthoine de), s' de Montauroux, 62, 63, 73, 81.
—— (Claude de), s' de Saint-Tropez, 64.
—— (Claude de), s' de Saranon et de Montauroux, 62.
—— (René de), s' de Saint-Tropez, coseigneur d'Antibes, 57, 64, 71, 72, 74, 75, 76, 77, 85, 90.
Greniers à sel, 15 19. — Fermier des greniers à sel : de Moisset (Jean), 19, 28.
Greysieu (Pierre), commissaire ordinaire de l'Artillerie de France, demeurant à Lyon, 375, 377.
Grignon. — Pompone de Bellièvre, s' de —, 9.
Grimaldi (Alexandre). Cf. de Grimault (Alexandre), 57, 60.
—— (Antoine), 64.
—— (Camille), femme de Gaspard de Brancas, 60.
—— (Camille), femme d'Annibal de Forbin, 60.
—— (Claude), 60.
—— (Gaspard), 64.
—— (Gaspard), 59, 60.
—— (Georges), 64.
—— (Honorat), 64.
—— (Jean), 64.
—— (Julie), femme d'Aleman de Glandevez, 60.
—— (Julie), femme de François de Rousset, 60.
—— (Laurent), 64.
—— (Luc), 64.
—— (Lucien), prince de Monaco, 59.
—— (Marc), capitaine général des arbalétriers, 64.
—— (Marguerite), femme de Melchior Puget, s' de Saint-Marc, 57.
—— (Nicolas), 64.
—— (Nicolas), seigneur d'Antibes, de Cagnes et de Corbons, 59.
—— (René), 59.
—— (René), seigneur d'Antibes, de Cagnes et de Corbons, chevalier de l'Ordre du Roi, 57.
—— (Yolande), femme de Luc Grimaldi, 64.
Grimaud (Gaspard de), seigneur d'Antibes, 78.
Grimault (Grimaldi) [Alexandre], escuyer, s' d'An-

tibes en partie, demeurant audit Antibes en Provence, 57, 60 à 81 ; – s⁻ de Caigne et de Salles, 84 ; d'Antibo, 57 ; – Antibo, 69, 71.

GRIMAULT (Claude DE), cadet de la maison d'Antibes et Caigne, 87.

Grisons. — Cf. Lumagne.

Grosbois. — De Harlay (Nicolas), s⁻ de —, 108.

GROSJEAN, *alias* GROSJEHAN (Nicolas), canonnier ordinaire de l'Artillerie, bourgeois de Paris, demeurant sur le quai des Célestins, paroisse Saint-Paul, 316.

Grosmesnil. — De Houdetot (Jean), s⁻ de —, 38.

GROSSELIN (Pierre), notaire juré et établi au bailliage de la souveraineté de Raucourt, 303, 304, 312, 313, 314, 315.

GROSSIER (Jehan), voiturier par eau à Paris, rue Mortellerie, paroisse Saint-Gervais, 389.

GROUX, *alias* GROULX, notaire au Châtelet de Paris, 33, 336.

Grueries de Chevreuse, 229.

GUELART (Jacques), maître forgeur en l'Artillerie du Roi à Paris, rue de Jouy, paroisse Saint-Paul, 317, 320, 345, 346.

Guéménée. — De Rohan (Louis), prince de —, 38.

GUÉNIOT (Anne), femme du président Jeannin —, 18.

GUÉRIN, notaire à Antibes, 73, 79.

—— notaire au Châtelet de Paris, 54.

—— (Geneviève), femme de Philippe de Castille, 42.

—— (Jehan), marchand voiturier par eau et officier ordinaire de l'Artillerie de France, demeurant à Orléans, 385, 386, 387.

GUERREAU (Pierre), notaire au Châtelet de Paris, 28.

GUÉRINET (Estienne), maître maçon à Paris, 172.

Guerres. — Cf. : Contrôleur des guerres; – trésoriers de l'ordinaire des — ; – trésoriers de l'extraordinaire des —.

GUESDON (Jean), capitaine général du charroi de l'Artillerie de France, 99.

—— (Jehan), capitaine ordinaire du charroi de l'Artillerie, demeurant à Poissy, 400.

GUIDE (Antoine), bourgeois d'Antibes, 62, 79.

GUIDE (Honoré), 71, 72 ; – terre d'— à Antibes, 76.

—— (Jacques), 60.

—— (Vincent), bourgeois d'Antibes, 60, 62.

GUIDO (Honoré). — Cf. Guide.

GUILLAIN (Pierre), maître maçon, entrepreneur de maçonnerie de la grande galerie du Louvre, 24, 108, 109.

GUILLARD (Jacques), témoin signant les certificats d'affichage, 108.

GUILLE (Marie DE), femme en premières noces de Charles de Court et, en secondes noces, d'Estienne Privé, 35.

GUILLIART (François), femme de François Felissan, 45.

GUILLON (Antoine DE), aumônier du Roi, 293.

—— (François), s⁻ de Richebourg, conseiller notaire et secrétaire du Roi et contrôleur général de son Artillerie : (1602), 330 à 332, 362, 388, 401 ; (1605), 293, 297, 340 à 342, 369, 405 ; (1608), 370, 373 ; s⁻ de Richebourg et de Vaucourtois, 375.

—— (Jacques DE), conseiller au Parlement de Paris, 293.

—— (Marcellin DE), contrôleur général de l'Artillerie 293.

GUION (Jean), témoin de Noël Herbin, sergent royal à Saint-Germain-en-Laye, 243.

GUIOT (Antoine), s⁻ de Charmeaulx, président en la Chambre des comptes, prévôt des marchands, 9 ; – chevalier, s⁻ de Charmeaulx et Ansac, conseiller du Roi en son conseil d'État et président en sa Chambre des comptes, 52, 53.

GUIPREVILLE (DE). — Les héritiers de Mᵐᵉ — 36.

GUITON, notaire royal héréditaire à Lyon, 375.

GUYART (Jehan), marchand de bois, demeurant ès faubourg Saint-Jacques, 144.

Guyenne (Gouvernement de), 362.

GUYOT (Ysidore), maître maçon à Paris, 109, 110 ; – demeurant rue Frépault, paroisse Saint-Nicolas-des-Champs, 111.

H

HALLEBOURG (Pierre), maçon à Paris, rue et paroisse Saint-Sauveur, 139.

Halles. — Cf. Paris.

HANSY (Adrien DE), maître menuisier à Paris, 136, 137.

—— (Antoine DE), maître menuisier à Paris, 136, 137, 186, 203.

Havaucourt. — Forges-sous- —, 303.

HARCOURT (D'). — De Lorraine (Anne-Marie-Joseph), prince —, 4.

HARDIVILLER (Robert), religieux profès du couvent des Célestins, 48, 52.

HARDOUIN (Raphaël), peintre, 140.

HARDOUIN-MANSART (Jules), architecte, 140.

HARLAY (Achille DE), chevalier, conseiller du Roi en ses conseils d'État et privé et premier président en sa cour de Parlement, 23.

—— (Christophe DE), président à mortier au Parlement de Paris, 23.

—— (Nicolas DE), s⁻ de Sancy, de Grosbois et de

Dourdan, baron de Maule, conseiller du Roi en ses conseils d'État et des finances, surintendant des finances, capitaine de cinquante hommes d'armes des ordonnances du Roi, 108.

HARLAY (Robert DE), baron de Montglat, 200.

HAVÉ (Jehan), terrassier manouvrier à Paris, rue du Petit-Musc, **280**.

HÉBERT (Marin), armurier du Roi à Paris, rue de la Heaumerie, paroisse Saint-Jacques-de-la-Boucherie, **336**.

HÉLIE (Françoise), femme de Jacques Bouhier, s' de Beauregard, 29.

HELLIN (Catherine DE), femme de André Hurault, 9.

HELOT (Jacques), marchand bourgeois de Paris, 305.

HÉMON (Antoine). — Terre d'— à Antibes, 76.

HÉSAULT (Martin), **95**.

HENNEQUIN (Louis), président du bureau des finances à Châlons, 326.

HENRY (Pierre). — Maison de — en la rue de Lamourier, à Antibes, **68**.

HENRI II (portrait du roi), 3.

HENRI III. — Portrait de la reine, femme du roi Henri III, 3, 46.

HENRI IV, 3, 18, 27, 34, 46, **104**, **105**, 108, **128**, **132**, **133**, **135**.

HENRY, prince de Lorraine, duc de Bar, **2**.

Henrichemont (ville d'), 37.

HÉRAULT (Jacques), maître couvreur à Paris, rue du Perche, maison des Boulets, 151.

Herbault. — Phelypeaux d'— (Georges-Louis), 36.

HERBIN (François), notaire au Châtelet de Paris : **13**, **17**, **19**, **29** à **32**, **36** à **38**, **40** à **47**, **57**, **63**, **82**, **84**, **85**, **88** à **90**, **92**, **96**, **98**, **100**, **101**, **160**, **273**, **274**, **277**, **278**, **284**, **288** à **290**, **295**, **297** à **301**, **303** à **315**, **320**, **323** à **325**, **334** à **337**, **340**, **343** à **353**, **357**, **359**, **361**, **366**, **372**, **375**, **377** à **383**, **390**, **392**, **393**, **395**, **396**, **407**, **408**, **410**, **412** à **414**.

—— (Judith), femme de Jean de La Lande, jardinier du Roi, 244.

—— (Noël), sergent royal exploitant par tout le royaume de France, demeurant à Saint-Germain-en-Laye, 243.

Hermines (Les). — De Comans (Marc), s' des —, 164.

Hermitage. — Marc Miron, s' de l'— 18.

HERNY (Jehan), jardinier, demeurant faubourg Saint-Honoré, **244**, **246**.

HEUCOURT (le marquis DE), gentilhomme de Picardie, 38.

HILLAIRE (Charles), lieutenant du Grand Maître de l'Artillerie pour le département de Metz, y demeurant, **406**, **407**.

Hollande, **13**, **14**, **15**.

Hommes d'armes. — Cf. Ordonnances du Roi.

HOTMAN (François), trésorier de l'épargne, 29.

—— (Marie-Lucrèce), femme de Vincent Bouhier, 24, 29.

HOUDETOT (Jean DE), s' de Grosmesnil, 38.

Houilles. — Boucher (Charles), s' de —, 42.

HOUPPEVILLE DE NEUVILLETTE (Nicolas D'), conseiller honoraire en la grand'chambre du Parlement de Normandie, 36.

Houzé (Estienne), capitaine du charroi de l'Artillerie, demeurant à Fontenay-Saint-Père, près Mantes, 399.

—— (Nicolas), capitaine du charroi de l'Artillerie (1558), 399.

—— (Simon), capitaine du charroi de l'Artillerie (1688), 399.

HUBERT (Guillaume), receveur ordinaire et voyer pour le Roi ès ville, prévôté et vicomté de Paris, **49**, **52**, **53**.

HUE (Anne), femme de N. Darchambault, maître de la chambre aux deniers du Roi, 276.

—— (Jacques), commissaire de l'Artillerie du Roi, demeurant rue Saint-Martin, paroisse Saint-Nicolas-des-Champs, 327.

HUGOLENY (Abel), bourgeois de la ville d'Aix, **62**, **63**, **73**, **81**.

HUGUES (Jean). — Maison des hoirs de feu —— en la rue de Saint-Tropez, à Antibes, **68**.

HUGUET (Guillaume), armurier du Roi à Paris, rue de la Heaumerie, paroisse Saint-Jacques-de-la-Boucherie, **347**.

Huissier du Roi de son Trésor : — De Bonigalle (Thomas), premier —, 94.

HULLOT (Nicolas), maître couvreur à Paris, rue de la Verrerie, paroisse Saint-Gervais, **256**, **258**, **259**.

Huningue. — Brulart (Roger), gouverneur d'—, 40.

HUON. — Cf. Moulin —, **96**, **98**.

HURAULT (André), s' de Maisse, conseiller d'État, 9.

—— (Nicolas), conseiller au Parlement de Paris, 9.

Huriel. — Johannot (Louis-Joachim), marquis de Bartillat, baron d'—, 34.

HUSSON (Jean), notaire juré et établi au bailliage de la souveraineté de Raucourt, **303**, **304**, **312**, **313**, **314**, **315**.

488 TABLE GÉNÉRALE ALPHABÉTIQUE.

I

Ile de France, 22, 269, 274, 354, 374.
Imbert (Jacques), l'aîné, tabellion royal à Saint-Léger, 229.
—— (Jacques), architecte, demeurant à Saint-Léger, 228 à 235.
Impôts. — Exemptions d'—, subsides et péages, 15, 20.
Ingénieur en pompes et fontaines artificielles : Lintlaer (Jehan). 152.
Intendant des Bâtiments du Roi, 106. — Cf. de Fourcy (Jean).
Intendants des finances : — Cf. Arnauld (Isaac), de Castille (Pierre), Jeannin (Pierre), de La Grange Le Roy (Jacques), Maupeou (Gilles), Milon (Benoît), Ribauld (Antoine), de Vienne (Jean).
Intendants des fortifications et réparations. — Cf. De Chastillon (Pierre) —, en Champagne et en Picardie; – du Fournel (Pierre) —, de la ville de Lyon et anciens gouvernements du Lyonnais et pays de Bresse.
—— des meubles de la Couronne : Cf. De La Font (Estienne).
—— des turcies et levées sur les rivières de Loire et Cher. Cf. Fougeu (Pierre).
Ivoy-le-Pré. — Olier (François), s^r d' —, 31.

J

Jacob (Madeleine), tailleresse en la monnaie de Tours, 94.
Jacquelin (Fiacre), jardinier à Paris, 249.
—— (Marie), femme de Jean Le Nostre, 250.
Jacquemart (Jacques), terrassier manouvrier à Paris, rue Saint-Antoine, paroisse Saint-Paul, 278, 279.
Jacques (Gaspard), fondeur à Compiègne, paroisse Saint-Antoine, 306, 307, 321, 322.
Jacquet (Françoise), 38.
—— (Guillaume), maître maçon à Paris, 109, 110, 276, 277, 287; – demeurant (1601), rue Grenier-Saint-Ladre, paroisse Saint-Nicolas-des-Champs, 277; – demeurant (1603), rue Michel-le-Comte, paroisse Saint-Nicolas-des-Champs, 111.
—— (Pierre), fermier du sel, 19; – seigneur de Corbeil, conseiller secrétaire du Roi, maison et couronne de France et grand audiencier de France, 38.
—— (Sébastien), maître maçon à Paris, 156, 159, 210.
Janet (Marin), maître charpentier à Paris, place Maubert, 166, 199.
Jappin (Nicolas), demeurant à Verdun, associé avec Jacques du Crochet pour la fourniture de salpêtre, et logé avec lui à Paris en la maison où est pour enseigne «La Teste Blanche», sise rue de la Verrerie, 370 à 372.
Jaquet (Jehan), maître maçon à Paris, rue de la Mortellerie, paroisse Saint-Gervais, 181, 284, 287, 288, 296.
—— (Marceau), juré du Roi en l'office de maçonnerie, à Paris, rue du Temple, paroisse Saint-Nicolas-des-Champs, 274, 276, 277, 280, 281, 282, 286.
Jardiniers du Roi : De La Lande (Jehan et Baptiste), 244; – Mollet (Claude Ier), 244; – Mollet (Claude II), 246; – Le Nostre (Jean), 249, 250; – Le Nostre (André), 247, 250.
Jardins. — Cf. : *Paris*, Jardiniers; Tuileries; – Saint-Germain-en-Laye.
Jargeau. — Regnault (Jacques), dit «La Potterie», capitaine du charroi de l'Artillerie, demeurant à —, 395.
Jarreux. — D'Émeric (Georges), s^r de —, 88.
Jeannin (Charlotte), femme de Pierre de Castille, 18, 42, 43.
—— (Pierre), président au Parlement de Bourgogne, 18; – membre du Conseil de vérification des rentes 87; – Conseiller du Roi en ses Conseils d'État et privé, 41; – Conseiller du Roi en ses Conseils d'État et privé, s^r et baron de Chaigny et Montjeu, en Bourgogne, demeurant rue Saint-Honoré, paroisse Saint-Eustache, 42, 43.
Jeux de Paume 25, 27. — Cf. Antibes, Paillemail, Paris.
Joailliers (Marchands). — De Gaumont (René), 38.
Jocquet (Jacques), marchand, demeurant à Metz, 337, 338, 342.
Johannot (Louis-Joachim), chevalier, marquis de Bartillat, baron d'Iluriel, capitaine châtelain des ville et château de Montluçon, colonel d'un régiment de dragons, 34.

TABLE GÉNÉRALE ALPHABÉTIQUE. 489

Johannot de Bartillat (Augustine-Marie), femme de Louis Clerembault, marquis de Vendeuil, 34.
——— (Louis-François-Jules), maréchal des camps et armées, 34.
Joinville, es bailliage de Chaumont. — Ciray près—, 302.
Jollycœur, maître charron, 34.
Jon. — De Fourcy (Jean), s^r du —, 30.
Josseouin (Guillaume), voiturier par eau, à Paris, rue de la Mortellerie, paroisse Saint-Gervais, 387, 390.

Joubert (Anne), femme d'Estienne de La Font, 41.
Jourdain (Françoise), femme de Pierre de Chastillon, 40.
Jourdan (Jehan), poudrier ordinaire du Roi, demeurant à Marseille, commissaire général des poudres et salpêtres, 368, 369.
Jousset (Jehan), voiturier à Orléans, 402.
Juges des traites, 15.
Juliers (Ducs de). 18.

L

La Barre (Guillaume de), docteur en médecine, conseiller et médecin ordinaire du Roi, 13.
La Bastide. — Petitjehan (Nicolas), s^r de —, 414.
La Baulme (Marguerite de), femme du maréchal de Lavardin, 38.
La Baume (Ferdinand de), comte de Montrevel, 31.
La Baume. — Mauroy (Pierre), s^r de —, 398.
La Berardière (Charles de), religieux profès du couvent des Célestins, 48, 52.
La Bertrandière. — Maubert (Théodore), s^r de —, 54.
Labia (Marie de), femme de Thomas de Serre, 58.
La Blinière. — Pouyet de la —, 34.
La Borde. — Brulart (Nicolas), marquis de —, 35.
La Borde (Honoré-François de), procureur du duc et de la duchesse de Mayenne à Antibes, 73.
La Bourdaisière (De), 309.
La Brague, 58; - pont de la —, 58.
La Brosse. — Garreau (Marie), dame de —, 29.
——— Payen (Jehan), s^r de —, 406.
La Brosse-Vrigny. — Darchambault (Sébastien), s^r de —, 276.
La Caillaudière (alias *Caillodière*). — Cf. Tricqueys (Mathias), s^r de —
La Campaigne. — Gosse (Roland), dit —, 401.
La Cante. — Maubert (René), s^r de —, 55.
La Chastre (Marie de), femme de Guillaume de L'Aubespine, 9.
La Chevalerie. — Cf. Tiercelin (Robert), s^r de —.
La Courbe (Antoine), marchand poudrier d'arquebuse, citoyen de Lyon, y demeurant, 375 à 377.
La Favolle, 18.
La Ferté Milon. — Delahaye (Pierre), conducteur ordinaire de l'Artillerie du Roi, à —, 398.
La Ferté-sous-Jouarre. — Artillerie, 351.
La Feurine. — Jean de Servan, s^r de —, 68.
Laffemas (Berthelemy de), dit Beausemblant, contrôleur général du commerce de France, 46; - valet de chambre du Roi, 46.

Laffemas (Isaac de) maître des requêtes, conseiller d'État, lieutenant civil au Châtelet de Paris, 46.
——— (Isaac) dit Beausemblant, tailleur du roi de Navarre, 46.
La Fleur. — (Remond Vedel dit), 393; - s^r de —, 99.
La Font (Estienne de), secrétaire de Sully, auditeur en la Chambre des comptes de Rouen, 41; intendant des meubles de la Couronne, 40 à 42; - demeurant rue du Petit-Musc, paroisse Saint-Paul, 43.
——— (Jacob de), intendant des meubles de la Couronne, 41.
——— (Jean de), s^r de La Motte, 41.
La Fontaine (De), 106.
La Forest. — (Charles Testu), dit —, 394.
La Fosse (Jehan de), écuyer, conseiller du Roi, superintendant et commissaire général des vivres des armées, munitions et magasins de France, 19; - trésorier et commissaire des guerres, 19.
Lagny (Abbaye de), 40.
La Goujonne ou *La Goujonnière.* — Bouhier (Vincent), s^r de —, 29, 273.
La Grange Le Roy (Jacques de), conseiller du Roi en ses Conseils d'État et des finances, intendant des finances, 108.
La Guesle (Jacques de), procureur général du Parlement de Paris, conseiller d'État, 229.
——— (Marguerite), 229.
La Guiche (De), grand-maître de l'Artillerie, 274.
La Haye (De). — Cf. Delahaie.
Laisné, notaire au Châtelet de Paris, 33.
La Lande (Baptiste de), jardinier du Roi à Saint-Germain-en-Laye, 244.
——— (Jehan de), jardinier du Roi, demeurant à Saint-Germain-en-Laye, 244.
La Loere (De), 50.
La Marche, 359.
Lambeau (Lucien), 27.
Lambert (Antoine), marchand bourgeois, habitant la ville de Mantes, 13.
——— (Mathurin), chevalier du guet, à Orléans, 393.

Lambert (René), capitaine ordinaire du charroi de l'artillerie, demeurant à Luzarches, **405**.
La Montagne. — De Donon (Pierre), s' de —, **49**.
La Motte. — De La Font (Jean), s' de —, **41**.
La Muette (Château de), **104**.
Lance, notaire, à Antibes, **79**.
—— (Louis). — Terre de —, à Antibes, **76**.
—— (Pierre). — Arrentement du droit de Laisde, **79**.
L'Anchise (De). Cf. Sancizi (Barthélemi).
Langlois, **32**.
Langres (Ville de). — Artillerie de la —, **318**.
Languedoc, **364**, **366**; – Maupeou (Michel), receveur général des finances en —, **13**.
Lantages (Jacques de), s' de Vitry, **300**.
Laon, **354**, **374**.
La Planche (François de), gentilhomme flamand, directeur des manufactures des tapisseries à la Marche, façon de Flandres, en France, demeurant à Saint-Marcel-lez-Paris, rue Mouffetard, paroisse Saint-Hippolyte, **164**.
—— (Raphael), directeur de la manufacture des Gobelins. **164**.
La Porte (Gilles de), capitaine ordinaire du charroi de l'artillerie, demeurant à Poissy, **410**.
—— (Guillaume de), capitaine ordinaire du charroi de l'artillerie, demeurant à Poissy, **405**.
La Potterie (Le capitaine) : Regnault (Jacques) dit —, **395**, **415**.
Larche (Marguerite de), femme de François Bastonneau, **13**.
La Rochefoucauld (Judith de), femme d'Antoine du Chastellet, s' de Saint-Amand, **302**.
—— (Louis de), **29**.
La Roche-Guillaume. — Boutrier (Robert), s' de —, **29**.
La Rochette (Forges de). — Cormier (Antoine), maître des —, **305**.
La Rovère (Julie de), femme d'Alexandre Grimaldi (de Grimault), **57**.
Lascaris (Marguerite), femme de Gaspard Grimaldi, **59**, **64**.
La Tannerie (Manufacture royale de cuirs). — Charbonnières (Gabriel), trésorier de la —, **12**.
La Trémoille (Louis de), marquis de Noirmoutier, **24**, **29**.
La Trousse. — Le Hardy (François), s' de —, **33**.
La Trousseboissière (Ferme de la —). — Paroisse de Briare, fief relevant du Roi à cause de son comté de Gien-sur-Loire, **54**, **55**.
Lauberville (Jehan de), concierge de la maison de Catherine de Médicis et de Catherine de Bourbon, duchesse de Bar, rue des Deux-Écus, **2**.
L'Aubespine (Claude de), secrétaire des finances, **9**.

L'Aubespine (Elisabeth de), femme de André de Cochefillet, **9**.
—— (Guillaume de), s' de Châteauneuf, conseiller d'État, **9**, **13**; – membre du Conseil de vérification des rentes, **37**.
Laubrière. — Faure (Jean), s' de —, **100**.
Laulnay. — De Verdavayne (Jacques), s' de —, **300**.
Launay (De), engagiste du pavillon royal, **35**.
Laurens (Thomas), bourgeois de Châlons en Champagne, y demeurant, **363**.
Lavardin. — Henri-Charles, sire de Beaumanoir, marquis de —, **34**; – le maréchal de —, **38**,
La Verrie. — Bouhier (André), s' de —, **29**.
La Vieuville (Charles de), marquis, puis duc de —, surintendant des finances, **29**, **307**.
—— (Messire Robert de), chevalier des deux Ordres du Roy et lieutenant pour Sa Majesté en Rethelois, gouverneur de la ville de Mézières et y demeurant, étant à Paris logé rue Percée, paroisse Saint-Paul, **307**; grand fauconnier de France, **307**.
La Villeneuve. — Maupeou (Gilles), s' de —, **13**.
Lavoisier (Simon), capitaine du charroi de l'artillerie, demeurant à Cœuvres, près Soissons, **399**.
La Vouste (Michel), voiturier à Orléans, **402**.
La Voysière. — Cf. Lavoisier.
Le Bert (Marguerite), femme de Barthelemy de Laffemas, **46**.
—— (Pierre), **46**.
Le Bleu (Pierre), marchand bourgeois de Paris, rue de la Mortellerie, où est pour enseigne « Les Trois Cocquerets », paroisse Saint-Gervais, **310**, **325**.
Lebourteau (Jean), jardinier à Paris, **249**.
Le Camus, **326**.
Lechappe. Cf. Echappe.
Le Clerc (Anne), femme de Jehan 1ᵉʳ Le Prévost, **20**.
Le Coigneux (Président), **293**.
Le Conte (Anne), veuve de feu René de Gaumont, s' du Saussoy et de Vaurichard, **38**, **39**, **40**.
—— (Marie), femme de N. de Fourcy, **40**.
—— (Robert), trésorier de France à Bordeaux, **40**.
—— (Sébastien), capitaine d'une compagnie de gens de pied entretenue pour le service du Roi, demeurant à Orléans, **403**.
Le Coq (Guy), engagiste du pavillon royal pour les s' de Launay et Le Mire, **35**.
Le Court (Anne), femme d'Estienne de La Font, **41**.
Le Doyennel (Thomas), témoin de Le Seurre, huissier, **253**.
Le Duc (Rolland), maître couvreur à Paris, rue Bout-de-Brye, paroisse Saint-Séverin [1603], **253** à **257**; – rue Poupée, paroisse Saint-Séverin [1609], **258**, **259**.
Le Fevre. — Cf. Le Fèvre.
Le Febvre (Claude), maître taillandier grossier à Paris

faubourg Saint-Germain-des-Prés, rue des Mauvais-Garçons, **343**.
Le Febvre (Eugène), marchand bourgeois de Paris, rue du Bourg-Labbé, paroisse Saint-Leu-Saint-Gilles, **308**.
—— (Jehan), **187**.
—— (Jehan), clerc, à Tours, **366**.
—— (Louis), voiturier par eau, demeurant à Paris, rue de la Mortellerie, paroisse Saint-Gervais, **379**, **387**.
Lefèvre, 3 a.
—— (François), conseiller du Roi et trésorier général de France en la généralité de Paris, **49**, **51**, **52**, **53**, **93**, **95**, **158**, **160**, **162**; – s^r de Mormant, 49.
—— (Jean), s^r de Caumartin, 18.
—— (Louis), s^r de Caumartin, président au Grand conseil, Conseiller d'État, garde des sceaux, **18**; – signe au contrat du mariage de Daniel de Massy avec Madeleine de Pynot, 37.
Le Flot (Jehan), terrassier manouvrier, demeurant dans l'Arsenal du Roi, à Paris, **279**.
Lefranc (Anthoine), maître maçon à Villers-Cotterets, **219**, **223**.
Le François (Barbe), femme de Jehan du Vair, 59.
Le Garend (Eloi), terrassier manouvrier, à Paris, **240**.
Léger (Christofle), marchand bourgeois de Paris, rue de la Juiverie près la Magdeleine, **304**, **312**, **315**.
Légier (Christofle). —— Cf. Léger (Christofle).
—— (Guillaume), bourgeois de la ville d'Aix, **60**, **61**, **73**, **81**; – commissaire général des vivres, 60.
Legrand. —— Cf. Berty et Legrand.
Le Gras, secrétaire des commandements de la Reine, 33.
—— (Simon), 28, 32, 33; – greffier du Conseil de vérification des rentes, 37.
Legris (Jehan), maître maçon à Paris, **139**.
Le Hardy (François), chevalier, s^r de La Trousse, 33.
Le Lievvre (Jehan), maistre vitrier à Paris, rue du Monceau, paroisse Saint-Gervais, **253**.
Le Maistre (Marie), femme de Jacques de Baugy, 20.
—— (Le capitaine). —— Cf. Bélier (Antoine).
—— (Pierre), capitaine ordinaire du charroi de l'artillerie, demeurant à Orléans, **402**.
Lemellin, **11**. —— Cf. Lomelin.
Lemercier (Nicolas), capitaine ordinaire du charroi de l'artillerie, demeurant à Étampes, **403**.
Le Mercier (Pierre), procureur au Châtelet de Paris, 33.
Le Mire, engagiste du pavillon royal, 35.
Le Moine (Denys), maître serrurier à Paris, demeurant rue de la Verrerie, paroisse Saint-Gervais, 113, 114, **251**.

Le Moine (Robert), maître maçon, voyer pour le Roi au bailliage de Senlis, y demeurant, **210**.
Lemoyne (Anthoine), fondeur ordinaire du Roi, à Paris, rue Saint-Martin, paroisse Saint-Laurent, **306**, **307**, **322**.
Le Moyne (Augustin), **97**.
Le Noir, notaire à Verdun, 371.
—— (Denys), maître bourrelier à Paris, rue et paroisse Saint-Jean-en-Grève, 144.
—— (Marie), femme de François de Donon, 49.
—— (Mathias), trésorier des parties casuelles, 49.
—— (Gilles). —— Cf. Renoir.
Lenoncourt (Françoise de), femme de Philibert du Chastellet, **302**.
Le Normant (Jehan), notaire au Châtelet de Paris, **2**, **63**, **84**, **338**, **391**.
—— (Pierre), entrepreneur de maçonnerie à Paris, **119**, **150**.
Le Nostre (André), jardinier des Tuileries, 247, 250.
—— (Françoise), femme de Simon Bouchard, 250.
—— (Jean), maître jardinier à Paris, demeurant au palais des Tuileries, **249**, **250**.
Léopold d'Autriche, évêque de Strasbourg, 18.
Le Peuple (Nicolas), maître charpentier à Paris, rue Saint-Antoine, paroisse Saint-Paul, **176**, **210**, **213**, **221**.
Le Plaige (René), voiturier à Orléans, **402**.
Le Poyvre (Barbe), marchand, demeurant aux Halles de Paris, enseigne du «Heaulme», **382**, **383**, **384**.
Le Preux (Denis), capitaine ordinaire du charroi de l'artillerie, demeurant à Senlis, **411**.
—— (Guillaume), capitaine du charroi de l'artillerie, demeurant à Milly-Saint-Front, **398**, **411**.
Le Prévost (Jehan Ier), 20.
Le Prevost (Jehan II), s^r de Saint-Germain, conseiller et secrétaire du Roi, demeurant rue du Battouer près les Cordeliers, 20.
Le Queulx (Barbe), femme de Jehan Coulon, plombier à Paris, **294**.
—— (François), plombier à Paris, **294**.
Le Ragois (Demoiselle Marie), femme de Jacques de Verdavayne, **300**, **301**.
Le Redde (Antoine), maître charpentier, demeurant à Paris, en la Place Royale, paroisse Saint-Paul, **121**, **129**, **149**, **194**, **348**.
—— (Gilles), maître charpentier de «La Grande Coignée», à Paris, rue du Petit Musse, paroisse Saint-Paul, 34, 121, **124**, **125**, **129**, **162**, **237**, **239**.
—— (Jacques), entrepreneur de maçonnerie à Paris, rue Saint-Antoine, **119**, 121.
Le Roulx (Guillaume), voiturier par terre, à Troyes en Champagne, **384**.
Le Roux (Charles), capitaine du charroi de l'artillerie, à

Paris près la rue Neuve-Saint-Paul, 332, **394**, **395**.
Le Roux (Jean), procureur au Châtelet de Paris, 332.
—— de Lincy, 27.
Leroy (Jehan), capitaine de charroi de l'artillerie, demeurant à Fontenay-Saint-Père, près Mantes, 397.
Le Roy, maître maçon à Paris, **284**.
—— (Marcel), maître maçon à Paris, **156**, **289**.
—— (Pierre), maître maçon à Paris, **110**.
—— (Pierre), terrassier manouvrier à Paris, rue du Vertbois, paroisse Saint-Nicolas-des-Champs, **278**.
—— Cf. de La Grange Le Roy.
Le Saige (Pierre), **231**.
Leschappe. Cf. Echappe.
Le Sellier (Pierre). —— Cf. Sellier.
Le Semelier, notaire au Châtelet de Paris, 35.
Le Seurre, huissier, sergent à cheval au Châtelet de Paris, **252**, **253**.
Le Soullet (Philippe), clerc, demeurant à Orléans, 56.
Lespine (Rose), femme de Robert Tiercelin, 274.
—— Cf. Locquet de —.
Lespine. —— De Longueval (Charles), escuyer, s' de —, **249**.
Lestoile (De), 52.
—— (Journal de), **293**.
Le Terrier (Jeanne), femme de Charles Boucher, 42.
Le Vasseur, notaire à Paris, **113**, **117**, **118**, **120**, **123**, **137**, **138**, **139**, **140**, **144**, **148**, **151**, **154**, **165**, **166**, **168**, **169**, **186**, **188**, **189**, **194**, **202**, **208**, **211**, **214**, **216**, **218**, **222**, **223**, **229**, **231**, **233**, **238**, **239**, **241**, **252**, **253**, **254**, **257**, **258**.
—— (Marie), femme d'Olivier II Picques, 329.
Levasseur (Pierre-Émile), 16.
Le Vavasseur (Jehan), maître plombier à Paris, rue Saint-Martin, paroisse St-Médéric, **260**, **294**, **295**.
Le Voyer (Claude), notaire au Châtelet de Paris, **303**.
Lezines (Siphorien de), seigneur de Mortefontaine, commissaire ordinaire de l'artillerie et lieutenant du Grand-Maître, demeurant à Amiens, **351**.
Lezy (Jehan), voiturier à Orléans, **402**.
Lhommedieu (Jehan), l'aîné, marchand, demeurant à Sedan, **316**, **327**, **328**, **329**, **331**, **332**, **333**, **334**, **336**.
—— (Philippe), 316, 336.
Lhospital (Louis de), baron, puis marquis de Vitry, capitaine des gardes du corps, 24.
—— (Nicolas de), chevalier, s' et baron de Vitry, gentilhomme ordinaire de la Chambre du Roi et enseigne de la compagnie de gendarmes de M⁅ʳ⁆ le Dauphin, demeurant au parc des Tournelles, paroisse Saint-Paul, 24, 25, 26, 27, 29.
L'Hoste (Hilaire), conseiller notaire et secrétaire du Roi, maison et couronne de France, **38**, **39**, **40**; — beau-frère d'Isaac Arnauld, **39**; — demeurant rue de la Couture-Sainte-Catherine, 38.
L'Hoste (Hilaire II), 38.
—— (Jacqueline), femme de Jean de Houdetot, s' de Gresmesnil, 88.
Liége, 18.
Lieutenant civil. — Cf. Dreux-Daubray.
Lieutenant du Roi en Rethelois : Robert de La Vieuville —, 307.
Lieutenants généraux. — Cf. Gouverneurs et ——; De Schomberg (Gaspard), lieutenant général en haute et basse Marche, 108.
Lieutenants généraux des armées du Roi. — Cf. d'Albert d'Ailly (Louis-Auguste), duc de Chaulnes, 34; — Godet de Renneville, 40; — Brulart (Roger), marquis de Sillery et de Puisieux, 40.
Lieutenant général de la gruerie de Chevreuse : De Frédy (Pierre), **129**.
—— des mines de France. — Cf. Olier (François).
Ligier (Guillaume). Cf. Légier.
Ligny, 357, 371.
Limousin. — De Corberon (Nicolas III), intendant du —, 359.
Lintlaer (Catherine), femme de Jacques Planson, 152.
—— (Françoise), femme de Bernard de Foras, 153.
—— (Jehan), allemand de nation, ingénieur en pompes et fontaines artificielles, demeurant sur le Pont-Neuf, paroisse Saint-Germain de l'Auxerrois, **152**.
—— (Louis), contrôleur des Bâtiments du Roi, 152.
Lisieux. — Du Vair (Guillaume), évêque et comte de —, 59.
Livry. — De Coulanges (Christophe), abbé de —, 33.
—— Sanguin (Jacques), s' de —, **11**.
Locquet de Lespine (Louise), femme de Jacques de Guillon, 293.
Lodre (Vincent), notaire au comté des Ollunes, 31.
Loire (Rivière de), **13**, **14**, **15**, **35**, **54**.
Lois, 162.
Loisel (Georges), **112**.
Lomagne (De). Cf. Lumagne.
Lombard (Loizon), **71**, **73**, **75**.
Lomelin (Ambroise Lomellini), gentilhomme ordinaire de la Chambre du Roi, chef d'escadre, **9**.
—— (Hierosme), gentilhomme génois, 9.
Loménie (François de), 28.
Lon (Jean de), baron de Baye en Champagne, s' de Lorme, trésorier de France à Châlons, 37.
—— (Madeleine de), femme de Pierre de Donon, sœur de Marion de Lorme, 49.
—— (Marie de), dite Marion de Lorme, 37, 49.

Longuejoue (Françoise de), gouvernante des enfants de France, femme en premières noces de Pierre de Foissy, s' de Cernay, et en secondes noces de Robert de Harlay, baron de Montglat, 200.

Longuemare (Toussainctz de), maître passeur ès ports de Paris et juré de la communauté des maîtres passeurs, **91**.

Longueval (Charles de), écuyer, s' de Lespine, capitaine et gouverneur de Villers-Cotterets, 107, **219**.

—— (Jean de), capitaine du château de Villers-Cotterets, 219.

—— (Marie de), femme de Jean de Donon, s' de Chastre et de Montgeroult, 107, 219.

Loribeau. — De Donon (Médéric), s' de —, 49.

Lorme. — De Lon (Jean), s' de —, 37; – Marion de Lorme, 37.

Lorme (Jehan de). — Cf. Delorme.

Lormeau (Nicolas), voiturier par terre, à Orléans, **381**.

Lorraine. — Boureville en —, **382**.

Lorraine (Anne-Marie-Joseph de), prince d'Harcourt, 42.

—— (Charles de), duc de Mayenne, pair de France, gouverneur et lieutenant général en l'Île de France, 18, 41, 57, **59**, **60**, **61**, **62**, **63**, **65**, **73**, **74**, **82**, **83**, **84**, **85**, **87**, **89**; – demeurant en l'hôtel de Mayenne, rue Saint-Antoine, paroisse Saint-Paul, **63**, **83**, **85**.

—— (Henry, prince de), duc de Bar, 2.

—— Portrait du duc de —, 3.

—— Portrait de Madame Claude de France, duchesse de —, 3.

Louis XI. — Portraits du Roi — et de la Reine, sa femme, 4.

Louvre. - Cf. Paris.

Luc, **62**.

Luçon. — Cf. Richelieu, évêque de —.

Lucques. — Cénamy (César), gentilhomme de —, **294**.

Luillier, **105**.

—— de Boulencourt (Marie), femme de Louis Prudhomme, 11.

Lumagne, 28.

—— (Catherine), femme de Georges Quesnel, gentilhomme de Normandie, s' du Fresne, près de Conches, 326.

—— (Jean-André), demeurant à Paris, en la maison de l'Hostel d'Argent, rue de la Verrerie, 28, **326**, **327**,

—— (Marie), femme de François Polaillon, 326.

Luzarches. — Lambert (René), capitaine ordinaire du charroi de l'artillerie, demeurant à —, **405**.

Lybault, notaire au Châtelet de Paris, 30.

Lyon (Sénéchaussée et siège présidial de), 377.

—— Arsenal du Roi et magasin d'artillerie à —, **375**, **386**; – Barbier (Jean), clerc, à —, **377**; – Cenamy (Barthelemy), **290**; – Deschamps (Jehan), marchand voiturier par terre, demeurant à —, **378**; – du Fournel (Pierre), intendant des fortifications et réparations de la ville de —, y demeurant, 290 à 292; – Galliot (Claude), voiturier par terre, à —, **384**; – Greysieu (Pierre), commissaire ordinaire de l'artillerie à —, **375**; – Guiton, notaire royal héréditaire à —, **375**; – La Courbe (Antoine), marchand poudrier d'arquebuse à —, **375**; – Thomas (Jean), clerc, à —, **377**.

Lyonnais (Gouvernement et province de), 290 à 292, **376**.

M

Mâcon (Bailliage de), 377.

Maçonnerie. — Cf. *Paris :* Travaux de —.

Maçons (Maîtres) : Dupont (Nicolas), **210**; – Gougeron (René), **210**; – Lemoyne (Robert), **210**; – Perignon (Anthoine), **207**; – Roux (Denis), **156**, **157**; — Vaudoyer (Paul), **210**. — Cf. Saint-Germain-en-Laye, - Villers-Cotterets.

Madame, 200. — Cf. Elisabeth de France.

Madrid (Château de Boulogne dit Madricq et), **104**, **251** à **260**.

Maheu, notaire au Châtelet de Paris, 255.

Maigret, notaire au Châtelet de Paris, 340.

Maillard (Anne), femme de Nicolas Hurault, 9.

Mailly (Estienne), tapissier, à Paris, rue Pymollet, paroisse Saint-Médéric, 349.

Maina, **292**.

Maintenon. — D'Angennes (Jacques), s' de —, 45.

Mainzeville (Jehan). Voiturier par terre, demeurant à Dieppe, **383**.

Maison du Roi. — Cf. Aumôniers de la —; Capitaine des toiles de chasse de la —; Compagnie des Cent Gentilshommes de la —; Écuyers de la Grande Écurie de la —; Gentilshommes ordinaires et servants de la —, Intendant des meubles de la —; Maîtres d'hôtel de la —; Valets de chambre de la —.

Maison de la Reine. — Barbin (Claude), surintendant de la —, 19. – Le Gras, secrétaire des Commandements de la —.

Maisoncelles. — D'Arquenay (Julienne), dame de —, 46. - Bérard (André), sieur de — **243** à **245**.

Maisse. — André Hurault, sieur de —, 9.
Maistre (Jeanne-Marguerite de), femme de Louis-François-Jules Johannot de Bartillat, 34.
Maîtres des œuvres des Bâtiments du Roi. — Cf. charpente : Fontaine (Jehan); – couverture : Thomas (Léon); maçonnerie : Marchant (Guillaume et Louis); – menuiserie; – pavage : Richer (Michel).
—— d'hôtel ordinaires du Roi : Boubier (Jacques), 29; – de Cothereau (Jacques), 269; – Faure (Jean), 100.
—— des requêtes : De Castille (Pierre), 42; – André Hurault, 9; – De Laffemas (Isaac), 46; – Du Vair (Guillaume), 59.
—— des requêtes ordinaires de l'Hôtel du Roi : Choppin (René) 34; – Maupeou (Gilles II), 13.
—— des requêtes ordinaires de l'Hôtel de la Reine : Cardinet (Jehan), 55.
Maîtrises, 15.
Maizières. Cf. Mezières.
Malades, 20.
Malespine. — Goullet (Florent), s^r de — 305.
Malherbe (Antoine), charron ordinaire de l'artillerie, à Paris, quai des Ormes, 311.
Mallier, 412; trésorier général de France en la généralité d'Orléans, 54.
Manchevelle, notaire au Châtelet de Paris, 23.
Mans (Le). — De Vichy de Champron (Nicolas), abbé de Saint-Calais du —. 35.
Mansart (Absalon), maître charpentier à Paris, rue des Bernardins, paroisse Saint-Nicolas du Chardonneret, 140, 141.
—— (François), architecte, 140.
—— Cf. Hardouin-Mansart (Jules).
Mantes. — Artillerie de —, 388; – Élection de —, 397, 399; – Manufacture de toiles de —, 13 à 16; – Port de —, 387. — Cf. Lambert (Antoine), Wolf (Jehan).
Manufactures, 25.
Manufactures royales, 46.
—— d'étoffes de soie tissées d'or et d'argent 27, 28, 326, près la Place Royale des Tournelles, 263.
—— La Tannerie (manufacture de cuirs), 12.
—— de toiles fines, façon de Hollande, 13.
Maran (Nicolas), voiturier par eau, demeurant à Sens, logé à Paris, rue de Bièvre, enseigne du *Cerceau d'Or*, 378.
Marbre des Pyrénées, 130. — Cf. Figures antiques de —; Paris : Tailleurs de —.
Marcel (Gabriel), — 182.
Marchais (Jehan). — Cf. Marchez (Jehan).
Marchaiz. — Desjardins (Jacques) s^r de —, 52.
Marchands. — Cf. Joailliers, orfèvres; – Paris : Marchands, tapissiers.
Marchant (Le capitaine Charles) —, 28, maître des œuvres de charpenterie de la ville de Paris, demeurant en l'arsenal de ladite ville, paroisse Saint-Paul, 263.
Marchant (Guillaume), maître des œuvres de maçonnerie des bâtiments du Roi, à Paris, rue Geoffroy-Lasnier, paroisse Saint-Gervais, 23, 181, 182.
—— (Jehan), maître charpentier à Paris, 237, 238.
—— (Louis), maître des œuvres de maçonnerie du Roi, demeurant rue Geoffroy-Lasnier, 23, 46, 181 à 185.
Marche (Haute et Basse). — De Schomberg (Gaspard), lieutenant général en —, 108.
Marchuez (Jehan), capitaine du charroi de l'Artillerie, demeurant à Paris rue Montorgueil, paroisse Saint-Eustache, 384, 400, 411.
Marchus (Pierre), garde ordinaire et provincial de l'Artillerie pour le Roi au gouvernement de Champagne et Brie, 313, 314,
Maréchal général des camps et armées du Roi. — Fougeu (Charles), 35; – Fougeu (Pierre), s^r d'Escures, 35. — Cf. Grand Maréchal général de camp.
—— général des logis, 299.
—— des logis des camps et armées du Roi, 299.
—— des logis des compagnies d'Ordonnances du Roi, 299.
Maréchaux des Camps et Armées du Roi, 20, 299. — de Beringhen (Jacques-Louis), 34; – Johannot de Bartillat (Louis-François-Jules), 34; – de Saint-Simon (Louis-François), 34. — Cf. Aide de maréchal de camp.
Marguerite. — Portrait de la reine —, 3.
Marie d'Autriche, duchesse de Juliers et de Clèves, 18.
—— de Médicis (La Reine), 19; – chambre de la Reine au château du Louvre, 120, 121; – cuisine de la bouche de la Reine, 132, 133; – couronnement de la Reine, 264, 266.
Marine du Levant, 10.
Marion de Lorme, 37. — Cf. de Lon.
Marmot (Auger), marchand, demeurant à Tours, 364 à 366.
Marqueblay (Robert), maître maçon, entrepreneur de la grande galerie du Louvre, 24, 108, 109.
Marques du Roi : — Canons, 306; – outils à pionniers, 346; – toiles, 16.
Marseille. — Magasins d'artillerie, 368, 369; – port, 10.
Martigny (Claude), femme de Claude Moullet, jardinier du Roi, 246, 250.
Martin (Claude), maçon, 181.
—— (Gillette), femme de Nicolas Cloguier, 92.
—— (Guillaume), manouvrier, 187.

TABLE GÉNÉRALE ALPHABÉTIQUE.

Martin (Jean), 60.
Martine (Estienne), témoin de Le Seurre, huissier, 253.
Mascrier (Mathieu), maître des ponts de la Ville de Paris, demeurant à l'École de Saint-Germain de l'Auxerrois, 390.
Massue (De). — Cf. de Massy.
Massy (Daniel de), s' de Ruvigny, escuyer, lieutenant au château de la Bastille, 37; – marié, à l'Arsenal de Paris, avec Madeleine de Pynot, 37.
—— (Nicolas de), 37.
Mathieu (Jehan), maître menuisier à Paris, rue Saint-Martin, paroisse Saint-Nicolas-des-Champs, 291, 292.
Mationon (De). — Maison du maréchal —, 107.
Maubert (Jehan), sieur de Boisgibault, conseiller magistrat au siège présidial d'Orléans, y demeurant, paroisse Saint-Maurice, 54, 55.
—— (René), contrôleur des guerres, 55, 56.
—— (René), s' de La Caute et de Vaulxgirault, 55, 56.
—— (Théodore), sieur de La Bertrandière, demeurant à Orléans, 54, 55.
Maubert-Fontaine (Ville de). — Artillerie de la ville de —, 319, 363.
Mauclenc, contrôleur ordinaire et provincial de l'Artillerie pour le Roi au gouvernement de Champagne et Brie, 321.
Maule. — De Harlay (Nicolas), baron de —, 108.
Maupeou (Gilles Ier), conseiller du Roi en ses Conseils, intendant et contrôleur général de ses finances, 13, 18; – auditeur des comptes, seigneur d'Ableiges et de la Villeneuve, 13.
—— (Gilles II), conseiller au Parlement, maître des requêtes ordinaires de l'Hôtel, 13.
—— (Marie), femme de Guillaume de La Barre, 13.
—— (Marie de), femme de François Foucquet, 13.
—— (Michel), receveur général des finances en Languedoc, 13.
—— (Pierre), auditeur des comptes, 13.
—— (Vincent), notaire au Châtelet de Paris, 13.
Mauré (Christofle), maître menuisier à Paris, rue Neuve et paroisse Saint-Médéric, 123, 217.
Mauroy (Pierre), sieur de La Baume, capitaine du charroi de l'Artillerie, demeurant à Château-Thierry, 398, 411, 412.
Maximilien. — Portrait de l'empereur —, 3.
Mayenne (Duc de). —- Cf. de Lorraine (Charles).
—— (duchesse de). — Cf. Henrye de Savoie.
Mayenne (Hôtel de), rue Saint-Antoine, paroisse Saint-Paul, 63.
Médecins ordinaires du Roi. — De La Barre (Guillaume), 13.

Melian (Esperit), notaire à Antibes, 73, 78, 79, 85, 87.
Melun, 394. - Barbin (Christophe), capitaine de la ville de —, 19; - Gesu (Nicolas), capitaine ordinaire du charroi de l'Artillerie, demeurant à —, 401; – élection de —, 401.
Ménart (Félix), tailleur de marbre, demeurant à Paris, rue Saint-Honoré, paroisse Saint-Eustache, 117, 118, 131.
—— (Robert), tailleur de marbre, demeurant à Paris, à la Porte Neuve, paroisse Saint-Germain de l'Auxerrois, 112, 117, 118, 131.
Menses (Florentin), maître armurier, demeurant à Sedan, 335, 336, 338 à 340, 341.
Menuisiers. — Mynet (Jehan), menuisier à Villers-Cotterets, 217.— Cf. Paris. Travaux de menuiserie.
Mercier (Claude), 268.
—— (Guillaume), maître charpentier, 213, 228.
Merlin, 34.
Mesdames Christine et Élisabeth, 261, 264.
Mesmillon. — Jean de Vienne, sieur de —, 9.
Mesnil (Le). —- Barbin (Christophe), s' de —, 19.
Messier (Sébastien), maître maçon à Paris, 172.
Messy. —- De Donon (François), s' de —, 49.
Mestres de Camp. — Arnauld (Isaac), 38; - De Vichy de Chamron (Gaspard), 35.
Mesures de Normandie, 15.
—— de Paris, 15, 49, 50.
—— de Provence, 58, 75.
Mesureur (Maître – juré), Pouillot, 54.
Metezeau (Clément), architecte à Paris, demeurant en la grande galerie du château du Louvre, associé avec Pierre Robelin, maître maçon, tous deux adjudicataires des travaux de construction d'un réservoir pour la pompe du Pont-Neuf, 145 à 148.
—— (Louis), architecte du château du Louvre, 103; architecte ordinaire des Bâtiments du Roi, 104, 105, 106, 116, 117, 118.
Metz. — Demarsal, notaire royal à —, 338; – Fabert (Abraham et François), contrôleurs de l'Artillerie à —, 338; – Jocquet (Jacques), marchand à —, 337; – Pestre (Paul), marchand à —, 338; – Bois façon de —, 328; – gouvernement de —, 356, 371.
Meurisse (Jehan), religieux profès du couvent des Célestins, 48, 52.
Meuse (Rivière de), 18, 19.
Mézières (Ville de), 19, 20; – Artillerie de la ville de —, 317, 321; – Gouverneur de — : Robert de La Vieuville, y demeurant, 307.
Mezy (Guillaume), jardinier à Paris, 249.
Mignot. — Jardin de — à Saint-Germain-en-Laye, 196.
—— (Jacques), pâtissier et officier de Bouche du Roi, 196.

TABLE GÉNÉRALE ALPHABÉTIQUE.

Milan. — Corcelets de —, **328** à **331**, **338**; — morions dorés et gravés de —, **333**; - morions blancs gravés de —, **333**.

Milly Saint-Front. — Le Preux (Guillaume), capitaine du charroi de l'Artillerie à —, **397**.

Milon (Benoît), s' de Videville, conseiller d'État, intendant et contrôleur général des finances, **41**, **45**.

Milot (Estienne), fermier du logis ou pend pour enseigne l'Image Saint-Georges, à Antibes, **62**.
—— (Guillaume). - Terre de — à Antibes, **77**.

Mimata (Charles-François de), écuyer, **60**, **61**, **73**, **81**.

Mines. Cf. Lieutenant des mines de France.

Minse. Cf. Menses.

Minegodin (Jehan), capitaine ordinaire du charroi de l'Artillerie, demeurant à Rilly, **409**, **413**.

Miron (Marc), s' de l'Hermitage, conseiller d'État, **18**.
—— (Marie), femme de Louis Le Fèvre, s' de Caumartin, **18**.

Moinet (Madeleine), femme de Jean de Trillart, **37**.

Moisset (Jean de), fermier des Aides et des greniers à sel, **19**, **28**.

Molé (Magdeleine), femme de François Olier, **30**.

Mollet. — Cf. Moullet.

Monaco, **64**.

Monet (Madeleine), **37**. — Cf. Moinet.

Monglat (Mme de). — Cf. de Montglat.

Monier (Honoré). — Terre de —, à Antibes, **77**.
—— (Loizon). — Maison de — à Antibes, en la Ferraye de M. le Comte, **68**.
—— (Loys), plâtrier à Antibes, **64**, **73**, **74**, **75**.

Monnaies, **49**, **53**, **84**. — Cf. Paris, Tours.

Monnard (Claude), maître maçon à Paris, vieille rue du Temple, paroisse Saint-Jehan, **172**, **173**.

Monstreuil (Louis de), **95**.

Montagu. — De Bompar (Jean-Baptiste), s' de —, **88**.

Montaleau. — Aubert (Catherine), dame de —, **19**.

Montargis. — Fouquin (Mathieu), voiturier par eau à —, **255**; –bois de la forêt de —, **122**, **136**, **203**, **204**; - port de —, **255**, **392**.

Montauroux. — De Grasse (Anthoine), s' de —, **62**; – De Grasse (Claude), s' de —, **62**.

Montereau où Fault Yonne, **394**, **411**.

Montfort-l'Amaury, **226**, **397**.

Montglat (Mme de), gouvernante des Enfants de France, **189**, **200**. — Cf. de Longuejoue (Françoise).

Montglat. — De Harlay (Robert), baron de — et Françoise de Longuejoue, sa femme, baronne de — gouvernante des Enfants de France, **186**, **200**.

Montjeu, en Bourgogne. — Jeannin (Pierre), s' et baron de —, **42**; – de Castille (Marie-Louise-Christine), marquise de —, **42**.

Montgeroult. — De Donon (Jean Ier), s' de —, **107**.

Montluçon. — Johannot (Louis-Joachim), marquis de Bartillat, baron d'Huriel, capitaine châtelain des ville et château de —, **34**.

Montmansois. — Bourdin (Pierre), s' de —, **406**.

Monmketan (Le s' de), à Antibes, **72**.

Montrevel. — De La Baume (Ferdinand), comte de —, **31**.

Morand (Nicolas), témoin signant les certificats d'affichage, **172**, **265**.
—— (Simon), témoin signant les certificats d'affichage, **94**, **97**, **114**, **116**, **117**, **119**, **121**, **122**, **124**, **129**, **130**, **132**, **143**, **146**, **149**, **150**, **153**, **156**, **164**, **172**, **190**, **192**, **194**, **197**, **223**, **230**, **234**, **240**, **242**, **244**, **249**, **265**, **294**.

Moreau (Innocent), conseiller au présidial d'Orléans, **40**.
—— (Marin), maître couvreur à Paris, rue au Maire, paroisse Saint-Nicolas-des-Champs, **256**, **258**, **259**.
—— (Renée), femme de Jean de Fourcy, **40**.

Morel, notaire à Paris, **234**.
—— (Claire-Celonie), femme de René Choppin, **34**.

Morely (Marie), femme de Gilles Maupeou, **13**.
—— (Nicolas de), conseiller notaire secrétaire du Roi et contrôleur général de l'Artillerie (1606), **343**, **389**, **390**, **391**, **406**; –(1609), **294**.

Mormant. — Le Fèvre (François), s' de —, **49**, **54**.

Mortefontaine. — De Lezines (Siphorien), seigneur de —, **351**.

Motelet (Jehan), notaire au Châtelet de Paris, **26**, **39**, **44**, **46**, **48**, **52**, **53**, **93**, **113**, **182**, **264**, **292**, **293**, **296**, **302**, **311**, **316**, **322**, **328**, **329**, **330**, **331**, **332**, **333**, **336**, **337**, **341**, **342**, **363**, **368**, **369**, **386**, **387**, **388**, **389**, **390**.

Mouce (Antoine), marchand à Épernon, **229**.

Mouflart (René), maître menuisier à Paris, près la porte Saint-Antoine, **292**.

Mouple, notaire au châtelet de Paris, **16**, **17**.

Moulinfrou (Terre et seigneurie de), **312**.

Moullet, alias Mollet (Claude Ier), jardinier ordinaire du Roi, demeurant derrière l'église Saint-Thomas-du-Louvre, **244**, **246**, **247**, **248**.
—— (Claude II), jardinier ordinaire du Roi en survivance de son père, **246**.

Moulin Huon (à Reims), **96**, **98**.

Moussart (Michel), commissaire général des poudres et salpêtres au magasin et arsenal de Tours, demeurant en ladite ville de Tours (1600), **360** [1604], **364** à **366**; – son département (4 av. 1604) : généralités de Touraine, Berry, Orléans, Poictou et Bretagne, **365**.

Mouton (Honoré), le capitaine —, arpenteur à Antibes, **64**, **71**, **72**, **74**, **75**; – terres d' —, **76**.
—— (Martin), voiturier à Orléans, **402**.

TABLE GÉNÉRALE ALPHABÉTIQUE. 497

Mouton (Martin), capitaine du charroi de l'Artillerie, demeurant à Orléans, paroisse Saint-Paterne, **397, 411**; – voiturier à Orléans, **402**.
Mouzon (Ville de), **20, 303, 306, 307**; – artillerie de la ville de —, **319, 363**.
—— (Prévôté de). — Remilly en la —, **312**.
Mulart (Denis), serviteur de la veuve Johan Velda, voiturier par terre, à Troyes en Champagne, **381**.
Mulot (Jehan), marchand bourgeois de Paris, rue des Prêcheurs, paroisse Saint-Eustache, **308**.
Musnyer (Nicolas), maître menuisier à Paris, **126**.
Musset (François de), s' de Pray, 38.
Mutebek (Maurice), 62.

N

Nanteuil. — Danquechin (Jean), s' de —, 269.
——. De Schomberg (Gaspard), comte de —, 108.
Nattier (Nicolas), **268**.
Naturalisations, **15**.
Navarre. — Portraits du roi et de la reine de —, 4.
Nemours (De). — Portrait de la duchesse de —, 3.
—— Portrait de Monsieur de —, 4.
Nepveu (Pierre), jardinier, demeurant Faubourg Saint-Honoré, **244, 246, 248**.
Neubourg (Comte palatin de), 18.
Neufville-Villeroy (De), 18, **104, 106**.
—— (Magdeleine de), femme de Pierre Brulart, 11.
Neuvillette. — D'Houppeville de —(Nicolas), 36.
Nice, 76.
Niflet (Pierre), terrassier manouvrier à Paris, rue de la Cerisaie, paroisse Saint-Paul, **280**.
Niol (Hoirs d'André). — Terre des — à Antibes, 76.
Nivernais, 309; – Artillerie : lieutenant du Grand-Maître ès département de —, **344**.
Noailles (Anne, duc de), pair de France, chevalier des Ordres, premier capitaine des gardes du corps 34.
—— (Anne-Marie-Louise de), femme de Henry-Charles, sire de Beaumanoir, marquis de Lavardin, 34.
Noblet (Louis), maître maçon à Paris, vieille rue du Temple, **288, 289**.
—— (Pierre), maître maçon à Paris, (1603) : rue de Jouy, **228, 285, 288**; – (1607) : rue de la Cerisaie, paroisse Saint-Paul, 94.
Noël (Anthoine), capitaine ordinaire du charroi de l'Artillerie, demeurant à Vauberon en Soissonnais, **405**.
—— (Bon), manouvrier, demeurant à Abbeville, faubourg Saint-Jean, **268**.
Nogent-sur-Seine (Port de), **379, 391**.
Noiret (Mathurin), trompette du surintendant des fortifications, **267**.
Noirmoutier. — De La Trémoille (Louis), marquis de —, 24, 29.
Nointel. — Olier (Edouard), s' de —, 30.
Normandie. — Gouvernement de —, **354, 374**.
—— Parlement de —, 36, **407**.
—— Terres vaines et vagues érigées en fiefs de haubert en la province de —, 14.
Nostradamus (Jean), clerc de Boniface Seguiran et procureur au Parlement d'Aix, frère de l'astrologue Nostradamus, 62.
—— (Michel), astrologue, 62.
Nostredame (De). — Cf. Nostradamus.
Notaires. — Cf. Lyon, Orléans, Paris, Raucourt, Tours.
Notte (Dimanche), témoin signant les certificats d'affichage, **132, 143, 223, 246**.
Nourrice de Louis XIII, 49.
Noyon, **354, 374**.

O

O (Le s' d'), surintendant des Bâtiments du Roi, 40.
—— (Catherine d'), seconde femme de Robert de La Vieuville, 307.
Officiers des Bâtiments du Roi — Boudin (Thomas), 116; – Tremblay (Barthélemy) 116.— Cf. Bâtiments du Roi.
Olier (Édouard), s' de Nointel, ambassadeur à Constantinople, 30.
Olier (François), secrétaire du Roi, 30.
—— (François), conseiller notaire et secrétaire du Roi et trésorier général de l'ordinaire des guerres, demeurant à Paris, rue Vieille-du-Temple, paroisse Saint-Paul, 30, 31.
—— (François), s' de Verneuil et d'Ivoy-le-Pré, lieutenant des mines de France, 31.
—— (Jean-Jacques), fondateur du séminaire de Saint-Sulpice, 31.

498   TABLE GÉNÉRALE ALPHABÉTIQUE.

Ollier (Louise), dame de Beauregard, femme de Paul Ardier, 31.
— (Marie), femme de Ferdinand de La Baume, comte de Montrevel, 31.
— (Marie), femme de Dreux-Daubray, 31.
— (Nicolas-Édouard), grand audiencier de France, 31.
Ollunes (Comté des). — Cayneau (Pierre), notaire, 31; – Lodre (Vincent), notaire, 31.
Ordonnances du Roi. — Cf. Compagnies d' —; hommes d'armes; – de Béthune (Maximilien), passim; – de Schomberg (Gaspard), capitaine de cinquante hommes d'armes des —.
Ordres du Roi. — Cf. Chevaliers des —.
Ore (Pierre d'), trésorier général de France en la généralité d'Orléans, 54.
Orléanais, 309.
Orléans. — Artillerie : Tricquoys (Mathias), commissaire ordinaire de l' —, 309; – lieutenant du grand-maître, 344; – arsenal et magasin d' —, 338, 339, 367, 396.
—— Capitaines du charroi de l'Artillerie, demeurant à — : Cf. David (Jehan); – Denys (Abel); – Gaillard (Jehan); – Le Maistre (Pierre); – Mouton (Martin); – Ravenel (Lucas).
—— Artillerie : Voituriers demeurant à — : Cf. Barré (Guillaume); – Carpentier (Guillaume); – Chailly (André); – Chauvin (Jamet); – Chevallier (Hubert); – David (Jehan); – Forges (Jehan); – Guérin (Jehan); – Jousset (Jehan); – La Vouste (Michel); – Le Plaige (René); – Lormeau (Nicolas); Lezy (Jehan); – Mouton (Martin); – Prévost (Jehan); – Rivière (Jehan).
Orléans. — Châtellenie et prévôté d' — : Cardinet (Jehan), prévôt des châtellenie et prévôté d' —, 55; – Cloutier (Louis), notaire, 398; – Thue (Philippe), notaire, 55.
—— Chevalier du guet : Lambert (Mathurin), 393.
—— Généralité d' — : 365, 374. — Trésoriers généraux de France en la — : De Bragelongue, 54; Maillier, 54; D'Ore (Pierre), 54. — Receveur général des finances : De Gaumont (Jean), 38.
—— Paroisses d' — : Saint-Maurice, 54, 55; – Saint-Paterne, 397.
—— Siège présidial d' — : Maubert (Jehan), conseiller, 54, 55; Moreau (Innocent), conseiller, 40.
—— Ville d'. — Leconte (Sébastien), capitaine d'une compagnie de gens de pied, à —, 403; – Le Soullet (Philippe), clerc, à —, 56; – Maubert (Théodore), 54; – Regnyer (Noël), clerc à —, 56; – Rousselet (Jehan), bourgeois, 406.
—— Université d' — : Cardinet (Jehan), conservateur des privilèges royaux de l' —, 55.
Orne (l'). Cf. Lorme.
Ouvriers français, 14, 15, 16.
—— étrangers, 14, 15, 163, 164.
Ordres du Roy. — Cf. Chanceliers des —. Chevaliers des —.

P

Pagey (Bon), manouvrier, demeurant à Doullantz, 268.
Paillemail, 22.
Pajot (Guillaume), notaire au Châtelet de Paris, 303.
Palluau (Claude), femme de Louis Hennequin, et en secondes noces de Nicolas Parent, 326.
Panfou. — De Foras (Bernard), s' de —, 152.
Panjas (Madame de), Jeanne du Monceau de Tignonville, femme de François-Jean-Charles, baron de Pardaillan, comte de Panjas, 4.
Papin (N.), femme de Claude de Chastillon, 40.
Pardaillan (François-Jean-Charles, baron de), comte de Panjas, 4.
Parent (Nicolas), secrétaire du Roi, demeurant à Paris sous la Tonnellerie près les Halles, 326, 327; – trésorier général des gabelles de France en 1597, 326.
Parfaict (Claude), 28, 326.
—— (Guillaume), 28, 326.
—— (Pierre), greffier en l'Élection de Paris et échevin de Paris, 11, demeurant rue Pierre-au-Lard, paroisse Saint-Merry, 175.

Paris (Ville de). — Abbaye de Saint-Anthoine-des-Champs : Vedel (Rémond) s' de la Fleur, capitaine général du charroi de l'artillerie de France, demeurant à l'abbaye de —, 408.
—— Arche Beaufils, paroisse Saint-Paul : Fontaine (Jean), 93.
—— Archer du guet à cheval : Cloquier (Nicolas), 92.
—— Architectes : Androuet du Cerceau (Jacques I"), 170; – Androuet du Cerceau (Jacques II), 103 à 106; – Boudin (Thomas), 110; – Du Brosse (Salomon), 170; – Du Pérac (Estienne), 103, 140, 141; – Hardouin Mansart (Jules), 140; – Mansart (François), 140; – Metezeau (Clément), 145 à 148; – Metezeau (Louis), 104 à 106, 116 à 118.
—— Armuriers du Roi : Hébert (Marin), 336; – Huguet (Guillaume), 347.
—— Arsenaux : Arsenal du Roi : 48 à 53, 255, 273 à 298, 353, 355, 373 à 375; – Petit arsenal de la ville de —, grande rue Sainte-Catherine, paroisse Saint-Paul, 263.

TABLE GÉNÉRALE ALPHABÉTIQUE.

Paris (suite).
— Bailliage de l'Ile du Palais, **23**.
— Bastille (Château de la). — De Massy (Daniel), lieutenant au —, **37**.
— Bateaux à lessive installés sur la Seine. — Vedel (Raymond), entrepreneur des —, 99.
— Boues. — Entrepreneurs de l'enlèvement des boues de Paris : Duthiers (Paul), 99 ; - Vedel (Raymond), 99.
— (Bourgeois de) : Barbin (Claude), **19** ; - De Choilly (Claude), **52** ; - Dorléans (Johan), **307** ; - Du Cerceau (Jacques), **17** ; - Gaultier (Germain), **140** ; - De Gaumont (René), **38** ; - Genest (Nicolas), **331**, **332** ; - Grosjehan (Nicolas), **316** ; - Rouillé (Jehan), 37 ; - De Sainte-Luce (Gabriel), **293** ; - De Vailly (Jehan), **11**. — Cf. Marchands bourgeois de —.
— Bourreliers (Maîtres). — Le Noir (Denys), rue et paroisse Saint-Jean-en-Grève, **144**.
— Bourse du commerce, 2.
— Bureau de la Ville, **13**.
— Bureau des pauvres. — De Vailly (Jean), receveur général du —, **11**.
— Canal de l'Arsenal, **267** à **269**, **283**, **284**.
— Célestins (Couvent des), **48** ; - chapelles d'Orléans et de Saint-Martin, **49** ; - jardin et enclos des Célestins, **279**, **281** ; - moulins et terres d'Atainville, **50** ; - porte des —, 270.
— Censive de la ville de —, **49**, **53**.
— Chambre des comptes. — Présidents : Ardier (Paul), 31 ; - Gobelin (Balthazar), 52 ; - Guiot (Antoine), 9, **52** ; - De Vienne (Jean), 9. — Maîtres ordinaires : De Baugy (Jacques), 20 ; - De Coulanges (Philippes), 33 ; - Fremin (F.), **106**. — Conseillers correcteurs : Regnouart (Noël), 37. — Auditeurs : Garnier (Jacques), **52** ; - Maupeou (Pierre), 13.
— Chapelle Saint-Symphorien, où s'assemblent chaque dimanche les maîtres paveurs de Paris, **114**, **117**, **132**, **191**, **192**.
— Charron (Maître). — Jollycœur, **34**.
— Châtelet (Grand), **108**.
— Châtelet (Petit), **108**.
— Châtelet de —. Lieutenant civil au — : De Laffemas (Isaac), 46. — Substitut du procureur du Roi au — : Gouffé (Germain), **11** — Conseillers du Roi en la prévôté, vicomté et siège présidial établi au — : Desjardins (Jacques), **52**. — Sergents à cheval au — : Le Seurre, **252**, **253**. — Sergents à verge au — : Armand (Jehan), **2** ; - Sannegrain (Jehan), **108**. — Avocat au — : Drouart, **11**. — Procureurs au — : Le Mercier (Pierre), 33 ; - Le Roux (Jean), 332. — Cf. Notaires.
— Chaussée du bac du port Saint-Paul. — Travaux de pavage de la —, **91**.

Paris (suite).
— Chemin qui conduit à Charenton Saint-Maurice, **93**.
— Cloître de Saint-Germain-de-l'Auxerrois, **145**, **147**, **152**.
— Collège des Bernardins, 59.
— Collège de Cambrai, **170** à **178**.
— Collège de France, sur l'emplacement des collèges de Cambrai et de Tréguier, **170** à **178**. — Entrepreneurs des travaux du — : Maçonnerie, Monnard (Claude), **173** ; - charpente, Gaultier (Alexandre), **176** ; - couverture, Thomas (Léon), **178**.
— Collège de Tréguier, **170** à **178**.
— Communauté des maîtres passeurs ès ports de —, **91**.
— Cordeliers, 20.
— Cour des Aides. — Procureur général : Danquechin (Jean), 269.
— Cour des Monnaies de —, 94.
— Couvents. — Cf. Ave Maria; Célestins; Cordeliers.
— Crieur juré du Roi en la Ville, prévôté et vicomté de — : Crevel (Robert), 267.
— Domaine de la Ville. — Receveur du —, **22** ; - Frénicle (Léon), receveur du domaine, dons et octrois, 53.
— Échevins : Champin (Jean-Baptiste), **52** ; - Charbonnières (Charles), **11** ; - De Choilly (Claude), **52** ; - Desjardins (Jacques), **52** ; - Garnier (Jacques), **52** ; - Gouffé (Germain), **11** ; - Parfaict (Pierre), **11** ; - Sanguin (Jacques), **11** ; - De Vailly (Jean), **11**.
— École Saint-Germain-de-l'Auxerrois, **152** ; - Mascrier (Mathieu), maître des ponts de la ville de Paris, demeurant à l'—, **390** ; - port de l'—, **153**.
— Écoles (Maîtres d'—). — Gosset (Claude), rue de la Mortellerie, 296.
— Église des Célestins, **108**.
— Église Notre-Dame, **261** à **264**.
— Église Saint-Antoine-des-Champs, **93**.
— Église Saint-Germain-l'Auxerrois, 9.
— Église Saint-Innocent, 99, 100.
— Église Saint-Nicolas-des-Champs, **18**.
— Église Saint-Thomas-du-Louvre, **129** ; - Moullet (Claude), jardinier du Roi, demeurant derrière l'— 247.
— Élection de Paris. — Parfaict (Pierre), greffier en l'—, **11**.
— Enseignes : *La Croix blanche*, rue Saint-Denis, **357** ; - *La Croix verte*, **307** ; - *La grande Coignée*, rue du Petit-Musse, **125**, **162** ; - *La Teste blanche*, rue de la Verrerie, **372** ; - *La tour de Castille*, 42 ; - *Le Cerceau d'or*, rue de Bièvre, **378** ; - *Le Heaulme*, aux Halles, **382** ; - *Le Lyon d'or*, rue des Gravilliers, **99** ; - *Le Petit Cerf*, près du port Saint-Paul, 380

500 TABLE GÉNÉRALE ALPHABÉTIQUE.

Paris (suite).
— *Les Quatre fils Aymon*, rue Saint-Denis, 378 ; - *Les Quatre Images* et *Les Trois Pucelles*, rue Pierre au Lard, 121 ; — *Les Trois Cocqueretz*, rue de la Mortellerie, 310 ; — *Les Trois Visaiges*, 42 ; — *L'Imaige Notre Dame*, place Maubert, 94.

Paris Escriptoire des jurés maçons, rue des Arcis, 252 (et *passim*).

—— Évêché. - Grande salle, 261, 262.

—— Faculté et collège des chirurgiens de la ville de —, 12.

—— Faubourg Saint-Germain-des-Prés. Grande rue : Poinsset (Claude), 268, 278. — rue de Seine : De Verdavayne (Jacques), avocat en la Cour de Parlement et damoiselle Marie Le Ragois, sa femme, 300.

—— Faubourg Saint-Honoré. — Nepveu (Pierre), jardinier, 246 ; - Herny (Jehan), jardinier, 246. — Cf. Rue Saint-Vincent.

—— Faubourg Saint-Jacques. — Guyart (Jehan), marchand de bois, 144.

—— Faubourg Saint-Marceau, *alias* Saint-Marcel. — Cf. Gaultier (Mathurin), maître maçon ; - Gobelins (Manufacture des), Saint-Marcel-lez-Paris.

—— Fondeurs. — Lemoyne (Anthoine), 306.

—— Fourbisseur (Maître). — Billart (Jacques), 340.

—— Gobelins (Manufactures des tapisseries à la Marche façon de Flandres, qui se font en France pour le service du Roi, établies à Saint-Marcel-lez-Paris), 163 à 173, 164. — Entrepreneurs des travaux de : maçonnerie, Tartaize (Étienne), 164 ; — charpente, Echappe (Jehan), 166 ; - menuiserie, Chassin (Claude), 167, 168 ; Payé (Nicolas), 169.

—— Guet à cheval, 92. — Cf. Archers du guet.

—— Halles (Les), 92 ; — Le Poyvre (Louis), marchand, demeurant aux Halles, enseigne du *Heaulme*, 382 ; — Ravenel (Lucas), capitaine ordinaire du charroi de l'artillerie, demeurant aux Halles de Paris, proche le *Heaulme*, 411 ; - La Tonnellerie, près les —, 326.

—— Halle au blé, 92.

—— Heaulme (Le), 411.

—— Hôtel d'Argent, rue de la Verrerie, 327.

—— Hôtels de Bourbon, 128, 129, 253, 254, 259 ; - de Fourcy, 130 ; - de Guémenée, 38.

—— Hôtel dit «Les Jesuystes», appartenant à Sa Majesté, où travaillent les peintres et tapissiers d'icelle, 254 ; — Hôtel de Lavardin, 38.

—— Hôtel des Manufactures, 25.

—— Hôtels : — de Matignon, 107, 254, 259 ; - de Mayenne, 63 ; - de Rambouillet, 4, 46 ; - de Reims, 38.

—— Hôtel de Retz, 254, 259.

Paris (suite).
—— Hôtel de Sens, paroisse Saint-Paul. — Doré (Jehan), maître graveur, y demeurant, 191.

—— Hôtel de Soissons, 2.

—— Hôtel de Sully, 28.

—— Huissier sergent à cheval au Châtelet de — : Le Seurre, 252, 253.

—— Ile du Palais, 23.

—— Ingénieur : Lintlaer (Jehan), 152.

—— Jardiniers : Bouchard (Simon), 250 ; — Henry (Jehan), 244, 246 ; — Jacquelin (Pierre), 249 ; - Lebouteau (Jean), 249 ; — Le Nostre (André), 247, 250 ; - Le Nostre (Jehan), 249, 250 ; — Mezy (Guillaume), 249 ; - Moullet (Claude I), 244 ; — Moullet (Claude II), 246 ; — Nepveu (Pierre), 244, 246, 248 ; — Petit (Benoist), 249.

—— Jeux de Paume, 25, 27, 130, 131 ; — du *Petit Escu*, 121 ; — grand jeu de paume du Louvre, 155.

—— Louvre, 103, 104 à 135, 154.

—— Louvre. - - Grande galerie, 107, 108, 112 à 120, 122 à 127, 130, 131, 134, 135 ; — corridor et passage du Roi sous la Grande galerie, 128.

—— Louvre. — Architectes de la Grande galerie : Androuet du Cerceau (Jacques), 104 à 106 ; — Metezeau (Louis), 104 à 106, 116, 117, 118.

—— Louvre. — Entrepreneurs adjudicataires des travaux de la Grande galerie : — maçonnerie (1595) : Chambiges (Pierre), Fournier (Isaïe), Guillain (Pierre), Marquelet (Robert) et Petit (François), 23-24, 108, 109. — (1603) : Coin (Jehan), 107 ; - Guyot (Isidore), 107 ; — Jacquet (Guillaume), 107 ; — menuiserie (1608) : De Beauvais (Louis), 122 ; — Mauré (Christophe), 122 ; — Roger (Jacques), 122 ; — Warnier (Jehan), 122.

—— Louvre. — Salle des Antiques (sous la grande galerie du château du —), 111, 112, 113, 115, 116, 117, 130, 131, 134. — Peintures de Jacob Bunel : *Les quatre saisons*, 134 ; — *Les quatre vents*, 135 ; — *Les quatre éléments*, 135 ; — *Les quatre figures du Zodiaque*, 135 ; — *La Renommée*, 135. — Sculpteurs : Poiret (Guillaume), 111, 115. — Tailleurs de marbres : Félix et Robert Ménart, 117 ; — Ménart (Robert), 117. — Maîtres serruriers : Lemoyne (Denis), 113.

—— Louvre. — Petites maisons et boutiques au-dessous de la grande galerie destinées à loger des ouvriers ou telles personnes qu'il plaira à Sa Majesté (paroisse de Saint-Germain-de-l'Auxerrois), 114, 115, 124 à 130. — Logements de : Bunel (Jacob), peintre ordinaire du Roi, et Marguerite Baluche, sa femme, —, 135 ; — Metezeau (Clément), architecte et entrepreneur de maçonnerie, 145 à 148.

— Entrepreneurs adjudicataires des travaux de charpente : Le Redde (Gilles), 124. — Maçonnerie :

TABLE GÉNÉRALE ALPHABÉTIQUE.

Paris (suite).
Doyart (Pierre), **119**. — Menuiserie : De Beauvais (Louis), **125**. — Pavage : Richer (Michel), **114**.

Paris. — Louvre. — Boutiques et logements de la fabrique des doubles jetons et autres pièces de monnaie qui se coupent au moulin que Sa Majesté a commandé être fait sous la grande galerie, **128**, **129**, **130**. — Entrepreneur adjudicataire des travaux de pavage : Le Redde (Antoine), **128**.

—— Louvre, petite galerie, **122**, **123**, **130**, **134**, **135**; -petit passage du Roi, **135**.

—— Louvre, **104**; - pavillon de Lesdiguières, 107.

—— Louvre. — grand jeu de paume du —, **155**.

—— Maçons. — Cf. Travaux de maçonnerie.

—— Maison des Corneilles, **92**.

—— Maison de la Croix verte, **307**.

—— Maison où est pour enseigne *La Teste Blanche*, rue de la Verrerie : Du Crochet (Jacques) et Jappin (Nicolas), **372**.

—— Maison de l'Hostel d'Argent, rue de la Verrerie : Lumague (Jean-André), **327**.

—— Manouvriers. Cf. Travaux de terrasse.

—— Marais (Le), près la place Royale, paroisse Saint-Paul. - Echappe (Jehan), demeurant au —, **144**.

—— Marchands à — : Du Hay (Charles), **308**; - Le Poyvre (Louis), **382**.

—— Marchands bourgeois de — : Dasneau (Jehan), l'un des douze marchands privilégiés suivant la Cour, **99**; - Du Cerceau (Jacques), **17**; - Helot (Jacques), **305**; - Le Bief (Pierre), **325**; - Le Febvre (Eugène), **308**; - Mulot (Jehan), **308**; - Poignant (Richard), **348**; - De Rost (Jehan), **305**.

—— Marché aux chevaux, **28** à **47**.

—— Monnaie de Paris. — De Bonigalle (Thomas), monnoyer en la —, **94**; - fabrique des doubles jetons et autres pièces de monnaie qui se coupent au moulin que Sa Majesté a commandé être fait sous la grande galerie du Louvre, **129**.

—— Musée Victor Hugo, **38**.

—— Notaires au Châtelet de —. Cf. Bastonneau (François), Bergeon, De Briquet, Broned, Contesse, Cornille, Desmarquets (Germain), Dona, Fournyer (Simon), Groyn, Guérin, Guerreau (Pierre), Herbin (François), Laisné, Le Normant (Jehan), Le Semelier, Le Vasseur, Lybault, Mahieu, Maigret, Manchevelle, Maupeou (Vincent), Morel, Motelet, Moufle, De Riges, De Rossignol, De Saint-Fumen, Tolleron, Trouvé, De Troyes, Turgis, Viard.

—— Paillemail, **22**.

—— Palais Royal, **264** à **266**.

—— Parc des Tournelles, **24**, **25**, **27** à **47**, **158** à **162**.

—— Parlement. — Premiers présidents : De Harlay (Achille), **23**; - De Thou (Christophe), 93. — Présidents : Brulart (Pierre), 11; - Chevalier (Ni-

Paris (suite).
colas), **45**; – De Harlay (Christophe), 23; – Le Coigneux, 293. — Procureur général : De La Guesle (Jacques), 229. — Conseillers : Boucher (Charles), 41; – Chevalier (Jean), **45**; – Du Vair (Guillaume), 59; – Foucquet (François), 13; – De Guillon (Jacques), 293; – Hurault (Nicolas), 9; – Maupeou (Gilles), 13; – Potier (Jacques), 196; – Sanguin (Jacques), 11. — Avocats : Maupeou (Gilles), 13; – De Verdavayne (Jacques), **300**. — Procureurs : De Coulanges (Claude), 19; – Vaudin (Guillaume), **300**.

Paris. — Paroisse de La Magdeleine, en la Cité : Cf. Rue de la Juiverie.

—— Paroisse Saint-Étienne-du-Mont : Cf. Rue Galande; rue des Noyers.

—— Paroisse Saint-Eustache : Cf. Rue Coquillière, rue Montorgueil, rue des Prêcheurs, rue des Prouvaires, rue Saint-Honoré, rue de la Truanderie.

—— Paroisse Saint-Germain-l'Auxerrois : Cf. École Saint-Germain-l'Auxerrois, Louvre, Pont-Neuf, Porte-Neuve, rue de l'Arbre-Sec, rue Bertin-Poirée, rue Fremental.

—— Paroisse Saint-Germain-des-Prés : Cf. Rue de Tournon.

—— Paroisse Saint-Gervais : Cf. Porte Baudoyer; rue des Francs-Bourgeois, rue Geoffroy-Lasnier, rue des Juifs, rue de la Mortellerie, rue du Monceau, rue Saint-Antoine, rue Vieille Tixeranderie.

—— Paroisse Saint-Hippolyte, au faubourg Saint-Marcel : Cf. Rue Mouffetard.

—— Paroisse Saint-Jacques-de-la-Boucherie : Cf. Rue de la Heaumerie, rue Pierre-au-Lard, rue Vieille-Monnoye.

—— Paroisse Saint Jehan en Grève : Cf. Rue des Mauvais-Garçons, rue de la Verrerie, rue Vieille-du-Temple, rue Vieille-Tixanderie.

—— Paroisse Saint-Laurent : Cf. Rue Saint-Martin.

—— Paroisse Saint-Leu Saint-Gilles : Cf. Rue du Bourg-l'Abbé, rue Neuve Sainte-Magloire, rue Saint-Denis.

—— Paroisse Saint-Martin-des-Champs : Cf. Rue Chapon, rue Frepault.

—— Paroisse Saint-Mederic (Saint-Merry) : Cf. Rue des Blancs-Manteaux, rue Maubuée, rue Neuve-Saint-Mederic, rue Pymollet, rue Sainte-Avoye, rue Saint-Martin.

—— Paroisse Saint-Nicolas-des-Champs : Cf. Rue Aumaire, rue de la Croix, rue de la Fontaine, rue Frepault, rue des Gravilliers, rue Grenier-Saint-Ladre, rue Michel-le-Comte, rue de Montmorency, rue Pastourelle, rue Saint-Denis, rue Saint-Martin, rue du Temple, rue du Vertbois, rue des Vertus.

Paris (suite).
—— Paroisse Saint-Nicolas-du-Chardonneret : Cf. Rue des Bernardins.
—— Paroisse Saint-Paul : Cf. Arche Beaufils, arsenal du Roi, hôtel de Mayenne, hôtel de Sens, Marais, Marché aux chevaux, Parc des Tournelles, Place Royale, Quai des Célestins, Quai des Ormes; rue des Barrez, rue des Beautreillis, rue de la Cerisaie, rue de la Couture-Sainte-Catherine, rue des Fauconniers, rue du Figuier, rue Geoffroy Lasnier, rue des Jardins, rue de Jouy, rue de la Mortellerie, rue Neuve Saint-Paul, rue des Nonnains d'Hyères, rue Pavée, rue Percée, rue du Petit-Musse, rue Saint-Antoine, rue Saint-Paul, rue Sainte-Catherine.
—— Paroisse Saint-Roch : Cf. Faubourg Saint-Honoré, rue Saint-Vincent.
—— Paroisse Saint-Sauveur : Cf. Rue Beaurepaire, Rue Saint-Sauveur.
—— Paroisse Saint-Séverin : Cf. Rue Bout-de-Brye, rue Poupée.
—— Paroisse Saint-Sulpice : Cf. Rue des Mauvais-Garçons; Séminaire de Saint-Sulpice.
—— Passeurs (Maîtres) : Cf. Baudoyn (Girard) et De Longuemare (Toussaint), jurés de la communauté des maîtres passeurs ès ports de Paris, **91**.
—— Pauvres. — Grand bureau des —, 293.
—— Place Dauphine, **24**.
—— Place Maubert. — Janet (Marin), maître charpentier, **199**; — Pernet (Jehan), à l'Image Notre Dame, **94**.
—— Place Royale, paroisse Saint-Paul, **19**, **25**, **27** à **47**. — Pavillon du Roi ou Pavillon Royal, 27, 33, 34, 35, **158** à **162**. — Entrepreneurs des travaux de maçonnerie : Robelin (Jonas), **158**, **159**, **160**. — Charpente : Le Redde (Gilles), **160**, **161**, **162**.
—— Place de Saint-Germain-de-l'Auxerrois, **145**, **147**.
—— Place des Vosges (Place Royale), **27** à **47**.
—— Pompe du Pont-Neuf, **145** à **157**. — Ingénieur : Lintlaer (Jean), **152**. — Entrepreneurs adjudicataires des travaux de charpente : Le Redde (Antoine), **148**, **149**. — Maçonnerie : Boullet (Martin), **150**, **151**; — Metezeau (Clément) et Robelin (Pierre), **145** à **148**; — Roux (Denis), **156**, **157**. — Terrasse : Disle (Pierre), **153**.
—— Ponts. — Maître des ponts de la ville de —, Mascrier (Mathieu), **390**.
—— Pont de Paris, **104**, *alias* Pont Neuf, paroisse Saint-Germain-l'Auxerrois, **23**, **152**. Cf. Pompe du Pont-Neuf.
—— Port des Célestins, **48**, **379**, **380**, **381**, **385**, **388**, **389**.
—— Port de l'École Saint-Germain-l'Auxerrois, **153**.

Paris (suite).
—— Port Saint-Bernard, paroisse Saint-Nicolas-du-Chardonneret : Voisin (Claude), **95**.
—— Port Saint-Paul, **283**, **388**, **391**, **392**. — Chaussée du bac du —, **91**. - Enseigne du *Petit Cerf*, près le — **380**.
Paris. — Port de La Tournelle, 255.
—— Ports. — Communauté des maîtres passeurs ès ports de Paris, **91**.
—— Porte Baudoyer, paroisse Saint-Gervais : - Baillon (Bernard), conducteur ordinaire de l'artillerie, **388**.
—— Porte de Bussy, 121.
—— Porte-Neuve, paroisse Saint-Germain-de-l'Auxerrois, **107**, **108**, **252**, **254**; – Ménard (Robert), tailleur de marbre, **118**.
—— Porte Saint-Antoine, **25**, **267**, **268**, **269**; – Mouflart (René), maître menuisier à Paris, près la —, **292**; – bastion de la —, **93** à **95**.
—— Porte Saint-Germain, 121.
—— Porte Saint-Honoré, **155**.
—— Porte du Temple, 293; – bastion de la —, **94**.
—— Prévôts des Marchands de Paris. — Guiot (Antoine), 9, **52**; – Sanguin (Jacques), **11**.
—— Prieuré de Sainte-Croix-de-la-Bretonnerie, **9**.
—— Quai des Célestins, paroisse Saint-Paul, **49**, **283**; – Grosjehan (Nicolas), canonnier ordinaire de l'artillerie, **316**; – Phelypeaux (Jean), 35.
—— Quai du Louvre, **145**, **147**.
—— Quai de la Mégisserie, **152**.
—— Quai des Orfèvres. — Bouhier (Vincent), contrôleur général de l'Artillerie, **303**.
—— Quai des Ormes, paroisse Saint-Paul. — Bourguillot (Nicolas), voiturier par eau, **389**; – Malherbe (Antoine), charron ordinaire de l'artillerie, **311**.
—— Rue de l'Arbre-Sec, paroisse Saint-Germain-l'Auxerrois. — Gauleher (Claude), dit Danjou, capitaine du charroi de l'artillerie, **400**.
—— Rue des Arcis, Escriptoire des jurés maçons, **252**.
—— Rue Aumaire, paroisse Saint-Nicolas-des-Champs. – Moreau (Marius), maître couvreur, **258**; – Robelin (Pierre), maître maçon, **147**.
—— Rue du Battouer (près les Cordeliers). — Le Prevost (Jean), **20**.
—— Rue Beaurepaire, paroisse Saint-Sauveur. — Robihart (Guillaume), maître maçon, **139**.
—— Rue Beautreillis, paroisse Saint-Paul. — Felissan (François), **45**.
—— Rue des Bernardins, paroisse Saint-Nicolas-du-Chardonneret. — Du Fournel (Pierre), magasins

Paris (suite).
 des bois de sapin, **291** ; – Mansart (Absalon), maître charpentier, 140, **141**.
—— Rue Bertin-Poirée, paroisse Saint-Germain-l'Auxerrois. — Barentin (Honoré), 33.
—— Rue de Bièvre. — Enseigne du *Cerceau d'Or*, Marau (Nicolas), **378**.
—— Rue de Birague, 27, 35.
—— Rue des Blancs-Manteaux, paroisse Saint-Mederic. — Payé (Nicolas), maître menuisier, **469**.
—— Rue du Bourg-Labbé, paroisse Saint-Leu Saint-Gilles. — Le Febvre (Eugène), marchand bourgeois de Paris, **308** ; – De Sainte-Luce (Gabriel), bourgeois de Paris, **293**.
—— Rue Bout-de-Brye (Boutebrie), paroisse Saint-Séverin. — Le Duc (Rolland), maître couvreur, **253**.
—— Rue des Célestins, **283**.
—— Rue de La Cerisaie, paroisse Saint-Paul. — Echappe (Jehan), maître charpentier, **121** ; – Le Redde (Antoine), maître charpentier, **121** ; – Niflet (Pierre), terrassier manouvrier, **280** ; – Noblet (Pierre), maître maçon, 94, **228**.
—— Rue Chapon, paroisse Saint-Martin-des-Champs. — Gaultier (Alexandre), maître charpentier, **239** ; – Robelin (Jonas), maître maçon, **160**.
—— Rue Christine. — Darchambault (Sébastien) et Magdeleine Denis, sa femme, 276.
—— Rue Coquillière, paroisse Saint-Eustache. — Warnier (Jehan), dit Picard, maître menuisier, 136, **137**.
—— Rue de la Cossonnerie, **92**.
—— Rue de la Couture Sainte-Catherine (paroisse Saint-Paul). — Gauchot (Nazère), terrassier manouvrier, **278** ; – L'Hoste (Hilaire), 38, **39**.
—— Rue de La Croix, paroisse Saint-Nicolas-des-Champs. — Faillet (Simon), **94** ; – Vendeuvre (Jehan et Nicolas), terrassiers manouvriers, **278**.
—— Rue des Deux Écus, paroisse Saint-Eustache, **2**.
—— Rue des Fauconniers, paroisse Saint-Paul. — Daguet (Nicolas), terrassier manouvrier, **278**.
—— Rue du Figuier, paroisse Saint-Paul. – Perinnel (André), lieutenant du grand maître de l'artillerie en Dauphiné, **406**.
—— Rue de la Fontaine, paroisse Saint-Nicolas-des-Champs. — Choppart (Victor), terrassier manouvrier, **278**.
—— Rue des Francs-Bourgeois, paroisse Saint-Gervais. — Borrel (Antoine), capitaine ordinaire du charroi de l'Artillerie, **395** ; – Borrel (Jacques), s' du Fresnoy, capitaine général du charroi de l'artillerie de France, **332** ; – Borrel (Mathieu), capitaine ordinaire du charroi de l'artillerie, **404**.
—— Rue Frementel, paroisse Saint-Germain-l'Auxer-

Paris (suite).
 rois. — Poiret (Guillaume), maître sculpteur, **113**.
—— Rue Frépault, paroisse Saint-Martin-des-Champs. — Gaultier (Alexandre), maître charpentier (1610), **176**.
—— Rue Frépault, paroisse Saint-Nicolas-des-Champs. — Guyot (Ysidoire), maître maçon, **111**.
—— Rue Galande, paroisse Saint-Étienne-du-Mont. — Dorléans (Jean), trésorier et garde général de l'artillerie, **335**.
—— Rue Geoffroy-Lasnier, paroisse Saint-Gervais. — Fezart (Mathieu), maître couvreur, **296**.
—— Rue Geoffroy-Lasnier, paroisse Saint-Paul. — Boyer (Antoine), 34 ; – Fezart (Antoine), maître couvreur, **297** ; – Marchant (Guillaume et Louis), 23, **182**.
—— Rue Grande-Truanderie. — Genest (Nicolas), bourgeois de Paris, **331**.
—— Rue des Gravilliers, paroisse Saint-Nicolas-des-Champs. — Dasneau (Jean), en la maison où est pour enseigne *Le Lyon d'or*, **99** ; – De Verly (Martin), terrassier manouvrier, **278**.
—— Rue Grenier Saint-Ladre, paroisse Saint-Nicolas-des-Champs. — Jacquet (Guillaume), maître maçon, **277**.
—— Rue de La Harpe, 258.
—— Rue des Haudriettes (hôtel de Reims). — Marguerite de Chabot, duchesse d'Elbeuf, 38.
—— Rue Hautefeuille, 258.
—— Rue de la Heaumerie, paroisse Saint-Jacques-de-la-Boucherie. — Hébert (Marin), armurier du Roi, **336** ; – Huguet (Guillaume), armurier du Roi, **346**
—— Rue des Jardins, paroisse Saint-Paul. — Champaigne (Edme), terrassier manouvrier, **278** ; – Renoir (Gilles), maître couvreur, **255** ; – Tartaize (Estienne), maçon, **164**.
—— Rue de Jouy, paroisse Saint-Paul. — Hôtel de Fourcy, **130** ; – Thomas (Léon), maître des œuvres de couverture des bâtiments du Roi, **255**.
—— Rue des Juifs, paroisse Saint-Gervais. — Prévost (Auguste), **100** ; – Thomas (Léon), maître des œuvres de couverture des Bâtiments du Roi —, 177, **178**.
—— Rue de la Juiverie (près de la Magdeleine). — Léger (Christofle), marchand bourgeois de Paris, **304**.
—— Rue de la Licorne. — De Pérelles (Zacharie), trésorier garde général des pièces et munitions de l'artillerie de France, 300.
—— Rue au Marais, paroisse Saint-Paul. — Échappe (Jehan), maître charpentier, **166**.
—— Rue des Maretz, 25.
—— Rue Maubuée, paroisse Saint-Médéric. — Warnier (Jehan), maître menuisier, 123.

504 TABLE GÉNÉRALE ALPHABÉTIQUE.

Paris (suite).
—— Rue des Mauvais Garçons, paroisse Saint Jehan. — Fezart (Laurent), maître couvreur, **297**.
—— Rue des Mauvais Garçons à Saint-Germain-des Prés lez Paris, paroisse Saint-Sulpice. — Fleche (Thomas), maître menuisier, **137, 138**; – Le Febvre (Claude), maître taillandier grossier, **343**.
—— Rue Michel-le-Comte, paroisse Saint-Nicolas-des-Champs. — Jacquet (Guillaume), maître maçon, **111**.
—— Rue des Minimes, **25**.
—— Rue du Monceau, paroisse Saint-Gervais. — Fezart (Antoine), maître couvreur, **297**; – Le Liepvre (Jehan), maître vitrier, **253**.
—— Rue de Montmorency, paroisse Saint-Nicolas-des-Champs, **123**.
—— Rue Montorgueil, paroisse Saint-Eustache. — Marchez (Jehan), capitaine du charroi de l'artillerie, **384**.
—— Rue de la Mortellerie, paroisse Saint-Gervais. — Bourgoing (Jehan), voiturier par eau, **385**; – Cosnier (Hugues), **97**; – Debures (Louis), maître charpentier, **275**; – Du Four (Guillaume), voiturier par eau, **385**; – Fezart (Laurent, Mathieu et René), couvreurs [**296**]; – Grossier (Jehan), voiturier par eau, **389**; – Jaquet (Jehan), maître maçon, **287**; – Le Blef (Pierre), marchand bourgeois de Paris, à l'enseigne des *Trois Coquerets*, **310, 325**; – Le Febvre (Louis), voiturier par eau, **379**.
—— Rue de la Mortellerie, paroisse Saint-Paul. — Doré (Jehan), maître paveur, **92**; – Du Fay (Jacques), voiturier par eau, **385**; – Du Four (Pierre), voiturier par eau, **390**; – Godart (Jehan), voiturier par eau, **385**; – Richer (Michel), maître paveur, **91**; – Tondereau (Charles), maître paveur, **92**.
—— Rue Mouffetard, à Saint-Marcel-lez-Paris (paroisse Saint-Hippolyte). — Gobelins, **164**.
—— Rue Neuve-Saint-Magloire, paroisse Saint-Leu Saint-Gilles. — Ribauld (Antoine), **44**.
—— Rue Neuve Saint-Mederic, paroisse Saint-Mederic. — Mauré (Christofle), maître menuisier, **123**.
—— Rue Neuve Saint-Paul, paroisse Saint-Paul. — Le Roux (Charles), capitaine du charroi de l'artillerie demeurant près la rue —, **394**; – Sellier (Pierre), maître charpentier, **265**.
—— Rue Neuve Sainte-Catherine. — De Vienne (Jean), **9**.
—— Rue des Nonnains-d'Hyères, paroisse Saint-Paul. — Dion (Jehan), voiturier par eau, **381**.
—— Rue des Noyers, paroisse Saint-Étienne-du-Mont. — Vaudin (Guillaume), procureur en la cour de Parlement, **300**.
—— Rue Pastourelle, paroisse Saint-Nicolas-des-Champs. — Coquelle (François), maître couvreur, **258**; — Du Ru (Denis), manouvrier, **187**.
—— Rue Pavée, paroisse Saint-Paul. — Chassin (Claude), maître menuisier, **168**.
—— Rue Percée, paroisse Saint-Paul. — De La Vieuville (Robert), **307**.
—— Rue du Perche. — Maison des Boulets, **151**; – Boulet (Martin), maître maçon, **151**; – Herault (Jacques), maître couvreur, **151**.
—— Rue du Petit-Musse, paroisse Saint-Paul. — Havé (Jehan), terrassier manouvrier, **280**; – De La Font (Estienne), intendant des meubles de Sa Majesté, **43**; – Le Redde (Gilles), maître charpentier de *La grande Coignée*, **125, 162**; – Pavot (Pierre), maître paveur, **273**.
—— Rue Phelipeaux, **111**.
—— Rue Pierre-au-Lard, paroisse Saint-Jacques de la Boucherie. — Poignant (Richard), marchand bourgeois de Paris, rue et au coin de la —, **348**.
—— Rue Pierre au Lard, paroisse Saint-Merry. — Le Redde (Antoine), maison à l'enseigne des *Quatre Imaiges* et *Les Trois Pucelles*, **121**; – Parfait (Pierre), **12**.
—— Rue Poupée, paroisse Saint-Séverin, **258**.
—— Rue des Prêcheurs, paroisse Saint-Eustache. — Cloquier (Nicolas), **92**. — Mulot (Jean), marchand bourgeois de Paris, **308**.
—— Rue des Prouvaires. — Arnauld (Ysaac), **38**.
—— Rue Pymollet, paroisse Saint-Médéric. — Mailly (Étienne), tapissier, **349**.
—— Rue Réaumur, **111**.
—— Rue des Prouvaires, paroisse Saint-Eustache. — Bastard (Mathieu), secrétaire de la Chambre du Roi, **99**.
—— Rue Royale, **31, 32**; — Moinet (Madeleine), **37**; – De Trillart (Jean), **37**.
—— Rue Saint-Antoine. — Testu (Charles), capitaine ordinaire du charroi de l'artillerie, demeurant à Paris, rue —, **411**.
—— Rue Saint-Antoine, paroisse Saint-Gervais. — De Castille (Pierre), **44**.
—— Rue Saint-Antoine, paroisse Saint-Paul. — De Beauvais (Louis), maître menuisier, **123**; – Bouyn (Pierre), maître taillandier, **113**; – De Coulanges (Philippes), **31**; – De Fer (Jehan), charpentier ordinaire de l'artillerie, **275**; – Flageollet (Laurent), terrassier manouvrier, **278**; – Jacquemart (Jacques), terrassier manouvrier, **278**; – Le Peuple (Nicolas), maître charpentier, **213**; – Le Redde (Maison des), **121**; – de Mayenne (Hôtel de), **63**; – Payen (Nicolas), maître charron, **352**; – Petitjehan (Nicolas), gentilhomme ordinaire de la Fauconnerie du Roi, **414**.

Paris (suite).

—— Rue Saint-Denis. — De Castille (Philippe), marchand de soie, à l'enseigne des *Trois Visages* (alias de *La tour de Castille*), 42; – Du Crochet (Jacques), logé en la maison où prend pour enseigne *La Croix blanche*, 357; – enseigne des *Quatre fils Aymon*, 378.

—— Rue Saint-Denis, paroisse Saint-Leu Saint-Gilles. — Geoffroy (Pierre), vitrier ordinaire du Roi, **215**.

—— Rue Saint-Denis, paroisse Saint-Nicolas-des-Champs. — Doyart (Pierre), maçon, **119**.

—— Rue Saint-Gilles, 25.

—— Rue Saint-Honoré. — Jehan Rouillé et Marguerite Gobelin, sa femme, 37.

—— Rue Saint-Honoré, paroisse Saint-Eustache. — Gaboury (Jean), tapissier du Roi, **342**; – Jeannin (Pierre), **42**; – Ménard (Félix), tailleur de marbre, **118**; – De Rost (Jean), marchand bourgeois de Paris.

—— Rue Saint-Julien-le-Pauvre. — Dorléans (Jehan), bourgeois de Paris, **307**.

—— Rue Saint-Martin, paroisse Saint-Laurent. — Lemoyne (Anthoine), fondeur, **306**; – Vedel (Raymond), capitaine général du charroi de l'artillerie de France, **99**.

—— Rue Saint-Martin, paroisse Saint-Merry. — Charbonnières (Charles) [1a]; – Le Vavasseur (Jehan), maître plombier, **260**, **294**; – Roger (Jacques), maître menuisier, **137**, **138**.

—— Rue Saint-Martin, paroisse Saint-Nicolas-des-Champs. — Hue (Jacques), commissaire de l'artillerie du Roi, **327**.

—— Rue Saint-Paul, paroisse Saint-Paul. — Coin (Jehan), maître maçon, **111**.

—— Rue Saint-Sauveur, paroisse Saint-Sauveur. — Boullet (Martin), maître maçon, **284**.

—— Rue Saint-Thomas, **114**.

—— Rue Saint-Vincent ès faubourg Saint-Honoré (paroisse Saint-Roch). — Disle (Pierre), terrassier, **153**, **154**.

—— Rue Sainte-Avoye, paroisse Saint-Médéric. — Cenamy (César), **291**.

—— Rue Sainte-Catherine, paroisse Saint-Paul. — Claveau (Nicolas), **94**; – Marchant (Charles), maître des œuvres de charpenterie de la ville de Paris, au petit arsenal de la Ville, **263**.

—— Rue de Seine, faubourg Saint-Germain-des-Prés. — De Verduvayne (Jacques), avocat en la cour du Parlement et damoiselle Marie Le Bagois, sa femme —, **300**.

—— Rue du Temple, paroisse Saint-Nicolas-des-Champs. — Hègue (Simon), terrassier, **94**; – Du Rup (Denis), terrassier, **94**; – Jacquet (Marceau), juré du Roi en l'office de maçonnerie, **274**.

—— Rue du Temple, 111.

Paris (suite).

—— Rue des Tournelles, **25**, **27 à 47**.

—— Rue de Tournon à Saint Germain des Prés lez Paris. — D'Angennes (Nicolas), s' de Rambouillet **46**.

—— Rue Trainée. Cf. De Bréban (Simon), **7**.

—— Rue Truanderie, paroisse Saint-Eustache. — Du Hay (Charles), marchand, **308**.

—— Rue de la Verrerie. — Maison de l'*Hostel d'Argent*, Lumagne (Jean-André), **327**; — maison où est pour enseigne *La Teste blanche*, **372**.

—— Rue de la Verrerie, paroisse Saint-Gervais. — Hullot (Nicolas), maître couvreur, **258**; – Lemoyne (Denys), maître serrurier, **113**.

—— Rue de la Verrerie, paroisse Saint-Jehan-en-Grève. — Barbin (Claude), 19; – Fezart (Laurent), maître couvreur, **297**.

—— Rue du Vertbois, paroisse Saint-Nicolas-des-Champs. — Fillet (Jehan), terrassier manouvrier, **268**; – Le Roy (Pierre), terrassier manouvrier —, **278**.

—— Rue des Vertus, paroisse Saint-Nicolas-des-Champs. — Regnart (Nicolas), manouvrier, **188**.

—— Vieille rue du Temple. — Noblet (Louis), maître maçon, **288**, **289**.

—— Vieille rue du Temple, paroisse Saint Jehan. Monnard (Claude), maître maçon, **173**.

—— Vieille rue du Temple, paroisse Saint-Paul. — Olier (François), 31.

—— Rue Vieille Monnoye, paroisse Saint-Jacques de la Boucherie. — Du Cerceau (Jacques), **17**.

—— Vieille rue Tixanderie, paroisse Saint-Gervais. — Routard (Louis), commissaire ordinaire de l'artillerie, **326**.

—— Vieille rue Tixeranderie, paroisse Saint Jehan. — Barreau (Jehan), **353** et Perrette Rivière, sa femme, **374**, **375**; – Gaultier (Germain), maître sculpteur, **140**, **141**.

—— Rue Volta, 111.

—— Saint-Germain-des-Prés-Lez-Paris : Cf. Rue des Mauvais-Garçons.

—— Saint-Marcel-lez-Paris. — Faubourg Saint-Marcel, **163**; – rue Mouffetard, 164; – Gobelins, **163** à **173**.

—— Samaritaine, 152. Cf. Pompe du Pont-Neuf.

—— Sculpteurs. Cf. Pillon (Germain); – Poiret (Guillaume).

—— Sorbonne, 37.

—— Taillandiers grossiers (Maîtres). — Bouyn (Pierre) dit Sancerre, 113, **343**; – Du Val (Gilles), **343**; – Le Febvre (Claude), **343**.

—— Tapissiers. — Gaboury (Jehan), tapissier du Roi, **342**; – Mailly (Étienne), **349**.

—— Tonnellerie (La), près les Halles. — Parent (Nicolas), secrétaire du Roi, demeurant sous la —, **326**.

Paris (suite).
—— Tournelles. Cf. Parc des —.
—— Travaux de charpente. — Maître des œuvres de charpenterie du Roy; Fontaine (Jehan), **23**, 46.
—— maître des œuvres de charpenterie de la Ville de Paris, Marchant (Charles), **263**.
—— Travaux de charpente. — Maîtres charpentiers : Cf. Alexandre (Claude), De Bonet (Jehan), Bongars (Jehan), Clément Hugues), Coutlas (Claude), Coulon (Loys), Dabures (Louis), Drouyn (Barthelemy), Echappe (Jehan), De Fer (Estienne), De Fer (Jehan), Gaultier (Alexandre), Janet (Marin), Le Peuple (Nicolas), Le Redde (Antoine), Le Redde (Gilles), Lois, Mansart (Absalon), Marchant (Jehan), Sellier (Pierre), Tondreau (Hierosme), Yves (Louis).
Paris. — Travaux de couverture. — Maîtres des œuvres de couverture des bâtiments du Roi : Cf. Thomas (Léon) —, **178**.
—— Maître couvreur juré : Renoir(Gilles), **255**.
—— Maîtres couvreurs : Cf. Coquelle (François), Hérault (Jacques), Hullot (Nicolas), Le Duc (Rolland), Moreau (Marin), Renoir (Gilles).
—— Travaux de maçonnerie. — Jurés du Roi en l'office de maçonnerie : Jacquet (Marceau), **274** à **277**, **280** à **282**; – Petit (François), **24**. Cf. Escriptoire.
—— Maîtres des œuvres de maçonnerie des bâtiments du Roi : Marchant (Guillaume et Louis), **23**.
—— Maîtres maçons : Cf. Amelot (Jehan), Bailly (Louis), Boulet (Jacques), Boulet (Martin), Bréau (Pierre), Chambiges (Pierre), Clément (Jehan), Coing (Jehan), Doyart (Pierre), Du Gage (Thomas), Fleury (René), Fournier (Isaie), Fraillon (Jehan), Gaultier (Matburin), Glanneur (Claude), Guérinet (Estienne), Guillain (Pierre), Guyot (Isidoire), Hallebourg (Pierre), Jacquet (Guillaume), Jacquet (Sébastien), Legris (Jehan), Le Normant (Pierre), Le Redde (Jacques), Le Roy (Marcel), Le Roy (Pierre), Marquelet (Robert), Messier (Sébastien), Monnard (Claude), Noblet (Pierre), Petit (François), Ponsart (Jehan), Robelin (Jehan), Robelin (Jonas), Robelin (Marcel), Robelin (Pierre), Robillart (Guillaume), Tartaize (Étienne), Turpin (Guillaume).
—— Travaux de marbrerie. — «Tailleurs de marbres : Cf. Bellenger (Maurice), Ménart (Félix), Menart (Robert), Valleray (Simon).
—— Travaux de menuiserie. — Maîtres menuisiers : Cf. De Beauvais (Louis), Belhomme (Martin), Chassin (Claude), Cordelou (François), Denyau (Jehan), Flèche (Thomas), De Hancy (Adrien), De Hancy (Anthoine), Lois, Mathieu (Jehan), Maure (Christophe), Mouflart (René), Musnyer (Nicolas), Payé (Nicolas), Roger (Jacques), Veniat (Estienne).
—— Travaux de pavage. — Maître des œuvres de

Paris (suite).
pavé du Roi : Cf. Richer (Michel). — Maîtres paveurs : Cf. Doré (Jehan), Pavot (Pierre), Tondereau (Charles). Cf. Paris : Chapelle Saint-Symphorien.
—— Travaux de plomberie. — Maîtres plombiers : Cf. Bernard (Nicolas), Coulon (Jehan), Le Queulx (François), Le Vavasseur (Jehan).
—— Travaux de serrurerie. — Maître serrurier : Cf. Lemoyne (Denys).
—— Travaux de terrasse. — Terrassiers manouvriers : Cf. Barlot (Thomas), Besgue (Simon), Champaigne (Edme), Chapelle (Adrien), Choppart (Victor), Daguot (Nicolas), Disle (Pierre), Du Puys (Remy), Du Ru (Denis), Flageollet (Laurent), Gauchot (Nazaire), Havé (Jehan), Jacquemart (Jacques), Le Flot (Jehan), Le Garend (Eloi), Le Roy (Pierre), Niflet (Pierre), Poinssot (Claude), Regnart (Nicolas), Regnault (Macé), Vendeuvre (Jehan), Vendeuvre (Nicolas), De Verly (Martin).
—— Travaux de vitrerie. — Maître vitrier ordinaire du Roi : Cf. Geoffroy (Pierre). — Maître vitrier : Cf. Le Liepvre (Jehan).
—— Tuileries (Palais des), **103**, **104**, **125** à **127**, **130**, **131**, **136** à **144**, **155**, **254** à **260**. — Architecte : Cf. Du Pérac (Étienne). - - Sculpteur : Cf. Gaultier (Germain). — Entrepreneurs des travaux : Charpente : Cf. Echappe (Jean). — Maçonnerie : Cf. Robillard (Guillaume). — Menuiserie : Cf. Flèche (Thomas), Roger (Jacques), Warnier (Jean). — Pavage : Cf. Hallebourg (Pierre).
—— Tuileries (Jardins des). — Grand jardin des —, **119**, **152**, **153**, **236** à **242**; – Jardin neuf du Palais des Tuileries du côté du Louvre, **154**, **245**, **247**; – Jardin neuf des Cyprès, **114**, **119**; – Logis du s' de Congis dans le jardin des —, **249**; – contrôleur des Jardins du Roi : Cf. Bérard (André); – Jardinier : Cf. Le Nostre (Jean).
—— Université de Paris. - Pineau (Séverin), professeur et docteur en chirurgie —, **12**.
—— Vagabonds, 293.
—— Ville, prévôté et vicomté de, **23**.
—— Voirie de la Ville, prévôté et vicomté de —, **23**; – Fontaine (Jehan), commis du grand voyer de France en la —, **23**; – Hubert (Guillaume), receveur ordinaire et voyer pour le Roi, **49**, **53**.
—— Voirie. — Fermiers du revenu des droits et profits de la ville, faubourgs, banlieue, prévôté et vicomté de Paris. — Bastard (Mathieu), **99**; – Prevost (Auguste), **100**; – Vedel (Raymond), **99**.
—— Voituriers par eau : Cf. Bourgoing (Jehan), Bourguillot (Nicolas), Dion (Jehan), Du Fay (Jacques), Du Four (Guillaume), Du Four (Pierre), Godart (Jehan), Grossier (Jehan), Josquin (Guillaume), Le Febvre (Louis), Regnart (Regnault),

TABLE GÉNÉRALE ALPHABÉTIQUE.

Parlement de Bourgogne. — Président : Jeannin, 18.
—— de Lyon. — Claude de Bellièvre, premier président du —, 9.
—— de Normandie. — Conseillers honoraires en la Grand'Chambre du —: d'Houppeville de Neuvillette (Nicolas), 36.
—— de Paris. — Cf. Paris.
—— de Provence. — Textoris (Thomas), avocat au —, 85.
PARMENTIER (Orson), 231, 234.
Parties casuelles. — Cf. Trésoriers des —.
PAS (Manassé de), s' de Feuquières, 38.
Pavé du Roi. — Cf. Richer (Michel), maître des œuvres du —.
PAVOT (Pierre), maître paveur à Paris, rue du Petit-Musse, paroisse Saint-Paul, 273.
PAYÉ (Nicolas), maître menuisier à Paris, rue des Blancs-Manteaux, paroisse Saint-Médéric, 169.
PAYEN (Nicolas), charron ordinaire de l'Artillerie, à Paris, rue Saint-Antoine, paroisse Saint-Paul, 311 ; - maître charron à Paris, 352.
PAYON (Jehan), sieur de la Brosse, lieutenant de l'Artillerie en Lyonnais, demeurant à Lyon, 406.
Pays Chartrain, 309, 344 ; — Lieutenant du Grand-Maître de l'artillerie ès département du : — Tricquoys (Mathias), 344.
Pays Bas, 14.
Pecq (Le), 180, 184, 192, 193, 202, 243 ; - Église du Port, au —, 243.
Peintres. — Cf. Boudin (Thomas), Bunel (Jacob), Hardouin (Raphaël), Roynard (Vincent).
—— (Maîtres), 16.
—— du Roi, travaillant à l'hôtel dit les Jésuites, 254.
PENNE (Loys). — Terre de — à La Vielhe, à Antibes, 76.
Perche. — Verneuil au —, 305.
PÉNÉFIXE, 18, 23.
PÉRELLES (Zacharie de), S' de Saulmery, conseiller du Roi, trésorier garde général des pièces et munitions de l'Artillerie de France, demeurant à Paris, rue de la Licorne : 300, 313, 314.
—— Contrôleur général de l'Artillerie, 298, 323, 344, 345, 347, 348, 349, 350, 351, 352, 391, 392, 407, 408, 322, 337, 364, 388, 404, 409, 411, 413, 414.
PÉRIGARD (Jehan), 28.
PERIGON (Anthoine), maître maçon, 207.
Périgord. — Sarlat en —, 362.
PERINNEL (André), sieur de Châteauvieux, lieutenant du grand-maître de l'Artillerie en Dauphiné, demeurant à Paris, rue du Figoyer, paroisse Saint-Paul, 406.
PERNET (Jehan), demeurant à la place Maubert, à l'Image Notre-Dame, 94.

PERRIN (Marie), femme d'Ysaac Arnauld, 38.
PESTRE (Paul), marchand, demeurant à Metz, 338.
PETIT (Benoist), jardinier à Paris, 249.
—— (Christophe), prêtre habitué de Saint-Paul, 19.
—— (François), juré du Roi en l'office de maçonnerie, 24 ; - maître maçon, entrepreneur de la maçonnerie de la galerie du Louvre, 108, 109.
PETITJEHAN (Nicolas), sieur de la Bastide, gentilhomme ordinaire de la Fauconnerie du Roi, demeurant à Paris, rue Saint-Antoine, paroisse Saint-Paul, 414.
PETRO (Jehan), demeurant près Saint-Séverin, 292.
PHELYPEAUX (Anne), femme du Ministre secrétaire d'État Bouthillier de Chavigny, 35.
—— (Baltazar-Louis), conseiller du Roi en ses conseils, évêque de Riez, 35.
—— (Jean), S' de Villesavin, conseiller d'État, secrétaire des commandements de la Reine mère, 35; – conseiller notaire et secrétaire du Roi, maison et couronne de France et de ses finances, gentilhomme ordinaire de la Chambre, demeurant à Paris, sur le quai des Célestins, 35.
—— (Raymond), Trésorier de l'Épargne, 35. – Conseiller du Roi et Trésorier de son Épargne, 55.
—— D'HERBAULT (Georges-Louis), patriarche archevêque de Bourges, primat des Aquitaines, chancelier des ordres du Roi, 36.
Philipsbourg. — Arnauld (Isaac), gouverneur de —, 38.
Picardie. — 19, 314, 315, 322, 371, 374 ; - de Chastillon (Pierre), intendant des fortifications en —, 40. - de Heucourt (le marquis), 38 ; – Vaudin (Claude), aide de maréchal de camp en —, 299 ; - Gouvernement de —, 354, 356.
PICART (Hélye), maçon, 181.
—— Warnier (Jehan), dit —, 136.
PICQUES (Jacques), résident de France en Suède, 329.
—— (Olivier), marchand bourgeois de Paris, rue Saint-Denis, paroisse Saint-Médéric, 329.
—— (Olivier II), secrétaire du Roi, 329.
Picquigny. — D'Albert d'Ailly (Louis-Auguste), duc de Chaulnes, baron de —, 34.
PIERRE (Robert), 112.
Pierrefitte. — du Chastellet (Philibert), s' de —, 302.
PIEVRE (Charles) demeurant à Remilly, prévôté de Mouzon, 312, 313.
PILLON (Germain), sculpteur, 140.
—— (Noémi), femme de Michel Gaultier, 140.
PINEAU (Séverin), chirurgien du Roi et son opérateur ordinaire pour la pierre, professeur et docteur en chirurgie en l'Université de Paris, 12.
Pithiviers. — Veau (Jacques), dit « Le Capitaine Saint-André », capitaine ordinaire du charroi de l'Artillerie, demeurant à —, 405.

Placis (Nicolas), secrétaire de la Chambre du Roi, trésorier général de l'Artillerie, 302, 306, 307.
Planson (Jacques), directeur général des Gabelles, 152.
Pluche (Denis), maître charpentier à Villers-Cotterets, 219.
Poignant (Richard), marchand bourgeois de Paris, rue et au coin de la Pierre-au-Lard, paroisse Saint-Jacques-de-la-Boucherie, 348.
Poille (Jacques), 97.
Poinssot (Claude), terrassier manouvrier à Paris, grande rue du Faubourg Saint-Germain-des-Prés, 268, 278.
Poirer (Guillaume), maître sculpteur à Paris, demeurant rue Frémentel, paroisse Saint-Germain-de-l'Auxerrois, 111, 112, 113, 116, 117, 118.
Poiset (Claude), demeurant au Faubourg Saint-Germain, 268.
Poissy. — Capitaines ordinaires du charroi de l'Artillerie, demeurant à — : Cf. Guesdon (Jehan), de La Porte (Gilles), de La Porte (Guillaume), Rimberge (Lazare), Vedel (Charles), Vedel (Rémond) dit « La Fleur », Vedel (René).
Poitiers. — Magasin d'Artillerie, 365.
Poitou. — De Bethune (Maximilien), gouverneur et lieutenant général pour le Roi en —, *passim*; Généralités du —, 364, 365, 374.
Polaillon (François), résident de France à Raguse, 326.
Polignac (Louise de), femme de Jean de Durfort, sieur de Born, 299.
Possard (Jehan), maître maçon à Paris, 110.
Pontaver, 394.
Pontcarré. — Cf. Camus de —.
Pont d'Ain-en-Bresse. — De Croso (Jacques), bourgeois de —, 409.
Port d'armes, 98.
Portier (Germain), religieux profès du couvent des Célestins, 48, 52.
Potier, 25.
—— (Jacques), s^{gr} de Blancmesnil, conseiller au Parlement, 196.
—— (Louis), baron de Gesvres, secrétaire du Roi, secrétaire du Conseil et secrétaire d'État, 196; - ses chambres au Château de Saint-Germain-en-Laye, 106.
Poudriers. — Bailly (Jehan) —, à Vierzon, 367; - Jourdan (Jehan), poudrier ordinaire du Roi, à Marseille, 368, 369.
Pouillot, maître mesureur et arpenteur juré, 54, 55.
Pourciez, 62.
Pourelle (Jehan), voiturier par terre, à Troyes en Champagne, 381.

Pouvret de la Blinière (Jeanne-Françoise), femme de Louis-Joachim Johannot, chevalier, marquis de Bartillat, 34.
Pray. — De Musset (François), s^r de —, 38.
Président du bureau des Finances à Châlons : Hennequin (Louis), 326.
Prévost (Auguste), secrétaire du Roi, fermier du revenu des droits et profits de la ville, faubourgs, banlieue, prévôté et vicomté de Paris, demeurant rue des Juifs, paroisse Saint-Gervais, 99, 100.
—— (Élisabeth), veuve de maître Guillaume Bessault, 2.
—— (Jehan), voiturier à Orléans, 402.
—— (Marin), demeurant à Abbeville, 268.
Prévosteau, 34.
Primat des Aquitaines. — Phélypeaux d'Herbault (Georges-Louis), 36.
Priseur juré vendeur de biens de la ville, prévôté et vicomté de Paris. — Armand (Jehan), 2.
Privé (Étienne), s^r de Coquatrix, 35.
—— (Nicolas-Étienne), concierge du Pavillon Royal, 35.
Provence (Haute et Basse), 360 ; — Antibes (terre et seigneurie) mouvant du Roi à cause de son comté de —, 58, 82; – Henri, Roi de France et de Navarre, comte de Provence, Forcalquier et terres adjacentes, 61; - Parlement : Premier président du Vair (Guillaume) [59]; – avocats au — : Textoris (Thomas), 85; - Cour des comptes. — Des Rolands (Claude), second président, 58; -- Chaix (Isaac), conseiller auditeur et archivaire à la —, 58 ; Coquillat (Pierre), procureur en la —, 89 ; - Cf. Antibes, Aix, Corbons, Cagnes; - Mesures, 58, 75 ; – Trésoriers généraux de France, 58, 61; - trésorier général de la Marine du Levant, mortes payes, fortifications et réparations de —, 58, 61.
Provignon, 76.
Provins. — Flécher (Denis), capitaine ordinaire du charroi de l'Artillerie, demeurant à —, 401; - Élection de —, 401.
Prudhomme (Claude), femme de Nicolas Brulart, 11 ; —— (Louis), s^r de Fontenay, 11.
Puget (Melchior), s^r de Saint-Marc, 57.
—— (Estienne), Conseiller du Roi et trésorier de son épargne, 17, 413.
Puisieux. — Cauchon (Marie), dame de —, 11 ; - Brulart (Roger), marquis de — et sa femme, Claude-Godet de Renneville, marquise de —, 40.
Pinot (Jean de), 37.
—— (Madeleine de), dame de Fontaine, femme de Daniel de Massy, 37.
Pyrénées, 130, 131.

Q

Quesnel (Georges), gentilhomme de Normandie, sieur du Fresne, près de Conches, 326.

Quiqueran (Jeanne de), femme de Gaspard Grimaldi, 59, 60.

R

Rabutin (Marie de), 33.
Raguse. — Résident de France à — : Polaillon (François), 326.
Rambouillet. — D'Angennes (Nicolas), s' de — 45; – d'Angennes (Jacques), 45; – d'Angennes (Charles), marquis de —, 46.
Rancher (Marguerite), femme de François de Guillon, 293.
Rançon des prisonniers de guerre, 20.
Raucourt (Souveraineté de). — Husson (Jean) et Grosselin (Pierre), notaires jurés et établis au siège de la —, 303.
Ravenel (Gratien), capitaine ordinaire du charroi de l'Artillerie, demeurant à Orléans, 380, 398.
—— (Lucas), capitaine du charroi de l'artillerie, à Orléans, 399; – Ravenel (Lucas), capitaine, demeurant aux Halles de Paris, proche Le Heaulme, 411.
—— (Pierre), déchargeur de l'Artillerie du Roi à Orléans, 398.
Raynaud (Jehan), consul d'Antibes, 62, 71, 79; – Terre de —, 77.
Rebours, membre du Conseil de vérification des rentes, 37.
Recette du Domaine du Roi, 24, 25, 27 à 47.
Receveur général du clergé : De Castille (Philippe), 42.
Receveurs généraux des Finances. — En Languedoc : Maupeou (Michel), 13; – à Orléans : de Gaumont (Jean), 38.
Receveur ordinaire et voyer pour le Roi ès Ville, prévôté et vicomté de Paris. — Hubert (Guillaume), 49.
Régiment de carabiniers : Arnauld (Isaac), mestre de camp, 38.
—— de dragons : Johannot (Louis-Joachim), marquis de Bartillat, baron d'Huriel, colonel d'un —, 34.
—— des gardes du Roi : de Coulanges (Antoine), enseigne au —, 33; – de Coulanges (Louis), lieutenant au —, 33; – du Tens (Daniel), trésorier provincial du — à la suite de la Cour, 338.
Regnard (Edme), marchand à Rouen, 305.

Regnard (Regnault), voiturier par eau, à Paris, rue de la Mortellerie, passage Saint-Gervais, 387.
Regnart (Nicolas), manouvrier à Paris, rue des Vertus, paroisse Saint-Nicolas-des-Champs, 188.
Regnault (Jacques), religieux profès du couvent des Célestins, 48, 52.
—— (Jacques) dit « La Potterie », capitaine du charroi de l'artillerie, demeurant à Jargeau, près Orléans, 395, 415.
—— (Macé), terrassier manouvrier à Paris, 240.
Regnouart (Noël), secrétaire de Sully, 255; – secrétaire de la Chambre du Roi, 37, 38, 39; – secrétaire de l'Artillerie de France, 342; – secrétaire de Sully, conseiller correcteur à la Cour des comptes, greffier du Conseil de vérification des rentes, 37; – secrétaire de l'Artillerie, 385.
—— (Noël II), correcteur des comptes, 37.
Regnyer (Noël), clerc, demeurant à Orléans, 56.
Reine (La). — Couronnement et sacre de —, 264 à 266. Cf. Marie de Médicis.
Remilly (Prévôté de Mouzon) – Goffin (Pierre), maître de forges, 303; – Piétre (Charles), demeurant à —, 312.
Remuzat (Gaspard), s' de Vallauris, conseiller au siège général d'Aix en Provence, 89.
Renneville. — Godet de — (Joachim), 40.
Renoir (Gilles), maître couvreur de maisons à Paris, et juré dudit métier, rue des Jardins, paroisse Saint-Paul, 255, 256.
Renouard. — Cf. Regnouart (Noël).
Rentes. — Conseil de vérification des —, 37; – rachat de — au denier trente, 49.
Résidents de France — à Raguse : Polaillon (François), 326; – en Suède : Picques (Jacques) 329.
Rethel (Ville de). — Artillerie de la ville de —, 319, 363.
Rethelois. — de La Vieuville (Robert), lieutenant du Roi en —, 307.
Reuilly, 93.
Rheims (Ville de). — Artillerie de la ville de —, 319; – Moulin Huon, 96, 98.
Ribauld (Antoine), s' de Bréau et de Forest, conseiller

TABLE GÉNÉRALE ALPHABÉTIQUE.

du Roi et intendant de ses finances, **41**, **42**; - trésorier de l'extraordinaire des guerres trésorier de l'Épargne, **41**; - conseiller du Roi en son Conseil d'État, intendant et contrôleur général des finances, **43**; - demeurant rue Neuve-Saint-Magloire, paroisse Saint-Leu-Saint-Gilles, **44**.

Richebourg. — De Guillon (François), s^r de —, **330**.

Richefonds. — De Coulanges (Antoine), s^r de —, **33**.

RICHELIEU, évêque de Luçon, **19**.

—— (Duchesse DE), **42**.

RICHER (Étienne), maître paveur à Paris, **132**, **134**.

—— (Michel), maître paveur à Paris, et maître des œuvres de pavé du Roi, demeurant rue de la Mortellerie, paroisse Saint-Paul, **91**, **114**, **115**, **132**, **133**, **134**, **192**, **193**, **242**, **276**.

Riez. — Phelypeaux (Baltazar Louis), évêque de —, **35**, **36**; - l'évêché de —, **66**.

RIGES (Claude DE), notaire au Châtelet de Paris, **303**, **28**.

Rilly, près Troyes, en Champagne. — Miregodin (Jehan), capitaine ordinaire du charroi de l'Artillerie demeurant à —, **409**, **413**.

RIMBERGH (Lazare), capitaine ordinaire du charroi de l'Artillerie, demeurant à Poissy, **400**, **413**.

RIOLENS (Adam), religieux profès du couvent des Célestins, **48**, **52**.

—— (Jacques), vicaire général et prieur du couvent des Célestins, **48**, **52**.

RIOUFFE, à Antibes, **71**.

Rivière (Jehan), voiturier à Orléans, **452**.

—— (Perrotte), veuve de Jehan Barreau, commissaire général des poudres et salpêtres, à Paris, rue Vieille-Tixeranderie, paroisse Saint-Jehan, **374**, **375**.

Rivotte (Port de) sur la Loire, **54**.

ROBELIN (Jehan), maître maçon à Paris, **156**.

—— (Jonas), maître maçon à Paris, rue Chapon, paroisse de Saint-Martin-des-Champs, **34**, **97**, **116**, **146**, **151**, **159**, **160**.

—— (Marc), maître maçon à Paris, **146**.

—— (Pierre), maître maçon à Paris, rue Au Maire, paroisse Saint-Nicolas-des-Champs, adjudicataire, avec Clément Metezeau, des travaux de construction d'un réservoir pour la pompe du Pont-Neuf, **145** à **148**.

ROBIER (Jean). — Terre de — à Antibes, **76**.

ROBILLARD (Guillaume), maître maçon à Paris, rue Beaurepaire, paroisse Saint-Sauveur, **138**, **139**.

Rocroy (Ville de), **306**, **307**; - Artillerie de la ville de —, **317**, **363**.

ROGER (Jacques), maître menuisier à Paris, rue de Montmorency, paroisse Saint-Nicolas-des-Champs, **122**, **123**, **201**, **217**.

ROGER (Jacques), maître menuisier à Paris, rue Saint-Martin, paroisse Saint-Médéric, **137**, **138**.

ROHAN (Louis DE), prince de Guémenée, **38**.

Rome. — (Henri-Charles), sire de Beaumanoir, marquis de Lavardin, ambassadeur extraordinaire à —, **34**.

ROSSIGNOL (DE), notaire au Châtelet de Paris, **35**, **127**, **130**, **133**, **134**, **144**, **157**, **173**, **176**, **193**, **198**, **200**, **204**, **225**, **235**, **242**, **247**, **248**, **250**, **259**, **266**.

ROST (Claude DE), femme de Jacques Hélot, marchand bourgeois de Paris, **305**.

—— (Jean), marchand bourgeois de Paris, rue Saint-Honoré, paroisse Saint-Eustache, **305**, **306**, **324**.

—— (Marie DE), femme d'Edme Regnard, **305**.

Rouen. — Chambre des comptes : De La Font (Estienne), auditeur en la —, **41**; - de Coulanges (Philippe) et Godet (Jean), fermiers des *Nouvelles impositions de Normandie* à —, **19**; Prudhomme (Louis), trésorier de France à —, **11**; - Regnard (Edme), marchand à —, **305**; - port de —, **388**.

ROUILLÉ (Anne), femme de Noël Regnouart, **37**.

—— (Jehan), bourgeois de Paris, demeurant rue Saint-Honoré, **37**.

ROURE (André). — Terre de — à Antibes, **76**.

ROUSSELET (Jehan), bourgeois d'Orléans et y demeurant, **406**.

ROUSSET (François DE), **60**.

ROUSTAN (Anthoine), consul d'Antibes, **62**, **79**; - Vigne d' —, **75**.

—— (Basquin), **71**.

—— les hoirs de feu Honoré, **72**; - terre des —, **76**.

—— (Jehan-Anthoine), avocat, **42**; - maison de — en la rue du Safranier, à Antibes, **68**; - terre de — à La Vielhe, **76**.

—— (Laurens), consul d'Antibes, **62**, **68**, **71**, **79**; — maison de — en la rue du Safranier, à Antibes, **68**.

—— (Pierre). — Terre de —, à la Falisse Grimaude, à Antibes, **76**.

ROUTARD (Louis), garde ordinaire et provincial de l'Artillerie et munitions d'icelle en son arsenal et magasins de Paris et Isle de France, **22**; — commissaire ordinaire de l'Artillerie du Roi, demeurant vieille rue Tixeranderie, paroisse Saint-Gervais, **326**, **327**, **388**, **91**.

Roux (Denis), maître maçon, demeurant à Saint-Germain-en-Laye, **156**, **157**.

ROYNARD (Vincent), peintre et valet de chambre de la Reine Anne d'Autriche, **151**.

Rugles, en Normandie. — Saillart (Pierre), marchand voiturier par terre, à —, **382**.

Ruvigny. — De Massy (Daniel), s^r de —, **37**.

RYOTTE (Marguerite), femme de Christophe Barbin, **19**.

S

Sables-d'Olonne. — Boulier (Robert), marchand aux —, 29.

Sabran (Étienne de), 60.

Sacquespée (Antoine), s' de Sélincourt, lieutenant du grand maître de l'Artillerie en l'Arsenal du Roi, à Paris et Gouvernement de l'Ile de France, 274.

Safouis (Pierre), clerc à Tours, 366.

Saillard (Pierre), marchand voiturier par terre, demeurant à Rugles, en Normandie, 382.

Sainctot, 28, 326.

Saint-Amand. — Du Chastellet (m^{re} Antoine) s' et baron de — 302.

Saint-André (Le capitaine). — Veau (Jacques), dit —, 405.

Saint-Aubin. — De Coulanges (Charles), s' de —, 33.

Saint-Bénigne de Dijon. — Nicolas de Castille, abbé de —, 18.

Saint-Calais du Mans. — De Vichy de Chamron (Nicolas), abbé de —, 35.

Saint-Denis en France. — Sépulture neuve de —, 104; - couronnement et sacre de la Reine, à —, 264, 266.

Saint-Dizier (Ville de). — Artillerie de la —, 319, 363.

Saint-Fumin (de), notaire au Châtelet de Paris, 11, 24, 43, 326, 327.

Saint-Germain. — Le Prévost (Jehan), s' de —, 20.

Saint-Germain-en-Laye (Château de), 104, 251 à 260; — entrepreneurs de travaux — : charpente: Cf. Echappe (Jean), Le Redde (Antoine); — maçonnerie : Cf. Bongars (Jehan), Fontaine, Jacquart (Jehan), Marcel (Gabriel), Martin (Claude), Picard (Hélye), Salmon (Pierre); — menuiserie: Cf. Aubry (Grégoire); — pavage: Cf. Doré (Jehan), Richer (Michel); — terrassiers et manouvriers : Cf. Lefebvre (Jehan), Martin (Guillaume).

——, église paroissiale de —, 243.

——, (ville de). — Habitants: Cf. Aubry (Grégoire), menuisier; Bailly (Thomas), Baroys (Jehan), menuisier; Bongars (Jehan), maçon; du Fresne (Alexandre); Gachet (Adrien), menuisier; Guion (Jehan); Herbin (Noël), sergent royal; Roux (Denis), maître maçon;

—— Tallement (maison), à l'entrée du bourg de —.

Saint-Gobain, 371.

Saint-Gondon (Châtellenie de), 312.

Saint-Jean-de-Losne (Ville de), 325.

Saint-Léger (Bourg de). — Eglise, 228; geôle, 226; grande-écurie, 226.

—— (château et haras de), 226 à 235.

Saint-Léger. — Imbert (Jacques), architecte à —, 228; — Imbert (Jacques) l'aîné, tabellion royal à —, 229.

Saint Louis, 99, 100.

Saint-Marc. — Puget (Melchior), s' de —, 57.

Saint-Simon (Louis-François de), chevalier, marquis de Sandricourt, maréchal des camps et armées du Roi, 34.

Saint-Thivier. — Cf. du Benoict (Enemont), s' de —.

Saint-Tropez. — De Grasse (René), s' de —, 57, 64.

Sainte-Geneviève-des-Bois. — Boyer (Antoine), s' de —, 34.

Sainte-Luce (Gabriel de), bourgeois de Paris, demeurant rue Bourg-l'Abbé, 292, 293.

Sainte-Marthe (Abel de), 359.

Sainte-Menehould (Château de). — Artillerie du château de —, 319.

Saintonge, 359.

Saintz (Fleurant de), sous-prieur du couvent des Célestins, 48, 52.

—— (Pierre), religieux profès du couvent des Célestins, 48, 52.

Saixy. — Cf Saxy.

Salines, 15.

Sallé, commissaire ordinaire de l'Artillerie, 312, 313.

—— (Jacques), 116.

Sallegriffon. — D'Emeric (Georges), s' de —, 88.

Salles. — De Grimault (Alexandre), s' de —, 84.

Salmon (Pierre), maçon, 181.

Saluces (Sibille de), femme de Marc Grimaldi, 64.

Sancerre, (Pierre Bouyn), dit —, 343.

Sancizi (Bartelémi), florentin, banquier à Paris, 19.

Sancy. — De Harlay (Nicolas), s' de —, 108.

Sandricourt. — De Saint-Simon (Louis-François), marquis de —, 34.

Sanguin (Jacques), sieur de Livry, conseiller du Roi en sa Cour de Parlement, Prévost des marchands, 11.

Sannegrain (Jehan), sergent à verge du Roi en son Châtelet de Paris, 108.

Savanon. — De Grasse (Claude), s' de —, 62.

Sarlat (Ville de) en Périgord. — De Vienne (Abraham), marchand à —, commissaire des poudres et salpêtres. 362.

Sartoux. — De Durand (Albert), s' de —, 88.

Sauimery. — De Pérelles (Zacharie), s' de —.

Saulx (Anne de), femme de Pierre Jacquet, 38.

Saulx (Guillaume de), comte de Tavannes, 38.

Saussoy (Le). — De Gaumont (René), s' du —, 38.

Savoie (Henrye de), femme de Charles de Lorraine duc de Mayenne, 57, 59, 63, 73, 82, 83, 84, 85.

512 TABLE GÉNÉRALE ALPHABÉTIQUE.

Saxy (Honoré), procureur du Roi au siège et ressort de Grasse, **62, 63, 74, 80**.

Schomberg (Gaspard de), comte de Nanteuil, conseiller du Roi en ses Conseils d'État et des finances, grand maréchal de camp des gens de guerre entretenus pour le service du Roi, capitaine de cinquante hommes d'armes de ses Ordonnances et lieutenant général en haute et basse Marche, 108; – Hôtel de m^{re} —, **108**.

Sculpteurs. Cf. Boudin (Thomas), Gaultier (Michel), Gaultier (Germain), Pillon (Germain). — Cf. *Paris*, sculpteurs.

Secrétaires de la Chambre du Roi. — Cf. Bastard (Mathieu), Bionneau (Jean), Chastelain, Regnouart (Noël).

———— du Roi. — Cf. Baudouyn, Bonneau, Olier (François), Parent (Nicolas), Potier (Louis), Prévost (Auguste). — Cf. Conseillers —.

———— des commandements de la Reine. — Cf. Le Gras, Phelypeaux (Jean).

———— des Finances. — Cf. Arnauld (Isaac), de Coutanges (Philippe), de Gaumont (Laurent), de Vailly (Jehan).

———— de Sully. — Cf. Arnauld (Claude), Arnauld (Isaac), Arnauld (Pierre), de La Font (Étienne), Regnouart (Noël).

Sedan (Souveraineté de), **303**.

———— (Ville de). — Gommeret (Daniel), marchand à —, **312**; - Lhommedieu (Jehan), marchand à —, **316**; - Menses (Florentin), armurier, **335**.

Seguiran (Antoine), conseiller au Parlement d'Aix, **62, 63**.

———— (Boniface), docteur en droit, **62**.

———— (Claude), écuyer, **62, 63, 73, 81**.

———— (Guillaume), **62**.

———— (Pierre), **62**.

Seine (Rivière de), **49, 53**.

Séjourné (Jehan), maître charpentier, **213**.

Sélincourt. — De Sacquespée (Antoine), s^r de —, **274**.

Sellier (Pierre), maître charpentier à Paris, rue Neuve et paroisse Saint-Paul, **144, 264 à 266**.

Selve (Marguerite de), femme de Lancelot du Monceau, seigneur de Tignonville, **31**.

Séminaire de Saint-Sulpice. — Olier (Jean-Jacques), fondateur du —, **31**.

Senlis. — Le Moyne (Robert), maître maçon, voyer pour le Roi au bailliage de —, y demeurant, **210**; - Le Preux (Denis), capitaine ordinaire du charroi de l'Artillerie, demeurant à —, **411**; - Liais de —, **155**.

Sens (ville de). — Maran (Nicolas), voiturier par eau, **378**.

Sergent royal. — Herbin (Noël), exploitant par tout le Royaume de France, demeurant à Saint-Germain-en-Laye, **243**.

Sergent à verge au Châtelet de Paris. — Armand (Jehan), **2**,

Serre (Antoine de), conseiller du Roi et trésorier général de France en la généralité de Provence, **58, 59, 60, 61, 64, 70, 71, 74, 81, 82, 83, 85, 87**.

———— (Henry du), conseiller du Roi, trésorier général de France, **61**.

———— (Thomas), conseiller du Roi et trésorier général de la Marine du Levant, mortes-payes, fortifications et réparations de Provence, **58**.

Serruriers (Maîtres). — Cf. *Paris*.

Servan (Jean de), s^r de La Feurine. — Jeu de Paume de —, à Antibes, en la ferraye de M. le comte, **68**.

Servian (Angélique), femme d'Antoine Bionneau, **61**.

Seuilly. — Cf. *Sully*, ab.

Sévigné (Madame de), **19, 33**.

Sézanne-en-Brie. — Domaine du Roi à —, **19**.

Sillery (canal de), **96, 97, 98**; - Attrises (Les), **96**.

———— (Château de), **96**.

———— (Seigneurie de). — Brulart (Nicolas), sieur de —, **9**; - Brulart (Roger), marquis de —, **40**; - Cauchon (Marie), dame de —, **11**.

Soaux, **34**.

Soissons (Ville de). — Felissan (François), contrôleur général du taillon à —, **45**; - Artillerie —, **351, 354, 374**. — Élection de —, **398, 399, 405**; - Gouvernement de —, **354, 374**.

Solde, **10**.

Spinola (Livia), femme d'Ambroise Lomelin, **9**.

Stippe (Bernardin) marchand à Lyon, **326**.

Subsides. — Exemptions de —, **20**.

Suède. — Résident de France en — : Picques (Jacques), **329**.

Suisse. — Cf. *Sully*.

Suilly. Cf. *Sully*.

Sully. — Baten (Charles), **17, 312**.

Surintendants des Bâtiments du Roi, **105, 106**; - de Béthune (Maximilien), *passim*, - de Fourcy (Jean), **40**; - d'O (le s^r), **40**.

Surintendants des Finances : de Béthune (Maximilien), *passim*; - Cottereau (Jean), **45**; - de Harlay (Nicolas), s^r de Sancy, **108**.

TABLE GÉNÉRALE ALPHABÉTIQUE.

T

Taillandiers grossiers. — Durand (Pierre), dit La Bresche, — à Brie-Comte-Robert, **343**, Cf. Paris.

Taille, **15**.

Tailleurs de pierre. — Vaillant (Nicaize), — à Coucy, **207**.

Tailleurs du Roi. — Dufour (Pierre), 46; - de Lafflemas, 46.

Taillon. — Cf. Contrôleur général du —.

Tallemant des Réaux, 18, 35, 293.

Tallement (Maison), à l'entrée du bourg de Saint-Germain-en-Laye, 243.

Tambonneau (Le Président), 35; - membre du Conseil de vérification des rentes, 87.

Tapisseries à la Marche, façon de Flandre. — Cf. *Paris:* Gobelins.

Tapissiers (Compagnons), **164**.

—— du Roi, travaillant à l'hôtel dit «Les Jésuystes», 254.

—— (Marchands). — De Bréban (Simon), rue Traînée, à Paris, **7**.

Tardivy (Honoré), lieutenant particulier au siège et ressort de Grasse, **89**.

Tartaize (Estienne), maçon à Paris, rue des Jardins, paroisse Saint-Paul, **164, 165**.

Tavannes. — De Saulx (Guillaume), comte de —, 38.

Taxil (Louis), 27.

Tentes et pavillons du Roi. — Bouhier (Jacques), capitaine des toiles de chasse —, 29.

Teste (Charlotte), femme de Jean Chevalier, 45.

Testu (Charles), dit «La Forest», capitaine ordinaire du charroi de l'Artillerie, à Boisgaultier, près Melun, **394, 395**.

—— (Charles), capitaine ordinaire du charroi de l'Artillerie, demeurant rue Saint-Anthoine, **411**.

Textoris (Honoré), notaire à Antibes, 73, 79.

—— (Thomas) docteur en droit, avocat au Parlement de Provence, demeurant à Antibes, **62, 85, 86, 87**.

Thiérache, **357, 371**.

Thomas (Jean), clerc, à Lyon, **377**.

—— (Léon), maître des œuvres de couverture des Bâtiments du Roi, demeurant à Paris, rue des Juifs, paroisse Saint-Gervais, **177, 178, 225**; - demeurant rue de Jouy, paroisse Saint-Paul, **228, 255, 256**.

Thou (Barbe de), femme de Jacques Sanguin, 11.

—— (Christophe de), premier président du Parlement de Paris, 23, 45, 170; - membre du Conseil de vérification des rentes, 37.

Thue (Philippe), notaire tabellion et garde-notes royal héréditaire au Châtelet d'Orléans, **54, 55, 56**.

Tiercelin (Robert), s^r de la Chevalerie et du Bois d'Auteuil, gentilhomme ordinaire de la Chambre du Roi et lieutenant du grand maître de l'Artillerie en l'Arsenal du Roi à Paris et gouvernement de l'Île-de-France, **91, 274, 275, 276, 280, 281, 293, 299, 301, 303, 305, 306, 308, 311, 314, 335, 346, 347, 348, 349, 350, 353, 355**; - s^r de Choisy-en-Brie et de Gisy-les-Nobles, 274, **357, 360, 362, 379, 380, 381, 382, 383, 384, 388, 390**; - s^r de la Chevalerie et de Chailly, **392**.

Tigery. — Jacquet (Pierre), s^r de —, 38.

Tignonville. — Cf. du Monceau de Tignonville, 4.

Tiremoys (Hiérome), religieux profès du couvent des Célestins, **48, 52**.

Tisserandéries, **13**.

Titus, empereur. — Figure antique en marbre blanc, **130, 131**.

Toiles fines, façon de Hollande. — Manufactures de —, **13, 14, 15, 16**; - marques du Roi sur les lisières des —, **16**.

Toiles de chasse. — Bouhier (Jacques), s^r de Beauregard, capitaine des —, 29.

Tolleron, notaire au Châtelet de Paris, 33, **307**.

Tondereau (Charles), maître paveur à Paris, y demeurant rue de la Mortellerie, paroisse Saint-Paul, **92**.

Tondreau (Hierosme) maître charpentier à Paris, **129**.

Tonneins, 59.

Tonnerre. — Pierre de —, **113, 181**.

Touchet (Claude), femme de Pierre Fougeu, s^r d'Escures, 35.

Toul (Gouvernement de), **356, 374**.

Toulon (Port de), **10**.

Touraine (Généralité de), **361, 365, 374**.

Tourre (Perron). — Terre de — à Antibes, **76**.

Tours. — Arsenal et magasin d'artillerie, **360, 364, 373**. — Cf. Marmot (Auger), marchand, et Moussart (Michel), commissaires généraux des poudres et salpêtres, à Tours, y demeurant. **364** à **366**.

—— Monnaie de —, **94**.

—— Paroisse Saint-Venant : Besnard (René), architecte, **268**.

—— Coynard (Pierre), notaire royal à —, **364**; - Le Febvre (Jehan), clerc à —, **366**; - Safouin (Pierre), clerc à —, **366**.

Traitants. — Conamy (Barthelemy), **291**; - du Fournel (Pierre), ayant l'octroi de faire la traite du bois de sapin en France, 290; - Zamet, 291.

Trans. — De Villeneuve (Claude), marquis de —, 57.

Tréguier. — Cf. *Paris:* Collège de —.

TREMBLAY (Berthelemy), sculpteur du Roi, 116.

Trésoriers de l'Épargne. — Cf. Bouhier (Vincent), Hotman (François), Phelypeaux (Raymond), Puget (Étienne), Ribauld (Antoine).

—— de l'extraordinaire des guerres. — Cf. de Besze (Jacques), Chastalain, de Coulanges (Philippe), Ribauld (Antoine).

—— généraux des Finances à Paris. — Cf. Arnauld (Pierre).

—— généraux de France, 23, 50. — Cf. Badier (Gilbert), Bionneau (Antoine), de Bragelongne, de Donon (François), de Douon (Louis), de Fourcy (Jehan), Garron (Jehan), de Gaumont (Laurent), Le Conte (Robert), Le Fèvre (François), de Lon (Jehan), Mallier, d'Ore (Pierre), Prudhomme (Louis), de Serre (Antoine), de Serre (Henry).

—— généraux des gabelles de France. — Cf. Parent (Nicolas).

—— et receveurs généraux de la Marine du Levant, 10; - et des réparations, fortifications et mortes payes de Provence: Cf. Bionneau (Jean), Bionneau (François), de Serre (Thomas).

—— des parties casuelles. — Cf. Le Noir (Mathias).

Trêves, 18.

TRICQUOYS (Mathias), s' de la Caillaudière, lieutenant du grand-maître de l'Artillerie en son département d'Orléans, demeurant audit lieu de la Caillaudière, près Orléans, 403, 406, 407.

TRICQUOYS (Mathias), s' de la Caillaudière, commissaire ordinaire de l'Artillerie, demeurant à Orléans, 309; - s' de la Caillaudière, lieutenant du grand-maître de l'Artillerie, en l'arsenal et magasin d'Orléans, 396, 397, 398, 399; — commissaire ordinaire de l'Artillerie et lieutenant du grand-maître de l'arsenal et magasin d'Orléans, 402; - écuyer, s' de la Caillaudière, lieutenant de M. le duc de Sully ès départements d'Orléans, Berry, Nivernais, Bourbonnais et pays chartrain, demeurant à Orléans, 344.

TRILLART (Jean DE), écuyer, gentilhomme ordinaire de la Chambre et gouverneur d'Alençon, 37.

Trompette du surintendant des fortifications, — Noiret (Mathurin), 267.

Trosy. — Pierre de —, 180.

TROUVÉ, notaire au Châtelet de Paris, 307.

Troyes en Champagne. — Cf. Adam (Jehan), Bartel (François), voituriers; de Corberon (Nicolas), commissaire général des poudres et salpêtres Couyn (Benaventure), capitaine ordinaire du charroi de l'Artillerie; Le Roulx (Guillaume) Mulart (Denis), Pourclie (Jehan), Velda (Jehan), voituriers par terre.

—— Magasin d'artillerie, 358, 373.

—— Port de la ville de —, 380.

TROYES (Claude DE), notaire au Châtelet de Paris, 309.

Tuileries. — Cf. *Paris.*

Turcies et levées. — Fougeu, intendant des —, 35.

TURGIS, notaire au Châtelet de Paris, 31, 234.

TURPIN (Guillaume), maçon à Paris, 164.

U

Université. — Cf. *Paris*, 12; *Orléans*, 55.

V

VAILLANT (Nicaise), maître maçon tailleur de pierre à Coucy, près Château-Thierry, 207, 208, 210, 213.

VAILLY (Jehan DE), bourgeois de Paris, 11; - s' du Breuil, receveur général du bureau des pauvres, échevin de Paris, conseiller et secrétaire du Roi et de ses Finances, 11.

VAIR (DE). — Cf. du Vair.

Valauris, 69, 71.

Vallauris. — Cf. Remuzat, (Gaspard), s' de —.

Valets de chambre du Roi. — Premier valet de chambre, 22; - valets de chambre, 15; — de Laflemas (Isaac et Barthelemy), tailleurs du Roi, 46.

Valet de chambre de la Reine Anne d'Autriche. — Roynard (Vincent), peintre, 151.

VALLERAY (Simon), tailleur de marbre à Paris, 131.

Vance. — Cf. Vence.

VARLEY (Marie), femme de Jean Le Fèvre, s' de Caumartin, 18.

VAU (Cyprienne), femme de Jean de Pynot, 37.

Vauberon en Soissonnais. — Noël (Anthoine), capitaine

TABLE GÉNÉRALE ALPHABÉTIQUE. 515

ordinaire du charroi de l'Artillerie, demeurant à —, 405.
Vaucouleurs (Prévôté de), 371.
Vaucourtois. — Guillon (François de), s' de — 375.
Vaudin (Claude), aide de maréchal de camp en Picardie, demeurant à Champigneulles-les-Grand-Pré, pays de Champagne, 299, 300, 301, 302.
—— (Guillaume), procureur en la Cour de Parlement, demeurant rue des Noyers, paroisse Saint-Étienne-du-Mont, 300, 301.
Vaudoyer (Paul), maître maçon, 210.
Vaulxgirault. — Maubert (René), s' de —, 55.
Vaurichard. — Gaumont (René de), s' de —, 38.
Veau (Jacques), dit «le capitaine Saint-André», capitaine ordinaire du charroi de l'Artillerie, demeurant à Pithiviers, 405.
Vedel (Charles), capitaine ordinaire du charroi de l'Artillerie, demeurant à Poissy, 400, 411
—— (Remond), «dit La Fleur», capitaine ordinaire du charroi de l'Artillerie, demeurant à Poissy, 393, 400 ; - capitaine général du charroi de l'Artillerie, demeurant à Poissy, 404 ; - s' de La Fleur, capitaine général du charroi de l'Artillerie de France, demeurant à l'abbaye de Saint-Anthoine-des-Champs, 408, 411, 413; - s' de La Fleur, capitaine général du charroi de l'Artillerie de France, demeurant à Paris, rue Saint-Martin, paroisse Saint-Laurent, fermier avec Mathieu Bastard du revenu des droits et profits de la voirie de la ville, faubourgs, banlieue, prévôté et vicomté de Paris, 99, tous deux entrepreneurs des bateaux à lessive, et de l'enlèvement des boues de Paris, 99.
—— (René), capitaine ordinaire du charroi de l'artillerie, demeurant à Poissy, 410.
Velda (Jehan), voiturier par terre à Troyes en Champagne, 381.
Vence. — Évêque de —, 66.
Vendemes (Nicolas), 268.
Vendeuil. — Clérembault (Louis), marquis de —, 34.
Vendeuvre (Jehan), 278, et Vendeuvre (Nicolas), 278, 279 ; - terrassiers manouvriers, à Paris, rue de La Croix, paroisse Saint-Nicolas-des-Champs, 278, 279.
Veniat (Estienne), maître menuisier à Paris, 167, 168, 169, 292.
Venise, 16.
Verdavayne (Jacques de), s' de Laulnay, avocat en la Cour du Parlement, demeurant ès faubourg Saint-Germain-des-Prés, rue de Seine, 300, 301.
Verdilly. — Danquechin (Jean), s' de —, 269.
Verdun. — Cf. Bauldier (Jean) et Anne Gérardin, sa femme; du Crochet (Jacques); Gérardin, notaire; Jspin (Nicolas) et Julienne Bernier, sa femme; Le Noir, notaire.

Verdun. — Gouvernement de —, 356.
—— Magasin d'artillerie de —, 370 à 372.
—— Moulin de Glouen, au faubourg de —, 371.
Verly (Martin de), terrassier manouvrier à Paris, rue des Gravilliers, paroisse Saint-Nicolas-des-Champs, 278, 279.
Verneuil. — Olier (François), s' de —, 81.
—— *au Perche*, 305.
Verneuil (Mme de), 1.
Veronney, 376.
Verre de France, 215, 252, 253.
Vésinet (Le). — Sable du —, 190, 192.
Vesle (Rivière de), 96, 98.
Vialart (Claude), femme de Jacques Sanguin, 11.
Viard, notaire au Châtelet de Paris, 336.
Viaspre (De), lieutenant du grand maître de l'Artillerie en Champagne et Brie, 346.
Vichy. — Vichy de Chamron (Gaspard de), comte de —, 35.
Vichy de Chamron (Gaspard de), chevalier, comte de Vichy, mestre de camp, 35.
—— (Nicolas), abbé de Saint-Calais du Mans, 35.
Victor Hugo, 38.
Vidames d'Amiens, 34.
Videville. — Milon (Benoît), s' de —, 41.
—— Chevalier (Nicolas), s' de —, 45.
Vieilles Vignes. — Denon (François de), s' des —, 49.
Vien (Jean), serrurier à Antibes, 64, 74.
Vienne (De) *alias* Devienne (Abraham), marchand, demeurant à Sarlat, en Périgord, commissaire général des poudres et salpêtres; son département : les villes et gouvernement de Guyenne, 362.
—— (Jean de), s' de Mesmillon, conseiller d'État et contrôleur général des Finances, 9, 52 ; - s' de Bonneval, président en la Chambre des Comptes, 9.
Vierzon (Ville de), pays de Berry. - Bailly (Jehan), poudrier à —, 367.
Vignaux. — Chevalier (Jean), s' des —, 45.
Villefranche — Artillerie de —, 363.
Villemoisson. — Boyer (Antoine), s' de —, 34.
Villeneuve (Charlotte de), femme de Nicolas Grimaldi, 59.
—— (Claude de), marquis de Trans, 57.
—— (Diane de), femme de René de Grasse, s' de Saint-Tropez, 64.
—— (Yolande-Claude de), femme de René Grimaldi, 57.
Villeroy, 18, 42. — Cf. de Neuville-Villeroy.
Villers-Cotterets (Château de), 104, 107, 205 à 225 ; - De Longueval (Jean), capitaine du — 219 ; - De Longueval (Charles), capitaine du — 219 ; - chapelle du Roi, 209, 217 ; - chapelle de la Reine, 224 ; - jardin du Roi, 208, 212 ; - jeu de paume, 209 ; - parc, 206 ; tour du château, 214, 224.

Villers-Cotterets. — (Forêt de), **205**, **212**, **214**, **222**.
—— (Ville de). — Feuillet (Pierre), maître couvreur d'ardoises à —, **218**, **225**; – Lefranc (Antoine), maître maçon à —, **219**; — Mynet (Jehan), menuisier à —, **217**; – Pluche (Denis), maître charpentier à —, **219**.
Villesavin. — Phelypeaux (Jehan), s' de —, **35**.
VINCENT (Jehan), capitaine du charroi de l'Artillerie, à Montereau où Fault Yonne, **394**, **395**.
Vitriers (Maîtres). — Petit (Quentin), **215**. — Cf. *Paris* : Travaux de vitrerie.
Vitry. — De Lhospital (Nicolas), chevalier, s' et baron de —, **24**; – De Lhospital (Louis), marquis de —, **24**; – De Lhospital (Nicolas), duc de —, **24**.
Vitry. — De Lantages (Jacques), s' de —, **200**.
VITRY (Mme DE), **200**. — Cf. De Foissy (Anne).
VIVIEN (Jehan), capitaine ordinaire du charroi de l'Artillerie, demeurant à Fesnières, près Montereau, **411**.
VIVONNE (Catherine DE), femme de Charles d'Angennes, marquis de Rambouillet, **46**.
Vivres des armées. — De La Fosse (Jehan), superintendant et commissaire général des —, munitions et magasins de France, **19**.
Voirie. — Cf. Paris.
Voisin (Claude), maître paveur à Paris, demeurant au port Saint-Bernard, paroisse Saint-Nicolas-du-Chardonneret, **93**, **95**.
—— (Pierre), maître paveur à Paris, **114**.
Voituriers par eau. — Cf. *Paris*. — Cf. Bartel (François), Forges (Jehan), Guerin (Jehan), Moran (Nicolas).
Voituriers par terre. — Cf. Adam (Jehan), Bailly (Pierre), De Bonnefoy (Philbert), Codiron (Pierre), Deschamps (Jehan), Estienne (Pierre), Galliot (Claude), Le Roulx (Guillaume), Mainzeville (Jehan), Pourcelle (Jehan), Ravenel (Gratien), Saillart (Pierre), Velda (v° Jehan).
Voroses (commune du Coudray, Eure). — Cormier (Antoine), s' de —, **305**.
Voyers. — Cf. Paris; – Le Moyne (Robert), maître maçon, voyer pour le Roi au bailliage de Senlis, **210**.
Vrigny. — Cf. La Brosse-Vrigny.
VUARNIER (Jehan). Cf. Warnier.

W

WARNIER (Jehan), maître menuisier à Paris, rue Maubuée, paroisse Saint-Mederic, **123**.
—— (Jehan), dit Picart, maître menuisier à Paris, rue Coquillière, paroisse Saint-Eustache, **136**, **137**.

WIGNACOURT (Françoise DE), femme d'Antoine Boyer, **34**.
WOLF (Jehan), marchand bourgeois, habitant la ville de Mantes, **13**, **16**.

Y

YVES (Louis), maître charpentier à Paris, **239**.

Z

ZAMET. — Cenamy (Barthelemy), traitant associé de —, **291**.

SE TROUVE À PARIS

À LA LIBRAIRIE ERNEST LEROUX

RUE BONAPARTE, 28.

www.ingramcontent.com/pod-product-compliance
Lightning Source LLC
Chambersburg PA
CBHW060308230426

43663CB00009B/1631